Dr. Oetker

1000

Die besten Backrezepte

Dr. Oetker

1000

Die besten Backrezepte

Dr. Oetker Verlag

Die besten Backrezepte

Sie wollen eine große Auswahl an Backrezepten in einem Buch?

Hier werden Sie fündig:
10-mal 100 Rezepte vom Klassiker wie dem Marmorkuchen bis zur Modetorte wie der Maulwurftorte.
Eine riesige Palette von einfachen bis raffinierten Rezepten, zeitgemäß und gelingsicher beschrieben.
Für jeden Anlass und jeden Geschmack haben Sie das richtige Rezept.
Hier finden Sie Obstkuchen, Käsekuchen, Blechkuchen, Kastenkuchen, Napfkuchen, Sahnetorten, Cremetorten, Frischkäsetorten, Rollen, Strudel, Striezel, Kleingebäck, Muffins, Plätzchen, Konfekt, Brot, Brötchen und pikante Gebäcke in allen Variationen.

Hier wird 1000-mal gerührt, geknetet, gerollt, geschlagen und gebacken – da gehen Ihnen die Ideen nie aus.

Backen Sie los und genießen Sie!

Kapitelübersicht

1000 Backrezepte

Rollen und Gewickeltes

Rezept 501–600
Seite 420-503

Kleingebäck und Muffins

Rezept 601–700
Seite 504-573

Plätzchen und Konfekt

Rezept 701–800
Seite 574-641

Brot und Brötchen

Rezept 801–900
Seite 642-713

Pikante Kuchen und Gebäcke

Rezept 901–1000
Seite 714-785

Käsekuchen mit Heidelbeeren

Fettarm

Käsekuchen mit Heidelbeeren

Zubereitungszeit: 40 Minuten
Backzeit: etwa 60 Minuten

Zum Vorbereiten:
300 g frische Heidelbeeren
oder TK-Heidelbeeren

Für die Quarkmasse:
5 Eiweiß (Größe M)
25 g Zucker
1 Prise Salz
500 g Magerquark
75 g Zucker
1 Pck. Dr. Oetker Vanillin-Zucker
5 Eigelb (Größe M)
75 g Weichweizengrieß
75 g weiche Butter oder Margarine
abgeriebene Schale von 1 Bio-Zitrone (unbehandelt, ungewachst)
Saft von 1/2 Zitrone

Insgesamt:
E: 110 g, F: 99 g, Kh: 211 g,
kJ: 9395, kcal: 2245

1. Zum Vorbereiten frische Heidelbeeren verlesen, waschen und in einem Sieb gut abtropfen lassen. TK-Heidelbeeren nach Packungsanleitung auftauen lassen. Den Backofen vorheizen.

2. Für die Quarkmasse Eiweiß steifschlagen, Zucker und Salz unterrühren und Eischnee beiseitestellen. Quark mit Zucker, Vanillin-Zucker, Eigelb, Grieß, Butter oder Margarine, Zitronenschale und -saft in eine Rührschüssel geben. Die Zutaten mit Handrührgerät mit Rührbesen geschmeidig rühren. Eischnee unter die Quarkmasse heben.

3. Die Quarkmasse in eine Springform (Ø 26 cm, Boden gefettet) geben und verstreichen. Zwei Drittel der Heidelbeeren auf der Quarkmasse verteilen. Die Form auf dem Rost in den vorgeheizten Backofen schieben und den Kuchen vorbacken.
Ober-/Unterhitze: 160–180 °C
Heißluft: 140–160 °C
Backzeit: etwa 30 Minuten.

4. Die Form auf einen Kuchenrost stellen. Die restlichen Heidelbeeren auf dem vorgebackenen Kuchen verteilen. Die Form wieder auf dem Rost in den Backofen schieben und den Kuchen **bei gleicher Backtemperatur in etwa 30 Minuten fertig backen.**

5. Den Backofen ausschalten und den Kuchen noch etwa 20 Minuten im leicht geöffneten Backofen stehen lassen. Den Kuchen in der Form auf einem Kuchenrost erkalten lassen, anschließend aus der Form lösen.

Fruchtig

Birnen-Käsekuchen

Zubereitungszeit: 60 Minuten, ohne Abkühlzeit
Backzeit: etwa 60 Minuten

Für den Knetteig:
300 g Weizenmehl
1 Msp. Dr. Oetker Backin
120 g Zucker
1 Pck. Dr. Oetker Vanillin-Zucker
1 Prise Salz
1 Ei (Größe M)
170 g Butter oder Margarine

Für die Füllung:
1 Dose Birnenhälften (Abtropfgewicht 460 g)
3 Eigelb (Größe M)
600 g Speisequark (40 % Fett i. Tr.)
1 Pck. Dr. Oetker Pudding-Pulver Sahne-Geschmack
100 g Zucker
1 Pck. Dr. Oetker Finesse Geriebene Zitronenschale
2 EL Birnensaft aus der Dose
3 Eiweiß (Größe M)
1 Prise Salz
1 Pck. Dr. Oetker Vanillin-Zucker

Zum Bestäuben:
Puderzucker

Insgesamt:
E: 121 g, F: 241 g, Kh: 597 g, kJ: 21554, kcal: 5151

1. Für den Teig Mehl mit Backpulver in einer Rührschüssel mischen. Restliche Zutaten hinzufügen und mit Handrührgerät mit Knethaken auf höchster Stufe gut durcharbeiten. Anschließend den Teig auf der leicht bemehlten Arbeitsfläche kurz verkneten. Sollte er kleben, ihn in Folie gewickelt eine Zeit lang kalt stellen. Den Backofen vorheizen.
2. Den Teig dritteln. Ein Teigdrittel auf dem Boden einer Springform (Ø 26 cm, gefettet) ausrollen. Den Teigboden mehrmals mit einer Gabel einstechen. Den Springformboden (ohne Springformrand) auf dem Rost in den vorgeheizten Backofen schieben und den Boden vorbacken.
Ober-/Unterhitze: etwa 200 °C
Heißluft: etwa 180 °C
Backzeit: etwa 10 Minuten.
3. Den Springformboden auf einen Kuchenrost legen, etwas abkühlen lassen. Den Springformrand darumlegen.
4. Für die Füllung Birnen in einem Sieb abtropfen lassen, etwas Saft dabei auffangen und 2 Esslöffel davon abmessen. Eigelb mit Quark, Pudding-Pulver, Zucker, Zitronenschale und Birnensaft verrühren. Eiweiß mit Salz steifschlagen. Der Schnee muss so fest sein, dass ein Messerschnitt sichtbar bleibt. Vanillin-Zucker kurz unterschlagen. Den Eischnee unter die Quarkmasse heben.
5. Aus dem zweiten Teigdrittel zwei lange Rollen formen, auf den vorgebackenen Boden legen und so an die Form drücken, dass ein 4 cm hoher Rand entsteht. Birnenhälften auf den Teigboden legen, dabei den Rand frei lassen. Die Quarkmasse daraufgeben und verstreichen. Überstehenden Teigrand nach innen auf die Quarkmasse schlagen.
6. Restlichen Teig auf der leicht bemehlten Arbeitsfläche zu einer runden Platte (Ø etwa 26 cm) ausrollen. Mit einer runden Ausstechform 4 Dampflöcher (Ø je 2 cm) ausstechen. Die Teigplatte auf die Teigrolle wickeln und auf der Quarkmasse wieder abrollen. Teigplatte am Rand leicht andrücken.
7. Die Form wieder auf dem Rost in den heißen Backofen schieben und den Kuchen bei niedrigerer Backtemperatur fertig backen.
Ober-/Unterhitze: etwa 180 °C
Heißluft: etwa 160 °C
Backzeit: etwa 50 Minuten.
8. Die Form auf einen Kuchenrost stellen und den Kuchen darin erkalten lassen. Den Kuchen aus der Form lösen, auf eine Tortenplatte legen und mit Puderzucker bestäuben.

Birnen-Käsekuchen

Beliebt

Birne-Helene-Tarte

Zubereitungszeit: 45 Minuten, ohne Abkühlzeit
Backzeit: etwa 60 Minuten

Für den Streuselteig:
225 g Weizenmehl
100 g Zucker
1 Pck. Dr. Oetker Vanillin-Zucker
1/2 TL gemahlener Zimt
2 Eigelb (Größe M)
125 g Butter oder Margarine

Für den Belag:
1 große Dose Birnenhälften (Abtropfgewicht 460 g)
2 Eiweiß (Größe M)
1 Prise Salz
300 g Schlagsahne
1 Pck. backfeste Puddingcreme

Für den Schokoguss:
175 g Schlagsahne
1 Pck. (25 g) Kakaogetränkepulver
1 gestr. EL Kakaopulver
100 g Vollmilch-Schokolade
100 g Zartbitter-Schokolade

Insgesamt:
E: 67 g, F: 337 g, Kh: 545 g,
kJ: 23213, kcal: 5546

1. Für den Teig alle Zutaten in eine Rührschüssel geben und mit Handrührgerät mit Rührbesen zu Streuseln verarbeiten. Zwei Drittel der Streusel in einer Springform (Ø 26 cm, Boden gefettet) verteilen und zu einem Boden andrücken.
2. Restliche Streusel verkneten und zu einer Rolle formen. Rolle innen an den Rand der Springform legen und zu einem 2–3 cm hohen Rand andrücken. Den Backofen vorheizen.
3. Für den Belag Birnen zum Abtropfen in ein Sieb geben. Eiweiß mit Salz steifschlagen. Sahne mit backfester Puddingcreme in einem Rührbecher in 1 Minute zu einer Creme aufschlagen und Eischnee unter die Creme heben.
4. Die Creme auf den Tortenboden geben und verstreichen. Die Birnen mit der Wölbung nach oben darauflegen. Die Form auf dem Rost in den vorgeheizten Backofen schieben.
Ober-/Unterhitze: etwa 180 °C
Heißluft: etwa 160 °C
Backzeit: etwa 60 Minuten.
5. Die Tarte in der Form etwa 1 Stunde zum Abkühlen auf einen Kuchenrost stellen.
6. Für den Schokoladenguss Sahne mit Kakaogetränkepulver und Kakao in einem Topf verrühren, erhitzen und von der Kochstelle nehmen. Die Schokoladen in Stücke brechen, unter Rühren darin auflösen und die Masse etwas abkühlen lassen. Den Schokoladenguss auf den Birnen verteilen. Die Torte mindestens 3 Stunden kalt stellen. Beim Anschnitt soll der Guss etwas weich sein.

Tipp: Die Torte nach Belieben mit gebräunten, gehobelten Mandeln bestreuen. Die Torte ist mit Vanilleeis ideal als Dessert.

Fruchtig

Gestürzter Birnenkuchen

Zubereitungszeit: 60 Minuten
Backzeit: 30–35 Minuten

Zum Vorbereiten:
5 kleine Birnen (700 g)
1 EL Zitronensaft
50 g Butter
150 g Zucker
2 EL Zitronensaft
100 g Walnusskerne

Für den Schüttelteig:
250 g Weizenmehl (Type 550)
2 gestr. TL Dr. Oetker Backin
100 g Zucker
1 Prise Salz
3 Eier (Größe M)
6 EL Milch
4 EL Nussöl
3 EL neutrales Speiseöl (z. B. Rapsöl)

Birne-Helene-Tarte

Gestürzter Birnenkuchen

Käsekuchen vom Blech

Insgesamt:
E: 57 g, F: 139 g, Kh: 511 g,
kJ: 15236, kcal: 3643

1. Zum Vorbereiten Birnen schälen, vierteln und entkernen. Viertel mit 1 Esslöffel Zitronensaft beträufeln.
2. Butter mit Zucker und Zitronensaft in einem kleinen Topf verrühren und ohne Deckel 1 Minute bei starker Hitze gut aufkochen lassen. Die Zuckermasse sofort in eine Springform (Ø 26 cm, Boden, gefettet mit Backpapier belegt) gießen. Birnenviertel und Walnusskerne kreisförmig darauflegen. Anschließend den Backofen vorheizen.
3. Für den Teig Mehl mit Backpulver in einer verschließbaren Schüssel (etwa 3 l) mit Zucker und Salz vermengen. Eier, Milch, Nuss- und Speiseöl hinzufügen. Die Schüssel mit dem Deckel fest verschließen.
4. Schüssel mehrmals (insgesamt 15–30 Sekunden) kräftig schütteln, so dass alle Zutaten gut vermischt sind. Alles mit einem Schneebesen oder Rührlöffel nochmals sorgfältig durchrühren, damit trockene Zutaten vom Rand mit untergerührt werden.
5. Den Teig auf die Birnenstücke geben und verstreichen. Die Form auf dem Rost in den vorgeheizten Backofen schieben.
Ober-/Unterhitze: etwa 180 °C
Heißluft: etwa 160 °C
Backzeit: 30–35 Minuten.
6. Die Form auf einen Kuchenrost stellen und den Kuchen in der Form etwas abkühlen lassen. Dann den Kuchen aus der Form lösen und auf einen mit Backpapier belegten Kuchenrost stürzen. Mitgebackenes Backpapier abziehen und den Kuchen erkalten lassen.

Klassisch – einfach

Käsekuchen vom Blech

Zubereitungszeit: 30 Minuten
Backzeit: etwa 50 Minuten

Für den Streuselteig:
350 g Weizenmehl
1 gestr. TL Dr. Oetker Backin
150 g Zucker
2 Pck. Dr. Oetker Vanillin-Zucker
2 Eier (Größe M)
100 g Butter oder Margarine

Für den Belag:
500 g Schichtkäse oder Speisequark (20 % Fett i. Tr.)
250 g Schlagsahne
100 g Zucker
3 Eier (Größe M)
25 g Speisestärke
100 g Rosinen
50 g abgezogene, gehobelte Mandeln

Zum Bestreuen:
2 EL Zucker
1 gestr. TL gemahlener Zimt

Insgesamt:
E: 148 g, F: 255 g, Kh: 659 g,
kJ: 23184, kcal: 5536

1. Für den Teig Mehl mit Backpulver in einer Rührschüssel mischen. Zucker, Vanillin-Zucker, Eier und Butter oder Margarine hinzufügen. Die Zutaten mit Handrührgerät mit Rührbesen zu Streuseln verarbeiten. Den Backofen vorheizen.
2. Die Streusel gleichmäßig auf ein Backblech (30 x 40 cm, gefettet) streuen und zu einem Boden andrücken. Danach einen Backrahmen darumstellen.
3. Für den Belag Schichtkäse oder Speisequark mit Sahne, Zucker, Eiern und Speisestärke gut verrühren. Die Käsemasse auf den Streuselteig geben und gleichmäßig verstreichen. Rosinen und Mandeln darauf verteilen. Anschließend das Backblech in den vorgeheizten Backofen schieben.
Ober-/Unterhitze: etwa 180 °C
Heißluft: etwa 160 °C
Backzeit: etwa 50 Minuten.
4. Das Backblech auf einen Kuchenrost stellen. Zucker und Zimt mischen und den noch heißen Kuchen damit bestreuen. Den Kuchen erkalten lassen, dann den Backrahmen lösen und entfernen.

Tipp: Wenn Sie keinen Backrahmen haben, können Sie den Kuchen auch in einer Fettpfanne (30 x 40 cm, gefettet) backen.

Kokos-Käsekuchen mit Stachelbeeren

Raffiniert

Kokos-Käsekuchen mit Stachelbeeren

Zubereitungszeit: 50 Minuten, ohne Abkühlzeit
Backzeit: etwa 80 Minuten

Für den Streuselteig:
200 g Weizenmehl
2 gestr. TL Dr. Oetker Backin
70 g Zucker
1 Pck. Dr. Oetker Vanillin-Zucker
1 gestr. TL gemahlener Zimt
1 Eigelb (Größe M)
125 g weiche Butter oder Margarine
50 g Kokosraspel

Für die Füllung:
400 ml Kokosmilch, cremig
250 g Magerquark
150 g Zucker
2 Eier (Größe M)
1 Eiweiß (Größe M)

Für den Belag:
750 g rote Stachelbeeren
100 ml Wasser
120 g Zucker
1 gestr. TL gemahlener Zimt
1 Pck. Tortenguss, klar
100 ml Wasser

Insgesamt:
E: 83 g, F: 250 g, Kh: 579 g,
kJ: 20805, kcal: 4982

1. Den Backofen vorheizen. Für den Teig Mehl mit Backpulver in einer Rührschüssel mischen. Zucker, Vanillin-Zucker, Zimt, Eigelb, Butter oder Margarine und Kokosraspel hinzufügen. Die Zutaten mit Handrührgerät mit Rührbesen zunächst kurz auf niedrigster, dann auf höchster Stufe zu Streuseln verarbeiten.
2. Die Teigstreusel in eine Springform (Ø 26 cm, Boden gefettet) geben und zu einem Boden andrücken. Die Form auf dem Rost in den vorgeheizten Backofen schieben und den Boden vorbacken.
Ober-/Unterhitze: etwa 180 °C
Heißluft: etwa 160 °C
Backzeit: etwa 15 Minuten.
3. Die Form auf einen Kuchenrost stellen und den Boden etwas abkühlen lassen.
4. Für die Füllung Kokosmilch mit Quark, Zucker, Eiern und Eiweiß in einer Rührschüssel geschmeidig rühren. Die Masse auf den vorgebackenen Boden geben und verstreichen. Die Form auf dem Rost in den heißen Backofen schieben und den Kuchen dann bei niedrigerer Backtemperatur fertig backen.
Ober-/Unterhitze: etwa 160 °C
Heißluft: etwa 140 °C
Backzeit: etwa 65 Minuten.
5. Die Form auf einen Kuchenrost stellen und die Torte in der Form erkalten lassen.
6. Für den Belag Stachelbeeren putzen, Blüten- und Stielansätze entfernen. Stachelbeeren waschen und abtropfen lassen. Wasser mit Zucker und Zimt in einem Topf zum Kochen bringen. Stachelbeeren hinzufügen und unter vorsichtigem Rühren etwa 1 Minute aufkochen lassen.
7. Tortengusspulver mit 100 ml Wasser verrühren, unter die Stachelbeeren rühren und unter Rühren aufkochen lassen. Stachelbeeren etwas abkühlen lassen, dann esslöffelweise auf die Torte geben und gleichmäßig verteilen. Belag erkalten lassen. Die Torte aus der Form lösen und auf eine Tortenplatte legen.

Für Kinder

Marmor-Pudding-Kuchen

Zubereitungszeit: 60 Minuten, ohne Abkühlzeit
Backzeit: etwa 60 Minuten

Für den Knetteig:
175 g Weizenmehl
25 g Kakaopulver
150 g Zucker
1 Pck. Dr. Oetker Vanillin-Zucker
1 Ei (Größe M)
100 g weiche Butter oder Margarine

Für die Füllung:
2 Pck. Gala Pudding-Pulver Bourbon-Vanille
120 g Zucker
750 ml (3/4 l) Milch
3 Becher (je 150 g) Crème légère oder Schmand (Sauerrahm)
100 g Zartbitter-Schokolade

Für den Belag:
1 Dose Mandarinen (Abtropfgewicht 175 g)
250 ml (1/4 l) Mandarinensaft-Wasser-Gemisch
1 Pck. Tortenguss, klar
2 TL Zucker

Insgesamt:
E: 82 g, F: 228 g, Kh: 643 g,
kJ: 20785, kcal: 4966

1. Den Backofen vorheizen. Für den Teig Mehl mit Kakao mischen und in eine Rührschüssel sieben. Restliche Zutaten hinzufügen und mit Handrührgerät mit Knethaken zunächst kurz auf niedrigster, dann auf höchster Stufe gut durcharbeiten. Anschließend den Teig auf der leicht bemehlten Arbeitsfläche kurz verkneten.

2. Gut die Hälfte des Teiges auf dem Boden einer Springform (Ø 26 cm, gefettet) ausrollen, mit einer Gabel einstechen und den Springformrand darumstellen. Die Form auf dem Rost in den vorgeheizten Backofen schieben und den Boden vorbacken.
Ober-/Unterhitze: etwa 180 °C
Heißluft: etwa 160 °C
Backzeit: etwa 10 Minuten.

3. Die Form auf einen Kuchenrost stellen und abkühlen lassen.

4. Für die Füllung in der Zwischenzeit Pudding-Pulver mit Zucker mischen und nach Packungsanleitung, aber nur mit 750 ml (3/4 l) Milch, einen Pudding kochen. Pudding leicht abkühlen lassen, dabei gelegentlich umrühren und Crème légère oder Schmand unterrühren. Schokolade grob zerkleinern und in einem Topf im Wasserbad bei schwacher Hitze unter Rühren schmelzen lassen. Ein Drittel der Puddingcreme abnehmen und die Schokolade darunterrühren.

5. Den restlichen Teig zu einer langen Rolle formen, als Rand auf den Teigboden legen und so an die Form drücken, dass ein etwa 3 cm hoher Rand entsteht. Den hellen Pudding in die Springform füllen und verstreichen. Den dunklen Pudding daraufgeben, verstreichen und mit einer Gabel spiralförmig ein Marmormuster ziehen. Die Form auf dem Rost in den heißen Backofen schieben und den Kuchen **bei gleicher Backtemperatur in etwa 50 Minuten fertig backen.**

6. Backofen ausschalten und den Kuchen bei leicht geöffneter Backofentür etwa 10 Minuten im Backofen stehen lassen. Dann den Kuchen auf einen Kuchenrost stellen und in der Springform erkalten lassen.

7. Für den Belag Mandarinen in einem Sieb abtropfen lassen, Saft dabei auffangen und mit Wasser auf 250 ml (1/4 l) auffüllen. Den Kuchen aus der Form lösen und die Mandarinenspalten dekorativ auf den Kuchen legen. Tortenguss nach Packungsanleitung mit Zucker und dem Mandarinensaft-Wasser-Gemisch zubereiten und auf der Tortenoberfläche verteilen.

Marmor-Pudding-Kuchen

Raffiniert

Mandel-Orangen-Kuchen

Zubereitungszeit: 25 Minuten
Backzeit: etwa 40 Minuten

Für den All-in-Teig:
250 g Weizenmehl
1 gestr. TL Dr. Oetker Backin
175 g Zucker
1 Pck. Dr. Oetker Vanillin-Zucker
50 g Hartweizengrieß
1 Msp. gemahlener Zimt
1/2 TL Dr. Oetker Finesse Geriebene Orangenschale
4 Eier (Größe M)
125 g weiche Butter oder Margarine
100 ml Speiseöl
150 g abgezogene, gemahlene Mandeln

Für die Füllung:
200 g Orangenmarmelade

Zum Bestreuen:
50 g abgezogene, gehobelte Mandeln

Zum Bestäuben:
Puderzucker

Mandel-Orangen-Kuchen

Insgesamt:
E: 95 g, F: 343 g, Kh: 541 g,
kJ: 23586, kcal: 5635

1. Den Backofen vorheizen. Für den Teig Mehl mit Backpulver in einer Rührschüssel mischen. Restliche Zutaten hinzufügen und alles mit Handrührgerät mit Rührbesen erst kurz auf niedrigster, dann auf höchster Stufe in etwa 1 Minute zu einem Teig verarbeiten.
2. Zwei gut gehäufte Esslöffel des Teiges in einen Spritzbeutel mit kleiner Lochtülle oder in ein Schälchen füllen. Den restlichen Teig in eine Springform (Ø 26 cm, Boden gefettet) geben und verstreichen.
3. Für die Füllung Marmelade vorsichtig auf dem Teig verteilen. Restlichen Teig mit dem Spritzbeutel gitterartig mit großem Abstand darüber spritzen oder mit dem Teelöffel kleine Häufchen darauf verteilen und mit Mandelblättchen bestreuen. Die Form auf dem Rost in den vorgeheizten Backofen schieben.
Ober-/Unterhitze: etwa 180 °C
Heißluft: etwa 160 °C
Backzeit: etwa 40 Minuten.
4. Den Kuchen aus der Form lösen und auf einem Kuchenrost erkalten lassen. Anschließend den Kuchen mit Puderzucker bestäuben.

Russischer Birnenkuchen

Raffiniert

Russischer Birnenkuchen

Zubereitungszeit: 35 Minuten, ohne Durchziehzeit
Backzeit: etwa 60 Minuten

Zum Vorbereiten für den Belag:
6–8 Birnen
100 ml Wasser
1 EL Zucker
1 Zimtstange
50 ml Rum

Für den Rührteig:
200 g Butter oder Margarine
200 g Zucker
1 Pck. Dr. Oetker Vanillin-Zucker
4 Eier (Größe M)
200 g Weizenmehl
2 gestr. TL gemahlener Zimt
1 gestr. EL Kakaopulver
2 1/2 gestr. TL Dr. Oetker Backin
125 g gemahlene Haselnusskerne

Für die Streusel:
150 g Weizenmehl
1 Msp. gemahlener Zimt
75 g Zucker
1 Pck. Dr. Oetker Vanillin-Zucker
100 g weiche Butter

Insgesamt:
E: 83 g, F: 360 g, Kh: 653 g,
kJ: 25937, kcal: 6195

1. Zum Vorbereiten für den Belag Birnen schälen, halbieren und entkernen. Wasser mit Zucker und der Zimtstange gut aufkochen lassen. Rum unterrühren. Die Birnen mit der Flüssigkeit übergießen und zugedeckt etwa 2 Stunden durchziehen lassen.
2. Für den Rührteig Butter oder Margarine mit Handrührgerät mit Rührbesen auf höchster Stufe geschmeidig rühren. Nach und nach Zucker und Vanillin-Zucker unterrühren. So lange rühren, bis eine gebundene Masse entstanden

ist. Eier nach und nach unterrühren (jedes Ei etwa 1/2 Minute). Mehl mit Zimt, Kakao und Backpulver mischen und auf mittlerer Stufe unterrühren. Anschließend Haselnusskerne unterrühren.

3. Den Backofen vorheizen. Den Teig in eine Springform (Ø 26 cm, Boden gefettet) geben und verstreichen. Die eingelegten Birnen abtropfen lassen, an der gewölbten Seite mehrmals längs einschneiden und mit der Wölbung nach oben auf den Teig legen.

4. Für die Streusel Mehl mit Zimt, Zucker und Vanillin-Zucker in einer Rührschüssel mischen. Butter hinzufügen und alle Zutaten mit Handrührgerät mit Rührbesen zu Streuseln von gewünschter Größe verarbeiten. Die Streusel auf den Birnen verteilen. Danach die Springform auf dem Rost in den vorgeheizten Backofen schieben.

Ober-/Unterhitze: etwa 180 °C
Heißluft: etwa 160 °C
Backzeit: etwa 60 Minuten.

5. Den Kuchen aus der Form lösen und auf einem Kuchenrost erkalten lassen.

Triback-Tarte mit Heidelbeeren

Für Kinder

Triback-Tarte mit Heidelbeeren

Zubereitungszeit: 40 Minuten
Backzeit: 20–25 Minuten

Zum Vorbereiten:
125 g Zwieback

Für den All-in-Teig:
100 g Weizenmehl
2 gestr. TL Dr. Oetker Backin
1/2 TL gemahlener Zimt
1/2 TL gemahlener Anis
125 g Zucker
1 Pck. Dr. Oetker Vanillin-Zucker
1 Prise Salz
1 Ei (Größe M)
125 g weiche Butter

Für den Belag:
1 Pck. (300 g) TK-Heidelbeeren
1 gestr. EL gesiebtes Weizenmehl
1 Pck. Dr. Oetker Vanillin-Zucker
3 Zwieback

Zum Bestäuben:
Puderzucker

Insgesamt:
E: 36 g, F: 124 g, Kh: 354 g,
kJ: 11274, kcal: 2691

1. Zum Vorbereiten Zwieback in einen Gefrierbeutel geben und den Beutel fest verschließen. Zwieback mit einer Teigrolle fein zerbröseln. 2 Esslöffel von den Zwiebackbröseln zum Bestreuen beiseitestellen.

2. Für den Teig Mehl mit Backpulver, Zimt und Anis in einer Rührschüssel mischen. Zucker, Salz, Zwiebackbrösel, Ei und Butter hinzufügen. Die Zutaten mit Handrührgerät mit Knethaken zunächst kurz auf niedrigster, dann auf höchster Stufe in etwa 2 Minuten zu einem Teig verarbeiten. Den Backofen vorheizen.

3. Zwei Drittel des Teiges in eine Tarteform (Ø 28 cm, gefettet) geben, restlichen Teig für den Belag beiseitestellen. Mit bemehlten Händen den Teig in der Form andrücken, dabei den Rand etwas hochdrücken. Den Teigboden mit den beiseitegestellten Zwiebackbröseln bestreuen.

4. Für den Belag gefrorene Heidelbeeren mit Mehl und Vanillin-Zucker mischen und auf dem mit Zwiebackbröseln bestreuten Teigboden verteilen. Zwieback in kleine Stücke brechen, mit dem beiseitegestellten Teig vermengen und streuselartig auf den Heidelbeeren verteilen. Die Form auf dem Rost in den vorgeheizten Backofen schieben.

Ober-/Unterhitze: etwa 200 °C
Heißluft: etwa 180 °C
Backzeit: 20–25 Minuten.

5. Die Tarte in der Form auf einem Kuchenrost abkühlen lassen, lauwarm mit Puderzucker bestreut servieren.

Einfach

Versunkener Bananenkuchen

Zubereitungszeit: 30 Minuten
Backzeit: etwa 40 Minuten

Für den Rührteig:
175 g Butter oder Margarine
125 g Zucker
1 Pck. Dr. Oetker Bourbon-Vanille-Zucker
3 Eier (Größe M)
200 g Weizenmehl
3 gestr. TL Dr. Oetker Backin
15 g Kakaopulver
50 g Raspelschokolade
4 reife Bananen (etwa 800 g)
Saft von 1/2 Zitrone

Zum Bestreichen:
2–3 EL Aprikosenkonfitüre

Insgesamt:
E: 57 g, F: 183 g, Kh: 471 g,
kJ: 15818, kcal: 3779

1. Den Backofen vorheizen. Für den Teig Butter oder Margarine in einer Rührschüssel mit Handrührgerät mit Rührbesen geschmeidig rühren. Nach und nach Zucker und Vanille-Zucker unter Rühren hinzufügen. So lange rühren, bis eine gebundene Masse entstanden ist. Eier nach und nach unterrühren (jedes Ei etwa 1/2 Minute). Mehl mit Backpulver und Kakao mischen und in 2 Portionen auf mittlerer Stufe kurz unterrühren. Zuletzt Raspelschokolade unterheben.
2. Den Teig in eine Springform (Ø 26 cm, Boden gefettet, mit Backpapier belegt) geben und verstreichen. Bananen schälen, quer halbieren und in Zitronensaft wenden. Die 8 kurzen Bananenstücke sternförmig auf den Teig legen. Die Form auf dem Rost in den vorgeheizten Backofen schieben.
Ober-/Unterhitze: etwa 180 °C
Heißluft: etwa 160 °C
Backzeit: etwa 40 Minuten.

Versunkener Bananenkuchen

3. Springformrand vom Kuchen lösen und entfernen. Den Kuchen auf dem Springformboden auf einen Kuchenrost stellen. Konfitüre durch ein Sieb streichen, die Oberfläche des heißen Kuchens mit Hilfe eines Backpinsels damit bestreichen und den Kuchen erkalten lassen. Den Kuchen vom Backpapier lösen und auf eine Tortenplatte legen.

Klassisch

Zwetschenkuchen mit Vanillecreme

Zubereitungszeit: 60 Minuten, ohne Abkühlzeit
Backzeit: etwa 45 Minuten

Für den Knetteig:
150 g Weizenmehl
1/2 gestr. TL Dr. Oetker Backin
65 g Zucker
1 Ei (Größe M)
65 g Butter oder Margarine

Für den Rand:
1 gestr. EL Weizenmehl

Für die Füllung:
1 Pck. Dr. Oetker Pudding-Pulver Vanille-Geschmack
40 g Zucker
500 ml (1/2 l) Milch
2 Eier (Größe M)

Für den Belag:
750 g Zwetschen oder Pflaumen

Zum Bestreichen und Bestreuen:
25 g Butter
1 geh. EL Zucker
1 Pck. Dr. Oetker Vanillin-Zucker

Insgesamt:
E: 61 g, F: 114 g, Kh: 383 g,
kJ: 12259, kcal: 2926

1. Den Backofen vorheizen. Für den Teig Mehl mit Backpulver in einer Rührschüssel mischen. Zucker, Ei und Butter oder Margarine hinzufügen. Die Zutaten mit Handrührgerät mit Knethaken zunächst kurz auf niedrigster, dann auf höchster Stufe gut durcharbeiten.
2. Anschließend den Teig auf der leicht bemehlten Arbeitsfläche kurz verkneten. Sollte er kleben, den Teig in Folie gewickelt kurz kalt stellen.
3. Zwei Drittel des Teiges auf dem Boden einer Springform (Ø 26 cm, Boden gefettet) ausrollen. Springformrand darumstellen und den Teigboden mehrmals mit einer Gabel einstechen. Die Form auf dem Rost in

den vorgeheizten Backofen schieben und den Boden vorbacken.
Ober-/Unterhitze: etwa 200 °C
Heißluft: etwa 180 °C
Backzeit: etwa 15 Minuten.
4. Die Form auf einen Kuchenrost stellen und den Boden etwas abkühlen lassen.
5. Restlichen Teig mit 1 Esslöffel Mehl verkneten und zu einer langen Rolle formen. Diese auf den vorgebackenen Boden legen und so an die Form drücken, dass ein etwa 3 cm hoher Rand entsteht.
6. Für die Füllung aus Pudding-Pulver, Zucker und Milch nach Packungsanleitung einen Pudding zubereiten. Zuletzt Eier unterrühren. Die Puddingmasse gleichmäßig auf dem vorgebackenen Boden verteilen.
7. Für den Belag Zwetschen oder Pflaumen waschen, abtropfen lassen, halbieren, entsteinen und an den Spitzen etwas einschneiden. Zwetschen- oder Pflaumenhälften mit der Innenseite nach oben kranzförmig auf die Puddingmasse legen. Die Form wieder auf dem Rost in den heißen Backofen schieben und den Kuchen **bei gleicher Backtemperatur in etwa 30 Minuten fertig backen.**
8. Die Form auf einen Kuchenrost stellen. Den Kuchen sofort mit zerlassener Butter bestreichen. Zucker mit Vanillin-Zucker mischen und über den Kuchen streuen. Kuchen erkalten lassen.

Beliebt

Apfelkuchen mit Mandelguss

Zubereitungszeit: 30 Minuten
Backzeit: 30–35 Minuten

Für den Belag:
600 g säuerliche Äpfel (vorbereitet gewogen)
2 EL Zitronensaft

Für den Teig:
200 g Schlagsahne
100 g Zucker
1 Pck. Dr. Oetker Vanillin-Zucker
abgeriebene Schale von 1/2 Bio-Zitrone (unbehandelt, ungewachst)
3 Eier (Größe M)
200 g Weizenmehl
2 gestr. TL Dr. Oetker Backin

Für den Guss:
50 g Butter
50 g Zucker
2 EL Milch
40 g abgezogene, gehobelte Mandeln

Insgesamt:
E: 60 g, F: 150 g, Kh: 380 g,
kJ: 13584, kcal: 3244

1. Für den Belag Äpfel schälen, vierteln, entkernen, abwiegen (600 g) und in dünne Spalten schneiden. Die Apfelspalten mit Zitronensaft beträufeln, damit sie nicht braun werden. Den Backofen vorheizen.
2. Für den Teig Sahne mit Zucker, Vanillin-Zucker und Zitronenschale halb steifschlagen. Eier nach und nach unterrühren. Mehl mit Backpulver mischen, hinzufügen und kurz unterrühren. Den Teig in eine Tarteform (Ø 30–32 cm, Boden gefettet) geben und verstreichen.
3. Die Apfelspalten dachziegelartig vom Rand beginnend (außen 1 cm frei lassen) auf dem Teig verteilen. Die Form auf dem Rost in den vorgeheizten Backofen schieben und den Kuchen vorbacken.
Ober-/Unterhitze: etwa 200 °C
Heißluft: etwa 180 °C
Backzeit: etwa 15 Minuten.
4. In der Zwischenzeit für den Guss Butter, Zucker und Milch in einen Topf geben, zum Kochen bringen und gut aufkochen lassen. Mandeln vorsichtig unterrühren.
5. Den Guss nach Beendigung der Vorbackzeit in Klecksen auf die Apfelspalten geben und verteilen. Die Form wieder auf dem Rost in den heißen Backofen schieben und den Kuchen anschließend **bei gleicher Backtemperatur in 15–20 Minuten fertig backen.**
6. Die Form auf einen Kuchenrost stellen und den Kuchen darin erkalten lassen.

Zwetschenkuchen mit Vanillecreme

Apfelkuchen mit Mandelguss

Für Kinder

Apfel-Preiselbeer-Kuchen mit Cornflakes

Zubereitungszeit: 50 Minuten
Backzeit: etwa 60 Minuten

Zum Vorbereiten:
500 g Äpfel (z. B. Elstar)
2 EL Zitronensaft
100 g Marzipan-Rohmasse

Für den Rührteig:
125 g Butter oder Margarine
100 g Zucker
1 Pck. Dr. Oetker Vanillin-Zucker
3 Eier (Größe M)
250 g Weizenmehl
2 gestr. TL Dr. Oetker Backin
4 EL Milch

Für den Belag:
60 g Butter
100 g Zucker
2 EL Schlagsahne
50 g Cornflakes
100 g Wild-Preiselbeeren

Insgesamt:
E: 71 g, F: 220 g, Kh: 551 g,
kJ: 19349, kcal: 4621

1. Zum Vorbereiten Äpfel schälen, vierteln und entkernen. Apfelviertel in dickere Spalten schneiden und mit Zitronensaft beträufeln. Marzipan in sehr kleine Stücke schneiden. Den Backofen vorheizen.
2. Für den Teig Butter oder Margarine und Marzipan mit Handrührgerät mit Rührbesen auf höchster Stufe geschmeidig rühren. Nach und nach Zucker und Vanillin-Zucker unterrühren. So lange rühren, bis eine gebundene Masse entstanden ist.
3. Eier nach und nach unterrühren (jedes Ei etwa 1/2 Minute). Mehl mit Backpulver mischen und in 2 Portionen abwechselnd mit der Milch auf mittlerer Stufe kurz unterrühren.
4. Den Teig in eine Springform (Ø 26 cm, Boden gefettet) geben und verstreichen. Apfelspalten darauf verteilen. Die Form auf dem Rost in den vorgeheizten Backofen schieben.
Ober-/Unterhitze: etwa 180 °C
Heißluft: etwa 160 °C
Backzeit: etwa 45 Minuten.
5. Die Form auf einen Kuchenrost stellen. Für den Belag Butter, Zucker und Sahne in einem kleinen Topf zum Kochen bringen. Den Topf von der Kochstelle nehmen und Cornflakes unterrühren. Wild-Preiselbeeren in die Zwischenräume der Apfelspalten geben. Den Cornflakes-Guss gleichmäßig darauf verteilen. Die Form wieder auf dem Rost in den heißen Backofen schieben und den Kuchen **bei gleicher Backtemperatur in etwa 15 Minuten fertig backen.**
6. Den Kuchen anschließend aus der Form lösen und auf einem Kuchenrost erkalten lassen.

Für Gäste

Amerikanischer Käsekuchen

Zubereitungszeit: 40 Minuten, ohne Kühlzeit
Backzeit: etwa 80 Minuten

Für den Knetteig:
200 g Weizenmehl
1 gestr. TL Dr. Oetker Backin
75 g Zucker
1 Ei (Größe M)
100 g Butter oder Margarine

Für den Belag:
3 Eiweiß (Größe M)
400 g Doppelrahm-Frischkäse
300 g saure Sahne
125 g Zucker
50 g Speisestärke
3 Eigelb (Größe M)
1 Pck. Dr. Oetker Finesse Geriebene Zitronenschale
125 ml (1/8 l) Milch

Zum Bestäuben:
Puderzucker

Insgesamt:
E: 104 g, F: 185 g, Kh: 432 g,
kJ: 16550, kcal: 3955

1. Für den Teig Mehl mit Backpulver in einer Rührschüssel mischen. Zucker, Ei und Butter oder Margarine in

Apfel-Preiselbeer-Kuchen mit Cornflakes

Amerikanischer Käsekuchen

Gestürzter Himbeerkuchen

Stückchen hinzufügen. Die Zutaten mit Handrührgerät mit Knethaken zunächst auf niedrigster, dann auf höchster Stufe gut durcharbeiten. Den Teig auf der leicht bemehlten Arbeitsfläche kurz verkneten. Sollte er kleben, ihn eine Zeit lang kalt stellen. Den Backofen vorheizen.
2. Zwei Drittel des Teiges auf dem Boden einer Springform (Ø 26 cm, gefettet) ausrollen und mehrmals mit einer Gabel einstechen. Springformrand darumstellen und die Form auf dem Rost in den vorgeheizten Backofen schieben.
Ober-/Unterhitze: 180 °C
Heißluft: 160 °C
Backzeit: etwa 10 Minuten.
3. Die Form auf einen Kuchenrost stellen und etwas abkühlen lassen. Den Rest des Teiges zu einer Rolle formen, sie als Rand auf den Teigboden legen und so an die Form drücken, dass ein etwa 3 cm hoher Rand entsteht.
4. Für den Belag Eiweiß mit Handrührgerät mit Rührbesen steifschlagen. Die übrigen Zutaten in eine Rührschüssel geben und mit Handrührgerät mit Rührbesen gut verrühren. Das steifgeschlagene Eiweiß unterheben. Die Masse auf dem vorgebackenen Boden verteilen und verstreichen. Den Kuchen im heißen Backofen **bei gleicher Backtemperatur weitere etwa 30 Minuten backen.** Dann die Backtemperatur herunterschalten und den Käsekuchen fertig backen.
Ober-/Unterhitze: etwa 160 °C
Heißluft: etwa 140 °C
Backzeit: etwa 40 Minuten.
5. Den Kuchen etwa 10 Minuten im ausgeschalteten, leicht geöffneten Backofen stehen lassen und auf einem Kuchenrost erkalten lassen. Erkalteten Kuchen aus der Form lösen und mit Hilfe einer Schablone mit Puderzucker bestäuben.

Einfach

Gestürzter Himbeerkuchen

Zubereitungszeit: 30 Minuten, ohne Abkühlzeit
Backzeit: 35–40 Minuten

Für den All-in-Teig:
165 g Weizenmehl
4 gestr. TL Dr. Oetker Backin
150 g Zucker
50 g Instant-Getränkepulver Himbeer-Geschmack
1 Pck. Dr. Oetker Finesse Geriebene Zitronenschale
4 Eier (Größe M)
165 g weiche Butter
250 g TK-Himbeeren

Zum Bestreichen und Bestreuen:
3 geh. EL Himbeerkonfitüre
1–2 EL abgezogene, gehobelte Mandeln

Insgesamt:
E: 53 g, F: 171 g, Kh: 362 g,
kJ: 13484, kcal: 3219

1. Den Backofen vorheizen. Für den Teig Mehl mit Backpulver in einer Rührschüssel mischen. Zucker, Getränkepulver, Zitronenschale, Eier und Butter hinzufügen.
2. Die Zutaten mit Handrührgerät mit Rührbesen zunächst kurz auf niedrigster, dann auf höchster Stufe in etwa 2 Minuten zu einem Teig verarbeiten.
3. Gefrorene Himbeeren in eine Springform (Ø 26 cm, Boden gefettet, mit Backpapier belegt) geben, dabei 1–2 cm am Rand frei lassen. Den Teig vorsichtig vom Rand aus darauf verteilen und verstreichen. Die Form auf dem Rost in den vorgeheizten Backofen schieben.
Ober-/Unterhitze: etwa 180 °C
Heißluft: etwa 160 °C
Backzeit: 35–40 Minuten.
4. Den Kuchen auf einen mit Backpapier belegten Kuchenrost stürzen und mitgebackenes Backpapier abziehen. Himbeerkuchen erkalten lassen.
5. Konfitüre durch ein Sieb in einen Topf streichen, mit 1 Teelöffel Wasser unter Rühren zum Kochen bringen und gut aufkochen lassen. Kuchenoberfläche und -rand damit bestreichen. Den Kuchenrand mit Mandeln bestreuen und anschließend servieren.

Gedeckter Birnen-Nuss-Kuchen

Gut vorzubereiten

Gedeckter Birnen-Nuss-Kuchen

Zubereitungszeit: 50 Minuten, ohne Kühlzeit
Backzeit: etwa 45 Minuten

Für den Knetteig:
250 g Weizenmehl
etwa 3 EL kaltes Wasser
1–2 EL Zucker
75 g Butter oder Margarine
75 g Butterschmalz

Für die Füllung:
1 kg reife Birnen
4 EL Zitronensaft
50 g brauner Zucker (Kandisfarin)
1 Msp. gemahlener Zimt
1 Msp. gemahlene Nelken
50 g gemahlene Haselnusskerne
30 g gehobelte Haselnusskerne
1 EL Semmelbrösel
Kondensmilch

Außerdem:
30 g Butter
1–2 EL brauner Zucker

Insgesamt:
E: 41 g, F: 222 g, Kh: 384 g,
kJ: 15456, kcal: 3691

1. Für den Teig Mehl mit Wasser, Zucker, Butter oder Margarine und Butterschmalz in eine Rührschüssel geben. Die Zutaten mit Handrührgerät mit Knethaken zunächst kurz auf niedrigster, dann auf höchster Stufe gut durcharbeiten. Anschließend den Teig auf der leicht bemehlten Arbeitsfläche kurz verkneten. Sollte er kleben, ihn 20 Minuten kalt stellen.
2. Für die Füllung Birnen schälen, vierteln, entkernen, in Stücke schneiden und mit Zitronensaft beträufeln. Zucker mit Gewürzen und Haselnusskernen vermischen, zu den Birnen geben und alles vorsichtig vermengen.
3. Gut die Hälfte des Teiges zu einer runden Platte (Ø 32 cm) ausrollen und eine Springform (Ø 28 cm, Boden gefettet) damit auslegen. Den Teig am Rand festdrücken. Den Teigboden mehrmals mit einer Gabel einstechen. Den Teigboden mit den Semmelbröseln bestreuen und die Birnenmasse darauf verteilen. Den Teigrand in der Form mit Kondensmilch bestreichen.
4. Den Backofen vorheizen. Den restlichen Teig in der Größe der Springform ausrollen und als Decke auf die Birnen legen. Teig festdrücken und überstehenden Teig abschneiden.
5. Aus den Teigresten Figuren ausstechen, auf der Unterseite mit Kondensmilch bestreichen und auf die Teigdecke kleben.
6. Butter zerlassen und die Teigdecke damit bepinseln. Die Teigdecke mehrmals mit einer Gabel einstechen und mit Zucker bestreuen. Die Form auf dem Rost in den vorgeheizten Backofen schieben.
Ober-/Unterhitze: etwa 200 °C
Heißluft: etwa 180 °C
Backzeit: etwa 45 Minuten.
7. Den Kuchen auf einen Kuchenrost stellen und in der Form erkalten lassen.

Beigabe: Geschlagene Sahne oder Vanillesauce.

Tipp: Das Butterschmalz können Sie durch Butter ersetzen. Anstelle von frischen Birnen können Sie auch 1 große Dose (Abtropfgewicht 460 g) und 1 kleine Dose Birnen (Abtropfgewicht 230 g) verwenden.

Für Gäste – raffiniert

Beeriger Käsekuchen

Zubereitungszeit: 60 Minuten, ohne Teiggeh- und Abkühlzeit
Backzeit: etwa 40 Minuten

Für den Hefeteig:
175 g Weizenmehl
1/2 Pck. Dr. Oetker Trockenbackhefe
10 g Zucker
1 Pck. Dr. Oetker Vanillin-Zucker
1 Becher (150 g) Crème fraîche

Für den Knetteig:
75 g Weizenmehl
1 Msp. Dr. Oetker Backin
20 g Zucker
1 Pck. Dr. Oetker Vanillin-Zucker
1/2 Pck. Dr. Oetker Finesse Geriebene Zitronenschale
1 Eigelb (Größe M)
50 g Butter

Für den Belag:
4 Eiweiß (Größe M)
1 EL Zucker
750 g Magerquark, 150 g Zucker
1 Pck. Dr. Oetker Vanillin-Zucker
4 Eigelb (Größe M)
1/2 Pck. Dr. Oetker Finesse Geriebene Zitronenschale
1 Becher (125 g) Crème double
3 EL Milch
1 Pck. Käsekuchen-Hilfe
350 g vorbereitete rote Johannisbeeren
400 g vorbereitete Stachelbeeren oder 1 Glas Stachelbeeren (Abtropfgewicht 350 g)

Zum Bestreichen:
1 Eigelb (Größe M)
25 ml Milch

Zum Garnieren:
350 g vorbereitete Johannisbeeren
100 g vorbereitete Stachelbeeren
Puderzucker

Insgesamt:
E: 186 g, F: 190 g, Kh: 630 g, kJ: 21876, kcal: 5222

1. Für den Hefeteig Mehl in eine Rührschüssel geben und Trockenbackhefe sorgfältig untermischen. Zucker, Vanillin-Zucker und leicht erwärmte Crème fraîche hinzufügen und mit Handrührgerät mit Knethaken zunächst auf niedrigster, dann auf höchster Stufe in etwa 5 Minuten zu einem glatten Teig verarbeiten. Den Teig zugedeckt so lange an einem warmen Ort stehen lassen, bis er sich sichtbar vergrößert hat.
2. Für den Knetteig Mehl mit Backpulver in einer Rührschüssel mischen. Zucker, Vanillin-Zucker, Zitronenschale, Eigelb und Butter hinzufügen und mit Handrührgerät mit Knethaken zunächst kurz auf niedrigster, dann auf höchster Stufe gut durcharbeiten. Anschließend den Teig auf der leicht bemehlten Arbeitsfläche kurz verkneten.
3. Den gegangenen Hefeteig mit dem Knetteig verkneten. Drei Viertel des Teiges auf einem Backblech (gefettet) zu einer Größe von etwa 20 x 30 cm ausrollen. Einen Backrahmen in der Größe des Teiges darumstellen. Den Backofen vorheizen.
4. Für den Belag Eiweiß steifschlagen und Zucker unterschlagen. Quark mit Zucker, Vanillin-Zucker, Eigelb, Zitronenschale, Crème double, Milch und Käsekuchen-Hilfe mit Handrührgerät mit Rührbesen auf höchster Stufe in etwa 1 Minute verrühren. Eischnee unterheben. Die Johannisbeeren und Stachelbeeren ebenfalls unterheben. Die Masse auf dem Teig verteilen.
5. Den restlichen Teig dünn ausrollen, Ringe von etwa 10 cm Durchmesser ausstechen und auf den Belag legen. Eigelb und Milch verrühren und die Teigringe mit Hilfe eines Pinsels mit der Eigelbmilch bestreichen. Das Backblech in den vorgeheizten Backofen schieben.
Ober-/Unterhitze: etwa 180 °C
Heißluft: etwa 160 °C
Backzeit: etwa 40 Minuten.
6. Das Backblech auf einen Kuchenrost stellen und den Kuchen darauf erkalten lassen. Zum Garnieren die Ringe mit den Beeren belegen. Den Kuchen vor dem Servieren mit Puderzucker bestäuben.

Tipp: Den Kuchen maximal einen Tag vor dem Verzehr zubereiten. Anstelle der Johannis- und Stachelbeeren schmecken auch Heidelbeeren, Himbeeren oder Sauerkirschen sehr gut.

Beeriger Käsekuchen

Beliebt

Aprikosen-Pudding-Kuchen

Zubereitungszeit: 35 Minuten, ohne Abkühlzeit
Backzeit: etwa 45 Minuten

Für den Belag:
1 Dose Aprikosenhälften (Abtropfgewicht 480 g)
250 ml (1/4 l) Milch
200 g Schlagsahne
50 g Zucker
1 Pck. Dr. Oetker Pudding-Pulver Vanille-Geschmack

Für den Quark-Öl-Teig:
300 g Weizenmehl
1 Pck. Dr. Oetker Backin
150 g Magerquark
100 ml Milch
100 ml Speiseöl
75 g Zucker
1 Pck. Dr. Oetker Vanillin-Zucker
1 Prise Salz

Zum Bestreichen:
etwas Milch

Insgesamt:
E: 68 g, F: 179 g, Kh: 496 g, kJ: 16587, kcal: 3961

1. Für den Belag Aprikosenhälften in einem Sieb gut abtropfen lassen. Aprikosenhälften in kleine Würfel schneiden. Aus Milch, Sahne, Zucker und Pudding-Pulver nach Packungsanleitung einen Pudding zubereiten, etwas abkühlen lassen, dabei zwischendurch umrühren, damit sich keine Haut bildet, oder sofort Frischhaltefolie auf den Pudding legen.
2. Für den Teig Mehl mit Backpulver in einer Rührschüssel mischen. Quark, Milch, Speiseöl, Zucker, Vanillin-Zucker und Salz hinzufügen. Die Zutaten mit Handrührgerät mit Knethaken zunächst kurz auf niedrigster, dann auf höchster Stufe in etwa 1 Minute zu einem Teig verarbeiten (nicht zu lange, Teig klebt sonst). Den Backofen vorheizen.
3. Knapp ein Drittel des Teiges auf einer leicht bemehlten Arbeitsfläche zu einer runden Platte (Ø 26 cm) ausrollen und in etwa 2 cm breite Streifen schneiden. Restlichen Teig auf dem Boden einer Springform (Ø 26 cm, gefettet) ausrollen. Springformrand darumstellen. Den Teig gut 1 cm am Rand hochdrücken.
4. Den erkalteten Pudding auf den Teigboden streichen, Aprikosenwürfel darauf verteilen. Teigstreifen gitterförmig darauflegen und mit etwas Milch bestreichen. Die Form auf dem Rost in den vorgeheizten Backofen schieben.
Ober-/Unterhitze: etwa 180 °C
Heißluft: etwa 160 °C
Backzeit: etwa 45 Minuten.
5. Den Kuchen aus der Form lösen und auf einem Kuchenrost erkalten lassen.

Für Gäste

Erdbeer-Käsekuchen

Zubereitungszeit: 60 Minuten, ohne Abkühlzeit
Backzeit: 80–85 Minuten

Für den Boden:
100 g Butter
150 g Löffelbiskuits

Für den Belag:
500 g Erdbeeren
500 g Mascarpone (ital. Frischkäse)
500 g Magerquark
150 g Zucker
Saft und abgeriebene Schale von 1 1/2 Bio-Zitronen (unbehandelt, ungewachst)
30 g Speisestärke, 1 Prise Salz
5 Eier (Größe M)
2 EL abgezogene, gehobelte Mandeln
1 EL Erdbeerkonfitüre
1 EL Schlagsahne

Aprikosen-Pudding-Kuchen

Insgesamt:
E: 148 g, F: 357 g, Kh: 328 g,
kJ: 22335, kcal: 5340

1. Den Backofen vorheizen. Für den Boden Butter zerlassen. Löffelbiskuits in einen großen Gefrierbeutel geben und mit einer Teigrolle fein zerbröseln. Zerbröselte Löffelbiskuits mit der Butter verkneten.
2. Biskuitbrösel auf dem Boden einer Springform (Ø 26 cm, gefettet) verteilen und mit einem Esslöffel fest andrücken. Die Form auf dem Rost in den vorgeheizten Backofen schieben und vorbacken.
Ober-/Unterhitze: etwa 180 °C
Heißluft: etwa 160 °C
Backzeit: 10–15 Minuten.
3. Für den Belag Erdbeeren waschen, gut abtropfen lassen, entstielen und klein schneiden. Etwa 100 g geputzte Erdbeeren beiseitelegen, den Rest auf dem Teigboden verteilen.
4. 400 g vom Mascarpone mit Quark, Zucker, Zitronensaft und -schale verrühren. Speisestärke, Salz und Eier hinzufügen und gleichmäßig unterrühren.
5. Die Mascarponecreme auf den Erdbeeren verteilen. Die Form wieder auf dem Rost in den heißen Backofen schieben und den Kuchen danach **bei gleicher Backtemperatur in etwa 70 Minuten fertig backen.**
6. Kuchen in der Form auf einen mit Backpapier belegten Kuchenrost stellen und erkalten lassen.
7. Mandeln in einer Pfanne ohne Fett goldbraun rösten, Erdbeerkonfitüre glattrühren und an den Kuchenrand streichen. Mandeln an den Kuchenrand drücken. Restliche Erdbeeren pürieren. Restlichen Mascarpone und Sahne cremig rühren, auf der Kuchenoberfläche mit einem Esslöffel wellenförmig verteilen und mit Erdbeerpüree verzieren. Den Kuchen etwa 1 Stunde kalt stellen.

Fettarm

Gestürzter Mangokuchen

Zubereitungszeit: 20 Minuten, ohne Abkühlzeit
Backzeit: 15–20 Minuten

Für den Rührteig:
50 g weiche Joghurt-Butter
30 g Zucker
1 Pck. Dr. Oetker Vanillin-Zucker
1 Prise Salz
1 TL Dr. Oetker Finesse
Geriebene Zitronenschale
1 Ei (Größe M)
100 g Weizenmehl
1 gestr. TL Dr. Oetker Backin
5 EL Apfelsaft

Für den Belag:
1 große Mango
(etwa 250 g Fruchtfleisch)
1 EL gehackte Pistazienkerne

Insgesamt:
E: 22 g, F: 55 g, Kh: 169 g,
kJ: 5284, kcal: 1267

1. Für den Teig Butter mit Handrührgerät mit Rührbesen geschmeidig rühren. Nach und nach Zucker, Vanillin-Zucker, Salz und Zitronenschale unterrühren. So lange rühren, bis eine gebundene Masse entstanden ist. Das Ei etwa 1/2 Minute auf höchster Stufe unterrühren.
2. Mehl mit Backpulver mischen und abwechselnd mit dem Saft auf mittlerer Stufe kurz unterrühren. Den Backofen vorheizen.
3. Für den Belag Mango halbieren. Das Fruchtfleisch vom Stein schneiden und schälen. Fruchtfleisch in Spalten schneiden. Mangospalten kreisförmig in eine Pie- oder Tarteform (Ø 22 cm, gefettet, mit Zucker ausgestreut) legen. Teig daraufgeben und vorsichtig verstreichen. Die Form auf dem Rost in den vorgeheizten Backofen schieben.
Ober-/Unterhitze: etwa 200 °C
Heißluft: etwa 180 °C
Backzeit: 15–20 Minuten.
4. Kuchen etwa 10 Minuten in der Form abkühlen lassen, dann einen großen flachen Teller auf die Form legen und die Form mit dem Teller so umdrehen, dass der Kuchen auf dem Teller liegt. Form abnehmen. Gestürzten Mangokuchen mit Pistazien bestreuen und in Stücke einteilen.

Tipp: Dieser Kuchen schmeckt warm sehr gut. Wenn der Kuchen abgekühlt ist, können Sie die Kuchenstücke aber auch einzeln einfrieren.

Limetten-Kokos-Käsekuchen

Sauerkirsch-Tarte

Beliebt

Limetten-Kokos-Käsekuchen

Zubereitungszeit: 50 Minuten
Backzeit: 60–70 Minuten

Für den Streuselteig:
300 g Weizenmehl
100 g Zucker
1 Pck. Dr. Oetker Vanillin-Zucker
1 Prise Salz
125 g Butter oder Margarine

Zum Bestreuen:
4 EL (etwa 30 g) Kokosraspel

Für die Quarkcreme:
3 Bio-Limetten (unbehandelt, ungewachst)
5 Eiweiß (Größe M)
1 kg Magerquark
50 g weiche Butter
4 EL Schlagsahne
150 g Zucker
1 Prise Salz
1 Pck. Dr. Oetker Pudding-Pulver Vanille-Geschmack
5 Eigelb (Größe M)

Für die Streusel:
4 EL Kokosraspel

Insgesamt:
E: 208 g, F: 233 g, Kh: 561 g,
kJ: 22616, kcal: 5401

1. Für den Teig Mehl mit Zucker, Vanillin-Zucker und Salz in eine Rührschüssel geben. Butter oder Margarine hinzufügen. Die Zutaten mit Handrührgerät mit Rührbesen zu Streuseln von gewünschter Größe verarbeiten. Zwei Drittel der Streusel auf den Boden einer Springform (Ø 26 cm, gefettet) geben und zu einem Boden andrücken. Kokosraspel auf den Teigboden streuen. Den Backofen vorheizen.
2. Für die Creme Limetten heiß abwaschen und trocken tupfen. Schale abreiben und Saft auspressen. Eiweiß steifschlagen und beiseitestellen. Quark mit Limettenschale und -saft, Butter, Sahne, Zucker, Salz, Pudding-Pulver und Eigelb in eine Rührschüssel geben. Die Zutaten gut verrühren. Eischnee unterheben. Die Quarkmasse auf den Teigboden geben und verstreichen. Die restlichen Teigstreusel mit Kokosraspeln mischen und darüberstreuen. Die Form auf dem Rost in den vorgeheizten Backofen schieben.
Ober-/Unterhitze: etwa 180 °C
Heißluft: etwa 160 °C
Backzeit: 60–70 Minuten.
3. Den Kuchen etwa 10 Minuten im leicht geöffneten, ausgeschalteten Backofen stehen lassen. Dann die Form auf einen Kuchenrost stellen und den Kuchen abkühlen lassen. Den Kuchen aus der Form lösen und auf einem Kuchenrost vollständig erkalten lassen.

Fettarm

Sauerkirsch-Tarte

Zubereitungszeit: 35 Minuten, ohne Abkühlzeit
Backzeit: etwa 45 Minuten

Zum Vorbereiten:
1 Glas Sauerkirschen (Abtropfgewicht 370 g)

Für den Knetteig:
200 g Weizenmehl
50 g Zucker
1 Prise Salz, 1 Ei (Größe M)
100 g Butter oder Margarine

Zum Bestreuen:
1 EL Semmelbrösel

Für den Guss:
3 Eier (Größe M)
75 g Zucker
1 Pck. Dr. Oetker Vanillin-Zucker
abgeriebene Schale von 1/2 Bio-Zitrone (unbehandelt, ungewachst)
300 g fettarmer Joghurt (1,5 % Fett)

Insgesamt:
E: 62 g, F: 118 g, Kh: 377 g,
kJ: 12152, kcal: 2902

1. Zum Vorbereiten die Sauerkirschen in einem Sieb gut abtropfen lassen. Den Backofen vorheizen.
2. Für den Teig Mehl mit Zucker, Salz, Ei und Butter oder Margarine in eine Rührschüssel geben. Die Zutaten mit Handrührgerät mit Knethaken zunächst kurz auf niedrigster, dann auf höchster Stufe gut durcharbeiten. Anschließend den Teig auf der

leicht bemehlten Arbeitsfläche kurz verkneten. Sollte er kleben, ihn in Folie gewickelt kurz kalt stellen.
3. Den Teig auf der leicht bemehlten Arbeitsfläche zu einer runden Platte (Ø etwa 32 cm) ausrollen und in eine Tarteform (Ø 28 cm, gefettet) legen. Teig am Rand etwas hochdrücken. Teigboden mehrmals mit einer Gabel einstechen. Die Form auf dem Rost in den vorgeheizten Backofen schieben und den Boden vorbacken.
Ober-/Unterhitze: etwa 180 °C
Heißluft: etwa 160 °C
Backzeit: etwa 15 Minuten.
4. Die Form auf einen Kuchenrost stellen und etwas abkühlen lassen. Den vorgebackenen Boden mit Semmelbröseln bestreuen.
5. Für den Guss Eier mit Zucker, Vanillin-Zucker, Zitronenschale und Joghurt verrühren. Sauerkirschen auf dem vorgebackenen Boden verteilen und den Guss darübergeben. Die Form wieder auf dem Rost in den Backofen schieben und den Kuchen **bei gleicher Backtemperatur in etwa 30 Minuten fertig backen.**
6. Die Form auf einen Kuchenrost stellen. Die Tarte etwas abkühlen lassen und lauwarm servieren.

Raffiniert

Obstkuchen auf französische Art

Zubereitungszeit: 40 Minuten, ohne Abkühlzeit
Backzeit: etwa 50 Minuten

Für den Knetteig:
200 g Weizenmehl
1 Pck. Dr. Oetker Vanillin-Zucker
1 Prise Salz
1 Ei (Größe M)
100 g weiche Butter oder Margarine

Für den Belag:
250 g Aprikosen
3 mittelgroße Äpfel
2 Birnen

Für den Guss:
2 Eigelb (Größe M)
250 g Schlagsahne
60 g Zucker
1 Pck. Dr. Oetker Vanillin-Zucker
2 gestr. EL Speisestärke

Zum Aprikotieren:
4–5 EL Aprikosenkonfitüre
1 EL Wasser

Insgesamt:
E: 48 g, F: 180 g, Kh: 408 g,
kJ: 14508, kcal: 3468

1. Den Backofen vorheizen. Für den Teig Mehl und restliche Zutaten in eine Rührschüssel geben und alles mit Handrührgerät mit Knethaken zunächst kurz auf niedrigster, dann auf höchster Stufe zu einem Teig verarbeiten. Anschließend den Teig mit den Händen zu einer Kugel formen.
2. Gut die Hälfte des Teiges auf dem Boden eine Springform (Ø 26 cm, gefettet) ausrollen und den Springformrand darumlegen. Die Form auf dem Rost in den vorgeheizten Backofen schieben und den Boden vorbacken.
Ober-/Unterhitze: etwa 180 °C
Heißluft: etwa 160 °C
Backzeit: etwa 10 Minuten.
3. Die Form auf einen Kuchenrost stellen und abkühlen lassen. Den Rest des Teiges zu einer langen Rolle formen, als Rand auf den Teigboden legen und so an die Form drücken, dass ein 2–3 cm hoher Rand entsteht.
4. Für den Belag Aprikosen waschen, abtropfen lassen, halbieren, entsteinen und in Spalten schneiden. Äpfel und Birnen schälen, vierteln, entkernen und in Spalten schneiden. Den vorgebackenen Teigboden mit dem Obst belegen.
5. Für den Guss Eigelb und Schlagsahne mit einem Schneebesen verrühren. Zucker, Vanillin-Zucker und Speisestärke unterrühren und den Guss über dem Obst verteilen. Die Form nochmals auf dem Rost in den heißen Backofen schieben und den Kuchen anschließend **bei gleicher Backtemperatur in etwa 40 Minuten fertig backen.**
6. Den Kuchen nach dem Backen aus der Form lösen. Zum Aprikotieren Aprikosenkonfitüre durch ein Sieb streichen und mit Wasser unter Rühren gut aufkochen lassen. Den Kuchen sofort nach dem Backen mit Hilfe eines Backpinsels damit bestreichen und auf einem Kuchenrost erkalten lassen.

Obstkuchen auf französische Art

Klassisch

Passauer Apfelkuchen

Zubereitungszeit: 60 Minuten, ohne Abkühlzeit
Backzeit: etwa 80 Minuten

Für den Knetteig:
300 g Weizenmehl
1/2 gestr. TL Dr. Oetker Backin
125 g Zucker
1 Pck. Dr. Oetker Vanillin-Zucker
abgeriebene Schale von 1 Bio-Zitrone (unbehandelt, ungewachst)
1/2 Eigelb (Größe M)
1 Eiweiß (Größe M)
150 g Butter oder Margarine

Für die Mohnfüllung:
1 Pck. (250 g) Mohnback
2 Pck. Dr. Oetker Vanillin-Zucker
je 1 Msp. Zimt und Nelken, gemahlen
etwa 50 g Semmelbrösel
125 ml (1/8 l) Milch
30 g Rum-Rosinen
2 dünne Wiener Böden
(je etwa 1 cm dick)

Für die Nussfüllung:
200 g gemahlene Haselnusskerne
250 ml (1/4 l) Milch
50 g Zucker
1 Msp. gemahlener Zimt
1 EL Rum
50 g Semmelbrösel

Für die Apfelfüllung:
750 g Äpfel
50 g Zucker
1 Msp. gemahlener Zimt
30 g Rum-Rosinen

Zum Bestreichen:
1/2 Eigelb (Größe M)
1 TL Milch

Insgesamt:
E: 130 g, F: 332 g, Kh: 1008 g,
kJ: 31729, kcal: 7577

1. Für den Teig Mehl mit Backpulver in einer Rührschüssel mischen. Zucker, Vanillin-Zucker, Zitronenschale, Eigelb, Eiweiß und Butter oder Margarine hinzufügen. Die Zutaten mit Handrührgerät mit Knethaken zunächst kurz auf niedrigster, dann auf höchster Stufe gut durcharbeiten. Anschließend den Teig auf der leicht bemehlten Arbeitsfläche kurz verkneten. Sollte er kleben, ihn in Folie gewickelt eine Zeit lang kalt stellen. Die Hälfte des Teiges auf dem Boden einer Springform (Ø 28 cm, gefettet) ausrollen. Den Springformrand darumlegen.

2. Für die Mohnfüllung Mohnback mit Vanillin-Zucker, Zimt, Nelken, Semmelbröseln und Milch mit Handrührgerät mit Rührbesen zu einer geschmeidigen Masse verrühren. Rum-Rosinen unterheben. Die Mohnfüllung auf dem Knetteigboden verteilen und mit einem Wiener Boden bedecken.

3. Für die Nussfüllung Haselnusskerne mit Milch, Zucker, Zimt, Rum und Semmelbröseln in einer Rührschüssel gut verrühren. Die Nussfüllung auf den Wiener Boden geben und glattstreichen, den zweiten Wiener Boden darauflegen und leicht andrücken.

4. Für die Apfelfüllung Äpfel schälen, vierteln, entkernen und in kleine Stücke schneiden. Apfelstücke, Zucker, Zimt und Rum-Rosinen mit etwas Wasser in einem Topf unter Rühren leicht dünsten. Die Apfelfüllung auf dem Wiener Boden verteilen und abkühlen lassen. Den Backofen vorheizen.

5. Den restlichen Knetteig auf der leicht bemehlten Arbeitsfläche zu einer runden Platte (Ø etwa 28 cm) ausrollen und auf die Apfelfüllung legen. Die Teigplatte mehrmals mit einer Gabel einstechen. Eigelb mit Milch verschlagen. Die Teigplatte damit bestreichen. Die Form auf dem Rost in den vorgeheizten Backofen schieben.
Ober-/Unterhitze: etwa 180 °C
Heißluft: etwa 160 °C
Backzeit: etwa 80 Minuten.

6. Den Kuchen aus der Form lösen und auf einem Kuchenrost erkalten lassen.

Tipp: Rosinen mit Rum schon einen Tag vor der Zubereitung in einem zugedeckten Gefäß einweichen und durchziehen lassen.

Passauer Apfelkuchen

Vanille-Käsekuchen

Für Gäste

Vanille-Käsekuchen

Zubereitungszeit: 40 Minuten, ohne Kühlzeit
Backzeit: etwa 65 Minuten

Für den Knetteig:
180 g Weizenmehl
1 gestr. TL Dr. Oetker Backin
65 g Zucker
1 Prise Salz
1 Ei (Größe M)
65 g Butter oder Margarine

Für den Belag:
500 g Magerquark
250 ml (1/4 l) neutrales Speiseöl
125 g Zucker
1 Pck. Dr. Oetker Bourbon-Vanille-Zucker
abgeriebene Schale und Saft von 1 Bio-Zitrone (unbehandelt, ungewachst)
1 Pck. Dr. Oetker Pudding-Pulver Vanille-Geschmack
500 ml (1/2 l) Milch
1 Ei (Größe M)
2 Eigelb (Größe M)

Für das Baiser:
2 Eiweiß (Größe M)
80 g Zucker

Zum Bestäuben:
Puderzucker

Insgesamt:
E: 132 g, F: 296 g, Kh: 491 g,
kJ: 22362, kcal: 5339

1. Für den Teig Mehl mit Backpulver in einer Rührschüssel mischen. Zucker, Salz, Ei und Butter oder Margarine hinzufügen. Die Zutaten mit Handrührgerät mit Knethaken zunächst kurz auf niedrigster, dann auf höchster Stufe gut durcharbeiten.
2. Den Teig auf der leicht bemehlten Arbeitsfläche kurz verkneten. Sollte er kleben, ihn in Folie gewickelt eine Zeit lang kalt stellen.
3. Für den Belag Quark mit Speiseöl, Zucker, Vanille-Zucker, Zitronenschale und -saft zu einer geschmeidigen Masse verrühren. Pudding-Pulver, Milch, Ei und Eigelb hinzufügen, unterrühren. Backofen vorheizen.
4. Zwei Drittel des Teiges auf dem Boden einer Springform (Ø 26 cm, gefettet) ausrollen. Springformrand darumstellen. Restlichen Teig zu einer langen Rolle formen, sie als Rand auf den Teigboden legen und so an die Form drücken, dass ein etwa 3 cm hoher Rand entsteht.
5. Die Quarkmasse auf den Teigboden geben und verstreichen. Die Form auf dem Rost in den vorgeheizten Backofen schieben.
Ober-/Unterhitze: etwa 180 °C
Heißluft: etwa 160 °C
Backzeit: etwa 55 Minuten.
6. Für das Baiser kurz vor Ende der Backzeit Eiweiß so steifschlagen, dass ein Messerschnitt sichtbar bleibt. Nach und nach Zucker kurz unterschlagen. Kuchen kurz aus dem Backofen nehmen und die Baisermasse auf die Kuchenoberfläche streichen. Kuchen wieder auf dem Rost in den heißen Backofen schieben und das Baiser **bei gleicher Backtemperatur in 8–10 Minuten überbacken.**
7. Den Kuchen in der Form erkalten lassen, dann aus der Form lösen und auf eine Tortenplatte legen. Den erkalteten Kuchen mit Puderzucker bestäuben.

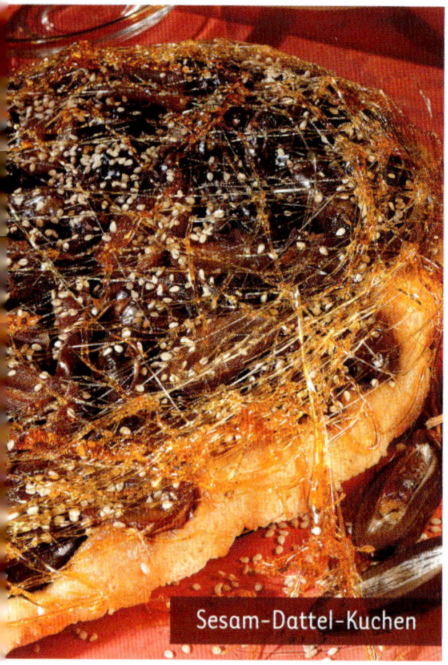

Sesam-Dattel-Kuchen

Rhabarber-Vanille-Tarte

Exotisch

Sesam-Dattel-Kuchen

Zubereitungszeit: 35 Minuten, ohne Abkühlzeit
Backzeit: etwa 30 Minuten

Zum Vorbereiten:
500 g getrocknete Datteln ohne Stein
100 g Puderzucker

Für den Knetteig:
250 g Weizenmehl
1 gestr. TL Dr. Oetker Backin
60 g Zucker
1 Pck. Dr. Oetker Vanillin-Zucker
1 Ei (Größe M)
1 EL Rosenwasser (ohne Alkohol)
1 EL geschälte Sesamsamen
100 g Butter oder Margarine

Zum Bestreuen:
1 EL abgezogene, gehobelte Mandeln
1 EL geschälte Sesamsamen

Insgesamt:
E: 50 g, F: 109 g, Kh: 637 g,
kJ: 16245, kcal: 3879

1. Zum Vorbereiten Datteln halbieren. Puderzucker in eine Tarteform (Ø 28 cm) sieben und mit den Dattelhälften belegen. Den Backofen vorheizen.
2. Für den Teig Mehl mit Backpulver in einer Rührschüssel mischen. Zucker, Vanillin-Zucker, Ei, Rosenwasser, Sesam und Butter oder Margarine hinzufügen. Die Zutaten mit Handrührgerät mit Knethaken zunächst kurz auf niedrigster, dann auf höchster Stufe gut durcharbeiten.
3. Anschließend den Teig auf der leicht bemehlten Arbeitsfläche kurz verkneten. Sollte er kleben, ihn in Folie gewickelt eine Zeit lang kalt stellen.
4. Den Teig auf der leicht bemehlten Arbeitsfläche zu einer runden Platte (Ø 28 cm) ausrollen. Die Teigplatte auf die Dattelhälften legen. Die Form auf dem Rost in den vorgeheizten Backofen schieben.
Ober-/Unterhitze: etwa 180 °C
Heißluft: etwa 160 °C
Backzeit: etwa 30 Minuten.
5. Den Kuchen aus der Form lösen und auf einen mit Backpapier belegten Kuchenrost stürzen. Kuchen etwas abkühlen lassen. Mandeln und Sesam in einer Pfanne ohne Fett leicht bräunen, etwas abkühlen lassen und den Kuchen damit bestreuen. Kuchen vollständig erkalten lassen.

Tipp: Zum Kuchen Rosenwassersahne servieren. Dafür geschlagene Schlagsahne mit wenig Zucker süßen und mit etwas Rosenwasser aromatisieren. Ein Zuckergespinst um den Kuchen ziehen (Foto). Dafür 150 g Zucker in einem Topf bei schwacher Hitze schmelzen, leicht bräunen (karamellisieren) und daraus mit einer Gabel Fäden um den Kuchen ziehen.

Für Gäste

Rhabarber-Vanille-Tarte

Zubereitungszeit: 45 Minuten, ohne Durchzieh- und Abkühlzeit
Backzeit: 55–60 Minuten

Für den Streuselteig:
200 g Weizenmehl
80 g Zucker
1 Prise Salz
150 g weiche Butter oder Margarine

Für den Belag:
750 g Rhabarber
2 EL Zucker

Für den Vanilleschaum:
3 Eier (Größe M)
100 g Zucker
Mark von 1 Vanilleschote
1 Becher (150 g) Crème fraîche

Zum Beträufeln:
3 EL Erdbeerkonfitüre

Insgesamt:
E: 48 g, F: 191 g, Kh: 402 g,
kJ: 14890, kcal: 3563

1. Den Backofen vorheizen. Für den Teig Mehl mit Zucker, Salz und Butter oder Margarine in eine Rührschüssel geben. Die Zutaten mit Handrührgerät mit Rührbesen zunächst kurz auf niedrigster, dann auf höchster Stufe zu Streuseln verarbeiten.
2. Die Streusel in eine Springform (Ø 26 cm, Boden gefettet, mit Back-

papier belegt) geben und zu einem Boden andrücken. Die Form auf dem Rost in den vorgeheizten Backofen schieben und den Boden vorbacken.
Ober-/Unterhitze: etwa 180 °C
Heißluft: etwa 160 °C
Backzeit: etwa 20 Minuten.
3. In der Zwischenzeit für den Belag Rhabarber waschen, abtropfen lassen (nicht abziehen), Stielenden und Blattansätze entfernen. Die Stangen in dickere Scheiben schneiden, mit Zucker bestreuen und durchziehen lassen.
4. Die Form auf einen Kuchenrost stellen und den Boden etwas abkühlen lassen.
5. Für den Vanilleschaum Eier in einer Rührschüssel mit Handrührgerät mit Rührbesen in etwa 4 Minuten schaumig schlagen. Zucker hinzufügen und weitere etwa 2 Minuten schlagen. Vanillemark hinzufügen. Crème fraîche vorsichtig unter den Vanilleschaum rühren. Die Creme auf den vorgebackenen Boden geben und verstreichen.
6. Rhabarberscheiben abtropfen lassen und darauf verteilen. Die Form wieder auf dem Rost in den heißen Backofen schieben und die Tarte **bei gleicher Backtemperatur in 35–40 Minuten fertig backen.**
7. Die Form auf einen Kuchenrost stellen und die Tarte etwas abkühlen lassen. Zum Beträufeln Konfitüre durch ein Sieb streichen und in einem Topf unter Rühren kurz aufkochen lassen. Die Tarte damit beträufeln. Tarte aus der Form lösen und auf einem Kuchenrost erkalten lassen.

Fettarm

Pflaumen-Tarte

Zubereitungszeit: 40 Minuten, ohne Abkühlzeit
Backzeit: 30–35 Minuten

Zum Vorbereiten:
1 Glas Pflaumenhälften (Abtropfgewicht 395 g)
100 g Trockenpflaumen ohne Stein
2–3 EL warmes Wasser

Für den Teig:
3 Eiweiß (Größe M)
1 Prise Salz
100 g Zucker
3 EL Speiseöl
1 TL gemahlener Zimt
2 TL Kakaopulver
3 Eigelb (Größe M)
175 g Weizenmehl
2 gestr. TL Dr. Oetker Backin
3 EL Milch

Zum Bestreichen und Bestreuen:
2 EL rotes Johannisbeergelee
20 g abgezogene, gehobelte Mandeln

Insgesamt:
E: 51 g, F: 71 g, Kh: 396 g, kJ: 10314, kcal: 2464

1. Zum Vorbereiten Pflaumenhälften in einem Sieb gut abtropfen lassen. Trockenpflaumen mit Wasser in einen hohen Rührbecher geben und pürieren. Den Backofen vorheizen.
2. Für den Teig Eiweiß mit Salz sehr steif schlagen. Pflaumenpüree in eine Rührschüssel geben. Zucker, Speiseöl, Zimt und Kakao hinzufügen. Die Zutaten mit Handrührgerät mit Rührbesen zu einer geschmeidigen Masse verrühren. Eigelb nach und nach unterrühren. Mehl mit Backpulver mischen und mit der Milch auf mittlerer Stufe unterrühren.
3. Eischnee vorsichtig unterheben. Den Teig in eine Tarteform (Ø 28 cm, gefettet) geben und verstreichen. Die Pflaumenhälften dachziegelartig oder rosettenförmig darauf verteilen. Die Form auf dem Rost in den vorgeheizten Backofen schieben.
Ober-/Unterhitze: etwa 180 °C
Heißluft: etwa 160 °C
Backzeit: 30–35 Minuten.
4. Die Form auf einen Kuchenrost stellen und die Tarte etwas abkühlen lassen.
5. Zum Bestreichen Gelee in einem kleinen Topf aufkochen lassen. Die Tarte damit bestreichen. Mandeln in einer Pfanne ohne Fett goldbraun rösten und auf einem Teller erkalten lassen. Die Tarte mit den Mandeln bestreuen und anschließend in der Form servieren.

Pflaumen-Tarte

Raffiniert

Tschechischer Käsekuchen

Zubereitungszeit: 30 Minuten, ohne Abkühlzeit
Backzeit: etwa 45 Minuten

Für den Schüttelteig:
125 g Weizenmehl
3 gestr. TL Dr. Oetker Backin
75 g feinster Zucker
1 Pck. Dr. Oetker Vanillin-Zucker
1 Ei (Größe M), 100 g Magerquark
100 g Schlagsahne

Für den Mohnbelag:
1 Pck. (250 g) Mohnback (backfertige Mohnfüllung)
30 g Rosinen, 1 Ei (Größe M)

Für den Quarkbelag:
1 Eiweiß (Größe M)
250 g Magerquark
1 Eigelb (Größe M)
1 Becher (200 g) Vanillepudding (aus dem Kühlregal)
1 Pck. Saucen-Pulver Vanille-Geschmack
1 EL Zucker

Insgesamt:
E: 111 g, F: 96 g, Kh: 382 g,
kJ: 11861, kcal: 2833

1. Den Backofen vorheizen. Für den Teig Mehl mit Backpulver in einer verschließbaren Schüssel (etwa 3 l) mit Zucker und Vanillin-Zucker mischen. Ei, Quark und Sahne hinzufügen. Die Schüssel mit dem Deckel fest verschließen.
2. Schüssel mehrmals (insgesamt 15–30 Sekunden) kräftig schütteln, so dass alle Zutaten gut vermischt sind. Alles mit einem Schneebesen oder Rührlöffel nochmals sorgfältig durchrühren, damit trockene Zutaten vom Rand mit untergerührt werden. Den Teig in eine Springform (Ø 26 cm, Boden gefettet) geben und verstreichen. Die Form auf dem Rost in den vorgeheizten Backofen schieben und den Boden vorbacken.
Ober-/Unterhitze: etwa 180 °C
Heißluft: etwa 160 °C
Backzeit: etwa 15 Minuten.
3. Die Form auf einen Kuchenrost stellen und den Gebäckboden darin etwas abkühlen lassen. Für den Mohnbelag Mohnback mit Rosinen und Ei verrühren.
4. Für den Quarkbelag das Eiweiß steifschlagen. Quark mit Eigelb, Vanillepudding, Saucen-Pulver und Zucker verrühren. Eischnee unterheben. Die Mohn- und Quarkmasse in Klecksen auf den vorgebackenen Boden geben (nicht glattstreichen). Die Form auf dem Rost in den heißen Backofen schieben und den Kuchen **bei gleicher Backtemperatur in etwa 30 Minuten fertig backen.**
5. Den Kuchen aus der Form lösen und auf einem Kuchenrost erkalten lassen.

Tschechischer Käsekuchen

Exotisch

Pflaumen-Sesam-Kuchen

Zubereitungszeit: 40 Minuten, ohne Abkühlzeit
Backzeit: etwa 65 Minuten

Für den Knetteig:
250 g Weizenmehl
100 g Puderzucker
1 Eigelb (Größe M)
180 g weiche Butter oder Margarine
1 EL kaltes Wasser

Für den Guss:
3 Eier (Größe M)
250 g Schlagsahne
100 g Puderzucker
1/2 TL gemahlene Nelken

Für den Belag:
150 g geschälte Sesamsamen
750 g Pflaumen

Insgesamt:
E: 86 g, F: 334 g, Kh: 479 g,
kJ: 22252, kcal: 5318

1. Den Backofen vorheizen. Für den Teig Mehl mit Puderzucker in einer Rührschüssel mischen. Eigelb, Butter oder Margarine und Wasser hinzufügen. Die Zutaten mit Handrührgerät mit Rührbesen zunächst kurz auf niedrigster, dann auf höchster Stufe gut durcharbeiten.
2. Anschließend den Teig auf der leicht bemehlten Arbeitsfläche kurz verkneten. Sollte er kleben, ihn in Folie gewickelt kurz kalt stellen.
3. Zwei Drittel des Teiges auf dem Boden einer Springform (Ø 26 cm, gefettet) ausrollen und den Springformrand darumstellen. Teigboden

Pflaumen-Sesam-Kuchen

Herbstkuchen, sehr fein

mehrmals mit einer Gabel einstechen. Die Form auf dem Rost in den vorgeheizten Backofen schieben und den Boden vorbacken.
Ober-/Unterhitze: etwa 180 °C
Heißluft: etwa 160 °C
Backzeit: etwa 20 Minuten.

4. Die Form auf einen Kuchenrost stellen und den Boden etwas abkühlen lassen. Restlichen Teig zu einer Rolle formen, auf den vorgebackenen Boden legen und so an die Form drücken, dass ein etwa 3 cm hoher Rand entsteht. Für den Guss Eier mit Sahne, Puderzucker und Nelken gut verrühren.

5. Für den Belag Sesamsamen in einer Pfanne ohne Fett goldgelb rösten und auf einem Teller abkühlen lassen. Pflaumen waschen, trockenreiben, halbieren und entsteinen. Pflaumenhälften spiralförmig auf den vorgebackenen Boden legen und mit Sesam bestreuen. Den Guss vorsichtig darauf verteilen.

6. Die Form wieder auf dem Rost in den heißen Backofen schieben und den Kuchen **bei gleicher Backtemperatur in etwa 45 Minuten fertig backen.**

7. Die Form auf einen Kuchenrost stellen. Den Kuchen etwa 10 Minuten in der Form stehen lassen, dann aus der Form lösen und auf dem Kuchenrost erkalten lassen.

Raffiniert

Herbstkuchen, sehr fein

Zubereitungszeit: 35 Minuten
Backzeit: etwa 45 Minuten

Für den Rührteig:
125 g Butter oder Margarine
125 g Zucker
1 Pck. Dr. Oetker Vanillin-Zucker
1 Prise Salz
1 Pck. Dr. Oetker Finesse Geriebene Zitronenschale
3 Eier (Größe M)
200 g Weizenmehl
2 gestr. TL Dr. Oetker Backin
2 EL Milch

Für den Belag:
250 g blaue Pflaumen
2 kleine Äpfel (z. B. Boskop, etwa 250 g)
2 kleine Birnen (etwa 250 g)
25 g Butter

Zum Bestreichen und Bestreuen:
2 geh. EL Apfelgelee
2 EL Hagelzucker

Insgesamt:
E: 50 g, F: 148 g, Kh: 400 g,
kJ: 13617, kcal: 3253

1. Für den Teig Butter oder Margarine mit Handrührgerät mit Rührbesen auf höchster Stufe geschmeidig rühren. Nach und nach Zucker, Vanillin-Zucker, Salz und Zitronenschale unterrühren. So lange rühren, bis eine gebundene Masse entstanden ist. Eier nach und nach unterrühren (jedes Ei etwa 1/2 Minute).

2. Mehl mit Backpulver mischen und in 2 Portionen abwechselnd mit der Milch unterrühren. Den Teig in eine Springform (Ø 26 cm, Boden gefettet) füllen und verstreichen. Den Backofen vorheizen.

3. Für den Belag Pflaumen waschen, abtrocknen, halbieren und entsteinen. Äpfel und Birnen schälen, vierteln und entkernen. Die Wölbungen mit einem Messer mehrmals längs einschneiden. Das Obst kranzförmig auf dem Kuchen verteilen und mit zerlassener Butter bestreichen. Die Form auf dem Rost in den vorgeheizten Backofen schieben.
Ober-/Unterhitze: etwa 180 °C
Heißluft: etwa 160 °C
Backzeit: etwa 45 Minuten.

4. Den Kuchen aus der Form lösen und auf einen Kuchenrost geben. Apfelgelee in einem Topf unter Rühren erwärmen, den heißen Kuchen damit bestreichen. Den Kuchen erkalten lassen und vor dem Servieren mit Hagelzucker bestreuen.

Käsekuchen mit gemischtem Obst

Fruchtig

Käsekuchen mit gemischtem Obst

Zubereitungszeit: 45 Minuten, ohne Abkühlzeit
Backzeit: etwa 40 Minuten

Für den Rührteig:
150 g Butter oder Margarine
150 g Zucker
1 Pck. Dr. Oetker Vanillin-Zucker
1 Prise Salz, 3 Eier (Größe M)
150 g Weizenmehl
2 gestr. TL Dr. Oetker Backin

Für die Käsemasse:
4 Eiweiß (Größe M)
4 Eigelb (Größe M), 125 g Zucker
2 Pck. Dr. Oetker Vanillin-Zucker
1 Pck. Dr. Oetker Pudding-Pulver Vanille-Geschmack
1 kg Magerquark
1 großer Becher (250 g) Crème fraîche oder Schmand (Sauerrahm)

Für den Belag:
2 Dosen Fruchtcocktail (Abtropfgewicht je 500 g)

Für den Guss:
2 Pck. Tortenguss, klar
20 g Zucker
500 ml (1/2 l) Fruchtcocktailsaft aus den Dosen

Insgesamt:
E: 220 g, F: 260 g, Kh: 860 g, kJ: 27880, kcal: 6660

1. Für den Teig Butter oder Margarine in einer Rührschüssel mit Handrührgerät mit Rührbesen geschmeidig rühren. Nach und nach Zucker, Vanillin-Zucker und Salz unterrühren. So lange rühren, bis eine gebundene Masse entstanden ist. Eier nach und nach unterrühren (jedes Ei etwa 1/2 Minute). Mehl mit Backpulver mischen und auf mittlerer Stufe kurz unterrühren.
2. Den Backofen vorheizen. Einen Backrahmen (30 x 40 cm) auf ein Backblech (gefettet, mit Backpapier belegt) stellen. Den Teig darin verteilen und verstreichen.
3. Für die Käsemasse Eiweiß steifschlagen und beiseitestellen. Eigelb mit Zucker und Vanillin-Zucker verrühren. Pudding-Pulver unterrühren. Quark und Crème fraîche oder Schmand hinzufügen und unterrühren. Eischnee unterheben. Die Käsemasse auf dem Teig verteilen, verstreichen und das Backblech anschließend in den vorgeheizten Backofen schieben.
Ober-/Unterhitze: etwa 180 °C
Heißluft: etwa 160 °C
Backzeit: etwa 40 Minuten.
4. Den Kuchen auf dem Backblech mit dem Backrahmen auf einen Kuchenrost stellen und erkalten lassen.
5. Für den Belag Fruchtcocktail in einem Sieb gut abtropfen lassen, dabei den Saft auffangen und 500 ml (1/2 l) davon abmessen. Den Fruchtcocktail auf dem Kuchen verteilen.
6. Für den Guss aus Tortenguss, aber nur mit 20 g Zucker und dem Fruchtcocktailsaft nach Packungsanleitung einen Guss zubereiten, über die Früchte geben und fest werden lassen. Den Backrahmen vorsichtig mit Hilfe eines Messers lösen und entfernen.

Tipp: Zum Steifschlagen von Eiweiß müssen Schüssel und Rührbesen absolut fettfrei sein und es darf keine Spur von Eigelb im Eiweiß sein. Nach Belieben den Kuchen mit Zitronenmelisse garnieren.

Für Kinder

Schoko-Käsekuchen

Zubereitungszeit: 60 Minuten, ohne Abkühlzeit
Backzeit: etwa 65 Minuten

Für den Knetteig:
150 g Weizenmehl
75 g Zucker
100 g gemahlene Haselnusskerne
125 g weiche Butter oder Margarine
1 EL Wasser

Für den Belag:
3 Eiweiß (Größe M)
750 g Magerquark
100 g Zucker
1 Pck. Dr. Oetker Bourbon-Vanille-Zucker
3 Eigelb (Größe M)
100 ml Milch
1 Pck. Dr. Oetker Pudding-Pulver Schokoladen-Geschmack

Zum Verzieren:
200 g Schlagsahne
1 Pck. Dr. Oetker Vanillin-Zucker

Zum Bestäuben:
Kakaopulver

Insgesamt:
E: 161 g, F: 260 g, Kh: 384 g,
kJ: 18988, kcal: 4532

1. Den Backofen vorheizen. Für den Teig Zutaten in eine Rührschüssel geben und mit Handrührgerät mit Knethaken zunächst kurz auf niedrigster, dann auf höchster Stufe gut durcharbeiten. Dann den Teig auf der leicht bemehlten Arbeitsfläche kurz verkneten. Sollte er kleben, ihn in Folie gewickelt kurz kalt stellen.

2. Gut die Hälfte des Teiges auf dem Boden einer Springform (Ø 26 cm, gefettet) ausrollen und den Springformrand darumlegen. Den Boden mehrmals mit einer Gabel einstechen. Die Form auf dem Rost in den vorgeheizten Backofen schieben und den Boden vorbacken.

Ober-/Unterhitze: etwa 180 °C
Heißluft: etwa 160 °C
Backzeit: etwa 15 Minuten.

3. Die Form auf einen Kuchenrost stellen und den Boden etwas abkühlen lassen. Restlichen Teig zu einer Rolle formen, sie als Rand auf den Boden legen und innen so an die Form drücken, dass ein etwa 4 cm hoher Rand entsteht.

4. Für den Belag das Eiweiß steifschlagen und beiseitestellen. Quark mit Zucker, Vanille-Zucker, Eigelb und Milch mit Handrührgerät mit Rührbesen zu einer glatten Masse verrühren Pudding-Pulver unterrühren. Eischnee unterheben. Die Quarkmasse auf den vorgebackenen Boden geben und verstreichen. Die Form wieder auf dem Rost in den heißen Backofen schieben und den Kuchen **bei gleicher Backtemperatur in etwa 50 Minuten fertig backen.**

5. Den Kuchen etwa 10 Minuten im ausgeschalteten, leicht geöffneten Backofen stehen lassen, dann herausnehmen und auf einem Kuchenrost in der Form erkalten lassen.

6. Den Kuchen aus der Form lösen. Zum Verzieren Sahne mit Vanillin-Zucker steifschlagen, in einen Spritzbeutel mit großer Lochtülle füllen und dicke Tuffs auf die Tortenoberfläche spritzen. Vor dem Servieren den Kuchen mit etwas Kakao bestäuben.

Tipp: Fruchtiger wird der Kuchen, wenn unter die Quarkmasse 1 Glas gut abgetropfte Sauerkirschen (Abtropfgewicht 350 g) gehoben werden. Raffinierter wird der Kuchen, wenn zusätzlich 2 Beutel (je 10 g) Cappuccino-Pulver unter die Quarkmasse gerührt werden. Den Kuchen dann mit Mokkabohnen garnieren.

Schoko-Käsekuchen

Zum Verschenken

Sonnenblumen-Tarte

Zubereitungszeit: 35 Minuten
Backzeit: etwa 35 Minuten

Für den Schüttelteig:
100 g Butter oder Margarine
150 g Weizenmehl (Type 550)
1 gestr. TL Dr. Oetker Backin
100 g Zucker
1/2 TL gemahlener Zimt
1 Ei (Größe M)
6 EL Milch
30 g Mohnsamen

Für den Belag:
1 kleine Dose Pfirsichhälften
(Abtropfgewicht 250 g)

Für den Guss:
100 g Zucker
2 EL flüssiger Honig (30 g)
3 EL Schlagsahne
60 g Butter
60 g Sonnenblumenkerne

Insgesamt:
E: 50 g, F: 197 g, Kh: 394 g,
kJ: 15275, kcal: 3650

1. Für den Teig Butter oder Margarine zerlassen und abkühlen lassen. Mehl mit Backpulver in einer verschließbaren Schüssel (etwa 3 l) mit Zucker und Zimt mischen. Ei, Butter oder Margarine und Milch hinzufügen und die Schüssel mit dem Deckel fest verschließen.
2. Schüssel mehrmals kräftig schütteln (insgesamt 15–30 Sekunden), so dass alle Zutaten gut vermischt sind. Mohn hinzugeben und alles mit einem Schneebesen oder Rührlöffel nochmals sorgfältig durchrühren, damit trockene Zutaten vom Rand mit untergerührt werden. Den Teig in eine Tarteform (Ø 30 cm, gefettet) füllen und verstreichen. Den Backofen vorheizen.
3. Für den Belag Pfirsiche in einem Sieb abtropfen lassen, in Spalten schneiden und am Rand der Form auf den Teig legen.
4. Für den Guss Zucker mit Honig, Sahne, Butter und Sonnenblumenkernen in einem Topf erhitzen, bis der Zucker geschmolzen ist. Die Masse ohne Deckel etwas einkochen lassen. Den heißen Guss innerhalb des Pfirsichkranzes auf dem Kuchen verteilen und die Form auf dem Rost in den vorgeheizten Backofen schieben.
Ober-/Unterhitze: etwa 200 °C
Heißluft: etwa 180 °C
Backzeit: etwa 35 Minuten.
5. Die Form auf einen Kuchenrost stellen und die Tarte in der Form erkalten lassen. Dann die Tarte rundherum mit einem Messer lösen und in Stücke schneiden.

Raffiniert

Trauben-Tarte

Tassenkuchen (1 Tasse = 200 ml)

Zubereitungszeit: 40 Minuten, ohne Abkühlzeit
Backzeit: etwa 40 Minuten

Zum Vorbereiten:
200 g grüne Weintrauben
200 g blaue Weintrauben

Für den Rührteig:
1 Pck. (250 g) Butter oder Margarine
1 1/2 Tassen (225 g) Zucker
4 Eier (Größe M)
1 1/2 Tassen (150 g)
Dinkel-Vollkornmehl
3/4 Tasse (75 g) Maismehl
2 gestr. TL Dr. Oetker Backin

Zum Bestreichen:
3 EL Quittengelee

Insgesamt:
E: 61 g, F: 239 g, Kh: 481 g,
kJ: 18672, kcal: 4460

1. Zum Vorbereiten Weintrauben waschen, trocken tupfen, entstielen, halbieren und entkernen. Den Backofen vorheizen.
2. Für den Teig Butter oder Margarine mit Handrührgerät mit Rührbesen

Sonnenblumen-Tarte

Trauben-Tarte

Pfirsich-Pudding-Kuchen

auf höchster Stufe geschmeidig rühren. Nach und nach Zucker unterrühren. So lange rühren, bis eine gebundene Masse entstanden ist. Eier nach und nach unterrühren (jedes Ei etwa 1/2 Minute). Beide Mehlsorten mit Backpulver mischen und in 2 Portionen auf mittlerer Stufe kurz unterrühren.

3. Den Teig in eine Tarteform (Ø 30 cm, gefettet) füllen und verstreichen. Die Weintraubenhälften auf dem Teig verteilen. Die Form auf dem Rost in den vorgeheizten Backofen schieben.
Ober-/Unterhitze: etwa 180 °C
Heißluft: etwa 160 °C
Backzeit: etwa 40 Minuten.

4. Die Form auf einen Kuchenrost stellen. Die Tarte etwas abkühlen lassen. Zum Bestreichen Gelee in einem kleinen Topf gut aufkochen lassen. Die noch warme Tarte damit bestreichen. Tarte erkalten lassen.

Beliebt

Pfirsich-Pudding-Kuchen

Zubereitungszeit: 40 Minuten
Backzeit: etwa 60 Minuten

Für den Knetteig:
250 g Weizenmehl
2 gestr. TL Dr. Oetker Backin
100 g Butter oder Margarine
150 g Zucker
1 Ei (Größe M)

Für den Belag:
1 Dose Pfirsichhälften
(Abtropfgewicht 480 g)

Für den Guss:
1 Pck. Dr. Oetker Pudding-Pulver Vanille-Geschmack
100 g Zucker
600 g Schlagsahne

Insgesamt:
E: 51 g, F: 278 g, Kh: 575 g,
kJ: 21536, kcal: 5149

1. Für den Teig Mehl mit Backpulver in einer Rührschüssel mischen. Butter oder Margarine, Zucker und Ei hinzufügen. Die Zutaten mit Handrührgerät mit Knethaken zunächst kurz auf niedrigster, dann auf höchster Stufe gut durcharbeiten.

2. Anschließend den Teig auf der leicht bemehlten Arbeitsfläche verkneten. Sollte er kleben, den Teig in Folie gewickelt kurz kalt stellen.

3. Zwei Drittel des Teiges auf dem Boden einer Springform (Ø 26 cm, gefettet) ausrollen, den restlichen Teig zu einer Rolle formen, sie als Rand auf den Teigboden legen und so an die Form drücken, dass ein 2–3 cm hoher Rand entsteht.

4. Den Backofen vorheizen. Für den Belag Pfirsichhälften in einem Sieb gut abtropfen lassen, einmal durchschneiden und kranzförmig auf dem Teig verteilen.

5. Für den Guss aus Pudding-Pulver, Zucker und Sahne nach Packungsanleitung, aber mit den hier angegebenen Zutaten, einen Pudding kochen und heiß über die Pfirsiche gießen. Die Form anschließend auf dem Rost in den vorgeheizten Backofen schieben.
Ober-/Unterhitze: 180–200 °C
Heißluft: 160–180 °C
Backzeit: etwa 60 Minuten.

6. Den Kuchen in der Form auf einem Kuchenrost erkalten lassen. Ihn dann aus der Form lösen und auf eine Tortenplatte setzen.

Abwandlung: Der Kuchen schmeckt auch sehr lecker mit Aprikosen (dann können Sie evtl. Pudding-Pulver Mandel-Geschmack verwenden). Eine besondere Vanillenote bekommt der Pfirsich-Pudding-Kuchen, wenn Sie Gala Pudding-Pulver Bourbon-Vanille verwenden.

Raffiniert

Pekannuss-Käsekuchen

Zubereitungszeit: 60 Minuten, ohne Abkühlzeit
Backzeit: etwa 75 Minuten

Zum Vorbereiten:
2 Pck. Dr. Oetker Pudding-Pulver Vanille-Geschmack
180 g Zucker
500 ml (1/2 l) Milch
750 g Magerquark
1 Pck. Dr. Oetker Finesse Geriebene Zitronenschale
Mark von 1 Vanilleschote

Für den Knetteig:
50 g Pekannusskerne
200 g Weizenmehl
50 g Zucker
2 Eigelb (Größe M)
125 g Butter oder Margarine

Für den Belag und zum Bestreuen:
2 Eiweiß (Größe M)
100 g Pekannusskerne

Zum Karamellisieren:
5 EL Puderzucker

Insgesamt:
E: 170 g, F: 249 g, Kh: 551 g,
kJ: 21532, kcal: 5138

1. Zum Vorbereiten Pudding-Pulver mit Zucker mischen, mit der Milch in einem Topf anrühren und unter ständigem Rühren gut aufkochen lassen. Topf von der Kochstelle nehmen und Pudding etwas abkühlen lassen, dabei gelegentlich umrühren. Quark, Zitronenschale und Vanillemark unterrühren. Die Pudding-Quark-Masse erkalten lassen.

2. Für den Teig Pekannusskerne fein mahlen. Den Backofen vorheizen. Mehl mit Zucker, Eigelb, Butter oder Margarine und Pekannusskernen in eine Rührschüssel geben. Die Zutaten mit Handrührgerät mit Knethaken zunächst kurz auf niedrigster, dann auf höchster Stufe gut durcharbeiten.

3. Anschließend den Teig auf der leicht bemehlten Arbeitsfläche kurz verkneten. Zwei Drittel des Teiges auf dem Boden einer Springform (Ø 26 cm, gefettet) ausrollen und Springformrand darumstellen. Boden mehrmals mit einer Gabel einstechen. Die Form auf dem Rost in den vorgeheizten Backofen schieben und den Boden vorbacken.
Ober-/Unterhitze: etwa 200 °C
Heißluft: etwa 180 °C
Backzeit: etwa 15 Minuten.

4. Die Form auf einen Kuchenrost stellen und den Boden etwas abkühlen lassen. Restlichen Teig zu einer Rolle formen, sie als Rand auf den Teigboden legen. So an die Form drücken, dass ein etwa 3 cm hoher Rand entsteht.

5. Für den Belag Eiweiß steifschlagen und unter die erkaltete Pudding-Quark-Masse heben. Die Quarkmasse auf dem vorgebackenen Boden verteilen. Die Form wieder auf dem Rost in den heißen Backofen schieben, den Kuchen **bei gleicher Backtemperatur in etwa 60 Minuten fertig backen.**

6. Die Form auf einen Kuchenrost stellen und den Kuchen in der Form erkalten lassen. Anschließend den Kuchen aus der Form lösen und auf eine Platte legen. Pekannusskerne auf die Kuchenoberfläche streuen.

7. Zum Karamellisieren Puderzucker sieben, in einer kleinen Pfanne unter Rühren goldbraun karamellisieren und sofort mit Hilfe eines Löffels über die Pekannusskerne sprenkeln. Karamell fest werden lassen.

Pekannuss-Käsekuchen

Rhabarber-Bananen-Kuchen mit Guss

Zubereitungszeit: 60 Minuten,
ohne Abkühlzeit
Backzeit: etwa 50 Minuten

Für den Knetteig:
200 g Weizenmehl
1 gestr. TL Dr. Oetker Backin
125 g Zucker, 1 EL Milch
100 g Butter oder Margarine
50 g gemahlene Haselnusskerne

Für die Füllung:
25 g gemahlene Haselnusskerne
1 Glas Rhabarberkompott
(Einwaage 560 g)
3 Bananen
2 EL Zitronensaft

Für den Guss:
2 Eiweiß (Größe M)
2 Eigelb (Größe M)
1 EL heißes Wasser
50 g Zucker
1 Pck. Dr. Oetker Vanillin-Zucker
1 Pck. Dr. Oetker Pudding-Pulver
Vanille-Geschmack
50 g gemahlene Haselnusskerne

Insgesamt:
E: 61 g, F: 175 g, Kh: 478 g,
kJ: 16206, kcal: 3874

Rhabarber-Bananen-Kuchen mit Guss

1. Den Backofen vorheizen. Für den Teig Mehl und Backpulver in einer Rührschüssel mischen. Zucker, Milch, Butter oder Margarine und Haselnusskerne hinzufügen. Die Zutaten mit Handrührgerät mit Knethaken zunächst kurz auf niedrigster, dann auf höchster Stufe gut durcharbeiten. Anschließend den Teig auf der leicht bemehlten Arbeitsfläche kurz verkneten.

2. Zwei Drittel des Teiges auf dem Boden einer Springform (Ø 26 cm, gefettet) ausrollen und den Springformrand darumstellen. Die Form auf dem Rost in den vorgeheizten Backofen schieben und den Boden vorbacken.
Ober-/Unterhitze: etwa 180 °C
Heißluft: etwa 160 °C
Backzeit: etwa 15 Minuten.

3. Die Form auf einen Kuchenrost stellen und den Boden etwas abkühlen lassen. Restlichen Teig zu einer Rolle formen, sie als Rand auf den Boden legen und so an die Form drücken, dass ein etwa 2 cm hoher Rand entsteht.

4. Für die Füllung Haselnusskerne auf den vorgebackenen Boden streuen und Rhabarberkompott darauf verteilen. Bananen schälen, in Scheiben schneiden und auf das Rhabarberkompott legen. Bananenscheiben mit Zitronensaft beträufeln.

5. Für den Guss Eiweiß steifschlagen. In einer anderen Schüssel Eigelb und Wasser mit Handrührgerät mit Rührbesen auf höchster Stufe in 1 Minute schaumig rühren. Zucker und Vanillin-Zucker mischen, in 1 Minute unter Rühren einstreuen, dann noch 2 Minuten weiterschlagen. Anschließend Pudding-Pulver und Haselnusskerne unterheben.

6. Eischnee unterheben und den Guss auf die Füllung streichen. Die Form wieder auf dem Rost in den heißen Backofen schieben und den Kuchen **bei gleicher Backtemperatur in etwa 35 Minuten fertig backen** (Kuchen evtl. gegen Backzeitende mit Backpapier zudecken).

7. Die Form auf einen Kuchenrost stellen und den Kuchen etwas abkühlen lassen. Dann Kuchen aus der Form lösen und auf einem Kuchenrost erkalten lassen.

Quark-Stachelbeer-Kuchen

Mohnkuchen mit Johannisbeeren

Beliebt

Quark-Stachelbeer-Kuchen

Zubereitungszeit: 40 Minuten, ohne Abkühlzeit
Backzeit: etwa 35 Minuten

Zum Vorbereiten:
50 g geschälte Sesamsamen

Für den Streuselteig:
100 g Weizen-Vollkornmehl
100 g Dinkel-Vollkornmehl
1 Msp. Dr. Oetker Backin
100 g flüssiger Honig
1 Prise Salz
1/2 TL Dr. Oetker Bourbon-Vanille-Zucker
3 EL Milch
60 g Butter oder Margarine

Für den Guss:
250 g Magerquark
1 Ei (Größe M)
120 g flüssiger Honig
abgeriebene Schale von 1 Bio-Zitrone (unbehandelt, ungewachst)
1 EL Zitronensaft

Für den Belag:
1 Glas Stachelbeeren (Abtropfgewicht 360 g)
150 g frische Heidelbeeren

Insgesamt:
E: 79 g, F: 91 g, Kh: 383 g,
kJ: 11440, kcal: 2731

1. Zum Vorbereiten Sesam unter Rühren in einer Pfanne ohne Fett rösten und auf einem Teller erkalten lassen.
2. Für den Teig Weizenvollkorn- und Dinkelmehl in eine Rührschüssel geben und mit Backpulver mischen. Honig, Salz, Vanille-Zucker, Milch und Butter oder Margarine hinzufügen. Die Zutaten mit Handrührgerät mit Rührbesen zunächst kurz auf niedrigster, dann auf höchster Stufe zu Streuseln verarbeiten.
3. Von den Streuseln 3–4 Esslöffel abnehmen, mit Sesam vermengen und beiseitestellen. Danach die restlichen Streusel in eine Springform (Ø 26 cm, Boden gefettet) geben und zu einem Boden andrücken.
Den Backofen vorheizen.
4. Für den Guss Quark mit Ei, Honig, Zitronenschale und -saft gut verrühren. Den Guss auf den Teig geben und verstreichen.
5. Für den Belag Stachelbeeren in einem Sieb abtropfen lassen und kranzförmig auf dem Guss verteilen, die Mitte mit Heidelbeeren belegen. Das Obst mit den beiseitegestellten Sesamstreuseln bestreuen. Die Form auf dem Rost in den vorgeheizten Backofen schieben.
Ober-/Unterhitze: etwa 200 °C
Heißluft: etwa 180 °C
Backzeit: etwa 35 Minuten.
6. Den Kuchen nach dem Backen etwa 10 Minuten in der Form stehen lassen, dann aus der Form lösen und auf einem Kuchenrost erkalten lassen.

Einfach

Mohnkuchen mit Johannisbeeren

Zubereitungszeit: 25 Minuten, ohne Abkühlzeit
Backzeit: etwa 55 Minuten

Für den Rührteig:
150 g Butter oder Margarine
150 g Zucker
2 Pck. Dr. Oetker Vanillin-Zucker
1 Msp. Salz
1 Pck. Dr. Oetker Finesse Geriebene Zitronenschale
3 Eier (Größe M)
330 g Weizenmehl
2 gestr. TL Dr. Oetker Backin
150 g Joghurt
50 g Mohnsamen

Für den Belag:
1 Pck. Tortenguss, rot
2 EL Zucker
150 ml Johannisbeernektar
300 g TK-Johannisbeeren

Zum Bestäuben:
Puderzucker

Insgesamt:
E: 73 g, F: 175 g, Kh: 512 g,
kJ: 16722, kcal: 3994

1. Für den Teig Butter oder Margarine in einer Rührschüssel mit Handrührgerät mit Rührbesen geschmeidig rühren. Nach und nach Zucker, Vanillin-Zucker, Salz und Zitronenschale unterrühren. So lange rühren, bis eine gebundene Masse entstanden ist. Eier nach und nach unterrühren (jedes Ei etwa 1/2 Minute). Den Backofen vorheizen.

2. Mehl mit Backpulver mischen und mit dem Joghurt in 2 Portionen auf mittlerer Stufe unterrühren, Mohn hinzufügen. Den Teig in eine Springform (Ø 26 cm, Boden gefettet) geben und verstreichen.

3. Für den Belag Tortengusspulver mit Zucker und Johannisbeernektar verrühren. Die gefrorenen Johannisbeeren unterrühren. Die Johannisbeermasse auf dem Teig verteilen und mit einer Gabel spiralförmig unter den Teig ziehen. Die Form auf dem Rost in den vorgeheizten Backofen schieben.

Ober-/Unterhitze: etwa 180 °C
Heißluft: etwa 160 °C
Backzeit: etwa 55 Minuten.

4. Die Form auf einen Kuchenrost stellen. Den Kuchen in der Form etwas abkühlen lassen. Dann den Kuchen aus der Form lösen und auf einem Kuchenrost erkalten lassen. Anschließend den Kuchen mit Puderzucker bestäuben.

Fettarm

Kirsch-Reiskuchen

Zubereitungszeit: 60 Minuten, ohne Abkühlzeit
Backzeit: etwa 70 Minuten

Zum Vorbereiten:
1 Vanilleschote
400 ml fettarme Milch (1,5 % Fett)
100 g Milchreis
1 Glas Sauerkirschen (Abtropfgewicht 370 g)

Für den Rührteig:
3 Eiweiß (Größe M)
50 g weiche Joghurt-Butter (69 % Fett), 125 g Zucker
1 Pck. Dr. Oetker Finesse Geriebene Zitronenschale
3 Eigelb (Größe M)
50 g Speisestärke
1 gestr. TL Dr. Oetker Backin
500 g Magerquark

Zum Bestreuen:
20 g gehackte Pistazienkerne

Insgesamt:
E: 112 g, F: 73 g, Kh: 355 g,
kJ: 10986, kcal: 2630

1. Zum Vorbereiten Vanilleschote der Länge nach aufschlitzen. Das Mark herauskratzen. Milch mit Vanilleschote und -mark in einem Topf zum Kochen bringen. Milchreis hineingeben, unter Rühren zum Kochen bringen und in etwa 20 Minuten bei schwacher Hitze und geschlossenem Deckel ausquellen lassen, dabei gelegentlich umrühren. Dann Vanilleschote herausnehmen und den Milchreis etwas abkühlen lassen. Sauerkirschen in einem Sieb gut abtropfen lassen. Den Backofen vorheizen.

2. Für den Teig Eiweiß steifschlagen und beiseitestellen. In einer anderen Rührschüssel Joghurt-Butter mit Handrührgerät mit Rührbesen auf höchster Stufe geschmeidig rühren. Nach und nach Zucker und Zitronenschale unterrühren. Eigelb nach und nach unterrühren. Speisestärke mit Backpulver mischen und auf mittlerer Stufe unterrühren.

3. Quark und den etwas abgekühlten Milchreis unterrühren. Eischnee und die abgetropften Kirschen vorsichtig unterheben. Den Teig in eine Springform (Ø 26 cm, Boden gefettet) geben, verstreichen und mit Pistazienkernen bestreuen. Die Form auf dem Rost in den vorgeheizten Backofen schieben.

Ober-/Unterhitze: etwa 180 °C
Heißluft: etwa 160 °C
Backzeit: etwa 70 Minuten.

4. Den Kuchen nach etwa 40 Minuten Backzeit mit Backpapier zudecken, damit er nicht zu dunkel wird. Anschließend die Form auf einen Kuchenrost stellen. Den Kuchen etwa 15 Minuten in der Form abkühlen lassen, dann aus der Form lösen. Den Kuchen kalt oder warm servieren.

Kirsch-Reiskuchen

Beliebt

Käsekuchen mit Streuseln

Zubereitungszeit: 40 Minuten, ohne Abkühlzeit
Backzeit: etwa 85 Minuten

Für den Knetteig:
150 g Weizenmehl
1/2 gestr. TL Dr. Oetker Backin
75 g Zucker
1 Pck. Dr. Oetker Vanillin-Zucker
1 Prise Salz
1 Ei (Größe M)
75 g Butter oder Margarine

Für die Füllung:
3 Eiweiß (Größe M)
250 g Schlagsahne
750 g Magerquark
150 g Zucker
3 EL Zitronensaft
50 g Speisestärke
3 Eigelb (Größe M)

Für die Streusel:
100 g Weizenmehl
75 g Zucker
1 Pck. Dr. Oetker Vanillin-Zucker
75 g weiche Butter

Insgesamt:
E: 168 g, F: 228 g, Kh: 576 g,
kJ: 21252, kcal: 5076

Käsekuchen mit Streuseln

1. Den Backofen vorheizen. Für den Teig Mehl mit Backpulver in einer Rührschüssel mischen. Restliche Zutaten für den Teig hinzufügen und alles mit Handrührgerät mit Knethaken zunächst kurz auf niedrigster, dann auf höchster Stufe gut verarbeiten. Anschließend den Teig mit den Händen zu einer runden Kugel formen.

2. Gut zwei Drittel des Teiges auf dem Boden einer Springform (Ø 28 cm, gefettet) ausrollen und den Springformrand darumstellen. Den Teigboden mehrmals mit einer Gabel einstechen, die Form auf dem Rost in den vorgeheizten Backofen schieben und den Boden vorbacken.
Ober-/Unterhitze: etwa 200 °C
Heißluft: etwa 180 °C
Backzeit: etwa 10 Minuten.

3. Die Springform nach dem Vorbacken auf einen Kuchenrost stellen und den Boden abkühlen lassen. Restlichen Teig zu einer langen Rolle formen. Die Rolle als Rand auf den Boden legen und so an die Form drücken, dass ein etwa 3 cm hoher Rand entsteht.

4. Für die Füllung zuerst Eiweiß, dann Schlagsahne steifschlagen. Quark mit Zucker, Zitronensaft, Speisestärke und Eigelb verrühren. Eischnee und Sahne unter die Quarkmasse heben. Die Masse gleichmäßig auf den vorgebackenen Boden streichen.

5. Für die Streusel Mehl in eine Rührschüssel geben. Zucker, Vanillin-Zucker und Butter hinzufügen und mit Handrührgerät mit Rührbesen zu Streuseln von gewünschter Größe verarbeiten. Streusel gleichmäßig auf der Füllung verteilen. Die Form auf dem Rost in den heißen Backofen schieben und den Kuchen bei niedrigerer Temperatur weiterbacken.
Ober-/Unterhitze: etwa 160 °C
Heißluft: etwa 140 °C
Backzeit: etwa 75 Minuten.

6. Den Kuchen nach der Backzeit noch etwa 15 Minuten bei leicht geöffneter Backofentür im ausgeschalteten Backofen stehen lassen, damit die Oberfläche nicht reißt. Anschließend den Kuchen auf einen Kuchenrost stellen und in der Form erkalten lassen.

Tipp: 50 g Rosinen auf den Boden streuen, die Füllung daraufgeben.

Abwandlung: Für einen klassischen Käsekuchen (im Foto oben) können Sie die Streusel einfach weglassen.

Für Gäste – raffiniert

Griechischer Käsekuchen

Zubereitungszeit: 45 Minuten, ohne Abkühlzeit
Backzeit: etwa 70 Minuten

Für den Knetteig:
150 g Weizenmehl
1/2 gestr. TL Dr. Oetker Backin
75 g Zucker
1 Pck. Dr. Oetker Vanillin-Zucker
1 Prise Salz
1 Ei (Größe M)
75 g Butter oder Margarine

Für den Belag:
200 g getrocknete Datteln ohne Stein
500 g Magerquark
300 g Joghurt
100 g flüssiger Honig
4 Eier (Größe M)
1 Pck. Dr. Oetker Pudding-Pulver Vanille-Geschmack
1 Pck. Dr. Oetker Finesse Geriebene Zitronenschale
2 EL Zitronensaft
evtl. einige Datteln

Zum Bestreuen:
1 EL Zimt-Zucker
2 EL Hagelzucker

Insgesamt:
E: 141 g, F: 108 g, Kh: 519 g,
kJ: 15753, kcal: 3762

1. Für den Teig Mehl mit Backpulver und in einer Rührschüssel mischen. Zucker, Vanillin-Zucker, Salz, Ei und Butter oder Margarine hinzufügen und alles mit Handrührgerät mit Knethaken zunächst auf niedrigster, dann auf höchster Stufe gut durcharbeiten. Anschließend den Teig auf der leicht bemehlten Arbeitsfläche kurz verkneten. Sollte er kleben, ihn eine Zeit lang kalt stellen. Den Backofen vorheizen.

2. Gut zwei Drittel des Teiges auf den Boden einer Springform (Ø 26 cm, gefettet) ausrollen, einen Springformrand darumstellen. Die Form auf dem Rost in den vorgeheizten Backofen schieben und den Boden hellbraun vorbacken.
Ober-/Unterhitze: etwa 200 °C
Heißluft: etwa 180 °C
Backzeit: etwa 10 Minuten.

3. Die Form auf einen Kuchenrost stellen und den Boden darin erkalten lassen. Den Rest des Teiges zu einer Rolle formen, sie als Rand auf den Teigboden legen und so an die Form drücken, dass ein etwa 3 cm hoher Rand entsteht.

4. Für den Belag Datteln in Würfel schneiden. Quark mit Joghurt, Honig und Eiern verrühren. Pudding-Pulver, Zitronenschale und -saft unterrühren und Dattelwürfel unterheben. Die Masse auf dem Boden verstreichen. Die Oberfläche nach Belieben mit in Spalten geschnittenen Datteln belegen. Die Form auf dem Rost bei niedrigerer Backtemperatur in den heißen Backofen schieben.
Ober-/Unterhitze: etwa 180 °C
Heißluft: etwa 160 °C
Backzeit: etwa 60 Minuten.

5. Den Kuchen nach dem Backen etwa 15 Minuten im ausgeschalteten Backofen bei leicht geöffneter Backofentür stehen lassen. Danach den Springformrand lösen, den Kuchen auf einem Kuchenrost erkalten lassen. Dann den Kuchen mit Zimt-Zucker und Hagelzucker bestreuen.

Beigabe: Dazu schmeckt eine Mandel-Sahne. Dafür 250 g Schlagsahne aufschlagen und 50 g zerbröselte Amarettini (ital. Mandelmakronen) unterrühren.

Tipp: Statt der Datteln können auch getrocknete Feigen und abgezogene, gehackte Mandeln verwendet werden.

Griechischer Käsekuchen

Raffiniert

Frischkäsekuchen mit Kirschen

Zubereitungszeit: 45 Minuten, ohne Kühl- und Abkühlzeit
Backzeit: etwa 60 Minuten

Für den Bröselboden:
150 g Butter
150 g Butterkekse oder Vollkorn-Butterkekse
40 g abgezogene, gemahlene Mandeln
1 Pck. Dr. Oetker Vanillin-Zucker

Für den Belag:
1 Glas Sauerkirschen (Abtropfgewicht 360 g)
30 g Speisestärke
250 ml (1/4 l) Kirschsaft aus dem Glas
400 g Doppelrahm-Frischkäse
150 g Zucker
1 Pck. Dr. Oetker Vanillin-Zucker
3 Eier (Größe M)
250 g Schmand (Sauerrahm) oder 2 Becher (je 150 g) Crème fraîche
1 Pck. Dr. Oetker Finesse Geriebene Zitronenschale
20 g Speisestärke

Zum Bestäuben:
1 EL Puderzucker

Insgesamt:
E: 97 g, F: 400 g, Kh: 437 g, kJ: 24165, kcal: 5760

1. Für den Boden Butter zerlassen und abkühlen lassen. Kekse in einen Gefrierbeutel geben, ihn verschließen und die Kekse mit einer Teigrolle zerbröseln. Mandeln in einer Pfanne ohne Fett anrösten und auf einem Teller erkalten lassen. Keksbrösel, Mandeln und Vanillin-Zucker mit der Butter zu einer Masse verrühren.
2. Die Keksmasse in einer Springform (Ø 26 cm, Boden gefettet, mit Backpapier belegt) verteilen, mit einem Löffel zu einem Boden andrücken. Kalt stellen. Den Backofen vorheizen.
3. Für den Belag Kirschen in einem Sieb abtropfen lassen, Saft dabei auffangen und 250 ml (1/4 l) davon abmessen. Speisestärke mit etwas von dem Saft anrühren, restlichen Saft in einem Topf zum Kochen bringen, von der Kochstelle nehmen, Speisestärke einrühren und unter Rühren gut aufkochen lassen. Kirschen unterheben.
4. Frischkäse mit Zucker, Vanillin-Zucker, Eiern, Schmand oder Crème fraîche, Zitronenschale und Speisestärke gut verrühren. Kirschmasse auf dem Keksboden verteilen, dabei einen gut 1 cm breiten Rand frei lassen. Käsecreme daraufgeben und verstreichen. Die Form auf dem Rost in den vorgeheizten Backofen schieben.
Ober-/Unterhitze: etwa 180 °C
Heißluft: etwa 160 °C
Backzeit: etwa 60 Minuten.
5. Kuchen evtl. nach etwa 40 Minuten mit Backpapier zudecken, damit er nicht zu sehr bräunt. Den Kuchen anschließend etwa 20 Minuten im ausgeschalteten, leicht geöffneten Backofen etwas abkühlen lassen. Dann die Form auf einen Kuchenrost stellen und erkalten lassen. Erkalteten Kuchen aus der Form lösen und mit Puderzucker bestäuben.

Für Kinder

Choco-Crossies-Käsekuchen

Zubereitungszeit: 40 Minuten, ohne Abkühlzeit
Backzeit: etwa 60 Minuten

Für den Knetteig:
1/2 Packung (1 Tüte, 100 g) Choco-Crossies® Classic (Knusperpralinen)
200 g Weizenmehl
75 g Zucker, 1 Prise Salz
100 g Butter oder Margarine
1 Ei (Größe M)

Für den Belag:
100 g Butter
3 Eiweiß (Größe M)
750 g Magerquark
3 Eigelb (Größe M)
75 g Weizengrieß
150 g Zucker
1 Prise Salz

Zum Garnieren:
1/2 Packung (1 Tüte, 100 g) Choco- Crossies® Classic (Knusperpralinen)

Frischkäsekuchen mit Kirschen

Choco-Crossies-Käsekuchen

Insgesamt:
E: 175 g, F: 258 g, Kh: 558 g,
kJ: 21992, kcal: 5256

1. Für den Teig Knusperpralinen in einen Gefrierbeutel geben, ihn verschließen und die Knusperpralinen mit einer Teigrolle zerdrücken. Mehl mit Zucker, Salz, Butter oder Margarine, Ei und den Knusperbröseln in eine Rührschüssel geben. Die Zutaten mit Handrührgerät mit Rührbesen zunächst kurz auf niedrigster, dann auf höchster Stufe zu Streuseln verarbeiten.
2. Zwei Drittel der Streusel auf dem Boden einer Springform (Ø 26 cm, gefettet) andrücken. Den Rest der Streusel so an die Form drücken, dass ein etwa 3 cm hoher Rand entsteht. Den Backofen vorheizen.
3. Für den Belag Butter zerlassen und abkühlen lassen. Eiweiß so steif schlagen, dass ein Messerschnitt sichtbar bleibt. Quark mit Eigelb, Grieß, Zucker, Salz und der flüssigen Butter gut verrühren und den Eischnee unterheben. Die Creme auf dem Teigboden verteilen und verstreichen. Die Form auf dem Rost in den vorgeheizten Backofen schieben.
Ober-/Unterhitze: etwa 180 °C
Heißluft: etwa 160 °C
Backzeit: etwa 60 Minuten.
4. Den Kuchen in der Form auf einen Kuchenrost stellen, noch warm mit den Knusperpralinen garnieren und etwas abkühlen lassen, dann den Kuchen aus der Form lösen und vollständig erkalten lassen.

Birnen-Brombeer-Tarte

Tipp: Kuchen nach etwa 40 Minuten Backzeit mit Backpapier bedecken, damit er nicht zu dunkel wird. Bestäuben Sie den Rand des Kuchens vor dem Servieren mit Puderzucker.

® Société des Produits Nestlé S.A.

Fettarm

Birnen-Brombeer-Tarte

Zubereitungszeit: 50 Minuten, ohne Teiggehzeit
Backzeit: 25–30 Minuten

Für den Hefeteig:
150 ml fettarme Milch (1,5 % Fett)
250 g Weizenmehl
1 Pck. Dr. Oetker Trockenbackhefe
50 g Zucker
1 Prise Salz

Für den Belag:
700 g Birnen
Saft von 1/2 Zitrone
125 g Brombeeren

Für die Form:
etwas Halbfettbutter (30 % Fett)

Zum Bestreuen:
2 TL brauner Rohrzucker

Insgesamt:
E: 38 g, F: 9 g, Kh: 320 g,
kJ: 6459, kcal: 1543

1. Für den Teig Milch leicht erwärmen. Mehl in eine Rührschüssel geben und mit Trockenbackhefe sorgfältig vermischen. Zucker, Salz und die warme Milch hinzufügen.
2. Die Zutaten mit Handrührgerät mit Knethaken zunächst auf niedrigster, dann auf höchster Stufe in etwa 5 Minuten zu einem glatten Teig verarbeiten. Den Teig zugedeckt so lange an einem warmen Ort gehen lassen, bis er sich sichtbar vergrößert hat.
3. Für den Belag Birnen schälen, vierteln und entkernen. Birnenviertel in dicke Spalten schneiden und mit Zitronensaft beträufeln. Brombeeren verlesen, evtl. kurz abspülen und trocken tupfen.
4. Den Teig mit etwas Mehl bestäuben, aus der Schüssel nehmen und auf der leicht bemehlten Arbeitsfläche nochmals gut durchkneten. Den Teig zu einer runden Platte (Ø etwa 30 cm) ausrollen, diese in eine Tarteform (Ø 28 cm, gefettet) legen und dabei den Rand hochdrücken.
5. Birnenspalten dachziegelartig dicht auf den Teigboden legen. Den Rand mit dem Großteil der Brombeeren belegen. Restliche Brombeeren auf den Birnenspalten verteilen. Den Backofen vorheizen. Den Teig nochmals so lange an einem warmen Ort gehen lassen, bis er sich sichtbar vergrößert hat. Die Form auf dem Rost in den vorgeheizten Backofen schieben.
Ober-/Unterhitze: etwa 180 °C
Heißluft: etwa 160 °C
Backzeit: 25–30 Minuten.
6. Die Form auf einen Kuchenrost stellen. Die heiße Tarte mit Zucker bestreuen und etwas abkühlen lassen. Warm oder kalt servieren.

Tipp: Dazu passt Schokoladensauce.

Klassisch – beliebt

Bratapfelkuchen

Zubereitungszeit: 50 Minuten, ohne Durchziehzeit
Backzeit: 50–60 Minuten

Zum Vorbereiten:
75 g Rosinen
2–3 EL Rum oder Calvados

Für den Knetteig:
200 g Weizenmehl
1/2 gestr. TL Dr. Oetker Backin
75 g Zucker
1 Pck. Dr. Oetker Vanillin-Zucker
1 Prise Salz
2 EL Wasser
100 g Butter oder Margarine

Für die Füllung:
9–10 kleine Äpfel
1 1/2 Pck. Dr. Oetker Pudding-Pulver Vanille-Geschmack
600 g Schlagsahne (oder halb Milch, halb Schlagsahne)
2 Eigelb (Größe M)
50 g Zucker

Für den Belag:
2 Eiweiß (Größe M)
20 g Zucker
2 EL abgezogene, gehobelte Mandeln

Insgesamt:
E: 57 g, F: 297 g, Kh: 495 g,
kJ: 21447, kcal: 5123

1. Zum Vorbereiten die Rosinen mit Rum oder Calvados übergießen und diese gut durchziehen lassen.
2. Für den Teig Mehl mit Backpulver in einer Rührschüssel mischen. Zucker, Vanillin-Zucker, Salz, Wasser, Butter oder Margarine hinzufügen. Die Zutaten mit Handrührgerät mit Knethaken zunächst auf niedrigster, dann auf höchster Stufe gut durcharbeiten.

Bratapfelkuchen

3. Anschließend den Teig auf der leicht bemehlten Arbeitsfläche kurz verkneten. Sollte er kleben, ihn in Folie gewickelt eine Zeit lang kalt stellen.
4. Gut die Hälfte des Teiges auf dem Boden einer Springform (Ø 26 cm, gefettet) ausrollen, mehrmals mit einer Gabel einstechen und den Springformrand darumlegen. Den restlichen Teig zu einer Rolle formen und als Rand auf den Tortenboden legen. Die Teigrolle so an den Springformrand drücken, dass ein etwa 4 cm hoher Rand entsteht. Den Backofen vorheizen.
5. Für die Füllung Äpfel schälen, und das Kerngehäuse mit einem Apfelausstecher ausstechen. Die Äpfel in die Form legen (evtl. 1–2 Äpfel halbieren, damit auch die Lücken ausgefüllt werden) und mit den getränkten Rosinen füllen.
6. Pudding-Pulver mit 100 g Sahne, Eigelb und Zucker anrühren. Die restliche Sahne zum Kochen bringen, dann von der Kochstelle nehmen, das angerührte Pudding-Pulver einrühren und alles unter Rühren aufkochen lassen. Den Pudding sofort über die Äpfel geben. Die Form auf dem Rost in den vorgeheizten Backofen schieben und den Kuchen vorbacken.
Ober-/Unterhitze: etwa 180 °C
Heißluft: etwa 160 °C
Backzeit: etwa 30 Minuten.
7. Für den Belag Eiweiß steifschlagen und Zucker kurz unterschlagen. Kuchen aus dem Backofen nehmen und mit der Baisermasse bestreichen. Mit Hilfe eines Teelöffels Vertiefungen eindrücken und Baisermasse mit den Mandeln bestreuen. Danach die Form wieder in den heißen Backofen schieben und den Kuchen **bei gleicher Backtemperatur in 20–30 Minuten fertig backen.**
8. Die Form auf einen Kuchenrost stellen und den Kuchen darin erkalten lassen.

Tipp: Der Kuchen schmeckt besonders gut, wenn er 2 Stunden nach dem Backen lauwarm verzehrt wird.

Raffiniert

Fruchtiger Schoko-Käsekuchen

Zubereitungszeit: 50 Minuten, ohne Kühl- und Abkühlzeit
Backzeit: etwa 70 Minuten

Für den Schokoteig:
170 g Butter oder Margarine
80 g Zucker
1 Pck. Dr. Oetker Vanillin-Zucker
1 EL flüssiger Honig
3 Eier (Größe M)
200 g Weizenmehl
2 TL Dr. Oetker Backin
10 g Kakaopulver
1 Pck. Schokotröpfchen
(z. B. von Schwartau)

Für die Füllung:
300 g Rote Grütze
(aus dem Kühlregal)
20 g Speisestärke
2 Eigelb (Größe M)
500 g Speisequark (20 % Fett i. Tr.)
100 g Zucker, 25 g Speisestärke
2 TL Dr. Oetker Finesse
Geriebene Zitronenschale
2 Eiweiß (Größe M)
1 Prise Salz
1 Pck. Dr. Oetker Vanillin-Zucker

Insgesamt:
E: 122 g, F: 220 g, Kh: 536 g,
kJ: 19632, kcal: 4685

Fruchtiger Schoko-Käsekuchen

1. Den Backofen vorheizen. Für den Teig Butter oder Margarine mit Handrührgerät mit Rührbesen auf höchster Stufe geschmeidig rühren. Nach und nach Zucker, Vanillin-Zucker und Honig unterrühren. So lange rühren, bis eine gebundene Masse entstanden ist. Eier nach und nach unterrühren (jedes Ei etwa 1/2 Minute).

2. Mehl mit Backpulver und Kakao mischen und in 2 Portionen auf mittlerer Stufe unterrühren. Dann Schokotröpfchen unterheben. Den Teig halbieren. Eine Teighälfte in eine Springform (Ø 26 cm, Boden gefettet) geben und verstreichen. Die Form auf dem Rost in den vorgeheizten Backofen schieben und den Kuchen vorbacken. Restlichen Teig kalt stellen.
Ober-/Unterhitze: etwa 180 °C
Heißluft: etwa 160 °C
Backzeit: etwa 15 Minuten.

3. Die Form auf einen Kuchenrost stellen. Den Boden etwas abkühlen lassen.

4. Für die Füllung Rote Grütze mit Speisestärke verrühren. Eigelb mit Quark, Zucker, Speisestärke und Zitronenschale verrühren. Eiweiß und Salz mit Handrührgerät mit Rührbesen auf höchster Stufe steifschlagen. Nach und nach Vanillin-Zucker unterschlagen. 1 Esslöffel von der Eischneemasse abnehmen und beiseitestellen. Restlichen Eischnee unter die Quarkmasse heben.

5. Für die Kleckse von dem kalt gestellten Schokoteig 3 Esslöffel abnehmen und beiseitegestellte Eischneemasse unterheben. Restlichen Schokoteig an den Rand der Springform auf den vorgebackenen Boden geben und verstreichen.

6. Zuerst die Rote-Grütze-Mischung auf den vorgebackenen Boden, dann die Quarkmasse darauf verteilen.

7. Den Schokoteig (Klecksteig) mit einem Teelöffel in kleinen Portionen auf die Quarkmasse geben. Die Form wieder auf dem Rost in den heißen Backofen schieben und den Kuchen anschließend **bei gleicher Backtemperatur in etwa 55 Minuten fertig backen.**

8. Die Form auf einen Kuchenrost stellen und den Kuchen in der Form erkalten lassen. Dann den Kuchen aus der Form lösen und auf eine Tortenplatte legen.

Gewürz-Kirsch-Tarte

Ober-/Unterhitze: etwa 180 °C
Heißluft: etwa 160 °C
Backzeit: etwa 45 Minuten.

5. Die Tarte aus der Form lösen und auf einem Kuchenrost erkalten lassen.

Tipp: Die Tarte kann auch in einer Springform (Ø 26 cm) zubereitet werden.

Einfach

Gewürz-Kirsch-Tarte

Zubereitungszeit: 50 Minuten
Backzeit: etwa 45 Minuten

Zum Vorbereiten:
1 Glas Sauerkirschen (Abtropfgewicht 370 g)

Für den Rührteig:
125 g Butter oder Margarine
110 g Zucker
1 gestr. TL Zimt
1/2 TL gemahlener Piment (Nelkenpfeffer)
1 gestr. TL Dr. Oetker Finesse Geriebene Zitronenschale
2 Eier (Größe M)
170 g Weizenmehl
2 gestr. TL Dr. Oetker Backin

Für die Streusel:
170 g Weizenmehl
1 gestr. TL Dr. Oetker Backin
40 g Kakaopulver
110 g Zucker
3 EL gehackte Cashewkerne
1 Pck. (25 g) gehackte Pistazienkerne
125 g Butter oder Margarine

Insgesamt:
E: 71 g, F: 270 g, Kh: 556 g,
kJ: 20889, kcal: 4991

1. Zum Vorbereiten Sauerkirschen auf einem Sieb gut abtropfen lassen. Den Backofen vorheizen.
2. Für den Teig Butter oder Margarine mit Handrührgerät mit Rührbesen auf höchster Stufe geschmeidig rühren. Nach und nach Zucker, Zimt, Piment und Zitronenschale unterrühren. So lange rühren, bis eine gebundene Masse entstanden ist.
3. Eier nach und nach unterrühren (jedes Ei etwa 1/2 Minute). Mehl mit Backpulver mischen und in 2 Portionen auf mittlerer Stufe unterrühren. Den Teig in eine Tarteform (Ø 28 cm, gefettet) geben und verstreichen. Sauerkirschen darauf verteilen.
4. Für die Streusel Mehl mit Backpulver und Kakao in einer Rührschüssel mischen. Zucker, Cashew- und Pistazienkerne und Butter oder Margarine hinzufügen. Die Zutaten mit Handrührgerät mit Rührbesen zu Streuseln von gewünschter Größe verarbeiten. Die Teigstreusel auf den Kirschen verteilen. Die Form auf dem Rost in den vorgeheizten Backofen schieben.

Raffiniert

Hawaii-Käseschnitten

Zubereitungszeit: 60 Minuten, ohne Abkühlzeit
Backzeit: etwa 62 Minuten

Für den Knetteig:
250 g Weizenmehl
60 g Zucker
1 Pck. Dr. Oetker Vanillin-Zucker
150 g Butter oder Margarine

Für den Belag:
2 kleine Dosen Ananasscheiben (Abtropfgewicht je 340 g)
1 kg Magerquark
250 g Zucker
1 Pck. Käsekuchen-Hilfe
1 Pck. Saucen-Pulver Vanille-Geschmack
1 Pck. Dr. Oetker Finesse Geriebene Zitronenschale
1 Pck. Dr. Oetker Finesse Bourbon-Vanille-Aroma
4 Eier (Größe M)
500 g Schlagsahne

Für den Guss:
2 Pck. Tortenguss, klar
25 g Zucker
500 ml (1/2 l) Ananassaft aus den Dosen, evtl. mit Wasser aufgefüllt

Insgesamt:
E: 205 g, F: 311 g, Kh: 805 g,
kJ: 29744, kcal: 7105

1. Den Backofen vorheizen. Für den Teig Mehl mit Zucker, Vanillin-Zucker und Butter oder Margarine in eine Rührschüssel geben. Die Zutaten

mit Handrührgerät mit Knethaken zunächst kurz auf niedrigster, dann auf höchster Stufe gut durcharbeiten. Anschließend den Teig auf der leicht bemehlten Arbeitsfläche kurz verkneten.
2. Den Teig auf einem Backblech (30 x 40 cm, gefettet) ausrollen. Teigboden mehrmals mit einer Gabel einstechen. Das Backblech in den vorgeheizten Backofen schieben und den Boden vorbacken.
Ober-/Unterhitze: etwa 180 °C
Heißluft: etwa 160 °C
Backzeit: etwa 12 Minuten.
3. Danach das Backblech auf einen Kuchenrost stellen. Den Boden etwas abkühlen lassen und einen Backrahmen darumstellen.
4. Für den Belag Ananasscheiben in einem Sieb abtropfen lassen. Den Saft dabei auffangen und 500 ml (1/2 l) davon abmessen, evtl. mit Wasser auffüllen. Quark mit Zucker, Käsekuchen-Hilfe, Saucen-Pulver, Zitronenschale, Vanille-Aroma und Eiern in eine Rührschüssel geben. Die Zutaten mit dem Schneebesen gut verrühren. Sahne steifschlagen und unterheben.
5. Die Masse auf dem vorgebackenen Boden verteilen und verstreichen. Ananasscheiben auf der Quark-Sahne-Masse verteilen. Das Backblech wieder in den Backofen schieben und den Kuchen **bei gleicher Backtemperatur in etwa 50 Minuten fertig backen**.
6. Das Backblech auf einen Kuchenrost stellen und den Kuchen darauf erkalten lassen.
7. Für den Guss aus Tortengusspulver, Zucker und Ananassaft nach Packungsanleitung einen Guss zubereiten und auf dem Kuchen verteilen. Guss fest werden lassen. Anschließend den Backrahmen mit einem Messer lösen und entfernen.

Schnell zubereitet

Käsekuchen ohne Boden

Zubereitungszeit: 15 Minuten, ohne Abkühlzeit
Backzeit: etwa 60 Minuten

Für die Käsemasse:
4 Eiweiß (Größe M)
400 g Doppelrahm-Frischkäse
500 g Magerquark
1 Pck. Dr. Oetker Pudding-Pulver Vanille-Geschmack
300 g saure Sahne
4 Eigelb (Größe M)
150 g Zucker
2 Pck. Dr. Oetker Vanillin-Zucker
2 Pck. Dr. Oetker Finesse Geriebene Zitronenschale
150 ml Speiseöl
125 ml (1/8 l) Milch

Insgesamt:
E: 151 g, F: 364 g, Kh: 248 g, kJ: 20368, kcal: 4861

1. Den Backofen vorheizen. Für die Käsemasse Eiweiß steifschlagen und beiseitestellen. Frischkäse mit Quark, Pudding-Pulver, saure Sahne, Eigelb, Zucker, Vanillin-Zucker, Zitronenschale, Speiseöl und Milch in eine Rührschüssel geben.
2. Die Zutaten mit Handrührgerät mit Rührbesen zunächst kurz auf niedrigster, dann auf höchster Stufe in etwa 1 Minute verrühren. Eischnee vorsichtig unterheben. Die Masse in eine Springform (Ø 26 cm, Boden gefettet) geben und verstreichen. Die Form auf dem Rost in den vorgeheizten Backofen schieben.
Ober-/Unterhitze: etwa 180 °C
Heißluft: etwa 160 °C
Backzeit: etwa 60 Minuten.
3. Die Form etwa 15 Minuten im ausgeschalteten, leicht geöffneten Backofen stehen lassen, dann auf einen Kuchenrost stellen. Den Kuchen etwa 2 Stunden in der Form abkühlen lassen, dann aus der Form lösen und auf eine Tortenplatte legen.

Hawaii-Käseschnitten

Käsekuchen ohne Boden

Fruchtig

Kirsch-Zitronen-Tarte

Zubereitungszeit: 45 Minuten, ohne Abkühlzeit
Backzeit: etwa 55 Minuten

Für den Knetteig:
200 g Weizenmehl
150 g weiche Butter oder Margarine
40 g Zucker, 1/2 gestr. TL Salz

Für den Belag:
250 g Herzkirschen
(süße, dunkle Kirschen)

Für die Füllung:
3 Eier (Größe M)
1 Becher (150 g) Crème fraîche
80 g Zucker
100 ml Zitronensaft

Insgesamt:
E: 48 g, F: 195 g, Kh: 302 g,
kJ: 13357, kcal: 3199

1. Den Backofen vorheizen. Für den Teig Mehl mit Butter oder Margarine, Zucker und Salz in eine Rührschüssel geben. Die Zutaten mit Handrührgerät mit Rührbesen zunächst kurz auf niedrigster, dann auf höchster Stufe gut durcharbeiten. Anschließend den Teig auf der leicht bemehlten Arbeitsfläche kurz verkneten. Sollte er kleben, ihn in Folie gewickelt kurz kalt stellen.
2. Zwei Drittel des Teiges auf dem Boden einer Springform oder Tarteform (Ø 26 cm, gefettet) ausrollen und den Springformrand darumstellen. Teigboden mehrmals mit einer Gabel einstechen. Die Form auf dem Rost in den vorgeheizten Backofen schieben und den Boden vorbacken.
Ober-/Unterhitze: etwa 180 °C
Heißluft: etwa 160 °C
Backzeit: etwa 15 Minuten.
3. Die Form auf einen Kuchenrost stellen und den Boden etwas abkühlen lassen. Für den Belag Kirschen waschen, abtropfen lassen, entstielen und entsteinen. Für die Füllung Eier mit Crème fraîche und Zucker zu einer glatten Masse verrühren, Zitronensaft unterrühren.
4. Restlichen Teig zu einer langen Rolle formen. Rolle auf den vorgebackenen Boden legen und so an die Form drücken, dass ein etwa 1 cm hoher Rand entsteht.
5. Die Eier-Crème-fraîche-Masse auf den Boden geben und glatt verstreichen. Kirschen darauf verteilen. Die Form wieder auf dem Rost in den heißen Backofen schieben und die Tarte **bei gleicher Backtemperatur in etwa 40 Minuten fertig backen.**
6. Die Tarte etwa 10 Minuten in der Form stehen lassen, dann aus der Form lösen und auf einem Kuchenrost erkalten lassen.

Tipp: Sie können die Tarte auch mit 1 Glas gut abgetropfter Sauerkirschen (Abtropfgewicht 185 g) zubereiten.

Fettarm

Kleiner Kirsch-Mandel-Kuchen

Zubereitungszeit: 15 Minuten
Backzeit: etwa 40 Minuten

Für den Belag:
150 g Sauerkirschen (aus dem Glas)

Für den Rührteig:
60 g weiche Joghurt-Butter
(69 % Fett)
60 g Zucker
1 Prise Salz
1 Ei (Größe M)
100 g Weizenmehl
25 g Speisestärke
1 gestr. TL Dr. Oetker Backin
20 g abgezogene, gemahlene Mandeln
3 EL Sauerkirschsaft aus dem Glas

Zum Bestreuen:
2 EL abgezogene , gehobelte Mandeln

Insgesamt:
E: 29 g, F: 81 g, Kh: 195 g,
kJ: 6835, kcal:1639

1. Kirschen in einem Sieb abtropfen lassen, den Saft dabei auffangen. 3 Esslöffel davon abmessen und beiseitestellen. Den Backofen vorheizen.
2. Für den Teig Joghurt-Butter mit Handrührgerät mit Rührbesen geschmeidig rühren. Nach und nach Zucker und Salz unterrühren, bis eine gebundene Masse entstanden ist. Ei etwa 1/2 Minute unterrühren.

3. Mehl mit Speisestärke und Backpulver mischen und abwechselnd mit den Mandeln und dem Kirschsaft unterrühren. Den Teig in eine kleine Springform (Ø 16 cm, Boden gefettet, mit Semmelbröseln ausgestreut) füllen und verstreichen.
4. Die Kirschen auf dem Teig verteilen und mit Mandeln bestreuen. Die Form auf dem Rost in den vorgeheizten Backofen schieben.
Ober-/Unterhitze: etwa 180 °C
Heißluft: etwa 160 °C
Backzeit: etwa 40 Minuten.
5. Den Kuchen in der Form auf einem Kuchenrost erkalten lassen, dann aus der Form lösen und in 6 Stücke einteilen.

Tipp: Der Kirsch-Mandel-Kuchen hält sich gut verpackt und gekühlt 2–3 Tage und ist zum Einfrieren geeignet.

Klassisch

Käsekuchen mit Rhabarber

Käsekuchen mit Rhabarber

Zubereitungszeit: 50 Minuten, ohne Abkühlzeit
Backzeit: etwa 60 Minuten

Für den Knetteig:
400 g Weizenmehl
2 gestr. TL Dr. Oetker Backin
150 g Zucker
1 Pck. Dr. Oetker Vanillin-Zucker
2 Eier (Größe M)
1 Prise Salz
250 g Butter oder Margarine

Für den Belag:
1 1/2 kg junger Rhabarber

Für die Quarkmasse:
5 Eiweiß (Größe M)
1 EL Zucker
250 g Magerquark
2 Becher (je 125 g) Crème double
150 g Zucker
1 Pck. Dr. Oetker Vanillin-Zucker
5 Eigelb (Größe M)
125 ml (1/8 l) Milch
1 Pck. Käsekuchen-Hilfe

Für den Guss:
1 Pck. Tortenguss, klar
1 EL Zucker
250 ml (1/4 l) Wasser oder Apfelsaft

Insgesamt:
E: 139 g, F: 377 g, Kh: 749 g,
kJ: 29530, kcal: 7065

1. Den Backofen vorheizen. Für den Teig Mehl mit Backpulver in einer Rührschüssel mischen. Zucker, Vanillin-Zucker, Eier, Salz und Butter oder Margarine hinzufügen. Die Zutaten mit Handrührgerät mit Knethaken zunächst kurz auf niedrigster, dann auf höchster Stufe gut durcharbeiten. Anschließend den Teig auf der leicht bemehlten Arbeitsfläche kurz verkneten.
2. Den Teig auf einem Backblech (30 x 40 cm, gefettet) ausrollen und mehrfach mit einer Gabel einstechen. Das Backblech in den vorgeheizten Backofen schieben und vorbacken.
Ober-/Unterhitze: etwa 180 °C
Heißluft: etwa 160 °C
Backzeit: etwa 20 Minuten.
3. Das Backblech auf einen Kuchenrost stellen und etwas abkühlen lassen. Einen Backrahmen darumstellen.
4. Für den Belag Rhabarber putzen (nicht abziehen), waschen und anschließend in etwa 2 cm lange Stücke schneiden.
5. Für die Quarkmasse Eiweiß mit Zucker steifschlagen. Quark mit Crème double, Zucker, Vanillin-Zucker, Eigelb, Milch und Käsekuchen-Hilfe verrühren. Eischnee unterheben. Die Quarkmasse auf dem Boden verteilen. Die Rhabarberstücke gleichmäßig darauflegen. Das Backblech wieder in den heißen Backofen schieben und den Kuchen **bei gleicher Backtemperatur in etwa 40 Minuten fertig backen.**
6. Das Backblech auf einen Kuchenrost stellen und den Kuchen darauf erkalten lassen.
7. Für den Guss Tortengusspulver mit Zucker und Wasser oder Apfelsaft nach Packungsanleitung zubereiten und mit Hilfe eines Pinsels dünn auf dem Kuchen verteilen. Guss fest werden lassen.

Tipp: Sehr gut schmeckt es auch, wenn Sie statt Crème double Crème fraîche oder Schmand verwenden.

Beliebt

Traubenkuchen mit Eierguss

Zubereitungszeit: 30 Minuten, ohne Teiggeh- und Abkühlzeit
Backzeit: etwa 30 Minuten

Für den Hefeteig:
100 ml Milch
50 g Butter oder Margarine
200 g Weizenmehl
1 Pck. Dr. Oetker Trockenbackhefe
50 g Zucker
1 Pck. Dr. Oetker Vanillin-Zucker

Für die Quarkmasse:
300 g grüne und blaue Weintrauben
250 g Schlagsahne
3 EL Zucker
1 Pck. Saucen-Pulver Vanille-Geschmack
250 g Magerquark
1 Eigelb (Größe M)

Für den Eierguss:
3 Eiweiß (Größe M)
60 g Butter
60 g Zucker
2 Eigelb (Größe M)
1 TL Speisestärke

Insgesamt:
E: 87 g, F: 191 g, Kh: 408 g,
kJ: 16062, kcal: 3836

Traubenkuchen mit Eierguss

1. Für den Teig Milch in einem Topf leicht erwärmen und Butter oder Margarine darin zerlassen. Mehl in einer Rührschüssel sorgfältig mit Trockenbackhefe vermischen. Zucker, Vanillin-Zucker und die warme Milch-Fett-Mischung hinzufügen.
2. Die Zutaten mit Handrührgerät mit Knethaken zunächst kurz auf niedrigster, dann auf höchster Stufe in etwa 5 Minuten zu einem glatten Teig verarbeiten. Den Teig zugedeckt so lange an einem warmen Ort gehen lassen, bis er sich sichtbar vergrößert hat.
3. Den Teig leicht mit Mehl bestäuben, aus der Schüssel nehmen und auf der leicht bemehlten Arbeitsfläche gut durchkneten. Teig auf dem Boden einer Springform (Ø 26 cm, gefettet) ausrollen. Springformrand darumlegen. Teig am Rand etwa 2 cm hochdrücken. Den Backofen vorheizen.
4. Für die Quarkmasse Weintrauben waschen, trocken tupfen, halbieren und entkernen. Aus Sahne, Zucker und Saucen-Pulver nach Packungsanleitung einen Pudding zubereiten. Pudding etwas abkühlen lassen, dabei gelegentlich umrühren. Quark und Eigelb unterrühren. Die Quarkcreme lauwarm auf den Hefeteig geben, verstreichen und mit den Traubenhälften belegen.
5. Für den Eierguss Eiweiß sehr steif schlagen und beiseitestellen. Butter mit Zucker in eine Rührschüssel geben und dann mit Handrührgerät mit Rührbesen auf höchster Stufe geschmeidig rühren. Eigelb nach und nach unterrühren.
6. Eischnee auf die Eigelbmasse geben, mit Speisestärke bestäuben und vorsichtig unterheben. Den Guss vorsichtig auf den Trauben verteilen. Die Form auf dem Rost in den vorgeheizten Backofen schieben.
Ober-/Unterhitze: etwa 180 °C
Heißluft: etwa 160 °C
Backzeit: etwa 30 Minuten.
7. Den Kuchen aus der Form lösen und auf einem Kuchenrost erkalten lassen.

Tipp: Den Kuchen vor dem Backen mit Mandeln bestreuen. Den Kuchen nach dem Backen sofort mit durch ein Sieb gestrichener Aprikosenkonfitüre bestreichen. Der Kuchen schmeckt frisch am besten.

Einfach

Polnischer Käsekuchen

Zubereitungszeit: 50 Minuten, ohne Abkühlzeit
Backzeit: etwa 60 Minuten

Für den Knetteig:
200 g Weizenmehl
1 Msp. Dr. Oetker Backin
70 g Zucker
1 Pck. Dr. Oetker Vanillin-Zucker
1 Prise Salz
1 Ei (Größe M)
125 g Butter oder Margarine

Für den Belag:
5 Eiweiß (Größe M)
1 Prise Salz
20 g Zucker
100 g Orangeat
100 g weiche Butter
5 Eigelb (Größe M)
750 g Magerquark
50 g Weizenmehl
100 g Zucker
1 Pck. Dr. Oetker Finesse
Geriebene Orangenschale oder
Geriebene Zitronenschale
100 g Rosinen

Zum Bestäuben:
Puderzucker

Insgesamt:
E: 169 g, F: 231 g, Kh: 552 g,
kJ: 21232, kcal: 5074

1. Den Backofen vorheizen. Für den Teig Mehl mit Backpulver in einer Rührschüssel mischen. Zucker, Vanillin-Zucker, Salz, Ei und Butter oder Margarine hinzufügen. Die Zutaten mit Handrührgerät mit Knethaken zunächst kurz auf niedrigster, dann auf höchster Stufe gut durcharbeiten.
2. Anschließend den Teig auf der leicht bemehlten Arbeitsfläche kurz verkneten. Sollte er kleben, ihn in Folie gewickelt kurz kalt stellen.
3. Die Hälfte des Teiges auf dem Boden einer Springform (Ø 26 cm, gefettet) ausrollen. Den Teigboden mehrmals mit einer Gabel einstechen. Den Springformboden (ohne Springformrand) auf dem Rost in den vorgeheizten Backofen schieben.
Ober-/Unterhitze: etwa 200 °C
Heißluft: etwa 180 °C
Backzeit: etwa 10 Minuten.
4. Den Springformboden auf einen Kuchenrost stellen. Den Gebäckboden etwas abkühlen lassen. Den Springformrand darumlegen.
5. Für den Belag Eiweiß mit Salz so steifschlagen, dass ein Messerschnitt sichtbar bleibt. Zucker kurz unterschlagen. Orangeat fein hacken und mit der Butter verrühren. Eigelb mit Quark, Mehl, Zucker und Orangen- oder Zitronenschale geschmeidig rühren. Orangen-Butter-Masse und Rosinen kurz unterrühren. Eischnee unter die Quarkmasse heben.
6. Restlichen Teig zu zwei Rollen formen. Teigrollen auf den vorgebackenen Boden legen und so an die Form drücken, dass ein etwa 3 cm hoher Rand entsteht. Die Quarkmasse auf den Boden geben und verstreichen. Die Form wieder auf dem Rost in den heißen Backofen schieben und den Kuchen bei niedrigerer Backtemperatur fertig backen.
Ober-/Unterhitze: etwa 180 °C
Heißluft: etwa 160 °C
Backzeit: etwa 50 Minuten.
7. Die Form auf einen Kuchenrost stellen. Den Kuchen in der Form erkalten lassen. Anschließend den Kuchen mit einem Messer vom Rand lösen, aus der Form nehmen und auf eine Tortenplatte setzen. Tortenoberfläche mit Puderzucker bestäuben.

Polnischer Käsekuchen

Einfach

Nektarinenkuchen

Tassenkuchen (1 Tasse = 200 ml)

Zubereitungszeit: 30 Minuten
Backzeit: etwa 60 Minuten

Zum Vorbereiten:
4–5 Nektarinen (etwa 750 g)
2 EL Zitronensaft

Für den All-in-Teig:
2 1/2 Tassen (250 g) Weizenmehl
2 gestr. TL Dr. Oetker Backin
1/2 Tasse (75 g) Zucker
2 Pck. Dr. Oetker Vanillin-Zucker
1 Prise Salz
1 Pck. Dr. Oetker Finesse
Geriebene Zitronenschale
3 Eier (Größe M)
1/2 Pck. (125 g) weiche Butter
oder Margarine
Saft von 1 Zitrone
knapp 1 Tasse (150 g) Schlagsahne
1 Pck. (100 g) abgezogene,
gemahlene Mandeln

Zum Bestreuen:
1 Pck. (50 g) abgezogene,
gehobelte Mandeln

Insgesamt:
E: 83 g, F: 256 g, Kh: 364 g,
kJ: 17337, kcal: 4140

1. Zum Vorbereiten die Nektarinen waschen, trocken tupfen, halbieren, entsteinen und in Spalten schneiden. Nektarinenspalten mit Zitronensaft beträufeln und etwas durchziehen lassen. Den Backofen vorheizen.
2. Für den Teig Mehl mit Backpulver in einer Rührschüssel mischen. Restliche Zutaten hinzufügen und alles mit Handrührgerät mit Rührbesen erst kurz auf niedrigster, dann auf höchster Stufe in etwa 2 Minuten zu einem Teig verarbeiten.
3. Dann den Teig in eine Springform (Ø 26 cm, Boden gefettet) geben und verstreichen. Die Nektarinenspalten auf den Teig legen und mit Mandeln bestreuen. Anschließend die Form auf dem Rost in den vorgeheizten Backofen schieben.
Ober-/Unterhitze: etwa 180 °C
Heißluft: etwa 160 °C
Backzeit: etwa 60 Minuten.
4. Die Form auf einen Kuchenrost stellen und den Kuchen darin erkalten lassen. Dann den Kuchen aus der Form lösen und auf eine Tortenplatte legen.

Fettarm

Kleiner Schoko-Kirsch-Kuchen

Zubereitungszeit: 30 Minuten,
ohne Abkühlzeit
Backzeit: etwa 20 Minuten

Für den Rührteig:
50 g weiche Halbfettmargarine
40 g Zucker, 1 Prise Salz
3–4 Tropfen Bittermandel-Aroma
1 Ei (Größe M)
100 g Weizenmehl
1 gestr. TL Dr. Oetker Backin
2 gestr. TL Kakaopulver
5 EL fettarme Milch (1,5 % Fett)

Für die Füllung:
1 kleines Glas Sauerkirschen
(Abtropfgewicht 185 g)
150 ml Kirschsaft aus dem Glas
1 EL Speisestärke, 1 TL Zucker

Zum Verzieren:
20 g weiße Kuvertüre

Insgesamt:
E: 25 g, F: 42 g, Kh: 203 g,
kJ: 5542, kcal: 1324

Nektarinenkuchen

Kleiner Schoko-Kirsch-Kuchen

Kleiner Heidelbeer-Streuselkuchen

1. Den Backofen vorheizen. Für den Teig Margarine mit Handrührgerät mit Rührbesen geschmeidig rühren. Nach und nach Zucker, Salz und Aroma unter Rühren hinzufügen. So lange rühren, bis eine gebundene Masse entstanden ist. Ei in etwa 1/2 Minute unterrühren.
2. Mehl mit Backpulver und Kakao gut vermischen und abwechselnd mit der Milch kurz unterrühren. Den Teig in eine Springform (Ø 16 cm, Boden gefettet, mit Semmelbröseln ausgestreut) füllen und verstreichen. Die Form auf dem Rost in den vorgeheizten Backofen schieben.
Ober-/Unterhitze: etwa 180 °C
Heißluft: etwa 160 °C
Backzeit: etwa 20 Minuten.
3. Den Gebäckboden etwa 5 Minuten abkühlen lassen und dann aus der Form lösen. Gebäckboden auf einem Kuchenrost erkalten lassen und anschließend einmal waagerecht im oberen Drittel durchschneiden.
4. Für die Füllung die Kirschen in einem Sieb abtropfen lassen, dabei den Saft auffangen und 150 ml abmessen. Speisestärke mit Zucker in einem kleinen Topf mischen, Kirschsaft einrühren und unter Rühren kurz aufkochen lassen. Kirschen unterrühren und die Masse etwas abkühlen lassen.
5. Den gesäuberten Springformrand um die untere dickere Gebäckhälfte stellen. Kirschfüllung auf den Gebäckboden geben und verstreichen. Oberen Gebäckboden darauflegen und vorsichtig andrücken.
6. Zum Verzieren Kuvertüre in kleine Stücke hacken und in einem kleinen Topf im Wasserbad unter Rühren schmelzen lassen. Die Kuchenoberfläche mit der Kuvertüre besprenkeln. Kuchen kalt stellen. Vor dem Servieren den Springformrand lösen und entfernen.

Fettarm

Kleiner Heidelbeer-Streuselkuchen

Zubereitungszeit: 40 Minuten
Backzeit: etwa 25 Minuten

Für den Streuselteig:
180 g Weizenmehl
1/2 gestr. TL Dr. Oetker Backin
1 Prise Salz
50 g Zucker
60 g weiche Joghurt-Butter
1 Ei (Größe M)

Für den Belag:
200 g frische Heidelbeeren (oder aufgetaute, gut abgetropfte TK-Heidelbeeren)
1 Pck. Dr. Oetker Vanillin-Zucker

Insgesamt:
E: 27 g, F: 55 g, Kh: 209 g,
kJ: 6074, kcal: 1457

1. Den Backofen vorheizen. Für den Teig Mehl mit Backpulver in einer Rührschüssel mischen. Restliche Zutaten hinzufügen und mit Handrührgerät mit Rührbesen zu groben Streuseln verarbeiten.
2. Zwei Drittel der Streusel in eine kleine Springform (Ø 16 cm, Boden gefettet, mit Semmelbröseln ausgestreut) geben und gleichmäßig als Boden und kleinen Rand andrücken.
3. Frische Heidelbeeren verlesen, vorsichtig waschen und gut abtropfen lassen. Heidelbeeren gleichmäßig auf dem Teigboden verteilen und mit Vanillin-Zucker und den restlichen Streuseln bestreuen. Die Form auf dem Rost in den vorgeheizten Backofen schieben.
Ober-/Unterhitze: etwa 200 °C
Heißluft: etwa 180 °C
Backzeit: etwa 25 Minuten.
4. Den Kuchen etwas in der Form abkühlen lassen. Dann Springformrand lösen und entfernen. Kuchen erkalten lassen und in Stücke schneiden.

Tipp: Statt mit Heidelbeeren können Sie den Streuselkuchen auch mit Apfelwürfeln backen. Gut verpackt und kühl aufbewahrt hält der Kuchen sich 2–3 Tage.

Käsekuchen mit Schokoguss

Für Kinder

Käsekuchen mit Schokoguss

Zubereitungszeit: 50 Minuten, ohne Abkühlzeit
Backzeit: etwa 60 Minuten

Für den Boden:
30 g Butter
100 g Amarettini
(ital. Mandelmakronen)

Für die Füllung:
4 Eiweiß (Größe M)
1 Prise Salz
20 g Zucker
750 g Speisequark
(20 % Fett i. Tr.)
4 Eigelb (Größe M)
1 Pck. Dr. Oetker Finesse
Geriebene Orangenschale
170 g gezuckerte Kondensmilch
40 g Speisestärke

Zum Bestreichen:
150 g Sauerkirschkonfitüre

Für den Guss:
150 g Edelbitter-Schokolade
(60 % Kakao)
70 ml Wasser
40 g Zucker

Italienischer Käsekuchen

Insgesamt:
E: 152 g, F: 159 g, Kh: 457 g,
kJ: 16507, kcal: 3941

1. Für den Boden Butter zerlassen und etwas abkühlen lassen. Amarettini in einen Gefrierbeutel füllen, Beutel verschließen und Amarettini mit einer Teigrolle fein zerbröseln. Brösel in eine Schüssel geben und mit der Butter vermengen. Die Bröselmasse in eine Springform (Ø 26 cm, Boden gefettet, mit Backpapier belegt) geben, mit einem Löffel zu einem Boden andrücken. Den Backofen vorheizen.
2. Für die Füllung Eiweiß mit Salz steifschlagen. Der Schnee muss so fest sein, dass ein Messerschnitt sichtbar bleibt. Zucker kurz unterschlagen. Quark mit Eigelb, Orangenschale, Kondensmilch und Speisestärke geschmeidig rühren. Eischnee unter die Quarkmasse heben.
3. Die Quarkmasse auf den Bröselboden geben und verstreichen. Die Form auf dem Rost in den vorgeheizten Backofen schieben.
Ober-/Unterhitze: etwa 180 °C
Heißluft: etwa 160 °C
Backzeit: etwa 60 Minuten.
4. Den Kuchen noch etwa 15 Minuten im ausgeschalteten, leicht geöffneten Backofen stehen lassen. Dann die Form herausnehmen und auf einen Kuchenrost stellen.
5. Zum Bestreichen Kirschkonfitüre pürieren oder durch ein Sieb streichen. Konfitüre in einem kleinen Topf unter Rühren gut aufkochen lassen. Den Kuchen sofort damit bestreichen und in der Form erkalten lassen.
6. Für den Guss die Schokolade in Stücke brechen und mit Wasser und Zucker in einem kleinen Topf unter Rühren bei mittlerer Hitze langsam zum Kochen bringen. Bei sehr schwacher Hitze unter Rühren 1–2 Minuten leicht köcheln lassen. Topf von der Kochstelle nehmen und den Guss etwas abkühlen lassen.
7. Den Kuchen aus der Form lösen. Schokoladenguss auf dem Kuchen verteilen (Guss nach Belieben als dicke Schicht nur auf die Oberfläche geben oder den Kuchen ganz mit dem Guss überziehen). Guss am besten über Nacht fest werden lassen.

Dauert länger – für Gäste

Italienischer Käsekuchen

Zubereitungszeit: 35 Minuten, ohne Kühlzeit
Backzeit: 65–70 Minuten

Für den Knetteig:
150 g Weizenmehl, 30 g Puderzucker
abgeriebene Schale von 1/2 Bio-Zitrone (unbehandelt, ungewachst)
50 g Butter oder Margarine
2–3 EL Schlagsahne
getrocknete Erbsen zum Blindbacken

Für den Belag:
750 g Mascarpone (ital. Frischkäse)
150 g Zucker
2 Pck. Dr. Oetker Bourbon-Vanille-Zucker, 5 Eigelb (Größe M)
1 Pck. Dr. Oetker Pudding-Pulver Vanille-Geschmack
5 Eiweiß (Größe M)
500 g halbierte kernlose Weintrauben
1 Pck. Tortenguss, klar
250 ml (1/4 l) italienischer Roséwein
1 TL Zucker

Insgesamt:
E: 88 g, F: 401 g, Kh: 491 g,
kJ: 26155, kcal: 6250

1. Für den Teig Mehl mit Puderzucker in einer Rührschüssel mischen. Restliche Zutaten hinzufügen und alles mit Handrührgerät mit Knethaken zunächst kurz auf niedrigster, dann auf höchster Stufe gut durcharbeiten. Anschließend den Teig auf der leicht bemehlten Arbeitsfläche kurz verkneten. Teig in Frischhaltefolie verpackt etwa 30 Minuten kalt stellen. Den Backofen vorheizen.
2. Den Teig auf der leicht bemehlten Arbeitsfläche zu einer runden Platte (Ø etwa 30 cm) ausrollen, in eine Tarteform (Ø 28–30 cm, Boden gefettet) legen und am Rand andrücken. Den Teigboden mehrmals mit einer Gabel einstechen. Backpapier überlappend auf den Teig legen mit Erbsen füllen. Die Form auf dem Rost in den vorgeheizten Backofen schieben und den Boden „blindbacken".
Ober-/Unterhitze: etwa 200 °C
Heißluft: etwa 180 °C
Backzeit: etwa 10 Minuten.
3. Die Erbsen mit dem Backpapier nach dem Vorbacken entfernen.
4. Für den Belag Mascarpone mit Zucker, Vanille-Zucker, Eigelb und Pudding-Pulver verrühren. Eiweiß steifschlagen, unter die Creme heben und auf den Gebäckboden füllen. Die Form nochmals bei niedrigerer Backtemperatur auf dem Rost in den heißen Backofen schieben.
Ober-/Unterhitze: etwa 170 °C
Heißluft: etwa 150 °C
Backzeit: 55–60 Minuten.
5. Kuchen evtl. etwa 20 Minuten vor Ende der Backzeit mit Backpapier zudecken, damit er nicht zu dunkel wird. Den Kuchen anschließend in der Form auf einem Kuchenrost erkalten lassen.
6. Den Kuchen üppig mit Weintraubenhälften belegen. Aus Tortenguss, Wein und Zucker nach Packungsanleitung einen Guss zubereiten. Guss über die Trauben geben. Kuchen erkalten lassen, aus der Form lösen.

Für Gäste

Brombeer-Krokant-Tarte

Zubereitungszeit: 45 Minuten
Backzeit: etwa 40 Minuten

Für den Rührteig:
150 g Butter oder Margarine
100 g Zucker, 4 Eier (Größe M)
200 g Weizenmehl
1 gestr. TL Dr. Oetker Backin
50 g abgezogene, gemahlene Mandeln

Für den Belag:
200 g Schlagsahne
1 Pck. Dr. Oetker Pudding-Pulver Vanille-Geschmack
300 ml frisch gepresster Orangensaft
80 g Zucker
250 g Brombeeren

Für den Krokant:
50 g abgezogene, gehackte Mandeln
70 g Zucker

Insgesamt:
E: 74 g, F: 274 g, Kh: 463 g,
kJ: 19640, kcal: 4693

1. Für den Teig Butter oder Margarine in einer Rührschüssel mit Handrührgerät mit Rührbesen geschmeidig rühren. Nach und nach Zucker unterrühren. So lange rühren, bis eine gebundene Masse entstanden ist. Eier nach und nach unterrühren (jedes Ei etwa 1/2 Minute).
2. Mehl mit Backpulver mischen und mit den Mandeln in 2 Portionen auf mittlerer Stufe unterrühren. Den Teig in eine Springform oder Tarteform (Ø 26 cm, Boden gefettet) geben und verstreichen. Den Backofen vorheizen.
3. Für den Belag Sahne mit Pudding-Pulver gut verrühren. Orangensaft mit Zucker in einem Topf zum Kochen bringen. Angerührtes Pudding-Pulver in den von der Kochstelle genommenen Orangensaft rühren und unter Rühren gut aufkochen lassen. Die Puddingmasse etwas abkühlen lassen und auf dem Teigboden verstreichen.
4. Brombeeren waschen, trocken tupfen und auf der Puddingmasse verteilen. Für den Krokant Mandeln in einer Pfanne ohne Fett unter Rühren goldgelb rösten. Zucker hinzufügen und karamellisieren lassen.
5. Die Mandel-Karamell-Masse auf den Brombeeren verteilen. Die Form auf dem Rost in den vorgeheizten Backofen schieben.
Ober-/Unterhitze: etwa 180 °C
Heißluft: etwa 160 °C
Backzeit: etwa 40 Minuten.
6. Die Form auf einen Kuchenrost stellen und die Tarte abkühlen lassen. Anschließend die Tarte aus der Form lösen.

Brombeer-Krokant-Tarte

Fruchtig

Apfel-Käsekuchen

Zubereitungszeit: 50 Minuten, ohne Abkühlzeit
Backzeit: etwa 75 Minuten

Für den Knetteig:
200 g Weizenmehl
1 Msp. Dr. Oetker Backin
80 g Zucker
1 Pck. Dr. Oetker Vanillin-Zucker
1 Prise Salz
1 Ei (Größe M)
120 g Butter oder Margarine

Für den Belag:
2 kleine Äpfel (etwa 250 g)
etwas Zitronensaft

Für die Füllung:
1 Glas Apfelkompott (Einwaage 200 g)
1 Msp. gemahlener Zimt
4 Eigelb (Größe M)
750 g Speisequark (40 % Fett i. Tr.)
40 g Speisestärke
120 g Zucker
1 Pck. Dr. Oetker Finesse Geriebene Zitronenschale
4 Eiweiß (Größe M)
1 Prise Salz
1 Pck. Dr. Oetker Vanillin-Zucker
30 g Zucker
1 Msp. gemahlener Zimt
40 g Butter in Flöckchen

Insgesamt:
E: 132 g, F: 254 g, Kh: 500 g, kJ: 20668, kcal: 4940

1. Für den Teig Mehl mit Backpulver in einer Rührschüssel mischen. Restliche Zutaten hinzufügen und mit Handrührgerät mit Knethaken auf höchster Stufe gut durcharbeiten. Anschließend den Teig auf der leicht bemehlten Arbeitsfläche kurz verkneten. Sollte er kleben, ihn in Folie gewickelt eine Zeit lang kalt stellen.
2. Den Backofen vorheizen. Die Hälfte des Teiges auf dem Boden einer Springform (Ø 26 cm, gefettet) ausrollen. Teigboden mehrmals mit einer Gabel einstechen. Den Springformboden (ohne Springformrand) auf dem Rost in den vorgeheizten Backofen schieben und den Boden vorbacken.
Ober-/Unterhitze: etwa 200 °C
Heißluft: etwa 180 °C
Backzeit: etwa 10 Minuten.
3. Den Springformboden auf einen Kuchenrost stellen. Den Gebäckboden etwas abkühlen lassen. Dann den Springformrand darumlegen.
4. Für den Belag Äpfel schälen, vierteln und entkernen. Apfelviertel in dünne Spalten schneiden und mit Zitronensaft beträufeln.
5. Für die Füllung Kompott mit Zimt verrühren. Eigelb mit Quark, Speisestärke, Zucker und Zitronenschale verrühren. Eiweiß mit Salz steifschlagen, nach und nach kurz Vanillin-Zucker unterschlagen. Die Eischneemasse unter die Quarkmasse heben.
6. Restlichen Teig zu zwei langen Rollen formen, auf den vorgebackenen Boden legen und so an die Form drücken, dass ein etwa 3 cm hoher Rand entsteht. Kompott auf dem Teigboden verstreichen. Quarkmasse darauf verteilen und verstreichen. Zucker mit Zimt mischen. Apfelspalten dachziegelartig auf die Quarkmasse legen und mit Zimt-Zucker bestreuen. Butterflöckchen darauf verteilen. Die Form auf dem Rost in den heißen Backofen schieben und den Kuchen fertig backen.
Ober-/Unterhitze: etwa 180 °C
Heißluft: etwa 160 °C
Backzeit: etwa 65 Minuten.
7. Den Kuchen in der Form auf einem Kuchenrost erkalten lassen, dann aus der Form lösen und auf eine Tortenplatte legen.

Apfel-Käsekuchen

Feiner Apfelkuchen

Klassisch

Feiner Apfelkuchen

Zubereitungszeit: 30 Minuten
Backzeit: etwa 45 Minuten

Für den Belag:
25 g Butter
750 g Äpfel (z. B. Elstar)

Für den Rührteig:
125 g Butter oder Margarine
125 g Zucker
1 Pck. Dr. Oetker Vanillin-Zucker
1 Prise Salz
1/2 Fläschchen Zitronen-Aroma
3 Eier (Größe M)
200 g Weizenmehl
2 gestr. TL Dr. Oetker Backin
1–2 EL Milch

Zum Aprikotieren:
2 EL Aprikosenkonfitüre
1 EL Wasser

Insgesamt:
E: 48 g, F: 156 g, Kh: 372 g,
kJ: 12696, kcal: 3036

1. Für den Belag Butter zerlassen. Äpfel schälen, vierteln, entkernen und mehrmals der Länge nach einritzen. Den Backofen vorheizen.
2. Für den Teig Butter oder Margarine mit Handrührgerät mit Rührbesen geschmeidig rühren. Nach und nach Zucker, Vanillin-Zucker, Salz und Zitronen-Aroma hinzufügen. So lange rühren, bis eine gebundene Masse entstanden ist. Eier nach und nach unterrühren (jedes Ei etwa 1/2 Minute).
3. Mehl mit Backpulver mischen und in 2 Portionen abwechselnd mit der Milch kurz auf mittlerer Stufe unterrühren. Den Teig in eine Springform (Ø 28 cm, Boden gefettet) füllen und verstreichen. Die Apfelviertel kranzförmig auf den Teig legen und mit der zerlassenen Butter bestreichen. Die Form auf dem Rost in den vorgeheizten Backofen schieben.
Ober-/Unterhitze: etwa 180 °C
Heißluft: etwa 160 °C
Backzeit: etwa 45 Minuten.
4. Zum Aprikotieren Konfitüre durch ein Sieb streichen und mit Wasser in einem kleinen Topf unter Rühren aufkochen lassen. Den Kuchen sofort nach dem Backen damit bestreichen. Den Springformrand lösen und entfernen. Kuchen vom Springformboden lösen, aber darauf auf einem Kuchenrost erkalten lassen.

Tipp: Streuen Sie vor dem Backen 40 g Rosinen auf die Äpfel. Sie können den Kuchen 1–2 Tage vor dem Verzehr zubereiten.

Abwandlung 1: Für Apfel-Streusel-Kuchen 100 g Weizenmehl mit 50 g Zucker, 1 Päckchen Vanillin-Zucker, 1 Messerspitze gemahlenem Zimt und 80 g weicher Butter in einer Rührschüssel mit Handrührgerät mit Rührbesen zu Streuseln verarbeiten. Die Streusel auf den Äpfeln verteilen, dann wie oben angegeben backen, aber nicht aprikotieren.

Abwandlung 2: Für einen Kirschkuchen, sehr fein anstelle der Äpfel 600 g frische, entsteinte und abgetropfte Sauerkirschen oder 1 Glas abgetropfte Sauerkirschen (Abtropfgewicht 350 g) verwenden.

Raffiniert – klassisch

Apfel-Pie mit Streuseln

Zubereitungszeit: 35 Minuten, ohne Kühlzeit
Backzeit: etwa 40 Minuten

Für den Knetteig:
180 g Weizenmehl
1 EL brauner Zucker (Kandisfarin)
1 Prise Salz
125 g Butter oder Margarine
2–3 EL kaltes Wasser

Für die Füllung:
1 kg Äpfel
2 EL Zitronensaft
60 g Butter
1 TL gemahlener Zimt
1/2 gestr. TL geriebene Muskatnuss
100 g brauner Zucker (Kandisfarin)

Für die Streusel:
100 g Weizenmehl
125 g Butter
100 g brauner Zucker (Kandisfarin)
1/2 TL gemahlener Zimt
1 Msp. geriebene Muskatnuss

Insgesamt:
E: 31 g, F: 268 g, Kh: 511 g,
kJ: 19348, kcal: 4628

1. Für den Teig Mehl in eine Schüssel geben. Zucker, Salz, Butter oder Margarine und Wasser hinzufügen. Die Zutaten mit Handrührgerät mit Knethaken gut durcharbeiten. Anschließend den Teig auf der leicht bemehlten Arbeitsfläche kurz verkneten und in Folie gewickelt etwa 30 Minuten kalt stellen.
2. Aus dem Teig auf der leicht bemehlten Arbeitsfläche eine Platte (Ø etwa 32 cm) ausrollen. Eine Pie- oder Tarteform (Ø 28–30 cm, gefettet) mit der Teigplatte auslegen und am Rand etwas hochdrücken. Den Backofen vorheizen.
3. Für die Füllung Äpfel schälen, vierteln, entkernen, in Stücke schneiden und Zitronensaft darauf verteilen. Butter zerlassen und mit Zimt,

Apfel-Pie mit Streuseln

Muskatnuss und Zucker verrühren. Die Apfelstücke unterrühren und alles auf dem Teig verteilen.
4. Für die Streusel Mehl in eine Schüssel sieben und alle anderen Zutaten hinzufügen. Alles mit Handrührgerät mit Rührbesen zu Streuseln in gewünschter Größe verarbeiten und auf die Apfelfüllung streuen. Die Form auf dem Rost in den vorgeheizten Backofen schieben.
Ober-/Unterhitze: etwa 200 °C
Heißluft: etwa 180 °C
Backzeit: etwa 40 Minuten.
5. Die Form auf einen Kuchenrost stellen und den Kuchen darin erkalten lassen.

Tipp: Die Pie schmeckt auch lauwarm mit geschlagener Sahne.

Für Kinder – Becherkuchen

Apfelmuskuchen mit Haferflocken

Zubereitungszeit: 40 Minuten, ohne Kühl- und Abkühlzeit
Backzeit: 45–50 Minuten

Apfelmuskuchen mit Haferflocken

Zum Vorbereiten:
2 Becher (je 250 g) Schmand (Sauerrahm)

Für den All-in-Teig:
1 1/4 Becher (200 g) Weizenmehl
3 gestr. TL Dr. Oetker Backin
3/4 Becher (150 g) Zucker
1 Pck. Dr. Oetker Vanillin-Zucker
1/2 TL gemahlener Zimt
1 Prise Salz
1/2 TL Dr. Oetker Finesse Geriebene Zitronenschale
4 Eier (Größe M)
6 EL Speiseöl
2 Becher (200 g) kernige Haferflocken
1 Glas Apfelmus (Einwaage 355 g)

Für die Krokantmasse:
6–7 EL kernige Haferflocken
2 EL Sonnenblumenkerne
4 EL Zucker

Insgesamt:
E: 106 g, F: 219 g, Kh: 599 g,
kJ: 20798, kcal: 4970

1. Zum Vorbereiten Schmand in eine Schüssel geben und zugedeckt

kalt stellen. Einen Schmandbecher auswaschen, abtrocknen und zum Abmessen verwenden. Den Backofen vorheizen.
2. Für den Teig Mehl mit Backpulver in einer Rührschüssel mischen. Zucker, Vanillin-Zucker, Zimt, Salz, Zitronenschale, Eier, Speiseöl und etwa 1/2 Becher (125 g) von dem kalt gestellten Schmand hinzufügen. Die Zutaten in etwa 2 Minuten mit Handrührgerät mit Rührbesen auf höchster Stufe zu einem Teig verarbeiten. Haferflocken und Apfelmus kurz unterrühren.
3. Dann den Teig in eine Springform (Ø 26 cm, Boden gefettet) geben und verstreichen. Die Form auf dem Rost in den vorgeheizten Backofen schieben.
Ober-/Unterhitze: etwa 180 °C
Heißluft: etwa 160 °C
Backzeit: 45–50 Minuten.
4. Die Form auf einen Kuchenrost stellen. Den restlichen, kalt gestellten Schmand verrühren und auf den heißen Kuchen streichen. Den Kuchen erkalten lassen.
5. Für die Krokantmasse Haferflocken und Sonnenblumenkerne in einer Pfanne ohne Fett goldbraun rösten und aus der Pfanne nehmen. Zucker in der Pfanne schmelzen lassen. Die Sonnenblumenkern-Haferflocken-Mischung dazugeben und mit dem Zucker goldbraun karamellisieren. Die Krokantmasse auf ein Stück Backpapier geben und erkalten lassen.
6. Die kalte Krokantmasse mit den Händen zerkrümeln. Krokantstreusel auf den Kuchen streuen.

Beliebt

Brombeer-Tarte mit Schmandguss

Zubereitungszeit: 30 Minuten
Backzeit: etwa 40 Minuten

Für den Knetteig:
250 g Weizenmehl
2 gestr. TL Dr. Oetker Backin
75 g Zucker
1 Pck. Dr. Oetker Vanillin-Zucker
1 Ei (Größe M)
125 g Butter oder Margarine

Für den Belag:
50 g Löffelbiskuits
500 g Brombeeren

Für den Guss:
100 g Schmand (Sauerrahm)
3 EL Orangensaft
100 g Zucker
1 Pck. Dr. Oetker Vanillin-Zucker
1 Ei (Größe M)
100 g abgezogene, gemahlene Mandeln

Insgesamt:
E: 76 g, F: 200 g, Kh: 463 g,
kJ: 17370, kcal: 4149

Brombeer-Tarte mit Schmandguss

1. Für den Teig Mehl mit Backpulver in einer Rührschüssel mischen. Zucker, Vanillin-Zucker, Ei und Butter oder Margarine hinzufügen. Die Zutaten mit Handrührgerät mit Knethaken zunächst kurz auf niedrigster, dann auf höchster Stufe gut durcharbeiten. Anschließend den Teig auf der leicht bemehlten Arbeitsfläche kurz verkneten. Sollte er kleben, ihn in Folie gewickelt eine Zeit lang kalt stellen.
2. Den Teig auf der leicht bemehlten Arbeitsfläche dünn ausrollen, in eine Tarteform (Ø 30 cm, gefettet) oder eine Springform (Ø 28 cm, Boden gefettet, mit Backpapier belegt) legen und am Rand etwas hochdrücken. Den Backofen vorheizen.
3. Für den Belag Löffelbiskuits in einen Gefrierbeutel geben, den Beutel verschließen und Löffelbiskuits mit einer Teigrolle fein zerdrücken. Die Brösel auf dem Teig verteilen. Brombeeren putzen, evtl. vorsichtig waschen, gut abtropfen lassen und 400 g davon auf den Löffelbiskuitbröseln verteilen.
4. Für den Guss Schmand mit Orangensaft, Zucker, Vanillin-Zucker, Ei und Mandeln mit einem Schneebesen verrühren und über die Brombeeren geben. Die restlichen Brombeeren darauf verteilen. Die Form auf dem Rost in den vorgeheizten Backofen schieben.
Ober-/Unterhitze: etwa 180 °C
Heißluft: etwa 160 °C
Backzeit: etwa 40 Minuten.
5. Die Tarte etwas abkühlen lassen, dann vorsichtig aus der Form lösen. Das mitgebackene Backpapier abziehen und die Tarte auf einem mit Backpapier belegten Kuchenrost erkalten lassen.

Raffiniert

Fränkischer Käsekuchen

Zubereitungszeit: 40 Minuten, ohne Teiggehzeit
Backzeit: etwa 35 Minuten

Für den Hefeteig:
150 ml Milch, 100 g Butter
375 g Weizenmehl
1 Pck. Dr. Oetker Trockenbackhefe
65 g Zucker, 1 Prise Salz
1 Ei (Größe M)

Für den Belag:
1 kg Magerquark
125 ml (1/8 l) Milch
2 Pck. Dr. Oetker Vanillin-Zucker
4 Eier (Größe M), 150 g Zucker
1 1/2 kg Äpfel

Insgesamt:
E: 241 g, F: 194 g, Kh: 778 g,
kJ: 25674, kcal: 6124

1. Für den Teig Milch in einem Topf leicht erwärmen und Butter darin zerlassen. Mehl in eine Rührschüssel geben und mit der Hefe mischen. Zucker, Salz, Ei und das warme Milch-Fett-Gemisch hinzufügen.
2. Die Zutaten mit Handrührgerät mit Knethaken zunächst kurz auf niedrigster, dann auf höchster Stufe in etwa 5 Minuten zu einem glatten Teig verarbeiten. Den Teig zugedeckt so lange an einem warmen Ort gehen lassen, bis er sich sichtbar vergrößert hat.
3. Den Teig auf der Arbeitsfläche nochmals gut durchkneten. Den Teig auf einem Backblech (30 x 40 cm, gefettet) oder einer Fettfangschale ausrollen und Ränder hochdrücken.
4. Für den Belag Quark mit Milch und Vanillin-Zucker in einer Schüssel gut verrühren. Die Masse auf dem Hefeteig verstreichen. Eier mit Zucker verquirlen und anschließend auf der Quarkmasse verteilen.
5. Äpfel schälen, vierteln, entkernen und in dünne Scheiben schneiden. Den Kuchen gleichmäßig damit belegen. Den Backofen vorheizen. Den Teig nochmals so lange gehen lassen, bis er sich sichtbar vergrößert hat. Das Backblech oder die Fettfangschale in den vorgeheizten Backofen schieben.
Ober-/Unterhitze: etwa 200 °C
Heißluft: etwa 180 °C
Backzeit: etwa 35 Minuten.
6. Das Backblech oder die Fettfangschale auf einen Kuchenrost stellen und den Kuchen erkalten lassen.

Tipp: Der Kuchen schmeckt am besten frisch. Nach Belieben noch 50 g Rosinen auf den Äpfeln verteilen und etwas Zimt-Zucker daraufstreuen.

Fränkischer Käsekuchen

Schnell zubereitet

Kirschkuchen mit Haferflocken

Zubereitungszeit: 25 Minuten, ohne Abkühlzeit
Backzeit: etwa 50 Minuten

Für den Rührteig:
100 g Zartbitter-Schokolade
4 Eiweiß (Größe M)
200 g Butter oder Margarine
170 g Zucker
2 Pck. Dr. Oetker Vanillin-Zucker
1 Pck. Dr. Oetker Finesse Jamaica-Rum-Aroma
1 Msp. gemahlener Zimt
4 Eigelb (Größe M)
60 g Weizenmehl
1/2 Pck. Dr. Oetker Backin
125 g gemahlene Haselnusskerne
100 g Instant-Haferflocken

Für den Belag:
1 Glas Sauerkirschen (Abtropfgewicht 370 g)
50 g gehobelte Haselnusskerne

Zum Bestäuben:
Puderzucker

Insgesamt:
E: 88 g, F: 343 g, Kh: 445 g,
kJ: 22603, kcal: 5398

1. Für den Teig Schokolade auf einer Küchenreibe fein reiben. Eiweiß steifschlagen und beiseitestellen. Den Backofen vorheizen.
2. In einer anderen Schüssel Butter oder Margarine mit Handrührgerät mit Rührbesen auf höchster Stufe geschmeidig rühren. Nach und nach Zucker und Vanillin-Zucker unterrühren. So lange rühren, bis eine gebundene Masse entstanden ist. Aroma und Zimt unterrühren.
3. Eigelb nach und nach unterrühren. Mehl mit Backpulver mischen und auf mittlerer Stufe kurz unterrühren. Haselnusskerne und Haferflocken

Kirschkuchen mit Haferflocken

Grüner Frischkäsekuchen

unterrühren. Eiweiß und Schokolade unterheben. Den Teig in eine Springform (Ø 28 cm, Boden gefettet) füllen und verstreichen.

4. Für den Belag Kirschen in einem Sieb gut abtropfen lassen. Kirschen und Haselnusskerne auf dem Teig verteilen. Anschließend die Form auf dem Rost in den vorgeheizten Backofen schieben.
Ober-/Unterhitze: etwa 180 °C
Heißluft: etwa 160 °C
Backzeit: etwa 50 Minuten.

5. Den Kuchen aus der Form lösen, auf einem Kuchenrost erkalten lassen und den erkalteten Kuchen mit etwas Puderzucker bestäuben.

Für Kinder – Becherkuchen

Grüner Frischkäsekuchen

Zubereitungszeit: 15 Minuten, ohne Abkühlzeit
Backzeit: etwa 50 Minuten

Zum Vorbereiten:
3 Pck. (je 200 g) Doppelrahm-Frischkäse

Für die Käsemasse:
2 Eiweiß (Größe M)
1/3 Becher (75 g) Zucker
1 EL Speiseöl, 2 Eier (Größe M)
2 Eigelb (Größe M)
1 Becher (250 ml) Waldmeistersirup
2 EL Zitronensaft
1 Pck. Dr. Oetker Finesse Geriebene Zitronenschale
1/2 Becher (100 g) Hartweizengrieß
1 Pck. Dr. Oetker Backin
1 Pck. (25 g) gehackte Pistazienkerne

Zum Garnieren:
5 Zweige Zitronenmelisse

Für den Guss:
1/2 Becher (70 g) Puderzucker
1 EL Zitronensaft

Insgesamt:
E: 111 g, F: 237 g, Kh: 428 g,
kJ: 18517, kcal: 4421

1. Zum Vorbereiten Frischkäse in eine Rührschüssel geben. Einen der Becher auswaschen, abtrocknen und zum Abmessen verwenden. Den Backofen vorheizen.

2. Für die Käsemasse Eiweiß steifschlagen. Zucker nach und nach unterschlagen. Speiseöl, Eier, Eigelb, Sirup, Zitronensaft und -schale zu dem Frischkäse geben. Die Zutaten mit Handrührgerät mit Rührbesen auf höchster Stufe geschmeidig rühren. Grieß mit Backpulver mischen und auf mittlerer Stufe unterrühren.

3. Eischnee und Pistazienkerne unter die Käsemasse heben. Den Teig in eine Kranzform oder Springform mit Rohrboden (Ø 24–26 cm, Boden gefettet, mit Mehl ausgestäubt) füllen und verstreichen. Die Form auf dem Rost in den vorgeheizten Backofen schieben.
Ober-/Unterhitze: etwa 180 °C
Heißluft: etwa 160 °C
Backzeit: etwa 50 Minuten.

4. Die Form auf einen Kuchenrost stellen und den Kuchen in der Form erkalten lassen. Anschließend den Kuchen vom Rand lösen und auf einen Kuchenrost stürzen.

5. Zum Garnieren Zitronenmelisse abspülen, trocken tupfen und die Blättchen abzupfen. Melisseblättchen auf den Kuchen legen.

6. Für den Guss Puderzucker mit Zitronensaft verrühren, auf den Kuchen träufeln und fest werden lassen.

Tipp: Dazu Vanillesauce reichen.

Fürsten-Käsekuchen

Für Gäste

Fürsten-Käsekuchen

Zubereitungszeit: 45 Minuten, ohne Abkühlzeit
Backzeit: etwa 72 Minuten

Für den Knetteig:
200 g Weizenmehl
1 gestr. TL Dr. Oetker Backin
100 g Butter
50 g gesiebter Puderzucker
1 Pck. Dr. Oetker Vanillin-Zucker
50 g Marzipan-Rohmasse
1 Prise Salz

Zum Besteichen und Belegen
2 EL Aprikosenkonfitüre
1 heller Wiener Boden (etwa 1 cm hoch)

Für die Quarkmasse:
100 g Butter
1 kg Magerquark
180 g Zucker
45 g Speisestärke
3 gestr. TL Dr. Oetker Backin
3 Eier (Größe M)
Saft und abgeriebene Schale von 1 Bio-Zitrone (unbehandelt, ungewachst)
200 ml Milch oder 200 g Schlagsahne

Für die Mandelmasse:
50 g Butter
70 g Zucker
1 Ei (Größe M)
50 g abgezogene, gehobelte Mandeln

Insgesamt:
E: 222 g, F: 296 g, Kh: 663 g,
kJ: 27006, kcal: 6448

1. Den Backofen vorheizen. Für den Knetteig Mehl mit Backpulver in einer Rührschüssel mischen. Die anderen Zutaten hinzufügen und mit Handrührgerät mit Knethaken zunächst auf niedrigster, dann auf höchster Stufe gut durcharbeiten. Den Teig anschließend auf der leicht bemehlten Arbeitsfläche kurz verkneten.
2. Die Hälfte des Teiges auf dem Boden einer Springform (Ø 28 cm, gefettet) ausrollen, mehrmals mit einer Gabel einstechen und den Springformrand darumlegen. Die Form auf dem Rost in den vorgeheizten Backofen schieben und den Boden goldgelb vorbacken.
Ober-/Unterhitze: etwa 200 °C
Heißluft: etwa 180 °C
Backzeit: etwa 12 Minuten.
3. Die Form auf einen Kuchenrost stellen und etwas abkühlen lassen. Die zweite Teighälfte zu einer Rolle formen, sie als Rand auf den vorgebackenen, leicht abgekühlten Boden legen und etwa 3 cm am Springformrand hochdrücken. Dann den Boden mit Konfitüre bestreichen und mit dem Wiener Boden belegen.
4. Für die Quarkmasse Butter zerlassen und abkühlen lassen. Butter mit den restlichen Zutaten in eine Schüssel geben, verrühren, auf den Boden in die Form geben und verstreichen.
5. Für die Mandelmasse Butter zerlassen und abkühlen lassen. Butter mit Zucker und Ei verrühren, die Mandeln unterrühren. Gleichmäßig auf der Quarkmasse verteilen, verstreichen und die Form bei niedrigerer Backtemperatur wieder auf dem Rost in den heißen Backofen schieben.
Ober-/Unterhitze: etwa 180 °C
Heißluft: etwa 160 °C
Backzeit: etwa 60 Minuten.

Tipp: Backen Sie selbst einen Wiener Boden (Biskuitteig) aus 1 Ei, 1 Esslöffel heißem Wasser, 40 g Zucker, 1 Päckchen Vanillin-Zucker, 50 g Weizenmehl, 25 g Speisestärke, 1/2 Teelöffel Backpulver und 25 g zerlassener Butter, in einer Springform (Ø 28 cm, gefettet, mit Backpapier belegt).
Ober-/Unterhitze: etwa 180 °C
Heißluft: etwa 160 °C
Backzeit: etwa 20 Minuten.

Mit Alkohol

Versunkener Kirschkuchen

Zubereitungszeit: 40 Minuten, ohne Kühlzeit
Backzeit: etwa 30 Minuten

Für den All-in-Teig:
100 g Weizenmehl
1 Pck. Dr. Oetker Pudding-Pulver Schokoladen-Geschmack
3 gestr. TL Dr. Oetker Backin
150 g Zucker
1 Pck. Dr. Oetker Vanillin-Zucker
3 Eier (Größe M)
1 EL Wasser
125 g weiche Butter oder Margarine
50 g Zartbitter-Raspelschokolade

Für die Kirschfüllung:
4 Blatt weiße Gelatine
1 Becher (500 g) Kirschgrütze (aus dem Kühlregal)

Zum Beträufeln:
2–3 EL Kirschwasser

Zum Garnieren und Bestäuben:
250 g Schlagsahne
1 Pck. Dr. Oetker Vanillin-Zucker
1–2 EL Zartbitter-Raspelschokolade
1 EL Puderzucker

Insgesamt:
E: 50 g, F: 224 g, Kh: 358 g, kJ: 16015, kcal: 3826

1. Den Backofen vorheizen. Für den Teig Mehl mit Pudding-Pulver und Backpulver in einer Rührschüssel mischen. Zucker, Vanillin-Zucker, Eier, Wasser und Butter oder Margarine hinzufügen.
2. Die Zutaten mit Handrührgerät mit Rührbesen auf höchster Stufe in etwa 2 Minuten zu einem Teig verarbeiten. Raspelschokolade kurz unterrühren.
3. Den Teig in eine Springform (Ø 26 cm, Boden gefettet, mit Backpapier belegt) füllen und verstreichen. Die Form auf dem Rost in den vorgeheizten Backofen schieben.
Ober-/Unterhitze: etwa 180 °C
Heißluft: etwa 160 °C
Backzeit: etwa 30 Minuten.
4. Den Boden nach dem Backen aus der Form lösen und auf einem Kuchenrost erkalten lassen. Das Backpapier abziehen. Mit einem Löffel den Boden knapp 1 cm tief aushöhlen, dabei seitlich einen Rand von etwa 1 cm stehen lassen. Das entnommene Gebäck fein zerbröseln.
5. Für die Füllung Gelatine nach Packungsanleitung einweichen, dann leicht ausdrücken und in einem kleinen Topf unter Rühren bei schwacher Hitze auflösen. Etwas von der Kirschgrütze unter die Gelatine rühren, dann die Masse unter die restliche Grütze rühren und kalt stellen, bis die Masse fast schnittfest ist.
6. Die Grütze nochmals kurz durchrühren, dann gleichmäßig in den Boden füllen und mit den Gebäckbröseln bestreuen. Kirschwasser über die Brösel träufeln. Den Kuchen etwa 1 Stunde kalt stellen.
7. Sahne mit Vanillin-Zucker steifschlagen. Raspelschokolade unterheben. Mit Hilfe von 2 Teelöffeln kleine Sahnehäufchen auf den Kuchen setzen. Kurz vor dem Servieren mit Puderzucker bestäuben.

Versunkener Kirschkuchen

Zum Verschenken

Kleiner Stachelbeerkuchen mit Gitter

Zubereitungszeit: 30 Minuten, ohne Kühlzeit
Backzeit: etwa 40 Minuten

Für den Knetteig:
100 g Weizenmehl
1 EL Zucker
1 Eigelb (Größe M)
60 g Butter
2 EL abgezogene, gemahlene Mandeln

Für den Belag:
1 Glas Stachelbeeren (Abtropfgewicht 390 g)
1 Becher (150 g) Crème fraîche
1 TL Saucen-Pulver Vanille-Geschmack
1 EL Zucker
1 Pck. Dr. Oetker Vanillin-Zucker

Zum Bestreichen:
1 EL Milch

Insgesamt:
E: 27 g, F: 124 g, Kh: 196 g,
kJ: 8481, kcal: 2031

1. Für den Teig Mehl mit Zucker, Eigelb, Butter und Mandeln in eine Rührschüssel geben. Die Zutaten mit Handrührgerät mit Knethaken gut durcharbeiten. Anschließend den Teig auf der leicht bemehlten Arbeitsfläche kurz verkneten und etwa 30 Minuten kalt stellen.
2. Für den Belag Stachelbeeren in einem Sieb abtropfen lassen. Crème fraîche mit Saucen-Pulver, Zucker und Vanillin-Zucker verrühren. Den Backofen vorheizen.
3. Zwei Drittel des Teiges auf dem Boden einer Springform (Ø 18 cm, gefettet) ausrollen. Springformrand darumlegen und den Teig etwas am Rand hochdrücken. Die Stachelbeeren kreisförmig in die Form legen. Die Crème-fraîche-Masse darübergeben.
4. Den restlichen Teig ebenfalls ausrollen und in 1 cm breite Streifen schneiden. Die Teigstreifen als Gitter auf den Belag legen und mit Milch bestreichen. Die Form auf dem Rost in den vorgeheizten Backofen schieben.
Ober-/Unterhitze: etwa 180 °C
Heißluft: etwa 160 °C
Backzeit: etwa 40 Minuten.
5. Den Kuchen in der Form auf einem Kuchenrost erkalten lassen, dann aus der Form lösen.

Kleiner Stachelbeerkuchen mit Gitter

Mandarinen-Käsekuchen

Raffiniert

Mandarinen-Käsekuchen

Zubereitungszeit: 30 Minuten
Backzeit: etwa 55 Minuten

Für den Teig:
1 Dose Mandarinen (Abtropfgewicht 175 g)
2 Eiweiß (Größe M)
125 g weiche Butter oder Margarine
100 g Zucker
1 Pck. Dr. Oetker Vanillin-Zucker
1 Pck. Dr. Oetker Finesse Geriebene Orangenschale
2 Eigelb (Größe M)
500 g Magerquark
50 g Maisgrieß
3 EL Zitronensaft
1 Pck. Käsekuchen-Hilfe

Für die Form:
etwa 1 EL Maisgrieß

Insgesamt:
E: 88 g, F: 124 g, Kh: 262 g,
kJ: 10681, kcal: 2547

1. Für den Teig zunächst Mandarinen in einem Sieb gut abtropfen lassen, 8–10 Stück zum Garnieren beiseitelegen. Eiweiß so steifschlagen, dass ein Messerschnitt sichtbar bleibt. Den Backofen vorheizen.
2. Butter oder Margarine in einer Rührschüssel mit Handrührgerät mit Rührbesen geschmeidig rühren. Nach und nach Zucker, Vanillin-Zucker, Orangenschale und Eigelb unter Rühren hinzufügen. Quark unterrühren.
3. Mandarinen mit Grieß mischen und abwechselnd mit dem Zitronensaft unter die Quarkmasse rühren. Käsekuchen-Hilfe unterrühren. Eischnee vorsichtig unter die Masse heben.
4. Den Teig in einer Napfkuchenform (Ø 18 cm, gefettet, mit Maisgrieß ausgestreut) verstreichen (Form ist gut gefüllt). Form auf dem Rost in den vorgeheizten Backofen schieben.

Preiselbeer-Tarte mit Haferflockenkruste

Ober-/Unterhitze: etwa 180 °C
Heißluft: etwa 160 °C
Backzeit: etwa 55 Minuten.

5. Kuchen nach dem Backen etwa 15 Minuten in der Form stehen lassen, dann auf einen mit Backpapier belegten Kuchenrost stürzen und erkalten lassen. Anschließend den Kuchen mit den beiseitegelegten Mandarinen garnieren.

Tipp: Den Kuchen nach dem Erkalten kalt gestellt aufbewahren. Genießen Sie den Kuchen lauwarm mit Vanillesauce, der Sie nach Belieben etwas Cointreau (Orangenlikör) hinzufügen können.

Raffiniert

Preiselbeer-Tarte mit Haferflockenkruste

Zubereitungszeit: 50 Minuten, ohne Abkühlzeit
Backzeit: etwa 40 Minuten

Zum Vorbereiten:
70 g Sonnenblumenkerne
30 g Zucker
30 g kernige Haferflocken
30 g Butterschmalz

Für den Schüttelteig:
100 g Butterschmalz
200 g Weizenmehl
2 gestr. TL Dr. Oetker Backin
70 g Zucker
50 g kernige Haferflocken
2 Eier (Größe M)
6 EL Milch

Für den Belag:
1 Glas Wild-Preiselbeeren (Einwaage 400 g)
250 g Speisequark (20 % Fett i. Tr.)
1 gestr. TL Dr. Oetker Finesse Geriebene Zitronenschale
20 g Zucker

Insgesamt:
E: 99 g, F: 200 g, Kh: 452 g, kJ: 17488, kcal: 4176

1. Zum Vorbereiten Sonnenblumenkerne in einer Pfanne ohne Fett goldbraun rösten. Zucker, Haferflocken und Butterschmalz dazugeben und unter Rühren erhitzen, bis das Schmalz aufgesogen ist. Die Masse erkalten lassen und anschließend beiseitestellen.

2. Für den Teig Butterschmalz zerlassen und abkühlen lassen. Mehl mit Backpulver in einer verschließbaren Schüssel (etwa 3 l) mit Zucker und Haferflocken mischen. Eier, Butterschmalz und Milch hinzufügen. Die Schüssel mit dem Deckel fest verschließen. Den Backofen vorheizen.

3. Schüssel mehrmals (insgesamt 15–30 Sekunden) kräftig schütteln, so dass alle Zutaten gut vermischt sind. Alles mit einem Schneebesen oder Rührlöffel nochmals sorgfältig durchrühren, damit trockene Zutaten vom Rand mit untergerührt werden. Teig in eine Tarte- oder Springform (Ø 28 cm, Boden gefettet, gemehlt) geben.

4. Für den Belag Preiselbeeren gleichmäßig auf dem Teig verstreichen. Quark mit Zitronenschale und Zucker verrühren und in Klecksen auf den Preiselbeeren verteilen. Die beiseitegestellte Sonnenblumen-Haferflocken-Masse daraufstreuen. Die Form auf dem Rost in den vorgeheizten Backofen schieben.
Ober-/Unterhitze: etwa 200 °C
Heißluft: etwa 180 °C
Backzeit: etwa 40 Minuten.

5. Die Form auf einen Kuchenrost stellen. Den Kuchen lauwarm oder kalt servieren.

Beliebt

Rhabarber-Erdbeer-Pie

Zubereitungszeit: 45 Minuten
Backzeit: 40–45 Minuten

Zum Vorbereiten:
400 g junger Rhabarber
300 g Erdbeeren

Für den Knetteig:
250 g Weizenmehl
1 Msp. Dr. Oetker Backin
120 g Zucker
1 Pck. Dr. Oetker Vanillin-Zucker
1 Eigelb (Größe M)
2 EL kalte Milch
180 g Butter oder Margarine

Zum Bestreichen:
etwas Butter

Für die Füllung:
2 EL Ahornsirup
100 g brauner Zucker (Rohrzucker)
20 g Speisestärke
20 g Weizenmehl
20 g Butter

Insgesamt:
E: 40 g, F: 199 g, Kh: 499 g,
kJ: 16579, kcal: 3956

1. Zum Vorbereiten jungen Rhabarber waschen (nicht schälen), Stielenden und Blattansätze entfernen, Stangen in knapp 1 cm lange Stücke schneiden. Erdbeeren waschen, abtropfen lassen und entstielen. Erdbeeren halbieren oder vierteln.
2. Für den Teig Mehl mit Backpulver in einer Rührschüssel mischen. Zucker, Vanillin-Zucker, Eigelb, Milch und Butter oder Margarine hinzufügen. Die Zutaten mit Handrührgerät mit Knethaken zunächst kurz auf niedrigster, dann auf höchster Stufe gut durcharbeiten. Anschließend den Teig auf der leicht bemehlten Arbeitsfläche kurz verkneten. Sollte er kleben, ihn in Folie gewickelt eine Zeit lang kalt stellen.

Rhabarber-Erdbeer-Pie

3. Etwa zwei Drittel des Teiges auf der leicht bemehlten Arbeitsfläche zu einer runden Platte (Ø etwa 32 cm) ausrollen. Den Teig in eine Tarteform (Ø 28 cm, gefettet) legen und den Rand dabei andrücken. Teigboden mehrmals mit einer Gabel einstechen und mit zerlassener Butter bestreichen. Den Backofen vorheizen.
4. Für die Füllung die vorbereiteten Früchte mit Ahornsirup und Zucker mischen. Speisestärke mit Mehl mischen, daraufsieben und sofort untermischen. Die Fruchtmasse auf dem Teigboden verteilen. Butter in Flöckchen daraufgeben.
5. Restlichen Teig auf der leicht bemehlten Arbeitsfläche zu einer runden Platte (Ø 28 cm) ausrollen und mit einem Teigrädchen etwa 14 Streifen daraus schneiden. Die Teigstreifen gitterförmig auf die Füllung legen und am Rand andrücken. Die Form auf dem Rost in den vorgeheizten Backofen schieben.
Ober-/Unterhitze: etwa 200 °C
Heißluft: etwa 180 °C
Backzeit: 40–45 Minuten.
6. Die Form auf einen Kuchenrost stellen und den Kuchen in der Form erkalten lassen.

Raffiniert – mit Alkohol

Saftiger Apfelkuchen mit Zitronenguss

Zubereitungszeit: 30 Minuten
Backzeit: etwa 40 Minuten

Für den Rührteig:
200 g Butter oder Margarine
150 g Puderzucker
1 Pck. Dr. Oetker Vanillin-Zucker
1 Pck. Dr. Oetker Finesse Geriebene Zitronenschale
1 gestr. TL gemahlener Zimt
2 EL Marsala (ital. Dessertwein)
4 Eier (Größe M), 200 g Weizenmehl
2 gestr. TL Dr. Oetker Backin
750 g Äpfel

Zum Aprikotieren:
2 EL Aprikosenkonfitüre
1 EL Wasser

Für den Guss:
50 g Puderzucker
1–2 EL Zitronensaft

Insgesamt:
E: 50 g, F: 198 g, Kh: 467 g,
kJ: 16337, kcal: 3905

1. Den Backofen vorheizen. Für den Teig Butter oder Margarine mit Handrührgerät mit Rührbesen auf höchster Stufe geschmeidig rühren. Nach und nach Puderzucker, Vanillin-Zucker, Zitronenschale, Zimt und Marsala unterrühren. So lange rühren, bis eine gebundene Masse entstanden ist.
2. Eier nach und nach unterrühren (jedes Ei etwa 1/2 Minute). Mehl mit Backpulver mischen und in 2 Portionen auf mittlerer Stufe unterrühren.
3. Äpfel schälen, vierteln, entkernen und in kleine Stücke schneiden. Apfelstücke unter den Teig heben. Den Teig in eine Springform (Ø 26 cm, Boden gefettet) geben und verstreichen. Die Form auf dem Rost in den vorgeheizten Backofen schieben.
Ober-/Unterhitze: etwa 180 °C
Heißluft: etwa 160 °C
Backzeit: etwa 40 Minuten.
4. Die Form auf einen Kuchenrost stellen. Zum Aprikotieren Konfitüre durch ein Sieb streichen und mit Wasser unter Rühren gut aufkochen lassen. Den heißen Kuchen sofort damit bestreichen.
5. Für den Guss Puderzucker mit Zitronensaft zu einer dickflüssigen Masse verrühren. Den Kuchen damit bestreichen, dann aus der Form lösen und auf einem Kuchenrost erkalten lassen.

Dauert länger

Stachelbeer-Grieß-Kuchen

Zubereitungszeit: 40 Minuten, ohne Abkühlzeit
Backzeit: 60–70 Minuten

Für den Rührteig:
750 ml (3/4 l) Milch
150 g Weizengrieß
1 Glas Stachelbeeren (Abtropfgewicht 390 g)
30 g Zitronat (Sukkade)
5 Eiweiß (Größe M)
150 g Butter oder Margarine
200 g Zucker
1 Pck. Dr. Oetker Vanillin-Zucker
1 Pck. Dr. Oetker Finesse Geriebene Zitronenschale
1 Prise Salz
5 Eigelb (Größe M)
30 g Speisestärke
1 Msp. Dr. Oetker Backin
125 g abgezogene, gemahlene Mandeln

Zum Bestäuben:
Puderzucker

Insgesamt:
E: 107 g, F: 251 g, Kh: 494 g, kJ: 20469, kcal: 4887

1. Für den Teig Milch in einem Topf zum Kochen bringen, dann von der Kochstelle nehmen. Grieß unter Rühren einstreuen, unter Rühren kurz aufkochen und abkühlen lassen. Stachelbeeren in einem Sieb gut abtropfen lassen. Zitronat fein hacken. Eiweiß steifschlagen und beiseitestellen. Den Backofen vorheizen.
2. Butter oder Margarine mit Handrührgerät mit Rührbesen auf höchster Stufe geschmeidig rühren. Nach und nach Zucker, Vanillin-Zucker, Zitronenschale und Salz unterrühren. So lange rühren, bis eine gebundene Masse entstanden ist. Eigelb nach und nach unterrühren. Die Grießmasse in kleinen Portionen hinzugeben und unterrühren.
3. Speisestärke und Backpulver mischen und zusammen mit Mandeln und Zitronat unterrühren. Eischnee und die Stachelbeeren unterheben. Den Teig in eine Springform (Ø 28 cm, Boden gefettet) füllen und verstreichen. Die Form auf dem Rost in den vorgeheizten Backofen schieben.
Ober-/Unterhitze: etwa 180 °C
Heißluft: etwa 160 °C
Backzeit: 60–70 Minuten.
4. Den Kuchen aus der Form lösen und auf einem Kuchenrost erkalten lassen. Den Kuchen kurz vor dem Servieren mit Puderzucker bestäuben.

Saftiger Apfelkuchen mit Zitronenguss

Stachelbeer-Grieß-Kuchen

Fruchtig

Käsekuchen mit Mohnstreuseln

Zubereitungszeit: 60 Minuten, ohne Kühl- und Abkühlzeit
Backzeit: 60–70 Minuten

Für den Streuselteig:
250 g Weizenmehl
1 Msp. Dr. Oetker Backin
80 g Zucker
1 Ei (Größe M)
150 g Butter oder Margarine
30 g Mohnsamen
1 Pck. Dr. Oetker Bourbon-Vanille-Zucker
1 EL kalte Milch

Für den Belag:
4 Eiweiß (Größe M)
1 Prise Salz
50 g weiche Butter
4 Eigelb (Größe M)
600 g Speisequark (20 % Fett i. Tr.)
120 g Zucker
1 Pck. Dr. Oetker Vanillin-Zucker
1 Pck. Dr. Oetker Finesse Geriebene Zitronenschale
40 g Speisestärke
250 g Pflaumenmus

Insgesamt:
E: 145 g, F: 249 g, Kh: 559 g,
kJ: 21443, kcal: 5123

1. Den Backofen vorheizen. Für den Teig Mehl mit Backpulver in einer Schüssel mischen. Zucker, Ei und Butter oder Margarine hinzufügen. Die Zutaten mit Handrührgerät mit Rührbesen zu feinen Streuseln verarbeiten. Ein Drittel der Streusel mit Mohn und Vanille-Zucker mischen und anschließend die Mohnstreusel kalt stellen.

2. Restliche Teigstreusel mit Milch kurz zu einem glatten Teig verkneten. Die Hälfte des Teiges auf dem Boden einer Springform (Ø 26 cm, gefettet) ausrollen. Teigboden mehrmals mit einer Gabel einstechen. Den Springformrand darumlegen. Die Form auf dem Rost in den vorgeheizten Backofen schieben und den Boden vorbacken.
Ober-/Unterhitze: etwa 200 °C
Heißluft: etwa 180 °C
Backzeit: etwa 10 Minuten.

3. Den Springformboden auf einen Kuchenrost stellen. Den Gebäckboden etwas abkühlen lassen. Den restlichen Teig zu zwei langen Rollen formen, auf den vorgebackenen Boden legen und so an die Form drücken, dass ein etwa 3 cm hoher Rand entsteht.

4. Für den Belag Eiweiß mit Salz steifschlagen. Butter mit Eigelb, Quark, Zucker, Vanillin-Zucker, Zitronenschale und Speisestärke geschmeidig rühren. Eischnee halbieren. Eine Eischneehälfte unter die Quarkmasse, die andere unter das Pflaumenmus heben.

5. Die Hälfte der Quarkmasse auf dem vorgebackenen Boden verstreichen. Die Hälfte der Pflaumenmusmasse darauf verteilen. Ein Drittel der Quarkmasse, dann restliche Pflaumenmusmasse und zuletzt restliche Quarkmasse darauf verstreichen. Die kalt gestellten Mohnstreusel darauf verteilen. Die Form wieder auf dem Rost in den heißen Backofen schieben und den Kuchen bei niedrigerer Backtemperatur fertig backen.
Ober-/Unterhitze: etwa 180 °C
Heißluft: etwa 160 °C
Backzeit: 50–60 Minuten.

6. Den Kuchen nach zwei Dritteln der Backzeit mit Backpapier zudecken, damit er nicht zu sehr bräunt. Den Kuchen auf einem Kuchenrost in der Form erkalten lassen. Dann Kuchen aus der Form lösen und auf eine Tortenplatte legen.

Käsekuchen mit Mohnstreuseln

Raffiniert

Aprikosen-Tarte

Zubereitungszeit: 40 Minuten, ohne Durchzieh- und Abkühlzeit
Backzeit: etwa 55 Minuten

Für den Schoko-Streuselteig:
200 g Weizenmehl
2 EL Kakaopulver
70 g Zucker
1 TL gemahlener Zimt
1 Prise Salz
1 Ei (Größe M)
100 g weiche Butter

Für den Belag:
500 g frische Aprikosen
oder 1 Dose Aprikosenhälften (Abtropfgewicht 480 g)

Für die Vanillecreme:
400 g Schlagsahne
1 Vanilleschote
60–80 g Zucker
1 Prise Salz
2 Eier (Größe M)
20 g Speisestärke
30 g abgezogene, ganze Mandeln

Zum Aprikotieren:
3 EL Aprikosenkonfitüre
1 EL Wasser

Insgesamt:
E: 63 g, F: 253 g, Kh: 448 g,
kJ: 18396, kcal: 4395

1. Den Backofen vorheizen. Für den Teig Mehl mit Kakao in einer Rührschüssel gut vermischen. Zucker, Zimt, Salz, Ei und Butter hinzufügen. Die Zutaten mit Handrührgerät mit Rührbesen zunächst kurz auf niedrigster, dann auf höchster Stufe zu feinen Streuseln verarbeiten.
2. Die Teigstreusel in eine Springform (Ø 26 cm, Boden gefettet) geben und mit einem Löffel zu einem Boden andrücken. Die Form auf dem Rost in den vorgeheizten Backofen schieben und den Boden vorbacken.
Ober-/Unterhitze: etwa 180 °C
Heißluft: etwa 160 °C
Backzeit: etwa 20 Minuten.
3. In der Zwischenzeit für den Belag Aprikosen waschen, trocken tupfen, halbieren und entsteinen. Aprikosenhälften aus der Dose in einem Sieb abtropfen lassen.
4. Für die Creme Sahne in einem Topf zum Kochen bringen. Vanilleschote längs aufschneiden und das Mark herauskratzen. Vanilleschote und -mark unter die Sahne rühren und zugedeckt etwa 10 Minuten durchziehen lassen. Zucker und Salz hinzugeben.
5. Eier mit Speisestärke in einer Rührschüssel verschlagen. Vanilleschote aus der Sahne entfernen, die Eiermasse in die Sahne rühren. Die Sahne-Eier-Creme unter Rühren kurz aufkochen lassen und auf den vorgebackenen Streuselboden geben.
6. Aprikosenhälften mit der Wölbung nach unten in die Creme legen. In jede Aprikosenhälfte eine Mandel legen. Die Form wieder auf dem Rost in den heißen Backofen schieben und die Tarte **bei gleicher Backtemperatur in etwa 35 Minuten fertig backen.**
7. Die Form auf einen Kuchenrost stellen und die Tarte etwas abkühlen lassen.
8. Zum Aprikotieren Konfitüre durch ein Sieb streichen und mit Wasser in einem Topf unter Rühren gut aufkochen lassen. Die Tarte damit bestreichen und warm oder kalt servieren.

Apfel-Tarte mit Sonnenblumenkernen

Aprikosen-Pflaumen-Marzipan-Kuchen

Fettarm

Apfel-Tarte mit Sonnenblumenkernen

Zubereitungszeit: 30 Minuten
Backzeit: etwa 35 Minuten

Zum Vorbereiten:
2 EL Sonnenblumenkerne
4 große säuerliche Äpfel (etwa 650 g, z. B. Boskop)
1 EL Zitronensaft

Für den Knetteig:
200 g Weizenmehl
1 gestr. TL Dr. Oetker Backin
100 g Magerquark
3 EL Sonnenblumenöl
50 g Zucker
1 Prise Salz
1 Ei (Größe M)
3 EL Milch

Außerdem:
50 g Zucker
30 g Joghurt-Butter

Insgesamt:
E: 50 g, F: 91 g, Kh: 319 g,
kJ: 9689, kcal: 2320

1. Zum Vorbereiten Sonnenblumenkerne in einer Pfanne ohne Fett unter Rühren goldbraun rösten und auf einem Teller erkalten lassen. Äpfel schälen, vierteln, entkernen, in Spalten schneiden und mit Zitronensaft beträufeln.
2. Für den Teig Mehl mit Backpulver mischen und in eine Rührschüssel sieben. Restliche Zutaten hinzufügen und mit Handrührgerät mit Knethaken erst kurz auf niedrigster, dann auf höchster Stufe gut durcharbeiten. Anschließend den Teig auf einer leicht bemehlten Arbeitsfläche kurz zu einer Kugel formen.
3. Den Backofen vorheizen. Den Teig auf der leicht bemehlten Arbeitsfläche zu einer runden Platte (Ø etwa 30 cm) ausrollen, in eine Wähen- oder Tarteform (Ø 28 cm, gefettet) legen und den Rand andrücken.
4. Vorbereitete Apfelspalten kreisförmig auf dem Teigboden verteilen und mit gerösteten Sonnenblumenkernen und Zucker bestreuen. Butter in Flöckchen daraufsetzen. Die Form auf dem Rost in den vorgeheizten Backofen schieben.
Ober-/Unterhitze: etwa 180 °C
Heißluft: etwa 160 °C
Backzeit: etwa 35 Minuten.
5. Nach etwa 30 Minuten Backzeit den Kuchen evtl. mit Backpapier zudecken, damit er nicht zu dunkel wird. Anschließend den Kuchen aus dem Backofen nehmen und in der Form auf einem Kuchenrost erkalten lassen.

Tipp: Sie können statt der Sonnenblumenkerne auch gehackte Nusskerne oder eine ungesüßte Getreide-Nuss-Müsli-Mischung zum Bestreuen nehmen. Dieser Kuchen schmeckt frisch am besten, kann aber auch eingefroren werden.

Fruchtig

Aprikosen-Pflaumen-Marzipan-Kuchen

Zubereitungszeit: 45 Minuten
Backzeit: etwa 45 Minuten

Für den Rührteig:
3 Eiweiß (Größe M)
100 g Marzipan-Rohmasse
125 g Butter oder Margarine
50 g Zucker
1 Pck. Dr. Oetker Vanillin-Zucker
3 Tropfen Bittermandel-Aroma
1 Prise Salz, 3 Eigelb (Größe M)
125 g Weizenmehl
1 gestr. TL Dr. Oetker Backin

Für den Belag:
600 g Aprikosen
400 g Pflaumen

Zum Aprikotieren:
3 EL Aprikosenkonfitüre
1 EL Wasser

Insgesamt:
E: 53 g, F: 164 g, Kh: 326 g,
kJ: 12678, kcal: 3027

1. Für den Teig Eiweiß steifschlagen. Marzipan klein schneiden. Butter oder Margarine und klein geschnittenes Marzipan in einer Rührschüssel mit Handrührgerät mit Rührbesen geschmeidig rühren. Nach und nach

Zucker, Vanillin-Zucker, Aroma und Salz unterrühren. So lange rühren, bis eine gebundene Masse entstanden ist. Eigelb nach und nach unterrühren.

2. Mehl mit Backpulver mischen und auf mittlerer Stufe unterrühren. Eischnee unterheben. Den Teig in eine Springform (Ø 28 cm, Boden gefettet) geben und verstreichen. Den Backofen vorheizen.

3. Für den Belag Aprikosen und Pflaumen waschen, abtrocknen, halbieren, entsteinen und abwechselnd kranzförmig dicht mit der Wölbung nach unten auf den Teig legen. Die Form auf dem Rost in den vorgeheizten Backofen schieben.
Ober-/Unterhitze: etwa 180 °C
Heißluft: etwa 160 °C
Backzeit: etwa 45 Minuten.

4. Die Form auf einen Kuchenrost stellen. Zum Aprikotieren Konfitüre durch ein Sieb streichen und mit Wasser unter Rühren gut aufkochen lassen. Den heißen Kuchen damit bestreichen und in der Form erkalten lassen. Den Kuchen aus der Form lösen und auf eine Tortenplatte legen.

Beliebt

Erdbeer-Käsekuchen vom Blech

Zubereitungszeit: 70 Minuten, ohne Abkühlzeit
Backzeit: etwa 45 Minuten

Für den Knetteig:
300 g Weizenmehl
1 1/2 gestr. TL Dr. Oetker Backin
150 g Zucker
1 Pck. Dr. Oetker Vanillin-Zucker
1 Prise Salz
200 g Butter oder Margarine

Für den Käsebelag:
250 g weiche Butter
250 g Zucker
4 Eier (Größe M)
200 g Doppelrahm-Frischkäse
500 g Magerquark
1 Pck. Dr. Oetker Pudding-Pulver Vanille-Geschmack
Saft von 1 Zitrone
1 Pck. Dr. Oetker Finesse Geriebene Zitronenschale

Erdbeer-Käsekuchen vom Blech

Für den Erdbeerbelag:
etwa 1 1/2 kg Erdbeeren
2 Pck. Tortenguss, rot
50 g Zucker
500 ml (1/2 l) Flüssigkeit (halb Wasser, halb Apfelsaft)

Insgesamt:
E: 165 g, F: 481 g, Kh: 865 g, kJ: 35661, kcal: 8512

1. Für den Teig Mehl mit Backpulver in einer Rührschüssel mischen. Zucker, Vanillin-Zucker, Salz und Butter oder Margarine hinzufügen. Die Zutaten mit Handrührgerät mit Knethaken zunächst kurz auf niedrigster, dann auf höchster Stufe gut durcharbeiten.

2. Anschließend den Teig auf der leicht bemehlten Arbeitsfläche kurz verkneten. Sollte er kleben, ihn in Folie gewickelt eine Zeit lang kalt stellen. Den Backofen vorheizen. Den Teig auf einem Backblech (30 x 40 cm, gefettet) ausrollen und dann einen Backrahmen darumstellen.

3. Für den Käsebelag Butter mit Handrührgerät mit Rührbesen geschmeidig rühren. Zucker und Eier nach und nach unterrühren. Frischkäse, Quark, Pudding-Pulver, Zitronensaft und -schale hinzufügen. Die Zutaten zu einer glatten Masse verrühren. Die Quarkmasse auf dem Teig verstreichen. Das Backblech in den vorgeheizten Backofen schieben.
Ober-/Unterhitze: etwa 180 °C
Heißluft: etwa 160 °C
Backzeit: etwa 45 Minuten.

4. Das Backblech auf einen Kuchenrost stellen und den Kuchen darauf erkalten lassen.

5. Für den Erdbeerbelag Erdbeeren waschen, gut abtropfen lassen, entstielen und halbieren. Erdbeerhälften auf den Gebäckboden legen. Aus Tortengusspulver, Zucker, Wasser und Apfelsaft nach Packungsanleitung einen Guss zubereiten und auf den Erdbeerhälften verteilen. Guss fest werden lassen. Anschließend den Backrahmen vorsichtig lösen und entfernen.

Fruchtig

Käsekuchen mit Mandarinen

Zubereitungszeit: 45 Minuten, ohne Abkühlzeit
Backzeit: etwa 60 Minuten

Für den Knetteig:
150 g Weizenmehl
1 gestr. TL Dr. Oetker Backin
100 g Zucker
1 Pck. Dr. Oetker Vanillin-Zucker
1 Ei (Größe M)
75 g Butter oder Margarine

Für den Belag:
3 Eiweiß (Größe M)
500 g Magerquark
125 g Zucker, 3 Eigelb (Größe M)
1 Pck. Dr. Oetker Pudding-Pulver Vanille-Geschmack
75 ml neutrales Speiseöl (z. B. Rapsöl)
125 ml (1/8 l) Milch
2 Dosen Mandarinen (Abtropfgewicht je 175 g)

Für den Guss:
1 Pck. Tortenguss, klar
250 ml (1/4 l) Mandarinensaft aus der Dose

Insgesamt:
E: 119 g, F: 171 g, Kh: 504 g, kJ: 17496, kcal: 4179

1. Den Backofen vorheizen. Für den Teig Mehl mit Backpulver in einer Rührschüssel mischen. Zucker, Vanillin-Zucker, Ei und Butter oder Margarine hinzufügen. Die Zutaten mit Handrührgerät mit Knethaken zunächst kurz auf niedrigster, dann auf höchster Stufe gut durcharbeiten.
2. Anschließend den Teig auf der leicht bemehlten Arbeitsfläche kurz verkneten. Sollte er kleben, ihn in Folie gewickelt eine Zeit lang kalt stellen.
3. Zwei Drittel des Teiges auf dem Boden einer Springform (Ø 26 cm, gefettet) ausrollen. Den Springformrand darumstellen. Die Form auf dem Rost in den vorgeheizten Backofen schieben und den Boden vorbacken.
Ober-/Unterhitze: etwa 200 °C
Heißluft: etwa 180 °C
Backzeit: etwa 10 Minuten.
4. Die Form auf einen Kuchenrost stellen. Den Boden etwas abkühlen lassen. Den restlichen Teig zu einer Rolle formen, sie als Rand auf den vorgebackenen Boden legen und so an die Form drücken, dass ein etwa 3 cm hoher Rand entsteht.
5. Für den Belag Eiweiß sehr steifschlagen. Quark mit Zucker, Eigelb, Pudding-Pulver, Speiseöl und Milch mit Handrührgerät mit Rührbesen verrühren. Eischnee unterheben. Die Quarkmasse auf den Boden geben und verstreichen.
6. Danach Mandarinen in einem Sieb abtropfen lassen, den Saft dabei auffangen und 250 ml (1/4 l) davon für den Guss abmessen. Mandarinen auf der Quarkmasse verteilen. Die Form nochmals bei niedrigerer Backtemperatur auf dem Rost in den heißen Backofen schieben.
Ober-/Unterhitze: etwa 160 °C
Heißluft: etwa 140 °C
Backzeit: etwa 50 Minuten.
7. Die Form auf einen Kuchenrost stellen. Den Kuchen mit einem Messer vom Springformrand lösen, ihn aber in der Form erkalten lassen.
8. Aus Tortengusspulver und dem abgemessenem Mandarinensaft nach Packungsanleitung (aber ohne Zucker) einen Guss zubereiten und auf dem Kuchen verteilen. Den Guss fest werden lassen. Den Kuchen aus der Form lösen und auf eine Tortenplatte legen.

Abwandlung: Anstelle der Mandarinen können Sie auch Aprikosenspalten und für den Guss entsprechend Aprikosensaft verwenden.

Tipp: Zusätzlich 50 g abgezogene, gehobelte Mandeln auf den Quarkbelag streuen und mitbacken.

Käsekuchen mit Mandarinen

Ananas-Kürbis-Tarte

Fettarm – dauert länger

Ananas-Kürbis-Tarte

Zubereitungszeit: 75 Minuten, ohne Kühl- und Abkühlzeit
Backzeit: 15–20 Minuten

Zum Vorbereiten:
350 g Kürbisfleisch
1 große und 1 kleine Dose Ananasscheiben in Ananassaft ohne Zuckerzusatz (Abtropfgewicht 446 g bzw. 236 g)

Für den Knetteig:
200 g Weizenmehl
2 gestr. TL Dr. Oetker Backin
1 EL Zucker

Zum Blindbacken:
1 Stück Backpapier
Hülsenfrüchte

Für den Belag:
75 g Speisestärke
1 Pck. Dr. Oetker Bourbon-Vanille-Zucker
abgeriebene Schale von 1/2 Bio-Zitrone (unbehandelt, ungewachst)
100 ml Kokosmilch
250 ml (1/4 l) Ananassaft aus der Dose
1 Eigelb (Größe M)

Zum Bestreuen:
2 geh. EL Kokosraspel

Insgesamt:
E: 35 g, F: 50 g, Kh: 430 g,
kJ: 9864, kcal: 2358

1. Zum Vorbereiten Kürbisfleisch in große Würfel schneiden und in kochendem Wasser zugedeckt etwa 20 Minuten garen. Kürbiswürfel gut abtropfen und erkalten lassen. Anschließend die Würfel durch eine Kartoffelpresse drücken und kalt stellen.

2. Ananasscheiben gut abtropfen lassen, Saft dabei auffangen und 250 ml (1/4 l) davon abmessen. Ananasscheiben fein würfeln und nochmals abtropfen lassen. Den Backofen vorheizen.

3. Für den Teig Mehl mit Backpulver in einer Rührschüssel mischen. Zucker und Kürbismus hinzufügen. Die Zutaten mit Handrührgerät mit Knethaken zunächst kurz auf niedrigster, dann auf höchster Stufe gut durcharbeiten. Den Teig gut verkneten und anschließend zu einer Kugel formen.

4. Teigkugel auf der leicht bemehlten Arbeitsfläche zu einer runden Platte (Ø 30–32 cm) ausrollen und die Platte in eine Tarteform (Ø 26–28 cm, Boden gefettet) legen. Den Teig am Rand etwas andrücken. Ein Stück Backpapier auf den Teig legen und Hülsenfrüchte darauf verteilen.
Die Form auf dem Rost in den vorgeheizten Backofen schieben und den Boden vorbacken.
Ober-/Unterhitze: etwa 200 °C
Heißluft: etwa 180 °C
Backzeit: 15–20 Minuten.

5. Die Form auf einen Kuchenrost stellen. Hülsenfrüchte mit dem Backpapier entfernen. Gebäckboden erkalten lassen.

6. Für den Belag Speisestärke mit Vanille-Zucker und Zitronenschale mischen und mit Kokosmilch und Ananassaft verrühren. Alles unter Rühren zum Kochen bringen, von der Kochstelle nehmen und Eigelb unterrühren. Die Masse abkühlen lassen, Ananasstücke unterrühren. Die Ananasmasse auf dem Gebäckboden verteilen und erkalten lassen.

7. Zum Bestreuen Kokosraspel in einer Pfanne ohne Fett rösten und auf einem Teller erkalten lassen. Kokosraspel auf die Tarte streuen.

Tipp: Sie können die Tarte auch in einer Springform (Ø 26–28 cm, Boden gefettet) backen.

Apfel-Aprikosen-Hefekuchen

Beliebt

Apfel-Aprikosen-Hefekuchen

Zubereitungszeit: 40 Minuten,
ohne Abkühl- und Teiggehzeit
Backzeit: etwa 35 Minuten

Für den Hefeteig:
75 g Butter oder Margarine
300 g Weizenmehl
1 Pck. Hefeteig Garant
75 g Zucker
2 Pck. Dr. Oetker Vanillin-Zucker
1 TL gemahlener Zimt
175 ml Buttermilch
(Zimmertemperatur)

Für die Füllung:
2 EL Zitronensaft
1 Pck. Saucen-Pulver Vanille-Geschmack
1 Glas Apfel-Aprikosenmus
(Einwaage 500 g)

Zum Bestreichen und Bestreuen:
3 EL Milch
2 EL Zimt-Zucker

Insgesamt:
E: 73 g, F: 101 g, Kh: 707 g,
kJ: 17281, kcal: 4133

Heidelbeer-Nektarinen-Kuchen

1. Für den Hefeteig Butter oder Margarine zerlassen und abkühlen lassen. Mehl in eine Rührschüssel geben und sorgfältig mit Hefeteig Garant vermengen. Zucker, Vanillin-Zucker und Zimt mischen und Butter oder Margarine und Buttermilch hinzufügen.
2. Die Zutaten mit Handrührgerät mit Knethaken zunächst kurz auf niedrigster, dann auf höchster Stufe in etwa 2 Minuten zu einem glatten Teig verarbeiten.
3. Die Hälfte des Teiges auf einem leicht bemehltem Backpapier zu einer runden Platte ausrollen (Ø etwa 28 cm) und auf eine Teigrolle aufrollen. Den Restlichen Teig in eine Springform (Ø 26 cm, Boden gefettet) geben und flach drücken, dabei den Rand etwas hochdrücken.
4. Für die Füllung Zitronensaft mit Saucen-Pulver und etwas von dem Mus verrühren, dann mit dem restlichen Mus verrühren. Die Musmasse auf den Teigboden geben und verstreichen.
5. Die aufgerollte Teigdecke darauf wieder abrollen und den Rand andrücken. Teigdecke mit einem Holzspieß mehrmals einstechen (damit die Luft beim Backen entweichen kann), mit Milch bestreichen und mit Zimt-Zucker bestreuen.
6. Den Backofen vorheizen. Den Teig etwa 15 Minuten ruhen lassen. Die Form auf dem Rost in den vorgeheizten Backofen schieben.
Ober-/Unterhitze: etwa 200 °C
Heißluft: etwa 180 °C
Backzeit: etwa 35 Minuten.
7. Den Kuchen etwa 5 Minuten in der Form etwas abkühlen lassen, dann aus der Form lösen und auf einem Kuchenrost erkalten lassen.

Fruchtig

Heidelbeer-Nektarinen-Kuchen

Zubereitungszeit: 30 Minuten,
ohne Abkühlzeit
Backzeit: 40–45 Minuten

Zum Vorbereiten:
3 Nektarinen
200 g Heidelbeeren

Für den Schüttelteig:
125 g Butter oder Margarine
250 g Weizenmehl
3 gestr. TL Dr. Oetker Backin
150 g Puderzucker
1 Pck. Dr. Oetker Bourbon-Vanille-Zucker
1 Prise Salz, 4 Eier (Größe M)
200 g saure Sahne

Zum Bestäuben:
2 EL Puderzucker

Insgesamt:
E: 69 g, F: 153 g, Kh: 443 g,
kJ: 14918, kcal: 3563

1. Zum Vorbereiten Nektarinen waschen, abtrocknen, halbieren und Steine herauslösen. Nektarinenhälften in Spalten schneiden. Dann Heidelbeeren verlesen, abspülen, in einem Sieb gut abtropfen lassen und mit Küchenpapier trocken tupfen. Den Backofen vorheizen.
2. Für den Teig Butter oder Margarine zerlassen und abkühlen lassen. Mehl

mit Backpulver und Puderzucker in einer verschließbaren Schüssel (etwa 3 l) mit Vanille-Zucker und Salz mischen. Eier, Butter oder Margarine und Sahne hinzufügen. Die Schüssel mit dem Deckel fest verschließen.

3. Schüssel mehrmals (insgesamt 15–30 Sekunden) kräftig schütteln, so dass alle Zutaten gut vermischt sind. Alles mit einem Schneebesen oder Rührlöffel nochmals gut durchrühren, damit trockene Zutaten vom Rand mit untergerührt werden.

4. Den Teig in eine Tarteform (Ø 28 cm, gefettet) geben und verstreichen. Nektarinenspalten und Heidelbeeren darauf verteilen. Die Form auf dem Rost in den vorgeheizten Backofen schieben.

Ober-/Unterhitze: etwa 180 °C
Heißluft: etwa 160 °C
Backzeit: 40–45 Minuten.

5. Die Form auf einen Kuchenrost stellen und den Kuchen darin erkalten lassen. Anschließend den Kuchen mit Puderzucker bestäuben.

Beigabe: Geschlagene Sahne (nach Belieben mit Orangenlikör ganz aromatisiert).

Beliebt – mit Alkohol

Kirschkuchen mit Guss

Zubereitungszeit: 45 Minuten, ohne Abkühlzeit
Backzeit: etwa 60 Minuten

Für den Belag:
500 g Sauerkirschen

Für den Rührteig:
150 g Butter oder Margarine
150 g Zucker
1 Pck. Dr. Oetker Vanillin-Zucker
4 Eier (Größe M)
175 g Weizenmehl
1/2 gestr. TL Dr. Oetker Backin

Für den Guss:
1 Ei (Größe M), 50 g Zucker
125 g Schlagsahne
2 EL Kirschwasser

Zum Bestäuben:
Puderzucker

Insgesamt:
E: 65 g, F: 199 g, Kh: 390 g,
kJ: 15966, kcal: 3813

Kirschkuchen mit Guss

1. Für den Belag Sauerkirschen waschen, entstielen, gut abtropfen lassen und entsteinen. Den Backofen vorheizen.

2. Für den Teig Butter oder Margarine mit Handrührgerät mit Rührbesen auf höchster Stufe geschmeidig rühren. Nach und nach Zucker und Vanillin-Zucker unterrühren. So lange rühren, bis eine gebundene Masse entstanden ist. Eier nach und nach unterrühren (jedes Ei etwa 1/2 Minute). Mehl mit Backpulver mischen und auf mittlerer Stufe kurz unterrühren.

3. Danach den Teig in eine Springform (Ø 26 cm, Boden gefettet) geben und verstreichen. Die Kirschen gleichmäßig auf dem Teig verteilen. Die Form auf dem Rost in den vorgeheizten Backofen schieben.

Ober-/Unterhitze: etwa 180 °C
Heißluft: etwa 160 °C
Backzeit: etwa 45 Minuten.

4. Kurz vor Ende der Backzeit für den Guss Ei mit Zucker, Sahne und Kirschwasser verschlagen. Den Guss auf dem vorgebackenen Kuchen verteilen. Die Form wieder auf dem Rost in den heißen Backofen schieben und den Kirschkuchen **bei gleicher Backtemperatur in etwa 15 Minuten fertig backen.**

5. Den Kuchen aus der Form lösen und auf einem Kuchenrost erkalten lassen. Vor dem Servieren den Kuchen mit Puderzucker bestäuben.

Abwandlung: Der Kuchen kann anstelle von Sauerkirschen auch mit halbierten Pflaumen zubereitet werden.

Tipp: Wenn Kinder mitessen, den Guss ohne Kirschwasser zubereiten. Anstelle der frischen Kirschen können Sie auch 1 Glas Sauerkirschen (Abtropfgewicht 370 g) verwenden. Die Kirschen dann sehr gut abtropfen lassen (evtl. mit Küchenpapier trocken tupfen).

Vorbereitungstipp: Den Kuchen maximal 1 Tag vor dem Verzehr backen.

Für Gäste

Kaffee-Käsekuchen

Zubereitungszeit: 45 Minuten, ohne Abkühl- und Kühlzeit
Backzeit: etwa 50 Minuten

Für den Boden:
50 g Butter
100 g Waffeltäfelchen mit Schokoladenüberzug
70 g Semmelbrösel
1 Pck. Dr. Oetker Vanillin-Zucker
1 verschlagenes Eiweiß (Größe M)

Für den Belag:
3 EL Kaffeelikör
3 gestr. TL Instant-Espressopulver
3 Eier (Größe M)
1 Eigelb (Größe M)
150 g Zucker
1 Pck. Dr. Oetker Bourbon-Vanille-Zucker
500 g Speisequark (20 % Fett i. Tr.)
250 g Speisequark (40 % Fett i. Tr.)
40 g Speisestärke

Für den Guss:
70 g Edelbitter-Schokolade (60 % Kakao)
150 g saure Sahne
2 EL Kaffeelikör
30 g Zucker

Zum Garnieren:
30 g Edelbitter-Schokolade (60 % Kakao)

Insgesamt:
E: 146 g, F: 204 g, Kh: 423 g, kJ: 17695, kcal: 4227

Kaffee-Käsekuchen

1. Den Backofen vorheizen. Für den Boden Butter zerlassen und abkühlen lassen. Waffeln in einen Gefrierbeutel geben und den Beutel verschließen. Waffeln mit einer Teigrolle fein zerbröseln. Waffelbrösel in eine Schüssel geben. Semmelbrösel, Vanillin-Zucker, Butter und Eiweiß hinzufügen. Die Zutaten gut vermengen, in eine Springform (Ø 26 cm, Boden gefettet, mit Backpapier belegt) geben und mit einem Esslöffel zu einem Boden andrücken.
2. Für den Belag Likör mit Espressopulver, Eiern, Eigelb, Zucker und Vanille-Zucker in eine Rührschüssel geben und mit Handrührgerät mit Rührbesen gut verrühren. Quark und gesiebte Speisestärke unterrühren. Die Masse auf den Waffelboden geben und verstreichen. Die Form auf dem Rost in den vorgeheizten Backofen schieben.
Ober-/Unterhitze: etwa 180 °C
Heißluft: etwa 160 °C
Backzeit: etwa 50 Minuten.
3. Die Form auf einen Kuchenrost stellen und den Kuchen darin etwas abkühlen lassen.
4. Für den Guss Schokolade in Stücke brechen und in einem kleinen Topf im Wasserbad bei schwacher Hitze unter Rühren schmelzen lassen. Saure Sahne mit Likör und Zucker in einer Rührschüssel verrühren. Schokolade mit dem Schneebesen vorsichtig unterrühren.
5. Den Guss auf dem warmen Kuchen verteilen. Den Kuchen in der Form erkalten lassen und anschließend etwa 4 Stunden kalt stellen.
6. Zum Garnieren den Kuchen aus der Form lösen und auf eine Tortenplatte legen. Schokolade auf einer Haushaltsreibe reiben oder mit einem Sparschäler schälen und an den Kuchenrand drücken.

Tipp: Wer den Kaffee-Käsekuchen ohne Likör zubereiten möchte, kann ihn durch flüssige Schlagsahne ersetzen. Für die Füllung dann evtl. 4 Teelöffel Espressopulver verwenden.

Rhabarberkuchen mit Baiser

Zubereitungszeit: 35 Minuten, ohne Teiggehzeit
Backzeit: etwa 28 Minuten

Für den Hefeteig:
100 ml Milch
50 g Butter oder Margarine
200 g Weizenmehl
2 TL Dr. Oetker Trockenbackhefe
50 g Zucker
1 Pck. Dr. Oetker Vanillin-Zucker
1 Eigelb (Größe M)

Für den Belag:
700 g junger Rhabarber

Für das Baiser:
1 Eiweiß (Größe M)
100 g feiner Zucker

Insgesamt:
E: 39 g, F: 56 g, Kh: 320 g,
kJ: 8347, kcal: 1993

Rhabarberkuchen mit Baiser

1. Für den Teig Milch leicht erwärmen und Butter oder Margarine darin zerlassen. Mehl in eine Rührschüssel geben und sorgfältig mit der Hefe vermischen. Zucker, Vanillin-Zucker, warme Milch-Fett-Mischung und Eigelb hinzufügen und alles mit Handrührgerät mit Knethaken kurz auf niedrigster, dann auf höchster Stufe in etwa 5 Minuten zu einem glatten Teig verarbeiten. Den Teig mit etwas Mehl bestäuben und zugedeckt etwa 15 Minuten an einem warmen Ort gehen lassen.
2. Den Teig mit einer Teigkarte aus der Schüssel nehmen und in eine Springform (Ø 26 cm, Boden gefettet) geben, verstreichen und zugedeckt nochmals etwa 15 Minuten an einem warmen Ort gehen lassen. Den Backofen vorheizen.
3. Für den Belag Rhabarber putzen (nicht abziehen), Enden abschneiden, Rhabarber waschen, gut abtropfen lassen und die Stangen in 2–3 cm lange Stücke schneiden. Rhabarberstücke auf dem Teigboden verteilen. Den Teig nochmals an einem warmen Ort gehen lassen, bis er sich sichtbar vergrößert hat. Die Form auf dem Rost in den vorgeheizten Backofen schieben.
Ober-/Unterhitze: etwa 180 °C
Heißluft: etwa 160 °C
Backzeit: etwa 20 Minuten.
4. Die Form auf einen Kuchenrost stellen. Für das Baiser Eiweiß mit Handrührgerät mit Rührbesen auf höchster Stufe so steifschlagen, dass ein Messerschnitt sichtbar bleibt. Nach und nach den Zucker kurz unterschlagen.
5. Die Baisermasse mit einem Esslöffel auf den Rhabarberstücken verteilen und Spitzen hochziehen. Die Form wieder auf dem Rost in den heißen Backofen schieben und die Baisermasse bei höherer Backtemperatur überbacken.
Ober-/Unterhitze: etwa 200 °C
Heißluft: etwa 180 °C
Backzeit: etwa 8 Minuten.
6. Den Kuchen aus der Form lösen und auf einem Kuchenrost erkalten lassen.

Tipp: Der Kuchen ist ohne Baiser gefriergeeignet. Dann den Kuchen nach dem Auftauen mit Baiser bestreichen und wie angegeben 8 Minuten in den vorgeheizten Backofen schieben (siehe Punkte 4–6). Der Kuchen schmeckt auch mit 500 g gedünsteten Stachelbeeren sehr lecker.

Raffiniert

Zwetschen-Karamell-Tarte

Zubereitungszeit: 25 Minuten, ohne Abkühlzeit
Backzeit: etwa 35 Minuten

Für den Knetteig:
150 g Weizenmehl, 1 Prise Salz
2–3 EL kaltes Wasser
100 g weiche Butter oder Margarine
30 g weiches Kokosfett

Für den Belag:
500 g Zwetschen
1/2 Pck. Gala Pudding-Pulver Karamell
250 ml (1/4 l) Milch, 2 EL Zucker

Zum Bestreuen:
30 g brauner Zucker (Rohrzucker)
1 gestr. TL gemahlener Zimt
1 EL abgezogene, gehobelte Mandeln

Insgesamt:
E: 28 g, F: 123 g, Kh: 261 g,
kJ: 9864, kcal: 2357

1. Für den Teig Mehl mit Salz, Wasser, Butter oder Margarine und Kokosfett in eine Rührschüssel geben. Die Zutaten mit Handrührgerät mit Knethaken zunächst kurz auf niedrigster, dann auf höchster Stufe gut durcharbeiten. Anschließend den Teig auf der leicht bemehlten Arbeitsfläche kurz verarbeiten. Sollte er kleben, ihn in Folie gewickelt kurz kalt stellen.
2. Danach für den Belag Zwetschen waschen, abtropfen lassen, entstielen, halbieren und entsteinen. Die Zwetschenhälften nochmals durchschneiden. Pudding-Pulver mit 6 Esslöffeln von der Milch und Zucker verrühren. Restliche Milch in einem Topf zum Kochen bringen, von der Kochstelle nehmen, angerührtes Pudding-Pulver einrühren und alles unter Rühren gut aufkochen lassen. Pudding etwas abkühlen lassen, dabei gelegentlich umrühren.
3. Den Backofen vorheizen. Den Teig auf der leicht bemehlten Arbeitsfläche zu einer runden Platte (Ø etwa 28 cm) ausrollen, in eine Tarte- oder Springform (Ø 26 cm, Boden gefettet) legen und den Rand andrücken.
4. Den Pudding auf dem Boden verteilen und verstreichen. Zwetschen dachziegelartig darauf verteilen, sie dabei etwas in den Pudding drücken. Zucker mit Zimt mischen und die Zwetschen damit und den Mandeln bestreuen. Die Form auf dem Rost in den vorgeheizten Backofen schieben.
Ober-/Unterhitze: etwa 200 °C
Heißluft: etwa 180 °C
Backzeit: etwa 35 Minuten.
5. Die Form auf einen Kuchenrost stellen. Die Tarte warm oder kalt servieren.

Tipp: Anstelle von frischen Zwetschen können auch gut abgetropfte Zwetschen aus dem Glas oder halbierte Pfirsiche oder Aprikosen verwendet werden. Der Pudding schmeckt sahniger, wenn die Milch durch 300 g Schlagsahne ersetzt wird.

Beliebt – Becherkuchen

Limetten-Tarte

Zubereitungszeit: 45 Minuten, ohne Abkühlzeit
Backzeit: etwa 32 Minuten

Zum Vorbereiten:
1 Becher (200 g) Schlagsahne

Für den Knetteig:
2 Becher (250 g) Weizenmehl
1 gestr. TL Dr. Oetker Backin
1/2 Becher (100 g) Zucker
2 Eier (Größe M)
1/2 Pck. (125 g) weiche Butter oder Margarine

Für den Limettenguss:
1 Pck. Tortenguss, klar
2–3 EL Zucker
1 Pck. Dr. Oetker Bourbon-Vanille-Zucker
abgeriebene Schale und Saft von 2 Bio-Limetten (unbehandelt, ungewachst)

Zwetschen-Karamell-Tarte

Limetten-Tarte

Schneller Pflaumenkuchen

Zum Garnieren:
1 Bio-Limette (unbehandelt, ungewachst)
4 EL Zucker
3 EL Wasser
einige Zitronenmelisse-Blättchen

Insgesamt:
E: 49 g, F: 182 g, Kh: 391 g,
kJ: 14704, kcal: 3514

1. Zum Vorbereiten Sahne in eine Rührschüssel geben und zugedeckt kalt stellen. Den Sahnebecher auswaschen, abtrocknen und zum Abmessen der Zutaten verwenden. Den Backofen vorheizen.
2. Für den Teig Mehl mit Backpulver und Zucker in einer Rührschüssel mischen. Eier und Butter oder Margarine hinzufügen.
3. Alles mit Handrührgerät mit Knethaken zunächst kurz auf niedrigster, dann auf höchster Stufe gut durcharbeiten. Den Teig mit bemehlten Fingern in eine Tarteform (Ø 28 cm, gefettet) drücken, dabei die Ränder etwas hochdrücken. Die Form auf dem Rost in den vorgeheizten Backofen schieben und den Boden vorbacken.
Ober-/Unterhitze: etwa 180 °C
Heißluft: etwa 160 °C
Backzeit: etwa 12 Minuten.
4. Die Form auf einen Kuchenrost stellen. Für den Guss Tortengusspulver mit Zucker, Vanille-Zucker, Limettenschale und -saft mischen und mit der kalt gestellten Sahne gut verrühren. Den Guss auf dem vorgebackenen Boden verteilen. Die Form wieder auf dem Rost in den heißen Backofen schieben und **bei gleicher Backtemperatur in etwa 20 Minuten fertig backen.**
5. Die Form auf einen Kuchenrost stellen. Die Tarte in der Form erkalten lassen.
6. Zum Garnieren Limette gründlich waschen, abtrocknen und in dünne Scheiben schneiden. Zucker mit Wasser in einem kleinen Topf erhitzen, bis der Zucker gelöst ist. Limettenscheiben hineingeben und gut aufkochen lassen. Limettenscheiben abtropfen lassen und auf die Tarte legen. Tarte mit Melisse-Blättchen garnieren.

Fruchtig

Schneller Pflaumenkuchen

Zubereitungszeit: 30 Minuten
Backzeit: etwa 50 Minuten

Für den Belag:
800 g Pflaumen

Für den All-in-Teig:
125 g Weizenmehl
1 gestr. TL Dr. Oetker Backin
125 g Zucker
1 Pck. Dr. Oetker Vanillin-Zucker
1 Pck. Dr. Oetker Finesse
Geriebene Zitronenschale
125 g weiche Butter oder Margarine
2 Eier (Größe M)

Für die Streusel:
150 g Weizenmehl
100 g Zucker
1 Msp. gemahlener Zimt
100 g weiche Butter

Insgesamt:
E: 48 g, F: 204 g, Kh: 513 g,
kJ: 17232, kcal: 4116

1. Für den Belag Pflaumen waschen, trocken tupfen, entsteinen und von oben längs einschneiden.
2. Für den Teig Mehl mit Backpulver in einer Rührschüssel mischen. Restliche Zutaten für den Teig hinzufügen und alles mit Handrührgerät mit Rührbesen erst kurz auf niedrigster, dann auf höchster Stufe in etwa 2 Minuten zu einem Teig verarbeiten.
3. Den Backofen vorheizen. Den Teig in eine Springform (Ø 26 cm, Boden gefettet) füllen und verstreichen. Die Pflaumen dachziegelartig, mit der Innenseite nach oben, auf dem Teig verteilen.
4. Für die Streusel Mehl in einer Rührschüssel mit Zucker und Zimt mischen und Butter hinzufügen. Alles mit Handrührgerät mit Rührbesen zu Streuseln von gewünschter Größe verarbeiten. Die Streusel auf den Pflaumen verteilen und die Form auf dem Rost in den vorgeheizten Backofen schieben.
Ober-/Unterhitze: etwa 180 °C
Heißluft: etwa 160 °C
Backzeit: etwa 50 Minuten.
5. Den Kuchen aus der Springform lösen und auf einem Kuchenrost erkalten lassen.

Tipp: Den Kuchen können Sie statt mit Pflaumen auch mit Äpfeln zubereiten. Dafür 800 g Äpfel (z. B. Elstar oder Jonagold) schälen, entkernen und in Spalten schneiden.

Raffiniert – mit Alkohol

Apfelkuchen mit Cidre

Zubereitungszeit: 50 Minuten,
ohne Ruhe- und Kühlzeit
Backzeit: 35–40 Minuten

Für den Belag:
500 g Äpfel (z. B. Elstar)
350 ml Cidre (Apfelwein)

Für den Schüttelteig:
125 g Butter oder Margarine
200 g Weizenmehl
2 gestr. TL Dr. Oetker Backin
70 g Zucker
1 Pck. Dr. Oetker Vanillin-Zucker
2 Eier (Größe M)
6 EL Milch
70 g Rosinen

Für den Guss:
1 Pck. Tortenguss, klar
2 gestr. EL Zucker
30 g Rosinen

Insgesamt:
E: 44 g, F: 123 g, Kh: 382 g,
kJ: 12792, kcal: 3055

1. Für den Belag Äpfel schälen, vierteln, entkernen und quer in Scheiben schneiden. Apfelscheiben in eine Schüssel geben, mit Cidre mischen und zugedeckt etwa 1 Stunde stehen lassen.
2. Für den Teig Butter oder Margarine zerlassen und abkühlen lassen. Den Backofen vorheizen. Mehl mit Backpulver in eine verschließbare Schüssel (etwa 3 l) geben und mit Zucker und Vanillin-Zucker mischen. Eier, Butter oder Margarine und Milch hinzufügen. Schüssel mit dem Deckel fest verschließen.
3. Die Schüssel mehrmals (insgesamt 15–30 Sekunden) kräftig schütteln, so dass alle Zutaten gut vermischt sind. Rosinen hinzugeben. Alles mit einem Schneebesen oder Rührlöffel nochmals sorgfältig durchrühren, damit trockene Zutaten vom Rand mit untergerührt werden.

Apfelkuchen mit Cidre

4. Apfelscheiben in einem Sieb abtropfen lassen, die Cidre-Flüssigkeit dabei auffangen und 250 ml (1/4 l) davon abmessen. Den Teig in eine Springform (Ø 26 cm, Boden gefettet) geben und verstreichen. Apfelscheiben darauf verteilen. Die Form auf dem Rost in den vorgeheizten Backofen schieben.
Ober-/Unterhitze: etwa 200 °C
Heißluft: etwa 180 °C
Backzeit: 35–40 Minuten.
5. Die Form auf einen Kuchenrost stellen und den Kuchen darin erkalten lassen. Dann den Kuchen aus der Form lösen und auf eine Tortenplatte legen. Einen Tortenring oder den gesäuberten Springformrand darumstellen.
6. Für den Guss aus Tortengusspulver, Zucker und der abgemessenen Cidre-Flüssigkeit nach Packungsanleitung einen Guss zubereiten. Rosinen unterrühren. Den Guss von der Mitte aus gleichmäßig auf den Apfelscheiben verteilen. Den Kuchen etwa 1 Stunde kalt stellen.
7. Anschließend den Tortenring oder Springformrand lösen und entfernen.

Für Kinder – beliebt

Friesischer Käsekuchen

Zubereitungszeit: 60 Minuten,
ohne Kühlzeit
Backzeit: etwa 55 Minuten

Für den Rührteig:
200 g Butter oder Margarine
175 g Zucker
1 Pck. Dr. Oetker Vanillin-Zucker
4 Eier (Größe M)
375 g Weizenmehl
1 Pck. Dr. Oetker Backin
5 EL Milch

Für den Belag:
900 g Pflaumenmus

Für die Streusel:
250 g Weizenmehl, 100 g Zucker
1 Pck. Dr. Oetker Vanillin-Zucker
1 Ei (Größe M)
125 g Butter oder Margarine

Für den Guss:
75 g weiche Butter oder Margarine
100 g Zucker

3 Eier (Größe M)
500 g Magerquark
250 g Schmand (Sauerrahm)
1 Pck. Dr. Oetker Pudding-Pulver Vanille-Geschmack

Insgesamt:
E: 200 g, F: 450 g, Kh: 1328 g, kJ: 42828, kcal: 10228

1. Für den Teig Butter oder Margarine mit Handrührgerät mit Rührbesen auf höchster Stufe geschmeidig rühren. Nach und nach Zucker und Vanillin-Zucker unterrühren. So lange rühren, bis eine gebundene Masse entstanden ist.
2. Eier nach und nach unterrühren (jedes Ei etwa 1/2 Minute). Mehl mit Backpulver mischen und abwechselnd mit der Milch in 2 Portionen auf mittlerer Stufe unterrühren.
3. Den Teig in eine Fettfangschale (30 x 40 cm, gefettet) geben, dann verstreichen und etwa 1 Stunde kalt stellen.
4. Für den Belag anschließend Pflaumenmus auf dem Rührteig verteilen und vorsichtig verstreichen.
5. Für die Streusel Mehl in eine Rührschüssel sieben, mit Zucker und Vanillin-Zucker mischen und Ei und Butter oder Margarine hinzufügen. Die Zutaten mit Handrührgerät mit Rührbesen zu Streuseln von gewünschter Größe verarbeiten. Den Backofen vorheizen.
6. Für den Guss Butter oder Margarine mit Zucker in einer Rührschüssel mit Handrührgerät mit Rührbesen schaumig schlagen. Eier nach und nach unterrühren (jedes Ei etwa 1/2 Minute). Quark, Schmand und Pudding-Pulver unterrühren. Den Guss auf dem Pflaumenmus verteilen. Die Streusel daraufstreuen. Die Fettfangschale in den vorgeheizten Backofen schieben.
Ober-/Unterhitze: etwa 180 °C
Heißluft: etwa 160 °C
Backzeit: etwa 55 Minuten.
7. Die Fettfangschale auf einen Kuchenrost stellen und den Kuchen erkalten lassen.

Schnell zubereitet

Schokoladen-Birnen-Kuchen

Zubereitungszeit: 35 Minuten, ohne Abkühlzeit
Backzeit: etwa 45 Minuten

Für den All-in-Teig:
1 geh. EL Instant-Kaffeepulver
50 ml heißes Wasser
200 g Weizenmehl
2 gestr. TL Dr. Oetker Backin
100 g Zucker
1 Pck. Dr. Oetker Bourbon-Vanille-Zucker
3 Eier (Größe M)
100 g weiche Butter oder Margarine
100 ml Schokoladensauce (Fertigprodukt)

Zum Bestreuen:
25 g gemahlene Haselnusskerne

Für den Belag:
4 Birnen (etwa 750 g)
etwas Zitronensaft

Zum Bestreichen:
1 EL Apfelgelee

Für den Guss:
25 g Zartbitter-Kuvertüre
25 g weiße Kuvertüre

Insgesamt:
E: 60 g, F: 144 g, Kh: 446 g, kJ: 14392, kcal: 3442

1. Für den Teig Kaffeepulver im heißen Wasser auflösen und abkühlen lassen. Mehl mit Backpulver in einer Rührschüssel mischen. Restliche Zutaten hinzufügen und alles mit Handrührgerät mit Rührbesen erst kurz auf niedrigster, dann auf höchster Stufe in etwa 2 Minuten zu einem Teig verarbeiten. Den Backofen vorheizen. Den Teig in eine Springform (Ø 26 cm, Boden gefettet) füllen und verstreichen.
2. Die Teigoberfläche mit Haselnusskernen bestreuen. Für den Belag Birnen schälen, vierteln und entkernen. Die Wölbung mit einem scharfen Messer leicht einschneiden und mit Zitronensaft beträufeln. Die Birnen kreisförmig auf den Teig legen. Die Form auf dem Rost in den vorgeheizten Backofen schieben.
Ober-/Unterhitze: etwa 180 °C
Heißluft: etwa 160 °C
Backzeit: etwa 45 Minuten.
3. Die Form auf einen Kuchenrost stellen. Zum Bestreichen Apfelgelee in einem Topf kurz aufkochen lassen und den heißen Kuchen sofort damit bestreichen. Kuchen aus der Form lösen und auf einem mit Backpapier belegten Kuchenrost erkalten lassen.
4. Für den Guss beide Kuvertüre-Sorten in kleine Stücke hacken und getrennt in einem kleinen Topf im Wasserbad bei schwacher Hitze unter Rühren schmelzen lassen. Kuvertüren mit Hilfe eines Teelöffels oder eines Spritztütchens auf dem Kuchen verteilen und fest werden lassen.

Friesischer Käsekuchen

Schokoladen-Birnen-Kuchen

Raffiniert

Himbeer-Käsekuchen

Zubereitungszeit: 45 Minuten, ohne Abkühlzeit
Backzeit: etwa 60 Minuten

Für den Boden:
200 g Vollkorn-Butterkekse
100 g abgezogene, gemahlene Mandeln
50 g Zucker
1 Pck. Dr. Oetker Bourbon-Vanille-Zucker
150 g Butter
250 g frische Himbeeren oder TK-Himbeeren

Für die Käsecreme:
abgeriebene Schale und Saft von 2 Bio-Limetten (unbehandelt, ungewachst)
400 g Doppelrahm-Frischkäse
500 g Ricotta
4 Eier (Größe M)
175 g Zucker
2 EL gesiebte Speisestärke

Für den Belag:
750 g frische Himbeeren oder TK-Himbeeren

Für den Guss:
2 Pck. Tortenguss, rot
4 EL Zucker
500 ml (1/2 l) schwarzer Johannisbeersaft

Insgesamt:
E: 169 g, F: 434 g, Kh: 663 g, kJ: 30821, kcal: 7351

1. Für den Boden Kekse in einen Gefrierbeutel geben. Beutel verschließen und Kekse mit einer Teigrolle fein zerbröseln. Keksbrösel in eine Rührschüssel geben. Mandeln, Zucker und Vanille-Zucker hinzufügen.
2. Butter zerlassen und mit der Bröselmasse gut vermischen. Masse in eine Springform (Ø 26 cm, Boden gefettet, mit Backpapier belegt) geben, mit einem Löffel zu einem Boden andrücken. Frische Himbeeren verlesen und auf dem Bröselboden verteilen. TK-Himbeeren gefroren darauflegen. Den Backofen vorheizen.
3. Für die Creme Frischkäse mit Ricotta, Eiern, Zucker, Zitronenschale, -saft und Speisestärke in einer Rührschüssel gut verrühren. Die Creme esslöffelweise auf die Himbeeren geben und verstreichen. Die Form auf dem Rost in den vorgeheizten Backofen schieben.
Ober-/Unterhitze: etwa 180 °C
Heißluft: etwa 160 °C
Backzeit: etwa 60 Minuten.
4. Die Form auf einen Kuchenrost stellen und den Gebäckboden in der Form erkalten lassen.
5. Für den Belag Himbeeren verlesen. Frische Himbeeren oder tiefgefrorene Himbeeren auf dem Kuchen verteilen.

Himbeer-Käsekuchen

6. Für den Guss aus Tortengusspulver, Zucker und Johannisbeersaft nach Packungsanleitung einen Guss zubereiten. Den Guss auf den Himbeeren verteilen und fest werden lassen. Den Kuchen aus der Form lösen und auf eine Tortenplatte legen.

Tipp: Die Käsecreme kann statt mit Limetten auch mit dem Saft von 2 Zitronen und 1 Päckchen Dr. Oetker Finesse Geriebene Zitronenschale zubereitet werden.

Fettarm

Träubleskuchen

Zubereitungszeit: 55 Minuten
Backzeit: etwa 55 Minuten

Für den Quark-Öl-Teig:
200 g Weizenmehl
3 gestr. TL Dr. Oetker Backin
40 g Zucker
1 Pck. Dr. Oetker Vanillin-Zucker
1 Prise Salz
100 g Magerquark
50 ml fettarme Milch (1,5 % Fett)
50 ml Speiseöl

Für den Belag:
300 g rote Johannisbeeren
400 g Magerquark
100 g Zucker
1 Pck. Dr. Oetker Vanillin-Zucker
1 Ei (Größe M)
2 Eigelb (Größe M)
1 Pck. Dr. Oetker Pudding-Pulver Vanille-Geschmack

Für das Baiser:
2 Eiweiß (Größe M)
100 g Zucker

Insgesamt:
E: 112 g, F: 74 g, Kh: 475 g, kJ: 12933, kcal: 3087

1. Für den Teig Mehl mit Backpulver in einer Rührschüssel mischen. Zucker, Vanillin-Zucker, Salz, Quark, Milch und Speiseöl hinzufügen. Die Zutaten

Träubleskuchen

Zitrus-Kefir-Kuchen

mit Handrührgerät mit Knethaken auf höchster Stufe in etwa 1 Minute zu einem Teig verarbeiten (nicht zu lange, Teig klebt sonst).

2. Anschließend den Teig auf der leicht bemehlten Arbeitsfläche zu einer Rolle formen. Zwei Drittel des Teiges auf dem Boden einer Springform (Ø 26 cm, gefettet) ausrollen und den Springformrand darumlegen.

3. Den Backofen vorheizen. Danach den restlichen Teig zu einer langen Rolle formen, sie als Rand auf den Teigboden legen und so an die Form drücken, dass ein etwa 2 cm hoher Rand entsteht.

4. Für den Belag Johannisbeeren waschen, gut abtropfen lassen und entstielen. Quark mit Zucker, Vanillin-Zucker, Ei, Eigelb und Pudding-Pulver verrühren. Johannisbeeren vorsichtig unterheben. Die Quark-Johannisbeer-Masse auf den Teigboden geben und verstreichen. Die Form auf dem Rost in den vorgeheizten Backofen schieben.
Ober-/Unterhitze: etwa 180 °C
Heißluft: etwa 160 °C
Backzeit: etwa 45 Minuten.

5. Für das Baiser Eiweiß mit Handrührgerät mit Rührbesen auf höchster Stufe so steifschlagen, dass ein Messerschnitt sichtbar bleibt. Nach und nach Zucker kurz unterschlagen.

6. Die Form auf einen Kuchenrost stellen. Baisermasse in einen Spritzbeutel mit Sterntülle füllen und Tuffs auf den Kuchen spritzen. Die Form wieder in den heißen Backofen schieben, das Baiser **bei gleicher Backtemperatur in 8–10 Minuten überbacken.**

7. Den Kuchen etwas in der Form abkühlen lassen, dann aus der Form lösen und auf einem Kuchenrost erkalten lassen.

Erfrischend

Zitrus-Kefir-Kuchen

Tassenkuchen (1 Tasse = 200 ml)

Zubereitungszeit: 60 Minuten, ohne Abkühlzeit
Backzeit: etwa 50 Minuten

Zum Vorbereiten:
2 Orangen
2 1/2 Limetten

Für den All-in-Teig:
2 1/2 Tassen (250 g) Weizenmehl
gut 1 Tasse (120 g) Speisestärke
2 gestr. TL Dr. Oetker Backin
1 1/2 Tassen (200 g) Zucker
4 Eier (Größe M)
1 Pck. (250 g) weiche Butter oder Margarine
1 Pck. Dr. Oetker Finesse Geriebene Orangenschale
1/2 Becher (250 ml) Kefir

Für den Sirup:
1 Orange
1/2 Limette
2 Zimtstangen
1/2 Tasse (75 g) Zucker

Insgesamt:
E: 74 g, F: 247 g, Kh: 619 g,
kJ: 21700, kcal: 5148

1. Zum Vorbereiten Orangen und Limetten so schälen, dass die weiße Haut mit entfernt wird. Kerne entfernen. Zitrusfrüchte in Scheiben schneiden. Fruchtscheiben nebeneinander auf den Boden einer Blüten- oder Rosettenform (Ø etwa 30 cm, gefettet) legen. Den Backofen vorheizen.

2. Für den Teig Mehl mit Speisestärke und Backpulver in einer Rührschüssel mischen. Restliche Zutaten hinzufügen und alles mit Handrührgerät mit Rührbesen erst kurz auf niedrigster, dann auf höchster Stufe in etwa 2 Minuten zu einem Teig verarbeiten. Den Teig in die vorbereitete Blüten- oder Rosettenform geben und glatt verstreichen. Die Form auf dem Rost in den vorgeheizten Backofen schieben.
Ober-/Unterhitze: etwa 180 °C
Heißluft: etwa 160 °C
Backzeit: etwa 50 Minuten.

3. Den Kuchen in der Form etwas abkühlen lassen, dann aus der Form lösen, auf einen mit Backpapier belegten Kuchenrost stürzen und abkühlen lassen.

4. Für den Sirup Orange und Limette auspressen. Den Saft mit Zimtstangen und Zucker in einem kleinen Topf aufkochen lassen. Alles bei schwacher Hitze ohne Deckel in etwa 5 Minuten um die Hälfte einkochen lassen. Den warmen Kuchen mit dem Sirup beträufeln und den Kuchen vollständig erkalten lassen.

Winzerschnitten

Für Gäste

Winzerschnitten

Zubereitungszeit: 35 Minuten, ohne Kühlzeit

Für den Boden:
150 g Zwieback
120 g Butter
1 EL Zucker
1 Pck. Dr. Oetker Vanillin-Zucker

Für die Creme:
6 Blatt weiße Gelatine
250 g Mascarpone (ital. Frischkäse)
300 g Joghurt
1 Pck. Dr. Oetker Finesse
Geriebene Zitronenschale
150 g Zucker

Für den Belag:
250 g blaue Weintrauben
250 g grüne Weintrauben

Für den Guss:
1 Pck. Tortenguss, klar
250 ml (1/4 l) Apfelsaft

Insgesamt:
E: 49 g, F: 229 g, Kh: 413 g,
kJ: 16853, kcal: 4030

1. Für den Boden Zwieback in einen Gefrierbeutel geben und den Beutel verschließen. Den Zwieback mit einer Teigrolle fein zerdrücken und in eine Schüssel geben.

2. Butter zerlassen, mit Zucker und Vanillin-Zucker zu den Zwiebackbröseln geben und gut vermischen. Die Masse in eine Kastenform (30 x 11 cm, mit Frischhaltefolie ausgelegt, die Folie soll über den Rand hängen) füllen. Mit einem Löffel zu einem Boden andrücken, kalt stellen.

3. Für die Creme Gelatine nach Packungsanleitung einweichen. Mascarpone mit Joghurt, Zitronenschale und Zucker verrühren. Gelatine ausdrücken, bei schwacher Hitze auflösen und mit 2 Esslöffeln von der Mascarponemasse verrühren, dann die Mischung unter die restliche Masse rühren. Die Masse auf den Boden geben und glattstreichen. Die Form 2–3 Stunden kalt stellen.

4. Für den Belag die Weintrauben waschen, trocken tupfen, halbieren und evtl. entkernen. Die Weintraubenhälften auf der Creme verteilen.

5. Für den Guss aus Tortenguss und Apfelsaft nach Packungsanleitung, aber ohne Zucker einen Guss zubereiten. Guss über die Trauben geben und erkalten lassen. Dann den Kuchen mit Hilfe der Frischhaltefolie aus der Form heben. Die Folie entfernen, den Kuchen auf eine Servierplatte legen und in Schnitten einteilen.

Tipp: Die Schnitten nach Belieben mit 100 g geschlagener Sahne verzieren (Foto). Den Guss statt mit Apfelsaft mit Weißwein und etwas Zucker zubereiten.

Götterspeise-Frischkäse-Kuchen

Zubereitungszeit: 60 Minuten, ohne Abkühl- und Kühlzeit
Backzeit: etwa 20 Minuten

Zum Vorbereiten:
2 Beutel aus 1 Pck. Götterspeise Zitronen-Geschmack
100 g Zucker
750 ml (3/4 l) Wasser oder Apfelsaft

Für den Teig:
125 ml (1/8 l) Speiseöl
125 g Zucker
1 Pck. Dr. Oetker Vanillin-Zucker
1 Prise Salz
1 Pck. Dr. Oetker Finesse Geriebene Zitronenschale
2 Eier (Größe M)
225 g Weizenmehl
2 gestr. TL Dr. Oetker Backin
100 ml Milch

Für den Belag:
3 Dosen Mandarinen (Abtropfgewicht je 175 g)
1 Beutel aus 1 Pck. Götterspeise-Zitronen-Geschmack
125 g Zucker
300 ml Mandarinensaft aus den Dosen
600 g Doppelrahm-Frischkäse
500 g Schlagsahne
2 Pck. Dr. Oetker Vanillin-Zucker

Insgesamt:
E: 167 g, F: 487 g, Kh: 748 g, kJ: 34216, kcal: 8169

1. Zum Vorbereiten Götterspeise mit Zucker und Wasser oder Apfelsaft nach Packungsanleitung, aber mit den hier angegebenen Zutaten zubereiten, etwa 1 cm hoch in eine flache Form gießen und mehrere Stunden fest werden lassen (am besten über Nacht).
2. Den Backofen vorheizen. Für den Teig Öl in eine Rührschüssel geben, Zucker, Vanillin-Zucker, Salz und Zitronenschale hinzufügen und alles mit Handrührgerät mit Rührbesen schaumig rühren.
3. Eier nach und nach unterrühren (jedes Ei etwa 1/2 Minute). Mehl mit Backpulver mischen und in 2 Portionen abwechselnd mit der Milch unterrühren.
4. Einen Backrahmen auf ein Backblech (30 x 40 cm, gefettet) stellen, den Teig darin verteilen und verstreichen. Das Backblech in den vorgeheizten Backofen schieben.
Ober-/Unterhitze: etwa 180 °C
Heißluft: etwa 160 °C
Backzeit: etwa 20 Minuten.
5. Das Backblech auf einen Kuchenrost stellen und den Boden darauf erkalten lassen.
6. Für den Belag Mandarinen in einem Sieb abtropfen lassen, den Saft dabei auffangen und 300 ml davon abmessen. Götterspeise mit Zucker in einem kleinen Topf mischen. Mandarinensaft hinzufügen und die Flüssigkeit unter Rühren erhitzen (nicht kochen), bis die Götterspeise sich aufgelöst hat. Flüssigkeit abkühlen lassen und dann kalt stellen, bis sie beginnt dicklich zu werden.
7. Frischkäse in einer Rührschüssel glattrühren und die Götterspeise nach und nach unterrühren. Sahne mit Vanillin-Zucker steifschlagen und unterheben. Die abgetropften Mandarinen unterheben. Die Creme auf den Boden streichen und den Kuchen etwa 2 Stunden kalt stellen.
8. Die vorbereitete, fest gewordene Götterspeise aus der Form lösen, stürzen und in Würfel schneiden. Die Würfel auf dem Belag verteilen. Den Backrahmen mit einem Messer lösen und entfernen.

Tipp: Aus der fest gewordenen Götterspeise Motive, wie z. B. Herzen, Sterne oder Ähnliches, ausstechen. Dieser Kuchen kann auch mit Götterspeise Waldmeister-Geschmack und grünen Weintrauben zubereitet werden.

Götterspeise-Frischkäse-Kuchen

Klassisch – beliebt

Zitronenkuchen

Zubereitungszeit: 35 Minuten
Backzeit: 20–25 Minuten

Für den Rührteig:
250 g Butter oder Margarine
250 g Zucker
2 Pck. Dr. Oetker Finesse Geriebene Zitronenschale
4 Eier (Größe M)
200 g Weizenmehl
75 g Speisestärke
1 gestr. TL Dr. Oetker Backin

Für den Guss:
250 g Puderzucker
4–5 EL Zitronensaft

Insgesamt:
E: 55 g, F: 234 g, Kh: 714 g,
kJ: 22177, kcal: 5298

1. Den Backofen vorheizen. Für den Teig Butter oder Margarine mit Handrührgerät mit Rührbesen auf höchster Stufe geschmeidig rühren. Nach und nach Zucker und Zitronenschale unterrühren. So lange rühren, bis eine gebundene Masse entstanden ist. Eier nach und nach unterrühren (jedes Ei etwa 1/2 Minute).
2. Mehl mit Speisestärke und Backpulver mischen und in 2 Portionen auf mittlerer Stufe unterrühren. Den Teig auf ein Backblech (30 x 40 cm, gefettet) geben und verstreichen. Das Backblech in den vorgeheizten Backofen schieben.
Ober-/Unterhitze: etwa 180 °C
Heißluft: etwa 160 °C
Backzeit: 20–25 Minuten.
3. Für den Guss Puderzucker mit so viel Zitronensaft verrühren, dass eine streichfähige Masse entsteht. Das Backblech auf einen Kuchenrost stellen und den Kuchen noch heiß mit dem Guss bestreichen. Den Kuchen auf dem Backblech auf dem Kuchenrost erkalten lassen.

Abwandlung: Für einen Orangenkuchen können Sie für den Teig Finesse Geriebene Zitronenschale gegen Finesse Geriebene Orangenschale und den Zitronen- gegen Orangensaft austauschen.

Für Kinder

Saftige Apfelschnitten

Zubereitungszeit: 50 Minuten, ohne Abkühlzeit
Backzeit: etwa 20 Minuten

Für die Streusel:
150 g Zwieback
100 g Kokosraspel
30 g Zucker
150 g Butter oder Margarine

Für den Biskuitteig:
4 Eier (Größe M)
3 EL heißes Wasser
120 g Zucker
1 Pck. Dr. Oetker Vanillin-Zucker
150 g Weizenmehl
2 gestr. TL Dr. Oetker Backin

Für den Belag:
3 Gläser Apfelkompott (Einwaage je 370 g)

Zum Bestreichen:
400 g Schlagsahne
2 EL gesiebter Puderzucker
1 Pck. Dr. Oetker Sahnesteif

Zum Garnieren und Bestreuen:
1 großer roter Apfel
25 g Zucker
50 g Kokosraspel

Insgesamt:
E: 84 g, F: 342 g, Kh: 656 g,
kJ: 26119, kcal: 6243

1. Für die Streusel den Zwieback in Stücke brechen und in einen Gefrierbeutel füllen. Beutel fest verschließen. Zwiebackstücke mit einer Teigrolle fein zerbröseln. Den Backofen vorheizen.

Zitronenkuchen

Saftige Apfelschnitten

2. Zwiebackbrösel mit Kokosraspeln, Zucker und Butter oder Margarine in eine Rührschüssel geben. Dann die Zutaten mit Handrührgerät mit Rührbesen auf niedrigster Stufe zu feinen Streuseln verarbeiten. Die Streusel auf einem Backblech (30 x 40 cm, gefettet) verteilen und andrücken.

3. Für den Biskuitteig Eier und Wasser mit Handrührgerät mit Rührbesen auf höchster Stufe in 1 Minute schaumig schlagen. Zucker und Vanillin-Zucker mischen, in 1 Minute unter Rühren einstreuen, dann noch etwa 2 Minuten weiterschlagen.

4. Mehl und Backpulver mischen, auf die Eiercreme geben und kurz auf niedrigster Stufe unterrühren. Den Biskuitteig vorsichtig auf den Streuselteig geben und glattstreichen. Das Backblech in den vorgeheizten Backofen schieben.

Ober-/Unterhitze: etwa 200 °C
Heißluft: etwa 180 °C
Backzeit: etwa 20 Minuten.

5. Das Backblech auf einen Kuchenrost stellen. Den Kuchen sofort mit einem Holzstäbchen mehrmals einstechen. Einen Backrahmen um den Kuchen stellen.

6. Für den Belag das Apfelkompott auf den heißen Kuchen geben und verstreichen. Den Kuchen erkalten lassen.

7. Zum Bestreichen Sahne mit Puderzucker und Sahnesteif steifschlagen. Die Sahne auf das Apfelkompott geben und glattstreichen.

8. Zum Garnieren Apfel waschen, vierteln, entkernen und in dünne Spalten schneiden. Zucker in einer großen Pfanne hellbraun karamellisieren lassen. Apfelspalten portionsweise hineingeben und jeweils etwa 2 Minuten von beiden Seiten leicht garen. Die Apfelspalten erkalten lassen.

9. Kokosraspel in einer Pfanne ohne Fett bei schwacher Hitze goldbraun rösten und auf einem Teller erkalten lassen. Apfelspalten auf den Kuchen legen und anschließend mit Kokosraspeln bestreuen.

Pflaumenmuskuchen mit Schmand

Beliebt – für Kinder

Pflaumenmuskuchen mit Schmand

Zubereitungszeit: 30 Minuten, ohne Abkühl- und Kühlzeit
Backzeit: etwa 25 Minuten

Für den Teig:
4 Eier (Größe M), 225 g Zucker
1 Pck. Dr. Oetker Vanillin-Zucker
125 ml (1/8 l) Speiseöl
150 ml Orangenlimonade
250 g Weizenmehl
3 gestr. TL Dr. Oetker Backin

Für den Belag:
450 g Pflaumenmus
500 g Schlagsahne
3 Pck. Dr. Oetker Sahnesteif
3 Pck. Dr. Oetker Vanillin-Zucker
600 g Schmand (Sauerrahm)

Zum Bestreuen:
etwas Zimt-Zucker

Insgesamt:
E: 67 g, F: 459 g, Kh: 759 g, kJ: 31393, kcal: 7415

1. Den Backofen vorheizen. Für den Teig Eier, Zucker und Vanillin-Zucker mit Handrührgerät mit Rührbesen auf höchster Stufe gut 1 Minute schaumig schlagen. Öl und Orangenlimonade unterrühren.

2. Mehl und Backpulver mischen und in 2 Portionen auf mittlerer Stufe kurz unterrühren. Einen Backrahmen auf ein Backblech (30 x 40 cm, gefettet) stellen und den Teig darin verstreichen. Das Backblech in den vorgeheizten Backofen schieben.

Ober-/Unterhitze: etwa 180 °C
Heißluft: etwa 160 °C
Backzeit: etwa 25 Minuten.

3. Das Backblech auf einem Kuchenrost erkalten lassen.

4. Für den Belag Pflaumenmus gleichmäßig auf dem Kuchen verteilen. Sahne mit Sahnesteif und Vanillin-Zucker steifschlagen. Schmand in einer Schüssel verrühren und die Sahne unterheben.

5. Die Creme auf dem Pflaumenmus verstreichen, mit Hilfe einer Gabel verzieren und mit Zimt-Zucker bestreuen. Den Kuchen bis zum Servieren kalt stellen. Dann den Backrahmen vorsichtig mit Hilfe eines Messers lösen und entfernen.

Gut vorzubereiten

Möhrenkuchen vom Blech

Zubereitungszeit: 40 Minuten, ohne Abkühlzeit
Backzeit: etwa 30 Minuten

Für den Schüttelteig:
200 g Butter oder Margarine
250 g Möhren
300 g Weizenmehl
3 gestr. TL Dr. Oetker Backin
200 g Zucker
2 Pck. Dr. Oetker Vanillin-Zucker
1 gestr. TL gemahlener Zimt
1 Prise Salz
1 Pck. Dr. Oetker Finesse Geriebene Zitronenschale
3 Eier (Größe M)
2 EL Zitronensaft
125 ml (1/8 l) Möhrensaft
200 g nicht abgezogene, gemahlene Mandeln

Für den Guss:
200 g Puderzucker
2 EL Rum
1–2 EL Wasser

Insgesamt:
E: 100 g, F: 295 g, Kh: 672 g, kJ: 25334, kcal: 6052

1. Für den Teig Butter oder Margarine zerlassen und abkühlen lassen. Möhren schälen, putzen und fein reiben. Den Backofen vorheizen. Mehl mit Backpulver mischen, in eine verschließbare Schüssel (etwa 3 l) geben und mit Zucker, Vanillin-Zucker, Zimt, Salz und Zitronenschale mischen. Eier, Zitronensaft, Butter oder Margarine und Möhrensaft hinzufügen. Die Schüssel mit dem Deckel fest verschließen.
2. Schüssel mehrmals (insgesamt 15–30 Sekunden) kräftig schütteln, so dass alle Zutaten gut vermischt sind. Möhren und Mandeln hinzugeben. Alles mit einem Schneebesen oder Rührlöffel nochmals sorgfältig durchrühren, damit auch trockene Zutaten vom Rand mit untergerührt werden. Den Teig auf einem Backblech (30 x 40 cm, gefettet) verteilen und verstreichen. Das Backblech in den vorgeheizten Backofen schieben.
Ober-/Unterhitze: etwa 180 °C
Heißluft: etwa 160 °C
Backzeit: etwa 30 Minuten.
3. Das Backblech auf einen Kuchenrost stellen und den Kuchen darauf erkalten lassen.
4. Für den Guss Puderzucker mit Rum und Wasser zu einer dickflüssigen Masse verrühren. Auf den Kuchen streichen und fest werden lassen.

Fruchtig – einfach

Limettenschnitten

Zubereitungszeit: 50 Minuten, ohne Kühlzeit

Für den Bröselboden:
200 g Butterkekse
100 g Butter

Für den Belag:
1 Bio-Limette (unbehandelt, ungewachst)
8 Blatt weiße Gelatine
750 g Speisequark (40 % Fett i. Tr.)
100 g Zucker
1 Pck. Dr. Oetker Vanillin-Zucker
150 ml Limettensirup
250 g Schlagsahne

Für den Guss:
1 Pck. Tortenguss, klar
100 ml Limettensirup
150 ml Wasser

Nach Belieben zum Garnieren:
1–2 Bio-Limetten (unbehandelt, ungewachst)

Insgesamt:
E: 123 g, F: 291 g, Kh: 454 g, kJ: 20844, kcal: 4979

1. Für den Bröselboden Kekse in einen Gefrierbeutel geben und den Beutel verschließen. Kekse mit einer Teigrolle zerbröseln. Butter zerlassen und mit den Keksbröseln in einer Schüssel gut vermengen. Einen Backrahmen (etwa 20 x 25 cm) auf ein Backblech (gefettet, mit Backpapier belegt) stellen. Bröselmasse hineingeben und mit einem Löffel zu einem Boden andrücken.
2. Für den Belag die Limette heiß waschen und abtrocknen. Die Schale fein abreiben. Limette halbieren, auspressen. Gelatine nach Packungsanleitung einweichen. Quark mit Zucker, Vanillin-Zucker, Limettenschale und 3 Esslöffeln von dem Limettensaft verrühren. Gelatine leicht ausdrücken, in einem kleinen Topf mit dem Limettensirup unter Rühren erwärmen, bis sie aufgelöst ist.
3. Die aufgelöste Gelatine mit einigen Löffeln von der Quarkmasse verrühren, dann die Mischung mit der restlichen Quarkmasse verrühren. Masse kalt stellen. Sobald die Masse beginnt dicklich zu werden, Sahne steifschlagen und vorsichtig unterheben. Sahnecreme auf den Bröselboden geben und glattstreichen. Den Kuchen etwa 2 Stunden kalt stellen.
4. Für den Guss aus Tortengusspulver, Limettensirup und Wasser nach Packungsanleitung, aber ohne zusätzlichen Zucker einen Guss zubereiten und vorsichtig auf der Kuchenoberfläche verteilen. Den Guss fest werden lassen und den Kuchen in Schnitten teilen.
5. Nach Belieben zum Garnieren Limetten heiß waschen, abtrocknen und mit einem Zestenreißer Spiralen abziehen. Die Kuchenoberfläche damit garnieren.

Für Kinder – schnell zubereitet

Kirsch-Schokostreusel-Kuchen

Zubereitungszeit: 25 Minuten
Backzeit: 25–30 Minuten

Für den Belag:
2 Gläser Sauerkirschen (Abtropfgewicht je 370 g)
100 g Marzipan-Rohmasse

Für den Rührteig:
250 g Butter oder Margarine
200 g Zucker
4 Eier (Größe M)
300 g Weizenmehl
50 g Speisestärke
3 gestr. TL Dr. Oetker Backin
3 EL Milch

Für die Streusel:
150 g Weizenmehl
100 g Zucker
1 Pck. Dr. Oetker Vanillin-Zucker
1 geh. TL Kakaopulver
1 Msp. gemahlener Zimt
100 g Butter

Insgesamt:
E: 92 g, F: 368 g, Kh: 851 g, kJ: 30040, kcal: 7176

1. Für den Belag Kirschen in einem Sieb gut abtropfen lassen. Marzipan sehr klein schneiden. Den Backofen vorheizen.
2. Für den Teig Butter oder Margarine mit Handrührgerät mit Rührbesen auf höchster Stufe geschmeidig rühren. Nach und nach Zucker unterrühren. So lange rühren, bis eine gebundene Masse entstanden ist. Eier nach und nach unterrühren (jedes Ei etwa 1/2 Minute).
3. Mehl mit Speisestärke und Backpulver mischen und in 2 Portionen abwechselnd mit der Milch auf mittlerer Stufe unterrühren. Den Teig auf ein Backblech (30 x 40 cm, gefettet) geben, verstreichen und die Kirschen darauf verteilen. Marzipanstückchen über den Kirschen verteilen.
4. Für die Streusel die Zutaten in eine Rührschüssel geben und mit Handrührgerät mit Rührbesen zu Streuseln verarbeiten. Streusel gleichmäßig über den Belag verteilen. Das Backblech in den vorgeheizten Backofen schieben.
Ober-/Unterhitze: 180–200 °C
Heißluft: 160–180 °C
Backzeit: 25–30 Minuten.
5. Den Kuchen auf dem Backblech auf einem Kuchenrost erkalten lassen.

Tipp: Das Marzipan lässt sich besonders gut schneiden, wenn es vorher im Kühlschrank lag.

Kirsch-Schokostreusel-Kuchen

Für Gäste

Herrenschnitten

Zubereitungszeit: 60 Minuten, ohne Abkühlzeit
Backzeit: 25–30 Minuten

Für den Knetteig:
100 g Weizenmehl
1 Msp. Dr. Oetker Backin
25 g Zucker
1 Pck. Dr. Oetker Vanillin-Zucker
75 g Butter oder Margarine

Für den Biskuitteig:
2 Eier (Größe M)
2–3 EL heißes Wasser
85 g Zucker
1 Pck. Dr. Oetker Vanillin-Zucker
50 g Weizenmehl
50 g Speisestärke
15 g Kakaopulver
1 1/2 gestr. TL Dr. Oetker Backin

Für die Füllung:
2 Gläser Wild-Preiselbeerdessert (Abtropfgewicht je 175 g)
1 Pck. Tortenguss, klar
25 g Zucker
250 ml (1/4 l) Preiselbeersaft aus dem Glas, evtl. mit Wasser aufgefüllt
500 g Schlagsahne
50 g gesiebter Puderzucker
2 Pck. Dr. Oetker Sahnesteif

Zum Bestäuben:
Kakaopulver

Insgesamt:
E: 48 g, F: 241 g, Kh: 501 g,
kJ: 18387, kcal: 4386

1. Den Backofen vorheizen. Für den Knetteig Mehl mit Backpulver in einer Rührschüssel mischen. Restliche Zutaten hinzufügen und mit Handrührgerät mit Knethaken zunächst kurz auf niedrigster, dann auf höchster Stufe gut durcharbeiten.
2. Anschließend den Teig auf der leicht bemehlten Arbeitsfläche kurz verkneten. Den Teig auf einem Backblech (gefettet) zu einem Quadrat (etwa 25 x 25 cm) ausrollen. Teigboden mehrmals mit einer Gabel einstechen. Das Backblech in den vorgeheizten Backofen schieben.
Ober-/Unterhitze: etwa 200 °C
Heißluft: etwa 180 °C
Backzeit: etwa 10 Minuten.
3. Den Gebäckboden sofort vom Backblech lösen, aber darauf auf einem Kuchenrost erkalten lassen.
4. Für den Biskuitteig Eier und Wasser mit Handrührgerät mit Rührbesen auf höchster Stufe in 1 Minute schaumig schlagen. Zucker und Vanillin-Zucker mischen, in 1 Minute unter Rühren einstreuen, dann noch etwa 2 Minuten weiterschlagen. Mehl mit Speisestärke, Kakao und Backpulver mischen, auf die Eiercreme geben und kurz auf niedrigster Stufe unterrühren.
5. Dann einen Backrahmen (etwa 25 x 25 cm) auf ein Backblech (gefettet, mit Backpapier belegt) stellen. Teig hineingeben und glattstreichen. Das Backblech in den heißen Backofen schieben, den Boden **bei gleicher Backtemperatur 15–20 Minuten backen.**
6. Den Biskuitboden vom Backrahmenrand lösen und auf ein mit Zucker bestreutes Backpapier stürzen. Mitgebackenes Backpapier vorsichtig abziehen. Biskuitboden erkalten lassen, dann einmal waagerecht durchschneiden.
7. Für die Füllung Preiselbeeren abtropfen lassen, Saft dabei auffangen und 250 ml (1/4 l) abmessen, evtl. mit Wasser auffüllen. Aus Tortengusspulver, Zucker und Preiselbeersaft nach Packungsanleitung einen Guss zubereiten. Preiselbeeren (einige Preiselbeeren zum Garnieren beiseitelegen) unterheben und die Masse etwas abkühlen lassen. Preiselbeermasse auf dem Knetteigboden verteilen und den unteren Biskuitboden darauflegen.
8. Sahne mit Puderzucker und Sahnesteif steifschlagen. Zwei Drittel der Sahne auf den unteren Biskuitboden geben und glatt verstreichen. Oberen Biskuitboden auflegen, etwas andrücken und dünn mit der Hälfte der restlichen Sahne bestreichen. Den Kuchen in Schnitten teilen. Restliche Sahne in einen Spritzbeutel mit Sterntülle geben. Die Schnitten mit der Sahne verzieren, mit etwas Kakao bestäuben und mit den beiseitegelegten Preiselbeeren garnieren.

Herrenschnitten

Buttermilchschnitten mit Kirschen

Erfrischend

Buttermilchschnitten mit Kirschen

Zubereitungszeit: 45 Minuten, ohne Abkühl- und Kühlzeit
Backzeit: etwa 15 Minuten

Für den Knetteig:
200 g Weizenmehl
1 gestr. TL Dr. Oetker Backin
100 g Zucker
1 Pck. Dr. Oetker Vanillin-Zucker
1 Ei (Größe M)
1 Eigelb (Größe M)
100 g weiche Butter oder Margarine

Für den Belag:
12 Blatt weiße Gelatine
500 ml (1/2 l) Buttermilch
150 g Zucker
2 Pck. Dr. Oetker Finesse
Geriebene Zitronenschale
500 g Schlagsahne

Für das Kirschkompott:
1 Glas Sauerkirschen (Abtropfgewicht 350 g)
100 ml Kirschsaft aus dem Glas
10 g Speisestärke
25 g Zucker

Insgesamt:
E: 84 g, F: 252 g, Kh: 564 g, kJ: 20316, kcal: 4848

1. Den Backofen vorheizen. Für den Teig Mehl mit Backpulver in einer Rührschüssel mischen. Übrige Zutaten hinzufügen und alles mit Handrührgerät mit Knethaken zunächst kurz auf niedrigster, dann auf höchster Stufe zu einem Teig verarbeiten. Anschließend den Teig auf der leicht bemehlten Arbeitsfläche kurz zu einer Rolle formen.

2. Den Teig auf einem Backblech (gefettet) zu einem Quadrat (etwa 25 x 25 cm) ausrollen, mit einer Gabel mehrmals einstechen und einen Backrahmen darumstellen. Das Backblech in den vorgeheizten Backofen schieben.
Ober-/Unterhitze: etwa 200 °C
Heißluft: etwa 180 °C
Backzeit: etwa 15 Minuten.

3. Das Backblech nach dem Backen auf einen Kuchenrost stellen und den Knetteigboden mit dem Backrahmen erkalten lassen.

4. Für den Belag die Gelatine nach Packungsanleitung einweichen, anschließend leicht ausdrücken und in einem kleinen Topf bei schwacher Hitze unter Rühren auflösen. Buttermilch mit Zucker und Zitronenschale verrühren. Erst etwa 4 Esslöffel der Buttermilch mit der aufgelösten Gelatine mit Hilfe eines Schneebesens verrühren, dann die Mischung mit der übrigen Buttermilch verrühren und kalt stellen.

5. Sobald die Masse beginnt dicklich zu werden, Sahne steifschlagen und unterheben. Die Creme auf dem erkalteten Boden verteilen und verstreichen. Mit einem Tortengarnierkamm ein Muster in die Oberfläche ziehen und den Kuchen etwa 2 Stunden kalt stellen.

6. Für das Kirschkompott inzwischen Kirschen in einem Sieb gut abtropfen lassen, den Saft dabei auffangen und 100 ml davon abmessen. Speisestärke mit 3 Esslöffeln von dem Saft mit einem Schneebesen anrühren. Den restlichen Saft zum Kochen bringen. Die angerührte Speisestärke in die von der Kochstelle genommene Flüssigkeit rühren und kurz aufkochen lassen. Die Kirschen unterrühren, mit Zucker abschmecken und das Kompott erkalten lassen.

7. Den Backrahmen mit Hilfe eines Messers lösen und entfernen. Den Kuchen in Schnitten teilen, etwas Kompott auf jede Schnitte geben und leicht gekühlt servieren.

Crème-fraîche-Becherkuchen

Fliesenkuchen

Einfach

Crème-fraîche-Becherkuchen

Zubereitungszeit: 25 Minuten, ohne Abkühlzeit
Backzeit: etwa 25 Minuten

Für den Belag:
1 Becher (150 g) Crème fraîche
1/2 Pck. (125 g) Butter
1 Becher (150 g) Zucker
1 Pck. Dr. Oetker Vanillin-Zucker

Für den Schüttelteig:
3 Becher (300 g) Weizenmehl
1 Pck. Dr. Oetker Backin
1 Becher (150 g) Zucker
1 Pck. Dr. Oetker Finesse
Geriebene Zitronenschale
3 Eier (Größe M)
2 Becher (je 150 g) Crème fraîche

Zum Bestreuen:
100 g abgezogene, gehobelte Mandeln

Zum Besprenkeln:
50 g Zartbitter-Kuvertüre
1 TL Speiseöl

Insgesamt:
E: 90 g, F: 336 g, Kh: 581 g,
kJ: 24677, kcal: 5895

1. Für den Belag Crème fraîche in einen kleinen Topf geben. Dann den Crème-fraîche-Becher auswaschen, abtrocknen und zum Abmessen der übrigen Zutaten verwenden. Butter, Zucker und Vanillin-Zucker hinzufügen und bei schwacher Hitze unter Rühren zerlassen. Den Topf von der Kochstelle nehmen. Den Backofen vorheizen.
2. Für den Teig Mehl mit Backpulver in eine verschließbare Schüssel (etwa 3 l) geben und mit Zucker und Zitronenschale mischen. Eier und Crème fraîche hinzufügen. Die Schüssel mit dem Deckel fest verschließen und mehrmals (insgesamt 15–30 Sekunden) kräftig schütteln, so dass alle Zutaten gut vermischt sind.
3. Alles mit einem Rührlöffel oder Schneebesen nochmals sorgfältig verrühren, damit trockene Zutaten vom Rand mit untergerührt werden. Den Teig in eine Fettpfanne (30 x 40 cm, gefettet) geben und verstreichen. Die Fettpfanne in den vorgeheizten Backofen schieben und den Kuchen vorbacken.
Ober-/Unterhitze: etwa 200 °C
Heißluft: etwa 180 °C
Backzeit: etwa 10 Minuten.
4. Den Belag gleichmäßig auf dem warmen Teig verteilen und mit Mandeln bestreuen. Die Fettpfanne wieder in den heißen Backofen schieben und den Kuchen **bei gleicher Backtemperatur in etwa 15 Minuten fertig backen.**
5. Die Fettpfanne auf einen Kuchenrost stellen und den Kuchen darauf erkalten lassen.
6. Kuvertüre in kleine Stücke hacken und mit dem Öl in einem kleinen Topf im Wasserbad bei schwacher Hitze unter Rühren schmelzen lassen. Den erkalteten Kuchen mit Hilfe eines kleinen Löffels damit besprenkeln und die Kuvertüre fest werden lassen.

Für Kinder

Fliesenkuchen

Zubereitungszeit: 50 Minuten, ohne Abkühlzeit
Backzeit: etwa 20 Minuten

Für den Rührteig:
150 g Butter oder Margarine
150 g Zucker
1 Pck. Dr. Oetker Vanillin-Zucker
1 Prise Salz
3 Eier (Größe M)
200 g Weizenmehl
2 gestr. TL Dr. Oetker Backin

Für die Puddingcreme:
2 Pck. Dr. Oetker Pudding-Pulver Vanille-Geschmack
50 g Zucker
500 ml (1/2 l) Milch
2 Eigelb (Größe M)
250 g Schlagsahne
2 Eiweiß (Größe M)

Zum Bestreichen und Belegen:
600 g Schlagsahne
4–5 EL Zitronensaft
3 Pck. Dr. Oetker Vanillin-Zucker
3 Pck. Dr. Oetker Sahnesteif
etwa 30 Butterkekse

Für den Guss:
100 g Puderzucker
1 EL Wasser oder Zitronensaft

Insgesamt:
E: 107 g, F: 487 g, Kh: 731 g,
kJ: 33085, kcal: 7903

1. Den Backofen vorheizen. Für den Teig Butter oder Margarine mit Handrührgerät mit Rührbesen auf höchster Stufe geschmeidig rühren. Nach und nach Zucker, Vanillin-Zucker und Salz unterrühren. So lange rühren, bis eine gebundene Masse entstanden ist.
2. Die Eier nach und nach unterrühren (jedes Ei etwa 1/2 Minute). Mehl mit Backpulver mischen und in 2 Portionen auf mittlerer Stufe unterrühren. Einen Backrahmen auf ein Backblech (30 x 40 cm, gefettet) stellen. Den Teig einfüllen und verstreichen. Das Backblech in den vorgeheizten Backofen schieben.
Ober-/Unterhitze: etwa 180 °C
Heißluft: etwa 160 °C
Backzeit: etwa 20 Minuten.
3. Für die Puddingcreme inzwischen Pudding-Pulver mit Zucker mischen und mit etwas Milch und dem Eigelb anrühren. Die übrige Milch mit der Sahne zum Kochen bringen. Das angerührte Pudding-Pulver unter Rühren hinzufügen und wieder zum Kochen bringen. Alles unter Rühren gut aufkochen lassen. Den Topf von der Kochstelle nehmen.
4. Das Eiweiß steifschlagen und sofort unterheben. Dann die warme Puddingcreme auf dem noch warmen Kuchen verteilen. Den Kuchen auf einen Kuchenrost stellen und erkalten lassen.
5. Zum Bestreichen Sahne etwa 1/2 Minute aufschlagen, danach Zitronensaft, Vanillin-Zucker und Sahnesteif unterrühren und die Sahne ganz steifschlagen. Sahne auf der Puddingcreme verteilen, glattstreichen und die Oberfläche mit Butterkeksen belegen.
6. Für den Guss Puderzucker mit Wasser oder Zitronensaft streichfähig verrühren. Die Kekse in der Mitte mit Guss bestreichen. Den Kuchen 2–3 Stunden kalt stellen.

Tipp: Der Kuchen muss einige Stunden stehen, damit die Butterkekse weich werden und schnittfähig sind. Den Kuchen maximal 1 Tag vor dem Verzehr zubereiten, da die Kekse sonst zu stark durchweichen.

Schnell zubereitet

Grieß-Stachelbeer-Schnitten

Zubereitungszeit: 30 Minuten, ohne Abkühlzeit
Backzeit: etwa 40 Minuten

Für den Rührteig:
1 l Milch
200 g Hartweizengrieß
2 Gläser Stachelbeeren
(Abtropfgewicht je 390 g)
5 Eiweiß (Größe M)
200 g weiche Butter
200 g Zucker
1 Pck. Dr. Oetker Vanillin-Zucker
1 Pck. Dr. Oetker Finesse
Geriebene Zitronenschale
1 Prise Salz
5 Eigelb (Größe M)
1 Pck. Dr. Oetker Pudding-Pulver
Vanille-Geschmack

Zum Bestreichen:
1 Ei (Größe M)
2 EL Kondensmilch

Insgesamt:
E: 99 g, F: 248 g, Kh: 561 g,
kJ: 21059, kcal: 5030

1. Für den Teig Milch in einem Topf zum Kochen bringen, Weizengrieß unter Rühren einstreuen und aufkochen lassen. Topf von der Kochstelle nehmen und Grieß etwas abkühlen lassen. Stachelbeeren in einem Sieb abtropfen lassen. Den Backofen vorheizen.
2. Eiweiß steifschlagen. In einer anderen Schüssel Butter mit Handrührgerät mit Rührbesen geschmeidig rühren. Zucker, Vanillin-Zucker, Zitronenschale und Salz hinzufügen. So lange rühren, bis eine gebundene Masse entstanden ist. Eigelb nach und nach unterrühren. Pudding-Pulver ebenfalls unterrühren.
3. Den noch warmen Grießbrei in 2 Portionen unterrühren. Zuletzt Eiweiß und Stachelbeeren unterheben. Einen Backrahmen auf ein Backblech (30 x 40 cm, gefettet) stellen und die Teigmasse auf dem Backblech verteilen. Das Backblech in den vorgeheizten Backofen schieben.
Ober-/Unterhitze: etwa 180 °C
Heißluft: etwa 160 °C
Backzeit: etwa 30 Minuten.
4. Nach etwa 30 Minuten Backzeit das Backblech auf einen Kuchenrost stellen und den Grießkuchen mit verschlagenem Ei und Kondensmilch bestreichen. Das Backblech wieder in den heißen Backofen schieben und den Kuchen **bei gleicher Backtemperatur in etwa 10 Minuten fertig backen.**
5. Das Backblech nach der Backzeit noch etwa 10 Minuten im ausgeschalteten, leicht geöffneten Backofen stehen lassen. Dann das Backblech auf einen Kuchenrost stellen und den Kuchen darauf erkalten lassen. Den Backrahmen mit einem Messer lösen und entfernen.

Grieß-Stachelbeer-Schnitten

Für Kinder

Erdbeer-Schokoladen-Schnitten

Zubereitungszeit: 60 Minuten, ohne Kühlzeit
Backzeit: 20–25 Minuten

Für den Knetteig:
1 Pck. Butterkekse mit Schokoladenüberzug (Vollmilch oder Zartbitter)
150 g Weizenmehl
1/2 gestr. TL Dr. Oetker Backin
75 g feinster Zucker
1 Pck. Dr. Oetker Vanillin-Zucker
125 g Butter

Für den All-in-Teig:
200 g Weizenmehl
15 g Kakaopulver
3 gestr. TL Dr. Oetker Backin
125 g Zucker, 4 Eier (Größe M)
100 ml Speiseöl, 100 g Joghurt

Für den Belag I:
100 g gekühlte Vollmilch-Joghurt-Schokolade
500 g Erdbeeren
50 g Zucker
7 Blatt weiße Gelatine
400 g Schlagsahne

Für den Belag II:
3 Blatt weiße Gelatine
100 g Edelbitter-Schokolade (70 % Kakao)
400 g Joghurt
75 g Zucker

Zum Garnieren und Verzieren:
75 g Zartbitter-Schokolade
1 TL Speiseöl
etwa 100 g kleine Erdbeeren

Insgesamt:
E: 143 g, F: 512 g, Kh: 856 g, kJ: 36566, kcal: 8739

1. Für den Knetteig Butterkekse in einen Gefrierbeutel geben, ihn verschließen und die Kekse mit einer Teigrolle so zerbröseln, dass noch einige gröbere Brösel erkennbar sind. Restliche Zutaten für den Teig in eine Rührschüssel geben und mit Handrührgerät mit Knethaken gut durcharbeiten. Keksbrösel zuletzt kurz unterkneten.
2. Anschließend den Teig auf der leicht bemehlten Arbeitsfläche kurz verkneten. Teig auf einem Backblech (30 x 40 cm, gefettet, mit Backpapier belegt) ausrollen und einen Backrahmen darumstellen. Den Backofen vorheizen.

Erdbeer-Schokoladen-Schnitten

3. Für den All-in-Teig Mehl mit Kakaopulver und Backpulver in einer Rührschüssel mischen. Restliche Zutaten hinzufügen und alles mit Handrührgerät mit Rührbesen auf höchster Stufe in etwa 2 Minuten zu einem Teig verarbeiten. Den Teig auf dem Knetteig verteilen, vorsichtig glattstreichen und das Backblech in den vorgeheizten Backofen schieben.
Ober-/Unterhitze: etwa 180 °C
Heißluft: etwa 160 °C
Backzeit: 20–25 Minuten.
4. Den gebackenen Boden mit dem Backblech auf einen Kuchenrost stellen und darauf erkalten lassen.
5. Für den Belag I in der Zwischenzeit Schokolade mit einem Sparschäler raspeln. Erdbeeren waschen, abtropfen lassen, putzen, in kleine Stücke schneiden und den Zucker dazugeben. Gelatine nach Packungsanleitung einweichen. Schlagsahne fast steifschlagen. Gelatine leicht ausdrücken, in einem Topf bei schwacher Hitze unter Rühren auflösen und unter Schlagen in die Sahne laufen lassen. Sahne vollständig steifschlagen. Die Erdbeeren und die geraspelte Schokolade unter die Sahne heben, auf dem Gebäckboden verteilen und glattstreichen. Den bestrichenen Boden kalt stellen.
6. Für den Belag II Gelatine einweichen. Schokolade in kleine Stücke brechen und einem Topf im Wasserbad bei schwacher Hitze geschmeidig rühren. Joghurt mit Zucker verrühren. Gelatine auflösen, mit etwas von der Joghurtmasse verrühren, dann die Mischung unter die restliche Joghurtmasse rühren. Zuletzt die Schokolade vorsichtig unterrühren. Die Schoko-Joghurt-Masse vorsichtig in Portionen auf der Erdbeersahne verteilen und glatt verstreichen. Den Kuchen etwa 2 Stunden kalt stellen.
7. Den Kuchen in Quadrate einteilen. Schokolade in Stücke brechen, mit Öl auflösen und einen kleinen Klecks auf jedes Quadrat geben. Die noch flüssigen Kleckse mit gewaschenen, geputzten, trocken getupften Erdbeeren belegen.

Raffiniert – dauert länger

Kürbis-Orangen-Kuchen

Zubereitungszeit: 80 Minuten, ohne Abkühl- und Kühlzeit
Backzeit: etwa 70 Minuten

Zum Vorbereiten:
500 g vorbereitetes Kürbisfruchtfleisch

Für den Rührteig:
200 g Butter oder Margarine
175 g brauner Zucker (Kandisfarin)
etwas Salz
1 Pck. Dr. Oetker Finesse Geriebene Orangenschale
etwas gemahlener Zimt
etwas gemahlener Ingwer
4 Eier (Größe M)
250 g Weizenmehl
3 gestr. TL Dr. Oetker Backin

Zum Bestreuen:
50 g grüne Kürbiskerne

Für den Belag:
2 Pck. Dr. Oetker Pudding-Pulver Vanille-Geschmack
150 g Zucker
750 ml (3/4 l) Orangensaft
250 g Schmand (Sauerrahm)
1 Pck. Dr. Oetker Finesse Geriebene Orangenschale

Zum Garnieren:
30 g Zartbitter-Kuvertüre
2 Orangen

Nach Belieben zum Bestreuen:
einige grüne Kürbiskerne

Insgesamt:
E: 95 g, F: 281 g, Kh: 715 g,
kJ: 24913, kcal: 5952

Kürbis-Orangen-Kuchen

1. Den Backofen vorheizen. Zum Vorbereiten Kürbisfruchtfleisch in große Stücke schneiden, in Alufolie wickeln und auf ein Backblech legen. Das Backblech in den vorgeheizten Backofen schieben.
Ober-/Unterhitze: etwa 200 °C
Heißluft: etwa 180 °C
Backzeit: etwa 40 Minuten.
2. Das Backblech auf einen Kuchenrost stellen und die Alufolie entfernen. Das Kürbisfleisch etwas abkühlen lassen. Das Kürbisfleisch zum Abtropfen in ein Sieb geben und anschließend pürieren. Püreemasse abkühlen lassen.
3. Für den Teig Butter oder Margarine mit Handrührgerät mit Rührbesen auf höchster Stufe geschmeidig rühren. Nach und nach Zucker, Salz, Orangenschale, Zimt und Ingwer unterrühren. So lange rühren, bis eine gebundene Masse entstanden ist.
4. Eier nach und nach unterrühren (jedes Ei etwa 1/2 Minute). Mehl mit Backpulver mischen und in 2 Portionen auf mittlerer Stufe kurz unterrühren. Zuletzt das Kürbispüree unterheben. Den Teig auf ein Backblech (30 x 40 cm, gefettet) geben und verstreichen. Kürbiskerne darauf verteilen. Das Backblech in den heißen Backofen schieben und **bei gleicher Backtemperatur etwa 30 Minuten backen.**
5. Das Backblech auf einen Kuchenrost stellen und den Gebäckboden darauf erkalten lassen.
6. Für den Belag aus Pudding-Pulver, Zucker und dem Orangensaft nach Packungsanleitung, aber nur mit 750 ml Orangensaft einen Pudding zubereiten. Den Pudding in eine Schüssel geben, direkt mit Frischhaltefolie zudecken, damit sich keine Haut bildet, und erkalten lassen.
7. Schmand und Orangenschale unter den abgekühlten Pudding rühren. Die Masse auf den Gebäckboden streichen und mit einer Gabel oder einem Tortenkamm ein Muster in die Oberfläche ziehen.
8. Zum Garnieren Kuvertüre in einem kleinen Topf im Wasserbad unter Rühren schmelzen lassen. Orangen so mit einem Messer abschälen, dass die weiße Haut mitentfernt wird. Die Orange filetieren. Die Orangenfilets auf dem Kuchen verteilen, mit der Kuvertüre besprenkeln und den Kuchen kalt stellen. Nach Belieben Kürbiskerne auf den Kuchen streuen.

Tipp: Der Gebäckboden ist saftig und der Kuchen hält sich gekühlt 2–3 Tage.

Für Kinder

Karamell-Bananen-Schnitten

Zubereitungszeit: 45 Minuten, ohne Abkühlzeit
Backzeit: 15–20 Minuten

Zum Vorbereiten:
3 Bananen (etwa 400 g)
2 TL Zitronensaft

Für den Rührteig:
150 g Butter oder Margarine
50 g Zucker
1 Pck. Dr. Oetker Vanillin-Zucker
1 Prise Salz
1 Pck. Dr. Oetker Finesse Geriebene Zitronenschale
3 Eier (Größe M)
300 g Weizenmehl
1 Pck. Dr. Oetker Backin
80 g Haselnuss-Krokant

Für die Karamellcreme:
200 g Schlagsahne
125 ml (1/8 l) Kondensmilch (4 % Fett)
150 g Zucker
80 g Butter

Insgesamt:
E: 74 g, F: 300 g, Kh: 566 g, kJ: 22038, kcal: 5263

1. Zum Vorbereiten Bananen schälen, mit einer Gabel zerdrücken und mit Zitronensaft vermengen. Den Backofen vorheizen.
2. Für den Teig Butter oder Margarine mit Handrührgerät mit Rührbesen auf höchster Stufe geschmeidig rühren. Nach und nach Zucker, Vanillin-Zucker, Salz und Zitronenschale unterrühren. So lange rühren, bis eine gebundene Masse entstanden ist.
3. Eier nach und nach unterrühren (jedes Ei etwa 1/2 Minute). Mehl mit Backpulver mischen und in 2 Portionen kurz auf mittlerer Stufe unterrühren. Bananenmus und Krokant unterheben.

Karamell-Bananen-Schnitten

4. Den Teig auf ein Backblech (30 x 40 cm, gefettet) geben und verstreichen. Das Backblech in den vorgeheizten Backofen schieben.
Ober-/Unterhitze: 180–200 °C
Heißluft: 160–180 °C
Backzeit: 15–20 Minuten.
5. Das Backblech auf einen Kuchenrost stellen und den Kuchen darauf erkalten lassen.
6. Für die Karamellcreme Sahne mit Kondensmilch in einem Topf zum Kochen bringen. Topf von der Kochstelle nehmen. Zucker in einem zweiten Topf unter Rühren karamellisieren lassen, heiße Sahne-Milch-Flüssigkeit hinzufügen und unter Rühren so lange erhitzen, bis der Karamell gelöst ist. Butter in Stückchen unterrühren. Die Zutaten zum Kochen bringen und unter Rühren 10–15 Minuten einkochen lassen, bis eine dickliche Karamellcreme entstanden ist.
7. Wenn die Karamellcreme anfängt anzusetzen, den Topf von der Kochstelle nehmen. Creme 4–5 Minuten abkühlen lassen und auf dem Kuchen verteilen. Den Kuchen etwa 3 Stunden kalt stellen, bis die Karamellcreme fest geworden ist.

Tipp: Bestreuen Sie die Kuchenstücke kurz vor dem Servieren mit 2-3 Esslöffeln Haselnuss-Krokant (Foto). Die Kuchenstückchen (mit Guss) lassen sich portionsweise einfrieren.

Beliebt

Kirsch-Blechkuchen

Zubereitungszeit: 45 Minuten, ohne Abkühlzeit
Backzeit: etwa 35 Minuten

Für den Knetteig:
325 g Weizenmehl
125 g Speisestärke
1/2 gestr. TL Dr. Oetker Backin
150 g Zucker
1 Prise Salz
1 Ei (Größe M)
200 g Butter oder Margarine

Für den Belag:
125 g Speisestärke
600 ml Milch, 175 g Zucker
2 Pck. Dr. Oetker Vanillin-Zucker
750 g Magerquark
4 Eigelb (Größe M)
1 Pck. Dr. Oetker Finesse Geriebene Zitronenschale
1 EL Zitronensaft
5 Eiweiß (Größe M)
2 Gläser Kaiserkirschen oder Süßkirschen (Abtropfgewicht je 350 g)

Zum Bestreichen:
1 Eigelb (Größe M)
2 EL Kondensmilch

Insgesamt:
E: 206 g, F: 227 g, Kh: 857 g, kJ: 27757, kcal: 6624

1. Den Backofen vorheizen. Für den Teig Mehl mit Speisestärke und Backpulver in einer Rührschüssel mischen. Zucker, Salz, Ei und Butter oder Margarine hinzufügen. Die Zutaten mit Handrührgerät mit Knethaken zunächst kurz auf niedrigster, dann auf höchster Stufe gut durcharbeiten.
2. Anschließend den Teig auf der leicht bemehlten Arbeitsfläche kurz zu einer Rolle verkneten. Den Teig in einer Fettpfanne (30 x 40 cm, gefettet) ausrollen. Die Fettpfanne in den vorgeheizten Backofen schieben und den Boden vorbacken.
Ober-/Unterhitze: etwa 200 °C
Heißluft: etwa 180 °C
Backzeit: etwa 15 Minuten.
3. Die Fettpfanne auf einen Kuchenrost stellen. Den Kuchen etwas abkühlen lassen.
4. Für den Belag inzwischen Speisestärke mit etwas von der Milch anrühren. Restliche Milch, Zucker und Vanillin-Zucker in einem Topf zum Kochen bringen. Den Topf von der Kochstelle nehmen. Angerührte Speisestärke hinzufügen und unter Rühren kurz aufkochen lassen.
5. Quark mit Eigelb, Zitronenschale und -saft verrühren, in den heißen Pudding rühren und nochmals kurz aufkochen lassen. Topf von der Kochstelle nehmen. Eiweiß sehr steifschlagen und unter die heiße Quarkmasse ziehen.
6. Die Kirschen in einem Sieb gut abtropfen lassen. Dann die Kirschen auf dem vorgebackenen Boden verteilen. Die Quark-Pudding-Masse darauf verteilen und verstreichen. Die Oberfläche mit Eigelbmilch bestreichen.
7. Die Fettpfanne wieder in den heißen Backofen schieben und den Kuchen **bei gleicher Backtemperatur in etwa 20 Minuten fertig backen.**
8. Die Fettpfanne auf einen Kuchenrost stellen und den Kuchen darauf erkalten lassen.

Einfach

Kokos-Becherkuchen

Zubereitungszeit: 30 Minuten
Backzeit: etwa 30 Minuten

Zum Vorbereiten:
2 Becher (je 200 g) Schlagsahne

Für den All-in-Teig:
3 Becher (375 g) Weizenmehl
1 Pck. Dr. Oetker Backin
1 1/2 Becher (300 g) Zucker
2 Eier (Größe M)
1 1/2 Becher (350 ml) Zitronen-Buttermilch

Für den Belag:
2 Becher (150 g) Kokosraspel
1/2 Becher (100 g) Zucker

Insgesamt:
E: 84 g, F: 236 g, Kh: 749 g, kJ: 23298, kcal: 5567

1. Zum Vorbereiten Sahne in eine Schüssel geben und zugedeckt kalt stellen. Einen der Becher auswaschen, abtrocknen und zum Abmessen der Zutaten verwenden. Den Backofen vorheizen.
2. Für den Teig Mehl mit Backpulver in einer Rührschüssel mischen. Zucker, Eier und Buttermilch hinzufügen. Die Zutaten in etwa 2 Minuten mit Handrührgerät mit Rührbesen erst kurz auf niedrigster, dann auf höchster Stufe zu einem Teig verarbeiten. Den Teig auf einem Backblech (30 x 40 cm, gefettet) verteilen und verstreichen.
3. Für den Belag Kokosraspel mit Zucker vermischen und gleichmäßig auf den Teig streuen. Das Backblech in den vorgeheizten Backofen schieben.
Ober-/Unterhitze: etwa 200 °C
Heißluft: etwa 180 °C
Backzeit: etwa 30 Minuten.
4. Das Backblech auf einen Kuchenrost stellen. Die kalt gestellte Sahne gleichmäßig über den heißen Belag gießen. Den Kuchen erkalten lassen und in Schnitten teilen.

Kirsch-Blechkuchen

Kokos-Becherkuchen

Einfach

Nuss-Butterkuchen

Zubereitungszeit: 30 Minuten, ohne Teiggehzeit
Backzeit: 25–30 Minuten

Für den Hefeteig:
150 ml Milch
250 g Weizenmehl
1 Pck. Dr. Oetker Trockenbackhefe
100 g gemahlene Haselnusskerne
125 g brauner Zucker (Kandisfarin)
2 Pck. Dr. Oetker Vanillin-Zucker
1 Prise Salz
2 Eier (Größe M)
100 g weiche Butter oder Margarine

Für den Belag:
50 g Walnusskernhälften oder Pistazienkerne
75 g Butter
75 g gehobelte Haselnusskerne
1 Becher (150 g) Crème fraîche
50 g Zucker

Insgesamt:
E: 83 g, F: 356 g, Kh: 407 g,
kJ: 21486, kcal: 5137

1. Für den Teig Milch leicht erwärmen. Mehl in einer Rührschüssel sorgfältig mit der Trockenbackhefe mischen. Haselnusskerne, Zucker, Vanillin-Zucker, Salz, Eier, Butter oder Margarine und die warme Milch hinzufügen.
2. Die Zutaten mit Handrührgerät mit Knethaken zunächst kurz auf niedrigster, dann auf höchster Stufe in 2–3 Minuten zu einem zähflüssigen Teig verarbeiten. Den Teig leicht mit Mehl bestäuben und so lange an einem warmen Ort gehen lassen, bis er sich sichtbar vergrößert hat.
3. Den weichen Teig gleichmäßig auf einem Backblech (30 x 40 cm, gefettet) verteilen, mit etwas Mehl bestäuben und mit der bemehlten Handfläche glattdrücken. Teig nochmals so lange an einem warmen Ort gehen lassen, bis er sich sichtbar vergrößert hat. Den Backofen vorheizen.
4. Für den Belag Walnusskernhälften oder Pistazienkerne klein hacken. Butter in Flöckchen auf dem Teig verteilen. Gehobelte Haselnusskerne und gehackte Walnusskernhälften oder Pistazienkerne auf den Teig streuen. Crème fraîche in Klecksen auf dem Nussbelag verteilen und den Kuchen mit Zucker bestreuen. Das Backblech in den vorgeheizten Backofen schieben.
Ober-/Unterhitze: etwa 200 °C
Heißluft: etwa 180 °C
Backzeit: 25–30 Minuten.
5. Den Kuchen auf dem Backblech auf einem Kuchenrost erkalten lassen und frisch servieren.

Klassisch

Sächsischer Heidelbeerkuchen

Zubereitungszeit: 60 Minuten, ohne Teiggeh- und Abkühlzeit
Backzeit: etwa 30 Minuten

Für den Hefeteig:
200 ml Milch
50 g Butter oder Margarine
375 g Weizenmehl
1 Pck. Dr. Oetker Trockenbackhefe
50 g Zucker
1 Pck. Dr. Oetker Vanillin-Zucker
1 Ei (Größe M)
2 Eigelb (Größe M)

Für den Belag:
1 kg Heidelbeeren
50 g Butter
5 EL Semmelbrösel
100 g Zucker
1 gestr. TL gemahlener Zimt
50 g Butter

Zum Bestäuben:
Puderzucker

Insgesamt:
E: 76 g, F: 157 g, Kh: 686 g,
kJ: 19556, kcal: 4669

1. Für den Teig Milch leicht erwärmen und Butter oder Margarine darin zerlassen. Mehl in einer Rührschüssel sorgfältig mit der Hefe vermischen. Zucker, Vanillin-Zucker, Ei, Eigelb und die Milch-Fett-Mischung hinzufügen.
2. Die Zutaten mit Handrührgerät mit Knethaken zunächst kurz auf niedrigster, dann auf höchster Stufe in etwa 5 Minuten zu einem glatten Teig verarbeiten. Den Teig zugedeckt an einem warmen Ort so lange gehen lassen, bis er sich sichtbar vergrößert hat.
3. Den gegangenen Teig aus der Schüssel nehmen, auf der Arbeitsfläche nochmals gut durchkneten und auf einem Backblech (30 x 40 cm, gefettet) ausrollen.
4. Für den Belag die Heidelbeeren verlesen, evtl. waschen und gut abtropfen lassen. Butter zerlassen

Nuss-Butterkuchen

Sächsischer Heidelbeerkuchen

Pflaumen-Streuselkuchen

und den Teig damit bestreichen. Den Teig mit 3 Esslöffeln Semmelbröseln bestreuen und die Heidelbeeren gleichmäßig darauf verteilen.

5. Zucker mit Zimt mischen und über die Heidelbeeren streuen. Butter in Flöckchen darauf verteilen und die restlichen Semmelbrösel darüberstreuen. Den Backofen vorheizen. Den Teig nochmals etwa 15 Minuten gehen lassen. Dann das Backblech in den vorgeheizten Backofen schieben.
Ober-/Unterhitze: etwa 200 °C
Heißluft: etwa 180 °C
Backzeit: etwa 30 Minuten.

6. Das Backblech auf einen Kuchenrost stellen und den Kuchen erkalten lassen. Den Kuchen vor dem Servieren mit Puderzucker bestäuben.

Klassisch

Pflaumen-Streuselkuchen

Zubereitungszeit: 50 Minuten, ohne Teiggehzeit
Backzeit: 25–30 Minuten

Für den Hefeteig:
200 ml Milch
75 g Butter oder Margarine
375 g Weizenmehl
1 Pck. Dr. Oetker Trockenbackhefe
50 g Zucker
1 Pck. Dr. Oetker Vanillin-Zucker
1 Prise Salz, 1 Ei (Größe M)

Für den Belag:
2 1/2 kg Pflaumen oder Zwetschen

Für die Streusel:
300 g Weizenmehl
150 g Zucker
1 Pck. Dr. Oetker Vanillin-Zucker
200 g weiche Butter oder Margarine

Insgesamt:
E: 98 g, F: 260 g, Kh: 950 g,
kJ: 27852, kcal: 6656

1. Für den Teig Milch leicht erwärmen und Butter oder Margarine darin zerlassen. Mehl in einer Rührschüssel sorgfältig mit der Hefe vermischen. Zucker, Vanillin-Zucker, Salz, Ei und die warme Milch-Fett-Mischung hinzufügen.

2. Die Zutaten mit Handrührgerät mit Knethaken zunächst kurz auf niedrigster, dann auf höchster Stufe in etwa 5 Minuten zu einem glatten Teig verarbeiten. Den Teig zugedeckt so lange an einem warmen Ort gehen lassen, bis er sich sichtbar vergrößert hat (etwa 20 Minuten).

3. Für den Belag inzwischen Pflaumen oder Zwetschen waschen, gut abtropfen lassen, entstielen, abtrocknen, halbieren und entsteinen

4. Für die Streusel Mehl in eine Rührschüssel geben und Zucker, Vanillin-Zucker und Butter oder Margarine hinzufügen. Die Zutaten mit Handrührgerät mit Rührbesen zu Streuseln verarbeiten.

5. Den Teig aus der Schüssel nehmen, auf der leicht bemehlten Arbeitsfläche nochmals gut durchkneten und in einer Fettpfanne (30 x 40 cm, gefettet) ausrollen. Teig dachziegelartig mit Pflaumen oder Zwetschen (Innenseiten nach oben) belegen.

6. Die Streusel gleichmäßig darauf verteilen. Den Backofen vorheizen. Den Teig nochmals so lange gehen lassen, bis er sich sichtbar vergrößert hat (etwa 20 Minuten). Dann die Fettpfanne in den vorgeheizten Backofen schieben.
Ober-/Unterhitze: etwa 200 °C
Heißluft: etwa 180 °C
Backzeit: 25–30 Minuten.

7. Die Fettpfanne auf einen Kuchenrost stellen und den Kuchen darauf erkalten lassen.

Tipp: Der Kuchen schmeckt besonders gut mit geschlagener Sahne.

Picasso-Kuchen

Beliebt

Picasso-Kuchen

Zubereitungszeit: 70 Minuten, ohne Abkühlzeit
Backzeit: etwa 40 Minuten

Für den Knetteig:
100 g gemahlene Haselnusskerne
150 g Weizenmehl
50 g Speisestärke
1 gestr. TL Dr. Oetker Backin
75 g Zucker
150 g Butter oder Margarine
1–2 EL Wasser

Für den Biskuitteig:
4 Eier (Größe M)
2 EL heißes Wasser
125 g Zucker
125 g Weizenmehl
25 g Speisestärke
1 gestr. TL Dr. Oetker Backin

Für die Nuss-Streusel:
100 g gemahlene Haselnusskerne
200 g Weizenmehl
150 g Zucker
150 g weiche Butter

Für den Belag:
1 Pck. Dr. Oetker Pudding-Pulver Vanille-Geschmack
50 g Zucker
400 ml Milch
1 Glas Apfelmus (Einwaage 720 g)

Insgesamt:
E: 120 g, F: 423 g, Kh: 1006 g,
kJ: 34714, kcal: 8286

1. Den Backofen vorheizen. Für den Knetteig Nusskerne in einer Pfanne ohne Fett leicht bräunen und auf einem Teller erkalten lassen. Mehl mit Speisestärke und Backpulver in einer Schüssel mischen. Die Nusskerne und die restlichen Zutaten hinzufügen und mit Handrührgerät mit Knethaken zunächst kurz auf niedrigster, dann auf höchster Stufe gut durcharbeiten.
2. Teig auf der leicht bemehlten Arbeitsfläche kurz zu einer Rolle verkneten und auf einem Backblech (30 x 40 cm, gut gefettet) ausrollen. Einen Backrahmen um den Teig stellen. Das Backblech in den vorgeheizten Backofen schieben und den Boden vorbacken.

Ober-/Unterhitze: etwa 180 °C
Heißluft: etwa 160 °C
Backzeit: etwa 10 Minuten.
3. Das Backblech nach dem Backen auf einen Kuchenrost stellen und den Boden darauf etwas abkühlen lassen.
4. Für den Biskuitteig Eier und Wasser mit Handrührgerät mit Rührbesen auf höchster Stufe in 1 Minute schaumig schlagen. Den Zucker in 1 Minute unter Rühren einstreuen, dann noch weitere etwa 2 Minuten schlagen. Mehl mit Speisestärke und Backpulver mischen, auf die Eiercreme geben und kurz auf niedrigster Stufe unterrühren.
5. Den Biskuitteig auf dem vorgebackenen Boden im Backrahmen verteilen und glattstreichen. Das Backblech nochmals in den heißen Backofen schieben und den Boden **bei gleicher Backtemperatur etwa 10 Minuten backen.**
6. Das Backblech nach dem Backen auf einen Kuchenrost stellen und den Boden darauf etwas abkühlen lassen.
7. Für die Nuss-Streusel Haselnusskerne in einer Pfanne ohne Fett leicht bräunen, auf einem Teller abkühlen lassen. Die Nusskerne mit allen anderen Zutaten mit Handrührgerät mit Rührbesen zu Streuseln verarbeiten.
8. Für den Belag aus Pudding-Pulver, Zucker und Milch nach Packungsanleitung, aber mit den hier angegebenen Zutaten einen Pudding zubereiten. Abwechselnd Apfelmus- und Puddingkleckse auf dem Biskuit verteilen und die Streusel daraufstreuen. Das Backblech nochmals (im oberen Drittel) in den heißen Backofen schieben und den Kuchen **bei gleicher Backtemperatur in etwa 20 Minuten fertig backen.**
9. Kuchen auf einen Kuchenrost stellen, Backrahmen entfernen, Kuchen vom Backblech lösen und erkalten lassen.

Tipp: Sie können den Kuchen statt mit Backrahmen auch in einer Fettpfanne zubereiten.

Klassisch

Donauwellen

Zubereitungszeit: 45 Minuten, ohne Abkühl- und Kühlzeit
Backzeit: etwa 40 Minuten

Für den Rührteig:
2 Gläser Sauerkirschen (Abtropfgewicht je 350 g)
250 g Butter oder Margarine
200 g Zucker
1 Pck. Dr. Oetker Vanillin-Zucker
1 Prise Salz
5 Eier (Größe M)
375 g Weizenmehl
3 gestr. TL Dr. Oetker Backin
20 g Kakaopulver
1 EL Milch

Für die Buttercreme:
1 Pck. Dr. Oetker Pudding-Pulver Vanille-Geschmack
100 g Zucker, 500 ml (1/2 l) Milch
250 g weiche Butter

Für den Guss:
200 g Zartbitter-Schokolade
2 EL Speiseöl

Insgesamt:
E: 111 g, F: 566 g, Kh: 850 g, kJ: 37963, kcal: 9068

1. Für den Teig die Kirschen in einem Sieb gut abtropfen lassen. Butter oder Margarine in einer Rührschüssel mit Handrührgerät mit Rührbesen geschmeidig rühren. Nach und nach Zucker, Vanillin-Zucker und Salz unterrühren. So lange rühren, bis eine gebundene Masse entstanden ist. Den Backofen vorheizen.
2. Eier nach und nach unterrühren (jedes Ei etwa 1/2 Minute) unterrühren. Mehl mit Backpulver mischen und in 2 Portionen kurz auf mittlerer Stufe unterrühren. Knapp zwei Drittel des Teiges auf ein Backblech (30 x 40 cm, gefettet) streichen. Kakaopulver sieben, mit Milch unter den restlichen Teig rühren und gleichmäßig auf dem hellen Teig verteilen.
3. Die Sauerkirschen kurz auf Küchenpapier legen, anschließend auf dem dunklen Teig verteilen und mit einem Löffel etwas in den Teig drücken. Das Backblech in den vorgeheizten Backofen schieben.
Ober-/Unterhitze: etwa 180 °C
Heißluft: etwa 160 °C
Backzeit: etwa 40 Minuten.
4. Das Gebäck auf dem Backblech auf einen Kuchenrost stellen und erkalten lassen.
5. Für die Buttercreme inzwischen aus Pudding-Pulver, Zucker und Milch nach Packungsanleitung einen Pudding zubereiten. Den Pudding erkalten lassen (nicht kalt stellen) und dabei gelegentlich durchrühren.
6. Butter mit Handrührgerät mit Rührbesen geschmeidig rühren und den erkalteten Pudding esslöffelweise unterrühren, dabei darauf achten, dass Butter und Pudding Zimmertemperatur haben, da die Buttercreme sonst gerinnt. Die erkaltete Gebäckplatte gleichmäßig mit der Buttercreme bestreichen und den Kuchen etwa 1 Stunde kalt stellen.
7. Für den Guss Schokolade grob zerkleinern und mit dem Speiseöl im Wasserbad bei schwacher Hitze unter Rühren schmelzen lassen. Den Guss auf der fest gewordenen Buttercreme verstreichen und sofort mit Hilfe eines Tortenkammes verzieren.

Tipp: Legen Sie zum Abkühlen des Puddings Frischhaltefolie direkt auf die Oberfläche. So bildet sich keine Haut und der Pudding muss zwischendurch nicht umgerührt werden.

Donauwellen

Fruchtig

Schwedischer Sahne-Blechkuchen

Zubereitungszeit: 60 Minuten, ohne Abkühl- und Kühlzeit
Backzeit: 10–12 Minuten

Für den Biskuitteig:
4 Eier (Größe M)
125 g Zucker
1 Pck. Dr. Oetker Vanillin-Zucker
125 g Weizenmehl
25 g Speisestärke
1 gestr. TL Dr. Oetker Backin

Für die Füllung:
4 Blatt weiße Gelatine
3 Eiweiß (Größe M)
2 Pck. Dr. Oetker Pudding-Pulver Vanille-Geschmack
80 g Zucker
750 ml (3/4 l) Milch
3 Eigelb (Größe M)
etwa 8 Äpfel (1,2 kg)
2–3 EL Zitronensaft

Für den Belag:
750 g Schlagsahne
2 Pck. Dr. Oetker Sahnesteif
3 EL Zitronensaft
50 g Puderzucker

Zum Garnieren:
100 g gehackte Pistazienkerne
Apfelspalten
Zitronensaft

Insgesamt:
E: 126 g, F: 364 g, Kh: 640 g,
kJ: 27277, kcal: 6519

1. Den Backofen vorheizen. Für den Teig die Eier mit Handrührgerät mit Rührbesen auf höchster Stufe in 1 Minute schaumig schlagen. Zucker und Vanillin-Zucker mischen, in 1 Minute unter Rühren einstreuen, dann noch etwa 2 Minuten weiterschlagen.
2. Mehl mit Speisestärke und Backpulver mischen, auf die Eiercreme geben und kurz auf niedrigster Stufe unterrühren. Einen Backrahmen auf ein Backblech (30 x 40 cm, gefettet) stellen. Den Teig auf das Backblech geben, verstreichen und das Backblech in den vorgeheizten Backofen schieben.
Ober-/Unterhitze: etwa 200 °C
Heißluft: etwa 180 °C
Backzeit: 10–12 Minuten.
3. Das Backblech auf einen Kuchenrost stellen und die Biskuitplatte mit Backrahmen darauf erkalten lassen.
4. Für die Füllung die Gelatine nach Packungsanleitung einweichen. Das Eiweiß steifschlagen. Pudding-Pulver und Zucker mit etwas von der Milch anrühren und Eigelb unterrühren. Den Rest der Milch zum Kochen bringen, angerührtes Pudding-Pulver hinzufügen und alles unter Rühren gut aufkochen lassen.
5. Gelatine leicht ausdrücken und im heißen Pudding unter Rühren auflösen. Sofort das steifgeschlagene Eiweiß unterrühren. Pudding mit Frischhaltefolie zudecken, damit sich keine Haut bildet, und erkalten lassen.
6. Äpfel schälen, vierteln, entkernen und reiben. Geriebene Äpfel sofort mit Zitronensaft beträufeln und unter den abgekühlten Pudding rühren. Die Apfelpuddingmasse auf der Biskuitplatte verstreichen.
7. Für den Belag Schlagsahne kurz etwas aufschlagen und Sahnesteif, Zitronensaft und Puderzucker unterrühren. Sahne vollkommen steifschlagen und auf der Füllung verstreichen. Kuchen etwa 2 Stunden kalt stellen.
8. Zum Garnieren den Kuchen mit Pistazienkernen bestreuen. Apfelspalten mit Zitronensaft bestreichen und auf den Kuchen legen. Den Backrahmen vorsichtig mit Hilfe eines Messers lösen und entfernen.

Schwedischer Sahne-Blechkuchen

Schnell zubereitet

Wattekuchen

Tassenkuchen (1 Tasse = 200 ml)

Zubereitungszeit: 20 Minuten
Backzeit: etwa 20 Minuten

Für den All-in-Teig:
3 Tassen (300 g) Weizenmehl
4 gestr. TL Dr. Oetker Backin
knapp 2 Tassen (300 g) Zucker
1 Pck. Dr. Oetker Finesse Geriebene Zitronenschale
1 EL Zitronensaft, 4 Eier (Größe M)
3/4 Tasse (150 ml) Speiseöl
3/4 Tasse (150 ml) Mineralwasser mit Kohlensäure

Wattekuchen

Streusel-Pudding-Kuchen mit Zwieback

Für den Guss:
1 Tasse (125 g) Puderzucker
1–2 EL Zitronensaft

Insgesamt:
E: 63 g, F: 179 g, Kh: 672 g,
kJ: 19548, kcal: 4670

1. Den Backofen vorheizen. Für den Teig Mehl mit Backpulver in einer Rührschüssel mischen. Zucker, Zitronenschale und -saft, Eier, Speiseöl und Mineralwasser hinzufügen. Die Zutaten in etwa 2 Minuten mit Handrührgerät mit Rührbesen auf höchster Stufe zu einem Teig verarbeiten.
2. Den Teig auf ein Backblech (30 x 40 cm, gefettet, gemehlt) geben und verstreichen. Das Backblech in den vorgeheizten Backofen schieben.
Ober-/Unterhitze: etwa 180 °C
Heißluft: etwa 160 °C
Backzeit: etwa 20 Minuten.
3. Das Backblech auf einen Kuchenrost stellen. Für den Guss Puderzucker mit Zitronensaft zu einer dickflüssigen Masse verrühren. Den Guss sofort mit Hilfe eines Pinsels auf dem heißen Kuchen verteilen. Den Kuchen auf dem Backblech auf dem Kuchenrost erkalten lassen.

Tipp: Sie können im Teig und im Guss Finesse Geriebene Zitronenschale und Zitronensaft auch sehr gut durch Finesse Geriebene Orangenschale und Orangensaft ersetzen. Der Wattekuchen schmeckt frisch am besten, kann aber ohne Guss wunderbar eingefroren werden.

Einfach

Streusel-Pudding-Kuchen mit Zwieback

Zubereitungszeit: 40 Minuten, ohne Teiggehzeit
Backzeit: etwa 25 Minuten

Für den Hefeteig:
150 ml Milch
1 Pck. (357 g) Grundmischung Hefeteig, 1 Ei (Größe M)
50 g weiche Butter oder Margarine

Zum Bestreichen:
etwas Milch

Für die Streusel:
75 g Weizenmehl
100 g Zucker
1/2 gestr. TL gemahlener Zimt
100 g geriebener Zwieback
100 g abgezogene, gemahlene Mandeln
150 g Butter oder Margarine

Für den Belag:
1 Pck. backfeste Puddingcreme
250 ml (1/4 l) Milch

Zum Bestreichen:
Aprikosenkonfitüre oder Apfelgelee

Insgesamt:
E: 74 g, F: 282 g, Kh: 473 g,
kJ: 20444, kcal: 4885

1. Für den Teig Milch leicht erwärmen. Die Grundmischung mit der warmen Milch, Ei und Butter oder Margarine nach Packungsanleitung zubereiten. Den Teig zugedeckt an einem warmen Ort etwa 30 Minuten gehen lassen.
2. Den Teig leicht mit Mehl bestäuben, aus der Schüssel nehmen und auf der leicht bemehlten Arbeitsfläche nochmals gut durchkneten. Den Teig auf einem Backblech (30 x 40 cm, gefettet) ausrollen und mit Milch bestreichen.
3. Für die Streusel das Mehl in eine Rührschüssel geben. Zucker, Zimt, Zwieback, Mandeln und Butter oder Margarine hinzufügen. Die Zutaten mit Handrührgerät mit Rührbesen zu Streuseln von gewünschter Größe verarbeiten. Die Streusel auf dem Teigboden verteilen.
4. Für den Belag die Puddingcreme mit Milch nach Packungsanleitung zubereiten. Mit einem Esslöffel kleine Vertiefungen in den Teig drücken. Die Puddingcreme mit Hilfe eines Teelöffels (etwa walnussgroße Häufchen) hineingeben.
5. Den Backofen vorheizen. Den Teig zugedeckt nochmals so lange an einem warmen Ort gehen lassen, bis er sich sichtbar vergrößert hat. Das Backblech in den vorgeheizten Backofen schieben.
Ober-/Unterhitze: etwa 200 °C
Heißluft: etwa 180 °C
Backzeit: etwa 25 Minuten.
6. Das Backblech auf einen Kuchenrost stellen. Zum Bestreichen Aprikosenkonfitüre oder Apfelgelee gut verrühren. Die Puddinghäufchen sofort damit bestreichen. Kuchen erkalten lassen und in beliebig große Stücke schneiden.

Für Gäste

Zitronen-Passionsfrucht-Kuchen

Zubereitungszeit: 50 Minuten, ohne Abkühl- und Kühlzeit
Backzeit: etwa 10 Minuten

Für den Knetteig:
250 g Weizenmehl
2 gestr. TL Dr. Oetker Backin
100 g Zucker
1 Prise Salz
1 Pck. Dr. Oetker Vanillin-Zucker
1 Pck. Dr. Oetker Finesse Geriebene Zitronenschale
1 Ei (Größe M)
150 g Butter oder Margarine

Für den Belag I:
10 Blatt weiße Gelatine
600 g Schmand (Sauerrahm)
100 g Zucker
100 ml Apfelsaft
600 g Schlagsahne

Für den Belag II:
2 Blatt weiße Gelatine
1 Dose Kiwi-Früchte (Einwaage 425 g)
600 ml Passionsfrucht- oder Maracujasaft
75 ml Zitronensaft
2 Pck. Dr. Oetker Pudding-Pulver Vanille-Geschmack
75 g Zucker

Insgesamt:
E: 79 g, F: 484 g, Kh: 632 g, kJ: 31110, kcal: 7431

1. Den Backofen vorheizen. Für den Teig Mehl mit Backpulver in einer Rührschüssel mischen. Zucker, Salz, Vanillin-Zucker, Zitronenschale, Ei und Butter oder Margarine hinzufügen. Die Zutaten mit Handrührgerät mit Knethaken zunächst kurz auf niedrigster, dann auf höchster Stufe gut durcharbeiten. Anschließend den Teig auf der leicht bemehlten Arbeitsfläche kurz zu einer Rolle verkneten.

Zitronen-Passionsfrucht-Kuchen

2. Danach den Teig auf einem Backblech (30 x 40 cm, gefettet) ausrollen. Das Backblech in den vorgeheizten Backofen schieben.
Ober-/Unterhitze: etwa 200 °C
Heißluft: etwa 180 °C
Backzeit: etwa 10 Minuten.
3. Das Backblech auf einen Kuchenrost stellen und den Boden darauf erkalten lassen. Einen Backrahmen darumstellen.
4. Für den Belag I Gelatine nach Packungsanleitung einweichen. Schmand mit Zucker verrühren. Die ausgedrückte Gelatine im erwärmten Apfelsaft unter Rühren auflösen. Die Mischung unter den Schmand rühren und kalt stellen. Sahne steifschlagen. Wenn die Schmandmasse beginnt dicklich zu werden. Sahne unterheben. Die Creme auf dem Knetteigboden verteilen und den Boden kalt stellen.
5. Für den Belag II Gelatine nach Packungsanleitung einweichen. Die Kiwifrüchte mit dem Dosensaft pürieren. Den Passionsfrucht- oder Maracujasaft mit Zitronensaft, Pudding-Pulver und Zucker anrühren, unter Rühren zum Kochen bringen und gut aufkochen lassen. Die ausgedrückte Gelatine im noch heißen Pudding auflösen.
6. Die Masse etwa 10 Minuten unter Rühren abkühlen lassen, dann das Kiwipüree unterheben und die abgekühlte Masse mit einem Löffel auf der Schmandcreme verteilen. Den Kuchen 2–3 Stunden kalt stellen.
7. Den Backrahmen mit Hilfe eines Messers lösen und vorsichtig entfernen. Den Kuchen in Stücke schneiden.

Raffiniert

Ananas-Sirup-Kuchen

Zubereitungszeit: 50 Minuten, ohne Abkühlzeit
Backzeit: 30–35 Minuten

Zum Vorbereiten:
2 Dosen Ananasscheiben (Abtropfgewicht je 490 g)

Für den Rührteig:
200 g Butter oder Margarine
100 g Zucker
2 EL (60 g) Zuckerrübensirup (Rübenkraut), 1 Prise Salz
1 Pck. Dr. Oetker Finesse Geriebene Zitronenschale
3 Eier (Größe M)
350 g Weizenmehl
3 gestr. TL Dr. Oetker Backin
1/2 gestr. TL gemahlener Ingwer
150 ml Ananassaft aus der Dose

Für den hellen Guss:
70 g Puderzucker
1 EL Zitronensaft

Für den dunklen Guss:
30 g Puderzucker
1 TL Zitronensaft
1 EL (30 g) Zuckerrübensirup (Rübenkraut)

Insgesamt:
E: 68 g, F: 190 g, Kh: 644 g, kJ: 19763, kcal: 4720

1. Zum Vorbereiten Ananasscheiben in einem Sieb abtropfen lassen, den Saft dabei auffangen und 150 ml davon abmessen. Den Backofen vorheizen.

2. Für den Rührteig Butter oder Margarine mit Handrührgerät mit Rührbesen auf höchster Stufe geschmeidig rühren. Nach und nach Zucker, Sirup, Salz und Zitronenschale unterrühren. So lange rühren, bis eine gebundene Masse entstanden ist.

3. Eier nach und nach unterrühren (jedes Ei etwa 1/2 Minute). Mehl mit Backpulver und Ingwer mischen und in 2 Portionen abwechselnd mit dem Ananassaft auf mittlerer Stufe kurz unterrühren.

4. Den Teig auf ein Backblech (30 x 40 cm, gefettet) geben und verstreichen. Ananasscheiben gleichmäßig darauf verteilen. Das Backblech in den vorgeheizten Backofen schieben.

Ober-/Unterhitze: etwa 180 °C
Heißluft: etwa 160 °C
Backzeit: 30–35 Minuten.

5. Das Backblech auf einen Kuchenrost stellen. Den Kuchen darauf erkalten lassen.

6. Für den hellen Guss Puderzucker und Zitronensaft verrühren und in einen kleinen Gefrierbeutel füllen. Für den dunklen Guss Puderzucker mit Zitronensaft und Sirup verrühren und ebenfalls in einen kleinen Gefrierbeutel füllen.

7. Beide Beutel verschließen und jeweils eine kleine Ecke abschneiden. Den hellen und dunklen Guss kurz vor dem Servieren spiralförmig auf die Ananasscheiben spritzen.

Tipp: Wenn der Kuchen etwas länger steht, die Ananasscheiben evtl. nur mit etwas heißer Ananaskonfitüre bestreichen. Bei längerem Stehen ziehen die Ananasscheiben Saft und der Guss auf den Ringen kann sich auflösen.

Für Kinder

Brownies

Zubereitungszeit: 20 Minuten, ohne Abkühlzeit
Backzeit: etwa 25 Minuten

Für den All-in-Teig:
300 g Weizenmehl
30 g Kakaopulver
3 gestr. TL Dr. Oetker Backin
150 g brauner Zucker (Rohrzucker)
150 g Zucker
1 Pck. Dr. Oetker Bourbon-Vanille-Zucker
1/2 gestr. TL Salz, 4 Eier (Größe M)
300 ml neutrales Speiseöl (z. B. Rapsöl, Sonnenblumenöl)
50 g Schlagsahne
200 g gehackte Walnusskerne
2 Pck. (je 75 g) Schokotropfen (z. B. von Schwartau)

Zum Besprenkeln:
75 g weiße Kuvertüre

Insgesamt:
E: 114 g, F: 461 g, Kh: 683 g,
kJ: 31620, kcal: 7543

1. Den Backofen vorheizen. Für den Teig Mehl mit Kakao und Backpulver in einer Rührschüssel mischen. Rohrzucker, Zucker, Vanille-Zucker, Salz, Eier, Öl und Sahne hinzufügen.

2. Die Zutaten mit Handrührgerät mit Rührbesen in etwa 1 Minute zu einem Teig verarbeiten. Zuletzt Walnusskerne und Schokotropfen kurz unterrühren.

3. Einen Backrahmen auf ein Backblech (30 x 40 cm, gefettet, gemehlt) stellen, den Teig einfüllen und verstreichen. Das Backblech in den vorgeheizten Backofen schieben.

Ober-/Unterhitze: etwa 180 °C
Heißluft: etwa 160 °C
Backzeit: etwa 25 Minuten.

4. Das Backblech auf einen Kuchenrost stellen und das Gebäck erkalten lassen. Dann den Backrahmen mit einem Messer lösen und entfernen. Das Gebäck in Rauten oder Würfel schneiden.

5. Kuvertüre in einem kleinen Topf im Wasserbad bei schwacher Hitze unter Rühren schmelzen lassen und mit Hilfe eines Teelöffels das Gebäck damit besprenkeln.

Ananas-Sirup-Kuchen

Brownies

Klassisch

Butter-Mandel-Kuchen

Zubereitungszeit: 25 Minuten, ohne Teiggehzeit
Backzeit: etwa 15 Minuten

Für den Hefeteig:
200 ml Milch, 50 g Butter
375 g Weizenmehl
1 Pck. Dr. Oetker Trockenbackhefe
50 g Zucker, 1 Prise Salz
1 Ei (Größe M)

Zum Bestreichen und Bestreuen:
75 g Butter
50 g abgezogene, gehobelte Mandeln
50 g Zucker

Insgesamt:
E: 67 g, F: 157 g, Kh: 387 g,
kJ: 13444, kcal: 3211

1. Für den Teig Milch erwärmen und Butter darin zerlassen. Mehl in eine Rührschüssel geben und sorgfältig mit der Trockenbackhefe vermischen. Zucker, Salz, Ei und die warme Milch-Butter-Mischung hinzufügen.
2. Die Zutaten mit Handrührgerät mit Knethaken zunächst kurz auf niedrigster, dann auf höchster Stufe in etwa 5 Minuten zu einem glatten Teig verarbeiten. Teig zugedeckt so lange an einem warmen Ort gehen lassen, bis er sich sichtbar vergrößert hat.
3. Den Teig mit etwas Mehl bestäuben, aus der Schüssel nehmen und auf der leicht bemehlten Arbeitsfläche nochmals gut durchkneten. Den Teig auf einem Backblech (30 x 40 cm, gefettet) ausrollen, mit zerlassener Butter bestreichen und mit Mandeln und Zucker bestreuen.
4. Den Backofen vorheizen. Den Teig nochmals zugedeckt so lange an einem warmen Ort gehen lassen, bis er sich sichtbar vergrößert hat. Das Backblech in den vorgeheizten Backofen schieben.
Ober-/Unterhitze: etwa 200 °C
Heißluft: etwa 180 °C
Backzeit: etwa 15 Minuten.
5. Das Backblech auf einen Kuchenrost stellen. Kuchen darauf erkalten lassen und in Stücke schneiden.

Fruchtig

Erdbeer-Rhabarber-Reiskuchen

Zubereitungszeit: 50 Minuten, ohne Abkühl- und Kühlzeit
Backzeit: etwa 25 Minuten

Für den All-in-Teig:
175 g Weizenmehl
3 gestr. TL Dr. Oetker Backin
175 g Zucker
1 Pck. Dr. Oetker Vanillin-Zucker
4 Eier (Größe M)
175 g Butter oder Margarine
50 g gemahlene Pistazienkerne

Für die Füllung:
300 g Erdbeeren

Für den Milchreisbelag:
2 Pck. Süße Mahlzeit Milchreis nach klassischer Art
750 ml (3/4 l) Milch
400 g Schlagsahne
2 Pck. Dr. Oetker Sahnesteif

Für den Rhabarberbelag:
250 g Rhabarber
100 ml Wasser
75 g Zucker
6 Blatt weiße Gelatine

Zum Verzieren und Garnieren:
200 g Schlagsahne
1 Pck. Dr. Oetker Vanillin-Zucker
einige Erdbeeren
gehackte Pistazienkerne

Insgesamt:
E: 123 g, F: 425 g, Kh: 703 g,
kJ: 29972, kcal: 7142

1. Den Backofen vorheizen. Für den Teig Mehl mit Backpulver in einer Rührschüssel mischen. Restliche Zutaten hinzufügen und alles mit Handrührgerät mit Rührbesen auf höchster Stufe in etwa 2 Minuten zu einem Teig verarbeiten. Einen Backrahmen (etwa 30 x 30 cm) auf ein Backblech (gefettet) stellen, Teig darin verteilen und verstreichen. Das Backblech in den vorgeheizten Backofen schieben.
Ober-/Unterhitze: etwa 180 °C
Heißluft: etwa 160 °C
Backzeit: etwa 25 Minuten.

2. Das Backblech mit Backrahmen auf einen Kuchenrost stellen und den Boden darauf erkalten lassen.

3. Für die Füllung Erdbeeren abspülen, abtropfen lassen, putzen, halbieren oder vierteln und auf dem Gebäckboden verteilen.

4. Für den Milchreisbelag beide Päckchen Milchreis nach Packungsanleitung, aber nur mit 750 ml Milch zubereiten und erkalten lassen. Anschließend Sahne mit Sahnesteif steifschlagen, und unter den erkalteten Milchreis heben. Die Creme auf den Erdbeeren im Backrahmen verteilen. Die Torte etwa 1 Stunde kalt stellen.

5. Inzwischen Rhabarber waschen, abtrocknen, abziehen, in Stücke schneiden und mit dem Wasser zum Kochen bringen. Rhabarber so lange kochen, bis er zerfällt. Zucker unterrühren. Gelatine nach Packungsanleitung einweichen, anschließend leicht ausdrücken und in der heißen Rhabarbermasse unter Rühren auflösen. Rhabarbermasse erkalten lassen, vorsichtig auf dem Milchreisbelag verteilen und die Torte nochmals 1–2 Stunden kalt stellen.

6. Vor dem Servieren den Backrahmen lösen und entfernen. Zum Verzieren und Garnieren Sahne mit Vanillin-Zucker steifschlagen, in einen Spritzbeutel mit Lochtülle füllen und Spiralen auf die Oberfläche spritzen. Den Kuchen mit Erdbeeren und Pistazien garnieren.

Heidelbeer-Schmand-Kuchen

Mit Alkohol

Heidelbeer-Schmand-Kuchen

Zubereitungszeit: 50 Minuten, ohne Abkühl- und Kühlzeit
Backzeit: 15–20 Minuten

Für den All-in-Teig:
150 g Weizenmehl
3 gestr. TL Dr. Oetker Backin
200 g Zucker
1 Pck. Dr. Oetker Vanillin-Zucker
4 Eier (Größe M)
75 g abgezogene, gemahlene Mandeln
200 g weiche Butter oder Margarine

Für den Belag:
8 Blatt weiße Gelatine
2 EL Butter, 75 g Zucker
600 g TK-Heidelbeeren
400 g Schlagsahne
250 g Schmand (Sauerrahm)
150 ml Eierlikör

Zum Verzieren und Bestreuen:
100 g Schlagsahne
50 g Zartbitter-Kuvertüre

Insgesamt:
E: 92 g, F: 520 g, Kh: 535 g,
kJ: 31091, kcal: 7396

1. Den Backofen vorheizen. Für den Teig Mehl mit Backpulver in einer Rührschüssel mischen. Zucker, Vanillin-Zucker, Eier, Mandeln und Butter oder Margarine hinzufügen. Danach die Zutaten in etwa 2 Minuten mit Handrührgerät mit Rührbesen auf höchster Stufe zu einem Teig verarbeiten.

2. Den Teig auf ein Backblech (30 x 40 cm, gefettet) geben und verstreichen. Das Backblech in den vorgeheizten Backofen schieben.
Ober-/Unterhitze: etwa 180 °C
Heißluft: etwa 160 °C
Backzeit: 15–20 Minuten.

3. Das Backblech auf einen Kuchenrost stellen und den Gebäckboden darauf erkalten lassen. Anschließend einen Backrahmen darumstellen.

4. Für den Belag Gelatine nach Packungsanleitung einweichen. Butter in einem großen Topf erhitzen. Zucker einstreuen und unter Rühren etwas karamellisieren lassen. Gefrorene Heidelbeeren hinzugeben und aufkochen lassen. Gelatine leicht ausdrücken. Heidelbeermasse von der Kochstelle nehmen und Gelatine unter Rühren darin auflösen. Die Masse abkühlen lassen.

5. Sahne steifschlagen. Schmand und Eierlikör kurz unterrühren. Die Heidelbeermasse unterheben. Die Heidelbeercreme auf den Gebäckboden geben, glattstreichen und den Kuchen etwa 2 Stunden kalt stellen.

6. Zum Verzieren Backrahmen lösen und entfernen. Sahne steifschlagen, in einen Spritzbeutel mit Sterntülle füllen und den Kuchen damit verzieren. Kuvertüre mit einem Sparschäler abschaben und den Kuchen vor dem Servieren damit bestreuen.

Honigkuchen

Karamell-Mandel-Schnitten

Gut vorzubereiten – klassisch

Honigkuchen

Zubereitungszeit: 25 Minuten, ohne Abkühlzeit
Backzeit: etwa 20 Minuten

Für den Teig:
250 g Honig
125 g Butter oder Margarine
2 Eier (Größe M)
1 Pck. (15 g) Lebkuchengewürz
1 Pck. Dr. Oetker Finesse Geriebene Zitronenschale
375 g Weizenmehl
1 Pck. Dr. Oetker Backin
2 gestr. TL Kakaopulver
100 g Korinthen
100 g gemahlene Haselnusskerne

Zum Bestreichen und Bestreuen:
etwas Milch
100 g abgezogene, gehobelte Mandeln

Zum Aprikotieren:
5 EL Aprikosenkonfitüre

Für den Guss:
200 g Zartbitter-Schokolade
2 EL Speiseöl

Zum Garnieren:
Walnusskernhälften
Haselnusskerne
abgezogene, ganze Mandeln
Schokoladen-Ornamente

Insgesamt:
E: 120 g, F: 360 g, Kh: 680 g,
kJ: 27200, kcal: 6500

1. Für den Teig Honig mit Butter oder Margarine in einem Topf unter Rühren langsam zerlassen, in eine Rührschüssel geben und erkalten lassen. Den Backofen vorheizen.
2. Unter die fast erkaltete Masse mit Handrührgerät mit Rührbesen auf höchster Stufe Eier, Lebkuchengewürz und Zitronenschale rühren. Mehl mit Backpulver und Kakaopulver mischen und esslöffelweise auf mittlerer Stufe unterrühren. Zuletzt Korinthen und Haselnusskerne kurz unterrühren.
3. Den Teig auf ein Backblech (30 x 40 cm, gefettet) geben, verstreichen, mit etwas Milch bestreichen und mit Mandeln bestreuen. Das Backblech in den vorgeheizten Backofen schieben.
Ober-/Unterhitze: etwa 180 °C
Heißluft: etwa 160 °C
Backzeit: etwa 20 Minuten.
4. Zum Aprikotieren Konfitüre durch ein Sieb streichen, den Kuchen sofort nach dem Backen damit bestreichen und den Kuchen auf dem Backblech auf einem Kuchenrost erkalten lassen.
5. Für den Guss Schokolade grob zerkleinern, mit dem Öl im Wasserbad bei schwacher Hitze unter Rühren schmelzen lassen und auf den erkalteten Kuchen streichen. Den Kuchen nach Belieben mit Walnusskernhälften, Mandeln oder Schokoladen-Ornamenten garnieren. Wenn der Guss fest geworden ist, den Kuchen in Stücke schneiden und in einer gut schließenden Dose aufbewahren.

Für Kinder

Karamell-Mandel-Schnitten

Zubereitungszeit: 60 Minuten, ohne Abkühl-, Kühl- und Teiggehzeit
Backzeit: 25–30 Minuten

Für die Creme zum Vorbereiten:
300 g weiße Kuvertüre
8 Stück Sahne Muh-Muhs (Sahne-Toffee)
500 g Schlagsahne

Für den Hefeteig:
125 ml (1/8 l) Milch
125 g Butter oder Margarine
400 g Weizenmehl
1 Pck. Dr. Oetker Trockenbackhefe
50 g Zucker, 1 Prise Salz
2 Eier (Größe M)

Für die Mandeldecke:
8 Stück Sahne Muh-Muhs (Sahne-Toffee)
150 g Butter
150 g Zucker
1 EL flüssiger Honig
3 EL Schlagsahne
150 g abgezogene, gehobelte Mandeln

Insgesamt:
E: 129 g, F: 644 g, Kh: 809 g,
kJ: 39935, kcal: 9537

1. Für die Creme Kuvertüre und Sahne Muh-Muhs grob hacken. Sahne in einem Topf unter Rühren erhitzen. Kuvertüre und Sahne Muh-Muhs dazugeben und bei schwacher Hitze unter Rühren darin schmelzen lassen. Die Creme in eine Rührschüssel füllen, unter gelegentlichem Rühren erkalten lassen und dann zum vollständigen Erkalten in den Kühlschrank stellen (am besten über Nacht).
2. Für den Teig Milch leicht erwärmen und Butter oder Margarine darin zerlassen. Mehl in einer Rührschüssel sorgfältig mit der Trockenbackhefe vermischen. Zucker, Salz, Eier und die warme Milch-Fett-Mischung hinzufügen. Die Zutaten mit Handrührgerät mit Knethaken zunächst kurz auf niedrigster, dann auf höchster Stufe in etwa 5 Minuten zu einem glatten Teig verarbeiten. Den Teig zugedeckt so lange an einem warmen Ort gehen lassen, bis er sich sichtbar vergrößert hat.
3. Den gegangenen Teig leicht mit Mehl bestäuben, aus der Schüssel nehmen und auf der leicht bemehlten Arbeitsfläche nochmals gut durchkneten. Den Teig auf einem Backblech (30 x 40 cm, gefettet) ausrollen. Den Teig nochmals so lange an einem warmen Ort gehen lassen, bis er sich sichtbar vergrößert hat.
4. Den Backofen vorheizen. Für die Mandeldecke Sahne Muh-Muhs klein hacken. Butter mit Zucker, Honig und Sahne in einem Topf unter Rühren aufkochen lassen. Dann den Topf von der Kochstelle nehmen. Sahne Muh-Muhs und Mandeln unterrühren. Die Masse etwas abkühlen lassen und gleichmäßig auf dem Teig verstreichen. Das Backblech in den vorgeheizten Backofen schieben.
Ober-/Unterhitze: etwa 200 °C
Heißluft: etwa 180 °C
Backzeit: 25–30 Minuten.
5. Das Backblech auf einen Kuchenrost stellen und den Gebäckboden erkalten lassen. Anschließend den Gebäckboden senkrecht in 4–5 gleich große Streifen schneiden und jeden Streifen einmal waagerecht durchschneiden.
6. Danach die kalt gestellte Creme mit Handrührgerät mit Rührbesen schaumig aufschlagen, gleichmäßig auf den unteren Gebäckstreifen verteilen und verstreichen. Die oberen Gebäckstreifen darauflegen und leicht andrücken. Jeden Streifen in etwa 4 Schnitten schneiden.

Beliebt

Kinder-Wattekuchen

Tassenkuchen (1 Tasse = 200 ml)

Zubereitungszeit: 30 Minuten, ohne Abkühl- und Kühlzeit
Backzeit: etwa 15 Minuten

Für den All-in-Teig:
2 Tassen (300 g) Weizenmehl
1 Pck. Dr. Oetker Backin
1 Tasse (200 g) Zucker
1 Pck. Dr. Oetker Vanillin-Zucker
3 Eier (Größe M)
1 1/2 Tassen (300 ml) Buttermilch
1 Tasse (100 g) Kakaogetränkepulver

Für den Belag:
3 Tassen (600 g) Schlagsahne
2 Pck. Dr. Oetker Sahnesteif
2 leicht geh. EL Kakaogetränkepulver

Zum Garnieren:
dunkles Kakaopulver
einige Schokolinsen

Insgesamt:
E: 87 g, F: 233 g, Kh: 596 g,
kJ: 20266, kcal: 4839

1. Den Backofen vorheizen. Für den Teig Mehl mit Backpulver in einer Rührschüssel mischen. Restliche Zutaten hinzufügen und alles mit Handrührgerät mit Rührbesen kurz auf niedrigster, dann auf höchster Stufe in etwa 2 Minuten zu einem Teig verarbeiten. Einen Backrahmen (30 x 40 cm) auf ein Backblech (gefettet) stellen. Den Teig einfüllen und glattstreichen. Das Backblech in den vorgeheizten Backofen schieben.
Ober-/Unterhitze: etwa 180 °C
Heißluft: etwa 160 °C
Backzeit: etwa 15 Minuten.
2. Backrahmen lösen und entfernen. Das Gebäck mit Backblech auf einen Kuchenrost stellen und erkalten lassen.
3. Für den Belag Sahne mit Sahnesteif und dem Kakaogetränkepulver steifschlagen. Kakaosahne gleichmäßig auf dem Boden verstreichen und mit einer Gabel ein Muster in die Sahne ziehen. Kuchen bis zum Servieren kalt stellen.
4. Kurz vor dem Servieren zum Garnieren Kakaopulver in kleinen Tupfen auf die Oberfläche stäuben und die Schokolinsen darauflegen.

Kinder-Wattekuchen

Fettarm

Kleckselkuchen

Zubereitungszeit: 50 Minuten,
ohne Abkühlzeit
Backzeit: 25–30 Minuten

Zum Vorbereiten:
1/2 Pck. Dr. Oetker Pudding-Pulver Mandel-Geschmack
350 ml fettarme Milch (1,5 % Fett)
1 EL Zucker

Für den Quark-Öl-Teig:
400 g Weizenmehl
1 Pck. Dr. Oetker Backin
250 g Magerquark
90 g Zucker
1 Prise Salz
100 ml fettarme Milch (1,5 % Fett)
5 EL Sonnenblumenöl

Für den Belag und zum Bestreichen:
1 Glas Apfelkompott (Einwaage 370 g)
200 g Pflaumenmus
1 Eigelb (Größe M)
2 EL fettarme Milch (1,5 % Fett)

Insgesamt:
E: 93 g, F: 75 g, Kh: 604 g,
kJ: 14858, kcal: 3550

1. Zum Vorbereiten Pudding-Pulver mit etwas von der Milch und Zucker anrühren. Restliche Milch in einem Topf zum Kochen bringen. Topf von der Kochstelle nehmen. Angerührtes Pudding-Pulver einrühren und Pudding unter Rühren etwa 1 Minute kochen lassen. Pudding abkühlen lassen, dabei gelegentlich umrühren, oder Frischhaltefolie auf die Oberfläche des Puddings legen, damit sich keine Haut bildet.
2. Für den Teig Mehl mit Backpulver in einer Rührschüssel mischen. Quark, Zucker, Salz, Milch und Sonnenblumenöl hinzufügen. Die Zutaten mit Handrührgerät mit Knethaken auf höchster Stufe in etwa 1 Minute zu einem glatten Teig verarbeiten (nicht zu lange, Teig klebt sonst). Anschließend den Teig auf der bemehlten Arbeitsfläche kurz zu einer Rolle formen.
3. Den Backofen vorheizen. Drei Viertel des Teiges auf einem Backblech (30 x 40 cm, gefettet) ausrollen. Apfelkompott und Pflaumenmus in Klecksen daraufgeben. Den Pudding in den Zwischenräumen verteilen.
4. Restlichen Teig auf der bemehlten Arbeitsfläche zu einem Rechteck (etwa 22 x 28 cm) ausrollen, mit einem Gitterroller darüberrollen und den Teig vorsichtig auseinanderziehen. Das Teiggitter auf die Apfelkompott-Pflaumenmus-Pudding-Masse legen. Die Ränder etwas andrücken.
5. Zum Bestreichen Eigelb mit Milch verschlagen. Die Teigstreifen damit bestreichen. Das Backblech in den vorgeheizten Backofen schieben.
Ober-/Unterhitze: etwa 200 °C
Heißluft: etwa 180 °C
Backzeit: 25–30 Minuten.
6. Das Backblech auf einen Kuchenrost stellen und den Kuchen darauf erkalten lassen.

Tipp: Wenn Sie keinen Gitterroller haben, den ausgerollten Teig in Streifen schneiden und diese auf den Kuchen legen.

Dauert länger

Lebkuchen-Schmand-Rauten

Zubereitungszeit: 60 Minuten,
ohne Abkühlzeit
Backzeit: etwa 35 Minuten

Zum Vorbereiten:
2 Dosen Aprikosenhälften (Abtropfgewicht je 480 g)

Für den Rührteig:
100 g Edelbitter-Schokolade (70 % Kakao)
250 g Butter oder Margarine
175 g Zucker
1 Pck. Dr. Oetker Vanillin-Zucker
5 Eier (Größe M)
1 Pck. Dr. Oetker Finesse Geriebene Orangenschale
200 g Weizenmehl
2 gestr. TL Dr. Oetker Backin
3 gestr. TL Lebkuchengewürz
5 EL (60 ml) Aprikosensaft aus den Dosen

Für den Belag:
2 Pck. Dr. Oetker Pudding-Pulver Vanille-Geschmack
100 g Zucker, 200 g Schlagsahne

Kleckselkuchen

500 ml (1/2 l) Milch
600 g Schmand (Sauerrahm)
50 g gehackte Pistazien

Insgesamt:
E: 101 g, F: 540 g, Kh: 779 g,
kJ: 35748, kcal: 8454

1. Aprikosen in ein Sieb geben, gut abtropfen lassen, Saft dabei auffangen und 5 Esslöffel davon abmessen.
2. Für den Teig Schokolade in einem kleinen Topf im Wasserbad bei schwacher Hitze unter Rühren schmelzen lassen. Butter oder Margarine mit Handrührgerät mit Rührbesen auf höchster Stufe geschmeidig rühren. Nach und nach Zucker und Vanillin-Zucker unterrühren. So lange rühren, bis eine gebundene Masse entstanden ist. Eier nach und nach unterrühren (jedes Ei etwa 1/2 Minute). Orangenschale unterrühren.
3. Mehl mit Backpulver mischen und bei mittlerer Stufe kurz unterrühren. Lebkuchengewürz, abgemessenen Aprikosensaft und die aufgelöste Schokolade unterrühren. Den Backofen vorheizen. Einen Backrahmen auf ein Backblech (30 x 40 cm, gefettet) stellen, den Teig darin verteilen und verstreichen. Die Aprikosen mit der Wölbung nach oben auf dem Teig verteilen.
4. Für den Belag Pudding-Pulver mit Zucker und Sahne anrühren. Milch in einem Topf zum Kochen bringen, von der Kochstelle nehmen, das angerührte Pudding-Pulver unter Rühren hinzufügen und gut aufkochen lassen. Topf von der Kochstelle nehmen und Schmand unter den noch heißen Pudding rühren. Die Masse auf den Aprikosen verteilen und glattstreichen. Das Backblech in den vorgeheizten Backofen schieben.
Ober-/Unterhitze: etwa 180 °C
Heißluft: etwa 160 °C
Backzeit: etwa 35 Minuten.
5. Nach Ende der Backzeit den Backofen ausschalten und die Tür leicht öffnen, den Kuchen aber noch etwa 15 Minuten im Ofen stehen lassen. Das Backblech auf einen Kuchenrost stellen und den Kuchen darauf erkalten lassen.
6. Pistazien auf den Kuchen streuen. Den Backrahmen vorsichtig lösen und entfernen und den Kuchen in Rauten schneiden.

Lebkuchen-Schmand-Rauten

Tipp: Die Schmand-Rauten können auch ohne Lebkuchengewürz gebacken werden. Ohne Pistazien kann der Kuchen auch eingefroren werden.

Schnell zubereitet

Mandelteppich-Becherkuchen

Zubereitungszeit: 15 Minuten
Backzeit: etwa 24 Minuten

Für den All-in-Teig:
1 Becher (200 g) Schlagsahne
1 Becher (200 g) Zucker
1 Pck. Dr. Oetker Vanillin-Zucker
6 Tropfen Bittermandel-Aroma
3 Eier (Größe M)
2 Becher (250 g) Weizenmehl
1 Pck. Dr. Oetker Backin

Für den Belag:
1/2 Pck. (125 g) Butter
1 Becher (200 g) Zucker
1 Pck. Dr. Oetker Vanillin-Zucker
4 EL Milch
2 Pck. (je 100 g) abgezogene, gemahlene Mandeln

Mandelteppich-Becherkuchen

Insgesamt:
E: 89 g, F: 305 g, Kh: 610 g,
kJ: 23351, kcal: 5580

1. Den Backofen vorheizen. Für den Teig Sahne in eine Rührschüssel geben, den geleerten Sahnebecher ausspülen, abtrocknen und zum Abmessen der Zutaten verwenden.
2. Zucker mit Vanillin-Zucker, Aroma und Eiern zur Sahne geben. Mehl mit Backpulver mischen und hinzufügen. Alles mit Handrührgerät mit Rührbesen erst kurz auf niedrigster, dann auf höchster Stufe in etwa 1 Minute zu einem Teig verarbeiten. Teig auf ein Backblech (30 x 40 cm, gefettet) streichen und das Backblech in den vorgeheizten Backofen schieben.
Ober-/Unterhitze: etwa 200 °C
Heißluft: etwa 180 °C
Backzeit: etwa 12 Minuten.
3. Für den Belag Butter in einen Topf geben, Zucker mit Vanillin-Zucker und Milch hinzufügen und unter Rühren erwärmen, bis der Zucker gelöst ist. Mandeln hinzufügen und alles kurz aufkochen lassen. Die Masse auf den vorgebackenen, heißen Kuchen streichen und den Kuchen **bei gleicher Backtemperatur in etwa 12 Minuten fertig backen.**
4. Das Backblech auf einen Kuchenrost stellen und den Kuchen darauf erkalten lassen.

Tipp: Das Bittermandel-Aroma durch Butter-Vanille- oder Rum-Aroma ersetzen.

Für Kinder

Mandarinen-Quark-Schnitten

Zubereitungszeit: 45 Minuten, ohne Abkühl- und Kühlzeit
Backzeit: etwa 10 Minuten

Für den Biskuitteig:
3 Eier (Größe M)
3 EL heißes Wasser
150 g Zucker
1 Pck. Dr. Oetker Vanillin-Zucker
100 g Weizenmehl
1 gestr. TL Dr. Oetker Backin
50 g Speisestärke

Für die Füllung:
2 Dosen Mandarinen (Abtropfgewicht je 175 g)
6 Blatt weiße Gelatine
500 g Magerquark
150 g Zucker
1 Pck. Dr. Oetker Vanillin-Zucker
1 Pck. Dr. Oetker Finesse Geriebene Zitronenschale
2 EL Zitronensaft
100 ml Mandarinensaft aus der Dose
200 g Schlagsahne

Zum Bestäuben:
etwas Puderzucker

Insgesamt:
E: 120 g, F: 80 g, Kh: 540 g,
kJ: 14450, kcal: 3450

Mandarinen-Quark-Schnitten

1. Den Backofen vorheizen. Für den Teig Eier und heißes Wasser in einer Rührschüssel mit Handrührgerät mit Rührbesen auf höchster Stufe 1 Minute schaumig schlagen. Zucker mit Vanillin-Zucker mischen, unter Rühren in 1 Minute einstreuen und weitere etwa 2 Minuten schlagen.

2. Mehl mit Backpulver und Speisestärke mischen und kurz auf niedrigster Stufe unterrühren. Den Teig auf ein Backblech (30 x 40 cm, gefettet, mit Backpapier belegt) verteilen, verstreichen und das Backblech in den vorgeheizten Backofen schieben.
Ober-/Unterhitze: etwa 200 °C
Heißluft: etwa 180 °C
Backzeit: etwa 10 Minuten.

3. Den Biskuit sofort nach dem Backen vom Rand lösen und auf ein mit Zucker bestreutes Backpapier stürzen. Mitgebackenes Backpapier mit etwas Wasser bestreichen und vorsichtig abziehen. Den Biskuit erkalten lassen und anschließend senkrecht halbieren, so dass 2 Platten (je etwa 30 x 20 cm) entstehen.

4. Für die Füllung Mandarinen in einem Sieb abtropfen lassen, den Saft dabei auffangen und 100 ml davon abmessen. Gelatine nach Packungsanleitung einweichen. Quark mit Zucker, Vanillin-Zucker, Zitronenschale und Zitronensaft verrühren. Den abgemessenen Mandarinensaft erhitzen. Gelatine ausdrücken und unter Rühren darin auflösen. Erst etwa 4 Esslöffel von der Quarkmasse mit Hilfe eines Schneebesens mit der aufgelösten Gelatine verrühren, danach die Mischung mit der restlichen Quarkmasse verrühren.

5. Sahne steifschlagen. Wenn die Quarkmasse beginnt dicklich zu werden, Sahne mit den Mandarinen unterheben. Die Füllung auf eine der Biskuithälften streichen, mit der anderen Hälfte bedecken (die Unterseite nach oben) und leicht andrücken. Die Seiten glattstreichen und das Gebäck etwa 2 Stunden kalt stellen.

6. Vor dem Servieren das Gebäck mit Puderzucker bestäuben und anschließend in beliebig große Schnitten teilen.

Abwandlung: Für Ananas-Quark-Schnitten statt 2 Dosen Mandarinen 1 Dose Ananasstücke (Abtropfgewicht 340 g) nehmen, die Ananas abtropfen lassen und in kleinere Stücke schneiden. Verwenden Sie keine frische Ananas. Frische Ananas darf nicht zusammen mit Gelatine oder Götterspeise verwendet werden, da ein in den rohen Früchten enthaltener Wirkstoff die Gelierfähigkeit der Gelatine beeinträchtigt, bzw. unwirksam macht.

Gut vorzubereiten

Pflaumenkuchen mit zwei Böden

Zubereitungszeit: 60 Minuten
Backzeit: etwa 52 Minuten

Für den Knetteig:
225 g Weizenmehl
60 g Zucker
1 Pck. Dr. Oetker Vanillin-Zucker
150 g weiche Butter oder Margarine

Für den Belag:
1 1/2 kg Pflaumen

Für den Rührteig:
125 g weiche Butter oder Margarine
125 g Zucker
1 Pck. Dr. Oetker Vanillin-Zucker
3 Eier (Größe M)
75 g Weizenmehl
50 g Speisestärke
1 gestr. TL Dr. Oetker Backin

Zum Bestreuen:
50 g Zucker
1/2 gestr. TL Zimt

Insgesamt:
E: 60 g, F: 260 g, Kh: 640 g,
kJ: 21460, kcal: 5140

1. Den Backofen vorheizen. Für den Knetteig die Zutaten in eine Rührschüssel geben und alles mit Handrührgerät mit Knethaken zunächst kurz auf niedrigster, dann auf höchster Stufe zu einem Teig verarbeiten. Anschließend den Teig auf der leicht bemehlten Arbeitsfläche kurz zu einer Rolle formen.
2. Den Teig auf einem Backblech (30 x 40 cm, gefettet) ausrollen und mit einer Gabel mehrmals einstechen. Das Backblech in den vorgeheizten Backofen schieben und den Boden vorbacken.
Ober-/Unterhitze: etwa 180 °C
Heißluft: etwa 160 °C
Backzeit: etwa 12 Minuten.
3. Das Backblech auf einen Kuchenrost stellen und das Gebäck darauf etwas abkühlen lassen.
4. Für den Belag inzwischen Pflaumen waschen, abtropfen lassen, halbieren und entsteinen.
5. Für den Rührteig Butter oder Margarine in einer Rührschüssel mit Handrührgerät mit Rührbesen geschmeidig rühren. Nach und nach Zucker und Vanillin-Zucker unterrühren. So lange rühren, bis eine gebundene Masse entstanden ist. Eier auf höchster Stufe unterrühren (jedes Ei etwa 1/2 Minute).
6. Mehl mit Speisestärke und Backpulver mischen und in 2 Portionen kurz auf mittlerer Stufe unterrühren. Den Rührteig auf dem Knetteigboden verstreichen. Die Pflaumen in Reihen auf dem Rührteig verteilen, das Backblech wieder in den heißen Backofen schieben und den Kuchen **bei gleicher Backtemperatur in etwa 55 Minuten fertig backen.**
7. Das Backblech auf einen Kuchenrost stellen, den Kuchen mit Zimt-Zucker bestreuen und erkalten lassen.

Tipp: Der Kuchen schmeckt auch sehr gut mit Aprikosen, Kirschen oder mit in Spalten geschnittenen Äpfel und 50 g Korinthen. Den Apfelkuchen nach dem Backen aprikotieren. Dazu 4 Esslöffel Aprikosenkonfitüre durch ein Sieb streichen, mit 2 Esslöffeln Wasser aufkochen lassen und die Äpfel damit bestreichen.

Pflaumenkuchen mit zwei Böden

Einfach

Mandel-Kirsch-Kuchen

Zubereitungszeit: 25 Minuten, ohne Abkühlzeit
Backzeit: etwa 45 Minuten

Für den Belag:
2 Gläser Sauerkirschen (Abtropfgewicht je 350 g)

Für den Biskuitteig:
9 Eiweiß (Größe M)
9 Eigelb (Größe M)
250 g Zucker
1 Pck. Dr. Oetker Vanillin-Zucker
3 Tropfen Bittermandel-Aroma
1 Msp. gemahlener Zimt
1 EL Kirschwasser
300 g nicht abgezogene, gemahlene Mandeln
100 g Semmelbrösel

Für die Form und zum Bestäuben:
Semmelbrösel
etwas Puderzucker

Insgesamt:
E: 140 g, F: 220 g, Kh: 480 g, kJ: 19180, kcal: 4580

1. Für den Belag Kirschen in einem Sieb gut abtropfen lassen. Den Backofen vorheizen.
2. Für den Teig Eiweiß in einer Rührschüssel mit Handrührgerät mit Rührbesen so steifschlagen, dass ein Messerschnitt sichtbar bleibt. Den Eischnee beiseitestellen. Eigelb mit Zucker, Vanillin-Zucker, Aroma, Zimt und Kirschwasser in einer großen Rührschüssel mit Handrührgerät mit Rührbesen auf höchster Stufe schaumig schlagen. Mandeln und Semmelbrösel unterheben. Eischnee ebenfalls unterheben.
3. Den Teig in eine Fettpfanne oder ein Backblech mit hohem Rand (30 x 40 cm, gefettet, mit Semmelbröseln ausgestreut) geben und verstreichen. Die Kirschen darauf verteilen und die Fettpfanne oder das Backblech in den vorgeheizten Backofen schieben.
Ober-/Unterhitze: etwa 180 °C
Heißluft: etwa 160 °C
Backzeit: etwa 45 Minuten.
4. Die Fettpfanne oder das Backblech auf einen Kuchenrost stellen und das Gebäck erkalten lassen. Den Mandel-Kirsch-Kuchen vor dem Servieren mit Puderzucker bestäuben.

Mandel-Kirsch-Kuchen

Raffiniert

Minzkuchen

Zubereitungszeit: 45 Minuten, ohne Abkühl- und Kühlzeit
Backzeit: 15–20 Minuten

etwa 6 rechteckige Backoblaten (etwa 12,2 x 20,2 cm)

Für den Teig:
80 g Butter
6 Eiweiß (Größe M)
1/2 gestr. TL Salz
180 g feinster Zucker
100 g Weizenmehl
1 gestr. TL Dr. Oetker Backin

Für den Belag:
12 Blatt weiße Gelatine
500 ml (1/2 l) Wasser
8–10 Stängel frische Pfefferminze (oder 4 Teebeutel Pfefferminztee)
1 Stück Bio-Zitronenschale (etwa 3 cm, unbehandelt, ungewachst)
80 g Zucker
1–2 EL Zitronensaft
300 g Schlagsahne
150 g Joghurt

Zum Bestreuen:
einige in Streifen geschnittene Pfefferminzblättchen

Zum Verzieren und Garnieren:
25 g Zartbitter-Kuvertüre
Pfefferminzblättchen

Insgesamt:
E: 66 g, F: 166 g, Kh: 352 g, kJ: 13531, kcal: 3233

1. Ein Backblech (30 x 40 cm, gefettet) leicht überlappend mit den Backoblaten belegen und andrücken. Den Backofen vorheizen.
2. Für den Teig Butter zerlassen und abkühlen lassen. Eiweiß und Salz mit Handrührgerät mit Rührbesen steifschlagen. Nach und nach Zucker unterschlagen. So lange schlagen, bis sich der Zucker aufgelöst hat.

Minzkuchen

Pfirsich-Tassenkuchen

3. Mehl mit Backpulver mischen, auf den Eischnee geben und vorsichtig unterheben. Butter vorsichtig unterrühren. Den Teig auf den Oblaten verteilen und vorsichtig verstreichen. Das Backblech in den vorgeheizten Backofen schieben.
Ober-/Unterhitze: etwa 200 °C
Heißluft: etwa 180 °C
Backzeit: 15–20 Minuten.
4. Das Backblech auf einen Kuchenrost stellen. Den Gebäckboden darauf erkalten lassen.
5. Für den Belag Gelatine nach Packungsanleitung einweichen. Wasser in einem Topf zum Kochen bringen und von der Kochstelle nehmen. Minze oder Teebeutel und Zitronenschale hineingeben und etwa 10 Minuten zugedeckt ziehen lassen. Zitronen-Minz-Tee durch ein Sieb geben. Gelatine leicht ausdrücken und unter Rühren in dem heißen Tee auflösen. Mit Zucker und Zitronensaft abschmecken und kalt stellen.
6. Wenn der Tee beginnt dicklich zu werden, Sahne steifschlagen und mit dem Joghurt unterheben. Die Creme auf dem Gebäckboden verteilen, mit der in Streifen geschnittenen Minze bestreuen und glattstreichen. Den Kuchen anschließend etwa 2 Stunden kalt stellen.
7. Den Backrahmen vorsichtig mit einem Messer lösen und entfernen. Vor dem Servieren den Kuchen mit aufgelöster Kuvertüre verzieren und mit frischer Minze garnieren.

Fruchtig

Pfirsich-Tassenkuchen

Tassenkuchen (1 Tasse = 150 ml)

Zubereitungszeit: 25 Minuten, ohne Abkühlzeit
Backzeit: 20–25 Minuten

Für den All-in-Teig:
4 Eier (Größe M)
1 Tasse (150 ml) Speiseöl
1 Tasse (150 g) Zucker
2 Pck. Dr. Oetker Pudding-Pulver Vanille-Geschmack
1/2 Tasse (50 g) Weizenmehl
2 gestr. TL Dr. Oetker Backin

Für den Belag:
1 Becher (200–250 g) Pfirsichjoghurt
je 1 große und kleine Dose Pfirsichhälften (Abtropfgewicht 480 g und 240 g)
3 Becher (je 200 g) Schlagsahne
2 Pck. Dr. Oetker Sahnesteif
1 Pck. Dr. Oetker Vanillin-Zucker

Für den Guss:
375 ml (3/8 l) Pfirsichsaft aus den Dosen
2 Pck. Galetta Cremepudding-Pulver Vanille-Geschmack

Insgesamt:
E: 68 g, F: 373 g, Kh: 550 g,
kJ: 25164, kcal: 6013

1. Den Backofen vorheizen. Für den Teig alle Zutaten in eine Rührschüssel geben und mit Handrührgerät mit Rührbesen erst kurz auf niedrigster, dann auf höchster Stufe in etwa 2 Minuten zu einem Teig verrühren. Teig in eine Fettpfanne (30 x 40 cm, gefettet, gemehlt) geben, verstreichen und die Fettpfanne in den vorgeheizten Backofen schieben.
Ober-/Unterhitze: etwa 180 °C
Heißluft: etwa 160 °C
Backzeit: 20–25 Minuten.
2. Den Boden in der Fettpfanne auf einen Kuchenrost stellen und erkalten lassen.
3. Für den Belag inzwischen Fruchtjoghurt verrühren und dünn auf dem Kuchen verstreichen. Pfirsiche in einem Sieb abtropfen lassen, den Saft dabei auffangen. Pfirsiche in Spalten schneiden und auf dem Kuchen verteilen. Sahne mit Sahnesteif und Vanillin-Zucker steifschlagen und auf den Pfirsichen verstreichen.
4. Für den Guss vom Pfirsichsaft 375 ml (3/8 l) abmessen, mit Galetta nach Packungsanleitung, aber mit den hier angegebenen Mengen verrühren. Guss in einen Spritzbeutel mit kleiner Lochtülle oder einen Gefrierbeutel füllen, zügig ein Gitter auf den Kuchen spritzen und den Kuchen bis zum Servieren kalt stellen.

Tipp: Am besten schmeckt der Kuchen, wenn er am Vortag zubereitet wurde.

Rhabarber-Baiser-Kuchen vom Blech

Quark-Aprikosen-Kuchen

Klassisch

Rhabarber-Baiser-Kuchen vom Blech

Zubereitungszeit: 45 Minuten
Backzeit: 35–40 Minuten

Für den Quark-Öl-Teig:
300 g Weizenmehl
1 Pck. Dr. Oetker Backin
150 g Magerquark
100 ml Milch
100 ml Speiseöl
75 g Zucker
1 Pck. Dr. Oetker Vanillin-Zucker
1 Prise Salz

Für den Belag:
1 1/2 kg frischer junger Rhabarber

Für die Baisermasse:
3 Eiweiß (Größe M)
150 g Zucker
50 g abgezogene, gemahlene Mandeln

Insgesamt:
E: 79 g, F: 141 g, Kh: 478 g,
kJ: 14933, kcal: 3566

1. Für den Teig Mehl mit Backpulver in einer Rührschüssel mischen. Quark, Milch, Öl, Zucker, Vanillin-Zucker und Salz hinzufügen. Die Zutaten mit Handrührgerät mit Knethaken auf höchster Stufe in etwa 1 Minute zu einem glatten Teig verarbeiten (nicht zu lange, Teig klebt sonst). Den Teig auf der bemehlten Arbeitsfläche kurz zu einer Rolle formen.
2. Den Backofen vorheizen. Den Teig auf einem Backblech (30 x 40 cm, gefettet) ausrollen. Rhabarber waschen, putzen (nicht abziehen) und in etwa 2 cm lange Stücke schneiden. Den Teig mit dem Rhabarber belegen. Das Backblech in den vorgeheizten Backofen schieben.
Ober-/Unterhitze: etwa 180 °C
Heißluft: etwa 160 °C
Backzeit: 30–35 Minuten.
3. Den Kuchen aus dem Backofen nehmen.
4. Für die Baisermasse Eiweiß sehr steifschlagen. Nach und nach Zucker einrieseln lassen und so lange schlagen, bis der Zucker gelöst ist. Die Mandeln unterheben. Die Masse in einen Spritzbeutel mit großer Sterntülle geben, auf den Kuchen spritzen.
5. Kuchen wieder in den heißen Backofen schieben, das Baiser bei höherer Backtemperatur überbacken, bis die Baisermasse goldbraune Spitzen hat.
Ober-/Unterhitze: etwa 220 °C
Heißluft: etwa 200 °C
Backzeit: 5–10 Minuten.

Tipp: Schmeckt auch gut mit Stachelbeeren.

Gut vorzubereiten

Quark-Aprikosen-Kuchen

Zubereitungszeit: 50 Minuten, ohne Abkühlzeit
Backzeit: etwa 45 Minuten

Für den Knetteig:
300 g Weizenmehl
2 gestr. TL Dr. Oetker Backin
100 g Zucker, 1 Prise Salz
2 Eier (Größe M)
100 g Butter oder Margarine

Für den Belag:
je 1 große und kleine Dose Aprikosenhälften (Abtropfgewicht 380 g und 240 g)

Für die Füllung:
50 g Löffelbiskuits oder Amarettini (ital. Mandelmakronen)
50 g abgezogene, gemahlene Mandeln
1 kg Magerquark
4 Eigelb (Größe M)
150 g Zucker
3–4 EL Zitronensaft
2 Pck. Dr. Oetker Finesse Geriebene Zitronenschale
2 Pck. Saucen-Pulver Vanille-Geschmack
500 g Schlagsahne

Zum Bestreichen und Bestreuen:
50 g abgezogene, gehobelte Mandeln
2 EL Aprikosenkonfitüre

Insgesamt:
E: 235 g, F: 352 g, Kh: 746 g,
kJ: 29929, kcal: 7143

1. Für den Teig Mehl mit Backpulver in einer Rührschüssel mischen. Zucker, Salz, Eier und Butter oder Margarine hinzufügen. Die Zutaten mit Handrührgerät mit Knethaken zunächst kurz auf niedrigster, dann auf höchster Stufe gut durcharbeiten.
2. Anschließend den Teig auf der leicht bemehlten Arbeitsfläche kurz zu einer Rolle verkneten. Den Teig

auf einem Backblech (30 x 40 cm, gefettet) ausrollen. Für den Belag Aprikosen in einem Sieb abtropfen lassen. Den Backofen vorheizen.
3. Für die Füllung Löffelbiskuits oder Amarettini in einen Gefrierbeutel geben und den Beutel verschließen. Löffelbiskuits oder Amarettini mit einer Teigrolle zerbröseln. Gebäckbrösel mit den Mandeln vermischen und auf den Teigboden streuen. Einen Backrahmen darumstellen.
4. Quark mit Eigelb, Zucker, Zitronensaft und -schale und Saucen-Pulver gut verrühren. Sahne steifschlagen und unterheben. Die Quark-Sahne-Masse auf den mit Gebäckbröseln bestreuten Teig geben und verstreichen. Aprikosenhälften mit der Wölbung nach oben darauf verteilen. Das Backblech in den vorgeheizten Backofen schieben.
Ober-/Unterhitze: etwa 200 °C
Heißluft: etwa 180 °C
Backzeit: etwa 45 Minuten.
5. Das Backblech auf einen Kuchenrost stellen. Zum Bestreichen und Bestreuen Mandeln in einer Pfanne ohne Fett leicht bräunen und auf einem Teller erkalten lassen. Konfitüre durch ein Sieb streichen. Den noch heißen Kuchen damit bestreichen und mit den Mandeln bestreuen. Kuchen erkalten lassen. Dann Backrahmen lösen und entfernen.

Raffiniert – mit Alkohol

Spanische Vanilleschnitten

Zubereitungszeit: 60 Minuten, ohne Abkühl- und Kühlzeit
Backzeit: 25–30 Minuten

Für den Rührteig:
8 Eiweiß (Größe M)
75 g Zucker
1 Prise Salz
300 g Marzipan-Rohmasse
75 g weiche Butter
75 g Zucker
Mark von 1 Vanilleschote
8 Eigelb (Größe M)
75 g Weizenmehl
75 g Speisestärke
1 gestr. TL Dr. Oetker Backin
2 EL Raspelschokolade

Für die Canache-Creme:
300 g Zartbitter-Kuvertüre
150 g weiche Butter
60 g gesiebter Puderzucker
75 ml weißer Rum

1 EL kandierte Kirschen

Insgesamt:
E: 118 g, F: 460 g, Kh: 620 g, kJ: 30367, kcal: 7257

Spanische Vanilleschnitten

1. Den Backofen vorheizen. Für den Teig Eiweiß mit Zucker und Salz steifschlagen und beiseitestellen. Marzipan in kleine Stücke schneiden und mit Butter, Zucker und Vanillemark mit Handrührgerät mit Rührbesen auf höchster Stufe in einer großen Rührschüssel geschmeidig rühren. Nach und nach Eigelb unterrühren.
2. Mehl mit Speisestärke und Backpulver mischen, daraufgeben und auf mittlerer Stufe unterrühren. Eischnee unterheben. Einen Backrahmen auf ein Backblech (30 x 40 cm, gefettet, mit Backpapier belegt) stellen. Den Teig darin verteilen, verstreichen und mit Raspelschokolade bestreuen. Das Backblech in den vorgeheizten Backofen schieben.
Ober-/Unterhitze: etwa 180 °C
Heißluft: etwa 160 °C
Backzeit: 25–30 Minuten.
3. Backrahmen lösen und entfernen. Gebäck auf einen mit Backpapier belegten Kuchenrost stürzen und das mitgebackene Backpapier abziehen. Das Gebäck erkalten lassen, dann senkrecht halbieren, so dass 2 Hälften (je etwa 20 x 30 cm) entstehen.
4. Für die Canache-Creme Kuvertüre grob hacken und in einem kleinen Topf im Wasserbad bei schwacher Hitze unter Rühren schmelzen lassen. Die Kuvertüre während des Abkühlens gelegentlich umrühren, bis sie dickflüssig ist. Butter mit Handrührgerät mit Rührbesen geschmeidig rühren. Puderzucker, Rum und abgekühlte Kuvertüre nach und nach unterrühren.
5. Die Canache-Creme etwa 1 Stunde kalt stellen, dann nochmals kurz aufschlagen. Eine Gebäckhälfte mit drei Vierteln der Creme bestreichen. Zweite Gebäckhälfte darauflegen und leicht andrücken. Die restliche Creme in einen Spritzbeutel füllen und auf den in Schnitten eingeteilten Kuchen spritzen. Kuchen mit geviertelten Belegkirschen garnieren, kalt stellen.

Tipp: Die Schnitten statt mit kandierten Kirschen mit Schoko-Ornamenten garnieren.

Raffiniert – mit Alkohol

Apfel-Wein-Kuchen vom Blech

Zubereitungszeit: 60 Minuten, ohne Abkühlzeit
Backzeit: etwa 55 Minuten

Für den Knetteig:
300 g Weizenmehl
50 g Speisestärke
1 gestr. TL Dr. Oetker Backin
150 g Zucker
1 Pck. Dr. Oetker Vanillin-Zucker
1 Prise Salz
2 Eier (Größe M)
150 g Butter oder Margarine

Für die Apfelfüllung:
2 kg säuerliche Äpfel (z. B. Elstar)
Saft von 1 Zitrone
3 Pck. Dr. Oetker Pudding-Pulver Vanille-Geschmack
150 g Zucker
2 Pck. Dr. Oetker Vanillin-Zucker
500 ml (1/2 l) Weißwein
500 ml (1/2 l) klarer Apfelsaft

Für den Weinguss:
3 Pck. Tortenguss, klar
100 g Zucker
375 ml (3/8 l) Weißwein
300 ml klarer Apfelsaft

Insgesamt:
E: 60 g, F: 160 g, Kh: 1100 g,
kJ: 28180, kcal: 6720

1. Den Backofen vorheizen. Für den Teig Mehl mit Speisestärke und Backpulver in einer Rührschüssel mischen. Übrige Zutaten für den Teig hinzufügen und alles mit Handrührgerät mit Knethaken zunächst kurz auf niedrigster, dann auf höchster Stufe zu einem Teig verarbeiten. Anschließend den Teig auf der leicht bemehlten Arbeitsfläche kurz zu einer Rolle formen.

2. Den Teig auf einem Backblech (30 x 40 cm, gefettet) ausrollen, mit einer Gabel mehrmals einstechen und einen Backrahmen darumstellen. Das Backblech in den vorgeheizten Backofen schieben und den Boden vorbacken.
Ober-/Unterhitze: etwa 200 °C
Heißluft: etwa 180 °C
Backzeit: etwa 15 Minuten.

3. Für die Füllung inzwischen die Äpfel waschen, schälen, vierteln, entkernen, in kleine Würfel schneiden und mit Zitronensaft beträufeln. Pudding-Pulver mit Zucker, Vanillin-Zucker, Wein und Apfelsaft nach Packungsanleitung, aber mit den hier angegebenen Zutaten zubereiten. Apfelwürfel sofort unterrühren.

4. Das Backblech auf einen Kuchenrost stellen. Die Füllung auf dem vorgebackenen Boden verteilen und verstreichen. Das Backblech wieder in den Backofen schieben und **bei gleicher Backtemperatur in etwa 40 Minuten fertig backen.**

5. Das Backblech wieder auf einen Kuchenrost stellen und den Kuchen darauf erkalten lassen.

6. Für den Weinguss Tortenguss mit Zucker, Wein und Apfelsaft nach Packungsanleitung, aber mit den hier angegebenen Zutaten zubereiten. Den Guss auf dem erkalteten Apfelkuchen verteilen und fest werden lassen. Den Backrahmen vorsichtig lösen und entfernen.

Tipp: Den Kuchen mit Sahnetupfen verzieren und mit gehackten Pistazien und Mandeln garnieren (Foto). Für Kinder den Kuchen als Apfelsaftkuchen nur mit Apfelsaft zubereiten.

Apfel-Wein-Kuchen vom Blech

Orangen-Pudding-Kuchen

Zubereitungszeit: 45 Minuten, ohne Abkühlzeit
Backzeit: 15–20 Minuten

Für den Rührteig:
200 g Butter oder Margarine
150 g Zucker
1 Pck. Dr. Oetker Vanillin-Zucker
4 Eier (Größe M)
250 g Weizenmehl
3 gestr. TL Dr. Oetker Backin

Für die Füllung:
2 Eiweiß (Größe M)
2 Pck. Dr. Oetker Pudding-Pulver Vanille-Geschmack
50 g Zucker
250 ml (1/4 l) Orangensaft
2 Eigelb (Größe M)
500 ml (1/2 l) Milch

Für den Belag:
500 g Schlagsahne
40 g Zucker
1 Pck. Dr. Oetker Vanillin-Zucker
2 Pck. Dr. Oetker Sahnesteif
3 EL Orangensaft

Nach Belieben zum Garnieren:
einige Orangenfilets
Zitronenmelisseblättchen

Insgesamt:
E: 101 g, F: 392 g, Kh: 580 g,
kJ: 26187, kcal: 6248

Orangen-Pudding-Kuchen

1. Den Backofen vorheizen. Für den Teig Butter oder Margarine mit Handrührgerät mit Rührbesen auf höchster Stufe geschmeidig rühren. Nach und nach Zucker und Vanillin-Zucker unterrühren. So lange rühren, bis eine gebundene Masse entstanden ist.
2. Eier nach und nach unterrühren (jedes Ei etwa 1/2 Minute). Mehl mit Backpulver mischen, in 2 Portionen auf mittlerer Stufe unterrühren. Den Teig auf ein Backblech (30 x 40 cm, gefettet) geben und verstreichen. Das Backblech in den vorgeheizten Backofen schieben.
Ober-/Unterhitze: etwa 180 °C
Heißluft: etwa 160 °C
Backzeit: 15–20 Minuten.
3. Das Backblech auf einen Kuchenrost stellen und den Gebäckboden darauf erkalten lassen.
4. Für die Füllung Eiweiß so steifschlagen, dass ein Messerschnitt sichtbar bleibt. Pudding-Pulver mit Zucker mischen und mit Orangensaft und Eigelb glattrühren. Milch in einem Topf zum Kochen bringen, von der Kochstelle nehmen und angerührtes Pudding-Pulver einrühren. Den Pudding unter Rühren zum Kochen bringen, etwa 1 Minute unter Rühren aufkochen lassen und von der Kochstelle nehmen. Eischnee sofort unter den heißen Pudding heben. Die Puddingmasse auf dem Gebäckboden glattstreichen und erkalten lassen.
5. Für den Belag Sahne mit Zucker, Vanillin-Zucker und Sahnesteif steifschlagen. Orangensaft unterrühren und die Sahnemasse wellenartig auf die Puddingmasse streichen. Den Kuchen nach Belieben mit Orangenfilets und Zitronenmelisseblättchen garnieren.

Tipp: Der Kuchen kann gut am Vortag zubereitet werden. Die Kuchenoberfläche mit kleinen Schoko-Butterkeksen oder Schoko-Orangenkeksen garnieren.

Raffiniert – mit Alkohol

Stachelbeer-Schmand-Kuchen mit Amaretto

Zubereitungszeit: 35 Minuten, ohne Abkühl- und Kühlzeit
Backzeit: 20–25 Minuten

Für den All-in-Teig:
100 g Zartbitter-Schokolade
375 g Weizenmehl
3 gestr. TL Dr. Oetker Backin
200 g Zucker
1/2 Fläschchen Bittermandel-Aroma
1 Ei (Größe M)
250 g weiche Butter oder Margarine
100 ml Amaretto (Mandellikör)

Für den Belag:
1 Glas Stachelbeeren (Abtropfgewicht 395 g)
50 g Amarettini (ital. Mandelmakronen)

Für die Creme:
400 g Schmand (Sauerrahm)
150 g Gelierzucker (1:1-Produkt)
Saft von 1 Zitrone
500 g Schlagsahne

Nach Belieben zum Verzieren:
Zartbitter-Schokolade

Insgesamt:
E: 88 g, F: 494 g, Kh: 855 g,
kJ: 36096, kcal: 8624

1. Für den Teig Schokolade hacken und beiseitestellen. Den Backofen vorheizen. Mehl mit Backpulver in einer Rührschüssel mischen. Restliche Zutaten hinzufügen und alles mit Handrührgerät mit Rührbesen erst kurz auf niedrigster, dann auf höchster Stufe in etwa 2 Minuten zu einem Teig verarbeiten. Schokolade zuletzt kurz unterrühren.
2. Dann den Teig auf ein Backblech (30 x 40 cm, gefettet, mit Backpapier belegt) geben und verstreichen.
3. Für den Belag Stachelbeeren in einem Sieb gut abtropfen lassen. Stachelbeeren und Amarettini gleichmäßig auf dem Teig verteilen und leicht andrücken. Das Backblech in den vorgeheizten Backofen schieben.
Ober-/Unterhitze: 180–200 °C
Heißluft: 160–180 °C
Backzeit: 20–25 Minuten.
4. Das Backblech auf einen Kuchenrost stellen und den Kuchen darauf erkalten lassen.
5. Für die Creme Schmand mit Gelierzucker und Zitronensaft gut verrühren. Sahne steifschlagen und unter die Schmandmasse heben. Die Hälfte der Creme in einen Spritzbeutel mit kleiner Lochtülle füllen. Restliche Creme auf die Stachelbeeren geben und glattstreichen. Die Creme aus dem Spritzbeutel in Streifen auf den Kuchen spritzen und den Kuchen kalt stellen.
6. Schokolade in einem kleinen Topf im Wasserbad bei schwacher Hitze unter Rühren schmelzen lassen. Nach Belieben den Kuchen mit aufgelöster Schokolade besprenkeln.

Einfach

Israelkuchen

Zubereitungszeit: 30 Minuten, ohne Abkühlzeit
Backzeit: 21-23 Minuten

Für den Rührteig:
250 g Butter oder Margarine
175 g Zucker
1 Pck. Dr. Oetker Vanillin-Zucker
1 Pck. Dr. Oetker Finesse Geriebene Zitronenschale
3 Eier (Größe M), 2 Eigelb (Größe M)
250 g Weizenmehl
1 gestr. TL Dr. Oetker Backin

Zum Bestreichen:
2 Eiweiß (Größe M)
75 g brauner Zucker (Kandisfarin)

Stachelbeer-Schmand-Kuchen mit Amaretto

Israelkuchen

100 g abgezogene, gehackte Mandeln

Nach Belieben zum Bestäuben:
Puderzucker

Insgesamt:
E: 83 g, F: 304 g, Kh: 452 g,
kJ: 20184, kcal: 4859

1. Den Backofen vorheizen. Für den Teig Butter oder Margarine in einer Rührschüssel mit Handrührgerät mit Rührbesen auf höchster Stufe geschmeidig rühren. Nach und nach Zucker, Vanillin-Zucker und Zitronenschale unterrühren. So lange rühren, bis eine gebundene Masse entstanden ist. Eier und Eigelb nach und nach unterrühren (jedes Ei etwa 1/2 Minute).
2. Mehl mit Backpulver mischen und in 2 Portionen auf mittlerer Stufe kurz unterrühren. Den Teig auf einem Backblech (30 x 40 cm, gefettet) verstreichen und das Backblech in den vorgeheizten Backofen schieben.
Ober-/Unterhitze: etwa 180 °C
Heißluft: etwa 160 °C
Backzeit: etwa 15 Minuten.
3. Zum Bestreichen Eiweiß sehr steifschlagen und den braunen Zucker unterrühren. Mandeln unterheben. Das Backblech auf einen Kuchenrost stellen und die Masse mit einem in Wasser getauchten Esslöffel gleichmäßig auf den Kuchen streichen. Das Backblech wieder in den heißen Backofen schieben und den Kuchen **bei gleicher Backtemperatur 6–8 Minuten überbacken.**
4. Anschließend das Backblech auf einen Kuchenrost stellen und den Kuchen darauf erkalten lassen.
5. Nach Belieben den Kuchen vor dem Servieren mit Papierstreifen belegen, mit Puderzucker bestäuben und die Papierstreifen wieder vorsichtig abnehmen.

Tipp: Bevor die Eiweißmasse auf den Kuchen gestrichen wird, den Teig mit 100 g Orangenmarmelade bestreichen. Statt der gehackten Mandeln gehobelte Mandeln verwenden.

Haselnuss-Becherkuchen

Schnell zubereitet

Haselnuss-Becherkuchen

Zubereitungszeit: 20 Minuten, ohne Abkühlzeit
Backzeit: 20–25 Minuten

Für den Knetteig:
1 Becher (200 g) Schlagsahne
3 Becher (je 125 g) Weizenmehl
2 gestr. TL Dr. Oetker Backin
1 Becher (200 g) Zucker
1 Pck. Dr. Oetker Vanillin-Zucker

Für den Belag:
1 Becher (200 g) Zucker
2 Pck. (je 100 g) gehobelte Haselnusskerne
1/2 Pck. (125 g) weiche Butter

Insgesamt:
E: 106 g, F: 402 g, Kh: 682 g,
kJ: 29235, kcal: 6983

1. Den Backofen vorheizen. Für den Teig Sahne in eine Rührschüssel geben, Becher ausspülen und abtrocknen. Mehl mit dem Becher abmessen, mit Backpulver mischen und zur Sahne in die Rührschüssel geben.
2. Restliche Zutaten für den Teig hinzufügen und mit Handrührgerät mit Knethaken zunächst kurz auf niedrigster, dann auf höchster Stufe gut durcharbeiten.
3. Anschließend den Teig auf der leicht bemehlten Arbeitsfläche kurz verkneten und eine Rolle formen. Teig auf einem Backblech (30 x 40 cm, gefettet) ausrollen. Das Backblech in den vorgeheizten Backofen schieben und den Boden vorbacken.
Ober-/Unterhitze: etwa 200 °C
Heißluft: etwa 180 °C
Backzeit: etwa 10 Minuten.
4. Für den Belag inzwischen Zucker mit Haselnusskernen und der Butter in einen Topf geben und unter Rühren aufkochen lassen. Die Masse etwas abkühlen lassen.
5. Das Backblech auf einen Kuchenrost stellen. Die leicht abgekühlte Masse auf den vorgebackenen Boden streichen, den Kuchen wieder in den heißen Backofen schieben und **bei gleicher Backtemperatur in 10–15 Minuten fertig backen**. Den Kuchen mit dem Backblech auf einen Kuchenrost stellen und erkalten lassen.

Gut vorzubereiten

Fress-mich-dumm-Kuchen

Zubereitungszeit: 35 Minuten, ohne Abkühlzeit
Backzeit: 15–20 Minuten

Für den Knetteig:
250 g Weizenmehl
3 gestr. TL Dr. Oetker Backin
100 g Zucker
1 Prise Salz
je 3 Tropfen Butter-Vanille- und Bittermandel-Aroma
1 Ei (Größe M)
150 g Butter oder Margarine

Für die Creme:
1/2 Pck. Dr. Oetker Pudding-Pulver Vanille-Geschmack
50 g Zucker
250 ml (1/4 l) Milch
125 g Butter
25 g Kokosfett

Für den Belag:
250 g Walnusskerne, grob gehackt
125 g Butter, 100 g Zucker
50 g Zartbitter-Kuvertüre

Insgesamt:
E: 80 g, F: 555 g, Kh: 512 g, kJ: 30958, kcal: 7401

1. Den Backofen vorheizen. Für den Teig Mehl mit Backpulver in einer Rührschüssel mischen. Zucker, Salz, Aromen, Ei und Butter oder Margarine hinzufügen. Die Zutaten mit Handrührgerät mit Knethaken zunächst kurz auf niedrigster, dann auf höchster Stufe gut durcharbeiten.
2. Anschließend den Teig auf einer leicht bemehlten Arbeitsfläche kurz verkneten. Den Teig auf einem Backblech (gefettet) etwa 1/2 cm dick zu einem Quadrat (etwa 30 x 30 cm) ausrollen und mehrmals mit einer Gabel einstechen. Das Backblech in den vorgeheizten Backofen schieben.

Fress-mich-dumm-Kuchen

Ober-/Unterhitze: etwa 200 °C
Heißluft: etwa 180 °C
Backzeit: 15–20 Minuten.
3. Den Boden auf dem Backblech auf einem Kuchenrost erkalten lassen.
4. Für die Creme aus Pudding-Pulver, Zucker und Milch nach Packungsanleitung einen Pudding zubereiten und unter gelegentlichem Umrühren erkalten lassen (nicht kalt stellen).
5. Butter und Kokosfett zerlassen, etwas abkühlen lassen und fast kalt unter Rühren zu dem Pudding geben. Die Creme gut verrühren und auf dem erkalteten Boden verstreichen.
6. Für den Belag die Walnusskerne in einer Pfanne mit Butter und Zucker rösten und noch warm auf der Creme verteilen. Die Kuvertüre in einem kleinen Topf im Wasserbad bei schwacher Hitze unter Rühren schmelzen lassen. Kuvertüre in einen Gefrierbeutel geben, eine Ecke abschneiden und den Kuchen mit der Kuvertüre besprenkeln.

Abwandlung: Für eine Erwachsenenversion anstelle der Walnusskerne abgezogene, gehobelte Mandeln verwenden und die Creme mit 2–3 Esslöffeln Amaretto abschmecken.

Einfach

Beeren-Schmand-Kuchen

Zubereitungszeit: 45 Minuten, ohne Abkühlzeit
Backzeit: etwa 40 Minuten

Für den Streuselteig:
500 g Weizenmehl
200 g Zucker
1 Pck. Dr. Oetker Vanillin-Zucker
1 gestr. TL gemahlener Zimt
1 Prise Salz
1 Ei (Größe M)
250 g Butter oder Margarine

Für den Guss:
500 g Schmand (Sauerrahm)
3 Eier (Größe M)
70 g Zucker
1 Pck. Dr. Oetker Finesse Geriebene Zitronenschale

Für den Belag:
450 g gemischte, frische Beerenfrüchte (z. B. rote Johannisbeeren, Heidelbeeren, Brombeeren oder TK-Beerenfrüchte)

Zum Bestäuben:
evtl. 4 EL Puderzucker

Insgesamt:
E: 82 g, F: 368 g, Kh: 695 g,
kJ: 27233, kcal: 6440

1. Den Backofen vorheizen. Für den Teig Mehl in eine Schüssel geben und mit Zucker, Vanillin-Zucker, Zimt und Salz mischen. Ei und Butter oder Margarine hinzufügen und alles mit Handrührgerät mit Rührbesen zunächst kurz auf niedrigster, dann auf höchster Stufe zu Streuseln verarbeiten.

2. Zwei Drittel der Teigstreusel auf einem Backblech (30 x 40 cm, gefettet) verteilen und zu einem Boden andrücken. Das Backblech in den vorgeheizten Backofen schieben.
Ober-/Unterhitze: etwa 180 °C
Heißluft: etwa 160 °C
Backzeit: etwa 15 Minuten.

3. Das Backblech auf einen Kuchenrost stellen und den Boden darauf abkühlen lassen.

4. Für den Guss Schmand mit Eiern, Zucker und Zitronenschale verrühren. Den Schmandguss auf den abgekühlten Streuselboden streichen.

5. Für den Belag Beerenfrüchte verlesen, evtl. abspülen, abtropfen lassen und evtl. entstielen. Beerenfrüchte (TK-Früchte gefroren) auf dem Schmandguss verteilen und die restlichen Teigstreusel darüberstreuen. Den Kuchen wieder in den heißen Backofen schieben und den Kuchen **bei gleicher Backtemperatur in etwa 25 Minuten fertig backen.**

6. Das Backblech auf einen Kuchenrost stellen. Den Kuchen darauf erkalten lassen und evtl. mit Puderzucker bestäuben.

Tipp: Der Kuchen lässt sich sehr gut einfrieren. Dann den Kuchen aufgetaut im vorgeheizten Backofen bei etwa 160 °C (Ober-/Unterhitze) oder etwa 140 °C (Heißluft) in etwa 5 Minuten aufbacken.

Einfach

Apfelmus-Streuselkuchen

Zubereitungszeit: 30 Minuten
Backzeit: etwa 50 Minuten

Für den Streuselteig:
500 g Weizenmehl
1 Pck. Dr. Oetker Backin
200 g Zucker
1 Pck. Dr. Oetker Vanillin-Zucker
1 gestr. TL gemahlener Zimt
1 Ei (Größe M)
250 g Butter oder Margarine

Für die Füllung:
3 Gläser Apfelmus
(Einwaage je 370 g)
100 g Rosinen

Insgesamt:
E: 64 g, F: 230 g, Kh: 757 g,
kJ: 22461, kcal: 5360

1. Für den Teig Mehl mit Backpulver in einer Rührschüssel mischen. Zucker, Vanillin-Zucker, Zimt, Ei und Butter oder Margarine hinzufügen. Die Zutaten mit Handrührgerät mit Rührbesen zunächst kurz auf niedrigster, dann auf höchster Stufe zu Streuseln verarbeiten.

2. Den Backofen vorheizen. Gut die Hälfte der Streusel auf ein Backblech (30 x 40 cm, gefettet) geben und zu einem Boden andrücken.

3. Für die Füllung Apfelmus mit Rosinen verrühren und auf dem Teig verteilen. Restliche Streusel daraufstreuen. Das Backblech in den vorgeheizten Backofen schieben.
Ober-/Unterhitze: etwa 180 °C
Heißluft: etwa 160 °C
Backzeit: etwa 50 Minuten.

4. Das Backblech auf einen Kuchenrost stellen. Den Kuchen erkalten lassen und in Stücke schneiden.

Tipp: Die Rosinen können ersatzlos weggelassen werden.

Beeren-Schmand-Kuchen

Apfelmus-Streuselkuchen

Fruchtig

Aprikosen-Biskuitschnitten

Zubereitungszeit: 50 Minuten, ohne Abkühl- und Kühlzeit
Backzeit: etwa 15 Minuten

Für den Biskuitteig:
4 Eier (Größe M)
4 EL heißes Wasser
125 g Zucker
1 Pck. Dr. Oetker Vanillin-Zucker
75 g Weizenmehl
50 g Speisestärke
1 Msp. Dr. Oetker Backin

Für die Füllung:
8 Blatt weiße Gelatine
1 Dose Aprikosenhälften (Abtropfgewicht 480 g)
300 g Joghurt
75 g Zucker
1 EL Aprikosenlikör oder Zitronensaft
25 g gehackte Pistazienkerne
200 g Schlagsahne

Zum Bestreichen und Bestreuen:
4 EL Aprikosenkonfitüre
1 EL Wasser
gehackte Pistazienkerne

Insgesamt:
E: 79 g, F: 130 g, Kh: 477 g,
kJ: 14703, kcal: 3513

1. Den Backofen vorheizen. Für den Teig Eier und Wasser mit Handrührgerät mit Rührbesen auf höchster Stufe in 1 Minute schaumig schlagen. Zucker und Vanillin-Zucker mischen, in 1 Minute unter Rühren einstreuen, noch etwa 2 Minuten weiterschlagen.
2. Mehl mit Speisestärke und Backpulver mischen, auf die Eiercreme geben und kurz auf niedrigster Stufe unterrühren.
3. Dann den Teig auf ein Backblech (30 x 40 cm, gefettet, mit Backpapier belegt) geben und verstreichen. Das Backblech in den vorgeheizten Backofen schieben.
Ober-/Unterhitze: etwa 200 °C
Heißluft: etwa 180 °C
Backzeit: etwa 15 Minuten.
4. Die Biskuitplatte sofort nach dem Backen auf mit Zucker bestreutes Backpapier stürzen, mitgebackenes Backpapier mit kaltem Wasser bestreichen und vorsichtig, aber schnell abziehen. Die Biskuitplatte erkalten lassen und anschließend senkrecht halbieren, so dass 2 Platten (etwa 30 x 20 cm) entstehen.
5. Für die Füllung Gelatine nach Packungsanleitung einweichen. Aprikosenhälften in einem Sieb abtropfen lassen. Die Hälfte der Aprikosenhälften pürieren, die restlichen Aprikosenhälften in kleine Würfel schneiden.
6. Joghurt mit Zucker, Likör oder Zitronensaft und Pistazienkernen verrühren. Die leicht ausgedrückte Gelatine in einem kleinen Topf unter Rühren auflösen. Aufgelöste Gelatine mit etwas von der Joghurtmasse verrühren, dann unter die restliche Joghurtmasse rühren. Aprikosenpüree unterheben und die Masse kalt stellen.
7. Wenn die Joghurt-Aprikosen-Masse beginnt dicklich zu werden, Sahne steifschlagen. Aprikosenwürfel und Sahne unter die Masse heben. Die Joghurt-Aprikosen-Creme auf eine Gebäckhälfte streichen, die zweite Gebäckhälfte darauflegen und leicht andrücken. Den Kuchen etwa 2 Stunden kalt stellen.
8. Zum Bestreichen Konfitüre durch ein Sieb streichen und mit Wasser in einem kleinen Topf unter Rühren gut aufkochen lassen. Die Kuchenoberfläche damit bestreichen und mit Pistazienkernen bestreuen.

Aprikosen-Biskuitschnitten

Für Kinder

Himbeer-Joghurt-Schnitten

Zubereitungszeit: 40 Minuten, ohne Abkühl- und Kühlzeit
Backzeit: 15–20 Minuten

Für den Biskuitteig:
50 g Butter
3 Eier (Größe M), 100 g Zucker
1 Pck. Dr. Oetker Vanillin-Zucker
100 g Weizenmehl
1 Msp. Dr. Oetker Backin

Zum Bestreichen:
100 g Zartbitter-Kuvertüre

Für die Füllung:
4 Blatt weiße Gelatine
6 Becher (je 150 g) Götterspeise Himbeer-Geschmack (aus dem Kühlregal)
500 g Joghurt, 50 g Zucker
400 g Schlagsahne
200 g Himbeeren

Zum Garnieren:
200 g Schlagsahne
1 Becher (150 g) Götterspeise Himbeer-Geschmack (aus dem Kühlregal)
100 g Himbeeren

Insgesamt:
E: 751 g, F: 301 g, Kh: 465 g, kJ: 33923, kcal: 8111

Himbeer-Joghurt-Schnitten

1. Für den Teig Butter zerlassen und abkühlen lassen. Den Backofen vorheizen. Eier mit Handrührgerät mit Rührbesen auf höchster Stufe in 1 Minute schaumig schlagen. Zucker mit Vanillin-Zucker mischen, in 1 Minute unter Rühren einstreuen, dann noch etwa 2 Minuten weiterschlagen. Mehl mit Backpulver mischen, auf die Eiercreme geben und kurz auf niedrigster Stufe unterrühren. Butter kurz unterrühren.

2. Einen Backrahmen (etwa 25 x 25 cm) auf ein Backblech (gefettet, mit Backpapier belegt) stellen. Den Teig in den Backrahmen füllen und verstreichen. Das Backblech in den vorgeheizten Backofen schieben.
Ober-/Unterhitze: etwa 180 °C
Heißluft: etwa 160 °C
Backzeit: 15–20 Minuten.

3. Den Biskuit vorsichtig vom Backrahmen lösen und den Backrahmen entfernen. Biskuit auf ein mit Zucker bestreutes Backpapier stürzen und erkalten lassen. Kuvertüre in einem kleinen Topf im Wasserbad bei schwacher Hitze unter Rühren schmelzen lassen. Den Gebäckboden damit bestreichen und die Kuvertüre fest werden lassen. Dann den Boden umdrehen, so dass die Schokoseite unten liegt. Den gesäuberten Backrahmen darumstellen.

4. Für die Füllung Gelatine nach Packungsanleitung einweichen. 5 Becher von der Götterspeise in einen Topf geben und langsam erwärmen. Götterspeise aus dem sechsten Becher stürzen und in Würfel schneiden. Gelatine ausdrücken und mit der Götterspeise im Topf unter Rühren auflösen. Die Masse abkühlen lassen. Joghurt und Zucker unterrühren und die Masse kalt stellen.

5. Wenn die Masse beginnt dicklich zu werden, Sahne steifschlagen und mit der gewürfelten Götterspeise und verlesenen Himbeeren unterheben. Die Masse auf den Gebäckboden füllen.

6. Zum Garnieren Sahne mit Sahnesteif steifschlagen. Sahne in einen Spritzbeutel mit kleiner Sterntülle füllen. Sahne als kleine Tupfer tief in die Creme spritzen. Den Kuchen mit gewürfelter Götterspeise und verlesenen Himbeeren bestreuen und etwa 2 Stunden kalt stellen.

7. Vor dem Servieren den Backrahmen mit einem Messer lösen und entfernen. Die Torte in Quadrate schneiden.

Bienenstich

Freiburger Apfelkuchen

Klassisch – beliebt

Bienenstich

Zubereitungszeit: 50 Minuten, ohne Teiggeh- und Abkühlzeit
Backzeit: etwa 15 Minuten

Für den Hefeteig:
200 ml Milch
50 g Butter oder Margarine
375 g Weizenmehl
1 Pck. Dr. Oetker Trockenbackhefe
50 g Zucker
1 Pck. Dr. Oetker Vanillin-Zucker
1 Prise Salz
1 Ei (Größe M)

Für den Belag:
200 g Butter
100 g Zucker
1 Pck. Dr. Oetker Vanillin-Zucker
2 EL Honig
4 EL Schlagsahne
200 g abgezogene, gehobelte Mandeln

Für die Füllung:
2 Pck. Dr. Oetker Pudding-Pulver Vanille-Geschmack
750 ml (3/4 l) Milch
100 g Zucker
100 g Butter

Insgesamt:
E: 120 g, F: 460 g, Kh: 660 g,
kJ: 30280, kcal: 7220

1. Für den Teig Milch leicht erwärmen, Butter oder Margarine darin zerlassen. Mehl in einer Rührschüssel sorgfältig mit Trockenbackhefe vermischen. Restliche Zutaten für den Teig und die warme Milch-Fett-Mischung hinzufügen und die Zutaten mit Handrührgerät mit Knethaken erst kurz auf niedrigster, dann auf höchster Stufe in etwa 5 Minuten zu einem glatten Teig verarbeiten. Teig zugedeckt an einem warmen Ort so lange gehen lassen, bis er sich sichtbar vergrößert hat.
2. Für den Belag Butter mit Zucker, Vanillin-Zucker, Honig und Sahne unter Rühren langsam erhitzen, gut aufkochen lassen und die Mandeln unterrühren. Masse abkühlen lassen, dabei gelegentlich umrühren.
3. Den Teig leicht mit Mehl bestäuben, aus der Schüssel nehmen und auf der leicht bemehlten Arbeitsfläche nochmals gut durchkneten. Teig in einer Fettpfanne oder einem Backblech mit hohem Rand (30 x 40 cm, gefettet) ausrollen. Den Backofen vorheizen. Den Belag gleichmäßig auf dem Teig verstreichen und den Teig nochmals so lange gehen lassen, bis er sich sichtbar vergrößert hat. Die Fettpfanne oder das Backblech in den vorgeheizten Backofen schieben.
Ober-/Unterhitze: etwa 200 °C
Heißluft: etwa 180 °C
Backzeit: etwa 15 Minuten.
4. Das Gebäck in der Fettpfanne oder auf dem Backblech auf einem Kuchenrost erkalten lassen. Dann das Gebäck senkrecht halbieren und jede Hälfte einmal waagerecht durchschneiden.
5. Für die Füllung aus Pudding-Pulver, Milch und Zucker nach Packungsanleitung, aber mit nur 750 ml (3/4 l) Milch einen Pudding zubereiten und die Butter in kleinen Stücken im heißen Pudding verrühren. Die Creme erkalten lassen, dabei gelegentlich durchrühren. Die Gebäckhälften mit der erkalteten Creme füllen.

Für Gäste

Freiburger Apfelkuchen

Zubereitungszeit: 60 Minuten, ohne Abkühlzeit
Backzeit: etwa 45 Minuten

Für den Knetteig:
375 g Weizenmehl
1 gestr. TL Dr. Oetker Backin
75 g Zucker
1 Pck. Dr. Oetker Vanillin-Zucker
1 Ei (Größe M)
250 g Butter oder Margarine

Für den Belag:
2 kg säuerliche Äpfel
75 g Zucker
75 g Rosinen
1 gestr. TL gemahlener Zimt
75 g gehobelte Haselnusskerne
evtl. etwas Zucker

Für den Guss:
4 Zwieback
4 Eigelb (Größe M)
125 g Zucker
1 Pck. Dr. Oetker Vanillin-Zucker
250 g saure Sahne
4 Eiweiß (Größe M)
25 g gehobelte Haselnusskerne

Insgesamt:
E: 108 g, F: 347 g, Kh: 850 g,
kJ: 29180, kcal: 6975

1. Den Backofen vorheizen. Für den Teig Mehl mit Backpulver in einer

Rührschüssel mischen. Zucker, Vanillin-Zucker, Ei und Butter oder Margarine hinzufügen. Die Zutaten mit Handrührgerät mit Knethaken zunächst kurz auf niedrigster, dann auf höchster Stufe gut durcharbeiten. Anschließend den Teig auf der leicht bemehlten Arbeitsfläche kurz verkneten.

2. Den Teig auf einem Backblech (30 x 40 cm, gefettet) ausrollen und mehrmals mit einer Gabel einstechen. Das Backblech in den vorgeheizten Backofen schieben und den Boden vorbacken.
Ober-/Unterhitze: etwa 200 °C
Heißluft: etwa 180 °C
Backzeit: etwa 15 Minuten.

3. Das Backblech auf einen Kuchenrost stellen und etwas abkühlen lassen.

4. Für den Belag Äpfel schälen, vierteln, entkernen und in kleine Stücke schneiden. Apfelstücke mit Zucker, Rosinen und Zimt in einem Topf unter Rühren andünsten, abkühlen lassen. Haselnusskerne unterrühren und die Masse evtl. mit Zucker abschmecken. Die Apfelmasse auf dem vorgebackenen Gebäckboden verteilen.

5. Für den Guss Zwieback fein reiben. Eigelb mit Zucker und Vanillin-Zucker schaumig schlagen. Geriebenen Zwieback und saure Sahne unterrühren. Eiweiß steifschlagen und unterheben. Den Guss gleichmäßig auf der Apfelmasse verteilen. Haselnusskerne daraufstreuen. Das Backblech wieder in den heißen Backofen schieben und den Kuchen **bei gleicher Backtemperatur in etwa 30 Minuten fertig backen.**

Erdbeer-Quark-Schnitten

Beliebt

Erdbeer-Quark-Schnitten

Zubereitungszeit: 50 Minuten, ohne Abkühl- und Kühlzeit
Backzeit: etwa 25 Minuten

Für den All-in-Teig:
200 g Weizenmehl
50 g Speisestärke
1 Pck. Dr. Oetker Backin
250 g Zucker
1 Pck. Dr. Oetker Vanillin-Zucker
6 Eier (Größe M)
125 g weiche Butter oder Margarine
100 g abgezogene, gemahlene Mandeln

Zum Bestreichen:
200 g Zartbitter-Schokolade

Für den Erdbeerbelag:
1 kg Erdbeeren
500 g Schlagsahne
1 Pck. Tortencreme Erdbeer-Sahne (Cremepulver)
200 ml Wasser
2 EL Amaretto (Mandellikör)
250 g Magerquark
100 g Erdbeer-Schokoriegel
Zitronenmelisseblättchen

Insgesamt:
E: 162 g, F: 465 g, Kh: 801 g, kJ: 34361, kcal: 8203

1. Den Backofen vorheizen. Für den Teig Mehl mit Speisestärke und Backpulver in einer Rührschüssel mischen. Zucker, Vanillin-Zucker, Eier, Butter oder Margarine dazugeben und mit Handrührgerät mit Rührbesen zunächst kurz auf niedrigster, dann auf höchster Stufe in etwa 2 Minuten zu einem Teig verarbeiten. Die Mandeln kurz unterrühren.

2. Einen Backrahmen auf ein Backblech (30 x 40 cm, gefettet) stellen, den Teig auf dem Backblech verteilen und verstreichen. Das Backblech in den vorgeheizten Backofen schieben.
Ober-/Unterhitze: etwa 180 °C
Heißluft: etwa 160 °C
Backzeit: etwa 25 Minuten.

3. Das Backblech auf einem Kuchenrost erkalten lassen.

4. Zum Bestreichen Schokolade in einem kleinen Topf im Wasserbad bei schwacher Hitze unter Rühren schmelzen lassen. Den Boden damit bestreichen und fest werden lassen.

5. Für den Erdbeerbelag Erdbeeren waschen, abtropfen lassen und putzen. Drei Viertel der Erdbeeren in kleine Würfel schneiden, den Rest zum Garnieren halbieren oder vierteln. Sahne steifschlagen.

6. Cremepulver in eine Rührschüssel geben und mit Wasser und Amaretto mit dem Schneebesen etwa 1/2 Minute verrühren. Quark unterrühren und die steifgeschlagene Sahne unterheben. Zuletzt die gewürfelten Erdbeeren unterheben. Die Masse sofort auf den Boden geben und glattstreichen. Kuchen 2–3 Stunden kalt stellen.

7. Die halbierten oder geviertelten Erdbeeren dekorativ auf der Creme verteilen. Schokoladenriegel in schräge Stücke schneiden und mit auf die Schnitten legen. Die Schnitten mit Zitronenmelisse garnieren.

Schnell zubereitet

Galetta-Bienenstich

Zubereitungszeit: 30 Minuten, ohne Abkühlzeit
Backzeit: etwa 12 Minuten

Für den Biskuitteig:
4 Eier (Größe M)
150 g Zucker
1 Pck. Dr. Oetker Vanillin-Zucker
1 Pck. Dr. Oetker Finesse Geriebene Zitronenschale
150 g Weizenmehl
15 g Speisestärke
2 gestr. TL Dr. Oetker Backin

Zum Bestreuen:
50 g abgezogene, gehobelte Mandeln
20 g Zucker
30 g Butter

Für die Füllung:
1 Pck. Galetta Cremepudding-Pulver Vanille-Geschmack
600 g Schlagsahne

Insgesamt:
E: 65 g, F: 264 g, Kh: 398 g,
kJ: 17975, kcal: 4291

1. Den Backofen vorheizen. Für den Teig Eier in einer Rührschüssel auf höchster Stufe in 1 Minute schaumig schlagen. Zucker mit Vanillin-Zucker und Zitronenschale mischen, in 1 Minute unter Rühren einstreuen, dann noch etwa 2 Minuten weiterschlagen.
2. Mehl mit Speisestärke und Backpulver mischen, auf die Eiercreme geben und kurz auf niedrigster Stufe unterrühren. Den Teig auf einem Backblech (30 x 40 cm, gefettet, mit Backpapier belegt) verteilen und vorsichtig verstreichen.
3. Mandeln und Zucker auf die Hälfte des Teiges streuen und Butter in Flöckchen darauf setzen. Das Backblech in den vorgeheizten Backofen schieben.
Ober-/Unterhitze: etwa 200 °C
Heißluft: etwa 180 °C
Backzeit: etwa 12 Minuten.
4. Das Backblech mit Biskuitplatte etwa 5 Minuten auf einem Kuchenrost abkühlen lassen, dann den Rand mit einem Messer lösen und die Biskuitplatte mit dem Backpapier auf die Arbeitsfläche stürzen. Das mitgebackene Backpapier vorsichtig abziehen. Den Kuchen erkalten lassen, dann waagerecht halbieren, so dass 2 Hälften entstehen – eine mit und eine ohne Mandeln.
5. Für die Füllung Pudding-Pulver nach Packungsanleitung, aber mit der angegebenen Menge Sahne aufschlagen und auf der Gebäckhälfte ohne Mandeln verstreichen. Die andere Gebäckhälfte so darauflegen, dass die Mandeln oben sind, und etwas andrücken. Den Kuchen 1–2 Stunden kalt stellen.

Beliebt – mit Alkohol

Kirsch-Schmand-Kuchen mit Eierlikörguss

Zubereitungszeit: 30 Minuten, ohne Abkühlzeit
Backzeit: etwa 25 Minuten

Zum Vorbereiten:
2 Gläser Sauerkirschen (Abtropfgewicht je 370 g)

Für den Rührteig:
4 Eier (Größe M), 250 g Zucker
1 Pck. Dr. Oetker Vanillin-Zucker
125 ml (1/8 l) Speiseöl
150 ml Ginger Ale oder Mineralwasser
250 g Weizenmehl
3 gestr. TL Dr. Oetker Backin

Für den Belag:
500 g Schlagsahne
3 Pck. Dr. Oetker Vanillin-Zucker
3 Pck. Dr. Oetker Sahnesteif
600 g Schmand (Sauerrahm)

Für den Eierlikörguss:
400 ml Eierlikör
2 Pck. Saucen-Pulver Vanille-Geschmack, ohne Kochen

Insgesamt:
E: 105 g, F: 469 g, Kh: 833 g,
kJ: 35044, kcal: 8360

1. Zum Vorbereiten Sauerkirschen in einem Sieb gut abtropfen lassen. Den Backofen vorheizen.
2. Für den Teig Eier, Zucker und Vanillin-Zucker mit Handrührgerät mit Rührbesen auf höchster Stufe in gut 1 Minute schaumig schlagen. Speiseöl und Ginger Ale oder Mineralwasser unterrühren.
3. Mehl mit Backpulver mischen und in 2 Portionen kurz auf mittlerer Stufe unterrühren. Einen Backrah-

Galetta-Bienenstich

men auf ein Backblech (30 x 40 cm, gefettet) stellen. Den Teig hineingeben und verstreichen. Backblech in den vorgeheizten Backofen schieben.
Ober-/Unterhitze: etwa 180 °C
Heißluft: etwa 160 °C
Backzeit: etwa 25 Minuten.
4. Das Backblech mit Backrahmen auf einen Kuchenrost stellen und den Boden darauf erkalten lassen.
5. Für den Belag die Sauerkirschen auf dem Gebäckboden verteilen. Die Sahne mit Vanillin-Zucker und Sahnesteif steifschlagen. Schmand verrühren und die steifgeschlagene Sahne unterheben. Die Creme auf den Sauerkirschen verteilen und glatt verstreichen.
6. Für den Guss Eierlikör mit Saucen-Pulver gut verrühren und auf der Sahne-Schmand-Creme verteilen. Den Kuchen etwa 1 Stunde kalt stellen, bis der Guss fest geworden ist.
7. Vor dem Servieren den Backrahmen mit Hilfe eines Messers lösen und entfernen.

Kirsch-Schmand-Kuchen mit Eierlikörguss

Mandarinen-Schmand-Kuchen

Für Kinder

Mandarinen-Schmand-Kuchen

Zubereitungszeit: 45 Minuten, ohne Abkühlzeit
Backzeit: etwa 40 Minuten

Für den Quark-Öl-Teig:
300 g Weizenmehl
3 gestr. TL Dr. Oetker Backin
75 g Zucker
1 Pck. Dr. Oetker Vanillin-Zucker
1 Prise Salz
125 g Magerquark
100 ml Milch
100 ml Speiseöl

Für den Belag:
4 Dosen Mandarinen (Abtropfgewicht je 175 g)
2 Pck. Dr. Oetker Pudding-Pulver Vanille-Geschmack
100 g Zucker
750 ml (3/4 l) Milch
500 g Schmand (Sauerrahm)
50 g abgezogene, gestiftelte Mandeln

Für den Guss:
200 g Puderzucker
3 EL Zitronensaft

Insgesamt:
E: 100 g, F: 260 g, Kh: 860 g, kJ: 26240, kcal: 3260

1. Für den Teig Mehl mit Backpulver in einer Rührschüssel mischen. Restliche Zutaten für den Teig hinzufügen und alles mit Handrührgerät mit Knethaken auf höchster Stufe zu einem glatten Teig verarbeiten (nicht zu lange kneten, Teig klebt sonst). Anschließend den Teig auf der bemehlten Arbeitsfläche kurz zu einer Rolle formen. Den Teig auf einem Backblech (30 x 40 cm, gefettet) ausrollen und einen Backrahmen darumstellen.
2. Den Backofen vorheizen. Für den Belag Mandarinen in einem Sieb gut abtropfen lassen. Aus Pudding-Pulver, Zucker und Milch nach Packungsanleitung, aber mit den hier angegebenen Zutaten einen Pudding kochen. Schmand unterrühren und die warme Masse auf den Teig streichen. Mandarinen auf der Pudding-Schmand-Masse verteilen und Mandeln darüberstreuen. Das Backblech in den vorgeheizten Backofen schieben.
Ober-/Unterhitze: etwa 180 °C
Heißluft: etwa 160 °C
Backzeit: etwa 40 Minuten.
3. Das Backblech auf einen Kuchenrost stellen und den Kuchen darauf erkalten lassen. Anschließend den Backrahmen vorsichtig mit Hilfe eines Messers lösen und entfernen.
4. Für den Guss Puderzucker mit so viel Zitronensaft anrühren, dass ein dickflüssiger Guss entsteht. Den Guss mit Hilfe eines Teelöffels über den Kuchen sprenkeln.

Tipp: Wenn Sie keinen Backrahmen haben, können Sie den Kuchen auch in einer Fettpfanne backen. Nach Belieben 4 Esslöffel Aprikosenkonfitüre durch ein Sieb streichen, mit 2 Esslöffeln Wasser in einem kleinen Topf etwas einkochen lassen und den noch warmen Kuchen damit bestreichen. Dann die Mandeln nicht mitbacken, sondern in einer Pfanne ohne Fett bräunen, auf einem Teller erkalten lassen und zum Schluss auf dem Kuchen verteilen.

Mit Alkohol

Lumumba-Schnitten

Zubereitungszeit: 35 Minuten, ohne Abkühl- und Kühlzeit
Backzeit: etwa 25 Minuten

Für den Rührteig:
200 g Butter oder Margarine
150 g Zucker
1 Pck. Dr. Oetker Vanillin-Zucker
1 Prise Salz
4 Eier (Größe M)
300 g Weizenmehl
25 g Kakaopulver
4 gestr. TL Dr. Oetker Backin
300 g Schoko-Sahne-Pudding (aus dem Kühlregal)
100 g Zartbitter-Raspelschokolade

Zum Bestreichen:
2 EL Rum

Für den Belag:
8 Blatt weiße Gelatine
75 g Zucker
30 g Kakaopulver
400 ml Milch
75 ml Rum
500 g Schlagsahne

Zum Bestreuen:
100 g Edelbitter-Schokolade

Insgesamt:
E: 130 g, F: 476 g, Kh: 633 g,
kJ: 32142, kcal: 7683

Lumumba-Schnitten

1. Den Backofen vorheizen. Für den Teig Butter oder Margarine mit Handrührgerät mit Rührbesen auf höchster Stufe geschmeidig rühren. Nach und nach Zucker, Vanillin-Zucker und Salz unterrühren. So lange rühren, bis eine gebundene Masse entstanden ist.

2. Eier nach und nach unterrühren (jedes Ei etwa 1/2 Minute). Mehl mit Kakaopulver und Backpulver mischen und in 2 Portionen auf mittlerer Stufe unterrühren. Zuletzt Schoko-Sahne-Pudding und Raspelschokolade kurz unterrühren.

3. Den Teig auf einem Backblech (30 x 40 cm, gefettet, gemehlt) verteilen und verstreichen. Das Backblech in den vorgeheizten Backofen schieben.
Ober-/Unterhitze: etwa 180 °C
Heißluft: etwa 160 °C
Backzeit: etwa 25 Minuten.

4. Das Backblech auf einen Kuchenrost stellen und die Gebäckplatte darauf erkalten lassen. Anschließend die Platte mit Rum bestreichen und einen Backrahmen darumstellen.

5. Für den Belag Gelatine nach Packungsanleitung einweichen. Zucker mit Kakao in einem Topf mischen, nach und nach die Milch mit einem Schneebesen unterrühren. Milchmischung zum Kochen bringen, in eine Rührschüssel geben, die leicht ausgedrückte Gelatine unter Rühren darin auflösen und die Flüssigkeit abkühlen lassen. Dann Rum unterrühren und die Mischung kalt stellen.

6. Wenn die Mischung beginnt dicklich zu werden, Sahne steifschlagen und unterheben. Die Schokosahne auf den Boden verteilen und glattstreichen.

7. Zum Bestreuen die Schokolade mit einem Sparschäler oder einer Küchenreibe raspeln und die Oberfläche dick damit bestreuen. Den Kuchen 2–3 Stunden kalt stellen.

Tipp: Zum Bestreuen können Sie statt Edelbitter-Schokolade auch fertige Zartbitter-Raspelschokolade verwenden. Wer es fruchtiger mag, kann eine Dose Aprikosenhälften (Abtropfgewicht 480 g) gut abtropfen lassen, Aprikosen in kleine Stücke schneiden und vor der Schokosahne auf dem Boden verteilen. Noch raffinierter sieht die Dekoration aus, wenn Sie Schokoladenlocken zubereiten. Dazu Schokolade auflösen, dünn auf ein Stück Backpapier streichen und fest werden lassen, aber nicht kalt stellen. Dann mit einem Spachtel breite Schokolocken schieben und diese vorsichtig mit Hilfe von Gabeln auf die Schnitten legen (Foto).

Beliebt

Orangen-Schmand-Kuchen

Zubereitungszeit: 60 Minuten, ohne Abkühl- und Kühlzeit
Backzeit: etwa 12 Minuten

Für den Biskuitteig:
4 Eier (Größe M)
2 EL heißes Wasser
125 g Zucker
1 Pck. Dr. Oetker Vanillin-Zucker
125 g Weizenmehl
25 g Speisestärke
1 gestr. TL Dr. Oetker Backin

Zum Bestreichen:
3 geh. EL Orangenmarmelade
2 EL Wasser

Für die Creme:
10 Blatt weiße Gelatine
800 g Schmand (Sauerrahm)
100 g Zucker
100 g Fruchtgetränkepulver Orangen-Geschmack
600 g Schlagsahne

Für den Belag:
2 Dosen Fruchtcocktail (Abtropfgewicht je 400 g)
6 Blatt weiße Gelatine
500 ml (1/2 l) Fruchtsaft aus den Dosen

Insgesamt:
E: 83 g, F: 415 g, Kh: 711 g,
kJ: 29510, kcal: 6946

1. Den Backofen vorheizen. Für den Teig Eier und Wasser mit Handrührgerät mit Rührbesen auf höchster Stufe in 1 Minute schaumig schlagen. Zucker mit Vanillin-Zucker mischen, in 1 Minute unter Rühren einstreuen, noch etwa 2 Minuten weiterschlagen.
2. Mehl mit Speisestärke und Backpulver mischen, auf die Eiercreme geben und kurz auf niedrigster Stufe unterrühren. Einen Backrahmen auf ein Backblech (30 x 40 cm, gefettet, gemehlt) stellen. Den Teig darin verteilen und verstreichen. Das Backblech in den vorgeheizten Backofen schieben.
Ober-/Unterhitze: etwa 200 °C
Heißluft: etwa 180 °C
Backzeit: etwa 12 Minuten.
3. Das Backblech auf einen Kuchenrost stellen und den Boden darauf etwas abkühlen lassen.
4. Zum Bestreichen Orangenmarmelade nach Belieben durch ein Sieb streichen, mit Wasser gut aufkochen lassen und auf den vorgebackenen Boden streichen.
5. Für die Creme die Gelatine nach Packungsanleitung einweichen. Schmand mit Zucker und Getränkepulver verrühren. Gelatine leicht ausdrücken und in einem kleinen Topf bei schwacher Hitze auflösen. Gelatine mit 2–3 Esslöffeln von der Schmandmasse verrühren, dann die Mischung unter die restliche Schmandmasse rühren und die Masse kalt stellen. Sahne steifschlagen und unterheben. Die Schmandcreme gleichmäßig auf den Boden verstreichen und den Kuchen etwa 2 Stunden kalt stellen.
6. Für den Belag Fruchtcocktail in einem Sieb abtropfen lassen, den Saft dabei auffangen und 500 ml (1/2 l) abmessen. Die Früchte auf der fest gewordenen Creme verteilen. Gelatine nach Packungsanleitung einweichen, dann ausdrücken und auflösen. Den Saft mit der Gelatine verrühren und kalt stellen. Wenn der Saft beginnt dicklich zu werden, ihn auf den Früchten verteilen und den Kuchen nochmals 1–2 Stunden kalt stellen. Dann den Backrahmen vorsichtig mit einem Messer lösen und entfernen.

Tipp: Der Fruchtsaft kann statt mit Gelatine auch ganz schnell mit 2 Päckchen klarem Tortenguss nach Packungsanleitung gefestigt werden. Mini-Äpfel aus der Dose abtropfen lassen, in Zucker oder Hagelzucker wenden und den Kuchen damit garnieren.

Orangen-Schmand-Kuchen

Beliebt

Mohn-Quark-Kuchen

Zubereitungszeit: 45 Minuten, ohne Abkühlzeit
Backzeit: etwa 50 Minuten

Für den Knetteig:
375 g Weizenmehl
1 gestr. TL Dr. Oetker Backin
75 g Zucker
1 Pck. Dr. Oetker Vanillin-Zucker
2 Eier (Größe M)
175 g weiche Butter oder Margarine

Für den Quarkbelag:
75 g Butter, 2 Eiweiß (Größe M)
750 g Magerquark, 150 g Zucker
2 Eigelb (Größe M), 1 Prise Salz
abgeriebene Schale von 1/2 Bio-Zitrone (unbehandelt, ungewachst)
1 Pck. Käsekuchen-Hilfe

Für den Mohnbelag:
1 Pck. (250 g) Mohnback (backfertige Mohnfüllung)
2 EL flüssiger Honig
2 Eier (Größe M)
100 g Sultaninen

Zum Aprikotieren:
3–4 geh. EL Aprikosenkonfitüre
3 EL Wasser

Insgesamt:
E: 200 g, F: 320 g, Kh: 820 g,
kJ: 27720, kcal: 6620

1. Für den Teig Mehl mit Backpulver in einer Rührschüssel mischen. Restliche Zutaten hinzufügen und alles mit Handrührgerät mit Knethaken zunächst kurz auf niedrigster, dann auf höchster Stufe zu einem Teig verarbeiten. Anschließend den Teig auf der leicht bemehlten Arbeitsfläche kurz zu einer Rolle formen.
2. Für den Quarkbelag Butter zerlassen und abkühlen lassen. Eiweiß steifschlagen. Quark mit Zucker, Eigelb, Salz, Zitronenschale, zerlassener Butter und Käsekuchen-Hilfe verrühren. Eischnee unterheben.
3. Für den Mohnbelag Mohnfüllung mit Honig, Eiern und Sultaninen verrühren. Zwei Drittel des Teiges auf einem Backblech (30 x 40 cm, gefettet) ausrollen und den Quarkbelag gleichmäßig darauf verstreichen. Dann den Mohnbelag darauf verteilen und vorsichtig verstreichen. Den restlichen Teig dünn ausrollen, etwa 1 cm breite Streifen ausrädeln und die Teigstreifen als Gitter auf die Mohnmasse legen. Das Backblech in den vorgeheizten Backofen schieben.
Ober-/Unterhitze: etwa 180 °C
Heißluft: etwa 160 °C
Backzeit: etwa 50 Minuten.
4. Zum Aprikotieren Konfitüre durch ein Sieb streichen, mit Wasser unter Rühren gut aufkochen lassen und die Teigstreifen sofort nach dem Backen mit Hilfe eines Backpinsels damit bestreichen. Das Backblech auf einen Kuchenrost stellen und den Kuchen darauf erkalten lassen.

Tipp: Sie können die abgeriebene Schale der 1/2 unbehandelten Zitrone durch 1 Päckchen Finesse Geriebene Zitronenschale ersetzen.

Mohn-Quark-Kuchen

Für Gäste

Prosecco-Erfrischungsecken

Zubereitungszeit: 45 Minuten, ohne Abkühl- und Kühlzeit
Backzeit: 20–25 Minuten

Für den Rührteig:
175 g Butter oder Margarine
150 g Zucker
1 Pck. Dr. Oetker Finesse Geriebene Zitronenschale
1 Prise Salz
5 Eier (Größe M)
350 g Weizenmehl
1 Pck. Dr. Oetker Backin
etwa 6 EL Milch

Für den Belag:
2 Dosen Mandarinen (Abtropfgewicht je 175 g)
1 Pck. Käse-Sahne-Tortencreme (Cremepulver)
200 ml Prosecco
500 g Schlagsahne
250 g Zitronenjoghurt

Zum Verzieren und Garnieren:
250 g Schlagsahne
1 Pck. Dr. Oetker Vanillin-Zucker
1 Pck. (75 g) Erfrischungsstäbchen

Insgesamt:
E: 115 g, F: 438 g, Kh: 730 g,
kJ: 31348, kcal: 7476

1. Den Backofen vorheizen. Für den Teig Butter oder Margarine mit Handrührgerät mit Rührbesen auf höchster Stufe geschmeidig rühren. Nach und nach Zucker, Zitronenschale und Salz unterrühren. So lange rühren, bis eine gebundene Masse entstanden ist. Eier nach und nach unterrühren (jedes Ei etwa 1/2 Minute).
2. Mehl mit Backpulver mischen und in 2 Portionen abwechselnd mit der Milch auf mittlerer Stufe kurz unterrühren. Den Teig auf ein Backblech (30 x 40 cm, gefettet, gemehlt) geben und verstreichen. Das Backblech in den vorgeheizten Backofen schieben.
Ober-/Unterhitze: etwa 200 °C
Heißluft: etwa 180 °C
Backzeit: 20–25 Minuten.
3. Das Backblech auf einen Kuchenrost stellen. Den Gebäckboden erkalten lassen und einen Backrahmen darumstellen.
4. Für den Belag Mandarinen in einem Sieb gut abtropfen lassen und auf dem Gebäckboden verteilen. Tortencreme nach Packungsanleitung, aber mit 200 ml Prosecco, 500 g Sahne und 250 g Zitronenjoghurt zubereiten. Die Creme auf die Mandarinen geben und glattstreichen. Den Kuchen 2–3 Stunden kalt stellen.
5. Den Backrahmen lösen und entfernen. Den Kuchen in etwa 15 x 15 cm große Quadrate schneiden, diese diagonal halbieren, so dass Dreiecke entstehen, und auf einer Kuchenplatte anrichten.
6. Zum Verzieren und Garnieren Sahne mit Vanillin-Zucker steifschlagen und in einen Spritzbeutel mit Lochtülle füllen. Tuffs auf die Dreiecke spritzen und die Schnitten mit Erfrischungsstäbchen garnieren.

Prosecco-Erfrischungsecken

Pfirsichschnitten

Beliebt

Pfirsichschnitten

Zubereitungszeit: 35 Minuten
Backzeit: etwa 25 Minuten

Für den Belag:
2 Dosen Pfirsichhälften
(Abtropfgewicht je 500 g)

Für den Rührteig:
150 g Butter oder Margarine
150 g Zucker
1 Pck. Dr. Oetker Vanillin-Zucker
1 Prise Salz
5 Tropfen Zitronen-Aroma
4 Eier (Größe M)
250 g Weizenmehl
3 gestr. TL Dr. Oetker Backin

Für die Streusel:
150 g Weizenmehl
75 g Zucker
1 Pck. Dr. Oetker Vanillin-Zucker
100 g weiche Butter

Für den Guss:
100 g Puderzucker
3 EL Zitronensaft

Insgesamt:
E: 80 g, F: 400 g, Kh: 640 g,
kJ: 20920, kcal: 5000

1. Für den Belag Pfirsichhälften in einem Sieb gut abtropfen lassen. Den Backofen vorheizen.
2. Für den Teig Butter oder Margarine in einer Rührschüssel mit Handrührgerät mit Rührbesen geschmeidig rühren. Nach und nach Zucker, Vanillin-Zucker, Salz und Zitronen-Aroma unterrühren. So lange rühren, bis eine gebundene Masse entstanden ist. Eier nach und nach unterrühren (jedes Ei etwa 1/2 Minute).
3. Mehl mit Backpulver mischen und in 2 Portionen kurz auf mittlerer Stufe unterrühren. Den Teig auf ein Backblech (30 x 40 cm, gefettet) geben und verstreichen. Pfirsichhälften in Scheiben schneiden und auf dem Teig verteilen.
4. Für die Streusel Mehl mit Zucker, Vanillin-Zucker und Butter in eine Rührschüssel geben. Alles mit Handrührgerät mit Rührbesen zu Streuseln verarbeiten und auf den Pfirsichen verteilen. Das Backblech in den vorgeheizten Backofen schieben.
Ober-/Unterhitze: etwa 180 °C
Heißluft: etwa 160 °C
Backzeit: etwa 25 Minuten.
5. Für den Guss Puderzucker mit Zitronensaft verrühren und sofort nach dem Backen den Guss mit einem Backpinsel auf dem Gebäck verteilen. Pfirsichschnitten auf dem Backblech auf einem Kuchenrost erkalten lassen.

Tipp: Anstelle von Pfirsichhälften können Sie auch 2 Dosen Tortenpfirsiche in Schnitten (Abtropfgewicht je 500 g) verwenden.

Sanddorn-Orangen-Schnitten

Russischer Zupfkuchen vom Blech

Raffiniert

Sanddorn-Orangen-Schnitten

Zubereitungszeit: 45 Minuten, ohne Abkühl- und Kühlzeit
Backzeit: etwa 12 Minuten

Für den Biskuitteig:
50 g Daim® Minis (etwa 10 Stück)
4 Eier (Größe M), 2 EL heißes Wasser
125 g Zucker
1 Pck. Dr. Oetker Vanillin-Zucker
25 g Weizenmehl
1 gestr. TL Dr. Oetker Backin
100 g gemahlene Haselnusskerne

Zum Tränken:
8–10 EL Orangensaft

Für die Sanddorn-Orangen-Creme:
6 Blatt weiße Gelatine
300 ml Sanddorn mit Honig (aus der Flasche, Reformhaus)
125 ml (1/8 l) Orangensaft
500 g Schlagsahne

Zum Garnieren:
100 g Daim® Minis (etwa 20 Stück)
2 TL Kakaopulver

Insgesamt:
E: 75 g, F: 303 g, Kh: 527 g,
kJ: 21545, kcal: 5134

1. Für den Teig Daim® Minis klein hacken. Den Backofen vorheizen. Eier und Wasser mit Handrührgerät mit Rührbesen auf höchster Stufe in 1 Minute schaumig schlagen. Zucker mit Vanillin-Zucker mischen, in 1 Minute unter Rühren einstreuen, dann noch etwa 2 Minuten weiterschlagen.
2. Mehl mit Backpulver mischen, auf die Eiercreme geben und auf niedrigster Stufe unterrühren. Haselnusskerne und Daim®-Stücke unterheben. Einen Backrahmen auf ein Backblech (30 x 40 cm, gefettet, gemehlt) stellen. Den Teig hineingeben und glattstreichen. Das Backblech in den vorgeheizten Backofen schieben.
Ober-/Unterhitze: etwa 200 °C
Heißluft: etwa 180 °C
Backzeit: etwa 12 Minuten.
3. Das Backblech auf einen Kuchenrost stellen und den Biskuitboden erkalten lassen. Backrahmen lösen und entfernen. Den Biskuitboden senkrecht halbieren, so dass 2 Hälften (je etwa 20 x 30 cm) entstehen, und den gesäuberten Backrahmen um eine Biskuithälfte stellen. Die Biskuithälfte mit der Hälfte des Orangensafts tränken.
4. Für die Creme Gelatine nach Packungsanleitung einweichen. Sanddorn in eine Rührschüssel geben. Gelatine leicht ausdrücken und in einem kleinen Topf mit etwas Orangensaft unter Rühren auflösen.
5. Aufgelöste Gelatine mit dem restlichen Orangensaft verrühren, die Mischung mit dem Sanddorn verrühren und kalt stellen. Wenn die Sanddornmasse beginnt dicklich zu werden, Sahne steifschlagen und unterheben.
6. Die Hälfte der Sanddorn-Orangen-Creme auf den getränkten Biskuitboden streichen. Creme mit dem zweiten Biskuitboden belegen und diesen mit dem restlichen Orangensaft tränken. Restliche Sanddorn-Orangen-Creme daraufgeben und glattstreichen. Den Kuchen etwa 2 Stunden kalt stellen.
7. Zum Garnieren Backrahmen lösen und entfernen. Kuchenoberfläche mit den Daim® Minis belegen und dick mit Kakaopulver bestäuben.

®Registered trademark of Kraft Foods.

Beliebt

Russischer Zupfkuchen vom Blech ✓

Zubereitungszeit: 40 Minuten, ohne Abkühlzeit
Backzeit: etwa 45 Minuten

Für den Knetteig:
425 g Weizenmehl
40 g Kakaopulver
3 gestr. TL Dr. Oetker Backin

200 g Zucker
2 Pck. Dr. Oetker Vanillin-Zucker
2 Eier (Größe M)
250 g Butter oder Margarine

Für die Füllung:
375 g Butter oder Margarine
1 kg Magerquark
250 g Zucker
2 Pck. Dr. Oetker Vanillin-Zucker
2 Pck. Dr. Oetker Pudding-Pulver Vanille-Geschmack
4 Eier (Größe M)

Insgesamt:
E: 223 g, F: 578 g, Kh: 889 g,
kJ: 40939, kcal: 9779

1. Für den Teig Mehl mit Kakao und Backpulver in einer Rührschüssel mischen. Zucker, Vanillin-Zucker, Eier und Butter oder Margarine hinzufügen. Die Zutaten mit Handrührgerät mit Knethaken zunächst kurz auf niedrigster, dann auf höchster Stufe gut durcharbeiten.
2. Anschließend den Teig auf der leicht bemehlten Arbeitsfläche kurz verkneten. Zwei Drittel des Teiges auf einem Backblech (30 x 40 cm, gefettet) ausrollen. Einen Backrahmen darumstellen. Den Backofen vorheizen.
3. Für die Füllung Butter oder Margarine zerlassen und abkühlen lassen. Quark mit Zucker, Vanillin-Zucker, Pudding-Pulver und Eiern in einer Schüssel mit Handrührgerät mit Rührbesen verrühren. Flüssige Butter oder Margarine unterrühren. Alles zu einer einheitlichen Masse verrühren, auf dem Teig verteilen und verstreichen. Den restlichen Teig in kleine Stücke zupfen und auf der Füllung verteilen. Das Backblech in den vorgeheizten Backofen schieben.
Ober-/Unterhitze: 160–180 °C
Heißluft: 140–160 °C
Backzeit: etwa 45 Minuten.
4. Das Backblech auf einen Kuchenrost stellen und den Kuchen darauf erkalten lassen. Den Backrahmen mit einem Messer vorsichtig lösen und entfernen.

Fruchtig

Nektarinenschnitten

Zubereitungszeit: 40 Minuten, ohne Abkühl- und Kühlzeit
Backzeit: etwa 40 Minuten

Für den Rührteig:
150 g Butter oder Margarine
150 g Zucker
1 Pck. Dr. Oetker Vanillin-Zucker
5 Tropfen Zitronen-Aroma
1 Prise Salz
4 Eier (Größe M)
250 g Weizenmehl
3 gestr. TL Dr. Oetker Backin

Für den Belag:
1 kg Nektarinen

Für die Creme:
10 Blatt weiße Gelatine
600 g Joghurt
150 g Zucker
1 Pck. Dr. Oetker Finesse Geriebene Zitronenschale
400 g Schlagsahne

Zum Garnieren:
1 Nektarine
1 EL Zitronensaft

Insgesamt:
E: 102 g, F: 304 g, Kh: 645 g,
kJ: 24697, kcal: 5901

1. Für den Teig Butter oder Margarine mit Handrührgerät mit Rührbesen auf höchster Stufe geschmeidig rühren. Nach und nach Zucker, Vanillin-Zucker, Aroma und Salz unterrühren. So lange rühren, bis eine gebundene Masse entstanden ist. Eier nach und nach unterrühren (jedes Ei etwa 1/2 Minute). Mehl mit Backpulver mischen und in 2 Portionen auf mittlerer Stufe kurz unterrühren. Den Backofen vorheizen.
2. Einen Backrahmen auf ein Backblech (30 x 40 cm, gefettet) stellen, den Teig hineingeben und verstreichen. Für den Belag Nektarinen waschen, abtrocknen, halbieren, entsteinen, in dickere Spalten schneiden (achteln) und auf dem Teig verteilen. Das Backblech in den vorgeheizten Backofen schieben.
Ober-/Unterhitze: etwa 180 °C
Heißluft: etwa 160 °C
Backzeit: etwa 40 Minuten.
3. Das Backblech auf einen Kuchenrost stellen und den Kuchen im Backrahmen darauf erkalten lassen.
4. Für die Creme die Gelatine nach Packungsanleitung einweichen. Joghurt mit Zucker und Zitronenschale verrühren. Gelatine leicht ausdrücken, in einem kleinen Topf bei schwacher Hitze unter Rühren auflösen. Gelatine mit 2–3 Esslöffeln von dem Joghurt verrühren, dann die Mischung unter den restlichen Joghurt rühren und die Masse kalt stellen.
5. Sobald die Masse beginnt dicklich zu werden, Sahne steifschlagen und unterheben. Die Joghurtcreme auf dem Kuchen glattstreichen. Den Kuchen 2–3 Stunden kalt stellen.
6. Backrahmen vorsichtig lösen und entfernen. Nektarine waschen, entsteinen und in dünne Scheiben schneiden. Scheiben mit Zitronensaft bepinseln. Gebäck in Schnitten schneiden und mit je 1 dünnen Nektarinenscheibe garnieren.

Nektarinenschnitten

Für Kinder

Wackelschnitten

Zubereitungszeit: 50 Minuten, ohne Abkühl- und Kühlzeit
Backzeit: etwa 30 Minuten

Für den Rührteig:
1 Dose Ananasstücke oder -scheiben (Abtropfgewicht 340 g)
250 g Butter oder Margarine
250 g Zucker
1 Pck. Dr. Oetker Vanillin-Zucker
4 Eier (Größe M)
250 g Weizenmehl
3 gestr. TL Dr. Oetker Backin

Für den Belag:
8 Blatt weiße Gelatine
500 g Kefir oder Dickmilch
100 g Zucker
100 ml Ananassaft aus der Dose
200 g Schlagsahne

Zum Garnieren:
2–3 Becher (je 125 g) Götterspeise Himbeer-Geschmack (aus dem Kühlregal)
2–3 Becher (je 125 g) Götterspeise Waldmeister-Geschmack (aus dem Kühlregal)

Insgesamt:
E: 101 g, F: 307 g, Kh: 759 g, kJ: 26197, kcal: 6251

1. Für den Teig Ananasstücke oder -scheiben in einem Sieb gut abtropfen lassen, den Saft dabei auffangen. Ananasstücke oder -scheiben kleiner schneiden. Den Backofen vorheizen.
2. Butter oder Margarine mit Handrührgerät mit Rührbesen auf höchster Stufe geschmeidig rühren. Nach und nach Zucker und Vanillin-Zucker unterrühren. So lange rühren, bis eine gebundene Masse entstanden ist.
3. Eier nach und nach unterrühren (jedes Ei etwa 1/2 Minute). Mehl mit Backpulver mischen und in 2 Portionen auf mittlerer Stufe kurz unterrühren. Einen Backrahmen auf ein Backblech (30 x 40 cm, gefettet) stellen und den Teig gleichmäßig darin verstreichen. Abgetropfte Ananasstücke auf dem Teig verteilen, leicht andrücken und das Backblech dann in den vorgeheizten Backofen schieben.
Ober-/Unterhitze: etwa 180 °C
Heißluft: etwa 160 °C
Backzeit: etwa 30 Minuten.
4. Den Boden mit dem Backrahmen auf dem Backblech auf einen Kuchenrost stellen und erkalten lassen.
5. Für den Belag Gelatine nach Packungsanleitung einweichen. Kefir oder Dickmilch mit Zucker in eine Rührschüssel geben und verrühren. Gelatine leicht ausdrücken und mit dem Ananassaft in einem kleinen Topf bei schwacher Hitze unter Rühren auflösen. Gelatine-Ananas-Flüssigkeit unter den Kefir oder die Dickmilch rühren und kalt stellen.
6. Sobald die Masse beginnt dicklich zu werden, Sahne steifschlagen und in 2 Portionen mit Hilfe eines Schneebesens unterrühren. Die Creme auf den erkalteten Boden im Backrahmen geben, gleichmäßig verteilen und den Kuchen 2–3 Stunden kalt stellen.
7. Zum Garnieren vor dem Servieren Götterspeise mit Hilfe eines Messers aus den Bechern lösen, stürzen und vorsichtig in runde Scheiben schneiden. Die meisten Scheiben halbieren und als „Schmetterlingsflügel" dekorativ auf dem Kuchen verteilen.
8. Von einer Scheibe Götterspeise schmale Streifen für die „Fühler" schneiden und anlegen. Restliche Scheiben Götterspeise in kleine Würfel schneiden und auf die Kuchenoberfläche streuen. Den Backrahmen mit Hilfe eines Messers lösen und entfernen.

Tipp: Sie können die Götterspeise aus den Bechern auch nur in kleine Würfel schneiden und dekorativ auf dem Kuchen verteilen.

Raffiniert

Kokos-Bienenstich mit Karamellcreme

Zubereitungszeit: 60 Minuten, ohne Teiggeh- und Abkühlzeit
Backzeit: etwa 15 Minuten

Für den Hefeteig:
200 ml Milch
50 g Butter oder Margarine
375 g Weizenmehl
1 Pck. Dr. Oetker Trockenbackhefe
50 g Zucker
1 Pck. Dr. Oetker Vanillin-Zucker
1 Prise Salz
1 Ei (Größe M)

Für den Belag:
125 g Akazienhonig
150 g Butter
50 g Zucker
1 Pck. Dr. Oetker Vanillin-Zucker
5 EL Schlagsahne
150 g Kokosraspel

Für die Füllung:
3 Pck. Dr. Oetker Pudding-Pulver Karamell-Geschmack
125 g Zucker
750 ml (3/4 l) Milch
250 g Schlagsahne

Insgesamt:
E: 101 g, F: 395 g, Kh: 822 g,
kJ: 30944, kcal: 7391

1. Für den Teig Milch leicht erwärmen und Butter oder Margarine darin zerlassen. Mehl in einer Rührschüssel sorgfältig mit der Hefe vermischen. Zucker, Vanillin-Zucker, Salz, Ei und die warme Milch-Fett-Mischung hinzufügen.
2. Die Zutaten mit Handrührgerät mit Knethaken zunächst kurz auf niedrigster, dann auf höchster Stufe in etwa 5 Minuten zu einem glatten Teig verarbeiten. Den Teig zugedeckt so lange an einem warmen Ort gehen lassen, bis er sich sichtbar vergrößert hat.

Kokos-Bienenstich mit Karamellcreme

3. Für den Belag Honig mit Butter, Zucker, Vanillin-Zucker und Sahne in einem Topf unter Rühren langsam erhitzen und gut aufkochen lassen. Kokosraspel unterrühren. Die Masse abkühlen lassen, dabei gelegentlich umrühren.
4. Den Teig leicht mit Mehl bestäuben und aus der Schüssel nehmen. Teig auf der leicht bemehlten Arbeitsfläche nochmals gut durchkneten und auf einem Backblech mit hohem Rand oder einer Fettpfanne (30 x 40 cm, gefettet) ausrollen.
5. Den Backofen vorheizen. Den Teig mehrmals mit einer Gabel einstechen und nochmals zugedeckt an einem warmen Ort etwa 15 Minuten gehen lassen. Den Belag auf dem Teig verteilen. Das Backblech oder die Fettpfanne in den vorgeheizten Backofen schieben.
Ober-/Unterhitze: etwa 200 °C
Heißluft: etwa 180 °C
Backzeit: etwa 15 Minuten.
6. Das Backblech oder die Fettpfanne auf einen Kuchenrost stellen und das Gebäck darauf erkalten lassen.
7. Für die Füllung aus Pudding-Pulver, Zucker, Milch und Sahne nach Packungsanleitung, aber mit den hier angegebenen Zutaten einen Pudding zubereiten. Pudding in eine Schüssel geben, mit Frischhaltefolie zudecken, damit sich keine Haut bildet, und erkalten lassen. Den erkalteten Pudding nochmals durchrühren.
8. Das Gebäck senkrecht vierteln, vom Backblech nehmen und jedes Viertel einmal waagerecht durchschneiden. Die Füllung gleichmäßig auf den unteren Böden verteilen und verstreichen. Die oberen Böden darauflegen und leicht andrücken. Den Bienenstich etwa 2 Stunden kalt stellen.

Abwandlung: Anstelle der Kokosraspel können Sie für den Belag auch dieselbe Menge gehobelte oder gehackte Haselnusskerne oder Mandeln verwenden.

Limetten-Rum-Kuchen

Birnen-Hefekuchen mit Pistazienguss

Mit Alkohol

Limetten-Rum-Kuchen

Zubereitungszeit: 35 Minuten, ohne Abkühlzeit
Backzeit: etwa 30 Minuten

Für den All-in-Teig:
250 g Weizenmehl
2 gestr. TL Dr. Oetker Backin
2 Pck. Dr. Oetker Pudding-Pulver Vanille-Geschmack
250 g Zucker
2 Pck. Dr. Oetker Bourbon-Vanille-Zucker
3–4 EL Rum
1 Pck. Dr. Oetker Finesse Geriebene Zitronenschale
4 Eier (Größe M)
250 g weiche Butter oder Margarine

Für den Guss:
Saft und Schale von etwa 3 Bio-Limetten (unbehandelt, ungewachst)
200–250 g Puderzucker

Insgesamt:
E: 58 g, F: 244 g, Kh: 722 g,
kJ: 22701, kcal: 5416

1. Den Backofen vorheizen. Für den Teig Mehl mit Backpulver und Pudding-Pulver in einer Rührschüssel mischen. Zucker, Vanille-Zucker, Rum, Zitronenschale, Eier und Butter oder Margarine hinzufügen.
2. Die Zutaten mit Handrührgerät mit Rührbesen zunächst kurz auf niedrigster, dann auf höchster Stufe in etwa 2 Minuten zu einem Teig verarbeiten. Den Teig auf ein Backblech (30 x 40 cm, gefettet) geben und verstreichen. Das Backblech in den vorgeheizten Backofen schieben.
Ober-/Unterhitze: etwa 180 °C
Heißluft: etwa 160 °C
Backzeit: etwa 30 Minuten.
3. Das Backblech auf einen Kuchenrost stellen und den Kuchen darauf erkalten lassen.
4. Für den Guss Limetten gründlich waschen und abtrocknen. Von den Limetten die Schalen mit der Haushaltsreibe fein abreiben. Limetten auspressen. Puderzucker und Limettensaft zu einem dickflüssigen Guss verrühren und Limettenschale unterrühren. Den Kuchen damit überziehen und den Guss fest werden lassen.

Tipp: Für den Guss anstelle von Limettenschalen 2 Päckchen Finesse Geriebene Zitronenschale verwenden. Ohne Guss ist der Kuchen gefriergeeignet.

Fruchtig

Birnen-Hefekuchen mit Pistazienguss

Zubereitungszeit: 60 Minuten, ohne Teiggehzeit
Backzeit: 25–30 Minuten

Für den Hefeteig:
175 ml Milch
65 g Butter
320 g Weizenmehl
1 Pck. Dr. Oetker Trockenbackhefe
1 Prise Salz
60 g Zucker
abgeriebene Schale von ½ Bio-Zitrone (unbehandelt, ungewachst) oder ½ Pck. Dr. Oetker Finesse Geriebene Zitronenschale
1 Ei (Größe M)

Für den Belag:
8 reife Birnen (etwa 1,2 kg)
Saft von 1 Zitrone

Für den Guss:
80 g gehackte Pistazienkerne
3 Eier (Größe M)
75 g Zucker
250 g Schmand (Sauerrahm)

Insgesamt:
E: 88 g, F: 200 g, Kh: 517 g,
kJ: 17805, kcal: 4218

1. Für den Teig Milch leicht erwärmen und Butter darin zerlassen. Mehl in einer Rührschüssel sorgfältig mit der Hefe vermischen. Salz, Zucker, Zitronenschale, Ei und die warme Milch-Butter-Mischung oder Margarine hinzufügen.
2. Die Zutaten mit Handrührgerät mit Knethaken zunächst kurz auf niedrigster, dann auf höchster Stufe in etwa 5 Minuten zu einem glatten Teig verarbeiten. Den Teig zugedeckt so lange an einem warmen Ort gehen lassen, bis er sich sichtbar vergrößert hat.
3. Für den Belag Birnen schälen, vierteln, entkernen und in Spalten schneiden. Birnenspalten mit Zitronensaft beträufeln.
4. Den Teig mit etwas Mehl bestäuben, aus der Schüssel nehmen und auf der leicht bemehlten Arbeitsfläche nochmals gut durchkneten. Den Teig in einer Fettpfanne (30 x 40 cm, gefettet) ausrollen und den Rand etwas hochdrücken. Die Birnenspalten auf dem Teig verteilen und den Teig zugedeckt nochmals so lange an einem warmen Ort gehen lassen, bis er sich sichtbar vergrößert hat. Den Backofen vorheizen.
5. Für den Guss inzwischen Pistazienkerne mit Eiern, Zucker und Schmand gut verrühren. Den Guss auf den Birnenspalten verteilen. Die Fettpfanne in den vorgeheizten Backofen schieben.
Ober-/Unterhitze: etwa 200 °C
Heißluft: etwa 180 °C
Backzeit: 25–30 Minuten.
6. Die Fettpfanne auf einen Kuchenrost stellen und den Kuchen darauf erkalten lassen.

Tipp: Anstelle von frischen Birnen können Sie auch 2 Dosen Birnenhälften (Abtropfgewicht je 460 g) verwenden. Der Hefekuchen schmeckt auch sehr gut mit Äpfeln (z. B. Boskop, Elstar).

Beliebt

Knuspermüslischnitten mit Johannisbeeren

Zubereitungszeit: 50 Minuten, ohne Abkühl- und Kühlzeit

Für den Boden und die Knusperhäufchen:
100 g abgezogene, gehobelte Mandeln
300 g Knuspermüsli
400 g weiße Kuvertüre

Für die Creme:
10 Blatt weiße Gelatine
1 kg Magerquark
1 Pck. Dr. Oetker Finesse Geriebene Zitronenschale
3–4 EL Zitronensaft
150–200 g Zucker
500 g rote Johannisbeeren
500 g Schlagsahne

Zum Garnieren:
250 g rote Johannisbeeren

Insgesamt:
E: 230 g, F: 454 g, Kh: 679 g,
kJ: 32771, kcal: 7817

1. Für den Boden und die Knusperhäufchen Mandeln in einer Pfanne ohne Fett unter Rühren leicht bräunen. Dann die Mandeln auf einem Teller erkalten lassen. Knuspermüsli in einen Gefrierbeutel geben, Beutel fest verschließen und das Müsli mit einer Teigrolle etwas zerbröseln. Kuvertüre grob hacken und in einem kleinen Topf im Wasserbad bei schwacher Hitze unter Rühren schmelzen lassen. Kuvertüre in eine Rührschüssel geben und gut mit Müslibröseln und Mandeln vermengen.
2. Für die Knusperhäufchen Backpapier auf eine große Platte legen. Aus der Müslimasse mit 2 Teelöffeln 20 kleine Häufchen abstechen und auf das Backpapier setzen. Restliche Masse als Kuchenboden auf einem Backblech (30 x 40 cm, gefettet, mit Backpapier belegt) verteilen und mit einem Esslöffel gut andrücken.
3. Für die Creme die Gelatine nach Packungsanleitung einweichen. Quark mit Zitronenschale, Zitronensaft und Zucker verrühren. Gelatine leicht ausdrücken und in einem kleinen Topf bei schwacher Hitze unter Rühren auflösen. Gelatine zuerst mit 3 Esslöffeln von der Quarkmasse anrühren, dann die Mischung mit der restlichen Masse verrühren und kalt stellen.
4. Johannisbeeren waschen und abtropfen lassen, Beeren von den Rispen streifen und trocken tupfen. Sobald die Creme beginnt dicklich zu werden, Sahne steifschlagen und mit den Johannisbeeren unterheben. Die Creme auf dem Knusperboden verteilen und verstreichen. Den Kuchen etwa 2 Stunden kalt stellen.
5. Zum Garnieren Johannisbeeren abspülen und trocken tupfen. Den Kuchen in etwa 20 Schnitten teilen. Jede Schnitte mit einer kleinen Johannisbeerrispe und einem Knusperhäufchen garnieren.

Knuspermüslischnitten mit Johannisbeeren

Mit Alkohol

Kokos-Mango-Kuchen

Zubereitungszeit: 40 Minuten, ohne Durchzieh-, Kühl- und Abkühlzeit
Backzeit: etwa 20 Minuten

Für die Kokossahne:
1 kg Schlagsahne
200 g Kokosraspel

Für den Rührteig:
250 g Butter oder Margarine
200 g brauner Zucker (Rohrzucker)
1 Pck. Dr. Oetker Bourbon-Vanille-Zucker
1 Prise Salz, 4 Eier (Größe M)
250 g Weizenmehl
3 gestr. TL Dr. Oetker Backin
4 EL Rum

Zum Beträufeln:
250 ml (1/4 l) Orangensaft

Für den Belag:
2 kleine Mangos (je etwa 350 g)
4 Pck. Dr. Oetker Sahnesteif
500 g Schmand (Sauerrahm)
3–4 EL Zitronensaft, 75 g Zucker
1 Pck. Dr. Oetker Vanillin-Zucker

Zum Garnieren:
einige Granatapfelkerne
Kokosraspel

Insgesamt:
E: 83 g, F: 757 g, Kh: 631 g,
kJ: 41635, kcal: 9883

1. Für die Kokossahne die Sahne mit den Kokosraspeln in einem Topf zum Kochen bringen, von der Kochstelle nehmen und etwa 1 Stunde zugedeckt durchziehen lassen. Die Masse durch ein Sieb geben, dabei die Kokosraspel mit Hilfe einer Suppenkelle gut ausdrücken. Die Sahne zugedeckt über Nacht kalt stellen.

2. Den Backofen vorheizen. Für den Teig Butter oder Margarine mit Handrührgerät mit Rührbesen auf höchster Stufe geschmeidig rühren. Nach und nach braunen Zucker, Bourbon-Vanille-Zucker und Salz unterrühren. So lange rühren, bis eine gebundene Masse entstanden ist.

3. Eier nach und nach unterrühren (jedes Ei etwa 1/2 Minute). Mehl mit Backpulver mischen und in 2 Portionen abwechselnd mit dem Rum auf mittlerer Stufe unterrühren. Den Teig auf ein Backblech (30 x 40 cm, gefettet) geben und verstreichen. Das Backblech in den vorgeheizten Backofen schieben.
Ober-/Unterhitze: etwa 180 °C
Heißluft: etwa 160 °C
Backzeit: etwa 20 Minuten.

4. Den Kuchen auf einen Kuchenrost stellen, den Orangensaft gleichmäßig auf dem noch warmen Kuchen verteilen und den Kuchen erkalten lassen. Einen Backrahmen darumstellen.

5. Für den Belag die Mangos schälen, halbieren, die Steine entfernen und das Fruchtfleisch in kleine Würfel schneiden. Mangostücke einige Sekunden in kochendem Wasser blanchieren und gut abtropfen lassen.

6. Kokossahne mit Sahnesteif steifschlagen. Schmand mit Zitronensaft, Zucker und Vanillin-Zucker verrühren. Die Kokossahne und die Mangowürfel unterheben. Die Masse auf dem Kuchen verteilen, verstreichen und kalt stellen.

7. Vor dem Servieren den Backrahmen vorsichtig lösen und entfernen. Den Kuchen ganz nach Belieben mit Granatapfelkernen und Kokosraspeln garnieren.

Abwandlung: Anstelle der Mangos können auch Ananas aus der Dose (Abtropfgewicht 490 g) verwendet werden.

Tipp: Den Kuchen sollte man maximal 1 Tag vor dem Verzehr zubereiten. Es können auch die ausgedrückten Kokosraspel angeröstet und über den Kuchen gestreut werden. Schneller geht es, wenn Sie anstelle von frischen Mangos Früchte aus der Dose nehmen.

Kokos-Mango-Kuchen

Klassisch – mit Alkohol

Böhmischer Kirmeskuchen

Zubereitungszeit: 45 Minuten, ohne Teiggeh- und Abkühlzeit
Backzeit: 35–40 Minuten

Für den Hefeteig:
200 ml Milch
375 g Weizenmehl
1 Pck. Dr. Oetker Trockenbackhefe
75 g Zucker
1 Pck. Dr. Oetker Vanillin-Zucker
1 Prise Salz
1 Prise gemahlener Piment (Nelkenpfeffer)
50 ml (4 EL) Speiseöl
1 Ei (Größe M)

Für den Belag:
1 Pck. (250 g) Mohnback (backfertige Mohnfüllung)
100 g Schlagsahne
1 Ei (Größe M)
25 g Zucker, 3 EL Rum
250 g Magerquark, 25 g Zucker
1 Pck. Dr. Oetker Vanillin-Zucker
Saft und Schale von 1 Bio-Zitrone (unbehandelt, ungewachst)
1 Ei (Größe M)
450 g Pflaumenmus
1 Glas Apfelmus (Einwaage 720 g)

Für die Streusel:
300 g Weizenmehl
150 g Zucker
1 gestr. TL gemahlener Zimt
1 Pck. Dr. Oetker Vanillin-Zucker
200 g Butter

Insgesamt:
E: 155 g, F: 324 g, Kh: 1240 g, kJ: 36328, kcal: 8677

1. Für den Teig Milch leicht erwärmen. Mehl in einer Rührschüssel sorgfältig mit der Hefe vermischen. Zucker, Vanillin-Zucker, Salz, Piment, Öl, Ei und die warme Milch hinzufügen.
2. Die Zutaten mit Handrührgerät mit Knethaken zunächst kurz auf niedrigster, dann auf höchster Stufe in etwa 5 Minuten zu einem glatten Teig verarbeiten. Den Teig zugedeckt so lange an einem warmen Ort gehen lassen, bis er sich sichtbar vergrößert hat.
3. Den Teig mit etwas Mehl bestäuben, aus der Schüssel nehmen und auf der leicht bemehlten Arbeitsfläche nochmals gut durchkneten. Den Teig auf einem Backblech (30 x 40 cm, gefettet) ausrollen und einen Backrahmen darumstellen.
4. Für den Belag Mohnback mit Sahne unter Rühren aufkochen und etwas abkühlen lassen. Ei, Zucker und Rum unterrühren. In einer Schüssel Quark mit Zucker, Vanillin-Zucker, Zitronensaft und -schale und Ei verrühren. Von der Mohn- und Quarkmasse und von dem Pflaumenmus handtellergroße Flecken auf den Teig setzen und die Zwischenräume mit Apfelmus ausfüllen.
5. Für die Streusel Mehl in eine Rührschüssel geben und mit Zucker, Zimt und Vanillin-Zucker mischen. Butter hinzufügen. Alle Zutaten mit Handrührgerät mit Rührbesen zu Streuseln von gewünschter Größe verarbeiten und diese gleichmäßig auf dem Teig verteilen.
6. Den Backofen vorheizen. Den Teig nochmals so lange an einem warmen Ort gehen lassen, bis er sich sichtbar vergrößert hat. Anschließend das Backblech in den vorgeheizten Backofen schieben.
Ober-/Unterhitze: etwa 180 °C
Heißluft: etwa 160 °C
Backzeit: 35–40 Minuten.
7. Das Backblech auf einen Kuchenrost stellen und den Kuchen darauf erkalten lassen. Den Backrahmen vorsichtig entfernen.

Tipp: Der Kuchen lässt sich gut portionsweise einfrieren und dann kurz im vorgeheizten Backofen bei 200 °C (Ober-/Unterhitze) oder 180 °C (Heißluft) etwa 5 Minuten aufbacken.

Klassisch

Eierschecke

Zubereitungszeit: 40 Minuten, ohne Teiggeh- und Abkühlzeit
Backzeit: etwa 30 Minuten

Für den Hefeteig:
75 ml Milch
70 g Butter oder Margarine
200 g Weizenmehl
1 Pck. Dr. Oetker Trockenbackhefe
30 g Zucker
1 Pck. Dr. Oetker Vanillin-Zucker
3 Tropfen Zitronen-Aroma
1 Prise Salz
1 Ei (Größe M)

Für den Quarkbelag:
1 Pck. Dr. Oetker Pudding-Pulver Vanille-Geschmack
40 g Zucker
500 ml (1/2 l) Milch
500 g Magerquark
65 g Rosinen

Für die Eiercreme:
4 Eiweiß (Größe M)
125 g weiche Butter
125 g Zucker
4 Eigelb (Größe M)
15 g Speisestärke

Insgesamt:
E: 144 g, F: 222 g, Kh: 479 g,
kJ: 19333, kcal: 4620

1. Für den Teig Milch leicht erwärmen und Butter oder Margarine darin zerlassen. Mehl in einer Rührschüssel sorgfältig mit der Trockenbackhefe vermischen. Restliche Teigzutaten und die warme Milch-Fett-Mischung hinzufügen.
2. Die Zutaten mit Handrührgerät mit Knethaken erst kurz auf niedrigster, dann auf höchster Stufe in etwa 5 Minuten zu einem glatten Teig verarbeiten. Den Teig zugedeckt so lange an einem warmen Ort gehen lassen, bis er sich sichtbar vergrößert hat.
3. Für den Quarkbelag aus Pudding-Pulver, Zucker und Milch nach Packungsanleitung einen Pudding kochen. Den Pudding in eine Schüssel geben, Frischhaltefolie direkt auf die Oberfläche legen, damit sich keine Haut bildet, und den Pudding erkalten lassen.
4. Quark und Rosinen kurz unter den erkalteten Pudding rühren. Den Teig leicht mit Mehl bestäuben, aus der Schüssel nehmen und auf der leicht bemehlten Arbeitsfläche nochmals gut durchkneten. Den Hefeteig auf einem Backblech (30 x 40 cm, gefettet) ausrollen. Den Quarkbelag gleichmäßig auf dem Teig verteilen und verstreichen. Den Backofen vorheizen.
5. Für die Eiercreme Eiweiß steifschlagen und beiseitestellen. Butter in einer Schüssel mit Handrührgerät mit Rührbesen geschmeidig rühren. Nach und nach den Zucker unterrühren. Eigelb nach und nach unterrühren. Eischnee auf die Eigelbmasse geben, Speisestärke darübersieben und beides vorsichtig unterheben. Die Eiercreme vorsichtig auf dem Quarkbelag verteilen, glattstreichen und das Backblech in den vorgeheizten Backofen schieben.
Ober-/Unterhitze: etwa 180 °C
Heißluft: etwa 160 °C
Backzeit: etwa 30 Minuten.
6. Das Backblech auf einen Kuchenrost stellen und den Kuchen darauf erkalten lassen.

Tipp: Weichen Sie die Rosinen für den Quarkbelag vorher in 2 Esslöffeln Rum ein.

Eierschecke

Klassisch

Badischer Käsekuchen

Zubereitungszeit: 50 Minuten, ohne Abkühlzeit
Backzeit: 70–75 Minuten

Für den Knetteig:
225 g Weizenmehl
60 g Zucker
1 Pck. Dr. Oetker Vanillin-Zucker
150 g Butter oder Margarine

Für den Quarkbelag:
1 kg Magerquark
60 g Speisestärke
250 g Zucker
4 Eier (Größe M)
1 Pck. Dr. Oetker Finesse Bourbon-Vanille-Aroma
1 Pck. Dr. Oetker Finesse Geriebene Zitronenschale
3 EL Zitronensaft
500 g Schlagsahne

Für die Streusel:
150 g Weizenmehl
75 g Zucker
1 Pck. Dr. Oetker Vanillin-Zucker
100 g weiche Butter

Insgesamt:
E: 215 g, F: 406 g, Kh: 782 g,
kJ: 32161, kcal: 7679

1. Den Backofen vorheizen. Für den Teig die Zutaten in eine Rührschüssel geben und mit Handrührgerät mit Knethaken zunächst kurz auf nied-

rigster, dann auf höchster Stufe gut durcharbeiten. Anschließend den Teig auf der leicht bemehlten Arbeitsfläche kurz verkneten.
2. Den Teig auf einem Backblech (30 x 40 cm, gefettet) ausrollen. Teigboden mehrmals mit einer Gabel einstechen. Das Backblech in den vorgeheizten Backofen schieben und den Boden vorbacken.
Ober-/Unterhitze: etwa 200 °C
Heißluft: etwa 180 °C
Backzeit: etwa 15 Minuten.
3. Für den Quarkbelag Quark mit Speisestärke, Zucker, Eiern, Aroma, Zitronenschale und -saft gut verrühren. Sahne steifschlagen und unterheben.
4. Das Backblech auf einen Kuchenrost stellen. Den Gebäckboden etwas abkühlen lassen und einen Backrahmen darumstellen. Die Quark-Sahne-Masse auf den vorgebackenen Gebäckboden geben und vorsichtig verstreichen.
5. Für die Streusel Mehl in einer Rührschüssel mit Zucker und Vanillin-Zucker mischen und Butter hinzufügen. Die Zutaten mit Handrührgerät mit Rührbesen zu Streuseln von gewünschter Größe verarbeiten und ungleichmäßig auf die Quark-Sahne-Masse streuen. Das Backblech wieder in den heißen Backofen schieben und den Kuchen bei niedrigerer Backtemperatur fertig backen.
Ober-/Unterhitze: etwa 180 °C
Heißluft: etwa 160 °C
Backzeit: 55–60 Minuten.
6. Das Backblech auf einen Kuchenrost stellen und den Kuchen darauf erkalten lassen. Dann Backrahmen entfernen und den Kuchen in Stücke schneiden.

Einfach – beliebt

Rote-Grütze-Eierlikör-Kuchen

Zubereitungszeit: 40 Minuten, ohne Kühlzeit
Backzeit: etwa 20 Minuten

Für den Teig:
4 Eier (Größe M)
200 g Puderzucker
1 Pck. Dr. Oetker Vanillin-Zucker
1 Prise Salz, 150 ml Speiseöl
150 ml Eierlikör
100 g Weizenmehl, 100 g Speisestärke
2 gestr. TL Dr. Oetker Backin

Für den Belag:
8 Blatt weiße Gelatine
3 Becher (je 500 g) Rote Grütze (aus dem Kühlregal)

Zum Garnieren:
750 g Schlagsahne
3 Pck. Dr. Oetker Vanillin-Zucker
3 Pck. Dr. Oetker Sahnesteif

Insgesamt:
E: 78 g, F: 428 g, Kh: 859 g, kJ: 32924, kcal: 7837

1. Den Backofen vorheizen. Für den Teig Eier mit Puderzucker, Vanillin-Zucker und Salz mit Handrührgerät mit Rührbesen auf höchster Stufe in etwa 1 Minute schaumig rühren. Öl und Eierlikör unterrühren. Mehl mit Speisestärke und Backpulver mischen und auf mittlerer Stufe kurz unterrühren.
2. Einen Backrahmen auf ein Backblech (30 x 40 cm, gefettet) stellen und den Teig auf dem Backblech verstreichen. Das Backblech in den vorgeheizten Backofen schieben.
Ober-/Unterhitze: etwa 180 °C
Heißluft: etwa 160 °C
Backzeit: etwa 20 Minuten.
3. Das Backblech auf einen Kuchenrost stellen und den Kuchen darauf erkalten lassen.
4. Für den Belag Gelatine nach Packungsanleitung einweichen. Rote Grütze in eine Schüssel geben. Gelatine leicht ausdrücken, in einem Topf bei schwacher Hitze auflösen und mit 2 Esslöffeln von der Roten Grütze verrühren. Dann die Mischung nach und nach unter die Rote Grütze rühren. Die Masse auf dem Boden verteilen und verstreichen und den Kuchen 2–3 Stunden kalt stellen.
5. Den Backrahmen vorsichtig mit Hilfe eines Messers lösen und entfernen. Sahne etwa 1 Minute schlagen, Vanillin-Zucker mit Sahnesteif mischen, unterrühren und die Sahne ganz steifschlagen. Sahne in einen Spritzbeutel mit Lochtülle füllen und auf die Rote Grütze spritzen.

Badischer Käsekuchen

Rote-Grütze-Eierlikör-Kuchen

Für Gäste

Johannisbeerschnitten

Zubereitungszeit: 40 Minuten, ohne Abkühl- und Kühlzeit
Backzeit: etwa 10 Minuten

Für den Biskuitteig:
3 Eier (Größe M)
4 EL heißes Wasser
150 g Zucker
1 Pck. Dr. Oetker Vanillin-Zucker
100 g Weizenmehl
1 gestr. TL Dr. Oetker Backin
50 g Speisestärke

Für die Füllung:
8 Blatt weiße Gelatine
400 g rote Johannisbeeren
800 g Schlagsahne
125 g Puderzucker
1 Pck. Dr. Oetker Vanillin-Zucker

Zum Garnieren:
50 g Zartbitter-Raspelschokolade oder Schokoladenlocken
100 g rote Johannisbeeren
etwas Zucker

Insgesamt:
E: 70 g, F: 280 g, Kh: 500 g,
kJ: 20200, kcal: 4820

1. Den Backofen vorheizen. Für den Teig Eier und Wasser in einer Rührschüssel mit Handrührgerät mit Rührbesen auf höchster Stufe in 1 Minute schaumig schlagen. Zucker mit Vanillin-Zucker mischen, in 1 Minute unter Rühren einstreuen, dann noch etwa 2 Minuten weiterschlagen.
2. Mehl mit Backpulver und Speisestärke mischen und kurz auf niedrigster Stufe unterrühren. Den Teig auf ein Backblech (30 x 40 cm, gefettet, mit Backpapier belegt) geben, verstreichen und das Backblech in den vorgeheizten Backofen schieben.
Ober-/Unterhitze: etwa 200 °C
Heißluft: etwa 180 °C
Backzeit: etwa 10 Minuten.
3. Den Biskuitteig sofort nach dem Backen am Rand lösen, auf ein mit Zucker bestreutes Backpapier stürzen und das mitgebackene Backpapier vorsichtig abziehen. Dann die Platte erkalten lassen.
4. Für die Füllung Gelatine nach Packungsanleitung einweichen. Johannisbeeren waschen und abtropfen lassen. Beeren von den Rispen streifen, pürieren und durch ein Sieb streichen. Gelatine leicht ausdrücken und in einem Topf bei schwacher Hitze unter Rühren auflösen. Erst etwa 4 Esslöffel des Fruchtpürees mit Hilfe eines Schneebesens mit der aufgelösten Gelatine verrühren, dann die Mischung mit dem restlichen Püree verrühren. Püree kalt stellen. Sahne mit gesiebtem Puderzucker und Vanillin-Zucker steifschlagen. Wenn die Püreemasse beginnt dicklich zu werden, zwei Drittel der Sahne unterheben.
5. Den Biskuit senkrecht halbieren, so dass 2 Platten (je etwa 30 x 20 cm) entstehen. Eine Biskuithälfte mit der Johannisbeersahne bestreichen, die andere darauflegen, leicht andrücken und gleichmäßig mit der restlichen hellen Sahne bestreichen. Die Seiten glattstreichen und den Kuchen etwa 2 Stunden kalt stellen.
6. Vor dem Servieren den Kuchen in Schnitten einteilen und jede Schnitte mit etwas Raspelschokolade oder Schokoladenlocken bestreuen. Johannisbeeren abspülen, noch feucht in Zucker wälzen und jede Schnitte damit garnieren.

Tipp: Die Schnitten maximal 1 Tag vor dem Verzehr zubereiten. Sie können die Johannisbeercreme auch mit 2–3 Esslöffeln Cassis-Likör abschmecken. Die Johannisbeerschnitten lassen sich auch mit TK-Johannisbeeren (etwa 350 g) zubereiten.

Johannisbeerschnitten

Fruchtig

Gefüllter Butterkuchen

Zubereitungszeit: 20 Minuten, ohne Teiggeh- und Abkühlzeit
Backzeit: etwa 15 Minuten

Für den Hefeteig:
200 ml Milch
50 g Butter
375 g Weizenmehl
1 Pck. Dr. Oetker Trockenbackhefe
50 g Zucker
1 Pck. Dr. Oetker Vanillin-Zucker
1 Prise Salz, 1 Ei (Größe M)

Für den Belag:
100 g kalte Butter
75 g Zucker
1 Pck. Dr. Oetker Vanillin-Zucker
100 g abgezogene, gehobelte Mandeln

Für die Pudding-Apfel-Füllung:
750 ml (3/4 l) Milch
80 g Zucker
2 Pck. Dr. Oetker Pudding-Pulver Vanille-Geschmack
1 Glas Apfelkompott (Einwaage 360 g)

Insgesamt:
E: 102 g, F: 228 g, Kh: 669 g, kJ: 21521, kcal: 5134

Gefüllter Butterkuchen

1. Für den Teig Milch leicht erwärmen und Butter darin zerlassen. Mehl in einer Rührschüssel sorgfältig mit der Trockenbackhefe vermischen. Zucker, Vanillin-Zucker, Salz, Ei und warme Milch-Fett-Mischung hinzufügen.
2. Die Zutaten mit Handrührgerät mit Knethaken zunächst kurz auf niedrigster, dann auf höchster Stufe in etwa 5 Minuten zu einem glatten Teig verarbeiten. Den Teig zugedeckt so lange an einem warmen Ort gehen lassen, bis er sich sichtbar vergrößert hat.
3. Den Teig mit etwas Mehl bestäuben, aus der Schüssel nehmen und auf der leicht bemehlten Arbeitsfläche nochmals gut durchkneten. Den Teig auf einem Backblech (30 x 40 cm, gefettet) ausrollen.
4. Für den Belag mit Hilfe eines Kochlöffelstiels leichte Vertiefungen in den Teig drücken und Butter in Flöckchen gleichmäßig auf den Teig setzen. Zucker mit Vanillin-Zucker mischen und den Teig damit bestreuen. Mandeln gleichmäßig darauf verteilen.
5. Den Backofen vorheizen. Den Teig nochmals zugedeckt so lange an einem warmen Ort gehen lassen, bis er sich sichtbar vergrößert hat. Das Backblech in den vorgeheizten Backofen schieben.
Ober-/Unterhitze: etwa 200 °C
Heißluft: etwa 180 °C
Backzeit: etwa 15 Minuten.
6. Das Backblech auf einen Kuchenrost stellen und den Kuchen darauf erkalten lassen. Den Kuchen halbieren und jede Hälfte waagerecht durchschneiden.
7. Für die Füllung aus Milch, Zucker und Pudding-Pulver nach Packungsanleitung, aber mit den hier angegebenen Zutaten, einen Pudding zubereiten. Den heißen Pudding direkt mit Frischhaltefolie zudecken, damit sich keine Haut bildet. Pudding etwas abkühlen lassen.
8. Den warmen Pudding mit dem Apfelkompott vermengen und auf den unteren Kuchenhälften verteilen und verstreichen. Die oberen Kuchenhälften darauflegen und leicht andrücken. Den Kuchen etwa 2 Stunden kalt stellen.

Karibische Rumschnitten

Quark-Apfel-Kuchen mit Streuseln

Raffiniert

Karibische Rumschnitten

Zubereitungszeit: 60 Minuten, ohne Durchzieh-, Kühl- und Abkühlzeit

Zum Vorbereiten:
2 Pck. (je 200 g) Tropische Mischung aus Trockenfrüchten und Nusskernen
250 ml (1/4 l) weißer Rum (etwa 40 Vol.-%)

Für den Boden:
100 g Vollmilch-Kuvertüre
175 g Löffelbiskuits

Für den Belag:
6 Blatt weiße Gelatine
500 g Mascarpone (ital. Frischkäse)
50–60 g Zucker
1–2 gestr. TL gemahlener Zimt
400 g Schlagsahne

Zum Garnieren:
1–2 TL gemahlener Zimt

Insgesamt:
E: 89 g, F: 475 g, Kh: 463 g,
kJ: 29800, kcal: 7121

1. Zum Vorbereiten aus der Tropischen Mischung die Nusskerne und Kokos-Chips aussortieren und beiseitelegen. Die Trockenfrüchte etwas kleiner schneiden, in eine Schüssel geben, mit dem Rum übergießen und mehrere Stunden (am besten über Nacht) durchziehen lassen, bis der Rum von den Früchten aufgesogen ist.
2. Für den Boden einen Backrahmen (etwa 25 x 25 cm) auf ein Backblech (gefettet, mit Backpapier belegt) stellen. Kuvertüre grob hacken und in einem kleinen Topf im Wasserbad bei schwacher Hitze unter Rühren schmelzen lassen. Löffelbiskuits auf einer Seite mit der aufgelösten Kuvertüre bestreichen und mit der bestrichenen Seite nach unten auf das Backpapier in den Backrahmen legen. Den Boden kalt stellen und die Kuvertüre fest werden lassen.
3. Für den Belag die Gelatine nach Packungsanleitung einweichen. Mascarpone mit Zucker und Zimt verrühren. Gelatine leicht ausdrücken und in einem kleinen Topf bei schwacher Hitze unter Rühren auflösen.
4. Die aufgelöste Gelatine zuerst mit einigen Löffeln von der Mascarponemasse verrühren, dann die Mischung mit der restlichen Masse verrühren. Sahne steifschlagen und vorsichtig unterheben.
5. Eingelegte Trockenfrüchte auf dem Löffelbiskuitboden verteilen. Creme darauf verteilen und glattstreichen. Die Kuchenoberfläche mit einem Tortenkamm verzieren. Den Kuchen etwa 2 Stunden kalt stellen.
6. Zum Garnieren beiseitegelegte Nusskerne und Kokos-Chips in einer Pfanne ohne Fett rösten und auf einem Teller erkalten lassen. Die Kuchenoberfläche mit Zimt bestäuben und mit den Nusskernen und Kokos-Chips garnieren.

Beliebt

Quark-Apfel-Kuchen mit Streuseln

Zubereitungszeit: 45 Minuten
Backzeit: etwa 60 Minuten

Für den Quark-Öl-Teig:
300 g Weizenmehl
3 gestr. TL Dr. Oetker Backin
75 g Zucker
1 Pck. Dr. Oetker Vanillin-Zucker
1 Prise Salz
150 g Magerquark
100 ml Milch
100 ml Speiseöl (z. B. Sonnenblumenöl)

Für den Belag:
1 1/2 kg säuerliche Äpfel
4 Eiweiß (Größe M)
150 g weiche Butter oder Margarine
100 g Zucker
1/2 Fläschchen Zitronen-Aroma
4 Eigelb (Größe M)
850 g Magerquark
50 g Weizengrieß

Für die Streusel:
200 g Weizenmehl
70 g abgezogene, gemahlene Mandeln

150 g Zucker
1/2 gestr. TL gemahlener Zimt
150 g weiche Butter oder Margarine

Insgesamt:
E: 240 g, F: 440 g, Kh: 940 g,
kJ: 36080, kcal: 8620

1. Für den Teig Mehl mit Backpulver in einer Rührschüssel mischen. Restliche Zutaten für den Teig hinzufügen und alles mit Handrührgerät mit Knethaken auf höchster Stufe zu einem glatten Teig verarbeiten (nicht zu lange kneten, Teig klebt sonst).
2. Anschließend den Teig auf der bemehlten Arbeitsfläche kurz zu einer Rolle formen. Teig auf einem Backblech (30 x 40 cm, gefettet) ausrollen. Den Backofen vorheizen.
3. Für den Belag Äpfel schälen, vierteln, entkernen und in dünne Spalten schneiden. Die Apfelspalten dachziegelartig auf den Teig legen. Eiweiß mit Handrührgerät mit Rührbesen sehr steifschlagen und beiseitestellen. Butter oder Margarine in einer Rührschüssel mit Handrührgerät mit Rührbesen geschmeidig rühren. Nach und nach Zucker, Zitronen-Aroma, Eigelb, Quark und Grieß unterrühren. Eischnee unter die Quarkmasse ziehen und die Masse auf den Äpfeln verstreichen.
4. Für die Streusel Mehl mit Mandeln, Zucker, Zimt und weicher Butter oder Margarine in eine Schüssel geben und mit Handrührgerät mit Rührbesen zu Streuseln von gewünschter Größe verarbeiten. Die Streusel gleichmäßig auf der Quarkmasse verteilen und das Backblech in den vorgeheizten Backofen schieben.
Ober-/Unterhitze: etwa 180 °C
Heißluft: etwa 160 °C
Backzeit: etwa 60 Minuten.
5. Das Backblech auf einen Kuchenrost stellen und den Kuchen darauf erkalten lassen.

Tipp: Anstelle der Streusel können Sie auch 50 g abgezogene, gehobelte Mandeln und 50 g Rosinen auf der Quarkmasse verteilen.

Einfach – beliebt

Rhabarberkuchen mit Guss

Zubereitungszeit: 60 Minuten, ohne Abkühlzeit
Backzeit: etwa 60 Minuten

Für den Rührteig:
250 g Butter oder Margarine
150 g Zucker
2 Pck. Dr. Oetker Vanillin-Zucker
1 Prise Salz
abgeriebene Schale von 1 Bio-Zitrone (unbehandelt, ungewachst)
2 Eier (Größe M)
250 g Weizenmehl
2 gestr. TL Dr. Oetker Backin
100 g abgezogene, gemahlene Mandeln

Für den Belag:
1–1 1/2 kg frischer junger Rhabarber

Für den Guss:
4 Eiweiß (Größe M)
4 Eigelb (Größe M)
150 g Zucker
1 gestr. TL gemahlener Zimt
2 Becher (je 150 g) Crème fraîche

Zum Bestäuben:
Puderzucker

Insgesamt:
E: 110 g, F: 415 g, Kh: 540 g,
kJ: 26600, kcal: 6361

1. Für den Teig Butter oder Margarine mit Handrührgerät mit Rührbesen auf höchster Stufe geschmeidig rühren. Nach und nach Zucker, Vanillin-Zucker, Salz und Zitronenschale unterrühren. So lange rühren, bis eine gebundene Masse entstanden ist. Eier nach und nach unterrühren (jedes Ei etwa 1/2 Minute).
2. Mehl mit Backpulver mischen und abwechselnd mit den Mandeln in 2 Portionen kurz auf mittlerer Stufe unterrühren. Den Teig in eine Fettpfanne (30 x 40 cm, gefettet) geben und verstreichen.
3. Den Backofen vorheizen. Den Rhabarber waschen und abtropfen lassen, Stielenden und Blattansätze entfernen. Stangen in etwa 2 cm lange Stücke schneiden und auf dem Teig verteilen. Die Fettpfanne in den vorgeheizten Backofen schieben.
Ober-/Unterhitze: 180–200 °C
Heißluft: 160–180 °C
Backzeit: etwa 35 Minuten.
4. Für den Guss Eiweiß steifschlagen und beiseitestellen. Eigelb mit Zucker cremig schlagen und Zimt und Crème fraîche unterrühren. Eiweiß unterheben. Den Kuchen aus dem Backofen nehmen, Guss auf dem Rhabarber verteilen, den Kuchen wieder in den heißen Backofen schieben und **bei gleicher Backtemperatur in etwa 25 Minuten fertig backen.**
5. Die Fettpfanne auf einen Kuchenrost stellen und den Kuchen darauf erkalten lassen. Kuchen vor dem Servieren mit Puderzucker bestäuben.

Rhabarberkuchen mit Guss

Raffiniert – mit Alkohol

Rotweinschnitten

Zubereitungszeit: 35 Minuten, ohne Abkühl- und Kühlzeit
Backzeit: etwa 25 Minuten

Für den All-in-Teig:
200 g Weizenmehl
50 g Speisestärke
3 gestr. TL Dr. Oetker Backin
250 g Zucker
1 Pck. Dr. Oetker Vanillin-Zucker
250 g weiche Butter oder Margarine
5 Eier (Größe M)
75 g Raspelschokolade

Für den Belag:
2 Pck. Rotweincreme (Dessertpulver)
500 g Schlagsahne
3 Pck. Dr. Oetker Sahnesteif

Zum Verzieren und Garnieren:
500 g Schlagsahne
2 Pck. Dr. Oetker Sahnesteif
25 g Raspelschokolade

Insgesamt:
E: 80 g, F: 420 g, Kh: 1080 g,
kJ: 36020, kcal: 8560

1. Den Backofen vorheizen. Für den Teig Mehl mit Speisestärke und Backpulver in einer Rührschüssel mischen. Restliche Zutaten für den Teig (außer Raspelschokolade) hinzufügen und alles mit Handrührgerät mit Rührbesen erst kurz auf niedrigster, dann auf höchster Stufe in etwa 2 Minuten zu einem Teig verarbeiten. Raspelschokolade kurz unterrühren.
2. Einen Backrahmen auf ein Backblech (30 x 40 cm, gefettet) stellen. Den Teig hineingeben und gleichmäßig verstreichen. Das Backblech in den vorgeheizten Backofen schieben.
Ober-/Unterhitze: etwa 180 °C
Heißluft: etwa 160 °C
Backzeit: etwa 25 Minuten.
3. Den Boden mit dem Backrahmen auf dem Backblech auf einen Kuchenrost stellen und erkalten lassen.
4. Für den Belag Rotweincreme mit dem Rotwein aus der Packung nach Packungsanleitung, aber mit insgesamt 500 g Sahne, die mit Sahnesteif steifgeschlagen wurde, zubereiten. Die Creme auf dem Boden verteilen, glattstreichen und den Kuchen etwa 2 Stunden kalt stellen.
5. Den Backrahmen mit Hilfe eines Messers lösen und entfernen. Sahne mit Sahnesteif steifschlagen und ein Drittel der Sahne in einem Spritzbeutel (mit Stern- oder Streifentülle) beiseitelegen. Die restliche Sahne vorsichtig dünn auf der Rotweincreme verstreichen. Zum Verzieren den Kuchen in Schnitten teilen. Die Schnitten dekorativ mit der Sahne aus dem Spritzbeutel verzieren und mit Raspelschokolade garnieren.

Für Kinder

Schlesischer Streuselkuchen

Zubereitungszeit: 40 Minuten, ohne Teiggehzeit
Backzeit: etwa 20 Minuten

Für den Hefeteig:
200 ml Milch
50 g Butter oder Margarine
375 g Weizenmehl
1 Pck. Dr. Oetker Trockenbackhefe
1 Prise Salz
75 g Zucker
1 Pck. Dr. Oetker Vanillin-Zucker
1 Ei (Größe M)

Rotweinschnitten

Schlesischer Streuselkuchen

Für den Streuselteig:
200 g Weizenmehl
200 g abgezogene, gehackte Mandeln, 175 g Zucker
175 g weiche Butter

Außerdem:
3–4 EL Johannisbeergelee

Insgesamt:
E: 117 g, F: 323 g, Kh: 756 g,
kJ: 26678, kcal: 6371

1. Für den Hefeteig Milch leicht erwärmen und Butter oder Margarine darin zerlassen. Mehl in einer Rührschüssel sorgfältig mit Trockenbackhefe vermischen. Salz, Zucker, Vanillin-Zucker, Ei und die warme Milch-Fett-Mischung hinzufügen.
2. Die Zutaten mit Handrührgerät mit Knethaken zunächst kurz auf niedrigster, dann auf höchster Stufe in etwa 5 Minuten zu einem glatten Teig verarbeiten. Den Teig zugedeckt so lange an einem warmen Ort gehen lassen, bis er sich sichtbar vergrößert hat.
3. Den Teig leicht mit Mehl bestäuben, aus der Schüssel nehmen, auf der leicht bemehlten Arbeitsfläche nochmals gut durchkneten und auf einem Backblech (30 x 40 cm, gefettet) ausrollen.
4. Für den Streuselteig Mehl in eine Rührschüssel geben und mit Mandeln und Zucker mischen. Butter hinzufügen. Zutaten mit Handrührgerät mit Rührbesen zu Streuseln von gewünschter Größe verarbeiten. Die Streusel auf dem Hefeteigboden verteilen. Gelee glattrühren, mit einem Teelöffel Kleckse auf die Streusel geben.
5. Den Backofen vorheizen. Den Teig nochmals zugedeckt so lange an einem warmen Ort gehen lassen, bis er sich sichtbar vergrößert hat. Dann das Backblech in den vorgeheizten Backofen schieben.
Ober-/Unterhitze: etwa 200 °C
Heißluft: etwa 180 °C
Backzeit: etwa 20 Minuten.
6. Das Backblech auf einen Kuchenrost stellen und den Kuchen darauf erkalten lassen.

Für Gäste

Schoko-Birnen-Kuchen mit Schmand

Zubereitungszeit: 40 Minuten
Backzeit: etwa 25 Minuten

Für den All-in-Teig:
150 g Weizenmehl
50 g Speisestärke
15 g Kakaopulver
4 gestr. TL Dr. Oetker Backin
200 g Zucker
1 Pck. Dr. Oetker Vanillin-Zucker
1 Prise Salz
4 Eier (Größe M)
200 g weiche Butter oder Margarine
100 g Raspelschokolade

Für den Belag:
2 Dosen Birnenhälften (Abtropfgewicht je 460 g)
400 g Schlagsahne
30 g gesiebter Puderzucker
2 Pck. Dr. Oetker Vanillin-Zucker
3 Pck. Dr. Oetker Sahnesteif
600 g Schmand (Sauerrahm)
50 ml Birnensaft aus den Dosen

Zum Verzieren und Garnieren:
Puderzucker
Kakaopulver
Schokoladen-Ornamente

Insgesamt:
E: 71 g, F: 514 g, Kh: 765 g,
kJ: 33746, kcal: 7984

1. Für den Teig Mehl mit Speisestärke, Kakao und Backpulver in einer Rührschüssel mischen. Zucker, Vanillin-Zucker, Salz, Eier und Butter oder Margarine dazugeben, mit Handrührgerät mit Rührbesen erst kurz auf niedrigster, dann auf höchster Stufe in etwa 2 Minuten zu einem Teig verarbeiten. Raspelschokolade kurz unterrühren.
2. Den Backofen vorheizen. Einen Backrahmen auf ein Backblech (30 x 40 cm, gefettet) stellen, den Teig auf das Backblech geben und verstreichen.

Schoko-Birnen-Kuchen mit Schmand

3. Die Birnen in einem Sieb abtropfen lassen, dabei den Saft auffangen und 50 ml für den Belag abmessen. Die Birnen in feine Spalten schneiden und auf dem Teig verteilen. Das Backblech in den vorgeheizten Backofen schieben.
Ober-/Unterhitze: etwa 180 °C
Heißluft: etwa 160 °C
Backzeit: etwa 25 Minuten.
4. Das Backblech auf einen Kuchenrost stellen und den Boden darauf erkalten lassen.
5. Die Sahne etwa 1/2 Minute aufschlagen. Puderzucker mit Vanillin-Zucker und Sahnesteif mischen, unter Rühren hinzufügen und die Sahne vollkommen steifschlagen.
6. Schmand mit dem abgemessenen Birnensaft verrühren, Sahne unterheben und auf dem Boden verteilen. Mit einem Löffel Wellen in den Belag ziehen. Den Backrahmen vorsichtig lösen und entfernen.
7. Vor dem Servieren Puderzucker mit Kakao mischen, auf den Kuchen sieben und den Kuchen mit den Schokoladen-Ornamenten garnieren. Kuchen in Stücke schneiden.

Becherkuchen

Schokoladen-Himbeer-Kuchen

Zubereitungszeit: 60 Minuten, ohne Kühl- und Abkühlzeit
Backzeit: etwa 25 Minuten

Zum Vorbereiten:
1 Becher (250 g) Mascarpone (ital. Frischkäse)
1 Pck. (150 g) Zartbitter-Kuvertüre

Für den All-in-Teig:
knapp 1 1/2 Becher (270 g) Weizenmehl
3 gestr. TL Dr. Oetker Backin
1/2 Becher (125 g) Zucker
4 Eier (Größe M)
1/2 Pck. (125 g) weiche Butter oder Margarine
etwa 1/2 Becher (100 ml) Milch

Zum Tränken:
1/2 Becher (125 ml) Espresso oder starker Kaffee
2 TL Zucker
2 EL Amaretto (Mandellikör)

Für die Creme:
4 Blatt weiße Gelatine
200 g Himbeeren
Saft von 1 Zitrone
1 Becher (100 g) Puderzucker
1 Becher (250 g) Schlagsahne

Zum Garnieren:
100 g Himbeeren
30 g Vollmilch-Schokolade

Insgesamt:
E: 98 g, F: 373 g, Kh: 579 g,
kJ: 26432, kcal: 6317

Schokoladen-Himbeer-Kuchen

1. Zum Vorbereiten Mascarpone in eine Rührschüssel geben und zugedeckt kalt stellen. Den Mascarpone-Becher auswaschen, abtrocknen und zum Abmessen der Zutaten verwenden. Kuvertüre in kleine Stücke hacken und in einem kleinen Topf im Wasserbad bei schwacher Hitze unter Rühren schmelzen lassen. Kuvertüre etwas abkühlen lassen.

2. Den Backofen vorheizen. Für den Teig Mehl mit Backpulver in einer Rührschüssel mischen. Restliche Zutaten hinzufügen und alles mit Handrührgerät mit Rührbesen erst kurz auf niedrigster, dann auf höchster Stufe in etwa 2 Minuten zu einem Teig verarbeiten.

3. Danach den Teig auf ein Backblech (30 x 40 cm, gefettet) geben und verstreichen. Die geschmolzene Kuvertüre darüberträufeln. Das Backblech in den vorgeheizten Backofen schieben.
Ober-/Unterhitze: etwa 200 °C
Heißluft: etwa 180 °C
Backzeit: etwa 25 Minuten.

4. Das Backblech auf einen Kuchenrost stellen und den Kuchen darauf erkalten lassen. Die Kuchenoberfläche mit einer Gabel mehrmals einstechen. Zum Tränken Espresso oder Kaffee mit Zucker und Amaretto verrühren und den Kuchen mit der Kaffeemischung tränken.

5. Für die Creme die Gelatine nach Packungsanleitung einweichen. Himbeeren verlesen und pürieren. Zitronensaft in einem kleinen Topf erwärmen. Die leicht ausgedrückte Gelatine unter Rühren darin auflösen.

6. Die kalt gestellte Mascarponecreme mit Handrührgerät mit Rührbesen zu einer geschmeidigen Masse verrühren. Himbeerpüree und Puderzucker unterrühren. Die Zitronen-Gelatine-Lösung langsam unter Rühren hinzufügen. Die Sahne steifschlagen und unterheben. Die Creme auf dem Kuchen verteilen und verstreichen. Den Kuchen etwa 2 Stunden kalt stellen.

7. Zum Garnieren den Kuchen in Schnitten teilen und mit verlesenen Himbeeren und geschabter Schokolade garnieren.

Bananen-Kirsch-Kuchen mit Keksen

Zubereitungszeit: 45 Minuten, ohne Abkühlzeit
Backzeit: etwa 20 Minuten

Für den Schüttelteig:
250 g Weizenmehl
3 gestr. TL Dr. Oetker Backin
200 g Zucker
1 Pck. Dr. Oetker Vanillin-Zucker
3 Eier (Größe M)
250 ml (1/4 l) Bananenmilch (Mixgetränk aus dem Kühlregal)

Für die Füllung:
400 g Sauerkirschen
2 Pck. Dr. Oetker Pudding-Pulver Vanille-Geschmack
750 ml (3/4 l) Bananenmilch (Mixgetränk aus dem Kühlregal)
2 Eigelb (Größe M)
2 Eiweiß (Größe M)
3 Bananen
2 EL Zitronensaft

Für den Belag:
400 g Schlagsahne
2 Pck. Dr. Oetker Vanillin-Zucker
2 Pck. Dr. Oetker Sahnesteif

Zum Garnieren:
2 Pck. Butterkeks mit Zartbitter-Schokolade
Schaumzuckerbananen

Insgesamt:
E: 138 g, F: 255 g, Kh: 877 g, kJ: 26707, kcal: 6363

1. Den Backofen vorheizen. Für den Teig Mehl mit Backpulver in eine verschließbare Schüssel (etwa 3 l) geben und mit Zucker und Vanillin-Zucker mischen. Eier und Bananenmilch hinzufügen und die Schüssel mit dem Deckel fest verschließen. Schüssel mehrmals kräftig schütteln (insgesamt 15–30 Sekunden), so dass alle Zutaten gut vermischt sind.

2. Alles mit einem Schneebesen oder Rührlöffel nochmals sorgfältig durchrühren, damit trockene Zutaten vom Rand mit untergerührt werden. Einen Backrahmen auf ein Backblech (30 x 40 cm, gefettet) stellen. Den Teig einfüllen, verstreichen und das Backblech in den vorgeheizten Backofen schieben.
Ober-/Unterhitze: etwa 200 °C
Heißluft: etwa 180 °C
Backzeit: etwa 20 Minuten.

3. Das Gebäck mit dem Backrahmen auf dem Backblech auf einem Kuchenrost erkalten lassen.

4. Für die Füllung Kirschen waschen, entstielen und entsteinen. Pudding-Pulver mit etwas Bananenmilch und dem Eigelb anrühren. Restliche Milch zum Kochen bringen, angerührtes Pudding-Pulver einrühren, unter Rühren gut aufkochen lassen und den Topf von der Kochstelle nehmen. Eiweiß steifschlagen, sofort unter den heißen Pudding rühren und den Pudding etwas abkühlen lassen.

5. Bananen schälen, in Scheiben schneiden, mit Zitronensaft beträufeln und mit den Kirschen auf dem Gebäckboden verteilen. Den Pudding darauf verstreichen, erkalten lassen.

6. Für den Belag Sahne mit Vanillin-Zucker und Sahnesteif steifschlagen und auf dem Pudding glattstreichen. Zum Garnieren die Oberfläche so mit den Keksen belegen, dass mit der Sahne ein diagonales Schachbrettmuster entsteht. Kurz vor dem Servieren den Kuchen mit Schaumzuckerbananen garnieren.

Tipp: Der Kuchen kann am Vortag zubereitet werden. Anstelle von frischen Kirschen können auch Kirschen aus dem Glas (Abtropfgewicht 370 g) verwendet werden.

Bananen-Kirsch-Kuchen mit Keksen

Für Kinder

Kirsch-Bananen-Streuselkuchen

Zubereitungszeit: 45 Minuten
Backzeit: etwa 35 Minuten

Für den Quark-Öl-Teig:
300 g Weizenmehl
1 Pck. Dr. Oetker Backin
150 g Magerquark, 7 EL Milch
6 EL Speiseöl, 75 g Zucker
1 Pck. Dr. Oetker Vanillin-Zucker
1 Prise Salz

Für den Belag:
1 Pck. Dr. Oetker Pudding-Pulver Vanille-Geschmack
4–5 EL Wasser
2 Becher (je 500 g) Kirschgrütze (aus dem Kühlregal)

Für die Streusel:
250 g Bananen-Chips
1 mittelgroße reife Banane
120 g Butter
180 g Weizenmehl
80 g Zucker
1 Pck. Dr. Oetker Vanillin-Zucker
1/2 gestr. TL gemahlener Zimt

Kirsch-Bananen-Streuselkuchen

Insgesamt:
E: 86 g, F: 246 g, Kh: 1047 g,
kJ: 28337, kcal: 6745

1. Für den Teig Mehl mit Backpulver in einer Rührschüssel mischen. Quark, Milch, Öl, Zucker, Vanillin-Zucker und Salz hinzufügen. Die Zutaten mit Handrührgerät mit Knethaken auf höchster Stufe in etwa 1 Minute zu einem glatten Teig verarbeiten (nicht zu lange, Teig klebt sonst).
2. Dann den Teig auf der bemehlten Arbeitsfläche kurz zu einer Rolle formen und auf einem Backblech (30 x 40 cm, gefettet) ausrollen.
3. Für den Belag Pudding-Pulver mit Wasser anrühren. Einen Becher Kirschgrütze in einem kleinen Topf unter Rühren zum Kochen bringen. Angerührtes Pudding-Pulver unter Rühren in die Kirschgrütze geben und unter Rühren nochmals aufkochen lassen. Kirschgrütze von der Kochstelle nehmen und den zweiten Becher Kirschgrütze unterrühren. Die Kirschgrütze auf den Teig geben und verstreichen.
4. Den Backofen vorheizen. Für die Streusel Bananen-Chips in einen Gefrierbeutel geben und den Beutel gut verschließen. Bananen-Chips mit einer Teigrolle fein zerbröseln (oder Bananen-Chips fein hacken). Banane schälen und mit einer Gabel zerdrücken. Butter zerlassen.
5. Chips-Brösel und die zerdrückte Banane in eine Rührschüssel geben. Mehl, Zucker, Vanillin-Zucker, Zimt und die heiße Butter hinzufügen. Die Zutaten mit Handrührgerät mit Rührbesen zunächst kurz auf niedrigster, dann auf mittlerer Stufe zu Streuseln von gewünschter Größe verarbeiten. Die Streusel auf der Kirschgrütze verteilen. Das Backblech in den vorgeheizten Backofen schieben.
Ober-/Unterhitze: 180–200 °C
Heißluft: 160–180 °C
Backzeit: etwa 35 Minuten.
6. Das Backblech auf einen Kuchenrost stellen und den Kuchen darauf erkalten lassen.

Für Gäste

Apfelkuchen mit Guss

Zubereitungszeit: 50 Minuten, ohne Ruhezeit
Backzeit: etwa 45 Minuten

Für den Hefeteig:
375 g Weizenmehl
1 Pck. Hefeteig Garant
50 g Zucker
1 Pck. Dr. Oetker Vanillin-Zucker
1 Prise Salz, 200 ml Milch
75 g weiche Butter oder Margarine

Für den Belag:
1,2 kg Äpfel
50 g Korinthen
100 g abgezogene, gestiftelte Mandeln
1/2 gestr. TL gemahlener Zimt
1 Pck. Dr. Oetker Vanillin-Zucker

Für den Guss:
1 Becher (150 g) Crème fraîche
100 g Schlagsahne
1 Ei (Größe M)
50 g Zucker

Insgesamt:
E: 86 g, F: 218 g, Kh: 559 g,
kJ: 19259, kcal: 4600

1. Für den Teig Mehl in eine Rührschüssel geben und sorgfältig mit Hefeteig Garant vermischen. Zucker, Vanillin-Zucker, Salz, Milch und Butter oder Margarine hinzufügen. Die Zutaten mit Handrührgerät mit Knethaken zunächst kurz auf niedrigster, dann auf höchster Stufe in etwa 2 Minuten zu einem Teig verarbeiten.
2. Den Teig leicht mit Mehl bestäuben, aus der Schüssel nehmen und zu einer Rolle formen. Teigrolle in einer Fettpfanne (30 x 40 cm, gefettet) ausrollen.
3. Für den Belag Äpfel schälen, vierteln, entkernen und in Spalten schneiden. Apfelspalten dachziegelartig auf den Teig legen. Korinthen und Mandeln darauf verteilen. Zimt mit

Apfelkuchen mit Guss

Fruchtige Saure-Sahne-Schnitten

Vanillin-Zucker mischen und daraufstreuen. Den Teig etwa 15 Minuten ruhen lassen. Backofen vorheizen.

4. Die Fettpfanne in den vorgeheizten Backofen schieben und den Kuchen vorbacken.
Ober-/Unterhitze: etwa 180 °C
Heißluft: etwa 160 °C
Backzeit: etwa 25 Minuten.

5. Für den Guss inzwischen Crème fraîche mit Sahne, Ei und Zucker gut verrühren. Die Fettpfanne aus dem Backofen nehmen und den Guss auf den Apfelspalten verteilen. Die Fettpfanne wieder in den heißen Backofen schieben und den Kuchen **bei gleicher Backtemperatur in etwa 20 Minuten fertig backen.**

Beliebt

Fruchtige Saure-Sahne-Schnitten

Zubereitungszeit: 35 Minuten, ohne Abkühl- und Kühlzeit
Backzeit: etwa 20 Minuten

Für den Schüttelteig:
300 g Weizenmehl
3 gestr. TL Dr. Oetker Backin
200 g Zucker
1 Pck. Dr. Oetker Vanillin-Zucker
1 Pck. Dr. Oetker Finesse
Geriebene Zitronenschale
4 Eier (Größe M)
150 ml Speiseöl (z. B. Rapsöl)
150 ml Mineralwasser

Für die Saure-Sahne-Creme:
6 Blatt weiße Gelatine
450 g saure Sahne
50 g Zucker
500 g Schlagsahne

Für den Belag:
1 kg vorbereitetes Beerenobst (Him-, Brom-, Heidel- und rote Johannisbeeren)
einige Minzeblätter
2 Pck. Tortenguss, klar
2 EL Zucker
500 ml (1/2 l) Flüssigkeit (Apfelsaft und/oder Wein)

Insgesamt:
E: 99 g, F: 386 g, Kh: 702 g,
kJ: 28779, kcal: 6883

1. Den Backofen vorheizen. Für den Teig Mehl mit Backpulver in eine verschließbare Schüssel (etwa 3 l) geben und mit Zucker, Vanillin-Zucker und Zitronenschale mischen. Eier, Öl und Mineralwasser hinzufügen und die Schüssel mit dem Deckel fest verschließen. Schüssel mehrmals kräftig schütteln (insgesamt 15–30 Sekunden), so dass alle Zutaten gut vermischt sind.

2. Alles mit einem Schneebesen oder Rührlöffel nochmals sorgfältig durchrühren, damit trockene Zutaten vom Rand mit untergerührt werden. Teig auf ein Backblech (30 x 40 cm, gefettet, gemehlt) geben und verstreichen. Das Backblech in den vorgeheizten Backofen schieben.
Ober-/Unterhitze: etwa 180 °C
Heißluft: etwa 160 °C
Backzeit: etwa 20 Minuten.

3. Gebäck auf dem Backblech auf einem Kuchenrost erkalten lassen und anschließend einen Backrahmen darumstellen.

4. Für die Saure-Sahne-Creme Gelatine nach Packungsanleitung einweichen. Saure Sahne mit Zucker verrühren. Gelatine in einem Topf bei schwacher Hitze auflösen, mit etwas von der Saure-Sahne-Masse verrühren, die Mischung unter die restliche Saure-Sahne-Masse rühren und kalt stellen. Sobald die Masse beginnt dicklich zu werden, Sahne steifschlagen und unterheben. Creme auf das erkaltete Gebäck streichen und den Kuchen etwa 2 Stunden kalt stellen.

5. Für den Belag vorbereitetes Obst auf dem Kuchen verteilen und einige Minzeblätter darauflegen. Aus Tortenguss, Zucker und Flüssigkeit nach Packungsanleitung einen Guss zubereiten, auf den Früchten verteilen und fest werden lassen.

Tipp: Anstelle des Beerenobstes können auch verschiedene Melonenarten oder grüne Früchte (Kiwis, Stachelbeeren, Weintrauben) verwendet werden. Den Kuchen maximal 1 Tag vor dem Verzehr zubereiten.

Milchreisschnitten mit Pfirsichen

Für Kinder

Milchreisschnitten mit Pfirsichen

Zubereitungszeit: 60 Minuten, ohne Abkühl- und Kühlzeit
Backzeit: etwa 30 Minuten

Für den Rührteig:
200 g Butter oder Margarine
200 g Zucker
1 Pck. Dr. Oetker Vanillin-Zucker
1 Pck. Dr. Oetker Finesse Geriebene Orangenschale
1 Prise Salz
5 Eier (Größe M)
300 g Weizenmehl
3 gestr. TL Dr. Oetker Backin
4 EL Orangensaft

Für den Belag:
2 Dosen Pfirsichhälften (Abtropfgewicht je 470 g)
8–10 EL Pfirsichsaft aus den Dosen
8 Blatt weiße Gelatine
4 Becher (je 200 g) Milchreis Vanille-Geschmack (aus dem Kühlregal)
6 EL Pfirsichsaft aus den Dosen
400 g Schlagsahne

Für den Guss:
2 Pck. Tortenguss, klar
500 ml (1/2 l) Pfirsichsaft aus den Dosen, evtl. mit Wasser aufgefüllt

Insgesamt:
E: 127 g, F: 353 g, Kh: 839 g,
kJ: 29833, kcal: 7119

1. Den Backofen vorheizen. Für den Teig Butter oder Margarine mit Handrührgerät mit Rührbesen auf höchster Stufe geschmeidig rühren. Nach und nach Zucker, Vanillin-Zucker, Orangenschale und Salz unterrühren. So lange rühren, bis eine gebundene Masse entstanden ist. Eier nach und nach unterrühren (jedes Ei etwa 1/2 Minute).
2. Mehl mit Backpulver mischen und in 2 Portionen abwechselnd mit dem Orangensaft auf mittlerer Stufe unterrühren. Den Teig auf ein Backblech (30 x 40 cm, gefettet) geben und verstreichen. Das Backblech in den vorgeheizten Backofen schieben.
Ober-/Unterhitze: etwa 180 °C
Heißluft: etwa 160 °C
Backzeit: etwa 30 Minuten.
3. Das Backblech auf einen Kuchenrost stellen und den Gebäckboden darauf erkalten lassen.
4. Für den Belag Pfirsichhälften in einem Sieb abtropfen lassen, dabei den Saft auffangen. Die Pfirsichhälften in Spalten schneiden. Den Gebäckboden mit 8–10 Esslöffeln von dem Pfirsichsaft tränken.
5. Gelatine nach Packungsanleitung einweichen. Milchreis in eine Rührschüssel geben. Gelatine leicht ausdrücken und in einem kleinen Topf mit 6 Esslöffeln von dem Pfirsichsaft unter Rühren auflösen. Gelatine zuerst mit 3 Esslöffeln von dem Milchreis verrühren, dann mit dem restlichen Milchreis verrühren. Sahne steifschlagen und unterheben.
6. Sahne-Milchreis auf den Gebäckboden geben und glattstreichen. Pfirsichspalten dachziegelartig darauf verteilen und den Kuchen 1–2 Stunden kalt stellen.
7. Für den Guss aus Tortengusspulver und Pfirsichsaft, aber ohne Zucker nach Packungsanleitung einen Guss bereiten. Guss vorsichtig auf den Die Pfirsichspalten verteilen und fest werden lassen. Kuchen kalt stellen und anschließend in Schnitten teilen.

Tipp: Nach dem Backen einen Backrahmen um den Kuchen stellen, der zum Schluss wieder entfernt wird.

Raffiniert

Vanille-Eierschecke

Zubereitungszeit: 60 Minuten, ohne Teiggeh- und Abkühlzeit
Backzeit: etwa 45 Minuten

Für den Hefeteig:
50 g Butter oder Margarine
200 g Weizenmehl
1/2 Pck. (21 g) frische Hefe
40 g Zucker
75 ml Milch
1 Pck. Dr. Oetker Vanillin-Zucker
1 Ei (Größe M)

Für den Quarkbelag:
80 g weiche Butter
150 g Zucker
3 Eier (Größe M)
1 kg Magerquark
50 g abgezogene, gemahlene Mandeln

Für den Vanilleguss:
2 Pck. Gala Pudding-Pulver Bourbon-Vanille
500 ml (1/2 l) Milch
250 g Butter
100 g Zucker
1 Pck. Dr. Oetker Bourbon-Vanille-Zucker
4 Eigelb (Größe M)
4 Eiweiß (Größe M)

Zum Bestäuben:
2 EL Puderzucker

Insgesamt:
E: 238 g, F: 421 g, Kh: 594 g, kJ: 30430, kcal: 7269

1. Für den Teig Butter oder Margarine zerlassen. Mehl in eine Rührschüssel geben und in die Mitte eine Vertiefung drücken. Hefe hineinbröckeln und etwas von dem Zucker und etwas von der Milch hinzufügen. Alles mit einer Gabel vorsichtig verrühren und etwa 15 Minuten stehen lassen.
2. Restlichen Zucker, Vanillin-Zucker, Ei, flüssige Butter oder Margarine und restliche Milch hinzufügen. Die Zutaten mit Handrührgerät mit Knethaken zunächst kurz auf niedrigster, dann auf höchster Stufe in etwa 5 Minuten zu einem glatten Teig verarbeiten. Den Teig zugedeckt so lange an einem warmen Ort gehen lassen, bis er sich sichtbar vergrößert hat.
3. Für den Belag Butter und Zucker mit Handrührgerät mit Rührbesen geschmeidig rühren. Eier nach und nach auf höchster Stufe unterrühren. Quark und Mandeln unterheben.
4. Für den Guss Pudding-Pulver mit etwas von der Milch anrühren. Restliche Milch mit Butter, Zucker und Vanille-Zucker in einem Topf zum Kochen bringen, angerührtes Pudding-Pulver in die von der Kochstelle genommene Milch rühren und unter Rühren nochmals gut aufkochen lassen. Eigelb in einer Tasse verrühren, etwas von dem Pudding unterrühren, dann die Eigelb-Pudding-Mischung unter den warmen Pudding rühren. Pudding etwas abkühlen lassen.
5. Den Backofen vorheizen. Den gegangenen Teig leicht mit Mehl bestäuben, aus der Schüssel nehmen und auf einer bemehlten Arbeitsfläche nochmals gut durchkneten. Den Teig in einer Fettpfanne (30 x 40 cm, gefettet) ausrollen. Den Quarkbelag daraufgeben und glattstreichen.
6. Eiweiß steifschlagen und vorsichtig unter den Pudding heben. Den Pudding auf der Quarkmasse verteilen. Die Fettpfanne in den vorgeheizten Backofen schieben.
Ober-/Unterhitze: 180–200 °C
Heißluft: 160–180 °C
Backzeit: etwa 45 Minuten.
7. Die Fettpfanne auf einen Kuchenrost stellen und den Kuchen darauf erkalten lassen. Vor dem Servieren mit Puderzucker bestäuben.

Vanille-Eierschecke

Beliebt – einfach

Tschechischer Kokoskuchen

Zubereitungszeit: 35 Minuten, ohne Abkühlzeit
Backzeit: 35–40 Minuten

Für den Rührteig:
200 g Butter oder Margarine
200 g Zucker
1 Pck. Dr. Oetker Vanillin-Zucker
1 Pck. Dr. Oetker Finesse Geriebene Zitronenschale
4 Eigelb (Größe M)
250 g Weizenmehl
3 gestr. TL Dr. Oetker Backin
2–3 EL Milch

Für den Belag:
4 EL Ananaskonfitüre oder Johannisbeergelee
4 Eiweiß (Größe M)
200 g Zucker
200 g Kokosraspel

Zum Besprenkeln:
75 g Zartbitter-Schokolade
1 EL Speiseöl

Insgesamt:
E: 75 g, F: 375 g, Kh: 720 g, kJ: 27343, kcal: 6530

1. Den Backofen vorheizen. Für den Teig Butter oder Margarine mit Handrührgerät mit Rührbesen auf höchster Stufe geschmeidig rühren. Nach und nach Zucker, Vanillin-Zucker und Zitronenschale unterrühren. So lange rühren, bis eine gebundene Masse entstanden ist. Eigelb nach und nach unterrühren.
2. Mehl mit Backpulver mischen und abwechselnd mit der Milch in 2 Portionen kurz auf mittlerer Stufe unterrühren. Den Teig auf ein Backblech (30 x 40 cm, gefettet) geben und verstreichen. Das Backblech in den vorgeheizten Backofen schieben und den Gebäckboden vorbacken.
Ober-/Unterhitze: etwa 180 °C
Heißluft: etwa 160 °C
Backzeit: etwa 20 Minuten.
3. Das Backblech auf einen Kuchenrost stellen und den Gebäckboden etwas abkühlen lassen.
4. Für den Belag Konfitüre oder Gelee verrühren, auf den warmen Gebäckboden streichen. Eiweiß steifschlagen, Zucker nach und nach kurz unterschlagen und Kokosraspel unterheben. Die Eischneemasse auf der Konfitüre verteilen und verstreichen. Das Backblech wieder in den Backofen schieben und den Kuchen bei niedrigerer Backtemperatur fertig backen, bis die Oberfläche goldgelb ist.
Ober-/Unterhitze: etwa 160 °C
Heißluft: etwa 140 °C
Backzeit: 15–20 Minuten.
5. Das Backblech auf einen Kuchenrost stellen und den Kuchen darauf erkalten lassen.
6. Zum Besprenkeln Schokolade in Stücke brechen und mit Öl in einem kleinen Topf im Wasserbad bei schwacher Hitze unter Rühren schmelzen lassen. Den Kuchen damit besprenkeln und die Schokolade fest werden lassen.

Beliebt

Beeren-Pudding-Kuchen

Zubereitungszeit: 40 Minuten, ohne Teiggeh- und Abkühlzeit
Backzeit: etwa 20 Minuten

Für den Hefeteig:
180 ml Milch
50 g Butter oder Margarine
375 g Weizenmehl
1 Pck. Dr. Oetker Trockenbackhefe
50 g Zucker
1 Pck. Dr. Oetker Vanillin-Zucker
1 Prise Salz
1 Ei (Größe M)

Für den Belag:
2 Pck. Gala Pudding-Pulver Bourbon-Vanille
100 g Zucker
750 ml (3/4 l) Milch
250 g Speisequark (40 % Fett i. Tr.)
1 Pck. Dr. Oetker Finesse Geriebene Zitronenschale
500 g Beerenfrüchte (z. B. Him-, rote Johannis-, Brombeeren)
100 g abgezogene, gehobelte Mandeln, 2 EL Zucker

Tschechischer Kokoskuchen

Beeren-Pudding-Kuchen

Insgesamt:
E: 134 g, F: 178 g, Kh: 600 g,
kJ: 19143, kcal: 4567

1. Für den Teig Milch leicht erwärmen und Butter oder Margarine darin zerlassen. Mehl in eine Rührschüssel geben und sorgfältig mit der Hefe vermischen. Übrige Zutaten und die warme Milch-Fett-Mischung hinzufügen und alles mit Handrührgerät mit Knethaken zunächst kurz auf niedrigster, dann auf höchster Stufe in etwa 5 Minuten zu einem glatten Teig verarbeiten.
2. Teig zugedeckt an einem warmen Ort so lange gehen lassen, bis er sich sichtbar vergrößert hat. Teig dann leicht mit Mehl bestäuben und auf der Arbeitsfläche nochmals gut durchkneten. Den Teig in einer Fettpfanne (30 x 40 cm, gefettet) ausrollen.
3. Für den Belag Pudding nach Packungsanleitung, aber nur mit 100 g Zucker und 750 ml (3/4 l) Milch zubereiten. Anschließend Quark und Zitronenschale unterrühren und den Quarkpudding gleichmäßig auf dem Teig verstreichen. Beerenfrüchte verlesen, evtl. waschen, abtropfen lassen und mit Mandeln und Zucker auf dem Quarkpudding verteilen (einige Beeren zum Garnieren zurücklassen). Den Backofen vorheizen. Den Teig nochmals so lange gehen lassen, bis er sich sichtbar vergrößert hat. Die Fettpfanne in den vorgeheizten Backofen schieben.
Ober-/Unterhitze: etwa 200 °C
Heißluft: etwa 180 °C
Backzeit: etwa 20 Minuten.
4. Den Kuchen mit der Fettpfanne auf einen Kuchenrost stellen und erkalten lassen. Die zurückgelassenen Beeren auf den Kuchen streuen und den Kuchen servieren.

Tipp: Nach Wunsch können Sie einen Zitronenguss aus 100 g Puderzucker und 2–3 Esslöffeln Zitronensaft anrühren. Guss in einen Gefrierbeutel füllen, eine kleine Ecke abschneiden, über den Kuchen sprenkeln (Foto).

Becherkuchen

Apfel-Nuss-Schnitten

Zubereitungszeit: 45 Minuten, ohne Kühl- und Abkühlzeit
Backzeit: etwa 30 Minuten

Zum Vorbereiten:
1 Becher (200 g) Schlagsahne
1/2 Becher (75 g) nicht abgezogene, ganze Mandeln
3 EL Pistazienkerne

Für den Rührteig:
1 Pck. (250 g) weiche Butter oder Margarine
1/2 Becher (100 g) Zucker
1 Prise Salz
3–4 Tropfen Bittermandel-Aroma
5 Eier (Größe M)
2 Becher (250 g) Weizenmehl
1 Pck. Dr. Oetker Backin
1/2 Becher (100 ml) Milch
1/2 Becher (75 g) gemahlene Haselnusskerne
1/2 Becher (75 g) Rosinen

Für den Belag:
2 Pck. Dr. Oetker Sahnesteif
2 Becher (je 250 g) Schmand (Sauerrahm)
1 Glas Apfelkompott mit Stücken (Einwaage 360 g)
3 EL Zucker

Zum Bestreuen:
einige Pistazienkerne und nicht abgezogene, ganze Mandeln

Insgesamt:
E: 140 g, F: 542 g, Kh: 538 g,
kJ: 33092, kcal: 7908

1. Zum Vorbereiten Sahne in einen hohen Rührbecher geben und zugedeckt kalt stellen. Den Becher auswaschen, abtrocknen und zum Abmessen der Zutaten verwenden. Mandeln und Pistazienkerne grob hacken und beiseitestellen. Den Backofen vorheizen.
2. Für den Teig Butter oder Margarine mit Handrührgerät mit Rührbesen

Apfel-Nuss-Schnitten

auf höchster Stufe geschmeidig rühren. Nach und nach Zucker, Salz und Aroma unterrühren. So lange rühren, bis eine gebundene Masse entstanden ist.
3. Eier nach und nach unterrühren (jedes Ei etwa 1/2 Minute). Mehl mit Backpulver mischen und in 2 Portionen abwechselnd mit der Milch und den Haselnusskernen auf mittlerer Stufe kurz unterrühren. Zuletzt die beiseitegestellten Pistazienkerne, Mandeln und Rosinen kurz unterrühren.
4. Den Teig auf ein Backblech (30 x 40 cm, gefettet) geben und verstreichen. Das Backblech in den vorgeheizten Backofen schieben.
Ober-/Unterhitze: etwa 180 °C
Heißluft: etwa 160 °C
Backzeit: etwa 30 Minuten.
5. Das Backblech auf einen Kuchenrost stellen. Die Gebäckplatte erkalten lassen.
6. Für den Belag die kalt gestellte Sahne mit Sahnesteif steifschlagen. Schmand mit Kompott und Zucker verrühren und die Sahne unterheben. Die Schmand-Sahne-Creme wellenförmig auf der Gebäckplatte verteilen.
7. Zum Bestreuen Pistazienkerne und Mandeln fein hacken und auf die Schmand-Sahne-Creme streuen. Den Kuchen in Stücke schneiden.

Raffiniert – mit Alkohol

Zimtkuchen mit Reiscreme

Zimtkuchen mit Reiscreme

Zubereitungszeit: 50 Minuten, ohne Abkühl- und Kühlzeit
Backzeit: etwa 25 Minuten

Für den Knetteig:
300 g Weizenmehl
50 g Speisestärke
1 gestr. TL Dr. Oetker Backin
150 g Zucker
1 Pck. Dr. Oetker Vanillin-Zucker
1 gestr. TL gemahlener Zimt
2 Eier (Größe M)
150 g Butter oder Margarine

Für den Belag:
10 Blatt weiße Gelatine
3–4 EL Pfirsichlikör
2 Becher (je 500 g) Milchreis nach klassischer Art
1 gestr. TL gemahlener Zimt
2 Becher (je 200 g) Zitronenjoghurt
500 g Schlagsahne
2 Dosen Fruchtcocktail (Abtropfgewicht je 340 g)

Für den Guss:
2 Pck. Tortenguss, klar
500 ml (1/2 l) Fruchtcocktailsaft aus den Dosen

Insgesamt:
E: 116 g, F: 335 g, Kh: 769 g,
kJ: 30067, kcal: 7185

1. Den Backofen vorheizen. Für den Teig Mehl mit Speisestärke und Backpulver in einer Rührschüssel mischen. Zucker, Vanillin-Zucker, Zimt, Eier und Butter oder Margarine hinzufügen. Die Zutaten mit Handrührgerät mit Knethaken zunächst kurz auf niedrigster, dann auf höchster Stufe gut durcharbeiten.
2. Anschließend den Teig auf der leicht bemehlten Arbeitsfläche kurz zu einer Rolle verkneten. Den Teig auf einem Backblech (30 x 40 cm, gefettet) ausrollen und mehrfach mit einer Gabel einstechen. Das Backblech in den vorgeheizten Backofen schieben.
Ober-/Unterhitze: 180–200 °C
Heißluft: 160–180 °C
Backzeit: etwa 25 Minuten.
3. Das Backblech auf einen Kuchenrost stellen und den Gebäckboden darauf erkalten lassen. Einen Backrahmen darumstellen.
4. Für den Belag Gelatine nach Packungsanleitung einweichen. Die eingeweichte Gelatine leicht ausdrücken und in einem kleinen Topf bei schwacher Hitze auflösen. Likör unterrühren. Milchreis in eine Schüssel geben und mit Zimt und Joghurt verrühren. Gelatinemischung unterrühren. Die Reis-Joghurt-Masse kalt stellen.
5. Sahne steifschlagen. Wenn die Reis-Joghurt-Masse beginnt dicklich zu werden, Sahne unterheben. Die Creme auf dem Gebäckboden verstreichen. Den Kuchen etwa 2 Stunden kalt stellen.
6. Fruchtcocktail in einem Sieb gut abtropfen lassen, den Saft dabei auffangen und 500 ml (1/2 l) abmessen. Die Früchte auf der fest gewordenen Reiscreme verteilen.
7. Für den Guss aus Tortengusspulver und Fruchtcocktailsaft nach Packungsanleitung, aber ohne Zucker einen Guss zubereiten und auf dem Obst verteilen. Den Kuchen etwa 1 Stunde kalt stellen und den Guss fest werden lassen. Dann den Backrahmen vorsichtig lösen und entfernen.

Tipp: Anstelle von Zitronenjoghurt schmeckt auch Pfirsich-Maracuja-Joghurt im Belag. Der Likör kann durch Saft aus den Dosen ersetzt werden.

Streuselkuchen aus Thüringen

Zubereitungszeit: 35 Minuten, ohne Teiggeh- und Abkühlzeit
Backzeit: etwa 20 Minuten

Für den Hefeteig:
200 ml Milch
50 g Butter oder Margarine
375 g Weizenmehl
1 Pck. Dr. Oetker Trockenbackhefe
50 g Zucker
1 Pck. Dr. Oetker Vanillin-Zucker
1 Ei (Größe M)

Zum Bestreichen:
20 g Butter

Für die Streusel:
300 g Weizenmehl
150 g Zucker
1 Pck. Dr. Oetker Vanillin-Zucker
200 g weiche Butter oder Margarine
10 g Kakaopulver

Zum Beträufeln:
125 ml (1/8 l) Milch
60 g Butter

Zum Bestreichen und Bestäuben:
100 g Butter
50 g Puderzucker

Insgesamt:
E: 100 g, F: 380 g, Kh: 760 g,
kJ: 28860, kcal: 6900

1. Zum Vorbereiten für den Teig Milch leicht erwärmen und Butter oder Margarine darin zerlassen.
2. Für den Teig Mehl in einer Rührschüssel sorgfältig mit Trockenbackhefe vermischen. Restliche Zutaten und die warme Milch-Fett-Mischung hinzufügen und die Zutaten mit Handrührgerät mit Knethaken kurz auf niedrigster, dann auf höchster Stufe in etwa 5 Minuten zu einem glatten Teig verarbeiten. Den Teig zugedeckt so lange an einem warmen Ort gehen lassen, bis er sich sichtbar vergrößert hat.
3. Den Teig leicht mit Mehl bestäuben, aus der Schüssel nehmen und auf der leicht bemehlten Arbeitsfläche nochmals gut durchkneten. Teig auf einem Backblech (30 x 40 cm, gefettet) ausrollen. Butter zerlassen, den Teig damit bestreichen.
4. Für die Streusel Mehl mit Zucker, Vanillin-Zucker und Butter oder Margarine in eine Rührschüssel geben. Die Zutaten mit Handrührgerät mit Rührbesen zu Streuseln von gewünschter Größe verarbeiten. Die Hälfte der Streusel großzügig auf dem Teig verteilen.
5. Unter die restlichen Streusel das Kakaopulver arbeiten und die Lücken damit füllen, so dass ein schwarzweißes Muster entsteht. Den Backofen vorheizen. Den Teig nochmals an einem warmen Ort gehen lassen, bis er sich sichtbar vergrößert hat. Das Backblech in den vorgeheizten Backofen schieben.
Ober-/Unterhitze: etwa 200 °C
Heißluft: etwa 180 °C
Backzeit: etwa 20 Minuten.
6. Zum Beträufeln Milch erwärmen und Butter darin zerlassen. Den noch heißen Kuchen damit beträufeln und den Kuchen auf dem Backblech auf einem Kuchenrost erkalten lassen. Zum Bestreichen Butter zerlassen, den erkalteten Kuchen damit bestreichen und mit reichlich Puderzucker bestäuben.

Streuselkuchen aus Thüringen

Feiner Napfkuchen mit Schokoguss

Für Kinder – einfach

Feiner Napfkuchen mit Schokoguss

Zubereitungszeit: 30 Minuten, ohne Abkühlzeit
Backzeit: etwa 60 Minuten

Für den Rührteig:
350 g Butter oder Margarine
300 g Zucker
1 Pck. Dr. Oetker Vanillin-Zucker
4 Eier (Größe M)
350 g Weizenmehl
50 g Speisestärke
4 gestr. TL Dr. Oetker Backin
1 EL Milch

Für den Guss:
200 g Zartbitter-Schokolade
1 EL Speiseöl

Insgesamt:
E: 83 g, F: 399 g, Kh: 691 g,
kJ: 27937, kcal: 6671

1. Den Backofen vorheizen. Für den Teig Butter oder Margarine mit Handrührgerät mit Rührbesen auf höchster Stufe geschmeidig rühren. Nach und nach Zucker und Vanillin-Zucker unterrühren. So lange rühren, bis eine gebundene Masse entstanden ist.

2. Eier nach und nach unterrühren (jedes Ei etwa 1/2 Minute). Mehl mit Speisestärke und Backpulver gut vermischen und in 2 Portionen abwechselnd mit der Milch auf mittlerer Stufe unterrühren.

3. Den Teig in eine Napfkuchenform (Ø 24 cm, gefettet) füllen, verstreichen und die Form in den vorgeheizten Backofen schieben.
Ober-/Unterhitze: etwa 180 °C
Heißluft: etwa 160 °C
Backzeit: etwa 60 Minuten.

4. Den Kuchen etwa 10 Minuten in der Form stehen lassen, dann auf einen Kuchenrost stürzen und den Kuchen darauf erkalten lassen.

5. Für den Guss Schokolade in kleine Stücke brechen und mit Öl in einem kleinen Topf im Wasserbad schmelzen lassen. Den Kuchen damit überziehen und den Guss fest werden lassen.

Tipp: Der Kuchen kann ohne Guss eingefroren werden. Statt 200 g Zartbitter-Schokolade können Sie für den Guss auch 100 g Zartbitter- und 100 g Vollmilch-Schokolade verwenden.

Beliebt

Früchte-Gugelhupf

Zubereitungszeit: 30 Minuten, ohne Abkühlzeit
Backzeit: etwa 55 Minuten

Zum Vorbereiten:
1 Pck. (200 g) Caribic Royal Knabbermischung (von Seeberger)

Für den All-in-Teig:
450 g Weizenmehl (Type 550)
4 gestr. TL Dr. Oetker Backin
180 g Zucker
1 Pck. Dr. Oetker Vanillin-Zucker
1 Pck. Dr. Oetker Finesse Geriebene Zitronenschale
1 Prise Salz
4 Eier (Größe M)
180 g weiche Butter oder Margarine
300 ml Maracuja-Mango-Nektar

Für den Guss:
100 g Puderzucker
1–2 EL Maracuja-Mango-Nektar

Insgesamt:
E: 86 g, F: 236 g, Kh: 778 g,
kJ: 23230, kcal: 5543

1. Zum Vorbereiten nach Belieben Nuss-, Mandel- und Kokosstücke von den Fruchtstücken trennen, Nusskerne fein hacken und in einer Pfanne ohne Fett goldbraun rösten und abkühlen lassen. Restliche Knabbermischung etwas klein hacken. Den Backofen vorheizen.
2. Für den Teig Mehl mit Backpulver in einer Rührschüssel mischen. Zucker, Vanillin-Zucker, Zitronenschale, Salz, Eier, Butter oder Margarine und Nektar hinzufügen. Die Zutaten mit Handrührgerät mit Rührbesen zunächst kurz auf niedrigster, dann auf höchster Stufe in etwa 2 Minuten zu einem glatten Teig verarbeiten. Fruchtstücke und die gerösteten Nussstückchen kurz unterrühren.
3. Den Teig in eine Napfkuchenform (Ø 22 cm, gefettet, gemehlt) geben und glattstreichen. Die Form auf dem Rost in den vorgeheizten Backofen schieben.
Ober-/Unterhitze: etwa 180 °C
Heißluft: etwa 160 °C
Backzeit: etwa 55 Minuten.
4. Die Form auf einen Kuchenrost stellen. Den Gugelhupf etwa 10 Minuten in der Form stehen lassen, dann aus der Form lösen, auf einen Kuchenrost stürzen, erkalten lassen.
5. Für den Guss Puderzucker mit Nektar zu einer dickflüssigen Masse verrühren. Gugelhupf damit bestreichen. Guss fest werden lassen.

Tipp: Die Caribic Royal-Mischung enthält etwa 165 g getrocknete Früchte wie etwa Papayas, Ananas (gesüßt), Weinbeeren, Sultaninen und Äpfel und außerdem etwa 35 g gemischte Nusskerne wie Cashewkerne, Mandeln und Kokos-Chips. Statt der Früchtemischung können auch getrocknete, klein geschnittene Aprikosen oder Pflaumen verwendet werden. Die Nussmischung kann aber auch gut durch gehackte Mandeln, Nusskerne oder Kokosraspel ersetzt werden.

Früchte-Gugelhupf

Gut vorzubereiten

Getränkter Limetten-Kokos-Kuchen

Zubereitungszeit: 35 Minuten, ohne Abkühlzeit
Backzeit: etwa 45 Minuten

Für den Schüttelteig:
150 g Butter oder Margarine
250 g Weizenmehl
2 gestr. TL Dr. Oetker Backin
170 g Zucker
abgeriebene Schale von 1 Bio-Limette (unbehandelt, ungewachst)
3 Eier (Größe M)
150 g Joghurt
100 g Kokosraspel

Für den Sirup:
100 ml Limettensaft
170 g Zucker, 50 ml Wasser

Insgesamt:
E: 64 g, F: 214 g, Kh: 541 g,
kJ: 18638, kcal: 4453

1. Für den Teig Butter oder Margarine zerlassen und abkühlen lassen. Den Backofen vorheizen. Mehl mit Backpulver in einer verschließbaren Schüssel (etwa 3 l) mit Zucker und Limettenschale vermischen. Eier, Butter oder Margarine und Joghurt hinzufügen. Die Schüssel mit dem Deckel fest verschließen.
2. Schüssel mehrmals (insgesamt 15–30 Sekunden) kräftig schütteln, so dass alle Zutaten gut vermischt sind. Kokosraspel hinzufügen und alles mit einem Schneebesen oder Rührlöffel nochmals sorgfältig verrühren, damit trockene Zutaten vom Rand mit untergerührt werden.
3. Teig in eine Napfkuchenform (Ø 22 cm, gefettet, gemehlt) füllen und verstreichen. Die Form auf dem Rost in den vorgeheizten Backofen schieben.
Ober-/Unterhitze: etwa 180 °C
Heißluft: etwa 160 °C
Backzeit: etwa 45 Minuten.
4. Für den Sirup Limettensaft mit Zucker und Wasser in einen Topf geben. Den Zucker bei mittlerer Hitze unter Rühren darin auflösen. Sirup etwa 2 Minuten ohne Deckel sprudelnd kochen lassen, dabei nicht umrühren.
5. Den Kuchen etwa 10 Minuten in der Form stehen lassen, dann auf einen mit Backpapier belegten Kuchenrost stürzen. Die Kuchenoberfläche mit einem Holzstäbchen mehrfach einstechen. Kuchen mit dem Rost auf ein Backblech stellen und mit dem heißen Sirup beträufeln. Abgetropften Sirup wieder über den Kuchen träufeln, bis alles vom Kuchen aufgesogen ist. Kuchen erkalten lassen.

Tipp: Nach Belieben den Kuchen mit Kokosraspeln bestreuen und mit Limettenscheiben garnieren.

Getränkter Limetten-Kokos-Kuchen

Einfach

Herrenkuchen „Shaker Maker"

Zubereitungszeit: 15 Minuten
Backzeit: etwa 40 Minuten

Zum Vorbereiten:
150 g Zartbitter-Kuvertüre
100 g Butter

Für den Schüttelteig:
200 g Weizenmehl
2 gestr. TL Dr. Oetker Backin
150 g Zucker
1 Pck. Dr. Oetker Vanillin-Zucker
3 Eier (Größe M)
150 ml starker Kaffee
50 ml Whisky oder Rum
50 g Zartbitter-Raspelschokolade

Insgesamt:
E: 57 g, F: 169 g, Kh: 401 g,
kJ: 14593, kcal: 3486

1. Zum Vorbereiten Kuvertüre in Stücke hacken und mit Butter in einem kleinen Topf im Wasserbad bei schwacher Hitze unter Rühren schmelzen lassen. Den Backofen vorheizen.
2. Für den Teig Mehl mit Backpulver in einer verschließbaren Schüssel (etwa 3 l) mischen und mit Zucker und Vanillin-Zucker vermischen. Eier, Kaffee, Whisky oder Rum hinzufügen. Die Schüssel mit dem Deckel fest verschließen.
3. Die Schüssel mehrmals (insgesamt 15–30 Sekunden) kräftig schütteln, so dass alle Zutaten gut vermischt sind. Kuvertüre und Raspelschokolade dazugeben und alles mit einem Schneebesen oder Rührlöffel nochmals sorgfältig durchrühren, damit trockene Zutaten vom Rand mit untergerührt werden.
4. Dann den Teig in eine Kastenform (25 x 11 cm, gefettet, gemehlt) geben und verstreichen. Die Form auf dem Rost in den vorgeheizten Backofen schieben.

Herrenkuchen „Shaker Maker"

Gugelhupf, fein

Ober-/Unterhitze: etwa 180 °C
Heißluft: etwa 160 °C
Backzeit: etwa 40 Minuten.

5. Den Kuchen etwa 10 Minuten in der Form stehen lassen, dann auf einen mit Backpapier belegten Kuchenrost stürzen, wieder umdrehen und erkalten lassen.

Klassisch – für Gäste

Gugelhupf, fein

Zubereitungszeit: 35 Minuten, ohne Teiggeh- und Abkühlzeit
Backzeit: 55–60 Minuten

Zum Vorbereiten:
50 g Schlagsahne
500 g Weizenmehl
1 Pck. Dr. Oetker Trockenbackhefe
1 TL Zucker

Für den Hefeteig:
150 g Schlagsahne
200 g Butter oder Margarine
150 g Zucker
1 Pck. Dr. Oetker Vanillin-Zucker
6 Tropfen Zitronen-Aroma
1 Prise Salz
4 Eier (Größe M)
150 g Rosinen
150 g Korinthen
100 g abgezogene, gehackte Mandeln

Außerdem:
etwas Puderzucker

Insgesamt:
E: 112 g, F: 320 g, Kh: 752 g,
kJ: 26608, kcal: 6352

1. Zum Vorbereiten Sahne erwärmen. Mehl in eine Rührschüssel sieben und in die Mitte eine Vertiefung drücken. Hefe und Zucker hineingeben und die warme Sahne hinzufügen. Die 3 Zutaten mit etwas Mehl mit einer Gabel vorsichtig verrühren und den Vorteig etwa 15 Minuten zugedeckt bei Zimmertemperatur gehen lassen.

2. Übrige Zutaten (außer Rosinen, Korinthen und Mandeln) hinzufügen. Die Zutaten mit Handrührgerät mit Knethaken kurz auf niedrigster, dann auf höchster Stufe in etwa 5 Minuten zu einem glatten Teig verarbeiten. Dann Rosinen, Korinthen und Mandeln kurz unterarbeiten. Den Teig zugedeckt so lange an einem warmen Ort gehen lassen, bis er sich sichtbar vergrößert hat.

3. Den Backofen vorheizen. Den Teig mit Handrührgerät mit Knethaken auf höchster Stufe nochmals kurz durchkneten, in eine Napfkuchenform (Ø 24 cm, gefettet, gemehlt) füllen und nochmals so lange an einem warmen Ort gehen lassen, bis er sich sichtbar vergrößert hat. Dann die Form auf dem Rost in den vorgeheizten Backofen schieben.
Ober-/Unterhitze: etwa 180 °C
Heißluft: etwa 160 °C
Backzeit: 55–60 Minuten.

4. Den Kuchen nach dem Backen etwa 10 Minuten in der Form stehen lassen, dann auf einen Kuchenrost stürzen und erkalten lassen. Den erkalteten Gugelhupf mit Puderzucker bestäuben.

Kartoffel-Aprikosen-Hupf

Gut vorzubereiten

Kartoffel-Aprikosen-Hupf

Zubereitungszeit: 35 Minuten, ohne Durchzieh- und Abkühlzeit
Backzeit: etwa 60 Minuten

Zum Vorbereiten:
50 g getrocknete Aprikosen
3 EL Aprikosenlikör
250 g Pellkartoffeln

Für den Biskuitteig:
5 Eier (Größe M)
125 g Zucker
1 Pck. Dr. Oetker Vanillin-Zucker
1 Fläschchen Butter-Vanille-Aroma
1/2 Fläschchen Rum-Aroma
1 TL Dr. Oetker Finesse
Geriebene Zitronenschale
100 g Weizenmehl
1 Msp. Dr. Oetker Backin
75 g gemahlene Haselnusskerne
50 g Weizengrieß

Für die Form:
gemahlene Haselnusskerne

Zum Bestäuben:
Puderzucker

Insgesamt:
E: 75 g, F: 88 g, Kh: 333 g,
kJ: 10984, kcal: 2623

1. Zum Vorbereiten Aprikosen fein würfeln, mit Likör tränken und eine Zeit lang zugedeckt durchziehen lassen. Pellkartoffeln pellen und durch eine Kartoffelpresse drücken. Den Backofen vorheizen.
2. Für den Teig Eier mit Handrührgerät mit Rührbesen auf höchster Stufe in 1 Minute schaumig schlagen. Zucker und Vanillin-Zucker mischen, in 1 Minute unter Rühren einstreuen und noch 2 Minuten weiterschlagen. Aromen und Zitronenschale kurz unterrühren. Mehl mit Backpulver mischen, auf die Eiercreme geben und kurz auf niedrigster Stufe unterrühren.
3. Haselnusskerne mit Grieß, Aprikosenwürfeln und Kartoffeln mischen und auf niedrigster Stufe vorsichtig kurz unterrühren. Den Teig in eine Napfkuchenform (Ø 22 cm, gefettet, mit Haselnusskernen ausgestreut) füllen und verstreichen. Die Form auf dem Rost in den vorgeheizten Backofen schieben.
Ober-/Unterhitze: etwa 180 °C
Heißluft: etwa 160 °C
Backzeit: etwa 60 Minuten.
4. Das Gebäck etwa 10 Minuten in der Form stehen lassen, dann auf einen mit Backpapier belegten Kuchenrost stürzen und erkalten lassen. Anschließend das Gebäck mit Puderzucker bestäuben.

Schnell zubereitet

Kokosnusskranz

Zubereitungszeit: 15 Minuten, ohne Abkühlzeit
Backzeit: etwa 45 Minuten

Für den All-in-Teig:
250 g Weizenmehl
2 gestr. TL Dr. Oetker Backin
150 g Zucker, 1 Prise Salz
150 g weiche Butter oder Margarine
3 Eier (Größe M)
150 ml Milch
100 g Kokosraspel

Zum Bestäuben:
Puderzucker

Insgesamt:
E: 62 g, F: 213 g, Kh: 357 g,
kJ: 15465, kcal: 3694

1. Den Backofen vorheizen. Für den Teig Mehl mit Backpulver in einer Rührschüssel gut vermischen. Restliche Zutaten hinzufügen und alles mit Handrührgerät mit Rührbesen erst kurz auf niedrigster, dann auf höchster Stufe in etwa 2 Minuten zu einem glatten Teig verarbeiten.
2. Den Teig in eine Springform mit Rohrboden (Ø 22 cm, gefettet, gemehlt) füllen und verstreichen. Die Form auf dem Rost in den vorgeheizten Backofen schieben.
Ober-/Unterhitze: etwa 180 °C
Heißluft: etwa 160 °C
Backzeit: etwa 45 Minuten.
3. Den Kuchen etwa 10 Minuten in der Form stehen lassen, dann auf einen mit Backpapier belegten Kuchenrost stürzen und erkalten lassen. Den Kuchen mit Puderzucker bestäuben.

Raffiniert

Malaga-Schnitten

Zubereitungszeit: 40 Minuten, ohne Abkühlzeit
Backzeit: etwa 60 Minuten

Für den All-in-Teig:
250 g Weizenmehl
100 g Speisestärke
2 gestr. TL Dr. Oetker Backin
150 g Zucker
1 Pck. Dr. Oetker Bourbon-Vanille-Zucker
6 Eier (Größe M)
200 g weiche Butter oder Margarine
100 ml Milch
50 g abgezogene, gehackte Mandeln

Zum Beträufeln:
1 Bio-Orange (unbehandelt, ungewachst)

Für die Füllung:
250 g Schlagsahne
1 Pck. Dr. Oetker Sahnesteif
250 g Mascarpone (ital. Frischkäse)
1 Pck. Dr. Oetker Finesse Jamaica-Rum-Aroma
50 g Zucker
120 g Schoko-Rosinen

Zum Garnieren:
50 g abgezogene, gehobelte, geröstete Mandeln
30 g Schoko-Rosinen

Insgesamt:
E: 123 g, F: 469 g, Kh: 608 g, kJ: 31108, kcal: 7434

1. Den Backofen vorheizen. Für den Teig Mehl mit Speisestärke und Backpulver in einer Rührschüssel mischen. Restliche Zutaten hinzufügen und alles mit Handrührgerät mit Rührbesen erst kurz auf niedrigster, dann auf höchster Stufe in etwa 2 Minuten zu einem Teig verarbeiten.
2. Dann den Teig in eine Kastenform (30 x 11 cm, gefettet, gemehlt) füllen und verstreichen. Die Form auf dem Rost in den vorgeheizten Backofen schieben.
Ober-/Unterhitze: etwa 180 °C
Heißluft: etwa 160 °C
Backzeit: etwa 60 Minuten.
3. Den Kuchen etwa 10 Minuten in der Form stehen lassen, dann aus der Form lösen und auf einem Kuchenrost etwas abkühlen lassen. Orange waschen, trocken tupfen und Schale fein abreiben. Orange auspressen. Saft und Schale vermischen. Den warmen Kuchen mehrmals mit einem Holzstäbchen einstechen und den Saft darüberträufeln. Kuchen vollständig erkalten lassen.
4. Für die Füllung Sahne mit Sahnesteif steifschlagen. Mascarpone mit Aroma und Zucker verrühren. Sahne unterheben, ein Drittel von der Creme abnehmen und beiseitestellen. Anschließend unter die große Menge Creme die Schoko-Rosinen heben.
5. Den Kuchen zweimal waagerecht durchschneiden. Die Hälfte der Rosinencreme auf dem unteren Boden verteilen. Zweiten Boden auflegen, leicht andrücken und mit der restlichen Rosinencreme bestreichen. Oberen Boden auflegen und leicht andrücken. Rand und Oberfläche mit der beiseitegestellten Creme bestreichen.
6. Zum Garnieren den Kuchen mit Mandeln und Schoko-Rosinen bestreuen.

Kokosnusskranz

Malaga-Schnitten

Beliebt

Möhrenkuchen

Zubereitungszeit: 30 Minuten, ohne Abkühlzeit
Backzeit: etwa 65 Minuten

Für den Biskuitteig:
250 g Möhren
5 Eiweiß (Größe M)
5 Eigelb (Größe M)
200 g Zucker
1 Pck. Dr. Oetker Vanillin-Zucker
1 Prise Salz
3 EL Rum oder Orangensaft
60 g Weizenmehl
3 gestr. TL Dr. Oetker Backin
400 g nicht abgezogene, gemahlene Mandeln

Für den Guss:
200 g Puderzucker
3–4 EL Rum oder Orangensaft
20 g Butter

Nach Belieben zum Garnieren:
einige Marzipan-Möhren

Insgesamt:
E: 120 g, F: 260 g, Kh: 480 g, kJ: 20700, kcal: 5940

1. Für den Teig Möhren schälen und auf einer Küchenreibe fein reiben. Eiweiß in einer Rührschüssel so steifschlagen, dass ein Messerschnitt sichtbar bleibt und beiseitestellen. Den Backofen vorheizen.
2. Eigelb mit Zucker, Vanillin-Zucker und Salz in einer anderen Rührschüssel mit Handrührgerät mit Rührbesen auf höchster Stufe etwa 5 Minuten schaumig rühren. Rum oder Orangensaft kurz unterrühren.
3. Mehl mit Backpulver gut vermischen und mit der Hälfte der Mandeln auf niedrigster Stufe kurz unterrühren. Eischnee unterheben. Restliche Mandeln und die geriebenen Möhren ebenfalls kurz unterrühren. Den Teig in eine Kastenform (30 x 11 cm, gefettet, gemehlt) füllen und verstreichen. Die Form auf dem Rost in den vorgeheizten Backofen schieben.
Ober-/Unterhitze: etwa 180 °C (unteres Drittel)
Heißluft: etwa 160 °C
Backzeit: etwa 65 Minuten.
4. Den Kuchen etwa 10 Minuten in der Form auf einem Kuchenrost stehen lassen, dann aus der Form lösen, auf einen Kuchenrost stürzen und erkalten lassen.
5. Für den Guss Puderzucker mit Rum oder Orangensaft verrühren. Butter zerlassen, unterrühren und den Kuchen mit dem Guss überziehen. Nach Belieben Marzipan-Möhren auf den noch feuchten Guss legen und den Guss fest werden lassen.

Fruchtig

Saftiger Bananenhupf

Zubereitungszeit: 30 Minuten, ohne Abkühlzeit
Backzeit: etwa 60 Minuten

Für den Rührteig:
250 g Butter oder Margarine
150 g Zucker
1 Pck. Dr. Oetker Bourbon-Vanille-Zucker
1 Prise Salz
1–2 gestr. TL gemahlener Zimt
4 Eier (Größe M)
200 g Weizenmehl
50 g Speisestärke
3 gestr. TL Dr. Oetker Backin
100 ml Bananennektar
2 reife Bananen

Für den Guss:
175 g Puderzucker
1/2 gestr. TL gemahlener Zimt
etwa 3 EL Bananennektar

Insgesamt:
E: 55 g, F: 239 g, Kh: 588 g, kJ: 19793, kcal: 4726

1. Den Backofen vorheizen. Für den Teig Butter oder Margarine mit Handrührgerät mit Rührbesen auf höchster Stufe geschmeidig rühren. Nach und nach Zucker, Vanille-Zucker, Salz und Zimt unterrühren. So lange rühren, bis eine gebundene Masse entstanden ist.
2. Eier nach und nach unterrühren (jedes Ei etwa 1/2 Minute). Mehl mit Speisestärke und Backpulver mischen und abwechselnd mit dem Bananennektar auf mittlerer Stufe unterrühren.
3. Den Teig in eine Napfkuchenform (Ø 24 cm, gefettet, gemehlt) geben und verstreichen. Bananen schälen, in der Mitte durchschneiden und waagerecht in den Teig drücken. Die Form auf dem Rost in den Backofen schieben.

Möhrenkuchen

Saftiger Bananenhupf

Stachelbeer-Napfkuchen

Ober-/Unterhitze: etwa 180 °C
Heißluft: etwa 160 °C
Backzeit: etwa 60 Minuten.

4. Kuchen nach dem Backen etwa 10 Minuten in der Form auf einem Kuchenrost abkühlen lassen, dann stürzen und erkalten lassen.

5. Für den Guss Puderzucker mit Zimt vermischen. Nach und nach Bananennektar hinzufügen, zu einem streichfähigen Guss verrühren. Den Guss auf den Kuchen geben und mit Hilfe eines Backpinsels verstreichen.

Tipp: Sie können den Kuchen auch in einer Springform mit Rohrboden (Ø 26 cm) zubereiten.

Einfach – gut vorzubereiten

Stachelbeer-Napfkuchen

Zubereitungszeit: 30 Minuten, *ohne* Abkühlzeit
Backzeit: etwa 60 Minuten

Zum Vorbereiten:
1 kleines Glas Stachelbeeren (Abtropfgewicht 195 g)

Für den Rührteig:
250 g Butter oder Margarine
250 g brauner Zucker (Kandisfarin)
1 Pck. Dr. Oetker Bourbon-Vanille-Zucker
4 Tropfen Zitronen-Aroma
1/2 gestr. TL gemahlener Zimt
3 Eier (Größe M)
350 g Weizenmehl, 25 g Speisestärke
2 gestr. TL Dr. Oetker Backin
5 EL Stachelbeersaft aus dem Glas
50 g abgezogene, gemahlene Mandeln

Für die Form:
1 EL abgezogene, gemahlene Mandeln

Zum Bestreichen:
100 g Puderzucker
1 EL Stachelbeersaft aus dem Glas
2 Tropfen gelbe Speisefarbe

Insgesamt:
E: 75 g, F: 258 g, Kh: 682 g,
kJ: 23159, kcal: 5533

1. Zum Vorbereiten Stachelbeeren in einem Sieb gut abtropfen lassen, den Saft dabei auffangen und 5 Esslöffel für den Teig und 1 Esslöffel zum Bestreichen abmessen.

2. Für den Teig Butter oder Margarine mit Handrührgerät mit Rührbesen auf höchster Stufe geschmeidig rühren. Nach und nach braunen Zucker, Vanille-Zucker, Aroma und Zimt unterrühren. So lange rühren, bis eine gebundene Masse entstanden ist. Eier nach und nach unterrühren (jedes Ei etwa 1/2 Minute).

3. Mehl mit Speisestärke und Backpulver mischen, sieben und in 2 Portionen abwechselnd mit dem Stachelbeersaft auf mittlerer Stufe kurz unterrühren. Zuletzt Mandeln und Stachelbeeren unterheben.

4. Den Teig in eine Napfkuchenform (Ø 24 cm gefettet, mit Mandeln ausgestreut) füllen. Die Form auf dem Rost in den vorgeheizten Backofen schieben.
Ober-/Unterhitze: etwa 180 °C
Heißluft: etwa 160 °C
Backzeit: etwa 60 Minuten.

5. Den Kuchen noch etwa 10 Minuten in der Form stehen lassen, dann auf einen mit Backpapier belegten Kuchenrost stürzen und vollständig erkalten lassen.

6. Zum Bestreichen Puderzucker mit Stachelbeersaft und Speisefarbe zu einer dickflüssigen Masse verrühren. Den Kuchen damit verzieren.

Beliebt

Mokka-Makronen-Kuchen

Tassenkuchen (1 Tasse = 200 ml)

Zubereitungszeit: 40 Minuten, ohne Abkühlzeit
Backzeit: etwa 60 Minuten

Zum Vorbereiten:
gut 1/2 Tasse (125 ml) Milch
1/2 Tafel (50 g) Vollmilch-Schokolade mit Mokka-Sahne-Cremefüllung
1 EL gesiebtes Kakaopulver

Für den Rührteig:
1 Pck. (250 g) Butter oder Margarine
gut 1 Tasse (180 g) Zucker
3 Eier (Größe M)
1 Eigelb (Größe M)
2 1/2 Tassen (250 g) Weizenmehl
3 gestr. TL Dr. Oetker Backin

Für die Makronenmasse:
1 Eiweiß (Größe M)
2 EL Zucker
1/2 Tasse (50 g) Macadamia-Nusskerne

Für den Guss und zum Verzieren:
1 1/2 Tafeln (150 g) Vollmilch-Schokolade mit Mokka-Sahne-Cremefüllung

Zum Garnieren:
einige Macadamia-Nusskerne

Insgesamt:
E: 78 g, F: 354 g, Kh: 513 g,
kJ: 23942, kcal: 5719

Mokka-Makronen-Kuchen

1. Zum Vorbereiten Milch in einem kleinen Topf aufkochen lassen und von der Kochstelle nehmen. Schokolade in Stücke brechen. Schokoladenstücke unter Rühren in der Milch schmelzen lassen und Kakao unterrühren. Die Schokoladenmilch unter Rühren erkalten lassen.
2. Für den Teig Butter oder Margarine mit Handrührgerät mit Rührbesen auf höchster Stufe geschmeidig rühren. Nach und nach Zucker unterrühren. So lange rühren, bis eine gebundene Masse entstanden ist.
3. Eier und Eigelb nach und nach unterrühren (jedes Ei etwa 1/2 Minute). Mehl mit Backpulver mischen und in 2 Portionen abwechselnd mit der Schokoladenmilch auf mittlerer Stufe unterrühren. Den Teig in eine Napfkuchenform (Ø 22 cm, gefettet, gemehlt) geben und verstreichen. Den Backofen vorheizen.
4. Für die Makronenmasse Eiweiß mit Handrührgerät mit Rührbesen auf höchster Stufe steifschlagen. Der Schnee muss so fest sein, dass ein Messerschnitt sichtbar bleibt. Nach und nach Zucker unterschlagen. Nusskerne fein mahlen und vorsichtig unterheben. Die Makronenmasse auf dem Teig verteilen und mit einer Gabel spiralförmig durch die Teigschichten ziehen. Die Form auf dem Rost in den vorgeheizten Backofen schieben.
Ober-/Unterhitze: etwa 180 °C
Heißluft: etwa 160 °C
Backzeit: etwa 60 Minuten.
5. Die Form auf einen Kuchenrost stellen. Den Kuchen etwa 10 Minuten in der Form abkühlen lassen, dann auf den Kuchenrost stürzen und den Kuchen erkalten lassen.
6. Für den Guss Schokolade in kleine Stücke brechen, in einem kleinen Topf im Wasserbad bei schwacher Hitze unter Rühren schmelzen lassen. Etwas von der aufgelösten Schokolade in ein Papiertütchen füllen und eine kleine Spitze abschneiden. Dann den Kuchen mit der restlichen Schokolade überziehen und mit der Schokolade aus dem Papiertütchen verzieren. Nach Belieben Nusskerne in den feuchten Guss drücken. Den Guss fest werden lassen.

Beliebt

Walnuss-Apfel-Schnitten

Zubereitungszeit: 60 Minuten, ohne Abkühl- und Kühlzeit
Backzeit: 25–30 Minuten

Für den Teig:
2 Eier (Größe M)
100 g Zucker
60 ml Speiseöl
60 ml Milch
125 g Weizenmehl
2 gestr. TL Dr. Oetker Backin
50 g gehackte Walnusskerne

Zum Beträufeln:
150 ml Apfelsaft

Für die Füllung:
5 Blatt weiße Gelatine
200 g Doppelrahm-Frischkäse
50 g Zucker
1 Pck. Dr. Oetker Vanillin-Zucker
200 g stückiges Apfelkompott oder Apfelmus
4 EL Apfelsaft
200 g Schlagsahne

Zum Garnieren:
50 g gehackte Walnusskerne
30 g Zucker
200 g Schlagsahne
1 Pck. Dr. Oetker Vanillin-Zucker

Insgesamt:
E: 85 g, F: 333 g, Kh: 378 g,
kJ: 20219, kcal: 4827

1. Den Backofen vorheizen. Für den Teig Eier mit Zucker, Speiseöl und Milch mit Handrührgerät mit Rührbesen auf höchster Stufe verrühren. Mehl mit Backpulver gut vermischen und mit den Walnusskernen kurz unterrühren.

2. Dann den Teig in eine Kastenform (30 x 11 cm, gefettet, gemehlt) füllen und verstreichen. Die Form auf dem Rost in den vorgeheizten Backofen schieben.
Ober-/Unterhitze: etwa 180 °C
Heißluft: etwa 160 °C
Backzeit: 25–30 Minuten.

3. Den Kuchen etwa 10 Minuten in der Form stehen lassen, dann auf einen Kuchenrost stürzen und erkalten lassen. Kuchen anschließend zweimal waagerecht durchschneiden. Die Kastenform säubern und so mit Backpapier auslegen, dass das Backpapier am Rand übersteht. Unteren Kuchenboden hineinlegen und mit etwa 50 ml Apfelsaft beträufeln.

4. Für die Füllung Gelatine nach Packungsanleitung einweichen. Frischkäse mit Zucker, Vanillin-Zucker und Apfelkompott oder -mus gut verrühren. Gelatine leicht ausdrücken und mit 4 Esslöffeln Apfelsaft in einem kleinen Topf unter Rühren auflösen. Aufgelöste Gelatine zuerst mit 2 Löffeln von der Creme verrühren, dann mit der restlichen Creme verrühren. Die Frischkäsecreme kalt stellen.

5. Sahne steifschlagen und vorsichtig unterheben. Ein Drittel der Creme auf den unteren Kuchenboden streichen. Mittleren Kuchenboden darauflegen und diesen ebenfalls mit etwa 50 ml Apfelsaft beträufeln, mit einem weiteren Drittel der Creme bestreichen und oberen Kuchenboden darauflegen. Oberen Boden mit dem restlichen Apfelsaft beträufeln und mit der restlichen Creme bestreichen. Den Kuchen etwa 2 Stunden kalt stellen.

6. Zum Garnieren Walnusskerne in einer Pfanne ohne Fett bei schwacher Hitze mit dem Zucker langsam und unter Rühren erhitzen, bis der Zucker karamellisiert (bräunt). Walnusskerne auf einen Teller geben und erkalten lassen.

7. Kuchen mit dem Backpapier aus der Form heben und auf eine Platte legen. Backpapier entfernen. Sahne mit Vanillin-Zucker steifschlagen und Kuchenoberfläche und -ränder damit bestreichen. Karamellisierte Walnusskerne in Stücke brechen und den Kuchen anschließend damit bestreuen.

Walnuss-Apfel-Schnitten

Für Kinder

Zitronen-Waldmeister-Kuchen

Zubereitungszeit: 50 Minuten, ohne Abkühlzeit
Backzeit: etwa 50 Minuten

Für den All-in-Teig:
250 g Weizenmehl
50 g Speisestärke
4 gestr. TL Dr. Oetker Backin
150 g Zucker
1 Pck. Dr. Oetker Vanillin-Zucker
4 Eier (Größe M)
einige Tropfen Zitronen-Aroma
200 g weiche Butter oder Margarine
80 ml Buttermilch

Für die Füllung:
250 g Mascarpone (ital. Frischkäse)
2 EL Zitronensaft
1 EL Puderzucker
2 Becher (je 125 g) Götterspeise Waldmeister (aus dem Kühlregal)
6 EL Schlagsahne

Zum Garnieren:
75 g Kuchenglasur Zitronen-Geschmack

Insgesamt:
E: 76 g, F: 355 g, Kh: 485 g,
kJ: 22887, kcal: 5462

1. Den Backofen vorheizen. Für den Teig Mehl mit Speisestärke und Backpulver in einer Rührschüssel gut vermischen. Zucker, Vanillin-Zucker, Eier, Aroma, Butter oder Margarine und Buttermilch hinzufügen. Die Zutaten mit Handrührgerät mit Rührbesen zunächst kurz auf niedrigster, dann auf höchster Stufe in etwa 2 Minuten zu einem Teig verarbeiten.
2. Den Teig in eine Kastenform (30 x 11 cm, gefettet, gemehlt) geben und verstreichen. Die Form auf dem Rost in den vorgeheizten Backofen schieben.
Ober-/Unterhitze: etwa 180 °C
Heißluft: etwa 160 °C
Backzeit: etwa 50 Minuten.
3. Den Kuchen etwa 10 Minuten in der Form stehen lassen, dann aus der Form lösen und auf einem Kuchenrost erkalten lassen.
4. Für die Füllung die Hälfte des Mascarpone mit Zitronensaft und Puderzucker in einen hohen Rührbecher geben und mit Handrührgerät mit Rührbesen cremig aufschlagen. Götterspeise in den Bechern mit einem Messer gitterartig einschneiden, herausnehmen und die Würfel unter die Mascarponecreme heben.
5. Den Kuchen mit einem Messer der Länge nach keilförmig bis etwa 2 cm vor den Boden tief einschneiden und den Keil herausnehmen. Die Mascarponecreme in die Kuchenmulde füllen und glatt verstreichen. Den ausgeschnittenen Kuchenkeil fein zerbröseln.
6. Restlichen Mascarpone mit Sahne in einen Rührbecher geben und cremig aufschlagen. Kuchenbrösel unterrühren. Die Masse kuppelartig auf die Füllung im Kuchen geben, leicht andrücken und glatt verstreichen.
7. Kuchenglasur nach Packungsanleitung auflösen. Den Kuchen damit besprenkeln. Den Kuchen etwa 1 Stunde kalt stellen.

Zitronen-Waldmeister-Kuchen

Beliebt

Malzbierkuchen mit Ananas

Tassenkuchen (1 Tasse = 250 ml)

Zubereitungszeit: 50 Minuten, ohne Abkühlzeit
Backzeit: etwa 55 Minuten

Zum Vorbereiten:
1 kleine Dose Ananasstücke (Abtropfgewicht 250 g)
1 1/2 Tassen (150 g) geröstete, leicht gesalzene Erdnusskerne

Für den Rührteig:
1 Pck. (250 g) Butter oder Margarine
1 Tasse (220 g) Zucker
1 TL Dr. Oetker Finesse Geriebene Zitronenschale
3 Eier (Größe M)
2 1/2 Tassen (425 g) Weizenmehl
3 gestr. TL Dr. Oetker Backin
1/2 Tasse (125 ml) Malzbier

Zum Füllen:
1/2 Glas (175 g) Erdnusscreme mit Erdnussstückchen (crunchy)

Malzbierkuchen mit Ananas

Kasten-Streuselkuchen mit Mohn

Insgesamt:
E: 148 g, F: 400 g, Kh: 620 g,
kJ: 28898, kcal: 6905

1. Zum Vorbereiten Ananasstücke in einem Sieb abtropfen lassen. Größere Ananasstücke etwas kleiner schneiden. Erdnusskerne fein hacken. Den Backofen vorheizen.
2. Für den Teig Butter oder Margarine mit Handrührgerät mit Rührbesen auf höchster Stufe geschmeidig rühren. Nach und nach Zucker und Zitronenschale unterrühren. So lange rühren, bis eine gebundene Masse entstanden ist. Eier nach und nach unterrühren (jedes Ei etwa 1/2 Minute).
3. Mehl mit Backpulver mischen und in 2 Portionen abwechselnd mit dem Malzbier auf mittlerer Stufe unterrühren. Anschließend Erdnusskerne mit den Ananasstücken mischen und unterheben.
4. Dann den Teig in eine Kastenform (30 x 11 cm, gefettet, mit Backpapier ausgelegt) geben und verstreichen. Die Form auf dem Rost in den vorgeheizten Backofen schieben.
Ober-/Unterhitze: etwa 180 °C
Heißluft: etwa 160 °C
Backzeit: etwa 55 Minuten.
5. Den Kuchen etwa 10 Minuten in der Form stehen lassen, dann aus der Form lösen und auf einem Kuchenrost erkalten lassen. Mitgebackenes Backpapier entfernen.
6. Den Kuchen zweimal waagerecht durchschneiden. Den unteren Boden mit der Hälfte der Erdnusscreme bestreichen, mit dem mittleren Boden bedecken und etwas andrücken. Den mittleren Boden mit der restlichen Erdnusscreme bestreichen, den oberen Boden darauflegen und etwas andrücken.

Gut vorzubereiten

Kasten-Streuselkuchen mit Mohn

Zubereitungszeit: 30 Minuten, ohne Abkühlzeit
Backzeit: etwa 50 Minuten

Für den All-in-Teig:
300 g Weizenmehl
3 gestr. TL Dr. Oetker Backin
120 g Zucker, 1 Prise Salz
30 g Mohnsamen
150 g Orangenmarmelade
4 Eier (Größe M)
200 g Butter oder Margarine

Für die Streusel:
125 g Marzipan-Rohmasse
50 g Weizenmehl
2 EL gesiebter Puderzucker

Zum Bestäuben:
Puderzucker

Insgesamt:
E: 89 g, F: 255 g, Kh: 529 g,
kJ: 19909, kcal: 4755

1. Für den Teig Mehl mit Backpulver mischen und in eine Rührschüssel sieben. Zucker, Salz, Mohn, Orangenmarmelade, Eier und Butter oder Margarine hinzufügen. Die Zutaten mit Handrührgerät mit Rührbesen zunächst kurz auf niedrigster, dann auf höchster Stufe in etwa 2 Minuten zu einem Teig verarbeiten. Den Backofen vorheizen.
2. Für die Streusel 3 leicht gehäufte Esslöffel von dem Teig in eine Schüssel geben. Restlichen Teig in eine Kastenform (25 x 11 cm, gefettet, gemehlt) geben und verstreichen.
3. Marzipan grob raspeln. Mehl, Puderzucker und Marzipanraspel zum Teig in die Schüssel geben und mit Handrührgerät mit Rührbesen zu Streuseln verarbeiten (evtl. noch etwas Mehl hinzufügen). Die Streusel auf dem Teig in der Form verteilen. Die Form auf dem Rost in den vorgeheizten Backofen schieben.
Ober-/Unterhitze: etwa 180 °C
Heißluft: etwa 160 °C
Backzeit: etwa 50 Minuten.
4. Den Kuchen etwa 10 Minuten in der Form stehen lassen, dann aus der Form lösen und auf einem Kuchenrost erkalten lassen. Den erkalteten Kuchen mit Puderzucker bestäuben.

Gefüllter Mango-Kastenkuchen

Englischer Kuchen

Raffiniert

Gefüllter Mango-Kastenkuchen

Zubereitungszeit: 50 Minuten, ohne Abkühl- und Kühlzeit
Backzeit: etwa 40 Minuten

Für den Schüttelteig:
120 g Butter oder Margarine
150 g Weizenmehl
2 gestr. TL Dr. Oetker Backin
2 Pck. Dr. Oetker Pudding-Pulver Vanille-Geschmack
120 g Zucker
1 Prise Salz
2 Eier (Größe M)
125 ml (1/8 l) Buttermilch

Für die Füllung:
2 reife Mangos (etwa 300 g Fruchtfleisch)
70 g Zucker
2–3 EL Zitronensaft

Für den Guss:
1 Pck. Tortenguss, klar
2 gestr. EL Zucker
200 ml Orangensaft

Zum Bestäuben:
Puderzucker

Insgesamt:
E: 40 g, F: 116 g, Kh: 477 g,
kJ: 13354, kcal: 3191

1. Für den Teig Butter oder Margarine zerlassen und abkühlen lassen. Den Backofen vorheizen. Mehl mit Backpulver und Pudding-Pulver in einer verschließbaren Schüssel (etwa 3 l) mit Zucker und Salz mischen. Eier, Butter oder Margarine und Buttermilch hinzufügen und die Schüssel mit dem Deckel fest verschließen.
2. Schüssel mehrmals (insgesamt 15–30 Sekunden) kräftig schütteln, so dass alle Zutaten gut vermischt sind. Alles mit einem Schneebesen oder Rührlöffel nochmals sorgfältig durchrühren, damit trockene Zutaten vom Rand mit untergerührt werden. Teig in eine Kastenform (25 x 11 cm, gefettet, gemehlt) füllen und verstreichen. Die Form auf dem Rost in den vorgeheizten Backofen schieben.
Ober-/Unterhitze: etwa 180 °C
Heißluft: etwa 160 °C
Backzeit: etwa 40 Minuten.
3. Die Form etwa 10 Minuten auf einen Kuchenrost stellen, den Kuchen vorsichtig aus der Form lösen und auf einem Kuchenrost erkalten lassen.
4. Für die Füllung Mangos schälen, vom Stein lösen und das Fruchtfleisch in kleine Würfel schneiden. Fruchtfleisch mit Zucker und Zitronensaft mischen.
5. Für den Guss aus Tortenguss, Zucker und Orangensaft nach Packungsanleitung einen Guss zubereiten, Fruchtwürfel unterrühren und unter Rühren nochmals gut aufkochen. Die Masse gut abkühlen lassen, bis sie dicklich wird.
6. Den Kuchen zweimal waagerecht durchschneiden und die unteren beiden Böden mit dem Mangokompott bestreichen. Den Kuchen zusammensetzen und etwa 1 Stunde kalt stellen. Den Kuchen vor dem Servieren mit Puderzucker bestäuben und mit einem elektrischen Messer oder Sägemesser in Scheiben schneiden.

Klassisch

Englischer Kuchen

Zubereitungszeit: 30 Minuten
Backzeit: etwa 75 Minuten

Für den Rührteig:
100 g Zitronat (Sukkade)
50 g bunte Belegkirschen
100 g Butter oder Margarine
150 g Zucker

1 Pck. Dr. Oetker Vanillin-Zucker
1/2 Fläschchen Zitronen-Aroma
1 Prise Salz, 2 Eier (Größe M)
250 g Weizenmehl
2 gestr. TL Dr. Oetker Backin
100 g Schlagsahne
125 g Rosinen
125 g Korinthen

Insgesamt:
E: 48 g, F: 128 g, Kh: 608 g,
kJ: 16240, kcal: 3872

1. Für den Teig Zitronat fein würfeln und die Belegkirschen klein schneiden. Den Backofen vorheizen.
2. Butter oder Margarine in einer Rührschüssel mit Handrührgerät mit Rührbesen auf höchster Stufe geschmeidig rühren. Nach und nach Zucker, Vanillin-Zucker, Zitronen-Aroma und Salz unterrühren, bis eine gebundene Masse entstanden ist. Eier nach und nach unterrühren (jedes Ei etwa 1/2 Minute).
3. Mehl mit Backpulver mischen und abwechselnd mit der Sahne in 2 Portionen kurz auf mittlerer Stufe unterrühren. Rosinen, Korinthen, Zitronat und Kirschen vorsichtig unter den Teig heben.
4. Den Teig in eine Kastenform (25 x 11 cm, gefettet, gemehlt) füllen und glattstreichen. Die Form auf dem Rost in den Backofen schieben.
Ober-/Unterhitze: etwa 160 °C
Heißluft: etwa 140 °C
Backzeit: etwa 75 Minuten.
5. Den Kuchen etwa 10 Minuten in der Form stehen lassen, aus der Form lösen und auf einem Kuchenrost erkalten lassen.

Raffiniert

Buntes Marmorkuchen-Dreierlei

Zubereitungszeit: 40 Minuten, ohne Abkühlzeit
Backzeit: etwa 45 Minuten

Für den Rührteig:
50 g Belegkirschen
300 g Butter oder Margarine
275 g Zucker
1 Pck. Dr. Oetker Vanillin-Zucker
1 Prise Salz, 5 Eier (Größe M)
375 g Weizenmehl
1 Pck. Dr. Oetker Backin
4 EL Milch
30 g gemahlene Pistazienkerne
2 EL weiche Nuss-Nougat-Creme

Buntes Marmorkuchen-Dreierlei

Für den Guss:
200 g Puderzucker
etwa 3 EL Wasser
rote und grüne Speisefarbe
etwas weiche Nuss-Nougat-Creme

Insgesamt:
E: 88 g, F: 328 g, Kh: 840 g,
kJ: 27839, kcal: 6647

1. Für den Teig Belegkirschen in sehr kleine Stücke schneiden. Butter oder Margarine mit Handrührgerät mit Rührbesen auf höchster Stufe geschmeidig rühren. Nach und nach Zucker, Vanillin-Zucker und Salz unterrühren. So lange rühren, bis eine gebundene Masse entstanden ist.
2. Eier nach und nach unterrühren (jedes Ei etwa 1/2 Minute). Mehl mit Backpulver mischen und in 2 Portionen abwechselnd mit der Milch auf mittlerer Stufe unterrühren. Jeweils 2 Esslöffel Teig mit den Pistazien, der Nuss-Nougat-Creme und den Belegkirschen verrühren. Den Backofen vorheizen.
3. Restlichen Teig in eine Napfkuchenform (Ø 24 cm, gefettet, gemehlt) füllen und jeweils auf einem Drittel die drei verschieden gefärbten Teige verstreichen. Die helle und farbige Teigschicht innerhalb des jeweiligen Drittels mit einer Gabel spiralförmig durchziehen, so dass ein Marmormuster entsteht. Die Form auf dem Rost in den vorgeheizten Backofen schieben.
Ober-/Unterhitze: etwa 180 °C
Heißluft: etwa 160 °C
Backzeit: etwa 45 Minuten.
4. Kuchen in der Form auf einem Kuchenrost etwa 10 Minuten stehen lassen, dann aus der Form stürzen und erkalten lassen.
5. Für den Guss Puderzucker mit so viel Wasser verrühren, dass eine dickflüssige Masse entsteht. Den Guss dritteln und mit Speisefarbe und Nuss-Nougat Creme jeweils rot, grün und braun einfärben.
Den Kuchen nach Belieben mit den Puderzuckerglasuren besprenkeln.

Klassisch

Frankfurter Kranz

Zubereitungszeit: 60 Minuten, ohne Abkühlzeit
Backzeit: etwa 40 Minuten

Für den Rührteig:
100 g Butter oder Margarine
150 g Zucker
1 Pck. Dr. Oetker Vanillin-Zucker
4–5 Tropfen Zitronen- oder Rum-Aroma
1 Prise Salz
3 Eier (Größe M)
150 g Weizenmehl
50 g Speisestärke
2 gestr. TL Dr. Oetker Backin

Für den Krokant:
10 g Butter, 60 g Zucker
125 g abgezogene, gehackte Mandeln

Für die Buttercreme:
1 Pck. Dr. Oetker Pudding-Pulver Vanille-Geschmack
100 g Zucker
500 ml (1/2 l) Milch
250 g weiche Butter

Außerdem:
3 EL Johannisbeergelee oder Erdbeerkonfitüre
einige Belegkirschen

Insgesamt:
E: 80 g, F: 400 g, Kh: 528 g, kJ: 25488, kcal: 6080

1. Den Backofen vorheizen. Für den Teig Butter oder Margarine in einer Rührschüssel mit Handrührgerät mit Rührbesen geschmeidig rühren. Nach und nach Zucker, Vanillin-Zucker, Aroma und Salz unter Rühren hinzufügen, bis eine gebundene Masse entstanden ist. Dann Eier nach und nach unterrühren (jedes Ei etwa 1/2 Minute).
2. Mehl mit Speisestärke und Backpulver mischen und in 2 Portionen kurz auf mittlerer Stufe unterrühren. Den Teig gleichmäßig in eine Kranzform (Ø 22 cm, gefettet, gemehlt) füllen, glattstreichen und die Form auf dem Rost in den vorgeheizten Backofen schieben.
Ober-/Unterhitze: etwa 180 °C
Heißluft: etwa 160 °C
Backzeit: etwa 40 Minuten.
3. Den Kranz etwa 10 Minuten in der Form stehen lassen, auf einen Kuchenrost stürzen und erkalten lassen.
4. Für den Krokant Butter mit Zucker und Mandeln unter Rühren so lange erhitzen, bis alles leicht gebräunt ist, auf Alufolie geben und erkalten lassen. Anschließend den Krokant evtl. leicht zerbröseln.
5. Für die Buttercreme einen Pudding nach Packungsanleitung, aber mit 100 g Zucker und mit Milch zubereiten. Pudding erkalten lassen (nicht kalt stellen), dabei gelegentlich durchrühren oder sofort Frischhaltefolie direkt auf die Puddingoberfläche legen, damit sich keine Haut bildet. Weiche Butter mit Handrührgerät mit Rührbesen geschmeidig rühren und erkalteten Pudding esslöffelweise unterrühren, dabei darauf achten, dass Butter und Pudding Zimmertemperatur haben, da die Buttercreme sonst gerinnt.
6. Gelee mit einem Schneebesen glattrühren oder Konfitüre durch ein Sieb streichen. Den Kranz zweimal waagerecht durchschneiden und den untersten Boden damit bestreichen. Diesen und den mittleren Boden mit insgesamt der Hälfte der Buttercreme bestreichen und alle Böden zu einem Kranz zusammensetzen.
7. Mit der übrigen Buttercreme den Kranz vollständig bestreichen (1–2 Esslöffel zum Garnieren zurücklassen) und den Kranz mit Krokant bestreuen. Die zurückgelassene Buttercreme in einen Spritzbeutel mit Sterntülle geben, den Kranz damit verzieren und mit Belegkirschen garnieren. Den Kranz etwa 2 Stunden kalt stellen.

Abwandlung: Sie können den Frankfurter Kranz auch in einer großen Kranzform (Ø 26 cm) backen. Dafür Rührteig aus 200 g Butter oder Margarine, 300 g Zucker, 2 Päckchen Vanillin-Zucker, 1 Fläschchen Rum-Aroma, 1 Prise Salz, 6 Eiern (Größe M), 300 g Weizenmehl, 100 g Speisestärke und 4 gestrichenen Teelöffeln Backpulver wie im Rezept beschrieben zubereiten und bei gleicher Backtemperatur etwa 45 Minuten backen. Den Krokant aus 25 g Butter, 125 g Zucker und 200 g abgezogenen, gehackten Mandeln zubereiten. Für die Buttercreme 2 Päckchen Pudding-Pulver Vanille-Geschmack, 200 g Zucker, 1 l Milch und 500 g Butter nach Rezept verwenden. Den Boden dreimal waagerecht durchschneiden und entsprechend füllen. Dazu benötigen Sie 150 g rotes Gelee oder Konfitüre und einige Belegkirschen.

Frankfurter Kranz

Bunter gefüllter Gugelhupf

Zubereitungszeit: 40 Minuten, ohne Abkühlzeit
Backzeit: etwa 60 Minuten

Für den Rührteig:
300 g Butter oder Margarine
250 g Zucker
1 Pck. Dr. Oetker Vanillin-Zucker
1 Pck. Dr. Oetker Finesse Jamaica-Rum-Aroma
5 Eier (Größe M)
250 g Weizenmehl
125 g Speisestärke
2 gestr. TL Dr. Oetker Backin

Für die Füllung:
200 g gemahlene Haselnusskerne
75 g Zucker
1 Ei (Größe M)
3 EL Rum
4 EL Wasser

Für den Guss:
100 g Zartbitter-Schokolade
1 TL Speiseöl

Zum Verzieren und Garnieren:
30 g Puderzucker
1/2–1 TL Wasser
bunte Zuckerperlen

Insgesamt:
E: 101 g, F: 461 g, Kh: 742 g,
kJ: 31740, kcal: 7579

Bunter gefüllter Gugelhupf

1. Für den Teig weiche Butter oder Margarine mit Handrührgerät mit Rührbesen auf höchster Stufe geschmeidig rühren. Nach und nach Zucker, Vanillin-Zucker und Aroma unterrühren. So lange rühren, bis eine gebundene Masse entstanden ist.
2. Eier nach und nach unterrühren (jedes Ei etwa 1/2 Minute). Mehl mit Speisestärke und Backpulver mischen und in 2 Portionen kurz auf mittlerer Stufe unterrühren. Den Teig in eine Napfkuchenform (Ø 24 cm, gefettet, gemehlt) geben. Den Backofen vorheizen.
3. Für die Füllung Haselnusskerne in einer Pfanne ohne Fett leicht bräunen und auf einem Teller abkühlen lassen. Haselnusskerne mit Zucker, Ei, Rum und Wasser verrühren. Die Haselnussmasse auf den Teig geben und eine Gabel spiralförmig durch Teigschicht und Füllung ziehen, damit ein leichtes Marmormuster entsteht. Die Form auf dem Rost in den Backofen schieben.
Ober-/Unterhitze: etwa 180 °C
Heißluft: etwa 160 °C
Backzeit: etwa 60 Minuten.
4. Die Form auf einen Kuchenrost stellen und den Kuchen etwa 10 Minuten darin stehen lassen. Dann den Kuchen auf einen Kuchenrost stürzen und erkalten lassen.
5. Für den Guss Schokolade in kleine Stücke brechen und mit dem Öl in einem kleinen Topf im Wasserbad bei schwacher Hitze geschmeidig rühren. Schokolade so auf dem Kuchen verteilen, dass er in dicken „Nasen" herunterläuft. Den Guss fest werden lassen.
6. Zum Verzieren Puderzucker mit Wasser zu einer dickflüssigen Masse verrühren. Den Kuchen mit Hilfe eines Teelöffels mit dem Guss besprenkeln und mit Zuckerperlen garnieren.

Tipp: Für Kinder den Kuchen ohne Rum zubereiten. Anstelle von Rum zusätzlich 3 Esslöffel Apfelsaft verwenden.

Aprikosen-Quark-Gugelhupf

After-Eight-Kastenkuchen

Fettarm

Aprikosen-Quark-Gugelhupf

Zubereitungszeit: 30 Minuten, ohne Abkühlzeit
Backzeit: etwa 50 Minuten

Zum Vorbereiten:
1 kleine Dose Aprikosenhälften (Abtropfgewicht 240 g)

Für den Rührteig:
100 g Butter oder Margarine
150 g Zucker
1 Pck. Dr. Oetker Vanillin-Zucker
1 Prise Salz
4 Tropfen Bittermandel-Aroma
3 Eier (Größe M), 150 g Magerquark
1 EL Zitronensaft
300 g Weizenmehl
1 Pck. Dr. Oetker Backin

Außerdem:
15 abgezogene, ganze Mandeln

Zum Bestreichen:
2 EL Aprikosenkonfitüre
1 EL Wasser

Insgesamt:
E: 76 g, F: 121 g, Kh: 462 g,
kJ: 13777, kcal: 3291

1. Zum Vorbereiten Aprikosenhälften in einem Sieb gut abtropfen lassen und in kleine Stücke schneiden. Den Backofen vorheizen.
2. Für den Teig Butter oder Margarine mit Handrührgerät mit Rührbesen auf höchster Stufe geschmeidig rühren. Nach und nach Zucker, Vanillin-Zucker, Salz und Aroma unterrühren. So lange rühren, bis eine gebundene Masse entstanden ist.
3. Eier nach und nach unterrühren (jedes Ei etwa 1/2 Minute). Quark und Zitronensaft unterrühren. Mehl mit Backpulver mischen und in 2 Portionen auf mittlerer Stufe kurz unterrühren. Zuletzt Aprikosenstücke kurz untermischen.
4. Mandeln auf dem Boden einer Gugelhupfform (ø 22 cm, gefettet, gemehlt) verteilen. Den Teig vorsichtig darauf geben und glattstreichen. Die Form auf dem Rost in den vorgeheizten Backofen schieben.
Ober-/Unterhitze: etwa 180 °C
Heißluft: etwa 160 °C
Backzeit: etwa 50 Minuten.
5. Den Kuchen etwa 10 Minuten in der Form stehen lassen, aus der Form lösen und auf einen Kuchenrost stürzen.
6. Zum Bestreichen Konfitüre mit Wasser in einem kleinen Topf unter Rühren gut aufkochen lassen. Die Kuchenoberfläche damit bestreichen und den Kuchen erkalten lassen.

Tipp: Der Kuchen kann auch einfach mit Puderzucker bestäubt werden.

Gut vorzubereiten

After-Eight-Kastenkuchen

Zubereitungszeit: 15 Minuten
Backzeit: 60–70 Minuten

Für den Rührteig:
100 g After-Eight® (Minztäfelchen), gut gekühlt
175 g Butter oder Margarine
150 g Zucker
1 Pck. Dr. Oetker Vanillin-Zucker
4 Eier (Größe M)
275 g Weizenmehl
20 g Kakaopulver
1 Pck. Dr. Oetker Pudding-Pulver Schokoladen-Geschmack
3 gestr. TL Dr. Oetker Backin
3 EL Milch

Insgesamt:
E: 57 g, F: 259 g, Kh: 522 g,
kJ: 19601, kcal: 4681

1. Den Backofen vorheizen. Minztäfelchen in kleine Stücke hacken. Butter oder Margarine mit Handrührgerät mit Rührbesen auf höchster Stufe geschmeidig rühren. Nach und nach Zucker und Vanillin-Zucker unterrühren. So lange rühren, bis eine gebundene Masse entstanden ist.
2. Eier nach und nach unterrühren (jedes Ei etwa 1/2 Minute). Mehl mit Kakaopulver, Pudding-Pulver und Backpulver mischen und mit der Milch in 2 Portionen auf mittlerer

Stufe unterrühren. Gehackte Minztäfelchen unterheben.

3. Den Teig in eine Kastenform (25 x 11 cm, gefettet, gemehlt) füllen und glattstreichen. Die Form auf dem Rost in den vorgeheizten Backofen schieben.
Ober-/Unterhitze: etwa 180 °C
Heißluft: etwa 160 °C
Backzeit: 60–70 Minuten.

4. Den Kuchen nach dem Backen etwa 10 Minuten in der Form auf einem Kuchenrost abkühlen lassen. Dann den Kuchen auf einen mit Backpapier belegten Kuchenrost stürzen und erkalten lassen.

® Société des Produits Nestlé S.A.

Raffiniert

Espresso-Karamell-Kuchen

Tassenkuchen (1 Tasse = 250 ml)

Zubereitungszeit: 35 Minuten, ohne Abkühlzeit
Backzeit: etwa 60 Minuten

Für den Rührteig:
1 Pck. (250 g) Butter oder Margarine
1 Tasse (220 g) Zucker
1 Prise Salz, 5 Eier (Größe M)
2 Tassen (340 g) Weizenmehl
2 gestr. TL Dr. Oetker Backin
3 gestr. TL Instant-Espressopulver
1–2 EL brauner Rum
1 Pck. Karamell-Kugeln
(100 g, z. B. von Daim)

Für den Guss:
2–3 TL Instant-Espressopulver
2 EL heißes Wasser
4–5 EL Puderzucker

Insgesamt:
E: 82 g, F: 254 g, Kh: 570 g,
kJ: 21468, kcal: 5129

1. Den Backofen vorheizen. Für den Teig Butter oder Margarine mit Handrührgerät mit Rührbesen auf höchster Stufe geschmeidig rühren. Nach und nach Zucker und Salz unterrühren. So lange rühren, bis eine gebundene Masse entstanden ist.

2. Eier nach und nach unterrühren (jedes Ei etwa 1/2 Minute). Mehl mit Backpulver mischen und in 2 Portionen auf mittlerer Stufe kurz unterrühren. Den Teig halbieren. Espressopulver mit Rum verrühren und unter eine Teighälfte rühren.

3. Mit einem Esslöffel abwechselnd hellen und dunklen Teig in eine Kastenform (30 x 11 cm, gefettet, gemehlt) geben. Auf jede Teigschicht einige Karamell-Kugeln streuen. Die Form auf dem Rost in den vorgeheizten Backofen schieben.
Ober-/Unterhitze: etwa 180 °C
Heißluft: etwa 160 °C
Backzeit: etwa 60 Minuten.

4. Den Kuchen aus der Form lösen und auf einem Kuchenrost erkalten lassen.

5. Für den Guss Espressopulver mit Wasser verrühren. Puderzucker nach und nach unterrühren. Den Kuchen mit dem Guss bestreichen und Guss fest werden lassen.

Espresso-Karamell-Kuchen

Raffiniert

Geschichteter Kastenkuchen

Zubereitungszeit: 35 Minuten, ohne Abkühlzeit
Backzeit: 50–60 Minuten

Für den Rührteig:
250 g Butter oder Margarine
150 g Zucker
1 Pck. Dr. Oetker Vanillin-Zucker
1 Prise Salz
5 Eier (Größe M)
200 g Weizenmehl
70 g Speisestärke
2 gestr. TL Dr. Oetker Backin
50 g weiche Nuss-Nougat-Creme
3 EL Sanddornsaft (100 % Direktsaft mit Fruchtmark)
100 g abgezogene, gemahlene Mandeln
1 Marzipanbrot mit Schokoüberzug (50 g)

Für den Guss:
1 Pck. (75 g) dunkle Kuchenglasur

Insgesamt:
E: 86 g, F: 360 g, Kh: 465 g,
kJ: 22773, kcal: 5433

1. Für den Teig Butter oder Margarine mit Handrührgerät mit Rührbesen auf höchster Stufe geschmeidig rühren. Nach und nach Zucker, Vanillin-Zucker und Salz unterrühren. So lange rühren, bis eine gebundene Masse entstanden ist. Eier nach und nach unterrühren (jedes Ei etwa 1/2 Minute). Mehl mit Speisestärke und Backpulver mischen und in 2 Portionen kurz auf mittlerer Stufe unterrühren.
2. Den Backofen vorheizen. Den Teig in 5 gleich große Portionen teilen. Eine Teigportion mit Nougat-Creme verrühren, dann in eine Kastenform (25 x 11 cm, gefettet, gemehlt) geben und verstreichen. Eine weitere Teigportion in Klecksen darauf verteilen und verstreichen.
3. Die dritte Teigportion mit Sanddornsaft und der Hälfte der Mandeln verrühren, in Klecksen auf die zweite Teigschicht geben und verstreichen. Die vierte Teigportion in Klecksen darauf verteilen und verstreichen.
4. Marzipanbrot in kleine Würfel schneiden, mit den restlichen Mandeln unter die letzte Teigportion rühren, in Klecksen auf die vierte Teigschicht geben und glatt verstreichen. Die Form auf dem Rost in den vorgeheizten Backofen schieben.
Ober-/Unterhitze: etwa 180 °C
Heißluft: etwa 160 °C
Backzeit: 50–60 Minuten.
5. Den Kuchen etwa 10 Minuten in der Form stehen lassen, dann aus der Form lösen, auf einen Kuchenrost stürzen und wieder umdrehen. Den Kuchen erkalten lassen.
6. Für den Guss Kuchenglasur nach Packungsanleitung auflösen. Kuchen damit überziehen, fest werden lassen.

Tipp: Ohne Guss lässt sich der Kuchen einfrieren.

Für Gäste

Glühweinkuchen

Zubereitungszeit: 40 Minuten, ohne Abkühlzeit
Backzeit: etwa 45 Minuten

Für den Glühwein:
125 ml (1/8 l) Rotwein
3 EL Zitronensaft
abgeriebene Schale von 1/2 Bio-Zitrone (unbehandelt, ungewachst) oder 1 Pck. Dr. Oetker Finesse Geriebene Zitronenschale
1–2 Zimtstangen
3 Gewürznelken
1 EL Zucker

Für den Rührteig:
150 g Zartbitter-Schokolade
300 g Butter oder Margarine
300 g Zucker
1 Pck. Dr. Oetker Vanillin-Zucker
6 Eier (Größe M)
300 g Weizenmehl
3 gestr. TL Dr. Oetker Backin

Geschichteter Kastenkuchen

Für den Guss:
250 g Puderzucker
2–3 EL Zitronensaft

Insgesamt:
E: 96 g, F: 336 g, Kh: 864 g,
kJ: 29264, kcal: 6992

1. Für den Glühwein Rotwein mit Zitronensaft und -schale, Zimtstangen, Gewürznelken und Zucker in einem Topf gut aufkochen lassen. Die Flüssigkeit abkühlen lassen und durch ein Sieb gießen.
2. Für den Teig Schokolade auf einer Küchenreibe fein reiben. Den Backofen vorheizen. Butter oder Margarine in einer Rührschüssel mit Handrührgerät mit Rührbesen geschmeidig rühren. Nach und nach Zucker mit Vanillin-Zucker unterrühren. So lange rühren, bis eine gebundene Masse entstanden ist. Eier nach und nach unterrühren (jedes Ei etwa 1/2 Minute).
3. Mehl mit Backpulver mischen und abwechselnd mit dem Glühwein in 2 Portionen auf mittlerer Stufe kurz unterrühren. Zuletzt die geriebene Schokolade unterrühren. Den Teig in eine Napfkuchenform (Ø 22 cm, gefettet, gemehlt) füllen, verstreichen und die Form auf dem Rost in den vorgeheizten Backofen schieben.
Ober-/Unterhitze: etwa 180 °C
Heißluft: etwa 160 °C
Backzeit: etwa 45 Minuten.
4. Den Kuchen etwa 10 Minuten in der Form stehen lassen, ihn dann auf einen Kuchenrost stürzen und erkalten lassen.
5. Für den Guss Puderzucker mit Zitronensaft glattrühren und den erkalteten Kuchen damit überziehen.

Tipp: Statt den Glühwein für den Teig selbst zuzubereiten, können Sie auch 125 ml (1/2 l) fertig gekauften Glühwein verwenden. Nach Belieben etwas von dem Guss mit etwas Rotwein verrühren und den übrigen Guss damit besprenkeln (Foto).

Gut vorzubereiten

Herren-Schokoladenkuchen

Zubereitungszeit: 45 Minuten, ohne Einweich- und Abkühlzeit
Backzeit: etwa 65 Minuten

Zum Vorbereiten:
125 g Korinthen, 4 EL Rum
100 g abgezogene, gemahlene Mandeln

Für den Rührteig:
250 g Butter oder Margarine
250 g Zucker
1 Pck. Dr. Oetker Vanillin-Zucker
1 Prise Salz
4 Eier (Größe M)
200 g Weizenmehl
50 g Speisestärke
15 g Kakaopulver
1 gestr. TL Dr. Oetker Backin
75 g gehackte Haselnusskerne

Zum Bestäuben:
Puderzucker

Insgesamt:
E: 85 g, F: 309 g, Kh: 555 g,
kJ: 23707, kcal: 5663

1. Zum Vorbereiten Korinthen einige Stunden zugedeckt in Rum einweichen. Mandeln in einer Pfanne ohne Fett rösten und auf einem Teller erkalten lassen. Den Backofen vorheizen.
2. Für den Teig Butter oder Margarine mit Handrührgerät mit Rührbesen auf höchster Stufe geschmeidig rühren. Nach und nach Zucker, Vanillin-Zucker und Salz unterrühren. So lange rühren, bis eine gebundene Masse entstanden ist. Eier nach und nach unterrühren (jedes Ei etwa 1/2 Minute).
3. Mehl mit Speisestärke, Kakao und Backpulver mischen und in 2 Portionen auf mittlerer Stufe kurz unterrühren. Zuletzt Haselnusskerne, Mandeln und Korinthen vorsichtig auf mittlerer Stufe unterrühren.
4. Dann den Teig in eine Kastenform (30 x 11 cm, gefettet, mit Backpapier ausgelegt) füllen und verstreichen. Die Form auf dem Rost in den vorgeheizten Backofen schieben.
Ober-/Unterhitze: etwa 180 °C
Heißluft: etwa 160 °C
Backzeit: etwa 65 Minuten.
5. Den Kuchen aus der Form lösen. Mitgebackenes Backpapier entfernen und den Kuchen auf einem Kuchenrost erkalten lassen. Anschließend den Kuchen mit Puderzucker bestäuben.

Tipp: Sie können auch Rosinen oder gemischte, gehackte Trockenfrüchte in den Teig geben.

Cocktail-Rum-Kuchen

Raffiniert

Cocktail-Rum-Kuchen

Zubereitungszeit: 40 Minuten, ohne Durchziehzeit
Backzeit: 60–70 Minuten

Zum Vorbereiten:
1 Dose Tropischer Fruchtcocktail (Ananas, Papaya, Guave, Abtropfgewicht 255 g)
3 EL weißer Rum
abgeriebene Schale von 1 Bio-Limette (unbehandelt, ungewachst)
100 g Löffelbiskuits

Für den Rührteig:
250 g Butter oder Margarine
150 g Zucker
1 Pck. Dr. Oetker Vanillin-Zucker
1 Prise Salz
3 Eier (Größe M)
1 Eigelb (Größe M)
200 g Weizenmehl
2 gestr. TL Dr. Oetker Backin
2 EL weißer Rum
1 gestr. TL gemahlener Zimt
1–2 EL gehackte Pistazienkerne
1 EL Kakaopulver
1 EL Kokosraspel
1 EL Mineralwasser
70 g Magerquark
2–3 EL brauner Zucker (Kandisfarin)
abgeriebene Schale von 1/2 Bio-Limette (unbehandelt, ungewachst)
1 Eiweiß (Größe M)

Insgesamt:
E: 79 g, F: 269 g, Kh: 447 g, kJ: 19556, kcal: 4670

1. Zum Vorbereiten Fruchtcocktail in einem Sieb abtropfen lassen und evtl. in kleinere Würfel schneiden. Fruchtwürfel in eine Schüssel geben, mit Rum und Limettenschale mischen und etwa 1 Stunde zugedeckt durchziehen lassen. Löffelbiskuits in einen Gefrierbeutel füllen und den Beutel verschließen. Löffelbiskuits mit einer Teigrolle fein zerbröseln.

2. Für den Teig Butter oder Margarine mit Handrührgerät mit Rührbesen auf höchster Stufe geschmeidig rühren. Nach und nach Zucker, Vanillin-Zucker und Salz unterrühren. So lange rühren, bis eine gebundene Masse entstanden ist. Eier und Eigelb nach und nach unterrühren (jedes Ei etwa 1/2 Minute).

3. Mehl mit Backpulver mischen und mit Rum in 2 Portionen kurz auf mittlerer Stufe unterrühren. Den Teig in 4 Portionen teilen. Den Backofen vorheizen.

4. Eine Teigportion mit Zimt verrühren, in eine Kastenform (25 x 11 cm, gefettet, gemehlt) füllen und glattstreichen. Biskuitbrösel mit den Rum-Fruchtwürfeln mischen. Ein Drittel davon auf dem Teig verteilen.

5. Pistazienkerne unter die zweite Teigportion rühren, auf die Rum-Fruchtwürfel-Mischung geben und vorsichtig glattstreichen. Ein weiteres Drittel der Rum-Fruchtwürfel-Mischung darauf verteilen.

6. Kakao mit Kokosraspeln mischen, mit Mineralwasser unter die dritte Teigportion rühren, ebenfalls auf die Rum-Fruchtwürfel-Mischung geben und glattstreichen. Restliche Rum-Fruchtwürfel-Mischung darauf verteilen.

7. Quark mit 1 Esslöffel von dem braunen Zucker und Limettenschale unter die letzte Teigportion rühren. Eiweiß steifschlagen und unterheben. Den Teig auf die Rum-Frucht-würfel-Mischung geben, glattstreichen und mit dem restlichen braunen Zucker bestreuen. Die Form auf dem Rost in den vorgeheizten Backofen schieben.
Ober-/Unterhitze: etwa 180 °C
Heißluft: etwa 160 °C
Backzeit: 60–70 Minuten.

8. Den Kuchen evtl. nach 50 Minuten mit Backpapier bedecken, damit er nicht zu stark bräunt. Den Kuchen etwa 10 Minuten in der Form stehen lassen, dann aus der Form lösen und auf einen Kuchenrost stürzen. Kuchen wieder umdrehen und erkalten lassen.

Raffiniert

Schwarz-weißer Gugelhupf

Zubereitungszeit: 50 Minuten, ohne Abkühlzeit
Backzeit: etwa 65 Minuten

Für den Rührteig:
250 g Butter oder Margarine
250 g Zucker
1 Pck. Dr. Oetker Vanillin-Zucker
1 Prise Salz
5 Eier (Größe M)
350 g Weizenmehl
4 gestr. TL Dr. Oetker Backin
100 g abgezogene, gemahlene Mandeln
150 g Vanillepudding (aus dem Kühlregal)
2 gestr. EL Kakaopulver
1 Pck. Dr. Oetker Finesse Jamaica-Rum-Aroma
150 g Schokoladenpudding (aus dem Kühlregal)

Für den Guss:
75 g Zartbitter-Schokolade
75 g weiße Schokolade
2 TL Speiseöl

Insgesamt:
E: 113 g, F: 385 g, Kh: 646 g, kJ: 27150, kcal: 6483

1. Für den Teig Butter oder Margarine mit Handrührgerät mit Rührbesen auf höchster Stufe geschmeidig rühren. Nach und nach Zucker, Vanillin-Zucker und Salz unterrühren. So lange rühren, bis eine gebundene Masse entstanden ist. Eier nach und nach unterrühren (jedes Ei etwa 1/2 Minute). Mehl mit Backpulver mischen und in 2 Portionen auf mittlerer Stufe unterrühren.
2. Den Backofen vorheizen. Die Hälfte des Teiges in eine zweite Schüssel geben. Unter eine Teighälfte 75 g der gemahlenen Mandeln und den Vanillepudding rühren. Unter die andere Hälfte des Teiges gesiebten Kakao, die restlichen Mandeln, das Aroma und den Schokoladenpudding rühren.
3. Den hellen und dunklen Teig mit Hilfe von 2 Esslöffeln so in eine Napfkuchenform (Ø 22 cm, gefettet, gemehlt) einfüllen, dass jeweils ein heller und dunkler Teigring eine Schicht bilden. Bei der nächsten Schicht den dunklen Teig auf dem hellen Teig verteilen und umgekehrt; insgesamt 3 Teigschichten einfüllen.
4. Den Teig vorsichtig verstreichen und die Form auf der Arbeitsfläche leicht aufklopfen, so dass sich die Teigschichten verbinden. Die Form auf dem Rost in den vorgeheizten Backofen schieben.
Ober-/Unterhitze: etwa 180 °C
Heißluft: etwa 160 °C
Backzeit: etwa 65 Minuten.
5. Den Kuchen etwa 10 Minuten in der Form stehen lassen, dann auf einen mit Backpapier belegten Kuchenrost stürzen und erkalten lassen.
6. Für den Guss von beiden Schokoladensorten mit einem Sparschäler etwas Schokospäne für die Garnierung abhobeln und beiseitelegen. Restliche Schokoladen grob zerkleinern, getrennt mit jeweils 1 Teelöffel Öl in einem Topf im Wasserbad bei schwacher Hitze schmelzen und etwas abkühlen lassen. Geschmolzene Schokoladen mit einem Teelöffel in Streifen auf den Kuchen geben, auf den dunklen Guss die weiße Schokospäne streuen und auf den weißen Guss die dunkle Späne streuen.

Tipp: Der Kuchen eignet sich gut zum Einfrieren.

Schwarz-weißer Gugelhupf

Klassisch – einfach

Kleiner Nuss-Napfkuchen

Zubereitungszeit: 20 Minuten, ohne Abkühlzeit
Backzeit: etwa 45 Minuten

Für den Rührteig:
150 g Butter oder Margarine
100 g Zucker
1 Pck. Dr. Oetker Vanillin-Zucker
1 Prise Salz
1 Tropfen Bittermandel-Aroma
2 Eier (Größe M)
125 g Weizenmehl
1/2 gestr. TL Dr. Oetker Backin
2 EL Rum
50 g gemahlene Haselnusskerne

Zum Bestäuben:
Puderzucker

Insgesamt:
E: 50 g, F: 230 g, Kh: 327 g,
kJ: 15610, kcal: 3730

1. Den Backofen vorheizen. Für den Teig Butter oder Margarine mit Handrührgerät mit Rührbesen auf höchster Stufe geschmeidig rühren. Nach und nach Zucker, Vanillin-Zucker, Salz und Aroma unterrühren. So lange rühren, bis eine gebundene Masse entstanden ist.
2. Eier nach und nach unterrühren (jedes Ei etwa 1/2 Minute). Mehl mit Backpulver mischen und abwechselnd mit dem Rum auf mittlerer Stufe unterrühren. Haselnusskerne unterheben.
3. Den Teig in eine Napfkuchenform (Ø 16 cm, gefettet, gemehlt) füllen und verstreichen. Die Form auf dem Rost in den vorgeheizten Backofen schieben.
Ober-/Unterhitze: etwa 180 °C
Heißluft: etwa 160 °C
Backzeit: etwa 45 Minuten.
4. Den Kuchen etwa 10 Minuten in der Form stehen lassen, dann aus der Form lösen und auf einen Kuchenrost stürzen. Kuchen erkalten lassen. Anschließend den Kuchen mit Puderzucker bestäuben.

Tipp: Der Nusskuchen kann auch in einer Gugelhupfform (Ø 24 cm, gefettet, gemehlt) gebacken werden. Dafür die Zutaten verdoppeln. Die Backzeit verlängert sich auf etwa 55 Minuten.

Einfach

Kokos-Kastenkuchen

Zubereitungszeit: 30 Minuten, ohne Abkühlzeit
Backzeit: etwa 55 Minuten

Für den Schüttelteig:
100 g Weizenmehl
100 g Speisestärke
3 gestr. TL Dr. Oetker Backin
200 g Puderzucker
2 Pck. Dr. Oetker Vanillin-Zucker
4 Eier (Größe M)
200 ml Speiseöl
200 g Schlagsahne
100 g Kokosraspel

Für die Form:
Kokosraspel

Zum Bestäuben:
Puderzucker

Insgesamt:
E: 53 g, F: 351 g, Kh: 392 g,
kJ: 21225, kcal: 5071

1. Den Backofen vorheizen. Für den Teig Mehl mit Speisestärke, Backpulver, Puderzucker und Vanillin-Zucker in

Kleiner Nuss-Napfkuchen

Kokos-Kastenkuchen

einer verschließbaren Schüssel (etwa 3 l) gut vermischen. Eier, Speiseöl und Sahne hinzufügen. Die Schüssel mit dem Deckel fest verschließen.
2. Schüssel mehrmals (insgesamt 15–30 Sekunden) kräftig schütteln, so dass alle Zutaten gut vermischt sind. Kokosraspel unterrühren. Alles mit einem Schneebesen oder Rührlöffel nochmals sorgfältig durchrühren, damit trockene Zutaten vom Rand mit untergerührt werden.
3. Den Teig in eine Kastenform (25 x 11 cm, gefettet, mit Kokosraspeln ausgestreut) geben und verstreichen. Die Form auf dem Rost in den vorgeheizten Backofen schieben.
Ober-/Unterhitze: etwa 180 °C
Heißluft: etwa 160 °C
Backzeit: etwa 55 Minuten.
4. Den Kuchen etwa 10 Minuten in der Form stehen lassen, dann aus der Form lösen und auf einem mit Backpapier belegten Kuchenrost erkalten lassen. Anschließend den Kuchen mit Puderzucker bestäuben.

Stachelbeer-Kastenkuchen

Gut vorzubereiten

Stachelbeer-Kastenkuchen

Zubereitungszeit: 40 Minuten, ohne Abkühlzeit
Backzeit: 60–70 Minuten

Zum Vorbereiten:
1 Glas Stachelbeeren (Abtropfgewicht 390 g)
1 Pck. (etwa 100 g) Zitronen- oder Orangenkekse

Für den All-in-Teig:
150 g Vollkorn-Weizenmehl
250 g Weizenmehl
4 gestr. TL Dr. Oetker Backin
200 g Zucker
1 TL flüssiger Honig
1 Prise Salz
4 Eier (Größe M)
250 g weiche Butter
150 g Joghurt
100 g abgezogene, gemahlene Mandeln
50 g abgezogene, gehobelte Mandeln
2 EL Zucker
30 g Butter

Insgesamt:
E: 113 g, F: 394 g, Kh: 632 g,
kJ: 27378, kcal: 6536

1. Zum Vorbereiten Stachelbeeren in einem Sieb abtropfen lassen. Etwa 40 g der Kekse beiseitelegen. Restliche Kekse in einen Gefrierbeutel geben, Beutel verschließen und die Kekse mit einer Teigrolle fein zerbröseln. Den Backofen vorheizen.
2. Für den Teig Vollkorn-Mehl mit Mehl und Backpulver mischen und in eine Rührschüssel geben. Keksbrösel, Zucker, Honig, Salz, Eier, Butter und Joghurt hinzufügen. Die Zutaten mit Handrührgerät mit Rührbesen zunächst kurz auf niedrigster, dann auf höchster Stufe in etwa 2 Minuten zu einem glatten Teig verarbeiten. Die Hälfte der Stachelbeeren vorsichtig unterheben.
3. Den Teig in eine Kastenform (30 x 11 cm, gefettet, gemehlt) geben und verstreichen. Die beiseitegelegten Kekse in kleine Stücke brechen, mit den restlichen Stachelbeeren, Mandeln und dem Zucker vermischen und auf dem Teig verteilen. Butter in Flöckchen daraufgeben. Die Form auf dem Rost in den vorgeheizten Backofen schieben.
Ober-/Unterhitze: etwa 180 °C
Heißluft: etwa 160 °C
Backzeit: 60–70 Minuten.
4. Den Kuchen etwa 10 Minuten in der Form stehen lassen, dann aus der Form lösen und auf einem Kuchenrost erkalten lassen.

Beliebt

Studentenfutter-Hupf

Zubereitungszeit: 40 Minuten, ohne Abkühlzeit
Backzeit: etwa 55 Minuten

Für den Quark-Öl-Teig:
350 g Weizenmehl
1 Pck. Dr. Oetker Backin
80 g Zucker
1 Pck. Dr. Oetker Bourbon-Vanille-Zucker
125 g Magerquark, 100 ml Milch
100 ml Speiseöl (z. B. Sonnenblumenöl)

Für die Füllung:
1 kleine Dose Aprikosen (Abtropfgewicht 240 g)
100 g Studentenfutter (Nuss-Rosinen-Mischung)
1 Pck. backfeste Puddingcreme
100 ml Aprikosensaft aus der Dose
150 ml Milch

Außerdem:
2–3 EL Aprikosenkonfitüre
1 EL Wasser

Insgesamt:
E: 77 g, F: 143 g, Kh: 549 g, kJ: 15934, kcal: 3806

1. Für den Teig Mehl mit Backpulver in einer Rührschüssel mischen. Übrige Zutaten hinzufügen und alles mit Handrührgerät mit Knethaken erst auf niedrigster, dann auf höchster Stufe kurz zu einem glatten Teig verarbeiten (nicht zu lange kneten, Teig klebt sonst). Anschließend den Teig auf der bemehlten Arbeitsfläche zu einer Rolle formen.
2. Für die Füllung Aprikosen in einem Sieb gut abtropfen lassen, Saft dabei auffangen und 100 ml davon abmessen. Studentenfutter klein hacken, 2 Esslöffel davon ungehackt zum Garnieren beiseitelegen. Aprikosen in kleine Stückchen schneiden. Puddingcreme nach Packungsanleitung, jedoch mit 100 ml Aprikosensaft und 150 ml Milch, zubereiten. Aprikosenstückchen und Studentenfutter unterheben. Den Backofen vorheizen.
3. Dann die Teigrolle auf der leicht bemehlten Arbeitsfläche zu einem Rechteck (etwa 40 x 30 cm) ausrollen. Die Füllung darauf verstreichen, dabei einen Rand von etwa 2 cm frei lassen. Dann den Teig von der langen Seite aus aufrollen und die Rolle in eine Napfkuchenform (Ø 22 cm, gefettet, gemehlt) legen. Die Form auf dem Rost in den vorgeheizten Backofen schieben.
Ober-/Unterhitze: etwa 180 °C
Heißluft: etwa 160 °C
Backzeit: etwa 55 Minuten.
4. Den Kuchen zunächst etwa 30 Minuten in der Form auf einem Kuchenrost stehen lassen, dann auf einen Kuchenrost stürzen und vollständig erkalten lassen (wenn der Kuchen zu früh gestürzt wird, kann er etwas zusammensacken).
5. Aprikosenkonfitüre durch ein Sieb streichen und mit dem Wasser in einem Topf unter Rühren gut aufkochen lassen. Den Hupf mit der Konfitüre bestreichen und mit dem beiseitegelegten Studentenfutter bestreuen.

Studentenfutter-Hupf

Gut vorzubereiten – mit Alkohol

Winterapfelkuchen

Zubereitungszeit: 35 Minuten, ohne Einweich- und Abkühlzeit
Backzeit: etwa 55 Minuten

Zum Vorbereiten:
200 g getrocknete Apfelringe
200 g Rosinen
150 ml Apfelbrand (z. B. Calvados)

Für den Rührteig:
225 g Butter oder Margarine
225 g Zucker
1 Pck. Dr. Oetker Vanillin-Zucker
5 Eier (Größe M)
350 g Weizenmehl
2 Pck. Saucen-Pulver Vanille-Geschmack
1 Pck. Dr. Oetker Backin
3–4 EL Milch

Zum Tränken:
40 ml Apfelbrand (z. B. Calvados)
100 ml Wasser, 40 g Zucker

Zum Garnieren:
125 g Zartbitter-Kuvertüre
1 EL Speiseöl
8–10 getrocknete Apfelringe

Insgesamt:
E: 100 g, F: 254 g, Kh: 1188 g,
kJ: 34385, kcal: 8213

1. Zum Vorbereiten Apfelringe in kleine Stücke schneiden. Rosinen und Apfelringstücke mit Apfelbrand übergießen und zugedeckt über Nacht durchziehen lassen.
2. Den Backofen vorheizen. Für den Teig Butter oder Margarine mit Handrührgerät mit Rührbesen auf höchster Stufe geschmeidig rühren. Nach und nach Zucker und Vanillin-Zucker unterrühren. So lange rühren, bis eine gebundene Masse entstanden ist. Eier nach und nach unterrühren (jedes Ei etwa 1/2 Minute).
3. Mehl mit Saucen-Pulver und Backpulver gut vermischen und dann in 2 Portionen abwechselnd mit der Milch auf mittlerer Stufe unterrühren. Die eingeweichten Rosinen und Apfelstücke unterrühren. Den Teig in eine Napfkuchenform (Ø 22 cm, gefettet, gemehlt) füllen und verstreichen. Die Form auf dem Rost in den vorgeheizten Backofen schieben.
Ober-/Unterhitze: etwa 180 °C
Heißluft: etwa 160 °C
Backzeit: etwa 55 Minuten.
4. Den Kuchen etwa 10 Minuten in der Form stehen lassen, dann aus der Form lösen und auf einen mit Backpapier belegten Kuchenrost stürzen.
5. Zum Tränken Apfelbrand mit Wasser und Zucker in einem kleinen Topf erhitzen. Die Kuchenoberfläche mit einem Holzstäbchen mehrfach einstechen und mit der Apfelbrand-Zucker-Lösung tränken. Den Kuchen erkalten lassen.
6. Zum Garnieren Kuvertüre in kleine Stücke hacken und mit Speiseöl in einem kleinen Topf im Wasserbad bei schwacher Hitze unter Rühren schmelzen lassen. Die Apfelringe zur Hälfte in die aufgelöste Kuvertüre tauchen, auf Backpapier legen und fest werden lassen. Den Kuchen mit der restlichen aufgelösten Kuvertüre besprenkeln und mit den Apfelringen garnieren.

Klassisch

Herbstkuchen mit Weinbeeren

Zubereitungszeit: 15 Minuten, ohne Abkühlzeit
Backzeit: 50–60 Minuten

Für den Schüttelteig:
250 g Butter
370 g Weizenmehl
4 gestr. TL Dr. Oetker Backin
120 g Zucker
1 Pck. Dr. Oetker Finesse Geriebene Zitronenschale
5 Eier (Größe M), 2 EL flüssiger Honig
150 ml heller Traubensaft
200 g getrocknete Weinbeeren (Reformhaus)

Für den Belag:
weiße und dunkle Schoko-Dekorblätter (z. B. von Schwartau)

Insgesamt:
E: 85 g, F: 266 g, Kh: 613 g,
kJ: 21694, kcal: 5180

1. Butter in einem Topf zerlassen und abkühlen lassen. Den Backofen vorheizen. Mehl mit Backpulver in einer verschließbaren Schüssel (etwa 3 l) mischen und mit Zucker und Zitronenschale vermischen. Eier, Honig, Traubensaft und Weinbeeren hinzufügen und die Schüssel mit dem Deckel fest verschließen.
2. Schüssel mehrmals (insgesamt 15–30 Sekunden) kräftig schütteln, so dass alle Zutaten gut vermischt sind. Alles mit einem Schneebesen oder Rührlöffel nochmals gut durchrühren, damit trockene Zutaten vom Rand mit untergerührt werden.
3. Den Teig in eine Napfkuchenform (Ø 24 cm, gefettet, gemehlt) füllen und verstreichen. Die Form auf dem Rost in den vorgeheizten Backofen schieben.
Ober-/Unterhitze: etwa 180 °C
Heißluft: etwa 160 °C
Backzeit: 50–60 Minuten.
4. Den Kuchen etwa 10 Minuten in der Form stehen lassen, dann den Kuchen aus der Form auf einen Kuchenrost stürzen. Nochmals etwa 5 Minuten warten, dann weiße und dunkle Schokoblätter überlappend auf den warmen Kuchen legen. Die Blätter werden durch die Wärme von unten weich und haften nach dem Erkalten fest am Kuchen.

Winterapfelkuchen

Herbstkuchen mit Weinbeeren

Fruchtig

Heidelbeer-Haferflocken-Kranz

Zubereitungszeit: 45 Minuten, ohne Abkühlzeit
Backzeit: 50–55 Minuten

Für den Rührteig:
230 g Butter oder Margarine
160 g brauner Zucker (Rohrzucker)
1 Pck. Dr. Oetker Vanillin-Zucker
1 Prise Salz
1 Pck. Dr. Oetker Finesse Geriebene Zitronenschale
5 Eier (Größe M)
100 g Weizenmehl
2 gestr. TL Dr. Oetker Backin
200 g zarte Haferflocken
150 g TK-Heidelbeeren
1 Pck. Dr. Oetker Bourbon-Vanille-Zucker
1 EL Weizenmehl

Für den Guss:
100 g weiße Kuvertüre

Insgesamt:
E: 84 g, F: 280 g, Kh: 440 g, kJ: 19369, kcal: 4618

1. Den Backofen vorheizen. Für den Teig Butter oder Margarine mit Handrührgerät mit Rührbesen auf höchster Stufe geschmeidig rühren. Nach und nach Zucker, Vanillin-Zucker, Salz und Zitronenschale unterrühren. So lange rühren, bis eine gebundene Masse entstanden ist.
2. Eier nach und nach unterrühren (jedes Ei etwa 1/2 Minute). Mehl mit Backpulver mischen und mit den Haferflocken in 2 Portionen kurz auf mittlerer Stufe unterrühren.
3. TK-Heidelbeeren unaufgetaut in eine Schüssel geben. Vanille-Zucker hinzufügen. 1 Esslöffel Mehl daraufstäuben, mit den Beeren mischen und kurz unter den Teig heben.
4. Den Teig in eine Springform mit Rohrboden (Ø 26 cm, gefettet, gemehlt) geben und verstreichen. Die Form auf dem Rost in den vorgeheizten Backofen schieben.
Ober-/Unterhitze: etwa 200 °C
Heißluft: etwa 180 °C
Backzeit: 50–55 Minuten.
5. Evtl. den Kuchen einige Minuten vor Beendigung der Backzeit mit Backpapier zudecken, damit die Oberfläche nicht zu dunkel wird.
6. Die Form auf einen Kuchenrost stellen. Den Kuchen etwa 20 Minuten in der Form stehen lassen, ihn dann vorsichtig aus der Form lösen und auf dem Kuchenrost erkalten lassen.
7. Für den Guss Kuvertüre in Stücke hacken und in einem kleinen Topf im Wasserbad bei schwacher Hitze schmelzen lassen. Den Kranz damit besprenkeln. Guss fest werden lassen.

Tipp: Durch das Bestäuben der Heidelbeeren mit Mehl rutschen die Beeren beim Backen nicht zu Boden.

Mit Alkohol

Eierlikör-Pflaumen-Kuchen

Tassenkuchen (1 Tasse = 200 ml)

Zubereitungszeit: 30 Minuten, ohne Abkühlzeit
Backzeit: etwa 65 Minuten

Für den Rührteig:
1 Pck. (250 g) Butter oder Margarine
1 Tasse (150 g) Zucker
1 Pck. Dr. Oetker Vanillin-Zucker
3 Eier (Größe M)

2 Tassen (200 g) Weizenmehl
1 Tasse (100 g) Speisestärke
1/2 Pck. Dr. Oetker Backin
1/2 Tasse (100 ml) Eierlikör
1 Tasse (120 g) Pflaumenmus
4 EL abgezogene, gehackte Mandeln

Für die Form:
3 EL abgezogene, gehobelte Mandeln

Zum Bestäuben:
2 EL Puderzucker

Insgesamt:
E: 66 g, F: 270 g, Kh: 496 g,
kJ: 20989, kcal: 5014

1. Für den Teig Butter oder Margarine mit Handrührgerät mit Rührbesen auf höchster Stufe geschmeidig rühren. Nach und nach Zucker und Vanillin-Zucker unterrühren. So lange rühren, bis eine gebundene Masse entstanden ist.
2. Eier nach und nach unterrühren (jedes Ei etwa 1/2 Minute). Mehl mit Speisestärke und Backpulver mischen und in 2 Portionen abwechselnd mit dem Eierlikör auf mittlerer Stufe unterrühren. Den Backofen vorheizen.
3. Pflaumenmus mit Mandeln verrühren. Ein Drittel des Teiges in eine Kastenform (25 x 11 cm, gefettet, mit Mandeln ausgestreut) geben. Die Hälfte der Pflaumenmusmasse auf dem Teig verteilen, jedoch nicht bis an den Rand der Form, damit der Kuchen nicht in der Form haften bleibt. Wieder ein Drittel des Teiges daraufgeben. Restliche Pflaumenmusmasse darauf verteilen und mit dem restlichen Teig bestreichen. Die Form auf dem Rost in den vorgeheizten Backofen schieben.
Ober-/Unterhitze: etwa 180 °C
Heißluft: etwa 160 °C
Backzeit: etwa 65 Minuten.
4. Den Kuchen etwa 10 Minuten in der Form auf einem Kuchenrost etwas abkühlen lassen. Kuchen aus der Form lösen und auf einem Kuchenrost erkalten lassen. Kuchen mit Puderzucker bestäuben.

Bröselkuchen

Einfach

Bröselkuchen

Zubereitungszeit: 40 Minuten, ohne Abkühlzeit
Backzeit: 40–45 Minuten

Zum Vorbereiten:
100 g Butter
150 g Semmelbrösel
1/2 TL gemahlener Zimt
abgeriebene Schale von 1 Bio-Limette (unbehandelt, ungewachst)

Für den All-in-Teig:
250 g Weizenmehl
3 gestr. TL Dr. Oetker Backin
150 g Zucker
1 Pck. Dr. Oetker Vanillin-Zucker
4 Eier (Größe M)
150 g weiche Butter oder Margarine
6 EL Buttermilch

Für den Guss:
100 g Puderzucker
1–2 EL Limettensaft

Insgesamt:
E: 80 g, F: 238 g, Kh: 561 g,
kJ: 20359, kcal: 4864

1. Zum Vorbereiten Butter in einer Pfanne zerlassen. Semmelbrösel hineingeben und unter Rühren etwa 5 Minuten anrösten, bis die Butter aufgesogen ist. Zimt und Limettenschale untermischen und alles erkalten lassen. Den Backofen vorheizen.
2. Für den Teig Mehl mit Backpulver in einer Rührschüssel mischen. Restliche Zutaten hinzufügen und alles mit Handrührgerät mit Rührbesen zuerst kurz auf niedrigster, dann auf höchster Stufe in etwa 2 Minuten zu einem Teig verarbeiten. Vorbereitete Semmelbröselmasse (etwa 1 Esslöffel zum Garnieren beiseitelegen) hinzugeben und kurz unterrühren.
3. Den Teig in eine Kastenform (25 x 11 cm, gefettet, gemehlt) geben und glattstreichen. Die Form auf dem Rost in den vorgeheizten Backofen schieben.
Ober-/Unterhitze: etwa 180 °C
Heißluft: etwa 160 °C
Backzeit: 40–45 Minuten.
4. Den Kuchen etwa 10 Minuten in der Form auf einen Kuchenrost stellen, dann aus der Form lösen und auf dem Kuchenrost erkalten lassen.
5. Für den Guss Puderzucker mit Limettensaft geschmeidig rühren. Den Guss auf den Kuchen streichen und mit den beiseitegelegten Bröseln bestreuen. Guss fest werden lassen.

Fettarm

Aprikosen-Buttermilch-Kuchen

Zubereitungszeit: 30 Minuten, ohne Abkühlzeit
Backzeit: 50–60 Minuten

Zum Vorbereiten:
500 g frische Aprikosen oder
1 kleine Dose Aprikosenhälften (Abtropfgewicht 240 g)
1/2 Bund frische Pfefferminze
2 Eier (Größe M)
125 ml (1/8 l) Buttermilch
abgeriebene Schale von 1 Bio-Zitrone (unbehandelt, ungewachst)
100 g Zucker

Für den All-in-Teig:
150 g Weizenmehl
1 Pck. Dr. Oetker Pudding-Pulver Vanille-Geschmack
25 g Speisestärke , 1 Prise Salz
3 gestr. TL Dr. Oetker Backin

Für die Form:
Semmelbrösel

Für den Guss:
50 g Puderzucker
2–3 TL Zitronensaft

Insgesamt:
E: 37 g, F: 19 g, Kh: 365 g,
kJ: 7613, kcal: 1816

1. Zum Vorbereiten frische Aprikosen waschen, abtropfen lassen, halbieren und entsteinen oder Aprikosenhälften aus der Dose in einem Sieb gut abtropfen lassen. Aprikosenhälften klein schneiden. Minze abspülen, trocken tupfen, die Blättchen von den Stängeln zupfen und in Streifen schneiden. Eier mit Buttermilch, Zitronenschale und Zucker verrühren. Minzestreifen hinzugeben. Den Backofen vorheizen.
2. Für den Teig Mehl mit Pudding-Pulver, Speisestärke, Salz und Backpulver in einer Rührschüssel mischen.

Aprikosen-Buttermilch-Kuchen

Die Buttermilch-Ei-Mischung hinzufügen. Die Zutaten in 2 Minuten mit Handrührgerät mit Rührbesen zunächst kurz auf niedrigster, dann auf höchster Stufe zu einem Teig verarbeiten. Aprikosenstücke vorsichtig unterheben.
3. Den Teig in eine Kastenform (25 x 11 cm, gefettet, mit Semmelbröseln ausgestreut) geben, glattstreichen. Die Form auf dem Rost in den vorgeheizten Backofen schieben.
Ober-/Unterhitze: etwa 180 °C
Heißluft: etwa 160 °C
Backzeit: 50–60 Minuten.
4. Nach etwa 15 Minuten Backzeit den Teig mit einem scharfen Messer der Länge nach einschneiden, damit er gleichmäßig aufgeht, und den Kuchen fertig backen. Dann die Form auf einen Kuchenrost stellen und den Kuchen etwa 10 Minuten darin stehen lassen. Den Kuchen aus der Form lösen und auf einen Kuchenrost stürzen. Kuchen wieder umdrehen und etwas abkühlen lassen.
5. Für den Guss Puderzucker mit Zitronensaft zu einer geschmeidigen Masse verrühren. Den warmen Kuchen mit dem Guss überziehen und erkalten lassen.

Beliebt

Durstige Liese

Zubereitungszeit: 15 Minuten, ohne Abkühlzeit
Backzeit: etwa 45 Minuten

Für den Rührteig:
200 g Butter oder Margarine
200 g Zucker
1 Pck. Dr. Oetker Vanillin-Zucker
1 Pck. Dr. Oetker Finesse Geriebene Zitronenschale
4 Eier (Größe M)
200 g Weizenmehl
50 g Speisestärke
2 gestr. TL Dr. Oetker Backin

Zum Beträufeln:
150 ml Orangensaft
50 ml Zitronensaft
evtl. 1 TL Zucker

Insgesamt:
E: 48 g, F: 197 g, Kh: 410 g,
kJ: 15291, kcal: 3654

1. Den Backofen vorheizen. Für den Teig Butter oder Margarine mit Handrührgerät mit Rührbesen auf höchs-

ter Stufe geschmeidig rühren. Nach und nach Zucker, Vanillin-Zucker und Zitronenschale unterrühren. So lange rühren, bis eine gebundene Masse entstanden ist.
2. Eier nach und nach unterrühren (jedes Ei etwa 1/2 Minute). Mehl mit Speisestärke und Backpulver mischen und auf mittlerer Stufe unterrühren.
3. Den Teig in eine Napfkuchenform (Ø 22 cm, gefettet, gemehlt) füllen. Die Form auf dem Rost in den vorgeheizten Backofen schieben.
Ober-/Unterhitze: etwa 180 °C
Heißluft: etwa 160 °C
Backzeit: etwa 45 Minuten.
4. Den Kuchen etwa 10 Minuten in der Form stehen lassen, dann auf einen mit Backpapier belegten Kuchenrost stürzen. Den Kuchen mit einem Holzstäbchen mehrmals einstechen und mit Orangen- und Zitronensaft (evtl. mit Zucker verrührt) beträufeln.

Tipp: Der Teig kann auch als Blechkuchen gebacken werden. Dazu den Teig auf ein Backblech (30 x 40 cm, gefettet) streichen und etwa 30 Minuten bei gleicher Backtemperatur backen.

Beliebt

Gewürzkuchen

Zubereitungszeit: 25 Minuten
Backzeit: etwa 50 Minuten

Für den Rührteig:
200 g Butter oder Margarine
150 g flüssiger Honig
1 Prise Salz
1 EL gemahlener Zimt
1 TL gemahlener Piment (Nelkenpfeffer)
1 TL Lebkuchengewürz
1 Msp. gemahlene Nelken
geriebene Muskatnuss
abgeriebene Schale von 1/2 Bio-Zitrone (unbehandelt, ungewachst)
3 Eier (Größe M)
450 g Vollkorn-Weizenmehl
1 Pck. Dr. Oetker Backin
2 gestr. EL Kakaopulver
125 ml (1/8 l) Milch

Insgesamt:
E: 88 g, F: 203 g, Kh: 422 g, kJ: 16783, kcal: 4007

1. Den Backofen vorheizen. Für den Teig Butter oder Margarine mit Honig in einer Rührschüssel mit Handrührgerät mit Rührbesen auf höchster Stufe geschmeidig rühren. Salz, Gewürze und Zitronenschale unterrühren. Eier nach und nach unterrühren (jedes Ei etwa 1/2 Minute). Mehl mit Backpulver und Kakao mischen und in 2 Portionen abwechselnd mit der Milch auf mittlerer Stufe unterrühren.
2. Den Teig in eine große Kastenform (30 x 11 cm, gefettet, mit Backpapier ausgelegt) füllen, gleichmäßig verstreichen und die Form auf dem Rost in den vorgeheizten Backofen schieben.
Ober-/Unterhitze: etwa 180 °C
Heißluft: etwa 160 °C
Backzeit: etwa 50 Minuten.
3. Den Kuchen etwa 10 Minuten in der Form stehen lassen, aus der Form lösen und auf einem Kuchenrost erkalten lassen.

Tipp: Den Rührteig statt mit Milch mit der gleichen Menge Glühwein zubereiten. Dann noch zusätzlich 50 g Korinthen unter den Teig heben.

Durstige Liese

Gewürzkuchen

Für Kinder

Feiner Schokoladen-Gugelhupf

Zubereitungszeit: 30 Minuten, ohne Abkühlzeit
Backzeit: etwa 45 Minuten

Für den Rührteig:
150 g Zartbitter-Schokolade (50 % Kakao)
4 Eiweiß (Größe M)
75 g Zucker
150 g Butter oder Margarine
75 g Zucker
1 Pck. Dr. Oetker Vanillin-Zucker
1 Prise Salz
2 Eier (Größe M)
4 Eigelb (Größe M)
150 g Weizenmehl
1 gestr. TL Dr. Oetker Backin
10 g Kakaopulver

Für die Form:
Semmelbrösel

Zum Bestäuben:
Puderzucker

Insgesamt:
E: 71 g, F: 220 g, Kh: 350 g, kJ: 15376, kcal: 3673

1. Schokolade in Stücke brechen und in einem Wasserbad bei schwacher Hitze unter Rühren schmelzen lassen. Schokolade abkühlen lassen. Eiweiß mit Zucker so steifschlagen, dass ein Messerschnitt sichtbar bleibt. Den Backofen vorheizen.
2. Butter oder Margarine mit Handrührgerät mit Rührbesen auf höchster Stufe geschmeidig rühren. Nach und nach Zucker, Vanillin-Zucker, Salz und flüssige Schokolade unterrühren. So lange rühren, bis eine gebundene Masse entstanden ist.
3. Eier und Eigelb nach und nach unterrühren (jedes Ei etwa 1/2 Minute). Mehl mit Backpulver und Kakao gut vermischen und in 2 Portionen auf mittlerer Stufe unterrühren. Eischnee mit einem Teigschaber unterheben.
4. Den Teig in eine Napfkuchenform (Ø 22 cm, gefettet, mit Semmelbröseln ausgestreut) füllen, glattstreichen. Form auf den Rost in den vorgeheizten Backofen schieben.
Ober-/Unterhitze: etwa 180 °C
Heißluft: etwa 160 °C
Backzeit: etwa 45 Minuten.
5. Die Form auf einen Kuchenrost stellen. Nach etwa 10 Minuten den Kuchen auf einen mit Backpapier belegten Kuchenrost stürzen, erkalten lassen. Den Kuchen vor dem Servieren mit Puderzucker bestäuben.

Feiner Schokoladen-Gugelhupf

Raffiniert

Brownie-Gugelhupf

Zubereitungszeit: 45 Minuten, ohne Abkühlzeit
Backzeit: etwa 50 Minuten

Für den Rührteig:
100 g Zartbitter-Schokolade
125 g Macadamia-Nusskerne (geröstet und leicht gesalzen)
100 g Studentenfutter (Nuss- und Rosinenmischung)
200 g Butter oder Margarine
75 g Zucker
75 g brauner Zucker (Kandisfarin)
1 Pck. Dr. Oetker Bourbon-Vanille-Zucker
4 Eier (Größe M)
200 g Weizenmehl
3 gestr. TL Dr. Oetker Backin
75 g Kakaogetränkepulver
150 g Schokoladenpudding (aus dem Kühlregal)

Für Guss und Garnierung:
200 g Blockschokolade
1 EL Speiseöl
nach Belieben einige Macadamia-Nusskerne und etwas Studentenfutter

Insgesamt:
E: 104 g, F: 441 g, Kh: 577 g, kJ: 27957, kcal: 6680

1. Für den Teig Schokolade in einem Topf im Wasserbad bei schwacher Hitze geschmeidig rühren und abkühlen lassen. Macadamia-Nusskerne und Studentenfutter grob hacken. Den Backofen vorheizen.
2. Butter oder Margarine mit Handrührgerät mit Rührbesen auf höchster Stufe geschmeidig rühren. Nach und nach Zucker, braunen Zucker und Vanille-Zucker unterrühren. So lange rühren, bis eine gebundene Masse entstanden ist.
3. Eier nach und nach unterrühren (jedes Ei etwa 1/2 Minute). Mehl mit Backpulver mischen und in 2 Portionen auf mittlerer Stufe unterrühren.

Brownie-Gugelhupf

Eierlikör-Gugelhupf

Anschließend Kakaogetränkepulver, Pudding und die aufgelöste Schokolade kurz unterrühren, dann kurz Nusskerne und Studentenfutter unterheben.

4. Den Teig in eine Napfkuchenform (Ø 22–24 cm, gefettet, gemehlt) füllen und die Form auf dem Rost in den vorgeheizten Backofen schieben.
Ober-/Unterhitze: etwa 180 °C
Heißluft: etwa 160 °C
Backzeit: etwa 50 Minuten.

5. Den Kuchen etwa 10 Minuten in der Form stehen lassen, dann auf einen mit Backpapier belegten Kuchenrost stürzen und erkalten lassen.

6. Für den Guss Schokolade fein hacken und mit dem Öl in einem Topf im Wasserbad bei schwacher Hitze geschmeidig rühren. Den Gugelhupf damit überziehen und nach Belieben mit Macadamia-Nusskernen und Studentenfutter garnieren. Den Guss fest werden lassen.

Tipp: Der Napfkuchen kann, gut verpackt und kalt gestellt, mehrere Tage aufbewahrt werden. Für den Guss können Sie statt Blockschokolade auch je 100 g Zartbitter- und Vollmilch-Schokolade verwenden.

Gut vorzubereiten – einfach

Eierlikör-Gugelhupf

Zubereitungszeit: 20 Minuten, ohne Abkühlzeit
Backzeit: etwa 60 Minuten

Für den All-in-Teig:
125 g Weizenmehl
125 g Speisestärke
4 gestr. TL Dr. Oetker Backin
250 g Puderzucker
2 Pck. Dr. Oetker Vanillin-Zucker
250 ml (1/4 l) Speiseöl
250 ml (1/4 l) Eierlikör
5 Eier (Größe M)

Zum Bestäuben:
etwas Puderzucker

Insgesamt:
E: 32 g, F: 288 g, Kh: 624 g,
kJ: 23936, kcal: 5712

1. Den Backofen vorheizen. Für den Teig Mehl mit Speisestärke, Backpulver und Puderzucker mischen und in eine Rührschüssel geben. Restliche Zutaten hinzufügen und alles mit Handrührgerät mit Rührbesen auf höchster Stufe mindestens 1 Minute schaumig schlagen. Zwischendurch die Teigmasse immer wieder einmal mit einem Teigschaber vom Schüsselrand lösen.

2. Den Teig in eine Napfkuchenform (Ø 22 cm, gefettet, gemehlt) füllen und die Form anschließend auf dem Rost in den vorgeheizten Backofen schieben.
Ober-/Unterhitze: etwa 180 °C
Heißluft: etwa 160 °C
Backzeit: etwa 60 Minuten.

3. Den Kuchen etwa 10 Minuten in der Form stehen lassen, auf einen Kuchenrost stürzen und erkalten lassen. Den Kuchen mit Puderzucker bestäuben.

Abwandlung: Für Eierlikörwaffeln aus 100 g Puderzucker, 2 Eiern (Größe M), 1 Päckchen Vanillin-Zucker, 100 ml Speiseöl, 100 ml Eierlikör, 50 g Weizenmehl, 1 1/2 gestrichenen Teelöffeln Backpulver und 50 g Speisestärke wie im Rezept angegeben einen Teig zubereiten. Je 2–3 Esslöffel Teig in ein gefettetes und gut erhitztes Waffeleisen geben. Die Waffeln goldgelb backen, einzeln auf einem Kuchenrost erkalten lassen und mit etwas Puderzucker bestäuben.

Für Kinder

Erdbeer-Streifen-Kuchen

Zubereitungszeit: 45 Minuten, ohne Auftau- und Abkühlzeit
Backzeit: 50–60 Minuten

Für die Erdbeermasse:
1 Pck. (300 g) TK-Erdbeeren
200 g Löffelbiskuits
2 EL Zitronensaft

Für den Schüttelteig:
125 g Butter oder Margarine
200 g Weizenmehl
70 g Speisestärke
2 gestr. TL Dr. Oetker Backin
150 g Zucker
3 Eier (Größe M), 5 EL Milch
einige Tropfen Butter-Vanille-Aroma

Für die Form:
1 EL Semmelbrösel

Zum Bestäuben:
Puderzucker

Insgesamt:
E: 66 g, F: 138 g, Kh: 517 g,
kJ: 15573, kcal: 3718

1. Für die Erdbeermasse Erdbeeren nach Packungsanleitung auftauen lassen. Löffelbiskuits mit einem Sägemesser in etwa 1 cm große Stücke schneiden und in eine große Schüssel geben. Erdbeeren mit Zitronensaft in einen hohen Rührbecher geben und pürieren. Erdbeerpüree mit den Biskuitstücken vermengen.
2. Für den Teig Butter oder Margarine zerlassen und abkühlen lassen. Den Backofen vorheizen. Mehl mit Speisestärke und Backpulver mischen, in eine verschließbare Schüssel (etwa 3 l) geben und mit Zucker mischen. Eier, Butter oder Margarine, Milch und Aroma hinzufügen. Die Schüssel mit dem Deckel fest verschließen.
3. Schüssel mehrmals (insgesamt 15–30 Sekunden) kräftig schütteln, so dass alle Zutaten gut vermischt sind. Alles mit einem Schneebesen oder Rührlöffel nochmals sorgfältig durchrühren, damit die trockenen Zutaten vom Rand auch mit untergerührt werden.
4. Ein Drittel des Teiges in eine Kastenform (30 x 11 cm, gefettet, mit Semmelbröseln ausgestreut) geben und glattstreichen. Die Hälfte der Erdbeer-Biskuit-Masse auf dem Teig verteilen und glattstreichen. Wieder ein Drittel Teig, dann die restliche Erdbeer-Biskuit-Masse und zuletzt den restlichen Teig daraufgeben und glattstreichen. Die Form auf dem Rost in den vorgeheizten Backofen schieben.
Ober-/Unterhitze: etwa 180 °C
Heißluft: etwa 160 °C
Backzeit: 50–60 Minuten.
5. Den Kuchen etwa 15 Minuten in der Form stehen lassen, dann aus der Form lösen, auf einen Kuchenrost stürzen und erkalten lassen. Anschließend den Kuchen umdrehen und mit Puderzucker bestäuben.

Erdbeer-Streifen-Kuchen

Fettarm

Espresso-Mohn-Kranz

Zubereitungszeit: 30 Minuten, ohne Abkühlzeit
Backzeit: etwa 45 Minuten

Für den Rührteig:
2 TL lösliches Espresso- oder Kaffeepulver
1 EL heißes Wasser
100 g Butter oder Margarine
150 g Zucker
1 Prise Salz
3 Eier (Größe M)
200 g Magerquark
1 Pck. (250 g) backfertige Mohnfüllung
275 g Weizenmehl
1 Pck. Dr. Oetker Backin

Für den Guss:
100 g Puderzucker
1–2 TL lösliches Espresso- oder Kaffeepulver (in 1 EL heißem Wasser aufgelöst)

Zum Bestreuen:
etwa 15 Espresso- oder Kaffeebohnen

Insgesamt:
E: 92 g, F: 142 g, Kh: 553 g,
kJ: 16323, kcal: 3901

1. Für den Teig Espressopulver im Wasser auflösen. Den Backofen vorheizen. Butter oder Margarine mit Handrührgerät mit Rührbesen auf höchster Stufe geschmeidig rühren. Nach und nach Zucker und Salz unterrühren. So lange rühren, bis eine gebundene Masse entstanden ist.
2. Eier nach und nach unterrühren (jedes Ei etwa 1/2 Minute). Dann Quark, Mohnmischung und Espresso- oder Kaffeepulver hinzugeben. Mehl mit Backpulver mischen und in 2 Portionen auf mittlerer Stufe kurz unterrühren.
3. Den Teig in eine Napfkuchenform (Ø 22 cm, gefettet, gemehlt) geben und glattstreichen. Die Form auf dem Rost in den vorgeheizten Backofen schieben.
Ober-/Unterhitze: etwa 180 °C
Heißluft: etwa 160 °C
Backzeit: etwa 45 Minuten.
4. Den Kuchen etwa 10 Minuten in der Form abkühlen lassen, dann aus der Form lösen und auf einen mit Backpapier belegten Kuchenrost stürzen. Den Kuchen erkalten lassen.
5. Für den Guss Puderzucker und aufgelöstes Espressopulver zu einer dickflüssigen Masse verrühren. Den Kuchen mit dem Guss überziehen. Espressobohnen grob hacken und auf den feuchten Guss streuen. Guss fest werden lassen.

Raffiniert – gut vorzubereiten

Ingwer-Aprikosen-Kuchen

Zubereitungszeit: 30 Minuten
Backzeit: etwa 60 Minuten

Zum Vorbereiten:
200 g getrocknete Aprikosen
100 g kandierter Ingwer
100 g kandierte Ananas

Für den Rührteig:
175 g Butter oder Margarine
125 g Zucker
2 Pck. Dr. Oetker Finesse Bourbon-Vanille-Aroma
1 Prise Salz
3 Eier (Größe M)
250 g Weizenmehl
2 gestr. TL Dr. Oetker Backin
1 Pck. Dr. Oetker Finesse Geriebene Orangenschale
1 Pck. Dr. Oetker Finesse Geriebene Zitronenschale

Insgesamt:
E: 64 g, F: 169 g, Kh: 513 g,
kJ: 18199, kcal: 4348

1. Zum Vorbereiten Aprikosen, Ingwer und Ananas klein würfeln. Den Backofen vorheizen.
2. Für den Teig Butter oder Margarine mit Handrührgerät mit Rührbesen auf höchster Stufe geschmeidig rühren. Nach und nach Zucker, Aroma und Salz unterrühren. So lange rühren, bis eine gebundene Masse entstanden ist.
3. Eier nach und nach unterrühren (jedes Ei etwa 1/2 Minute). Mehl mit Backpulver mischen und in 2 Portionen auf mittlerer Stufe unterrühren.
4. Orangen- und Zitronenschale, Aprikosen, Ingwer und Ananas kurz unterrühren. Den Teig in eine Kastenform (30 x 11 cm, gefettet, mit Backpapier ausgelegt) füllen und verstreichen. Die Form auf dem Rost in den vorgeheizten Backofen schieben.
Ober-/Unterhitze: etwa 180 °C
Heißluft: etwa 160 °C
Backzeit: etwa 60 Minuten.
5. Evtl. nach gut der Hälfte der Backzeit den Kuchen mit Backpapier zudecken.
6. Den Kuchen etwa 10 Minuten in der Form stehen lassen, aus der Form nehmen, Backpapier entfernen und den Kuchen erkalten lassen.

Espresso-Mohn-Kranz

Ingwer-Aprikosen-Kuchen

Raffiniert

Erdnusskuchen

Zubereitungszeit: 40 Minuten, ohne Abkühl- und Kühlzeit
Backzeit: 45–50 Minuten

Zum Vorbereiten:
70 g Erdnusskerne, ungesalzen
150 g Schlagsahne
1 Pck. Dr. Oetker Bourbon-Vanille-Zucker
100 g Edelbitter-Schokolade (60 % Kakao)

Für den All-in-Teig:
80 g Weizenmehl
2 gestr. TL Dr. Oetker Backin
80 g Speisestärke
150 g Zucker
1 Pck. Dr. Oetker Vanillin-Zucker
3 Eier (Größe M)
70 g weiche Erdnussbutter mit Stücken (crunchy)
150 ml Erdnussöl
6 EL Milch

Für die Füllung:
150 g weiche Erdnussbutter mit Stücken (crunchy)

Insgesamt:
E: 106 g, F: 425 g, Kh: 386 g, kJ: 23789, kcal: 5698

1. Zum Vorbereiten Erdnusskerne fein hacken. Sahne mit Vanille-Zucker in einem Topf zum Kochen bringen. Topf von der Kochstelle nehmen. Schokolade in kleine Stücke brechen, unter Rühren in der Sahne schmelzen und die Masse erkalten lassen. Den Backofen vorheizen.

2. Für den Teig Mehl mit Backpulver und Speisestärke in einer Rührschüssel gut mischen. Zucker, Vanillin-Zucker, Eier, Erdnussbutter, Erdnussöl und Milch hinzufügen. Die Zutaten mit Handrührgerät mit Rührbesen zunächst kurz auf niedrigster, dann auf höchster Stufe in etwa 2 Minuten zu einem Teig verarbeiten. Gehackte Erdnusskerne kurz unterrühren.

3. Teig in eine Kastenform (30 x 11 cm, gefettet, gemehlt) füllen, glattstreichen. Form auf dem Rost in den vorgeheizten Backofen schieben.
Ober-/Unterhitze: etwa 180 °C
Heißluft: etwa 160 °C
Backzeit: 45–50 Minuten.

4. Den Kuchen etwa 10 Minuten in der Form auf einem Kuchenrost stehen lassen, dann aus der Form auf den Kuchenrost stürzen, wieder umdrehen und erkalten lassen.

5. Für die Füllung Erdnussbutter in eine Rührschüssel geben, mit Handrührgerät mit Rührbesen geschmeidig rühren. Vorbereitete Schokoladensahne nach und nach unterrühren.

6. Den Kuchen einmal waagerecht halbieren. Die untere Hälfte mit zwei Dritteln der Schokoladencreme füllen. Obere Kuchenhälfte darauflegen und leicht andrücken. Restliche Schokoladencreme wellenartig als breiten Mittelstreifen auf den Kuchen geben.

7. Den Kuchen etwa 1 Stunde kalt stellen, bis die Schokoladencreme fest geworden ist.

Erdnusskuchen

Beliebt

Gold-&-Silber-Kuchen

Zubereitungszeit: 30 Minuten,
ohne Kühlzeit
Backzeit: etwa 50 Minuten

Für den „Goldteig":
125 g Butter oder Margarine
160 g Zucker
5 Eigelb (Größe M)
250 g Weizenmehl
2 1/2 gestr. TL Dr. Oetker Backin
125 ml (1/8 l) Milch

Für den „Silberteig":
5 Eiweiß (Größe M)
1 EL Zucker
125 g Butter oder Margarine
200 g Zucker
125 ml (1/8 l) Milch
250 g Weizenmehl
2 1/2 gestr. TL Dr. Oetker Backin
150 g abgezogene, gemahlene Mandeln

Für den Guss:
75 g Puderzucker
1–2 EL Zitronensaft
75 g Puderzucker
1–2 EL Orangensaft

Insgesamt:
E: 127 g, F: 339 g, Kh: 900 g,
kJ: 29891, kcal: 7139

Gold-&-Silber-Kuchen

1. Für den „Goldteig" Butter oder Margarine mit Handrührgerät mit Rührbesen auf höchster Stufe geschmeidig rühren. Nach und nach Zucker unterrühren. So lange rühren, bis eine gebundene Masse entstanden ist.
2. Eigelb nach und nach unterrühren. Mehl mit Backpulver mischen und in 2 Portionen abwechselnd mit der Milch auf mittlerer Stufe unterrühren.
3. Für den „Silberteig" Eiweiß mit 1 Esslöffel Zucker so steifschlagen, dass ein Messerschnitt sichtbar bleibt. In einer weiteren Schüssel Butter oder Margarine mit Handrührgerät mit Rührbesen auf höchster Stufe geschmeidig rühren. Den Backofen vorheizen.
4. Nach und nach Zucker unter das Fett rühren. So lange rühren, bis eine gebundene Masse entstanden ist. Milch unterrühren. Mehl mit Backpulver mischen und in 2 Portionen abwechselnd mit den Mandeln auf mittlerer Stufe unterrühren. Zuletzt den Eischnee unterheben.
5. Den „Goldteig" in eine Kranzform oder Springform mit Rohrboden (Ø 26 cm, gefettet, gemehlt) füllen und verstreichen. Den „Silberteig" vorsichtig darauf verteilen und ebenfalls verstreichen. Die Form auf dem Rost in den vorgeheizten Backofen schieben.
Ober-/Unterhitze: etwa 180 °C
Heißluft: etwa 160 °C
Backzeit: etwa 50 Minuten.
6. Den Kuchen noch etwa 5 Minuten in der Form stehen lassen, dann aus der Form lösen, auf einen mit Backpapier belegten Kuchenrost stürzen und erkalten lassen.
7. Für den Guss jeweils 75 g Puderzucker mit Zitronensaft und Orangensaft zu jeweils einem nicht zu dicken Guss verrühren und mit Hilfe eines Backpinsels im Wechsel auf den Kuchen streichen.

Tipp: Je kräftiger die Farbe des Eigelbs, desto intensiver ist der „Goldteig" gefärbt.

Italienischer Gugelhupf

Kakao-Sandkuchen

Zum Verschenken

Italienischer Gugelhupf

Zubereitungszeit: 35 Minuten
Backzeit: etwa 45 Minuten

Für den Biskuitteig:
50 g Zartbitter-Kuvertüre
30 g Butter
40 g Amarettini
(ital. Mandelmakronen)
3 Eiweiß (Größe M)
3 Eigelb (Größe M)
3 EL heißes Wasser
40 g Zucker
1 Pck. Dr. Oetker Vanillin-Zucker
1 Prise Salz
60 g Weizenmehl
25 g Speisestärke
1 Msp. Dr. Oetker Backin

Zum Tränken und für den Guss:
4 EL kalter Kaffee
1 EL Kaffeelikör
100 g weiße Kuvertüre

Insgesamt:
E: 41 g, F: 103 g, Kh: 233 g,
kJ: 8595, kcal: 2051

1. Für den Teig Kuvertüre grob hacken und mit der Butter in einem kleinen Topf im Wasserbad bei schwacher Hitze unter Rühren schmelzen lassen. Amarettini in einen Gefrierbeutel geben, den Gefrierbeutel verschließen und die Amarettini mit einer Teigrolle zerdrücken. Den Backofen vorheizen.
2. Eiweiß steifschlagen und beiseitestellen. In einer anderen Schüssel Eigelb und Wasser mit Handrührgerät mit Rührbesen auf höchster Stufe in 1 Minute schaumig schlagen. Zucker mit Vanillin-Zucker und Salz mischen, in 1 Minute unter Rühren einstreuen, dann noch 2 Minuten weiterschlagen.
3. Mehl mit Speisestärke und Backpulver mischen, auf die Eigelbcreme geben und kurz auf niedrigster Stufe unterrühren. Kuvertüre-Butter-Mischung kurz unterrühren. Zuletzt Eischnee und Amarettinibrösel vorsichtig unterheben.
4. Den Teig in eine kleine Napfkuchenform (Ø 16 cm, gefettet, gemehlt) füllen und verstreichen. Die Form auf dem Rost in den vorgeheizten Backofen schieben.
Ober-/Unterhitze: etwa 180 °C
Heißluft: etwa 160 °C
Backzeit: etwa 45 Minuten.
5. Den Kuchen etwa 10 Minuten in der Form stehen lassen, auf einen Kuchenrost stürzen und erkalten lassen. Kaffee mit Kaffeelikör mischen und den erkalteten Gugelhupf damit tränken.
6. Kuvertüre in einem kleinen Topf im Wasserbad bei schwacher Hitze unter Rühren schmelzen lassen. Den Guss auf den Gugelhupf geben und in „Nasen" herunterlaufen lassen.

Tipp: Nach Belieben noch einige grob zerkleinerte Amarettini auf den Kuchen streuen, solange die Kuvertüre noch nicht ganz fest ist.

Beliebt

Kakao-Sandkuchen

Zubereitungszeit: 25 Minuten, ohne Abkühlzeit
Backzeit: etwa 45 Minuten

Für den Biskuitteig:
250 g Butter oder Margarine
4 Eier (Größe M), 250 g Zucker
1 Pck. Dr. Oetker Vanillin-Zucker
100 g Weizenmehl
50 g Speisestärke
50 g Kakaopulver
1 gestr. TL Dr. Oetker Backin

Zum Bestäuben:
1 EL Puderzucker
1 TL Kakaopulver

Insgesamt:
E: 52 g, F: 251 g, Kh: 393 g,
kJ: 16885, kcal: 4031

1. Den Backofen vorheizen. Für den Teig Butter zerlassen und abkühlen lassen. Eier mit Handrührgerät mit Rührbesen auf höchster Stufe in 1 Minute schaumig schlagen. Zucker und Vanillin-Zucker mischen, in 1 Minute einstreuen, dann noch 2 Minuten weiterschlagen.
2. Mehl mit Speisestärke, Kakaopulver und Backpulver mischen, die Hälfte davon auf die Eiercreme geben und kurz auf niedrigster Stufe unterrühren. Restliches Mehlgemisch auf die gleiche Weise unterarbeiten. Zuletzt Butter kurz unterrühren.
3. Den Teig in eine Napfkuchenform (Ø 22 cm, gefettet, gemehlt) geben, verstreichen. Form auf dem Rost in den vorgeheizten Backofen schieben.
Ober-/Unterhitze: etwa 180 °C
Heißluft: etwa 160 °C
Backzeit: etwa 45 Minuten.
4. Den Kuchen etwa 10 Minuten in der Form stehen lassen, auf einen mit Backpapier belegten Kuchenrost stürzen und erkalten lassen. Anschließend den Kuchen erst mit Puderzucker dann mit Kakao bestäuben und servieren.

Tipp: Der Kuchen ist gefriergeeignet. Sie können den Kuchen auch in einer Springform mit Rohrboden (Ø 24 cm) zubereiten.

Einfach

Himbeer-Gugelhupf mit Amarettini

Zubereitungszeit: 20 Minuten
Backzeit: etwa 55 Minuten

Zum Vorbereiten:
75 g Amarettini
(ital. Mandelmakronen)

Himbeer-Gugelhupf mit Amarettini

Für den All-in-Teig:
300 g Weizenmehl
4 gestr. TL Dr. Oetker Backin
150 g Zucker
1 Pck. Dr. Oetker Bourbon-Vanille-Zucker
1 Pck. Dr. Oetker Finesse Geriebene Zitronenschale
3 Eier (Größe M)
125 g Magerquark
150 g weiche Butter oder Margarine
200 g TK-Himbeeren

Insgesamt:
E: 75 g, F: 153 g, Kh: 456 g,
kJ: 14880, kcal: 3551

1. Amarettini in einen Gefrierbeutel geben, diesen verschließen und die Amarettini mit einer Teigrolle grob zerkleinern. Den Backofen vorheizen.
2. Für den Teig Mehl mit Backpulver in einer Rührschüssel gut vermischen. Zucker, Vanille-Zucker, Zitronenschale, Eier, Quark und Butter oder Margarine hinzufügen und alles mit Handrührgerät mit Rührbesen in etwa 2 Minuten zu einem glatten Teig verarbeiten.
3. Amarettinibrösel kurz unterrühren und gefrorene Himbeeren vorsichtig unterheben. Den Teig in eine Napfkuchenform (Ø 22 cm, gefettet, gemehlt) füllen. Die Form auf dem Rost im unteren Drittel in den vorgeheizten Backofen schieben.
Ober-/Unterhitze: etwa 180 °C
Heißluft: etwa 160 °C
Backzeit: etwa 55 Minuten.
4. Den Kuchen nach dem Backen auf einen Kuchenrost stellen und etwa 10 Minuten abkühlen lassen. Den Kuchen dann auf einen mit Backpapier belegten Kuchenrost stürzen und den Kuchen erkalten lassen.

Tipp: Den Kuchen nach Belieben mit geschmolzener weißer Schokolade besprenkeln. Statt der TK-Himbeeren können auch 200 g frische, verlesene Himbeeren oder entsteinte Sauerkirschen verwendet werden.

Einfach

Karamell-Gugelhupf

Zubereitungszeit: 30 Minuten, ohne Abkühlzeit
Backzeit: 45–55 Minuten

Zum Vorbereiten:
150 g Florentiner-Plätzchen

Für den Schüttelteig:
250 g Butter oder Margarine
250 g Weizenmehl
2 Pck. Gala Pudding-Pulver Karamell
3 gestr. TL Dr. Oetker Backin
170 g Zucker
1 Pck. Dr. Oetker Vanillin-Zucker
5 Eier (Größe M)
100 g Schlagsahne

Zum Bestreichen:
150 g Orangenmarmelade oder Aprikosenkonfitüre

Insgesamt:
E: 82 g, F: 318 g, Kh: 581 g, kJ: 23854, kcal: 5699

1. Zum Vorbereiten Florentiner-Plätzchen mit einem Messer fein hacken. Ein Drittel davon zum Garnieren beiseitelegen. Den Backofen vorheizen.

2. Für den Teig Butter oder Margarine zerlassen und abkühlen lassen. Mehl mit Pudding-Pulver und Backpulver in einer verschließbaren Schüssel (etwa 3 l) mischen und mit Zucker und Vanillin-Zucker vermengen. Eier, Butter oder Margarine und Sahne hinzufügen. Die Schüssel mit dem Deckel fest verschließen.

3. Schüssel mehrmals (insgesamt 15–30 Sekunden) kräftig schütteln, so dass alle Zutaten gut vermischt sind. Florentiner-Stückchen hinzugeben. Alles mit einem Schneebesen oder Rührlöffel nochmals sorgfältig durchrühren, damit trockene Zutaten vom Rand mit untergerührt werden.

4. Den Teig in eine Napfkuchenform (Ø 22 cm, gefettet, gemehlt) füllen, verstreichen. Form auf dem Rost in den vorgeheizten Backofen schieben.
Ober-/Unterhitze: etwa 180 °C
Heißluft: etwa 160 °C
Backzeit: 45–55 Minuten.

5. Den Kuchen etwa 10 Minuten in der Form stehen lassen, dann aus der Form lösen, auf einem Kuchenrost stürzen und erkalten lassen.

6. Zum Bestreichen Marmelade oder Konfitüre durch ein Sieb streichen und in einem kleinen Topf gut aufkochen lassen. Den Kuchen damit bestreichen. Die beiseitegelegten Florentinerstückchen auf dem Kuchen verteilen und leicht andrücken.

Klassisch – für Kinder

Kalter Hund

Zubereitungszeit: 60 Minuten, ohne Kühlzeit

Für die Schokoladencreme:
150 g Zartbitter-Kuvertüre
450 g Vollmilch-Kuvertüre
150 g Kokosfett
200 g Schlagsahne
2 Pck. Dr. Oetker Vanillin-Zucker

Außerdem:
etwa 250 g Butterkekse

Insgesamt:
E: 80 g, F: 380 g, Kh: 460 g, kJ: 23340, kcal: 5580

1. Zum Vorbereiten legen Sie eine Kastenform (25 x 11 cm, gefettet) mit einem aufgeschnittenen Gefrierbeutel oder mit Frischhaltefolie aus.

2. Für die Schokoladencreme beide Kuvertüren grob hacken, Kokosfett klein schneiden, alles zusammen mit der Sahne in einem Topf schmelzen lassen und gut verrühren. Zuletzt Vanillin-Zucker unterrühren.

3. Die vorbereitete Kastenform mit einer Schicht Butterkeksen auslegen, Kekse evtl. zerbrechen. Nun so viel Schokoladencreme auf der Keks-

Karamell-Gugelhupf

Kalter Hund

schicht verteilen, dass diese bedeckt ist. Abwechselnd Schokoladencreme und Kekse in die Kastenform einschichten (7–8 Schichten).
4. Die Kastenform etwa 5 Stunden kalt stellen (am besten über Nacht), damit die Creme fest wird.
5. Das Gebäck mit einem Messer und mit Hilfe des Gefrierbeutels (Frischhaltefolie) aus der Form lösen und vorsichtig auf eine Platte stürzen. Gefrierbeutel oder Frischhaltefolie vorsichtig abziehen und das Gebäck am besten gekühlt und in Scheiben geschnitten servieren.

Tipp: Rühren Sie unter die Schokoladencreme 1 Päckchen Finesse Geriebene Orangenschale.

Beliebt

Marmor-Tassenkuchen

Tassenkuchen (1 Tasse = 200 ml)

Zubereitungszeit: 25 Minuten, ohne Abkühlzeit
Backzeit: etwa 60 Minuten

Für den All-in-Teig:
3 Tassen (300 g) Weizenmehl
1 Pck. Dr. Oetker Backin
2 Tassen (300 g) Zucker
2 Pck. Dr. Oetker Vanillin-Zucker
4 Eier (Größe M)
1 Pck. (250 g) Butter
oder Margarine
1 Becher (200 g) saure Sahne
1 geh. EL gesiebtes Kakaopulver
1 EL Milch

Zum Verzieren:
50 g Zartbitter-Kuvertüre
1 TL Speiseöl

Insgesamt:
E: 75 g, F: 280 g, Kh: 567 g,
kJ: 21913, kcal: 5236

Marmor-Tassenkuchen

1. Den Backofen vorheizen. Für den Teig Mehl mit Backpulver in einer Rührschüssel gut vermischen. Zucker, Vanillin-Zucker, Eier, Butter oder Margarine und saure Sahne hinzufügen. Die Zutaten in etwa 2 Minuten mit Handrührgerät mit Rührbesen erst kurz auf niedrigster, dann auf höchster Stufe zu einem glatten Teig verarbeiten.
2. Die Hälfte des Teiges in eine Kastenform (30 x 11 cm, gefettet, gemehlt) füllen. Unter den restlichen Teig Kakao und Milch rühren. Den dunklen Teig auf dem hellen Teig verteilen. Eine Gabel spiralförmig durch die Teigschichten ziehen, so dass ein Marmormuster entsteht. Die Form auf dem Rost in den vorgeheizten Backofen schieben.
Ober-/Unterhitze: etwa 180 °C
Heißluft: etwa 160 °C
Backzeit: etwa 60 Minuten.
3. Den Kuchen etwa 10 Minuten in der Form stehen lassen, dann aus der Form lösen und auf einem mit Backpapier belegten Kuchenrost erkalten lassen.
4. Zum Verzieren Kuvertüre in kleine Stücke hacken und mit Speiseöl in einem kleinen Topf im Wasserbad bei schwacher Hitze unter Rühren schmelzen lassen. Kuvertüre in ein Papiertütchen füllen, eine kleine Ecke abschneiden und den Kuchen damit besprenkeln. Die Kuvertüre fest werden lassen.

Gut vorzubereiten – einfach

Mohn-Zebrakuchen

Zubereitungszeit: 35 Minuten, ohne Abkühlzeit
Backzeit: etwa 50 Minuten

Für den Schüttelteig:
150 g Butter oder Margarine
250 g Weizenmehl
3 gestr. TL Dr. Oetker Backin
120 g Zucker
2 Pck. Dr. Oetker Bourbon-Vanille-Zucker
3 Eier (Größe M)
125 g Mohnsamen

Zum Bestäuben:
1 EL Puderzucker

Insgesamt:
E: 75 g, F: 199 g, Kh: 351 g,
kJ: 15178, kcal: 3627

1. Für den Teig Butter oder Margarine zerlassen und abkühlen lassen.
Den Backofen vorheizen. Mehl mit Backpulver in einer verschließbaren Schüssel (etwa 3 l) mit Zucker und Vanille-Zucker vermischen. Eier und flüssige Butter oder Margarine hinzufügen. Die Schüssel mit dem Deckel fest verschließen.
2. Schüssel mehrmals (insgesamt 15–30 Sekunden) kräftig schütteln, so dass alle Zutaten gut vermischt sind. Alles mit einem Schneebesen oder Rührlöffel nochmals sorgfältig durchrühren, damit trockene Zutaten vom Rand mit untergerührt werden.
3. Den Teig halbieren. Unter eine Teighälfte die Mohnsamen heben. Abwechselnd jeweils 1 Esslöffel von den beiden Teigen in eine Napfkuchenform (Ø 22 cm, gefettet, gemehlt) geben, bis der Teig verbraucht ist. Die Form auf dem Rost in den vorgeheizten Backofen schieben.
Ober-/Unterhitze: etwa 180 °C
Heißluft: etwa 160 °C
Backzeit: etwa 50 Minuten.
4. Den Kuchen etwa 10 Minuten in der Form auf einen Kuchenrost stellen, dann aus der Form lösen und auf den mit Backpapier belegten Kuchenrost stürzen. Kuchen erkalten lassen und anschließend mit Puderzucker bestäuben.

Mohn-Zebrakuchen

Einfach – gut vorzubereiten

Marsala-Orangen-Kuchen

Zubereitungszeit: 45 Minuten, ohne Abkühlzeit
Backzeit: etwa 60 Minuten

Für den Rührteig:
250 g Butter oder Margarine
250 g Zucker
1 Pck. Dr. Oetker Vanillin-Zucker
1 Prise Salz
4 Eier (Größe M)
200 g Weizenmehl
100 g Speisestärke
1/2 gestr. TL Dr. Oetker Backin

Zum Tränken und für den Guss:
1 Bio-Orange (unbehandelt, ungewachst)
4 EL Marsala (ital. Dessertwein)
250 g Puderzucker

Insgesamt:
E: 56 g, F: 237 g, Kh: 751 g,
kJ: 22909, kcal: 5472

1. Den Backofen vorheizen. Für den Teig Butter oder Margarine mit Handrührgerät mit Rührbesen auf höchster Stufe geschmeidig rühren. Nach und nach Zucker, Vanillin-Zucker und Salz unterrühren. So lange rühren, bis eine gebundene Masse entstanden ist.
2. Eier nach und nach unterrühren (jedes Ei etwa 1/2 Minute). Mehl mit Speisestärke und Backpulver gut vermischen und in 2 Portionen auf mittlerer Stufe unterrühren.
3. Dann den Teig in eine Kastenform (30 x 11 cm, gefettet, gemehlt) füllen und verstreichen. Die Form auf dem Rost in den vorgeheizten Backofen schieben.
Ober-/Unterhitze: etwa 180 °C
Heißluft: etwa 160 °C
Backzeit: etwa 60 Minuten.
4. Kuchen etwa 10 Minuten in der Form stehen lassen, dann auf einen mit Backpapier belegten Kuchenrost stürzen und etwas abkühlen lassen. Orange waschen, trocken tupfen, die Schale mit einem Zestenreißer in schmale Streifen schneiden. Orange halbieren, den Saft auspressen.

5. Kuchen umdrehen und die Oberfläche mehrmals mit einem Holzstäbchen einstechen. 4 Esslöffel Orangensaft beiseitestellen. Restlichen Saft mit Marsala mischen und über den Kuchen träufeln. Kuchen vollständig erkalten lassen.
6. Für den Guss Puderzucker mit dem beiseitegestellten Orangensaft glattrühren. Kuchen mit dem Guss überziehen, mit den Orangenschalenstreifen garnieren und den Guss fest werden lassen.

Für Kinder

Papageienkuchen

Zubereitungszeit: 30 Minuten, ohne Abkühlzeit
Backzeit: 50–60 Minuten

Für den Rührteig:
200 g Butter oder Margarine
250 g Zucker, 4 Eier (Größe M)
250 g Weizenmehl
3 gestr. TL Dr. Oetker Backin
2 EL Schlagsahne
1 Pck. (15 g) Saucen-Pulver Vanille-Geschmack
1 Beutel aus 1 Pck. Götterspeise Himbeer-Geschmack
1 Beutel aus 1 Pck. Götterspeise Waldmeister-Geschmack

Für den Guss:
150 g Puderzucker
2–3 EL Zitronensaft
etwas rote Speisefarbe

Insgesamt:
E: 86 g, F: 204 g, Kh: 600 g,
kJ: 19399, kcal: 4633

1. Für den Teig Butter mit Handrührgerät mit Rührbesen auf höchster Stufe geschmeidig rühren. Nach und nach Zucker unterrühren, so lange rühren, bis eine gebundene Masse entstanden ist. Eier nach und nach unterrühren (jedes Ei etwa 1/2 Minute). Den Backofen vorheizen.
2. Mehl mit Backpulver mischen und abwechselnd mit der Sahne auf mittlerer Stufe kurz unterrühren. Den Teig in 3 gleiche Teile teilen. Eine Teigportion mit dem Saucen-Pulver, die zweite mit dem roten und die dritte mit dem grünen Götterspeisepulver verrühren.
3. In eine Kastenform (25 x 11 cm, gefettet, gemehlt) erst den gelben, dann den grünen und zuletzt den roten Teig schichten und jeweils verstreichen. Eine Gabel spiralförmig leicht durch die Teigschichten ziehen. Die Form auf dem Rost in den vorgeheizten Backofen schieben.
Ober-/Unterhitze: etwa 180 °C
Heißluft: etwa 160 °C
Backzeit: 50–60 Minuten.
4. Den Kuchen etwa 10 Minuten in der Form stehen lassen, ihn dann aus der Form lösen und auf einem Kuchenrost erkalten lassen.
5. Für den Guss Puderzucker mit Zitronensaft glattrühren (2 Esslöffel vom Guss zurücklassen) und den Kuchen damit bestreichen, dabei nach Belieben den Bruch in der Mitte frei lassen. Den zurückgelassenen Guss mit der roten Speisefarbe einfärben, in ein Papiertütchen füllen, eine kleine Spitze abschneiden und den Kuchen damit nach Belieben verzieren.

Marsala-Orangen-Kuchen

Papageienkuchen

Für Gäste – mit Alkohol

Orangen-Gugelhupf

Zubereitungszeit: 50 Minuten, ohne Abkühlzeit
Backzeit: etwa 50 Minuten

Für den Schüttelteig:
250 g Butter oder Margarine
250 g Weizenmehl
1 Pck. Dr. Oetker Pudding-Pulver Vanille-Geschmack
1 Pck. Dr. Oetker Backin
200 g Zucker
1 Pck. Dr. Oetker Bourbon-Vanille-Zucker
1 Prise Salz, 5 Eier (Größe M)
Saft und Schale von 1 Bio-Orange und 1 Bio-Zitrone (unbehandelt, ungewachst)

Für die Form:
Semmelbrösel

Zum Tränken und Garnieren:
Saft und Schale von 1 Bio-Orange (unbehandelt, ungewachst)
1 Pck. Dr. Oetker Bourbon-Vanille-Zucker
2 Sternanis, 100 ml Orangenlikör
3 EL Zucker

Insgesamt:
E: 74 g, F: 247 g, Kh: 520 g, kJ: 20523, kcal: 4904

1. Für den Teig Butter oder Margarine zerlassen und abkühlen lassen. Den Backofen vorheizen. Mehl mit Pudding-Pulver und Backpulver in einer verschließbaren Schüssel (etwa 3 l) mit Zucker, Vanille-Zucker und Salz gut vermischen. Eier, Schale und Saft von der Orange und Zitrone und Butter oder Margarine hinzufügen. Die Schüssel mit dem Deckel fest verschließen.
2. Schüssel mehrmals (insgesamt 15–30 Sekunden) kräftig schütteln, so dass alle Zutaten gut vermischt sind. Alles mit einem Schneebesen oder Rührlöffel nochmals kräftig durchrühren, damit trockene Zutaten vom Rand mit untergerührt werden.
3. Den Teig in eine Napfkuchenform (Ø 22 cm, gefettet, mit Semmelbröseln ausgestreut) geben und verstreichen. Die Form auf dem Rost in den vorgeheizten Backofen schieben.
Ober-/Unterhitze: etwa 180 °C
Heißluft: etwa 160 °C
Backzeit: etwa 50 Minuten.
4. Zum Tränken und Garnieren inzwischen die Orange gründlich waschen und abtrocknen. Die Orange mit einem Zestenreißer schälen. Orange halbieren und den Saft auspressen. Orangensaft und -schale mit Vanille-Zucker und Sternanis in einem kleinen Topf aufkochen lassen, von der Kochstelle nehmen und Orangenlikör unterrühren. Orangenschalen mit einem Schaumlöffel herausnehmen und auf Küchenpapier abtropfen lassen.
5. Die Form nach dem Backen auf einen Kuchenrost stellen. Den Kuchen mit einem Holzstäbchen mehrmals einstechen und mit der Hälfte des Orangen-Gewürz-Suds tränken. Den Kuchen aus der Form lösen und vorsichtig auf einen mit Backpapier belegten Kuchenrost stürzen. Die Kuchenoberfläche nochmals mit einem Holzstäbchen einstechen und mit dem restlichen Orangen-Gewürz-Sud tränken. Kuchen erkalten lassen.
6. Die abgetropften Orangenschalen in Zucker wälzen. Den Kuchen mit den gezuckerten Orangenschalen und Sternanis garnieren.

Orangen-Gugelhupf

Raffiniert

Kokos-Minz-Kuchen

Zubereitungszeit: 40 Minuten, ohne Abkühl- und Kühlzeit
Backzeit: etwa 60 Minuten

Für den Rührteig:
100 g Pfefferminz-Schokolade
50 g Edelbitter-Schokolade (60 % Kakao)
175 g Butter oder Margarine
175 g Zucker
4 Eier (Größe M)
250 g Weizenmehl
25 g Speisestärke
2 1/2 gestr. TL Dr. Oetker Backin
1 kleine Dose (160 ml) Kokosmilch, cremig
100 g Kokosraspel

Zum Bestreichen und Bestreuen:
100 g Zartbitter-Kuvertüre
200 g weiche Butter
150 g Puderzucker
25 g Kokos-Chips

Insgesamt:
E: 78 g, F: 530 g, Kh: 671 g, kJ: 32546, kcal: 7790

1. Für den Teig die Pfefferminz-Schokolade in kleine Würfel schneiden und kalt stellen. Edelbitter-Schokolade in Stücke brechen, in einem kleinen Topf im Wasserbad schmelzen und etwas abkühlen lassen.
2. Butter oder Margarine mit Handrührgerät mit Rührbesen auf höchster Stufe geschmeidig rühren. Nach und nach Zucker unterrühren. So lange rühren, bis eine gebundene Masse entstanden ist. Den Backofen vorheizen.
3. Eier nach und nach unterrühren (jedes Ei etwa 1/2 Minute). Mehl mit Speisestärke und Backpulver mischen und in 2 Portionen auf mittlerer Stufe unterrühren. Dann Kokosmilch kurz unterrühren.
4. Den Teig halbieren. Unter eine Hälfte die Kokosraspel heben. Den Teig in eine Kastenform (30 x 11 cm, gefettet, gemehlt) geben und verstreichen. Unter den restlichen Teig die aufgelöste Schokolade und die Pfefferminz-Schokostückchen rühren.
5. Den dunklen Teig auf den hellen Teig geben, verstreichen und mit einer Gabel spiralförmig leicht durch die untere Teigschicht ziehen. Die Form auf dem Rost in den vorgeheizten Backofen schieben.
Ober-/Unterhitze: etwa 180 °C
Heißluft: etwa 160 °C
Backzeit: etwa 60 Minuten.
6. Den Kuchen etwa 10 Minuten in der Form stehen lassen, dann aus der Form lösen und auf einem mit Backpapier belegten Kuchenrost erkalten lassen.
7. Zum Bestreichen Kuvertüre grob hacken, in einem Topf im Wasserbad bei schwacher Hitze schmelzen und abkühlen lassen. Butter mit Puderzucker schaumig schlagen und die abgekühlte Kuvertüre unterrühren. Die Masse etwa 30 Minuten kalt stellen.
8. Den Kuchen rundherum mit der Masse bestreichen und mit Kokos-Chips bestreuen.

Tipp: Rühren Sie zusätzlich 2 Esslöffel Kokoslikör unter den hellen Teig. Der Kuchen kann nur mit Schokolade überzogen werden. Dann benötigt man 150 g Edelbitter-Schokolade und 1 Teelöffel Speiseöl.

Kokos-Minz-Kuchen

Preiselbeer-Gugelhupf

Pfirsich-Mandel-Kuchen

Beliebt

Preiselbeer-Gugelhupf

Tassenkuchen (1 Tasse = 200 ml)

Zubereitungszeit: 35 Minuten, ohne Abkühlzeit
Backzeit: etwa 60 Minuten

Zum Vorbereiten:
1 Pck. (100 g) abgezogene, gestiftelte Mandeln

Für den Rührteig:
1 Pck. (250 g) Butter oder Margarine
knapp 1 1/2 Tassen (230 g) Zucker
1 Prise Salz
1 Pck. Dr. Oetker Vanillin-Zucker
4 Eier (Größe M)
4 Tassen (400 g) Weizenmehl
4 gestr. TL Dr. Oetker Backin
1 Glas Wild-Preiselbeeren (Einwaage 400 g)

Für den Guss:
2 EL Zitronensaft
1 Tasse (125 g) Puderzucker

Insgesamt:
E: 96 g, F: 291 g, Kh: 770 g, kJ: 26487, kcal: 6328

1. Zum Vorbereiten Mandeln in einer Pfanne ohne Fett goldbraun rösten und auf einem Teller erkalten lassen. Den Backofen vorheizen.
2. Für den Teig Butter oder Margarine mit Handrührgerät mit Rührbesen auf höchster Stufe geschmeidig rühren. Nach und nach Zucker, Salz und Vanillin-Zucker unterrühren. So lange rühren, bis eine gebundene Masse entstanden ist. Eier nach und nach unterrühren (jedes Ei etwa 1/2 Minute).
3. Mehl und Backpulver mischen und in 2 Portionen auf mittlerer Stufe unterrühren. Preiselbeeren (2 Esslöffel Preiselbeeren für den Guss beiseitestellen) und die gerösteten Mandeln unterrühren. Den Teig in eine Napfkuchenform (Ø 22 cm, gefettet, gemehlt) geben und verstreichen. Die Form auf dem Rost in den vorgeheizten Backofen schieben.
Ober-/Unterhitze: etwa 180 °C
Heißluft: etwa 160 °C
Backzeit: etwa 60 Minuten.
4. Den Gugelhupf etwa 10 Minuten in der Form abkühlen lassen, dann aus der Form lösen und auf einen mit Backpapier belegten Kuchenrost stürzen. Gugelhupf erkalten lassen.
5. Für den Guss die beiseitegestellten Preiselbeeren mit Zitronensaft durch ein Sieb streichen. Aufgefangenes Püree mit Puderzucker verrühren und den Kuchen mit dem Guss bestreichen. Guss fest werden lassen.

Einfach

Pfirsich-Mandel-Kuchen

Zubereitungszeit: 35 Minuten, ohne Abkühlzeit
Backzeit: etwa 50 Minuten

Zum Vorbereiten:
100 g abgezogene, gehackte Mandeln
1 kleine Dose Pfirsichhälften (Abtropfgewicht 250 g)

Für den Schüttelteig:
200 g Butter oder Margarine
200 g Weizenmehl
2 TL gestr. TL Dr. Oetker Backin
150 g Zucker
3 Eier (Größe M)
2 EL Weinbrand
einige Tropfen Bittermandel-Aroma

Zum Bestäuben:
Puderzucker

Insgesamt:
E: 67 g, F: 240 g, Kh: 362 g,
kJ: 17126, kcal: 4092

1. Zum Vorbereiten Mandeln in einer Pfanne ohne Fett goldbraun rösten und auf einem Teller erkalten lassen. Pfirsichhälften in einem Sieb abtropfen lassen und in feine Würfel schneiden. Den Backofen vorheizen.
2. Für den Teig Butter oder Margarine zerlassen und abkühlen lassen. Mehl mit Backpulver mischen und in einer verschließbaren Schüssel (etwa 3 l) gut mit Zucker vermischen. Eier, Butter oder Margarine, Weinbrand und Aroma hinzufügen. Schüssel mit dem Deckel fest verschließen.
3. Schüssel mehrmals (insgesamt 15–30 Sekunden) kräftig schütteln, so dass alle Zutaten gut vermischt sind. Mandeln und Pfirsichwürfel hinzugeben. Alles mit einem Schneebesen oder Rührlöffel nochmals sorgfältig durchrühren, damit trockene Zutaten vom Rand mit untergerührt werden.
4. Den Teig in eine Kastenform (25 x 11 cm, gefettet, gemehlt) füllen und verstreichen. Die Form auf dem Rost in den vorgeheizten Backofen schieben.
Ober-/Unterhitze: etwa 180 °C
Heißluft: etwa 150 °C
Backzeit: etwa 50 Minuten.
5. Den Kuchen etwa 5 Minuten in der Form stehen lassen, dann auf einen mit Backpapier belegten Kuchenrost stürzen und erkalten lassen. Kuchen mit Puderzucker bestäuben.

Raffiniert

Schicht-Sandkuchen

Zubereitungszeit: 45 Minuten, ohne Abkühl- und Kühlzeit
Backzeit: etwa 70 Minuten

Für den Rührteig:
250 g Butter oder Margarine
200 g feinster Zucker
1 Pck. Dr. Oetker Vanillin-Zucker
1 Prise Salz, 4 Eier (Größe M)
125 g Weizenmehl
125 g Speisestärke
1 gestr. TL Dr. Oetker Backin
1 EL Rum
50 g abgezogene, gemahlene Mandeln
1–2 EL Orangenlikör
25 g geriebene Zartbitter-Schokolade
1/2 gestr. EL gesiebtes Kakaopulver
2 TL Zucker, 1 EL Milch
50 g gemahlene Haselnusskerne
1 Msp. gemahlener Zimt
1 EL Rum
30 g klein gehacktes Orangeat
abgeriebene Schale von 1/2 Bio-Orange (unbehandelt, ungewachst)
1 EL Weinbrand

Insgesamt:
E: 62 g, F: 301 g, Kh: 468 g,
kJ: 20703, kcal: 4943

1. Für den Teig Butter zerlassen, abkühlen lassen, in eine Rührschüssel füllen und kalt stellen. Die wieder etwas fest gewordene Butter mit Handrührgerät mit Rührbesen geschmeidig rühren. Nach und nach Zucker, Vanillin-Zucker und Salz unterrühren. So lange rühren, bis eine gebundene Masse entstanden ist. Eier nach und nach unterrühren (jedes Ei etwa 1/2 Minute).
2. Den Backofen vorheizen. Mehl mit Speisestärke und Backpulver mischen und mit Rum in 2 Portionen kurz auf mittlerer Stufe unterrühren. Den Teig in 4 Portionen teilen.
3. Dann unter die erste Teigportion Mandeln und Likör rühren. Die zweite Teigportion mit Schokolade, Kakao, Zucker und Milch verrühren. Die dritte Teigportion mit Haselnusskernen, Zimt und Rum verrühren. Unter die letzte Teigportion Orangeat, Orangenschale und Weinbrand rühren.
4. Anschließend die einzelnen Teigportionen nacheinander in eine Kastenform (25 x 11 cm, gefettet, mit Backpapier ausgelegt) geben, dabei jede Teigschicht glatt verstreichen. Die Form auf dem Rost in den vorgeheizten Backofen schieben.
Ober-/Unterhitze: etwa 180 °C
Heißluft: etwa 160 °C
Backzeit: etwa 70 Minuten.
5. Den Kuchen aus der Form lösen und auf einen Kuchenrost stürzen. Mitgebackenes Backpapier abziehen. Den Kuchen wieder umdrehen und erkalten lassen.

Schicht-Sandkuchen

Schnell zubereitet

Schoko-Kirsch-Napfkuchen

Zubereitungszeit: 20 Minuten, ohne Abkühlzeit
Backzeit: etwa 75 Minuten

Für den All-in-Teig:
1 Glas Sauerkirschen (Abtropfgewicht 350 g)
200 g Weizenmehl
2 Pck. Dr. Oetker Pudding-Pulver Schokoladen-Geschmack
1 Pck. Dr. Oetker Backin
125 g Zucker
1 Pck. Dr. Oetker Bourbon-Vanille-Zucker
5 Eier (Größe M)
150 ml Speiseöl
125 ml (1/8 l) Buttermilch
100 g Raspelschokolade

Zum Bestäuben:
Puderzucker

Insgesamt:
E: 75 g, F: 214 g, Kh: 483 g, kJ: 17385, kcal: 4146

1. Für den Teig Kirschen in einem Sieb gut abtropfen lassen. Den Backofen vorheizen. Mehl mit Pudding-Pulver und Backpulver in einer Rührschüssel mischen. Zucker, Vanille-Zucker, Eier, Speiseöl und Buttermilch hinzufügen. Die Zutaten in etwa 1 Minute mit Handrührgerät mit Rührbesen erst kurz auf niedrigster, dann auf höchster Stufe zu einem glatten Teig verarbeiten.
2. Raspelschokolade und Sauerkirschen vorsichtig unterheben. Den Teig in eine Gugelhupfform (Ø 22 cm, gefettet, gemehlt) füllen und verstreichen. Die Form auf dem Rost in den vorgeheizten Backofen schieben.
Ober-/Unterhitze: etwa 180 °C
Heißluft: etwa 160 °C
Backzeit: etwa 75 Minuten.
3. Den Kuchen nach dem Backen etwa 10 Minuten in der Form stehen lassen, dann aus der Form lösen, auf einen Kuchenrost stürzen und erkalten lassen. Vor dem Servieren den Kuchen mit Puderzucker bestäuben.

Tipp: Den Kuchen mit 100 g geschmolzener Zartbitter-Schokolade überziehen, so dass der Guss in dicken „Nasen" herunterläuft.

Schoko-Kirsch-Napfkuchen

Klassisch

Vollkorn-Gugelhupf

Zubereitungszeit: 35 Minuten, ohne Abkühlzeit
Backzeit: 55–60 Minuten

Für den Rührteig:
250 g Butter oder Margarine
200 g Zucker
1 Pck. Dr. Oetker Vanillin-Zucker
1 Prise Salz
1/2 gestr. TL gemahlener Zimt oder Dr. Oetker Finesse Geriebene Zitronenschale
5 Eier (Größe M)
500 g Vollkorn-Weizenmehl
1 Pck. Dr. Oetker Backin
200 ml Milch

Zum Bestäuben:
Puderzucker

Insgesamt:
E: 100 g, F: 267 g, Kh: 545 g, kJ: 20841, kcal: 4980

1. Den Backofen vorheizen. Für den Teig Butter oder Margarine mit Handrührgerät mit Rührbesen auf höchster Stufe geschmeidig rühren. Zucker, Vanillin-Zucker, Salz und Zimt oder Zitronenschale unterrühren. So lange rühren, bis eine gebundene Masse entstanden ist. Eier nach und nach unterrühren (jedes Ei etwa 1/2 Minute).
2. Mehl mit Backpulver mischen und in 2 Portionen abwechselnd mit der Milch unterrühren. Den Teig in eine Napfkuchenform (Ø 22 cm, gefettet, gemehlt) oder eine Kastenform (30 x 11 cm, gefettet, gemehlt) füllen und verstreichen. Die Form auf dem Rost in den vorgeheizten Backofen schieben.
Ober-/Unterhitze: etwa 180 °C
Heißluft: etwa 160 °C
Backzeit: 55–60 Minuten.
3. Den Kuchen etwa 5 Minuten in der Form stehen lassen, dann auf einen mit Backpapier belegten Kuchenrost stürzen und erkalten lassen.

Vollkorn-Gugelhupf

Süßer Honighupf

Anschließend den Kuchen mit Puderzucker bestäuben.

Tipp: Der weiße Zucker kann zur Hälfte durch braunen Zucker ersetzt werden. Zusätzlich können 100 g getrocknete, entkernte, fein gehackte Pflaumen, Rosinen oder fein gehackte Vollmilch-Schokolade in den Teig gegeben werden. Überziehen Sie den Kuchen mit 1 Päckchen geschmolzener Schoko-Kuchenglasur.

Schnell zubereitet

Süßer Honighupf

Zubereitungszeit: 20 Minuten, ohne Abkühlzeit
Backzeit: etwa 55 Minuten

Für den Rührteig:
200 g Marzipan-Rohmasse
250 g Butter oder Margarine
150 g flüssiger Honig
1 Pck. Dr. Oetker Bourbon-Vanille-Zucker
2 gestr. TL Lebkuchengewürz
5 Eier (Größe M)
250 g Weizenmehl
3 gestr. TL Dr. Oetker Backin

Außerdem:
100 g weiße Schokolade
etwa 3 EL Grümmel-Kandis

Insgesamt:
E: 95 g, F: 347 g, Kh: 489 g,
kJ: 22802, kcal: 5445

1. Den Backofen vorheizen. Für den Teig Marzipan sehr klein schneiden, mit Butter oder Margarine in eine Rührschüssel geben und mit einem Handrührgerät mit Rührbesen geschmeidig rühren. Nach und nach Honig, Bourbon-Vanille-Zucker und Lebkuchengewürz unterrühren, bis eine gebundene Masse entstanden ist. Eier nach und nach unterrühren (jedes Ei etwa 1/2 Minute).
2. Mehl mit Backpulver mischen und in 2 Portionen auf mittlerer Stufe unterrühren. Den Teig in eine Napfkuchenform (Ø 22 cm, gefettet, gemehlt) geben und verstreichen. Die Form auf dem Rost in den vorgeheizten Backofen schieben.
Ober-/Unterhitze: etwa 170 °C
Heißluft: etwa 150 °C
Backzeit: etwa 55 Minuten.
3. Den Kuchen etwa 10 Minuten in der Form auf einem Kuchenrost stehen lassen. Dann den Kuchen auf einen mit Backpapier belegten Kuchenrost stürzen und erkalten lassen.
4. Zum Besprenkeln Schokolade in Stücke brechen und in einen kleinen Gefrierbeutel geben. Den Gefrierbeutel gut verschließen und zum Schmelzen der Schokolade in ein heißes Wasserbad hängen.
5. Den Beutel trocken tupfen und etwas durchkneten. Eine kleine Ecke des Beutels abschneiden und Schokolade über den Kuchen sprenkeln. Zum Schluss Grümmel-Kandis darüberstreuen.

Tipp: Anstelle von Grümmel-Kandis können Sie auch einfach Krokant verwenden.

Zitronen-Mohn-Kuchen

Einfach – beliebt

Zitronen-Mohn-Kuchen

Zubereitungszeit: 30 Minuten, ohne Abkühlzeit
Backzeit: etwa 60 Minuten

Für den Rührteig:
250 g Butter oder Margarine
250 g Zucker
1 Pck. Dr. Oetker Finesse Geriebene Orangenschale
1 Pck. Dr. Oetker Finesse Geriebene Zitronenschale
6 Eier (Größe M)
300 g Weizenmehl
1 gestr. TL Dr. Oetker Backin
je 1 EL Orangen- und Zitronensaft
100 g Mohnsamen
100 g abgezogene, gemahlene Mandeln

Für den Guss:
250 g Puderzucker
2–3 EL Zitronensaft

Insgesamt:
E: 123 g, F: 345 g, Kh: 748 g, kJ: 28531, kcal: 6816

1. Den Backofen vorheizen. Für den Teig Butter oder Margarine mit Handrührgerät mit Rührbesen auf höchster Stufe geschmeidig rühren. Nach und nach Zucker, Orangenschale und Zitronenschale unterrühren. So lange rühren, bis eine gebundene Masse entstanden ist. Eier nach und nach unterrühren (jedes Ei etwa 1/2 Minute).
2. Mehl mit Backpulver mischen und in 2 Portionen abwechselnd mit dem Saft auf mittlerer Stufe kurz unterrühren. Zuletzt Mohn und Mandeln kurz unterrühren. Den Teig in eine Kastenform (30 x 11 cm, gefettet, gemehlt) füllen und verstreichen. Die Form auf dem Rost in den vorgeheizten Backofen schieben.
Ober-/Unterhitze: etwa 180 °C
Heißluft: etwa 160 °C
Backzeit: etwa 60 Minuten.
3. Kuchen etwa 10 Minuten in der Form stehen lassen, dann auf einen mit Backpapier belegten Kuchenrost stürzen. Kuchen erkalten lassen.
4. Für den Guss Puderzucker mit Zitronensaft zu einer dickflüssigen Masse verrühren. Den Guss auf den Kuchen streichen und fest werden lassen.

Klassisch

Sandkuchen

Zubereitungszeit: 30 Minuten, ohne Abkühlzeit
Backzeit: 75–80 Minuten

Für den Rührteig:
250 g Butter oder Margarine
225 g Zucker
1 Pck. Dr. Oetker Vanillin-Zucker
1 Prise Salz
einige Tropfen Zitronen-Aroma
4 Eier (Größe M)
125 g Weizenmehl
125 g Speisestärke
1 gestr. TL Dr. Oetker Backin

Für den Guss:
150 g Zartbitter-Schokolade
1 EL Speiseöl

Insgesamt:
E: 64 g, F: 324 g, Kh: 496 g, kJ: 20352, kcal: 4864

1. Den Backofen vorheizen. Butter oder Margarine in einer Rührschüssel mit Handrührgerät mit Rührbesen geschmeidig rühren. Nach und nach Zucker, Vanillin-Zucker, Salz und Aroma unter Rühren hinzufügen. So lange rühren, bis eine gebundene Masse entstanden ist. Eier nach und nach unterrühren (jedes Ei etwa 1/2 Minute).
2. Mehl mit Speisestärke und Backpulver mischen und in 2 Portionen kurz auf mittlerer Stufe unterrühren. Den Teig in eine Kastenform (25 x 11 cm, gefettet, gemehlt) füllen, verstreichen und die Form auf dem Rost in den vorgeheizten Backofen schieben.
Ober-/Unterhitze: etwa 200 °C
Heißluft: etwa 180 °C
Backzeit: 15–20 Minuten.
3. Nach 15–20 Minuten Backzeit den Kuchen mit einem spitzen Messer der Länge nach in der Mitte etwa 1 cm tief einschneiden, damit er schön aufbricht, und den Kuchen bei niedrigerer Temperatur weiterbacken.

Ober-/Unterhitze: etwa 180 °C
Heißluft: etwa 160 °C
Backzeit: etwa 60 Minuten.

4. Den Kuchen etwa 10 Minuten in der Form stehen lassen, dann aus der Form lösen und auf einem Kuchenrost erkalten lassen.

5. Für den Guss Schokolade grob zerkleinern und mit dem Öl im Wasserbad bei schwacher Hitze unter Rühren schmelzen lassen. Den erkalteten Kuchen damit überziehen und den Guss fest werden lassen.

Beliebt

Schoko-Kokos-Kuchen

Zubereitungszeit: 45 Minuten, ohne Abkühlzeit
Backzeit: etwa 55 Minuten

Für die Eiweißmasse:
4 Eiweiß (Größe M)
200 g Zucker
1/2 Fläschchen Butter-Vanille-Aroma
200 g Kokosraspel

Für den Rührteig:
200 g Butter oder Margarine
200 g Zucker
1 Pck. Dr. Oetker Vanillin-Zucker
1 Prise Salz
4 Eigelb (Größe M)
200 g Weizenmehl
30 g Kakaopulver
2 gestr. TL Dr. Oetker Backin
4 EL (50 ml) Milch

Für den Guss:
50 g weiße Schokolade
50 g Zartbitter-Schokolade

Insgesamt:
E: 78 g, F: 365 g, Kh: 627 g,
kJ: 25462, kcal: 6080

1. Für die Eiweißmasse Eiweiß in einer Rührschüssel mit Handrührgerät mit Rührbesen auf höchster Stufe so steifschlagen, dass ein Messerschnitt sichtbar bleibt. Zucker nach und nach auf höchster Stufe unterschlagen. Aroma und Kokosraspel kurz unterrühren und die Masse gleichmäßig in einer Napfkuchenform (Ø 24 cm, gefettet, gemehlt) verteilen. Den Backofen vorheizen.

2. Für den Teig Butter oder Margarine mit Handrührgerät mit Rührbesen auf höchster Stufe geschmeidig rühren. Nach und nach Zucker, Vanillin-Zucker und Salz unterrühren. So lange rühren, bis eine gebundene Masse entstanden ist. Eigelb nach und nach auf höchster Stufe unterrühren.

3. Mehl mit Kakaopulver und Backpulver mischen und in 2 Portionen abwechselnd mit der Milch auf mittlerer Stufe unterrühren. Teig gleichmäßig auf der Eiweißmasse verteilen. Die Form auf dem Rost in den vorgeheizten Backofen schieben.
Ober-/Unterhitze: etwa 180 °C
Heißluft: etwa 160 °C
Backzeit: etwa 55 Minuten.

4. Den Kuchen noch etwa 10 Minuten in der Form stehen lassen, dann auf einen Kuchenrost stürzen und erkalten lassen.

5. Für den Guss Schokolade grob zerkleinern, getrennt in kleine Gefrierbeutel geben, Beutel gut verschließen und die Schokoladen bei schwacher Hitze im Wasserbad schmelzen lassen. Beutel trockentupfen, etwas durchkneten und jeweils eine kleine Ecke abschneiden. Schokoladen abwechselnd über den Kuchen sprenkeln und fest werden lassen.

Tipp: Der Kuchen lässt sich sehr gut einfrieren. Sie können nach dem Besprenkeln des Kuchens den Guss nach Belieben mit etwas Kokosraspeln bestreuen.

Sandkuchen

Schoko-Kokos-Kuchen

Schnell zubereitet

Saftiges Kakaobrot

Zubereitungszeit: 15 Minuten, ohne Abkühlzeit
Backzeit: etwa 50 Minuten

Für den Schüttelteig:
125 g Butter oder Margarine
150 g Pumpernickel
100 g getrocknete Aprikosen (z. B. Soft-Aprikosen von Seeberger)
50 g Zitronat (Sukkade)
100 g Weizenmehl
30 g Kakaopulver
3 gestr. TL Dr. Oetker Backin
150 g Zucker
1 Pck. Dr. Oetker Bourbon-Vanille-Zucker
4 Eier (Größe M)
50 g Rosinen

Außerdem:
Puderzucker, evtl. Crème fraîche

Insgesamt:
E: 62 g, F: 144 g, Kh: 420 g,
kJ: 13636, kcal: 3255

1. Für den Teig Butter oder Margarine zerlassen und abkühlen lassen. Pumpernickel in Stücke brechen. Pumpernickel, Aprikosen und Zitronat fein hacken und vermischen. Den Backofen vorheizen.
2. Mehl mit Kakaopulver und Backpulver mischen, in eine verschließbare Schüssel (etwa 3 l) geben und mit Zucker und Vanille-Zucker vermischen. Eier, Rosinen, Pumpernickel-Frucht-Mischung und flüssige Butter oder Margarine hinzufügen und die Schüssel mit dem Deckel fest verschließen.
3. Schüssel mehrmals kräftig schütteln (insgesamt 15–30 Sekunden), so dass alle Zutaten gut vermischt sind. Alles mit einem Schneebesen oder Rührlöffel nochmals sorgfältig durchrühren, damit trockene Zutaten vom Rand mit untergerührt werden.
4. Den Teig in eine Kastenform (25 x 11 cm, gefettet, gemehlt) füllen und verstreichen. Die Form auf dem Rost in den vorgeheizten Backofen schieben.
Ober-/Unterhitze: etwa 200 °C
Heißluft: etwa 180 °C
Backzeit: etwa 50 Minuten.
5. Kakaobrot etwa 10 Minuten in der Form stehen lassen, dann auf einen mit Backpapier belegten Kuchenrost stürzen und erkalten lassen. Anschließend das Kakaobrot mit Puderzucker bestäuben und in Scheiben geschnitten evtl. mit Crème fraîche servieren.

Saftiges Kakaobrot

Einfach

Rotweinkuchen

Zubereitungszeit: 20 Minuten
Backzeit: etwa 70 Minuten

Für den Rührteig:
250 g Butter oder Margarine
125 g Zucker
1 Pck. Dr. Oetker Vanillin-Zucker
1 Prise Salz
4 Eier (Größe M)
2 EL Rum
250 g Weizenmehl
3 gestr. TL Kakaopulver
1–2 gestr. TL gemahlener Zimt
3 gestr. TL Dr. Oetker Backin
150 g Raspelschokolade
100 g abgezogene, gehackte Mandeln
125 ml (1/8 l) Rotwein

Insgesamt:
E: 100 g, F: 340 g, Kh: 400 g,
kJ: 21480, kcal: 5120

1. Den Backofen vorheizen. Für den Teig Butter oder Margarine in einer Rührschüssel mit Handrührgerät mit Rührbesen geschmeidig rühren. Nach und nach Zucker, Vanillin-Zucker und Salz unter Rühren hinzufügen. So lange rühren, bis eine gebundene Masse entstanden ist. Eier nach und nach unterrühren (jedes Ei etwa 1/2 Minute). Den Rum hinzufügen und kurz unterrühren.
2. Mehl mit Kakaopulver, Zimt und Backpulver gut vermischen und abwechselnd mit Raspelschokolade, Mandeln und Rotwein auf mittlerer Stufe kurz unterrühren. Den Teig in eine Kastenform (30 x 11 cm, gefettet, gemehlt) füllen und die Form auf dem Rost in den vorgeheizten Backofen schieben.
Ober-/Unterhitze: etwa 180 °C
Heißluft: etwa 160 °C
Backzeit: etwa 70 Minuten.
3. Kuchen etwa 10 Minuten in der Form stehen lassen, dann aus der Form lösen und auf einem Kuchenrost erkalten lassen.

Rotweinkuchen

Omas Nusskuchen

Klassisch – mit Alkohol

Omas Nusskuchen

Zubereitungszeit: 30 Minuten, ohne Abkühlzeit
Backzeit: 60–70 Minuten

Für den Rührteig:
150 g gemahlene Haselnusskerne
100 g gehackte Haselnusskerne
275 g Butter oder Margarine
175 g Zucker
1 Pck. Dr. Oetker Vanillin-Zucker
4 Eier (Größe M)
200 g Weizenmehl
1 gestr. TL Dr. Oetker Backin

Zum Tränken und Aprikotieren:
5 EL Rum
4 EL Aprikosenkonfitüre
3 EL Rum oder Wasser

Für den Guss:
100 g Zartbitter-Schokolade
2 EL Speiseöl

Insgesamt:
E: 86 g, F: 466 g, Kh: 482 g,
kJ: 27836, kcal: 6651

1. Den Backofen vorheizen. Für den Teig beide Sorten Haselnusskerne gleichmäßig auf einem Backblech verteilen. Nusskerne im heißen Backofen leicht rösten, dabei gelegentlich durchrühren, erkalten lassen.
2. Butter oder Margarine mit Handrührgerät mit Rührbesen auf höchster Stufe geschmeidig rühren. Nach und nach Zucker und Vanillin-Zucker unterrühren. So lange rühren, bis eine gebundene Masse entstanden ist. Eier nach und nach unterrühren (jedes Ei etwa 1/2 Minute).
3. Mehl mit Backpulver mischen und auf mittlerer Stufe unterrühren. Die Haselnusskerne ebenfalls kurz unterrühren. Den Teig in eine Kastenform (30 x 11 cm, gefettet, gemehlt) füllen und verstreichen. Die Form auf dem Rost in den vorgeheizten Backofen schieben.

Ober-/Unterhitze: etwa 180 °C
Heißluft: etwa 160 °C
Backzeit: 60–70 Minuten.
4. Den Kuchen aus der Form lösen und auf einen Kuchenrost legen. Den Kuchen mehrmals mit einem Holzstäbchen einstechen und ihn mit Hilfe eines Pinsels von allen Seiten mit Rum bestreichen.
5. Zum Aprikotieren die Konfitüre durch ein Sieb streichen, in einem kleinen Topf mit Rum oder Wasser verrühren und gut aufkochen lassen. Den Kuchen damit bestreichen und erkalten lassen.
6. Für den Guss Schokolade in kleine Stücke brechen und mit dem Speiseöl in einem kleinen Topf im Wasserbad bei schwacher Hitze unter Rühren schmelzen lassen. Den Kuchen damit bestreichen und den Guss fest werden lassen.

Tipp: Wenn Kinder mitessen, können Sie anstelle von Rum Apfelsaft verwenden.

Kleiner Kokos-Marmorkuchen

Hefekuchen mit Trockenpflaumen

Zum Verschenken

Kleiner Kokos-Marmorkuchen

Zubereitungszeit: 40 Minuten, ohne Abkühlzeit
Backzeit: etwa 50 Minuten

Für den Rührteig:
150 g Butter oder Margarine
75 g Zucker
1 Pck. Dr. Oetker Vanillin-Zucker
3 Eier (Größe M)
180 g Weizenmehl
1 gestr. TL Dr. Oetker Backin
4 EL Eierlikör
1 kleine Dose Mandarinen (Abtropfgewicht 175 g)
1 gestr. EL Kakaopulver
1 EL Kokosraspel

Für den Guss und zum Bestreuen:
100 g Zartbitter-Kuvertüre
1 EL Speiseöl, 2 EL Kokosraspel

Insgesamt:
E: 53 g, F: 225 g, Kh: 305 g,
kJ: 14723, kcal: 3517

1. Für den Teig Butter oder Margarine mit Handrührgerät mit Rührbesen auf höchster Stufe geschmeidig rühren. Nach und nach Zucker und Vanillin-Zucker unterrühren. So lange rühren, bis eine gebundene Masse entstanden ist. Den Backofen vorheizen.
2. Eier nach und nach unterrühren (jedes Ei etwa 1/2 Minute). Mehl mit Backpulver mischen und abwechselnd mit der Hälfte des Eierlikörs auf mittlerer Stufe unterrühren.
3. Mandarinen in einem Sieb gut abtropfen lassen, unter die Hälfte des Teiges heben. Mandarinenteig mit Hilfe von 2 Löffeln in eine Napfkuchenform (Ø 16 cm, gefettet, gemehlt) füllen. Kakao mit Kokosraspeln vermengen, mit dem restlichen Eierlikör verrühren. Dunklen Teig auf dem hellen Teig verteilen.
4. Den dunklen Teig mit einer Gabel spiralförmig durch den hellen Teig ziehen. Die Form auf dem Rost in den vorgeheizten Backofen schieben.
Ober-/Unterhitze: etwa 180 °C
Heißluft: etwa 160 °C
Backzeit: etwa 50 Minuten.
5. Den Kuchen etwa 10 Minuten in der Form stehen lassen, dann auf einen Kuchenrost stürzen und erkalten lassen.
6. Für den Guss die Kuvertüre in Stücke hacken und mit Öl in einem kleinen Topf im Wasserbad unter Rühren schmelzen lassen. Den Kuchen damit überziehen und mit Kokosraspeln bestreuen.

Einfach

Hefekuchen mit Trockenpflaumen

Zubereitungszeit: 35 Minuten, ohne Abkühl- und Teiggehzeit
Backzeit: etwa 40 Minuten

Zum Vorbereiten:
100 g Trockenpflaumen ohne Stein

Für den Schüttelteig:
100 g Butter oder Margarine
350 g Weizenmehl (Type 550)
1 Pck. Dr. Oetker Trockenbackhefe
70 g Zucker, 1 Prise Salz
1 Ei (Größe M)
1 TL Honig
2–3 Tropfen Butter-Vanille-Aroma
125 ml (1/8 l) warmes Wasser
250 ml (1/4 l) warme Milch

Zum Bestäuben:
Puderzucker

Insgesamt:
E: 59 g, F: 102 g, Kh: 411 g,
kJ: 12282, kcal: 2935

1. Zum Vorbereiten die Pflaumen in Würfel oder Streifen schneiden.
2. Für den Teig Butter oder Margarine zerlassen und abkühlen lassen. Mehl in eine verschließbare Schüssel (etwa 3 l) geben und mit Hefe, Zucker und Salz mischen. Ei, Butter oder Margarine, Honig, Aroma, Wasser und Milch hinzufügen und die Schüssel mit dem Deckel fest verschließen.
3. Schüssel mehrmals (insgesamt 15–30 Sekunden) kräftig schütteln, so dass alle Zutaten gut vermischt sind, dann Pflaumenstücke hinzugeben. Alles mit einem Schneebesen oder Rührlöffel nochmals sorgfältig durchrühren, damit trockene Zutaten vom Rand mit untergerührt werden. Den Teig zugedeckt etwa 15 Minuten an einem warmen Ort stehen lassen.
4. Den Backofen vorheizen. Den Teig in eine Kastenform (25 x 11 cm,

gefettet, gemehlt) füllen. Nochmals so lange an einem warmen Ort gehen lassen, bis er sich sichtbar vergrößert hat. Form auf dem Rost in den vorgeheizten Backofen schieben.
Ober-/Unterhitze: etwa 180 °C
Heißluft: etwa 160 °C
Backzeit: etwa 40 Minuten.
5. Den Kuchen etwa 10 Minuten in der Form stehen lassen, dann auf einen mit Backpapier belegten Kuchenrost stürzen und erkalten lassen. Kuchen mit Puderzucker bestäuben.

Abwandlung mit Hefe und Backpulver: Zusätzlich 1 gestrichenen Teelöffel Backpulver unter das Mehl mischen. Den Teig dann nicht mehr in der Form gehen lassen, sondern die Form sofort auf dem Rost in den Backofen schieben und bei im Rezept angegebener Backofeneinstellung 40–45 Minuten backen.

Getränkter Schoko-Gewürzkuchen

Klassisch

Getränkter Schoko-Gewürzkuchen

Tassenkuchen (1 Tasse = 200 ml)

Zubereitungszeit: 15 Minuten, ohne Abkühlzeit
Backzeit: 50–55 Minuten

Für den Schüttelteig:
1/2 Pck. (125 g) Butter
2 Tassen (300 g) Weizenmehl
4 gestr. EL Kakaopulver
3 gestr. TL Dr. Oetker Backin
1 Tasse (200 g) Zucker
1 Pck. Dr. Oetker Vanillin-Zucker
2 gestr. TL Lebkuchengewürz
4 Eier (Größe M)
1 1/2 Tassen (300 g) Schlagsahne

Für den Sirup:
1 Tasse (200 ml) Wasser
1/2 Tasse (100 g) Zucker
1 Pck. Dr. Oetker Finesse Geriebene Orangenschale

Zum Bestäuben:
Puderzucker

Insgesamt:
E: 73 g, F: 236 g, Kh: 554 g, kJ: 19363, kcal: 4623

1. Für den Teig Butter zerlassen und abkühlen lassen. Den Backofen vorheizen. Mehl mit Kakaopulver und Backpulver in einer verschließbaren Schüssel (etwa 3 l) mischen und mit Zucker, Vanillin-Zucker und Lebkuchengewürz mischen. Eier, Sahne und flüssige Butter hinzufügen und die Schüssel mit dem Deckel fest verschließen.
2. Schüssel mehrmals kräftig schütteln (insgesamt 15–30 Sekunden), so dass alle Zutaten gut vermischt sind. Alles mit einem Schneebesen oder Rührlöffel nochmals sorgfältig durchrühren, damit trockene Zutaten vom Rand mit untergerührt werden.
3. Den Teig in eine Napfkuchenform (Ø 22 cm, gefettet, gemehlt) füllen und die Form auf dem Rost in den vorgeheizten Backofen schieben.
Ober-/Unterhitze: etwa 180 °C
Heißluft: etwa 160 °C
Backzeit: 50–55 Minuten.
4. Den Kuchen nach dem Backen etwa 10 Minuten in der Form stehen lassen. Inzwischen für den Sirup Wasser, Zucker und Orangenschale in einen Topf geben und unter gelegentlichem Rühren etwa 5 Minuten sprudelnd kochen lassen.
5. Den heißen Kuchen in der Form dicht an dicht mit einem Holzstäbchen einstechen und mit dem Sirup beträufeln. Wenn die gesamte Flüssigkeit aufgesogen ist, den Kuchen vorsichtig auf eine Platte stürzen und erkalten lassen.
6. Vor dem Servieren den Gewürzkuchen mit Puderzucker bestäuben.

Fruchtig – Becherkuchen

Erdbeer-Kastenkuchen

Zubereitungszeit: 50 Minuten, ohne Kühl- und Abkühlzeit
Backzeit: etwa 55 Minuten

Zum Vorbereiten:
2 Becher (je 150 g) Erdbeerjoghurt

Für den Rührteig:
1/2 Pck. (125 g) Butter oder Margarine
1/2 Becher (75 g) Zucker
1 TL Dr. Oetker Finesse Geriebene Zitronenschale
1/2 Becher (150 g) Erdbeerkonfitüre
3 Eier (Größe M)
3 Becher (330 g) Weizenmehl
3 gestr. TL Dr. Oetker Backin
einige Tropfen rote Speisefarbe

Für die Füllung:
1 Becher (250 g) Mascarpone (ital. Frischkäse)
1 Pck. Dr. Oetker Sahnesteif
1 EL Puderzucker

Zum Beträufeln:
1 EL Erdbeerkonfitüre

Insgesamt:
E: 83 g, F: 242 g, Kh: 493 g,
kJ: 19438, kcal: 4645

1. Zum Vorbereiten Joghurt in eine Rührschüssel geben und zugedeckt kalt stellen. Einen der Joghurtbecher auswaschen, abtrocknen und zum Abmessen verwenden. Den Backofen vorheizen.
2. Für den Teig Butter oder Margarine mit Handrührgerät mit Rührbesen auf höchster Stufe geschmeidig rühren. Nach und nach Zucker, Zitronenschale und Konfitüre unterrühren. So lange rühren, bis eine gebundene Masse entstanden ist.
3. Eier nach und nach unterrühren (jedes Ei etwa 1/2 Minute). Mehl und Backpulver mischen und in 2 Portionen auf mittlerer Stufe kurz unterrühren. Zuletzt etwas Speisefarbe unterrühren.
4. Dann den Teig in eine Kastenform (25 x 11 cm, gefettet, mit Backpapier ausgelegt) füllen und glattstreichen. Die Form auf dem Rost in den vorgeheizten Backofen schieben.
Ober-/Unterhitze: etwa 180 °C
Heißluft: etwa 160 °C
Backzeit: etwa 55 Minuten.
5. Den Kuchen etwa 10 Minuten in der Form abkühlen lassen, dann aus der Form stürzen. Kuchen auf einem Kuchenrost erkalten lassen. Anschließend mitgebackenes Backpapier entfernen und den Kuchen wieder umdrehen.
6. Die Kuchenkruste an der Oberfläche gerade schneiden, dann der Länge nach einen Keil (etwa 3 cm tief) aus dem Kuchen schneiden.
7. Für die Füllung Mascarpone mit Sahnesteif, Puderzucker und dem kalt gestellten Joghurt mit Handrührgerät mit Rührbesen geschmeidig rühren.
8. Zwei Drittel der Creme in den Kuchen füllen und glattstreichen. Den ausgeschnittenen Keil mit der Kruste nach unten auf die Füllung legen und den Keil mit der restlichen Füllung bestreichen.
9. Zum Beträufeln Konfitüre in einem kleinen Topf aufkochen lassen und durch ein Sieb streichen. Die Konfitüre in einen kleinen Gefrierbeutel füllen und eine kleine Ecke abschneiden. Den Kuchen mit der Konfitüre beträufeln. Kuchen etwa 1 Stunde kalt stellen.

Erdbeer-Kastenkuchen

Raffiniert – zum Verschenken

Dracula-Gugelhupf

Zubereitungszeit: 45 Minuten, ohne Abkühlzeit
Backzeit: etwa 70 Minuten

Für den Rührteig:
1 Dose Ananasraspel (Abtropfgewicht 265 g)
50 g Johannisbeergelee
200 g Marzipan-Rohmasse
350 g Butter oder Margarine
300 g Zucker
1 Pck. Dr. Oetker Vanillin-Zucker
1 Prise Salz
6 Eier (Größe M)
600 g Weizenmehl
4 gestr. TL Dr. Oetker Backin

Zum Tränken:
100 g Johannisbeergelee

Für den Guss:
150 g Puderzucker
etwa 75 g Johannisbeergelee
1 TL Wasser

Insgesamt:
E: 134 g, F: 409 g, Kh: 1156 g,
kJ: 36995, kcal: 8834

Dracula-Gugelhupf

1. Für den Teig Ananasraspel in einem Sieb gut abtropfen lassen. Anschließend die Ananasraspel mit 50 g Johannisbeergelee in einem Topf verrühren, etwa 5 Minuten bei mittlerer Hitze leicht köcheln und abkühlen lassen. Den Backofen vorheizen.
2. Marzipan sehr klein schneiden, in eine Rührschüssel geben und mit Handrührgerät mit Rührbesen gut verrühren. Butter oder Margarine hinzufügen und alles auf höchster Stufe zu einer geschmeidigen Masse verrühren. Nach und nach Zucker, Vanillin-Zucker und Salz unterrühren. So lange rühren, bis eine gebundene Masse entstanden ist. Eier nach und nach unterrühren (jedes Ei etwa 1/2 Minute).
3. Mehl mit Backpulver mischen und in 2 Portionen auf mittlerer Stufe kurz unterrühren. Abgekühlte Ananasraspel vorsichtig auf niedrigster Stufe unter den Teig rühren. Teig in eine Napfkuchenform (Ø 24 cm, gefettet, gemehlt) füllen und glattstreichen. Die Form auf dem Rost in den vorgeheizten Backofen schieben.
Ober-/Unterhitze: etwa 180 °C (unteres Drittel)
Heißluft: etwa 160 °C
Backzeit: etwa 70 Minuten.
4. Den Kuchen etwa 10 Minuten in der Form stehen lassen, dann auf einen Kuchenrost stürzen und erkalten lassen.
5. Anschließend mit dem Stielende des Rührbesens (vom Handrührgerät) oder einer dicken Stricknadel mehrmals den Kuchen von oben so einstechen, dass die Löcher nach oben „weiter" werden, aber nicht bis unten durchstechen!
6. Zum Tränken 100 g Johannisbeergelee in einem Topf aufkochen lassen und vorsichtig mit einem Teelöffel, einem kleinen Trichter oder einer Einwegspritze in die vorbereiteten Löcher hineingeben.
7. Für den Guss Puderzucker in eine Rührschüssel sieben, Johannisbeergelee mit Wasser in einem Topf kurz aufkochen lassen, unter den Puderzucker rühren und sofort mit einem Löffel auf den Kuchen geben, so dass der rote Johannisbeerguss in dicken „Nasen" herunterläuft. Guss fest werden lassen.

Tipp: Verwenden Sie für den Kuchen ein Johannisbeergelee mit einer kräftig roten Farbe. Sollten Sie keins bekommen, können Sie ansonsten mit ein paar Tropfen roter Speisefarbe nachhelfen.

Raffiniert – mit Alkohol

Eierlikörkuchen mit Schokokern

Zubereitungszeit: 15 Minuten
Backzeit: etwa 60 Minuten

Für den Schüttelteig:
200 g Weizenmehl
4 gestr. TL Dr. Oetker Backin
70 g Hartweizengrieß
170 g Zucker
1 Pck. Dr. Oetker Vanillin-Zucker
5 Eier (Größe M)
200 ml Speiseöl, 200 ml Eierlikör
30 g Schokostreusel
1 gestr. EL Kakaopulver

Insgesamt:
E: 74 g, F: 255 g, Kh: 450 g,
kJ: 19012, kcal: 4539

1. Für den Teig Mehl mit Backpulver mischen, in eine verschließbare Schüssel (etwa 3 l) geben und mit Grieß, Zucker und Vanillin-Zucker mischen. Eier, Öl und Eierlikör hinzufügen und die Schüssel mit dem Deckel fest verschließen.
2. Die Schüssel mehrmals kräftig schütteln (insgesamt 15–30 Sekunden), so dass alle Zutaten gut vermischt sind. Alles mit einem Schneebesen oder Rührlöffel nochmals sorgfältig durchrühren, damit trockene Zutaten vom Rand mit untergerührt werden.
3. Zwei Drittel des Teiges in eine Kastenform (25 x 11 cm, gefettet, gemehlt) füllen. Schokostreusel mit Kakao mischen, zum restlichen Teig geben, mit dem Schneebesen oder Rührlöffel verrühren. Den dunklen Teig als langen Streifen auf die Mitte des hellen Teiges geben. Die Form auf dem Rost in den Backofen schieben.
Ober-/Unterhitze: etwa 180 °C
Heißluft: etwa 160 °C
Backzeit: etwa 60 Minuten.
4. Den Kuchen etwa 10 Minuten in der Form stehen lassen, dann aus der Form auf einen Kuchenrost stürzen und erkalten lassen.

Raffiniert

Amerikanischer Kaffeekuchen

Zubereitungszeit: 30 Minuten, ohne Abkühlzeit
Backzeit: etwa 50 Minuten

Für den Rührteig:
250 g Butter oder Margarine
150 g brauner Zucker (Kandisfarin)
1 Pck. Dr. Oetker Vanillin-Zucker
1 Prise Salz
3 Eier (Größe M)
400 g Weizenmehl
2 gestr. TL Dr. Oetker Backin
150 g saure Sahne

Für die Füllung:
125 g brauner Zucker
150 g gemahlene Paranusskerne
125 ml (1/8 l) starker Kaffee

Zum Garnieren:
200 g Schokoladenglasur
einige Paranusskerne
einige Mokkabohnen

Insgesamt:
E: 92 g, F: 343 g, Kh: 590 g,
kJ: 25139, kcal: 6006

1. Den Backofen vorheizen. Für den Teig Butter oder Margarine mit Handrührgerät mit Rührbesen auf höchster Stufe geschmeidig rühren. Nach und nach braunen Zucker, Vanillin-Zucker und Salz unterrühren. So lange rühren, bis eine gebundene Masse entstanden ist.
2. Eier nach und nach unterrühren (jedes Ei etwa 1/2 Minute). Mehl mit Backpulver mischen und in 2 Portionen auf mittlerer Stufe kurz unterrühren. Zuletzt saure Sahne kurz unterrühren.

3. Für die Füllung braunen Zucker mit Paranusskernen und Kaffee verrühren. Ein Drittel des Teiges in eine Kastenform (30 x 11 cm, gefettet, mit Backpapier ausgelegt) füllen. Füllung und Rest des Teiges abwechselnd einfüllen. Die oberste Schicht soll Teig sein.
4. Eine Gabel etwas durch die oberste Teigschicht ziehen und die Form auf dem Rost in den vorgeheizten Backofen schieben.
Ober-/Unterhitze: etwa 180 °C
Heißluft: etwa 160 °C
Backzeit: etwa 50 Minuten.
5. Den Kuchen aus der Form lösen und das Backpapier entfernen. Kuchen auf einem Kuchenrost erkalten lassen. Schokoladenglasur auflösen und den Kuchen damit überziehen (2 Teelöffel zum Verzieren zurücklassen). Einige Paranusskerne halb in die restliche Glasur tauchen und auf den Kuchen legen. Mokkabohnen auf den feuchten Guss legen oder mit etwas Glasur auf den Kuchen kleben.

Tipp: Der Kuchen ist ohne Guss gefriergeeignet. Er bleibt aber auch in Alufolie verpackt 4–5 Tage saftig.

Fruchtig

Saftiger Apfel-Mandel-Kuchen

Zubereitungszeit: 45 Minuten, ohne Abkühlzeit
Backzeit: etwa 60 Minuten

Für den Rührteig:
100 g abgezogene, gehobelte Mandeln
300 g Äpfel (z. B. Elstar, Braeburn)
150 g Butter oder Margarine
225 g Zucker
1 Pck. Dr. Oetker Vanillin-Zucker
1 Prise Salz, 1 Pck. Dr. Oetker Finesse Amaretto-Bittermandel-Aroma
4 Eier (Größe M)
300 g Weizenmehl
3 gestr. TL Dr. Oetker Backin

Außerdem:
200 g Aprikosenkonfitüre
1 EL Wasser
75 g Puderzucker
2–3 TL Apfelsaft

Insgesamt:
E: 82 g, F: 212 g, Kh: 695 g,
kJ: 21004, kcal: 5017

1. Für den Teig Mandeln in einer beschichteten Pfanne ohne Fett goldgelb rösten und auf einem Teller erkalten lassen, 25 g davon zum Garnieren beiseitestellen. Äpfel waschen, vierteln, schälen, entkernen und in kleine Stückchen schneiden. Den Backofen vorheizen.
2. Butter oder Margarine in einer Rührschüssel mit Handrührgerät mit Rührbesen geschmeidig rühren. Nach und nach Zucker, Vanillin-Zucker, Salz und Aroma unterrühren. So lange rühren, bis eine gebundene Masse entstanden ist.
3. Eier nach und nach unterrühren (jedes Ei etwa 1/2 Minute). Mehl mit Backpulver mischen und in 2 Portionen auf mittlerer Stufe unterrühren. Zuletzt Äpfel und Mandeln unterheben.
4. Den Teig in eine Napfkuchenform (Ø 22 cm, gefettet, gemehlt) geben und verstreichen. Die Form auf dem Rost in den Backofen schieben.
Ober-/Unterhitze: etwa 180 °C
Heißluft: etwa 160 °C
Backzeit: etwa 60 Minuten.
5. Kuchen noch etwa 10 Minuten in der Form stehen lassen, dann auf einen Kuchenrost stürzen und erkalten lassen.
6. Aprikosenkonfitüre durch ein Sieb streichen und mit Wasser in einem kleinen Topf gut aufkochen lassen. Den Kuchen mit Hilfe eines Backpinsels damit bestreichen. Puderzucker nach und nach mit nur so viel Saft verrühren, dass ein dickflüssiger Guss entsteht.
7. Danach den Guss in einen kleinen Gefrierbeutel geben, eine kleine Ecke abschneiden und über den Kuchen sprenkeln. Beiseitegestellte gehobelte Mandeln aufstreuen und den Guss fest werden lassen.

Tipp: Sie können den Guss statt mit Apfelsaft auch mit Wasser zubereiten. Der Kuchen lässt sich sehr gut einfrieren.

Saftiger Apfel-Mandel-Kuchen

Schnell zubereitet

Schoko-Bananen-Kuchen

Zubereitungszeit: 20 Minuten, ohne Abkühlzeit
Backzeit: etwa 50 Minuten

Für den Schüttelteig:
100 g Edelbitter-Schokolade (60 % Kakao)
170 g Butter oder Margarine
2 feste Bananen, 270 g Weizenmehl
3 gestr. TL Dr. Oetker Backin
150 g Zucker
1 Pck. Dr. Oetker Vanillin-Zucker
4 Eier (Größe M)
150 ml Bananen-Fruchtsaftgetränk

Für den Belag:
50 g Vollmilch-Schokolade

Insgesamt:
E: 73 g, F: 225 g, Kh: 482 g,
kJ: 17759, kcal: 4241

1. Für den Teig Schokolade in Stücke brechen, mit der Butter in einen Topf geben bei schwacher Hitze unter Rühren zerlassen, anschließend abkühlen lassen. Bananen schälen und in feine Würfel schneiden. Den Backofen vorheizen.
2. Mehl mit Backpulver in eine verschließbare Schüssel (etwa 3 l) geben und mit Zucker und Vanillin-Zucker gut vermischen. Eier, Bananen-Fruchtsaftgetränk, Bananenwürfel und Butter-Schoko-Masse hinzufügen und die Schüssel mit dem Deckel fest verschließen.
3. Schüssel mehrmals kräftig schütteln (insgesamt 15–30 Sekunden), so dass alle Zutaten gut vermischt sind. Alles mit einem Schneebesen oder Rührlöffel nochmals sorgfältig durchrühren, damit trockene Zutaten vom Rand mit untergerührt werden.
4. Den Teig in eine Kastenform (30 x 11 cm, gefettet, gemehlt) füllen und die Form auf dem Rost in den vorgeheizten Backofen schieben.
Ober-/Unterhitze: etwa 180 °C
Heißluft: etwa 160 °C
Backzeit: etwa 50 Minuten.
5. Für den Belag Schokolade fein hacken. Kuchen nach dem Backen etwa 10 Minuten in der Form stehen lassen, dann auf einen Kuchenrost stürzen. Schokolade auf den warmen Kuchen streuen, leicht andrücken und den Kuchen erkalten lassen.

Schoko-Bananen-Kuchen

Zum Verschenken

Walnuss-Trauben-Kuchen

Zubereitungszeit: 60 Minuten, ohne Abkühlzeit
Backzeit: etwa 65 Minuten

Für den Rührteig:
175 g Walnusskernhälften
300 g kernlose grüne Weintrauben
200 g Butter oder Margarine
200 g Zucker
1 Pck. Dr. Oetker Vanillin-Zucker
1 Prise Salz, 5 Eier (Größe M)
500 g Weizenmehl
1 Pck. Dr. Oetker Backin
3 EL Milch
1 Becher (150 g) Crème fraîche

Für die Form:
einige Walnusskernhälften

Insgesamt:
E: 128 g, F: 383 g, Kh: 647 g,
kJ: 27286, kcal: 6522

1. Für den Teig Walnusskerne grob hacken, in einer beschichteten Pfanne ohne Fett rösten und auf einem Teller erkalten lassen. Weintrauben waschen, abtropfen lassen, entstielen und mit Küchenpapier trocken tupfen. Den Backofen vorheizen.
2. Butter oder Margarine in einer Rührschüssel mit Handrührgerät mit Rührbesen geschmeidig rühren. Nach und nach Zucker, Vanillin-Zucker und Salz unterrühren. So lange rühren, bis eine gebundene Masse entstanden ist.
3. Eier nach und nach unterrühren (jedes Ei etwa 1/2 Minute). Mehl mit Backpulver gut vermischen und in 2 Portionen abwechselnd mit der Milch auf mittlerer Stufe unterrühren. Crème fraîche ebenfalls kurz unterrühren. Zuletzt Walnusskerne und Trauben unterheben.
4. In jede Vertiefung einer Napfkuchenform (Ø 24 cm, gefettet, gemehlt) eine Walnusskernhälfte

Walnuss-Trauben-Kuchen

Cranberry-Macadamia-Kuchen

legen. Teig vorsichtig daraufgeben und verstreichen. Die Form auf dem Rost in den vorgeheizten Backofen schieben.
Ober-/Unterhitze: etwa 180 °C
Heißluft: etwa 160 °C
Backzeit: etwa 65 Minuten.
5. Kuchen noch etwa 10 Minuten in der Form stehen lassen, dann auf einen mit Backpapier belegten Kuchenrost stürzen und erkalten lassen.

Zum Verschenken

Cranberry-Macadamia-Kuchen

Zubereitungszeit: 45 Minuten, ohne Abkühlzeit
Backzeit: 45–55 Minuten

Zum Vorbereiten:
125 g Cranberries
4 EL Orangensaft
100 g geröstete, gesalzene Macadamia-Nusskerne
2 Pck. Dr. Oetker Vanillin-Zucker
2 gestr. TL Dr. Oetker Finesse Geriebene Orangenschale
30 g zarte Haferflocken

Für den Rührteig:
150 g Butter oder Margarine
170 g Zucker
1 Pck. Dr. Oetker Vanillin-Zucker
3 Eier (Größe M)
170 g Weizenmehl
1–2 gestr. TL gemahlener Zimt
2 gestr. TL Dr. Oetker Backin

Zum Bestäuben:
Puderzucker

Insgesamt:
E: 53 g, F: 227 g, Kh: 452 g,
kJ: 16998, kcal: 4051

1. Zum Vorbereiten Cranberries in Orangensaft einweichen. Nusskerne fein hacken. Eingeweichte Cranberries mit dem Orangensaft, Vanillin-Zucker, Orangenschale, Haferflocken und Nusskernen (1–2 Esslöffel zum Ausstreuen der Form beiseitelegen) mischen. Den Backofen vorheizen.
2. Für den Teig Butter oder Margarine mit Handrührgerät mit Rührbesen auf höchster Stufe geschmeidig rühren. Nach und nach Zucker und Vanillin-Zucker unterrühren, bis eine gebundene Masse entstanden ist. Eier nach und nach unterrühren (jedes Ei etwa 1/2 Minute).
3. Mehl mit Zimt und Backpulver mischen und in 2 Portionen kurz auf mittlerer Stufe unterrühren. Die vorbereitete Cranberry-Mischung unterrühren. Den Teig in eine Napfkuchenform (Ø 22 cm, gefettet, mit den beiseitegelegten Nusskernen ausgestreut) geben und glattstreichen. Die Form auf dem Rost in den vorgeheizten Backofen schieben.
Ober-/Unterhitze: etwa 180 °C
Heißluft: etwa 160 °C
Backzeit: 45–55 Minuten.
4. Den Kuchen etwa 10 Minuten in der Form auf einem Kuchenrost stehen lassen, dann auf den Kuchenrost stürzen. Kuchen erkalten lassen und mit Puderzucker bestäuben.

Tipp: Die Cranberries können durch getrocknete Kirschen ersetzt werden.

Gut vorzubereiten

Schokoladen-Nuss-Kuchen

Zubereitungszeit: 30 Minuten, ohne Abkühlzeit
Backzeit: 55–60 Minuten

Für den Rührteig:
250 g Butter oder Margarine
225 g Zucker
1 Pck. Dr. Oetker Vanillin-Zucker
5 Eier (Größe M)
180 g Weizenmehl
1 Pck. Dr. Oetker Pudding-Pulver Schokoladen-Geschmack
1 gestr. EL Kakaopulver
3 gestr. TL Dr. Oetker Backin
125 ml (1/8 l) Buttermilch
100 g grob gehackte Walnusskerne
100 g geraspelte oder grob gemahlene Haselnusskerne
50 g Kokosraspel

Für den Guss:
150 g Zartbitter-Kuvertüre

Zum Garnieren:
4 EL Kokos-Chips

Insgesamt:
E: 104 g, F: 491 g, Kh: 514 g, kJ: 28836, kcal: 6900

1. Den Backofen vorheizen. Für den Teig Butter oder Margarine mit Handrührgerät mit Rührbesen auf höchster Stufe geschmeidig rühren. Nach und nach Zucker und Vanillin-Zucker unterrühren. So lange rühren, bis eine gebundene Masse entstanden ist. Eier nach und nach unterrühren (jedes Ei etwa 1/2 Minute).
2. Mehl mit Pudding-Pulver, Kakaopulver und Backpulver mischen und in 2 Portionen abwechselnd mit der Buttermilch auf mittlerer Stufe kurz unterrühren. Beide Nusssorten und Kokosraspel unterheben. Den Teig in eine Kastenform (30 x 11 cm, gefettet, gemehlt) füllen und verstreichen. Anschließend die Form auf dem Rost in den vorgeheizten Backofen schieben.
Ober-/Unterhitze: etwa 180 °C
Heißluft: etwa 160 °C
Backzeit: 55–60 Minuten.
3. Kuchen etwa 10 Minuten in der Form stehen lassen, dann vorsichtig aus der Form lösen und auf einem Kuchenrost erkalten lassen.
4. Für den Guss Kuvertüre grob zerkleinern und in einem kleinen Topf im Wasserbad bei schwacher Hitze unter Rühren schmelzen lassen. Den Kuchen damit bestreichen und von allen Seiten mit Kokos-Chips bestreuen. Den Guss fest werden lassen.

Tipp: Gut in Alufolie verpackt ist der Kuchen etwa 1 Woche haltbar. Er schmeckt besonders fein, wenn Sie ihn sofort nach dem Backen mit 75 ml Weinbrand oder Rum tränken.

Abwandlung: Anstelle der Kokosraspel können Sie auch dieselbe Menge grob gehackte Pekannuss-, Paranuss-, Cashew- oder Macadamia-Nusskerne (ungesalzen) verwenden.

Schokoladen-Nuss-Kuchen

Gut vorzubereiten

Whisky-Früchtekuchen

Zubereitungszeit: 60 Minuten, ohne Durchziehzeit
Backzeit: etwa 100 Minuten

Zum Vorbereiten:
500 g gemischte getrocknete Früchte (z. B. Birnen, Feigen, Rosinen, Datteln, Aprikosen)
250 g gemischte, kandierte Früchte (z. B. Kirschen rot und grün, Orangen, Ingwer, Ananas, Zitronat)
225 ml Whisky

Für den Rührteig:
225 g Butter oder Margarine
250 g brauner Zucker (Kandisfarin)
2 Pck. Dr. Oetker Bourbon-Vanille-Zucker
6 Eier (Größe M)
350 g Weizenmehl
3 gestr. TL Dr. Oetker Backin
100 g fein gehackte Pekannusskerne
100 g ganze Pekannusskerne
100 g abgezogene, gemahlene Mandeln

Insgesamt:
E: 128 g, F: 422 g, Kh: 947 g,
kJ: 37949, kcal: 9052

1. Zum Vorbereiten alle Früchte klein schneiden, mit Whisky übergießen und zugedeckt über Nacht durchziehen lassen.
2. Den Backofen vorheizen. Für den Teig Butter oder Margarine in einer großen Rührschüssel mit Handrührgerät mit Rührbesen auf höchster Stufe geschmeidig rühren. Nach und nach Zucker und Vanille-Zucker unterrühren. So lange rühren, bis eine gebundene Masse entstanden ist.
3. Eier nach und nach unterrühren (je Ei etwa 1/2 Minute). Mehl mit Backpulver gut vermischen und in 2 Portionen auf mittlerer Stufe unterrühren. Die vorbereiteten Früchte, gehackte und ganze Pekannusskerne und Mandeln kurz unterrühren.
4. Den Teig in eine Napfkuchenform (Ø 24 cm, gefettet, gemehlt) füllen. Die Form auf dem Rost in den Backofen schieben.
Ober-/Unterhitze: etwa 160 °C
Heißluft: etwa 140 °C
Backzeit: etwa 100 Minuten.
5. Den Kuchen nach etwa 60 Minuten Backzeit mit Backpapier zudecken, damit er nicht zu stark bräunt.
Den Kuchen nach dem Backen etwa 10 Minuten in der Form stehen lassen, auf einen mit Backpapier belegten Kuchenrost stürzen und erkalten lassen.

Whisky-Früchtekuchen

Klassisch – gut vorzubereiten

Mandelkuchen mit Schokolade

Zubereitungszeit: 35 Minuten
Backzeit: 65–70 Minuten

Für den Rührteig:
150 g Zartbitter-Schokolade
250 g Butter oder Margarine
200 g Zucker
1 Pck. Dr. Oetker Vanillin-Zucker
1 Prise Salz
3 Tropfen Bittermandel-Aroma
5 Eier (Größe M)
200 g Weizenmehl, 50 g Speisestärke
1 gestr. TL Dr. Oetker Backin
150 g abgezogene, gemahlene Mandeln

Insgesamt:
E: 104 g, F: 365 g, Kh: 492 g,
kJ: 24774, kcal: 5919

1. Für den Teig Schokolade in kleine Stücke schneiden. Den Backofen vorheizen. Butter oder Margarine mit Handrührgerät mit Rührbesen auf höchster Stufe geschmeidig rühren. Nach und nach Zucker, Vanillin-Zucker, Salz und Aroma hinzufügen. So lange rühren, bis eine gebundene Masse entstanden ist.
2. Eier nach und nach unterrühren (jedes Ei etwa 1/2 Minute). Mehl mit Speisestärke und Backpulver gut vermischen und in 2 Portionen auf mittlerer Stufe unterrühren.
3. Schokolade mit den Mandeln unter den Teig heben. Teig in eine Kastenform (30 x 11 cm, gefettet, mit Backpapier ausgelegt) füllen und verstreichen. Die Form auf dem Rost in den vorgeheizten Backofen schieben.
Ober-/Unterhitze: etwa 180 °C
Heißluft: etwa 160 °C
Backzeit: 65–70 Minuten.
4. Den Kuchen mit dem Backpapier aus der Form nehmen und auf einem Kuchenrost erkalten lassen. Backpapier entfernen.

Mandelkuchen mit Schokolade

Raffiniert

Biskuitkuchen, gefüllt

Zubereitungszeit: 45 Minuten, ohne Abkühl- und Kühlzeit
Backzeit: etwa 35 Minuten

Zum Vorbereiten:
75 g Sonnenblumenkerne

Für den Biskuitteig:
3 Eier (Größe M)
2 EL heißes Wasser
120 g Zucker
100 g Weizenmehl
2 gestr. TL Dr. Oetker Backin

Für die Füllung:
400 g Doppelrahm-Frischkäse
2 EL gesiebter Puderzucker
200 g Schlagsahne
200 g Waldfruchtgelee

Insgesamt:
E: 97 g, F: 246 g, Kh: 360 g, kJ: 16867, kcal: 4027

1. Zum Vorbereiten Sonnenblumenkerne mahlen oder im Mixer zerkleinern und in einer Pfanne ohne Fett goldbraun rösten. Geröstete Kerne auf einem Teller erkalten lassen. Den Backofen vorheizen.
2. Für den Teig Eier und Wasser mit Handrührgerät mit Rührbesen auf höchster Stufe in 1 Minute schaumig schlagen. Zucker in 1 Minute unter Rühren einstreuen, dann noch 2 Minuten weiterschlagen. Mehl mit Backpulver mischen und die Sonnenblumenkerne untermischen. Mischung auf die Eiercreme geben und kurz auf niedrigster Stufe unterrühren. Den Teig in eine Kastenform (30 x 11 cm, gefettet, mit Backpapier ausgelegt) geben und glattstreichen. Die Form auf dem Rost in den vorgeheizten Backofen schieben.
Ober-/Unterhitze: etwa 180 °C
Heißluft: etwa 160 °C
Backzeit: etwa 35 Minuten.
3. Den Kuchen etwa 10 Minuten in der Form stehen lassen, dann aus der Form lösen und auf einen Kuchenrost stürzen. Mitgebackenes Backpapier abziehen. Kuchen wieder umdrehen, erkalten lassen und dann zweimal waagerecht durchschneiden.
4. Für die Füllung Frischkäse mit Puderzucker glattrühren. Sahne steifschlagen und unterheben. Die Frischkäsecreme in einen Spritzbeutel mit großer Lochtülle (Ø etwa 12 mm) füllen. Gelee fein pürieren, in einen Gefrierbeutel geben und eine kleine Ecke abschneiden.
5. Auf die untere und mittlere Biskuitplatte zuerst rundherum einen Rand mit der Käse-Sahne-Masse aufspritzen. Dann der Länge nach, mit etwas Abstand zueinander, je 2 Streifen aufspritzen. Die Zwischenräume mit Gelee ausfüllen. Die Biskuitplatten zusammensetzen und mit der restlichen Frischkäsecreme bestreichen. Den Biskuitkuchen mit dem restlichen Gelee verzieren und 1–2 Stunden kalt stellen.

Raffiniert

Marmorierter Mascarpone-Kranz

Zubereitungszeit: 15 Minuten, ohne Abkühlzeit
Backzeit: 50–60 Minuten

Für den Schüttelteig:
100 g Amarettini (ital. Mandelmakronen)
250 g Weizenmehl
4 gestr. TL Dr. Oetker Backin
170 g Zucker
1 Pck. Dr. Oetker Vanillin-Zucker
250 g Mascarpone (ital. Frischkäse)
5 Eier (Größe M), 250 g Schlagsahne
2 gestr. EL Kakaopulver
1 gestr. EL lösliches Espressopulver

Zum Bestäuben:
Puderzucker

Biskuitkuchen, gefüllt

Marmorierter Mascarpone-Kranz

Insgesamt:
E: 87 g, F: 227 g, Kh: 465 g,
kJ: 17895, kcal: 4266

1. Für den Teig Amarettini in einen Gefrierbeutel füllen und mit der Teigrolle fein zerbröseln. Den Backofen vorheizen. Mehl mit Backpulver in einer verschließbaren Schüssel (etwa 3 l) mischen und mit Amarettinibröseln, Zucker und Vanillin-Zucker vermengen. Mascarpone in der Schüssel verteilen, Eier und Sahne hinzufügen und die Schüssel mit dem Deckel fest verschließen.
2. Schüssel mehrmals kräftig schütteln (insgesamt 15–30 Sekunden), so dass alle Zutaten gut vermischt sind. Alles mit einem Schneebesen oder Rührlöffel nochmals sorgfältig durchrühren, damit trockene Zutaten vom Rand mit untergerührt werden.
3. Die Hälfte des Teiges in eine Napfkuchenform (Ø 22 cm, gefettet, gemehlt) füllen. Restlichen Teig mit Kakao und Espressopulver nochmals in der Schüssel durchrühren.
4. Teig auf dem hellen Teig in der Form verteilen (das Marmormuster entsteht beim Backen von selbst).

Schoko-Aprikosen-Kuchen

Die Form auf dem Rost in den vorgeheizten Backofen schieben.
Ober-/Unterhitze: etwa 180 °C
Heißluft: etwa 160 °C
Backzeit: 50–60 Minuten.
5. Den Kranz nach dem Backen 10 Minuten in der Form stehen lassen, dann aus der Form auf einen Kuchenrost stürzen und erkalten lassen. Vor dem Servieren den Kranz mit Puderzucker bestäuben.

Fruchtig

Schoko-Aprikosen-Kuchen

Tassenkuchen (1 Tasse = 200 ml)

Zubereitungszeit: 10 Minuten, ohne Abkühlzeit
Backzeit: 45–50 Minuten

Für den Schüttelteig:
1/2 Pck. (125 g) Butter
1 Dose Aprikosenhälften (Abtropfgewicht 240 g)
1 Tasse (150 g) Weizenmehl
3 gestr. EL Kakaopulver
3 gestr. TL Dr. Oetker Backin
1/2 Tasse (50 g) blütenzarte Haferflocken
1/2 Tasse (100 g) Zucker
1 Pck. Dr. Oetker Vanillin-Zucker
4 Eier (Größe M)

Für den Guss:
1 Tasse (70 g) Puderzucker
1–2 EL Aprikosensaft aus der Dose

Insgesamt:
E: 57 g, F: 142 g, Kh: 362 g,
kJ: 12393, kcal: 2956

1. Für den Teig Butter in einem Topf zerlassen und abkühlen lassen. Aprikosen in einem Sieb abtropfen lassen, dabei 2 Esslöffel Saft auffangen und für den Guss beiseitestellen. Die Früchte in Stücke hacken oder schneiden. Den Backofen vorheizen.
2. Mehl mit Kakaopulver und Backpulver in eine verschließbare Schüssel (etwa 3 l) geben und mit Haferflocken, Zucker und Vanillin-Zucker gut vermischen. Eier, flüssige Butter und Aprikosenstücke hinzufügen und die Schüssel mit dem Deckel fest verschließen.
3. Schüssel mehrmals kräftig schütteln (insgesamt 15–30 Sekunden), so dass alle Zutaten gut vermischt sind. Alles mit einem Schneebesen oder Rührlöffel nochmals gut durchrühren, damit trockene Zutaten vom Rand mit untergerührt werden.
4. Den Teig in eine Napfkuchenform (Ø 22 cm, gefettet) füllen und die Form auf dem Rost in den vorgeheizten Backofen schieben.
Ober-/Unterhitze: etwa 180 °C
Heißluft: etwa 160 °C
Backzeit: 45–50 Minuten.
5. Den Kuchen etwa 10 Minuten in der Form stehen lassen, dann auf einen Kuchenrost stürzen und erkalten lassen.
6. Für den Guss Puderzucker mit Saft zu einer dickflüssigen Masse verrühren. Guss auf den Kuchen geben, so dass er in dicken Nasen herunterläuft, und den Guss fest werden lassen.

Saftiger Schokoladenkuchen

Zubereitungszeit: 35 Minuten, ohne Abkühlzeit
Backzeit: etwa 60 Minuten

Für den Rührteig:
150 g Vollmilch- oder Zartbitter-Schokolade
4 Eiweiß (Größe M)
250 g Butter oder Margarine
200 g Zucker
1 Pck. Dr. Oetker Vanillin-Zucker
1 Prise Salz
4 Eigelb (Größe M)
200 g Weizenmehl
30 g Speisestärke
30 g Kakaopulver
3 gestr. TL Dr. Oetker Backin
3–4 EL Rum oder Milch

Für den Guss:
150 g Vollmilch- oder Zartbitter-Schokolade
1 EL Speiseöl

Insgesamt:
E: 80 g, F: 354 g, Kh: 531 g, kJ: 23850, kcal: 5698

Saftiger Schokoladenkuchen

1. Für den Teig Schokolade in kleine Stücke hacken. Eiweiß so steifschlagen, dass ein Messerschnitt sichtbar bleibt. Den Backofen vorheizen.
2. Butter oder Margarine in einer Rührschüssel mit Handrührgerät mit Rührbesen auf höchster Stufe geschmeidig rühren. Nach und nach Zucker, Vanillin-Zucker und Salz unterrühren. So lange rühren, bis eine gebundene Masse entstanden ist. Eigelb nach und nach unterrühren.
3. Mehl mit Speisestärke, Kakao und Backpulver gut vermischen und abwechselnd mit Rum oder Milch in 2 Portionen auf mittlerer Stufe kurz unterrühren. Zuletzt den Eischnee und die gehackte Schokolade unterheben. Den Teig in eine Kastenform (30 x 11 cm, gefettet, gemehlt) füllen und verstreichen. Die Form auf dem Rost in den vorgeheizten Backofen schieben.
Ober-/Unterhitze: etwa 180 °C
Heißluft: etwa 160 °C
Backzeit: etwa 60 Minuten.
4. Nach etwa 15 Minuten Kuchen mit einem spitzen Messer der Länge nach etwa 1 cm tief einschneiden. Nach dem Backen den Kuchen etwa 10 Minuten in der Form stehen lassen, dann aus der Form lösen und auf einem Kuchenrost erkalten lassen.
5. Für den Guss Schokolade in Stücke brechen, mit Öl in einem kleinen Topf im Wasserbad bei schwacher Hitze unter Rühren schmelzen lassen. Den erkalteten Kuchen damit überziehen und den Guss fest werden lassen.

Tipp: Der Kuchen ist ohne Guss gefriergeeignet. Verwenden Sie für den Teig und den Guss statt Vollmilch- oder Zartbitter-Schokolade Kaffee- oder Cappuccino-Sahne-Schokolade. Noch saftiger schmeckt der Kuchen, wenn er sofort nach dem Backen aprikotiert wird. Dafür etwa 4 Esslöffel Aprikosenkonfitüre durch ein Sieb streichen und mit 1 Esslöffel Wasser in einem Topf unter Rühren gut aufkochen lassen. Das heiße Gebäck sofort damit bestreichen, erkalten lassen und anschließend mit dem Guss überziehen. Sie können zusätzlich noch 50 g verschiedene Nusskerne grob hacken, mit dem Mehl mischen und unter den Teig unterheben. So schmeckt der Schokoladenkuchen noch knackiger.

Raffiniert

Gewürz-Karamell-Kuchen

Zubereitungszeit: 50 Minuten, ohne Abkühlzeit
Backzeit: etwa 45 Minuten

Für den Schüttelteig:
170 g Butter oder Margarine
250 g Weizenmehl
2 gestr. TL Dr. Oetker Backin
120 g brauner Zucker (Kandisfarin)
1 TL gemahlener Zimt
1/2 TL gemahlene Muskatblüte (Macis)
1/2 TL gemahlener Ingwer
2 Eier (Größe M)
2 EL heller Sirup (40 g)
125 ml (1/8 l) Milch

Für den Karamellsirup:
1 Vanilleschote
150 g Zucker
80 ml Zitronensaft
60 ml Wasser
Schale von 1 Bio-Zitrone (unbehandelt, ungewachst)
4 grüne Kardamomkapseln
1 Zimtstange

Insgesamt:
E: 49 g, F: 161 g, Kh: 502 g, kJ: 15694, kcal: 3749

1. Für den Teig Butter oder Margarine zerlassen und abkühlen lassen. Den Backofen vorheizen. Mehl mit Backpulver in einer verschließbaren Schüssel (etwa 3 l) mischen und mit Zucker, Zimt, Muskat und Ingwer mischen. Eier, Butter oder Margarine, Sirup und Milch hinzufügen und die Schüssel mit dem Deckel fest verschließen. Schüssel mehrmals (insgesamt 15–30 Sekunden) kräftig schütteln, so dass alle Zutaten gut vermischt sind.

2. Alles mit einem Schneebesen oder Rührlöffel nochmals sorgfältig durchrühren, damit trockene Zutaten vom Rand mit untergerührt werden. Den Teig in eine Napfkuchenform (Ø 22 cm, gefettet, gemehlt) füllen und glattstreichen. Die Form auf dem Rost in den vorgeheizten Backofen schieben.
Ober-/Unterhitze: etwa 180 °C
Heißluft: etwa 160 °C
Backzeit: etwa 45 Minuten.

3. Für den Karamellsirup in der Zwischenzeit Vanilleschote längs aufschneiden und das Mark herausschaben. Zucker in einen Topf streuen, bei mittlerer Hitze goldgelb karamellisieren lassen und mit Zitronensaft und Wasser ablöschen. So lange rühren, bis sich der Karamell wieder aufgelöst hat. Dann Zitronenschale, Kardamomkapseln, Zimtstange und Vanillemark und -schote hinzufügen und die Zutaten etwa 3 Minuten sprudelnd kochen lassen.

4. Kuchen etwa 10 Minuten in der Form stehen lassen, dann auf einen mit Backpapier belegten Kuchenrost stürzen. Den Kuchen mehrmals mit einem Holzstäbchen einstechen. Kuchenrost auf eine Platte stellen. Vanilleschote, Kardamomkapseln und Zimtstange aus dem Sirup nehmen und den Kuchen mit dem Sirup beträufeln. Abgetropften Sirup wieder über den Kuchen träufeln, bis alles vom Kuchen aufgesogen ist. Den Kuchen erkalten lassen.

Gewürz-Karamell-Kuchen

Gut vorzubereiten

Schoko-Mandel-Hupf mit Preiselbeeren

Zubereitungszeit: 30 Minuten
Backzeit: etwa 55 Minuten

Für den Rührteig:
1 Glas Wild-Preiselbeerdessert (Abtropfgewicht 175 g)
200 g Zartbitter-Schokolade
250 g Butter oder Margarine
100 g Zucker
1 Pck. Dr. Oetker Vanillin-Zucker
1 Prise Salz
4 Eier (Größe M)
250 g Weizenmehl
4 gestr. TL Dr. Oetker Backin
2 EL Milch
50 g abgezogene, gehackte Mandeln

Für die Form:
abgezogene, gehackte Mandeln

Insgesamt:
E: 86 g, F: 344 g, Kh: 458 g,
kJ: 22008, kcal: 5254

1. Zum Vorbereiten Preiselbeeren in einem Sieb gut abtropfen lassen. Die Hälfte der Schokolade in kleine Stückchen schneiden. Die übrige Schokolade grob zerkleinern und in einem kleinen Topf im Wasserbad bei schwacher Hitze unter Rühren schmelzen. Den Backofen vorheizen.
2. Für den Teig Butter oder Margarine in einer Rührschüssel mit Handrührgerät mit Rührbesen geschmeidig rühren. Nach und nach Zucker, Vanillin-Zucker und Salz unterrühren. So lange rühren, bis eine gebundene Masse entstanden ist.
3. Eier nach und nach unterrühren (jedes Ei etwa 1/2 Minute). Mehl mit Backpulver mischen und in 2 Portionen abwechselnd mit der Milch auf mittlerer Stufe unterrühren. Zuletzt geschmolzene und klein geschnittene Schokolade, Mandeln und Preiselbeeren unterheben.
4. Den Teig in eine Napfkuchenform (Ø 22 cm, gefettet, mit gehackten Mandeln ausgestreut) geben und verstreichen. Die Form auf dem Rost in den vorgeheizten Backofen schieben.
Ober-/Unterhitze: etwa 180 °C
Heißluft: etwa 160 °C
Backzeit: etwa 55 Minuten.
5. Kuchen etwa 10 Minuten in der Form auf einem Kuchenrost stehen lassen, dann aus der Form lösen, auf den Kuchenrost stürzen und erkalten lassen.

Tipp: Für eine Preiselbeersahne 2 Esslöffel abgetropfte Preiselbeeren abnehmen, mit 200 g steifgeschlagener Sahne verrühren und zum Kuchen reichen.

Gut vorzubereiten

Napfkuchen mit Glühweinsirup

Zubereitungszeit: 45 Minuten, ohne Abkühlzeit
Backzeit: etwa 45 Minuten

Zum Vorbereiten:
175 g Pumpernickel

Für den Biskuitteig:
5 Eier (Größe M)
125 g brauner Zucker (Kandisfarin)
100 g Weizenmehl
2 gestr. TL Dr. Oetker Backin
100 g abgezogene, gemahlene Mandeln
100 g Zartbitter-Raspelschokolade

Für den Glühweinsirup:
250 ml (1/4 l) trockener Rotwein
125 g Zucker
1 Zimtstange
1 Pck. Dr. Oetker Finesse Geriebene Orangenschale
1 Msp. gemahlene Gewürznelken
1 Msp. gemahlener Kardamom

Insgesamt:
E: 90 g, F: 124 g, Kh: 451 g,
kJ: 14957, kcal: 3573

1. Zum Vorbereiten Pumpernickel fein zerbröseln und in einer Pfanne ohne Fett rösten. Pumpernickelbrösel auf einem Teller erkalten lassen. Den Backofen vorheizen.
2. Für den Teig Eier mit Handrührgerät mit Rührbesen auf höchster Stufe in 1 Minute schaumig schlagen. Zucker in 1 Minute einstreuen, dann noch 2 Minuten weiterschlagen.
3. Mehl mit Backpulver gut vermischen, die Hälfte davon auf die Eiercreme geben und kurz auf niedrigster Stufe unterrühren. Restliches Mehlgemisch auf die gleiche Weise unterarbeiten. Pumpernickelbrösel, Mandeln und Raspelschokolade vorsichtig unterheben.

Russischer Osterkuchen

4. Den Teig in eine Napfkuchenform (Ø 24 cm, gefettet, gemehlt) geben und verstreichen. Die Form auf dem Rost in den vorgeheizten Backofen schieben.
Ober-/Unterhitze: etwa 180 °C
Heißluft: etwa 160 °C
Backzeit: etwa 45 Minuten.
5. Den Kuchen etwa 10 Minuten in der Form stehen lassen, dann aus der Form lösen und auf einen Kuchenrost stürzen. Anschließend Kuchen erkalten lassen.
6. Für den Sirup Rotwein mit Zucker, Zimtstange, Orangenschale, Gewürznelken und Kardamom in einem weiten Topf zum Kochen bringen und etwa 10 Minuten ohne Deckel bei schwacher Hitze einköcheln lassen.
7. Den Glühweinsirup nach Belieben warm oder kalt zum Napfkuchen reichen.

Zum Verschenken

Russischer Osterkuchen

Zubereitungszeit: 45 Minuten, ohne Teiggeh- und Abkühlzeit
Backzeit: etwa 45 Minuten

Für den Hefeteig:
125 ml (1/8 l) Milch
150 g Butter oder Margarine
500 g Weizenmehl
1 Pck. Dr. Oetker Trockenbackhefe
1 Prise Salz
100 g Zucker
1/2 gestr. TL gemahlener Kardamom
1 Pck. Dr. Oetker Finesse Geriebene Zitronenschale
3 Eigelb (Größe M)
75 g Rosinen, 25 g Korinthen
25 g gewürfeltes Zitronat (Sukkade)
60 g abgezogene, gehackte Mandeln

Für den Guss und zum Garnieren:
200 g Puderzucker
2–3 EL Zitronensaft
gelbe Speisefarbe
Marzipanblumen oder Osterfiguren

Insgesamt:
E: 86 g, F: 185 g, Kh: 777 g,
kJ: 22232, kcal: 5311

1. Für den Teig Milch in einem Topf erwärmen und Butter oder Margarine darin zerlassen. Mehl in eine Rührschüssel geben und sorgfältig mit Trockenbackhefe vermischen. Salz, Zucker, Kardamom, Zitronenschale, Eigelb und die warme Milch-Fett-Mischung hinzufügen.
2. Die Zutaten mit Handrührgerät mit Knethaken zunächst kurz auf niedrigster, dann auf höchster Stufe in etwa 5 Minuten zu einem glatten Teig verarbeiten. Den Teig zugedeckt so lange an einem warmen Ort gehen lassen, bis er sich sichtbar vergrößert hat.
3. Den Teig mit etwas Mehl bestäuben, aus der Schüssel nehmen und auf der leicht bemehlten Arbeitsfläche gut durchkneten. Rosinen, Korinthen, Zitronat und Mandeln hinzufügen und kurz unterkneten. Den Backofen vorheizen.
4. Den Teig in eine Napfkuchenform (Ø 24 cm, gefettet, gemehlt) geben und nochmals so lange an einem warmen Ort gehen lassen, bis er sich sichtbar vergrößert hat. Die Form auf dem Rost in den vorgeheizten Backofen schieben.
Ober-/Unterhitze: etwa 180 °C
Heißluft: etwa 160 °C
Backzeit: etwa 45 Minuten.
5. Form etwa 10 Minuten auf einen Kuchenrost stellen, dann den Kuchen aus der Form lösen, auf einen Kuchenrost stürzen und erkalten lassen.
6. Für den Guss Puderzucker mit Zitronensaft zu einer dickflüssigen Masse verrühren. Die Hälfte des Gusses mit gelber Speisefarbe einfärben. Abwechselnd den Kuchen damit überziehen und mit Marzipanblumen oder Osterfiguren garnieren.

Bitter-Lemon-Kuchen

Raffiniert

Bitter-Lemon-Kuchen

Zubereitungszeit: 70 Minuten, ohne Abkühl- und Kühlzeit
Backzeit: 50–60 Minuten

Für den All-in-Teig:
300 g Weizenmehl, 50 g Speisestärke
3 gestr. TL Dr. Oetker Backin
170 g Zucker
1 TL Dr. Oetker Finesse
Geriebene Zitronenschale
4 Eier (Größe M)
150 g weiche Butter oder Margarine
150 ml Bitter Lemon (Limonade)

Für die Füllung:
1 Pck. Fruttina Zitrone ohne Kochen (Tortencreme)
100 g Zucker
400 ml Bitter Lemon (Limonade)
1 EL gesiebter Puderzucker
2 Pck. Dr. Oetker Sahnesteif
250 g Mascarpone (ital. Frischkäse)

Zum Bestreuen:
Raspelschokolade

Insgesamt:
E: 70 g, F: 273 g, Kh: 651 g,
kJ: 22655, kcal: 5409

1. Den Backofen vorheizen. Für den Teig Mehl mit Speisestärke und Backpulver in einer Rührschüssel mischen. Restliche Zutaten hinzufügen und alles mit Handrührgerät mit Rührbesen erst kurz auf niedrigster, dann auf höchster Stufe in etwa 2 Minuten zu einem Teig verarbeiten.
2. Teig in eine Kastenform (30 x 11 cm, gefettet, gemehlt) füllen und glattstreichen. Die Form auf dem Rost in den vorgeheizten Backofen schieben.
Ober-/Unterhitze: etwa 180 °C
Heißluft: etwa 160 °C
Backzeit: 50–60 Minuten.
3. Die Form auf einen Kuchenrost stellen und das Gebäck etwa 10 Minuten in der Form stehen lassen. Dann den Kuchen aus der Form lösen und auf dem Kuchenrost erkalten lassen.
4. Für die Füllung Tortencreme mit Zucker in einer Schüssel mischen. Bitter Lemon leicht erwärmen und die Tortencreme nach Packungsanleitung zubereiten, aber nicht kalt stellen.
5. Puderzucker mit Sahnesteif mischen. Mascarpone kurz mit Handrührgerät mit Rührbesen aufschlagen, Puderzuckermischung unter Rühren dazugeben und Mascarpone steifschlagen. Die Tortencrememischung nach und nach unterrühren.
6. Den Gebäckboden dreimal waagerecht durchschneiden. Die Mascarpone-Zitronen-Creme (4 Esslöffel in einen Spritzbeutel mit kleiner Lochtülle füllen) auf die 3 unteren Böden streichen und mit dem vierten Boden zu einem Kuchen zusammensetzen.
7. Den Kuchen mit der Mascarpone-Zitronen-Creme aus dem Spritzbeutel verzieren und mit Raspelschokolade bestreuen. Kuchen etwa 2 Stunden kalt stellen.

Beliebt

Kleiner Erdnusshupf

Zubereitungszeit: 30 Minuten, ohne Abkühlzeit
Backzeit: etwa 45 Minuten

Für den Rührteig:
100 g geröstete, ungesalzene Erdnusskerne
100 g Butter oder Margarine
80 g Zucker
1 Pck. Dr. Oetker Vanillin-Zucker
1 Prise Salz, 2 Eier (Größe M)
120 g Weizenmehl
2 gestr. TL Dr. Oetker Backin
1 EL Zuckerrübensirup (Rübenkraut)

Für den Guss:
50 g Puderzucker
1 TL Zuckerrübensirup (Rübenkraut)
1–2 TL Wasser

Insgesamt:
E: 55 g, F: 150 g, Kh: 256 g,
kJ: 10821, kcal: 2582

1. Für den Teig Erdnusskerne klein hacken, 1 Esslöffel davon zum Bestreuen beiseitestellen. Den Backofen vorheizen. Butter oder Margarine mit Handrührgerät mit Rührbesen auf höchster Stufe geschmeidig rühren. Nach und nach Zucker, Vanillin-Zucker und Salz unterrühren. So lange rühren, bis eine gebundene Masse entstanden ist.
2. Eier nach und nach unterrühren (jedes Ei etwa 1/2 Minute). Mehl mit Backpulver mischen und in 2 Portionen auf mittlerer Stufe unterrühren.
3. Die Hälfte des Teiges mit Hilfe von 2 Löffeln in eine kleine Napfkuchenform (Ø 16 cm, gefettet, gemehlt) geben. Unter den übrigen Teig Sirup und die gehackten Nusskerne heben. Den dunklen Teig auf den hellen Teig geben und verstreichen. Die Form auf dem Rost in den vorgeheizten Backofen schieben.
Ober-/Unterhitze: etwa 180 °C
Heißluft: etwa 160 °C
Backzeit: etwa 45 Minuten.

4. Den Gugelhupf etwa 10 Minuten in der Form stehen lassen, dann auf einen Kuchenrost stürzen und erkalten lassen.
5. Für den Guss Puderzucker sieben und mit Sirup und so viel Wasser verrühren, dass ein dickflüssiger Guss entsteht. Guss auf dem Hupf verteilen, mit den übrigen Nusskernen bestreuen und fest werden lassen.

Tipp: Sie können den Erdnusshupf auch füllen. Dafür 250 g Erdbeeren waschen, abtropfen lassen, entstielen und der Länge nach in dicke Scheiben schneiden. 1 Päckchen backfeste Puddingcreme nach Packungsanleitung, aber mit 100 g Schlagsahne und 150 ml Milch zubereiten. Kuchen zweimal waagerecht durchschneiden. Creme in einen Gefrierbeutel geben und eine kleine Ecke (etwa 1 cm breit) abschneiden. Auf das Kuchenoberteil 8 kleine Tuffs spritzen, danach etwa zwei Drittel der Creme auf den anderen beiden Böden verteilen. Die Erdbeerscheiben auf den unteren und mittleren Boden legen und die restliche Creme jeweils daraufspritzen. Den Kuchen zusammensetzen und die Böden dabei etwas andrücken.

Einfach

Napfkuchen mit Frischkäse

Zubereitungszeit: 20 Minuten
Backzeit: etwa 65 Minuten

Für den Rührteig:
200 g Butter oder Margarine
250 g Zucker
1 Pck. Dr. Oetker Vanillin-Zucker
1 Prise Salz
200 g Doppelrahm-Frischkäse
1 Pck. Dr. Oetker Finesse Geriebene Zitronenschale
4 Eier (Größe M)
350 g Weizenmehl
3 gestr. TL Dr. Oetker Backin
100 g Rosinen

Zum Bestäuben:
Puderzucker

Insgesamt:
E: 92 g, F: 262 g, Kh: 611 g,
kJ: 21711, kcal: 5184

1. Den Backofen vorheizen. Für den Teig Butter oder Margarine mit Handrührgerät mit Rührbesen auf höchster Stufe geschmeidig rühren. Nach und nach Zucker, Vanillin-Zucker und Salz unterrühren. Doppelrahm-Frischkäse und geriebene Zitronenschale in 2 Portionen unterrühren. So lange rühren, bis eine gebundene Masse entstanden ist. Eier nach und nach unterrühren (jedes Ei etwa 1/2 Minute).
2. Mehl mit Backpulver mischen und in 2 Portionen kurz auf mittlerer Stufe unterrühren. Zuletzt Rosinen kurz unterrühren.
3. Den Teig in eine Napfkuchenform (Ø 24 cm, gefettet, gemehlt) geben und verstreichen. Die Form auf dem Rost in den vorgeheizten Backofen schieben.
Ober-/Unterhitze: etwa 180 °C
Heißluft: etwa 160 °C
Backzeit: etwa 65 Minuten.
4. Die Form auf einen Kuchenrost stellen und den Kuchen etwa 10 Minuten darin stehen lassen, dann aus der Form lösen und auf einen mit Backpapier belegten Kuchenrost stürzen. Danach Kuchen erkalten lassen.
5. Anschließend den Napfkuchen mit Puderzucker bestäuben.

Kleiner Erdnusshupf

Napfkuchen mit Frischkäse

Gut vorzubereiten

Nusskuchen im Knuspermantel

Zubereitungszeit: 15 Minuten, ohne Abkühlzeit
Backzeit: etwa 60 Minuten

Für den Teig:
5 Eier (Größe M)
200 g Zucker
1 Pck. Dr. Oetker Vanillin-Zucker
350 g gemahlene Haselnusskerne
40 g Semmelbrösel
2 gestr. TL Dr. Oetker Backin

Für den Guss:
100 g Zartbitter-Schokolade
5 EL Schlagsahne

Zum Bestreuen:
etwa 50 g gehobelte Haselnusskerne

Insgesamt:
E: 96 g, F: 330 g, Kh: 330 g,
kJ: 19475, kcal: 4652

1. Den Backofen vorheizen. Für den Teig Eier, Zucker und Vanillin-Zucker mit Handrührgerät mit Rührbesen auf höchster Stufe etwa 1 Minute schlagen. Nach und nach Haselnusskerne auf mittlerer Stufe unterrühren.

2. Semmelbrösel mit Backpulver mischen und kurz auf niedrigster Stufe unterrühren. Den Teig in eine Kastenform (25 x 11 cm, gefettet, gemehlt) füllen. Die Form auf dem Rost in den vorgeheizten Backofen schieben.
Ober-/Unterhitze: etwa 180 °C
Heißluft: etwa 160 °C
Backzeit: etwa 60 Minuten.

3. Nach etwa 40 Minuten den Kuchen mit Backpapier zudecken, damit er nicht zu stark bräunt. Die Form auf einen Kuchenrost stellen und den Kuchen etwa 10 Minuten abkühlen lassen. Dann den Kuchen vorsichtig aus der Form lösen und auf einen mit Backpapier belegten Kuchenrost stürzen. Kuchen erkalten lassen.

4. Für den Guss Zartbitter-Schokolade in kleine Stücke brechen, mit Sahne in einem kleinen Topf im Wasserbad bei schwacher Hitze unter Rühren schmelzen lassen. Den Kuchen damit bestreichen und Kuchenoberfläche und -seiten mit den Haselnusskernen bestreuen.

Tipp: Dieser Guss lässt sich sehr gut schneiden, da er nicht splittert. Der Kuchen kann aber auch nur mit 150 g aufgelöster und mit 1 Esslöffel Speiseöl verrührter Schokolade überzogen werden. Der Kuchen schmeckt noch intensiver nach Nüssen, wenn die gemahlenen und gehobelten Nusskerne vorher getrennt im Backofen bei Ober-/Unterhitze bei etwa 200 °C auf einem Backblech etwa 5 Minuten bräunen. Die Nusskerne zwischendurch einmal durchrühren.

Klassisch

Marmorkuchen

Zubereitungszeit: 30 Minuten, ohne Abkühlzeit
Backzeit: etwa 60 Minuten

Für den Rührteig:
300 g Butter oder Margarine
275 g Zucker
1 Pck. Dr. Oetker Vanillin-Zucker
1 Fläschchen Rum-Aroma
1 Prise Salz, 5 Eier (Größe M)
375 g Weizenmehl
4 gestr. TL Dr. Oetker Backin
etwa 3 EL Milch
20 g Kakaopulver
20 g Zucker, 2–3 EL Milch

Zum Bestäuben:
etwas Puderzucker

Insgesamt:
E: 80 g, F: 300 g, Kh: 600 g,
kJ: 22700, kcal: 5420

1. Den Backofen vorheizen. Für den Teig Butter oder Margarine in einer Rührschüssel mit Handrührgerät mit Rührbesen auf höchster Stufe geschmeidig rühren. Nach und nach Zucker, Vanillin-Zucker, Rum-Aroma und Salz unterrühren. So lange rühren, bis eine gebundene Masse entstanden ist. Eier nach und nach unterrühren (jedes Ei etwa 1/2 Minute).

2. Mehl mit Backpulver mischen und abwechselnd mit der Milch in 2 Portionen kurz auf mittlerer Stufe unterrühren. Zwei Drittel des Teiges in eine Napfkuchenform (Ø 24 cm, gefettet, gemehlt) füllen. Kakaopulver sieben und mit Zucker und Milch unter den restlichen Teig rühren.

3. Den dunklen Teig auf dem hellen Teig verteilen und eine Gabel spiralförmig leicht durch die Teigschichten ziehen, so dass ein Marmormuster entsteht. Die Form auf dem Rost in den vorgeheizten Backofen schieben.
Ober-/Unterhitze: etwa 180 °C
Heißluft: etwa 160 °C
Backzeit: etwa 60 Minuten.
4. Kuchen etwa 10 Minuten in der Form stehen lassen, dann aus der Form stürzen und auf einem Kuchenrost erkalten lassen. Anschließend den Kuchen mit Puderzucker bestäuben.

Abwandlung: Backen Sie den Kuchen in einer gefetteten, gemehlten Kastenform (35 x 11 cm). Nach etwa 15 Minuten Backzeit den Kuchen mit einem Messer der Länge nach in der Mitte etwa 1 cm tief einschneiden, damit er schön aufbricht, und weiterbacken. Den Kuchen nach dem Erkalten aprikotieren. Dafür 4 Esslöffel Aprikosenkonfitüre durch ein Sieb streichen, mit 1 Esslöffel Wasser in einem Topf unter Rühren gut aufkochen lassen und den Kuchen mit Hilfe eines Backpinsels damit bestreichen.

Raffiniert

Nusskuchen, einmal anders

Zubereitungszeit: 25 Minuten, ohne Abkühlzeit
Backzeit: 60–70 Minuten

Zum Vorbereiten:
100 g Pekannusskerne
150 g gemahlene Haselnusskerne

Für den Biskuitteig:
4 Eiweiß (Größe M)
175 g Zucker
4 Eigelb (Größe M)
1 Pck. Dr. Oetker Vanillin-Zucker
250 ml (1/4 l) Nussöl (z. B. Haselnussöl, Walnussöl)
200 g Weizenmehl
1 Pck. Dr. Oetker Backin
1 EL Kakaopulver

Zum Aprikotieren:
200 g Aprikosenkonfitüre
1 EL Wasser

Für den Guss:
200 g Zartbitter-Kuvertüre
1 El Speiseöl

Zum Garnieren:
50 g Pekannusskerne

Insgesamt:
E: 111 g, F: 483 g, Kh: 645 g,
kJ: 31947, kcal: 7630

1. Zum Vorbereiten die Pekannusskerne fein hacken. Haselnusskerne in einer Pfanne ohne Fett leicht rösten. Den Backofen vorheizen.
2. Für den Teig Eiweiß mit der Hälfte des Zuckers steifschlagen. Eigelb mit dem restlichen Zucker und Vanillin-Zucker mit Handrührgerät mit Rührbesen auf höchster Stufe in etwa 5 Minuten schaumig schlagen. Eischnee zusammen mit den Nusskernen auf die Eigelbcreme geben und vorsichtig unterheben. Nussöl hinzufügen und unterrühren.
3. Mehl mit Backpulver mischen, auf die Eiermasse sieben und vorsichtig unterheben. Den Teig halbieren und unter eine Hälfte des Teiges den Kakao rühren. Den hellen und dunklen Teig mit einem Esslöffel abwechselnd in Klecksen in eine Kastenform (25 x 11 cm, gefettet, gemehlt) füllen. Die Form auf dem Rost in den vorgeheizten Backofen schieben.
Ober-/Unterhitze: etwa 180 °C
Heißluft: etwa 160 °C
Backzeit: 60–70 Minuten.
4. Kuchen etwa 10 Minuten in der Form stehen lassen, danach auf einen Kuchenrost stürzen. Zum Aprikotieren Konfitüre durch ein Sieb streichen und in einem Topf mit dem Wasser gut aufkochen lassen. Den heißen Kuchen damit bestreichen und den Kuchen erkalten lassen.
5. Für den Guss Kuvertüre in kleine Stücke hacken, mit dem Speiseöl in einem kleinen Topf im Wasserbad bei schwacher Hitze unter Rühren schmelzen lassen. Den Kuchen mit dem Guss überziehen und mit Pekannusskernen garnieren.

Paradiestorte

Einfach – schnell zubereitet

Paradiestorte

Zubereitungszeit: 20 Minuten, ohne Kühlzeit

1 Biskuit-Obstboden (Ø 26 cm)
1 Pck. (100 g) Waffelröllchen mit Vollmilch-Schokolade

Für die Creme:
2 Pck. Paradiescreme Vanille-Geschmack (Dessertpulver)
400 g Schmand (Sauerrahm)
400 g Schlagsahne

Für den Belag:
500 g Erdbeeren

Für den Guss:
1 Pck. Tortenguss, klar
1 EL Zucker
250 ml (1/4 l) Wasser

geschabte Vollmilch- oder Zartbitter-Schokolade

Insgesamt:
E: 53 g, F: 300 g, Kh: 456 g, kJ: 20124, kcal: 4805

1. Den Obstboden auf eine Tortenplatte legen. Die Waffelröllchen innen an den Tortenrand legen.
2. Für die Creme das Dessertpulver nach Packungsanleitung, aber mit den hier angegebenen Mengen Schmand und Sahne zubereiten. Die Creme auf den Obstboden geben und verstreichen, dabei die Waffelröllchen nicht vollständig bedecken. Die Torte etwa 1 Stunde kalt stellen.
3. Für den Belag Erdbeeren waschen, abtropfen lassen und entstielen. Die Erdbeeren halbieren und kuppelförmig auf der fest gewordenen Creme verteilen.
4. Für den Guss aus Tortenguss, Zucker und Wasser nach Packungsanleitung einen Guss zubereiten. Die Erdbeeren damit überziehen und den Guss fest werden lassen. Die Torte mit geschabter Schokolade garnieren.

Tipp: Anstelle von Erdbeeren können auch gemischte Beerenfrüchte (frisch oder TK) verwendet werden. TK-Früchte unaufgetaut auf der Creme verteilen und sofort mit dem Guss überziehen. Den Schmand können Sie durch Crème fraîche ersetzen.

Beliebt

Kirsch-Schokoladen-Torte

Zubereitungszeit: 40 Minuten, ohne Abkühlzeit
Backzeit: etwa 30 Minuten

Für den Rührteig:
125 g Butter oder Margarine
125 g Zucker
1 Pck. Dr. Oetker Vanillin-Zucker
4 Eier (Größe M)
60 g Weizenmehl
2 gestr. TL Dr. Oetker Backin
2 schwach geh. EL Kakaopulver
125 g gemahlene Haselnusskerne

Für den Belag:
1 Glas Kaiserkirschen oder Sauerkirschen (Abtropfgewicht 370 g)
1 Pck. Tortenguss, klar oder rot
20 g Zucker
250 ml (1/4 l) Sauerkirschsaft aus dem Glas

Für die Schokoladensahne:
200 g Zartbitter-Schokolade
500 g Schlagsahne
1 Pck. Dr. Oetker Sahnesteif

Insgesamt:
E: 84 g, F: 429 g, Kh: 434 g, kJ: 25649, kcal: 6127

1. Den Backofen vorheizen. Für den Teig Butter oder Margarine mit Handrührgerät mit Rührbesen auf höchster Stufe geschmeidig rühren. Nach und nach Zucker und Vanillin-Zucker unterrühren. So lange rühren, bis eine gebundene Masse entstanden ist. Eier nach und nach unterrühren (jedes Ei etwa 1/2 Minute).
2. Mehl mit Backpulver, Kakaopulver und Haselnusskernen mischen und in 2 Portionen auf mittlerer Stufe unterrühren. Den Teig in eine Springform (Ø 26 cm, Boden gefettet, mit Backpapier belegt) füllen und verstreichen. Die Form auf dem Rost in den vorgeheizten Backofen schieben.
Ober-/Unterhitze: etwa 180 °C
Heißluft: etwa 160 °C
Backzeit: etwa 30 Minuten.
3. Den Boden aus der Form lösen und auf einem Kuchenrost erkalten lassen. Anschließend mitgebackenes Backpapier abziehen, den Boden auf eine Tortenplatte setzen und einen Tortenring oder den gesäuberten Springformrand darumlegen.
4. Für den Belag Kirschen in einem Sieb abtropfen lassen, dabei den Saft auffangen und 250 ml (1/4 l) abmessen. Die Kirschen auf dem Boden verteilen. Aus Tortenguss, Zucker und abgemessenem Kirschsaft nach Packungsanleitung einen Guss zubereiten, über die Kirschen geben und erkalten lassen. Dann den Tortenring oder Springformrand entfernen.
5. Für die Schokoladensahne Schokolade grob zerkleinern, in einem kleinen Topf im Wasserbad bei schwacher Hitze geschmeidig rühren und etwas abkühlen lassen.
6. Sahne mit Sahnesteif steifschlagen. Die abgekühlte Schokolade mit Hilfe einer Gabel unter die Sahne ziehen, so dass die Masse marmoriert ist. Die Schokoladensahne kuppelförmig auf die Kirschen streichen. Die Oberfläche mit Hilfe eines Teelöffels wellenförmig verzieren. Die Torte etwa 1 Stunde kalt stellen.

Kirsch-Schokoladen-Torte

Erfrischend – mit Alkohol

Pfirsich-Sekt-Torte

Zubereitungszeit: 60 Minuten, ohne Abkühl- und Kühlzeit
Backzeit: 24–30 Minuten

Für den Knetteig:
150 g Weizenmehl
40 g Zucker
1 Pck. Dr. Oetker Vanillin-Zucker
3–4 Tropfen Butter-Vanille-Aroma
100 g Butter oder Margarine

Für den Biskuitteig:
1 Ei (Größe M)
3 EL heißes Wasser
50 g Zucker
1 Pck. Dr. Oetker Vanillin-Zucker
100 g Weizenmehl
1 gestr. TL Dr. Oetker Backin

Zum Bestreichen:
50 g Aprikosenkonfitüre

Zum Tränken:
50 ml Sekt

Für den Belag:
1 kleine Dose Pfirsichhälften (Abtropfgewicht 240 g)
1 Pck. Käse-Sahne-Tortencreme (Cremepulver)
200 ml Sekt
500 g Joghurt
250 g Schlagsahne

Zum Garnieren:
Pfirsichspalten, Erdbeeren, rote Johannisbeeren, Minzeblättchen

Insgesamt:
E: 67 g, F: 187 g, Kh: 542 g, kJ: 18530, kcal: 4420

1. Den Backofen vorheizen. Für den Knetteig die Zutaten in eine Rührschüssel geben und mit Handrührgerät mit Knethaken zunächst kurz auf niedrigster, dann auf höchster Stufe gut durcharbeiten. Anschließend den Teig auf der leicht bemehlten Arbeitsfläche kurz verkneten.

2. Teig auf dem Boden einer Springform (Ø 26 cm, Boden gefettet) ausrollen und einen Springformrand darumstellen. Den Teigboden mehrmals mit einer Gabel einstechen und die Form auf dem Rost in den vorgeheizten Backofen schieben.
Ober-/Unterhitze: etwa 200 °C
Heißluft: etwa 180 °C
Backzeit: 12–15 Minuten.

3. Springformrand entfernen, den Boden sofort vom Springformboden lösen, aber darauf auf einem Kuchenrost erkalten lassen.

4. Für den Biskuitteig Ei und Wasser mit Handrührgerät mit Rührbesen auf höchster Stufe in 1 Minute schaumig schlagen. Zucker und Vanillin-Zucker mischen, in 1 Minute einstreuen und noch etwa 2 Minuten weiterschlagen. Mehl mit Backpulver mischen, auf die Eiercreme geben und kurz auf niedrigster Stufe unterrühren.

5. Teig in eine Springform (Ø 26 cm, Boden gefettet, mit Backpapier belegt) füllen und verstreichen. Die Form auf dem Rost in den heißen Backofen schieben und den Boden **bei gleicher Backtemperatur 12–15 Minuten backen.**

6. Boden anschließend aus der Form lösen, auf einen mit Backpapier belegten Kuchenrost stürzen und den Boden erkalten lassen. Das mitgebackene Backpapier abziehen. Knetteigboden auf eine Tortenplatte legen, mit Konfitüre bestreichen, mit dem Biskuitboden belegen und den gesäuberten Springformrand oder einen Tortenring darumstellen. Den Biskuitboden mit Sekt tränken.

7. Für den Belag Pfirsiche in einem Sieb abtropfen lassen und klein schneiden. Tortencreme nach Packungsanleitung, aber mit Sekt, Joghurt und steifgeschlagener Sahne zubereiten. Die Hälfte der Creme auf den Boden streichen, Pfirsiche darauflegen und mit der restlichen Creme bestreichen. Die Torte bis zum Servieren kalt stellen.

8. Zum Garnieren kurz vor dem Servieren den Springformrand oder Tortenring lösen und entfernen. Pfirsichspalten, Erdbeeren, nach Belieben gezuckerte Johannisbeeren und Minzeblättchen auf der Tortenoberfläche verteilen.

Tipp: Die Torte ist ohne die Garnierung gefriergeeignet.

Pfirsich-Sekt-Torte

Raffiniert

Rote-Grütze-Marmortorte

Zubereitungszeit: 60 Minuten, ohne Abkühl- und Kühlzeit
Backzeit: etwa 30 Minuten

Für den All-in-Teig:
150 g Weizenmehl
3 gestr. TL Dr. Oetker Backin
150 g Butter oder Margarine
150 g Zucker
1 Pck. Dr. Oetker Vanillin-Zucker
3 Eier (Größe M)
20 g Kakaopulver
1 EL Milch

Für die Füllung:
2 Pck. Rote-Grütze-Pulver (Dessertpulver)
500 ml (1/2 l) Wasser
60 g Zucker
500 g gemischte Beerenfrüchte

Für den Belag:
2 Blatt weiße Gelatine
250 g Mascarpone (ital. Frischkäse)
1 TL Zucker
1 Pck. Dr. Oetker Vanillin-Zucker
200 g Schlagsahne

Zum Garnieren:
einige Beerenfrüchte

Insgesamt:
E: 63 g, F: 320 g, Kh: 450 g,
kJ: 21104, kcal: 5036

1. Den Backofen vorheizen. Für den Teig Mehl mit Backpulver in einer Rührschüssel mischen. Restliche Zutaten bis auf Kakao und Milch hinzufügen und alles mit Handrührgerät mit Rührbesen auf höchster Stufe in etwa 2 Minuten zu einem glatten Teig verarbeiten.
2. Gut die Hälfte des Teiges in eine Springform (Ø 26 cm, Boden gefettet, mit Backpapier belegt) geben und verstreichen. Restlichen Teig mit Kakao und Milch verrühren und auf den hellen Teig streichen. Mit einer Gabel den dunklen Teig durch den hellen Teig ziehen und die Oberfläche wieder etwas glattstreichen. Die Form auf dem Rost in den vorgeheizten Backofen schieben.
Ober-/Unterhitze: etwa 180 °C
Heißluft: etwa 160 °C
Backzeit: etwa 30 Minuten.
3. Den Boden aus der Form lösen, auf einen mit Backpapier belegten Kuchenrost stürzen und erkalten lassen. Anschließend mitgebackenes Backpapier abziehen und den Boden einmal waagerecht durchschneiden.
4. Für die Füllung Rote-Grütze-Pulver mit den im Rezept angegebenen Mengen Wasser und Zucker nach Packungsanleitung zubereiten. Beerenfrüchte verlesen und unter die Grütze heben. Den unteren Boden auf eine Tortenplatte legen und einen Tortenring oder den gesäuberten Springformrand darumstellen. Die warme Grütze einfüllen, oberen Boden auflegen und die Füllung erkalten lassen.
5. Für den Belag Gelatine nach Packungsanleitung einweichen. Mascarpone mit Zucker und Vanillin-Zucker verrühren. Gelatine ausdrücken und in einem kleinen Topf bei schwacher Hitze unter Rühren auflösen. Aufgelöste Gelatine mit etwas Mascarpone verrühren, dann die Mischung unter den restlichen Mascarpone rühren. Sahne steifschlagen und unterheben. Die Creme auf den oberen Boden geben und wellenförmig verstreichen. Die Torte 2–3 Stunden kalt stellen.
6. Vor dem Servieren Tortenring oder Springformrand vorsichtig lösen und entfernen. Beeren verlesen und auf der Torte verteilen.

Rote-Grütze-Marmortorte

Tipp: Statt Mascarpone schmeckt auch Sahnequark oder Ricotta.

Rum-Flockentorte

Mit Alkohol – etwas aufwändiger

Rum-Flockentorte

Zubereitungszeit: 80 Minuten, ohne Abkühl- und Kühlzeit
Backzeit: 75–90 Minuten

Für den Brandteig:
125 ml (1/8 l) Wasser
25 g Butter, 1 Prise Salz
1 Prise Zucker, 75 g Weizenmehl
15 g Speisestärke
2–3 Eier (Größe M)
1 Msp. Dr. Oetker Backin

Für den Knetteig:
150 g Weizenmehl, 50 g Zucker
1/2 Pck. Dr. Oetker Finesse
Geriebene Zitronenschale
1 Ei (Größe M)
80 g Butter oder Margarine

Für die Kirschfüllung:
1 Glas Sauerkirschen (Abtropfgewicht 370 g)
250 ml (1/4 l) Sauerkirschsaft aus dem Glas
30 g Speisestärke
1 Msp. gemahlener Zimt
1 EL Zucker

Für die Rumcreme:
6 Blatt weiße Gelatine
1 Pck. Dr. Oetker Pudding-Pulver Vanille-Geschmack
375 ml (3/8 l) Milch
80 g Zucker
Mark von 1 Vanilleschote
1 Prise Salz
100 ml Rum
750 g Schlagsahne

Zum Garnieren:
80 g abgezogene, gehobelte Mandeln
Puderzucker

Insgesamt:
E: 104 g, F: 412 g, Kh: 555 g,
kJ: 28209, kcal: 6739

1. Den Backofen vorheizen. Für den Brandteig Wasser mit Butter, Salz und Zucker am besten in einem Stieltopf zum Kochen bringen. Topf von der Kochstelle nehmen. Mehl mit Speisestärke mischen und auf einmal in die heiße Flüssigkeit geben. Alles zu einem glatten Teigkloß verrühren, dann etwa 1 Minute unter ständigem Rühren erhitzen (abbrennen) und in eine Schüssel geben. Nach und nach Eier mit Handrührgerät mit Knethaken auf höchster Stufe unterarbeiten. Die Eiermenge hängt von der Beschaffenheit des Teiges ab. Er muss stark glänzen und so vom Löffel abreißen, dass lange Spitzen hängen bleiben. Backpulver in den erkalteten Teig arbeiten.

2. Aus dem Teig 3 Böden backen. Dazu jeweils ein Drittel des erkalteten Teiges auf einen Springformboden (Ø 28 cm, gefettet, gemehlt) streichen (darauf achten, dass die Teiglage am Rand nicht zu dünn ist, damit der Boden nicht zu dunkel wird). Die Springformböden ohne Springformrand nacheinander auf dem Rost in den vorgeheizten Backofen schieben.
Ober-/Unterhitze: 200–220 °C
Heißluft: 180–200 °C
Backzeit: 20–25 Minuten je Boden.

3. Die Böden sofort nach dem Backen vom Springformboden lösen und einzeln auf einem Kuchenrost erkalten lassen (wichtig, da der Dampf entweichen muss).

4. Für den Knetteig die Zutaten in eine Rührschüssel geben und mit Handrührgerät mit Knethaken zunächst kurz auf niedrigster, dann auf höchster Stufe gut durcharbeiten.

5. Anschließend den Teig auf der leicht bemehlten Arbeitsfläche kurz verkneten. Den Teig auf dem Boden einer Springform (Ø 28 cm, gefettet) ausrollen und mehrmals mit einer Gabel einstechen, Springformrand darumstellen. Die Form auf dem Rost in den heißen Backofen schieben und den Boden bei niedrigerer Backtemperatur backen.
Ober-/Unterhitze: 180–200 °C
Heißluft: 160–180 °C
Backzeit: etwa 15 Minuten.

6. Den Boden sofort vom Springformboden lösen, aber darauf auf einem Kuchenrost erkalten lassen.

7. Für die Kirschfüllung Sauerkirschen in einem Sieb abtropfen lassen, Saft auffangen und 250 ml (1/4 l) davon abmessen. Speisestärke mit 4 Esslöffeln von dem Saft anrühren. Restlichen Saft mit Zimt und Zucker in einem Topf zum Kochen bringen. Angerührte Speisestärke in den von der Kochstelle genommenen Saft rühren und unter Rühren aufkochen lassen. Topf von der Kochstelle nehmen, Sauerkirschen unterrühren und erkalten lassen.

8. Für die Rumcreme Gelatine nach Packungsanleitung einweichen. Pudding-Pulver mit etwas Milch anrühren. Restliche Milch mit Zucker, Vanillemark und einer Prise Salz in einem Topf zum Kochen bringen. Angerührtes Pudding-Pulver in die von der Kochstelle genommene Milch rühren und unter Rühren gut aufkochen lassen. Gelatine ausdrücken und unter Rühren in der heißen Puddingmasse auflösen, Rum unterrühren. Masse abkühlen lassen, dabei ab und zu umrühren. Wenn die Masse beginnt dicklich zu werden, Sahne steifschlagen und unterheben.

9. Den Knetteigboden auf eine Tortenplatte legen, einen Tortenring darumlegen und die Kirschmasse darauf verteilen. Einen Brandteigboden darauflegen und leicht andrücken. Die Hälfte der Rumcreme daraufstreichen und mit dem zweiten Brandteigboden belegen. Boden mit der restlichen Creme bestreichen. Den dritten Boden darauflegen, leicht andrücken und die Torte mindestens 1 Stunde kalt stellen.

10. Mandeln in einer Pfanne ohne Fett leicht bräunen und auf einem Teller abkühlen lassen. Tortenring lösen und entfernen. Mandeln gleichmäßig an den Tortenrand drücken. Die Tortenoberfläche mit Puderzucker bestäuben.

Tipp: Die Torte am Zubereitungstag servieren.

Einfach – gut vorzubereiten

Schnelle Bienenstich-Torte

Zubereitungszeit: 30 Minuten, ohne Abkühlzeit
Backzeit: etwa 30 Minuten

Für den Biskuitteig:
4 Eier (Größe M), 150 g Zucker
1 Pck. Dr. Oetker Vanillin-Zucker
125 g Weizenmehl
2 gestr. TL Dr. Oetker Backin
50 g abgezogene, gemahlene Mandeln

Zum Bestreuen:
100 g abgezogene, gehobelte Mandeln
15 g Zucker

Außerdem:
25 g Butter

Für die Füllung:
1 Pck. Paradiescreme Vanille-Geschmack (Dessertpulver)
400 g Schlagsahne

Insgesamt:
E: 84 g, F: 260 g, Kh: 333 g,
kJ: 16672, kcal: 3978

1. Den Backofen vorheizen. Für den Teig die Eier mit Handrührgerät mit Rührbesen auf höchster Stufe in 1 Minute schaumig schlagen. Zucker und Vanillin-Zucker mischen, in 1 Minute einstreuen, dann noch etwa 2 Minuten weiterschlagen.

2. Mehl mit Backpulver mischen, auf die Eiercreme geben und kurz auf niedrigster Stufe unterrühren. Zuletzt die Mandeln unterrühren. Den Teig in einer Springform (Ø 26 cm, Boden gefettet, mit Backpapier belegt) verteilen, die gehobelten Mandeln daraufstreuen und diese mit Zucker bestreuen. Die Form auf dem Rost in den vorgeheizten Backofen schieben.
Ober-/Unterhitze: etwa 180 °C
Heißluft: etwa 160 °C
Backzeit: etwa 30 Minuten.

3. Den Boden aus der Form lösen und auf einen Kuchenrost legen. Butter zerlassen, auf dem heißen Boden verteilen und den Boden erkalten lassen. Anschließend mitgebackenes Backpapier abziehen und den Boden einmal waagerecht durchschneiden.

4. Für die Füllung Dessertpulver und Sahne mit Handrührgerät mit Rührbesen in etwa 2 Minuten cremig schlagen. Die Creme auf den unteren Boden streichen, den oberen Boden darauflegen und die Torte bis zum Servieren kalt stellen.

Tipp: Probieren Sie die Füllung statt mit Paradiescreme Vanille-Geschmack mit Paradiescreme Schokoladen- oder Karamell-Geschmack. Der schnelle Bienenstich kann am Vortag komplett fertig gestellt werden. Er zieht dann im Kühlschrank etwas durch.

Schnelle Bienenstich-Torte

Zum Verschenken

Seerosenteich

Zubereitungszeit: 70 Minuten, ohne Abkühl- und Kühlzeit
Backzeit: etwa 25 Minuten

Für den All-in-Teig:
150 g Weizenmehl
3 gestr. TL Dr. Oetker Backin
150 g Zucker
3 Eier (Größe M)
150 g Butter oder Margarine

Für den Belag:
2 Beutel aus 1 Pck. Götterspeise Waldmeister-Geschmack
400 ml kaltes Wasser
2 Blatt weiße Gelatine
250 g Doppelrahm-Frischkäse
500 g Dickmilch oder Joghurt
1–2 EL Zitronensaft
125 g Zucker
500 g Schlagsahne

Zum Garnieren:
200 g Marzipan-Rohmasse
30 g gesiebter Puderzucker
grüne Speisefarbe
1 EL Aprikosenkonfitüre
einige dicke Zuckerperlen
Fruchtgummifrösche
Fruchtgummifische

Insgesamt:
E: 155 g, F: 470 g, Kh: 594 g,
kJ: 30397, kcal: 7258

1. Den Backofen vorheizen. Für den Teig Mehl mit Backpulver in einer Rührschüssel mischen. Restliche Zutaten hinzufügen und mit Handrührgerät mit Rührbesen auf höchster Stufe in etwa 2 Minuten zu einem glatten Teig verarbeiten. Einen Backrahmen (etwa 27 x 34 cm) auf ein Backblech (gefettet, mit Backpapier belegt) stellen. Den Teig hineingeben und verstreichen. Das Backblech in den vorgeheizten Backofen schieben.
Ober-/Unterhitze: etwa 180 °C
Heißluft: etwa 160 °C
Backzeit: etwa 25 Minuten.

2. Den Boden aus dem Backrahmen lösen, auf einen mit Backpapier belegten Kuchenrost stürzen und erkalten lassen. Anschließend mitgebackenes Backpapier entfernen, den Boden auf eine Platte legen und den gesäuberten Backrahmen darumstellen. Evtl. die sich lösende braune Backhaut abnehmen.
3. Für den Belag Götterspeise nach Packungsanleitung, aber nur mit insgesamt 400 ml Wasser anrühren. Gelatine einweichen. Frischkäse mit Dickmilch oder Joghurt und Zitronensaft verrühren. Götterspeise nach Packungsanleitung, aber mit insgesamt 125 g Zucker auflösen und erwärmen, dann 200 ml davon abnehmen und beiseitestellen (nicht kalt stellen). Gelatine ausdrücken und in der restlichen warmen Götterspeise unter Rühren auflösen. Mischung etwas abkühlen lassen, dann unter die Frischkäsemasse rühren und die Masse etwa 30 Minuten kalt stellen.
4. Sobald die Masse beginnt dicklich zu werden, Sahne steifschlagen, unterheben und die Creme in den Backrahmen füllen. Mit einem Löffel eine Vertiefung für den „Teich" hineinformen, zur Mitte hin etwas stärker vertiefen und die Torte etwa 1 Stunde kalt stellen (evtl. den „Teich" nochmals nachformen). Dann die beiseitegestellte, bereits leicht dickliche Götterspeise vorsichtig mit Hilfe eines Löffels in die Vertiefung für den „Teich" füllen und die Torte nochmals etwa 2 Stunden kalt stellen.
5. Zum Garnieren Marzipan mit Puderzucker und grüner Speisefarbe verkneten und zu zwei 60 cm langen und 5–6 cm breiten Streifen ausrollen. Streifen zackig zu „Gras" einschneiden und locker aufrollen. Reste verkneten, beiseitelegen und den Backrahmen entfernen. Gebäckrand mit Konfitüre bestreichen und die „Grasstreifen" um die Torte legen. Die Marzipanreste wieder ausrollen, kleine Blüten (Ø knapp 2 cm) ausstechen. Seerosen daraus formen, in die Blütenkelche Zuckerperlen stecken.
6. Den „Seerosenteich" kurz vor dem Servieren mit den „Seerosen", Fruchtgummifröschen und -fischen garnieren.

Seerosenteich

Raffiniert – etwas aufwändiger

Tausendundeine-Nacht-Torte

Zubereitungszeit: 70 Minuten, ohne Abkühl- und Kühlzeit
Backzeit: etwa 30 Minuten

Für den All-in-Teig:
130 g Weizenmehl
3 gestr. TL Dr. Oetker Backin
20 g Kakaopulver
30 g Raspelschokolade
100 g Zucker
2 EL flüssiger Honig
3 Eier (Größe M)
130 g Butter oder Margarine

Zum Garnieren:
125 g Zartbitter-Kuvertüre
1 EL Speiseöl
50 g Johannisbeergelee
100 g Marzipan-Rohmasse

Für die Honigsahne:
3 Blatt weiße Gelatine
500 g Schlagsahne
50–75 g flüssiger Honig

Zum Bestreichen und Verzieren:
100 g Johannisbeergelee
100 g Schlagsahne

Insgesamt:
E: 81 g, F: 413 g, Kh: 495 g,
kJ: 25194, kcal: 6022

1. Den Backofen vorheizen. Für den Teig alle Zutaten in eine Schüssel geben und mit Handrührgerät mit Rührbesen in etwa 2 Minuten zu einem glatten Teig verarbeiten. Teig in eine Springform (Ø 26 cm, Boden gefettet, mit Backpapier belegt) füllen, verstreichen und die Form auf dem Rost in den vorgeheizten Backofen schieben.
Ober-/Unterhitze: etwa 180 °C
Heißluft: etwa 160 °C
Backzeit: etwa 30 Minuten.
2. Das Gebäck aus der Form lösen, auf einen mit Backpapier belegten Kuchenrost stürzen und erkalten lassen. Anschließend mitgebackenes Backpapier abziehen und den Boden einmal waagerecht so durchschneiden, dass der untere Boden etwas dicker ist.
3. Den Rand des oberen Bodens abschneiden, so dass eine Platte (Ø 18–20 cm) entsteht, und den abgeschnittenen Rand fein zerbröseln. Kuvertüre grob hacken und mit Öl in einem kleinen Topf im Wasserbad bei schwacher Hitze schmelzen lassen. Die kleine Bodenplatte dünn mit Johannisbeergelee bestreichen. Marzipan in Größe der Platte ausrollen und auflegen.
4. Dann etwas von der Kuvertüre dick aufstreichen, etwas anziehen lassen, mit einem Tortenkamm oder einem Pinsel in Wellen verzieren und vollständig fest werden lassen. Restliche Kuvertüre nicht zu dünn auf Backpapier streichen und fest werden lassen (nicht kalt stellen).

Tausendundeine-Nacht-Torte

Den bestrichenen Boden mit einem angewärmten Messer vorsichtig in 12 Tortenstücke einteilen, aber nicht vollständig durchschneiden.
5. Für die Honigsahne Gelatine nach Packungsanleitung einweichen und in einem Topf bei schwacher Hitze auflösen. Sahne fast steifschlagen, erst flüssige Gelatine, dann Honig unter Schlagen dazugeben und Sahne vollständig steifschlagen. Unteren Boden auf eine Tortenplatte legen, mit Gelee bestreichen, dann die Sahne konisch aufstreichen, so dass der obere Boden aufgelegt werden kann und leicht andrücken. Torte etwa 2 Stunden kalt stellen.
6. Die Gebäckbrösel an den Rand auf die Honigsahne streuen und leicht andrücken. Sahne steifschlagen, in einen Spritzbeutel mit großer Lochtülle füllen und je einen Tuff auf die angedeuteten Tortenstücke spritzen. Aus der Kuvertüre Halbmonde ausstechen und auf die Tuffs legen.

Fruchtig – für Gäste

Zweifarbige Käse-Sahne-Torte

Zubereitungszeit: 50 Minuten, ohne Abkühl- und Kühlzeit
Backzeit: etwa 30 Minuten

Für den All-in-Teig:
175 g Weizenmehl
3 gestr. TL Dr. Oetker Backin
175 g Butter oder Margarine
175 g Zucker
1 Pck. Dr. Oetker Vanillin-Zucker
3 Eier (Größe M)
2 EL Orangensaft oder Wasser

Für die Creme:
8 Blatt weiße Gelatine
750 g Magerquark
1 Pck. Dr. Oetker Finesse Geriebene Zitronenschale
75 g Zucker
1 Pck. Dr. Oetker Vanillin-Zucker
1 Dose Aprikosenhälften (Abtropfgewicht 240 g)
250 g Himbeeren
400 g Schlagsahne

Zum Bestäuben:
Puderzucker

Insgesamt:
E: 168 g, F: 295 g, Kh: 499 g, kJ: 22518, kcal: 5376

Zweifarbige Käse-Sahne-Torte

1. Den Backofen vorheizen. Für den Teig Mehl mit Backpulver in einer Rührschüssel mischen. Restliche Zutaten hinzufügen und alles mit Handrührgerät mit Rührbesen auf höchster Stufe in etwa 2 Minuten zu einem glatten Teig verarbeiten. Teig in eine Springform (Ø 26 cm, Boden gefettet, mit Backpapier belegt) füllen und verstreichen.
2. Danach die Form auf dem Rost in den vorgeheizten Backofen schieben.
Ober-/Unterhitze: etwa 180 °C
Heißluft: etwa 160 °C
Backzeit: etwa 30 Minuten.
3. Den Boden aus der Form lösen, auf einen mit Backpapier belegten Kuchenrost stürzen und erkalten lassen. Anschließend mitgebackenes Backpapier abziehen und den Boden zweimal waagerecht durchschneiden.
4. Für die Creme Gelatine nach Packungsanleitung einweichen. Quark mit Zitronenschale, Zucker und Vanillin-Zucker verrühren. Gelatine leicht ausdrücken und in einem kleinen Topf bei schwacher Hitze unter Rühren auflösen. Aufgelöste Gelatine mit etwas von der Quarkmasse verrühren, dann die Mischung unter die restliche Quarkmasse rühren.
5. Aprikosen in einem Sieb gut abtropfen lassen, Himbeeren verlesen und beide Früchte voneinander getrennt fein pürieren. Quarkmasse halbieren und unter jede Hälfte eine Sorte Fruchtpüree rühren. Sahne steifschlagen und eine Hälfte davon unter jede Quark-Frucht-Sorte heben.
6. Unteren Boden auf eine Tortenplatte legen und einen Tortenring oder den gesäuberten Springformrand darumstellen. Die Himbeer-Quark-Creme einfüllen, glattstreichen und den mittleren Boden auflegen. Die Aprikosen-Quark-Creme daraufgeben, glattstreichen und den oberen Boden auflegen. Die Torte 2–3 Stunden kalt stellen.
7. Vor dem Servieren Tortenring oder Springformrand vorsichtig lösen und entfernen und die Torte mit Puderzucker bestäuben.

Tipp: Bestäuben Sie die Torte mit Hilfe einer Schablone und garnieren Sie sie mit Himbeeren. Um die Kerne zu entfernen, streichen Sie die Himbeeren durch ein Sieb, dann jedoch 50 g mehr Himbeeren verwenden.

Für Gäste – mit Alkohol

Weiße Sekttorte

Zubereitungszeit: 60 Minuten, ohne Kühlzeit
Backzeit: 35–45 Minuten

Für den Knetteig:
100 g Weizenmehl
40 g Puderzucker
1/2 Pck. Dr. Oetker Bourbon-Vanille-Zucker
1 Eigelb (Größe M)
60 g Butter oder Margarine

Für den Biskuitteig:
50 g Butter
4 Eiweiß (Größe M)
150 g Zucker
1/2 Pck. Dr. Oetker Bourbon-Vanille-Zucker
4 Eigelb (Größe M)
125 g Weizenmehl
50 g Speisestärke
1/2 gestr. TL Dr. Oetker Backin

Für die Füllung:
2 geh. EL Himbeergelee

Für die Sektcreme:
6 Blatt weiße Gelatine
2 Eigelb (Größe M)
50 g Zucker
1 Pck. Dr. Oetker Finesse Geriebene Zitronenschale
Saft von 1 Zitrone
125 ml (1/8 l) Sekt
1 Eiweiß (Größe M)
250 g Schlagsahne

Zum Verzieren und Garnieren:
250 g Schlagsahne
1 Pck. Dr. Oetker Sahnesteif
50 g weiße Kuvertüre
50 g Baiser (z. B. Baiserschalen)
100 g frische oder TK-Himbeeren
1 TL Puderzucker

Insgesamt:
E: 99 g, F: 313 g, Kh: 603 g,
kJ: 24270, kcal: 5799

1. Für den Knetteig die Zutaten in eine Rührschüssel geben und mit Handrührgerät mit Rührbesen auf höchster Stufe gut durcharbeiten. Anschließend den Teig auf der leicht bemehlten Arbeitsfläche kurz verkneten. Den Teig in Folie gewickelt etwa 30 Minuten kalt stellen. Inzwischen den Backofen vorheizen.
2. Für den Biskuitteig Butter zerlassen und abkühlen lassen. Eiweiß mit Zucker und Vanille-Zucker steifschlagen, Eigelb verrühren und unterheben. Mehl mit Speisestärke und Backpulver mischen, auf die Eischaummasse geben und locker unterheben, zerlassene Butter vorsichtig unterrühren. Den Teig in eine Springform (Ø 26 cm, Boden gefettet, mit Backpapier belegt) geben, verstreichen und die Form auf dem Rost in den vorgeheizten Backofen schieben.
Ober-/Unterhitze: 180–200 °C
Heißluft: 160–180 °C
Backzeit: 25–30 Minuten.
3. Den Biskuitboden sofort aus der Form lösen, auf einen Kuchenrost stürzen und erkalten lassen. Mitgebackenes Backpapier abziehen.
4. Den Knetteig auf dem Boden der gesäuberten Springform (Ø 26 cm, Boden gefettet) ausrollen und den Springformrand darumlegen. Teigboden mehrmals mit einer Gabel einstechen. Die Form auf dem Rost in den heißen Backofen schieben und bei geringerer Backtemperatur backen.
Ober-/Unterhitze: etwa 180 °C
Heißluft: etwa 160 °C
Backzeit: 10–15 Minuten.
5. Den Boden vom Springformboden lösen, aber darauf erkalten lassen.
6. Für die Füllung Gelee erwärmen. Den Knetteigboden auf eine Tortenplatte legen und mit Gelee bestreichen. Den Biskuitboden einmal waagerecht durchschneiden. Den unteren Boden auf den Knetteigboden legen und einen Tortenring darumlegen.
7. Für die Creme Gelatine nach Packungsanleitung einweichen. Eigelb mit Zucker, Zitronenschale, -saft und Sekt in einem Topf mit einem Schneebesen verrühren und unter Rühren bei schwacher Hitze zum Kochen bringen. Topf von der Kochstelle nehmen. Gelatine leicht ausdrücken und unter Rühren darin auflösen. Eiweiß steifschlagen und unter die heiße Sektmasse heben. Die Masse erkalten lassen.
8. Sahne steifschlagen. Wenn die Masse beginnt dicklich zu werden, Sahne unterheben. Die Hälfte der Sektcreme auf den Biskuitboden streichen und den oberen Biskuitboden darauflegen. Restliche Sektcreme darauf verstreichen. Die Torte etwa 1 Stunde kalt stellen.
9. Zum Verzieren und Garnieren Sahne mit Sahnesteif steifschlagen. Die Torte rundherum damit bestreichen. Kuvertüre in Späne hobeln. Den Tortenrand mit einigen Kuvertürespänen bestreuen. Baiser zerbröseln und kuppelartig auf die Torte legen. Restliche Kuvertürespäne dazwischenstreuen. Himbeeren verlesen oder auftauen lassen. Die Torte mit den Himbeeren garnieren und mit Puderzucker bestäuben.

Für Gäste – mit Alkohol

Walnusstorte mit Kirschen

Zubereitungszeit: 40 Minuten, ohne Abkühl- und Kühlzeit
Backzeit: etwa 20 Minuten

Zum Vorbereiten:
150 g gemahlene Walnusskerne

Für den All-in-Teig:
250 g Weizenmehl
3 gestr. TL Dr. Oetker Backin
150 g Zucker
1 Pck. Dr. Oetker Vanillin-Zucker
4 Eier (Größe M)
100 g weiche Butter oder Margarine
75 g Zartbitter-Raspelschokolade

Für den Belag:
1 Glas Sauerkirschen (Abtropfgewicht 350 g)
1 Pck. Tortenguss, klar
250 ml (1/4 l) Sauerkirschsaft aus dem Glas
1 TL Zucker
500 g Schlagsahne
2 Pck. Dr. Oetker Sahnesteif
1 TL Zucker

Zum Verzieren und Garnieren:
3–4 EL Eierlikör
50 g Walnusskerne
25 g Zartbitter-Raspelschokolade

Insgesamt:
E: 105 g, F: 420 g, Kh: 568 g, kJ: 27616, kcal: 6596

1. Zum Vorbereiten Walnusskerne in einer Pfanne ohne Fett bei schwacher Hitze goldbraun rösten, auf einen Teller geben und erkalten lassen. Den Backofen vorheizen.
2. Für den Teig Mehl mit Backpulver in einer Rührschüssel mischen. Zucker, Vanillin-Zucker, Eier und Butter oder Margarine hinzufügen und mit Handrührgerät mit Rührbesen auf höchster Stufe in etwa 2 Minuten zu einem glatten Teig verrühren. Raspelschokolade und vorbereitete Walnusskerne unterheben.
3. Den Teig in eine Springform (Ø 26 cm, Boden gefettet, mit Backpapier belegt) geben und verstreichen. Anschließend die Form auf dem Rost in den vorgeheizten Backofen schieben.
Ober-/Unterhitze: etwa 180 °C
Heißluft: etwa 160 °C
Backzeit: etwa 20 Minuten.
4. Den Gebäckboden aus der Form lösen, auf einen mit Backpapier belegten Kuchenrost stürzen und erkalten lassen.
5. Für den Belag Kirschen in einem Sieb gut abtropfen lassen, Saft dabei auffangen und 250 ml (1/4 l) abmessen. Den Gebäckboden auf eine Tortenplatte legen und einen Tortenring darumstellen. Kirschen darauf verteilen.
6. Aus Tortengusspulver, Kirschsaft und Zucker nach Packungsanleitung einen Guss zubereiten, auf den Kirschen verteilen und erkalten lassen. Sahne mit Sahnesteif und Zucker steifschlagen. Gut die Hälfte der Sahne auf die Kirschen geben und glattstreichen.
7. Restliche Sahne in einen Spritzbeutel mit großer Sterntülle geben. Den Rand auf der Oberfläche mit der Sahne verzieren. Eierlikör mit Hilfe eines Teelöffels auf die Torte sprenkeln und die Torte mit Walnusskernhälften garnieren. Die Torte etwa 1 Stunde kalt stellen.
8. Den Tortenring lösen und entfernen. Den Tortenrand mit Raspelschokolade bestreuen.

Raffiniert – mit Alkohol

Walnuss-Whisky-Torte

Zubereitungszeit: 50 Minuten, ohne Abkühl- und Kühlzeit
Backzeit: 25–30 Minuten

Für den Biskuitteig:
150 g Walnusskerne
3 Eier (Größe M)
2 EL heißes Wasser
125 g Zucker
1 Pck. Dr. Oetker Vanillin-Zucker
75 g Weizenmehl
1 Pck. Gala Pudding-Pulver Schokolade
1 gestr. TL Dr. Oetker Backin

Zum Beträufeln:
6 EL Whisky

Für die Füllung:
3 Blatt weiße Gelatine
4 EL Schokoladensirup
300 g Schlagsahne
20 g Puderzucker
100 g Vollmilch-Schokolade

Zum Verzieren und Garnieren:
150 g Zartbitter-Schokolade
500 g Schlagsahne

Insgesamt:
E: 93 g, F: 443 g, Kh: 446 g,
kJ: 26758, kcal: 6389

1. Für den Teig 16 Walnusskerne zum Garnieren beiseitelegen, restliche Kerne mahlen, in einer Pfanne ohne Fett leicht bräunen und auf einem Teller erkalten lassen. Den Backofen vorheizen.
2. Eier und Wasser mit Handrührgerät mit Rührbesen auf höchster Stufe in 1 Minute schaumig schlagen. Zucker und Vanillin-Zucker mischen, in 1 Minute einstreuen, dann noch etwa 2 Minuten weiterschlagen.
3. Mehl mit Pudding-Pulver und Backpulver mischen, auf die Eiercreme geben und kurz auf niedrigster Stufe unterrühren. Zuletzt 50 g der gerösteten Walnusskernen unterheben. Den Teig in eine Springform (Ø 24 cm, Boden gefettet, mit Backpapier belegt) füllen, verstreichen und die Form auf dem Rost in den vorgeheizten Backofen schieben.
Ober-/Unterhitze: etwa 180 °C
Heißluft: etwa 160 °C
Backzeit: 25–30 Minuten.
4. Den Boden aus der Form lösen, auf einen mit Backpapier belegten Kuchenrost stürzen, Backpapier entfernen und den Boden erkalten lassen. Anschließend den Boden einmal waagerecht durchschneiden und den unteren Boden mit der Hälfte des Whiskys beträufeln.
5. Für die Füllung Gelatine nach Packungsanleitung einweichen. Anschließend Gelatine leicht ausdrücken, in einem kleinen Topf bei schwacher Hitze auflösen und nach und nach Schokoladensirup unterrühren. Sahne steifschlagen, die Sirupmischung dazugeben und mit dem Puderzucker unterrühren.
6. Schokolade fein hacken und mit den restlichen gerösteten Walnusskernen unter die Sirupsahne heben.

Walnuss-Whisky-Torte

Die Creme auf den unteren Boden geben und glattstreichen. Den oberen Boden darauflegen und mit dem restlichen Whisky beträufeln. Die Torte etwa 1 Stunde kalt stellen.
7. Zum Garnieren Schokolade in kleine Stücke brechen und in einem Topf im Wasserbad bei schwacher Hitze schmelzen lassen. 2 Teelöffel davon zum Besprenkeln in einen kleine Gefrierbeutel geben, restliche Schokolade abkühlen lassen. Sahne steifschlagen. Abgekühlte flüssige Schokolade mit 1–2 Esslöffeln von der Sahne verrühren, dann die Mischung mit Hilfe eines Schneebesens kurz mit der restlichen Sahne verrühren.
8. Sahne portionsweise in einen Spritzbeutel mit großer Sterntülle füllen und Oberfläche und Rand der Torte mit Rosetten verzieren. Schokolade im Gefrierbeutel etwas durchkneten, evtl. leicht im Wasserbad erwärmen und eine kleine Ecke abschneiden. Die Rosetten mit der Schokolade besprenkeln und mit den zurückgelassenen Walnusskernen garnieren.

Beliebt

Weihnachtstorte

Zubereitungszeit: 40 Minuten, ohne Abkühl- und Kühlzeit

Für den Boden:
250 g Gewürzspekulatius
100 g Butter oder Margarine

Für die Creme:
8 Blatt weiße Gelatine
500 g Mascarpone (ital. Frischkäse)
500 g Magerquark
4 EL Honig
1–2 EL gemahlener Zimt
150 g Zucker
250 g Schlagsahne

Zum Bestäuben:
1 EL Kakaopulver

Insgesamt:
E: 119 g, F: 419 g, Kh: 460 g,
kJ: 26157, kcal: 6251

1. Für den Boden Spekulatius in einen Gefrierbeutel geben, den Beutel verschließen, die Spekulatius mit einer Teigrolle zu feinen Bröseln zerdrücken und in eine Schüssel geben. Butter oder Margarine zerlassen, etwas abkühlen lassen, zu den Bröseln geben und gut verrühren.
2. Einen Springformrand oder Tortenring (Ø 28 cm) auf eine mit Tortenspitze oder Backpapier belegte Tortenplatte stellen. Die Spekulatiusmasse darin gleichmäßig mit einem Löffelrücken zu einem Boden andrücken und kalt stellen.
3. Für die Creme Gelatine nach Packungsanleitung einweichen. Mascarpone mit Quark, Honig, Zimt und Zucker verrühren. Gelatine leicht ausdrücken, in einem kleinen Topf bei schwacher Hitze auflösen und mit etwas von der Mascarponemasse verrühren, dann die Mischung unter die restliche Mascarponemasse rühren.
4. Sahne steifschlagen und unterheben. Die Creme auf dem Boden verteilen und glattstreichen. Die Torte 2–3 Stunden kalt stellen.
5. Vor dem Servieren Springformrand oder Tortenring lösen und entfernen und die Torte mit Kakao bestäuben.

Weihnachtstorte

Tipp: Sie können die Torte auch zusätzlich vor dem Servieren mit steifgeschlagener Sahne verzieren, mit zerbröselten Baiserschalen bestreuen und erst dann mit Kakao bestäuben (Foto).

Raffiniert

Nougat-Käse-Sahne-Torte

Zubereitungszeit: 40 Minuten, ohne Kühlzeit

Für den Boden:
180 g Zwieback
200 g Nuss-Nougat

Für die Käsemasse:
6 Blatt weiße Gelatine
750 g Magerquark
100 ml Milch, 50 g Zucker
250 g Schlagsahne
100 g Nuss-Nougat
1 EL Kakaopulver
75 g Zucker

Zum Verzieren:
100 g Nuss-Nougat

Insgesamt:
E: 154 g, F: 176 g, Kh: 547 g,
kJ: 18787, kcal: 4488

1. Zwieback in einen Gefrierbeutel geben, ihn verschließen und Zwieback mit einer Teigrolle fein zerbröseln. Nougat im Wasserbad geschmeidig rühren, zu den Zwiebackbröseln in eine Schüssel geben und gut vermischen. Eine Springform (Ø 26 cm) auf eine mit Tortenspitze oder Backpapier belegte Tortenplatte stellen. Die Zwiebackmasse darin verteilen, zu einem Boden andrücken und kalt stellen.
2. Gelatine nach Packungsanleitung einweichen. Quark mit Milch und Zucker in einer Schüssel verrühren. Gelatine leicht ausdrücken, bei schwacher Hitze auflösen, zunächst mit etwas von der Quarkmasse verrühren, dann unter die restliche Quarkmasse rühren. Sahne steifschlagen und unterheben.
3. Nougat im Wasserbad geschmeidig rühren und abkühlen lassen. Quarkcreme halbieren. Unter die eine Hälfte Nougat und Kakaopulver rühren, unter die zweite Hälfte Zucker rühren. Dunkle Creme auf den Boden streichen, helle Creme daraufstrei-

chen und mit einer Gabel spiralförmig durchziehen, so dass an der Oberfläche eine Marmormuster entsteht.

4. Form mehrmals auf die Arbeitsfläche aufklopfen, so dass die Oberfläche wieder glatt wird. Torte etwa 3 Stunden kalt stellen.

5. Zum Verzieren Nougat im Wasserbad geschmeidig rühren. Springformrand lösen und entfernen und den äußeren Rand der Torte mit dem aufgelösten Nougat besprenkeln.

Tipp: Wenn weniger Nougat verwendet werden soll, kann 100 g im Boden durch 75 g Butter ersetzt werden. Zum Verzieren kann Schokolade verwendet werden oder den Rand kurz vor dem Servieren mit Kakaopulver bestäuben.

Gut vorzubereiten

Mars-Birnen-Torte

Zubereitungszeit: 45 Minuten, ohne Kühl- und Abkühlzeit
Backzeit: etwa 45 Minuten

Zum Vorbereiten:
600 g Schlagsahne
3 Mars® -Riegel (je 51 g)

Für den Rührteig:
75 g Butter oder Margarine
125 g Zucker
1 Pck. Dr. Oetker Vanillin-Zucker
3 Eier (Größe M)
1 Pck. Dr. Oetker Finesse Geriebene Zitronenschale
100 g Weizenmehl
1 gestr. TL Dr. Oetker Backin
50 g abgezogene, gemahlene Mandeln

1 Dose Birnenhälften (Abtropfgewicht 460 g)

Für den Belag:
2 Pck. Dr. Oetker Sahnesteif
3 kleine Mars® -Riegel (je 20 g)

Insgesamt:
E: 72 g, F: 245 g, Kh: 489 g, kJ: 22802, kcal: 5449

1. Zum Vorbereiten Sahne mit grob zerkleinerten Mars® -Riegeln unter Rühren erhitzen, bis diese geschmolzen sind. Die Masse in eine Rührschüssel umfüllen, mit Frischhaltefolie zudecken und über Nacht kalt stellen.

2. Den Backofen vorheizen. Für den Teig Butter oder Margarine mit Handrührgerät mit Rührbesen auf höchster Stufe geschmeidig rühren. Nach und nach Zucker und Vanillin-Zucker unterrühren. So lange rühren, bis eine gebundene Masse entstanden ist. Eier nach und nach unterrühren (jedes Ei etwa 1/2 Minute). Zitronenschale unterrühren.

3. Mehl mit Backpulver mischen und auf mittlerer Stufe unterrühren. Mandeln unterrühren. Den Teig in eine Springform (Ø 26 cm, Boden gefettet) füllen und verstreichen. Birnen in einem Sieb abtropfen lassen, in Spalten schneiden und auf dem Teig verteilen (12 Birnenspalten zum Garnieren zurücklassen). Die Form auf dem Rost in den vorgeheizten Backofen schieben.
Ober-/Unterhitze: etwa 180 °C
Heißluft: etwa 160 °C
Backzeit: etwa 45 Minuten.

4. Den Tortenboden aus der Form lösen und anschließend auf einem mit Backpapier belegten Kuchenrost erkalten lassen.

5. Für den Belag die Mars®-Sahne mit Sahnesteif steifschlagen und kuppelartig auf den Boden streichen. Die Torte mit in Scheiben geschnittenen Mars®-Riegeln und Birnenspalten garnieren.

®Registered trademark of MARS.

Nougat-Käse-Sahne-Torte

Mars-Birnen-Torte

Mandel-Amaretto-Torte

Für Gäste – mit Alkohol

Mandel-Amaretto-Torte

Zubereitungszeit: 75 Minuten, ohne Abkühl- und Kühlzeit
Backzeit: etwa 45 Minuten

Für den Biskuitteig:
4 Eier (Größe M)
2 EL Amaretto (Mandellikör)
150 g Zucker
1 Pck. Dr. Oetker Vanillin-Zucker
100 g Weizenmehl
2 gestr. TL Dr. Oetker Backin
100 g abgezogene, gemahlene Mandeln

Für die Amaretto-Creme:
8 Blatt weiße Gelatine
4 Eier (Größe M)
150 g Zucker, 150 ml Milch
600 g Schlagsahne
3–4 EL Amaretto (Mandellikör)

Für die Mandelfächer:
75 g Butter
30 g Zucker
1 Pck. Dr. Oetker Vanillin-Zucker
2 EL Schlagsahne
100 g abgezogene, gehobelte Mandeln

Zum Verzieren:
200 g Schlagsahne
1 Pck. Dr. Oetker Vanillin-Zucker

Insgesamt:
E: 143 g, F: 488 g, Kh: 482 g,
kJ: 29065, kcal: 6939

1. Den Backofen vorheizen. Für den Teig Eier und Amaretto in eine Rührschüssel geben und mit Handrührgerät mit Rührbesen auf höchster Stufe in 1 Minute schaumig schlagen. Zucker und Vanillin-Zucker mischen, in 1 Minute einstreuen und noch etwa 2 Minuten weiterschlagen.
2. Mehl mit Backpulver mischen, auf die Eiercreme geben und auf mittlerer Stufe kurz unterrühren. Zuletzt Mandeln kurz unterrühren. Den Teig in eine Springform (Ø 26 cm, Boden gefettet, mit Backpapier belegt) füllen und verstreichen. Die Form auf dem Rost in den vorgeheizten Backofen schieben.
Ober-/Unterhitze: etwa 180 °C
Heißluft: etwa 160 °C
Backzeit: etwa 30 Minuten.
3. Den Boden aus der Form lösen, auf einen mit Backpapier belegten Kuchenrost stürzen und erkalten lassen. Anschließend mitgebackenes Backpapier abziehen und den Biskuitboden einmal waagerecht durchschneiden.
4. Für die Amaretto-Creme inzwischen Gelatine einweichen. Eier mit Zucker und Milch in einer Schüssel (am besten aus Metall) verrühren und im heißen Wasserbad mit Handrührgerät mit Rührbesen auf mittlerer Stufe etwa 5 Minuten dicklich aufschlagen. Gelatine leicht ausdrücken und in der heißen Masse unter Rühren auflösen. Die Masse aus dem Wasserbad nehmen und unter Rühren erkalten lassen.
5. Sahne steifschlagen, unter die erkaltete Creme heben und Amaretto kurz unterrühren. Den unteren Boden auf eine Tortenplatte legen und mit gut der Hälfte der Amaretto-Creme bestreichen. Zweiten Boden auflegen und die Torte rundherum mit der restlichen Creme bestreichen. Die Torte etwa 2 Stunden kalt stellen.
6. Für die Mandelfächer inzwischen Butter mit Zucker und Vanillin-Zucker in einem Topf zerlassen und verrühren, Sahne und Mandeln hinzufügen und unter Rühren kurz aufkochen lassen. Die Mandelmasse in eine Springform (Ø 18–20 cm, Boden gefettet, mit Backpapier belegt) geben und mit einem feuchten Löffel gleichmäßig andrücken. Die Form auf dem Rost in den heißen Backofen schieben und **bei gleicher Backtemperatur etwa 15 Minuten backen**.
7. Den Mandelboden vorsichtig aus der Form lösen, noch heiß in 12 Tortenstücke schneiden und erkalten lassen. Zum Verzieren kurz vor dem Servieren Sahne mit Vanillin-Zucker steifschlagen und in einen Spritzbeutel mit Lochtülle füllen. 12 große längliche Tuffs oder Spiralen auf die Tortenoberfläche spritzen und jeweils einen Mandelfächer anlegen.

Knoppers-Torte

Zubereitungszeit: 30 Minuten, ohne Abkühl- und Kühlzeit
Backzeit: etwa 25 Minuten

Für den Biskuitteig:
3 Eier (Größe M)
3 EL heißes Wasser
100 g Zucker
1 Pck. Dr. Oetker Vanillin-Zucker
75 g Weizenmehl
50 g Speisestärke
1 gestr. TL Dr. Oetker Backin
50 g gemahlene Haselnusskerne

Für die Schokofüllung:
100 g gehackte Haselnusskerne
1 kleine Dose Aprikosenhälften (Abtropfgewicht 240 g)
1 Pck. Paradiescreme Schokoladen-Geschmack (Dessertpulver)
150 ml Milch

Für den Knoppers-Belag:
5 Knoppers (Milch-Haselnuss-Schnitten)
400 g Schlagsahne
2 Pck. Dr. Oetker Vanillin-Zucker
2 Pck. Dr. Oetker Sahnesteif

Zum Garnieren:
1–2 Knoppers (Milch-Haselnuss-Schnitten)

Insgesamt:
E: 80 g, F: 300 g, Kh: 444 g, kJ: 20055, kcal: 4787

1. Den Backofen vorheizen. Für den Teig Eier und Wasser mit Handrührgerät mit Rührbesen auf höchster Stufe in 1 Minute schaumig schlagen. Zucker und Vanillin-Zucker mischen, in 1 Minute einstreuen, dann noch etwa 2 Minuten weiterschlagen.
2. Mehl mit Speisestärke und Backpulver mischen, auf die Eiercreme geben und kurz auf niedrigster Stufe unterrühren. Zuletzt kurz die Haselnusskerne unterrühren. Den Teig in eine Springform (Ø 26 cm, Boden gefettet, mit Backpapier belegt) füllen und verstreichen. Die Form auf dem Rost in den vorgeheizten Backofen schieben.
Ober-/Unterhitze: etwa 200 °C
Heißluft: etwa 180 °C
Backzeit: etwa 25 Minuten.
3. Boden aus der Form lösen, auf einen mit Backpapier belegten Kuchenrost stürzen und erkalten lassen. Anschließend Backpapier vorsichtig abziehen. Boden einmal waagerecht durchschneiden und den unteren Boden auf eine Tortenplatte legen.
4. Für die Schokofüllung inzwischen Haselnusskerne in einer beschichteten Pfanne ohne Fett goldbraun rösten und auf einem Teller erkalten lassen. Aprikosen in einem Sieb gut abtropfen lassen. Paradiescreme nach Packungsanleitung, aber nur mit 150 ml Milch aufschlagen und zuletzt 50 g der gerösteten Haselnusskerne unterrühren.
5. Für den Knoppers-Belag die Knoppers klein schneiden. Sahne mit Vanillin-Zucker und Sahnesteif steifschlagen und die Knoppers-Stückchen unterheben.
6. Aprikosen mit der Wölbung nach oben auf den Boden legen, dabei am Rand 1–2 cm frei lassen und die Schokofüllung darauf verstreichen. Den zweiten Boden auflegen und leicht andrücken. Den Knoppers-Belag kuppelförmig auf die Torte streichen. Die restlichen gerösteten Haselnusskerne darüberstreuen.
7. Zum Garnieren Knoppers in kleine Würfel schneiden und dekorativ auf die Tortenoberfläche legen. Die Torte kann sofort serviert werden.

Knoppers-Torte

Für Gäste – raffiniert

Karamell-Flockentorte

Zubereitungszeit: 60 Minuten, ohne Abkühl-, Quell- und Kühlzeit
Backzeit: 75–90 Minuten

Für den Knetteig:
150 g Weizenmehl
40 g Zucker
100 g Butter oder Margarine

Für den Brandteig:
125 ml (1/8 l) Wasser
25 g Butter oder Margarine
75 g Weizenmehl
15 g Speisestärke
2–3 Eier (Größe M)
1/2 gestr. TL Dr. Oetker Backin

Für die Karamellfüllung:
1 Pck. gemahlene, weiße Gelatine
5 EL kaltes Wasser
125 g Zucker
750 g Schlagsahne

Zum Bestreichen und Bestäuben:
2–3 EL Johannisbeergelee
Puderzucker

Insgesamt:
E: 65 g, F: 364 g, Kh: 432 g,
kJ: 22423, kcal: 5361

1. Den Backofen vorheizen. Für den Knetteig die Zutaten in eine Rührschüssel geben und mit Handrührgerät mit Knethaken auf höchster Stufe gut durcharbeiten. Anschließend den Teig auf der leicht bemehlten Arbeitsfläche kurz verkneten. Sollte er kleben, ihn in Folie gewickelt eine Zeit lang kalt stellen.

2. Den Teig auf dem Boden einer Springform (Ø 26 cm, gefettet) ausrollen. Teigboden mehrmals mit einer Gabel einstechen und den Springformrand darumlegen. Die Form auf dem Rost in den vorgeheizten Backofen schieben.
Ober-/Unterhitze: etwa 200 °C
Heißluft: etwa 180 °C
Backzeit: etwa 15 Minuten.

3. Den Gebäckboden sofort vom Springformboden lösen, aber darauf erkalten lassen.

4. Für den Brandteig Wasser mit Butter oder Margarine am besten in einem Stieltopf zum Kochen bringen. Mehl mit Speisestärke mischen, auf einmal in die von der Kochstelle genommene Flüssigkeit schütten, zu einem glatten Kloß rühren und unter Rühren etwa 1 Minute erhitzen.

5. Den heißen Kloß sofort in eine Rührschüssel geben. Nach und nach die Eier mit Handrührgerät mit Rührbesen auf höchster Stufe unterarbeiten. Die Eiermenge hängt von der Beschaffenheit des Teiges ab. Er muss stark glänzen und so von einem Löffel abreißen, dass lange Spitzen hängen bleiben. Backpulver in den erkalteten Teig arbeiten.

6. Aus dem Teig 3 Böden backen. Dazu ein Drittel des Teiges auf einen Springformboden (Ø 26 cm, gefettet, gemehlt) streichen (die Teiglage sollte am Rand nicht zu dünn sein, damit der Boden dort nicht zu dunkel wird). Den Boden ohne Springformrand backen. Springformboden auf dem Rost in den heißen Backofen schieben und **bei gleicher Backtemperatur 20–25 Minuten backen**.

7. Den Boden vom Springformboden lösen und auf einem Kuchenrost erkalten lassen. Die anderen beiden Brandteigböden ebenso zubereiten und backen.

8. Für die Füllung Gelatine mit kaltem Wasser in einem kleinen Topf anrühren und etwa 10 Minuten quellen lassen. Inzwischen Zucker in einer Pfanne hellbraun karamellisieren lassen und gut 125 g von der Sahne hinzugießen. Sahne unter Rühren erhitzen, bis der Zucker wieder aufgelöst ist.

9. Topf von der Kochstelle nehmen, Gelatinemasse hinzugeben und unter Rühren darin auflösen. Flüssigkeit erkalten lassen. Restliche Sahne steifschlagen und unter die erkaltete Karamellsahne heben.

10. Den Knetteigboden dünn mit Johannisbeergelee bestreichen, mit einem Brandteigboden belegen und mit etwa der Hälfte der Karamellsahne bestreichen. Zweiten Brandteigboden darauflegen und mit der restlichen Karamellsahne bestreichen. Den dritten Boden in Stücke brechen und auf der Karamellsahne verteilen. Torte mit Puderzucker bestäuben und etwa 30 Minuten kalt stellen.

Karamell-Flockentorte

Joghurt-Obsttorte

Beliebt

Joghurt-Obsttorte

Zubereitungszeit: 40 Minuten, ohne Abkühl- und Kühlzeit
Backzeit: etwa 10 Minuten

Für den Knetteig:
150 g Weizenmehl
1 Msp. Dr. Oetker Backin
75 g Zucker
1 Ei (Größe M)
80 g Butter oder Margarine

Für die Füllung:
6 Blatt weiße Gelatine
500 g Joghurt
100 g Zucker
Saft von 1 Zitrone
250 g Schlagsahne

Für den Belag:
750 g vorbereitetes, frisches Obst der Saison (z. B. Erdbeeren, Pfirsiche, Nektarinen usw.)

Für den Guss:
1 Pck. Tortenguss, klar
250 ml (1/4 l) Apfelsaft

Insgesamt:
E: 62 g, F: 209 g, Kh: 413 g,
kJ: 15998, kcal: 3819

1. Den Backofen vorheizen. Für den Teig Mehl mit Backpulver in einer Rührschüssel mischen. Zucker, Ei und Butter oder Margarine hinzufügen. Die Zutaten mit Handrührgerät mit Knethaken zunächst kurz auf niedrigster, dann auf höchster Stufe gut durcharbeiten. Anschließend den Teig auf der bemehlten Arbeitsfläche kurz verkneten.
2. Teig auf einem Springformboden (Ø 26 cm, gefettet) ausrollen, mit einer Gabel mehrmals einstechen und einen Springformrand darumlegen. Die Form auf dem Rost in den vorgeheizten Backofen schieben.
Ober-/Unterhitze: etwa 200 °C
Heißluft: etwa 180 °C
Backzeit: etwa 10 Minuten.
3. Die Form auf einen Kuchenrost stellen, Springformrand lösen und entfernen, Gebäckboden vom Springformboden lösen, aber darauf erkalten lassen. Erkalteten Boden auf eine Tortenplatte legen und einen Tortenring oder den gesäuberten Springformrand darumstellen.
4. Für die Füllung Gelatine nach Packungsanleitung einweichen. Joghurt mit Zucker und Zitronensaft in einer Rührschüssel verrühren. Gelatine leicht ausdrücken, in einem kleinen Topf bei schwacher Hitze auflösen und mit etwas von der Joghurtmasse verrühren, dann Mischung unter die restliche Joghurtmasse rühren und kalt stellen.
5. Wenn die Masse beginnt dicklich zu werden, Sahne steifschlagen und unterheben. Die Creme auf den Gebäckboden geben und glattstreichen. Die Torte 2–3 Stunden kalt stellen.
6. Für den Belag die Torte mit dem Obst belegen. Für den Guss aus Tortengusspulver und Apfelsaft nach Packungsanleitung, aber ohne Zucker einen Tortenguss zubereiten und über das Obst geben. Torte nochmals etwa 1 Stunde kalt stellen. Anschließend Tortenring oder Springformrand lösen und entfernen.

Tipp: Anstelle von Joghurt können Sie auch Dickmilch verwenden. Ersetzen Sie bei der Zubereitung des Gusses 100 ml von dem Apfelsaft durch Weißwein.

Für Kinder – dauert länger

Fruchtkleckstorte

Zubereitungszeit: 80 Minuten, ohne Abkühl- und Kühlzeit
Backzeit: etwa 50 Minuten

Für den Biskuitteig:
100 g Butter
4 Eier (Größe M)
3 EL heißes Wasser
150 g Zucker
1 Pck. Dr. Oetker Vanillin-Zucker
100 g Weizenmehl
50 g Speisestärke
3 gestr. TL Dr. Oetker Backin
100 g abgezogene, gemahlene Mandeln

Für den Knetteig:
150 g Weizenmehl
50 g Zucker
3 Tropfen Bittermandel-Aroma
100 g Butter oder Margarine

Für die Fruchtmassen:
6 Blatt weiße Gelatine
1 Dose Pfirsichhälften (Abtropfgewicht 340 g)
300 g Erdbeeren
evtl. Zucker

Für die Füllung:
6 Blatt weiße Gelatine
500 g Joghurt
1 Pck. Dr. Oetker Finesse Geriebene Zitronenschale
75 g Zucker
1 Pck. Dr. Oetker Vanillin-Zucker
400 g Schlagsahne

Zum Garnieren:
Zitronenmelisse

Insgesamt:
E: 128 g, F: 397 g, Kh: 634 g, kJ: 27823, kcal: 6642

1. Den Backofen vorheizen. Für den Biskuitteig Butter zerlassen und abkühlen lassen. Eier und Wasser mit Handrührgerät mit Rührbesen auf höchster Stufe in 1 Minute schaumig schlagen. Zucker und Vanillin-Zucker mischen, in 1 Minute einstreuen, dann noch etwa 2 Minuten weiterschlagen. Mehl mit Speisestärke und Backpulver mischen, auf die Eiercreme geben und kurz auf niedrigster Stufe unterrühren. Zuletzt Mandeln und die flüssige Butter kurz unterrühren. Den Teig in eine Springform (Ø 26 cm, Boden gefettet, mit Backpapier belegt) füllen, verstreichen und die Form auf dem Rost in den vorgeheizten Backofen schieben.
Ober-/Unterhitze: etwa 180 °C
Heißluft: etwa 160 °C
Backzeit: etwa 30 Minuten.

2. Den Boden aus der Form lösen und auf einem Kuchenrost erkalten lassen. Anschließend mitgebackenes Backpapier abziehen und den Boden einmal waagerecht durchschneiden.

3. Für den Knetteig inzwischen die Zutaten in eine Rührschüssel geben und mit Handrührgerät mit Knethaken zunächst kurz auf niedrigster, dann auf höchster Stufe zu einem Teig verarbeiten. Den Teig auf einem Springformboden (Ø 26 cm, gefettet) ausrollen, mehrfach mit einer Gabel einstechen, den Springformrand darumstellen und den Boden **bei gleicher Backtemperatur etwa 20 Minuten backen**.

4. Anschließend den Boden vom Springformboden lösen, aber darauf auf einem Kuchenrost erkalten lassen.

5. Für die Fruchtmassen Gelatine nach Packungsanleitung einweichen. Pfirsiche in einem Sieb gut abtropfen lassen. Erdbeeren waschen, putzen und die Früchte getrennt voneinander pürieren. Gelatine leicht ausdrücken, in einem kleinen Topf bei schwacher Hitze auflösen und jeweils die Hälfte davon mit einem Fruchtpüree verrühren. Erdbeerpüree evtl. mit etwas Zucker abschmecken.

6. Für die Füllung Gelatine einweichen. Joghurt mit Zitronenschale, Zucker und Vanillin-Zucker verrühren. Gelatine bei schwacher Hitze auflösen und zunächst mit etwas Joghurtmasse verrühren, dann unter die restliche Joghurtmasse rühren und kalt stellen. Sobald die Masse beginnt dicklich zu werden, Sahne steifschlagen und unterheben.

7. Knetteigboden auf eine Tortenplatte legen, mit etwas Pfirsichpüree bestreichen und einen Biskuitboden darauflegen. Tortenring oder den gesäuberten Springformrand darumstellen. Gut zwei Drittel der Joghurtcreme auf den Boden streichen. Fruchtpürees nochmals durchrühren und jeweils gut die Hälfte davon getrennt in Gefrierbeutel füllen. Jeweils eine kleine Ecke abschneiden und viele Püreenester in die Joghurtcreme spritzen.

8. Den oberen Boden darauflegen, andrücken und mit der restlichen Joghurtcreme bestreichen. Mit gut der Hälfte der restlichen Pürees die Oberfläche mit runden Püreeflächen verzieren. Die Torte 2–3 Stunden kalt stellen.

9. Anschließend Tortenring oder Springformrand lösen und entfernen. Restliches Püree durchrühren und den Tortenrand damit besprenkeln. Torte mit Zitronenmelisse garnieren und bis zum Servieren kalt stellen.

Fruchtkleckstorte

Einfach

Erdbeer-Quarkcreme-Torte

Zubereitungszeit: 40 Minuten, ohne Abkühl- und Kühlzeit
Backzeit: etwa 20 Minuten

Für den Schüttelteig:
125 g Weizenmehl
2 gestr. TL Dr. Oetker Backin
100 g Zucker
1 Pck. Dr. Oetker Vanillin-Zucker
2 Eier (Größe M), 6 EL Speiseöl

Für den Belag:
500 g Erdbeeren
25 g Zucker
500 g Schlagsahne
1 Pck. Quarkfein Erdbeer-Geschmack (Dessertpulver)

Zum Verzieren und Garnieren:
200 g Schlagsahne
1 Pck. Dr. Oetker Sahnesteif
250 g Erdbeeren
evtl. etwas Raspelschokolade

Insgesamt:
E: 51 g, F: 294 g, Kh: 394 g,
kJ: 19161, kcal: 4577

Erdbeer-Quarkcreme-Torte

1. Den Backofen vorheizen. Für den Teig Mehl und Backpulver in einer verschließbaren Schüssel (etwa 3 l) mit Zucker und Vanillin-Zucker mischen. Eier und Speiseöl hinzufügen.
2. Schüssel mit dem Deckel fest verschließen und mehrmals (insgesamt 15–30 Sekunden) kräftig schütteln, so dass alle Zutaten gut vermischt sind. Alles mit einem Schneebesen oder Rührlöffel nochmals sorgfältig durchrühren, damit trockene Zutaten vom Rand mit untergerührt werden.
3. Dann den Teig in eine Springform (Ø 26 cm, Boden gefettet, mit Backpapier belegt) geben und verstreichen. Die Form auf dem Rost in den vorgeheizten Backofen schieben.
Ober-/Unterhitze: etwa 180 °C
Heißluft: etwa 160 °C
Backzeit: etwa 20 Minuten.
4. Den Tortenboden aus der Form lösen, auf einen mit Backpapier belegten Kuchenrost stürzen und erkalten lassen. Anschließend mitgebackenes Backpapier abziehen und den Boden auf eine Tortenplatte legen. Einen Tortenring oder den gesäuberten Springformrand darumstellen.
5. Für den Belag Erdbeeren waschen, abtropfen lassen, putzen und in Stücke schneiden. Erdbeerstücke mit Zucker mischen.
6. Sahne etwa 1/2 Minute schlagen, dann das Dessertpulver unter Rühren hinzufügen. Sahne vollständig steifschlagen. Die Hälfte der Quark-Sahne-Creme auf den Tortenboden streichen. Erdbeerstücke darauf verteilen. Restliche Quark-Sahne-Creme darauf verteilen. Die Torte etwa 2 Stunden kalt stellen.
7. Zum Verzieren Sahne mit Sahnesteif steifschlagen. Die Tortenoberfläche mit der Sahne verzieren. Zum Garnieren Erdbeeren waschen, gut abtropfen lassen und halbieren. Die Torte mit den Erdbeeren mit Grün garnieren. Den Tortenring oder Springformrand entfernen. Nach Belieben die Torte mit Raspelschokolade bestreuen.

Schnell zubereitet

Eiskaffee-Sahne-Torte

Zubereitungszeit: 30 Minuten, ohne Abkühl- und Kühlzeit
Backzeit: etwa 30 Minuten

Für den Biskuitteig:
4 Eier (Größe M)
4 EL heißes Wasser, 150 g Zucker
1 Pck. Dr. Oetker Vanillin-Zucker
1 EL Amaretto (Mandellikör)
120 g Weizenmehl
2 gestr. TL Dr. Oetker Backin
1 Pck. Dr. Oetker Pudding-Pulver Mandel-Geschmack
50 g abgezogene, gemahlene Mandeln
100 g Raspelschokolade

Für die Füllung:
750 g Schlagsahne
2 Pck. Dr. Oetker Sahnesteif
2 Pck. (je 20 g) Eiskaffeepulver

Zum Bestreuen und Garnieren:
Kakaopulver
einige Konfektkugeln

Insgesamt:
E: 77 g, F: 325 g, Kh: 431 g,
kJ: 20821, kcal: 4969

1. Den Backofen vorheizen. Für den Teig Eier und Wasser mit Handrührgerät mit Rührbesen auf höchster Stufe in 1 Minute schaumig schlagen. Zucker und Vanillin-Zucker mischen, in 1 Minute einstreuen, dann noch etwa 2 Minuten weiterschlagen, Likör kurz unterrühren.
2. Mehl mit Backpulver und Pudding-Pulver mischen, die Hälfte davon auf die Eiercreme geben und kurz auf niedrigster Stufe unterrühren. Restliches Mehlgemisch auf die gleiche Weise unterarbeiten, Mandeln und Raspelschokolade unterheben. Den Teig in eine Springform (Ø 26 cm, Boden gefettet, mit Backpapier belegt) füllen und verstreichen. Die Form auf dem Rost in den vorgeheizten Backofen schieben.
Ober-/Unterhitze: etwa 180 °C
Heißluft: etwa 160 °C
Backzeit: etwa 30 Minuten.
3. Den Biskuitboden aus der Form lösen und auf einen Kuchenrost stürzen. Biskuitboden erkalten lassen, anschließend mitgebackenes Backpapier abziehen und den Boden einmal waagerecht durchschneiden.
4. Für die Füllung Sahne mit Sahnesteif und Eiskaffeepulver steifschlagen. 2–3 Esslöffel der Eiskaffeesahne in einen Spritzbeutel mit Lochtülle füllen.
5. Den unteren Boden auf eine Platte legen. Gut die Hälfte der Eiskaffeesahne daraufstreichen. Den oberen Boden darauflegen und leicht andrücken. Tortenoberfläche und -rand gleichmäßig mit der restlichen Eiskaffeesahne bestreichen.
6. Die Tortenoberfläche gitterförmig mit der Eiskaffeesahne aus dem Spritzbeutel verzieren und die Torte bis zum Servieren kalt stellen. Kurz vor dem Servieren die Tortenoberfläche mit Kakaopulver bestäuben und nach Belieben mit Konfektkugeln garnieren.

Tipp: Anstelle von 1 Päckchen Pudding-Pulver Mandel-Geschmack 1 Päckchen Pudding-Pulver Vanille-Geschmack verwenden. Die Torte kann am Vortag zubereitet werden. Für eine fruchtige Eiskaffee-Torte den unteren Boden mit etwa 350 g Aprikosen- oder Pfirsichwürfeln oder Himbeeren belegen und dann die Creme aufstreichen.

Mit Alkohol

Apfelweintorte

Zubereitungszeit: 45 Minuten, ohne Abkühlzeit
Backzeit: etwa 60 Minuten

Für den Knetteig:
250 g Weizenmehl
1 gestr. TL Dr. Oetker Backin
125 g Zucker
1 Pck. Dr. Oetker Vanillin-Zucker
1 Ei (Größe M)
125 g Butter oder Margarine

Zum Bestreuen:
2 EL Semmelbrösel

Für den Belag:
1 kg Äpfel
1 Msp. gemahlener Zimt
2 Pck. Dr. Oetker Pudding-Pulver Vanille-Geschmack
750 ml (3/4 l) Apfelwein
175 g Zucker

400 g Schlagsahne
2 Pck. Dr. Oetker Sahnesteif
1 Pck. Dr. Oetker Vanillin-Zucker

Zum Bestäuben:
etwas Kakaopulver

Insgesamt:
E: 47 g, F: 246 g, Kh: 759 g,
kJ: 24224, kcal: 5787

1. Für den Teig Mehl mit Backpulver in einer Rührschüssel mischen. Zucker,

Eiskaffee-Sahne-Torte

Apfelweintorte

Eierlikör-Trüffeltorte

Vanillin-Zucker, Ei und Butter oder Margarine hinzufügen. Die Zutaten mit Handrührgerät mit Knethaken zunächst kurz auf niedrigster, dann auf höchster Stufe gut durcharbeiten. Anschließend den Teig auf der leicht bemehlten Arbeitsfläche kurz verkneten.

2. Zwei Drittel des Teiges auf dem Boden einer Springform (Ø 28 cm, gefettet) ausrollen. Den Springformrand darumstellen. Restlichen Teig zu einer Rolle formen und so an den Formrand drücken, dass ein gut 3 cm hoher Rand entsteht. Den Teigboden mit Semmelbröseln bestreuen.

3. Den Backofen vorheizen. Für den Belag Äpfel schälen, vierteln und entkernen. Apfelviertel in dünne Spalten schneiden. Apfelspalten mit Zimt mischen und auf dem Teigboden verteilen.

4. Aus Pudding-Pulver, Apfelwein und Zucker nach Packungsanleitung, aber mit den hier angegebenen Zutaten einen Pudding zubereiten und noch heiß auf den Apfelspalten verteilen. Die Form auf dem Rost in den vorgeheizten Backofen schieben.
Ober-/Unterhitze: etwa 180 °C
Heißluft: etwa 160 °C
Backzeit: etwa 60 Minuten.

5. Form auf einen Kuchenrost stellen. Die Torte vom Rand lösen, aber in der Form etwa 1 Stunde abkühlen lassen. Dann Rand und Boden lösen und entfernen. Die Torte auf einem mit Backpapier belegten Kuchenrost erkalten lassen (etwa 3 Stunden).

6. Sahne mit Sahnesteif und Vanillin-Zucker steifschlagen und wellenförmig auf die Tortenoberfläche streichen. Torte nochmals etwa 30 Minuten kalt stellen. Die Torte kurz vor dem Servieren mit etwas Kakao bestäuben.

Mit Alkohol – schnell zubereitet

Eierlikör-Trüffeltorte

Zubereitungszeit: 30 Minuten, ohne Kühlzeit

Für die Trüffelcreme:
200 g weiße Kuvertüre
250 g Schlagsahne
1 1/2 Pck. Dr. Oetker Sahnesteif

1 heller Biskuitboden
(Ø 26 cm, vom Bäcker)

Zum Verzieren:
250 g Schlagsahne
1/2 Pck. Dr. Oetker Sahnesteif
7 EL Eierlikör
30 g weiße Kuvertüre

Insgesamt:
E: 56 g, F: 252 g, Kh: 351 g,
kJ: 17022, kcal: 4068

1. Für die Trüffelcreme die Kuvertüre grob zerkleinern, in der Sahne in einem Topf unter Rühren erwärmen, bis sie aufgelöst ist. Die Masse in eine Rührschüssel füllen und mehrere Stunden kalt stellen (am besten über Nacht).

2. Den Boden einmal waagerecht durchschneiden und den unteren Boden auf eine Tortenplatte legen. Die Kuvertüre-Sahne mit Handrührgerät mit Rührbesen mit Sahnesteif steifschlagen und gut die Hälfte davon auf den unteren Boden streichen. Den oberen Boden darauflegen und die Oberfläche mit der restlichen Trüffelcreme bestreichen. Torte kurz kalt stellen.

3. Zum Verzieren Sahne mit Sahnesteif steifschlagen. Tortenrand und -oberfläche damit bestreichen und mit Hilfe eines Teelöffels kleine Vertiefungen in die Oberfläche drücken. Den Eierlikör darin verteilen. Mit einer Gabel Muster in den Tortenrand ziehen. Torte kalt stellen.

4. Kuvertüre in einem kleinen Topf im Wasserbad bei schwacher Hitze geschmeidig rühren, auf eine Platte streichen und fest werden lassen. Die Kuvertüre mit einem Spachtel zu Locken schaben und die Torte damit garnieren.

Abwandlung: Für eine Mozart-Trüffeltorte anstelle des hellen einen dunklen Biskuitboden (evtl. beim Bäcker vorbestellen) verwenden.
Die Trüffelcreme dann mit Vollmilch- oder Zartbitter-Kuvertüre zubereiten und den Eierlikör gegen Mozartlikör oder einen anderen Schokoladenlikör austauschen. Die Torte mit halbierten Mozartkugeln garnieren.

Ali-Baba-Torte

Für Kinder

Ali-Baba-Torte

Zubereitungszeit: 60 Minuten, ohne Teiggeh- und Abkühlzeit
Backzeit: etwa 25 Minuten

Für den Hefeteig:
125 ml (1/8 l) Milch
25 g Butter
300 g Weizenmehl
1 Pck. Dr. Oetker Trockenbackhefe
50 g Zucker
1 Pck. Dr. Oetker Vanillin-Zucker
1 Prise Salz
1 Ei (Größe M)

Für den Belag:
50 g Butter
40 g Zucker
1 Pck. Dr. Oetker Vanillin-Zucker
1 TL Honig
2 EL Schlagsahne
75 g Sesamsamen

Für die Füllung:
4 frische Feigen
1 Pck. Gala Pudding-Pulver Bourbon-Vanille
50 g Zucker
300 ml Milch
180 g Schlagsahne
1 Pck. Dr. Oetker Sahnesteif

Zum Garnieren:
2 frische Feigen
1 EL helle Konfitüre
(z. B. Aprikosenkonfitüre)

Insgesamt:
E: 80 g, F: 193 g, Kh: 519 g,
kJ: 17303, kcal: 4129

1. Für den Teig Milch leicht erwärmen und Butter darin zerlassen. Mehl in eine Rührschüssel geben und sorgfältig mit Trockenbackhefe vermischen. Zucker, Vanillin-Zucker, Salz, Ei und Milch-Butter-Flüssigkeit hinzufügen.
2. Die Zutaten mit Handrührgerät mit Knethaken zunächst auf niedrigster, dann auf höchster Stufe in etwa 5 Minuten zu einem glatten Teig verarbeiten. Den Teig zugedeckt so lange an einem warmen Ort gehen lassen, bis er sich sichtbar vergrößert hat.
3. Für den Belag Butter mit Zucker, Vanillin-Zucker, Honig und Sahne in einem kleinen Topf unter Rühren langsam erhitzen und etwa 1 Minute gut kochen lassen. Sesamsamen unterrühren. Die Masse etwas abkühlen lassen, dabei gelegentlich umrühren.
4. Den Teig auf der bemehlten Arbeitsfläche nochmals gut durchkneten und auf dem Boden einer Springform (Ø 26 cm, gefettet) ausrollen. Den Springformrand darumstellen und den Teig mit einer Gabel mehrfach einstechen. Den Belag gleichmäßig auf dem Teig verteilen und verstreichen, dabei am Rand etwa 1 cm frei lassen.
5. Den Backofen vorheizen. Teig zugedeckt nochmals etwa 20 Minuten gehen lassen und anschließend die Form auf dem Rost in den vorgeheizten Backofen schieben.
Ober-/Unterhitze: etwa 200 °C
Heißluft: etwa 180 °C
Backzeit: etwa 25 Minuten.
6. Den Boden vorsichtig aus der Springform lösen und auf einem mit Backpapier belegten Kuchenrost erkalten lassen.
7. Für die Füllung inzwischen Feigen waschen, abtrocknen, entstielen und in kleine Würfel schneiden. Aus Pudding-Pulver, Zucker und Milch nach Packungsanleitung, aber mit nur 300 ml Milch einen Pudding zubereiten. Den Pudding in eine Schüssel geben, Frischhaltefolie direkt auf die heiße Puddingoberfläche legen, damit sich keine Haut bildet, und den Pudding erkalten lassen.
8. Den Boden einmal waagerecht durchschneiden und den oberen Sesamboden mit einem scharfen Messer in 12 Stücke schneiden. Den unteren Boden auf eine Tortenplatte legen und mit den Feigenwürfeln belegen. Sahne mit Sahnesteif steifschlagen und 3–4 Esslöffel davon in einen Spritzbeutel mit großer Lochtülle füllen.
9. Pudding mit Handrührgerät mit Rührbesen cremig rühren, dann die Sahne vorsichtig unterheben und auf den Feigen verstreichen. Die Stücke des Sesambodens auf die Füllung legen und dekorativ einen Sahnetuff auf jedes Stück spritzen.
10. Feigen waschen, abtrocknen, schälen und jede in 6 Spalten schneiden. Konfitüre durch ein Sieb streichen, die Feigenstücke mit Hilfe eines Backpinsels mit der Konfitüre bestreichen und jeden Tuff mit einer Feigenspalte belegen.

Beliebt

Aprikosennektartorte

Zubereitungszeit: 45 Minuten, ohne Abkühl- und Kühlzeit
Backzeit: etwa 25 Minuten

Für den Biskuitteig:
4 Eier (Größe M)
3 EL heißes Wasser
150 g Zucker
1 Pck. Dr. Oetker Vanillin-Zucker
100 g Weizenmehl
100 g Speisestärke
2 gestr. TL Dr. Oetker Backin

Für die Füllung:
8 Blatt weiße Gelatine
500 g Joghurt
200 ml Aprikosen- oder Pfirsichnektar
60 g Zucker
400 g Schlagsahne

Für den Guss:
2 Pck. Tortenguss, klar
375 ml (3/8 l) Aprikosen- oder Pfirsichnektar
125 ml (1/8 l) Wasser

Zum Bestäuben:
etwas Puderzucker

Insgesamt:
E: 76 g, F: 160 g, Kh: 514 g,
kJ: 16386, kcal: 3913

1. Den Backofen vorheizen. Für den Teig Eier und Wasser mit Handrührgerät mit Rührbesen auf höchster Stufe in 1 Minute schaumig schlagen. Zucker und Vanillin-Zucker mischen, in 1 Minute einstreuen, dann noch etwa 2 Minuten weiterschlagen.
2. Mehl mit Speisestärke und Backpulver mischen, die Hälfte davon auf die Eiercreme geben und kurz auf niedrigster Stufe unterrühren. Den Rest des Mehlgemisches auf die gleiche Weise unterarbeiten. Den Teig in eine Springform (Ø 26 cm, Boden gefettet, mit Backpapier belegt) füllen, verstreichen und die Form auf dem Rost in den vorgeheizten Backofen schieben.
Ober-/Unterhitze: etwa 180 °C
Heißluft: etwa 160 °C
Backzeit: etwa 25 Minuten.
3. Den Boden nach dem Backen auf einen mit Backpapier belegten Kuchenrost stürzen, mitgebackenes Backpapier abziehen und den Boden erkalten lassen.
4. Für die Füllung Gelatine nach Packungsanleitung einweichen. Joghurt mit Nektar und Zucker verrühren. Gelatine leicht ausdrücken und in einem kleinen Topf bei schwacher Hitze auflösen. Aufgelöste Gelatine mit etwas von der Joghurtmasse verrühren, dann unter die restliche Joghurtmasse rühren. Die Masse kalt stellen.
5. Biskuitboden zweimal waagerecht durchschneiden, den unteren Boden auf eine Tortenplatte legen und einen Tortenring oder den gesäuberten Springformrand darumlegen.
6. Wenn die Joghurtmasse beginnt dicklich zu werden, die Sahne steifschlagen und unterheben. Dann die Joghurtsahne in den Tortenring geben und glattstreichen. Den oberen Boden zum Garnieren beiseitelegen, den mittleren Boden auf die Joghurtsahne legen, leicht andrücken und die Torte 2–3 Stunden kalt stellen.
7. Für den Guss aus Tortengusspulver, Nektar und Wasser, aber ohne Zucker nach Packungsanleitung einen Guss zubereiten und auf dem oberen Boden in der Form verteilen. Die Torte nochmals kurz kalt stellen, bis der Guss fest geworden ist.
8. Vor dem Servieren Springformrand oder Tortenring mit einem Messer lösen und entfernen. Aus dem beiseitegelegten Biskuitboden beliebige Motive (z. B. Herzen) ausstechen, mit etwas Puderzucker bestäuben und dekorativ auf die Tortenoberfläche legen.

Aprikosennektartorte

Beliebt

Batida-Kirsch-Torte

Zubereitungszeit: 60 Minuten, ohne Abkühl- und Kühlzeit
Backzeit: etwa 30 Minuten

Für den All-in-Teig:
150 g Weizenmehl
15 g Kakaopulver
2 gestr. TL Dr. Oetker Backin
125 g Zucker
1 Pck. Dr. Oetker Vanillin-Zucker
3 Eier (Größe M)
150 g Butter oder Margarine
75 ml Batida de Côco (Kokoslikör)
75 g Kokosraspel

Für die Füllung:
1 Glas Sauerkirschen (Abtropfgewicht 370 g)
150 ml Kirschsaft aus dem Glas
100 ml Wasser
30 g Zucker
1 Pck. Tortenguss, rot

Für den Belag:
8 Blatt weiße Gelatine
150 ml Batida de Côco (Kokoslikör)
50 g Zucker
600 g Schlagsahne
50 ml Kirschsaft aus dem Glas

Zum Verzieren und Garnieren:
gut 100 ml Kirschsaft aus dem Glas
1 Pck. Saucen-Pulver Vanille-Geschmack, ohne Kochen
einige Kirschen mit Stiel
evtl. etwas Zitronenmelisse

Insgesamt:
E: 86 g, F: 361 g, Kh: 550 g,
kJ: 26476, kcal: 6324

1. Den Backofen vorheizen. Für den Teig Mehl mit Kakao und Backpulver in einer Rührschüssel mischen. Restliche Zutaten hinzufügen und alles mit Handrührgerät mit Rührbesen auf höchster Stufe in etwa 2 Minuten zu einem glatten Teig verarbeiten.
2. Teig in eine Springform (Ø 26 cm, Boden gefettet, mit Backpapier belegt) füllen und verstreichen. Die Form auf dem Rost in den vorgeheizten Backofen schieben.
Ober-/Unterhitze: etwa 180 °C
Heißluft: etwa 160 °C
Backzeit: etwa 30 Minuten.
3. Den Boden aus der Form lösen, auf einen mit Backpapier belegten Kuchenrost stürzen und erkalten lassen. Anschließend mitgebackenes Backpapier abziehen, den Boden auf eine Tortenplatte legen und einen Tortenring oder den gesäuberten Springformrand darumstellen.
4. Für die Füllung Kirschen in einem Sieb abtropfen lassen, den Saft dabei auffangen. Aus 150 ml von dem Saft, Wasser, Zucker und Tortenguss nach Packungsanleitung einen Guss zubereiten. Kirschen unterheben, die Masse auf dem Tortenboden verstreichen und erkalten lassen.
5. Für den Belag Gelatine nach Packungsanleitung einweichen, anschließend leicht ausdrücken und in einem kleinen Topf bei schwacher Hitze unter Rühren auflösen. Batida de Côco unter Rühren nach und nach hinzufügen und Zucker unterrühren. Sahne steifschlagen und die Likörmischung vorsichtig unterrühren. Knapp die Hälfte der Creme abnehmen und 50 ml Kirschsaft unterrühren.
6. Zuerst die Kirschsaftcreme auf den Kirschen glatt verstreichen, dann die weiße Creme daraufstreichen. Eine Gabel durch die Kirschsaftcreme ziehen, so dass die Schichten leicht marmoriert sind. Die Oberfläche mit der Gabel noch etwas aufrauen und die Torte etwa 3 Stunden kalt stellen.
7. Zum Verzieren und Garnieren den Tortenring oder Springformrand mit Hilfe eines Messers lösen und entfernen. Kirschsaft mit Saucen-Pulver nach Packungsanleitung verrühren. Die dickflüssige Sauce in einen Gefrierbeutel geben, eine Ecke abschneiden, die Torte rundherum damit besprenkeln. Die Batida-Kirsch-Torte mit Kirschen und nach Belieben mit Zitronenmelisse garnieren.

Raffiniert

Cappuccino-Paradiestorte

Zubereitungszeit: 80 Minuten, ohne Abkühl- und Kühlzeit
Backzeit: etwa 12 Minuten je Boden

Für den Teig:
50 g Amarettini (ital. Mandelmakronen)
50 g Butter
75 g Weizenmehl
1 Msp. Dr. Oetker Backin
50 g Haselnuss-Krokant
50 g Instant-Cappuccinopulver
4 Eiweiß (Größe M)
150 g Zucker
50 g Marzipan-Rohmasse
4 Eigelb (Größe M)
1 Pck. Dr. Oetker Vanillin-Zucker
1 Prise Salz

Für die Füllung:
100 g zweifarbige Cappuccino-Schokolade (keine gefüllte Schokolade verwenden)
1 Pck. Paradiescreme Sahne-Karamell-Geschmack (Dessertpulver)
100 ml Milch, 100 g Schlagsahne
2 EL Kaffeelikör oder kalter Kaffee

Zum Verzieren und Garnieren:
400 g Schlagsahne
1 Pck. Dr. Oetker Sahnesteif
1 Pck. Dr. Oetker Vanillin-Zucker
50 g abgezogene, gehobelte Mandeln
Kakaopulver

Insgesamt:
E: 91 g, F: 325 g, Kh: 496 g,
kJ: 22185, kcal: 5290

Cappuccino-Paradiestorte

1. Für den Teig Amarettini in einen Gefrierbeutel geben, ihn verschließen und die Amarettini mit einer Teigrolle zerbröseln. Butter in einem Topf zerlassen und abkühlen lassen. Mehl mit Backpulver mischen und mit Bröseln, Krokant und Cappuccinopulver vermengen. Eiweiß in einer Rührschüssel mit Handrührgerät mit Rührbesen so steifschlagen, dass ein Messerschnitt sichtbar bleibt. 100 g von dem Zucker nach und nach auf höchster Stufe unterschlagen.

2. Den Backofen vorheizen. Marzipan sehr klein schneiden und nach und nach mit Eigelb, restlichem Zucker, Vanillin-Zucker und Salz mit Handrührgerät mit Rührbesen schaumig schlagen. Eischnee unter die schaumige Eigelbmasse heben. Das Mehl-Brösel-Gemisch kurz unterheben. Zuletzt die zerlassene Butter kurz unterrühren.

3. Jeweils einen Kreis (Ø 26 cm) auf 3 Bögen Backpapier zeichnen und einen Bogen auf ein Backblech (gefettet) legen. Jeweils ein Drittel des Teiges so auf der vorgezeichneten runden Fläche verstreichen, dass am Rand etwa 1 cm frei bleibt. Das Backblech in den vorgeheizten Backofen schieben.
Ober-/Unterhitze: etwa 180 °C
Heißluft: etwa 160 °C
Backzeit: etwa 12 Minuten je Boden.

4. Den Boden mit dem Backpapier vom Backblech auf einen Kuchenrost ziehen und erkalten lassen. Die 2 weiteren Böden ebenso backen und erkalten lassen.

5. Für die Füllung Cappuccino-Schokolade mit einem Sparschäler von der schmalen Seite aus so abschaben, dass die Schokolocken zweifarbig sind. Dessertpulver nach Packungsanleitung, aber mit nur 100 ml Milch und 100 g Sahne zubereiten. Zum Schluss Kaffeelikör oder Kaffee kurz unterrühren.

6. Einen Tortenring oder Springformrand um den ersten Boden stellen, mit einem Drittel der Creme bestreichen und mit einem Drittel der Schokolocken bestreuen. Den zweiten Boden darauflegen, leicht andrücken und wieder ein Drittel der Creme und ein weiteres Drittel der Schokolocken daraufgeben. Dritten Boden auflegen, leicht andrücken und die restliche Creme darauf verstreichen. Torte kurz kalt stellen.

7. Zum Bestreichen und Verzieren Sahne mit Sahnesteif und Vanillin-Zucker steifschlagen. Tortenring oder Springformrand vorsichtig lösen und entfernen und den Rand der Torte mit etwa der Hälfte der Sahne bestreichen. Restliche Sahne in einen Spritzbeutel mit großer Sterntülle füllen, die Tortenoberfläche in 16 Stücke einteilen und mit der Sahne verzieren.

8. Zum Garnieren Mandeln in einer Pfanne ohne Fett leicht bräunen und auf einem Teller erkalten lassen.
Die restlichen Schokolocken auf die Torte streuen und den Rand mit den gerösteten Mandeln garnieren. Für eine Schablone ein Herz (etwa 7 cm) aus Pappe ausschneiden. Kurz vor dem Servieren die Herzumrandung vorsichtig auflegen, Torte mit etwas Kakao bestäuben und wieder vorsichtig entfernen.

Fruchtig

Erdbeer-Dickmilch-Torte

Zubereitungszeit: 50 Minuten, ohne Abkühl- und Kühlzeit
Backzeit: 18–22 Minuten

Für den Knetteig:
125 g Weizenmehl
1 Msp. Dr. Oetker Backin
50 g Puderzucker
1 Pck. Dr. Oetker Vanillin-Zucker
1 Prise Salz, 1 Eigelb (Größe M)
80 g weiche Butter oder Margarine

Für den Biskuitteig:
1 Ei (Größe M), 1 Eiweiß (Größe M)
2 EL heißes Wasser
50 g gesiebter Puderzucker
1 Pck. Dr. Oetker Vanillin-Zucker
1/2 Pck. Dr. Oetker Finesse Geriebene Zitronenschale
50 g Weizenmehl
1 gestr. TL Dr. Oetker Backin

Zum Bestreichen:
2 EL Erdbeerkonfitüre

Für die Erdbeercreme:
220 g Erdbeeren
400 g Schlagsahne
1 Pck. Käse-Sahne-Tortencreme (Cremepulver)
1/2 Pck. Dr. Oetker Finesse Geriebene Zitronenschale
400 g Dickmilch

Zum Verzieren und Garnieren:
100 g Schlagsahne
200 g vorbereitete Erdbeeren
evtl. einige gehackte Pistazienkerne

Insgesamt:
E: 84 g, F: 250 g, Kh: 481 g,
kJ: 19492, kcal: 4649

1. Den Backofen vorheizen. Für den Knetteig Mehl mit Backpulver und Puderzucker in einer Rührschüssel mischen. Vanillin-Zucker, Salz, Eigelb und Butter oder Margarine hinzufügen. Die Zutaten mit Handrührgerät mit Knethaken zunächst kurz auf niedrigster, dann auf höchster Stufe gut durcharbeiten. Anschließend den Teig auf der leicht bemehlten Arbeitsfläche kurz verkneten.

2. Den Teig auf dem Boden einer Springform (Ø 26 cm, gefettet) ausrollen und mehrmals mit einer Gabel einstechen. Springformrand darumstellen und die Form auf dem Rost in den vorgeheizten Backofen schieben.
Ober-/Unterhitze: etwa 200 °C
Heißluft: etwa 180 °C
Backzeit: 10–12 Minuten.

3. Den Boden sofort nach dem Backen vom Springformboden lösen, jedoch darauf auf einem Kuchenrost erkalten lassen.

4. Für den Biskuitteig Ei mit Eiweiß und Wasser mit Handrührgerät mit Rührbesen auf höchster Stufe in 1 Minute schaumig schlagen. Puderzucker mit Vanillin-Zucker und Zitronenschale mischen, in 1 Minute einstreuen, dann noch etwa 2 Minuten weiterschlagen.

5. Mehl mit Backpulver mischen, auf die Eiercreme geben und kurz auf niedrigster Stufe unterrühren. Den Teig in eine Springform (Ø 26 cm, Boden gefettet, mit Backpapier belegt) füllen und verstreichen. Die Form auf dem Rost in den heißen Backofen schieben und den Biskuitboden **bei gleicher Backtemperatur 8–10 Minuten backen.**

Erdbeer-Dickmilch-Torte

6. Den Boden aus der Form lösen, auf einen mit Backpapier belegten Kuchenrost stürzen und den Boden erkalten lassen. Anschließend mitgebackenes Backpapier abziehen.

7. Zum Bestreichen Knetteigboden auf eine Tortenplatte legen, mit Konfitüre bestreichen und Biskuitboden darauflegen. Den gesäuberten Springformrand oder einen Tortenring darumlegen.

8. Für die Erdbeercreme Erdbeeren abspülen, trocken tupfen, putzen und pürieren. Sahne steifschlagen. Das Erdbeerpüree mit dem Dekorzucker aus der Tortencreme-Packung verrühren. Die Tortencreme nach Packungsanleitung, aber mit Erdbeerpüree anstelle von Wasser zubereiten. Zitronenschale und Dickmilch unterrühren und Sahne unterheben.

9. Die Erdbeercreme auf den Boden in die Springform geben, glattstreichen und die Torte 2–3 Stunden kalt stellen.

10. Zum Verzieren und Garnieren den Springformrand vorsichtig lösen und entfernen. Sahne steifschlagen, in einen Spritzbeutel mit Sterntülle füllen und die Tortenoberfläche damit verzieren. Erdbeeren evtl. halbieren und darauf verteilen. Nach Belieben einige Pistazienkerne darüberstreuen.

Tipp: Die Dickmilch kann durch Joghurt ersetzt werden.

Für Gäste – mit Alkohol

Erdbeer-Sekt-Torte

Zubereitungszeit: 45 Minuten, ohne Abkühlzeit
Backzeit: etwa 20 Minuten

Für den Rührteig:
100 g weiche Butter oder Margarine
75 g Zucker
1 Pck. Dr. Oetker Vanillin-Zucker
2 Eier (Größe M)
100 g Weizenmehl
1/2 gestr. TL Dr. Oetker Backin

Für den Belag:
500 g Erdbeeren

Für die rote Creme:
6 Blatt rote Gelatine
90 g Puderzucker
100 ml Sekt
250 g Schlagsahne

Für die helle Creme:
60 g Puderzucker
100 ml Sekt
4 Blatt weiße Gelatine
350 g Schlagsahne

Insgesamt:
E: 64 g, F: 272 g, Kh: 352 g,
kJ: 18048, kcal: 4304

Erdbeer-Sekt-Torte

1. Den Backofen vorheizen. Für den Teig Butter oder Margarine mit Handrührgerät mit Rührbesen auf höchster Stufe geschmeidig rühren. Nach und nach Zucker und Vanillin-Zucker unterrühren. So lange rühren, bis eine gebundene Masse entstanden ist.
2. Eier nach und nach unterrühren (jedes Ei etwa 1/2 Minute). Mehl mit Backpulver mischen und auf mittlerer Stufe unterrühren. Den Teig in eine Springform (Ø 26 cm, Boden gefettet, mit Backpapier belegt) füllen und verstreichen. Die Form auf dem Rost in den vorgeheizten Backofen schieben.
Ober-/Unterhitze: etwa 180 °C
Heißluft: etwa 160 °C
Backzeit: etwa 20 Minuten.
3. Den Boden aus der Form lösen, auf einen mit Backpapier belegten Kuchenrost stürzen und erkalten lassen. Anschließend mitgebackenes Backpapier abziehen, den Boden auf eine Tortenplatte legen und einen Tortenring darumstellen.
4. Für den Belag Erdbeeren waschen, gut abtropfen lassen und putzen. Einige große Erdbeeren in dünne Scheiben schneiden und rundherum innen an den Tortenring stellen. 150 g Erdbeeren klein würfeln und auf dem Boden verteilen.
5. Für die rote Creme übrige Erdbeeren pürieren. Gelatine nach Packungsanleitung einweichen. Puderzucker sieben und mit dem Sekt unter das Püree rühren. Gelatine ausdrücken und in einem kleinen Topf bei schwacher Hitze auflösen. Zunächst 2 Esslöffel Erdbeerpüree mit der aufgelösten Gelatine mit Hilfe eines Schneebesens verrühren, dann die Mischung mit dem restlichen Püree verrühren. Sahne steifschlagen und unterheben.
6. Für die helle Creme Puderzucker sieben und mit dem Sekt verrühren. Gelatine nach Packungsanleitung einweichen. Sahne steifschlagen. Gelatine ausdrücken und wie oben beschrieben auflösen. Zunächst 2 Esslöffel des Sekts mit Hilfe eines Schneebesens unter die aufgelöste Gelatine rühren, dann die Mischung unter den restlichen Sekt rühren und sofort die Sahne unterheben.
7. Zuerst die rote Creme auf dem Boden verstreichen, dann die helle Creme daraufgeben und eine Gabel spiralförmig durch beide Schichten ziehen, so dass ein Marmormuster entsteht. Die Torte etwa 3 Stunden kalt stellen.
8. Vor dem Servieren den Tortenring mit Hilfe eines Messers lösen und entfernen.

Etwas aufwändiger

Holländer Kirschtorte

Zubereitungszeit: 60 Minuten, ohne Auftau-, Ruhe- und Kühlzeit
Backzeit: etwa 15 Minuten je Boden

1 Pck. (450 g) TK-Blätterteig

Für die Kirschfüllung:
1 Glas Sauerkirschen (Abtropfgewicht 350 g)
25 g Speisestärke
2 Pck. Dr. Oetker Vanillin-Zucker
250 ml (1/4 l) Kirschsaft aus dem Glas, evtl. mit Wasser aufgefüllt

Für die Sahnefüllung:
600 g Schlagsahne
25 g Zucker
1 Pck. Dr. Oetker Vanillin-Zucker
3 Pck. Dr. Oetker Sahnesteif

Für den Guss:
100 g Johannisbeergelee
100 g Puderzucker
3–4 EL Zitronensaft

Insgesamt:
E: 48 g, F: 288 g, Kh: 552 g,
kJ: 20928, kcal: 4992

1. Blätterteig nach Packungsanleitung auftauen lassen. Zunächst 3 Teigplatten versetzt aufeinanderlegen, die vorstehenden Ecken leicht einklappen und auf einem Springformboden (Ø 28 cm, gefettet, mit Wasser besprenkelt) ausrollen.
2. Den Boden mehrmals mit einer Gabel einstechen und etwa 15 Minuten ruhen lassen. Inzwischen den Backofen vorheizen. Anschließend den Boden ohne Springformrand auf dem Rost in den vorgeheizten Backofen schieben und backen.
Ober-/Unterhitze: etwa 200 °C
Heißluft: etwa 180 °C
Backzeit: etwa 15 Minuten je Boden.
3. Sofort nach dem Backen den Boden vom Springformboden lösen und auf einem Kuchenrost erkalten lassen. 2 weitere Böden ebenso zubereiten und backen.
4. Für die Kirschfüllung Kirschen in einem Sieb gut abtropfen lassen, Saft dabei auffangen und 250 ml (1/4 l) Saft abmessen, evtl. mit Wasser ergänzen. Speisestärke mit Vanillin-Zucker mischen, mit 4 Esslöffeln von dem Saft anrühren und den übrigen Saft in einem Topf zum Kochen bringen. Saft von der Kochstelle nehmen, angerührte Speisestärke unter Rühren hineingeben und aufkochen lassen. Kirschen unterrühren und die Masse erkalten lassen.
5. Für die Sahnefüllung Schlagsahne mit Zucker, Vanillin-Zucker und Sahnesteif steifschlagen. 5 Esslöffel davon in einen Spritzbeutel mit großer Sterntülle füllen. 1 der Böden zunächst mit der Kirschfüllung (etwa 1 cm am Rand frei lassen) bestreichen, dann am Rand entlang einen Sahnering spritzen. Diesen mit einer Sahneschicht ausstreichen und mit dem zweiten Boden bedecken. Nochmals am Rand entlang einen Sahnering spritzen und diesen mit der übrigen Sahne ausstreichen.
6. Für den Guss Gelee in einem Topf unter Rühren aufkochen lassen, den dritten Boden damit bestreichen und das Gelee fest werden lassen. Puderzucker mit Zitronensaft zu einer dickflüssigen Masse verrühren. Den Puderzuckerguss auf das Gelee streichen und fest werden lassen, dann den Boden in 12 Tortenstücke schneiden und auf die Sahne legen.

Tipp: Aus der übrig gebliebenen Teigplatte nach Belieben verschiedene Motive ausschneiden oder ausstechen, mitbacken und die Torte damit garnieren. Die Torte schmeckt frisch am besten und lässt sich gut mit einem elektrischen Messer schneiden.

Holländer Kirschtorte

Fruchtig – dauert länger

Karamell-Beeren-Torte

Zubereitungszeit: 70 Minuten, ohne Kühl- und Abkühlzeit
Backzeit: 10–12 Minuten

Für den Bröselboden:
175 g Karamellgebäck oder Butterspritzgebäck
75 g Butter
3 EL Johannisbeergelee

Für den Biskuitteig:
4 Eier (Größe M)
1 Eigelb (Größe M)
100 g brauner Zucker (Rohrzucker)
2 Pck. Dr. Oetker Bourbon-Vanille-Zucker
75 g Weizenmehl
2 gestr. TL Dr. Oetker Backin
75 g Buchweizenmehl

Für die Füllung:
300 g gemischte vorbereitete Beerenfrüchte (frisch oder TK)
100 g Zucker
125 g Schlagsahne
8 Blatt weiße Gelatine
2 Becher (je 150 g) Crème fraîche
250 g Magerquark
400 g Schlagsahne

Zum Bestreichen:
250 g Schlagsahne
1 Pck. Dr. Oetker Sahnesteif
1 Pck. Dr. Oetker Vanillin-Zucker

Zum Verzieren und Garnieren:
30 g Zartbitter-Kuvertüre
einige Beerenfrüchte
50 g Haselnuss-Krokant

Insgesamt:
E: 128 g, F: 501 g, Kh: 607 g,
kJ: 31641, kcal: 7574

Karamell-Beeren-Torte

1. Für den Bröselboden Kekse in einen Gefrierbeutel geben, ihn verschließen und die Kekse mit einer Teigrolle fein zerdrücken. Butter zerlassen und mit den Bröseln vermengen. Die Masse in einer Springform (Ø 26 cm, Boden gefettet, mit Backpapier belegt) verteilen und gut andrücken. Boden kalt stellen und anschließend mit glattgerührtem Gelee bestreichen.

2. Den Backofen vorheizen. Für den Teig Eier und Eigelb mit Handrührgerät mit Rührbesen auf höchster Stufe in 1 Minute schaumig schlagen. Zucker und Vanille-Zucker mischen, in 1 Minute einstreuen, dann noch etwa 2 Minuten weiterschlagen. Mehl mit Backpulver und Buchweizenmehl mischen, auf die Eiercreme geben und kurz auf niedrigster Stufe unterrühren. Den Teig auf ein Backblech (30 x 40 cm, gefettet, mit Backpapier belegt) geben und verstreichen. Das Backblech in den vorgeheizten Backofen schieben.
Ober-/Unterhitze: etwa 200 °C
Heißluft: etwa 180 °C
Backzeit: 10–12 Minuten.

3. Biskuitplatte sofort vom Backblechrand lösen, auf die Arbeitsfläche stürzen und erkalten lassen. Anschließend Backpapier abziehen und das Gebäck von der Arbeitsfläche abziehen, so dass die dunkle Backhaut mit entfernt wird.

4. Für die Füllung Beeren verlesen oder auftauen lassen. Zucker in einem Topf schmelzen, bis er leicht bräunt, dann Sahne dazugeben und unter Rühren erhitzen, bis der Zucker wieder gelöst ist. Flüssigkeit erkalten lassen und kalt stellen.

5. Gelatine nach Packungsanleitung einweichen. Crème fraîche mit Quark verrühren. Sahne zur Karamellsahne geben, mit Handrührgerät mit Rührbesen steifschlagen. Gelatine ausdrücken, in einem kleinen Topf bei schwacher Hitze auflösen. 2 Esslöffel von der Quarkmasse damit verrühren, dann die Mischung unter die restliche Quarkmasse rühren. Sahne und (aufgetaute) Beeren unterheben.

6. Creme auf die Gebäckplatte streichen und etwa 10 Minuten anziehen lassen. Die Platte der Länge nach in 7 Streifen schneiden. Den ersten Streifen zu einer Schnecke aufrollen und in die Mitte des Bröselbodens setzen. Die übrigen Streifen darumwickeln und leicht andrücken. Die Oberfläche glattstreichen. Die Torte 2–3 Stunden kalt stellen.

7. Zum Bestreichen die Sahne mit Sahnesteif und Vanillin-Zucker steifschlagen und die Torte vollständig damit bestreichen. Kuvertüre hacken, im Wasserbad bei schwacher Hitze schmelzen lassen und in einen kleinen Gefrierbeutel geben. Eine kleine Ecke abschneiden und die Kuvertüre als Schnecke auf die Torte spritzen. Torte mit Beeren garnieren, Rand mit Krokant bestreuen und die Torte bis zum Servieren kalt stellen.

Käse-Sahne-Torte

Mokka-Pfirsich-Torte

Klassisch

Käse-Sahne-Torte

Zubereitungszeit: 30 Minuten, ohne Abkühl- und Kühlzeit
Backzeit: 25–30 Minuten

Für den Rührteig:
150 g Butter oder Margarine
150 g Zucker
1 Pck. Dr. Oetker Vanillin-Zucker
1 Prise Salz, 3 Eier (Größe M)
150 g Weizenmehl
1 gestr. TL Dr. Oetker Backin

Für die Füllung:
8 Blatt weiße Gelatine
1 Dose Mandarinen (Abtropfgewicht 175 g)
750 g Magerquark, 150 g Zucker
1 Pck. Dr. Oetker Vanillin-Zucker
100 ml Mandarinensaft aus der Dose
1 Pck. Dr. Oetker Finesse Geriebene Zitronenschale
2 EL Zitronensaft
500 g Schlagsahne

Zum Bestäuben:
20 g Puderzucker

Insgesamt:
E: 157 g, F: 302 g, Kh: 530 g, kJ: 23657, kcal: 5652

1. Den Backofen vorheizen. Für den Teig Butter oder Margarine mit Handrührgerät mit Rührbesen auf höchster Stufe geschmeidig rühren. Nach und nach Zucker, Vanillin-Zucker und Salz unterrühren. So lange rühren, bis eine gebundene Masse entstanden ist. Eier nach und nach unterrühren (jedes Ei etwa 1/2 Minute).
2. Mehl mit Backpulver mischen und in 2 Portionen auf mittlerer Stufe unterrühren. Den Teig in eine Springform (Ø 26 cm, Boden gefettet) füllen und verstreichen. Die Form auf dem Rost in den vorgeheizten Backofen schieben.
Ober-/Unterhitze: etwa 180 °C
Heißluft: etwa 160 °C
Backzeit: 25–30 Minuten.
3. Den Boden aus der Form lösen und auf einem mit Backpapier belegten Kuchenrost erkalten lassen. Anschließend den Boden einmal waagerecht durchschneiden und die untere Hälfte auf eine Tortenplatte legen.
4. Für die Füllung die Gelatine nach Packungsanleitung einweichen. Mandarinen in einem Sieb gut abtropfen lassen, den Saft dabei auffangen und 100 ml davon abmessen. Quark mit Zucker, Vanillin-Zucker, Mandarinensaft, Zitronenschale und -saft verrühren.
5. Gelatine leicht ausdrücken und in einem kleinen Topf bei schwacher Hitze auflösen. Etwas von der Quarkmasse unter die Gelatine rühren, dann die Mischung unter die restliche Quarkmasse rühren.
6. Sahne steifschlagen und unterheben. Um den unteren Tortenboden einen Tortenring oder den gesäuberten Springformrand stellen und die Mandarinen darauf verteilen. Die Quark-Sahne-Creme einfüllen und verstreichen. Den oberen Tortenboden in 12 oder 16 Stücke schneiden, auf die Füllung legen und leicht andrücken. Die Torte mindestens 3 Stunden kalt stellen.
7. Den Tortenring oder Springformrand lösen und entfernen und die Torte mit Puderzucker bestäuben. Die Torte gut gekühlt servieren.

Tipp: Nehmen Sie 12 Mandarinenspalten und etwa 2 Esslöffel von der Füllung ab und garnieren Sie die Torte damit (Foto).

Fruchtig – mit Alkohol

Mokka-Pfirsich-Torte

Zubereitungszeit: 40 Minuten, ohne Abkühlzeit
Backzeit: etwa 30 Minuten

Für den Schüttelteig:
150 g Butter oder Margarine
125 g Weizenmehl
75 g Speisestärke
1 Pck. Dr. Oetker Backin
100 g Puderzucker
2 Pck. Dr. Oetker Bourbon-Vanille-Zucker
1 Prise Salz, 3 Eier (Größe M)
100 ml Amaretto (Mandellikör)

Für die Füllung:
400 g Schlagsahne, 2 EL Zucker
2 Pck. Dr. Oetker Sahnesteif
2 EL Amaretto (Mandellikör)
2–3 TL Instant-Kaffeepulver

Für den Belag:
1 Dose Pfirsichhälften
(Abtropfgewicht etwa 500 g)

Zum Garnieren:
1 Topf Minze

Insgesamt:
E: 55 g, F: 275 g, Kh: 459 g,
kJ: 20484, kcal: 4896

1. Den Backofen vorheizen. Für den Teig Butter oder Margarine zerlassen und abkühlen lassen. Mehl mit Speisestärke, Backpulver und Puderzucker in einer verschließbaren Schüssel (etwa 3 l) mit Vanille-Zucker und Salz mischen. Eier, Butter oder Margarine und Amaretto hinzufügen. Schüssel mit dem Deckel fest verschließen.
2. Schüssel mehrmals (insgesamt 15–30 Sekunden) kräftig schütteln, so dass alle Zutaten gut vermischt sind. Alles mit einem Schneebesen oder Rührlöffel nochmals sorgfältig durchrühren, damit trockene Zutaten vom Rand mit untergerührt werden.
3. Dann den Teig in eine Springform (Ø 26 cm, Boden gefettet) geben und verstreichen. Die Form auf dem Rost in den vorgeheizten Backofen schieben.
Ober-/Unterhitze: etwa 180 °C
Heißluft: etwa 160 °C
Backzeit: etwa 30 Minuten.
4. Den Tortenboden aus der Form lösen und auf einem mit Backpapier belegten Kuchenrost erkalten lassen.
5. Für die Füllung Sahne mit Zucker und Sahnesteif steifschlagen. Amaretto erwärmen, den Instant-Kaffee unter Rühren darin auflösen, abkühlen lassen und unter die Sahne heben. Die Mokkasahne auf den Tortenboden geben und verstreichen.
6. Für den Belag Pfirsichhälften in einem Sieb abtropfen lassen. Pfirsichhälften in Spalten schneiden und auf der Mokkasahne verteilen.
7. Zum Garnieren Minze abspülen und trocken tupfen. Die Torte mit der Minze garnieren und bis zum Servieren kalt stellen.

Fruchtig

Limetten-Maracuja-Torte

Zubereitungszeit: 50 Minuten, ohne Abkühl- und Kühlzeit
Backzeit: etwa 25 Minuten

Für den All-in-Teig:
130 g Weizenmehl
3 gestr. TL Dr. Oetker Backin
130 g Zucker, 3 Eier (Größe M)
3 EL Maracujanektar
130 g Butter oder Margarine

Für die Füllung:
6 Blatt weiße Gelatine
500 g Magerquark
250 g Speisequark (40 % Fett i. Tr.)
Saft von 2 Limetten
100 ml Maracujanektar
100 g Zucker, 250 g Schlagsahne

Zum Garnieren und Verzieren:
3 Blatt weiße Gelatine
2 Passionsfrüchte (Maracuja)
150 ml Maracujanektar
250 g Schlagsahne, 1 TL Zucker

Insgesamt:
E: 161 g, F: 317 g, Kh: 427 g,
kJ: 22041, kcal: 5262

1. Den Backofen vorheizen. Für den Teig Mehl mit Backpulver in einer Rührschüssel mischen. Restliche Zutaten hinzufügen und alles mit Handrührgerät mit Rührbesen auf höchster Stufe in etwa 2 Minuten zu einem glatten Teig verarbeiten. Teig in eine Springform (Ø 26 cm, Boden gefettet, mit Backpapier belegt) füllen und verstreichen. Die Form auf dem Rost in den vorgeheizten Backofen schieben.
Ober-/Unterhitze: etwa 180 °C
Heißluft: etwa 160 °C
Backzeit: etwa 25 Minuten.
2. Den Boden auf einen mit Backpapier belegten Kuchenrost stürzen und erkalten lassen. Anschließend mitgebackenes Backpapier abziehen.
3. Für die Füllung die Gelatine nach Packungsanleitung einweichen. Quark mit Limettensaft, Nektar und Zucker verrühren. Gelatine leicht ausdrücken, bei schwacher Hitze auflösen, zunächst mit etwas von der Quarkmasse verrühren, dann die Mischung unter die restliche Quarkmasse rühren. Sahne steifschlagen und unterheben.
4. Den Boden auf eine Tortenplatte legen, einen Tortenring oder den gesäuberten Springformrand darumstellen und die Quarkcreme auf dem Boden verstreichen. Die Torte etwa 2 Stunden kalt stellen.
5. Zum Garnieren und Verzieren die Gelatine nach Packungsanleitung einweichen. Passionsfrüchte durchschneiden, Fruchtfleisch mit Samen auslösen und mit dem Nektar vermengen. Gelatine ausdrücken, auflösen und die Flüssigkeit nach und nach unterrühren. Masse vorsichtig auf die Tortenoberfläche gießen und die Torte nochmals mindestens 1 Stunde kalt stellen.
6. Vor dem Servieren den Tortenring oder Springformrand lösen, Sahne mit Zucker steifschlagen, in einen Spitzbeutel mit Sterntülle füllen und die Torte damit verzieren.

Limetten-Maracuja-Torte

Raffiniert

Mohn-Punsch-Torte

Zubereitungszeit: 60 Minuten, ohne Abkühl- und Kühlzeit
Backzeit: etwa 35 Minuten

Für den Rührteig:
150 g Butter oder Margarine
125 g Zucker
1 Pck. Dr. Oetker Bourbon-Vanille-Zucker
1 Msp. gemahlener Zimt
4 Eier (Größe M)
125 g Weizenmehl
3 gestr. TL Dr. Oetker Backin
50 g Mohnsamen

Für die Füllung:
1 Glas Pflaumen (Zwetschen, Abtropfgewicht 385 g)
250 ml (1/4 l) Pflaumensaft aus dem Glas, 20 g Zucker
1 Pck. Tortenguss, klar

Für die Punschcreme:
3 Blatt rote Gelatine
3 Blatt weiße Gelatine
250 ml (1/4 l) Glühwein
400 g Schlagsahne
30–50 g Zucker (je nach Süße des Glühweins)
etwas gemahlener Zimt

Zum Garnieren:
100 g Zartbitter-Kuvertüre
1–2 TL Speiseöl

Insgesamt:
E: 83 g, F: 330 g, Kh: 481 g, kJ: 22439, kcal: 5365

1. Den Backofen vorheizen. Für den Teig Butter oder Margarine mit Handrührgerät mit Rührbesen auf höchster Stufe geschmeidig rühren. Nach und nach Zucker, Vanille-Zucker und Zimt unterrühren. So lange rühren, bis eine gebundene Masse entstanden ist. Eier nach und nach unterrühren (jedes Ei etwa 1/2 Minute).
2. Mehl mit Backpulver mischen und in 2 Portionen abwechselnd mit dem Mohn auf mittlerer Stufe unterrühren. Den Teig in eine Springform (Ø 26 cm, Boden gefettet, mit Backpapier belegt) füllen und verstreichen. Die Form auf dem Rost in den vorgeheizten Backofen schieben.
Ober-/Unterhitze: etwa 180 °C
Heißluft: etwa 160 °C
Backzeit: etwa 35 Minuten.
3. Den Boden aus der Form lösen, auf einen mit Backpapier belegten Kuchenrost stürzen und erkalten lassen. Anschließend mitgebackenes Backpapier abziehen und den Boden einmal waagerecht durchschneiden. Unteren Boden auf eine Tortenplatte legen und einen Tortenring oder den gesäuberten Springformrand darumstellen.
4. Für die Füllung Pflaumen in einem Sieb abtropfen lassen, den Saft dabei auffangen und 250 ml (1/4 l) davon abmessen. Die Pflaumen auf dem Boden verteilen, dabei etwa 1 cm am Rand frei lassen. Aus Saft, Zucker und Tortengusspulver nach Packungsanleitung einen Guss zubereiten, auf die Pflaumen geben und erkalten lassen.
5. Für die Punschcreme beide Gelatinesorten zusammen einweichen. Anschließend Gelatine ausdrücken und in einem kleinen Topf bei schwacher Hitze auflösen. Topf von der Kochstelle nehmen, nach und nach Glühwein unter Rühren hinzufügen und die Flüssigkeit kalt stellen.
6. Sobald die Flüssigkeit beginnt dicklich zu werden, Sahne mit Zucker und Zimt steifschlagen und die Glühweinmasse unter die Zimtsahne heben. Zwei Drittel der Punschcreme auf die Pflaumen geben und glattstreichen. Den oberen Boden auflegen, leicht andrücken und die restliche Punschcreme darauf verstreichen. Die Torte etwa 3 Stunden kalt stellen.
7. Zum Garnieren Kuvertüre grob hacken und mit Öl in einem Topf im Wasserbad bei schwacher Hitze schmelzen lassen. Kuvertüre dünn auf Backpapier verstreichen und fest werden lassen (nicht kalt stellen). Anschließend mit Ausstechformen Motive (z. B. Sterne) ausstechen. Die Torte aus dem Tortenring oder Springformrand lösen und Rand und Oberfläche mit den Motiven garnieren.

Tipp: Die Torte kann gut am Vortag zubereitet werden. Glühwein kann auch durch Rotwein ersetzt werden, dann den Rotwein nach Belieben mit Zimt und Nelken würzen. Die Torte ist ohne die Schokomotive gefriergeeignet.

Mohn-Punsch-Torte

Pflaumen-Knusperstreusel-Torte

Beliebt

Pflaumen-Knusperstreusel-Torte

Zubereitungszeit: 40 Minuten, ohne Abkühl- und Kühlzeit
Backzeit: 50–55 Minuten

Für den Streuselteig:
350 g Weizenmehl
1 gestr. TL Dr. Oetker Backin
150 g Zucker
2 Pck. Dr. Oetker Vanillin-Zucker
1 Ei (Größe M)
200 g Butter oder Margarine

Für den Belag:
1 Glas entsteinte Pflaumen (Abtropfgewicht 385 g)
500 g Mascarpone (ital. Frischkäse)
50 g Zucker
1/2 TL gemahlener Zimt
200 g Schlagsahne

Insgesamt:
E: 72 g, F: 455 g, Kh: 564 g,
kJ: 28040, kcal: 6693

1. Den Backofen vorheizen. Für den Teig Mehl mit Backpulver in einer Rührschüssel mischen. Restliche Zutaten hinzufügen und mit Handrührgerät mit Rührbesen zunächst kurz auf niedrigster, dann auf höchster Stufe zu Streuseln verarbeiten.

2. Von den Streuseln 2–3 Esslöffel abnehmen und beiseitestellen. Die restliche Streuselmenge halbieren. Eine Streuselhälfte in einer Springform (Ø 26 cm, Boden gefettet) verteilen und zu einem Boden andrücken. Die Springform auf dem Rost in den vorgeheizten Backofen schieben.
Ober-/Unterhitze: etwa 200 °C
Heißluft: etwa 180 °C
Backzeit: etwa 20 Minuten.

3. Sofort nach dem Backen den Springformrand lösen, den Boden vom Springformboden lösen, aber darauf auf einem Kuchenrost erkalten lassen.

4. In der Zwischenzeit die beiseitegestellten Streusel locker auf ein Backblech (mit Backpapier belegt) streuen und **bei gleicher Backtemperatur 10–15 Minuten backen**. Die gebackenen Streusel mit dem Backpapier vom Backblech ziehen und erkalten lassen.

5. Die zweite Streuselhälfte wieder in der Springform (gefettet) andrücken und **bei gleicher Backtemperatur etwa 20 Minuten backen**. Anschließend Springformrand entfernen, den Boden vom Springformboden lösen, aber darauf auf dem Kuchenrost erkalten lassen.

6. Für den Belag Pflaumen in einem Sieb gut abtropfen lassen, 2–3 Stück davon zum Garnieren beiseitelegen. Mascarpone mit Zucker und Zimt verrühren. Sahne steifschlagen und unterheben. Einen Streuselboden auf eine Tortenplatte legen und mit der Hälfte der abgetropften Pflaumen belegen. Die Hälfte der Creme darauf verstreichen und den zweiten Boden auflegen. Restliche Pflaumen auflegen und die restliche Creme locker aufstreichen. Die beiseitegelegten Pflaumen in Streifen schneiden und auf der Oberfläche verteilen. Die Torte etwa 1 Stunde kalt stellen.

7. Vor dem Servieren die gebackenen Streusel gleichmäßig auf die Torte streuen.

Für Gäste – mit Alkohol

Pikkolo-Torte

Pikkolo-Torte

Zubereitungszeit: 30 Minuten, ohne Abkühl- und Kühlzeit
Backzeit: etwa 25 Minuten

Für den All-in-Teig:
150 g Weizenmehl
3 gestr. TL Dr. Oetker Backin
150 g Zucker
1 Pck. Dr. Oetker Vanillin-Zucker
3 Eier (Größe M)
150 g Butter oder Margarine

Für die Füllung:
1 Beutel aus 1 Pck. Götterspeise Zitrone-Geschmack
75 g Zucker
1 Pikkolo (200 ml) heller trockener Sekt
200 g vorbereitete Honigmelone
300 g Joghurt
300 g Schlagsahne

Zum Garnieren und Verzieren:
25 g Zartbitter-Kuvertüre
200 g Schlagsahne
1 Pck. Dr. Oetker Sahnesteif
1 Pck. Dr. Oetker Vanillin-Zucker

Insgesamt:
E: 72 g, F: 317 g, Kh: 427 g,
kJ: 21386, kcal: 5112

1. Den Backofen vorheizen. Für den Teig Mehl mit Backpulver in einer Rührschüssel mischen. Restliche Zutaten hinzufügen und alles mit Handrührgerät mit Rührbesen auf höchster Stufe in etwa 2 Minuten zu einem glatten Teig verarbeiten.
2. Teig in eine Springform (Ø 26 cm, Boden gefettet, mit Backpapier belegt) füllen und verstreichen. Die Form auf dem Rost in den vorgeheizten Backofen schieben.
Ober-/Unterhitze: etwa 180 °C
Heißluft: etwa 160 °C
Backzeit: etwa 25 Minuten.
3. Boden aus der Form lösen, auf einen mit Backpapier belegten Kuchenrost stürzen und den Boden erkalten lassen. Anschließend das mitgebackene Backpapier abziehen und den Boden einmal waagerecht durchschneiden.
4. Für die Füllung inzwischen Götterspeise mit Zucker und Sekt nach Packungsanleitung zubereiten. Flüssigkeit abkühlen lassen. Melone in feine Würfel schneiden und in einem Sieb gut abtropfen lassen.
5. Joghurt in eine Schüssel geben, die Götterspeiseflüssigkeit unterrühren und die Masse kalt stellen. Sobald die Masse beginnt dicklich zu werden, Sahne steifschlagen und unterheben.
6. Den unteren Boden auf eine Tortenplatte legen und einen Tortenring darumstellen. Knapp ein Drittel der Joghurtcreme abnehmen und unter die restliche Creme die Melonenwürfel heben. Melonen-Joghurt-Creme auf dem unteren Boden verstreichen und den oberen Boden auflegen. Restliche Joghurtmasse darauf glattstreichen und die Pikkolo-Torte 2–3 Stunden kalt stellen.
7. Zum Garnieren inzwischen Kuvertüre in einem Topf im Wasserbad bei schwacher Hitze schmelzen lassen, in ein Papiertütchen füllen und einige Sektgläser auf Backpapier spritzen. Die Sektgläser fest werden lassen (evtl. kalt stellen).
8. Zum Verzieren Sahne mit Sahnesteif und Vanillin-Zucker steifschlagen. Tortenring lösen und entfernen und den Rand rundherum mit etwas von der Sahne bestreichen. Die restliche Sahne mit Hilfe eines Teelöffels als Wölkchen auf die Tortenoberfläche setzen und mit den Kuvertüre-Sektgläsern belegen.

Tipp: Die Torte kann auch mit rotem Sekt, Himbeergötterspeise und Himbeeren zubereitet werden. Anstelle der Melone schmeckt auch Mango.

Für Kinder

Schneeweißchen-und-Rosenrot-Torte

Zubereitungszeit: 45 Minuten, ohne Abkühl- und Kühlzeit
Backzeit: etwa 35 Minuten

Für den Rührteig:
200 g Butter oder Margarine
200 g Zucker, 4 Eier (Größe M)
200 g Weizenmehl
3 gestr. TL Dr. Oetker Backin
50 ml (4 EL) Milch
1 Beutel aus 1 Pck. Götterspeise Himbeer-Geschmack

Für die Füllung und den Belag:
2 EL Wasser
6 Blatt weiße Gelatine
500 g Kefir oder Dickmilch
100 g Zucker
Saft von 1 Zitrone
400 g Schlagsahne

Zum Garnieren:
150 g Himbeeren
1 Pck. Tortenguss, klar
20 g Zucker
200 ml Wasser

Insgesamt:
E: 88 g, F: 337 g, Kh: 562 g,
kJ: 24335, kcal: 5813

1. Für den Teig Butter oder Margarine mit Handrührgerät mit Rührbesen geschmeidig rühren. Nach und nach Zucker unterrühren. So lange rühren, bis eine gebundene Masse entstanden ist. Eier unterrühren (jedes Ei etwa 1/2 Minute). Mehl und Backpulver mischen und in 2 Portionen abwechselnd mit der Milch auf mittlerer Stufe unterrühren. Den Backofen vorheizen.

2. Knapp zwei Drittel des Teiges in einer Springform (Ø 26 cm, Boden gefettet, mit Backpapier belegt) verstreichen. Vom Götterspeisepulver 1 gestrichenen Esslöffel für den Belag abnehmen und beiseitestellen. Restliches Pulver unter den übrigen Teig rühren. Roten Teig in einen Gefrierbeutel geben, eine Ecke abschneiden und den Teig tupfenweise in den hellen Teig spritzen. Teig nicht mehr verstreichen und die Form auf dem Rost in den vorgeheizten Backofen schieben.
Ober-/Unterhitze: etwa 180 °C
Heißluft: etwa 160 °C
Backzeit: etwa 35 Minuten.

3. Den Boden aus der Form lösen, auf einen mit Backpapier belegten Kuchenrost stürzen und erkalten lassen. Dann mitgebackenes Backpapier abziehen und den Boden einmal waagerecht durchschneiden.

4. Beiseitegestelltes Götterspeisepulver mit 2–3 Esslöffeln Wasser, aber ohne Zucker anrühren, auflösen und erkalten lassen, aber nicht kalt stellen.

5. Für Füllung und Belag Gelatine nach Packungsanleitung einweichen. Kefir oder Dickmilch mit Zucker und Zitronensaft in einer Schüssel verrühren. Gelatine leicht ausdrücken, in einem kleinen Topf bei schwacher Hitze auflösen, zunächst mit etwas Kefir- oder Dickmilchmasse verrühren, dann die Mischung unter die restliche Masse rühren und kalt stellen. Sobald die Masse beginnt dicklich zu werden, Sahne steifschlagen und unterheben.

6. Unteren Boden auf eine Tortenplatte legen und einen Tortenring darumstellen. Zwei Drittel der Sahnecreme einfüllen, mit dem oberen Boden bedecken und mit restlicher Sahnemasse (2–3 Esslöffel zurückbehalten) bestreichen. Die erkaltete, aber noch flüssige Götterspeise mit den 2–3 Esslöffeln Sahne verrühren, in Häufchen auf der Tortenoberfläche verteilen und mit einer Gabel leicht durch die weiße Sahne ziehen. Die Torte etwa 2 Stunden kalt stellen.

7. Zum Garnieren Himbeeren verlesen und in die Mitte der Torte häufen. Aus Tortenguss, Zucker und Wasser nach Packungsanleitung einen Guss zubereiten und mit Hilfe eines Löffels auf die Himbeeren geben. Guss fest werden lassen und dann den Tortenring lösen und entfernen.

Schneeweißchen-und-Rosenrot-Torte

Für Kinder

Rote-Grütze-Maulwurftorte

Zubereitungszeit: 45 Minuten, ohne Abkühl- und Kühlzeit
Backzeit: etwa 30 Minuten

Für den Rührteig:
4 Eiweiß (Größe M)
1 Prise Salz
125 g Butter oder Margarine
125 g Zucker
1 Pck. Dr. Oetker Vanillin-Zucker
4 Eigelb (Größe M)
150 g Weizenmehl
2 gestr. TL Dr. Oetker Backin
10 g Kakaopulver
100 g gemahlene Haselnusskerne
100 g Zartbitter-Raspelschokolade

Für die Füllung:
5 Blatt weiße Gelatine
1 Becher (500 g) Rote Grütze (aus dem Kühlregal)
150 g Joghurt
200 g Schlagsahne

Insgesamt:
E: 83 g, F: 290 g, Kh: 445 g,
kJ: 20022, kcal: 4776

1. Eiweiß und Salz in eine Rührschüssel geben und mit Handrührgerät mit Rührbesen steifschlagen. Den Backofen vorheizen.
2. Butter oder Margarine mit Handrührgerät mit Rührbesen auf höchster Stufe geschmeidig rühren. Zucker und Vanillin-Zucker unterrühren. So lange rühren, bis eine gebundene Masse entstanden ist. Eigelb nach und nach unterrühren.
3. Mehl mit Backpulver und Kakao mischen und in 2 Portionen abwechselnd mit Haselnusskernen und Raspelschokolade unterrühren. Eiweiß in 2 Portionen kurz unterrühren. Den Teig in eine Springform (Ø 26 cm, Boden gefettet) füllen und verstreichen. Die Form auf dem Rost in den vorgeheizten Backofen schieben.
Ober-/Unterhitze: etwa 180 °C
Heißluft: etwa 160 °C
Backzeit: etwa 30 Minuten.
4. Die Form auf einem Kuchenrost etwa 10 Minuten in der Form stehen lassen. Dann den Kuchen aus der Springform lösen und auf einem mit Backpapier belegten Kuchenrost erkalten lassen.
5. Den Gebäckboden auf eine Tortenplatte legen. Auf dem Gebäckboden mit einem Messer rundherum einen etwa 2 cm breiten Rand markieren. Den Gebäckboden mit einem Esslöffel etwa 1 cm tief bis zum markierten Rand aushöhlen. Herausgenommenes Gebäck mit den Händen zerbröseln.
6. Für die Füllung Gelatine nach Packungsanleitung einweichen. Ein Drittel der Roten Grütze auf den ausgehöhlten Tortenboden geben und verstreichen. Restliche Rote Grütze mit Joghurt in eine Schüssel geben und mit dem Schneebesen verrühren. Sahne steifschlagen.
7. Gelatine leicht ausdrücken und in einem kleinen Topf bei schwacher Hitze auflösen. 4 Esslöffel von der Roten-Grütze-Joghurt-Masse unter die Gelatine rühren, dann die Mischung mit der restlichen Roten-Grütze-Joghurt-Masse verrühren.
8. Sahne und die Hälfte der Gebäckbrösel kurz unterrühren. Die Masse kuppelförmig auf den bestrichenen Gebäckboden streichen. Restliche Brösel darauf verteilen und leicht andrücken. Die Torte mindestens 2 Stunden kalt stellen.

Für Gäste

Schneeflockentorte

Zubereitungszeit: 35 Minuten, ohne Abkühl- und Kühlzeit
Backzeit: etwa 30 Minuten

Zum Vorbereiten:
60 g Kokosraspel
4 Eiweiß (Größe M), 1 Prise Salz

Für den Rührteig:
125 g Butter oder Margarine
125 g Zucker
1 Pck. Dr. Oetker Vanillin-Zucker
4 Eigelb (Größe M)
100 g Weizenmehl
1 gestr. TL Dr. Oetker Backin

Für die Füllung:
3 EL Sauerkirsch- oder Himbeerkonfitüre
500 g Schlagsahne
2 Pck. Dr. Oetker Vanillin-Zucker
2 Pck. Dr. Oetker Sahnesteif

Zum Bestreuen und Bestäuben:
40 g Kokosraspel
30 g Puderzucker

Insgesamt:
E: 55 g, F: 351 g, Kh: 339 g,
kJ: 20056, kcal: 4792

1. Zum Vorbereiten Kokosraspel in einer Pfanne ohne Fett leicht bräunen und auf einem Teller erkalten lassen. Eiweiß mit Salz steifschlagen. Den Backofen vorheizen.

Rote-Grütze-Maulwurftorte

Schneeflockentorte

Himbeer-Sommertorte

2. Für den Teig Butter oder Margarine mit Handrührgerät mit Rührbesen auf höchster Stufe geschmeidig rühren. Nach und nach Zucker und Vanillin-Zucker unterrühren. So lange rühren, bis eine gebundene Masse entstanden ist. Eigelb nach und nach unterrühren.
3. Mehl mit Backpulver mischen und auf mittlerer Stufe unterrühren. Kokosraspel und Eischnee vorsichtig unterheben. Den Teig in eine Springform (Ø 26 cm, Boden gefettet) geben und verstreichen. Die Form auf dem Rost in den vorgeheizten Backofen schieben.
Ober-/Unterhitze: etwa 180 °C
Heißluft: etwa 160 °C
Backzeit: etwa 30 Minuten.
4. Den Tortenboden aus der Form lösen und auf einem Kuchenrost erkalten lassen. Tortenboden einmal waagerecht durchschneiden.
5. Für die Füllung den unteren Boden auf eine Tortenplatte legen und mit Konfitüre bestreichen, dabei einen etwa 1 cm Rand frei lassen. Sahne mit Vanillin-Zucker und Sahnesteif steifschlagen. Gut die Hälfte der Sahne auf den unteren Boden streichen und den oberen Boden darauflegen. Tortenoberfläche und -rand mit der restlichen Sahne bestreichen und mit Kokosraspeln bestreuen. Torte etwa 1 Stunde kalt stellen.
6. Die Torte kurz vor dem Servieren mit Puderzucker bestäuben.

Tipp: Nach Belieben 2 Esslöffel Kirschkonfitüre durch ein Sieb streichen und die Tortenoberfläche kurz vor dem Servieren damit verzieren (Foto).

Fruchtig

Himbeer-Sommertorte

Zubereitungszeit: 45 Minuten, ohne Kühlzeit

Zum Vorbereiten:
1 Beutel aus 1 Pck. Götterspeise Himbeer-Geschmack
375 ml (3/8 l) Wasser oder roter Fruchtsaft, 75 g Zucker

Für den Boden:
200 g Cornflakes
150 g weiße Kuvertüre

Für den Belag:
250 g Himbeeren
1 Beutel aus 1 Pck. Götterspeise Himbeer-Geschmack
375 ml (3/8 l) Wasser
180 g Zucker
400 g Schlagsahne
250 g Magerquark

Zum Garnieren:
100 g vorbereitete Himbeeren

Insgesamt:
E: 106 g, F: 185 g, Kh: 555 g, kJ: 18374, kcal: 4384

1. Zum Vorbereiten Götterspeise mit Wasser oder Fruchtsaft und Zucker nach Packungsanleitung, aber nur mit 375 ml Flüssigkeit zubereiten, in einer flachen Form kalt stellen und fest werden lassen.
2. Für den Boden Cornflakes in einen Gefrierbeutel geben und den Beutel fest verschließen. Cornflakes mit einer Teigrolle fein zerbröseln und in eine Schüssel geben. Kuvertüre in kleine Stücke hacken, in einem kleinen Topf im Wasserbad bei schwacher Hitze geschmeidig rühren und mit den Cornflakesbröseln vermengen. Einen Springformboden (Ø 26 cm) auf eine mit Tortenspitze oder Backpapier belegte Tortenplatte stellen, die Masse darin verteilen und mit einem Löffel gut zu einem Boden andrücken. Boden kalt stellen.
3. Für den Belag Himbeeren verlesen und beiseitestellen. Die Götterspeise mit Wasser und Zucker nach Packungsanleitung, aber nur mit 375 ml Wasser zubereiten und kalt stellen.
4. Sahne steifschlagen. Sobald die Götterspeise für den Belag beginnt dicklich zu werden, Quark unterrühren und steifgeschlagene Sahne unterheben. Ein Drittel der Creme auf den Boden geben und verstreichen. Himbeeren darauf verteilen, mit restlicher Creme bedecken und glattstreichen. Die Torte 2–3 Stunden kalt stellen.
5. Zum Garnieren den Springformrand mit Hilfe eines Messers lösen und entfernen. Die vorbereitete, fest gewordene Götterspeise stürzen, würfeln oder verschiedene Motive ausstechen oder ausschneiden. Die Torte mit den Würfeln oder Motiven und Himbeeren garnieren.

Tipp: Die Torte schmeckt frisch am besten. Für den Belag anstelle der Himbeeren blaue und grüne kernlose Weintrauben verwenden sowie Waldmeister-Götterspeise mit hellem Traubensaft zubereiten.

Himbeer-Schokoladen-Torte

Für Gäste – raffiniert

Himbeer-Schokoladen-Torte

Zubereitungszeit: 30 Minuten, ohne Abkühl- und Kühlzeit
Backzeit: etwa 25 Minuten

Für den Schüttelteig:
100 g Butter oder Margarine
200 g Weizenmehl
3 gestr. TL Dr. Oetker Backin
125 g Zucker
1 Pck. Dr. Oetker Vanillin-Zucker
3 Eier (Größe M)
100 g Schlagsahne

Für die Füllung:
300 g Himbeeren
1 Pck. Tortenguss, klar
50 g Zucker
250 ml (1/4 l) Himbeersaft

Für den Belag:
150 g Zartbitter-Schokolade
300 g Schlagsahne
1 Pck. Dr. Oetker Sahnesteif

Zum Bestreuen:
25 g weiße geschabte Kuvertüre oder Schokolade

Zum Garnieren:
einige vorbereitete Himbeeren

Insgesamt:
E: 72 g, F: 287 g, Kh: 477 g,
kJ: 20681, kcal: 4943

1. Den Backofen vorheizen. Für den Teig Butter oder Margarine zerlassen und abkühlen lassen. Mehl mit Backpulver in einer verschließbaren Schüssel (etwa 3 l) mit Zucker und Vanillin-Zucker mischen. Eier, Butter oder Margarine und Sahne hinzufügen. Die Schüssel mit dem Deckel fest verschließen.
2. Schüssel mehrmals (insgesamt 15–30 Sekunden) kräftig schütteln, so dass alle Zutaten gut vermischt sind. Alles mit einem Schneebesen oder Rührlöffel nochmals sorgfältig durchrühren, damit auch trockene Zutaten vom Rand mit untergerührt werden.
3. Teig in eine Springform (Ø 26 cm, Boden gefettet) geben und verstreichen. Die Form auf dem Rost in den vorgeheizten Backofen schieben.
Ober-/Unterhitze: etwa 180 °C
Heißluft: etwa 160 °C
Backzeit: etwa 25 Minuten.
4. Den Tortenboden aus der Form lösen und auf einen mit Backpapier belegten Kuchenrost stürzen. Tortenboden erkalten lassen und anschließend einmal waagerecht durchschneiden. Den unteren Tortenboden auf eine Kuchenplatte legen.
5. Für die Füllung die Himbeeren verlesen. Einen Guss aus Tortengusspulver, Zucker und Himbeersaft nach Packungsanleitung zubereiten. Anschließend die Himbeeren vorsichtig unterheben.
6. Die Himbeermasse sofort auf dem unteren Tortenboden verteilen. Den oberen Tortenboden darauflegen und leicht andrücken. Die Torte etwa 30 Minuten kalt stellen.
7. Für den Belag Schokolade grob zerkleinern, in einem Topf im Wasserbad geschmeidig rühren und abkühlen lassen. Sahne mit Sahnesteif steifschlagen. Schokolade vorsichtig unterrühren. Die Schokoladensahne auf die Tortenoberfläche geben und mit einem Löffel wellenförmig verteilen. Die Torte nochmals etwa 30 Minuten kalt stellen. Kurz vor dem Servieren Kuvertüre oder Schokolade daraufstreuen und die Torte mit Himbeeren garnieren.

Tipp: Anstelle von frischen Himbeeren können auch TK-Himbeeren verwendet werden.

Für Kinder

Fanta Torte*

Zubereitungszeit: 50 Minuten, ohne Abkühl- und Kühlzeit
Backzeit: etwa 40 Minuten

Für den Knetteig:
125 g Weizenmehl
50 g Zucker
1 Pck. Dr. Oetker Vanillin-Zucker
2 EL Fanta Orange (Limonade)
100 g Butter

Für den Biskuitteig:
75 g Butter
3 Eier (Größe M)
125 g Zucker
1 Pck. Dr. Oetker Vanillin-Zucker
100 g Weizenmehl
1 gestr. TL Dr. Oetker Backin
4 Tropfen Butter-Vanille-Aroma
50 g abgezogene, gemahlene Mandeln

Zum Bestreichen:
2 EL Johannisbeergelee

Für die Füllung:
5 Blatt weiße Gelatine
3 Eier (Größe M), 50 g Zucker
250 ml (1/4 l) Fanta Orange
1 Pck. Dr. Oetker Finesse Geriebene Orangenschale
250 g Schlagsahne

Für den Guss:
4 Blatt weiße Gelatine
250 ml (1/4 l) Fanta Orange

Insgesamt:
E: 95 g, F: 291 g, Kh: 483 g, kJ: 21256, kcal: 5079

1. Den Backofen vorheizen. Für den Knetteig Mehl mit Zucker, Vanillin-Zucker, Limonade und Butter in eine Rührschüssel geben. Die Zutaten mit Handrührgerät mit Knethaken zunächst kurz auf niedrigster, dann auf höchster Stufe gut durcharbeiten.
2. Anschließend den Teig auf der leicht bemehlten Arbeitsfläche kurz verkneten. Den Teig auf einem Springformboden (Ø 26 cm, gefettet) ausrollen und mehrmals mit einer Gabel einstechen. Den Springformrand darumlegen. Die Form auf dem Rost in den vorgeheizten Backofen schieben.
Ober-/Unterhitze: etwa 180 °C
Heißluft: etwa 160 °C
Backzeit: etwa 15 Minuten.
3. Boden vom Springformboden lösen, aber darauf auf einem Kuchenrost erkalten lassen.
4. Für den Biskuitteig Butter zerlassen und abkühlen lassen. Eier mit Handrührgerät mit Rührbesen auf höchster Stufe in 1 Minute schaumig schlagen. Zucker mit Vanillin-Zucker mischen, in 1 Minute einstreuen, noch etwa 2 Minuten weiterschlagen.
5. Mehl mit Backpulver mischen, auf die Eiercreme geben und kurz auf niedrigster Stufe unterrühren. Butter-Vanille-Aroma, Mandeln und Butter unterrühren. Den Teig in eine Springform (Ø 26 cm, Boden gefettet, mit Backpapier belegt) geben und verstreichen. Die Form auf dem Rost in den heißen Backofen schieben und den Boden **bei gleicher Backtemperatur etwa 25 Minuten backen**.
6. Den Boden aus der Form lösen, auf einen Kuchenrost stürzen und erkalten lassen. Anschließend mitgebackenes Backpapier entfernen.
7. Den Knetteigboden auf eine Tortenplatte legen und mit dem glattgerührtem Gelee bestreichen. Den Biskuitboden darauflegen und etwas andrücken. Einen Tortenring darumlegen.
8. Für die Füllung Gelatine nach Packungsanleitung einweichen. Eier mit Zucker in einer Schüssel im heißen Wasserbad mit Handrührgerät mit Rührbesen etwa 5 Minuten schaumig schlagen. Gelatine leicht ausdrücken und in der heißen Eiercreme unter Rühren auflösen. Limonade und Orangenschale hinzugeben und kurz unterrühren. Die Schüssel mit der Eiercreme aus dem Wasserbad nehmen und etwa 5 Minuten kalt schlagen und kurz kalt stellen.
9. Sobald die Eiercreme beginnt dicklich zu werden, Sahne steifschlagen und unterheben. Die Füllung auf den Biskuitboden streichen. Die Torte etwa 2 Stunden kalt stellen.
10. Für den Guss Gelatine nach Packungsanleitung einweichen. Die Hälfte der Limonade in einem kleinen Topf erwärmen, Gelatine leicht ausdrücken und darin unter Rühren auflösen. Die restliche kalte Limonade unter Rühren dazugießen und gut verrühren. Flüssigkeit vorsichtig auf die Creme gießen und die Torte nochmals 1–2 Stunden kalt stellen, bis der Guss fest ist.

Tipp: Nach Belieben die Torte mit Orangenfilets und aufgelöster Schokolade verzieren und die Torte damit garnieren (Foto).

** Rezept nicht durch Coca-Cola autorisiert.*

Fanta Torte*

Etwas aufwändiger

Cappuccino-Wickeltorte

Zubereitungszeit: 75 Minuten, ohne Abkühl- und Kühlzeit
Backzeit: etwa 27 Minuten

Für den Biskuitteig:
4 Eier (Größe M)
1 Eigelb (Größe M)
3 EL heißes Wasser, 125 g Zucker
1 Pck. Dr. Oetker Vanillin-Zucker
100 g Weizenmehl
20 g Kakaopulver
1 Msp. Dr. Oetker Backin

Für den Knetteig:
150 g Weizenmehl, 50 g Zucker
100 g Butter oder Margarine

Für die Füllung:
3 Blatt weiße Gelatine
400 g Schlagsahne, 75 g Zucker
1 Pck. Dr. Oetker Vanillin-Zucker
2 Pck. (je 10 g) Instant-Cappuccino-pulver
1 kleine Dose Aprikosenhälften (Abtropfgewicht 240 g)

Zum Bestreichen:
1 EL Aprikosenkonfitüre

Zum Garnieren und Verzieren:
100 g Zartbitter-Kuvertüre
1 EL Speiseöl, 300 g Schlagsahne
1 Pck. Dr. Oetker Vanillin-Zucker
50 g Raspelschokolade

Insgesamt:
E: 101 g, F: 404 g, Kh: 639 g, kJ: 27643, kcal: 6604

1. Den Backofen vorheizen. Für den Biskuitteig Eier, Eigelb und Wasser mit Handrührgerät mit Rührbesen auf höchster Stufe in 1 Minute schaumig schlagen. Zucker und Vanillin-Zucker mischen, in 1 Minute einstreuen, dann noch etwa 2 Minuten weiterschlagen. Mehl mit Kakao und Backpulver mischen, auf die Eiercreme geben und kurz auf niedrigster Stufe unterrühren. Den Teig auf ein Backblech (30 x 40 cm, gefettet, mit Backpapier belegt) streichen und das Backblech in den vorgeheizten Backofen schieben.
Ober-/Unterhitze: etwa 200 °C
Heißluft: etwa 180 °C
Backzeit: etwa 12 Minuten.

2. Die Biskuitplatte sofort vom Backblechrand lösen, auf eine Arbeitsfläche stürzen und mit dem Backpapier erkalten lassen.

3. Für den Knetteig inzwischen die Zutaten in eine Rührschüssel geben und mit Handrührgerät mit Knethaken zunächst kurz auf niedrigster, dann auf höchster Stufe gut durcharbeiten. Den Teig auf der leicht bemehlten Arbeitsfläche kurz verkneten. Teig auf einem Springformboden (Ø 26 cm, gefettet) ausrollen, mehrfach mit einer Gabel einstechen, Springformrand darumstellen und den Boden **bei gleicher Backtemperatur etwa 15 Minuten backen**.

4. Das Gebäck anschließend vom Springformboden lösen, aber darauf auf einem Kuchenrost erkalten lassen.

5. Für die Füllung Gelatine einweichen, anschließend ausdrücken und auflösen. Sahne mit Zucker und Vanillin-Zucker fast steifschlagen, flüssige Gelatine unter Rühren dazugeben und Sahne vollständig steifschlagen. Cappuccinopulver kurz unterrühren. Aprikosen in einem Sieb abtropfen lassen und fein würfeln.

6. Mitgebackenes Backpapier vorsichtig von der Biskuitplatte abziehen, die Biskuitplatte mit der Cappuccinosahne bestreichen und von der langen Seite aus in etwa 4,5 cm breite Streifen schneiden, Aprikosenwürfel auf der Creme verteilen und leicht andrücken, Creme evtl. etwas dicklich werden lassen. Knetteigboden auf eine Tortenplatte legen und mit Konfitüre bestreichen. Einen Biskuitstreifen zur Schnecke aufrollen und in die Mitte des Knetteigbodens stellen. Restliche Streifen anlegen und darumwickeln. Die Tortenoberfläche glattstreichen und die Torte etwa 2 Stunden kalt stellen.

7. Zum Garnieren und Verzieren inzwischen Kuvertüre grob hacken und mit dem Speiseöl in einem Topf im Wasserbad bei schwacher Hitze geschmeidig rühren. 2 Tropfen Wasser hinzufügen, die Masse geschmeidig rühren und in einen kleinen Gefrierbeutel füllen. Eine kleine Ecke abschneiden, kleine Ovale auf Backpapier spritzen, diese mit feineren Schokofäden durchziehen und die Ornamente fest werden lassen.

8. Sahne mit Vanillin-Zucker steifschlagen, 4 Esslöffel davon abnehmen und in einen Spritzbeutel geben. Die Torte vollständig mit der restlichen Sahne einstreichen und den Rand mit Raspelschokolade bestreuen. Die Oberfläche mit der Sahne aus dem Spritzbeutel verzieren und die Ornamente anlegen.

Cappuccino-Wickeltorte

Für Kinder

Beeriger Maulwurfshügel

Zubereitungszeit: 40 Minuten, ohne Abkühl- und Kühlzeit
Backzeit: etwa 25 Minuten

Für den Rührteig:
150 g Butter oder Margarine
150 g Zucker
1 Pck. Dr. Oetker Vanillin-Zucker
1 Prise Salz
3 Eier (Größe M)
125 g Weizenmehl
25 g Speisestärke
1 gestr. TL Dr. Oetker Backin

Für den Belag:
10 Blatt weiße Gelatine
500 ml (1/2 l) Trinkjoghurt Erdbeer- oder Himbeer-Geschmack
30 g Zucker
400 g Schlagsahne
250 g vorbereitete Beerenfrüchte (z. B. rote Johannis-, Heidel- oder Brombeeren)

Zum Bestäuben und Garnieren:
gesiebtes Kakaopulver
evtl. einige rote Johannisbeerrispen

Insgesamt:
E: 80 g, F: 287 g, Kh: 425 g,
kJ: 19801, kcal: 4733

Beeriger Maulwurfshügel

1. Den Backofen vorheizen. Für den Teig Butter oder Margarine mit Handrührgerät mit Rührbesen auf höchster Stufe geschmeidig rühren. Nach und nach Zucker, Vanillin-Zucker und Salz unterrühren. So lange rühren, bis eine gebundene Masse entstanden ist.

2. Eier nach und nach unterrühren (jedes Ei etwa 1/2 Minute). Mehl, Speisestärke und Backpulver mischen und in 2 Portionen kurz auf mittlerer Stufe unterrühren. Teig in eine Springform (Ø 26 cm, Boden gefettet) füllen, verstreichen und die Form auf dem Rost in den vorgeheizten Backofen schieben.
Ober-/Unterhitze: etwa 180 °C
Heißluft: etwa 160 °C
Backzeit: etwa 25 Minuten.

3. Den Boden aus der Form lösen und auf einem Kuchenrost erkalten lassen.

4. Für den Belag Gelatine nach Packungsanleitung einweichen. Trinkjoghurt mit Zucker verrühren. Gelatine leicht ausdrücken und in einem kleinen Topf bei schwacher Hitze unter Rühren auflösen. Flüssige Gelatine zunächst mit etwas Trinkjoghurt verrühren und dann mit dem restlichen Trinkjoghurt verrühren. Die Mischung kalt stellen. Wenn die Mischung beginnt dicklich zu werden, Sahne steifschlagen und mit den vorbereiteten Früchten unter die Mischung heben.

5. Tortenboden auf eine Platte legen, mit Hilfe eines Esslöffels etwa 2 cm tief aushöhlen, dabei einen etwa 1 cm breiten Rand stehen lassen. Joghurtcreme kuppelartig auf den ausgehöhlten Boden streichen.

6. Gebäckreste fein zerbröseln, die Torte rundherum damit bestreuen und etwa 2 Stunden kalt stellen.

7. Vor dem Servieren die Torte mit etwas Kakaopulver bestäuben und nach Belieben mit Johannisbeerrispen garnieren.

Tipp: Der Maulwurfshügel kann bereits am Vortag zubereitet werden. Anstelle des Erdbeer- oder Himbeertrinkjoghurts kann auch jede andere fruchtige Geschmacksrichtung (z. B. Aprikose) verwendet und die Torte dann mit der entsprechenden Obstsorte zubereitet werden.

Zitronen-Quark-Sahne-Torte

Beliebt

Zitronen-Quark-Sahne-Torte

Zubereitungszeit: 30 Minuten, ohne Abkühl- und Kühlzeit
Backzeit: etwa 25 Minuten

Für den Rührteig:
150 g Butter oder Margarine
150 g Zucker
1 Pck. Dr. Oetker Vanillin-Zucker
1 Prise Salz
3 Eier (Größe M)
125 g Weizenmehl
25 g Speisestärke
1 gestr. TL Dr. Oetker Backin

Für die Füllung:
12 Blatt weiße Gelatine
500 g Schlagsahne
abgeriebene Schale von 1 Bio-Zitrone (unbehandelt, ungewachst) oder 1 Pck. Dr. Oetker Finesse Geriebene Zitronenschale
100 ml Zitronensaft
150 g Zucker
1 Pck. Dr. Oetker Vanillin-Zucker
500 g Magerquark
500 g Speisequark (40 % Fett i. Tr.)

Zum Bestäuben:
20 g Puderzucker

Insgesamt:
E: 176 g, F: 368 g, Kh: 528 g,
kJ: 25760, kcal: 6144

1. Den Backofen vorheizen. Für den Teig Butter oder Margarine in einer Rührschüssel mit Handrührgerät mit Rührbesen geschmeidig rühren. Nach und nach Zucker, Vanillin-Zucker und Salz unter Rühren hinzufügen. So lange rühren, bis eine gebundene Masse entstanden ist.
2. Eier nach und nach auf höchster Stufe unterrühren (jedes Ei etwa 1/2 Minute). Mehl mit Speisestärke und Backpulver mischen und in 2 Portionen kurz auf mittlerer Stufe unterrühren. Den Teig in eine Springform (Ø 28 cm, Boden gefettet, mit Backpapier belegt) füllen, verstreichen und die Form auf dem Rost in den vorgeheizten Backofen schieben.
Ober-/Unterhitze: etwa 180 °C
Heißluft: etwa 160 °C
Backzeit: etwa 25 Minuten.
3. Den Boden aus der Form lösen und auf einem mit Backpapier belegten Kuchenrost erkalten lassen. Anschließend mitgebackenes Backpapier entfernen und den Boden einmal waagerecht durchschneiden.
4. Für die Füllung Gelatine nach Packungsanleitung einweichen. Sahne steifschlagen. Zitronenschale mit Zitronensaft, Zucker, Vanillin-Zucker und Quark gut verrühren. Gelatine leicht ausdrücken, in einem kleinen Topf bei schwacher Hitze auflösen und zunächst mit etwas von der Quarkmasse verrühren, dann die Mischung unter die übrige Quarkmasse rühren.
5. Sahne sofort unter die Quarkmasse heben. Einen Springformrand (innen mit Backpapier belegt) oder einen Tortenring um den unteren Tortenboden stellen, die Quarksahne einfüllen und verstreichen.
6. Dann den oberen Tortenboden in 16 Stücke schneiden, auf die Füllung legen und die Torte mindestens 3 Stunden kalt stellen. Vor dem Servieren den Springformrand oder Tortenring mit Hilfe eines Messers lösen und entfernen, Papierstreifen ebenfalls entfernen und die Torte mit Puderzucker bestäuben.

Tipp: 1 Dose Mandarinen (Abtropfgewicht 175 g) gut abtropfen lassen und unter die Quarksahne heben.

Waffelröllchen-Himbeer-Torte

Zubereitungszeit: 50 Minuten, ohne Abkühl- und Kühlzeit
Backzeit: etwa 15 Minuten

Für den Knetteig:
150 g Weizenmehl
50 g Zucker
1 Pck. Dr. Oetker Bourbon-Vanille-Zucker
100 g Butter oder Margarine

Für die Füllung:
500 ml (1/2 l) Fruchtmilch Himbeer-Geschmack (aus dem Kühlregal)
1 Beutel aus 1 Pck. Götterspeise Himbeer-Geschmack
50 g Zucker
250 g Mascarpone (ital. Frischkäse)
200 g Schlagsahne
250 g Schokoladen-Waffelröllchen

Für den Belag:
1 Beutel aus 1 Pck. Götterspeise Himbeer-Geschmack
25 g Zucker, 250 g Himbeeren

Zum Verzieren und Garnieren:
etwas Schlagsahne
etwas Zitronenmelisse

Insgesamt:
E: 57 g, F: 342 g, Kh: 532 g,
kJ: 23977, kcal: 5728

1. Den Backofen vorheizen. Für den Teig die Zutaten in eine Rührschüssel geben und mit Handrührgerät mit Knethaken zunächst kurz auf niedrigster, dann auf höchster Stufe gut durcharbeiten. Anschließend den Teig auf der leicht bemehlten Arbeitsfläche kurz verkneten.
2. Teig auf dem Boden einer Springform (Ø 26 cm, gefettet) ausrollen, Springformrand darumstellen, Teig mehrmals mit einer Gabel einstechen und die Form auf dem Rost in den vorgeheizten Backofen schieben.
Ober-/Unterhitze: etwa 200 °C
Heißluft: etwa 180 °C
Backzeit: etwa 15 Minuten.
3. Springformrand entfernen und den Boden sofort vom Springformboden lösen, aber darauf auf einem Kuchenrost erkalten lassen.
4. Für die Füllung von der Himbeermilch 300 ml abnehmen, restliche 200 ml für den Belag beiseitestellen. Götterspeise mit etwas von der großen Menge der Himbeermilch anrühren, Zucker hinzufügen, unter Rühren erwärmen, bis alles gelöst ist, und etwas abkühlen lassen. Mascarpone in eine Schüssel geben, mit der restlichen Himbeermilch für die Füllung glattrühren und die Götterspeisemasse unterrühren. Die Masse kalt stellen. Sobald die Masse beginnt dicklich zu werden, Sahne steifschlagen und unterheben.
5. Tortenboden auf eine Tortenplatte legen, einen Tortenring darumstellen und die Waffelröllchen mit der Schokoladenseite nach oben rundherum an den Rand stellen. Himbeermasse vorsichtig einfüllen, so dass die Waffelröllchen stehen bleiben (evtl. vorher ein wenig Masse auf dem Boden verteilen, so dass die Waffelröllchen besser stehen bleiben). Die Torte etwa 2 Stunden kalt stellen.
6. Für den Belag Götterspeise mit restlicher Himbeermilch (200 ml) und Zucker verrühren und unter Rühren erwärmen, bis alles gelöst ist. Himbeeren verlesen, die Hälfte davon pürieren, evtl. durch ein Sieb streichen und unter die Götterspeisemasse rühren (restliche Himbeeren zum Garnieren beiseitestellen). Masse vorsichtig auf die Himbeermasse geben und nochmals etwa 1 Stunde kalt stellen.
7. Vor dem Servieren Tortenring lösen und entfernen. Die Torte mit geschlagener Sahne verzieren und mit den restlichen Himbeeren und Zitronenmelisse garnieren.

Tipp: Sehr gut schmeckt die Torte auch, wenn Sie statt Himbeermilch auch Erdbeermilch verwenden.

Waffelröllchen-Himbeer-Torte

Fruchtig

Sommernachtstraum

Zubereitungszeit: 60 Minuten, ohne Abkühl- und Kühlzeit
Backzeit: etwa 30 Minuten

Für den Biskuitteig:
4 Eier (Größe M)
150 g Zucker
1 Pck. Dr. Oetker Vanillin-Zucker
150 g Weizenmehl
25 g Kakaopulver
1 gestr. TL Dr. Oetker Backin

Für die Füllung:
6 Blatt weiße Gelatine
350 g gemischte Beerenfrüchte (z. B. Him-, Brom-, rote Johannis- und Erdbeeren)
300 g Dickmilch oder Kefir
50 g Zucker
400 g Schlagsahne

Zum Garnieren:
75 g Zartbitter-Kuvertüre
250 g gemischte Beerenfrüchte (z. B. rote Johannisbeerrispen, Erd-, Him-, Brombeeren)
30 g Zucker
evtl. etwas Zitronenmelisse

Insgesamt:
E: 88 g, F: 195 g, Kh: 489 g, kJ: 17169, kcal: 4101

1. Den Backofen vorheizen. Für den Teig Eier in eine Rührschüssel geben und mit Handrührgerät mit Rührbesen auf höchster Stufe in 1 Minute schaumig schlagen. Zucker und Vanillin-Zucker mischen, in 1 Minute einstreuen und noch etwa 2 Minuten weiterschlagen.

2. Mehl mit Kakao und Backpulver mischen, die Hälfte davon auf die Eiercreme geben und auf niedrigster Stufe kurz unterrühren, restliches Mehlgemisch auf die gleiche Weise unterrühren. Teig in eine Springform (Ø 26 cm, Boden gefettet, mit Backpapier belegt) füllen und verstreichen. Anschließend die Form auf dem Rost in den vorgeheizten Backofen schieben.
Ober-/Unterhitze: etwa 180 °C
Heißluft: etwa 160 °C
Backzeit: etwa 30 Minuten.

3. Den Boden aus der Form lösen, auf einen mit Backpapier belegten Kuchenrost stürzen und erkalten lassen. Mitgebackenes Backpapier abziehen. Den Boden zweimal waagerecht durchschneiden.

4. Für die Füllung Gelatine nach Packungsanleitung einweichen. Beerenfrüchte verlesen und 200 g davon pürieren. Dickmilch oder Kefir mit Zucker und Beerenpüree verrühren. Gelatine in einem kleinen Topf bei schwacher Hitze auflösen und mit etwas von der Masse verrühren, dann die Mischung unter die restliche Masse rühren. Sahne steifschlagen und unterheben. Ein Drittel der Creme abnehmen, die restlichen Beerenfrüchte evtl. klein schneiden und unter die große Crememenge heben. Cremes kalt stellen, bis sie anfangen dicklich zu werden.

5. Den unteren Boden auf eine Tortenplatte legen und die Creme mit den ganzen Beeren kuppelförmig in die Mitte des unteren Bodens streichen, dabei rundherum etwa 2 cm frei lassen. Vom mittleren Boden einen etwa 2 cm breiten Rand abschneiden (Reste zerbröseln und beiseitestellen). Die Platte über die Kuppel legen und andrücken. Gut die Hälfte der abgenommenen Creme waagerecht daraufstreichen, oberen Boden auflegen und Rand und Oberfläche der Torte mit der restlichen Creme bestreichen. Torte 2–3 Stunden kalt stellen.

6. Zum Garnieren in der Zwischenzeit Kuvertüre hacken, in einem kleinen Topf im Wasserbad bei schwacher Hitze schmelzen lassen und in ein Papiertütchen füllen. Schmetterlinge auf Backpapier spritzen und fest werden lassen. Den Tortenrand mit den beiseitegestellten Kuchenbröseln bestreuen und etwas andrücken.

7. Beeren verlesen, evtl. abspülen oder anfeuchten und in Zucker wälzen. Kurz vor dem Servieren die Tortenoberfläche mit gezuckerten Beeren, Schmetterlingen und evtl. Zitronenmelisse garnieren.

Raffiniert

Schokoladen-Kirschwasser-Torte

Zubereitungszeit: 90 Minuten, ohne Abkühl- und Kühlzeit
Backzeit: etwa 30 Minuten

Für den Knetteig:
150 g Weizenmehl
40 g Zucker
1 TL Kakaopulver
100 g Butter oder Margarine

Für den Biskuitteig:
1 Ei (Größe M)
2 EL heißes Wasser
50 g Zucker
1 Pck. Dr. Oetker Vanillin-Zucker
75 g Weizenmehl
1 Msp. Dr. Oetker Backin

Für die Schokoladencreme:
3 Blatt weiße Gelatine
2 EL Zucker
2–3 gestr. EL Kakaopulver
5 EL Wasser
375 g Schlagsahne

Für die Kirschwassercreme:
3 Blatt weiße Gelatine
4 EL Kirschwasser
375 g Schlagsahne
1 Pck. Dr. Oetker Vanillin-Zucker
2 EL Zucker

Zum Bestreichen und Verzieren:
3–4 EL Kirschkonfitüre
250 g Schlagsahne
1 Pck. Dr. Oetker Sahnesteif

Zum Bestäuben und Bestreuen:
Kakaopulver
4 EL Raspelschokolade

Insgesamt:
E: 74 g, F: 428 g, Kh: 471 g,
kJ: 25753, kcal: 6149

Schokoladen-Kirschwasser-Torte

1. Den Backofen vorheizen. Für den Knetteig die Zutaten in eine Rührschüssel geben und mit Handrührgerät mit Knethaken zunächst auf niedrigster, dann auf höchster Stufe gut durcharbeiten. Anschließend den Teig auf der leicht bemehlten Arbeitsfläche kurz verkneten. Den Teig auf dem Boden einer Springform (Ø 26 cm, gefettet) ausrollen und den Springformrand darumstellen. Die Form auf dem Rost in den vorgeheizten Backofen schieben.
Ober-/Unterhitze: etwa 200 °C
Heißluft: etwa 180 °C
Backzeit: etwa 15 Minuten.

2. Springformrand entfernen, Boden sofort vom Springformboden lösen, aber darauf auf einem Kuchenrost erkalten lassen. Anschließend den Boden auf eine Tortenplatte legen.

3. Für den Biskuitteig Ei und Wasser mit Handrührgerät mit Rührbesen auf höchster Stufe in 1 Minute schaumig schlagen. Zucker und Vanillin-Zucker mischen, in 1 Minute einstreuen, noch etwa 2 Minuten weiterschlagen. Mehl mit Backpulver mischen, auf die Eiercreme geben und kurz auf niedrigster Stufe unterrühren. Den Teig in eine Springform (Ø 26 cm, Boden gefettet, mit Backpapier belegt) füllen und verstreichen. Die Form auf dem Rost in den heißen Backofen schieben und den Boden **bei gleicher Backtemperatur etwa 15 Minuten backen**.

4. Anschließend den Boden aus der Form lösen, auf einen mit Backpapier belegten Kuchenrost stürzen, erkalten lassen und dann mitgebackenes Backpapier abziehen.

5. Für die Schokoladencreme inzwischen Gelatine einweichen. Zucker und Kakao mit dem Wasser in einem kleinen Topf anrühren und unter Rühren zum Kochen bringen, bis sich der Zucker gelöst hat. Gelatine leicht ausdrücken, in der heißen Flüssigkeit unter Rühren auflösen und die Flüssigkeit abkühlen lassen. Sahne steifschlagen und den abgekühlten Kakao-Gelatine-Sirup unterrühren.

6. Für die Kirschwassercreme Gelatine einweichen. Anschließend Gelatine ausdrücken, auflösen und Kirschwasser unterrühren. Sahne steifschlagen. Vanillin-Zucker, Zucker und die Gelatineflüssigkeit unter Rühren dazugeben.

7. Den Knetteigboden mit Konfitüre bestreichen und den Biskuitboden darauflegen. Die Schokoladencreme kuppelförmig daraufstreichen und kurz kalt stellen. Einen Tortenring oder den gesäuberten Springformrand darumstellen. Die Kirschwassercreme vorsichtig daraufgeben und die Tortenoberfläche glattstreichen. Die Torte 2–3 Stunden kalt stellen.

8. Zum Bestreichen und Verzieren Sahne mit Sahnesteif steifschlagen. Tortenring oder Springformrand entfernen und den Tortenrand mit der Hälfte der Sahne bestreichen. Restliche Sahne in einen Spritzbeutel mit großer Sterntülle füllen, die Oberfläche mit Sahne-Rosetten verzieren und mit Kakao bestäuben. Den Tortenrand mit Raspelschokolade bestreuen.

Schwarzwälder Kirschtorte

Klassisch – mit Alkohol

Schwarzwälder Kirschtorte

Zubereitungszeit: 60 Minuten, ohne Abkühl-, Quell- und Kühlzeit
Backzeit: etwa 45 Minuten

Für den Knetteig:
125 g Weizenmehl
10 g Kakaopulver
1 Msp. Dr. Oetker Backin
50 g Zucker
1 Pck. Dr. Oetker Vanillin-Zucker
1 EL Kirschwasser
75 g Butter oder Margarine

Für den Biskuitteig:
4 Eier (Größe M)
100 g Zucker
1 Pck. Dr. Oetker Vanillin-Zucker
100 g Weizenmehl
1/2 gestr. TL Dr. Oetker Backin
25 g Speisestärke
10 g Kakaopulver
gut 1 Msp. gemahlener Zimt

Für die Füllung:
1 Glas Sauerkirschen (Abtropfgewicht 350 g) oder
500 g Sauerkirschen und 75 g Zucker
1 Pck. Tortenguss, rot
250 ml (1/4 l) Kirschsaft aus dem Glas
etwa 25 g Zucker
etwa 3 EL Kirschwasser
1 Pck. gemahlene, weiße Gelatine
5 EL kaltes Wasser
800 g Schlagsahne
40 g Puderzucker
1 Pck. Dr. Oetker Vanillin-Zucker

Zum Verzieren:
geschabte oder geraspelte Schokolade

Insgesamt:
E: 96 g, F: 336 g, Kh: 560 g, kJ: 23840, kcal: 5696

1. Den Backofen vorheizen. Für den Knetteig Mehl mit Kakaopulver und Backpulver in einer Rührschüssel mischen. Übrige Zutaten für den Knetteig hinzufügen und alles mit einem Handrührgerät mit Knethaken zunächst kurz auf niedrigster, dann auf höchster Stufe gut durcharbeiten. Anschließend den Teig kurz mit den Händen zu einer Kugel formen. Den Teig auf dem Boden einer Springform (Ø 28 cm, gefettet) ausrollen, mehrmals mit einer Gabel einstechen und den Springformrand darumlegen. Die Form auf dem Rost in den vorgeheizten Backofen schieben.
Ober-/Unterhitze: etwa 180 °C
Heißluft: etwa 160 °C
Backzeit: etwa 15 Minuten.

2. Springformrand entfernen, Knetteigboden sofort vom Springformboden lösen, aber darauf auf einem Kuchenrost erkalten lassen.

3. Für den Biskuitteig Eier in einer Rührschüssel mit Handrührgerät mit Rührbesen auf höchster Stufe 1 Minute schaumig schlagen. Zucker mit Vanillin-Zucker mischen, unter Rühren in 1 Minute einstreuen und die Masse etwa 2 Minuten weiterschlagen. Mehl mit Backpulver, Speisestärke, Kakaopulver und Zimt mischen und kurz auf niedrigster Stufe unterrühren. Den Teig in einer Springform (Ø 28 cm, Boden gefettet, mit Backpapier belegt) verstreichen, die Form auf dem Rost in den heißen Backofen schieben und den Boden **bei gleicher Backtemperatur etwa 30 Minuten backen**.

4. Den Boden aus der Form lösen, auf einen mit Backpapier belegten Kuchenrost stürzen und erkalten lassen. Anschließend das mitgebackene Backpapier vorsichtig abziehen. Den Biskuitboden einmal waagerecht durchschneiden.

5. Für die Füllung Kirschen in einem Sieb gut abtropfen lassen, den Saft dabei auffangen und 250 ml (1/4 l) abmessen oder frische Sauerkirschen waschen, entstielen, entsteinen, mit Zucker mischen und einige Minuten zum Saftziehen stehen lassen. Die frischen Kirschen in einem Topf zum Kochen bringen, in einem Sieb abtropfen lassen, den Saft auffangen und erkalten lassen. 250 ml (1/4 l) davon abmessen, evtl. mit Wasser ergänzen. Zum Verzieren 12 Kirschen auf Küchenpapier beiseitelegen.

6. Tortenguss mit Saft und Zucker nach Packungsanleitung zubereiten und Kirschen unterrühren. Die Masse erkalten lassen und anschließend mit Kirschwasser abschmecken. Gelatine mit Wasser in einem kleinen Topf anrühren, etwa 5 Minuten zum Quellen stehen lassen und unter Rühren erwärmen, bis sie gelöst ist. Schlagsahne fast steifschlagen, die lauwarme Gelatinelösung unter Schlagen hinzufügen und die Sahne vollkommen steifschlagen. Puderzucker sieben, mit Vanillin-Zucker mischen und unterrühren.

7. Den Knetteigboden auf eine Tortenplatte legen und die Kirschmasse daraufstreichen, dabei etwa 1 cm am

Rand frei lassen. Ein Drittel der Sahnecreme daraufstreichen. Den unteren Biskuitboden auf die Sahnecreme legen, leicht andrücken und mit der Hälfte der übrigen Creme bestreichen. Den oberen Boden auflegen und leicht andrücken. 3 Esslöffel der Sahnecreme in einen Spritzbeutel mit Sterntülle füllen und beiseitelegen. Oberfläche und Rand der Torte gleichmäßig mit der übrigen Creme bestreichen. Die Torte mit der Creme aus dem Spritzbeutel verzieren und mit geschabter oder geraspelter Schokolade und den beiseitegestellten Kirschen garnieren. Die Schwarzwälder Kirschtorte mindestens 2 Stunden kalt stellen.

Tipp: Die Biskuitböden mit 4 Esslöffeln Kirschwasser tränken.

Gut vorzubereiten

Schoko-Nuss-Schichttorte

Zubereitungszeit: 40 Minuten, ohne Abkühl- und Kühlzeit
Backzeit: etwa 15 Minuten je Boden

Für den Knetteig:
300 g Weizenmehl
2 gestr. TL Dr. Oetker Backin
150 g Zucker
1 Pck. Dr. Oetker Bourbon-Vanille-Zucker
150 g gemahlene Haselnusskerne
50 g gehobelte Haselnusskerne
1 Ei (Größe M)
200 g Butter oder Margarine

Zum Bestreuen:
2 EL Milch
80 g gehobelte Haselnusskerne
40 g Zucker

Für die Füllung:
600 g Schlagsahne
3 Pck. Saucen-Pulver Schokoladen-Geschmack, ohne Kochen

Insgesamt:
E: 86 g, F: 545 g, Kh: 548 g,
kJ: 31051, kcal: 7411

1. Für den Teig Mehl mit Backpulver in einer Rührschüssel mischen. Restliche Zutaten hinzufügen und mit Handrührgerät mit Knethaken zunächst kurz auf niedrigster, dann auf höchster Stufe gut durcharbeiten. Anschließend den Teig auf der leicht bemehlten Arbeitsfläche kurz verkneten. Den Backofen vorheizen.
2. Teig vierteln und jedes Viertel zu einer Kugel formen. Kugel auf dem Boden einer Springform (Ø 26 cm, gefettet) ausrollen und den Springformrand darumstellen. Den Boden mit etwas Milch bestreichen, mit je einem Viertel der Haselnusskerne und des Zuckers bestreuen und die Form auf dem Rost in den vorgeheizten Backofen schieben.
Ober-/Unterhitze: etwa 200 °C
Heißluft: etwa 180 °C
Backzeit: etwa 15 Minuten je Boden.
3. Springformrand entfernen, Boden sofort vom Springformboden lösen, aber darauf auf einem Kuchenrost erkalten lassen. Die anderen 3 Böden ebenso ausrollen und backen.
4. Für die Füllung Sahne etwa 1 Minute schlagen, dann Saucen-Pulver einstreuen und die Sahne steifschlagen. 1 Boden auf eine Tortenplatte legen und ein Drittel der Schokocreme darauf verstreichen. Zweiten Boden auflegen, mit der Hälfte der restlichen Creme bestreichen und den dritten Boden darauflegen. Die restliche Creme darauf verstreichen und den letzten Boden auflegen. Die Schoko-Nuss-Schichttorte bis zum Servieren kalt stellen.

Tipp: Die Torte lässt sich am besten mit einem elektrischen Messer schneiden. Sie können die Torte auch am Vortag füllen, dann sind die Böden am Serviertag etwas weicher. Die Torte bekommt eine fruchtige Note, wenn Sie die Böden zunächst mit etwas Konfitüre (Aprikose, Kirsche oder Preiselbeere) bestreichen. Die Haselnusskerne können durch Mandeln ersetzt werden.

Schoko-Nuss-Schichttorte

Schokoladen-Sahne-Torte

Gut vorzubereiten

Schokoladen-Sahne-Torte

Zubereitungszeit: 60 Minuten, ohne Abkühlzeit
Backzeit: 22–25 Minuten

Für den Knetteig:
150 g Weizenmehl
40 g Zucker
1 gestr. TL Kakaopulver
100 g weiche Butter oder Margarine

Für den Biskuitteig:
1 Ei (Größe M)
2 EL heißes Wasser
50 g Zucker
1 Pck. Dr. Oetker Vanillin-Zucker
75 g Weizenmehl
1 Msp. Dr. Oetker Backin

Für die Schokoladensahne:
100 g Vollmilch-Schokolade
100 g Zartbitter-Schokolade
600 g Schlagsahne
3 Pck. Dr. Oetker Sahnesteif

Zum Bestreichen und Garnieren:
3 EL Himbeer- oder Preiselbeerkonfitüre
etwa 40 g geraspelte Zartbitter-Schokolade
je 8 dünne Vollmilch- und Zartbitter-Schokoladentäfelchen

Insgesamt:
E: 66 g, F: 372 g, Kh: 499 g, kJ: 23793, kcal:5684

1. Den Backofen vorheizen. Für den Knetteig die Zutaten in eine Rührschüssel geben und mit Handrührgerät mit Knethaken zunächst kurz auf niedrigster, dann auf höchster Stufe gut durcharbeiten. Anschließend den Teig auf der leicht bemehlten Arbeitsfläche kurz verkneten.
2. Den Teig auf dem Boden einer Springform (Ø 26 cm, gefettet) ausrollen. Den Springformrand darumstellen und anschließend die Form auf dem Rost in den vorgeheizten Backofen schieben.
Ober-/Unterhitze: etwa 180 °C
Heißluft: etwa 160 °C
Backzeit: 12–15 Minuten.
3. Sofort nach dem Backen den Knetteigboden vom Springformboden lösen, aber darauf auf einem Kuchenrost erkalten lassen. Den Knetteigboden auf eine Tortenplatte legen.
4. Für den Biskuitteig Ei und Wasser mit Handrührgerät mit Rührbesen auf höchster Stufe in 1 Minute schaumig schlagen. Zucker und Vanillin-Zucker mischen, in 1 Minute einstreuen, dann noch etwa 2 Minuten weiterschlagen. Mehl und Backpulver mischen, auf die Eiercreme geben und kurz auf niedrigster Stufe unterrühren.
5. Teig in eine Springform (Ø 26 cm, Boden gefettet, mit Backpapier belegt) füllen und verstreichen. Die Form auf dem Rost in den heißen Backofen schieben und **bei gleicher Backtemperatur etwa 10 Minuten backen**.
6. Den Biskuitboden aus der Form lösen, auf einen mit Backpapier belegten Kuchenrost stürzen, mitgebackenes Backpapier abziehen und Biskuitboden erkalten lassen.
7. Vollmilch- und Zartbitter-Schokolade in kleine Stücke brechen und in einem kleinen Topf im Wasserbad unter Rühren schmelzen lassen. Schokolade etwas abkühlen lassen. Sahne mit Sahnesteif steifschlagen. Etwa ein Drittel der Sahne unter die abgekühlte, aber noch flüssige Schokolade heben. Dann die Mischung vorsichtig unter die restliche Sahne heben.
8. Knetteigboden mit Konfitüre bestreichen und mit dem Biskuitboden bedecken. Schokoladensahne kuppelförmig daraufstreichen, dabei auch den Rand mit der Sahne einstreichen. Den Tortenrand und die Mitte der Tortenoberfläche mit der geraspelten Schokolade bestreuen. Schokoladentäfelchen diagonal halbieren und die Torte damit garnieren. Bis zum Servieren kalt stellen.

Erfrischend

Quark-Galetta-Torte

Zubereitungszeit: 40 Minuten, ohne Abkühl- und Kühlzeit
Backzeit: etwa 25 Minuten

Für den Rührteig:
150 g Butter oder Margarine
150 g Zucker
1 Pck. Dr. Oetker Vanillin-Zucker
1 Prise Salz
3 Eier (Größe M)
125 g Weizenmehl
25 g Speisestärke
1 gestr. TL Dr. Oetker Backin

Für die Füllung:
125 ml (1/8 l) Limettensirup
500 ml (1/2 l) Milch
500 g Schlagsahne
1 Pck. Dr. Oetker Finesse
Geriebene Zitronenschale
2 Pck. Galetta Cremepudding-Pulver Vanille-Geschmack
500 g Magerquark

Außerdem:
250 g Schlagsahne
1 Pck. Dr. Oetker Sahnesteif

Zum Bestäuben und Garnieren:
Puderzucker
1/2 Bio-Limette (unbehandelt, ungewachst)

Insgesamt:
E: 136 g, F: 405 g, Kh: 576 g, kJ: 27332, kcal: 6519

1. Den Backofen vorheizen. Für den Teig Butter oder Margarine mit Handrührgerät mit Rührbesen geschmeidig rühren. Zucker, Vanillin-Zucker und Salz nach und nach unterrühren. So lange rühren, bis eine gebundene Masse entstanden ist. Eier nach und nach unterrühren (jedes Ei etwa 1/2 Minute).

2. Mehl mit Speisestärke und Backpulver mischen und auf mittlerer Stufe unterrühren. Den Teig in eine Springform (Ø 26 cm, Boden gefettet) füllen, verstreichen und die Form auf dem Rost in den vorgeheizten Backofen schieben.
Ober-/Unterhitze: etwa 180 °C
Heißluft: etwa 160 °C
Backzeit: etwa 25 Minuten.

3. Den Boden aus der Form lösen und auf einem mit Backpapier belegten Kuchenrost erkalten lassen. Anschließend den Boden einmal waagerecht durchschneiden. Den unteren Boden auf eine Tortenplatte legen und einen Tortenring oder den gesäuberten Springformrand darumstellen. Den oberen Boden in 12 Stücke schneiden.

4. Für die Füllung Limettensirup mit Milch, Sahne und Zitronenschale in eine Rührschüssel geben. Galetta hinzufügen, mit Handrührgerät mit Rührbesen auf niedrigster Stufe kurz vermischen. Die Zutaten auf höchster Stufe etwa 1 Minute schlagen.

5. Quark in 2 Portionen unterrühren. Die Füllung auf dem unteren Boden verteilen und verstreichen. Sahne mit Sahnesteif steifschlagen, in einen Spritzbeutel mit Lochtülle geben und für 12 Tortenstücke Verzierungen wellenförmig auf die Tortenoberfläche spritzen. Die Torte 2 Stunden kalt stellen, dann den Tortenring oder Springformrand lösen und entfernen. Die geschnittenen Tortenstücke schräg an die Sahne setzen.

6. Die Torte vor dem Servieren mit Puderzucker bestäuben. Limette waschen, abtrocknen, zunächst in Scheiben, dann in Viertel schneiden und die Torte damit garnieren.

Quark-Galetta-Torte

Für Gäste – mit Alkohol

Pharisäer-Torte

Zubereitungszeit: 50 Minuten, ohne Abkühlzeit
Backzeit: etwa 15 Minuten

Zum Vorbereiten:
2 Pck. Dr. Oetker Pudding-Pulver Sahne-Geschmack
100 g Zucker
50 g Instant-Cappuccinopulver
400 ml Milch, 300 g Schlagsahne

Für den Biskuitteig:
4 Eier (Größe M), 65 g Zucker
1 Pck. Dr. Oetker Vanillin-Zucker
1 Pck. Dr. Oetker Finesse Geriebene Zitronenschale
1 Prise Salz, 100 g Weizenmehl
1 Msp. Dr. Oetker Backin
50 g gemahlene Haselnusskerne

Zum Tränken und Belegen:
2 EL Rum
6 Ritter Rum Knusperstücke

Für die Füllung:
300 g Schlagsahne
1 Pck. Dr. Oetker Vanillin-Zucker
1 Pck. Dr. Oetker Sahnesteif
50 ml Rum

Zum Garnieren und Bestäuben:
2–3 Ritter Rum Knusperstücke
Kakaopulver

Insgesamt:
E: 86 g, F: 318 g, Kh: 494 g,
kJ: 22428, kcal: 5353

1. Zum Vorbereiten aus Pudding-Pulver nach Packungsanleitung, aber mit 100 g Zucker, 50 g Cappuccinopulver, 400 ml Milch und 300 g Sahne einen Pudding zubereiten. Pudding in eine Schüssel geben, Frischhaltefolie direkt auf den heißen Pudding legen, damit sich keine Haut bildet, und erkalten lassen.

2. Den Backofen vorheizen. Für den Teig Eier mit Handrührgerät mit Rührbesen auf höchster Stufe in 1 Minute schaumig schlagen. Zucker, Vanillin-Zucker, Zitronenschale und Salz und mischen, in 1 Minute einstreuen, etwa noch 2 Minuten weiterschlagen.

3. Mehl mit Backpulver mischen, auf die Eiercreme geben und kurz auf niedrigster Stufe unterrühren. Zuletzt kurz die Haselnusskerne unterheben. Den Teig in eine Springform (Ø 26 cm, Boden gefettet, mit Backpapier belegt) füllen und verstreichen. Die Form auf dem Rost in den vorgeheizten Backofen schieben.
Ober-/Unterhitze: etwa 200 °C
Heißluft: etwa 180 °C
Backzeit: etwa 15 Minuten.

4. Den Boden aus der Form lösen und auf einem Kuchenrost erkalten lassen. Anschließend mitgebackenes Backpapier abziehen und den Boden einmal waagerecht durchschneiden.

5. Den unteren Boden auf eine Tortenplatte legen, einen Tortenring oder einen Springformrand darumstellen und den Boden mit Rum tränken.
6 Ritter Rum Knusperstücke klein schneiden und darauf verteilen.

6. Für die Füllung Sahne mit Vanillin-Zucker und Sahnesteif steifschlagen. Die Hälfte der Sahne in einen Spritzbeutel mit großer Sterntülle füllen. Den kalten Pudding mit Handrührgerät mit Rührbesen cremig rühren, Rum unterrühren und die restliche steifgeschlagene Sahne vorsichtig unterrühren. Die Füllung auf dem unteren Boden glattstreichen.

7. Den oberen Boden in 16 Stücke teilen und auf die Torte legen. Mit der Sahne aus dem Spritzbeutel Kringel auf die Stücke spritzen. Ritter Rum Knusperstücke in Scheiben schneiden und auf die Sahnekringel legen. Vor dem Servieren Tortenring oder Springformrand lösen und entfernen und danach die Torte mit Kakao bestäuben.

Pharisäer-Torte

Einfach – mit Alkohol

Mokka-Whisky-Torte

Zubereitungszeit: 40 Minuten, ohne Abkühlzeit
Backzeit: etwa 25 Minuten

Für den Biskuitteig:
4 Eier (Größe M)
3–4 EL heißes Wasser
150 g Zucker
1 Pck. Dr. Oetker Bourbon-Vanille-Aroma
100 g Weizenmehl
100 g Speisestärke
3 gestr. TL Dr. Oetker Backin

Für die Füllung:
5 EL Whisky
40 g Zucker
3 Blatt weiße Gelatine
750 g Schlagsahne
2 Pck. Dr. Oetker Sahnesteif
1 TL Zucker
1 Pck. Dr. Oetker Vanillin-Zucker
3–4 TL Instant-Kaffeepulver

Zum Tränken:
3 EL Whisky

Zum Garnieren:
Mokkabohnen
etwa 1 TL Instant-Kaffeepulver

Insgesamt:
E: 60 g, F: 266 g, Kh: 414 g,
kJ: 19294, kcal: 4611

Mokka-Whisky-Torte

1. Den Backofen vorheizen. Für den Teig Eier und Wasser mit Handrührgerät mit Rührbesen auf höchster Stufe in 1 Minute schaumig schlagen. Zucker in 1 Minute unter Rühren einstreuen, dann noch etwa 2 Minuten weiterschlagen, Vanille-Aroma unterrühren.
2. Mehl mit Speisestärke und Backpulver mischen, die Hälfte davon auf die Eiercreme geben und kurz auf niedrigster Stufe unterrühren. Restliches Mehlgemisch auf die gleiche Weise unterarbeiten. Den Teig in eine Springform (Ø 26 cm, Boden gefettet, mit Backpapier belegt) füllen und verstreichen. Die Form auf dem Rost in den vorgeheizten Backofen schieben.
Ober-/Unterhitze: 180–200 °C
Heißluft: 160–180 °C
Backzeit: etwa 25 Minuten.
3. Den Biskuitboden aus der Form lösen, auf einen mit Backpapier belegten Kuchenrost stürzen und erkalten lassen. Dann mitgebackenes Backpapier abziehen und den Biskuitboden zweimal waagerecht durchschneiden.
4. Für die Füllung Whisky mit Zucker verrühren. Gelatine nach Packungsanleitung einweichen. Anschließend Gelatine leicht ausdrücken und in einem kleinen Topf unter Rühren bei schwacher Hitze auflösen. Gelatine mit der Whisky-Flüssigkeit verrühren. 250 g von der Sahne steifschlagen und unterheben.
5. Den unteren Biskuitboden mit Whisky tränken und auf eine Tortenplatte legen. Die Whisky-Sahne darauf verteilen. Den mittleren Boden darauflegen.
6. Restliche Sahne mit Sahnesteif, Zucker, Vanillin-Zucker und Instant-Kaffeepulver steifschlagen. Gut ein Drittel der Kaffeesahne auf den mittleren Biskuitboden streichen, mit dem oberen Biskuitboden belegen und leicht andrücken.
7. Tortenoberfläche und -rand mit etwas von der restlichen Kaffeesahne bestreichen. Restliche Kaffeesahne in einen Spritzbeutel mit Sterntülle füllen. Die Torte damit verzieren und mit Mokkabohnen garnieren. Torte 1–2 Stunden kalt stellen.
8. Vor dem Servieren Tortenmitte und -rand mit Hilfe eines Teesiebes und eines Teelöffels mit Instant-Kaffeepulver bestäuben.

Raffiniert

Latte-Macchiato-Torte

Zubereitungszeit: 60 Minuten, ohne Abkühl- und Kühlzeit
Backzeit: etwa 25 Minuten

Für den All-in-Teig:
100 g Weizenmehl
15 g Kakaopulver
3 gestr. TL Dr. Oetker Backin
100 g Zucker
1 Pck. Dr. Oetker Vanillin-Zucker
2 Eier (Größe M)
100 g Butter oder Margarine
2 EL starker Kaffee oder Milch

Für den Belag:
350 g Aprikosen
6 Blatt weiße Gelatine
3 Eier (Größe M)
100 g Zucker
100 ml Milch
500 g Schlagsahne
2 Pck. (je 10 g) Instant-Cappuccino- oder Eiskaffeepulver

Zum Garnieren und Bestäuben:
50 g zweifarbige Cappuccino- oder Kaffee-Sahne-Schokolade
Kakaopulver

Insgesamt:
E: 86 g, F: 299 g, Kh: 373 g,
kJ: 19017, kcal: 4538

Latte-Macchiato-Torte

1. Den Backofen vorheizen. Für den Teig Mehl mit Kakaopulver und Backpulver in einer Rührschüssel mischen. Restliche Zutaten hinzufügen und alles mit Handrührgerät mit Rührbesen auf höchster Stufe in etwa 2 Minuten zu einem glatten Teig verarbeiten. Den Teig in eine Springform (Ø 26 cm, Boden gefettet, mit Backpapier belegt) füllen und verstreichen. Die Form auf dem Rost in den vorgeheizten Backofen schieben.
Ober-/Unterhitze: etwa 180 °C
Heißluft: etwa 160 °C
Backzeit: etwa 25 Minuten.

2. Den Boden aus der Form lösen und auf einem Kuchenrost erkalten lassen. Anschließend mitgebackenes Backpapier abziehen, Boden auf eine Tortenplatte legen und einen Tortenring oder den gesäuberten Springformrand darumstellen.

3. Für den Belag Aprikosen waschen, abtrocknen, halbieren, entsteinen und mit der Rundung nach oben auf dem Tortenboden verteilen. Gelatine nach Packungsanleitung einweichen. Eier mit Zucker und Milch in einer Schüssel verrühren und im Wasserbad erhitzen, dabei die Masse ständig mit Handrührgerät mit Rührbesen auf mittlerer Stufe rühren. Wenn die Masse dick-schaumig ist (dauert etwa 5 Minuten), Gelatine leicht ausdrücken und in der warmen Eimasse unter Rühren auflösen. Die Masse erkalten lassen, dabei die Masse etwa 5 Minuten weiterrühren.

4. Sahne steifschlagen und unter die erkaltete Creme heben. Zwei Drittel der Sahnecreme abnehmen und mit dem Cappuccino- oder Eiskaffeepulver verrühren. Die Hälfte der dunklen Creme auf den Aprikosen verteilen und glattstreichen. 5 Esslöffel von der hellen Creme beiseitestellen, die restliche helle Creme auf die dunkle Creme streichen. Restliche dunkle Creme darauf verstreichen.

5. Die beiseitegestellte helle Creme mit Hilfe eines Teelöffels in Wellen auf der Oberfläche verstreichen, dabei rundherum etwa 1 cm Rand frei lassen. Die Torte 2–3 Stunden kalt stellen.

6. Vor dem Servieren Tortenring oder Springformrand lösen und entfernen. Die Schokolade mit Hilfe eines Sparschälers auf die Tortenoberfläche raspeln und die Torte mit etwas Kakaopulver bestäuben.

Tipp: Die Creme kann mit 2–3 Esslöffeln Cognac abgeschmeckt werden.

Einfach

Mohn-Kirsch-Torte

Zubereitungszeit: 45 Minuten, ohne Abkühl- und Kühlzeit
Backzeit: etwa 25 Minuten

Für den Biskuitteig:
4 Eier (Größe M)
2 EL heißes Wasser
80 g Zucker, 125 g Weizenmehl
2 gestr. TL Dr. Oetker Backin
100 g Mohnsamen

Für die Füllung:
1 Glas Sauerkirschen (Abtropfgewicht 350 g)
1 Pck. Tortenguss, rot
250 ml (1/4 l) Sauerkirschsaft aus dem Glas, evtl. mit Wasser aufgefüllt
25 g Zucker

Zum Tränken:
4 EL Kirschwasser
6 EL Sauerkirschsaft aus dem Glas

Für die Joghurtcreme:
8 Blatt weiße Gelatine
500 g Joghurt
1–2 EL Zitronensaft
100 g Zucker
200 g Schlagsahne

Zum Garnieren:
10 g geschabte Schokolade

Insgesamt:
E: 97 g, F: 150 g, Kh: 444 g, kJ: 15823, kcal: 3780

1. Den Backofen vorheizen. Für den Teig Eier und Wasser mit Handrührgerät mit Rührbesen auf höchster Stufe in 1 Minute schaumig schlagen. Zucker in 1 Minute einstreuen, dann noch etwa 2 Minuten weiterschlagen.
2. Mehl mit Backpulver mischen, auf die Eiercreme geben und kurz auf niedrigster Stufe unterrühren. Mohn unterheben. Den Teig in eine Springform (Ø 26 cm, Boden gefettet, mit Backpapier belegt) geben und verstreichen. Die Form auf dem Rost in den vorgeheizten Backofen schieben.
Ober-/Unterhitze: etwa 180 °C
Heißluft: etwa 160 °C
Backzeit: etwa 25 Minuten.
3. Den Biskuitboden aus der Form lösen, auf einen mit Backpapier belegten Kuchenrost stürzen und erkalten lassen. Anschließend mitgebackenes Backpapier abziehen und den Boden einmal waagerecht durchschneiden.
4. Für die Füllung Sauerkirschen in einem Sieb abtropfen lassen, den Saft dabei auffangen und 250 ml (1/4 l) davon abmessen, evtl. mit Wasser auffüllen. 16 Sauerkirschen zum Garnieren und 6 Esslöffel Sauerkirschsaft zum Tränken beiseitestellen.
5. Tortengusspulver mit Sauerkirschsaft und Zucker nach Packungsanleitung zubereiten, Sauerkirschen unterrühren und die Kirschmasse erkalten lassen.
6. Den unteren Biskuitboden auf eine Platte legen und einen Tortenring oder den gesäuberten Springformrand darumstellen. Kirschwasser mit dem beiseitegestellten Sauerkirschsaft verrühren. Den unteren Biskuitboden mit der Hälfte der Kirschwasserflüssigkeit beträufeln. Kirschmasse daraufgeben und verstreichen, dabei etwa 1 cm Rand frei lassen.
7. Für die Joghurtcreme Gelatine nach Packungsanleitung einweichen. Joghurt mit Zitronensaft und Zucker verrühren. Gelatine in einem kleinen Topf bei schwacher Hitze unter Rühren auflösen. Etwa 4 Esslöffel der Joghurtmasse mit der Gelatine verrühren, dann die Mischung mit der restlichen Joghurtmasse verrühren und kalt stellen.
8. Wenn die Masse beginnt dicklich zu werden, Sahne steifschlagen und unterheben. Die Hälfte der Joghurt-Sahne-Creme auf der Kirschmasse verteilen. Oberen Boden darauflegen, leicht andrücken und mit der restlichen Kirschwasserflüssigkeit beträufeln. Restliche Joghurt-Sahne-Creme darauf glatt verstreichen. Die Tortenoberfläche mit den beiseitegestellten Sauerkirschen und der Schokolade garnieren und die Torte etwa 3 Stunden kalt stellen. Anschließend Tortenring oder Springformrand lösen und entfernen.

Mohn-Kirsch-Torte

Raffiniert – mit Alkohol

Rieslingtorte

Zubereitungszeit: 60 Minuten, ohne Abkühlzeit
Backzeit: etwa 25 Minuten

Für den Biskuitteig:
3 Eier (Größe M)
3 EL heißes Wasser
150 g Zucker
1 Pck. Dr. Oetker Vanillin-Zucker
125 g Weizenmehl
75 g Speisestärke
3 gestr. TL Dr. Oetker Backin

Für die Creme:
375 g weiche Butter
5 frische Eigelb (Größe M)
125 g gesiebter Puderzucker

Für die Füllung:
375 ml (3/8 l) Rieslingwein
50 g Zucker
etwa 24 Löffelbiskuits

Zum Bestreichen:
500 g Schlagsahne
2 Pck. Dr. Oetker Sahnesteif
20 g Zucker

Zum Bestreuen:
100 g abgezogene, gehobelte Mandeln

Insgesamt:
E: 99 g, F: 586 g, Kh: 630 g,
kJ: 35377, kcal: 8446

1. Den Backofen vorheizen. Für den Teig Eier und Wasser mit Handrührgerät mit Rührbesen auf höchster Stufe 1 Minute schaumig schlagen. Zucker und Vanillin-Zucker mischen, in 1 Minute einstreuen, dann noch etwa 2 Minuten weiterschlagen.
2. Mehl mit Speisestärke und Backpulver mischen, die Hälfte davon auf die Eiercreme geben und kurz auf niedrigster Stufe unterrühren. Restliches Mehlgemisch auf die gleiche Weise unterarbeiten. Den Teig in eine Springform (Ø 26 cm, Boden gefettet, mit Backpapier belegt) füllen und verstreichen. Die Form auf dem Rost in den vorgeheizten Backofen schieben.
Ober-/Unterhitze: etwa 180 °C
Heißluft: etwa 160 °C
Backzeit: etwa 25 Minuten.
3. Den Boden aus der Form lösen, auf einen mit Backpapier belegten Kuchenrost stürzen und erkalten lassen. Mitgebackenes Backpapier abziehen und den Boden einmal waagerecht durchschneiden. Den unteren Boden auf eine Tortenplatte legen.
4. Für die Creme Butter mit Handrührgerät mit Rührbesen auf höchster Stufe geschmeidig rühren. Nach und nach Eigelb und Puderzucker unterschlagen. Den Biskuitboden mit einem Drittel der Creme bestreichen.
5. Für die Füllung Wein mit Zucker in einem flachen Topf erhitzen, bis der Zucker gelöst ist, und abkühlen lassen. Die Löffelbiskuits kurz darin kurz wenden und auf der Creme verteilen (evtl. restliches Wein-Zucker-Gemisch darüber verteilen). Die Hälfte der restlichen Creme daraufstreichen, den oberen Boden darauflegen und etwas andrücken. Tortenoberfläche und -rand dünn mit der restlichen Creme bestreichen.
6. Zum Bestreichen Sahne mit Sahnesteif und Zucker steifschlagen. Tortenoberfläche und -rand mit der Sahne bestreichen und nach Belieben die Tortenoberfläche mit einem Tortenkamm oder einer Gabel verzieren. Mandeln in einer Pfanne ohne Fett leicht bräunen und auf einem Teller erkalten lassen. Den Tortenrand und den äußeren Rand der Tortenoberfläche mit Mandeln bestreuen.

Hinweis: Nur ganz frische Eier, die nicht älter als 5 Tage sind (Legedatum beachten!), für die Creme verwenden. Fertige Torte im Kühlschrank aufbewahren und innerhalb von 24 Stunden verzehren.

Raffiniert

Kirsch-Mascarpone-Torte

Zubereitungszeit: 60 Minuten, ohne Abkühl- und Kühlzeit
Backzeit: etwa 30 Minuten

Für den Biskuitteig:
75 g abgezogene, gemahlene Mandeln
3 Eier (Größe M)
3 EL heißes Wasser
120 g Zucker
1/2 Fläschchen Bittermandel-Aroma
50 g Weizenmehl
75 g Speisestärke
2 gestr. TL Dr. Oetker Backin

Für die Kirschfüllung:
1 Glas Sauerkirschen (Abtropfgewicht 370 g)
1 Pck. Tortenguss, klar
1 Pck. Dr. Oetker Bourbon-Vanille-Zucker
250 ml (1/4 l) Sauerkirschsaft aus dem Glas

Für die Mascarponefüllung:
5 Blatt weiße Gelatine
250 g Mascarpone (ital. Frischkäse)
250 g Joghurt
50 g gesiebter Puderzucker
250 g Schlagsahne

Zum Garnieren und Bestäuben:
etwa 80 g Amarettini (ital. Mandelmakronen)
Puderzucker

Insgesamt:
E: 85 g, F: 258 g, Kh: 496 g,
kJ: 19783, kcal: 4717

Kirsch-Mascarpone-Torte

1. Für den Teig Mandeln in einer Pfanne ohne Fett leicht bräunen und auf einem Teller abkühlen lassen. Den Backofen vorheizen. Eier und Wasser mit Handrührgerät mit Rührbesen auf höchster Stufe in 1 Minute schaumig schlagen. Zucker in 1 Minute einstreuen, dann noch etwa 2 Minuten weiterschlagen. Aroma kurz unterrühren.

2. Mehl mit Speisestärke und Backpulver mischen, auf die Eiercreme geben und kurz auf niedrigster Stufe unterrühren. Mandeln kurz unterrühren. Den Teig in eine Springform (Ø 26 cm, Boden gefettet, mit Backpapier belegt) füllen und verstreichen. Die Form auf dem Rost in den vorgeheizten Backofen schieben.
Ober-/Unterhitze: etwa 180 °C
Heißluft: etwa 160 °C
Backzeit: etwa 30 Minuten.

3. Den Biskuitboden aus der Form lösen, auf einen mit Backpapier belegten Kuchenrost stürzen und erkalten lassen. Anschließend mitgebackenes Backpapier abziehen.

4. Für die Kirschfüllung Kirschen in einem Sieb abtropfen lassen, dabei den Saft auffangen und 250 ml (1/4 l) davon abmessen. Aus Tortenguss, Vanille-Zucker und dem Saft nach Packungsanleitung einen Guss zubereiten und die Kirschen unterheben. Biskuitboden auf eine Tortenplatte legen. Einen Tortenring oder den gesäuberten Springformrand darumstellen. Die Kirschmasse auf den Biskuitboden streichen und etwa 30 Minuten kalt stellen.

5. Für die Mascarponefüllung inzwischen Gelatine nach Packungsanleitung einweichen. Mascarpone mit Joghurt und Puderzucker verrühren. Gelatine leicht ausdrücken, in einem kleinen Topf bei schwacher Hitze unter Rühren auflösen. Flüssige Gelatine mit 2–3 Esslöffeln von der Mascarponemasse verrühren, dann unter die restliche Mascarponemasse rühren und kalt stellen. Sahne steifschlagen und unterheben. Die Creme kuppelförmig auf die Kirschmasse streichen und die Torte 2–3 Stunden kalt stellen.

6. Vor dem Servieren Tortenring oder Springformrand lösen und entfernen. Amarettini auf der Oberfläche verteilen und die Torte mit Puderzucker bestäuben.

Für Gäste – raffiniert

Buchweizentorte mit Brombeeren

Zubereitungszeit: 60 Minuten, ohne Abkühl- und Kühlzeit
Backzeit: 30–35 Minuten

Für den Biskuitteig:
6 Eier (Größe M)
2 EL heißes Wasser, 125 g Zucker
1 Pck. Dr. Oetker Finesse Geriebene Zitronenschale
200 g Buchweizenmehl
1/2 gestr. TL Dr. Oetker Backin

Für die Füllung:
375 g Brombeeren
6 Blatt weiße Gelatine
100 g Zucker
1 Pck. Dr. Oetker Vanillin-Zucker
2 EL Zitronensaft
500 g Schlagsahne

Zum Bestreichen:
225 g Brombeergelee

Für den Belag:
375 g Brombeeren

Zum Verzieren:
250 g Schlagsahne
1 Pck. Dr. Oetker Sahnesteif
1 TL Zucker

Insgesamt:
E: 86 g, F: 279 g, Kh: 591 g,
kJ: 22392, kcal: 5353

1. Den Backofen vorheizen. Für den Teig Eier und Wasser mit Handrührgerät mit Rührbesen auf höchster Stufe in 1 Minute schaumig schlagen. Zucker mit Zitronenschale mischen, in 1 Minute einstreuen, dann noch etwa 2 Minuten weiterschlagen.
2. Buchweizenmehl mit Backpulver mischen. Die Hälfte davon auf die Eiercreme geben und kurz auf niedrigster Stufe unterrühren. Restliches Mehlgemisch auf die gleiche Weise unterarbeiten.

Buchweizentorte mit Brombeeren

3. Den Teig in eine Springform (Ø 28 cm, Boden gefettet, mit Backpapier belegt) geben und verstreichen. Die Form auf dem Rost in den vorgeheizten Backofen schieben.
Ober-/Unterhitze: 180–200 °C
Heißluft: 160–180 °C
Backzeit: 30–35 Minuten.
4. Den Biskuitboden sofort aus der Form lösen, auf einen Kuchenrost stürzen und erkalten lassen. Dann mitgebackenes Backpapier abziehen und den Biskuitboden zweimal waagerecht durchschneiden.
5. Für die Füllung Brombeeren vorsichtig waschen, abtropfen lassen, evtl. entstielen, pürieren und durch ein Sieb streichen. Gelatine nach Packungsanleitung einweichen und anschließend leicht ausdrücken. Gelatine in einem kleinen Topf bei schwacher Hitze auflösen.
6. Zucker mit Vanillin-Zucker und Zitronensaft mischen, mit dem Brombeerpüree verrühren und Gelatine gut unterrühren. Die Masse kalt stellen. Wenn die Brombeermasse beginnt dicklich zu werden, Sahne steifschlagen und vorsichtig unterheben.
7. Zum Bestreichen den unteren Biskuitboden auf eine Tortenplatte legen und mit 3 Esslöffeln glattgerührtem Brombeergelee bestreichen. Einen Tortenring darumlegen. Die Hälfte der Brombeersahne auf den unteren Biskuitboden streichen und mit dem mittleren Biskuitboden belegen. Die restliche Brombeersahne darauf verteilen. Den oberen Biskuitboden darauflegen und etwas andrücken. Die Torte etwa 1 Stunde kalt stellen. Dann den Tortenring lösen und entfernen.
8. Für den Belag Brombeeren vorsichtig waschen, gut abtropfen lassen, evtl. entstielen. Die Tortenmitte damit belegen. Restliches Gelee unter Rühren erwärmen, bis es aufgelöst ist, etwas abkühlen lassen. Die Brombeeren damit bestreichen.
9. Zum Verzieren Sahne mit Sahnesteif und Zucker steifschlagen. Den Tortenrand mit etwas Sahne bestreichen und mit einem Tortengarnierkamm ein Muster ziehen. Restliche Sahne in einen Spritzbeutel mit Sterntülle füllen. Den Rand der Tortenoberfläche damit verzieren. Torte etwa 30 Minuten kalt stellen.

Mit Alkohol

Aprikosentorte mit Schwips

Zubereitungszeit: 50 Minuten, ohne Abkühl- und Kühlzeit
Backzeit: 20–25 Minuten

Für den Rührteig:
100 g Butter oder Margarine
75 g Zucker
1 Pck. Dr. Oetker Bourbon-Vanille-Zucker
2 Eier (Größe M)
75 g Weizenmehl
1 gestr. TL Dr. Oetker Backin
2–3 EL Aprikosenlikör

Zum Bestreichen:
1 EL Aprikosenkonfitüre
2 EL Aprikosenlikör

Für den Belag:
1 Dose Aprikosenhälften (Abtropfgewicht 240 g)
1 EL Aprikosenkonfitüre
1 Pck. Dr. Oetker Pudding-Pulver Vanille-Geschmack
75 ml Aprikosenlikör, 1 EL Zucker
250 g Schmand (Sauerrahm) oder Crème fraîche
180 g Haselnuss-Gebäckkugeln
400 g Schlagsahne
1 EL Puderzucker
2 Pck. Dr. Oetker Sahnesteif

Außerdem:
2 EL Aprikosenkonfitüre
1 EL Aprikosenlikör

Insgesamt:
E: 67 g, F: 361 g, Kh: 473 g, kJ: 23836, kcal: 5688

1. Den Backofen vorheizen. Für den Teig Butter oder Margarine mit Handrührgerät mit Rührbesen auf höchster Stufe geschmeidig rühren. Nach und nach Zucker und Vanille-Zucker unterrühren. So lange rühren, bis eine gebundene Masse entstanden ist.

2. Eier nach und nach unterrühren (jedes Ei etwa 1/2 Minute). Mehl mit Backpulver mischen und mit dem Likör unterrühren. Den Teig in eine Springform (Ø 26 cm, Boden gefettet, mit Backpapier belegt) geben und verstreichen. Die Form auf dem Rost in den vorgeheizten Backofen schieben.
Ober-/Unterhitze: etwa 180 °C
Heißluft: etwa 160 °C
Backzeit: 20–25 Minuten.

3. Nach dem Backen den Boden aus der Form lösen und auf einen Kuchenrost stürzen. Mitgebackenes Backpapier abziehen und den Boden erkalten lassen.

4. Zum Bestreichen Konfitüre mit Likör verrühren. Den Boden damit bestreichen und einen Tortenring darumstellen.

5. Für den Belag Aprikosen mit dem Saft aus der Dose und der Konfitüre pürieren und in einen Topf füllen. Pudding-Pulver mit Likör und Zucker verrühren und unter das Aprikosenpüree rühren. Aprikosenmasse unter Rühren einmal gut aufkochen und anschließend etwas abkühlen lassen. Schmand oder Crème fraîche unterrühren und die Masse auf dem Boden verstreichen. Die Torte etwa 2 Stunden kalt stellen.

6. Tortenring lösen und entfernen. Von den Gebäckkugeln 6 Stück zum Garnieren beiseitelegen. Die Restlichen grob hacken. Sahne mit Puderzucker und Sahnesteif steifschlagen und die zerkleinerten Gebäckkugeln unterheben. Sahnemasse kuppelartig auf der Fruchtmasse aufstreichen und die Torte 1–2 Stunden kalt stellen.

7. Vor dem Servieren beiseitegelegte Gebäckkugeln halbieren und die Torte damit belegen. Konfitüre mit Likör verrühren und die Tortenoberfläche damit besprenkeln.

Aprikosentorte mit Schwips

Raffiniert – gut vorzubereiten

Apfel-Mohn-Torte

Zubereitungszeit: 50 Minuten, ohne Abkühl- und Kühlzeit
Backzeit: etwa 25 Minuten

Für den Rührteig:
150 g Butter oder Margarine
100 g Zucker
1 Pck. Dr. Oetker Vanillin-Zucker
1 Pck. Dr. Oetker Finesse Geriebene Zitronenschale
3 Eier (Größe M)
150 g Weizenmehl
2 gestr. TL Dr. Oetker Backin
75 g Mohnsamen

Für die Füllung:
400 g Äpfel (z. B. Cox Orange oder Boskop)
375 ml (3/8 l) Apfelsaft
30 g Zucker
1 Pck. Dr. Oetker Pudding-Pulver Vanille-Geschmack

Für den Belag und zum Verzieren:
400 g Schlagsahne
2 Pck. Dr. Oetker Vanillin-Zucker
1 Pck. Dr. Oetker Sahnesteif

Zum Garnieren:
einige Mohn-Pralinen
Mohnsamen

Insgesamt:
E: 74 g, F: 333 g, Kh: 420 g, kJ: 20848, kcal: 4976

Apfel-Mohn-Torte

1. Den Backofen vorheizen. Für den Teig Butter oder Margarine mit Handrührgerät mit Rührbesen auf höchster Stufe geschmeidig rühren. Nach und nach Zucker, Vanillin-Zucker und Zitronenschale unterrühren. So lange rühren, bis eine gebundene Masse entstanden ist.
2. Eier nach und nach unterrühren (jedes Ei etwa 1/2 Minute). Mehl mit Backpulver mischen und in 2 Portionen abwechselnd mit dem Mohn auf mittlerer Stufe unterrühren. Den Teig in eine Springform (Ø 26 cm, Boden gefettet, mit Backpapier belegt) füllen, verstreichen und die Form auf dem Rost in den vorgeheizten Backofen schieben.
Ober-/Unterhitze: etwa 180 °C
Heißluft: etwa 160 °C
Backzeit: etwa 25 Minuten.
3. Den Boden aus der Form lösen und auf einem mit Backpapier belegten Kuchenrost erkalten lassen. Anschließend mitgebackenes Backpapier abziehen, den Boden auf eine Tortenplatte legen und den gesäuberten Springformrand oder einen Tortenring darumstellen.
4. Für die Füllung Äpfel schälen, vierteln, entkernen und in feine Würfel schneiden. Aus Apfelsaft, Zucker und Pudding-Pulver nach Packungsanleitung, aber mit den hier angegebenen Zutaten einen Pudding kochen. Die Apfelwürfel dazugeben, unter Rühren mit aufkochen lassen und den Apfelpudding auf den Boden in die Form geben. Die Masse glattstreichen und erkalten lassen.
5. Für den Belag und zum Verzieren Sahne mit Vanillin-Zucker und Sahnesteif steifschlagen und zwei Drittel davon auf der erkalteten Apfelmasse verstreichen. Restliche Sahne in einen Spritzbeutel mit großer Sterntülle geben und große Tuffs auf die Tortenoberfläche spritzen. Die Torte bis zum Servieren kalt stellen.
6. Zum Garnieren Springformrand oder Tortenring vorsichtig lösen und entfernen. Anschließend die Tortenoberfläche mit Mohn-Pralinen und Mohn garnieren.

Lüneburger Buchweizentorte

Klassisch

Lüneburger Buchweizentorte

Zubereitungszeit: 60 Minuten, ohne Abkühl-, Quell- und Kühlzeit
Backzeit: etwa 30 Minuten

Für den Biskuitteig:
5 Eier (Größe M)
2 EL heißes Wasser
150 g Zucker
1 Pck. Dr. Oetker Bourbon-Vanille-Zucker
3 Tropfen Bittermandel-Aroma
150 g Buchweizenmehl
1 gestr. TL Dr. Oetker Backin
100 g gemahlene Haselnusskerne

Für die Füllung:
1 Pck. gemahlene, weiße Gelatine
3 EL kaltes Wasser
600 g Schlagsahne
2 Pck. Dr. Oetker Vanillin-Zucker
2 Gläser Wild-Preiselbeeren (Einwaage je 395 g)

Zum Bestreuen:
gemahlene Pistazienkerne

Insgesamt:
E: 80 g, F: 272 g, Kh: 384 g, kJ: 18272, kcal: 4352

1. Den Backofen vorheizen. Für den Teig Eier mit heißem Wasser in einer Rührschüssel mit einem Handrührgerät mit Rührbesen auf höchster Stufe in 1 Minute schaumig schlagen. Zucker mit Vanille-Zucker mischen, in 1 Minute unter Rühren einstreuen und die Masse etwa 2 Minuten weiterschlagen. Aroma unterrühren.
2. Buchweizenmehl mit Backpulver mischen und kurz auf niedrigster Stufe unterrühren. Haselnusskerne auf die gleiche Weise kurz unterarbeiten. Den Teig in eine Springform (Ø 26 cm, Boden gefettet, mit Backpapier belegt) geben, verstreichen und die Form auf dem Rost in den vorgeheizten Backofen schieben.
Ober-/Unterhitze: etwa 180 °C
Heißluft: etwa 160 °C
Backzeit: etwa 30 Minuten.
3. Den Biskuitboden aus der Form lösen, auf einen mit Backpapier belegten Kuchenrost stürzen und darauf erkalten lassen. Anschließend Backpapier abziehen und den Boden zweimal waagerecht durchschneiden. Den unteren Boden auf eine Tortenplatte legen.
4. Für die Füllung inzwischen Gelatine mit Wasser in einem kleinen Topf anrühren, etwa 10 Minuten zum Quellen stehen lassen und anschließend unter Rühren erwärmen, bis sie gelöst ist. Schlagsahne mit Vanillin-Zucker fast steifschlagen, die warme Gelatinelösung unter Schlagen hinzufügen und die Sahne vollkommen steifschlagen.
5. Den unteren Boden mit knapp 1 Glas der Wild-Preiselbeeren bestreichen, dabei etwa 1 cm am Rand frei lassen. Etwa 3 Esslöffel der Sahne darauf verstreichen und den mittleren Boden darauflegen. Den Boden ebenso mit knapp 1 Glas der Wild-Preiselbeeren und 3 Esslöffeln Sahne bestreichen und mit dem oberen Boden bedecken.
6. Rand und Oberfläche der Torte mit Sahne bestreichen und den Tortenrand mit Hilfe eines Tortengarnierkammes verzieren. Die übrige Sahne in einen Spritzbeutel mit kleiner Sterntülle füllen, die Tortenoberfläche damit verzieren und bis zum Servieren kalt stellen. Kurz vor dem Servieren die Torte mit den restlichen Wild-Preiselbeeren und mit Pistazienkernen garnieren.

Tipp: Die Torte schmeckt am besten, wenn sie am Vortag zubereitet und im Kühlschrank aufbewahrt wird.

Abwandlung: Die Torte statt mit Wild-Preiselbeeren mit 700 g Pflaumenmus füllen und garnieren.

Dauert länger

Mozarttorte

Zubereitungszeit: 75 Minuten,
ohne Abkühl-, Quell- und Kühlzeit
Backzeit: 40–45 Minuten

Für den Knetteig:
150 g Weizenmehl, 40 g Zucker
2 Pck. Dr. Oetker Vanillin-Zucker
100 g Butter oder Margarine

Für den Biskuitteig:
4 Eier (Größe M)
2 EL heißes Wasser
100 g Zucker
1 Pck. Dr. Oetker Vanillin-Zucker
75 g Weizenmehl
30 g Speisestärke
10 g Kakaopulver
1/2 gestr. TL Dr. Oetker Backin

2–3 EL Preiselbeerkonfitüre
100 g Marzipan-Rohmasse
etwas Puderzucker

Für die Füllung:
1 Pck. gemahlene, weiße Gelatine
600 g Schlagsahne

Für die Pistazienfüllung:
25 g fein gehackte Pistazienkerne
25 g Puderzucker
1 EL Rum

Für die Nougatfüllung:
125 g Nuss-Nougat

Für den Belag und zum Bestreuen:
100 g Edelbitter-Schokolade
1/2 TL Speiseöl
gehackte Pistazienkerne

Insgesamt:
E: 109 g, F: 432 g, Kh: 619 g,
kJ: 28906, kcal: 6907

1. Den Backofen vorheizen. Für den Knetteig die Zutaten in eine Rührschüssel geben und mit Handrührgerät mit Knethaken gut durcharbeiten. Anschließend den Teig auf der leicht bemehlten Arbeitsfläche kurz verkneten. Den Teig auf dem Boden einer Springform (Ø 28 cm, gefettet) ausrollen, mehrmals mit einer Gabel einstechen und den Springformrand darumlegen. Form auf dem Rost in den vorgeheizten Backofen schieben.
Ober-/Unterhitze: etwa 200 °C
Heißluft: etwa 180 °C
Backzeit: etwa 15 Minuten.

2. Den Gebäckboden vom Springformboden lösen, aber darauf erkalten lassen. Gebäckboden auf eine Tortenplatte legen.

3. Für den Biskuitteig Eier und Wasser mit Handrührgerät mit Rührbesen auf höchster Stufe in 1 Minute schaumig schlagen. Zucker und Vanillin-Zucker in 1 Minute einstreuen, dann noch etwa 2 Minuten weiterschlagen. Mehl mit Speisestärke, Kakao und Backpulver mischen, auf die Eiercreme geben und kurz auf niedrigster Stufe unterrühren. Den Teig in eine Springform (Ø 28 cm, Boden gefettet, mit Backpapier belegt) füllen und verstreichen. Die Form auf dem Rost in den heißen Backofen schieben und bei etwas niedrigerer Backtemperatur backen.
Ober-/Unterhitze: 180–200 °C
Heißluft: 160–180 °C
Backzeit: 25–30 Minuten.

4. Den Biskuitboden aus der Form lösen, auf einen Kuchenrost stürzen und erkalten lassen. Anschließend das mitgebackene Backpapier abziehen und den Biskuitboden zweimal waagerecht durchschneiden.

Mozarttorte

5. Den Knetteigboden mit Konfitüre bestreichen. Den unteren Biskuitboden darauflegen und andrücken. Marzipan auf einer mit Puderzucker bestäubten Arbeitsfläche zu einer runden Platte (Ø etwa 26 cm) ausrollen, auf den Biskuitboden legen und etwas andrücken.

6. Für die Füllung Gelatine mit 3 Esslöffeln kaltem Wasser in einem kleinen Topf anrühren, etwa 10 Minuten quellen lassen. Gelatinemasse unter Rühren in einem kleinen Topf bei schwacher Hitze auflösen. Sahne fast steifschlagen. Aufgelöste Gelatine unter die Sahne rühren, dann Sahne ganz steifschlagen.

7. Für die Pistazienfüllung ein Drittel der Sahne mit Pistazienkernen, Puderzucker und Rum verrühren und auf der Marzipanplatte verteilen. Den mittleren Biskuitboden darauflegen. Für die Nougatfüllung Nougat in Stücke schneiden, in einem kleinen Topf im Wasserbad geschmeidig rühren, abkühlen lassen und unter die restliche Sahne rühren.

8. Die Hälfte der Nougatsahne auf den mittleren Biskuitboden streichen und mit dem oberen Biskuitboden belegen. Die Hälfte der restlichen Sahne in einen Spritzbeutel mit Lochtülle füllen. Tortenrand und -oberfläche dünn mit der restlichen

Nougatsahne bestreichen und mit dem Spritzbeutel 16 Tupfen auf den oberen Rand spritzen. Die Torte etwa 2 Stunden kalt stellen.

9. Für den Belag 70 g der Schokolade in Stücke brechen und mit Speiseöl in einem kleinen Topf im Wasserbad bei schwacher Hitze schmelzen lassen. Die Masse auf Backpapier zu einer runden Platte (Ø etwa 20 cm) streichen und fest werden lassen (nicht kalt stellen). Die Schokoladenplatte in 16 Tortenstücke schneiden und auf die Tortenoberfläche legen.

10. Restliche Schokolade raspeln und den Tortenrand damit bestreuen. Sahnetupfen mit Pistazienkernen bestreuen.

Einfach

Prasseltorte

Zubereitungszeit: 30 Minuten, ohne Auftau-, Ruhe-, Abkühl- und Kühlzeit
Backzeit: etwa 15 Minuten je Backblech

Prasseltorte

Für die Böden:
1 Pck. (300 g) TK-Blätterteig
1 Ei (Größe M), 1 EL Milch

Für die Streusel:
225 g Weizenmehl
75 g gesiebter Puderzucker
1 Pck. Dr. Oetker Vanillin-Zucker
150 g Butter oder Margarine
50 g abgezogene, gemahlene Mandeln

Für die Füllung:
400 g Schlagsahne
2 Pck. Dr. Oetker Sahnesteif
2 Pck. Dr. Oetker Vanillin-Zucker
6 EL Heidelbeerkonfitüre

Zum Bestäuben:
Puderzucker

Insgesamt:
E: 67 g, F: 244 g, Kh: 489 g, kJ: 19085, kcal: 4562

1. Blätterteigplatten nach Packungsanleitung auftauen lassen. Dann die Platten aufeinanderlegen und auf der leicht bemehlten Arbeitsfläche quadratisch ausrollen. Das Quadrat vierteln, jedes Viertel auf der leicht bemehlten Arbeitsfläche etwa 22 x 22 cm ausrollen und je 1 runde Platte (Ø etwa 22 cm) daraus schneiden. Die 4 runden Platten auf Backbleche (gefettet, mit Backpapier belegt) legen, Ei mit Milch verquirlen und die Platten damit bestreichen. Platten kurz ruhen lassen.

2. Den Backofen vorheizen. Für die Streusel die Zutaten in eine Rührschüssel geben und mit Handrührgerät mit Rührbesen zunächst auf niedrigster, dann auf höchster Stufe zu feinen Streuseln verarbeiten. Streusel gleichmäßig auf die Blätterteigplatten streuen und leicht andrücken. Backbleche nacheinander (bei Heißluft zusammen) in den vorgeheizten Backofen schieben.
Ober-/Unterhitze: etwa 200 °C
Heißluft: etwa 180 °C
Backzeit: etwa 15 Minuten je Backblech.

3. Die Platten mit Backpapier von den Backblechen auf Kuchenroste ziehen und erkalten lassen.

4. Für die Füllung Sahne mit Sahnesteif und Vanillin-Zucker steifschlagen. Jeweils 2 Esslöffel Konfitüre vorsichtig auf 3 der Böden verteilen, dabei einen etwa 2 cm breiten Rand frei lassen. Den ersten Boden mit Konfitüre auf eine Tortenplatte legen und ein Drittel der Sahne darauf verstreichen. Zweiten Boden mit Konfitüre darauflegen, vorsichtig andrücken und die Hälfte der restlichen Sahne darauf verteilen. Dritten Boden mit Konfitüre auflegen, leicht andrücken und restliche Sahne darauf verstreichen. Vierten Boden auflegen und leicht andrücken. Die Torte bis zum Servieren kalt stellen.

5. Die Torte vor dem Servieren mit Puderzucker bestäuben.

Tipp: Die Torte schmeckt frisch am besten; sie lässt sich gut mit einem elektrischen Messer schneiden. Geben Sie 1/2 Teelöffel gemahlenen Zimt in die Streusel und verwenden Sie statt Heidelbeerkonfitüre Pflaumenmus.

Beliebt

Schoko-Amarettini-Torte

Zubereitungszeit: 50 Minuten, ohne Abkühl- und Kühlzeit
Backzeit: etwa 30 Minuten

Für den Biskuitteig:
4 Eier (Größe M)
4 EL Amaretto (Mandellikör) oder heißes Wasser
150 g Zucker
1 Pck. Dr. Oetker Bourbon-Vanille-Zucker, 150 g Weizenmehl
1 gestr. TL Dr. Oetker Backin
100 g gemahlene Haselnusskerne
100 g Zartbitter-Raspelschokolade

Für die Füllung:
75 g Amarettini (ital. Mandelmakronen)
400 g Schlagsahne
1 Pck. Dr. Oetker Vanillin-Zucker
1 Pck. Dr. Oetker Sahnesteif

Zum Verzieren und Bestreichen:
400 g Schlagsahne
1 Pck. Dr. Oetker Vanillin-Zucker
1 TL Zucker
1 Pck. Dr. Oetker Sahnesteif
1 leicht geh. TL Kakaopulver

Zum Garnieren:
einige Amarettini (ital. Mandelmakronen)
1 TL Kakaopulver

Insgesamt:
E: 91 g, F: 373 g, Kh: 480 g, kJ: 23786, kcal: 5674

1. Den Backofen vorheizen. Für den Teig Eier und Amaretto oder Wasser mit Handrührgerät mit Rührbesen auf höchster Stufe in 1 Minute schaumig schlagen. Zucker und Vanille-Zucker mischen, in 1 Minute einstreuen, dann noch etwa 2 Minuten weiterschlagen.
2. Mehl mit Backpulver mischen, auf die Eiercreme geben und kurz auf niedrigster Stufe unterrühren. Zuletzt kurz Nusskerne und Raspelschokolade unterrühren. Den Teig in eine Springform (Ø 26 cm, Boden gefettet, mit Backpapier belegt) geben und verstreichen. Die Form auf dem Rost in den vorgeheizten Backofen schieben.
Ober-/Unterhitze: etwa 180 °C
Heißluft: etwa 160 °C
Backzeit: etwa 30 Minuten.
3. Den Boden aus der Form lösen, auf einen mit Backpapier belegten Kuchenrost stürzen und den Boden erkalten lassen. Anschließend mitgebackenes Backpapier abziehen und den Boden zweimal waagerecht durchschneiden.
4. Für die Füllung Amarettini in einen Gefrierbeutel geben, ihn verschließen und die Amarettini mit einer Teigrolle grob zerbröseln. Sahne mit Vanillin-Zucker und Sahnesteif steifschlagen und die Amarettinibrösel unterheben. Den unteren Boden auf eine Tortenplatte legen und mit der Hälfte der Creme bestreichen. Mittleren Boden auflegen, mit der restlichen Creme bestreichen, den letzten Boden auflegen und leicht andrücken.
5. Zum Verzieren Sahne mit Vanillin-Zucker, Zucker und Sahnesteif steifschlagen. Ein Drittel davon abnehmen, mit dem Kakao verrühren und in einen Spritzbeutel mit kleiner Lochtülle füllen. Die Hälfte der restlichen hellen Sahne ebenfalls in einen Spritzbeutel mit kleiner Lochtülle füllen und am Rand abwechselnd helle und dunkle Stäbchen senkrecht aufspritzen. Restliche helle Sahne auf die Tortenoberfläche geben und locker verstreichen. Die Schoko-Amarettini-Torte bis zum Servieren kalt stellen.
6. Kurz vor dem Servieren die Torte mit Amarettini garnieren und mit Kakao bestäuben.

Schoko-Amarettini-Torte

Fruchtig – mit Alkohol

Tiramisu-Torte mit Erdbeeren

Tiramisu-Torte mit Erdbeeren

Zubereitungszeit: 60 Minuten, ohne Abkühl- und Kühlzeit
Backzeit: etwa 12 Minuten

Für den Biskuitteig:
4 Eier (Größe M)
4 EL heißes Wasser
120 g Zucker
1 Pck. Dr. Oetker Vanillin-Zucker
2 gestr. TL Instant-Kaffeepulver
100 g Weizenmehl
25 g Speisestärke
1 gestr. TL Dr. Oetker Backin

Zum Bestreuen:
Zucker

Für die Füllung:
6 Blatt weiße Gelatine
4 Eigelb (Größe M)
80 g Zucker
500 g Mascarpone (ital. Frischkäse)
150 g Erdbeeren

Zum Beträufeln:
2–3 EL Amaretto (Mandellikör)

Zum Bestreichen, Verzieren und Bestäuben:
400 g Schlagsahne
2 Pck. Dr. Oetker Sahnesteif
1–2 EL Kakaopulver

Insgesamt:
E: 94 g, F: 390 g, Kh: 377 g,
kJ: 23029, kcal: 5496

1. Den Backofen vorheizen. Für den Teig Eier und Wasser mit Handrührgerät mit Rührbesen auf höchster Stufe in 1 Minute schaumig schlagen. Zucker und Vanillin-Zucker mischen, in 1 Minute einstreuen, dann noch etwa 2 Minuten weiterschlagen. Kaffeepulver kurz unterrühren.
2. Mehl mit Speisestärke und Backpulver mischen, auf die Eiercreme geben und kurz auf niedrigster Stufe unterrühren. Den Teig auf ein Backblech (30 x 40 cm, gefettet, mit Backpapier belegt) geben und verstreichen. Das Backblech in den vorgeheizten Backofen schieben.
Ober-/Unterhitze: etwa 200 °C
Heißluft: etwa 180 °C
Backzeit: etwa 12 Minuten.
3. Die Biskuitplatte nach dem Backen sofort vom Rand lösen, auf ein mit Zucker bestreutes Backpapier stürzen und mit dem Backpapier erkalten lassen. Anschließend Backpapier vorsichtig abziehen.
4. Für die Füllung Gelatine nach Packungsanleitung einweichen. Eigelb und Zucker in einer Schüssel im heißen Wasserbad mit Handrührgerät mit Rührbesen auf höchster Stufe etwa 5 Minuten schaumig schlagen. Schüssel aus dem Wasserbad nehmen. Gelatine leicht ausdrücken und unter Rühren in der heißen Eimasse auflösen. Mascarpone esslöffelweise unterrühren und die Masse kalt stellen.
5. Erdbeeren waschen, abtropfen lassen, putzen und in kleine Würfel schneiden. Sobald die Mascarponecreme beginnt dicklich zu werden, die Erdbeerwürfel unterheben. Biskuitplatte mit Amaretto beträufeln, Mascarponecreme daraufstreichen und die Creme noch etwas anziehen lassen.
6. Anschließend die bestrichene Biskuitplatte der Länge nach in 6 Streifen (etwa 5 cm breit) schneiden. 1 Streifen zu einer Schnecke aufrollen und auf eine Tortenplatte stellen. Die restlichen Streifen darumlegen, dabei leicht andrücken. Die Tiramisu-Torte 2–3 Stunden kalt stellen.
7. Zum Bestreichen und Verzieren Sahne mit Sahnesteif steifschlagen. Dann ein Drittel der Sahne in einen Spritzbeutel mit Lochtülle füllen. Tortenrand und -oberfläche mit der restlichen Sahne bestreichen. Die Tortenoberfläche mit der Sahne aus dem Spritzbeutel verzieren. Die Torte kalt stellen und kurz vor dem Servieren mit Kakao bestäuben.

Tipp: Statt mit Amaretto können Sie die Biskuitplatte auch mit Kaffee tränken.

Raffiniert

Erdbeer-Cappuccino-Torte

Zubereitungszeit: 40 Minuten, ohne Kühlzeit

Für den Boden:
150 g Löffelbiskuits
125 g Butter

Für die Creme:
250 g Erdbeeren
4 Blatt weiße Gelatine
250 g Mascarpone (ital. Frischkäse)
2 Pck. (je 10 g) Instant-Cappuccinopulver, 50 g Zucker
1 Pck. Dr. Oetker Vanillin-Zucker
400 g Schlagsahne

Zum Garnieren:
500 g Erdbeeren
1 Pck. Tortenguss, klar
250 ml (1/4 l) Apfelsaft oder Wasser
30 g Zucker
evtl. etwas weiße Kuvertüre

Insgesamt:
E: 56 g, F: 360 g, Kh: 303 g,
kJ: 19854, kcal: 4739

1. Für den Boden Löffelbiskuits in einen Gefrierbeutel geben, ihn verschließen und die Biskuits mit einer Teigrolle fein zerdrücken. Die Brösel in eine Schüssel geben. Butter zerlassen, zu den Biskuitbröseln geben und gut verrühren. Einen Springformrand (Ø 26 cm) auf eine mit Tortenspitze oder Backpapier belegte Tortenplatte stellen, die Masse gleichmäßig darin verteilen und mit einem Löffel gut zu einem Boden andrücken.
2. Für die Creme Erdbeeren waschen, abtropfen lassen, putzen und in sehr kleine Stücke schneiden. Gelatine nach Packungsanleitung einweichen. Mascarpone mit Cappuccinopulver, Zucker und Vanillin-Zucker in einer Schüssel verrühren. Gelatine leicht ausdrücken, in einem kleinen Topf bei schwacher Hitze auflösen und zunächst mit etwas von der Mascarponemasse verrühren, dann unter die restliche Mascarponemasse rühren.
3. Sahne steifschlagen und unterheben. Erdbeeren zuletzt unterheben. Die Creme auf dem Boden in der Springform verstreichen und die Torte 2–3 Stunden kalt stellen.
4. Zum Garnieren Erdbeeren waschen, abtropfen lassen, putzen und in Scheiben schneiden. Die Scheiben dachziegelartig auf die Oberfläche der Torte legen. Aus Tortengusspulver, Saft oder Wasser und Zucker einen Guss zubereiten und über den Erdbeeren verteilen. Den Guss fest werden lassen. Den Springformrand lösen und entfernen. Nach Belieben Kuvertüre mit einem Messer vom Block schaben und die Späne an den Rand andrücken.

Tipp: Die Torte schmeckt frisch am besten.

Erdbeer-Cappuccino-Torte

Französische Maronentorte

Raffiniert

Französische Maronentorte

Zubereitungszeit: 40 Minuten, ohne Kühlzeit
Backzeit: etwa 15 Minuten je Backblech

Für den All-in-Teig:
200 g Weizenmehl
40 g Speisestärke
2 gestr. TL Dr. Oetker Backin
175 g Zucker, 3 Eier (Größe M)
175 g weiche Butter oder Margarine

Für die Füllung:
500 g Schlagsahne
1 Pck. Dr. Oetker Vanillin-Zucker
2 Pck. Dr. Oetker Sahnesteif
1 Dose Maronenpüree (Einwaage 450 g, Esskastanien)
75 g gesiebter Puderzucker
2 EL Zitronensaft

Zum Bestäuben und Garnieren:
Kakaopulver
8–10 Schokoladen-Ornamente

Insgesamt:
E: 63 g, F: 334 g, Kh: 628 g, kJ: 24531, kcal: 5860

1. Für die Tortenböden auf 6 Bögen Backpapier Kreise (Ø etwa 19 cm) aufzeichnen und jeweils 2 davon auf ein Backblech (gefettet) legen. Den Backofen vorheizen.
2. Für den Teig Mehl mit Speisestärke und Backpulver in einer Rührschüssel mischen. Zucker, Eier und Butter oder Margarine hinzufügen. Die Zutaten mit Handrührgerät mit Rührbesen zunächst kurz auf niedrigster, dann auf höchster Stufe in etwa 2 Minuten zu einem glatten Teig verrühren.
3. Den Teig gleichmäßig auf den vorgezeichneten Kreisen verteilen und verstreichen. Die Backbleche nacheinander (bei Heißluft zusammen) in den vorgeheizten Backofen schieben.
Ober-/Unterhitze: etwa 180 °C
Heißluft: etwa 160 °C
Backzeit: etwa 15 Minuten je Backblech.
4. Das Backpapier jeweils vorsichtig mit einem Messer von den Gebäckböden lösen und abziehen. Die Böden auf mit Backpapier belegten Kuchenrosten erkalten lassen.
5. Für die Füllung Sahne mit Vanillin-Zucker und Sahnesteif steifschlagen. Maronenpüree in eine Rührschüssel geben. Puderzucker und Zitronensaft hinzufügen. Die Zutaten mit Handrührgerät mit Rührbesen geschmeidig rühren. Nach und nach die steifgeschlagene Sahne (gut 3 Esslöffel Sahne abnehmen und kalt stellen) unter die Maronenmasse rühren. Maronenmasse in 5 Portionen teilen.
6. Einen Tortenboden auf eine Tortenplatte legen und mit 1 Portion der Maronenmasse bestreichen. Den zweiten Tortenboden darauflegen, leicht andrücken und wieder mit 1 Portion der Maronenmasse bestreichen. So weiterverfahren, bis die Maronenmasse und die Tortenböden aufgebraucht sind.
7. Die kalt gestellte Sahne in einen Spritzbeutel mit Lochtülle füllen und den oberen Tortenboden mit Sahnetupfen verzieren. Die Torte etwa 1 Stunde kalt stellen.
8. Die Torte kurz vor dem Servieren mit Kakao bestäuben und mit den Schokoladen-Ornamenten garnieren.

Zitronen-Fächertorte

Fruchtig

Zitronen-Fächertorte

Zubereitungszeit: 60 Minuten, ohne Abkühl- und Kühlzeit
Backzeit: etwa 15 Minuten je Boden

Für den Knetteig:
250 g Weizenmehl
1 Msp. Dr. Oetker Backin
50 g Zucker
1 Pck. Dr. Oetker Bourbon-Vanille-Zucker
1 Becher (150 g) Crème fraîche
150 g Butter oder Margarine

Zum Bestreuen:
100 g abgezogene, gehackte Mandeln
50 g Zucker

Für die Füllung:
8 Blatt weiße Gelatine
500 ml (1/2 l) Zitronen-Buttermilch
75 g Zucker
400 ml Schlagsahne

Zum Bestäuben:
Puderzucker

Insgesamt:
E: 84 g, F: 356 g, Kh: 466 g, kJ: 22540, kcal: 5387

1. Den Backofen vorheizen. Für den Teig Mehl mit Backpulver in einer Rührschüssel mischen. Restliche Zutaten hinzufügen und mit Handrührgerät mit Knethaken zunächst kurz auf niedrigster, dann auf höchster Stufe gut durcharbeiten. Anschließend den Teig auf der leicht bemehlten Arbeitsfläche kurz verkneten.

2. Den Teig vierteln und ein Viertel auf dem Boden einer Springform (Ø 26 cm, gefettet) ausrollen. Den Springformrand darumstellen. Den Boden mehrmals mit einer Gabel einstechen und mit einem Viertel von den Mandeln und dem Zucker bestreuen. Die Form auf dem Rost in den vorgeheizten Backofen schieben.
Ober-/Unterhitze: etwa 200 °C
Heißluft: etwa 180 °C
Backzeit: etwa 15 Minuten je Boden.

3. Springformrand lösen, Boden vom Springformboden lösen, aber darauf auf einem Kuchenrost erkalten lassen. Die anderen 3 Teigviertel auf die gleiche Weise ausrollen und backen. Den letzten Boden sofort nach dem Backen in 12 Tortenstücke schneiden.

4. Für die Füllung die Gelatine nach Packungsanleitung einweichen. Buttermilch so lange mit dem Zucker verrühren, bis er gelöst ist. Gelatine leicht ausdrücken und in einem kleinen Topf bei schwacher Hitze unter Rühren auflösen. Aufgelöste Gelatine mit etwas von der Buttermilch verrühren, dann die Mischung unter die restliche Buttermilch rühren. Die Flüssigkeit kalt stellen.

5. Wenn die Buttermilch beginnt dicklich zu werden, Sahne steifschlagen und unterheben. Etwa 3 Esslöffel von der Creme abnehmen, in einen Spritzbeutel mit großer Sterntülle füllen und beiseitelegen.

6. Einen Boden auf eine Tortenplatte legen und mit der Hälfte der restlichen Creme bestreichen. Zweiten Boden auflegen und mit der restlichen Creme bestreichen. Dritten Boden auflegen und leicht andrücken. Mit der Creme aus dem Spritzbeutel 12 dicke längliche Tuffs auf die Oberfläche spritzen und die Torte 2–3 Stunden kalt stellen.

7. Vor dem Servieren die Tortenstücke auf die Tortenoberfläche an die Tuffs legen und die Torte mit Puderzucker bestäuben.

Für Kinder

Waldmeisterwürfel-Torte

Zubereitungszeit: 40 Minuten, ohne Kühl- und Abkühlzeit
Backzeit: etwa 25 Minuten

Zum Vorbereiten:
1 Beutel aus 1 Pck. Götterspeise Waldmeister-Geschmack
30 g Zucker
250 ml (1/4 l) kaltes Wasser

Für den All-in-Teig:
100 g Weizenmehl
25 g Speisestärke
3 gestr. TL Dr. Oetker Backin
125 g Zucker
1 Pck. Dr. Oetker Vanillin-Zucker
1 Prise Salz
3 Eier (Größe M)
125 g weiche Butter oder Margarine

Für den Belag:
400 g Schlagsahne
1 Pck. Käse-Sahne-Tortencreme (Cremepulver)
100 ml lauwarmes Wasser
250 g Magerquark
150 g Joghurt

Insgesamt:
E: 102 g, F: 252 g, Kh: 409 g,
kJ: 18518, kcal: 4416

1. Zum Vorbereiten Götterspeise mit Zucker und 250 ml (1/4 l) Wasser nach Packungsanleitung zubereiten. Die Flüssigkeit in einen kalt ausgespülten Suppenteller füllen und 2–3 Stunden kalt stellen, bis die Götterspeise schnittfest ist.

2. Den Backofen vorheizen. Für den Teig Mehl mit Speisestärke und Backpulver in einer Rührschüssel mischen. Zucker, Vanillin-Zucker, Salz, Eier und Butter oder Margarine hinzufügen. Die Zutaten mit Handrührgerät mit Rührbesen zunächst kurz auf niedrigster, dann auf höchster Stufe in etwa 2 Minuten zu einem glatten Teig verarbeiten.

3. Teig in eine Springform (Ø 26 cm, Boden gefettet, mit Backpapier belegt) füllen und verstreichen. Die Form auf dem Rost in den vorgeheizten Backofen schieben.
Ober-/Unterhitze: etwa 180 °C
Heißluft: etwa 160 °C
Backzeit: etwa 25 Minuten.

4. Den Gebäckboden etwa 5 Minuten in der Form stehen lassen, dann aus der Form lösen, auf einen mit Backpapier belegten Kuchenrost stürzen und den Boden erkalten lassen. Anschließend mitgebackenes Backpapier abziehen und den Boden einmal waagerecht durchschneiden. Den unteren Boden auf eine Tortenplatte legen. Einen Tortenring oder den gesäuberten Springformrand darumstellen.

5. Für den Belag die erstarrte Götterspeise in dem Teller mit einem angefeuchteten Messer in etwa 1 x 1 cm große Würfel schneiden. Sahne steifschlagen. Tortencreme mit Wasser, Quark und Joghurt in einer großen Schüssel nach Packungsanleitung zubereiten. Dann die steifgeschlagene Sahne unterheben.

6. Die Hälfte der Creme auf den unteren Boden streichen. Die Hälfte der Götterspeisewürfel auf der Creme verteilen. Den oberen Gebäckboden darauflegen und etwas andrücken. Die restliche Creme darauf verteilen und mit Hilfe einer Gabel oder eines Tortenkamms verzieren. Die restlichen Götterspeisewürfel daraufgeben. Die Torte etwa 3 Stunden kalt stellen.

7. Vor dem Servieren den Tortenring oder Springformrand mit einem Messer lösen und entfernen.

Waldmeisterwürfel-Torte

Tipp: Die Götterspeise kann 1 Tag vor dem Servieren zubereitet und kalt gestellt werden. Auch der Boden kann am Vortag gebacken werden. Die Torte schmeckt auch mit Würfeln aus Götterspeise Himbeer- oder Zitronen-Geschmack.

Für Gäste – mit Alkohol

Snowball-Kuppel

Zubereitungszeit: 60 Minuten, ohne Abkühl- und Kühlzeit
Backzeit: etwa 30 Minuten

Für den Teig:
3 Eier (Größe M)
125 g Zucker, 100 ml Speiseöl
100 ml Eierlikör
200 g Weizenmehl
3 gestr. TL Dr. Oetker Backin

Für die Fruchtfüllung:
300 g Himbeeren

Für den Belag:
6 Blatt weiße Gelatine
1 Pck. Dr. Oetker Pudding-Pulver Vanille-Geschmack
50 g Zucker
150 ml Eierlikör
300 ml Milch
400 g Schlagsahne

Zum Bestäuben:
50–75 g Puderzucker

Insgesamt:
E: 89 g, F: 269 g, Kh: 520 g,
kJ: 22460, kcal: 5364

1. Den Backofen vorheizen. Für den Teig Eier mit Zucker, Öl und Eierlikör auf höchster Stufe mit Handrührgerät mit Rührbesen verrühren. Mehl und Backpulver mischen und auf mittlerer Stufe kurz unterrühren. Teig in eine Springform (Ø 26 cm, Boden gefettet, mit Backpapier belegt) füllen, verstreichen und die Form auf dem Rost in den vorgeheizten Backofen schieben.
Ober-/Unterhitze: etwa 180 °C
Heißluft: etwa 160 °C
Backzeit: etwa 30 Minuten.
2. Den Boden auf einen mit Backpapier belegten Kuchenrost stürzen und erkalten lassen. Anschließend das mitgebackene Backpapier abziehen.
3. Den Boden wieder umdrehen, gut 1 cm tief aushöhlen und dabei einen etwa 1 cm breiten Rand stehen lassen. Das herausgenommene Gebäck fein zerbröseln und beiseitestellen. Für die Fruchtfüllung Himbeeren verlesen und auf dem Gebäckboden verteilen.
4. Für den Belag die Gelatine nach Packungsanleitung einweichen. Pudding-Pulver mit Zucker und Eierlikör verrühren. Milch zum Kochen bringen, angerührtes Pudding-Pulver unterrühren und unter Rühren aufkochen lassen. Den Topf von der Kochstelle nehmen. Gelatine leicht ausdrücken und unter Rühren im heißen Pudding auflösen. Pudding erkalten lassen, dabei gelegentlich durchrühren.
5. Sobald der Pudding völlig erkaltet ist, Sahne steifschlagen und unterheben. Die Creme kuppelförmig auf die Himbeeren streichen und die Kuppel vollständig mit den zurückgelassenen Bröseln bestreuen. Die Kuppel etwa 3 Stunden kalt stellen.
6. Kurz vor dem Servieren Puderzucker dick über die Kuppel sieben.

Tipp: Für eine alkoholfreie Variante den Eierlikör im Teig und in der Creme durch Orangensaft ersetzen.

Erfrischend

Orangenjoghurttorte

Zubereitungszeit: 60 Minuten, ohne Abkühl- und Kühlzeit
Backzeit: etwa 25 Minuten

Für den Biskuitteig:
3 Eier (Größe M)
2 EL heißes Wasser
125 g Zucker
1 Pck. Dr. Oetker Vanillin-Zucker
125 g Weizenmehl
75 g Speisestärke
2 gestr. TL Dr. Oetker Backin

Für die Joghurtcreme:
8 Blatt weiße Gelatine
500 g Orangenjoghurt
4 EL Zitronensaft
75 g Zucker
1 Pck. Dr. Oetker Finesse Geriebene Orangenschale
2 Orangen
250 g Schlagsahne

Zum Bestreichen:
250 g Schlagsahne
1 Pck. Dr. Oetker Sahnesteif
1 Pck. Dr. Oetker Vanillin-Zucker

Zum Garnieren:
1/2 Bio-Orange (unbehandelt, ungewachst)
100 ml Wasser, 125 g Zucker

Insgesamt:
E: 57 g, F: 177 g, Kh: 538 g,
kJ: 17056, kcal: 4076

Orangenjoghurttorte

1. Den Backofen vorheizen. Für den Teig Eier und Wasser mit Handrührgerät mit Rührbesen auf höchster Stufe in 1 Minute schaumig schlagen. Zucker und Vanillin-Zucker mischen, in 1 Minute einstreuen, dann noch etwa 2 Minuten weiterschlagen.
2. Mehl mit Speisestärke und Backpulver mischen, die Hälfte davon auf die Eiercreme geben und kurz auf niedrigster Stufe unterrühren. Den Rest des Mehlgemisches auf die gleiche Weise unterarbeiten.
3. Den Teig in eine Springform (Ø 26 cm, Boden gefettet, mit Backpapier belegt) füllen, verstreichen und die Form auf dem Rost in den vorgeheizten Backofen schieben.
Ober-/Unterhitze: etwa 200 °C
Heißluft: etwa 180 °C
Backzeit: etwa 25 Minuten.
4. Den Boden aus der Form lösen, auf einen mit Backpapier belegten Kuchenrost stürzen und erkalten lassen. Anschließend mitgebackenes Backpapier abziehen.
5. Für die Joghurtcreme Gelatine nach Packungsanleitung einweichen. Joghurt mit Zitronensaft, Zucker und Orangenschale verrühren. Gelatine leicht ausdrücken und in einem kleinen Topf bei schwacher Hitze auflösen. Gelatine mit etwas von der Joghurtmasse verrühren, dann die Mischung unter die restliche Joghurtmasse rühren.
6. Orangen mit einem scharfen Messer so schälen, dass die weiße Haut mit entfernt wird und filetieren. Saft dabei auffangen und beiseitestellen. Sobald die Joghurtmasse beginnt dicklich zu werden, Sahne steifschlagen und unterheben, Orangenfilets ebenfalls unterheben.
7. Den Boden einmal waagerecht durchschneiden und den unteren Boden auf eine Tortenplatte legen. Einen Tortenring oder den gesäuberten Springformrand darumlegen. Die Joghurtcreme auf dem Boden verteilen, oberen Boden auflegen und leicht andrücken. Den Boden mit einer Gabel einstechen, mit dem beiseitegestellten Orangensaft tränken. Torte etwa 2 Stunden kalt stellen.
8. Zum Bestreichen Tortenring oder Springformrand lösen und entfernen. Sahne mit Sahnesteif und Vanillin-Zucker steifschlagen und die Torte damit vollständig bestreichen.
9. Zum Garnieren die Orange heiß abwaschen und in dünne Scheiben schneiden. Wasser mit Zucker aufkochen lassen, die Orangenscheiben hineingeben und etwa 10 Minuten bei schwacher Hitze kochen lassen. Scheiben abtropfen und abkühlen lassen, evtl. halbieren und auf der Tortenoberfläche verteilen.

Für Kinder

Nougat-Kirsch-Torte

Zubereitungszeit: 60 Minuten, ohne Abkühl- und Kühlzeit
Backzeit: 35–40 Minuten

Zum Vorbereiten:
1 Glas Sauerkirschen (Abtropfgewicht 360 g)
100 g Nuss-Nougat

Für den Schüttelteig:
250 g Weizenmehl
3 gestr. TL Dr. Oetker Backin
125 g Zucker
1 Pck. Dr. Oetker Vanillin-Zucker
3 Eier (Größe M)
150 ml Speiseöl, 75 ml Milch
10 g Kakaopulver
3 EL Milch

Für den Belag:
6 Blatt weiße Gelatine
500 g Magerquark
100 g Zucker
2 Pck. Dr. Oetker Vanillin-Zucker
250 g Schlagsahne

Für den Guss:
1 Pck. Tortenguss, klar
250 ml (1/4 l) Sauerkirschsaft aus dem Glas

Insgesamt:
E: 148 g, F: 285 g, Kh: 645 g,
kJ: 24892, kcal: 5945

1. Zum Vorbereiten Sauerkirschen in einem Sieb abtropfen lassen, evtl. mit einem Küchenpapier trocken tupfen. Den Saft dabei auffangen und 250 ml (1/4 l) davon abmessen. Nougat nach Packungsanleitung auflösen und etwas abkühlen lassen.
2. Den Backofen vorheizen. Für den Teig Mehl mit Backpulver in einer verschließbaren Schüssel (etwa 3 l) mit Zucker und Vanillin-Zucker mischen. Eier, Speiseöl und Milch hinzufügen. Schüssel mit dem Deckel fest verschließen.
3. Schüssel mehrmals (insgesamt 15–30 Sekunden) kräftig schütteln, so dass alle Zutaten gut vermischt sind. Alles mit einem Schneebesen oder Rührlöffel nochmals sorgfältig durchrühren, damit trockene Zutaten vom Rand mit untergerührt werden.
4. Zwei Drittel des Teiges in eine Springform (Ø 26 cm, Boden gefettet) geben und verstreichen. Die abgetropften Kirschen gleichmäßig darauf verteilen, dabei etwa 1 cm am Rand frei lassen. Den restlichen Teig mit Kakao, Milch und Nougat verrühren, auf die Kirschen geben und glattstreichen. Die Form auf dem Rost in den vorgeheizten Backofen schieben.
Ober-/Unterhitze: etwa 180 °C
Heißluft: etwa 160 °C
Backzeit: 35–40 Minuten.
5. Den Tortenboden aus der Form lösen und auf einem mit Backpapier belegten Kuchenrost erkalten lassen.
6. Für den Belag die Gelatine nach Packungsanleitung einweichen. Quark mit Zucker und Vanillin-Zucker verrühren. Gelatine leicht ausdrücken und in einem kleinen Topf bei schwacher Hitze unter Rühren auflösen. Die aufgelöste Gelatine mit etwas von der Quarkmasse rühren, dann die Mischung unter die restliche Quarkmasse rühren. Sahne steifschlagen und vorsichtig unterheben. Die Quark-Sahne-Masse leicht kuppelförmig auf den Tortenboden streichen. Die Torte 1–2 Stunden kalt stellen.
7. Für den Guss aus Tortengusspulver und Sauerkirschsaft nach Packungsanleitung einen Guss zubereiten. Den Guss nach und nach portionsweise auf der Quark-Sahne-Masse verteilen, so dass der Guss in dicken Nasen an der Seite herunterläuft. Dabei die untere Schicht vor dem Auftragen der nächsten Schicht kurz fest werden lassen. Den Guss fest werden lassen und die Torte bis zum Servieren kalt stellen.

Gut vorzubereiten

Macadamia-Schoko-Torte

Zubereitungszeit: 50 Minuten, ohne Abkühl- und Kühlzeit
Backzeit: etwa 35 Minuten

Zum Vorbereiten:
200 g Zartbitter-Schokolade (50 % Kakao)
500 g Schlagsahne

Für den Biskuitteig:
5 Eier (Größe M)
3 EL heißes Wasser
150 g Zucker
1 Pck. Dr. Oetker Vanillin-Zucker
1 Prise Salz
100 g Weizenmehl
50 g Speisestärke
1 gestr. TL Dr. Oetker Backin
30 g Kakaopulver

Für die Füllung:
125 g geröstete, gesalzene Macadamia-Nusskerne
50 g weiche Butter

Zum Bestäuben:
Kakaopulver

Insgesamt:
E: 87 g, F: 403 g, Kh: 376 g, kJ: 23062, kcal: 5514

1. Zum Vorbereiten Schokolade hacken. Die Sahne in einem Topf erhitzen. Topf von der Kochstelle nehmen. Schokolade in die Sahne geben und etwa 5 Minuten schmelzen lassen. Dann mit einem Schneebesen umrühren, bis eine glänzende Masse entstanden ist. Die Schokoladensahne unter gelegentlichem Rühren abkühlen lassen und mindestens 6 Stunden kalt stellen (am besten über Nacht).

2. Den Backofen vorheizen. Für den Teig Eier und Wasser in eine Rührschüssel geben, mit Handrührgerät mit Rührbesen auf höchster Stufe in 1 Minute schaumig schlagen. Zucker, Vanillin-Zucker und Salz mischen, in 1 Minute einstreuen, dann noch etwa 2 Minuten weiterschlagen.

3. Mehl mit Speisestärke, Backpulver und gesiebten Kakao in einer Rührschüssel mischen. Mehl-Kakao-Gemisch auf die Eiercreme streuen und kurz auf niedrigster Stufe unterrühren. Den Teig in eine Springform (Ø 26 cm, Boden gefettet, mit Backpapier belegt) füllen und verstreichen. Die Form auf dem Rost in den vorgeheizten Backofen schieben.
Ober-/Unterhitze: etwa 180 °C
Heißluft: etwa 160 °C
Backzeit: etwa 35 Minuten.

4. Die Form auf einen Kuchenrost stellen. Das Gebäck aus der Form lösen, auf einen mit Backpapier belegten Kuchenrost stürzen und erkalten lassen.

5. Für die Füllung Macadamia-Nusskerne hacken und 1 Esslöffel zum Garnieren beiseitelegen. Die Schokoladensahne mit Handrührgerät mit Rührbesen zu einer Creme aufschlagen. Butter cremig rühren, auf die Schokoladensahne geben und unterrühren. Die Hälfte der Schokoladen-Sahnecreme abnehmen und kalt stellen. Gehackte Nüsse unter die restliche Creme rühren.

6. Vom Biskuit das mitgebackene Backpapier abziehen. Biskuit zweimal waagerecht durchschneiden. Den unteren Boden auf eine Tortenplatte legen und mit der Hälfte der Schokoladen-Nuss-Creme bestreichen. Den mittleren Boden darauflegen, etwas andrücken und die restliche Schokoladen-Nuss-Creme daraufstreichen. Den oberen Boden darauflegen und leicht andrücken.

7. Tortenoberfläche und -rand mit der kalt gestellten Schokoladensahne bestreichen. Mit einem Esslöffel Vertiefungen in die Tortenoberfläche drücken. Restliche Macadamia-Nusskerne daraufstreuen. Die Torte vor dem Servieren mit Kakao bestäuben.

Macadamia-Schoko-Torte

Etwas aufwändiger – mit Alkohol

Kirschtraum in Schokolade

Zubereitungszeit: 50 Minuten, ohne Abkühl- und Kühlzeit
Backzeit: etwa 40 Minuten

Für den Rührteig:
1 Glas Sauerkirschen (Abtropfgewicht 350 g)
100 g Edelbitter-Schokolade (70 % Kakao)
6 Kirsch-Alkohol-Pralinen
250 g Butter oder Margarine
200 g Zucker
2 Pck. Dr. Oetker Bourbon-Vanille-Zucker, 6 Eier (Größe M)
325 g Dinkelmehl (Type 630)
2 gestr. TL Dr. Oetker Backin
4 EL Sauerkirschsaft aus dem Glas

Für die Füllung und zum Garnieren:
12 Kirsch-Alkohol-Pralinen
200 g Edelbitter-Schokolade (70 % Kakao)
800 g Schlagsahne
2 Pck. Dr. Oetker Sahnesteif
40 g Puderzucker

Zum Bestreuen:
50 g geraspelte Edelbitter-Schokolade (70 % Kakao)

Insgesamt:
E: 139 g, F: 684 g, Kh: 821 g, kJ: 42971, kcal: 10268

1. Für den Teig Kirschen in einem Sieb abtropfen lassen, etwas Saft dabei auffangen und 4 Esslöffel davon abnehmen. Schokolade fein hacken. Pralinen grob hacken. Den Backofen vorheizen.
2. Butter oder Margarine mit Handrührgerät mit Rührbesen auf höchster Stufe geschmeidig rühren. Nach und nach Zucker und Vanille-Zucker unterrühren. So lange rühren, bis eine gebundene Masse entstanden ist.
3. Eier nach und nach unterrühren (jedes Ei etwa 1/2 Minute). Mehl mit Backpulver mischen und in 2 Portionen abwechselnd mit dem Kirschsaft auf mittlerer Stufe unterrühren. Zuletzt Schokolade und Pralinen mit Flüssigkeit kurz unterrühren.
4. Teig in eine Springform (Ø 26 cm, Boden gefettet, mit Backpapier belegt) füllen und verstreichen. Die Kirschen auf der Oberfläche verteilen. Die Form auf dem Rost in den vorgeheizten Backofen schieben.
Ober-/Unterhitze: etwa 180 °C
Heißluft: etwa 160 °C
Backzeit: etwa 40 Minuten (nach 30 Minuten Backzeit das Gebäck mit Alufolie bedecken).
5. Den Boden aus der Form lösen, auf einen mit Backpapier belegten Kuchenrost legen und erkalten lassen. Anschließend den Boden zweimal waagerecht durchschneiden.
6. Für die Füllung den unteren Boden auf eine Tortenplatte legen und die Kirsch-Alkohol-Pralinen darauf verteilen, dabei 1–2 cm am Rand frei lassen. Schokolade fein hacken. Schlagsahne mit Sahnesteif und Puderzucker steifschlagen und Schokolade unterheben.
7. Knapp ein Drittel der Sahnecreme auf dem unteren Boden und den Pralinen verteilen und vorsichtig verstreichen. Den zweiten Boden darauflegen und knapp die Hälfte der restlichen Creme darauf verstreichen. Oberen Boden auflegen. Oberfläche der Torte dünn und Rand etwas dicker mit der restlichen Sahne bestreichen und die Torte kalt stellen.
8. Zum Bestreuen die Torte vor dem Servieren mit geraspelter Schokolade bestreuen.

Kirschtraum in Schokolade

Jägertorte

Raffiniert – für Gäste

Jägertorte

Zubereitungszeit: 35 Minuten, ohne Abkühlzeit
Backzeit: etwa 40 Minuten

Für den Rührteig:
100 g Edelbitter-Schokolade (mind. 50 % Kakao)
4 Eiweiß (Größe M)
150 g Butter oder Margarine
150 g Zucker
1 Pck. Dr. Oetker Vanillin-Zucker
1/2 Fläschchen Rum-Aroma
1 Prise Salz
4 Eigelb (Größe M)
60 g Weizenmehl
2 gestr. TL Dr. Oetker Backin
100 g gemahlene Haselnusskerne
50 g abgezogene, gehackte Mandeln

Für die Füllung:
2 Gläser Preiselbeer-Auslese (Abtropfgewicht je 135 g)
1 Pck. Tortenguss, rot
250 ml (1/4 l) Preiselbeersaft aus den Gläsern
1 TL Zucker
600 g Schlagsahne
2 Pck. Dr. Oetker Sahnesteif
2 Pck. Dr. Oetker Vanillin-Zucker

Zum Garnieren:
vorbereitete Zitronenmelisseblättchen
etwa 40 g Edelbitter-Schokolade (mind. 50 % Kakao)

Insgesamt:
E: 82 g, F: 487 g, Kh: 393 g,
kJ: 26652, kcal: 6365

1. Für den Teig Schokolade fein raspeln oder hacken. Eiweiß steifschlagen. Den Backofen vorheizen. Butter oder Margarine mit Handrührgerät mit Rührbesen auf höchster Stufe geschmeidig rühren. Nach und nach Zucker, Vanillin-Zucker, Aroma und Salz unterrühren. So lange rühren, bis eine gebundene Masse entstanden ist.
2. Eigelb nach und nach unterrühren. Mehl mit Backpulver mischen und auf mittlerer Stufe unterrühren. Geraspelte oder gehackte Schokolade, Haselnusskerne und Mandeln unterrühren. Eischnee vorsichtig unter den Teig heben.
3. Dann den Teig in eine Springform (Ø 26 cm, Boden gefettet, mit Backpapier belegt) geben und verstreichen. Die Form auf dem Rost in den vorgeheizten Backofen schieben.
Ober-/Unterhitze: 180–200 °C
Heißluft: 160–180 °C
Backzeit: etwa 40 Minuten.
4. Den Gebäckboden aus der Form lösen und auf einen Kuchenrost stürzen. Gebäckboden erkalten lassen. Anschließend mitgebackenes Backpapier entfernen. Gebäckboden einmal waagerecht durchschneiden.
5. Für die Füllung Preiselbeeren in einem Sieb abtropfen lassen, den Saft auffangen, 250 ml (1/4 l) davon abmessen.
6. Einen Guss aus Tortengusspulver, Preiselbeersaft und Zucker nach Packungsanleitung zubereiten. Die Hälfte der Preiselbeeren unterrühren.
7. Den unteren Gebäckboden auf eine Tortenplatte legen. Die Preiselbeermasse darauf verteilen, dabei einen etwa 1 cm breiten Rand frei lassen. Preiselbeermasse erkalten lassen.
8. Sahne mit Sahnesteif und Vanillin-Zucker steifschlagen. Unter die Hälfte der Sahne gut die Hälfte der restlichen Preiselbeeren rühren und auf der Preiselbeermasse verteilen. Den oberen Gebäckboden darauflegen.
9. Die Hälfte der restlichen Sahne in einen Spritzbeutel mit Sterntülle füllen. Tortenoberfläche und -rand mit der restlichen Sahne bestreichen und mit der Sahne aus dem Spritzbeutel verzieren. Torte mit den restlichen Preiselbeeren, Zitronenmelisseblättchen und geschabter Schokolade garnieren.

Tipp: Statt Edelbitter-Schokolade für den Teig und für die Verzierung kann auch Zartbitter-Raspelschokolade verwendet werden.

Klassisch

Erdbeer-Sahne-Torte

Zubereitungszeit: 60 Minuten, ohne Abkühlzeit
Backzeit: etwa 25 Minuten

Für den Biskuitteig:
4 Eier (Größe M)
4 EL heißes Wasser
150 g Zucker
1 Pck. Dr. Oetker Vanillin-Zucker
1 Prise Salz
150 g Weizenmehl
50 g Speisestärke
1 gestr. TL Dr. Oetker Backin

Für die Füllung:
750 g Erdbeeren
1 Pck. Tortenguss, rot
2–3 EL Erdbeerkonfitüre
350 ml kalte Milch
350 g Schlagsahne
1 Pck. Galetta Cremepudding-Pulver Vanille-Geschmack

Zum Bestreichen:
250 g Schlagsahne
1 Pck. Dr. Oetker Sahnesteif
1 TL Zucker

Erdbeer-Sahne-Torte

Insgesamt:
E: 73 g, F: 227 g, Kh: 530 g,
kJ: 19085, kcal: 4554

1. Den Backofen vorheizen. Für den Teig Eier und Wasser mit Handrührgerät mit Rührbesen auf höchster Stufe in 1 Minute schaumig schlagen. Zucker mit Vanillin-Zucker und Salz mischen, in 1 Minute einstreuen und etwa 2 Minuten weiterschlagen.
2. Mehl mit Speisestärke und Backpulver mischen. Die Hälfte davon auf die Eiercreme geben und kurz auf niedrigster Stufe unterrühren. Restliches Mehlgemisch auf die gleiche Weise unterarbeiten.
3. Den Teig in eine Springform (Ø 26 cm, Boden gefettet, mit Backpapier belegt) füllen und verstreichen. Die Form auf dem Rost in den vorgeheizten Backofen schieben.
Ober-/Unterhitze: etwa 180 °C
Heißluft: etwa 160 °C
Backzeit: etwa 25 Minuten.
4. Den Biskuitboden aus der Form lösen, auf einen mit Backpapier belegten Kuchenrost stürzen und erkalten lassen. Anschließend mitgebackenes Backpapier abziehen und den Boden zweimal waagerecht durchschneiden. Den unteren Biskuitboden auf eine Tortenplatte legen.
5. Für die Füllung Erdbeeren abspülen, abtropfen lassen, putzen (etwa 250 g nicht putzen und zum Garnieren beiseitelegen). Knapp 250 g der geputzten Erdbeeren mit Tortengusspulver und Konfitüre in einem Topf mischen und pürieren. Die Masse unter Rühren aufkochen und abkühlen lassen. Erdbeermasse lauwarm auf den unteren Biskuitboden streichen. Die restlichen Erdbeeren für die Füllung halbieren oder vierteln, auf der Erdbeermasse verteilen und die Masse erkalten lassen.
6. Milch mit Sahne in eine Rührschüssel geben. Pudding-Pulver hinzufügen und mit Handrührgerät mit Rührbesen kurz auf niedrigster Stufe verrühren, dann etwa 1 Minute auf höchster Stufe cremig rühren. Die Hälfte der Puddingcreme auf der Erdbeermasse verteilen. Den zweiten Biskuitboden darauflegen und mit der restlichen Creme bestreichen. Creme mit dem oberen Biskuitboden belegen. Torte etwa 2 Stunden kalt stellen.
7. Zum Bestreichen Sahne mit Sahnesteif und Zucker steifschlagen. Tortenrand glatt und Tortenoberfläche wellenförmig damit bestreichen und mit den beiseitegelegten Erdbeeren (evtl. halbieren) garnieren.

Mit Alkohol – einfach

Cuba-Libre-Torte*

Zubereitungszeit: 50 Minuten, ohne Abkühl- und Kühlzeit
Backzeit: etwa 25 Minuten

Für den All-in-Teig:
175 g Weizenmehl
1 EL Kakaopulver
3 gestr. TL Dr. Oetker Backin
225 g Zucker
3 Eier (Größe M)
175 g Butter oder Margarine
150 ml Coca-Cola

Für die Füllung:
3 Blatt weiße Gelatine
75 g Zucker
50 ml weißer Rum
400 g Schlagsahne

Für den hellen Guss:
200 g Puderzucker
3–4 EL weißer Rum

Für den dunklen Guss:
50 g Puderzucker
1 EL Coca-Cola

Zum Garnieren:
einige Fruchtgummi-Colafläschchen

Insgesamt:
E: 59 g, F: 291 g, Kh: 719 g,
kJ: 25493, kcal: 6090

1. Den Backofen vorheizen. Für den Teig Mehl mit Kakao und Backpulver in einer Rührschüssel mischen. Restliche Zutaten hinzufügen und alles mit Handrührgerät mit Rührbesen kurz auf niedrigster, dann auf höchster Stufe in etwa 2 Minuten zu einem Teig verarbeiten.
2. Den Teig in eine Springform (Ø 26 cm, Boden gefettet, mit Backpapier belegt) füllen und verstreichen. Die Form auf dem Rost in den vorgeheizten Backofen schieben.
Ober-/Unterhitze: etwa 180 °C
Heißluft: etwa 160 °C
Backzeit: etwa 25 Minuten.
3. Den Boden aus der Form lösen, auf einen mit Backpapier belegten Kuchenrost legen und erkalten lassen. Anschließend mitgebackenes Backpapier abziehen und den Boden zweimal waagerecht durchschneiden.
4. Für die Füllung Gelatine nach Packungsanleitung einweichen. Zucker mit Rum verrühren, Gelatine ausdrücken, in einem kleinen Topf bei schwacher Hitze auflösen und nach und nach den Rum unterrühren. Sahne fast steifschlagen, Rum-Gelatine unterrühren und die Sahne vollkommen steifschlagen.
5. Den unteren Boden auf eine Tortenplatte legen, mit der Hälfte der Rumcreme bestreichen und den mittleren Boden auflegen. Restliche Creme daraufstreichen, oberen Boden auflegen und leicht andrücken. Die Torte etwa 3 Stunden kalt stellen.
6. Für den hellen Guss Puderzucker mit so viel Rum verrühren, dass ein dickflüssiger Guss entsteht. Die Torte damit überziehen, so dass der Guss in dicken Nasen an der Seite herunterläuft.
7. Für den dunklen Guss Puderzucker mit Cola verrühren und in ein Papiertütchen oder einen kleinen Gefrierbeutel füllen. Eine kleine Ecke abschneiden, den dunklen Guss sofort in Streifen auf den noch feuchten hellen Guss spritzen und mit einem Holzspieß durch den weißen Guss ziehen. Die Torte mit Colafläschchen garnieren und den Guss fest werden lassen.

Tipp: Die Torte kann am Vortag zubereitet werden. Für eine alkoholfreie Variante können Sie den Rum auch einfach durch Zitronensaft ersetzen.

** Rezept nicht durch Coca-Cola autorisiert.*

Cuba-Libre-Torte

Für Gäste

Aranca-Marmortorte

Zubereitungszeit: 40 Minuten, ohne Abkühl- und Kühlzeit
Backzeit: etwa 25 Minuten

Für den All-in-Teig:
125 g Weizenmehl
3 gestr. TL Dr. Oetker Backin
125 g Zucker
1 Pck. Dr. Oetker Vanillin-Zucker
125 g Butter oder Margarine
2 Eier (Größe M)
50 ml Orangensaft
1 Pck. (125 g) Griesson
Soft Cake Minis

Für den Belag:
1 Pck. Aranca Aprikose-Maracuja-Geschmack (Dessertpulver)
150 ml Wasser
300 g Himbeerjoghurt
1 Pck. Aranca Zitronen-Geschmack (Dessertpulver)
150 ml Wasser
150 g Joghurt
200 g Schlagsahne

Zum Bestreichen und Verzieren:
200 g Schlagsahne
1 Pck. Dr. Oetker Vanillin-Zucker

Insgesamt:
E: 63 g, F: 271 g, Kh: 519 g,
kJ: 20521, kcal: 4892

1. Den Backofen vorheizen. Für den Teig Mehl und Backpulver in einer Rührschüssel mischen. Restliche Zutaten außer die Kekse hinzufügen und alles mit Handrührgerät mit Rührbesen auf höchster Stufe in etwa 2 Minuten zu einem glatten Teig verarbeiten. Teig in eine Springform (Ø 26 cm, Boden gefettet) füllen und verstreichen. 12 Soft Cake Minis mit der Schokoladenseite nach unten auf die Teigoberfläche legen (restliche Soft Cake Minis zum Garnieren zurücklegen). Die Form auf dem Rost in den vorgeheizten Backofen schieben.
Ober-/Unterhitze: etwa 180 °C
Heißluft: etwa 160 °C
Backzeit: etwa 25 Minuten.
2. Boden aus der Springform lösen und auf einem mit Backpapier belegten Kuchenrost erkalten lassen.
3. Für den Belag Dessertpulver Aprikose-Maracuja mit 150 ml Wasser nach Packungsanleitung zubereiten, Himbeerjoghurt unterrühren. Dessertpulver Zitrone ebenfalls mit 150 ml Wasser nach Packungsanleitung zubereiten, Joghurt und steifgeschlagene Sahne unterheben.
4. Boden auf eine Tortenplatte legen und einen Tortenring darumstellen. Zwei Drittel der Zitronencreme auf den Boden streichen, Aprikosen-Himbeer-Creme darauf verteilen und mit der restlichen Zitronenmasse bestreichen. Eine Gabel durch die Schichten ziehen, damit ein Marmormuster entsteht. Torte mindestens 2 Stunden kalt stellen.
5. Zum Bestreichen und Verzieren Sahne mit Vanillin-Zucker steifschlagen, 3 Esslöffel davon in einen Spritzbeutel mit Sterntülle füllen. Torte aus dem Tortenring lösen, Tortenoberfläche und Rand mit der restlichen Sahne bestreichen. Mit der Sahne aus dem Spritzbeutel 12 Tuffs aufsetzen und die Torte mit den restlichen Soft Cake Minis garnieren.

Tipp: Wenn die Farbe des Himbeerjoghurts nicht intensiv genug ist, kann etwas rote Speisefarbe hinzugefügt werden, um einen schöneren Kontrast bei der Marmorierung zu bekommen.

Aranca-Marmortorte

Beliebt

Amicelli-Kirsch-Torte

Zubereitungszeit: 40 Minuten, ohne Abkühl- und Kühlzeit
Backzeit: etwa 25 Minuten

Für den All-in-Teig:
100 g Weizenmehl
3 gestr. TL Dr. Oetker Backin
100 g gemahlene Haselnusskerne
100 g Zucker
1 Pck. Dr. Oetker Bourbon-Vanille-Zucker
3 Eier (Größe M)
100 g Butter oder Margarine

Für den Belag:
250 g Sauerkirschen
3 Blatt weiße Gelatine
1 Pck. (212,5 g) Amicelli®
(Schoko-Gebäckröllchen)
300 g Vanillejoghurt
400 g Schlagsahne

Insgesamt:
E: 80 g, F: 355 g, Kh: 400 g,
kJ: 21619, kcal: 5166

Amicelli-Kirsch-Torte

1. Den Backofen vorheizen. Für den Teig Mehl und Backpulver in einer Rührschüssel mischen. Restliche Zutaten hinzufügen und alles mit Handrührgerät mit Rührbesen auf höchster Stufe in etwa 2 Minuten zu einem Teig verarbeiten. Teig in eine Springform (Ø 26 cm, Boden gefettet, mit Backpapier belegt) füllen und verstreichen. Die Form auf dem Rost in den vorgeheizten Backofen schieben.
Ober-/Unterhitze: etwa 180 °C
Heißluft: etwa 160 °C
Backzeit: etwa 25 Minuten.

2. Den Boden aus der Form lösen, auf einen Kuchenrost stürzen, mitgebackenes Backpapier abziehen und den Boden erkalten lassen.

3. Für den Belag Sauerkirschen waschen, abtropfen lassen, entstielen und entsteinen. Den Boden auf eine Tortenplatte legen, einen Tortenring darumstellen und die Kirschen auf dem Boden verteilen (einige zum Garnieren zurücklassen).

4. Gelatine nach Packungsanleitung einweichen, 10 Röllchen Amicelli® kurz in das Gefrierfach legen, dann mit einem Messer zerkleinern. Joghurt in eine Schüssel geben. Gelatine leicht ausdrücken und in einem kleinen Topf bei schwacher Hitze unter Rühren auflösen. Gelatine erst mit etwas von dem Joghurt mischen, dann die Mischung mit dem restlichen Joghurt verrühren.

5. Die Sahne steifschlagen, 3 Esslöffel davon abnehmen und in einen Spritzbeutel mit Sterntülle füllen. Restliche Sahne vorsichtig unter die Joghurtmasse rühren und die zerkleinerten Amicelli® unterheben. Sahne-Joghurt-Creme glatt auf den Kirschen verstreichen. Die Torte etwa 2 Stunden kalt stellen.

6. Den Tortenring lösen, die Oberfläche der Torte mit der Sahne aus dem Spritzbeutel verzieren und mit den restlichen Amicelli® (6 Stück) und Kirschen garnieren. Die Torte bis zum Servieren kalt stellen.

Tipp: Anstelle von frischen Kirschen können auch Kirschen aus dem Glas (Abtropfgewicht 225 g) verwendet werden. Die Torte kann bereits am Vortag zubereitet werden. Anstelle der Kirschen schmecken auch Preiselbeeren oder Orangenfilets.

Erfrischend

Apfelschorletorte

Zubereitungszeit: 40 Minuten, ohne Abkühl- und Kühlzeit
Backzeit: etwa 25 Minuten

Für den All-in-Teig:
150 g Weizenmehl
3 gestr. TL Dr. Oetker Backin
150 g Zucker
1 Pck. Dr. Oetker Vanillin-Zucker
3 Eier (Größe M)
150 g Butter oder Margarine

Für die Apfelschorlecreme:
750 g Äpfel (z. B. Elstar)
100 ml Mineralwasser
50 g Zucker
1 Pck. Dr. Oetker Finesse Geriebene Zitronenschale
6 Blatt weiße Gelatine
250 g Schmand (Sauerrahm)
200 g Schlagsahne
1 Pck. Dr. Oetker Vanillin-Zucker

Apfelschorletorte

Zum Bestreichen:
2 EL Apfelgelee
1 EL Wasser

Für den Guss:
1 Pck. Tortenguss, klar
250 ml (1/4 l) Apfelsaft
1 EL Zucker

Zum Verzieren und Garnieren:
100 g Schlagsahne
1 Pck. Dr. Oetker Vanillin-Zucker
1 Apfel mit roter Schale
etwas Zitronensaft

Insgesamt:
E: 61 g, F: 317 g, Kh: 486 g, kJ: 21749, kcal: 5195

1. Den Backofen vorheizen. Für den Teig Mehl mit Backpulver in einer Rührschüssel mischen. Restliche Zutaten hinzufügen und alles mit Handrührgerät mit Rührbesen auf höchster Stufe in etwa 2 Minuten zu einem glatten Teig verarbeiten. Den Teig in eine Springform (Ø 26 cm, Boden gefettet, mit Backpapier belegt) füllen und verstreichen. Die Form auf dem Rost in den vorgeheizten Backofen schieben.
Ober-/Unterhitze: etwa 180 °C
Heißluft: etwa 160 °C
Backzeit: etwa 25 Minuten.

2. Boden aus der Form lösen, auf einen mit Backpapier belegten Kuchenrost stürzen und den Boden erkalten lassen. Anschließend mitgebackenes Backpapier abziehen.

3. Für die Apfelschorlecreme Äpfel schälen, vierteln, entkernen und in sehr kleine Stücke schneiden. Apfelstücke mit Mineralwasser, Zucker und Zitronenschale aufkochen lassen. Gelatine nach Packungsanleitung einweichen, dann leicht ausdrücken, unter die heiße Apfelmasse rühren und die Masse erkalten lassen. Schmand unter die abgekühlte Masse rühren, Sahne mit Vanillin-Zucker steifschlagen und unterheben.

4. Den Boden einmal waagerecht durchschneiden. Den unteren Tortenboden auf eine Tortenplatte legen und einen Tortenring darumstellen. Die Apfelmasse einfüllen und glattstreichen. Masse mit dem zweiten Boden bedecken und die Torte etwa 2 Stunden kalt stellen.

5. Zum Bestreichen Apfelgelee mit Wasser in einem Topf aufkochen lassen und die Tortenoberfläche damit bestreichen. Für den Guss aus Tortenguss, Apfelsaft und Zucker nach Packungsanleitung einen Guss zubereiten, auf der Tortenoberfläche verteilen und fest werden lassen.

6. Den Tortenring lösen und entfernen. Sahne mit Vanillin-Zucker steifschlagen, in einen Spritzbeutel mit Sterntülle füllen und die Oberfläche der Torte damit verzieren. Den Apfel waschen, abtrocknen und das Kerngehäuse ausstechen. Apfel in Scheiben schneiden, mit Zitronensaft bestreichen und auf die Sahnetupfen legen.

Tipp: Anstelle von Schmand kann auch Vanillejoghurt verwendet werden.

Erfrischend – mit Alkohol

Johannisbeer-Joghurt-Torte

Zubereitungszeit: 50 Minuten, ohne Abkühl- und Kühlzeit
Backzeit: 20–25 Minuten

Für den Biskuitteig:
2 Eier (Größe M)
2–3 EL heißes Wasser
100 g Zucker
1 Pck. Dr. Oetker Vanillin-Zucker
75 g Weizenmehl
50 g Speisestärke
1 gestr. TL Dr. Oetker Backin

Für die Füllung:
8 Blatt rote Gelatine
500 g rote Johannisbeeren
5–6 EL Zucker, 150 g Joghurt
2 EL Cassis-Likör
250 g Schlagsahne

Zum Bestreichen:
250 g Schlagsahne
1 Pck. Dr. Oetker Sahnesteif
1 TL Zucker

Zum Verzieren:
abgezogene, gehobelte Mandeln
gezuckerte rote Johannisbeerrispen

Insgesamt:
E: 62 g, F: 177 g, Kh: 352 g,
kJ: 14322, kcal: 3421

1. Den Backofen vorheizen. Für den Teig Eier und Wasser mit Handrührgerät mit Rührbesen auf höchster Stufe in 1 Minute schaumig schlagen. Zucker und Vanillin-Zucker mischen, in 1 Minute einstreuen, dann noch etwa 2 Minuten weiterschlagen.
2. Mehl mit Speisestärke und Backpulver mischen, auf die Eiercreme geben und kurz auf niedrigster Stufe unterrühren. Den Teig in eine Springform (Ø 26 cm, Boden gefettet, mit Backpapier belegt) füllen, verstreichen und die Form auf dem Rost in den vorgeheizten Backofen schieben.
Ober-/Unterhitze: etwa 180 °C
Heißluft: etwa 160 °C
Backzeit: 20–25 Minuten.
3. Den Boden aus der Form lösen, auf einen mit Backpapier belegten Kuchenrost stürzen und erkalten lassen. Anschließend mitgebackenes Backpapier abziehen.
4. Für die Füllung Gelatine nach Packungsanleitung einweichen. Johannisbeeren waschen, abtropfen lassen und mit einer Gabel von den Rispen streifen. Die Johannisbeeren pürieren, durch ein feines Sieb streichen und mit Zucker, Joghurt und Cassis verrühren.
5. Gelatine leicht ausdrücken, in einem kleinen Topf bei schwacher Hitze auflösen und mit etwas von der Johannisbeermasse verrühren, dann unter die restliche Johannisbeermasse rühren. Sahne steifschlagen und unterheben.
6. Den Tortenboden einmal waagerecht durchschneiden. Den unteren Boden auf eine Tortenplatte legen und einen Tortenring oder einen Springformrand (mit Backpapier ausgelegt) darumstellen. Die Johannisbeersahne auf dem unteren Tortenboden verstreichen, den oberen Tortenboden darauflegen und etwas andrücken. Die Torte 2–3 Stunden kalt stellen.
7. Zum Bestreichen den Tortenring oder Springformrand lösen und entfernen. Sahne mit Sahnesteif und Zucker steifschlagen. Die Torte vollständig mit zwei Dritteln der Sahne bestreichen. Zum Verzieren restliche Sahne in einen Spritzbeutel mit Lochtülle füllen und die Torte damit verzieren. Mandeln in einer Pfanne ohne Fett leicht bräunen und auf einem Teller erkalten lassen. Die Torte anschließend mit angefeuchteten und in Zucker gewälzten Johannisbeerrispen und mit den abgekühlten gerösteten Mandeln garnieren.

Tipp: Der Cassis-Likör kann ersatzlos weggelassen werden.

Johannisbeer-Joghurt-Torte

Beliebt

Küsschentorte

Zubereitungszeit: 40 Minuten,
ohne Abkühl-, Auftau- und Kühlzeit
Backzeit: 15–20 Minuten

Für den Biskuitteig:
3 Eiweiß (Größe M)
100 g Zucker
3 Eigelb (Größe M)
1 Pck. Dr. Oetker Vanillin-Zucker
50 g Weizenmehl
40 g Speisestärke
1/2 gestr. TL Dr. Oetker Backin
1 geh. TL Kakaopulver

Für den Belag:
300 g gemischte TK-Beerenfrüchte
50 g gesiebter Puderzucker
1 Pck. Tortenguss, klar
3 Blatt weiße Gelatine
400 g Schlagsahne
10 Stück (etwa 100 g) Schoko-Haselnuss-Konfekt

Insgesamt:
E: 51 g, F: 188 g, Kh: 299 g,
kJ: 13185, kcal: 3150

1. Den Backofen vorheizen. Für den Teig Eiweiß mit der Hälfte des Zuckers steifschlagen und beiseitestellen. In einer anderen Schüssel Eigelb mit dem restlichen Zucker und Vanillin-Zucker mit Handrührgerät mit Rührbesen in etwa 3 Minuten schaumig schlagen. Das steifgeschlagene Eiweiß daraufgeben und vorsichtig unterheben.

2. Mehl mit Speisestärke, Backpulver und Kakao mischen und vorsichtig unter die Eimasse rühren. Den Teig in eine Springform (Ø 26 cm, Boden gefettet, mit Backpapier belegt) füllen und verstreichen. Die Form auf dem Rost in den vorgeheizten Backofen schieben.
Ober-/Unterhitze: etwa 180 °C
Heißluft: etwa 160 °C
Backzeit: 15–20 Minuten.

3. Den Boden aus der Form lösen, auf einen Kuchenrost stürzen, das Backpapier abziehen und den Boden erkalten lassen. Anschließend den Boden auf eine Tortenplatte legen und einen Tortenring oder den gesäuberten Springformrand darumstellen.

4. Für den Belag Beerenfrüchte mit dem Puderzucker bestreuen und auftauen lassen. Den Saft dabei auffangen und mit Wasser auf 250 ml (1/4 l) auffüllen. Tortenguss mit dem Saft nach Packungsanleitung, aber ohne Zucker zubereiten. Die Beeren vorsichtig unterheben, Masse auf dem Tortenboden verteilen und erkalten lassen.

5. Gelatine nach Packungsanleitung einweichen. Sahne steifschlagen. Das Konfekt klein hacken. Gelatine leicht ausdrücken und in einem kleinen Topf bei schwacher Hitze auflösen. Flüssige Gelatine mit etwas von der Sahne verrühren, dann die Mischung unter die restliche Sahne rühren. Zerkleinertes Konfekt ebenfalls unterrühren.

6. Konfekt-Creme auf den Beeren verteilen und verstreichen. Die Tortenoberfläche nach Belieben mit Hilfe einer Gabel oder eines Tortenkammes verzieren. Die Torte etwa 2 Stunden kalt stellen.

Tipp: Wenn die Torte am gleichen Tag gegessen wird, kann die Sahne auch ohne Gelatine zubereitet werden. Dann die Sahne mit 2 Päckchen Sahnesteif steifschlagen und nur etwa 1 Stunde kalt stellen.

Küsschentorte

Für Gäste – mit Alkohol

Obsttraum mit Sekt

Obsttraum mit Sekt

Zubereitungszeit: 50 Minuten, ohne Abkühl- und Kühlzeit
Backzeit: 25–30 Minuten

Für den All-in-Teig:
130 g Weizenmehl
3 gestr. TL Dr. Oetker Backin
130 g Zucker
1 Pck. Dr. Oetker Vanillin-Zucker
1 Prise Salz
4 Eier (Größe M)
130 g weiche Butter oder Margarine

Für die Füllung:
6 Blatt weiße Gelatine
500 g Schlagsahne
50 ml Zitronensaft
150 ml Sekt
75 g gesiebter Puderzucker
250 g Joghurt

Für den Belag:
750 g vorbereitetes Obst
(z. B. Pfirsiche, Kiwis, Erdbeeren, Himbeeren, Melone)

Für den Guss:
1 Pck. Tortenguss, klar
2 gestr. EL Zucker
250 ml (1/4 l) Apfelsaft
(oder halb Saft, halb Sekt)

Für den Rand:
gehackte Pistazienkerne

Insgesamt:
E: 75 g, F: 302 g, Kh: 597 g,
kJ: 23785, kcal: 5683

1. Den Backofen vorheizen. Für den Teig Mehl und Backpulver in einer Rührschüssel mischen. Restliche Zutaten hinzufügen. Alles mit Handrührgerät mit Rührbesen auf höchster Stufe in etwa 2 Minuten zu einem glatten Teig verarbeiten.

2. Teig in eine Springform (Ø 26 cm, Boden gefettet, mit Backpapier belegt) füllen und verstreichen. Anschließend die Form auf dem Rost in den vorgeheizten Backofen schieben.
Ober-/Unterhitze: etwa 180 °C
Heißluft: etwa 160 °C
Backzeit: 25–30 Minuten.

3. Den Boden aus der Form lösen, auf einen mit Backpapier belegten Kuchenrost stürzen und erkalten lassen. Anschließend mitgebackenes Backpapier abziehen und den Boden einmal waagerecht durchschneiden. Den unteren Boden auf eine Tortenplatte legen und einen Tortenring oder den gesäuberten Springformrand darumstellen.

4. Für die Füllung inzwischen Gelatine nach Packungsanleitung einweichen. Sahne steifschlagen. Zitronensaft erwärmen und die leicht ausgedrückte Gelatine darin unter Rühren auflösen. Die Mischung mit Sekt und Puderzucker verrühren, Joghurt unterrühren und Sahne unterheben. Die Creme auf den unteren Tortenboden geben und verstreichen. Oberen Boden auflegen, etwas andrücken. Die Torte etwa 1 Stunde kalt stellen.

5. Gemischtes Obst evtl. schälen, je nach Obst in Stücke oder Spalten schneiden und dekorativ auf dem oberen Boden verteilen.

6. Den Guss nach Packungsanleitung aus Tortengusspulver, Zucker und Apfelsaft zubereiten, sofort auf dem Obst verteilen und die Torte etwa 2 Stunden kalt stellen. Anschließend den Tortenring oder Springformrand mit Hilfe eines Messers vorsichtig lösen, entfernen und den Tortenrand nach Belieben mit Pistazienkernen bestreuen.

Tipp: Die Torte kann auch nur mit einer Sorte Obst belegt werden.

Beliebt

Pralinentorte

Zubereitungszeit: 50 Minuten, ohne Abkühl- und Kühlzeit
Backzeit: 30–35 Minuten

Zum Vorbereiten für die Füllung:
500 g Schlagsahne
100 g Nuss-Nougat
300 g Zartbitter-Kuvertüre
1–2 EL Orangenlikör

Für den All-in-Teig:
150 g Zartbitter-Kuvertüre
100 g Weizenmehl
25 g Speisestärke
3 gestr. TL Dr. Oetker Backin
125 g Zucker
1 Pck. Dr. Oetker Vanillin-Zucker
3 Eier (Größe M)
100 g weiche Butter oder Margarine

Zum Bestreichen und Garnieren:
400 g Schlagsahne
2 Pck. Dr. Oetker Sahnesteif
etwas Kakaopulver
einige belgische Meeresfrüchte-Pralinen

Insgesamt:
E: 93 g, F: 602 g, Kh: 629 g,
kJ: 34864, kcal: 8357

1. Zum Vorbereiten Sahne in einem Topf zum Kochen bringen und von der Kochstelle nehmen. Nuss-Nougat und in Stücke gehackte Kuvertüre darin unter Rühren schmelzen lassen. Likör hinzufügen und alles gut verrühren. Schokosahne in eine Rührschüssel geben, mit Frischhaltefolie zudecken, erkalten lassen und über Nacht kalt stellen.

2. Für den Teig die Kuvertüre grob hacken, in einem kleinen Topf im Wasserbad bei schwacher Hitze schmelzen lassen und abkühlen lassen. Den Backofen vorheizen. Mehl mit Speisestärke und Backpulver in einer Rührschüssel mischen. Zucker, Vanillin-Zucker, Eier und Butter oder Margarine hinzufügen.

3. Die Zutaten mit Handrührgerät mit Rührbesen in etwa 2 Minuten auf höchster Stufe zu einem glatten Teig verarbeiten. Zuletzt die aufgelöste Kuvertüre unterrühren. Den Teig in eine Springform (Ø 24 cm, Boden gefettet, mit Backpapier belegt) füllen und verstreichen. Die Form auf dem Rost in den vorgeheizten Backofen schieben.
Ober-/Unterhitze: etwa 180 °C
Heißluft: etwa 160 °C
Backzeit: 30–35 Minuten.

4. Boden aus der Form lösen, auf einen mit Backpapier belegten Kuchenrost stürzen und erkalten lassen. Anschließend das mitgebackene Backpapier abziehen und den Boden einmal waagerecht durchschneiden.

5. Für die Füllung Schokosahne mit Handrührgerät mit Rührbesen cremig aufschlagen. Den unteren Boden auf eine Platte legen und mit der Schokocreme bestreichen. Oberen Boden darauflegen, etwas andrücken und die Torte kalt stellen.

6. Zum Bestreichen die Sahne mit Sahnesteif steifschlagen. Tortenrand und -oberfläche damit bestreichen und mit Hilfe eines Tortenkamms verzieren. Die Torte nochmals kalt stellen.

7. Zum Garnieren die Tortenoberfläche kurz vor dem Servieren mit etwas Kakaopulver bestäuben und mit Meeresfrüchte-Pralinen garnieren.

Beliebt

Schokoladen-Schichttorte

Zubereitungszeit: 60 Minuten, ohne Abkühlzeit
Backzeit: etwa 15 Minuten je Boden

Für den Rührteig:
250 g Butter oder Margarine
250 g Zucker
1 Pck. Dr. Oetker Vanillin-Zucker
1 Prise Salz
4 Eier (Größe M)
200 g Weizenmehl
50 g Speisestärke
1 gestr. TL Dr. Oetker Backin

Für die Füllung:
200 g Zartbitter-Schokolade
1 kg Schlagsahne
4 Pck. Dr. Oetker Sahnesteif

Zum Verzieren:
etwas Zartbitter-Schokolade

Insgesamt:
E: 91 g, F: 642 g, Kh: 607 g,
kJ: 35852, kcal: 8559

1. Den Backofen vorheizen. Für den Teig Butter oder Margarine mit Handrührgerät mit Rührbesen auf höchster Stufe geschmeidig rühren. Nach und nach Zucker, Vanillin-Zucker und Salz unterrühren. So lange rühren, bis eine gebundene Masse entstanden ist.
2. Eier nach und nach unterrühren (jedes Ei etwa 1/2 Minute). Mehl mit Speisestärke und Backpulver mischen und in 2 Portionen kurz auf mittlerer Stufe unterrühren. Den Teig in 6 Portionen teilen. Jeweils 1 Teigportion auf den Boden einer Springform (Ø 26 cm, gefettet) streichen. Die Böden ohne Springformrand backen. Die Springformböden nacheinander auf dem Rost in den vorgeheizten Backofen schieben.
Ober-/Unterhitze: etwa 180 °C
Heißluft: etwa 160 °C
Backzeit: etwa 15 Minuten je Boden.
3. Die Gebäckböden jeweils vom Springformboden lösen und auf mit Backpapier belegten Kuchenrosten erkalten lassen.
4. Für die Füllung Schokolade in kleine Stücke brechen, in einem kleinen Topf im Wasserbad bei schwacher Hitze schmelzen und abkühlen lassen. Sahne in 2 Portionen aufteilen und mit je 2 Päckchen Sahnesteif steifschlagen. Sahnemasse in eine große Schüssel geben und die abgekühlte, noch flüssige Schokolade unterheben.
5. Schokoladensahne auf den 6 Böden verteilen (etwas Sahne für den Rand abnehmen), verstreichen und die Böden zu einer Torte zusammensetzen. Tortenrand evtl. mit einem scharfen Messer begradigen und mit der abgenommenen Schokoladensahne bestreichen.
6. Zum Verzieren Schokolade mit einem Sparschäler in Locken schaben. Tortenoberfläche und -rand mit Schokoladenlocken verzieren. Torte bis zum Servieren kalt stellen.

Schokoladen-Schichttorte

Für Kinder

Schokoplätzchentorte

Zubereitungszeit: 40 Minuten, ohne Abkühl- und Kühlzeit
Backzeit: etwa 35 Minuten

Für den Schüttelteig:
125 g Butter oder Margarine
150 g Weizenmehl
20 g Kakaopulver
2 gestr. TL Dr. Oetker Backin
100 g Puderzucker
3 Eier (Größe M)
150 g Joghurt

Für die Kirschfüllung:
1 Glas Sauerkirschen (Abtropfgewicht 370 g)
1 Pck. Tortenguss, rot
250 ml (1/4 l) Sauerkirschsaft aus dem Glas

Für die Sahnefüllung:
500 g Schlagsahne
2 Pck. Dr. Oetker Vanillin-Zucker
2 Pck. Dr. Oetker Sahnesteif

Zum Bestreichen und Garnieren:
75 g Zartbitter-Schokolade
1 TL Speiseöl
150 g Schokoplätzchen (Schokoladenplättchen mit bunten Zuckerperlen)

Insgesamt:
E: 81 g, F: 367 g, Kh: 497 g, kJ: 23687, kcal: 565

1. Für den Teig Butter oder Margarine zerlassen und abkühlen lassen. Den Backofen vorheizen. Mehl mit Kakao, Backpulver und Puderzucker in einer verschließbaren Schüssel (etwa 3 l) mischen. Eier, Butter oder Margarine und Joghurt hinzufügen. Die Schüssel mit dem Deckel fest verschließen.
2. Schüssel mehrmals (insgesamt 15–30 Sekunden) kräftig schütteln, so dass alle Zutaten gut vermischt sind. Alles mit einem Schneebesen oder Rührlöffel nochmals sorgfältig durchrühren, damit trockene Zutaten vom Rand mit untergerührt werden.
3. Den Teig in eine kleine Springform (Ø 22 cm, Boden gefettet) füllen und verstreichen. Die Form auf dem Rost in den vorgeheizten Backofen schieben.
Ober-/Unterhitze: etwa 180 °C
Heißluft: etwa 160 °C
Backzeit: etwa 35 Minuten.
4. Den Gebäckboden aus der Form lösen und auf einem mit Backpapier belegten Kuchenrost erkalten lassen. Anschließend den Boden bis auf 1–2 cm so aushöhlen, dass ein etwa 1 cm breiter Rand stehen bleibt. Das ausgehöhlte Gebäck zerbröseln und beiseitestellen.
5. Für die Kirschfüllung Kirschen in einem Sieb abtropfen lassen, den Saft dabei auffangen und 250 ml (1/4 l) davon abmessen. Einen Guss aus Tortengusspulver und Kirschsaft nach Packungsanleitung, aber ohne Zucker zubereiten und die Kirschen unterheben. Kirschmasse etwas abkühlen lassen, in den ausgehöhlten Boden geben und verstreichen. Die Torte kalt stellen.
6. Für die Sahnefüllung die Sahne mit Vanillin-Zucker und Sahnesteif steifschlagen. Die Sahnemasse kuppelförmig auf die Kirschen streichen, die beiseitegestellten Brösel darüberstreuen und leicht andrücken.
7. Zum Bestreichen Schokolade in Stücke brechen und mit Speiseöl in einem Topf im Wasserbad bei schwacher Hitze schmelzen lassen. Den Tortenrand damit bestreichen und sofort mit Schokoplätzchen garnieren. Auch einige Schokoplätzchen auf der Torte verteilen.

Schokoplätzchentorte

Für Kinder

Toffifee-Torte

Zubereitungszeit: 50 Minuten, ohne Abkühlzeit
Backzeit: 25–30 Minuten

Für den Biskuitteig:
100 g Löffelbiskuits
100 g gemahlene Haselnusskerne
3 Eiweiß (Größe M)
150 g Zucker
3 Eigelb (Größe M)
25 g Weizenmehl
1 gestr. TL Dr. Oetker Backin

Für die Füllung:
5 Blatt weiße Gelatine
10 Toffifee
500 g Schlagsahne
1 geh. EL Kakaogetränkepulver

Zum Bestreichen:
1 EL Zucker, 2 EL Wasser
1 geh. EL Aprikosenkonfitüre

Zum Garnieren:
14 Toffifee

Insgesamt:
E: 72 g, F: 275 g, Kh: 318 g,
kJ: 17428, kcal: 4164

Toffifee-Torte

1. Für den Teig Löffelbiskuits in einen Gefrierbeutel geben, den Beutel verschließen und die Löffelbiskuits mit einer Teigrolle fein zerdrücken. Haselnusskerne in einer Pfanne ohne Fett leicht bräunen und auf einem Teller erkalten lassen. Den Backofen vorheizen.

2. Eiweiß mit der Hälfte des Zuckers steifschlagen. Eigelb mit dem restlichen Zucker mit Handrührgerät mit Rührbesen etwa 4 Minuten cremig schlagen. Das steifgeschlagene Eiweiß daraufgeben und unterheben.

3. Mehl mit Backpulver, Löffelbiskuitbröseln und Haselnusskernen mischen und die Mischung vorsichtig unterheben. Den Teig in eine Springform (Ø 26 cm, Boden gefettet, mit Backpapier belegt) füllen und verstreichen. Die Form auf dem Rost in den vorgeheizten Backofen schieben.
Ober-/Unterhitze: etwa 180 °C
Heißluft: etwa 160 °C
Backzeit: 25–30 Minuten.

4. Den Boden aus der Form lösen, auf einen mit Backpapier belegten Kuchenrost stürzen und den Boden erkalten lassen. Anschließend das mitgebackene Backpapier abziehen und den Boden einmal waagerecht durchschneiden. Den unteren Boden auf eine Tortenplatte legen.

5. Für die Füllung die Gelatine nach Packungsanleitung einweichen. Toffifee fein hacken. Gelatine leicht ausdrücken und in einem kleinen Topf bei schwacher Hitze auflösen. Sahne fast steifschlagen, lauwarme Gelatinelösung unter Schlagen hinzufügen und die Sahne vollkommen steifschlagen.

6. Unter die Hälfte der Sahne die gehackten Toffifee rühren, unter die andere Hälfte das Kakaogetränkepulver. Die Schokoladensahne in einen Spritzbeutel mit Sterntülle füllen. Auf den unteren Boden mit der Schokoladensahne außen einen etwa 3 cm breiten Ring spritzen, die restliche Schokoladensahne zum Verzieren zurücklassen. Die Mitte des Bodens mit gut drei Vierteln der Toffifee-Sahne bestreichen, den oberen Boden darauflegen und leicht andrücken.

7. Zucker mit Wasser unter Rühren zum Kochen bringen, bis sich der Zucker gelöst hat. Konfitüre durch ein Sieb streichen und hinzugeben. So lange unter Rühren kochen lassen, bis die Masse anfängt dicklich zu werden. Den oberen Boden damit bestreichen.

8. Dann in die Mitte der Tortenoberfläche einen Kreis aus der restlichen Toffifee-Sahne streichen. Die Torte mit der zurückgelassenen Schokoladensahne verzieren und mit Toffifee garnieren.

Wilhelm-Tell-Torte

Beliebt – dauert länger

Wilhelm-Tell-Torte

Zubereitungszeit: 70 Minuten, ohne Abkühl- und Kühlzeit
Backzeit: etwa 15 Minuten je Boden

Für den Rührteig:
175 g Butter oder Margarine
150 g Zucker
1 Pck. Dr. Oetker Vanillin-Zucker
3 Eier (Größe M)
150 g Weizenmehl
25 g Speisestärke
1/2 gestr. TL Dr. Oetker Backin

Für die Füllung:
8 Blatt weiße Gelatine
1 l Apfelsaft, 100 g Zucker
2 Pck. Dr. Oetker Pudding-Pulver Vanille-Geschmack
2 Gläser stückiges Apfelmus (Einwaage je 370 g, Apfelkompott)

Zum Verzieren und Garnieren:
400 g Schlagsahne
30 g Zucker
2 Pck. Dr. Oetker Sahnesteif
50 g Haselnuss-Krokant
einige Mini-Äpfel (Kirschäpfel, aus der Dose)

Insgesamt:
E: 65 g, F: 301 g, Kh: 796 g,
kJ: 25947, kcal: 6189

1. Den Backofen vorheizen. Für den Teig Butter oder Margarine mit Handrührgerät mit Rührbesen auf höchster Stufe geschmeidig rühren. Nach und nach Zucker und Vanillin-Zucker unterrühren. So lange rühren, bis eine gebundene Masse entstanden ist. Eier nach und nach unterrühren (jedes Ei etwa 1/2 Minute). Mehl mit Speisestärke und Backpulver mischen und in 2 Portionen auf mittlerer Stufe unterrühren.

2. Aus dem Teig nacheinander 3 Böden backen. Dazu jeweils ein Drittel des Teiges gleichmäßig auf einem Springformboden (Ø 26 cm, gefettet) verstreichen und den Springformrand darumlegen. Die Form auf dem Rost in den vorgeheizten Backofen schieben.
Ober-/Unterhitze: etwa 180 °C
Heißluft: etwa 160 °C
Backzeit: etwa 15 Minuten je Boden.

3. Die Böden nach dem Backen vom Springformrand und -boden lösen und auf einem Kuchenrost erkalten lassen.

4. Für die Füllung die Gelatine nach Packungsanleitung einweichen. Aus Apfelsaft, Zucker und Pudding-Pulver nach Packungsanleitung einen Pudding zubereiten. Gelatine leicht ausdrücken und im heißen Pudding unter Rühren auflösen. Apfelmus unterrühren und die Füllung kalt stellen, bis sie beginnt dicklich zu werden.

5. Einen Boden auf eine Tortenplatte legen und einen Tortenring oder den gesäuberten Springformrand darumlegen. Die Hälfte der Puddingmasse auf dem Boden im Springformrand verstreichen. Den zweiten Boden auflegen und mit der restlichen Puddingmasse bestreichen. Den dritten Boden auflegen und leicht andrücken. Die Torte mindestens 3 Stunden (am besten über Nacht) kalt stellen.

6. Zum Verzieren und Garnieren Tortenring oder Springformrand lösen und entfernen. Sahne mit Zucker und Sahnesteif steifschlagen, den Rand der Torte dünn und die Oberfläche dicker damit bestreichen. Dann mit einem Löffelstiel Löcher in die Sahne drücken. Die Torte mit etwas Krokant bestreuen und einige Mini-Äpfel auf die Oberfläche legen.

Tipp: Der Teig lässt sich besser auf dem Springformboden verteilen, wenn der Springformboden vor dem nächsten Bestreichen gut abkühlt. Sie können die Füllung auch mit 750 ml (3/4 l) Apfelsaft und 250 ml (1/4 l) Weißwein zubereiten.

Beliebt – mit Alkohol

Weiße Schokoladen-Schichttorte

Zubereitungszeit: 45 Minuten, ohne Abkühl- und Kühlzeit
Backzeit: 8–10 Minuten je Backblech

Für den Rührteig:
100 g Zartbitter-Schokolade
175 g Butter oder Margarine
125 g Zucker
1 Pck. Dr. Oetker Vanillin-Zucker
1 Prise Salz
3 Eier (Größe M)
125 g Weizenmehl
50 g Speisestärke
1 gestr. TL Dr. Oetker Backin

Zum Bestreuen:
100 g Raspelschokolade (Vollmilch oder Zartbitter)

Für die Füllung:
300 g weiße Schokolade
400 g Schlagsahne
2 Pck. Dr. Oetker Sahnesteif
3–4 EL Orangenlikör

Insgesamt:
E: 73 g, F: 438 g, Kh: 612 g,
kJ: 28512, kcal: 6813

1. Für den Teig Schokolade in Stücke brechen, bei schwacher Hitze im Wasserbad schmelzen lassen und etwas abkühlen lassen. Den Backofen vorheizen. Butter oder Margarine in einer Rührschüssel mit Handrührgerät mit Rührbesen geschmeidig rühren. Nach und nach Zucker, Vanillin Zucker und Salz unterrühren.
2. Eier nach und nach auf höchster Stufe unterrühren (jedes Ei etwa 1/2 Minute). Abgekühlte flüssige Schokolade unterrühren. Mehl mit Speisestärke und Backpulver mischen und in 2 Portionen unterrühren.
3. Den Teig in 6 Teile teilen und 6 Böden daraus backen. Jeweils 2 Böden (Ø je 20 cm) auf ein Backblech (gefettet, mit Backpapier belegt) streichen (evtl. Kreise vorzeichnen) und mit etwas Raspelschokolade bestreuen. Die Backbleche nacheinander (bei Heißluft zusammen) in den vorgeheizten Backofen schieben.
Ober-/Unterhitze: etwa 180 °C
Heißluft: etwa 160 °C
Backzeit: 8–10 Minuten je Backblech.
4. Die Böden sofort nach dem Backen mit dem Backpapier auf Kuchenroste ziehen und erkalten lassen.
5. Für die Füllung Schokolade mit einem Sparschäler oder einer Küchenreibe raspeln. Sahne mit Sahnesteif steifschlagen. Zwei Drittel der Schokolade und den Orangenlikör unterheben.
6. Die Schokoladensahne auf die 6 Böden verteilen, darauf verstreichen und die Böden zu einer Torte zusammensetzen. Die Schichttorte 1–2 Stunden kalt stellen.
7. Vor dem Servieren die obere Sahneschicht mit der restlichen Schokolade bestreuen.

Tipp: Hat die Schokolade Zimmertemperatur, so lassen sich besonders schöne Locken raspeln.

Weiße Schokoladen-Schichttorte

Für Kinder

Wolkentorte

Zubereitungszeit: 45 Minuten, ohne Abkühl- und Kühlzeit
Backzeit: 15–20 Minuten

Für den Biskuitteig:
3 Eier (Größe M)
100 g Zucker
75 g Weizenmehl
1 Pck. Saucen-Pulver Vanille-Geschmack zum Kochen
1/2 gestr. TL Dr. Oetker Backin

Für die Füllung:
5 Blatt weiße Gelatine
2 Dosen Mandarinen (Abtropfgewicht je 175 g)
600 g Crème fraîche oder Schmand (Sauerrahm)
2 Pck. Dr. Oetker Vanillin-Zucker

Für den Belag:
4 Blatt weiße Gelatine
500 g Schlagsahne
25 g Puderzucker
50 g Getränkepulver Orangen-Geschmack

Insgesamt:
E: 75 g, F: 329 g, Kh: 358 g,
kJ: 19699, kcal: 4714

1. Den Backofen vorheizen. Für den Teig Eier mit Handrührgerät mit Rührbesen auf höchster Stufe in 1 Minute schaumig schlagen. Zucker in 1 Minute einstreuen, dann noch etwa 2 Minuten weiterschlagen.
2. Mehl mit Saucen-Pulver und Backpulver mischen, auf die Eiercreme geben und kurz auf niedrigster Stufe unterrühren. Den Teig in eine Springform (Ø 26 cm, Boden gefettet, mit Backpapier belegt) füllen und verstreichen. Die Form auf dem Rost in den vorgeheizten Backofen schieben.
Ober-/Unterhitze: etwa 180 °C
Heißluft: etwa 160 °C
Backzeit: 15–20 Minuten.
3. Den Boden auf einen mit Backpapier belegten Kuchenrost stürzen und erkalten lassen. Anschließend mitgebackenes Backpapier abziehen. Den Boden auf eine Tortenplatte legen und einen Tortenring oder den gesäuberten Springformrand darumstellen.
4. Für die Füllung die Gelatine nach Packungsanleitung einweichen. Mandarinen in einem Sieb abtropfen lassen. Crème fraîche oder Schmand mit Vanillin-Zucker verrühren. Gelatine leicht ausdrücken, in einem kleinen Topf bei schwacher Hitze auflösen und mit 2–3 Esslöffeln von der Crème-fraîche-Masse verrühren, dann die Mischung unter die restliche Masse rühren. Mandarinen unterheben und die Masse auf dem Tortenboden verstreichen. Die Torte etwa 1 Stunde kalt stellen.
5. Für den Belag die Gelatine nach Packungsanleitung einweichen. Sahne fast steifschlagen, Gelatine leicht ausdrücken, in einem kleinen Topf bei schwacher Hitze unter Rühren auflösen. Die Sahne weiterschlagen und die lauwarme Gelatine langsam unter Rühren dazugießen. Puderzucker und Getränkepulver unterrühren und die Fruchtsahne mit einem Esslöffel wolkenartig auf der Füllung verteilen. Die Torte nochmals 1–2 Stunden kalt stellen. Anschließend Tortenring oder Springformrand lösen und entfernen.

Tipp: Statt Getränkepulver Orange kann auch Getränkepulver Zitrone verwendet werden.

Wolkentorte

Preiselbeer-Schokoladen-Torte

Beliebt

Preiselbeer-Schokoladen-Torte

Zubereitungszeit: 45 Minuten, ohne Abkühl- und Kühlzeit
Backzeit: etwa 25 Minuten

Für den Biskuitteig:
4 Eier (Größe M)
3 EL heißes Wasser
100 g Zucker
1 Pck. Dr. Oetker Vanillin-Zucker
100 g Weizenmehl
25 g Speisestärke
10 g Kakaopulver
gut 1 Msp. gemahlener Zimt
1/2 gestr. TL Dr. Oetker Backin

Für die Füllung:
100 g Vollmilch-Kuvertüre
100 g Zartbitter-Kuvertüre
1 Glas Wild-Preiselbeeren (Einwaage 395 g)
2 EL Zitronensaft
800 g Schlagsahne
3 Pck. Dr. Oetker Sahnesteif

Zum Garnieren:
100 g Zartbitter-Schokolade

Insgesamt:
E: 75 g, F: 377 g, Kh: 575 g, kJ: 25526, kcal: 6110

1. Den Backofen vorheizen. Für den Teig Eier und Wasser mit Handrührgerät mit Rührbesen auf höchster Stufe in 1 Minute schaumig schlagen. Zucker mit Vanillin-Zucker mischen, in 1 Minute einstreuen, dann noch etwa 2 Minuten weiterschlagen.
2. Mehl mit Speisestärke, Kakao, Zimt und Backpulver mischen, auf die Eiercreme geben und kurz auf niedrigster Stufe unterrühren. Den Teig in eine Springform (Ø 26 cm, Boden gefettet, mit Backpapier belegt) füllen und verstreichen. Die Form auf dem Rost in den vorgeheizten Backofen schieben.
Ober-/Unterhitze: etwa 180 °C
Heißluft: etwa 160 °C
Backzeit: etwa 25 Minuten.
3. Den Boden aus der Form lösen, auf einen mit Backpapier belegten Kuchenrost stürzen und erkalten lassen. Anschließend mitgebackenes Backpapier abziehen und den Biskuitboden einmal waagerecht durchschneiden.
4. Für die Füllung Kuvertüre grob hacken, in einem kleinen Topf im Wasserbad bei schwacher Hitze schmelzen und abkühlen lassen. Preiselbeeren mit Zitronensaft verrühren. Den unteren Biskuitboden auf eine Tortenplatte legen. Die Fruchtmasse darauf verteilen und am Rand etwa 1 cm frei lassen. Sahne mit Sahnesteif steifschlagen. 2 Esslöffel von der Sahne mit der abgekühlten Kuvertüre verrühren, dann die Kuvertüre-Sahne-Mischung nach und nach unter die übrige Sahne rühren.
5. Die Hälfte der Schokoladensahne auf die Fruchtmasse streichen und den oberen Biskuitboden auflegen. Tortenoberfläche und -rand mit der restlichen Schokoladensahne bestreichen. Die Torte 2–3 Stunden kalt stellen.
6. Zum Garnieren Schokolade in Stücke brechen und in einem Topf im Wasserbad bei schwacher Hitze geschmeidig rühren. Schokolade dünn auf eine Platte streichen und fest werden lassen (nicht kalt stellen). Mit einem breiten Spachtel Schokolocken abschaben und diese mit Hilfe von Gabeln auf die Torte legen.

Struwwelpeter-Torte

Für Kinder

Struwwelpeter-Torte

Zubereitungszeit: 50 Minuten, ohne Abkühl- und Kühlzeit
Backzeit: etwa 20 Minuten

6 Schoko-Zwieback (etwa 100 g)
3 Riegel Erdbeer-Joghurt-Schokolade

Für den All-in-Teig:
75 g Weizenmehl
1 gestr. TL Dr. Oetker Backin
4 Eier (Größe M)
100 g Zucker
1 Pck. Dr. Oetker Vanillin-Zucker

Für die Füllung:
250 g Erdbeeren
250 ml (1/4 l) Apfelsaft
1 Pck. Tortenguss, klar
1 TL Zucker

Für den Belag:
400 g Schlagsahne
1 Pck. Quarkfein Erdbeer-Geschmack (Dessertpulver)
4 Riegel Erdbeer-Joghurt-Schokolade
5–6 vorbereitete Erdbeeren

Insgesamt:
E: 62 g, F: 202 g, Kh: 399 g,
kJ: 15443, kcal: 3680

1. Zwieback in einen Gefrierbeutel geben und den Beutel fest verschließen. Zwieback mit einer Teigrolle fein zerbröseln. Schokoriegel fein hacken. Den Backofen vorheizen.
2. Für den Teig Mehl mit Backpulver mischen und in eine Rührschüssel geben. Eier, Zucker und Vanillin-Zucker hinzufügen. Die Zutaten mit Handrührgerät mit Rührbesen zunächst kurz auf niedrigster, dann auf höchster Stufe in etwa 2 Minuten zu einem Teig verarbeiten. Zwiebackbrösel und Schokoriegelstückchen unterrühren. Den Teig in eine Springform (Ø 26 cm, Boden gefettet, mit Backpapier belegt) füllen und verstreichen. Die Form auf dem Rost in den vorgeheizten Backofen schieben.
Ober-/Unterhitze: etwa 180 °C
Heißluft: etwa 160 °C
Backzeit: etwa 20 Minuten.
3. Den Boden aus der Form lösen, auf einen mit Backpapier belegten Kuchenrost stürzen und Boden erkalten lassen. Mitgebackenes Backpapier abziehen, den Boden einmal waagerecht durchschneiden. Unteren Boden auf eine Tortenplatte legen und einen Tortenring darumlegen.
4. Für die Füllung Erdbeeren waschen, abtropfen lassen, putzen und in kleine Stücke schneiden. Einen Guss aus Apfelsaft, Tortengusspulver und Zucker nach Packungsanleitung zubereiten und Erdbeerstücke unterheben. Die Masse auf dem unteren Boden verteilen. Den oberen Boden darauf legen. Kuchen etwa 30 Minuten kalt stellen.
5. Für den Belag Sahne steifschlagen, Dessertpulver unterrühren. Die Erdbeersahne auf den Tortenboden geben und glattstreichen. Torte etwa 1 Stunde kalt stellen. Dann Tortenring entfernen. Schokoriegel mit einem Sparschäler zu Röllchen schaben. Erdbeeren in Scheiben schneiden und auf den oberen Tortenrand legen. Tortenoberfläche mit den Schokoröllchen garnieren.

Einfach

Mousse-au-Cappuccino-Torte

Zubereitungszeit: 25 Minuten, ohne Kühlzeit

Für den Boden:
200 g Schoko-Cookies (Schokoladenkekse)
125 g Butter

Für den Belag:
2 Pck. Mousse au Chocolat (Dessertpulver für je 250–300 ml Flüssigkeit)
300 ml Milch
200 g Schlagsahne
2 Pck. (je 10 g) Instant-Cappuccinopulver

Zum Verzieren und Garnieren:
200 g Schlagsahne
1 Pck. Dr. Oetker Vanillin-Zucker
einige Mokkabohnen oder -pralinen
30 g Zartbitter-Schokolade
evtl. etwas Kakaopulver

Insgesamt:
E: 49 g, F: 324 g, Kh: 336 g,
kJ: 18720, kcal: 4462

1. Für den Boden Schoko-Cookies in einen Gefrierbeutel geben und den Beutel verschließen. Schoko-Cookies mit einer Teigrolle fein zerbröseln und in eine Schüssel geben.
2. Butter zerlassen, zu den Bröseln geben und gut verrühren. Einen Springformrand (Ø 26 cm) auf eine mit Tortenspitze oder Backpapier belegte Tortenplatte stellen. Die Bröselmasse gleichmäßig darin verteilen und mit Hilfe eines Löffels gut zu einem Boden andrücken. Den Boden kalt stellen.
3. Für den Belag Mousse au Chocolat mit Milch und Sahne nach Packungsanleitung, aber mit den hier angegebenen Zutaten zubereiten und Cappuccinopulver unterschlagen. Die Masse auf den Boden geben und glattstreichen. Die Torte etwa 1 Stunde kalt stellen.
4. Zum Verzieren und Garnieren den Springformrand lösen und entfernen. Sahne mit Vanillin-Zucker steifschlagen. Die Sahne so auf die Tortenoberfläche streichen, dass rundherum ein etwa 1 cm breiter Mousse-Streifen sichtbar bleibt. In die Sahne mit einem Teelöffel Vertiefungen eindrücken. Die Torte mit Mokkabohnen oder -pralinen garnieren.
5. Schokolade in Stücke brechen und in einem Topf im Wasserbad bei schwacher Hitze schmelzen lassen. Schokolade in ein Papiertütchen oder einen kleinen Gefrierbeutel füllen und eine kleine Ecke abschneiden. Den Tortenrand mit der Schokolade verzieren.
6. Die Torte bis zum Servieren kalt stellen und vor dem Servieren nach Belieben noch mit etwas Kakao bestäuben.

Tipp: Schoko-Cookies gibt es in unterschiedlichen Packungsgrößen. Wenn Sie eine 175-g-Packung gekauft haben, können die Cookies mit Löffelbiskuits auf 200 g aufgefüllt werden.

Mousse-au-Cappuccino-Torte

Beliebt

Maulwurftorte

Zubereitungszeit: 30 Minuten, ohne Abkühlzeit
Backzeit: etwa 30 Minuten

Für den Rührteig:
4 Eiweiß (Größe M)
125 g Butter oder Margarine
125 g Zucker
1 Pck. Dr. Oetker Vanillin-Zucker
4 Eigelb (Größe M)
50 g Weizenmehl
10 g Kakaopulver
4 gestr. TL Dr. Oetker Backin
75 g gemahlene Haselnusskerne
100 g Zartbitter-Raspelschokolade

Für die Füllung:
1 Glas Sauerkirschen (Abtropfgewicht 350 g)
2 mittelgroße Bananen (etwa 250 g)
2 EL Zitronensaft
600 g Schlagsahne
3 Pck. Dr. Oetker Sahnesteif
25 g Zucker
1 Pck. Dr. Oetker Vanillin-Zucker

Insgesamt:
E: 80 g, F: 400 g, Kh: 416 g,
kJ: 23200, kcal: 5536

1. Den Backofen vorheizen. Für den Teig Eiweiß so steifschlagen, dass ein Messerschnitt sichtbar bleibt. Butter oder Margarine in einer Rührschüssel mit Handrührgerät mit Rührbesen geschmeidig rühren. Zucker und Vanillin-Zucker unter Rühren hinzufügen, bis eine gebundene Masse entstanden ist. Eigelb nach und nach auf höchster Stufe unterrühren.
2. Mehl mit Kakaopulver, Backpulver, Haselnusskernen und Raspelschokolade mischen und auf mittlerer Stufe in 2 Portionen kurz unterrühren. Eischnee mit Handrührgerät mit Rührbesen vorsichtig kurz unterrühren. Den Teig in eine Springform (Ø 26 cm, Boden gefettet) füllen und verstreichen. Die Form auf dem Rost in den vorgeheizten Backofen schieben.
Ober-/Unterhitze: etwa 180 °C
Heißluft: etwa 160 °C
Backzeit: etwa 30 Minuten.
3. Den Boden nach dem Backen etwa 10 Minuten in der Form stehen lassen, dann aus der Form lösen und auf einem Kuchenrost erkalten lassen. Den erkalteten Boden mit Hilfe eines Esslöffels etwa 1 cm tief aushöhlen, dabei einen 1–2 cm breiten Rand stehen lassen. Die Oberfläche am Rand dazu vorher mit einem Messer einschneiden. Die Gebäckreste in einer Schüssel zerbröseln.
4. Für die Füllung Kirschen in einem Sieb gut abtropfen lassen, anschließend auf Küchenpapier legen. Bananen schälen, längs halbieren, mit Zitronensaft beträufeln und in den ausgehöhlten Boden legen. Die Kirschen dazwischen verteilen. Sahne mit Sahnesteif, Zucker und Vanillin-Zucker steifschlagen. Sahne kuppelartig auf das Obst streichen und mit den Bröseln bestreuen (die Brösel evtl. leicht andrücken). Die Torte etwa 1 Stunde kalt stellen.

Tipp: Statt Sauerkirschen können Sie auch 2 Dosen Mandarinen (Abtropfgewicht je 175 g) verwenden.

Maulwurftorte

Für Kinder – schnell zubereitet

Marshmallow-Erdbeer-Torte

Marshmallow-Erdbeer-Torte

Zubereitungszeit: 30 Minuten, ohne Kühlzeit

Für den Boden:
150 g Butterkekse
100 g Butter, 50 g Zucker
50 g Vollmilch-Schokolade

Für die Füllung:
500 g Erdbeeren
500 g Schlagsahne
2 Pck. Dr. Oetker Sahnesteif
100 g Marshmallow-Creme Classic oder Strawberry-Fluff (Erdbeer-Geschmack)

Zum Garnieren:
Marshmallows

Insgesamt:
E: 36 g, F: 278 g, Kh: 307 g,
kJ: 16769, kcal: 4010

1. Für den Boden Butterkekse in einen Gefrierbeutel geben, ihn verschließen und die Butterkekse mit einer Teigrolle fein zerdrücken. Butter zerlassen, mit dem Zucker zu den Butterkeksen geben und verrühren. Einen Springformrand (Ø 26 cm) auf eine mit Tortenspitze oder Backpapier belegte Tortenplatte stellen. Die Bröselmasse darin verteilen und mit Hilfe eines Löffels gut zu einem Boden andrücken.
2. Schokolade in Stücke brechen und im Wasserbad bei schwacher Hitze unter Rühren schmelzen lassen. Schokolade mit einem Pinsel auf dem Boden verstreichen. Den Boden kalt stellen und die Schokolade fest werden lassen.
3. Für die Füllung Erdbeeren waschen, abtropfen lassen und putzen. 6 Erdbeeren zum Garnieren zurücklegen. Die restlichen Erdbeeren auf den Schokoboden legen, dabei am Rand etwa 1 cm frei lassen.
4. Sahne mit Sahnesteif steifschlagen. Marshmallow-Creme erst mit einem Drittel der Sahne verrühren, dann die Mischung unter die restliche Sahne heben. Die Creme auf die Erdbeeren geben und glattstreichen. Nach Belieben mit Hilfe eines Teelöffels Vertiefungen in die Oberfläche drücken. Die Torte mindestens 1 Stunde kalt stellen.
5. Vor dem Servieren Springformrand lösen und entfernen. Danach die Torte mit den beiseitegelegten und halbierten Erdbeeren und Marshmallows garnieren.

Tipp: Marshmallow-Creme gibt es oft in Lebensmittelhandlungen von Kaufhäusern bei den amerikanischen Lebensmitteln oder in großen Supermärkten. Anstelle der Butterkekse können auch Löffelbiskuits verwendet werden. Statt mit Vertiefungen kann man die Oberfläche der Torte auch mit einem Tortengarnierkamm wellenförmig verzieren oder die Masse kuppelartig auf die Erdbeeren streichen. Anstelle der Erdbeeren können auch Johannisbeeren verwendet werden, die der Torte eine leicht säuerliche Note geben.

Einfach – für Gäste

Haselnuss-Sahne-Torte

Zubereitungszeit: 40 Minuten, ohne Abkühlzeit
Backzeit: etwa 30 Minuten

Für den Biskuitteig:
4 Eier (Größe M)
3–4 EL heißes Wasser
175 g Zucker
1 Pck. Dr. Oetker Vanillin-Zucker
100 g Weizenmehl
100 g Speisestärke
2 gestr. TL Dr. Oetker Backin

Für den Belag:
3 Pck. (je 10 Stück) gefüllte Haselnuss-Gebäckkugeln
600 g Schlagsahne
3 Pck. Dr. Oetker Sahnesteif
2–3 Pck. Dr. Oetker Vanillin-Zucker

Zum Bestreuen:
50 g gehackte Haselnusskerne

Insgesamt:
E: 84 g, F: 338 g, Kh: 420 g,
kJ: 21850, kcal: 5220

Haselnuss-Sahne-Torte

1. Den Backofen vorheizen. Für den Biskuitteig Eier und Wasser mit Handrührgerät mit Rührbesen auf höchster Stufe in 1 Minute schaumig schlagen. Zucker mit Vanillin-Zucker mischen, in 1 Minute einstreuen und noch etwa 2 Minuten weiterschlagen.
2. Mehl mit Speisestärke und Backpulver mischen, die Hälfte davon auf die Eiercreme geben und kurz auf niedrigster Stufe unterrühren. Den Rest des Mehlgemisches auf die gleiche Weise unterarbeiten.
3. Den Teig in eine Springform (Ø 26 cm, Boden gefettet, mit Backpapier belegt) füllen und verstreichen. Die Form auf dem Rost in den vorgeheizten Backofen schieben.
Ober-/Unterhitze: etwa 180 °C
Heißluft: etwa 160 °C
Backzeit: etwa 30 Minuten.
4. Den Biskuitboden aus der Form lösen, auf einen mit Backpapier belegten Kuchenrost stürzen und erkalten lassen. Anschließend das mitgebackene Backpapier abziehen und den Boden zweimal waagerecht durchschneiden.
5. Von den Gebäckkugeln 12 Stück zum Garnieren zurücklassen, den Rest (18 Stück) sehr fein hacken. Sahne mit Sahnesteif und Vanillin-Zucker steifschlagen. 3 Esslöffel von der Sahne in einen Spritzbeutel mit abgeflachter Tülle geben. Die zerkleinerten Gebäckkugeln unter die restliche Sahne heben.
6. Den unteren Biskuitboden auf eine Tortenplatte legen, mit etwa einem Drittel der Creme bestreichen und den mittleren Boden darauflegen. Die Hälfte der restlichen Creme daraufstreichen und mit dem oberen Boden belegen. Tortenrand und -oberfläche mit der restlichen Creme bestreichen.
7. Den Tortenrand mit Haselnusskernen bestreuen. Die Tortenoberfläche mit der Sahne aus dem Spritzbeutel verzieren und mit den zurückgelassenen Gebäckkugeln garnieren.

Raffiniert – mit Alkohol

Baileys-Baiser-Torte

Zubereitungszeit: 40 Minuten, ohne Abkühl- und Kühlzeit
Backzeit: 25–30 Minuten

Zum Vorbereiten:
50 g Kokosraspel

Für den Rührteig:
125 g Butter oder Margarine
100 g Zucker, 2 Eier (Größe M)
75 g Weizenmehl, 75 g Speisestärke
1 gestr. TL Dr. Oetker Backin

Zum Bestreichen, Tränken und Garnieren:
100 g dunkle Kuchenglasur
150 ml Baileys (Original Irish Cream Likör)
500 g Schlagsahne
2 Pck. Dr. Oetker Sahnesteif
etwa 50 g Fertigbaiser (in Tupfen gespritzt oder als Baiserschalen vom Bäcker)

Insgesamt:
E: 39 g, F: 351 g, Kh: 387 g,
kJ: 22033, kcal: 5258

1. Zum Vorbereiten Kokosraspel in einer Pfanne ohne Fett goldbraun rösten, herausnehmen und auf einem Teller erkalten lassen. Den Backofen vorheizen.
2. Für den Teig Butter oder Margarine mit Handrührgerät mit Rührbesen auf höchster Stufe geschmeidig rühren. Nach und nach Zucker unterrühren. So lange rühren, bis eine gebundene Masse entstanden ist. Eier nach und nach unterrühren (jedes Ei etwa 1/2 Minute).
3. Mehl mit Speisestärke und Backpulver mischen und in 2 Portionen auf mittlerer Stufe unterrühren. Kokosraspel (1 Esslöffel zum Bestreuen beiseitelegen) unterrühren. Den Teig in eine Springform (Ø 26 cm, Boden gefettet) geben und verstreichen. Anschließend die Form auf dem Rost in den vorgeheizten Backofen schieben.
Ober-/Unterhitze: etwa 180 °C
Heißluft: etwa 160 °C
Backzeit: 25–30 Minuten.
4. Die Form auf einen Kuchenrost stellen. Den Gebäckboden sofort aus der Form lösen und auf einem Kuchenrost erkalten lassen.
5. Zum Bestreichen Kuchenglasur im Wasserbad nach Packungsanleitung schmelzen lassen. Die Unterseite des Bodens damit bestreichen und die Glasur fest werden lassen.
6. Den Boden mit der Schokoladenseite nach unten auf eine Tortenplatte legen. Die Oberfläche mehrmals mit einer Gabel einstechen und nach und nach mit Baileys tränken.
7. Die Sahne mit Sahnesteif steifschlagen und in einen Spritzbeutel mit großer Sterntülle füllen. Große Tupfen dicht an dicht auf den getränkten Boden spritzen. Die Torte etwa 30 Minuten kalt stellen.
8. Die Torte kurz vor dem Servieren mit den Baisertupfen oder Baiserschalen belegen und mit den beiseitegelegten Kokosraspeln bestreuen.

Baileys-Baiser-Torte

Kapitel 05

Rezepte 401–500

Cremetorten & Frischkäsetorten

Orangen-Schichttorte

Schnell zubereitet – mit Alkohol

Orangen-Schichttorte

Zubereitungszeit: 30 Minuten, ohne Kühlzeit

Für die Füllung I:
4 Blatt weiße Gelatine
300 g Joghurt
25 g Zucker
1 Glas Wild-Preiselbeeren (Einwaage 220 g)
4 EL Schlagsahne

1 heller Wiener Boden (Ø 26 cm, 3 Lagen)
2 EL Rum oder Mandellikör

Für die Füllung II:
4 Becher (je 50 g) Mousse au Chocolate

Für den Belag:
5 Orangen
1 Pck. Tortenguss, klar
250 ml (1/4 l) Orangensaft, mit Weißwein aufgefüllt
25 g Zucker

Zum Bestreichen und Bestreuen:
125 g Schlagsahne
etwa 40 g Raspelschokolade

Insgesamt:
E: 69 g, F: 143 g, Kh: 541 g, kJ: 16345, kcal: 3902

1. Für Füllung I die Gelatine nach Packungsanleitung einweichen. Joghurt mit Zucker und Preiselbeeren verrühren. Gelatine leicht ausdrücken, in einem kleinen Topf bei schwacher Hitze auflösen und flüssige Sahne unterrühren. Gelatine-Sahne-Mischung unter die Joghurtmischung rühren.
2. Einen Wiener Boden auf eine Tortenplatte legen und einen Tortenring darumstellen. Joghurtmasse auf dem Boden verteilen, zweiten Boden darauflegen und mit Rum oder Likör beträufeln.
3. Für die Füllung II die Mousse au Chocolate auf dem zweiten Boden verteilen, verstreichen und den dritten Boden auflegen.
4. Für den Belag Orangen mit einem scharfen Messer so schälen, dass die weiße Haut mitentfernt wird. Orangen filetieren, Saft dabei auffangen und mit Wein auf 250 ml (1/4 l) auffüllen. Orangenfilets auf die Tortenoberfläche legen.
5. Aus Tortengusspulver, Orangensaft-Wein-Flüssigkeit und Zucker nach Packungsanleitung einen Guss zubereiten und auf den Orangenfilets verteilen. Torte 1–2 Stunden kalt stellen.
6. Zum Bestreichen und Bestreuen Tortenring lösen und entfernen. Sahne steifschlagen. Den Tortenrand damit bestreichen und mit Raspelschokolade bestreuen.

Fruchtig

Himbeer-Frischkäse-Torte

Zubereitungszeit: 45 Minuten, ohne Auftau-, Abkühl- und Kühlzeit
Backzeit: etwa 25 Minuten

Zum Vorbereiten:
500 g TK-Himbeeren

Für den Keksboden:
etwa 14 Butterkekse
50 g zerlassene, abgekühlte Butter
1–2 TL Zucker

Für den Biskuitteig:
2 Eier (Größe M)
1 EL heißes Wasser
75 g Zucker
1 Pck. Dr. Oetker Vanillin-Zucker
100 g Weizenmehl
1 gestr. TL Dr. Oetker Backin

Für den Belag:
200 g Doppelrahm-Frischkäse
50 g gesiebter Puderzucker
500 g Schlagsahne
2 Pck. Dr. Oetker Sahnesteif
1–2 TL Zucker
1 Pck. Dr. Oetker Vanillin-Zucker

Für den Guss:
4 Blatt rote Gelatine
Himbeersaft von den TK-Himbeeren
100 ml Himbeersirup
etwas Wasser

Insgesamt:
E: 80 g, F: 289 g, Kh: 483 g,
kJ: 20994, kcal: 5016

1. Zum Vorbereiten Himbeeren in ein Sieb geben und auftauen lassen, dabei den Saft auffangen.
2. Für den Keksboden Butterkekse nebeneinander in eine Springform (Ø 26 cm, Boden gefettet, mit Backpapier belegt) legen, dabei die Rundungen der Form mit Keksstücken ausfüllen. Die Keksschicht mit Butter bestreichen und mit Zucker bestreuen. Danach den Backofen vorheizen.
3. Für den Teig Eier und Wasser mit Handrührgerät mit Rührbesen auf höchster Stufe in 1 Minute schaumig schlagen. Zucker und Vanillin-Zucker mischen, in 1 Minute einstreuen und noch etwa 2 Minuten weiterschlagen. Mehl mit Backpulver mischen, auf die Eiercreme geben und kurz auf niedrigster Stufe unterrühren.
4. Den Teig auf dem Keksboden in der Form verteilen und vorsichtig verstreichen. Die Form auf dem Rost in den vorgeheizten Backofen schieben.
Ober-/Unterhitze: etwa 180 °C
Heißluft: etwa 160 °C
Backzeit: etwa 25 Minuten.
5. Das Gebäck aus der Form lösen und auf einem Kuchenrost erkalten lassen. Anschließend mitgebackenes Backpapier entfernen.
6. Für den Belag Frischkäse mit Puderzucker verrühren, auf dem Biskuitboden verteilen und verstreichen. Himbeeren darauf verteilen. Einen Tortenring oder den gesäuberten Springformrand (mit Backpapier ausgelegt) darumlegen.
7. Sahne mit Sahnesteif, Zucker und Vanillin-Zucker steifschlagen. 3 Esslöffel zum Bestreichen des Randes abnehmen und kalt stellen. Die übrige Sahne auf den Himbeeren verteilen und glattstreichen.
8. Für den Guss die Gelatine nach Packungsanleitung einweichen. Den aufgefangenen Himbeersaft mit Himbeersirup und Wasser auf 250 ml (1/4 l) auffüllen. Gelatine leicht ausdrücken und in einem kleinen Topf unter Rühren auflösen. Gelatine mit etwas von der Himbeerflüssigkeit verrühren, unter die Mischung unter die restliche Flüssigkeit rühren und kalt stellen.
9. Wenn die Flüssigkeit beginnt dicklich zu werden, sie vorsichtig esslöffelweise auf die Sahne geben. Die Torte etwa 2 Stunden kalt stellen.
10. Tortenring oder Springformrand entfernen, evtl. das Backpapier abziehen und den Tortenrand mit der beiseitegestellten Sahne bestreichen.

Himbeer-Frischkäse-Torte

Zum Verschenken

Schokocremetorte mit Haube

Zubereitungszeit: 40 Minuten, ohne Abkühl- und Kühlzeit
Backzeit: 35–40 Minuten

Zum Vorbereiten:
500 g Schlagsahne
300 g Zartbitter-Schokolade
75 g weiche Butter

Für den Biskuitteig:
100 g Butter
6 Eier (Größe M)
200 g Zucker
1 Pck. Dr. Oetker Vanillin-Zucker
1 Prise Salz
150 g Weizenmehl
100 g Speisestärke
50 g gesiebtes Kakaopulver

Zum Garnieren und Bestäuben:
200 g Zartbitter-Kuvertüre
1 EL Kakaopulver

Insgesamt:
E: 114 g, F: 519 g, Kh: 656 g,
kJ: 32683, kcal: 7818

1. Zum Vorbereiten Sahne in einem Topf zum Kochen bringen und von der Kochstelle nehmen. Schokolade in Stücke brechen und unter Rühren darin schmelzen lassen, bis eine geschmeidige Masse entstanden ist. Die Masse abkühlen lassen, dabei gelegentlich umrühren. Butter in die abgekühlte, aber noch nicht fest gewordene Schoko-Sahne-Masse rühren und die Masse über Nacht kalt stellen.

2. Für den Teig Butter zerlassen und abkühlen lassen. Den Backofen vorheizen.

3. Eier mit Handrührgerät mit Rührbesen auf höchster Stufe in 1 Minute schaumig schlagen. Zucker, Vanillin-Zucker und Salz mischen, in 1 Minute einstreuen, dann noch etwa 2 Minuten weiterschlagen.

4. Mehl mit Speisestärke und Kakao mischen, die Hälfte davon auf die Eiercreme geben und kurz auf niedrigster Stufe unterrühren. Restliches Mehl-Kakao-Gemisch auf die gleiche Weise unterarbeiten. Zuletzt die abgekühlte Butter vorsichtig unterrühren. Den Teig in eine Springform (Ø 26 cm, Boden gefettet, mit Backpapier belegt) füllen und verstreichen. Die Form auf dem Rost in den vorgeheizten Backofen schieben.
Ober-/Unterhitze: etwa 180 °C
Heißluft: etwa 160 °C
Backzeit: 35–40 Minuten.

5. Den Boden aus der Form lösen und auf einen mit Backpapier belegten Kuchenrost legen (nicht stürzen). Boden erkalten lassen. Anschließend mitgebackenes Backpapier abziehen und den Boden zweimal waagerecht durchschneiden.

6. Die kalt gestellte Schoko-Sahne-Masse mit Handrührgerät mit Rührbesen zu einer Creme aufschlagen. Den unteren Boden auf eine Tortenplatte legen und mit knapp einem Drittel der Creme bestreichen. Den mittleren Boden auflegen, etwas andrücken und knapp die Hälfte der restlichen Schokoladencreme darauf verstreichen. Den oberen Boden auflegen und leicht andrücken. Tortenoberfläche und -rand mit der restlichen Creme bestreichen und die Torte kalt stellen.

7. Zum Garnieren Kuvertüre in grobe Stücke hacken und zwei Drittel davon in einem kleinen Topf im Wasserbad bei schwacher Hitze geschmeidig rühren. Topf aus dem Wasserbad nehmen. Restliche Kuvertüre fein hacken und in die warme Kuvertüre rühren, bis sie ebenfalls aufgelöst ist.

8. Kuvertüre nochmals ganz kurz erwärmen, dann auf ein rundes Stück Backpapier (Ø etwa 35 cm) geben und gleichmäßig dick verstreichen, dabei 2 cm am Rand frei lassen. Kuvertüre etwas fest werden lassen, dann noch weich mit dem Backpapier nach oben auf die Torte legen. Das Backpapier am Rand in lockere Falten legen und leicht andrücken. Torte 10–15 Minuten kalt stellen, bis die Kuvertüre vollständig fest geworden ist, dann das Backpapier vorsichtig abziehen (evtl. nochmals kurz kalt stellen). Direkt vor dem Servieren die Tortenoberfläche mit Kakao bestäuben.

Tipp: Tränken Sie die Tortenböden vor dem Zusammensetzen mit Kirschwasser.

Schokocremetorte mit Haube

Raffiniert

Stachelbeer-Pudding-Schichttorte

Zubereitungszeit: 60 Minuten, ohne Abkühlzeit
Backzeit: etwa 15 Minuten je Boden

Für den Rührteig:
200 g Butter oder Margarine
200 g Zucker
1 Pck. Dr. Oetker Vanillin-Zucker
2 Eier (Größe M)
200 g Weizenmehl
1 gestr. TL Dr. Oetker Backin

Zum Bestreuen:
150 g abgezogene, gehobelte Mandeln
30 g Zucker

Für die Füllung:
1 Pck. Dr. Oetker Pudding-Pulver Vanille-Geschmack
400 ml Apfelsaft
20 g Zucker
200 g Doppelrahm-Frischkäse
1 Glas Stachelbeeren (Abtropfgewicht 360 g)

Für den Guss:
1 Pck. Tortenguss, klar
20 g Zucker
250 ml (1/4 l) Stachelbeersaft aus dem Glas

Insgesamt:
E: 91 g, F: 333 g, Kh: 604 g,
kJ: 24311, kcal: 5801

Stachelbeer-Pudding-Schichttorte

1. Den Backofen vorheizen. Für den Teig Butter oder Margarine mit Handrührgerät mit Rührbesen auf höchster Stufe geschmeidig rühren. Nach und nach Zucker und Vanillin-Zucker unterrühren. So lange rühren, bis eine gebundene Masse entstanden ist. Eier nach und nach unterrühren (jedes Ei etwa 1/2 Minute). Mehl und Backpulver mischen und in 2 Portionen auf mittlerer Stufe unterrühren.

2. Aus dem Teig 3 Böden backen. Dazu jeweils ein Drittel des Teiges auf einen Springformboden (Ø 26 cm, gefettet) geben und verstreichen. Je ein Drittel der Mandeln und des Zuckers auf den Teigboden streuen und den Springformrand darumlegen. Die Form auf dem Rost in den vorgeheizten Backofen schieben.
Ober-/Unterhitze: etwa 180 °C
Heißluft: etwa 160 °C
Backzeit: etwa 15 Minuten je Boden.

3. Die anderen beiden Böden ebenso vorbereiten und backen. Die Gebäckböden sofort aus der Form lösen, auf einen mit Backpapier belegten Kuchenrost legen, erkalten lassen.

4. Für die Füllung aus Pudding-Pulver, Apfelsaft und Zucker nach Packungsanleitung, aber nur mit 400 ml Flüssigkeit einen Pudding zubereiten. Frischkäse sofort unterrühren. Sofort Frischhaltefolie direkt auf die Puddingmasse legen, damit sich keine Haut bildet, und den Pudding erkalten lassen. Stachelbeeren in einem Sieb abtropfen lassen, den Saft dabei auffangen und 250 ml (1/4 l) abmessen.

5. Einen Guss aus Tortengusspulver, Zucker und dem Saft nach Packungsanleitung zubereiten und die Stachelbeeren unterheben. Die Stachelbeermasse auf 2 der Böden verteilen. Die Puddingmasse durchrühren, knapp die Hälfte in einen Spritzbeutel mit großer Sterntülle füllen und je einen Rand auf die Stachelbeermasse spritzen. Restliche Puddingmasse jeweils in die Mitte geben und verstreichen.

6. Die Böden zu einer Torte zusammensetzen, dabei leicht andrücken. Den letzten, nicht bestrichenen Boden darauflegen. Die Torte bis zum Servieren mindestens 1 Stunde kalt stellen.

Tipp: Der Teig lässt sich besser auf dem Springformboden verteilen, wenn der Springformboden vor dem nächsten Bestreichen etwas abkühlt.

Für Gäste – mit Alkohol

Surprise-Torte

Zubereitungszeit: 60 Minuten, ohne Marinier-, Abkühl- und Kühlzeit
Backzeit: etwa 25 Minuten

Zum Vorbereiten:
1 Glas Schattenmorellen (Abtropfgewicht 350 g)
150 ml Kirschlikör (20 Vol.-%)

Für den Rührteig:
50 g Zartbitter-Schokolade
100 g weiche Butter oder Margarine
75 g Zucker
2 Eier (Größe M)
80 g Weizenmehl
1 gestr. TL Dr. Oetker Backin
3 EL Kirschlikör (20 Vol.-%)

Für den Belag:
1 Pck. Tortenguss, rot
20 g Zucker
275 ml Marinierflüssigkeit, mit Kirschsaft aus dem Glas aufgefüllt
3 EL Kirschlikör (20 Vol.-%)
1 Pck. Mousse à la Vanille (Dessertpulver)
200 ml Milch
100 g Schlagsahne
200 g Doppelrahm-Frischkäse
2–3 EL Milch

Zum Garnieren:
150 g Schlagsahne
100 g kandierte Ingwerstäbchen mit Schokoladenüberzug

Insgesamt:
E: 74 g, F: 280 g, Kh: 467 g,
kJ: 21353, kcal: 5094

Surprise-Torte

1. Zum Vorbereiten Kirschen in einem Sieb abtropfen lassen, dabei den Saft auffangen und beiseitestellen. Kirschen mit Likör vermischen und 1 Stunde marinieren.
2. Für den Teig Schokolade im Wasserbad bei schwacher Hitze unter Rühren schmelzen lassen. Den Backofen vorheizen. Butter oder Margarine in eine Rührschüssel geben und mit Handrührgerät mit Rührbesen auf höchster Stufe geschmeidig rühren. Nach und nach Zucker unterrühren, bis eine gebundene Masse entstanden ist.
3. Eier nach und nach (jedes Ei etwa 1/2 Minute) unterrühren. Schokolade unterrühren. Mehl mit Backpulver mischen und in 2 Portionen abwechselnd mit dem Likör unterrühren. Teig in eine Springform (Ø 26 cm, Boden gefettet, mit Backpapier belegt) geben und verstreichen. Die Form auf dem Rost in den vorgeheizten Backofen schieben.
Ober-/Unterhitze: etwa 180 °C
Heißluft: etwa 160 °C
Backzeit: etwa 25 Minuten.
4. Den Boden aus der Form lösen, auf einen mit Backpapier belegten Kuchenrost stürzen und erkalten lassen. Anschließend mitgebackenes Backpapier abziehen. Tortenring um den Boden stellen. Kirschen abtropfen lassen, die Marinierflüssigkeit auffangen und mit dem beiseitegestellten Kirschsaft auf 275 ml auffüllen.
5. Für den Belag einen Guss aus Tortengusspulver, Zucker und der abgemessenen Flüssigkeit nach Packungsanleitung zubereiten. 5 Esslöffel von dem Guss abnehmen, mit dem Likör verrühren und zugedeckt kalt stellen. Kirschen unter den restlichen Guss rühren, auf dem Tortenboden verteilen und kalt stellen.
6. Die Mousse nach Packungsanleitung, aber mit den hier angegebenen Mengen Milch und Sahne zubereiten. Frischkäse mit Milch glattrühren, unter die Mousse heben und die Creme auf der Kirschfüllung verstreichen.
7. Mit einem Löffel leichte Vertiefungen in die Oberfläche eindrücken, in diese etwa zwei Drittel der kalt gestellten Likör-Guss-Mischung träufeln. Mit einem Löffelstiel den Guss durch die Creme ziehen, so dass „Schlieren" entstehen. Die Torte etwa 2 Stunden kalt stellen.
8. Zum Garnieren Tortenring lösen und entfernen. Sahne steifschlagen und in einen Spritzbeutel mit Lochtülle füllen. Dicke Tuffs auf die Tortenoberfläche setzen und die Ingwerstäbchen darauflegen. Restliche Likör-Guss-Mischung daraufträufeln.

Fruchtig – mit Alkohol

Zwetschen-Mascarpone-Torte

Zubereitungszeit: 50 Minuten, ohne Abkühl- und Kühlzeit
Backzeit: etwa 30 Minuten

Für den Rührteig:
125 g weiche Butter oder Margarine
125 g Zucker
1 Pck. Dr. Oetker Vanillin-Zucker
1 Prise Salz
3 Eier (Größe M)
125 g Weizenmehl
3 gestr. TL Dr. Oetker Backin
2–3 EL Pflaumenlikör (20 Vol.-%)
24 Haselnuss-Gebäckkugeln

Zum Beträufeln:
3 EL Pflaumenlikör (20 Vol.-%)

Für die Zwetschencreme:
500 g Zwetschen
75 g Zucker
2 Pck. Dr. Oetker Vanillin-Zucker
1 gestr. TL gemahlener Zimt
5 EL Pflaumenlikör (20 Vol.-%)
2 geh. TL Speisestärke
3 EL kaltes Wasser
200 g Mascarpone (ital. Frischkäse)

Zum Verzieren und Garnieren:
200 g Mascarpone (ital. Frischkäse)
1 Pck. Dr. Oetker Sahnesteif
1 Pck. Dr. Oetker Vanillin-Zucker
2 EL Pflaumenlikör (20 Vol.-%)
etwa 15 Haselnuss-Gebäckkugeln

Insgesamt:
E: 78 g, F: 378 g, Kh: 502 g,
kJ: 25345, kcal: 6051

1. Den Backofen vorheizen. Für den Teig Butter oder Margarine mit Handrührgerät mit Rührbesen auf höchster Stufe geschmeidig rühren. Nach und nach Zucker, Vanillin-Zucker und Salz unterrühren. So lange rühren, bis eine gebundene Masse entstanden ist. Eier nach und nach unterrühren (jedes Ei etwa 1/2 Minute).

Zwetschen-Mascarpone-Torte

2. Mehl mit Backpulver mischen und in 2 Portionen abwechselnd mit dem Likör auf mittlerer Stufe unterrühren. Den Teig in eine Springform (Ø 26 cm, Boden gefettet, mit Backpapier belegt) füllen und verstreichen. Gebäckkugeln tief in den Teig drücken. Die Form auf dem Rost in den vorgeheizten Backofen schieben.
Ober-/Unterhitze: etwa 180 °C
Heißluft: etwa 160 °C
Backzeit: etwa 30 Minuten.

3. Den Gebäckboden aus der Form lösen und auf einen mit Backpapier belegten Kuchenrost stürzen. Mitgebackenes Backpapier abziehen. Gebäckboden erkalten lassen dann auf eine Platte legen und mit Likör beträufeln. Einen Tortenring oder den gesäuberten Springformrand darumstellen.

4. Für die Zwetschencreme die Zwetschen waschen, trocken tupfen, halbieren und entsteinen. Etwa 12 Zwetschenhälften zum Garnieren beiseitelegen. Restliche Zwetschen pürieren, mit Zucker, Vanillin-Zucker, Zimt und Likör verrühren und in einen Topf füllen. Stärke mit Wasser verrühren. Zwetschenpüree unter Rühren aufkochen lassen. Die angerührte Stärke einrühren und unter Rühren etwa 1/2 Minute köcheln lassen. Püree kalt stellen.

5. Mascarpone cremig aufschlagen und das Zwetschenpüree unterrühren. Die Zwetschencreme auf den Gebäckboden geben und glattstreichen. Die Torte etwa 1 Stunde kalt stellen. Dann Tortenring oder Springformrand lösen und entfernen.

6. Zum Verzieren und Garnieren Mascarpone mit Sahnesteif und Vanillin-Zucker aufschlagen. Likör unterziehen. Den Tortenrand mit der Hälfte der Mascarponecreme bestreichen und mithilfe eines Tortenkammes verzieren. Restliche Mascarponecreme in einen Spritzbeutel mit Sterntülle geben und den Rand der Tortenoberfläche damit bespritzen. Die Torte mit den beiseitegelegten Zwetschenhälften und den Gebäckkugeln garnieren.

Crème-fraîche-Schoko-Torte

Multivitamintorte

Gut vorzubereiten

Crème-fraîche-Schoko-Torte

Zubereitungszeit: 30 Minuten, ohne Abtropf-, Kühl- und Abkühlzeit

Zum Vorbereiten für die Füllung:
4 Becher (je 150 g) Crème fraîche
500 g Magerquark

Für den Boden:
120 g Butter
250 g Amarettini
(ital. Mandelmakronen)

Außerdem für die Füllung:
350 g weiße Kuvertüre
130 g Butter
1 Pck. Dr. Oetker Bourbon-Vanille-Zucker

Zum Garnieren:
50 g weiße Kuvertüre

Insgesamt:
E: 123 g, F: 542 g, Kh: 471 g,
kJ: 30531, kcal: 7305

1. Zum Vorbereiten für die Füllung Crème fraîche mit Magerquark verrühren. Ein Sieb mit einem feuchten Mull- oder Geschirrtuch auslegen. Quarkmasse hineingeben, Tuchenden darüberlegen. Das Sieb auf eine Schüssel setzen und kalt stellen. Die Quarkmasse etwa 8 Stunden abtropfen lassen.

2. Für den Boden die Butter zerlassen. Die Amarettini in einen großen Gefrierbeutel füllen, den Beutel fest verschließen und die Amarettini mit der Teigrolle sehr fein zerbröseln. Brösel in eine Schüssel geben und mit der Butter verrühren.

3. Die Bröselmasse in eine Springform (Ø 26 cm, Boden gefettet, mit Backpapier belegt) füllen und mit einem Löffel gut andrücken. Den Boden kalt stellen.

4. Für die Füllung Kuvertüre hacken und mit der Butter in eine Schüssel geben. Im Wasserbad bei schwacher Hitze unter Rühren schmelzen lassen, bis eine gleichmäßige Masse entstanden ist. Masse etwas abkühlen lassen.

5. Abgetropfte Quarkmasse (noch etwa 750 g) mit Vanille-Zucker in einer Schüssel verrühren. Lauwarme Kuvertüre-Butter-Masse daraufgeben. Zutaten sofort mit Handrührgerät mit Rührbesen zu einer glatten Creme verrühren. Die Creme in die Springform füllen und glattstreichen.

6. Kuvertüre zum Garnieren mit einem Sparschäler oder einem Messer dünn hobeln und auf die Creme streuen. Die Torte mindestens 5 Stunden kalt stellen.

7. Die Torte vorsichtig aus der Form lösen und vom Backpapier auf eine Tortenplatte schieben.

Fettarm

Multivitamintorte

Zubereitungszeit: 50 Minuten, ohne Abkühl- und Kühlzeit
Backzeit: etwa 25 Minuten

Für den Biskuitteig:
3 Eier (Größe M)
3 EL heißes Wasser, 100 g Zucker
1 Pck. Dr. Oetker Vanillin-Zucker
1 Prise Salz
1/2 Pck. Dr. Oetker Finesse Geriebene Zitronenschale
150 g Weizenmehl
25 g Speisestärke
1 gestr. TL Dr. Oetker Backin

Für den Belag:
2 Dosen Mandarinen
(Abtropfgewicht je 175 g)
10 Blatt weiße Gelatine
200 g Buttermilch-Frischkäse
500 ml (1/2 l) Frucht-Buttermilch Multivitamin, 80 g Zucker
1/2 Pck. Dr. Oetker Finesse Geriebene Zitronenschale
100 ml Mandarinensaft aus der Dose

Insgesamt:
E: 90 g, F: 32 g, Kh: 458 g,
kJ: 10592, kcal: 2528

1. Den Backofen vorheizen. Für den Teig Eier und Wasser mit Handrührgerät mit Rührbesen auf höchster Stufe in 1 Minute schaumig schlagen.

Zucker mit Vanillin-Zucker, Salz und Zitronenschale mischen, in 1 Minute einstreuen, dann noch etwa 2 Minuten weiterschlagen.
2. Mehl mit Speisestärke und Backpulver mischen, die Hälfte davon auf die Eiercreme geben und kurz auf niedrigster Stufe unterrühren. Restliches Mehlgemisch auf die gleiche Weise unterarbeiten. Teig in eine Springform (Ø 26 cm, Boden gefettet, mit Backpapier belegt) geben und verstreichen. Die Form auf dem Rost in den vorgeheizten Backofen schieben.
Ober-/Unterhitze: etwa 180 °C
Heißluft: etwa 160 °C
Backzeit: etwa 25 Minuten.
3. Den Biskuitboden aus der Form lösen, auf einen mit Backpapier belegten Kuchenrost stürzen und erkalten lassen. Anschließend mitgebackenes Backpapier abziehen und den Boden einmal waagerecht durchschneiden. Den unteren Boden auf eine Platte legen und einen Tortenring darumstellen.
4. Für den Belag Mandarinen gut abtropfen lassen, Saft dabei auffangen und 100 ml davon abmessen. Gelatine nach Packungsanleitung einweichen. Frischkäse mit Buttermilch, Zucker, Zitronenschale und Mandarinensaft geschmeidig rühren. Gelatine leicht ausdrücken und in einem kleinen Topf bei schwacher Hitze unter Rühren auflösen. Gelatine mit etwas von der Frischkäsemasse verrühren, dann die Mischung mit der restlichen Frischkäsemasse verrühren und kurz kalt stellen.
5. Gut zwei Drittel der Mandarinen auf dem unteren Biskuitboden verteilen, dabei etwa 1 cm Rand frei lassen. Zwei Drittel der Frischkäsemasse darauf verstreichen. Oberen Biskuitboden darauflegen, leicht andrücken und mit der restlichen Frischkäsemasse bestreichen.
6. Tortenoberfläche mit den restlichen Mandarinen garnieren. Die Torte etwa 3 Stunden kalt stellen. Anschließend den Tortenring lösen und entfernen.

Mit Alkohol

Malakoff-Torte

Zubereitungszeit: 40 Minuten, ohne Abkühl- und Kühlzeit

Für die Creme:
1 Pck. Dr. Oetker Pudding-Pulver Vanille-Geschmack
150 g Schlagsahne
225 ml Milch
125 g Zucker
150 g weiche Butter
150 g abgezogene, gemahlene Mandeln

Für den Boden:
250 g Löffelbiskuits
250 ml (1/4 l) Milch
1 Pck. Dr. Oetker Vanillin-Zucker
2–3 EL Rum

Zum Verzieren und Garnieren:
30 g Zartbitter-Schokolade
250 g Schlagsahne
1 TL Zucker
1 Pck. Dr. Oetker Sahnesteif
2 EL rotes Gelee
(z. B. Johannisbeergelee)

Insgesamt:
E: 880 g, F: 368 g, Kh: 432 g,
kJ: 22896, kcal: 5456

1. Für die Creme aus Pudding-Pulver, 150 ml Sahne, 225 ml Milch und 125 g Zucker nach Packungsanleitung einen Pudding zubereiten. Pudding erkalten lassen (nicht kalt stellen), dabei gelegentlich umrühren. Weiche Butter mit Handrührgerät mit Rührbesen auf höchster Stufe geschmeidig rühren. Den erkalteten Pudding portionsweise unterrühren, dabei darauf achten, dass Butter und Pudding Zimmertemperatur haben, da die Buttercreme sonst gerinnt. Mandeln unterrühren.
2. Für den Boden einen Springformrand (Ø 26 cm) auf eine Tortenplatte stellen. 4 der Löffelbiskuits beiseitelegen. Die Hälfte der übrigen Löffelbiskuits darin verteilen. Milch mit Vanillin-Zucker und Rum verrühren und die Hälfte davon über die Löffelbiskuits geben. Darauf die Hälfte der Creme streichen und die übrigen Löffelbiskuits darauflegen. Die übrige Rum-Milch auf die Löffelbiskuits geben, darauf die restliche Creme verstreichen und die Torte 2–3 Stunden kalt stellen.
3. Zum Verzieren Schokolade im Wasserbad unter Rühren schmelzen lassen. Die übrigen Löffelbiskuits in je 3 Stücke teilen, jeweils mit einem Ende eintauchen und die Schokolade fest werden lassen.
4. Springformrand mit Hilfe eines Messers lösen. Sahne mit Zucker und Sahnesteif steifschlagen, die Torte damit bestreichen und mit einem Teelöffel Vertiefungen in die Oberfläche drücken. Gelee glattrühren, in ein Papiertütchen oder einen kleinen Gefrierbeutel füllen, eine kleine Ecke abschneiden und Kringel auf die Torte spritzen. Die Torte bis zum Servieren kalt stellen, dann mit den vorbereiteten Schoko-Löffelbiskuits garnieren.

Fruchtig

Mirabellen-Mohn-Torte

Zubereitungszeit: 40 Minuten, ohne Abkühl- und Kühlzeit
Backzeit: etwa 45 Minuten

Zum Vorbereiten:
1 Glas entsteinte Mirabellen (Abtropfgewicht 360 g)

Für den Schüttelteig:
125 g Butter oder Margarine
250 g Weizenmehl
2 gestr. TL Dr. Oetker Backin
150 g Zucker
1 Pck. Dr. Oetker Vanillin-Zucker
5 EL (50 g) Mohnsamen
4 Eier (Größe M)
250 g Speisequark (20 % Fett i. Tr.)

Für den Belag:
200 ml Milch
100 g Schlagsahne
1 Pck. Paradiescreme Zitronen-Geschmack (Dessertpulver)
4 EL Mirabellensaft aus dem Glas

Zum Garnieren und Bestreuen:
Schale von 1/2 Bio-Zitrone (unbehandelt, ungewachst)
1–2 EL Mohnsamen

Insgesamt:
E: 115 g, F: 221 g, Kh: 540 g,
kJ: 20072, kcal: 4791

1. Zum Vorbereiten Mirabellen in einem Sieb abtropfen lassen, Saft dabei auffangen, 4 Esslöffel davon für den Belag abnehmen und beiseitestellen.

Mirabellen-Mohn-Torte

2. Für den Teig Butter oder Margarine zerlassen und abkühlen lassen. Den Backofen vorheizen. Mehl mit Backpulver in einer verschließbaren Schüssel (etwa 3 l) mit Zucker, Vanillin-Zucker und Mohn mischen. Eier, Butter oder Margarine und Quark hinzufügen. Schüssel mit dem Deckel fest verschließen.
3. Schüssel mehrmals (insgesamt 15–30 Sekunden) kräftig schütteln, so dass alle Zutaten gut vermischt sind. Alles mit einem Schneebesen oder Rührlöffel nochmals sorgfältig durchrühren, damit trockene Zutaten vom Rand mit untergerührt werden.
4. Die Hälfte des Teiges in eine Springform (Ø 26 cm, Boden gefettet) geben und verstreichen. Mirabellen darauf verteilen, evtl. große Früchte halbieren. Restlichen Teig darauf verteilen und vorsichtig verstreichen. Die Form auf dem Rost in den vorgeheizten Backofen schieben.
Ober-/Unterhitze: etwa 180 °C
Heißluft: etwa 160 °C
Backzeit: etwa 45 Minuten.
5. Den Kuchen etwa 10 Minuten in der Form stehen lassen, dann aus der Form lösen und auf einem Kuchenrost erkalten lassen. Den Kuchen auf eine Platte legen, einen Tortenring oder den gesäuberten Springformrand darumstellen.
6. Für den Belag Milch mit Sahne in einen Rührbecher geben. Dessertpulver hineingeben und mit Handrührgerät mit Rührbesen nach Packungsanleitung eine Creme zubereiten. Zuletzt den Mirabellensaft unterrühren.
7. Die Creme auf den Kuchen geben und mit einem Löffel ein Muster ziehen, so dass eine Blüte entsteht. Den Kuchen etwa 1 Stunde kalt stellen. Tortenring oder Springformrand lösen und entfernen.
8. Zum Garnieren Zitrone heiß abspülen und mit einem Zestenreißer schmale Streifen abziehen. Den Kuchen vor dem Servieren mit Zitronenschalenstreifen garnieren und mit Mohn bestreuen.

Beliebt

Nuss-Pudding-Torte

Zubereitungszeit: 45 Minuten
ohne Abkühl- und Kühlzeit
Backzeit: etwa 45 Minuten

Für den Schüttelteig:
150 g gemahlene Haselnusskerne
200 g Butter
100 g Marzipan-Rohmasse
200 g Weizenmehl
1 Pck. Dr. Oetker Pudding-Pulver Vanille-Geschmack
3 gestr. TL Dr. Oetker Backin
200 g Zucker
1 Pck. Dr. Oetker Vanillin-Zucker
4 Eier (Größe M)
1/2 Fläschchen Rum-Aroma
100 g Schlagsahne

Für die Puddingcreme:
2 Pck. Dr. Oetker Pudding-Pulver Vanille-Geschmack
100 g Zucker
1 l Milch
100 g Butter

Zum Bestreichen:
400 g Schlagsahne
1 Pck. Dr. Oetker Vanillin-Zucker
2 Pck. Dr. Oetker Sahnesteif

Zum Besprenkeln und Garnieren:
25 g Zartbitter-Schokolade
12 Meeresfrüchte-Pralinen

Insgesamt:
E: 138 g, F: 658 g, Kh: 760 g,
kJ: 39429, kcal: 9414

1. Für den Teig Haselnusskerne in einer Pfanne ohne Fett leicht bräunen und auf einem Teller erkalten lassen. Butter in einem kleinen Topf zerlassen. Marzipan klein schneiden und unter Rühren darin auflösen. Den Backofen vorheizen. Mehl mit Pudding-Pulver und Backpulver in eine verschließbare Schüssel (etwa 3 l) geben und mit Zucker und Vanillin-Zucker mischen. Eier, Aroma, Sahne und die Butter-Marzipan-Mischung hinzufügen und die Schüssel mit dem Deckel fest verschließen.

Nuss-Pudding-Torte

2. Schüssel mehrmals (insgesamt 15–30 Sekunden) kräftig schütteln, so dass alle Zutaten gut vermischt sind, und Haselnusskerne hinzugeben. Alles mit einem Schneebesen oder Rührlöffel nochmals sorgfältig durchrühren, damit trockene Zutaten vom Rand mit untergerührt werden. Teig in eine Springform (Ø 26 cm, Boden gefettet, mit Backpapier belegt) füllen und verstreichen. Die Form auf dem Rost in den vorgeheizten Backofen schieben.
Ober-/Unterhitze: etwa 180 °C
Heißluft: etwa 160 °C
Backzeit: etwa 45 Minuten.

3. Die Form etwa 10 Minuten auf einen Kuchenrost stellen, dann den Gebäckboden aus der Form lösen und erkalten lassen. Den Boden anschließend zweimal waagerecht durchschneiden.

4. Für die Puddingcreme aus Pudding-Pulver, Zucker und Milch nach Packungsanleitung einen Pudding zubereiten, Butter unter den heißen Pudding rühren. Den unteren Gebäckboden auf eine Tortenplatte legen, einen Tortenring oder den gesäuberten Springformrand darumstellen. Die Hälfte der warmen Puddingcreme auf den Boden streichen. Den mittleren Gebäckboden darauflegen und mit der restlichen Puddingcreme bestreichen. Den oberen Gebäckboden auflegen, andrücken. Die Torte mindestens 2 Stunden kalt stellen.

5. Zum Bestreichen Tortenring oder Springformrand entfernen. Sahne mit Vanillin-Zucker und Sahnesteif steifschlagen und den Tortenrand sowie die Tortenoberfläche damit leicht wellig bestreichen. Zum Besprenkeln Schokolade in einen kleinen Gefrierbeutel geben und im warmen Wasserbad bei schwacher Hitze schmelzen lassen. Beutel trocken tupfen, etwas durchkneten, eine kleine Ecke abschneiden. Die Torte damit besprenkeln und kalt stellen, bis die Schokolade fest ist. Vor dem Servieren die Torte mit den Meeresfrüchte-Pralinen garnieren.

Tipp: Backen Sie den Boden am Vortag.

Presstorte

Gut vorzubereiten

Presstorte

Zubereitungszeit: 60 Minuten, ohne Abkühl- und Durchziehzeit
Backzeit: etwa 25 Minuten

Für den Biskuitteig:
4 Eier (Größe M)
4 EL heißes Wasser
200 g Zucker, 125 g Weizenmehl
100 g Speisestärke
3 gestr. TL Dr. Oetker Backin

Für die Buttercreme:
1 Pck. Dr. Oetker Pudding-Pulver Vanille-Geschmack
60 g Zucker
500 ml (1/2 l) Milch
250 g Butter

Zum Tränken:
250 ml (1/4 l) starker kalter Kaffee
5–6 EL Rum oder Orangensaft

Außerdem:
150 g Butterkekse

Zum Aprikotieren:
4–5 EL Aprikosenkonfitüre

Für den Guss:
150 g Zartbitter-Kuvertüre
1 EL Speiseöl
evtl. 20 g abgezogene, gehobelte Mandeln

Insgesamt:
E: 90 g, F: 355 g, Kh: 757 g,
kJ: 27904, kcal: 6670

1. Den Backofen vorheizen. Für den Teig Eier und Wasser mit Handrührgerät mit Rührbesen auf höchster Stufe in 1 Minute schaumig schlagen. Zucker in 1 Minute einstreuen, dann noch etwa 2 Minuten weiterschlagen. Mehl mit Speisestärke und Backpulver mischen, die Hälfte davon auf die Eiercreme geben und kurz auf niedrigster Stufe unterrühren. Den Rest des Mehlgemisches auf die gleiche Weise unterarbeiten.
2. Dann den Teig in eine Springform (Ø 26 cm, Boden gefettet, mit Backpapier belegt) füllen und verstreichen. Anschließend die Form auf dem Rost in den vorgeheizten Backofen schieben.
Ober-/Unterhitze: etwa 180 °C
Heißluft: etwa 160 °C
Backzeit: etwa 25 Minuten.
3. Den Boden aus der Form lösen, auf einen mit Backpapier belegten Kuchenrost stürzen, das mitgebackene Backpapier abziehen und den Boden erkalten lassen. Anschließend den erkalteten Boden zweimal waagerecht durchschneiden.
4. Für die Buttercreme aus Pudding-Pulver, Zucker und Milch nach Packungsanleitung einen Pudding zubereiten, Frischhaltefolie direkt auf die Oberfläche legen, damit sich keine Haut bildet, und Pudding erkalten lassen (nicht kalt stellen). Butter mit Handrührgerät mir Rührbesen geschmeidig rühren und den Pudding nach und nach unterrühren, dabei darauf achten, dass Butter und Pudding Zimmertemperatur haben, da die Creme sonst gerinnt.
5. Den mittleren Boden zerbröseln und in eine Schüssel geben. Kaffee mit Rum oder Orangensaft vermischen und mit den Biskuitbröseln vermengen. Den unteren Biskuitboden auf eine Tortenplatte legen und einen Tortenring oder den gesäuberten Springformrand darumstellen. Ein Drittel der Buttercreme auf den Boden streichen. Die Hälfte der Butterkekse darauf verteilen und mit der Hälfte der getränkten Biskuitbrösel bedecken.
6. Darauf das zweite Drittel Buttercreme streichen, die restlichen Butterkekse und die restlichen Biskuitbrösel darauf schichten. Die restliche Buttercreme vorsichtig daraufstreichen und mit dem oberen Boden belegen. Den gesäuberten Springformboden auf die Torte legen und mit einem schweren Schneidbrett oder einigen Tellern beschweren. Dann das Gebäck 2 Tage im Kühlschrank durchziehen lassen.
7. Das Gebäck vorsichtig aus dem Tortenring oder dem Springformrand lösen. Zum Aprikotieren Konfitüre durch ein Sieb streichen, in einem kleinen Topf unter Rühren erhitzen und die Torte damit bestreichen. Für den Guss Kuvertüre grob zerkleinern, mit Öl in einem Topf im Wasserbad bei schwacher Hitze unter Rühren schmelzen lassen und die Torte damit überziehen. Nach Belieben die Torte mit Mandeln bestreuen und den Guss fest werden lassen.

Tipp: Statt mit Mandeln können Sie die Torte auch mit Mini-Butterkeksen oder Mokkabohnen garnieren.

Für Gäste – mit Alkohol

Rum-Kuppeltorte

Zubereitungszeit: 60 Minuten, ohne Abkühl- und Kühlzeit
Backzeit: etwa 30 Minuten

Für den All-in-Teig:
175 g Weizenmehl
25 g gesiebtes Kakaopulver
3 gestr. TL Dr. Oetker Backin
175 g Zucker
1 Pck. Dr. Oetker Vanillin-Zucker
4 Eier (Größe M), 2 EL Rum
175 g Butter oder Margarine

Für die Buttercreme:
500 ml (1/2 l) Milch
1 Pck. Dr. Oetker Pudding-Pulver Vanille-Geschmack
75 g Zucker
50–75 ml Rum
200 g weiche Butter

Für den Guss und zum Verzieren:
200 g Zartbitter-Kuvertüre
50 g weiße Kuvertüre
1 EL Speiseöl

Insgesamt:
E: 86 g, F: 461 g, Kh: 574 g, kJ: 29274, kcal: 6999

1. Den Backofen vorheizen. Für den Teig Mehl mit Kakaopulver und Backpulver in einer Rührschüssel mischen. Restliche Zutaten hinzufügen und alles mit Handrührgerät mit Rührbesen auf höchster Stufe in etwa 2 Minuten zu einem glatten Teig verarbeiten. Den Teig in eine Springform (Ø 26 cm, Boden gefettet, mit Backpapier belegt) geben, verstreichen und die Form auf dem Rost in den vorgeheizten Backofen schieben.
Ober-/Unterhitze: etwa 180 °C
Heißluft: etwa 160 °C
Backzeit: etwa 30 Minuten.
2. Den Boden aus der Form lösen und auf einem Kuchenrost erkalten lassen. Anschließend mitgebackenes Backpapier abziehen und den Boden zweimal waagerecht durchschneiden.
3. Für die Buttercreme aus Milch, Pudding-Pulver und Zucker nach Packungsanleitung einen Pudding zubereiten. Den Pudding direkt mit Frischhaltefolie bedecken und erkalten lassen (nicht kalt stellen), anschließend Rum unterrühren.
4. Butter mit Handrührgerät mit Rührbesen schaumig schlagen und den Rum-Pudding nach und nach unterrühren, dabei darauf achten, dass Butter und Pudding Zimmertemperatur haben, da die Creme sonst gerinnt.
5. Den unteren Boden auf eine Tortenplatte legen und mit knapp der Hälfte der Creme leicht kuppelförmig bestreichen. Zweiten Boden auflegen, leicht andrücken und wieder kuppelförmig mit der restlichen Creme bestreichen (4 Esslöffel Creme beiseitestellen). Den oberen Boden auflegen, gut andrücken und die Torte mit der beiseitegestellten Creme dünn bestreichen. Die Torte etwa 1 Stunde kalt stellen.
6. Für Guss und Verzierung Kuvertüre grob hacken und voneinander getrennt in einem Topf im Wasserbad bei schwacher Hitze unter Rühren schmelzen lassen. Die weiße Kuvertüre und die gleiche Menge an dunkler Kuvertüre getrennt in Gefrierbeutel füllen und je eine größere Ecke abschneiden. Lange, dickere Streifen auf Backpapier spritzen und im Kühlschrank fest werden lassen.
7. Restliche dunkle Kuvertüre mit Öl verrühren und die Torte damit überziehen. Die hellen und dunklen Streifen in unterschiedlich lange Stücke brechen, sofort hochkant an den Tortenrand in die noch feuchte Kuvertüre setzen und die Kuvertüre fest werden lassen. Die Torte bis zum Servieren kalt stellen.

Rum-Kuppeltorte

Raffiniert

Sandtorte mit Mohncreme

Tassenkuchen (1 Tasse = 200 ml)

Zubereitungszeit: 70 Minuten, ohne Abkühl- und Kühlzeit
Backzeit: etwa 50 Minuten

Zum Vorbereiten:
1 Glas Sauerkirschen (Abtropfgewicht 370 g)

Für den Rührteig:
1 Pck. (250 g) Butter oder Margarine
1 Tasse (150 g) Zucker
1 Pck. Dr. Oetker Vanillin-Zucker
1 Prise Salz, 4 Eier (Größe M)
2 1/2 Tassen (250 g) Weizenmehl
1 gestr. TL Dr. Oetker Backin

2 EL Weizenmehl für die Sauerkirschen

Für die Füllung:
2 1/2 Tassen (500 ml [1/2 l]) Milch
1 Pck. Dr. Oetker Pudding-Pulver Vanille-Geschmack
3 geh. EL Zucker
1 Pck. (250 g) weiche Butter
2 EL (20 g) Mohnsamen

Zum Bestreuen und Garnieren:
Mohnsamen, vorbereitete Kirschen

Insgesamt:
E: 86 g, F: 467 g, Kh: 543 g, kJ: 29037, kcal: 6934

1. Zum Vorbereiten Sauerkirschen in einem Sieb gut abtropfen lassen. Den Backofen vorheizen.
2. Für den Teig Butter oder Margarine mit Handrührgerät mit Rührbesen auf höchster Stufe geschmeidig rühren. Nach und nach Zucker, Vanillin-Zucker und Salz unterrühren. So lange rühren, bis eine gebundene Masse entstanden ist. Eier nach und nach unterrühren (jedes Ei etwa 1/2 Minute).
3. Mehl mit Backpulver mischen und in 2 Portionen auf mittlerer Stufe unterrühren. Sauerkirschen in Mehl wälzen und unter den Teig heben. Den Teig in eine Springform (Ø 26 cm, Boden gefettet) geben und verstreichen. Die Form auf dem Rost in den vorgeheizten Backofen schieben.
Ober-/Unterhitze: etwa 180 °C
Heißluft: etwa 160 °C
Backzeit: etwa 50 Minuten.
4. Den Kuchen etwa 10 Minuten in der Form abkühlen lassen, dann aus der Form lösen und auf einem mit Backpapier belegten Kuchenrost erkalten lassen. Kuchen anschließend einmal waagerecht durchschneiden.
5. Für die Füllung aus Milch, Pudding-Pulver und Zucker nach Packungsanleitung einen Pudding zubereiten und in eine Schüssel füllen. Pudding direkt mit Frischhaltefolie zudecken, damit sich keine Haut bildet, und erkalten lassen.
6. Butter geschmeidig rühren. Den erkalteten Pudding esslöffelweise darunter rühren, dabei darauf achten, dass Butter und Pudding Zimmertemperatur haben, da die Creme sonst gerinnt. Zum Verzieren 6 Esslöffel von der Buttercreme beiseitestellen (nicht kalt stellen). Den Mohn zu der restlichen Buttercreme geben und unterrühren.
7. Den unteren Gebäckboden auf eine Platte legen. Gut ein Drittel der Mohn-Buttercreme daraufstreichen und mit dem oberen Gebäckboden bedecken. Den Kuchen ganz mit der restlichen Mohn-Buttercreme bestreichen. Die beiseitegestellte Buttercreme in einen Spritzbeutel mit Sterntülle füllen und Tupfen auf die Tortenoberfläche spritzen. Die Torte 1–2 Stunden kalt stellen.
8. Die Torte vor dem Servieren nach Belieben mit Mohn bestreuen und mit Kirschen garnieren.

Sandtorte mit Mohncreme

Smarties-Frischkäse-Torte

Zubereitungszeit: 60 Minuten, ohne Abkühl- und Kühlzeit
Backzeit: etwa 20 Minuten

Zum Vorbereiten:
175 g Smarties® (Schokolinsen)

Für den Rührteig:
100 g Butter oder Margarine
75 g Zucker
1 Pck. Dr. Oetker Vanillin-Zucker
2 Eier (Größe M)
125 g Weizenmehl
1 gestr. TL Dr. Oetker Backin

Für den Belag:
1 Beutel aus 1 Pck. Götterspeise Himbeer-Geschmack
150 ml Apfelsaft, 75 g Zucker
150 g TK-Himbeeren
200 g Doppelrahm-Frischkäse
125 g Magerquark
250 g Schlagsahne

Zum Bestreichen und Garnieren:
30 g Puderzucker
1 TL Apfelsaft
einige Smarties® mini (Schokolinsen)

Insgesamt:
E: 98 g, F: 272 g, Kh: 467 g,
kJ: 19821, kcal: 4726

Smarties-Frischkäse-Torte

1. Zum Vorbereiten Schokolinsen in einen Gefrierbeutel geben, den Beutel verschließen und die Schokolinsen mit einer Teigrolle grob zerkleinern. Den Backofen vorheizen.
2. Für den Teig Butter oder Margarine mit Handrührgerät mit Rührbesen auf höchster Stufe geschmeidig rühren. Nach und nach Zucker und Vanillin-Zucker unterrühren. So lange rühren, bis eine gebundene Masse entstanden ist. Eier nach und nach unterrühren (jedes Ei etwa 1/2 Minute).
3. Mehl mit Backpulver mischen und in 2 Portionen auf mittlerer Stufe unterrühren. Zuletzt 75 g der zerkleinerten Schokolinsen unterrühren. Den Teig in eine Springform (Ø 26 cm, Boden gefettet) geben, verstreichen und die Form auf dem Rost in den vorgeheizten Backofen schieben.
Ober-/Unterhitze: etwa 180 °C
Heißluft: etwa 160 °C
Backzeit: etwa 20 Minuten.
4. Den Boden aus der Form lösen und auf einem mit Backpapier belegten Kuchenrost erkalten lassen.
5. Für den Belag Götterspeise mit Apfelsaft und Zucker nach Packungsanleitung anrühren und auflösen. Gefrorene Himbeeren unterheben und abkühlen lassen. Frischkäse mit Quark und den restlichen Schokolinsenstücken verrühren und die Götterspeisemasse dazugeben. Sahne steifschlagen und unterheben.
6. Tortenboden auf eine Tortenplatte legen, mit einem Melonenausstecher etwa 1 cm vom Tortenrand entfernt rundherum 12 Kugeln ausstechen und beiseitelegen. Einen Tortenring um den Boden stellen, die Götterspeisecreme daraufgeben und glattstreichen. Den Rand der Torte rundherum mit den Kuchenkugeln belegen und leicht eindrücken. Torte 2–3 Stunden kalt stellen.
7. Tortenring lösen und entfernen. Aus Puderzucker und Apfelsaft einen Guss zubereiten, die Kuchenkugeln damit bestreichen und mit Schokolinsen garnieren.

Würzige Schokoladentorte

Raffiniert

Würzige Schokoladentorte

Zubereitungszeit: 60 Minuten, ohne Kühl- und Abkühlzeit
Backzeit: etwa 40 Minuten

Für den Knetteig:
125 g Weizenmehl
10 g gesiebtes Kakaopulver
50 g Zucker
1/2 Fläschchen Rum-Aroma
100 g Butter oder Margarine

Für den Biskuitteig:
4 Eier (Größe M)
100 g Zucker
1 Pck. Dr. Oetker Bourbon-Vanille-Zucker
75 g Weizenmehl
1 Pck. Gala Pudding-Pulver Schokolade
1/2 gestr. TL Dr. Oetker Backin
1/2 gestr. TL gemahlener Zimt
1 Msp. gemahlene Nelken

Für die Füllung:
400 ml Milch
50 g Zucker
1 Pck. Gala Pudding-Pulver Schokolade
100 g Edelbitter-Schokolade (50–60 % Kakao)

Zum Bestreichen:
4 EL schwarzes Johannisbeergelee

Für den Guss und zum Garnieren:
200 g Edelbitter-Schokolade (50–60 % Kakao)
100 g Schlagsahne
75 g Zartbitter-Kuvertüre

Insgesamt:
E: 100 g, F: 294 g, Kh: 682 g,
kJ: 24456, kcal: 5849

1. Den Backofen vorheizen. Für den Knetteig Mehl mit Kakaopulver in einer Rührschüssel mischen. Restliche Zutaten hinzufügen und mit Handrührgerät mit Knethaken zunächst kurz auf niedrigster, dann auf höchster Stufe gut durcharbeiten. Anschließend den Teig auf der leicht bemehlten Arbeitsfläche kurz verkneten. Teig kurz kalt stellen, dann auf einem Springformboden (Ø 26 cm, gefettet) ausrollen und mehrmals mit einer Gabel einstechen. Springformrand darumstellen und die Form auf dem Rost in den vorgeheizten Backofen schieben.
Ober-/Unterhitze: etwa 180 °C
Heißluft: etwa 160 °C
Backzeit: 15–18 Minuten.

2. Den Knetteigboden sofort vom Springformboden lösen, aber darauf auf einem Kuchenrost erkalten lassen, anschließend auf eine Tortenplatte legen.

3. Für den Biskuitteig Eier mit Handrührgerät mit Rührbesen auf höchster Stufe in 1 Minute schaumig schlagen. Zucker und Vanille-Zucker mischen, in 1 Minute einstreuen, dann noch etwa 2 Minuten weiterschlagen. Mehl mit Pudding-Pulver, Backpulver und Gewürzen mischen, auf die Eiercreme geben und kurz auf niedrigster Stufe unterrühren. Den Teig in eine Springform (Ø 26 cm, Boden gefettet, mit Backpapier belegt) geben und verstreichen. Die Form auf dem Rost in den heißen Backofen schieben und den Boden **bei gleicher Backtemperatur etwa 25 Minuten backen.**

4. Den Tortenboden aus der Form lösen, auf einen mit Backpapier belegten Kuchenrost stürzen und erkalten lassen. Anschließend mitgebackenes Backpapier abziehen.

5. Für die Füllung aus Milch, Zucker und Pudding-Pulver nach Packungsanleitung einen Pudding kochen und von der Kochstelle nehmen. Schokolade in Stücke brechen und unter Rühren im heißen Pudding auflösen. Den Pudding in eine Rührschüssel geben, direkt mit Frischhaltefolie zudecken und erkalten lassen (nicht kalt stellen). Die Hälfte von dem Johannisbeergelee auf dem Knetteigboden verstreichen. Schokopudding durchrühren, ein Drittel davon daraufgeben und glattstreichen.

6. Den Biskuitboden einmal waagerecht durchschneiden. Den unteren Boden auf den Schokopudding legen. Restlichen Schokopudding daraufgeben, glattstreichen und mit dem oberen Boden bedecken. Die Tortenoberfläche mit dem restlichen Johannisbeergelee bestreichen. Die Torte 1–2 Stunden kalt stellen.

7. Für den Guss Schokolade in Stücke brechen und mit Sahne in einem kleinen Topf im warmen Wasserbad unter Rühren schmelzen lassen. So lange rühren, bis eine glatte Masse entstanden ist. Den Guss sofort in die Mitte der Tortenoberfläche geben. Die Oberfläche und den Rand so damit bestreichen, dass leichte Wellen entstehen.

8. Zum Garnieren die Kuvertüre grob hacken und ebenfalls auflösen. Die Kuvertüre auf eine Platte (z. B. Marmorplatte) gießen und fast ganz fest werden lassen. Mit einem Spachtel Locken zusammenschieben und die Torte damit garnieren. Die Torte nochmals etwa 1 Stunde kalt stellen.

Einfach

Ananas-Frischkäse-Torte

Zubereitungszeit: 40 Minuten, ohne Abkühl- und Kühlzeit
Backzeit: 25–30 Minuten

Für den All-in-Teig:
100 g Weizenmehl
25 g Speisestärke
3 gestr. TL Dr. Oetker Backin
125 g Zucker
1 Pck. Dr. Oetker Vanillin-Zucker
1 Prise Salz
3 Eier (Größe M)
125 g Butter oder Margarine

Für den Belag:
6 Blatt weiße Gelatine
400 g Doppelrahm-Frischkäse
150 g Zucker
1–2 Pck. Dr. Oetker Finesse Geriebene Zitronenschale
2 EL Zitronensaft
1 Dose geraspelte Ananas (Einwaage 446 g)
500 g Schlagsahne

Zum Garnieren:
40 g Kokosraspel
evtl. Ananasstücke

Insgesamt:
E: 104 g, F: 420 g, Kh: 465 g, kJ: 26100, kcal: 6236

1. Den Backofen vorheizen. Für den Teig Mehl mit Speisestärke und Backpulver in einer Rührschüssel mischen. Zucker, Vanillin-Zucker, Salz, Eier, und Butter oder Margarine dazugeben.
2. Die Zutaten mit Handrührgerät mit Rührbesen erst kurz auf niedrigster, dann auf höchster Stufe in etwa 2 Minuten zu einem glatten Teig verarbeiten. Den Teig in eine Springform (Ø 26 cm, Boden gefettet, mit Backpapier belegt) füllen, verstreichen und die Form auf dem Rost in den vorgeheizten Backofen schieben.
Ober-/Unterhitze: etwa 180 °C
Heißluft: etwa 160 °C
Backzeit: 25–30 Minuten.
3. Den Boden aus der Form lösen, auf einen mit Backpapier belegten Kuchenrost stürzen und den Boden erkalten lassen. Anschließend mitgebackenes Backpapier entfernen.
4. Für den Belag die Gelatine nach Packungsanleitung einweichen. Frischkäse mit Zucker, Zitronenschale und Zitronensaft verrühren. Ananasraspel mit dem Saft aus der Dose unterrühren.
5. Gelatine leicht ausdrücken und in einem kleinen Topf bei schwacher Hitze unter Rühren auflösen. Etwas Frischkäsemasse unter die Gelatine rühren, dann das Gemisch mit der restlichen Frischkäsemasse verrühren. Masse kalt stellen. Sahne steifschlagen und unterheben.
6. Den Boden auf eine Tortenplatte legen und einen Tortenring darumstellen. Den Belag auf den Boden geben und glattstreichen. Die Torte etwa 3 Stunden kalt stellen.
7. Kokosraspel in einer Pfanne ohne Fett unter gelegentlichem Rühren leicht bräunen und auf einem Teller erkalten lassen. Den Tortenring vorsichtig lösen und entfernen. Die Torte mit Kokosraspeln und nach Belieben mit Ananasstückchen garnieren.

Ananas-Frischkäse-Torte

Beliebt

Kleine Frischkäse-Zitronen-Torte

Zubereitungszeit: 40 Minuten, ohne Kühlzeit

Für den Boden:
100 g Löffelbiskuits
50 g Butter

Für die Füllung:
1 Beutel aus 1 Pck. Götterspeise Zitrone-Geschmack
300 ml Wasser
65 g Zucker
100 g Doppelrahm-Frischkäse
1 EL Zitronensaft
200 g Schlagsahne

Insgesamt:
E: 43 g, F: 140 g, Kh: 127 g,
kJ: 8392, kcal: 2004

1. Für den Boden Löffelbiskuits in einen Gefrierbeutel geben, den Beutel verschließen, die Löffelbiskuits mit einer Teigrolle zerdrücken und in eine Schüssel geben. Butter zerlassen, zu den Löffelbiskuits geben und gut verrühren.
2. Einen kleinen Springformrand (Ø 18 cm) auf eine kleine, mit Tortenspitze oder Backpapier belegte Tortenplatte stellen. Die Löffelbiskuitmasse gleichmäßig darin verteilen (2 Esslöffel davon zum Garnieren beiseitestellen) und mit einem Löffel gut zu einem Boden andrücken. Boden kalt stellen.
3. Für die Füllung Götterspeise mit den hier angegebenen Mengen Wasser und Zucker nach Packungsanleitung anrühren. Die Götterspeise unter Rühren erwärmen, bis sie gelöst ist. Ein Drittel der Götterspeise in eine flache Schale oder einen Suppenteller gießen und kalt stellen.
4. Frischkäse mit Zitronensaft verrühren, die restlichen zwei Drittel flüssige, abgekühlte Götterspeise unterrühren und kalt stellen. Sobald die Masse beginnt dicklich zu werden, Sahne steifschlagen und unterheben. Die Creme auf den Boden geben und glattstreichen. Die Torte 2–3 Stunden kalt stellen.
5. Die Torte mit Hilfe eines Messers vom Springformrand lösen und entfernen. Die Götterspeise auf dem Teller in Würfel schneiden und die Tortenoberfläche damit garnieren. Den Rand der Torte mit Hilfe eines Messers mit der beiseitegestellten Löffelbiskuitmasse garnieren.

Tipp: Die Torte nach Belieben zusätzlich mit Erdbeeren garnieren.

Kleine Frischkäse-Zitronen-Torte

Für Kinder – einfach

Johannisbeer-Knusper-Torte

Zubereitungszeit: 35 Minuten, ohne Kühlzeit

Für den Boden:
150 g weiße Kuvertüre
150 g Knusperflakes oder Cornflakes
50 g abgezogene, gehackte Mandeln

Für den Belag:
250 g rote Johannisbeeren
400 g Schlagsahne
75 g Zucker
1 Pck. Dr. Oetker Vanillin-Zucker
1 Pck. Dr. Oetker Sahnesteif
250 g Doppelrahm-Frischkäse

Zum Garnieren:
50 g rote Johannisbeeren

Insgesamt:
E: 70 g, F: 289 g, Kh: 333 g,
kJ: 17736, kcal: 4234

1. Für den Boden Kuvertüre in einem kleinen Topf im Wasserbad bei schwacher Hitze unter Rühren

Johannisbeer-Knusper-Torte

Kirsch-Limetten-Torte

schmelzen lassen und mit Knusperflakes oder Cornflakes und Mandeln in einer Schüssel gut vermengen.
2. Einige kleine Flakes-Häufchen zum Garnieren auf ein Stück Backpapier geben und fest werden lassen. Einen Springformrand (Ø 26 cm) auf eine mit Tortenspitze oder auch Backpapier belegte Tortenplatte stellen. Restliche Flakes-Masse darin verteilen und mit einem Löffel gut zu einem Boden andrücken. Den Boden kalt stellen.
3. Für den Belag die Johannisbeeren abspülen, abtropfen lassen und die Beeren von den Rispen streifen. Die Sahne mit Zucker, Vanillin-Zucker und Sahnesteif steifschlagen. Frischkäse glattrühren, kurz unter die Sahne rühren und Johannisbeeren unterheben. Die Creme auf den Boden geben und leicht wellenartig verstreichen. Die Torte etwa 2 Stunden kalt stellen.
4. Zum Garnieren den Springformrand lösen und entfernen. Johannisbeeren abspülen, abtropfen lassen und die Beeren von den Rispen streifen. Knapp die Hälfte davon mit Hilfe einer Gabel zerdrücken oder grob pürieren und die Masse mit Hilfe von 2 Teelöffeln in kleinen Häufchen auf die Oberfläche setzen. Die Torte mit den restlichen Johannisbeeren und den Flakes-Häufchen garnieren.

Fruchtig

Kirsch-Limetten-Torte

Zubereitungszeit: 30 Minuten, ohne Kühlzeit

Für den Bröselboden:
125 g Azora-Kekse
(zartes Orangengebäck von Bahlsen)
80 g Butter
30 g abgezogene, gehackte Mandeln

Für den Belag:
6 Blatt weiße Gelatine
500 g Süßkirschen
600 g Doppelrahm-Frischkäse
300 g Joghurt
75 g Zucker
1 Pck. Dr. Oetker Vanillin-Zucker
Saft und Schale von 1 Bio-Limette
(unbehandelt, ungewachst)

Zum Verzieren:
30 g Zartbitter-Schokolade

Insgesamt:
E: 106 g, F: 320 g, Kh: 275 g,
kJ: 18546, kcal: 4431

1. Für den Bröselboden Gebäck in einen Gefrierbeutel geben, ihn fest verschließen und das Gebäck mit einer Teigrolle fein zerbröseln. Die Brösel in eine Schüssel geben. Butter zerlassen, mit den Mandeln hinzufügen und gut vermischen.
2. Einen Springformrand (Ø 26 cm) auf eine mit Tortenspitze oder Backpapier belegte Tortenplatte stellen. Bröselmasse darin verteilen und mit Hilfe eines Löffels gut zu einem Boden andrücken. Boden kalt stellen.
3. Für den Belag die Gelatine nach Packungsanleitung einweichen. Kirschen waschen, abtropfen lassen, entstielen und entsteinen. Frischkäse mit Joghurt, Zucker, Vanillin-Zucker, Limettensaft und -schale verrühren.
4. Gelatine in einem kleinen Topf bei schwacher Hitze unter Rühren auflösen. Aufgelöste Gelatine mit etwas von der Frischkäsemasse verrühren, dann die Mischung unter die restliche Frischkäsemasse rühren. Kirschen auf dem Bröselboden verteilen, Frischkäsemasse daraufgeben und glatt verstreichen. Dann die Torte 2–3 Stunden kalt stellen.
5. Zum Verzieren Springformrand mit Hilfe eines Messers lösen und entfernen. Schokolade in Stücke brechen, in einen kleinen Gefrierbeutel geben und im Wasserbad bei schwacher Hitze unter Rühren schmelzen lassen. Beutel trocken tupfen, etwas durchkneten, eine kleine Ecke abschneiden und Fäden über die Torte spritzen. Torte bis zum Servieren kalt stellen.

Raffiniert

Amarena-Mascarpone-Torte

Zubereitungszeit: 60 Minuten, ohne Abkühl- und Kühlzeit
Backzeit: etwa 25 Minuten

Für den Biskuitteig:
40 g Butter
100 g gemahlene Haselnusskerne
4 Eier (Größe M)
3 EL heißes Wasser
60 g Zucker
50 g Weizenmehl
1 Msp. Dr. Oetker Backin
100 g Schokotröpfchen
(z. B. von Schwartau)

Für die Creme:
1 Glas Amarenakirschen
(Abtropfgewicht 130 g)
5 Blatt weiße Gelatine
150 ml Milch
40 g Kakaopulver
100 g Zucker
500 g Magerquark
250 g Mascarpone (ital. Frischkäse)
5 EL Amarenakirschsaft aus dem Glas
250 g Schlagsahne

Zum Verzieren und Bestreuen:
70 g gehobelte Haselnusskerne
75 g dunkle Kuchenglasur

Insgesamt:
E: 165 g, F: 397 g, Kh: 421 g,
kJ: 25643, kcal: 6125

1. Für den Teig Butter zerlassen und abkühlen lassen. Haselnusskerne in einer Pfanne ohne Fett goldbraun rösten und erkalten lassen. Den Backofen vorheizen.
2. Eier und Wasser mit Handrührgerät mit Rührbesen auf höchster Stufe in 1 Minute schaumig schlagen. Zucker in 1 Minute einstreuen, dann noch etwa 2 Minuten weiterschlagen. Das Mehl mit Backpulver mischen, auf die Eiercreme geben und kurz auf niedrigster Stufe unterrühren. Haselnusskerne und Schokotröpfchen unterrühren. Zuletzt Butter kurz unterrühren.
3. Dann den Teig in eine Springform (Ø 26 cm, Boden gefettet, mit Backpapier belegt) füllen und verstreichen. Die Form auf dem Rost in den vorgeheizten Backofen schieben.
Ober-/Unterhitze: etwa 180 °C
Heißluft: etwa 160 °C
Backzeit: etwa 25 Minuten.
4. Den Boden auf einen Kuchenrost stürzen, das Backpapier abziehen und den Boden erkalten lassen. Den erkalteten Boden einmal waagerecht durchschneiden.
5. Für die Creme Amarenakirschen in einem Sieb gut abtropfen lassen, dabei den Saft auffangen und 5 Esslöffel davon abmessen. Die Gelatine nach Packungsanleitung einweichen. Milch mit Kakaopulver und Zucker in einem Topf unter Rühren erhitzen, bis der Zucker aufgelöst ist.
6. Gelatine ausdrücken, zur Kakaomilch geben, darin unter Rühren auflösen und die Flüssigkeit abkühlen lassen. Quark mit Mascarpone und Kirschsaft verrühren. Die abgekühlte Gelatinelösung unterrühren. Sahne steifschlagen und unterheben. Die Creme kurz kalt stellen.
7. Den unteren Boden auf eine Tortenplatte legen und einen Tortenring darumstellen. Zwei Drittel der Creme daraufstreichen, Kirschen (evtl. halbieren) darauf verteilen, oberen Boden darauflegen und leicht andrücken. Die restliche Creme daraufstreichen. Die Torte etwa 3 Stunden kalt stellen.
8. Den Tortenring lösen und den Tortenrand glattstreichen. Haselnusskerne in einer Pfanne ohne Fett leicht bräunen und auf einem Teller erkalten lassen. Kuchenglasur nach Packungsanleitung auflösen, in einen Gefrierbeutel oder ein Papiertütchen füllen und den Beutel verschließen. Eine kleine Ecke abschneiden und feine Streifen und Punkte auf die Torte spritzen. Den Tortenrand mit Haselnusskernen bestreuen, dabei Nusskerne leicht andrücken.

Amarena-Mascarpone-Torte

Dreifarbige Schokoladentorte

Beliebt – mit Alkohol

Dreifarbige Schokoladentorte

Zubereitungszeit: 90 Minuten, ohne Kühl- und Abkühlzeit
Backzeit: etwa 20 Minuten

Zum Vorbereiten für die dunkle Canache:
300 g Vollmilch-Schokolade
300 g Schlagsahne
50 g weiche Butter
2 EL Weinbrand

Zum Vorbereiten für die helle Canache:
150 g weiße Schokolade
150 g Schlagsahne
50 g weiche Butter

Für den Rührteig:
100 g weiche Butter oder Margarine
100 g Zucker
1 Pck. Dr. Oetker Vanillin-Zucker
2 Eier (Größe M)
75 g Weizenmehl
2 gestr. EL gesiebtes Kakaopulver
1 gestr. TL Dr. Oetker Backin
50 g Raspelschokolade

Zum Garnieren:
je 75 g weiße, Vollmilch- und Zartbitter-Schokolade
Kakaopulver

Insgesamt:
E: 83 g, F: 524 g, Kh: 541 g,
kJ: 30616, kcal: 7315

1. Für die dunkle Canache am Vortag die Schokolade in Stücke brechen. Die Schlagsahne in einem Topf aufkochen lassen, von der Kochstelle nehmen und die Schokolade darin unter Rühren auflösen. Anschließend Butter und Weinbrand unterrühren. Canache in eine Rührschüssel füllen und über Nacht kalt stellen. Die helle Canache ebenso zubereiten und kalt stellen.
2. Den Backofen vorheizen. Für den Teig die Butter oder Margarine mit Handrührgerät mit Rührbesen auf höchster Stufe geschmeidig rühren. Nach und nach Zucker und Vanillin-Zucker unterrühren. So lange rühren, bis eine gebundene Masse entstanden ist. Eier nach und nach unterrühren (jedes Ei etwa 1/2 Minute).
3. Mehl mit Kakaopulver und Backpulver mischen und in 2 Portionen auf mittlerer Stufe unterrühren. Zuletzt die Raspelschokolade kurz unterheben. Den Teig in eine Springform (Ø 26 cm, Boden gefettet, mit Backpapier belegt) geben und verstreichen. Anschließend die Form auf dem Rost in den vorgeheizten Backofen schieben.
Ober-/Unterhitze: etwa 180 °C
Heißluft: etwa 160 °C
Backzeit: etwa 20 Minuten.
4. Den Boden aus der Form lösen, auf einen Kuchenrost stürzen, mitgebackenes Backpapier abziehen und den Boden erkalten lassen. Anschließend den Boden auf eine Tortenplatte legen und den gesäuberten Springformrand oder einen Tortenring darumstellen.
5. Die helle Canache mit Handrührgerät mit Rührbesen cremig aufschlagen und in einen Spritzbeutel mit Lochtülle (Ø etwa 12 mm) füllen. Die Creme in 3 Kreisen im Abstand von etwa 1,5 cm auf den Gebäckboden spritzen.
6. Die dunkle Canache cremig aufschlagen und gut die Hälfte davon mit Hilfe eines Spritzbeutels mit Lochtülle (Ø etwa 12 mm) in die Zwischenräume spritzen. Die vorbereitete Torte einige Minuten ins Tiefkühlfach stellen, damit die Ringe etwas fester werden.
7. Die übrige dunkle Canache vorsichtig mit Hilfe einer Teigkarte auf der Oberfläche verstreichen, so dass die hellen Ringe bedeckt sind. Die Torte etwa 3 Stunden kalt stellen.
8. Zum Garnieren Springformrand oder Tortenring lösen und entfernen. Schokoladen in Stücke brechen und getrennt in einem Topf im Wasserbad bei schwacher Hitze unter Rühren schmelzen lassen. Schokoladen nebeneinander dünn auf eine Platte streichen, nach Belieben mit einem Teigschaber leicht miteinander vermischen und fest werden lassen (nicht kalt stellen).
9. Mit einem breiten Spachtel Schokolocken abschaben und diese mit Hilfe von Gabeln auf die Torte legen. Dunkle Schokolocken an den Rand geben.

Zum Verschenken

Erntedanktorte

Zubereitungszeit: 50 Minuten, ohne Abkühl- und Kühlzeit
Backzeit: 25–30 Minuten

Für den Biskuitteig:
6 Eier (Größe M)
3 EL Apfelsaft
125 g flüssiger Honig
1 Pck. Dr. Oetker Finesse Geriebene Zitronenschale
225 g Buchweizenmehl

Für die Füllung:
1 Pck. Dr. Oetker Pudding-Pulver Vanille-Geschmack, 30 g Zucker
500 ml (1/2 l) Apfelsaft
200 g weiche Butter
150 g Pflaumenmus
1 Glas Apfelkompott (Einwaage 360 g)

Für den Belag:
1–2 mittelgroße rote Äpfel
Saft von 1 Zitrone
300–400 g Obst (z. B. Weintrauben, Kiwis, Heidelbeeren, Himbeeren, Kapstachelbeeren)

Für den Guss:
1 Pck. Tortenguss, klar
250 ml (1/4 l) Apfelsaft
1 EL Zucker

Zum Bestreuen:
60 g abgezogene, gehackte Mandeln

Zum Garnieren:
Schokoladen-Dekor-Blätter
evtl. einige Ähren
evtl. einige Minzeblättchen

Insgesamt:
E: 81 g, F: 246 g, Kh: 625 g, kJ: 22028, kcal: 5267

Erntedanktorte

1. Den Backofen vorheizen. Für den Teig Eier und Apfelsaft mit Handrührgerät mit Rührbesen auf höchster Stufe 1 Minute schaumig schlagen. Honig nach und nach in 5 Minuten unterschlagen, Zitronenschale hinzufügen und unterrühren. Die Hälfte des Buchweizenmehls auf die Eiercreme geben und kurz unterrühren, den Rest des Mehls auf die gleiche Weise unterarbeiten.
2. Dann den Teig in eine Springform (Ø 28 cm, Boden gefettet, mit Backpapier belegt) füllen und verstreichen. Die Form auf dem Rost in den vorgeheizten Backofen schieben.
Ober-/Unterhitze: etwa 180 °C
Heißluft: etwa 160 °C
Backzeit: 25–30 Minuten.
3. Boden aus der Form lösen, auf einen mit Backpapier belegten Kuchenrost stürzen und erkalten lassen. Anschließend mitgebackenes Backpapier entfernen.
4. Für die Füllung Pudding nach Packungsanleitung, aber mit Zucker und Apfelsaft zubereiten. Pudding direkt mit Frischhaltefolie belegen, damit er keine Haut bildet, und bei Zimmertemperatur erkalten lassen. Butter schaumig rühren und nach und nach unter den Pudding rühren (dabei darauf achten, dass Pudding und Butter Zimmertemperatur haben, da die Creme sonst gerinnt).
5. Den Boden zweimal waagerecht durchschneiden. Den unteren Boden auf eine Tortenplatte legen und mit der Hälfte des Pflaumenmuses bestreichen. Apfelkompott darauf verteilen und mit dem zweiten Boden bedecken. Das restliche Pflaumenmus daraufgeben und verstreichen. Gut die Hälfte der Buttercreme darauf verstreichen und den letzten Boden auflegen. Torte rundherum mit der restlichen Buttercreme bestreichen und etwa 30 Minuten kalt stellen.
6. Für den Belag die Äpfel waschen, vierteln, Kerngehäuse entfernen, in dünne Spalten schneiden, mit Zitronensaft bestreichen und als „Korb" auf die Torte legen. Restliches Obst waschen, gut abtropfen lassen und auf dem „Korb" anrichten.
7. Den Guss nach Packungsanleitung mit Apfelsaft und Zucker zubereiten. Dann mit Hilfe eines Pinsels das Obst damit bestreichen, den Guss mit Hilfe eines Löffels auf die gesamte Tortenoberfläche auftragen und fest werden lassen.
8. Mandeln in einer Pfanne ohne Fett leicht bräunen und auf einem Teller abkühlen lassen. Den Rand der Torte mit Mandeln bestreuen und die Torte kalt stellen. Die Torte vor dem Servieren mit Schokoblättern, evtl. Ähren und Minze garnieren.

Tipp: Wenn keine Kinder mitessen, kann die Hälfte des Apfelsafts in der Füllung auch gegen Cidre ausgetauscht werden.

Für Gäste – mit Alkohol

Adventstorte mit Orangen

Zubereitungszeit: 40 Minuten, ohne Kühlzeit

Für den Boden:
200 g Gewürzspekulatius oder Nussplätzchen
100 g Butter

Für die Creme:
6 Blatt weiße Gelatine
200 g Schlagsahne
250 g Mascarpone (ital. Frischkäse)
500 g Magerquark
2 EL flüssiger Honig
1 Pck. Dr. Oetker Vanillin-Zucker
2 gestr. TL gemahlener Zimt
75 g Zucker

Für den Belag:
2 Orangen, 2 kleine Birnen
60 ml (5 EL) Cointreau
300 ml Orangensaft
140 ml Wasser
2 Pck. Tortenguss, klar
4 EL Zucker

Zum Garnieren:
25 g weiße Kuvertüre

Insgesamt:
E: 128 g, F: 288 g, Kh: 384 g,
kJ: 20000, kcal: 4768

1. Für den Boden einen Springformrand (Ø 26 cm) auf eine mit Tortenspitze oder Backpapier belegte Tortenplatte stellen. Spekulatius oder Nussplätzchen in einen Gefrierbeutel geben und den Beutel fest verschließen. Die Plätzchen mit einer Teigrolle fein zerbröseln. Butter in einem kleinen Topf zerlassen, die Brösel hinzugeben und gut verrühren. Die Masse in den Springformrand füllen und mit einem Löffel gleichmäßig zu einem Boden andrücken. Den Boden kalt stellen.
2. Für die Creme Gelatine nach Packungsanleitung einweichen. Sahne steifschlagen. Mascarpone mit Quark, Honig, Vanillin-Zucker, Zimt und Zucker verrühren. Gelatine leicht ausdrücken und in einem kleinen Topf bei schwacher Hitze unter Rühren auflösen. Erst etwa 4 Esslöffel von der Mascarpone-Quark-Masse mit Hilfe eines Schneebesens mit der aufgelösten Gelatine verrühren, dann die Mischung mit der restlichen Masse verrühren. Die Sahne unterheben. Die Creme auf den Boden geben und glattstreichen. Die Torte etwa 2 Stunden kalt stellen.
3. Für den Belag Orangen mit einem scharfen Messer so schälen, dass die weiße Haut mit entfernt wird und die Orangen filetieren. Birnen waschen, vierteln, entkernen und in Spalten schneiden. Das Obst dekorativ auf der Creme verteilen. Cointreau mit Orangensaft und Wasser mischen. Das Tortengusspulver mit Zucker in einem Kochtopf vermischen und nach und nach mit der Flüssigkeit sorgfältig anrühren. Das Ganze unter Rühren zum Kochen bringen, dann mit einem Esslöffel über das Obst verteilen und fest werden lassen.
4. Den Springformrand lösen und entfernen. Nach Belieben die Torte mit geschabter Kuvertüre garnieren.

Adventstorte mit Orangen

Dauert länger

Ananas-Krokant-Torte

Zubereitungszeit: 80 Minuten, ohne Abkühl- und Durchziehzeit
Backzeit: etwa 30 Minuten

Für den Biskuitteig:
3 Eier (Größe M)
3 EL heißes Wasser
150 g Zucker
1 Pck. Dr. Oetker Vanillin-Zucker
100 g Weizenmehl
50 g Speisestärke
3 gestr. TL Dr. Oetker Backin

Für die Ananas-Krokant-Creme:
1 Pck. Dr. Oetker Pudding-Pulver Vanille-Geschmack
50 g Zucker
500 ml (1/2 l) Milch
1 EL Butter
50 g Zucker
125 g abgezogene, gehackte Mandeln
250 g weiche Butter

Zum Belegen und Bestreichen:
1 Dose Ananasstücke (Abtropfgewicht 500 g)
2–3 EL Ananas- oder Aprikosenkonfitüre

Insgesamt:
E: 81 g, F: 320 g, Kh: 555 g,
kJ: 23588, kcal: 5632

1. Den Backofen vorheizen. Für den Teig Eier und Wasser mit Handrührgerät mit Rührbesen auf höchster Stufe in 1 Minute schaumig schlagen. Zucker und Vanillin-Zucker mischen, in 1 Minute einstreuen, dann noch etwa 2 Minuten weiterschlagen.
2. Mehl mit Speisestärke und Backpulver mischen, die Hälfte davon auf die Eiercreme geben und kurz auf niedrigster Stufe unterrühren. Den Rest des Mehlgemisches auf dieselbe Weise unterarbeiten.
3. Dann den Teig in eine Springform (Ø 26 cm, Boden gefettet, mit Backpapier belegt) geben. Die Form auf dem Rost in den vorgeheizten Backofen schieben.
Ober-/Unterhitze: etwa 180 °C
Heißluft: etwa 160 °C
Backzeit: etwa 30 Minuten.
4. Den Biskuitboden sofort nach dem Backen aus der Form lösen, auf einen mit Backpapier belegten Kuchenrost stürzen, das mitgebackene Backpapier entfernen und den Boden erkalten lassen.
5. Für die Ananas-Krokant-Creme aus Pudding-Pulver, Zucker und Milch nach Packungsanleitung einen Pudding zubereiten, mit Frischhaltefolie zudecken und erkalten lassen.
6. Butter mit Zucker so lange erhitzen, bis die Masse leicht gebräunt und der Zucker gelöst ist. Mandeln hinzufügen und unter Rühren erhitzen, bis der Krokant leicht gebräunt ist. Masse auf ein mit Öl bestrichenes Stück Alufolie geben, etwas verteilen und erkalten lassen. Die erkaltete Krokantmasse in kleine Stücke zerstoßen.
7. Butter schaumig rühren und den Pudding esslöffelweise unterrühren, dabei darauf achten, dass Butter und Pudding Zimmertemperatur haben, da die Creme sonst gerinnt. Creme halbieren. Unter eine Hälfte der Buttercreme die Hälfte des Krokants rühren, restlichen Krokant zum Garnieren beiseitestellen.
8. Ananasstücke in einem Sieb abtropfen lassen. Den Biskuitboden zweimal waagerecht durchschneiden. Den unteren Boden mit Konfitüre bestreichen und mit den Ananasstücken (8 schöne Stücke halbieren und zum Garnieren beiseitestellen) belegen. Etwas von der Krokantcreme daraufstreichen, mit dem mittleren Boden bedecken und die restliche Krokantcreme darauf verstreichen.
9. Den oberen Boden darauflegen. Die Torte mit der Hälfte der beiseitegestellten Buttercreme bestreichen. Auf der Tortenoberfläche mit einem Messer 16 Tortenstücke markieren.
10. Die restliche Buttercreme in einen Spritzbeutel mit Sterntülle füllen und die Torte damit verzieren. Die Tortenoberfläche mit den beiseitegestellten Ananasstücken garnieren, den Tortenrand mit dem restlichen Krokant bestreuen. Die Torte einige Stunden (am besten über Nacht) durchziehen lassen.

Tipp: Schneller geht es, wenn Sie den Krokant nicht selbst zubereiten, sondern fertig kaufen.

Ananas-Krokant-Torte

Fettarm – mit Alkohol

Cognac-Karamell-Torte

Zubereitungszeit: 40 Minuten, ohne Abkühl- und Kühlzeit
Backzeit: etwa 20 Minuten

Zum Vorbereiten:
1 Dose Birnenhälften (Abtropfgewicht 460 g)

Für den All-in-Teig:
125 g Weizenmehl
25 g Speisestärke
1 EL Kakaopulver
2 gestr. TL Dr. Oetker Backin
75 g Zucker
1 Pck. Dr. Oetker Vanillin-Zucker
3 Eier (Größe M)
20 g weiche Joghurt-Butter
2 EL Cognac
50 g Birnenpüree von den abgetropften Birnenhälften

Für den Belag:
3 Blatt weiße Gelatine
450 ml Milch
2 Pck. Paradiescreme Sahne-Karamell-Geschmack (Dessertpulver)
1–2 EL Cognac

Außerdem:
2 EL Karamellsauce

Insgesamt:
E: 59 g, F: 64 g, Kh: 435 g, kJ: 11349, kcal: 2710

Cognac-Karamell-Torte

1. Zum Vorbereiten Birnenhälften in einem Sieb gut abtropfen lassen. Für den Teig 50 g der Birnenhälften mit einem Mixstab pürieren. Restliche Birnenhälften für den Belag beiseitelegen. Den Backofen vorheizen.
2. Für den Teig Mehl mit Speisestärke, Kakao und Backpulver in einer Rührschüssel mischen. Zucker, Vanillin-Zucker, Eier, Butter, Cognac und Birnenpüree hinzufügen. Die Zutaten mit Handrührgerät mit Rührbesen zunächst kurz auf niedrigster, dann auf höchster Stufe in etwa 2 Minuten zu einem glatten Teig verarbeiten.
3. Dann den Teig in eine Springform (Ø 26 cm, Boden gefettet, mit Backpapier belegt) geben und verstreichen. Die Form auf dem Rost in den vorgeheizten Backofen schieben.
Ober-/Unterhitze: etwa 180 °C
Heißluft: etwa 160 °C
Backzeit: etwa 20 Minuten.
4. Den Gebäckboden aus der Form lösen, auf einen mit Backpapier belegten Kuchenrost stürzen und mitgebackenes Backpapier abziehen. Gebäckboden erkalten lassen, auf eine Tortenplatte legen und einen Tortenring darumstellen.
5. Für den Belag Gelatine nach Packungsanleitung einweichen. Beiseitegelegte Birnenhälften in jeweils 4 Spalten schneiden. Den Gebäckboden damit belegen, dabei am Rand 2–3 cm frei lassen.
6. Milch in eine Rührschüssel geben, beide Päckchen Paradiescreme hinzufügen und 2–3 Minuten mit Handrührgerät mit Rührbesen aufschlagen. Zuletzt Cognac kurz unterrühren.
7. Die Gelatine leicht ausdrücken und in einem kleinen Topf bei schwacher Hitze unter Rühren auflösen. Gelatine mit etwa 2 Esslöffeln von der Karamellcreme verrühren, dann mit der restlichen Karamellcreme verrühren.
8. Die Creme auf den Birnenspalten verteilen und gleichmäßig verstreichen. Kleine Vertiefungen mit Hilfe eines Löffels in die Creme drücken. Cognac-Karamell-Torte 2–3 Stunden kalt stellen.
9. Tortenring vorsichtig lösen und entfernen. Die Tortenoberfläche mit der Karamellsauce besprenkeln und die Torte servieren.

Einfach – fettarm

Käse-Beeren-Torte

Zubereitungszeit: 40 Minuten, ohne Kühlzeit

Für den Boden:
125 g Löffelbiskuits
80 g Butter oder Margarine

Für den Belag:
10 Blatt weiße Gelatine
600 g fettarmer Frischkäse
300 g fettarmer Joghurt
125 g Zucker
200 ml roter Traubensaft
300 g gemischte Beeren (z. B. rote Johannisbeeren und Himbeeren oder TK-Beeren)

Insgesamt:
E: 125 g, F: 88 g, Kh: 330 g, kJ: 11120, kcal: 2656

1. Für den Boden Löffelbiskuits in einen Gefrierbeutel geben und den Beutel fest verschließen. Die Löffelbiskuits mit einer Teigrolle fein zerbröseln und in eine Schüssel geben. Butter oder Margarine zerlassen, hinzugeben und mit den Biskuitbröseln verrühren.

2. Einen Springformrand (Ø 26 cm) auf eine mit Tortenspitze oder Backpapier belegte Tortenplatte stellen. Die Biskuitbröselmasse gleichmäßig in dem Springformrand verteilen und mit Hilfe eines Löffels gut zu einem Boden andrücken. Den Boden kalt stellen.

3. Für den Belag die Gelatine nach Packungsanleitung einweichen. Frischkäse mit Joghurt und Zucker mit Handrührgerät mit Rührbesen in einer Schüssel geschmeidig rühren. Gelatine leicht ausdrücken, mit etwas von dem Traubensaft in einem Topf bei schwacher Hitze auflösen. Restlichen Traubensaft unterrühren und die Mischung mit der Frischkäse-Joghurt-Masse verrühren. Die Masse kalt stellen, bis sie beginnt dicklich zu werden.

4. Beeren waschen, abtropfen lassen und entstielen (einige Beeren zum Garnieren beiseitelegen). Beeren unter die Frischkäse-Joghurt-Masse heben. Die Beeren-Frischkäse-Masse auf den Biskuitbröselboden geben und glattstreichen. Die Torte etwa 3 Stunden kalt stellen.

5. Anschließend den Springformrand lösen und entfernen. Käse-Beeren-Torte mit den beiseitegelegten Beeren garnieren.

Mit Alkohol

Johannisbeer-Schwips-Torte

Zubereitungszeit: 30 Minuten, ohne Kühlzeit

Für die Füllung:
500 g Speisequark (40 % Fett i. Tr.)
100 g Zucker
50 ml Johannisbeerlikör
4 Blatt rote Gelatine
50 ml Johannisbeersaft

1 Mürbeteig-Obstboden (Ø 26 cm)

Für den Belag:
500 g rote Johannisbeeren
1 Pck. Tortenguss, rot
2 EL Zucker
200 ml Johannisbeersaft
50 ml Johannisbeerlikör

Insgesamt:
E: 89 g, F: 143 g, Kh: 417 g, kJ: 15552, kcal: 3710

1. Für die Füllung Quark in eine Rührschüssel geben, Zucker und Likör unterrühren. Gelatine nach Packungsanleitung einweichen.

Johannisbeersaft in einem kleinen Topf erwärmen und die leicht ausgedrückte Gelatine darin unter Rühren auflösen.
2. Gelatine-Saft-Mischung unter die Quarkmasse rühren und kalt stellen, bis die Masse leicht dicklich wird. Obstboden auf eine Tortenplatte legen. Die Quarkmasse leicht kuppelförmig auf den Mürbeteig-Obstboden streichen.
3. Für den Belag die Johannisbeeren waschen, von den Rispen streifen und die Torte damit kuppelförmig dicht bedecken.
4. Den Guss aus Tortengusspulver, Zucker, Johannisbeersaft und Likör nach Packungsanleitung zubereiten und mit Hilfe eines Esslöffels gleichmäßig über die Johannisbeeren verteilen. Die Torte 1–2 Stunden kalt stellen.

Einfach – mit Alkohol

Haselnuss-Schoko-Torte mit Himbeeren

Zubereitungszeit: 40 Minuten, ohne Abkühl- und Kühlzeit
Backzeit: etwa 30 Minuten

Für den Schüttelteig:
100 g Butter oder Margarine
100 g Vollmilch-Schokolade
150 g Weizenmehl
3 gestr. TL Dr. Oetker Backin
100 g Zucker, 3 Eier (Größe M)
5 EL Rum
100 g gehackte Haselnusskerne

Für die Füllung:
1 Pck. Dr. Oetker Pudding-Pulver Vanille-Geschmack
200 g Schlagsahne
200 ml Milch, 50 g Zucker
150 g verlesene Himbeeren

Zum Bestäuben und Garnieren:
1 EL Puderzucker
50 g verlesene Himbeeren
Zitronenmelisse

Insgesamt:
E: 74 g, F: 267 g, Kh: 392 g,
kJ: 19132, kcal: 4570

1. Für den Teig Butter oder Margarine zerlassen und abkühlen lassen. Schokolade auf einer Haushaltsreibe fein reiben. Den Backofen vorheizen.
2. Mehl und Backpulver in einer verschließbaren Schüssel (etwa 3 l) mit Zucker mischen. Eier, Butter oder Margarine und Rum hinzufügen. Anschließend die Schüssel mit dem Deckel fest verschließen.
3. Schüssel mehrmals (insgesamt 15–30 Sekunden) kräftig schütteln, so dass alle Zutaten gut vermischt sind. Haselnusskerne und Schokolade hinzugeben. Alles mit einem Schneebesen oder Rührlöffel nochmals sorgfältig durchrühren, damit trockene Zutaten vom Rand mit untergerührt werden.
4. Dann den Teig in eine Springform (Ø 26 cm, Boden gefettet) geben und verstreichen. Die Form auf dem Rost in den vorgeheizten Backofen schieben.
Ober-/Unterhitze: etwa 180 °C
Heißluft: etwa 160 °C
Backzeit: etwa 30 Minuten.
5. Den Tortenboden etwa 10 Minuten in der Form stehen lassen, dann aus der Form lösen und auf einem mit Backpapier belegten Kuchenrost erkalten lassen. Den Tortenboden einmal waagerecht durchschneiden. Den unteren Tortenboden auf eine Platte legen, den oberen Boden in 8–12 Stücke schneiden.
6. Für die Füllung aus Pudding-Pulver, Sahne, Milch und Zucker nach Packungsanleitung, aber mit den hier angegebenen Zutaten einen Pudding zubereiten. Himbeeren unter den heißen Pudding heben.
7. Die noch warme Himbeer-Pudding-Creme auf den unteren Tortenboden geben und verstreichen. Die Kuchenstücke fächerartig darauflegen. Dann die Torte etwa 2 Stunden kalt stellen.
8. Die Torte vor dem Servieren mit Puderzucker bestäuben und mit Himbeeren und Zitronenmelisse garnieren.

Haselnuss-Schoko-Torte mit Himbeeren

Raffiniert

Erdnuss-Trüffeltorte

Zubereitungszeit: 40 Minuten, ohne Kühl- und Abkühlzeit
Backzeit: etwa 40 Minuten

Zum Vorbereiten für die Trüffelsahne:
750 g Schlagsahne
300 g Zartbitter-Schokolade

Zum Vorbereiten für den Teig:
150 g Zartbitter-Kuvertüre
150 g Butter
1 EL Instant-Espressopulver

Für den Schüttelteig:
200 g Weizenmehl
3 gestr. TL Dr. Oetker Backin
125 g Zucker
3 Eier (Größe M)
1 Pck. Dr. Oetker Finesse Bourbon-Vanille-Aroma
100 g ungesalzene Erdnusskerne, fein gehackt

Außerdem:
6 Blatt weiße Gelatine
1 EL Kakaopulver
einige Mini-Trüffel

Insgesamt:
E: 126 g, F: 600 g, Kh: 549 g, kJ: 34231, kcal: 8187

1. Zum Vorbereiten für die Trüffelsahne Sahne in einem Topf gut erhitzen und von der Kochstelle nehmen. Schokolade in Stücke brechen und unter Rühren mit einem Schneebesen in der Sahne auflösen. Die Schokoladenmasse mit Frischhaltefolie zugedeckt über Nacht kalt stellen.
2. Zum Vorbereiten für den Teig Kuvertüre in kleine Stücke hacken, zusammen mit Butter und Espressopulver in einem kleinen Topf im Wasserbad bei schwacher Hitze unter Rühren schmelzen und etwas abkühlen lassen. Den Backofen vorheizen.
3. Für den Teig Mehl mit Backpulver in einer verschließbaren Schüssel (etwa 3 l) mit Zucker mischen. Eier, Aroma und die Schoko-Espresso-Masse hinzufügen. Schüssel mit dem Deckel fest verschließen.
4. Schüssel mehrmals (insgesamt 15–30 Sekunden) kräftig schütteln, so dass alle Zutaten gut vermischt sind. Erdnusskerne hinzugeben. Alles mit einem Schneebesen oder Rührlöffel nochmals sorgfältig durchrühren, damit trockene Zutaten vom Rand mit untergerührt werden.
5. Den Teig in eine Springform (Ø 28 cm, Boden gefettet) füllen und verstreichen. Die Form auf dem Rost in den vorgeheizten Backofen schieben.
Ober-/Unterhitze: etwa 180 °C
Heißluft: etwa 160 °C
Backzeit: etwa 40 Minuten.
6. Den Gebäckboden aus der Form lösen und anschließend auf einem mit Backpapier belegten Kuchenrost erkalten lassen.
7. Gelatine nach Packungsanleitung einweichen, anschließend leicht ausdrücken und in einem kleinen Topf bei schwacher Hitze auflösen. 1 Esslöffel von der kalt gestellten Trüffelsahne unterrühren.
8. Restliche Trüffelsahne mit Handrührgerät mit Rührbesen fast steifschlagen. Gelatinemischung unter Rühren hinzufügen und die Trüffelsahne ganz steifschlagen. Trüffelsahne auf dem Gebäckboden verteilen und glattstreichen. Auf der Oberfläche mit einer Gabel oder einem Tortenkamm ein Gittermuster ziehen und die Torte 2–3 Stunden kalt stellen.
9. Die Torte vor dem Servieren mit Kakao bestäuben und mit den Mini-Trüffeln garnieren.

Erdnuss-Trüffeltorte

Raffiniert

Italienische Zitrustorte

Zubereitungszeit: 50 Minuten, ohne Abkühl- und Kühlzeit
Backzeit: etwa 30 Minuten

Zum Vorbereiten:
50 g Zartbitter-Kuvertüre

Für den Rührteig:
200 g Butter oder Margarine
80 g Zucker
1 Pck. Dr. Oetker Finesse Geriebene Zitronenschale
2 EL Zitronenmarmelade
3 Eier (Größe M)
100 g Weizenmehl
1 Pck. Dr. Oetker Pudding-Pulver Schokoladen-Geschmack
2 gestr. TL Dr. Oetker Backin

Für die Creme:
500 g Mascarpone (ital. Frischkäse)
250 g Magerquark
1 EL Zitronenmarmelade
50 g Zucker
1 Pck. Dr. Oetker Vanillin-Zucker
1 Pck. Saucen-Pulver Vanille-Geschmack, ohne Kochen
2 EL Zitronensaft

Zum Bestreuen und Garnieren:
Gebäckbrösel von dem Boden
evtl. kandierte Orangenscheiben

Insgesamt:
E: 92 g, F: 414 g, Kh: 390 g,
kJ: 24336, kcal: 5816

Italienische Zitrustorte

1. Zum Vorbereiten Kuvertüre grob hacken, in einem kleinen Topf im Wasserbad bei schwacher Hitze unter Rühren schmelzen lassen und etwas abkühlen lassen. Den Backofen vorheizen.
2. Für den Teig Butter oder Margarine mit Handrührgerät mit Rührbesen auf höchster Stufe geschmeidig rühren. Nach und nach Zucker und Zitronenschale unterrühren. So lange rühren, bis eine gebundene Masse entstanden ist. Marmelade ebenfalls unterrühren. Eier nach und nach unterrühren (jedes Ei etwa 1/2 Minute).
3. Die Kuvertüre unterrühren. Dann Mehl, Pudding-Pulver und Backpulver mischen und in 2 Portionen auf mittlerer Stufe unterrühren. Den Teig in eine Springform (Ø 26 cm, Boden gefettet, mit Backpapier belegt) füllen und verstreichen. Die Form auf dem Rost in den vorgeheizten Backofen schieben.
Ober-/Unterhitze: etwa 180 °C
Heißluft: etwa 160 °C
Backzeit: etwa 30 Minuten.
4. Den Boden aus der Form lösen, auf einen mit Backpapier belegten Kuchenrost stürzen, das mitgebackene Backpapier abziehen und den Boden erkalten lassen. Den erkalteten Boden wieder umdrehen, einmal waagerecht durchschneiden und den oberen Boden gerade schneiden. Die dabei anfallenden Gebäckreste fein zerbröseln.
5. Für die Creme Mascarpone mit Quark, Marmelade, Zucker, Vanillin-Zucker, Saucen-Pulver und Zitronensaft in einer Schüssel mit Handrührgerät mit Rührbesen verrühren.
6. Den unteren Boden auf eine Tortenplatte legen und einen Tortenring oder den gesäuberten Springformrand darumstellen. Etwa die Hälfte der Creme daraufstreichen, den oberen Boden darauflegen und leicht andrücken. Die Oberfläche mit der restlichen Creme bestreichen und mit Hilfe eines Tortenkamms verzieren. Die Gebäckbrösel daraufstreuen. Die Torte 1–2 Stunden kalt stellen.
7. Vor dem Servieren den Tortenring oder den Springformrand lösen und entfernen. Nach Belieben kandierte Orangenscheiben klein schneiden und die Torte damit garnieren.

Tipp: Anstelle von Zitronenmarmelade können Sie auch Orangenmarmelade verwenden.

Beliebt

Johannisbeer-Frischkäse-Torte

Zubereitungszeit: 50 Minuten, ohne Abkühl und Saftziehzeit
Backzeit: etwa 25 Minuten

Für den Rührteig:
100 g Butter oder Margarine
100 g Zucker
1 Ei (Größe M)
100 g Weizenmehl
1 gestr. TL Dr. Oetker Backin
50 g abgezogene, gehobelte Mandeln
50 g gemahlene Haselnusskerne oder abgezogene, gemahlene Mandeln

Für die Füllung:
400 g Doppelrahm-Frischkäse
150 g gesiebter Puderzucker
2 EL Milch
100 g gemahlene Haselnusskerne
500 g Schlagsahne
2 Pck. Dr. Oetker Vanillin-Zucker
2 Pck. Dr. Oetker Sahnesteif

Für den Belag:
600 g rote Johannisbeeren
3–4 EL Zucker

Für den Guss:
1 Pck. Tortenguss, klar
1 Pck. Dr. Oetker Vanillin-Zucker
250 ml (1/4 l) Saft von den Johannisbeeren, mit Wasser aufgefüllt

Insgesamt:
E: 113 g, F: 494 g, Kh: 510 g,
kJ: 30097, kcal: 7187

Johannisbeer-Frischkäse-Torte

1. Den Backofen vorheizen. Für den Teig Butter oder Margarine mit Handrührgerät mit Rührbesen auf höchster Stufe geschmeidig rühren. Zucker unterrühren. So lange rühren, bis eine gebundene Masse entstanden ist. Ei in etwa 1/2 Minute unterrühren.
2. Mehl mit Backpulver mischen und abwechselnd mit Mandeln und Haselnusskernen auf mittlerer Stufe unterrühren. Den Teig in eine Springform (Ø 26 cm, Boden gefettet, mit Backpapier belegt) füllen und verstreichen. Die Form auf dem Rost in den vorgeheizten Backofen schieben.
Ober-/Unterhitze: etwa 180 °C
Heißluft: etwa 160 °C
Backzeit: etwa 25 Minuten.
3. Den Boden aus der Form lösen, auf einen Kuchenrost stürzen, das Backpapier entfernen und den Boden erkalten lassen. Den erkalteten Boden auf eine Tortenplatte legen und einen Tortenring oder den gesäuberten Springformrand darumstellen.
4. Für die Füllung Frischkäse mit Puderzucker und Milch verrühren. Die Masse auf dem Boden verstreichen. Haselnusskerne gleichmäßig daraufstreuen. Sahne mit Vanillin-Zucker und Sahnesteif steifschlagen, auf die Haselnusskerne geben und glatt streichen.
5. Für den Belag Johannisbeeren waschen, abtropfen lassen und entstielen. Zucker auf die Johannisbeeren streuen und zum Saftziehen etwa 30 Minuten stehen lassen. Johannisbeeren in einem Sieb abtropfen lassen, den Saft dabei auffangen und 250 ml (1/4 l) davon für den Guss abmessen (mit Wasser ergänzen). Die Johannisbeeren auf der Sahne verteilen.
6. Für den Guss aus Tortenguss, Johannisbeerflüssigkeit und Vanillin-Zucker nach Packungsanleitung einen Guss zubereiten und kurz abkühlen lassen. Den Guss gleichmäßig auf die Johannisbeeren geben und fest werden lassen. Vor dem Servieren den Tortenring oder Springformrand lösen und entfernen.

Tipp: Bei Verwendung von TK-Johannisbeeren die Beeren vorher in einem Sieb auftauen lassen, den Saft dabei auffangen und für den Guss verwenden. Anstelle der Johannisbeeren können Sie auch Himbeeren oder Sauerkirschen verwenden.

Gut vorzubereiten – mit Alkohol

Lagentorte mit Weincreme

Zubereitungszeit: 90 Minuten, ohne Abkühl- und Kühlzeit
Backzeit: etwa 10 Minuten je Boden

Für den Rührteig:
250 g Butter oder Margarine
250 g Zucker
1 Pck. Dr. Oetker Vanillin-Zucker
5 Eier (Größe M)
375 g Weizenmehl
1 Pck. Dr. Oetker Backin

Für die Weincreme:
2 Eiweiß (Größe M)
1 Pck. Dr. Oetker Pudding-Pulver Vanille-Geschmack
500 ml (1/2 l) Weißwein
2 Eigelb (Größe M)
100 g Zucker, 250 g Butter

Für den Guss:
50 g Zartbitter-Kuvertüre

Insgesamt:
E: 82 g, F: 498 g, Kh: 683 g, kJ: 33230, kcal: 7938

1. Den Backofen vorheizen. Für den Teig Butter oder Margarine in einer Rührschüssel mit Handrührgerät mit Rührbesen auf höchster Stufe geschmeidig rühren. Nach und nach Zucker und Vanillin-Zucker unterrühren. So lange rühren, bis eine gebundene Masse entstanden ist.
2. Eier nach und nach unterrühren (jedes Ei etwa 1/2 Minute). Mehl mit Backpulver mischen und in 2 Portionen kurz auf mittlerer Stufe unterrühren.
3. Aus dem Teig 7 Böden backen. Dafür je ein Siebtel des Teiges auf den Boden einer Springform (Ø 26 cm, gefettet) streichen. Die Springformböden ohne Springformrand auf dem Rost in den vorgeheizten Backofen schieben. Die weiteren Böden auf die gleiche Weise backen.
Ober-/Unterhitze: etwa 200 °C
Heißluft: etwa 180 °C
Backzeit: etwa 10 Minuten je Boden.
4. Die Böden jeweils sofort vom Springformboden lösen und einzeln auf je einem Kuchenrost erkalten lassen.
5. Für die Weincreme Eiweiß steifschlagen. Pudding-Pulver mit etwas Weißwein, Eigelb und Zucker anrühren. Restlichen Wein in einem Topf zum Kochen bringen. Topf von der Kochstelle nehmen, angerührtes Pudding-Pulver einrühren und unter Rühren nochmals kurz aufkochen lassen. Butter unter die heiße Creme rühren und Eischnee unterheben. Die Weißweincreme lauwarm abkühlen lassen.
6. Sechs der Böden mit der lauwarmen Weincreme bestreichen und zu einer Torte zusammensetzen. Den oberen unbestrichenen Boden auflegen. Etwa 1 Stunde kalt stellen.
7. Für den Guss Kuvertüre in kleine Stücke hacken und in einem kleinen Topf im Wasserbad unter Rühren schmelzen lassen. Den oberen Boden mit der Kuvertüre verzieren. Guss fest werden lassen.

Tipp: 200 g Edelbitter-Schokolade mit 2 Teelöffeln Speiseöl in einem kleinen Topf im Wasserbad unter Rühren schmelzen lassen. Die Torte mit Hilfe eines Pinsels vollständig damit überziehen – so hält sie sich länger frisch und trocknet nicht aus.

Lagentorte mit Weincreme

Dauert länger

Mandeltorte

Zubereitungszeit: 75 Minuten, ohne Abkühl- und Kühlzeit
Backzeit: etwa 55 Minuten

Für den Knetteig:
150 g Weizenmehl
40 g Zucker
1 Pck. Dr. Oetker Vanillin-Zucker
100 g Butter oder Margarine

Für den Biskuitteig:
300 g abgezogene, gemahlene Mandeln
5 Eigelb (Größe M)
4 EL Orangensaft
175 g Zucker
1 Pck. Dr. Oetker Vanillin-Zucker
abgeriebene Schale von 1 Bio-Orange (unbehandelt, ungewachst)
5 Eiweiß (Größe M)
50 g Weizenmehl
50 g Speisestärke
1 gestr. TL Dr. Oetker Backin

Für den Krokant:
1 Msp. Butter
25 g Zucker
50 g abgezogene, gehackte Mandeln

Für die Füllung I:
1 Pck. Vanilla Tortencreme (Cremepulver)
300 ml Milch
200 g Butter

Zum Bestreichen:
6 El Orangenmarmelade

Für die Füllung II:
100 g Marzipan-Rohmasse
10 g gesiebter Puderzucker

Zum Garnieren:
100 g abgezogene, ganze Mandeln, halbiert, leicht geröstet

Insgesamt:
E: 184 g, F: 630 g, Kh: 768 g, kJ: 39579, kcal: 9452

1. Den Backofen vorheizen. Für den Knetteig die Zutaten in eine Rührschüssel geben und mit Handrührgerät mit Knethaken zunächst kurz auf niedrigster, dann auf höchster Stufe gut durcharbeiten. Anschließend den Teig auf der leicht bemehlten Arbeitsfläche kurz zu einer Kugel verkneten.
2. Den Teig auf dem Boden einer Springform (Ø 26 cm, gefettet) ausrollen. Einen Springformrand darumstellen und den Teig mehrmals mit einer Gabel einstechen. Die Form auf dem Rost in den vorgeheizten Backofen schieben.
Ober-/Unterhitze: 180–200 °C
Heißluft: 160–180 °C
Backzeit: etwa 15 Minuten.
3. Springformrand entfernen, den Knetteigboden sofort vom Springformboden lösen, aber darauf auf einem Kuchenrost erkalten lassen.
4. Für den Biskuitteig Mandeln in einer großen Pfanne ohne Fett unter Rühren leicht bräunen und auf Tellern erkalten lassen. Eigelb und Orangensaft mit Handrührgerät mit Rührbesen schaumig schlagen. Nach und nach zwei Drittel des Zuckers, Vanillin-Zucker und Orangenschale hinzugeben. So lange schlagen, bis eine cremige Masse entstanden ist.
5. Eiweiß steifschlagen, restlichen Zucker unterschlagen und den Eischnee auf die Eigelbcreme geben. Mehl mit Speisestärke und Backpulver mischen und auf den Eischnee geben. Mandeln daraufstreuen. Die Zutaten mit einem Schneebesen vorsichtig unterheben.
6. Dann den Teig in eine Springform (Ø 26 cm, Boden gefettet, mit Backpapier belegt) geben und verstreichen. Die Form auf dem Rost in den heißen Backofen schieben und den Boden **bei gleicher Backtemperatur etwa 40 Minuten backen.**
7. Den Biskuitboden aus der Form lösen, auf einen mit Backpapier belegten Kuchenrost stürzen und erkalten lassen. Mitgebackenes Backpapier abziehen. Boden zweimal waagerecht durchschneiden.
8. Für den Krokant Butter und Zucker unter Rühren erhitzen, bis der Zucker schwach gebräunt ist. Mandeln hinzufügen und unter Rühren so lange erhitzen, bis der Krokant leicht gebräunt ist. Krokantmasse auf ein mit Speiseöl bestrichenes Backblech streichen, erkalten lassen und dann fein zerstoßen.
9. Für die Füllung I aus dem Tortencremepulver, Milch und Butter nach

Packungsanleitung eine Creme zubereiten. Den Knetteigboden auf eine Tortenplatte legen und mit 2 Esslöffeln von der Marmelade bestreichen. Den unteren Biskuitboden darauf legen und weitere 2 Esslöffel der Marmelade daraufstreichen.

10. Für die Füllung II Marzipan auf einer mit Puderzucker bestäubten Arbeitsfläche zu einer runden Platte (Ø etwa 26 cm) ausrollen und auf den unteren bestrichenen Biskuitboden legen. Restliche Marmelade daraufstreichen und 5 Esslöffel der Creme (Füllung I) darauf verteilen. Mittleren Boden darauflegen. Creme halbieren und eine Hälfte auf den mittleren Boden streichen. Oberen Boden darauflegen. Tortenrand und -oberfläche mit restlicher Creme bestreichen. Den Tortenrand mit Krokant bestreuen. Die Oberfläche mit Mandelhälften garnieren. Die Torte bis zum Servieren kalt stellen.

Rumtorte

Raffiniert – mit Alkohol

Rumtorte

Zubereitungszeit: 50 Minuten, ohne Abkühl- und Kühlzeit
Backzeit: etwa 12 Minuten je Boden

Für den Rührteig:
250 g Butter oder Margarine
250 g Zucker
1 Pck. Dr. Oetker Vanillin-Zucker
5 Eier (Größe M)
1 Eiweiß (Größe M)
150 g Weizenmehl
100 g Speisestärke
2 gestr. TL Dr. Oetker Backin

Zum Beträufeln:
5 EL Rum

Für die Buttercreme:
45 g Speisestärke
1 Eigelb (Größe M)
500 ml (1/2 l) Milch
100 g Zucker
1/2 Vanilleschote
150 g Butter, 3–4 EL Rum

Zum Bestäuben und Garnieren:
Puderzucker
12 weiße Schokoladenblättchen

Insgesamt:
E: 81 g, F: 423 g, Kh: 663 g,
kJ: 29386, kcal: 7017

1. Den Backofen vorheizen. Für den Teig Butter oder Margarine mit Handrührgerät mit Rührbesen auf höchster Stufe geschmeidig rühren. Nach und nach Zucker und Vanillin-Zucker unterrühren. So lange rühren, bis eine gebundene Masse entstanden ist.

2. Eier und Eiweiß nach und nach unterrühren (jedes Ei/Eiweiß etwa 1/2 Minute). Mehl mit Speisestärke und Backpulver mischen und in 2 Portionen kurz auf mittlerer Stufe unterrühren.

3. Aus dem Teig 6 Böden backen. Dafür jeweils etwa 2 Esslöffel des Teiges auf einem Springformboden (Ø 26 cm, gefettet) verstreichen (dabei darauf achten, dass die Teiglage am Rand nicht zu dünn ist, damit der Boden dort nicht zu dunkel wird).

4. Die Böden ohne Springformrand nacheinander auf dem Rost in den vorgeheizten Backofen schieben und hellbraun backen.
Ober-/Unterhitze: etwa 180 °C
Heißluft: etwa 160 °C
Backzeit: etwa 12 Minuten je Boden.

5. Die Gebäckböden sofort nach dem Backen vom Springformboden lösen und einzeln auf je einem Kuchenrost erkalten lassen. 5 der Gebäckböden mit Rum beträufeln.

6. Für die Creme Speisestärke mit Eigelb und etwas Milch anrühren. Restliche Milch mit Zucker und der aufgeschnittenen Vanilleschote in einem Topf zum Kochen bringen. Angerührte Speisestärke in die kochende Milch rühren, unter Rühren kurz aufkochen lassen und von der Kochstelle nehmen. Vanilleschote entfernen. Puddingmasse erkalten lassen, dabei gelegentlich umrühren.

7. Butter in einer Rührschüssel mit Handrührgerät mit Rührbesen geschmeidig rühren und die Puddingmasse nach und nach unterrühren (darauf achten, dass Butter und Puddingmasse Zimmertemperatur haben, da die Creme sonst gerinnt). Nach und nach Rum unterrühren.

8. Die getränkten Gebäckböden mit der Buttercreme bestreichen und zu einer Torte zusammensetzen. Den ungetränkten Gebäckboden darauflegen. Tortenoberfläche mit Puderzucker bestäuben und mit Schokoladenblättchen garnieren. Torte etwa 1 Stunde kalt stellen.

Mit Alkohol

Orangen-Cointreau-Torte

Zubereitungszeit: 90 Minuten, ohne Abkühl- und Kühlzeit
Backzeit: etwa 12 Minuten je Boden

Für den Knetteig:
450 g Weizenmehl
2 gestr. TL Dr. Oetker Backin
120 g Puderzucker
1 Pck. Dr. Oetker Vanillin-Zucker
3 Eier (Größe M)
1/2 Pck. Dr. Oetker Finesse Geriebene Orangenschale
225 g Butter oder Margarine

Für die Füllung:
3 Eier (Größe M), 125 g Zucker
150 ml Orangensaft
30 g Speisestärke
4–5 EL Cointreau (Orangenlikör)
100 g Butter

Zum Bestreichen:
200 g weiße Schokolade
100 g Schlagsahne
100 g Butter
etwa 2 EL Cointreau (Orangenlikör)

Zum Garnieren:
100 g Marzipan-Rohmasse
1/2 Pck. Dr. Oetker Finesse Geriebene Orangenschale
1 EL gesiebter Puderzucker
50 g Orangenmarmelade
kandierte Orangenscheiben

Insgesamt:
E: 121 g, F: 535 g, Kh: 886 g, kJ: 37562, kcal: 8970

1. Den Backofen vorheizen. Für den Teig Mehl mit Backpulver und Puderzucker in einer Rührschüssel mischen. Restliche Zutaten hinzufügen und mit Handrührgerät mit Knethaken zunächst kurz auf niedrigster, dann auf höchster Stufe gut durcharbeiten. Anschließend den Teig auf der leicht bemehlten Arbeitsfläche kurz verkneten. Teig in 5 Portionen teilen, nacheinander jede Portion auf einem Springformboden (Ø 26 cm, gefettet) ausrollen, mehrmals mit einer Gabel einstechen und ohne Springformrand auf dem Rost in den vorgeheizten Backofen schieben.
Ober-/Unterhitze: etwa 200 °C
Heißluft: etwa 180 °C
Backzeit: etwa 12 Minuten je Boden.

2. Die Böden sofort vom Springformboden lösen, jeweils vorsichtig auf einen mit Backpapier belegten Kuchenrost ziehen und erkalten lassen.

3. Für die Füllung Eier mit Zucker, Orangensaft und Speisestärke in einem Topf unter ständigem Rühren zum Kochen bringen, von der Kochstelle nehmen, Cointreau unterrühren und Butter nach und nach unterschlagen. Die Creme erkalten lassen, anschließend 4 der Gebäckböden mit jeweils einem Viertel der Creme bestreichen, aufeinandersetzen und den nicht bestrichenen Boden auflegen. Die Torte etwa 1 Stunde kalt stellen.

4. Zum Bestreichen Schokolade fein hacken. Sahne aufkochen lassen, von der Kochstelle nehmen und die Schokolade darin unter Rühren schmelzen lassen. Die Butter unterrühren, die Creme mit Cointreau abschmecken und kalt stellen. Kurz bevor die Creme fest ist, sie mit Handrührgerät mit Rührbesen cremig aufschlagen und die Torte vollständig damit bestreichen. Die Torte etwa 2 Stunden kalt stellen.

5. Zum Garnieren Marzipan mit Orangenschale und Puderzucker verkneten, dünn ausrollen und 12 Kreise mit Blütenrand (Ø etwa 4 cm) ausstechen. Die Kreise so zusammendrücken, dass eine große und eine kleine Öffnung entsteht. Die große Öffnung mit glattgerührter Marmelade füllen. Erst die Orangenscheiben, dann die Tütchen auf die Tortenoberfläche an den Rand legen.

Tipp: Die Torte gut durchgezogen und gut gekühlt servieren. Sie kann zusätzlich mit Orangenstreifen garniert werden. Die Gebäckböden können auch auf Backpapier ausgerollt und dann auf dem Backblech gebacken werden.

Raffiniert

Kleine Espresso-Torte

Zubereitungszeit: 50 Minuten, ohne Abkühlzeit
Backzeit: 25–30 Minuten

Für den Biskuitteig:
2 Eier (Größe M)
40 g Zucker
70 g Weizenmehl
10 g Speisestärke

Für die Füllung:
250 ml (1/4 l) Milch
1/2 Pck. Dr. Oetker Pudding-Pulver Schokoladen-Geschmack
3 EL Zucker
2–3 TL Instant-Espressopulver
125 g weiche Butter

Zum Bestreichen:
3 EL Aprikosenkonfitüre

Für den Belag:
200 g Marzipan-Rohmasse
50 g gesiebter Puderzucker
einige Täfelchen Mokka-Schokolade
etwas Aprikosenkonfitüre

Zum Bestäuben:
Kakaopulver

Insgesamt:
E: 60 g, F: 215 g, Kh: 406 g,
kJ: 16074, kcal: 3841

1. Den Backofen vorheizen. Für den Teig Eier mit Handrührgerät mit Rührbesen auf höchster Stufe in 1 Minute schaumig schlagen, Zucker in 1 Minute einstreuen, dann noch etwa 2 Minuten weiterschlagen. Mehl mit Speisestärke mischen, auf die Eiercreme geben und kurz auf niedrigster Stufe unterrühren.
2. Dann den Teig in eine Springform (Ø 18 cm, gefettet, mit Backpapier belegt) füllen und verstreichen. Die Form auf dem Rost in den vorgeheizten Backofen schieben.
Ober-/Unterhitze: etwa 180 °C
Heißluft: etwa 160 °C
Backzeit: 25–30 Minuten.
3. Die Form auf einen Kuchenrost stellen. Nach etwa 5 Minuten den Biskuitboden vorsichtig aus der Form lösen und auf einen mit Backpapier belegten Kuchenrost stürzen. Mitgebackenes Backpapier abziehen und den Biskuitboden erkalten lassen.
4. Für die Füllung von der Milch 5 Esslöffel abnehmen und mit Pudding-Pulver und Zucker verrühren. Die restliche Milch aufkochen lassen. Topf von der Kochstelle nehmen, Pudding-Pulver in die Milch rühren und unter Rühren aufkochen lassen. Pudding von der Kochstelle nehmen. Espressopulver in den Pudding rühren. Frischhaltefolie direkt auf den Pudding legen, damit sich keine Haut bildet, und den Pudding erkalten lassen (nicht kalt stellen).
5. Butter mit Handrührgerät mit Rührbesen cremig rühren. Pudding esslöffelweise unterrühren. Biskuit einmal waagerecht durchschneiden. Puddingcreme auf den unteren Boden streichen und den oberen Boden darauflegen. Konfitüre in einem kleinen Topf erwärmen, durchrühren und auf den oberen Boden streichen.
6. Für den Belag Marzipan mit Puderzucker verkneten, zwischen 2 Lagen Frischhaltefolie zu einer Platte (Ø etwa 26 cm) ausrollen und als Marzipandecke auf die Torte legen. Marzipandecke rundherum andrücken. Überstehendes Marzipan evtl. abschneiden. Mokkatäfelchen mit etwas Konfitüre an den Tortenrand kleben. Die Torte mit Kakao bestäuben.

Kleine Espresso-Torte

Zum Verschenken

Gute-Besserung-Torte

Zubereitungszeit: 45 Minuten, ohne Kühlzeit

Für die Buttercreme:
250 g weiche Butter
1 Becher (500 g) Sahne-Pudding Bourbon-Vanille-Geschmack (Zimmertemperatur)

3 Lagen von 1 hellen Wiener Boden (Ø 26 cm)

Zum Bestreichen:
100 g Himbeerkonfitüre

Zum Garnieren:
100 g Marzipan-Rohmasse
1 EL gesiebter Puderzucker
gelbe, grüne, rote und blaue Speisefarbe
etwas Kakaopulver
Fruchtgummiringe
Schaumzuckerbananen

Insgesamt:
E: 62 g, F: 272 g, Kh: 430 g, kJ: 18932, kcal: 4521

1. Für die Buttercreme Butter (Zimmertemperatur) in eine Rührschüssel geben und mit Handrührgerät mit Rührbesen auf höchster Stufe cremig rühren. Dann den Pudding (Zimmertemperatur) esslöffelweise nach und nach unterrühren. Fertige Buttercreme nicht kalt stellen!
2. Zwei Drittel der Buttercreme auf einer Lage des Wiener Bodens verstreichen. Die zweite Lage auflegen, Himbeerkonfitüre durchrühren, auf der Lage verstreichen und die obere Lage auflegen.
3. Oberfläche und Rand der Torte mit der restlichen Buttercreme bestreichen, mit Hilfe eines Tortenkamms den Rand verzieren. Torte kalt stellen.
4. Zum Garnieren Marzipan mit Puderzucker verkneten und halbieren. Aus einer Hälfte 2 kleine Kugeln (Köpfe) und eine größere Kugel (Körper des Patienten) formen. Die andere Hälfte des Marzipans in 5 unterschiedlich große Portionen teilen und diese mit gelber, grüner, roter und blauer Speisefarbe und mit Kakao verkneten.
5. Marzipan zum Teil ausrollen und zu Krankenbett, Decke und Verband ausschneiden sowie Häubchen und Arme der Krankenschwester und kleine Garnierungen formen. Alle Teile auf die Tortenmitte legen und den Tortenrand mit Fruchtgummiringen und Schaumzuckerbananen oder nach Belieben mit anderen Süßigkeiten garnieren.

Gute-Besserung-Torte

Einfach

Melonen-Mousse-Torte

Zubereitungszeit: 35 Minuten, ohne Kühlzeit

Für den Boden:
175 g Löffelbiskuits
125 g Butter

Für den Belag:
400 g Honigmelone
2 Pck. Mousse Zitrone (Dessertpulver)
300 ml Milch
200 g Schlagsahne

Zum Verzieren und Garnieren:
200 g Schlagsahne
1 Pck. Dr. Oetker Vanillin-Zucker
einige saure rote Fruchtgummibänder

Insgesamt:
E: 56 g, F: 267 g, Kh: 345 g, kJ: 16960, kcal: 4040

1. Für den Boden Löffelbiskuits in einen Gefrierbeutel geben, ihn verschließen und die Biskuits mit einer Teigrolle zerdrücken. Die Brösel in eine Schüssel geben. Butter zerlassen, zu den Biskuitbröseln geben und gut verrühren. Einen Springformrand (Ø 26 cm) auf eine mit Tortenspitze oder Backpapier belegte Tortenplatte stellen. Die Bröselmasse darin verteilen und mit Hilfe eines Löffels gut zu einem Boden andrücken. Den Boden kalt stellen.
2. Für den Belag Melone halbieren und Kerne mit einem Löffel auslösen. Eine Melonenhälfte der Länge nach dritteln. Zum Garnieren aus der Mitte der Spalten quer einige Keile herausschneiden und diese an den unteren Ecken nach Belieben etwas rund schneiden, so dass sie wie kleine Melonenspalten aussehen. Stücke beiseitestellen und das restliche Melonenfruchtfleisch fein würfeln. Fruchtfleisch in einem Sieb gut abtropfen lassen.

Melonen-Mousse-Torte

Himbeer-Grieß-Torte

3. Aus dem Dessertpulver nach Packungsanleitung, aber nur mit den hier angegebenen Mengen Milch und Sahne eine Mousse zubereiten. Melonenfruchtfleisch auf dem Boden verteilen, Mousse darauf verteilen und glattstreichen. Die Torte etwa 2 Stunden kalt stellen.
4. Zum Verzieren und Garnieren Springformrand lösen und entfernen. Sahne mit Vanillin-Zucker steifschlagen und mit einem Teelöffel in Häufchen auf die Tortenoberfläche setzen oder mit einem Spritzbeutel mit Lochtülle Sahnespiralen auf Oberfläche und Rand der Torte spritzen. Um jedes der beiseitegestellen Melonenscheibchen ein Stück Fruchtgummiband legen, so dass die Stückchen wie „Melone mit Parmaschinken" aussehen. Die Stücke auf die Torte in die Sahneverzierung stellen oder legen.

Raffiniert – fettarm

Himbeer-Grieß-Torte

Zubereitungszeit: 45 Minuten, ohne Abkühl- und Kühlzeit
Backzeit: etwa 20 Minuten

Für den Rührteig:
40 g Butter
75 g Puderzucker
1 Pck. Dr. Oetker Vanillin-Zucker
2 Eier (Größe M)
100 g Weizenmehl
2 gestr. TL Dr. Oetker Backin
20 g gesiebtes Kakaopulver
3 EL Milch

Zum Bestreichen:
2 EL Himbeerkonfitüre

Für den Belag:
2 Pck. Süße Mahlzeit Grießbrei nach klassischer Art (Grießbreipulver)
600 ml Milch
150 g Joghurt
500 g Himbeeren

Für den Guss:
1 Pck. Tortenguss, rot
2 EL Zucker
100 ml Saft (z. B. heller Traubensaft)
150 ml Wasser

Insgesamt:
E: 66 g, F: 77 g, Kh: 459 g,
kJ: 12307, kcal: 2929

1. Den Backofen vorheizen. Für den Teig Butter mit Handrührgerät mit Rührbesen auf höchster Stufe geschmeidig rühren. Nach und nach Puderzucker und Vanillin-Zucker unterrühren. So lange rühren, bis eine gebundene Masse entstanden ist. Eier nach und nach unterrühren (jedes Ei etwa 1/2 Minute).
2. Mehl mit Backpulver und Kakao mischen und abwechselnd mit der Milch auf mittlerer Stufe unterrühren. Den Teig in eine Springform (Ø 26 cm, Boden gefettet, mit Backpapier belegt) geben und verstreichen. Die Form auf dem Rost in den vorgeheizten Backofen schieben.
Ober-/Unterhitze: etwa 180 °C
Heißluft: etwa 160 °C
Backzeit: etwa 20 Minuten.
3. Den Gebäckboden aus der Form lösen, auf einen mit Backpapier belegten Kuchenrost stürzen und erkalten lassen. Anschließend mitgebackenes Backpapier abziehen. Boden auf eine Tortenplatte legen, einen Tortenring oder den gesäuberten Springformrand darumstellen und den Boden mit Konfitüre bestreichen.
4. Für den Belag 2 Päckchen Grießbrei nach Packungsanleitung, aber nur mit insgesamt 600 ml Milch zubereiten. Grießbrei etwa 10 Minuten stehen lassen, dann Joghurt mit einem Schneebesen unterrühren. Die Grießmasse auf den Gebäckboden geben und glattstreichen. Den Kuchen etwa 2 Stunden kalt stellen.
5. Himbeeren verlesen und auf der Grießmasse verteilen. Für den Guss aus Tortengusspulver, Zucker, Saft und Wasser nach Packungsanleitung einen Guss zubereiten und mit Hilfe eines Esslöffels auf den Himbeeren verteilen. Die Torte etwa 1 Stunde kalt stellen, dann Tortenring oder Springformrand lösen und entfernen.

Beliebt – mit Alkohol

Orangen-Herrentorte

Zubereitungszeit: 60 Minuten, ohne Abkühl- und Kühlzeit
Backzeit: 22–25 Minuten

Für den All-in-Teig:
50 g Weizenmehl
1 Msp. Dr. Oetker Backin
40 g Zucker
1 Ei (Größe M)
50 g weiche Butter oder Margarine

Zum Bestreuen:
25 g Zartbitter-Raspelschokolade

Für den Knetteig:
125 g Weizenmehl
1/2 gestr. TL Dr. Oetker Backin
50 g Zucker
1 Pck. Dr. Oetker Vanillin-Zucker
1 Ei (Größe M)
50 g Butter

Zum Bestreichen:
150 g Bitterorangenmarmelade

Für die Füllung:
300 g Edelbitter-Schokolade (etwa 60 % Kakao)
5 Blatt weiße Gelatine
100 ml Milch, 1 EL Zucker
3 Eigelb (Größe M)
400 g Schlagsahne
3–4 EL Cognac oder Grand Manier (Orangenlikör)

Für die Randverzierung:
3 Eiweiß (Größe M)
100 g Zucker
1 Pck. Dr. Oetker Finesse Geriebene Orangenschale

Insgesamt:
E: 98 g, F: 363 g, Kh: 600 g, kJ: 26018, kcal: 6223

1. Den Backofen vorheizen. Für den All-in-Teig Mehl mit Backpulver in einer Rührschüssel mischen. Restliche Zutaten hinzufügen und alles mit Handrührgerät mit Rührbesen auf höchster Stufe in etwa 2 Minuten zu einem glatten Teig verarbeiten.

Orangen-Herrentorte

2. Teig in eine Springform (Ø 26 cm, Boden gefettet) füllen, verstreichen und mit Schokolade bestreuen. Die Form auf dem Rost in den vorgeheizten Backofen schieben.
Ober-/Unterhitze: etwa 180 °C
Heißluft: etwa 160 °C
Backzeit: etwa 10 Minuten.

3. Den Boden aus der Form lösen und auf einem mit Backpapier belegten Kuchenrost erkalten lassen.

4. Für den Knetteig Mehl mit Backpulver in einer Rührschüssel mischen. Restliche Zutaten hinzufügen und mit Handrührgerät mit Knethaken zunächst kurz auf niedrigster, dann auf höchster Stufe durcharbeiten. Den Teig auf der leicht bemehlten Arbeitsfläche kurz zu einer Kugel verkneten, auf dem Boden einer Springform (Ø 26 cm, gefettet) ausrollen und mehrfach mit einer Gabel einstechen. Springformrand darumstellen, die Form auf dem Rost in den heißen Backofen schieben und den Boden **bei gleicher Backtemperatur 12–15 Minuten backen.**

5. Boden vom Springformboden lösen, aber darauf etwas abkühlen lassen. Boden dann vorsichtig auf eine Tortenplatte gleiten lassen, noch warm mit Marmelade bestreichen und erkalten lassen. Gesäuberten Springformrand oder Tortenring darumstellen.

6. Für die Füllung Schokolade in Stücke brechen, in einem kleinen Topf im Wasserbad bei schwacher Hitze unter Rühren schmelzen und etwas abkühlen lassen. Gelatine nach Packungsanleitung einweichen. Milch mit Zucker und Eigelb in eine Schüssel geben und im heißen Wasserbad mit Handrührgerät mit Rührbesen zu einer dicklichen Masse schlagen (etwa 5 Minuten).

7. Gelatine leicht ausdrücken und unter Rühren darin auflösen. Die Eigelbcreme aus dem Wasserbad nehmen. 2 Esslöffel von der flüssigen Schokolade zum Verzieren beiseitestellen, restliche Schokolade in 2 Portionen kurz unter die Eiermasse rühren. Die Masse unter gelegentlichem Rühren abkühlen lassen.

8. Sahne steifschlagen und in 2 Portionen vorsichtig unter die abgekühlte Schokoladencreme heben. Dann Alkohol unterrühren. Knapp die Hälfte der Creme auf den mit Marmelade verstrichenen Boden geben und verstreichen. Dann den All-in-Teig-Boden darauflegen, mit der restlichen Schokocreme bedecken und glattstreichen. Die Torte etwa 2 Stunden kalt stellen.

9. Für die Randverzierung Springformrand oder Tortenring lösen und entfernen. Eiweiß steifschlagen und Zucker nach und nach unterrühren. Orangenschale ebenfalls kurz unterrühren. Die Baisermasse portionsweise in einen Spritzbeutel mit kleiner Sterntülle füllen und den Rand damit verzieren. Baiser mit einem Flämmgerät goldgelb abflämmen. Die beiseitegestellte Schokolade wieder leicht erwärmen und die Torte damit besprenkeln.

Tipp: Statt mit Baiser den Tortenrand mit steifgeschlagener Sahne verzieren.

Gut vorzubereiten – klassisch

Marzipancremetorte

Zubereitungszeit: 60 Minuten, ohne Abkühl- und Kühlzeit
Backzeit: etwa 30 Minuten

Für den Biskuitteig:
3 Eier (Größe M)
3 EL heißes Wasser
150 g Zucker
100 g Weizenmehl
50 g Speisestärke
20 g gesiebtes Kakaopulver
1 gestr. TL Dr. Oetker Backin

Für die Marzipancreme:
200 g Marzipan-Rohmasse
450 ml Milch
1 Pck. Dr. Oetker Pudding-Pulver Mandel-Geschmack oder Sahne-Geschmack
2 Eier (Größe M)
400 g Schlagsahne

Für die Decke:
200 g Marzipan-Rohmasse
25 g Puderzucker

Zum Bestäuben:
1 TL Kakaopulver

Insgesamt:
E: 124 g, F: 321 g, Kh: 509 g,
kJ: 22647, kcal: 5407

1. Den Backofen vorheizen. Für den Teig Eier und Wasser mit Handrührgerät mit Rührbesen auf höchster Stufe in 1 Minute schaumig schlagen. Zucker in 1 Minute einstreuen, dann noch etwa 2 Minuten weiterschlagen.

2. Mehl mit Speisestärke, Kakaopulver und Backpulver mischen, die Hälfte davon auf die Eiercreme geben und kurz auf niedrigster Stufe unterrühren. Den Rest des Mehlgemisches auf die gleiche Weise unterarbeiten. Den Teig in eine Springform (Ø 26 cm, Boden gefettet, mit Backpapier belegt) füllen, verstreichen und die Form auf dem Rost in den vorgeheizten Backofen schieben.
Ober-/Unterhitze: etwa 180 °C
Heißluft: etwa 160 °C
Backzeit: etwa 30 Minuten.

3. Den Boden aus der Form lösen, auf einen mit Backpapier belegten Kuchenrost stürzen und erkalten lassen. Anschließend mitgebackenes Backpapier abziehen und den Boden zweimal waagerecht dünn durchschneiden.

4. Für die Marzipancreme Marzipan klein schneiden. 100 ml von der Milch mit Pudding-Pulver und Eiern verrühren. Restliche Milch zum Kochen bringen, Marzipanstücke darin unter Rühren auflösen, angerührtes Pudding-Pulver einrühren und unter Rühren aufkochen lassen. Creme von der Kochstelle nehmen und erkalten lassen, dabei gelegentlich umrühren.

5. Sahne steifschlagen und unter den erkalteten Marzipanpudding heben. Den unteren Boden auf eine Tortenplatte legen und mit gut einem Drittel der Marzipancreme bestreichen. Den zweiten Boden auflegen und mit gut der Hälfte der restlichen Creme bestreichen. Den oberen Boden auflegen, leicht andrücken und die Torte rundherum mit der restlichen Creme bestreichen. Die Torte etwa 1 Stunde kalt stellen.

6. Für die Decke Marzipan mit Puderzucker verkneten und zwischen Frischhaltefolie zu einer Platte (Ø etwa 35 cm) ausrollen. Locker über die Torte legen, am Rand andrücken. Torte mit Kakaopulver bestäuben.

Marzipancremetorte

Raffiniert

Hochstaplertorte

Zubereitungszeit: 40 Minuten, ohne Abkühl- und Kühlzeit
Backzeit: etwa 10 Minuten je Boden

Für den Rührteig:
250 g Butter oder Margarine
200 g Zucker
1 Pck. Dr. Oetker Vanillin-Zucker
4 Eier (Größe M)
200 g Weizenmehl
1 gestr. TL Dr. Oetker Backin
80 g Kokosraspel

Für die Füllung:
1 Becher (500 g) Sahnepudding (aus dem Kühlregal)
1 Becher (500 g) Rote Grütze (aus dem Kühlregal)

Zum Verzieren und Garnieren:
200 g Schlagsahne
1 Pck. Dr. Oetker Vanillin-Zucker
Fruchtgummi-Himbeeren und -Brombeeren
evtl. etwas Puderzucker

Insgesamt:
E: 77 g, F: 404 g, Kh: 590 g, kJ: 26406, kcal: 6295

1. Den Backofen vorheizen. Für den Teig Butter oder Margarine mit Handrührgerät mit Rührbesen auf höchster Stufe geschmeidig rühren. Nach und nach Zucker und Vanillin-Zucker unterrühren. So lange rühren, bis eine gebundene Masse entstanden ist. Eier nach und nach unterrühren (jedes Ei etwa 1/2 Minute). Mehl mit Backpulver mischen und in 2 Portionen auf mittlerer Stufe unterrühren.
2. Aus dem Teig nacheinander 6 dünne Böden backen. Dafür jeweils ein Sechstel des Teiges gleichmäßig auf dem Boden einer Springform (Ø 26 cm, Boden gefettet) verstreichen, mit Kokosraspeln bestreuen und ohne Springformrand auf dem Rost in den vorgeheizten Backofen schieben.
Ober-/Unterhitze: etwa 200 °C
Heißluft: etwa 180 °C
Backzeit: etwa 10 Minuten je Boden.
3. Die Böden sofort nach dem Backen vom Springformboden lösen und auf einem Kuchenrost erkalten lassen.
4. Für die Füllung Sahnepudding und Rote Grütze jeweils kurz im Becher durchrühren. Einen Boden auf eine Tortenplatte legen, ein Fünftel des Puddings darauf verteilen und verstreichen, anschließend ein Fünftel der Grütze darauf verteilen und verstreichen. Den zweiten bis fünften Boden ebenso darauflegen und bestreichen, den sechsten Boden zunächst beiseitelegen und die Torte etwa 1 Stunde kalt stellen.
5. Zum Verzieren Sahne mit Vanillin-Zucker steifschlagen und mit Hilfe eines Teelöffels Häufchen auf die Tortenoberfläche setzen. Den letzten Boden in Stücke brechen und mit den Fruchtgummibeeren dekorativ auf der Oberfläche verteilen. Die Torte nach Belieben mit Puderzucker bestäuben.

Tipp: Die Böden können 1–2 Tage vor dem Verzehr gebacken und gut verpackt aufbewahrt werden. Die Torte schmeckt frisch am besten; bei längerer Aufbewahrung weicht sie etwas durch. Wenn Sie 2 Springformen besitzen, können Sie 2 Böden gleichzeitig bei Heißluft backen.

Nougatcremetorte

Raffiniert – dauert länger

Nougatcremetorte

Zubereitungszeit: 70 Minuten, ohne Abkühlzeit
Backzeit: etwa 27 Minuten

Für den Knetteig:
130 g Weizenmehl
40 g Zucker
90 g Butter oder Margarine

Für den Biskuitteig:
4 Eier (Größe M)
1 Eigelb (Größe M)
3 EL heißes Wasser, 150 g Zucker
1 Pck. Dr. Oetker Vanillin-Zucker
150 g Weizenmehl
25 g Speisestärke
1 gestr. TL Dr. Oetker Backin
10 g gesiebtes Kakaopulver

Für die Nougatcreme:
2 Pck. Dr. Oetker Pudding-Pulver Sahne-Geschmack
500 ml (1/2 l) Milch
200 g Nuss-Nougat
150 g weiche Butter

Außerdem:
150 g Wild-Preiselbeeren (aus dem Glas)

Insgesamt:
E: 92 g, F: 300 g, Kh: 711 g, kJ: 24837, kcal: 5928

1. Den Backofen vorheizen. Für den Knetteig die Zutaten in eine Rührschüssel geben und mit Handrührgerät mit Knethaken zunächst kurz auf niedrigster, dann auf höchster Stufe gut durcharbeiten. Anschließend den Teig auf der leicht bemehlten Arbeitsfläche kurz zu einer Kugel verkneten und auf dem Boden einer Springform (Ø 26 cm, gefettet) ausrollen. Den Teig mehrfach mit einer Gabel einstechen, Springformrand darumstellen und die Form auf dem Rost in den vorgeheizten Backofen schieben.
Ober-/Unterhitze: etwa 200 °C
Heißluft: etwa 180 °C
Backzeit: etwa 15 Minuten.
2. Springformrand entfernen, den Boden vom Springformboden lösen, aber darauf auf einem Kuchenrost erkalten lassen.
3. Für den Biskuitteig Eier, Eigelb und Wasser mit Handrührgerät mit Rührbesen auf höchster Stufe in 1 Minute schaumig schlagen. Zucker und Vanillin-Zucker mischen, in 1 Minute einstreuen, dann noch etwa 2 Minuten weiterschlagen. Mehl mit Speisestärke und Backpulver mischen, die Hälfte davon auf die Eiercreme geben und kurz auf niedrigster Stufe unterrühren. Den Rest des Mehlgemisches auf die gleiche Weise unterarbeiten. Den Teig halbieren und unter eine Hälfte Kakaopulver rühren.
4. Die Teige in je einen Gefrierbeutel füllen, eine Ecke abschneiden und abwechselnd diagonal auf ein Backblech (30 x 40 cm, gefettet, mit Backpapier belegt) spritzen. Das Backblech in den heißen Backofen schieben und den Teig **bei gleicher Backtemperatur etwa 12 Minuten backen.** Die Gebäckplatte vom Backblechrand lösen, auf eine Arbeitsfläche stürzen und mit dem Backpapier erkalten lassen. Anschließend Backpapier vorsichtig abziehen.
5. Für die Nougatcreme Pudding-Pulver mit etwas von der Milch verrühren. Restliche Milch erhitzen und Nougat darin auflösen. Nougatmilch zum Kochen bringen und das angerührte Pudding-Pulver einrühren, nochmals unter Rühren aufkochen lassen und von der Kochstelle nehmen. Den Pudding direkt mit Frischhaltefolie bedecken, damit sich keine Haut bildet, und erkalten lassen (nicht kalt stellen). Butter mit Handrührgerät mit Rührbesen schaumig schlagen. Abgekühlten Pudding nach und nach unterrühren, dabei darauf achten, dass Butter und Pudding Zimmertemperatur haben, da die Creme sonst gerinnt.
6. Aus der Gebäckplatte 1 runden Boden (Ø gut 22 cm) und mehrere 5 cm breite Streifen schneiden. Die Streifen mit der Hälfte der Preiselbeeren bestreichen. Den Knetteigboden auf eine Tortenplatte legen, mit den restlichen Preiselbeeren bestreichen und den ausgeschnittenen Boden darauflegen. Den Springformrand oder einen Tortenring um den Knetteigboden stellen und die Streifen mit der bestrichenen Seite nach innen an den Rand stellen.
7. Die Gebäckreste fein zerbröseln. Die Hälfte der Nougatcreme auf dem Boden verstreichen. 3–4 Esslöffel von den Bröseln beiseitestellen, restliche Brösel auf der Creme verteilen und leicht andrücken. Restliche Creme vorsichtig darauf verteilen und verstreichen. Beiseitegestellte Brösel als breiten Rand aufstreuen und die Torte bis zum Servieren kalt stellen.

Für Gäste – mit Alkohol

Mokkatorte mit Panna-Cotta-Creme

Zubereitungszeit: 50 Minuten, ohne Abkühl- und Kühlzeit
Backzeit: 12–15 Minuten je Boden

Mokkatorte mit Panna-Cotta-Creme

Für den Rührteig:
300 g Butter oder Margarine
300 g Zucker
1 Pck. Dr. Oetker Vanillin-Zucker
2 geh. EL Instant-Kaffeepulver
6 Eier (Größe M)
200 g Weizenmehl
100 g Speisestärke
2 gestr. TL Dr. Oetker Backin
2 EL Rum

Für die Panna-Cotta-Füllung:
750 g Schlagsahne
1 Vanilleschote
50 g Zucker
2–3 Stückchen Schale von 1 Bio-Zitrone (unbehandelt, ungewachst)
8 Blatt weiße Gelatine

Zum Tränken:
etwa 125 ml (1/8 l) starker Kaffee

Für den Guss und zum Garnieren:
100 g Puderzucker
2 EL starker Kaffee
2 EL Kakaopulver
einige Mokkabohnen

Insgesamt:
E: 105 g, F: 536 g, Kh: 728 g,
kJ: 34367, kcal: 8206

1. Den Backofen vorheizen. Für den Teig Butter oder Margarine mit Handrührgerät mit Rührbesen auf höchster Stufe geschmeidig rühren. Nach und nach Zucker, Vanillin-Zucker und Kaffeepulver unterrühren. So lange rühren, bis eine gebundene Masse entstanden ist.
2. Eier nach und nach unterrühren (jedes Ei etwa 1/2 Minute). Mehl mit Speisestärke und Backpulver mischen und abwechselnd mit dem Rum in 2 Portionen kurz auf mittlerer Stufe unterrühren.
3. Den Teig in 5 Portionen teilen. Jeweils 1 Teigportion in eine Springform (Ø 26 cm, Boden gefettet, mit Backpapier belegt) geben und verstreichen. Die Formen nacheinander auf dem Rost in den vorgeheizten Backofen schieben.
Ober-/Unterhitze: etwa 180 °C
Heißluft: etwa 160 °C
Backzeit: 12–15 Minuten je Boden.
4. Gebäckböden aus den Formen lösen und auf Backpapier stürzen. Mitgebackenes Backpapier abziehen. Gebäckböden erkalten lassen.
5. Für die Füllung Sahne mit aufgeschnittener Vanilleschote, Zucker und Zitronenschalenstückchen in einem Topf zum Kochen bringen und 12–15 Minuten leicht kochen lassen. Den Topf von der Kochstelle nehmen. Vanilleschote und Zitronenschalenstückchen entfernen.
6. Gelatine nach Packungsanleitung einweichen, dann leicht ausdrücken und in der heißen Vanille-Sahne unter Rühren auflösen. Vanille-Sahne erkalten lassen, dann die Sahne kalt stellen und fest werden lassen.
7. Die einzelnen Gebäckböden mit Kaffee tränken. Fest gewordene Vanille-Sahne gut durchrühren. 4 Gebäckböden mit Vanille-Sahne bestreichen und zu einer Torte zusammensetzen. Den letzten Boden darauflegen und leicht andrücken. Die Torte kalt stellen.
8. Für den Guss Puderzucker mit Kaffee zu einer dickflüssigen Masse verrühren. Tortenoberfläche damit bestreichen. Guss fest werden lassen. Vor dem Servieren mit Kakao bestäuben und mit Mokkabohnen garnieren.

Festlich – mit Alkohol

Punschtorte

Zubereitungszeit: 75 Minuten, ohne Abkühlzeit
Backzeit: 50–60 Minuten

Für den Biskuitteig (Teig 2 x zubereiten):
4 Eier (Größe M)
4 EL heißes Wasser
150 g Zucker
1 Pck. Dr. Oetker Vanillin-Zucker
100 g Weizenmehl
100 g Speisestärke
3 gestr. TL Dr. Oetker Backin

Für die Füllung:
1 Pck. Dr. Oetker Finesse Geriebene Orangenschale
100 ml Orangensaft
2–3 EL Zitronensaft
200 ml Rotwein
6 EL Rum
50 g Zartbitter-Schokolade

Zum Bestreichen:
200 g Johannisbeergelee

Für die Marzipandecke:
200 g Marzipan-Rohmasse
100 g gesiebter Puderzucker
etwas grüne Speisefarbe

Für den Guss und zum Garnieren:
200 g Puderzucker
2–3 EL Malventee
(zubereitet aus 1 Aufgussbeutel mit 50 ml kochendem Wasser)
silberne Zuckerperlen
Puderzucker

Insgesamt:
E: 108 g, F: 138 g, Kh: 1211 g,
kJ: 28483, kcal: 6800

1. Den Backofen vorheizen. Für den Teig Eier und Wasser mit Handrührgerät mit Rührbesen auf höchster Stufe in 1 Minute schaumig schlagen. Zucker mit Vanillin-Zucker mischen, in 1 Minute einstreuen, dann noch etwa 2 Minuten weiterschlagen.

2. Mehl mit Speisestärke und Backpulver mischen, die Hälfte davon auf die Eiercreme geben und kurz auf niedrigster Stufe unterrühren. Restliches Mehlgemisch auf die gleiche Weise unterarbeiten. Den Teig in einer Springform (Ø 26 cm, Boden gefettet, mit Backpapier belegt) füllen und verstreichen. Die Form auf dem Rost in den vorgeheizten Backofen schieben.
Ober-/Unterhitze: etwa 180 °C
Heißluft: etwa 160 °C
Backzeit: 25–30 Minuten.

3. Den Boden aus der Form lösen und auf einem Kuchenrost erkalten lassen. Anschließend mitgebackenes Backpapier abziehen. Zweiten Boden ebenso zubereiten und **bei gleicher Backtemperatur 25–30 Minuten backen.** Einen der Böden fein zerbröseln und die Brösel in eine Schüssel geben. Den zweiten Boden einmal waagerecht durchschneiden.

4. Für die Füllung Orangenschale mit Orangensaft, Zitronensaft, Rotwein, Rum und zerkleinerter Schokolade in einen Topf geben und unter Rühren erhitzen. Die heiße Schoko-Frucht-Masse zu den Biskuitbröseln geben und vermengen. Den unteren Boden auf eine Platte legen und mit etwas glattgerührtem Gelee bestreichen. Die Bröselmasse darauf verteilen, verstreichen und ebenfalls mit etwas Gelee bestreichen. Den oberen Boden darauflegen und gut andrücken. Tortenoberfläche und -rand mit dem restlichen Johannisbeergelee bestreichen.

5. Für die Marzipandecke Marzipan mit Puderzucker verkneten und auf einer mit Puderzucker bestäubten Arbeitsfläche dünn ausrollen. Einen Streifen in Höhe des Tortenrandes und eine runde Platte in der Größe der Torte daraus ausschneiden, Torte damit be- und umlegen und Marzipan fest andrücken. Restliche Marzipanmasse mit Speisefarbe einfärben und verschiedene Motive ausstechen.

6. Für den Guss Puderzucker mit Malventee zu einer dickflüssigen Masse verrühren. 2 Esslöffel von dem Guss in einen kleinen Gefrierbeutel geben und ihn verschließen. Die Torte mit dem restlichen Guss überziehen und fest werden lassen. Eine kleine Ecke vom Gefrierbeutel abschneiden und mit dem Guss Sterne auf die Tortenoberfläche spritzen. Die Marzipanmotive mit etwas Guss an den Tortenrand kleben. Die Torte mit Zuckerperlen garnieren und mit Puderzucker bestäuben. Guss fest werden lassen.

Tipp: Verwenden Sie für den Guss statt Malventee Rotwein.

Fruchtig – mit Alkohol

Orangen-Buttercreme-Torte

Zubereitungszeit: 60 Minuten, ohne Abkühl- und Kühlzeit
Backzeit: etwa 25 Minuten

Für den Rührteig:
100 g Butter oder Margarine
150 g Zucker
1 Pck. Dr. Oetker Vanillin-Zucker
3 Eier (Größe M)
150 g Weizenmehl
3 gestr. TL Dr. Oetker Backin
50 g Kokosraspel

Für die Buttercreme:
1 Pck. Dr. Oetker Pudding-Pulver Vanille-Geschmack
40 g Zucker
500 ml (1/2 l) Milch
250 g weiche Butter
2 EL Orangenlikör

Zum Bestreichen und für den Belag:
225 g Orangenmarmelade
5–6 Orangen

Für den Guss:
1 Pck. Gezuckerter Tortenguss, klar
125 ml (1/8 l) Wasser
125 ml (1/8 l) Orangensaft

Insgesamt:
E: 64 g, F: 563 g, Kh: 410 g,
kJ: 30150, kcal: 7203

1. Den Backofen vorheizen. Für den Teig Butter oder Margarine mit Handrührgerät mit Rührbesen auf höchster Stufe geschmeidig rühren. Nach und nach Zucker und Vanillin-Zucker unterrühren. So lange rühren, bis eine gebundene Masse entstanden ist.

2. Eier nach und nach unterrühren (jedes Ei etwa 1/2 Minute). Mehl mit Backpulver und Kokosraspeln mischen und in 2 Portionen auf mittlerer Stufe unterrühren. Den Teig in eine Springform (Ø 26 cm, Boden gefettet, mit Backpapier belegt) füllen und verstreichen. Die Form auf dem Rost in den vorgeheizten Backofen schieben.
Ober-/Unterhitze: etwa 180 °C
Heißluft: etwa 160 °C
Backzeit: etwa 25 Minuten.

3. Gebäckboden aus der Form lösen, auf einen mit Backpapier belegten Kuchenrost stürzen und mitgebackenes Backpapier abziehen. Gebäckboden erkalten lassen und anschließend einmal waagerecht durchschneiden.

4. Für die Buttercreme aus Pudding-Pulver, Zucker und Milch nach Packungsanleitung einen Pudding zubereiten, direkt Frischhaltefolie auf die Oberfläche legen und den Pudding erkalten lassen (nicht kalt stellen).

5. Butter geschmeidig rühren und den Pudding nach und nach unterrühren (dabei darauf achten, dass Butter und Pudding Zimmertemperatur haben, da die Creme sonst gerinnt). Zuletzt Likör unterrühren und etwas von der Buttercreme in einen Spritzbeutel mit kleiner Lochtülle füllen.

6. Unteren Gebäckboden auf eine Platte legen und mit der Hälfte der Marmelade bestreichen. Die Hälfte der Buttercreme daraufstreichen. Gebäckboden etwa 30 Minuten kalt stellen, dann restliche Marmelade gleichmäßig darauf verteilen. Den oberen Gebäckboden darauflegen und leicht andrücken. Tortenoberfläche und -rand mit der restlichen Buttercreme bestreichen. Torte 2 Stunden kalt stellen.

7. Für den Belag Orangen so schälen, dass die weiße Haut mit entfernt wird. Fruchtfilets herausschneiden und auf Küchenpapier abtropfen lassen. Die Torte dekorativ damit belegen.

8. Für den Guss Tortengusspulver mit Wasser und Orangensaft nach Packungsanleitung zubereiten. Guss vorsichtig auf den Orangenfilets verteilen. Mit der Buttercreme aus dem Spritzbeutel kleine Punkte auf den Guss spritzen.

Tipp: Statt Buttercremepunkte auf den Guss zu spritzen, können Sie die Torte auch vor dem Servieren mit Baiser oder Gebäck belegen (Foto).

Orangen-Buttercreme-Torte

Für Gäste – dauert länger

Mohn-Schichttorte mit Pflaumenmus

Zubereitungszeit: 80 Minuten, ohne Abkühlzeit
Backzeit: etwa 15 Minuten je Boden

Für den Rührteig:
150 g Butter oder Margarine
125 g gesiebter Puderzucker
1 Pck. Dr. Oetker Vanillin-Zucker
1 Prise Salz
1 Pck. Dr. Oetker Finesse Geriebene Zitronenschale
6 Eigelb (Größe M)
50 g Weizenmehl
1 gestr. TL Dr. Oetker Backin
100 g abgezogene, gemahlene Mandeln
100 g Mohnsamen
6 Eiweiß (Größe M)

Für die Füllung:
6 Blatt weiße Gelatine
500 ml (1/2 l) Milch
1 Pck. Dr. Oetker Pudding-Pulver Vanille-Geschmack
100 g Zucker, 500 g Magerquark
etwa 340 g Pflaumenmus

Zum Bestreuen:
1 gestr. EL Mohnsamen

Insgesamt:
E: 186 g, F: 234 g, Kh: 517 g,
kJ: 22479, kcal: 5365

Mohn-Schichttorte mit Pflaumenmus

1. Den Backofen vorheizen. Für den Teig Butter oder Margarine mit Handrührgerät mit Rührbesen auf höchster Stufe geschmeidig rühren. Nach und nach Puderzucker, Vanillin-Zucker, Salz und Zitronenschale unterrühren. So lange rühren, bis eine gebundene Masse entstanden ist.
2. Eigelb nach und nach unterrühren. Mehl mit Backpulver mischen und kurz auf mittlerer Stufe unterrühren. Mandeln und Mohnsamen hinzufügen. Eiweiß steifschlagen und vorsichtig unterheben.
3. Den Teig in 5 Portionen teilen. Jeweils 1 Teigportion in eine Springform (Ø 26 cm, Boden gefettet, mit Backpapier belegt) geben und verstreichen, dabei darauf achten, dass der Teig am Rand nicht zu dünn ist. Die Form auf dem Rost in den vorgeheizten Backofen schieben und so alle Böden backen.
Ober-/Unterhitze: etwa 180 °C
Heißluft: etwa 160 °C
Backzeit: etwa 15 Minuten je Boden.
4. Die Gebäckböden aus der Form lösen, auf mit Backpapier belegte Kuchenroste stürzen und erkalten lassen. Anschließend mitgebackenes Backpapier abziehen.
5. Für die Füllung Gelatine nach Packungsanleitung einweichen. Aus Milch, Pudding-Pulver und Zucker nach Packungsanleitung einen Pudding zubereiten. Gelatine leicht ausdrücken und unter Rühren in dem heißen Pudding auflösen. Puddingmasse erkalten lassen, dabei gelegentlich umrühren und Quark unterrühren.
6. Einen Gebäckboden auf eine Tortenplatte legen. Etwa ein Drittel der Pudding-Quark-Masse daraufstreichen. Einen zweiten Gebäckboden darauflegen und mit knapp der Hälfte des Pflaumenmuses bestreichen. Den dritten Gebäckboden darauflegen und die Hälfte der restlichen Pudding-Quark-Masse darauf verteilen. Den vierten Gebäckboden auflegen und mit dem restlichen Pflaumenmus (etwas Pflaumenmus zum Garnieren beiseitestellen) bestreichen. Den letzten Gebäckboden darauflegen und leicht andrücken.
7. Tortenrand und -oberfläche mit der restlichen Pudding-Quark-Masse bestreichen. Die Tortenoberfläche mit Hilfe einer Gabel wellenförmig verzieren. Beiseitegestelltes Pflaumenmus vor dem Servieren in Klecksen auf die Tortenoberfläche geben und mit Mohnsamen bestreuen.

Schnelle Frischkäsetorte

Pischinger Torte

Für Kinder

Schnelle Frischkäsetorte

Zubereitungszeit: 30 Minuten, ohne Kühl- und Abkühlzeit

Für den Boden:
150 g Löffelbiskuits
120 g Butter oder Margarine

Für die Füllung:
1 Beutel aus 1 Pck. Götterspeise Zitronen-Geschmack
200 ml Wasser
200 g Doppelrahm-Frischkäse
125 g Zucker
1 Pck. Dr. Oetker Vanillin-Zucker
2 EL Zitronensaft
500 g Schlagsahne

Für den Belag:
30 g Löffelbiskuits

Insgesamt:
E: 64 g, F: 320 g, Kh: 288 g,
kJ: 18032, kcal: 4320

1. Für den Boden Löffelbiskuits in einen Gefrierbeutel geben, ihn verschließen und die Löffelbiskuits mit einer Teigrolle gut zerdrücken. Butter oder Margarine in einem kleinen Topf zerlassen. Anschließend die feinen Löffelbiskuitbrösel dazugeben und gut verrühren.

2. Einen Springformrand (Ø 26 cm) auf eine mit Tortenspitze oder Backpapier belegte Tortenplatte stellen. Die Masse in den Springformrand direkt auf die Tortenspitze oder das Backpapier geben und mit einem Löffel gleichmäßig zu einem flachen Boden andrücken. Boden kalt stellen.
3. Für die Füllung die Götterspeise nach Packungsanleitung mit 200 ml Wasser, aber ohne Zucker anrühren, dann unter Rühren erhitzen (nicht kochen lassen), bis die Götterspeise gelöst ist, und etwas abkühlen lassen.
4. Frischkäse mit Zucker, Vanillin-Zucker und Zitronensaft mit einem Schneebesen verrühren und die lauwarme Götterspeise unterrühren. Masse kalt stellen. Wenn die Masse beginnt dicklich zu werden, Sahne steifschlagen und unterheben. Die Frischkäsecreme auf dem Löffelbiskuitboden verteilen und leicht wellenförmig verstreichen. Die Torte etwa 3 Stunden kalt stellen.
5. Für den Belag Löffelbiskuits fein zerbröseln und dekorativ auf die Käsemasse streuen. Den Springformrand vorsichtig mit einem Messer lösen und entfernen. Die Torte bis zum Servieren kalt stellen.

Tipp: Für andere Geschmacksrichtungen können Sie statt Götterspeise Zitronen-Geschmack auch Götterspeise Himbeer- oder Waldmeister-Geschmack verwenden.

Für Gäste – klassisch

Pischinger Torte

Zubereitungszeit: 45 Minuten, ohne Abkühl- und Kühlzeit

Für den Krokant:
1/2 gestr. TL Butter
60 g Zucker
125 g abgezogene, gehackte Mandeln

Für die Buttercreme:
250 g weiche Butter
50 g gesiebter Puderzucker
3 ganz frische Eier (Größe M)
200 g Zartbitter-Schokolade

Außerdem:
8 Karlsbader Oblaten

Für den Guss:
150 g Zartbitter-Schokolade
etwas Kokosfett

Insgesamt:
E: 74 g, F: 420 g, Kh: 284 g,
kJ: 22690, kcal: 5421

1. Für den Krokant Butter mit Zucker in einer Pfanne erhitzen, bis die Masse leicht gebräunt und der Zucker gelöst ist. Mandeln hinzufügen, unter Rühren erhitzen, bis der Krokant genügend gebräunt ist. Die Krokantmasse auf ein Backblech (geölt) geben, verteilen und erkalten lassen.

Anschließend die Krokantmasse mit einer Teigrolle zerdrücken.

2. Für die Buttercreme Butter mit Handrührgerät mit Rührbesen auf höchster Stufe geschmeidig rühren. Nach und nach Puderzucker unterrühren. Eier ebenfalls nach und nach auf höchster Stufe unterrühren.

3. Schokolade in kleine Stücke brechen, in einem kleinen Topf im Wasserbad bei schwacher Hitze unter Rühren schmelzen und etwas abkühlen lassen. Abgekühlte Schokolade unter die Buttercreme rühren. 2 Esslöffel zum Garnieren beiseitestellen. Krokant vorsichtig unter die Schokoladenbuttercreme rühren.

4. Die Masse auf 8 Oblaten verteilen, verstreichen und diese zu einer Torte zusammensetzen. Den Tortenrand mit der zurückgelassenen Schokoladencreme bestreichen. Die Torte so lange kalt stellen, bis die Schokoladencreme fest geworden ist.

5. Für den Guss Schokolade in Stücke brechen und mit dem Kokosfett in einem kleinen Topf im Wasserbad bei schwacher Hitze unter Rühren schmelzen lassen. Tortenoberfläche und -rand damit überziehen und den Guss fest werden lassen. Die Torte gut gekühlt servieren.

Für Gäste – beliebt

Schwarz-Weiß-Trüffeltorte

Zubereitungszeit: 60 Minuten, ohne Abkühl- und Kühlzeit
Backzeit: 25–30 Minuten

Für den Schüttelteig:
125 g Butter oder Margarine
200 g Weizenmehl
2 gestr. TL Dr. Oetker Backin
100 g Zucker
2 geh. EL gesiebtes Kakaopulver
4 Eier (Größe M)

Für die Füllung:
150 g weiße Kuvertüre
500 g Ricotta
(ital. Frischkäse)
1 Msp. gemahlener Zimt
100 g Früchte-Mix
(z. B. von Schwartau)

Zum Bestäuben:
1 EL Puderzucker

Insgesamt:
E: 118 g, F: 261 g, Kh: 414 g,
kJ: 19486, kcal: 4652

Schwarz-Weiß-Trüffeltorte

1. Für den Teig Butter oder Margarine zerlassen und abkühlen lassen. Den Backofen vorheizen. Mehl mit Backpulver in einer verschließbaren Schüssel (etwa 3 l) mit Zucker und Kakao mischen. Eier und Butter oder Margarine hinzufügen. Schüssel mit dem Deckel fest verschließen.

2. Schüssel mehrmals (insgesamt 15–30 Sekunden) kräftig schütteln, so dass alle Zutaten gut vermischt sind. Alles mit einem Schneebesen oder Rührlöffel nochmals sorgfältig durchrühren, damit trockene Zutaten vom Rand mit untergerührt werden. Den Teig in eine Springform (Ø 24 cm, Boden gefettet) geben und verstreichen. Die Form auf dem Rost in den vorgeheizten Backofen schieben.
Ober-/Unterhitze: etwa 180 °C
Heißluft: etwa 160 °C
Backzeit: 25–30 Minuten.

3. Den Boden aus der Form lösen und auf einem mit Backpapier belegten Kuchenrost erkalten lassen. Dann den Boden in der Mitte etwa 2 cm tief aushöhlen, dabei Boden und einen Rand von etwa 1 cm stehen lassen. Das ausgehöhlte Gebäck zerbröseln und beiseitestellen.

4. Für die Füllung Kuvertüre hacken und in einem kleinen Topf im Wasserbad bei schwacher Hitze unter Rühren schmelzen lassen. Ricotta mit Zimt und Früchte-Mix in eine Schüssel geben und cremig rühren. Nach und nach die Kuvertüre unterrühren. Die Ricottacreme kuppelförmig auf den ausgehöhlten Gebäckboden streichen. Kuppel mit etwa der Hälfte der Gebäckbrösel bestreuen und etwas andrücken. Die Torte 2–3 Stunden kalt stellen.

5. Die Torte vor dem Servieren mit Puderzucker bestäuben.

Tipp: Aus den restlichen Gebäckbröseln (etwa 100 g), 100 g geschmolzener weißer Schokolade und 1 Esslöffel Rum eine geschmeidige Masse rühren. Daraus 20–25 haselnussgroße Kugeln formen und mit Kakaopulver bestäuben. Die Torte evtl. zusätzlich mit den Trüffelkugeln garnieren.

Klassisch

Schoko-Buttercreme-Torte

Zubereitungszeit: 60 Minuten, ohne Abkühlzeit
Backzeit: 25–30 Minuten

Für den Biskuitteig:
4 Eier (Größe M)
3 EL heißes Wasser
150 g Zucker
1 Pck. Dr. Oetker Vanillin-Zucker
100 g Weizenmehl
25 g Speisestärke
2 gestr. TL Dr. Oetker Backin

Für die Buttercreme:
1 Pck. Gala Pudding-Pulver Schokolade
75 g Zucker
500 ml (1/2 l) Milch
100 g Edelbitter-Schokolade (72 % Kakao)
300 g weiche Butter

Zum Garnieren:
geraspelte Edelbitter-Schokolade oder Schokoladenlocken

Insgesamt:
E: 67 g, F: 342 g, Kh: 422 g, kJ: 21378, kcal: 5108

1. Den Backofen vorheizen. Für den Teig Eier und Wasser mit Handrührgerät mit Rührbesen auf höchster Stufe in 1 Minute schaumig schlagen. Zucker mit Vanillin-Zucker mischen, in 1 Minute einstreuen, dann noch etwa 2 Minuten weiterschlagen.
2. Mehl mit Speisestärke und Backpulver mischen, auf die Eiercreme geben und kurz auf niedrigster Stufe unterrühren. Den Teig in eine Springform (Ø 26 cm, Boden gefettet, mit Backpapier belegt) füllen, verstreichen und die Form auf dem Rost in den vorgeheizten Backofen schieben.
Ober-/Unterhitze: etwa 180 °C
Heißluft: etwa 160 °C
Backzeit: 25–30 Minuten.
3. Den Boden aus der Form lösen, auf einen mit Backpapier belegten Kuchenrost stürzen und erkalten lassen. Anschließend mitgebackenes Backpapier abziehen und den Boden zweimal waagerecht durchschneiden.
4. Für die Buttercreme aus Pudding-Pulver, Zucker und Milch nach Packungsanleitung einen Pudding zubereiten. Schokolade in Stücke brechen und im heißen Pudding unter Rühren auflösen. Frischhaltefolie direkt auf die Puddingoberfläche legen und den Pudding erkalten lassen (nicht kalt stellen).
5. Butter mit Handrührgerät mit Rührbesen geschmeidig rühren und den erkalteten Pudding nach und nach unterrühren, dabei darauf achten, dass Butter und Pudding Zimmertemperatur haben, da die Creme sonst gerinnt.
6. Den unteren Tortenboden mit knapp einem Drittel der Buttercreme bestreichen. Den zweiten Boden darauflegen, mit knapp der Hälfte der restlichen Creme bestreichen und mit dem dritten Boden bedecken. Rand und Oberfläche der Torte gleichmäßig mit der restlichen Creme bestreichen.
7. Tortenrand und den Rand der Tortenoberfläche mit Hilfe einer Gabel verzieren. Den Rand der Tortenoberfläche zusätzlich mit geraspelter Schokolade oder Schokoladenlocken garnieren.

Tipp: Bestreichen Sie den unteren Tortenboden mit 2–3 Esslöffeln Himbeerkonfitüre, bevor Sie die Buttercreme aufstreichen.

Schoko-Buttercreme-Torte

Fettarm

Schokomousse-Preiselbeer-Torte

Zubereitungszeit: 50 Minuten, ohne Abkühl- und Kühlzeit
Backzeit: etwa 25 Minuten

Für den Biskuitteig:
2 Eier (Größe M)
75 g Zucker
1 Pck. Dr. Oetker Vanillin-Zucker
75 g Weizenmehl
1 gestr. TL Dr. Oetker Backin

Für den Belag:
1 Glas Wild-Preiselbeeren (Einwaage 400 g)
1 Pck. Tortencreme Mousse au Chocolat (Cremepulver)
500 ml (1/2 l) Milch

Zum Garnieren:
25 g weiße Schokolade

Insgesamt:
E: 63 g, F: 60 g, Kh: 467 g,
kJ: 11490, kcal: 2741

Schokomousse-Preiselbeer-Torte

1. Den Backofen vorheizen. Für den Teig Eier mit Handrührgerät mit Rührbesen auf höchster Stufe in 1 Minute schaumig schlagen. Zucker und Vanillin-Zucker mischen, in 1 Minute einstreuen, dann noch etwa 2 Minuten weiterschlagen.
2. Mehl mit Backpulver mischen, auf die Eiercreme geben und kurz auf niedrigster Stufe unterrühren. Den Teig in eine Springform (Ø 26 cm, Boden gefettet, mit Backpapier belegt) geben und verstreichen. Die Form auf dem Rost in den vorgeheizten Backofen schieben.
Ober-/Unterhitze: etwa 180 °C
Heißluft: etwa 160 °C
Backzeit: etwa 25 Minuten.
3. Den Boden aus der Form lösen, auf einen mit Backpapier belegten Kuchenrost stürzen und erkalten lassen. Anschließend mitgebackenes Backpapier abziehen, den Boden auf eine Tortenplatte legen und einen Tortenring darumstellen.
4. Für den Belag die Preiselbeeren (2 Esslöffel zum Garnieren beiseitestellen) auf den Biskuitboden geben und verstreichen, dabei am Rand etwa 1 cm frei lassen. Die Tortencreme mit 500 ml (1/2 l) Milch nach Packungsanleitung zubereiten. Creme vom Rand aus auf den mit Preiselbeeren bestrichenen Boden geben und glattstreichen. Mit Hilfe eines Teelöffels Spitzen ziehen. Torte mindestens 3 Stunden kalt stellen.
5. Zum Garnieren Schokolade in Stücke brechen, in einen kleinen Gefrierbeutel geben, Beutel gut verschließen und die Schokolade im Wasserbad bei schwacher Hitze schmelzen lassen. Beutel abtrocknen, etwas durchkneten und eine kleine Ecke abschneiden. Ornamente auf Backpapier spritzen und fest werden lassen.
6. Vor dem Servieren Tortenring lösen und entfernen und die beiseitegestellten Preiselbeeren in Klecksen auf die Tortenoberfläche geben. Torte mit den Schokoladen-Ornamenten garnieren.

Tipp: Für den Belag können Sie zur Milch noch zusätzlich 3–4 Esslöffel Cognac hinzufügen. Bitte beachten Sie, dass Sie nicht das Dessertpulver Mousse au Chocolat, sondern das Tortencremepulver Mousse au Chocolat verwenden.

Zitronen-Buttercreme-Torte

Fruchtig

Zitronen-Buttercreme-Torte

Zubereitungszeit: 60 Minuten, ohne Abkühl- und Kühlzeit
Backzeit: 25–30 Minuten

Für den Biskuitteig:
4 Eier (Größe M)
2 EL heißes Wasser, 150 g Zucker
1 Pck. Dr. Oetker Vanillin-Zucker
100 g Weizenmehl
100 g Speisestärke
2 gestr. TL Dr. Oetker Backin

Für die Zitronencreme:
125 g Butter
125–150 g Zucker
4 Eigelb (Größe M)
125 ml (1/8 l) Zitronensaft
(von 3–4 Zitronen)

Für die Buttercreme:
1 Pck. Dr. Oetker Pudding-Pulver Vanille-Geschmack
60 g Zucker
500 ml (1/2 l) Milch
250 g weiche Butter

Zum Garnieren:
50 g Zartbitter-Kuvertüre
1 TL Kokosfett
Spalten von 1 Bio-Zitrone
(unbehandelt, ungewachst)
50 g abgezogene, gehobelte Mandeln

Insgesamt:
E: 80 g, F: 427 g, Kh: 601 g,
kJ: 27937, kcal: 6677

1. Den Backofen vorheizen. Für den Teig Eier und Wasser mit Handrührgerät mit Rührbesen schaumig schlagen. Zucker und Vanillin-Zucker mischen, in 1 Minute einstreuen, dann noch etwa 2 Minuten schlagen.
2. Mehl mit Speisestärke und Backpulver mischen und in 2 Portionen auf mittlerer Stufe unterrühren. Den Teig in eine Springform (Ø 26 cm, Boden gefettet, mit Backpapier belegt) füllen und verstreichen. Die Form auf dem Rost in den vorgeheizten Backofen stellen.
Ober-/Unterhitze: 180–200 °C
Heißluft: 160–180 °C
Backzeit: 25–30 Minuten.
3. Den Biskuitboden aus der Form lösen, auf einen mit Backpapier belegten Kuchenrost stürzen und erkalten lassen. Anschließend das Backpapier abziehen und den Tortenboden dreimal dünn durchschneiden.
4. Für die Zitronencreme Butter zerlassen, von der Kochstelle nehmen und nach und nach den Zucker unterrühren. So lange rühren, bis sich Zucker und Butter miteinander verbunden haben. Eigelb nach und nach hinzufügen und die Masse im Wasserbad in etwa 5 Minuten zu einer dicklichen Creme aufschlagen. Zitronensaft unterrühren, unter ständigem Schlagen bis kurz vor den Kochpunkt erhitzen und die Creme unter Rühren erkalten lassen.
5. Für die Buttercreme aus Pudding-Pulver, Zucker und Milch nach Packungsanleitung einen Pudding zubereiten, direkt mit Frischhaltefolie bedecken und erkalten lassen (nicht kalt stellen).
6. Butter mit Handrührgerät mit Rührbesen geschmeidig rühren und den erkalteten Pudding nach und nach unterrühren.
7. Den unteren Biskuitboden mit der Hälfte der Zitronencreme bestreichen, mit dem zweiten Biskuitboden bedecken, etwas andrücken und darauf ein Drittel der Buttercreme bestreichen. Den dritten Boden darauflegen, mit der restlichen Zitronencreme bestreichen, mit dem oberen Boden bedecken und etwas andrücken. Mit gut der Hälfte der übrigen Buttercreme die Torte vollständig einstreichen. Die restliche Buttercreme in einen Spritzbeutel mit Sterntülle (Ø etwa 8 mm) geben und die Zitronen-Buttercreme-Torte damit verzieren.
8. Zum Garnieren Kuvertüre mit Kokosfett in einem Topf im Wasserbad unter Rühren schmelzen lassen. Die Zitronenspalten gut trocken tupfen, halb in die Kuvertüre tauchen, auf einem Stück Backpapier fest werden lassen und die Torte damit garnieren. Mandeln in einer Pfanne ohne Fett leicht bräunen und auf einem Teller erkalten lassen. Die Mandeln mit Hilfe einer Teigkarte an den Rand der Torte geben.

Beliebt

Cappuccino-Torte

Zubereitungszeit: 40 Minuten, ohne Abkühl- und Kühlzeit
Backzeit: 30–35 Minuten

Für den Biskuitteig:
200 g Edelbitter-Schokolade (70–72 % Kakao)
175 g Butter
4 Eier (Größe M)
125 g feinster Zucker
1 Pck. Dr. Oetker Bourbon-Vanille-Zucker
1 Prise Salz
125 g Weizenmehl
1 gestr. TL Dr. Oetker Backin
2 Pck. (25 g) Instant-Cappuccino-pulver

Für die Füllung:
1 Pck. (10 g) Instant-Cappuccino-pulver
150 ml heißes Wasser
200 g Edelbitter-Schokolade (70–72 % Kakao)

Für den Belag:
500 g Mascarpone (ital. Frischkäse)
70 g Zucker
250 g Magerquark

Für den Guss:
200 g Schlagsahne
200 g Zartbitter-Kuvertüre

Insgesamt:
E: 154 g, F: 684 g, Kh: 588 g, kJ: 38608, kcal: 9232

1. Für den Teig Schokolade in Stücke brechen, mit der Butter in einem Topf im Wasserbad auflösen und abkühlen lassen. Den Backofen vorheizen. Eier mit Handrührgerät mit Rührbesen auf höchster Stufe in 1 Minute schaumig schlagen. Zucker mit Vanille-Zucker und Salz mischen, in 1 Minute einstreuen, dann noch etwa 2 Minuten weiterschlagen.

Cappuccino-Torte

2. Mehl mit Backpulver und Cappuccinopulver mischen, auf die Eiercreme geben und kurz auf niedrigster Stufe unterrühren. Zuletzt vorsichtig kurz die Schokoladenbutter unterrühren. Den Teig in eine Springform (Ø 26 cm, Boden gefettet, mit Backpapier belegt) geben und verstreichen. Die Form auf dem Rost in den vorgeheizten Backofen schieben.
Ober-/Unterhitze: etwa 180 °C
Heißluft: etwa 160 °C
Backzeit: 30–35 Minuten.

3. Den Boden aus der Form lösen, auf einen mit Backpapier belegten Kuchenrost stürzen und erkalten lassen. Anschließend mitgebackenes Backpapier abziehen, den Boden wieder umdrehen und einmal waagerecht durchschneiden.

4. Für die Füllung Cappuccinopulver mit heißem Wasser in einem kleinen Topf verrühren. Schokolade grob hacken und unter Rühren darin auflösen, bis eine geschmeidige Masse entstanden ist, evtl. etwas erwärmen. Die Schokocreme auf dem unteren Boden verteilen, verstreichen und anschließend den oberen Boden auflegen.

5. Für den Belag Mascarpone mit Zucker in eine Schüssel geben und mit Handrührgerät mit Rührbesen verrühren. Quark kurz unterrühren und die Creme auf Oberfläche und Rand des Bodens streichen. Die Torte etwa 1 Stunde kalt stellen.

6. Für den Guss inzwischen Sahne in einem Topf erwärmen und von der Kochstelle nehmen. Kuvertüre hacken und unter Rühren in der warmen Sahne auflösen. So lange rühren, bis eine geschmeidige Masse entstanden ist. Den Guss abkühlen lassen (nicht kalt stellen).

7. Den Guss auf die gekühlte Tortenoberfläche geben und mit einem Löffel leicht verteilen, so dass er etwas am Rand herunter läuft. Guss fest werden lassen.

Tipp: Der untere Tortenboden kann zusätzlich mit 4 Esslöffeln Kaffeelikör getränkt werden.

Raffiniert

Croissant-Torte

Zubereitungszeit: 50 Minuten, ohne Abkühl- und Kühlzeit

Für den Tortenboden:
3 Butter-Croissants (je etwa 50 g)
60 g Zucker
30 g Butter

Für den Belag:
6 Blatt weiße Gelatine
200 g bittere Orangenmarmelade
450 g saure Sahne
125 g Schlagsahne

Zum Garnieren:
2–3 EL Johannisbeergelee

Insgesamt:
E: 36 g, F: 144 g, Kh: 306 g,
kJ: 11262, kcal: 2695

1. Für den Tortenboden die Enden der Croissants knapp abschneiden. Die Croissants mit einem scharfen Messer quer in jeweils 5 Scheiben schneiden. Die Scheiben in mehreren Portionen in einer großen beschichteten Pfanne ohne Fett bei schwacher Hitze von beiden Seiten goldbraun rösten.
2. Die Scheiben in eine Springform (Ø 26 cm, Boden gefettet, mit Backpapier belegt) legen, so dass der Springformboden bedeckt ist. Die abgeschnittenen Enden der Croissants zerbröseln und in die Form streuen.
3. Den Zucker hellbraun karamellisieren lassen und von der Kochstelle nehmen. Butter zum Karamell geben und unterrühren. Karamellmasse mit einem Löffel in dünnen Streifen auf die Croissant-Scheiben träufeln. Danach die Karamellmasse erkalten lassen.
4. Für den Belag Gelatine nach Packungsanleitung einweichen. Marmelade mit saurer Sahne verrühren. Gelatine ausdrücken und in einem kleinen Topf bei schwacher Hitze unter Rühren auflösen. 4 Esslöffel von der Sahnemasse unter die Gelatine rühren. Dann die Mischung unter die restliche Sahnemasse rühren und kalt stellen.
5. Sobald die Masse beginnt dicklich zu werden, die Sahne steifschlagen und unterheben. Die Creme auf die Croissant-Scheiben geben und glattstreichen. Die Torte mindestens 2 Stunden kalt stellen.
6. Die Torte aus der Springform lösen und den Springformrand entfernen. Die Torte mit einer Palette oder einem Heber vom Backpapier auf eine Tortenplatte geben und in Stücke schneiden.
7. Das Gelee durch ein Sieb streichen, in einen Gefrierbeutel füllen und eine Ecke des Beutels abschneiden. Auf jedes Tortenstück mit dem Gelee ein kleines Muster spritzen. Die Torte servieren.

Tipp: Das Gelee auf der Torte wird flüssig, wenn es länger als etwa 3 Stunden auf der Torte ist.

Zum Verschenken – mit Alkohol

Petit-Fours-Torte

Zubereitungszeit: 80 Minuten, ohne Abkühl- und Kühlzeit
Backzeit: etwa 25 Minuten je Boden

Für den Biskuitteig (Teig 2 x zubereiten):
75 g Butter
4 Eier (Größe M)
3 EL Orangensaft
150 g Zucker
1 Pck. Dr. Oetker Vanillin-Zucker
100 g Weizenmehl
50 g Speisestärke
3 gestr. TL Dr. Oetker Backin
50 g abgezogene, gemahlene Mandeln

Für die Buttercreme:
500 ml (1/2 l) Milch
50 g Zucker
1 Pck. Dr. Oetker Pudding-Pulver Vanille-Geschmack
200 g weiche Butter
50 g Kokosfett

Zum Tränken und Bestreichen:
2 EL Wasser
30 g Zucker
75 ml Himbeergeist
150 g Himbeer- oder Waldfruchtkonfitüre

Für den Guss:
300 g weiße Kuvertüre
50 g Kokosfett

Zum Verzieren und Garnieren:
50 g Zartbitter-Kuvertüre
1 TL Speiseöl
verschiedene Garnierungen (z. B. kandierte Veilchen oder Rosen, Belegkirschen, gehackte Pistazienkerne, getrocknete Aprikosen- oder Ananasstückchen, Zuckerperlen usw.)

Insgesamt:
E: 145 g, F: 655 g, Kh: 1031 g, kJ: 45109, kcal: 10770

1. Für den Teig Butter zerlassen und abkühlen lassen. Den Backofen vorheizen. Eier und Orangensaft in eine Rührschüssel geben und mit Handrührgerät mit Rührbesen auf höchster Stufe in 1 Minute schaumig schlagen. Zucker und Vanillin-Zucker mischen, in 1 Minute einstreuen und noch etwa 2 Minuten weiterschlagen. Mehl mit Speisestärke und Backpulver mischen, auf die Eiercreme geben und auf niedrigster Stufe kurz unterrühren. Mandeln und zuletzt die Butter ebenfalls kurz unterrühren. Einen Backrahmen (etwa 26 x 26 cm) auf ein Backblech (gefettet, mit Backpapier belegt) stellen, Teig einfüllen und verstreichen. Das Backblech in den vorgeheizten Backofen schieben.
Ober-/Unterhitze: etwa 180 °C
Heißluft: etwa 160 °C
Backzeit: etwa 25 Minuten je Boden.

2. Boden aus dem Backrahmen lösen, mit dem Backpapier auf einen Kuchenrost ziehen und erkalten lassen. Den zweiten Boden ebenso zubereiten, backen und erkalten lassen. Jeden Boden einmal waagerecht durchschneiden.

3. Für die Buttercreme aus Milch, Zucker und Pudding-Pulver nach Packungsanleitung einen Pudding kochen, ihn direkt mit Frischhaltefolie belegen und erkalten lassen (nicht kalt stellen). Butter cremig rühren und den erkalteten Pudding nach und nach unterschlagen, dabei darauf achten, dass Butter und Pudding Zimmertemperatur haben, da die Creme sonst gerinnt. Kokosfett auflösen und warm unterschlagen.

4. Zum Tränken Wasser mit Zucker aufkochen und abkühlen lassen, Himbeergeist unterrühren. Einen Biskuitboden auf eine Tortenplatte legen, erst mit einem Drittel der Konfitüre, dann mit einem Drittel der Buttercreme bestreichen. Zweiten Biskuitboden auflegen. Boden mit Hilfe eines Pinsels mit einem Drittel der Tränke tränken, mit der Hälfte der restlichen Konfitüre bestreichen und mit knapp der Hälfte der restlichen Creme bestreichen. Dritten Boden auflegen, mit der Hälfte der restlichen Tränke tränken, mit restlicher Konfitüre und restlicher Creme (3 Esslöffel Creme beiseitestellen) bestreichen. Vierten Boden auflegen und mit der restlichen Tränke tränken, Torte rundherum dünn mit der beiseitegestellten Creme bestreichen und etwa 2 Stunden kalt stellen.

Petit-Fours-Torte

5. Für den Guss weiße Kuvertüre mit Kokosfett in einem Topf im Wasserbad bei schwacher Hitze unter Rühren schmelzen lassen, die Torte vollständig damit überziehen und den Guss fest werden lassen. Dunkle Kuvertüre mit Öl ebenfalls auflösen, in eine Papierspritztüte füllen und eine kleine Spitze abschneiden. Die Oberfläche des Gebäcks damit in kleine angedeutete Petit Fours einteilen und nach Belieben verzieren und garnieren.

Für Gäste

Schokoladen-Buttermilch-Torte

Zubereitungszeit: 60 Minuten, ohne Abkühl- und Kühlzeit
Backzeit: etwa 45 Minuten

Für den Schüttelteig:
150 g Butter oder Margarine
200 g Weizenmehl
2 gestr. TL Dr. Oetker Backin
30 g gesiebtes Kakaopulver
170 g Zucker
1 Pck. Dr. Oetker Vanillin-Zucker
4 Eier (Größe M)
125 ml (1/8 l) Buttermilch

Für die Füllung:
100 g Butter
200 g Zartbitter-Kuvertüre
200 g Schlagsahne
70 g gesiebter Puderzucker

Zum Garnieren und Bestäuben:
Zuckerperlen
Kakaopulver

Insgesamt:
E: 75 g, F: 374 g, Kh: 508 g,
kJ: 24031, kcal: 5752

1. Für den Teig Butter oder Margarine zerlassen und abkühlen lassen. Den Backofen vorheizen. Mehl mit Backpulver und Kakao in einer verschließbaren Schüssel (etwa 3 l) mit Zucker und Vanillin-Zucker mischen. Eier, Butter oder Margarine und Buttermilch hinzufügen und die Schüssel mit dem Deckel fest verschließen.
2. Schüssel mehrmals (insgesamt 15–30 Sekunden) kräftig schütteln, so dass alle Zutaten gut vermischt sind. Alles mit einem Schneebesen oder Rührlöffel nochmals sorgfältig durchrühren, damit trockene Zutaten vom Rand mit untergerührt werden. Den Teig in eine Springform (Ø 22 cm, Boden gefettet) füllen und verstreichen. Form auf dem Rost in den vorgeheizten Backofen schieben.
Ober-/Unterhitze: etwa 180 °C
Heißluft: etwa 160 °C
Backzeit: etwa 45 Minuten.
3. Den Boden 5 Minuten in der Form stehen lassen, dann aus der Form lösen und auf einem mit Backpapier belegten Kuchenrost erkalten lassen.
4. Für die Füllung Butter und Kuvertüre in kleine Stücke schneiden oder hacken, mit Sahne und Puderzucker in einen Topf geben und bei schwacher Hitze zerlassen, dabei gelegentlich umrühren. So lange rühren, bis eine geschmeidige Masse entstanden ist. Schokomasse abkühlen lassen, dann mit einem Kochlöffel so lange rühren, bis sie streichfähig ist.
5. Den Boden zweimal waagerecht durchschneiden. Die Schokocreme halbieren. Eine Hälfte der Creme auf 2 der Gebäckplatten verteilen und verstreichen. Böden zusammensetzen und den dritten Boden auflegen. Von der restlichen Creme 2 Esslöffel zum Verzieren in einen Spritzbeutel mit kleiner Sterntülle füllen. Die Torte mit der restlichen Schokocreme vollständig bestreichen und kurz kalt stellen.
6. Torte auf eine Tortenplatte setzen und oberen und unteren Rand mit Cremetupfen verzieren. Die Torte kalt stellen und vor dem Servieren mit Zuckerperlen garnieren und mit Kakaopulver bestäuben.

Für Kinder – schnell zubereitet

Popcorn-Schoko-Torte

Zubereitungszeit: 20 Minuten, ohne Kühlzeit

Für den Boden:
50 g Popcorn
150 g Vollmilch-Schokolade

Für den Belag:
1 Pck. Mousse au Chocolat (Dessertpulver)
250 ml (1/4 l) Milch

Zum Garnieren:
25 g Popcorn

Insgesamt:
E: 34 g, F: 61 g, Kh: 174 g,
kJ: 5979, kcal: 1528

1. Für den Boden Popcorn mit einem Messer grob hacken. Schokolade in Stücke brechen und in einem Topf im Wasserbad bei schwacher Hitze unter Rühren schmelzen. 50 g davon beiseitestellen. Schokolade zu den

Popcornbröseln geben und gut vermischen.

2. Einen Springformrand (Ø 22 cm) auf eine mit Tortenspitze oder Backpapier belegte Tortenplatte stellen, die Popcornmasse darin verteilen und zu einem Boden andrücken. Den Boden kalt stellen.

3. Für den Belag aus dem Dessertpulver und Milch nach Packungsanleitung eine Creme zubereiten, auf den Popcornboden geben und verstreichen.

4. Popcorn auf die Creme häufen und leicht andrücken. Beiseitegestellte Schokolade geschmeidig rühren und mit einem kleinen Löffel über das Popcorn sprenkeln. Die Torte etwa 2 Stunden kalt stellen.

Tipp: Die Torte lässt sich am besten mit einem elektrischen Messer schneiden. 100 ml der Milch für das Dessert durch Orangensaft ersetzen und nach Belieben zusätzlich eine Dose Mandarinen (Abtropfgewicht 175 g) unter die Mousse heben.

Raffiniert

Pflaumen-Sanddorn-Torte

Zubereitungszeit: 50 Minuten, ohne Abkühlzeit
Backzeit: etwa 10 Minuten

Für den Krokantboden:
80 g Butter, 100 g Zucker
5 EL (60 g) Schlagsahne
150 g Schokomüsli
50 g Weizenmehl

Für den Belag:
750 g Pflaumen (Zwetschen)
2 EL Zucker
1 Pck. Dr. Oetker Vanillin-Zucker
1/2 gestr. TL gemahlener Zimt

Für die Creme:
8 Blatt weiße Gelatine
250 g Mascarpone (ital. Frischkäse)
500 g Magerquark
200 g Sanddorn-Aufstrich (Reformhaus)
Saft und abgeriebene Schale von 1/2 Bio-Zitrone (unbehandelt, ungewachst)

Insgesamt:
E: 117 g, F: 214 g, Kh: 513 g,
kJ: 18917, kcal: 4504

1. Den Backofen vorheizen. Für den Krokantboden Butter mit Zucker in einem kleinen Topf erhitzen und hellbraun karamellisieren lassen. Sahne unterrühren und kurz aufkochen lassen. Müsli und Mehl mischen, zur Karamellmasse geben und alles gut vermengen.

2. Müsli-Krokant-Masse mit einem angefeuchteten Esslöffel auf dem Boden einer Springform (Ø 26 cm, Boden gefettet, mit Backpapier belegt) verstreichen. Die Form auf dem Rost in den vorgeheizten Backofen schieben.
Ober-/Unterhitze: etwa 180 °C
Heißluft: etwa 160 °C
Backzeit: etwa 10 Minuten.

3. Die Form auf einen Kuchenrost stellen und den Boden darin erkalten lassen.

4. Für den Belag Pflaumen waschen, abtrocknen, entstielen, halbieren und entsteinen. Hälften evtl. kleiner schneiden. Pflaumen auf dem Krokantboden verteilen. Zucker, Vanillin-Zucker und Zimt mischen und die Pflaumen damit bestreuen.

5. Für die Creme zunächst die Gelatine nach Packungsanleitung einweichen. Mascarpone mit Quark, Sanddorn-Aufstrich und Zitronensaft und -schale verrühren. Gelatine leicht ausdrücken, in einem Topf bei schwacher Hitze auflösen und mit etwas von der Quarkmasse verrühren, dann unter die restliche Quarkmasse rühren.

6. Die Sanddorn-Creme auf den Pflaumen verteilen und etwas fest werden lassen. Mit einem Esslöffel Wellen hineinziehen. Die Torte 2–3 Stunden kalt stellen.

Tipp: Die Torte schmeckt frisch am besten. Anstelle der frischen Pflaumen können auch Pflaumen aus dem Glas verwendet werden, diese dann in einem Sieb gut abtropfen lassen und evtl. auf Küchenpapier legen. Statt Pflaumen eignen sich auch Birnen, Heidelbeeren oder Aprikosen. Falls die Form nicht dicht schließt, den unteren Formrand von außen mit Alufolie umkleiden, um ein Auslaufen des Krokants beim Backen zu verhindern.

Pflaumen-Sanddorn-Torte

Raffiniert – mit Alkohol

Fruchtige Herrentorte

Zubereitungszeit: 70 Minuten, ohne Abkühl- und Kühlzeit
Backzeit: 40–50 Minuten

Für den Knetteig:
125 g Weizenmehl
1 Msp. Dr. Oetker Backin
50 g Zucker
50 g weiche Butter oder Margarine
1 Ei (Größe M)

Für den Biskuitteig:
100 g Butter
6 Eiweiß (Größe M)
100 g Zucker
4 Eigelb (Größe M)
50 g Zucker
1 Pck. Dr. Oetker Pudding-Pulver Vanille-Geschmack
50 g Speisestärke

Für die Füllung:
2 Pck. Dr. Oetker Pudding-Pulver Vanille-Geschmack
100 g Zucker
500 ml (1/2 l) Apfelsaft
300 ml Weißwein
2 Eigelb (Größe M)
100 g Marzipan-Rohmasse
1 Pck. Dr. Oetker Finesse Geriebene Zitronenschale
1 rotschaliger Apfel
1 grünschaliger Apfel

Zum Garnieren:
100 g Marzipan-Rohmasse
50 g Puderzucker

Für den Guss:
1 Pck. Tortenguss, klar
2 EL Zucker
125 ml (1/8 l) Weißwein oder Apfelsaft
125 ml (1/8 l) Wasser

Insgesamt:
E: 92 g, F: 245 g, Kh: 795 g,
kJ: 25222, kcal: 6017

1. Den Backofen vorheizen. Für den Knetteig Mehl mit Backpulver in einer Rührschüssel mischen. Restliche Zutaten hinzufügen und mit Handrührgerät mit Knethaken zunächst kurz auf niedrigster, dann auf höchster Stufe gut durcharbeiten. Anschließend den Teig auf der bemehlten Arbeitsfläche kurz verkneten. Teig in Frischhaltefolie gewickelt etwa 20 Minuten kalt stellen.

2. Anschließend den Teig auf einem Springformboden (Ø 26 cm, gefettet) ausrollen und mit einer Gabel mehrfach einstechen. Springformrand darumstellen und die Form auf dem Rost in den vorgeheizten Backofen schieben.
Ober-/Unterhitze: etwa 200 °C
Heißluft: etwa 180 °C
Backzeit: 12–15 Minuten.

3. Springformrand entfernen, Gebäck vom Springformboden lösen, aber darauf auf einem Kuchenrost erkalten lassen.

4. Für den Biskuitteig die Butter zerlassen und abkühlen lassen. Auf 5 Bögen Backpapier je 5 Kreise (Ø etwa 26 cm) zeichnen und 1 Bogen auf ein Backblech (gefettet) legen. Eiweiß in einer Rührschüssel so steifschlagen, dass ein Messerschnitt sichtbar bleibt. 100 g Zucker nach und nach kurz unterschlagen. Eigelb mit 50 g Zucker schaumig schlagen und mit einem Teigschaber unter den Eischnee heben.

5. Pudding-Pulver mit Speisestärke mischen, ebenfalls unterheben und zuletzt die flüssige Butter kurz unterrühren. Aus dem Teig 5 Böden backen. Dazu jeweils ein Fünftel des Teiges auf die aufgezeichnete Kreisfläche streichen, dabei am Rand etwa 1 cm frei lassen und das Backblech in den heißen Backofen schieben. Die Böden **bei gleicher Backtemperatur jeweils 5–8 Minuten backen.**

6. Die Böden mit dem Backpapier auf Kuchenroste ziehen und erkalten lassen. Anschließend mitgebackenes Backpapier abziehen.

7. Für die Füllung einen Pudding aus Pudding-Pulver, Zucker, Apfelsaft, Weißwein und Eigelb nach Packungsanleitung, aber mit den hier angegebenen Zutaten zubereiten. Marzipan klein schneiden und mit Zitronenschale in eine Rührschüssel geben. Den heißen Apfelpudding mit Hand-

Fruchtige Herrentorte

Orangen-Blitztorte

rührgerät mit Rührbesen nach und nach mit dem Marzipan und der Zitronenschale verrühren. Die Creme in 5 Portionen teilen.

8. Äpfel waschen, halbieren und je 1 rote und grüne Hälfte in Frischhaltefolie verpackt zum Garnieren beiseitelegen. Restliche Hälften schälen, entkernen und in dünne Spalten schneiden. Den Knetteigboden auf eine Tortenplatte legen und einen Tortenring oder den gesäuberten Springformrand darumstellen.

9. Eine Portion der Creme auf dem Knetteigboden verstreichen. Einen Biskuitboden darauflegen und leicht andrücken. Eine Portion der Creme daraufstreichen und Apfelspalten darauf verteilen. Nächsten Boden auflegen und die Torte weiter so füllen. Die Torte etwa 2 Stunden kalt stellen.

10. Zum Garnieren Marzipan mit Puderzucker verkneten und zwischen einem aufgeschnittenen Gefrierbeutel oder Frischhaltefolie ausrollen. Daraus einen Streifen in Umfang und Höhe der Torte (+ 1 cm höher) ausschneiden. Tortenring lösen und entfernen, den Marzipanstreifen um die Torte legen und leicht andrücken. Beiseitegelegte Apfelhälften entkernen, in sehr dünne Spalten schneiden und auf die Torte legen.

11. Für den Guss Tortengusspulver mit Zucker, Weißwein oder Saft und Wasser nach Packungsanleitung zubereiten und mit Hilfe eines Backpinsels auf den Früchten verteilen. Guss fest werden lassen und die Torte bis zum Servieren kalt stellen.

Schnell zubereitet

Orangen-Blitztorte

Zubereitungszeit: 30 Minuten, ohne Abkühl- und Kühlzeit
Backzeit: etwa 20 Minuten

Für den Schüttelteig:
150 g Butter oder Margarine
275 g Weizenmehl
3 gestr. TL Dr. Oetker Backin
150 g Zucker
1 Pck. Dr. Oetker Vanillin-Zucker
4 Eier (Größe M)
125 ml (1/8 l) Orangensaft oder Orangen-Buttermilch

Für die Orangencreme:
4 Blatt weiße Gelatine
750 ml (3/4 l) Orangensaft oder Orangen-Buttermilch
40–50 g Zucker
2 Pck. Dr. Oetker Pudding-Pulver Vanille-Geschmack
150 g saure Sahne

Zum Garnieren und Verzieren:
Puderzucker
100 g Schlagsahne

Insgesamt:
E: 80 g, F: 200 g, Kh: 568 g, kJ: 18973, kcal: 4538

1. Für den Teig Butter oder Margarine zerlassen und abkühlen lassen. Den Backofen vorheizen. Mehl mit Backpulver in eine verschließbare Schüssel (etwa 3 l) geben und mit Zucker und Vanillin-Zucker mischen. Restliche Zutaten für den Teig hinzufügen und die Schüssel mit dem Deckel fest verschließen.

2. Die Schüssel mehrmals kräftig (insgesamt 15–30 Sekunden) schütteln, so dass alle Zutaten gut vermischt sind. Alles mit einem Schneebesen oder Rührlöffel nochmals sorgfältig durchrühren, damit trockene Zutaten vom Rand mit untergerührt werden. Den Teig auf ein Backblech (30 x 40 cm, gefettet, mit Backpapier belegt) geben, verstreichen und das Backblech in den vorgeheizten Backofen schieben.
Ober-/Unterhitze: etwa 200 °C
Heißluft: etwa 180 °C
Backzeit: etwa 20 Minuten.

3. Gebäck auf dem Backblech auf einem Kuchenrost erkalten lassen.

4. Für die Orangencreme Gelatine nach Packungsanleitung einweichen. Aus Saft, Zucker und Pudding-Pulver nach Packungsanleitung einen Pudding kochen (bei Verwendung von Buttermilch ständig rühren). Topf von der Kochstelle nehmen, Gelatine ausdrücken, in dem heißen Pudding unter Rühren auflösen und saure Sahne unterrühren. Creme erkalten lassen, dabei gelegentlich umrühren.

5. Gebäckplatte vom Rand lösen, auf Backpapier stürzen und das mitgebackene Backpapier abziehen. Von der Platte von der längeren Seite einen 5 cm breiten und 40 cm langen Streifen abschneiden. Restliche Platte so halbieren, dass zwei Rechtecke (etwa 20 x 25 cm) entstehen.

6. Ein Rechteck auf eine Tortenplatte legen, die Hälfte der erkalteten Creme daraufstreichen und den zweiten Boden darauflegen. Restliche Creme auf der Oberfläche verstreichen. Die Torte etwa 2 Stunden kalt stellen.

7. Zum Garnieren und Verzieren den zurückgelassenen Teigstreifen in unterschiedlich große Rechtecke schneiden und mit Puderzucker bestäuben. Sahne steifschlagen, in einen Spritzbeutel mit Sterntülle füllen, Tuffs auf die Tortenoberfläche spritzen und die Gebäckstücke dekorativ darauf verteilen.

Fruchtig

Kleine Quark-Kirsch-Torte

Zubereitungszeit: 60 Minuten, ohne Kühl- und Abkühlzeit

Für den Boden:
100 g Zartbitter-Schokolade (etwa 50 % Kakao)
50 g Vollmilch-Schokolade
50 g Cornflakes

Für den Kirschbelag:
1 Glas Sauerkirschen (Abtropfgewicht 370 g)
1/2 Zimtstange
2 gestr. EL Zucker
20 g Speisestärke
2 EL Wasser

Für die Creme:
3 Blatt weiße Gelatine
100 g Doppelrahm-Frischkäse
250 g Magerquark
70 g Zucker
1 Pck. Dr. Oetker Vanillin-Zucker
1–2 EL Zitronensaft
200 g Schlagsahne

Zum Garnieren:
2 Blatt weiße Gelatine
125 ml (1/8 l) Sauerkirschsaft aus dem Glas
etwas Zitronenmelisse

Insgesamt:
E: 75 g, F: 147 g, Kh: 324 g,
kJ: 12516, kcal: 2990

Kleine Quark-Kirsch-Torte

1. Für den Boden Zartbitter- und Vollmilch-Schokolade grob zerkleinern und in einem Topf im Wasserbad bei schwacher Hitze unter Rühren schmelzen lassen.
2. Cornflakes unter die Schokolade rühren. Dann einen Springformrand (Ø 20 cm) auf eine mit Tortenspitze oder Backpapier belegte Tortenplatte stellen. Die Schoko-Cornflakes-Masse darin verteilen und mit einem Löffel gut andrücken. Die Form kalt stellen, bis der Boden fest geworden ist.
3. Für den Kirschbelag die Kirschen in einem Sieb abtropfen lassen, dabei den Saft auffangen. 125 ml (1/8 l) davon abmessen und beiseitestellen. Den restlichen Kirschsaft mit Zimtstange und Zucker aufkochen lassen. Speisestärke mit Wasser anrühren und in den kochenden Kirschsaft rühren. Alles nochmals unter Rühren aufkochen lassen und von der Kochstelle nehmen.
4. Die Kirschen unterheben und die Masse erkalten lassen. Die Zimtstange aus der Masse nehmen, Kirschmasse auf den Boden geben, verstreichen und kalt stellen.
5. Für die Creme Gelatine nach Packungsanleitung einweichen. Frischkäse mit Quark, Zucker, Vanillin-Zucker und Zitronensaft verrühren. Die Gelatine leicht ausdrücken und in einem kleinen Topf bei schwacher Hitze auflösen. 3 Esslöffel von der Quarkmasse unter die Gelatine rühren, dann die Mischung mit der restlichen Quarkmasse verrühren und kalt stellen.
6. Wenn die Quarkmasse beginnt dicklich zu werden, Sahne steifschlagen und unterheben. Die Quark-Sahne-Creme auf die Kirschen streichen und die Torte etwa 2 Stunden kalt stellen.
7. Zum Garnieren Gelatine nach Packungsanleitung einweichen. Gelatine leicht ausdrücken und in einem kleinen Topf bei schwacher Hitze auflösen. Den abgemessenen Kirschsaft nach und nach unterrühren, in eine flache Schüssel füllen und mindestens 1 Stunde kalt stellen.
8. Springformrand lösen und entfernen. Die Torte mit einer Palette oder einem Heber vom Backpapier auf eine Tortenplatte geben.
9. Das etwas fest gewordene Kirschgelee mit einer Gabel oder einem Löffel in kleine Stückchen reißen. Die Geleestückchen in 10–12 Portionen als kleine Häufchen auf den Tortenrand geben.
10. Zitronenmelisse abspülen, trocken tupfen, in kleine Stängel zupfen und zwischen die roten Geleehäufchen verteilen.

Klassisch – dauert länger

Mignon-Torte

Zubereitungszeit: 90 Minuten, ohne Abkühl- und Kühlzeit
Backzeit: 70–85 Minuten

Für den Knetteig:
500 g Weizenmehl
2 gestr. TL Dr. Oetker Backin
150 g Puderzucker
1 Pck. Dr. Oetker Vanillin-Zucker
1 Prise Salz
abgeriebene Schale von 1 Bio-Zitrone (unbehandelt, ungewachst)
3 Eier (Größe M)
300 g Butter oder Margarine

Für die Füllung:
abgeriebene Schale von 2 Bio-Zitronen (unbehandelt, ungewachst)
175 g Zucker
1 Pck. Dr. Oetker Vanillin-Zucker
2 schwach geh. EL Speisestärke
150 ml Zitronensaft
(von 3–4 Zitronen)
3 Eier (Größe M)
200 g weiche Butter

Für den Guss:
225 g Puderzucker
4–5 EL Orangen- oder Zitronensaft

8 Pistazienkerne

Insgesamt:
E: 103 g, F: 475 g, Kh: 967 g,
kJ: 35890, kcal: 8570

1. Für den Teig Mehl mit Backpulver und Puderzucker in einer Rührschüssel mischen. Restliche Zutaten hinzufügen und mit Handrührgerät mit Knethaken zunächst kurz auf niedrigster, dann auf höchster Stufe gut durcharbeiten. Anschließend den Teig auf der leicht bemehlten Arbeitsfläche kurz verkneten.
2. Den Backofen vorheizen. Teig in 6 gleich große Portionen aufteilen. Eine Portion auf der leicht bemehlten Arbeitsfläche dünn ausrollen. Mit einer Ausstechform 32 runde oder gezackte Plätzchen (Ø etwa 2 cm) ausstechen und auf ein Backblech (mit Backpapier belegt) legen. Das Backblech in den vorgeheizten Backofen schieben.
Ober-/Unterhitze: 180–200 °C
Heißluft: 160–180 °C
Backzeit: 8–10 Minuten.
3. Die Plätzchen mit dem Backpapier vom Backblech auf einen Kuchenrost ziehen und die Plätzchen erkalten lassen.
4. Die restlichen 5 Teigportionen jeweils auf einem Springformboden (Ø 26 cm, gefettet) ausrollen. Die Böden ohne Springformrand nacheinander auf dem Rost in den heißen Backofen schieben und **bei gleicher Backtemperatur je 12–15 Minuten backen.**
5. Die Gebäckböden sofort nach dem Backen vorsichtig vom Springformboden lösen und einzeln auf einem Kuchenrost erkalten lassen.
6. Für die Füllung Zitronenschale mit Zucker, Vanillin-Zucker und Speisestärke in einem Topf mischen, Zitronensaft hinzugießen und gut verrühren. Eier unterrühren. Die Zutaten unter Rühren kurz aufkochen lassen. Den Topf von der Kochstelle nehmen und Butter unterrühren. Die Creme erkalten lassen, dabei gelegentlich umrühren. Jeweils 2 Plätzchen mit etwas Creme zu 16 Plätzchen zusammensetzen und beiseitelegen.
7. Die restliche Creme (etwas Creme für den Rand abnehmen) auf 4 der Böden verteilen und verstreichen. Die Böden zu einer Torte zusammensetzen und den letzten unbestrichenen Boden auflegen. Den Tortenrand mit der abgenommenen Creme bestreichen. Die Torte 1 Stunde kalt stellen.
8. Für den Guss Puderzucker mit Orangen- oder Zitronensaft zu einer dickflüssigen Masse verrühren. Etwas von dem Guss in ein Papiertütchen oder einen kleinen Gefrierbeutel geben, Tropfen des Gusses auf die Plätzchenoberfläche spritzen und halbierte Pistazienkerne darauflegen. Tortenrand und -oberfläche mit dem restlichen Guss bestreichen. Die Plätzchen auf den Tortenoberflächenrand setzen. Guss fest werden und die Torte gut durchziehen lassen.

Tipp: Die Tortenoberfläche mit fein gehackten Pistazienkernen bestreuen.

Mignon-Torte

Für Gäste – mit Alkohol

Großherzogin-Luise-Torte

Zubereitungszeit: 60 Minuten, ohne Abkühl- und Kühlzeit
Backzeit: etwa 50 Minuten

Für den Rührteig:
100 g Edelbitter-Schokolade (mind. 50 % Kakao)
5 Eiweiß (Größe M)
1 Prise Salz
80 g Butter oder Margarine
80 g Zucker
1 Pck. Dr. Oetker Vanillin-Zucker
1 Pck. Dr. Oetker Finesse Jamaica-Rum-Aroma
5 Eigelb (Größe M)
200 g abgezogene, gemahlene Mandeln
1/2 gestr. TL Dr. Oetker Backin

Für die Füllung:
1 Pck. Dr. Oetker Pudding-Pulver Schokoladen-Geschmack
40 g Zucker
200 ml Milch
200 g Schlagsahne
100 g weiche Butter
100 g Edelvollmilch-Schokolade mit Champagnertrüffel-Füllung

Für den Guss:
100 g Edelbitter-Schokolade (mind. 50 % Kakao)
2 EL Schlagsahne

Zum Garnieren und Bestäuben:
100 g Edelvollmilch-Schokolade mit Champagnertrüffel-Füllung
2–3 EL Kakaopulver

Insgesamt:
E: 116 g, F: 514 g, Kh: 370 g, kJ: 27655, kcal: 6607

1. Für den Teig Schokolade in kleine Stücke hacken. Das Eiweiß mit Salz steifschlagen. Den Backofen vorheizen. Butter oder Margarine in einer Rührschüssel mit Handrührgerät mit Rührbesen auf höchster Stufe geschmeidig rühren. Nach und nach Zucker, Vanillin-Zucker und Aroma unterrühren. So lange rühren, bis eine gebundene Masse entstanden ist. Eigelb nach und nach unterrühren.

2. Die Mandeln mit Backpulver und Schokoladenstückchen mischen und in 2 Portionen auf mittlerer Stufe unterrühren. Eischnee unterheben. Den Teig in eine Springform (Ø 26 cm, Boden gefettet, mit Backpapier belegt) geben und verstreichen. Die Form auf dem Rost in den vorgeheizten Backofen schieben.
Ober-/Unterhitze: etwa 180 °C
Heißluft: etwa 160 °C
Backzeit: etwa 50 Minuten.

3. Den Gebäckboden aus der Form lösen und auf einen mit Backpapier belegten Kuchenrost stürzen. Mitgebackenes Backpapier abziehen und den Boden erkalten lassen. Anschließend den Boden einmal waagerecht durchschneiden. Den unteren Gebäckboden auf eine Tortenplatte legen.

4. Für die Füllung aus dem Pudding-Pulver, Zucker, Milch und Sahne nach Packungsanleitung, aber mit der hier angegebenen Milch- und Sahnemenge einen Pudding zubereiten. Pudding in eine Rührschüssel geben. Butter in knapp 1/2 cm dicke Scheiben schneiden und auf den heißen Pudding legen. Die Schüssel mit Frischhaltefolie zudecken. Puddingmasse etwa 2 Stunden erkalten lassen.

5. Puddingmasse mit Handrührgerät mit Rührbesen zu einer cremigen Masse aufschlagen. Gut zwei Drittel der Creme auf dem unteren Boden verstreichen. Schokolade in grobe Stücke schneiden oder hacken und auf der Creme verteilen. Den oberen Gebäckboden darauflegen. Tortenrand und -oberfläche dünn mit der restlichen Creme bestreichen. Die Torte etwa 1 Stunde kalt stellen.

6. Für den Guss Schokolade in kleine Stücke brechen und mit Sahne in einem kleinen Topf im heißen Wasserbad bei schwacher Hitze unter Rühren schmelzen lassen, bis eine glatte Masse entstanden ist. Die Schokolade auf die Tortenoberfläche geben und verstreichen.

7. Zum Garnieren und Bestäuben Schokolade in Stücke brechen. Die Tortenoberfläche damit garnieren und den Guss fest werden lassen. Den Tortenrand mit Kakao bestäuben bzw. etwas Kakao mit Hilfe eines Messers an den Rand drücken. Die Torte nochmals kurz kalt stellen und vor dem Servieren mit etwas Kakao bestäuben.

Großherzogin-Luise-Torte

Für Kinder

Jelly-Himbeertorte

Zubereitungszeit: 50 Minuten, ohne Kühl- und Abkühlzeit
Backzeit: etwa 25 Minuten

Zum Vorbereiten:
1 Beutel aus 1 Pck. Götterspeise Himbeer-Geschmack
100 g Zucker
450 ml Wasser

Für den Biskuitteig:
60 g Butter
4 Eier (Größe M)
120 g Zucker
1 Pck. Dr. Oetker Vanillin-Zucker
1 Pck. Dr. Oetker Finesse Geriebene Zitronenschale
1 Prise Salz
120 g Weizenmehl
60 g Speisestärke
2 gestr. TL Dr. Oetker Backin

Für die Creme:
80 g weiche Butter
120 g gesiebter Puderzucker
1 Pck. Dr. Oetker Vanillin-Zucker
200 g Doppelrahm-Frischkäse

Zum Garnieren:
250 g Himbeeren
einige abgezogene, gehobelte Mandeln
einige Minzeblättchen

Insgesamt:
E: 87 g, F: 217 g, Kh: 518 g, kJ: 18376, kcal: 4384

Jelly-Himbeertorte

1. Zum Vorbereiten Götterspeise in einem kleinen Topf nach Packungsanleitung, aber mit Zucker und nur mit 250 ml (1/4 l) kaltem Wasser anrühren. Die Masse unter Rühren erhitzen, bis alles gelöst ist (nicht kochen). Topf von der Kochstelle nehmen. 200 ml kaltes Wasser einrühren. Flüssigkeit in eine flache runde Schale oder Auflaufform (unterer Ø etwa 25 cm) gießen und etwa 4 Stunden kalt stellen.

2. Für den Teig Butter zerlassen und leicht abkühlen lassen. Den Backofen vorheizen. Eier mit Handrührgerät mit Rührbesen auf höchster Stufe in 1 Minute schaumig schlagen. Zucker mit Vanillin-Zucker, Zitronenschale und Salz mischen, in 1 Minute einstreuen, dann noch etwa 2 Minuten weiterschlagen.

3. Mehl mit Speisestärke und Backpulver mischen, die Hälfte davon auf die Eiercreme geben und kurz auf niedrigster Stufe unterrühren. Restliches Mehlgemisch auf die gleiche Weise unterarbeiten. Butter kurz vorsichtig unterrühren. Den Teig in eine Springform (Ø 26 cm, Boden gefettet, mit Backpapier belegt) geben. Die Form auf dem Rost in den vorgeheizten Backofen schieben.
Ober-/Unterhitze: etwa 180 °C
Heißluft: etwa 160 °C
Backzeit: etwa 25 Minuten.

4. Den Biskuitboden etwa 5 Minuten in der Form auf einem Kuchenrost stehen lassen, dann aus der Form lösen, auf einen mit Backpapier belegten Kuchenrost stürzen und erkalten lassen. Anschließend mitgebackenes Backpapier abziehen und den Boden einmal waagerecht durchschneiden. Unteren Boden auf eine Tortenplatte legen.

5. Die Schale mit der Götterspeise einige Sekunden in heißes Wasser stellen, dann den Rand lösen und die Götterspeiseplatte vorsichtig auf den Biskuitboden gleiten lassen. Danach den oberen Biskuitboden darauflegen.

6. Für die Creme Butter mit Puderzucker und Vanillin-Zucker mit Handrührgerät mit Rührbesen geschmeidig rühren. Frischkäse unterrühren. Tortenoberfläche und -rand mit der Creme bestreichen. Tortenoberfläche mit verlesenen Himbeeren belegen, mit Mandeln bestreuen und mit Minzeblättchen garnieren. Die Torte etwa 30 Minuten kalt stellen.

Pumpernickeltorte mit Mandarinen

Raffiniert

Pumpernickeltorte mit Mandarinen

Zubereitungszeit: 50 Minuten, ohne Abkühlzeit
Backzeit: 35–40 Minuten

Zum Vorbereiten:
250 g Pumpernickel

Für den Schüttelteig:
100 g Butter oder Margarine
100 g Weizenmehl
2 gestr. TL Dr. Oetker Backin
120 g Zucker
1 Pck. Dr. Oetker Vanillin-Zucker
1/2 Pck. Dr. Oetker Finesse Geriebene Orangenschale
2 Eier (Größe M)
6 EL Orangensaft

Für den Belag:
2 Dosen Mandarinen (Abtropfgewicht je 175 g)
250 g Mascarpone (ital. Frischkäse)
1/2 TL Dr. Oetker Finesse Geriebene Orangenschale
250 g Magerquark
1 Pck. Dr. Oetker Sahnesteif
80 g gesiebter Puderzucker
2–3 EL Orangensaft

Insgesamt:
E: 87 g, F: 205 g, Kh: 473 g,
kJ: 17723, kcal: 4236

1. Zum Vorbereiten Pumpernickel in kleine Stücke brechen und fein hacken. Den Backofen vorheizen.
2. Für den Teig Butter oder Margarine zerlassen und abkühlen lassen. Mehl mit Backpulver in einer verschließbaren Schüssel (etwa 3 l) mit Zucker, Vanillin-Zucker und Orangenschale mischen. Eier, Butter oder Margarine und Orangensaft hinzufügen. Die Schüssel mit dem Deckel fest verschließen.
3. Schüssel mehrmals (insgesamt 15–30 Sekunden) kräftig schütteln, so dass alle Zutaten gut vermischt sind. Pumpernickelbrösel hinzugeben. Alles mit einem Schneebesen oder Rührlöffel nochmals sorgfältig durchrühren, damit trockene Zutaten vom Rand mit untergerührt werden.
4. Dann den Teig in eine Springform (Ø 26 cm, Boden gefettet) geben und verstreichen. Die Form auf dem Rost in den vorgeheizten Backofen schieben.
Ober-/Unterhitze: etwa 180 °C
Heißluft: etwa 160 °C
Backzeit: 35–40 Minuten.
5. Die Form auf einen Kuchenrost stellen und den Gebäckboden etwa 10 Minuten in der Form stehen lassen, dann vorsichtig lösen. Gebäckboden auf einem mit Backpapier belegten Kuchenrost erkalten lassen. Anschließend einen Tortenring oder den gesäuberten Springformrand darumstellen.
6. Für den Belag die Mandarinen in einem Sieb gut abtropfen lassen. Die Hälfte der Mandarinen auf dem Gebäckboden verteilen.
7. Mascarpone mit Orangenschale und Quark gut verrühren. Sahnesteif mit Puderzucker mischen, zur Quarkmasse geben und cremig rühren. Orangensaft ebenfalls unterrühren. Die Mascarponecreme auf den Gebäckboden geben und glattstreichen. Die restlichen Mandarinen darauf verteilen. Die Pumpernickeltorte etwa 1 Stunde kalt stellen. Anschließend Tortenring oder den gesäuberten Springformrand lösen und entfernen.

Beliebt

Preiselbeer-Frischkäse-Torte

Zubereitungszeit: 40 Minuten, ohne Abkühl- und Kühlzeit
Backzeit: etwa 30 Minuten

Für den Rührteig:
50 g kernige Haferflocken
125 g weiche Butter oder Margarine
100 g Doppelrahm-Frischkäse
150 g Zucker
1 Pck. Dr. Oetker Vanillin-Zucker
1 Pck. Dr. Oetker Finesse Geriebene Orangenschale
3 Eier (Größe M), 200 g Weizenmehl
2 gestr. TL Dr. Oetker Backin

Für die Füllung:
1 Glas Wild-Preiselbeeren (Einwaage 395 g)

Für die Creme:
4 Blatt weiße Gelatine
100 g Doppelrahm-Frischkäse
60 g flüssiger Honig
3 EL heller Sherry oder Apfelsaft
400 g Schlagsahne

Für den Guss:
3 Blatt weiße Gelatine
250 ml (1/4 l) roter Fruchtsaft
20–30 g Zucker

Insgesamt:
E: 84 g, F: 315 g, Kh: 625 g, kJ: 24243, kcal: 5790

1. Für den Teig die Haferflocken in einer Pfanne ohne Fett goldbraun rösten und auf einem Teller abkühlen lassen. Den Backofen vorheizen. Butter oder Margarine und Frischkäse mit Handrührgerät mit Rührbesen auf höchster Stufe geschmeidig rühren. Nach und nach Zucker, Vanillin-Zucker und Orangenschale unterrühren. So lange rühren, bis eine gebundene Masse entstanden ist.
2. Eier nach und nach unterrühren (jedes Ei etwa 1/2 Minute). Mehl mit Backpulver mischen und in 2 Portionen auf mittlerer Stufe unterrühren. Zuletzt die Haferflocken kurz unterrühren. Den Teig in eine Springform (Ø 26 cm, Boden gefettet, mit Backpapier belegt) füllen und verstreichen. Die Form auf dem Rost in den vorgeheizten Backofen schieben.
Ober-/Unterhitze: etwa 180 °C
Heißluft: etwa 160 °C
Backzeit: etwa 30 Minuten.
3. Die Form auf einen Kuchenrost stellen. Nach etwa 10 Minuten den Tortenboden mit einem Messer aus der Form lösen und auf einem mit Backpapier belegten Kuchenrost erkalten lassen. Dann mitgebackenes Backpapier abziehen und den Tortenboden einmal waagerecht durchschneiden.
4. Zum Füllen den unteren Tortenboden auf eine Tortenplatte legen und mit der Hälfte der Preiselbeeren bestreichen, dabei rundherum einen gut 1 cm breiten Rand frei lassen. Den oberen Boden darauflegen und restliche Preiselbeeren aufstreichen. Einen Tortenring oder den gesäuberten Springformrand um den Tortenboden stellen.
5. Für die Creme die Gelatine nach Packungsanleitung einweichen. Frischkäse mit Honig und Sherry oder Apfelsaft verrühren. Gelatine leicht ausdrücken und in einem kleinen Topf bei schwacher Hitze auflösen. 3 Esslöffel von der Frischkäsemasse unter die Gelatine rühren. Die Mischung unter die restliche Frischkäsemasse rühren. Sahne steifschlagen und unter die Frischkäsemasse heben. Die Creme in den Tortenring füllen, glattstreichen und die Torte mindestens 1 Stunde kalt stellen.
6. Für den Guss die Gelatine nach Packungsanleitung einweichen. Fruchtsaft mit Zucker verrühren (Zuckermenge je nach Süße des Fruchtsafts). Gelatine leicht ausdrücken und in einem kleinen Topf bei schwacher Hitze auflösen. Den Topf von der Kochstelle nehmen. Den Saft nach und nach unter die Gelatine rühren und kalt stellen. Sobald der Saft beginnt dicklich zu werden, ihn auf der Creme verteilen. Die Torte etwa 2 Stunden kalt stellen und den Guss fest werden lassen. Dann den Tortenring oder Springformrand lösen und entfernen.

Preiselbeer-Frischkäse-Torte

Beliebt

Nuss-Nougat-Torte

Zubereitungszeit: 60 Minuten, ohne Abkühl- und Kühlzeit
Backzeit: etwa 30 Minuten

Für den Biskuitteig:
150 g gemahlene Haselnusskerne
4 Eier (Größe M)
4 EL heißes Wasser
150 g Zucker
1 Pck. Dr. Oetker Vanillin-Zucker
150 g Weizenmehl
1 gestr. TL Dr. Oetker Backin

Für die Füllung:
1 Pck. Dr. Oetker Pudding-Pulver Mandel-Geschmack
50 g Zucker
375 ml (3/8 l) Milch
175 g weiche Butter
100 g Nuss-Nougat
1 EL gesiebter Puderzucker

Für den Guss:
100 g Nuss-Nougat
100 g Haselnussglasur

Zum Verzieren und Garnieren:
einige Schoko-Nuss-Konfektkugeln
40 g Zartbitter-Schokolade

Insgesamt:
E: 104 g, F: 435 g, Kh: 648 g,
kJ: 28991, kcal: 6915

1. Für den Teig Haselnusskerne in einer Pfanne ohne Fett leicht bräunen und auf einem Teller erkalten lassen. 50 g davon für die Füllung beiseitestellen. Den Backofen vorheizen. Eier und Wasser mit Handrührgerät mit Rührbesen auf höchster Stufe in 1 Minute schaumig schlagen. Zucker mit Vanillin-Zucker mischen, in 1 Minute einstreuen, dann noch etwa 2 Minuten weiterschlagen.
2. Mehl mit Backpulver und den Nusskernen mischen. Die Hälfte davon auf die Eiercreme geben und kurz auf niedrigster Stufe unterrühren. Das restliche Mehl-Nuss-Gemisch auf die gleiche Weise unterarbeiten. Teig in eine Springform (Ø 26 cm, Boden gefettet, mit Backpapier belegt) geben und verstreichen. Die Form auf dem Rost in den vorgeheizten Backofen schieben.

Nuss-Nougat-Torte

Ober-/Unterhitze: etwa 180 °C
Heißluft: etwa 160 °C
Backzeit: etwa 30 Minuten.
3. Boden auf einen mit Backpapier belegten Kuchenrost stürzen und erkalten lassen. Anschließend mitgebackenes Backpapier abziehen und den Boden zweimal waagerecht durchschneiden.
4. Für die Füllung aus Pudding-Pulver und Zucker nach Packungsanleitung, aber nur mit 375 ml (3/8 l) Milch einen Pudding zubereiten. Pudding von der Kochstelle nehmen und bei Zimmertemperatur erkalten lassen, dabei gelegentlich umrühren.
5. Butter geschmeidig rühren und den erkalteten Pudding esslöffelweise unterrühren, dabei darauf achten, dass Butter und Pudding Zimmertemperatur haben, da die Creme sonst gerinnt. Nuss-Nougat in einem kleinen Topf im Wasserbad bei schwacher Hitze geschmeidig rühren und etwas abkühlen lassen. Unter zwei Drittel der Buttercreme nach und nach den Nuss-Nougat rühren. Unter die restliche Buttercreme die beiseitegestellten Haselnusskerne und Puderzucker rühren.
6. Den unteren Boden auf eine Tortenplatte legen und mit der hellen Nussbuttercreme bestreichen. Mittleren Boden darauflegen, leicht andrücken und mit gut der Hälfte der dunklen Nougatbuttercreme bestreichen. Den oberen Boden auflegen, leicht andrücken und Tortenrand und -oberfläche mit der restlichen Nougatbuttercreme bestreichen. Die Torte etwa 2 Stunden kalt stellen.
7. Für den Guss Nuss-Nougat mit Haselnussglasur in einem Topf im Wasserbad bei schwacher Hitze geschmeidig rühren. Guss auf die Tortenoberfläche gießen und mit einem Messer so verstreichen, dass er am Rand in „Nasen" herunterläuft. Torte mit Schoko-Nuss-Konfektkugeln garnieren und den Guss fest werden lassen. Schokolade in einem Topf im Wasserbad bei schwacher Hitze geschmeidig rühren und die Torte damit verzieren.

Beliebt – mit Alkohol

Ananascremetorte

Zubereitungszeit: 60 Minuten, ohne Abkühl- und Kühlzeit
Backzeit: etwa 30 Minuten

Für den Biskuitteig:
4 Eier (Größe M)
4 EL heißes Wasser
150 g Zucker
1 Pck. Dr. Oetker Vanillin-Zucker
150 g Weizenmehl
1 gestr. TL Dr. Oetker Backin
100 g abgezogene, gemahlene Mandeln

Für die Füllung:
1 Dose Ananasstücke (Abtropfgewicht 490 g)
450 ml Ananassaft aus der Dose, mit Wasser ergänzt
1 Pck. Dr. Oetker Pudding-Pulver Vanille-Geschmack
50 g Zucker
250 g weiche Butter

Zum Tränken:
4 EL weißer Rum

Zum Garnieren:
50 g abgezogene, gehobelte Mandeln

Insgesamt:
E: 68 g, F: 289 g, Kh: 495 g, kJ: 20860, kcal: 4977

Ananascremetorte

1. Den Backofen vorheizen. Für den Teig Eier und Wasser mit Handrührgerät mit Rührbesen auf höchster Stufe in 1 Minute schaumig schlagen. Zucker und Vanillin-Zucker mischen, in 1 Minute einstreuen, dann noch etwa 2 Minuten weiterschlagen.
2. Mehl mit Backpulver mischen, auf die Eiercreme geben und kurz auf niedrigster Stufe unterrühren. Zuletzt die Mandeln kurz unterrühren. Den Teig in eine Springform (Ø 26 cm, Boden gefettet, mit Backpapier belegt) geben, verstreichen und die Form auf dem Rost in den vorgeheizten Backofen schieben.
Ober-/Unterhitze: etwa 180 °C
Heißluft: etwa 160 °C
Backzeit: etwa 30 Minuten.
3. Den Boden auf einen mit Backpapier belegten Kuchenrost stürzen und erkalten lassen. Anschließend mitgebackenes Backpapier abziehen und den Boden zweimal waagerecht durchschneiden.
4. Für die Füllung Ananas in einem Sieb abtropfen lassen, Saft dabei auffangen und mit Wasser auf 450 ml ergänzen. Aus der Saftmischung, Pudding-Pulver und Zucker nach Packungsanleitung einen Pudding zubereiten. Pudding erkalten lassen (nicht kalt stellen), dabei gelegentlich umrühren oder Frischhaltefolie direkt auf den Pudding legen.
5. Anschließend Butter mit Handrührgerät mit Rührbesen schaumig rühren. Pudding nach und nach unterrühren, dabei darauf achten, dass Butter und Pudding Zimmertemperatur haben, da die Creme sonst gerinnt. 5–6 Ananasstücke zum Garnieren beiseitelegen, restliche Ananasstücke kleiner schneiden.
6. Den unteren Boden auf eine Tortenplatte legen und die Hälfte der Ananasstücke darauf verteilen. Ein Drittel der Buttercreme darauf verstreichen. Den zweiten Boden auflegen, mit etwas Rum tränken, die restlichen Ananasstücke darauf verteilen und die Hälfte der restlichen Buttercreme aufstreichen. Oberen Boden auflegen, wieder mit Rum tränken und die Torte rundherum mit der restlichen Buttercreme bestreichen.
7. Die Oberfläche mit einem Tortenkamm verzieren und die Torte bis zum Servieren kalt stellen. Mandeln in einer Pfanne ohne Fett leicht bräunen und auf einem Teller erkalten lassen.
8. Kurz vor dem Servieren den Tortenrand mit Mandeln bestreuen und leicht andrücken. Die Tortenoberfläche mit den restlichen Ananasstücken garnieren, diese evtl. etwas kleiner schneiden.

Raffiniert – mit Alkohol

Champagnercreme-Trüffeltorte

Zubereitungszeit: 60 Minuten, ohne Kühl- und Abkühlzeit
Backzeit: 32–37 Minuten

Zum Vorbereiten für die Trüffelcreme:
450 g Schlagsahne
180 g Butter
300 g weiße Schokolade
100 g abgezogene, gemahlene Mandeln

Für den Knetteig:
100 g Weizenmehl
40 g Zucker
60 g Butter

Für den Biskuitteig:
2 Eier (Größe M)
2 EL heißes Wasser
100 g Zucker
1 Pck. Dr. Oetker Bourbon-Vanille-Zucker
75 g Weizenmehl
25 g Speisestärke
1 gestr. TL Dr. Oetker Backin

Für die Champagnercreme:
20 g Zucker
10 g Speisestärke
1 Eigelb (Größe M)
125 ml (1/8 l) Champagner oder Sekt

Zum Verzieren:
150 g weiße Kuvertüre
25 g Butter
1 TL Zucker

Insgesamt:
E: 88 g, F: 582 g, Kh: 623 g,
kJ: 34419, kcal: 8225

Champagnercreme-Trüffeltorte

1. Zum Vorbereiten für die Trüffelcreme Sahne in einem Topf unter Rühren zum Kochen bringen. Topf von der Kochstelle nehmen, Butter darin zerlassen, dann Schokolade in Stücken unter Rühren darin schmelzen lassen, bis eine gebundene Masse entstanden ist. Die Trüffelcreme in eine Rührschüssel füllen und mindestens 4 Stunden (am besten über Nacht) kalt stellen. Mandeln in einer Pfanne ohne Fett leicht bräunen und auf einem Teller erkalten lassen.

2. Den Backofen vorheizen. Für den Knetteig die Zutaten in eine Rührschüssel geben und mit Handrührgerät mit Knethaken durcharbeiten. Den Teig auf der leicht bemehlten Arbeitsfläche kurz zu einer Kugel verkneten und auf einem Springformboden (Ø 24 cm, gefettet) ausrollen. Teig mehrfach mit einer Gabel einstechen, Springformrand darumstellen und die Form auf dem Rost in den vorgeheizten Backofen schieben.
Ober-/Unterhitze: etwa 180 °C
Heißluft: etwa 160 °C
Backzeit: etwa 12 Minuten.

3. Knetteigboden vom Springformboden lösen, aber darauf erkalten lassen.

4. Für den Biskuitteig Eier und Wasser mit Handrührgerät mit Rührbesen auf höchster Stufe in 1 Minute schaumig schlagen. Zucker und Vanille-Zucker mischen, in 1 Minute einstreuen und noch etwa 2 Minuten weiterschlagen. Mehl mit Speisestärke und Backpulver mischen, auf die Eiercreme geben und kurz auf niedrigster Stufe unterrühren. Zuletzt 50 g der gerösteten Mandeln unterheben. Teig in die gesäuberte Springform (Ø 24 cm, Boden gefettet, mit Backpapier belegt) füllen und verstreichen. Die Form auf dem Rost in den heißen Backofen schieben und dann den Boden **bei gleicher Backtemperatur 20–25 Minuten backen.**

5. Den Boden aus der Form lösen, auf einen mit Backpapier belegten Kuchenrost stürzen und den Boden erkalten lassen. Anschließend mitgebackenes Backpapier entfernen und den Boden einmal waagerecht durchschneiden.

6. Für die Champagnercreme Zucker mit Speisestärke in einem kleinen Topf vermischen und mit Eigelb und etwas Champagner oder Sekt anrühren. Restlichen Champagner oder Sekt unterrühren und alles unter Rühren kurz aufkochen lassen. Creme kalt rühren. Knetteigboden auf eine Tortenplatte legen, mit der Creme bestreichen und unteren Biskuitboden auflegen.

7. Die kalt gestellte Trüffelcreme mit Handrührgerät mit Rührbesen cremig aufschlagen. Mit Hilfe von 2 Teelöffeln 14–16 kleine Pralinen abstechen und auf Backpapier kalt stellen.

Dann die Pralinen in den restlichen Mandeln wälzen.
8. Gut die Hälfte der restlichen Trüffelcreme kuppelförmig auf den Boden streichen, den oberen Gebäckboden darauflegen und etwas andrücken. Oberfläche und Rand mit der restlichen Trüffelcreme bestreichen.
9. Zum Verzieren Kuvertüre auflösen und Butter unterrühren. Die Masse abkühlen lassen und in eine Papierspritztüte füllen. Spitze abschneiden und die Torte mit einem Bandmuster verzieren. Die Tortenoberfläche mit Zucker bestreuen. Die Torte mit den Pralinen garnieren und bis zum Servieren kalt stellen.

Einfach – schnell zubereitet

Kirsch-Käse-Torte

Zubereitungszeit: 30 Minuten, ohne Kühlzeit

Für den Tortenboden:
175 g Löffelbiskuits
125 g Butter

Für den Belag:
2 Gläser Sauerkirschen (Abtropfgewicht je 370 g)
200 g Doppelrahm-Frischkäse
50–75 g Zucker
1 Pck. Dr. Oetker Vanillin-Zucker
3 EL Zitronensaft
250 g Schlagsahne
2 Pck. Dr. Oetker Sahnesteif

Für den Guss:
2 Pck. Tortenguss, klar
1–2 EL Zucker
500 ml (1/2 l) Sauerkirschsaft aus den Gläsern

Zum Bestreuen:
geraspelte weiße Schokolade

Insgesamt:
E: 59 g, F: 269 g, Kh: 477 g,
kJ: 19611, kcal: 4680

1. Für den Boden Löffelbiskuits in einen Gefrierbeutel geben und ihn verschließen. Die Löffelbiskuits mit einer Teigrolle fein zerdrücken. Butter zerlassen, zu den Bröseln geben und gut vermengen.
2. Einen Springformrand (Ø 26 cm) auf eine mit Tortenspitze oder Backpapier belegte Tortenplatte stellen, die Bröselmasse hineingeben und mit Hilfe eines Löffels gut zu einem Boden andrücken. Boden kalt stellen.
3. Für den Belag die Sauerkirschen abtropfen lassen, den Saft dabei auffangen und 500 ml (1/2 l) davon abmessen. Frischkäse mit Zucker, Vanillin-Zucker und Zitronensaft verrühren. Sahne etwa 1/2 Minute schlagen, dann Sahnesteif einstreuen. Sahne steifschlagen und unter die Käsemasse heben. Die Creme auf den vorbereiteten Tortenboden streichen.
4. Anschließend die gut abgetropften Sauerkirschen auf der Käsecreme verteilen. Den Guss nach Packungsanleitung mit Zucker und Kirschsaft zubereiten und auf den Kirschen verteilen. Torte 1–2 Stunden kalt stellen.
5. Springformrand vorsichtig lösen und entfernen. Den Rand der Torte vor dem Servieren mit geraspelter Schokolade bestreuen.

Tipp: Wenn der Belag etwas fester sein soll, dann statt mit Sahnesteif den Belag mit 3 Blatt weißer Gelatine zubereiten.

Kirsch-Käse-Torte

Raffiniert – mit Alkohol

Beerentorte mit Mango-Sekt-Creme

Zubereitungszeit: 75 Minuten, ohne Kühl- und Abkühlzeit
Backzeit: 40–45 Minuten

Für den Knetteig:
125 g Weizenmehl
40 g Zucker
1 Eigelb (Größe M)
75 g Butter oder Margarine

Für den Brandteig:
125 ml (1/8 l) Wasser
40 g Butter oder Margarine
80 g Weizenmehl
1 Prise Salz
3 Eier (Größe M)
1/2 gestr. TL Dr. Oetker Backin

Für die Füllung:
8 Blatt weiße Gelatine
1 Dose Mangofrüchte (Abtropfgewicht 230 g)
500 g Schmand (Sauerrahm)
75 g Zucker
1 Pck. Dr. Oetker Vanillin-Zucker
2 EL Zitronensaft
100 ml trockener Sekt

Für den Belag:
750 g gemischte Beerenfrüchte (z. B. Erd-, Heidel-, rote Johannis- und Himbeeren)

Für den Guss:
1 Pck. Tortenguss, rot
12 EL Zucker
250 ml (1/4 l) roter Johannisbeernektar

Insgesamt:
E: 75 g, F: 255 g, Kh: 455 g,
kJ: 19368, kcal: 4630

1. Für den Knetteig die Zutaten in eine Rührschüssel geben und mit Handrührgerät mit Knethaken zunächst kurz auf niedrigster, dann auf höchster Stufe gut durcharbeiten. Anschließend den Teig auf der leicht bemehlten Arbeitsfläche kurz zu einer Kugel verkneten. Sollte er kleben, ihn in Folie gewickelt eine Zeit lang kalt stellen.

2. Für den Brandteig Wasser mit Butter oder Margarine in einem Topf zum Kochen bringen. Mehl mit dem Salz auf einmal in die von der Kochstelle genommene Flüssigkeit schütten, zu einem glatten Kloß rühren und unter Rühren etwa 1 Minute erhitzen. Den heißen Kloß sofort in eine Rührschüssel geben, nach und nach Eier mit Handrührgerät mit Knethaken auf höchster Stufe unterarbeiten. Die Eiermenge hängt von der Beschaffenheit des Teiges ab. Er muss stark glänzen und so vom Löffel abreißen, dass lange Spitzen hängen bleiben. Backpulver in den erkalteten Teig arbeiten.

3. Den Backofen vorheizen. Knetteig auf dem Boden einer Springform (Ø 26 cm, Boden gefettet) ausrollen. Teigboden mehrmals mit einer Gabel einstechen. Den Brandteig in einen Spritzbeutel mit großer Lochtülle füllen und spiralförmig auf den Knetteigboden spritzen, dabei zwischen den einzelnen Spiralen gut 1/2 cm Abstand lassen (etwas Teig im Spritzbeutel zurückbehalten). Die Form auf dem Rost in den vorgeheizten Backofen schieben.
Ober-/Unterhitze: etwa 220 °C
Heißluft: etwa 200 °C
Backzeit: etwa 25 Minuten.

4. Gebäckboden aus der Form lösen und auf einem Kuchenrost erkalten lassen (evtl. hochgewölbten Teig etwas flach drücken). Aus dem restlichen Teig im Spritzbeutel 8–12 kleine Tuffs auf ein Backblech (gefettet, mit Backpapier belegt) spritzen. Das Backblech in den heißen Backofen schieben und die Tuffs **bei gleicher Backtemperatur 15–20 Minuten backen.** Tuffs auf einem Kuchenrost erkalten lassen.

5. Für die Füllung Gelatine nach Packungsanleitung einweichen. Mango in einem Sieb abtropfen lassen. Mango pürieren. Die leicht ausgedrückte Gelatine in einem kleinen Topf unter Rühren auflösen. Mangopüree mit der Gelatine verrühren, dann die Mischung mit Schmand, Zucker, Vanillin-Zucker, Zitronensaft und Sekt verrühren.

6. Gebäckboden auf eine Platte legen. Einen Tortenring oder den gesäuberten Springformrand darumstellen. Fruchtmasse auf dem Ge-

Beerentorte mit Mango-Sekt-Creme

bäckboden verteilen. Torte etwa 3 Stunden kalt stellen.

7. Für den Belag die Beeren putzen, waschen, abtropfen lassen, entstielen und evtl. klein schneiden. Beerenfrüchte auf der Fruchtmasse verteilen.

8. Für den Guss Tortengusspulver, Zucker und Nektar nach Packungsanleitung zubereiten, etwas abkühlen lassen und von der Mitte aus auf den Beeren verteilen. Guss fest werden lassen. Torte aus dem Tortenring oder Springformrand lösen und mit Tuffs garnieren.

Brownie-Torte

Raffiniert – für Gäste

Brownie-Torte

Zubereitungszeit: 45 Minuten, ohne Kühl- und Abkühlzeit
Backzeit: etwa 60 Minuten

Zum Vorbereiten für die Creme:
175 g weiße Schokolade
1 Becher (150 g) Crème fraîche

Für den All-in-Teig:
150 g Walnusskerne
100 g Zartbitter-Schokolade
225 g Weizenmehl
20 g gesiebtes Kakaopulver
2 gestr. TL Dr. Oetker Backin
100 g Zucker
100 g brauner Zucker (Rohrzucker)
1 Pck. Dr. Oetker Bourbon-Vanille-Zucker
1/2 gestr. TL Salz
225 ml Speiseöl (z. B. Sonnenblumenöl)
3 Eier (Größe M)
2 EL Milch

Außerdem:
50 g Orangeat

Zum Verzieren und Garnieren:
100 g Zartbitter-Schokolade
6 Walnusskerne

Insgesamt:
E: 100 g, F: 526 g, Kh: 626 g, kJ: 31803, kcal: 7603

1. Zum Vorbereiten für die Creme am Vortag Schokolade in Stücke brechen, mit Crème fraîche in einen Topf geben und im Wasserbad bei schwacher Hitze geschmeidig rühren. Die Schokoladen-Crème-fraîche-Masse in eine Rührschüssel oder einen Rührbecher geben und über Nacht kalt stellen.

2. Für den Teig Walnusskerne und Schokolade grob hacken. Den Backofen vorheizen. Mehl mit Kakao und Backpulver in einer Rührschüssel mischen. Restliche Zutaten außer Nusskernen und Schokolade hinzufügen und alles mit Handrührgerät mit Rührbesen kurz auf niedrigster, dann auf höchster Stufe in 2 Minuten zu einem glatten Teig verarbeiten. Anschließend Nusskerne und Schokolade unterheben.

3. Dann den Teig in eine Springform (Ø 20 cm, Boden gefettet) geben und verstreichen. Die Form auf dem Rost in den vorgeheizten Backofen schieben.
Ober-/Unterhitze: etwa 180 °C
Heißluft: etwa 160 °C
Backzeit: etwa 60 Minuten.

4. Den Boden in der Form auf einen Kuchenrost stellen und erkalten lassen. Anschließend den Boden aus der Springform lösen.

5. Für die Creme Orangeat sehr fein hacken. Die Schokoladen-Crème-fraîche-Masse auf höchster Stufe mit Handrührgerät mit Rührbesen cremig aufschlagen und Orangeat untermischen. Den Boden rundherum damit bestreichen.

6. Zum Verzieren die Schokolade in Stücke brechen und in einem kleinen Topf im Wasserbad bei schwacher Hitze schmelzen lassen. Schokolade in ein Papiertütchen oder einen kleinen Gefrierbeutel füllen, eine kleine Ecke abschneiden und die Torte damit verzieren. Walnusskerne in die noch feuchte Schokolade legen und die Schokolade fest werden lassen.

Tipp: Der Boden lässt sich gut einige Tage vorher backen und in Alufolie verpackt lagern; er schmeckt gut durchgezogen besonders gut. Der Boden ist gefriergeeignet. 2–3 Tropfen Rum unterrühren, so dass die Schokolade dicklich wird. So lange weiterrühren, bis die Schokolade wieder glatt ist. So wird die Schokolade etwas dicklicher und lässt sich gut spritzen.

Klassisch – mit Alkohol

Dobostorte

Zubereitungszeit: 90 Minuten, ohne Abkühlzeit
Backzeit: etwa 8 Minuten je Boden

Für den Teig:
7 Eiweiß (Größe M)
75 g gesiebter Puderzucker
7 Eigelb (Größe M)
75 g gesiebter Puderzucker
100 g Weizenmehl
50 g Speisestärke

Für die Creme:
150 g Zartbitter-Schokolade
250 g Butter
150 g gesiebter Puderzucker
2 frische Eigelb (Größe M)
1 EL Kirschwasser

Für die Karamellglasur:
150 g Zucker
1 EL Zitronensaft

Insgesamt:
E: 83 g, F: 313 g, Kh: 637 g,
kJ: 24577, kcal: 5871

Dobostorte

1. Den Backofen vorheizen. Für den Teig Eiweiß in einer Rührschüssel mit Handrührgerät mit Rührbesen sehr steifschlagen. Nach und nach Puderzucker unterschlagen. Eigelb mit Puderzucker in einer anderen großen Schüssel mit Handrührgerät mit Rührbesen schaumig schlagen. Eischnee auf die Eigelbmasse geben und kurz unterheben.
2. Mehl mit Speisestärke mischen, auf die Eiermasse geben und vorsichtig unterheben. Für 5 Böden jeweils ein Fünftel des Teiges in eine Springform (Ø 24 cm, Boden gefettet, mit Mehl bestäubt) füllen und verstreichen.
3. Anschließend die Formen nacheinander auf dem Rost in den vorgeheizten Backofen schieben.
Ober-/Unterhitze: etwa 200 °C
Heißluft: etwa 180 °C
Backzeit: etwa 8 Minuten je Boden.
4. Die Böden sofort vorsichtig aus der Form lösen und einzeln auf einem mit Backpapier belegten Kuchenrost erkalten lassen.
5. Für die Creme die Schokolade in Stücke brechen, in einem kleinen Topf im Wasserbad bei schwacher Hitze unter Rühren schmelzen und abkühlen lassen. Butter mit Puderzucker und Eigelb in einer Schüssel schaumig rühren. Das Kirschwasser dazugeben und die flüssige Schokolade nach und nach unterrühren.
6. Ein Viertel der Creme für den Rand beiseitestellen, die restliche Creme in 4 Portionen teilen. Einen Tortenboden beiseitelegen und die restlichen 4 Böden mit je 1 Portion Creme bestreichen. Die bestrichenen Böden zusammensetzen und den Rand mit der beiseitegestellten Creme bestreichen.
7. Für die Karamellglasur Zucker mit Zitronensaft in einem Topf unter Rühren erhitzen, bis er flüssig goldgelb gebräunt ist. Den letzten unbestrichenen Boden zügig damit überziehen und mit einem gefetteten Messer den Rand sauber schneiden. Den Boden mit einem frisch gefetteten Messer in 12 Tortenstücke teilen und die Stücke auf der Torte zusammensetzen. Torte gut durchziehen lassen.

Hinweis: Nur ganz frische Eier verwenden, die nicht älter als 5 Tage sind (Legedatum beachten!). Die Torte kalt aufbewahren und innerhalb von 24 Stunden verzehren.

Für Gäste – mit Alkohol

Flockentorte mit Amarenakirschen

Zubereitungszeit: 40 Minuten, ohne Abkühlzeit
Backzeit: etwa 20 Minuten je Boden

Zum Vorbereiten:
1 Glas Amarenakirschen (Abtropfgewicht 130 g)

Für den Brandteig:
125 ml (1/8 l) Wasser
50 g Butter oder Margarine
1 Prise Salz
75 g Weizenmehl
25 g Speisestärke
2–3 Eier (Größe M)

Für die Füllung:
500 g Ricotta (ital. Frischkäse)
250 g Mascarpone (ital. Frischkäse)
2 Pck. Dr. Oetker Sahnesteif
120 g Zucker
1 Pck. Dr. Oetker Vanillin-Zucker
3 EL Kirschsaft aus dem Glas
100 ml frisch gepresster Orangensaft (von 2–3 Orangen)

1 Bio-Orange (unbehandelt, ungewachst)
1–2 EL Kirschsaft aus dem Glas

Insgesamt:
E: 86 g, F: 247 g, Kh: 326 g,
kJ: 16459, kcal: 3913

1. Zum Vorbereiten Kirschen auf einem Sieb abtropfen lassen und den Saft dabei auffangen.
2. Für den Teig Wasser mit Butter oder Margarine und Salz am besten in einem Stieltopf zum Kochen bringen. Mehl mit Speisestärke mischen, auf einmal in die von der Kochstelle genommene Flüssigkeit schütten, zu einem glatten Kloß rühren und unter Rühren etwa 1 Minute erhitzen.
3. Den heißen Kloß sofort in eine Rührschüssel geben. Nach und nach Eier mit Handrührgerät mit Knethaken auf höchster Stufe unterarbeiten. Die Eiermenge hängt von der Beschaffenheit des Teiges ab. Er muss stark glänzen und so von einem Löffel abreißen, dass lange Spitzen hängen bleiben. Dann den Backofen vorheizen.
4. Aus dem Teig 3 Böden backen. Dazu jeweils ein Drittel des Teiges auf einen Springformboden (Ø 26 cm, gefettet, bemehlt) streichen (darauf achten, dass die Teiglage am Rand nicht zu dünn ist, damit der Boden dort nicht zu dunkel wird). Die Böden ohne Springformrand backen. Die Springformböden nacheinander auf dem Rost in den vorgeheizten Backofen schieben.
Ober-/Unterhitze: 200–220 °C
Heißluft: 180–200 °C
Backzeit: etwa 20 Minuten je Boden.
5. Die Gebäckböden sofort von den Springformböden lösen und einzeln auf je einem Kuchenrost erkalten lassen.
6. Für die Füllung Kirschen (3–4 Kirschen zum Garnieren beiseitelegen) in kleine Stücke schneiden.
7. Ricotta und Mascarpone gut mit Sahnesteif verrühren. Zucker und Vanillin-Zucker unterrühren. Die Masse halbieren.
8. Unter eine Hälfte die Kirschstücke und 3 Esslöffel Kirschsaft rühren. Den unteren Gebäckboden auf eine Tortenplatte legen. Die Kirsch-Ricotta-Creme darauf verteilen und mit dem zweiten Gebäckboden belegen.
9. Restliche Ricottamasse mit dem Orangensaft verrühren. Zwei Drittel davon auf den zweiten Gebäckboden streichen. Den dritten Gebäckboden darauflegen. Restliche Orangen-Ricotta-Creme daraufgeben und glattstreichen.
10. Orange heiß abwaschen und in dünne Scheiben schneiden. Orangenscheiben vierteln. Die Torte mit den beiseitegelegten Kirschen und Orangenstückchen garnieren und mit 1–2 Esslöffeln Kirschsaft verzieren. Die Torte etwa 1 Stunde kalt stellen.

Tipp: Die Torte am Zubereitungstag servieren, da die Brandteigböden sonst durchweichen.

Flockentorte mit Amarenakirschen

Beliebt – mit Alkohol

Florentinertorte

Zubereitungszeit: 90 Minuten, ohne Abkühl- und Kühlzeit
Backzeit: etwa 40 Minuten

Zum Vorbereiten für die Füllung:
250 g Schlagsahne
50 g Butter
400 g Zartbitter-Kuvertüre
3 EL Mandellikör

Für die Florentinermasse:
25 g Butter
50 g Zucker, 20 g Honig
75 g Schlagsahne
100 g abgezogene, gehobelte Mandeln
4 rote Belegkirschen
20 g Orangeat
1 Msp. Dr. Oetker Finesse Geriebene Zitronenschale

Für den Biskuitteig:
100 g gemahlene Haselnusskerne
4 Eier (Größe M)
100 g Zucker
1 Pck. Dr. Oetker Vanillin-Zucker
100 g Weizenmehl
40 g Speisestärke
15 g gesiebtes Kakaopulver
1 gestr. TL Dr. Oetker Backin

Zum Bestreichen:
50 g Zartbitter-Schokolade oder -Kuvertüre

Insgesamt:
E: 108 g, F: 460 g, Kh: 567 g, kJ: 29008, kcal: 6950

1. Für die Füllung Sahne mit Butter in einen Topf geben und bei schwacher Hitze auflösen. Kuvertüre grob hacken, dazugeben und bei schwacher Hitze so lange mit einem Schneebesen verrühren, bis eine geschmeidige Masse entstanden ist. Die Masse in eine Schüssel geben, erkalten lassen und Mandellikör unterrühren. Die Masse mindestens 4 Stunden (am besten über Nacht) kalt stellen.
2. Den Backofen vorheizen. Für die Florentinermasse Butter mit Zucker und Honig in einen Topf geben und so lange unter Rühren erhitzen, bis die Masse leicht gebräunt ist. Sahne hinzufügen und so lange rühren, bis der Zucker wieder gelöst ist. Mandeln, in Stücke geschnittene Belegkirschen und Orangeat dazugeben und unter Rühren kurz aufkochen lassen, bis die Masse gebunden ist.
3. Von der Masse 3 Esslöffel für den Teig beiseitelegen, restliche Masse in einer Springform (Ø 20 cm, Boden gefettet, mit Backpapier belegt) verteilen und gleichmäßig dünn verstreichen. Die Form auf dem Rost in den vorgeheizten Backofen schieben und die Florentinermasse goldgelb backen.
Ober-/Unterhitze: etwa 180 °C
Heißluft: etwa 160 °C
Backzeit: 8–10 Minuten.
4. Florentinerboden in der Form auf einem Kuchenrost erkalten lassen.
5. Für den Teig Nusskerne in einer Pfanne leicht bräunen und auf einem Teller erkalten lassen. Eier mit Handrührgerät mit Rührbesen auf höchster Stufe in 1 Minute schaumig schlagen. Zucker und Vanillin-Zucker mischen, in 1 Minute einstreuen, dann noch etwa 2 Minuten weiterschlagen. Mehl mit Speisestärke, dem Kakaopulver und Backpulver mischen, auf die Eiercreme geben und kurz auf niedrigster Stufe unterrühren. Zuletzt die Nusskerne und die Florentinermasse kurz unterarbeiten.
6. Dann den Teig in eine Springform (Ø 26 cm, Boden gefettet, mit Backpapier belegt) geben und verstreichen. Die Form auf dem Rost in den heißen Backofen schieben und den Boden **bei gleicher Backtemperatur etwa 30 Minuten backen.**
7. Boden aus der Form lösen, auf einen mit Backpapier belegten Kuchenrost stürzen, erkalten lassen. Dann mitgebackenes Backpapier entfernen und den Boden zweimal waagerecht durchschneiden. Unteren Boden auf eine Tortenplatte legen.
8. Für die Füllung Kuvertüremasse mit Handrührgerät mit Rührbesen cremig schlagen. Ein Drittel davon auf den unteren Boden streichen. Zweiten Boden auflegen, die Hälfte der restlichen Füllung darauf verteilen und mit dem letzten Boden bedecken. 2 Esslöffel von der restlichen Creme in einen Spritzbeutel mit kleiner Sterntülle füllen. Mit dem Rest Tortenoberfläche und -rand bestreichen.
9. Florentinerboden aus der Form lösen und auf Backpapier stürzen. Mitgebackenes Backpapier entfernen. Die Unterseite mit der im

Florentinertorte

Wasserbad aufgelösten Kuvertüre bestreichen, evtl. mit einem Tortenkamm Wellen aufstreichen und Kuvertüre fest werden lassen. Den Boden auf die Schokoladenseite legen und in 16 Tortenstücke schneiden. Die Torte in 16 Stücke einteilen und auf jedes Stück am Rand einen Tupfen mit der Creme aus dem Spritzbeutel spritzen. Jeweils 1 Florentinerstück an die Creme legen. Die Torte 1–2 Stunden kalt stellen.

Beliebt

Miniwindbeutel-Himbeer-Torte

Zubereitungszeit: 60 Minuten, ohne Kühl- und Auftauzeit
Backzeit: etwa 10 Minuten

Für den Biskuitteig:
3 Eier (Größe M)
1 Eigelb (Größe M), 70 g Zucker
1 Pck. Dr. Oetker Vanillin-Zucker
50 g Weizenmehl
15 g Speisestärke
1/2 gestr. TL Dr. Oetker Backin

Zum Bestreichen:
175 g Erdbeerkonfitüre

Für die Füllung:
6 Blatt weiße Gelatine
300 g frische oder TK-Himbeeren
200 g Doppelrahm-Frischkäse
60 g Zucker, 250 g Schlagsahne
18 gefüllte TK-Miniwindbeutel

Zum Garnieren:
6 gefüllte TK-Miniwindbeutel
einige verlesene Himbeeren
evtl. 30 g weiße Kuvertüre

Insgesamt:
E: 80 g, F: 247 g, Kh: 400 g,
kJ: 17500, kcal: 4170

Miniwindbeutel-Himbeer-Torte

1. Den Backofen vorheizen. Für den Teig Eier und Eigelb mit Handrührgerät mit Rührbesen auf höchster Stufe in 1 Minute schaumig schlagen. Zucker und Vanillin-Zucker mischen, in 1 Minute einstreuen, dann noch etwa 2 Minuten weiterschlagen.

2. Mehl mit Speisestärke und Backpulver mischen, auf die Eiercreme geben und kurz auf niedrigster Stufe unterrühren. Den Teig auf einem Backblech (30 x 40 cm, gefettet, mit Backpapier belegt) verteilen und verstreichen. Das Backblech in den vorgeheizten Backofen schieben.
Ober-/Unterhitze: etwa 200 °C
Heißluft: etwa 180 °C
Backzeit: etwa 10 Minuten.

3. Biskuitplatte sofort vom Rand lösen und auf ein mit Zucker bestreutes Backpapier stürzen. Mitgebackenes Backpapier abziehen, Konfitüre durch ein Sieb streichen und die Biskuitplatte sofort damit bestreichen.

4. Die Gebäckplatte längs halbieren. Jede Hälfte von der längeren Seite aus fest aufrollen und jede Rolle in etwa 20 Scheiben schneiden. Die Scheiben dicht aneinander an den Rand einer Springform (Ø 26 cm, Boden gefettet, mit Backpapier belegt) stellen. Restliche Scheiben dicht als Boden auf dem Springformboden verteilen.

5. Für die Füllung Gelatine nach Packungsanleitung einweichen. Himbeeren verlesen oder auftauen lassen und pürieren, Frischkäse und Zucker unterrühren. Die leicht ausdrückte Gelatine in einem kleinen Topf bei schwacher Hitze unter Rühren auflösen. 2–3 Esslöffel von der Himbeercreme unterrühren, dann die Mischung unter die restliche Himbeercreme rühren.

6. Schlagsahne steifschlagen und unterheben. Etwas Creme in die Springform füllen und 18 gefrorene Miniwindbeutel in die Creme drücken. Restliche Creme darüber verstreichen. Die Torte 2–3 Stunden kalt stellen. Vor dem Servieren Springformrand lösen und entfernen und die Torte mit 12 halben Miniwindbeutel und Himbeeren garnieren. Nach Belieben Kuvertüre zu Locken schaben und auf die Torte streuen.

Fruchtige Buttercremetorte

Klassisch

Fruchtige Buttercremetorte

Zubereitungszeit: 60 Minuten, ohne Abkühl- und Kühlzeit
Backzeit: etwa 30 Minuten

Für den All-in-Teig:
150 g Zartbitter-Schokolade
100 g Weizenmehl
3 gestr. TL Dr. Oetker Backin
25 g Speisestärke
100 g Zucker
1 Pck. Dr. Oetker Vanillin-Zucker
100 g weiche Butter oder Margarine
3 Eier (Größe M)

Für die Füllung:
1 Dose Aprikosenhälften (Abtropfgewicht 240 g)
100 g weiße Schokolade
1 Pck. Vanilla Tortencreme (Cremepulver)
100 ml Orangensaft
200 ml Milch
200 g weiche Butter

Insgesamt:
E: 70 g, F: 398 g, Kh: 478 g, kJ: 24203, kcal: 5779

1. Für den Teig die Schokolade in Stücke brechen und im Wasserbad bei schwacher Hitze unter Rühren schmelzen und abkühlen lassen. Den Backofen vorheizen. Mehl mit Backpulver und Speisestärke in einer Rührschüssel mischen. Restliche Zutaten und die geschmolzene Schokolade hinzufügen und alles mit Handrührgerät mit Rührbesen kurz auf niedrigster, dann auf höchster Stufe in etwa 2 Minuten zu einem glatten Teig verarbeiten.
2. Dann den Teig in eine Springform (Ø 26 cm, Boden gefettet, mit Backpapier belegt) geben und verstreichen. Die Form auf dem Rost in den vorgeheizten Backofen schieben.
Ober-/Unterhitze: etwa 180 °C
Heißluft: etwa 160 °C
Backzeit: etwa 30 Minuten.
3. Springformrand lösen und entfernen. Den Boden auf einen mit Backpapier belegten Kuchenrost stürzen, Springformboden entfernen und den Boden erkalten lassen. Anschließend Backpapier vorsichtig abziehen und Boden einmal waagerecht durchschneiden.
4. Für die Füllung Aprikosenhälften in einem Sieb gut abtropfen lassen, 6–8 Aprikosenhälften beiseitelegen. Die restlichen Aprikosen in feine Würfel schneiden. 85 g der weißen Schokolade mit einem Sparschäler in Raspel hobeln. Restliche Schokolade im Wasserbad bei schwacher Hitze unter Rühren schmelzen lassen und mit einem Teelöffel auf die beiseitegelegten Aprikosenhälften sprenkeln.
5. Tortencreme nach Packungsanleitung, aber mit 100 ml Orangensaft, 200 ml Milch und 200 g Butter zubereiten. Knapp die Hälfte der Buttercreme auf den unteren Boden streichen, die Aprikosenwürfel darauf verteilen und den oberen Boden auflegen. Die Torte mit der restlichen Creme vollständig einstreichen und mit einem Teelöffel auf der Tortenoberfläche Spitzen ziehen. Die Torte etwa 2 Stunden kalt stellen.
6. Den Rand und die Oberfläche der Torte mit der geraspelten Schokolade bestreuen und die besprenkelten Aprikosenhälften dekorativ auf die Torte legen.

Erfrischend

Erdbeertorte mit Ricotta

Zubereitungszeit: 40 Minuten, ohne Abkühl- und Kühlzeit
Backzeit: etwa 25 Minuten

Für den All-in-Teig:
30 g Weizenmehl
1 gestr. TL Dr. Oetker Backin
100 g Zucker
100 g gemahlene Haselnusskerne
3 Eier (Größe M)

Für den Belag:
400 g Erdbeeren
1 Bio-Limette (unbehandelt, ungewachst)
4 Blatt weiße Gelatine
100 g Puderzucker
500 g Ricotta (ital. Frischkäse)

Zum Garnieren:
100 g Erdbeeren

Insgesamt:
E: 128 g, F: 160 g, Kh: 464 g, kJ: 16048, kcal: 3824

1. Den Backofen vorheizen. Für den Teig Mehl mit Backpulver in einer Rührschüssel mischen. Übrige Zutaten für den Teig hinzufügen und alles mit Handrührgerät mit Rührbesen kurz auf niedrigster, dann auf höchster Stufe in etwa 2 Minuten zu einem glatten Teig verarbeiten.
2. Dann den Teig in eine Springform (Ø 26 cm, Boden gefettet, mit Backpapier belegt) geben und verstreichen. Die Form auf dem Rost in den vorgeheizten Backofen schieben.
Ober-/Unterhitze: etwa 180 °C
Heißluft: etwa 160 °C
Backzeit: etwa 25 Minuten.
3. Den Springformrand lösen und entfernen. Boden auf einen mit Backpapier belegten Kuchenrost stürzen, Springformboden entfernen und das Gebäck mit dem Backpapier erkalten lassen. Anschließend mitgebackenes Backpapier abziehen und den Boden auf eine Tortenplatte legen. Einen Tortenring oder den gesäuberten Springformrand darumstellen.
4. Für den Belag Erdbeeren waschen, abtropfen lassen, entstielen und Erdbeeren in kleine Stücke schneiden. Limette heiß waschen und trocken reiben. Die Limettenschale mit einer Küchenreibe abreiben und die Limette auspressen. Gelatine nach Packungsanleitung einweichen. Limettensaft in einem kleinen Topf erhitzen. Die Gelatine leicht ausdrücken und unter Rühren vollständig darin auflösen.
5. Puderzucker sieben und mit Ricotta und Limettenschale gut verrühren. Erst etwa 4 Esslöffel von der Ricotta-Masse mit Hilfe eines Schneebesens mit der lauwarmen, aufgelösten Gelatine verrühren, dann die Mischung mit der übrigen Ricotta-Masse verrühren. Erdbeerstücke unterheben. Die Ricotta-Erdbeer-Masse auf den Tortenboden geben und glattstreichen. Die Torte etwa 2 Stunden kalt stellen.
6. Zum Garnieren Erdbeeren waschen, abtropfen lassen, halbieren oder vierteln und die Torte mit den Erdbeeren garnieren.

Tipp: Statt Ricotta können Sie Sahnequark oder Doppelrahm-Frischkäse verwenden. Die Torte schmeckt statt mit Himbeeren auch gut mit Erdbeeren.

Für Kinder

Doppelkekstorte

Zubereitungszeit: 30 Minuten, ohne Abkühl- und Kühlzeit

21 mit Schokolade gefüllte Doppelkekse (Ø etwa 6 cm)

Für die Creme:
150 g weiße Kuvertüre
50 g Schlagsahne
4 Blatt weiße Gelatine
200 g Schlagsahne

Zum Garnieren:
etwa 30 g weiße Kuvertüre

Insgesamt:
E: 53 g, F: 249 g, Kh: 442 g,
kJ: 17774, kcal: 4247

1. Backpapier auf eine Tortenplatte legen. Dann einen Springformrand (Ø 20 cm) öffnen und auf das Backpapier stellen. Den Boden mit 7 Keksen auslegen.
2. Für die Creme die Kuvertüre grob hacken und mit Sahne in einem kleinen Topf im Wasserbad bei schwacher Hitze schmelzen lassen.
3. Gelatine nach Packungsanleitung einweichen, leicht ausdrücken und in der heißen Kuvertüremasse unter Rühren auflösen. Die Masse etwas abkühlen lassen.
4. Die Sahne steifschlagen und die Kuvertüre in 2 Portionen nach und nach unterrühren (Schokolade darf nicht zu kalt werden).
5. Die Hälfte der Creme auf die Kekse geben und verstreichen. 7 weitere Kekse so auf die Creme legen, dass sie versetzt zu den unteren Keksen liegen. Die restliche Creme darauf verteilen. Die restlichen Kekse wieder versetzt darauflegen und vorsichtig in die Creme drücken. Die Torte etwa 2 Stunden kalt stellen.
6. Den Springformrand mit einem Messer lösen und entfernen. Zum Garnieren Kuvertüre mit einem Sparschäler zu Locken schaben und auf die Tortenoberfläche streuen.

Erdbeertorte mit Ricotta

Doppelkekstorte

Für Gäste

Exotiktorte

Zubereitungszeit: 60 Minuten, ohne Abkühl- und Kühlzeit
Backzeit: 20–25 Minuten

Für den All-In-Teig:
100 g Weizenmehl
2 gestr. TL Dr. Oetker Backin
100 g Zucker
1 Pck. Dr. Oetker Vanillin-Zucker
3 Eier (Größe M)
100 g weiche Butter

Für die Buttercreme:
200 g weiche Butter
375 g Vanille-Sahne-Pudding (aus dem Kühlregal)

Für den Belag:
1 Mango
10 Litschi
1 Karambole (Sternfrucht)
1 reife Tamarillo (Baumtomate)
2 kleine Bananen
Zitronensaft
100 g Physalis (Kapstachelbeeren)
1 Clementine
5 Datteln
2 Baby-Ananas
1 Papaya, 2 Feigen
1/2 Granatapfel
2 Pck. Tortenguss, klar
500 ml (1/2 l) heller Traubensaft

Insgesamt:
E: 62 g, F: 309 g, Kh: 604 g,
kJ: 23020, kcal: 5496

1. Den Backofen vorheizen. Für den Teig Mehl mit Backpulver in einer Rührschüssel mischen. Restliche Zutaten hinzufügen und mit Handrührgerät mit Rührbesen zunächst kurz auf niedrigster, dann auf höchster Stufe in etwa 2 Minuten zu einem glatten Teig verarbeiten.
2. Den Teig in eine Springform (Ø 26 cm, Boden gefettet, mit Backpapier belegt) füllen und verstreichen. Die Form auf dem Rost in den vorgeheizten Backofen schieben.
Ober-/Unterhitze: etwa 180 °C
Heißluft: etwa 160 °C
Backzeit: 20–25 Minuten.
3. Den Gebäckboden aus der Form lösen, auf einen mit Backpapier belegten Kuchenrost stürzen und erkalten lassen. Anschließend mitgebackenes Backpapier abziehen.
4. Für die Buttercreme die Butter geschmeidig rühren. Pudding esslöffelweise unterrühren, dabei darauf achten, dass Butter und Pudding Zimmertemperatur haben, da die Creme sonst gerinnt. Die Buttercreme auf den Gebäckboden geben, glattstreichen und kalt stellen.
5. Für den Belag Fruchtfleisch der Mango vom Stein schneiden, schälen und in dünne Scheiben schneiden. Litschi aus den Schalen lösen und entkernen. Karambole und Tamarillo waschen, abtrocknen und in Scheiben schneiden. Bananen schälen, in Scheiben schneiden und sofort mit Zitronensaft beträufeln. Physalis aus ihren Häutchen lösen und halbieren. Clementine schälen und in Scheiben schneiden. Datteln halbieren und entsteinen. Baby-Ananas schälen, vierteln und dann in kleine Stücke schneiden. Papaya längs halbieren, die Kerne entfernen, die Hälften schälen und in Scheiben schneiden. Die Feigen schälen und der Länge nach in Scheiben schneiden. Granatapfelhälfte durchschneiden und die Schale nach hinten biegen, bis alle Kerne herausfallen, bzw. Kerne herauslösen.
6. Einen Tortenring um den Gebäckboden stellen. Die vorbereiteten Früchte mischen und kuppelförmig auf die Buttercreme geben.
7. Aus Tortengusspulver und Saft nach Packungsanleitung, aber ohne Zucker einen Guss zubereiten und ihn gleichmäßig auf den Früchten verteilen. Guss fest werden lassen, Anschließend den Tortenring lösen und entfernen.

Exotiktorte

Traditionell

Himmelstorte

Zubereitungszeit: 75 Minuten, ohne Abkühlzeit
Backzeit: etwa 20 Minuten je Boden

Für den Belag:
5 Eiweiß (Größe M)
1 Prise Salz
1 EL Zucker

Für den Rührteig:
250 g Butter oder Margarine
200 g Zucker
1 Pck. Dr. Oetker Vanillin-Zucker
5 Eigelb (Größe M)
250 g Weizenmehl
2 gestr. TL Dr. Oetker Backin

Zum Bestreuen:
40 g Zucker
1 Msp. gemahlener Zimt
100 g abgezogene, gehobelte Mandeln

Für die Füllung:
500 g rote Johannisbeeren
100 g Puderzucker
400 g Schmand (Sauerrahm)
1 Becher (150 g) Crème fraîche
1 TL Puderzucker
3 Pck. Dr. Oetker Sahnesteif

Insgesamt:
E: 88 g, F: 449 g, Kh: 638 g,
kJ: 29350, kcal: 6963

1. Für den Belag Eiweiß und Salz mit Handrührgerät mit Rührbesen so steifschlagen, dass ein Messerschnitt sichtbar bleibt. Zucker kurz unterschlagen. Den Backofen vorheizen.
2. Für den Teig Butter oder Margarine in einer Rührschüssel mit Handrührgerät mit Rührbesen geschmeidig rühren. Nach und nach Zucker und Vanillin-Zucker unterrühren. So lange rühren, bis eine gebundene Masse entstanden ist. Eigelb nach und nach unterrühren. Mehl mit Backpulver mischen und in 2 Portionen auf mittlerer Stufe unterrühren.

Himmelstorte

3. Aus dem Teig 4 Böden backen. Dafür jeweils ein Viertel des Teiges auf dem Boden einer Springform (Ø 26 cm, gefettet) verstreichen (darauf achten, dass die Teiglage am Rand nicht zu dünn ist, damit der Boden dort nicht zu dunkel wird). Jeweils ein Viertel des Eischnees gleichmäßig auf dem verstrichenen Teig verteilen und verstreichen. Zucker mit Zimt mischen, ein Viertel davon und ein Viertel der Mandeln auf jeden Teigboden streuen. Die Böden ohne Springformrand nacheinander auf dem Rost in den vorgeheizten Backofen schieben.
Ober-/Unterhitze: etwa 180 °C
Heißluft: etwa 160 °C
Backzeit: etwa 20 Minuten je Boden.
4. Die Böden vorsichtig von den Springformböden lösen und einzeln auf einem mit Backpapier belegten Kuchenrost erkalten lassen.
5. Für die Füllung Johannisbeeren waschen, gut abtropfen lassen, von den Rispen streifen und mit Puderzucker bestreuen. Schmand und Crème fraîche mit Puderzucker und Sahnesteif mischen und in einer Schüssel etwa 2 Minuten mit Handrührgerät mit Rührbesen aufschlagen. Johannisbeeren unterheben.
6. Drei Böden mit der Creme bestreichen und zu einer Torte zusammensetzen. Den vierten Boden darauflegen. Die Torte etwa 1 Stunde kalt stellen.

Abwandlung: Die Füllung kann auch mit Himbeeren zubereitet werden, dann aber nur 50 g Puderzucker verwenden.

Tipp: Die Torte nach Belieben mit Puderzucker bestäuben und mit Johannisbeerrispen garnieren.

Marzipan-Orangen-Canache-Torte

Zubereitungszeit: 80 Minuten, ohne Abkühl-, Kühl- und Durchziehzeit
Backzeit: 12–15 Minuten je Boden

Für den Rührteig:
200 g Marzipan-Rohmasse
200 g weiche Butter
100 g Zucker
1 Pck. Dr. Oetker Vanillin-Zucker
1 Pck. Dr. Oetker Finesse Geriebene Orangenschale
4 Eier (Größe M)
250 g Weizenmehl
75 g Speisestärke
1 gestr. TL Dr. Oetker Backin

Für die Orangen-Canache-Creme:
150 g Vollmilch-Kuvertüre
300 g Zartbitter-Kuvertüre
100 g Schlagsahne
100 g abgezogene, gemahlene Mandeln
100 g weiche Butter
100 ml Orangenlikör

Zum Bestäuben und Bestreuen:
1–2 EL Puderzucker
1–2 EL Kakaopulver
1 Pck. Dr. Oetker Finesse Geriebene Orangenschale

Insgesamt:
E: 134 g, F: 606 g, Kh: 729 g,
kJ: 37991, kcal: 9096

Marzipan-Orangen-Canache-Torte

1. Den Backofen vorheizen. Für den Teig Marzipan in kleine Stücke schneiden und in eine Rührschüssel geben. Butter hinzufügen und mit Handrührgerät mit Rührbesen auf höchster Stufe geschmeidig rühren. Nach und nach Zucker, Vanillin-Zucker und Orangenschale unterrühren. So lange rühren, bis eine gebundene Masse entstanden ist.
2. Eier nach und nach unterrühren (jedes Ei etwa 1/2 Minute). Mehl mit Speisestärke und Backpulver mischen und in 2 Portionen kurz auf mittlerer Stufe unterrühren.
3. Den Teig in 6 Portionen teilen. Jeweils 1 Teigportion auf dem Boden einer Springform (Ø 26 cm, gefettet) verstreichen, dabei darauf achten, dass der Teig am Rand nicht zu dünn wird. Die Springformböden ohne Springformrand nacheinander auf dem Rost in den vorgeheizten Backofen schieben.
Ober-/Unterhitze: etwa 180 °C
Heißluft: etwa 160 °C
Backzeit: 12–15 Minuten je Boden.
4. Fünf weitere Gebäckböden auf diese Weise backen. Die Gebäckböden sofort vom Springformboden lösen und auf einem mit Backpapier belegten Kuchenrost erkalten lassen.
5. Für die Orangen-Canache-Creme beide Kuvertüresorten in kleine Stücke hacken und in einem Topf im Wasserbad bei schwacher Hitze unter Rühren schmelzen lassen. Flüssige Sahne unterrühren, bis die Masse glatt ist. Die Mischung abkühlen lassen und kalt stellen. Dann die Creme mit Handrührgerät mit Rührbesen auf höchster Stufe cremig aufschlagen und Mandeln, Butter und Likör gut unterrühren.
6. Fünf der Gebäckböden mit der Creme bestreichen und zu einer Torte zusammensetzen. Den letzten Gebäckboden darauflegen und leicht andrücken. Den Tortenrand evtl. mit einem scharfen Messer begradigen und die Torte zugedeckt einen Tag zum Durchziehen kalt stellen.
7. Zum Bestäuben vor dem Servieren Puderzucker mit Kakao mischen. Die Tortenoberfläche dick mit der Puderzucker-Kakao-Mischung bestäuben und mit Orangenschale bestreuen.

Tipp: Die Gebäckböden können schon einige Tage vor der Zubereitung gebacken und in einer gut schließenden Dose oder in Alufolie verpackt aufbewahrt werden.

Klassisch – dauert länger

Prinzregententorte

Zubereitungszeit: 80 Minuten, ohne Abkühl- und Kühlzeit
Backzeit: etwa 8 Minuten je Boden

Für den Rührteig:
250 g weiche Margarine oder Butter
250 g Zucker
1 Pck. Dr. Oetker Vanillin-Zucker
1 Prise Salz
4 Eier (Größe M)
200 g Weizenmehl
50 g Speisestärke
1 gestr. TL Dr. Oetker Backin

Für die Buttercreme:
1 Pck. Dr. Oetker Pudding-Pulver Schokoladen-Geschmack
100 g Zucker
500 ml (1/2 l) Milch
250 g weiche Butter

Für den Guss:
200 g Zartbitter-Schokolade
1 EL Speiseöl

Insgesamt:
E: 96 g, F: 544 g, Kh: 704 g,
kJ: 33520, kcal: 8000

1. Den Backofen vorheizen. Für den Teig Butter oder Margarine in einer Rührschüssel mit Handrührgerät mit Rührbesen geschmeidig rühren. Nach und nach Zucker, Vanillin-Zucker und Salz unterrühren. So lange rühren, bis eine gebundene Masse entstanden ist. Eier nach und nach unterrühren (jedes Ei etwa 1/2 Minute).

2. Mehl mit Speisestärke und Backpulver mischen und in 2 Portionen kurz auf mittlerer Stufe unterrühren. Aus dem Teig nacheinander 7–8 Böden backen, dazu jeweils gut 3 Esslöffel Teig auf einen Springformboden (Ø 26 oder 28 cm, gefettet) streichen (dabei darauf achten, dass die Teiglage am Rand nicht zu dünn ist, damit der Boden dort nicht zu dunkel wird). Jeden Boden ohne Springformrand auf dem Rost in den vorgeheizten Backofen schieben und goldbraun backen.
Ober-/Unterhitze: etwa 180 °C
Heißluft: etwa 160 °C
Backzeit: etwa 8 Minuten je Boden.

3. Böden nach dem Backen vom Springformboden lösen. Einzeln auf einem Kuchenrost erkalten lassen.

4. Für die Buttercreme Pudding nach Packungsanleitung, aber mit 100 g Zucker zubereiten. Den Pudding erkalten lassen (nicht kalt stellen) und dabei gelegentlich durchrühren. Butter mit Handrührgerät mit Rührbesen geschmeidig rühren und den erkalteten Pudding nach und nach darunter rühren (dabei darauf achten, dass Butter und Pudding Zimmertemperatur haben, da die Buttercreme sonst gerinnt). Die einzelnen Böden (bis auf einen) mit der Buttercreme bestreichen und zu einer Torte zusammensetzen, die oberste Schicht soll aus einem Boden bestehen. Die Torte kalt stellen.

5. Für den Guss Schokolade grob zerkleinern und mit Öl im Wasserbad bei schwacher Hitze unter Rühren schmelzen lassen. Guss mitten auf die Torte gießen und durch Bewegen der Torte auf der Oberfläche und am Rand gleichmäßig verlaufen lassen, dabei den Guss evtl. am Rand mit einem Messer etwas verstreichen. Um eine gleichmäßige Oberfläche zu erhalten, die Torte auf der Platte aufklopfen. Guss fest werden lassen, Torte bis zum Servieren kalt stellen.

Tipp: Zeichnen Sie den Springformboden auf jeweils 1 Bogen Backpapier vor. Je 3 Esslöffel Rührteig darauf verstreichen und auf einem Backblech backen. Nach Belieben 2–3 Esslöffel Creme abnehmen, in einen Spritzbeutel mit Sterntülle geben und die fertige Torte damit verzieren. Torte mit Raspelschokolade und Schokoblättchen garnieren.

Prinzregententorte

Für Gäste

Schokoladencreme-torte

Zubereitungszeit: 50 Minuten, ohne Abkühlzeit
Backzeit: etwa 20 Minuten je Boden

Für den Rührteig:
250 g Butter oder Margarine
150 g Zucker
2 Pck. Dr. Oetker Vanillin-Zucker
1 Msp. Salz
5 Eier (Größe M)
150 g Weizen-Vollkornmehl
50 g gesiebtes Kakaopulver
2 gestr. TL Dr. Oetker Backin

Für die Buttercreme:
30 g Speisestärke
2 EL brauner Zucker (Rohrzucker)
2 Pck. Dr. Oetker Bourbon-Vanille-Zucker
30 g gesiebtes Kakaopulver
1 Ei (Größe M), 300 ml Milch
150 g weiche Butter
100 g gesiebter Puderzucker

Zum Bestreuen:
20 g Raspelschokolade

Insgesamt:
E: 90 g, F: 414 g, Kh: 463 g,
kJ: 24872, kcal: 5937

1. Den Backofen vorheizen. Für den Teig Butter oder Margarine mit Handrührgerät mit Rührbesen auf höchster Stufe geschmeidig rühren. Nach und nach Zucker, Vanillin-Zucker und Salz unterrühren. So lange rühren, bis eine gebundene Masse entstanden ist. Eier nach und nach unterrühren (jedes Ei etwa 1/2 Minute).
2. Mehl mit Kakao und Backpulver mischen und in 2 Portionen kurz auf mittlerer Stufe unterrühren. Den Teig halbieren. Je eine Teighälfte in eine Springform (Ø 26 cm, Boden gefettet) geben und verstreichen. Die Form auf dem Rost in den vorgeheizten Backofen schieben.
Ober-/Unterhitze: etwa 180 °C
Heißluft: etwa 160 °C
Backzeit: etwa 20 Minuten je Boden.
3. Die zweite Hälfte ebenfalls auf diese Weise backen. Die Gebäckböden jeweils etwa 5 Minuten in der Form stehen lassen, dann aus der Form lösen, auf einen mit Backpapier belegten Kuchenrost stürzen und erkalten lassen.
4. Für die Buttercreme Speisestärke mit braunem Zucker, Vanille-Zucker und Kakao in einem Topf verrühren. Ei und Milch unter Rühren hinzugeben. Die Masse unter ständigem Rühren zum Kochen bringen und gut aufkochen lassen. Pudding in eine Schüssel umfüllen, Frischhaltefolie direkt darauflegen, damit sich keine Haut bildet, und anschließend Pudding erkalten lassen (nicht kalt stellen).
5. Butter und Puderzucker mit Handrührgerät mit Rührbesen schaumig schlagen. Pudding durchrühren und nach und nach unterrühren, dabei darauf achten, dass Butter und Pudding Zimmertemperatur haben, da die Creme sonst gerinnt.
6. Einen Gebäckboden auf eine Tortenplatte legen. Gut die Hälfte der Creme daraufgeben und glattstreichen. Den zweiten Gebäckboden darauflegen und leicht andrücken. Tortenoberfläche und -rand mit der restlichen Creme bestreichen und die Oberfläche mit einem Esslöffel wellenartig verzieren. Tortenoberfläche mit Raspelschokolade bestreuen. Die Torte gut durchziehen lassen.

Tipp: Tränken Sie den unteren Boden vor dem Füllen mit 2–3 Esslöffeln Rum oder Cognac.

Schokoladencremetorte

Weihnachtstorte mit Spekulatius

Fruchtig

Weihnachtstorte mit Spekulatius

Zubereitungszeit: 45 Minuten, ohne Kühlzeit

Zum Garnieren:
200 g Zartbitter-Schokolade
1 TL Speiseöl

Für den Boden:
50 g Zartbitter-Schokolade
75 g Butter
250 g Spekulatiusgebäck (ersatzweise Buttergebäck mit Mandeln)

Für den Belag:
6 Blatt weiße Gelatine
600 g Doppelrahm-Frischkäse
75 g Zucker
100 ml Milch
1 Pck. Dr. Oetker Bourbon-Vanille-Zucker
1 Glas Apfelkompott (Einwaage 360 g)
je gut 1 Msp. Nelken, Zimt und Kardamom

Insgesamt:
E: 118 g, F: 417 g, Kh: 411 g,
kJ: 24571, kcal: 5873

1. Zum Garnieren Schokolade in Stücke brechen und mit Speiseöl in einem Topf im Wasserbad bei schwacher Hitze unter Rühren schmelzen lassen. Ein Viertel der Schokolade (etwa 50 g) etwa 2 mm dünn auf ein Stück Backpapier streichen und fest werden lassen. 6–8 Sterne unterschiedlicher Größe ausstechen. Die restliche flüssige Schokolade für den Belag beiseitestellen.
2. Für den Boden die Schokolade in Stücke brechen. Butter in einem Topf zerlassen und von der Kochstelle nehmen. Die Schokolade dazugeben und darin unter Rühren auflösen. 12–16 Spekulatius vorsichtig halbieren und dicht aneinander innen an einen Springformrand stellen. Die Kekse wieder herausnehmen und beiseitelegen. Alle restlichen Kekse in einen Gefrierbeutel füllen, den Beutel verschließen, mit einer Teigrolle fein zerbröseln und unter die Butter-Schoko-Masse rühren.
3. Eine Tortenplatte mit Tortenspitze oder Backpapier belegen und einen Springformrand (Ø 26 cm) daraufstellen. Die Keksmasse darin verteilen, mit Hilfe eines Löffels zu einem Boden andrücken und kalt stellen.
4. Für den Belag die Gelatine nach Packungsanleitung einweichen. Frischkäse mit Zucker, Milch und Vanille-Zucker verrühren. Gelatine in einem kleinen Topf bei schwacher Hitze auflösen und mit etwas von der Frischkäsemischung verrühren, dann die Mischung unter die restliche Frischkäsemischung rühren. Vorbereitete Kekshälften wieder in den Springformrand auf den Keks-Schoko-Boden stellen.
5. Knapp ein Drittel der Frischkäsemasse abnehmen, Apfelkompott unterrühren, vorsichtig auf den vorbereiteten Keks-Schoko-Boden geben und glattstreichen.
6. Die restliche flüssige Schokolade (von den 200 g) evtl. nochmals etwas erwärmen, unter die restliche Frischkäsemasse rühren und die Gewürze ebenfalls unterrühren. Die Masse vorsichtig esslöffelweise auf der Apfelmus-Frischkäsemasse verteilen und glattstreichen.
7. Die Torte etwa 3 Stunden kalt stellen. Anschließend den Springformrand lösen und entfernen. Die Torte vor dem Servieren mit den Schokosternen garnieren.

Tipp: Die Spekulatius für den Rand lassen sich am besten halbieren, wenn Sie die Bruchstelle vorher mit einem kleinen Sägemesser ansägen und die Kekse dann dort brechen. Garnieren Sie die Torte zusätzlich mit 1–2 grob zerbrochenen Spekulatius. Rühren Sie 2 Esslöffel Rum-Rosinen unter die Apfelmus-Frischkäse-Masse.

Schnell zubereitet

Erdbeer-Schmand-Torte

Zubereitungszeit: 30 Minuten, ohne Abkühlzeit
Backzeit: etwa 25 Minuten

Für den Schüttelteig:
80 g Butter oder Margarine
170 g Weizenmehl
2 gestr. TL Dr. Oetker Backin
80 g Zucker, 2 Eier (Größe M)
6 EL Buttermilch

Für den Belag:
500 g Schmand (Sauerrahm)
1 Pck. Dr. Oetker Bourbon-Vanille-Zucker
1 EL Zucker
500 g Erdbeeren

Für den Guss:
1 Pck. Tortenguss, klar
250 ml (1/4 l) Maracujanektar oder Orangensaft
2 EL Zucker

Insgesamt:
E: 57 g, F: 186 g, Kh: 329 g, kJ: 13976, kcal: 3341

1. Für den Teig Butter oder Margarine zerlassen und abkühlen lassen. Den Backofen vorheizen. Mehl und Backpulver in einer verschließbaren Schüssel (etwa 3 l) mit Zucker mischen. Eier, Butter oder Margarine und Buttermilch hinzufügen. Schüssel mit dem Deckel fest verschließen.
2. Schüssel mehrmals (insgesamt 15–30 Sekunden) kräftig schütteln, so dass alle Zutaten gut vermischt sind. Alles mit einem Schneebesen oder Rührlöffel nochmals sorgfältig durchrühren, damit trockene Zutaten vom Rand mit untergerührt werden.
3. Den Teig in eine Springform (Ø 26 cm, Boden gefettet, mit Backpapier belegt) geben und verstreichen. Die Form auf dem Rost in den vorgeheizten Backofen schieben.
Ober-/Unterhitze: etwa 180 °C
Heißluft: etwa 160 °C
Backzeit: etwa 25 Minuten.
4. Den Gebäckboden aus der Form lösen, auf einen Kuchenrost legen und etwas abkühlen lassen. Mitgebackenes Backpapier abziehen.
5. Für den Belag den Schmand mit Vanille-Zucker und Zucker verrühren. Den Gebäckboden damit bestreichen und vollständig erkalten lassen.
6. Erdbeeren waschen, abtropfen lassen, putzen und in Scheiben schneiden. Erdbeerscheiben dachziegelartig auf den Schmandbelag legen.
7. Für den Guss Tortengusspulver mit Maracujanektar oder Orangensaft und Zucker nach Packungsanleitung zubereiten. Den Guss von der Mitte aus auf den Erdbeerscheiben verteilen. Den Kuchen etwa 1 Stunde kalt stellen.

Fettarm – mit Alkohol

Cocktailtorte

Zubereitungszeit: 45 Minuten, ohne Abkühl- und Kühlzeit
Backzeit: etwa 20 Minuten

Zum Vorbereiten:
1 Dose Fruchtcocktail (Abtropfgewicht 500 g)

Für den Biskuitteig:
2 Eier (Größe M)
1–2 EL heißes Wasser
50 g Zucker
1 Pck. Dr. Oetker Vanillin-Zucker
75 g Weizenmehl
1 gestr. TL Dr. Oetker Backin

Für die Füllung:
500 g Magerquark
150 g Joghurt
175 g Zucker
1 Pck. Dr. Oetker Vanillin-Zucker
200 ml trockener Sekt
1 Beutel aus 1 Pck. Götterspeise Zitronen-Geschmack
75 ml (6 EL) Wasser
2 Blatt weiße Gelatine

Für den Belag:
1 Pck. Tortenguss, rot
2 gestr. EL Zucker
125 ml (1/8 l) Fruchtsaft aus der Dose
125 ml (1/8 l) Wasser

Insgesamt:
E: 113 g, F: 18 g, Kh: 417 g,
kJ: 10467, kcal: 2500

1. Zum Vorbereiten Fruchtcocktail in einem Sieb abtropfen lassen, den Saft dabei auffangen und 125 ml (1/8 l) davon abmessen. Den Backofen vorheizen.
2. Für den Teig Eier und Wasser mit Handrührgerät mit Rührbesen auf höchster Stufe in 1 Minute schaumig schlagen. Zucker mit Vanillin-Zucker mischen, in 1 Minute einstreuen und noch etwa 2 Minuten weiterschlagen.
3. Mehl mit Backpulver mischen, auf die Eiercreme geben und kurz auf niedrigster Stufe unterrühren. Den Teig in eine Springform (Ø 26 cm, Boden gefettet, mit Backpapier belegt) geben und verstreichen. Die Form auf dem Rost in den vorgeheizten Backofen schieben.
Ober-/Unterhitze: etwa 180 °C
Heißluft: etwa 160 °C
Backzeit: etwa 20 Minuten.
4. Boden aus der Form lösen, auf einen mit Backpapier belegten Kuchenrost stürzen und erkalten lassen. Anschließend Backpapier abziehen, Boden auf eine Tortenplatte legen und einen Tortenring darumstellen.
5. Für die Füllung Quark mit Joghurt, Zucker, Vanillin-Zucker und Sekt verrühren. Götterspeise mit nur 75 ml kaltem Wasser (ohne Zucker) nach Packungsanleitung anrühren und auflösen. Zuerst 4 Esslöffel der Quarkmasse unter die Götterspeise rühren, dann die Mischung mit der restlichen Quarkmasse verrühren.
6. Gelatine nach Packungsanleitung einweichen, dann leicht ausdrücken und in einem kleinen Topf bei schwacher Hitze unter Rühren auflösen. Gelatine unter die etwas dicklich gewordene Quarkmasse rühren, Masse auf den Biskuitboden geben und glattstreichen. Die Torte etwa 2 Stunden kalt stellen.
7. Für den Belag Fruchtcocktail auf der Quarkmasse verteilen. Einen Guss aus Tortengusspulver, Zucker, Saft und Wasser nach Packungsanleitung zubereiten. Den Guss auf dem Fruchtcocktail verteilen. Torte nochmals 1–2 Stunden kalt stellen, dann den Tortenring lösen und entfernen.

Fettarm

Caribic-Torte

Zubereitungszeit: 30 Minuten, ohne Abkühl- und Kühlzeit
Backzeit: etwa 15 Minuten

Für den Biskuitteig:
2 Eier (Größe M), 50 g Zucker
1 Pck. Dr. Oetker Vanillin-Zucker
50 g Weizenmehl
1 EL Speisestärke
1 gestr. TL Dr. Oetker Backin

Für die Füllung:
1 Dose Ananasraspel (Abtropfgewicht 278 g)
10 Blatt weiße Gelatine
500 g Dickmilch
250 ml (1/4 l) Maracujanektar
100 g Zucker
1 Pck. Dr. Oetker Vanillin-Zucker

Zum Garnieren:
Zitronenmelisseblättchen

Insgesamt:
E: 56 g, F: 21 g, Kh: 326 g,
kJ: 7328, kcal: 1744

1. Den Backofen vorheizen. Für den Teig Eier mit Handrührgerät mit Rührbesen auf höchster Stufe in 1 Minute schaumig schlagen. Zucker und Vanillin-Zucker mischen, in 1 Minute einstreuen, dann noch etwa 2 Minuten weiterschlagen.
2. Mehl mit Speisestärke und Backpulver mischen, auf die Eiercreme geben und kurz auf niedrigster Stufe unterrühren. Den Teig in eine Springform (Ø 24 cm, Boden gefettet, mit Backpapier belegt) geben und verstreichen. Die Form auf dem Rost in den vorgeheizten Backofen schieben.
Ober-/Unterhitze: etwa 180 °C
Heißluft: etwa 160 °C
Backzeit: etwa 15 Minuten.
3. Den Biskuitboden aus der Form lösen, auf einen mit Backpapier belegten Kuchenrost stürzen und den Biskuitboden erkalten lassen. Backpapier vorsichtig abziehen, Biskuitboden auf eine Tortenplatte legen und einen Tortenring eng darumstellen.
4. Für die Füllung Ananasraspel in einem Sieb gut abtropfen lassen. Gelatine nach Packungsanleitung einweichen. Dickmilch mit Nektar, Zucker und Vanillin-Zucker gut verrühren.
5. Gelatine leicht ausdrücken und in einem kleinen Topf bei schwacher Hitze unter Rühren auflösen. Gelatine mit 2–3 Esslöffeln von der Dickmilchmasse verrühren, dann die Mischung mit der restlichen Dickmilchmasse verrühren. Ananasraspel unterrühren. Die Creme auf den Biskuitboden geben und glattstreichen. Die Torte 2–3 Stunden kalt stellen.
6. Tortenring lösen und entfernen. Die Torte vor dem Servieren mit Zitronenmelisseblättchen garnieren.

Caribic-Torte

Beliebt

Zarte Blätterteig-Schichttorte

Zubereitungszeit: 40 Minuten, ohne Auftau-, Ruhe-, Abkühl- und Kühlzeit
Backzeit: etwa 10 Minuten je Boden

Für die Böden:
1 Pck. (450 g) TK-Blätterteig (10 quadratische Platten)
100 g abgezogene, gehobelte Mandeln
50 g Zucker

Für die Creme:
2 Blatt weiße Gelatine
1 Pck. Gala Pudding-Pulver Bourbon-Vanille
80 g Zucker
2 Eigelb (Größe M)
375 ml (3/8 l) Milch
1/2 Pck. Dr. Oetker Bourbon-Vanille-Zucker
2 Becher (je 125 g) Crème double
250 g verlesene Brombeeren

Zum Verzieren und Garnieren:
1 Becher (125 g) Crème double
1/2 Pck. Dr. Oetker Bourbon-Vanille-Zucker
einige verlesene Brombeeren
Zitronenmelisseblättchen
Puderzucker

Insgesamt:
E: 79 g, F: 358 g, Kh: 379 g, kJ: 21105, kcal: 5063

1. Für die Böden Teigplatten nach Packungsanleitung auftauen lassen. Anschließend nacheinander je 2 Teigplatten aufeinanderlegen, auf einem Springformboden (Ø 26 cm, dünn gefettet) rund ausrollen, mehrmals mit einer Gabel einstechen, etwa 20 Minuten ruhen lassen. Den Backofen vorheizen. Anschließend die Böden mit Mandeln und Zucker bestreuen, den Springformrand darumstellen und die Form auf dem Rost in den vorgeheizten Backofen schieben.
Ober-/Unterhitze: etwa 200 °C
Heißluft: etwa 180 °C
Backzeit: etwa 10 Minuten je Boden.

2. Die Böden sofort nach dem Backen aus der Form und vom Springformboden lösen und jeweils auf einem Kuchenrost erkalten lassen.

3. Für die Creme die Gelatine nach Packungsanleitung einweichen. Pudding-Pulver mit Zucker, Eigelb und etwas von der Milch verrühren. Restliche Milch zum Kochen bringen, das angerührte Pulver einrühren, unter Rühren aufkochen lassen und von der Kochstelle nehmen. Gelatine ausdrücken und unter Rühren im heißen Pudding auflösen. Pudding erkalten lassen, dabei gelegentlich umrühren.

4. Unter die erkaltete Creme Vanille-Zucker und Crème double rühren und die Creme kalt stellen, bis sie etwas fester wird. Anschließend die Creme nochmals kurz durchrühren und 4 der Böden mit je einem Viertel der Creme bestreichen, mit Brombeeren belegen (große Beeren halbieren) und die Böden zu einer Torte zusammensetzen. Zuletzt den unbestrichenen fünften Boden auflegen und die Torte etwa 30 Minuten kalt stellen.

5. Vor dem Servieren Crème double mit Vanille-Zucker verrühren, in Häufchen auf die Torte geben, mit einigen Brombeeren und Zitronenmelisse garnieren und die Torte mit Puderzucker bestäuben.

Tipp: Die Böden erst 1 Stunde vor dem Servieren zusammensetzen, sonst werden sie weich. Torte mit einem elektrischen Messer schneiden. Sie können Crème double durch Mascarpone ersetzen. Den oberen Boden noch warm in Stücke schneiden und diese dann auf die Torte legen.

Zarte Blätterteig-Schichttorte

Einfach

Amarettini-Torte

Zubereitungszeit: 50 Minuten, ohne Abkühl- und Kühlzeit
Backzeit: 15–20 Minuten

Für den Schüttelteig:
175 g Weizenmehl
2 gestr. TL Dr. Oetker Backin
75 g Zucker
1/2 Fläschchen Bittermandel-Aroma
3 Eier (Größe M)
100 ml Speiseöl
100 g Schlagsahne

Für den Belag:
100 g Amarettini
(ital. Mandelmakronen)

Für die Füllung:
1 Pck. Dr. Oetker Pudding-Pulver Mandel-Geschmack
400 ml Milch
2 EL Zucker
1 Becher (150 g) Crème fraîche

Zum Bestreichen und Bestäuben:
2 EL Aprikosenkonfitüre
Puderzucker
Kakaopulver

Insgesamt:
E: 68 g, F: 218 g, Kh: 394 g,
kJ: 16436, kcal: 3921

Amarettini-Torte

1. Den Backofen vorheizen. Für den Teig Mehl und Backpulver in einer verschließbaren Schüssel (etwa 3 l) mit Zucker mischen. Aroma, Eier, Speiseöl und Sahne hinzufügen. Schüssel mit dem Deckel fest verschließen.
2. Schüssel mehrmals (insgesamt 15–30 Sekunden) kräftig schütteln, so dass alle Zutaten gut vermischt sind. Alles mit einem Schneebesen oder Rührlöffel nochmals sorgfältig durchrühren, damit trockene Zutaten vom Rand mit untergerührt werden.
3. Den Teig auf ein Backblech mit Backrahmen (etwa 20 x 40 cm, gefettet, gemehlt) geben und verstreichen. Die Amarettini gleichmäßig darauf verteilen. Das Backblech in den vorgeheizten Backofen schieben.
Ober-/Unterhitze: etwa 180 °C
Heißluft: etwa 160 °C
Backzeit: 15–20 Minuten.
4. Das Backblech auf einen Kuchenrost stellen. Backrahmen lösen und entfernen, Den Kuchen auf dem Backblech erkalten lassen und anschließend vom Backblech lösen. Den Kuchen senkrecht halbieren, so dass 2 Quadrate (etwa 20 x 20 cm) entstehen.
5. Für die Füllung einen Pudding nach Packungsanleitung, aber mit den angegebenen Mengen Milch und Zucker zubereiten. Crème fraîche unter den heißen Pudding rühren und abkühlen lassen, dabei gelegentlich umrühren.
6. Eine Kuchenhälfte auf 1 Platte (Amarettini müssen oben liegen) legen und mit Konfitüre bestreichen. Die Puddingmasse darauf verteilen und mit der zweiten Kuchenhälfte (Amarettini müssen oben liegen) bedecken. Die Torte etwa 1 Stunde kalt stellen.
7. Die Torte vor dem Servieren mit Puderzucker und Kakao bestäuben.

Klassisch – mit Alkohol

Zuger Kirschtorte

Zubereitungszeit: 60 Minuten, ohne Abkühlzeit
Backzeit: 25–30 Minuten
Trockenzeit: etwa 90 Minuten je Backblech

Für den Biskuitteig:
1 Ei (Größe M)
3 Eigelb (Größe M)
3 EL heißes Wasser
100 g Zucker
1 Pck. Dr. Oetker Vanillin-Zucker
100 g Weizenmehl
25 g Speisestärke
1 gestr. TL Dr. Oetker Backin

Für die Baisermasse:
3 Eiweiß (Größe M), 150 g Zucker
1 Pck. Dr. Oetker Vanillin-Zucker
100 g abgezogene, gemahlene Mandeln

Für die Buttercreme:
1 Pck. Dr. Oetker Pudding-Pulver Vanille-Geschmack
100 g Zucker
500 ml (1/2 l) Milch
250 g weiche Butter

Zum Tränken:
6 EL Wasser, 60 g Zucker
6 EL Kirschwasser

Zum Bestreuen und Bestäuben:
50 g abgezogene, gehobelte Mandeln
25 g Puderzucker

Insgesamt:
E: 85 g, F: 334 g, Kh: 606 g,
kJ: 24833, kcal: 5927

Zuger Kirschtorte

1. Den Backofen vorheizen. Für den Teig Ei mit Eigelb und Wasser in einer Rührschüssel mit Handrührgerät mit Rührbesen auf höchster Stufe in 1 Minute schaumig schlagen. Zucker mit Vanillin-Zucker mischen, in 1 Minute einstreuen und etwa 2 Minuten weiterschlagen. Mehl mit Speisestärke und Backpulver mischen und kurz auf niedrigster Stufe unterrühren. Den Teig in eine Springform (Ø 28 cm, Boden gefettet, mit Backpapier belegt) geben, verstreichen und die Form auf dem Rost in den vorgeheizten Backofen schieben.
Ober-/Unterhitze: etwa 180 °C
Heißluft: etwa 160 °C
Backzeit: 25–30 Minuten.

2. Den Boden aus der Form lösen, auf einen mit Backpapier belegten Kuchenrost stürzen und erkalten lassen. Dann mitgebackenes Backpapier abziehen.

3. Für die Baisermasse auf 2 Bögen Backpapier je 1 Kreis (Ø 26 cm) vorzeichnen. Eiweiß so steifschlagen, dass ein Messerschnitt sichtbar bleibt. Nach und nach Zucker und Vanillin-Zucker unterschlagen. Dann die Mandeln vorsichtig unterheben. Die Masse in einen Spritzbeutel mit kleiner Lochtülle füllen und 2 Böden aufspritzen. Dazu jeweils innen an dem aufgemalten Kreis einen Ring spritzen, dann die gesamte Fläche mit Baisermasse ausspritzen. Böden auf Backbleche ziehen, nacheinander (bei Heißluft zusammen) in den etwas heruntergekühlten Backofen schieben und bei niedrigerer Backtemperatur trocknen lassen.
Ober-/Unterhitze: etwa 100 °C
Heißluft: etwa 100 °C
Trockenzeit: etwa 90 Minuten je Backblech.

4. Die Böden jeweils vorsichtig auf einen mit Backpapier belegten Kuchenrost stürzen, das mitgebackene Backpapier mit etwas Wasser bestreichen, abziehen und die Böden erkalten lassen.

5. Für die Buttercreme aus Pudding-Pulver, Zucker und Milch nach Packungsanleitung einen Pudding zubereiten. Pudding erkalten lassen (nicht kalt stellen), dabei gelegentlich durchrühren. Butter mit Handrührgerät mit Rührbesen geschmeidig rühren und den erkalteten Pudding nach und nach darunterrühren, dabei darauf achten, dass Butter und Pudding Zimmertemperatur haben, da die Buttercreme sonst gerinnt.

6. Zum Tränken des Biskuitbodens Wasser mit Zucker aufkochen und erkalten lassen, anschließend Kirschwasser hinzufügen. Für den Rand Mandeln in einer Pfanne ohne Fett leicht bräunen und auf einem Teller erkalten lassen.

7. Einen der Baiserböden mit einem Viertel der Buttercreme bestreichen, den Biskuitboden darauflegen und mit der Tränke beträufeln. Den Boden mit knapp der Hälfte der restlichen Buttercreme bestreichen, den zweiten Baiserboden auflegen und leicht andrücken. Rand und Oberfläche der Torte mit der übrigen Buttercreme bestreichen.

8. Dann den Rand mit den Mandeln bestreuen und mit der Teigkarte leicht andrücken. Ein Messer in heißes Wasser tauchen, damit ein Gittermuster auf der Torte ziehen. Die Torte bis zum Servieren kalt stellen und kurz vorher mit Puderzucker bestäuben.

Amarettini-Eierpflaumen-Torte

Zubereitungszeit: 50 Minuten, ohne Kühlzeit

Für den Boden:
50 g Amarettini
(ital. Mandelmakronen)
100 g Löffelbiskuits
125 g Butter

Für die Joghurt-Frischkäse-Creme:
5 Blatt weiße Gelatine
300 g Vanillejoghurt
200 g Doppelrahm-Frischkäse
Saft von 1 Zitrone
50 g Zucker
1 Pck. Dr. Oetker Bourbon-Vanille-Zucker
250 g Schlagsahne

Für den Belag:
750 g Eierpflaumen
2 Pck. Tortenguss, klar
250 ml (1/4 l) Apfelsaft
250 ml (1/4 l) Wasser
30 g Zucker

Zum Bestreuen und Garnieren:
25 g Amarettini
(ital. Mandelmakronen)

Insgesamt:
E: 62 g, F: 267 g, Kh: 380 g,
kJ: 18097, kcal: 4324

1. Für den Boden einen Springformrand (Ø 26 cm) auf eine mit Backpapier oder Tortenspitze belegte Tortenplatte stellen. Amarettini und Löffelbiskuits in einen Gefrierbeutel geben und ihn verschließen. Das Gebäck mit einer Teigrolle fein zerbröseln und in eine Schüssel füllen. Butter zerlassen, zu den Bröseln geben und alles gut vermischen. Die Masse in den Springformrand füllen und mit einem Löffel gut zu einem Boden andrücken. Kurz kalt stellen.
2. Für die Joghurt-Frischkäse-Creme Gelatine nach Packungsanleitung einweichen. Joghurt mit Frischkäse, Zitronensaft, Zucker und Vanille-Zucker in einer Schüssel verrühren. Gelatine leicht ausdrücken und in einem kleinen Topf bei schwacher Hitze unter Rühren auflösen. Gelatine zunächst mit etwas von der Joghurtmasse verrühren, dann unter die restliche Joghurtmasse rühren. Sahne steifschlagen und unterheben. Creme auf dem Boden verteilen, glattstreichen und die Torte etwa 2 Stunden kalt stellen.
3. Für den Belag die Eierpflaumen waschen, entsteinen und vierteln. Pflaumen kuppelartig auf der Tortenoberfläche verteilen. Tortenguss nach Packungsanleitung mit Flüssigkeit und Zucker zubereiten und auf den Pflaumen verteilen. Pflaumen mit leicht zerbröselten Amarettini bestreuen und den Guss fest werden lassen. Die Torte nochmals etwa 1 Stunde kalt stellen.

Tipp: Die Torte schmeckt frisch am besten. Soll die Joghurtmasse noch fruchtiger werden, so können 100 g entsteinte Eierpflaumen püriert und unter die Joghurtmasse gerührt werden. Dann benötigt man allerdings statt 5 Blatt 6 Blatt weiße Gelatine.

Amarettini-Eierpflaumen-Torte

Einfach

Blaue-Grütze-Torte

Zubereitungszeit: 30 Minuten, ohne Abkühl- und Kühlzeit
Backzeit: etwa 25 Minuten

Für den Schüttelteig:
100 g Butter oder Margarine
200 g Weizenmehl
3 gestr. TL Dr. Oetker Backin
100 g Zucker
2 Pck. Dr. Oetker Vanillin-Zucker
3 Eier (Größe M), 100 ml Milch

Für die Füllung:
2 geh. EL Heidelbeerkonfitüre

Für den Belag:
150 g Mascarpone (ital. Frischkäse)
1 Pck. Dr. Oetker Vanillin-Zucker
2 Pck. Tortenguss, klar
350 ml Apfelsaft, 50 g Zucker
300 g verlesene Heidelbeeren

Zum Verzieren:
50 g Mascarpone (ital. Frischkäse)
1 TL Zucker, 1 EL Milch

Insgesamt:
E: 60 g, F: 195 g, Kh: 461 g,
kJ: 16580, kcal: 3963

1. Den Backofen vorheizen. Für den Teig Butter oder Margarine zerlassen und abkühlen lassen. Das Mehl mit Backpulver in einer verschließbaren Schüssel (etwa 3 l) mit Zucker und Vanillin-Zucker mischen. Eier, Butter oder Margarine und Milch hinzufügen. Schüssel mit dem Deckel fest verschließen.
2. Schüssel mehrmals (insgesamt 15–30 Sekunden) kräftig schütteln, so dass alle Zutaten gut vermischt sind. Alles mit einem Schneebesen oder Rührlöffel nochmals sorgfältig durchrühren, damit trockene Zutaten vom Rand mit untergerührt werden. Den Teig in eine Springform (Ø 26 cm, Boden gefettet) füllen und verstreichen. Die Form auf dem Rost in den vorgeheizten Backofen schieben.
Ober-/Unterhitze: etwa 180 °C
Heißluft: etwa 160 °C
Backzeit: etwa 25 Minuten.
3. Den Gebäckboden aus der Form lösen und auf einem mit Backpapier belegten Kuchenrost erkalten lassen. Dann den Boden einmal waagerecht durchschneiden. Den unteren Boden auf eine Tortenplatte legen und mit Konfitüre bestreichen. Den oberen Boden darauflegen und leicht andrücken.
4. Für den Belag Mascarpone mit Vanillin-Zucker verrühren. Die Creme kuppelförmig auf den Boden streichen, dabei etwa 1 cm am Rand frei lassen. Einen Tortenring oder den gesäuberten Springformrand darumstellen und die Torte kalt stellen.
5. Aus Tortengusspulver, Apfelsaft und Zucker nach Packungsanleitung, aber mit 350 ml Apfelsaft und 50 g Zucker einen Guss zubereiten. Heidelbeeren vorsichtig unterheben. Die Heidelbeermasse auf die Mascarponecreme geben, glattstreichen und fest werden lassen.
6. Zum Verzieren Mascarpone mit Zucker und Milch verrühren. Die Tortenoberfläche mit der Mascarponecreme verzieren. Torte 1–2 Stunden kalt stellen. Vor dem Servieren Tortenring oder Springformrand lösen und entfernen.

Fruchtig

Stachelbeer-Frischkäse-Torte

Zubereitungszeit: 40 Minuten
ohne Abkühl- und Kühlzeit
Backzeit: etwa 25 Minuten
je Boden

Für den Rührteig:
200 g Butter oder Margarine
200 g Zucker
1 Pck. Dr. Oetker Vanillin-Zucker
4 Eier (Größe M)
200 g Weizenmehl
2 gestr. TL Dr. Oetker Backin
100 g gehackte Haselnusskerne
20 g Zucker

Für die Füllung:
1 Glas Stachelbeeren
(Abtropfgewicht 360 g)
1 Pck. Tortenguss, klar
250 ml (1/4 l) Stachelbeersaft
aus dem Glas
20 g Zucker
4 Blatt weiße Gelatine
125 ml (1/8 l) Stachelbeersaft
aus dem Glas
300 g Doppelrahm-Frischkäse
3 EL Zitronensaft
1 Pck. Dr. Oetker Finesse
Geriebene Zitronenschale
250 g Schlagsahne

Insgesamt:
E: 117 g, F: 428 g, Kh: 534 g,
kJ: 27946, kcal: 6679

Stachelbeer-Frischkäse-Torte

1. Den Backofen vorheizen. Für den Teig Butter oder Margarine mit Handrührgerät mit Rührbesen auf höchster Stufe geschmeidig rühren. Zucker und Vanillin-Zucker nach und nach unterrühren. So lange rühren, bis eine gebundene Masse entstanden ist. Eier nach und nach unterrühren (jedes Ei etwa 1/2 Minute).

2. Mehl und Backpulver mischen und in 2 Portionen auf mittlerer Stufe unterrühren. Je die Hälfte des Teiges in eine Springform (Ø 26 cm, Boden gefettet) füllen, verstreichen, mit der Hälfte der Haselnusskerne und der Hälfte des Zuckers bestreuen und die Form auf dem Rost in den vorgeheizten Backofen schieben.
Ober-/Unterhitze: etwa 180 °C
Heißluft: etwa 160 °C
Backzeit: etwa 25 Minuten je Boden.

3. Die andere Teighälfte ebenso vorbereiten und backen. Die Böden sofort nach dem Backen aus der Form lösen und auf einem mit Backpapier belegten Kuchenrost erkalten lassen. Einen Boden in 12 Stücke schneiden.

4. Für die Füllung die Stachelbeeren auf einem Sieb abtropfen lassen, den Saft auffangen und mit Wasser auf 375 ml (3/8 l) Flüssigkeit auffüllen. Tortenguss mit 250 ml (1/4 l) von dem Saft und Zucker nach Packungsanleitung zubereiten, die Stachelbeeren unterheben und dann etwas abkühlen lassen.

5. Gelatine nach Packungsanleitung einweichen. 2–3 Esslöffel des restlichen Stachelbeersaftes erwärmen, die eingeweichte, leicht ausgedrückte Gelatine darin unter Rühren auflösen und den übrigen Stachelbeersaft unterrühren. Frischkäse mit Zitronensaft und -schale verrühren und die Gelatineflüssigkeit unterrühren. Die Frischkäsemasse kalt stellen.

6. Den ungeteilten Boden auf eine Tortenplatte legen und die Stachelbeermasse darauf verstreichen.

7. Sahne steifschlagen und unter die Frischkäsemasse heben. Wenn die Masse beginnt dicklich zu werden, diese in einen Spritzbeutel mit Sterntülle geben und von außen beginnend einen Kranz auf die Stachelbeeren spritzen, den Rest in die Mitte geben. Den in Stücke geschnittenen Boden darauf verteilen und die Torte etwa 2 Stunden kalt stellen.

Für Gäste

Espresso-Torte

Zubereitungszeit: 50 Minuten, ohne Kühlzeit

Für den Tortenboden:
200 g einfache Karamellkekse (oder dünne belgische Butterwaffeln)
100 g Butter

Für die Espresso-Creme:
6 Blatt weiße Gelatine
100 ml Espresso-Kaffee oder starker Kaffee
500 g Ricotta (ital. Frischkäse)
250 g Speisequark (20 % Fett i. Tr.)
100 g Zucker
1 Pck. Dr. Oetker Bourbon-Vanille-Zucker
40 g schokolierte Vollmilch-Espresso-Bohnen
250 g Schlagsahne

Zum Garnieren:
75 g Zartbitter-Kuvertüre
200 g Schlagsahne
30 g schokolierte Zartbitter-Espresso-Bohnen
etwas Kakaopulver

Insgesamt:
E: 120 g, F: 423 g, Kh: 336 g,
kJ: 23850, kcal: 5770

Espresso-Torte

1. Für den Tortenboden Kekse oder Waffeln in Stücke brechen und in einen Gefrierbeutel geben. Den Beutel verschließen, die Kekse oder Waffeln mit einer Teigrolle zerbröseln und in eine Rührschüssel geben. Butter zerlassen und mit den Bröseln gut vermischen.
2. Die Bröselmasse in einer Springform (Ø 26 cm, Boden gefettet, mit Backpapier belegt) verteilen und mit einem Löffel gut andrücken. Den Boden kalt stellen.
3. Für die Espresso-Creme Gelatine nach Packungsanleitung einweichen. Espresso oder starken Kaffee mit Ricotta, Quark, Zucker und Vanille-Zucker verrühren. Gelatine leicht ausdrücken und in einem kleinen Topf bei schwacher Hitze auflösen. 4 Esslöffel von der Ricottamasse unterrühren. Dann die Mischung unter die restliche Ricottamasse rühren und die Masse anschließend kalt stellen.
4. Espresso-Bohnen hacken. Sobald die Ricottamasse beginnt dicklich zu werden, Sahne steifschlagen und mit den gehackten Espresso-Bohnen unterheben. Die Creme in die Form füllen und glattstreichen. Die Torte mindestens 2 Stunden kalt stellen.
5. Zum Garnieren Kuvertüre hacken und in einem Topf im Wasserbad bei schwacher Hitze unter Rühren schmelzen lassen. Kuvertüre auf eine Platte oder ein Backblech gießen, dünn verstreichen und wieder fest werden lassen (nicht kalt stellen). Mit einem Spachtel breite Schokoladenlocken abschaben.
6. Die Torte aus der Springform lösen und den Springformrand entfernen. Die Torte mit einer Palette oder einem Heber vom Backpapier auf eine Tortenplatte geben.
7. Sahne steifschlagen, auf die Torte streichen, so dass etwas Rand frei bleibt und mit einer Gabel ein Muster in die Oberfläche ziehen. Tortenstücke auf der Oberfläche markieren. Torte nochmals kurz kalt stellen.
8. Vor dem Servieren die markierten Stücke mit Espresso-Bohnen und Schokoröllchen garnieren und mit Kakao bestäuben.

Tipp: Die Torte kann bereits am Vortag zubereitet werden. Soll die Torte fruchtig sein, kann auf den Boden erst eine Schicht gut abgetropfter Sauerkirschen (aus dem Glas, Abtropfgewicht 350 g) verteilt werden. Dann die Oberfläche auch zusätzlich mit Kirschen garnieren.

Mit Alkohol – einfach

Praliné-Torte

Zubereitungszeit: 50 Minuten, ohne Abkühlzeit
Backzeit: etwa 40 Minuten

Für den Rührteig:
200 g Butter oder Margarine
200 g Zucker
1 Pck. Dr. Oetker Vanillin-Zucker
1/2 Fläschchen Rum-Aroma
4 Eier (Größe M)
200 g Weizenmehl
20 g gesiebtes Kakaopulver
2 gestr. TL Dr. Oetker Backin

Für die Füllung:
100 g Zartbitter-Schokolade
1 Pck. Vanilla Tortencreme (Cremepulver)
300 ml Milch, 200 g weiche Butter
40 ml Weinbrand oder Cognac

Zum Garnieren:
14–16 Pralinen
etwa 40 g Raspelschokolade

Insgesamt:
E: 82 g, F: 420 g, Kh: 603 g,
kJ: 28486, kcal: 6806

1. Den Backofen vorheizen. Für den Teig Butter oder Margarine mit Handrührgerät mit Rührbesen auf höchster Stufe geschmeidig rühren. Nach und nach Zucker, Vanillin-Zucker und Aroma unterrühren. So lange rühren, bis eine gebundene Masse entstanden ist. Eier nach und nach unterrühren (jedes Ei etwa 1/2 Minute).
2. Mehl mit Kakaopulver und Backpulver mischen und in 2 Portionen auf mittlerer Stufe unterrühren. Den Teig in eine Springform (Ø 28 cm, Boden gefettet) füllen und glattstreichen. Die Form auf dem Rost in den vorgeheizten Backofen schieben.
Ober-/Unterhitze: etwa 180 °C
Heißluft: etwa 160 °C
Backzeit: etwa 40 Minuten.
3. Den Boden aus der Form lösen, auf einen Kuchenrost stürzen und erkalten lassen. Den erkalteten Boden einmal waagerecht durchschneiden.
4. Für die Füllung die Schokolade in Stücke brechen, in einem kleinen Topf im Wasserbad bei schwacher Hitze unter Rühren schmelzen lassen und etwas abkühlen lassen.
5. Aus Tortencremepulver, Milch und Butter nach Packungsanleitung eine Creme zubereiten. Weinbrand oder Cognac unterrühren. Die abgekühlte Schokolade unter die Creme rühren.
6. Den unteren Boden auf eine Tortenplatte legen und mit knapp der Hälfte der Creme bestreichen. Den oberen Boden darauflegen, leicht andrücken.
7. Etwa 2 Esslöffel von der restlichen Creme in einen Spritzbeutel mit Sterntülle füllen. Tortenrand und -oberfläche mit der übrigen Creme bestreichen. Die Tortenoberfläche in 14–16 Stücke teilen, auf jedes Stück einen Cremetupfen setzen und mit 1 Praline garnieren. Tortenrand und -oberfläche mit Raspelschokolade bestreuen.

Tipp: Anstelle von Zartbitter-Schokolade können Sie für die Füllung auch Vollmilch-Schokolade verwenden.

Praliné-Torte

Für Gäste – mit Alkohol

Cognac-Cremetorte

Zubereitungszeit: 60 Minuten, ohne Abkühl- und Kühlzeit
Backzeit: etwa 30 Minuten

Für den All-in-Teig:
150 g Weizenmehl
20 g Kakaopulver
3 gestr. TL Dr. Oetker Backin
150 g Zucker
1 Pck. Dr. Oetker Bourbon-Vanille-Zucker
4 Eier (Größe M)
50 g Zartbitter-Raspelschokolade

Für die helle Canache-Creme:
200 g weiße Kuvertüre
200 g Schlagsahne
50 g weiche Butter
2 EL Cognac

Für die dunkle Canache-Creme:
200 g Zartbitter-Kuvertüre
400 g Schlagsahne
100 g weiche Butter
3 EL Cognac

Zum Bestreichen und Verzieren:
200 g Wild-Preiselbeeren
50 g weiße Kuvertüre

Insgesamt:
E: 97 g, F: 518 g, Kh: 644 g,
kJ: 32491, kcal: 7769

1. Den Backofen vorheizen. Für den Teig Mehl mit Kakao und Backpulver in einer Rührschüssel mischen. Restliche Zutaten hinzufügen und alles mit Handrührgerät mit Rührbesen auf höchster Stufe in etwa 2 Minuten zu einem glatten Teig verarbeiten.
2. Dann den Teig in eine Springform (Ø 26 cm, Boden gefettet, mit Backpapier belegt) füllen, verstreichen und die Form auf dem Rost in den vorgeheizten Backofen schieben.
Ober-/Unterhitze: etwa 180 °C
Heißluft: etwa 160 °C
Backzeit: etwa 30 Minuten.
3. Das Gebäck aus der Form lösen, auf einen mit Backpapier belegten Kuchenrost stürzen und erkalten lassen. Anschließend Backpapier abziehen und den Boden einmal waagerecht durchschneiden.
4. Für die helle Canache-Creme Kuvertüre hacken. Sahne in einem Topf zum Kochen bringen und von der Kochstelle nehmen, Kuvertüre darin unter Rühren auflösen und Butter und Cognac unterrühren. Die Masse in eine Rührschüssel füllen und kalt stellen. Die dunkle Canache-Creme ebenso mit den angegebenen Zutaten zubereiten und kalt stellen.
5. Den unteren Boden auf eine Tortenplatte legen und mit den Preiselbeeren bestreichen, dabei rundherum etwa 1 cm Rand frei lassen. Die erkalteten Canache-Cremes jeweils mit Handrührgerät mit Rührbesen cremig aufschlagen.
6. Helle Canache-Creme vorsichtig aufstreichen. Die Hälfte der dunklen Canache-Creme vorsichtig darauf verstreichen, den oberen Boden auflegen und leicht andrücken. Die Torte rundherum mit der restlichen dunklen Canache-Creme bestreichen und kalt stellen.
7. Vor dem Servieren Kuvertüre im Wasserbad bei schwacher Hitze unter Rühren auflösen, in eine Papierspritztüte füllen und die Oberfläche damit in Wellen verzieren.

Cognac-Cremetorte

Tipp: Die Torte kann 1–2 Tage vor dem Verzehr zubereitet werden. Die Böden können vor dem Füllen zusätzlich mit 1–2 Esslöffeln Cognac beträufelt werden. Die Oberfläche kann statt mit Kuvertüre mit Puderzucker verziert werden. Dazu Schablonen aus Papier ausschneiden, auf die Tortenoberfläche legen und mit Puderzucker bestäuben. Papierschablonen vorsichtig abnehmen und die Torte servieren.

Zum Verschenken

Backgammon-Torte

Zubereitungszeit: 45 Minuten
ohne Abkühlzeit
Backzeit: etwa 25 Minuten

Für den Teig:
200 g Zucker
1 Pck. Dr. Oetker Vanillin-Zucker
4 Eier (Größe M)
125 ml (1/8 l) Speiseöl
150 ml Orangenlimonade
250 g Weizenmehl
3 gestr. TL Dr. Oetker Backin

Für den Belag:
5 Blatt weiße Gelatine
400 g Doppelrahm-Frischkäse
200 ml Orangenlimonade
50 g Zucker

Zum Verzieren und Garnieren:
etwa 75 g weiße Kuvertüre
50 Mikado (Schoko-Gebäck-Stäbchen, etwa 2 Pck.)
einige Würfel Schokolade
etwa 75 g Schokostreusel
einige Pfefferminztaler (15–20 Stück)
etwas Puderzucker

Zum Bestreichen:
etwa 2 EL Aprikosenkonfitüre

Insgesamt:
E: 142 g, F: 443 g, Kh: 1008 g,
kJ: 37961, kcal: 9065

1. Den Backofen vorheizen. Für den Teig Zucker, Vanillin-Zucker und Eier in eine Schüssel geben und mit Handrührgerät mit Rührbesen auf höchster Stufe etwa 1 Minute verrühren. Öl und Orangenlimonade unterrühren. Mehl mit Backpulver mischen, in 2 Portionen auf mittlerer Stufe unterrühren.
2. Dann einen Backrahmen (etwa 24 x 37 cm) auf ein Backblech (gefettet, mit Backpapier belegt) stellen, den Teig einfüllen, verstreichen und das Backblech in den vorgeheizten Backofen schieben.

Backgammon-Torte

Ober-/Unterhitze: etwa 180 °C
Heißluft: etwa 160 °C
Backzeit: etwa 25 Minuten.
3. Backrahmen lösen und entfernen, Boden auf einen mit Backpapier belegten Kuchenrost stürzen und den Kuchen erkalten lassen. Anschließend das mitgebackene Backpapier entfernen und den Boden auf eine Platte legen.
4. Für den Belag die Gelatine nach Packungsanleitung einweichen. Frischkäse mit Orangenlimonade und Zucker verrühren. Gelatine leicht ausdrücken, in einem kleinen Topf bei schwacher Hitze unter Rühren auflösen, mit 1–2 Esslöffeln von der Frischkäsemasse verrühren und dann unter die restliche Frischkäsemasse rühren. Die Frischkäsemasse auf dem Boden verteilen und verstreichen.
5. Zum Verzieren und Garnieren 50 g der Kuvertüre in einem kleinen Topf im Wasserbad bei schwacher Hitze geschmeidig rühren. 24 Schokostäbchen auf ein Stück Backpapier legen und dicht mit der Kuvertüre besprenkeln sowie einige Schokowürfel als „Würfel" mit Punkten verzieren. Die restliche Kuvertüre fein raspeln.
6. Von den 24 hell besprenkelten und weiteren 24 dunklen Schokostäbchen alle nicht schokolierten Teile abschneiden. Die hellen und dunklen Stäbchen im Wechsel so auf die Kuchenoberfläche legen, dass 24 spitze Dreiecke entstehen. 2 ganze Stäbchen als Unterteilung des Spielbretts in die Mitte der Torte legen.
7. In die dunklen Dreiecke einen Teil der Schokostreusel streuen, die hellen Dreiecke mit den weißen Kuvertüreraspeln ausstreuen.
8. Den Rand der Torte mit glattgerührter Aprikosenkonfitüre bestreichen und mit den restlichen Schokostreuseln bestreuen. Torte mit den Schokowürfeln garnieren. Die Hälfte der Pfefferminztaler mit Puderzucker bestäuben und alle Taler als Spielsteine auf die Torte legen.

Kapitel 06

Rezepte 501–600

Rollen & Gewickeltes

Hefezopf

Klassisch

Hefezopf

Zubereitungszeit: 30 Minuten, ohne Teiggehzeit
Backzeit: etwa 35 Minuten

Für den Hefeteig:
250 g Schlagsahne
500 g Weizenmehl
1 Pck. Dr. Oetker Trockenbackhefe
80 g Zucker
1 Pck. Dr. Oetker Vanillin-Zucker
1 Pck. Dr. Oetker Finesse
Geriebene Zitronenschale
1 Prise Salz
2 Eier (Größe M)
1 Eiweiß (Größe M)

Zum Bestreichen:
1 Eigelb (Größe M)
1 EL Milch

Insgesamt:
E: 81 g, F: 106 g, Kh: 471 g,
kJ: 13450, kcal: 3215

1. Für den Teig Sahne leicht erwärmen. Mehl in eine Rührschüssel geben und sorgfältig mit der Hefe vermischen. Restliche Teigzutaten und die lauwarme Sahne hinzufügen. Die Zutaten mit Handrührgerät mit Knethaken kurz auf niedrigster, dann auf höchster Stufe in etwa 5 Minuten zu einem glatten Teig verarbeiten. Den Teig zugedeckt so lange an einem warmen Ort gehen lassen, bis er sich sichtbar vergrößert hat.
2. Den Teig leicht mit Mehl bestäuben, aus der Schüssel nehmen und auf der bemehlten Arbeitsfläche nochmals gut durchkneten. Aus zwei Dritteln des Teiges 3 etwa 40 cm lange Rollen formen. Die Rollen zu einem Zopf flechten und auf ein Backblech (30 x 40 cm, gefettet) legen. Mit einer Teigrolle der Länge nach eine Vertiefung in den Zopf drücken.
3. Eigelb mit Milch verschlagen und die Vertiefung mit etwas Eigelbmilch bestreichen. Von dem restlichen Teig 3 etwa 35 cm lange Rollen formen und daraus ebenfalls einen Zopf flechten. Den kleineren Zopf auf den größeren in die Vertiefung legen und ebenfalls mit Eigelbmilch bestreichen. Den Backofen vorheizen.
4. Den Zopf nochmals so lange an einem warmen Ort gehen lassen, bis er sich sichtbar vergrößert hat. Das Backblech in den vorgeheizten Backofen schieben.
Ober-/Unterhitze: etwa 180 °C
Heißluft: etwa 160 °C
Backzeit: etwa 35 Minuten.
5. Den Hefezopf auf einem mit Backpapier belegten Kuchenrost erkalten lassen.

Für Gäste

Milky-Way-Kirsch-Rolle

Zubereitungszeit: 50 Minuten, ohne Abkühl- und Kühlzeit
Backzeit: 8–10 Minuten

Zum Vorbereiten für die Creme:
400 g Schlagsahne
7 Riegel (je 26 g) Milky Way®

Für den Biskuitteig:
3 Eier (Größe M)
1 Eigelb (Größe M)
75 g Zucker
1 Pck. Dr. Oetker Vanillin-Zucker
75 g Weizenmehl
15 g Speisestärke
1/2 gestr. TL Dr. Oetker Backin
2 EL Zartbitter-Raspelschokolade

Für die Füllung:
1 kleines Glas Sauerkirschen (Abtropfgewicht 130 g)
125 ml (1/8 l) Sauerkirschsaft aus dem Glas
75 ml Wasser
15 g Speisestärke, 1 EL Zucker

Außerdem:
2 Pck. Dr. Oetker Sahnesteif

Zum Garnieren:
1–2 Riegel (je 26 g) Milky Way®
evtl. einige frische Kirschen

Insgesamt:
E: 53 g, F: 194 g, Kh: 417 g,
kJ: 15282, kcal: 3644

1. Zum Vorbereiten für die Creme Sahne erwärmen. Milky-Way®-Riegel grob zerschneiden und unter Rühren in der heißen Sahne vollständig auflösen. Die Sahne in eine Rührschüssel geben, erkalten lassen und anschließend mehrere Stunden kalt stellen (am besten über Nacht).
2. Den Backofen vorheizen. Für den Teig Eier und Eigelb mit Handrührgerät mit Rührbesen auf höchster Stufe in 1 Minute schaumig schlagen. Zucker und Vanillin-Zucker mischen, in 1 Minute unter Rühren einstreuen, noch etwa 2 Minuten weiterschlagen.
3. Mehl mit Speisestärke und Backpulver mischen, auf die Eiercreme geben und kurz auf niedrigster Stufe unterrühren. Den Teig auf ein Backblech (30 x 40 cm, gefettet, mit Backpapier belegt) geben, verstreichen und mit der Raspelschokolade bestreuen. Das Backblech in den vorgeheizten Backofen schieben.
Ober-/Unterhitze: etwa 200 °C
Heißluft: etwa 180 °C
Backzeit: 8–10 Minuten.
4. Nach dem Backen Gebäckrand mit einem Messer vom Backblech lösen. Gebäck auf ein mit Zucker bestreutes Backpapier stürzen, mitgebackenes Backpapier vorsichtig abziehen und die Platte erkalten lassen.
5. Für die Füllung Kirschen in einem Sieb gut abtropfen lassen, Saft dabei auffangen, 125 ml (1/8 l) davon abmessen und in einem kleinen Topf erhitzen. Wasser mit Speisestärke verrühren, in den heißen Kirschsaft rühren und unter Rühren aufkochen lassen. Den Topf von der Kochstelle nehmen, Zucker und Kirschen unterrühren. Kirschmasse erkalten lassen.
6. Die kalte Milky-Way®-Sahne mit Sahnesteif und Handrührgerät mit Rührbesen auf höchster Stufe cremig aufschlagen. Drei Viertel der Creme auf die Gebäckplatte streichen. Kirschmasse als dicken Streifen der Länge nach auf die Rolle geben. Gebäckplatte von der längeren Seite aus aufrollen und mit der übrigen Creme verzieren.
7. Zum Garnieren Milky-Way®-Riegel hacken, aufstreuen und die Rolle evtl. noch mit frischen Kirschen verzieren.

® *Registered trademark of MARS.*

Milky-Way-Kirsch-Rolle

Raffiniert

Mohnrolle

Zubereitungszeit: 35 Minuten, ohne Teiggehzeit
Backzeit: etwa 30 Minuten

Für den Hefeteig:
150 ml Milch
100 g Butter oder Margarine
375 g Weizenmehl
1 Pck. Dr. Oetker Trockenbackhefe
50 g Zucker
1 Pck. Dr. Oetker Vanillin-Zucker
1 Prise Salz

Für die Füllung:
1 Pck. backfeste Puddingcreme
250 ml (1/4 l) Milch
1 Pck. (250 g) Mohnback (backfertige Mohnfüllung)
50 g Rosinen
100 g Zitronat (Sukkade)

Für die Form:
3 EL Mohnsamen

Insgesamt:
E: 83 g, F: 153 g, Kh: 595 g,
kJ: 17146, kcal: 4091

1. Für den Teig Milch leicht erwärmen und Butter oder Margarine darin zerlassen. Mehl in einer Rührschüssel mit Trockenbackhefe vermischen.
2. Übrige Zutaten und die lauwarme Milch-Fett-Mischung hinzufügen und alles mit Handrührgerät mit Knethaken kurz auf niedrigster Stufe, dann auf höchster Stufe in etwa 5 Minuten zu einem glatten Teig verkneten. Teig zugedeckt so lange an einem warmen Ort gehen lassen, bis er sich sichtbar vergrößert hat.
3. Für die Füllung inzwischen Puddingcreme mit Milch nach Packungsanleitung zubereiten und die Mohnfüllung unterrühren. Teig auf der leicht bemehlten Arbeitsfläche nochmals gut durchkneten und dann zu einem Quadrat (etwa 40 x 40 cm) ausrollen. Den Backofen vorheizen.
4. Füllung gleichmäßig darauf verstreichen, dabei am Rand etwa 1 cm frei lassen. Den Teig halbieren. Auf die eine Hälfte Rosinen, auf die andere Hälfte Sukkade streuen und jedes Teigstück von der langen Seite aus aufrollen. Beide Teigrollen nebeneinanderlegen, miteinander verdrehen und in eine Napfkuchenform (Ø 22 cm, gefettet, mit Mohnsamen ausgestreut) legen. Die Form auf dem Rost in den vorgeheizten Backofen schieben.
Ober-/Unterhitze: etwa 200 °C
Heißluft: etwa 180 °C
Backzeit: etwa 30 Minuten.
5. Den Kuchen nach dem Backen auf einen Kuchenrost stürzen und erkalten lassen.

Schnell zubereitet

Ratz-Fatz-Waldfrucht-Rolle

Zubereitungszeit: 15 Minuten, ohne Abkühlzeit
Backzeit: etwa 10 Minuten

Für den Teig:
100 g Weizenmehl
1 gestr. TL Dr. Oetker Backin
100 g feinster Zucker oder Puderzucker
100 ml Speiseöl, 5 Eier (Größe M)

Für die Füllung:
etwa 3 geh. EL Waldfruchtkonfitüre

Zum Bestäuben:
gesiebter Puderzucker

Insgesamt:
E: 50 g, F: 135 g, Kh: 222 g,
kJ: 10000, kcal: 2388

1. Den Backofen vorheizen. Für den Teig Mehl mit Backpulver und Zucker oder Puderzucker in einer Rührschüssel mischen. Öl und Eier hinzufügen und die Zutaten mit Handrührgerät mit Rührbesen in 1 Minute zu einem Teig verrühren.
2. Dann den Teig auf ein Backblech (30 x 40 cm, gefettet, mit Backpa-

Mohnrolle

Ratz-Fatz-Waldfrucht-Rolle

pier belegt) geben und verstreichen. Das Backblech in den vorgeheizten Backofen schieben.
Ober-/Unterhitze: etwa 200 °C
Heißluft: etwa 180 °C
Backzeit: etwa 10 Minuten.

3. Die Platte vom Backblechrand lösen, mit dem Backpapier auf eine Arbeitsfläche stürzen und das mitgebackene Backpapier abziehen. Platte etwas abkühlen lassen.

4. Die Waldfruchtkonfitüre gleichmäßig auf der lauwarmen Gebäckplatte verstreichen und die Platte von der langen Seite aus fest aufrollen. Die Rolle auskühlen lassen und mit Puderzucker bestäuben.

Tipp: Die Rolle bleibt mehrere Tage frisch und kann eingefroren werden.

Für Kinder

Schockerrolle

Schockerrolle

Zubereitungszeit: 40 Minuten, ohne Abkühlzeit
Backzeit: 12–15 Minuten

Für den Biskuitteig:
5 Eiweiß (Größe M)
75 g Zucker
1 Pck. Dr. Oetker Vanillin-Zucker
5 Eigelb (Größe M)
30 g Weizenmehl
30 g Speisestärke
1/2 Beutel aus 1 Pck. Götterspeise Himbeer-Geschmack
1/2 Beutel aus 1 Pck. Götterspeise Waldmeister-Geschmack

Für die Füllung:
500 g Schlagsahne
1 Pck. Dr. Oetker Sahnesteif
2 EL Puderzucker
200 g Himbeeren (frisch oder TK)

Insgesamt:
E: 60 g, F: 184 g, Kh: 197 g,
kJ: 11751, kcal: 2809

1. Den Backofen vorheizen. Für den Teig Eiweiß, Zucker und Vanillin-Zucker mit Handrührgerät mit Rührbesen sehr steifschlagen. Eigelb in einer anderen Schüssel mit Handrührgerät mit Rührbesen hell schaumig rühren. Ein Drittel des Eischnees unterheben.

2. Mehl mit Speisestärke mischen, daraufgeben und mit dem restlichen Eischnee locker unterheben. Teig halbieren. Die Hälfte des Teiges mit rotem Götterspeisepulver vermengen, die andere Hälfte mit grünem Götterspeisepulver vermengen.

3. Die Teige in 2 Spritzbeutel mit mittlerer Lochtülle füllen. Erst den roten Teig in diagonalen Streifen auf ein Backblech (30 x 40 cm, gefettet, mit Backpapier belegt) spritzen, dabei Zwischenräume frei lassen. Den grünen Teig in die Zwischenräume spritzen und das Backblech in den vorgeheizten Backofen schieben.
Ober-/Unterhitze: 200–220 °C
Heißluft: 180–200 °C
Backzeit: 12–15 Minuten.

4. Die Gebäckplatte auf ein mit Zucker bestreutes Backpapier stürzen und mitgebackenes Backpapier abziehen. Gebäck von der längeren Seite aus mit dem Backpapier aufrollen und erkalten lassen.

5. Sahne mit Sahnesteif und Puderzucker steifschlagen. Himbeeren pürieren und unterheben. Rolle vorsichtig auseinanderrollen. Sahne gleichmäßig daraufstreichen, wieder zusammenrollen und bis zum Servieren kalt stellen.

Raffiniert

Nougat-Streifen-Rolle

Zubereitungszeit: 60 Minuten, ohne Abkühl- und Kühlzeit
Backzeit: 8–10 Minuten

Zum Vorbereiten:
1 Pck. Dr. Oetker Pudding-Pulver Vanille-Geschmack
40 g Zucker
300 ml Milch
50 g Schlagsahne
100 g Nuss-Nougat

Für den Biskuitteig:
3 Eier (Größe M)
1 Eigelb (Größe M)
125 g Zucker
1 Pck. Dr. Oetker Vanillin-Zucker
125 g Weizenmehl
1 Msp. Dr. Oetker Backin
1/2 gestr. TL Kakaopulver

Für die Füllung:
150 g Schlagsahne
1 Pck. Dr. Oetker Vanillin-Zucker
2 Pck. Dr. Oetker Sahnesteif
100 g Nuss-Nougat

Zum Verzieren und Garnieren:
125 g Schlagsahne
einige Schicht-Nougat-Würfel

Insgesamt:
E: 68 g, F: 193 g, Kh: 505 g,
kJ: 16905, kcal: 4033

1. Zum Vorbereiten Pudding-Pulver mit Zucker mischen und mit 6 Esslöffeln von der Milch verrühren. Restliche Milch mit 50 g Sahne aufkochen lassen. Flüssigkeit von der Kochstelle nehmen, Nougat in Stücke schneiden und darin unter Rühren zerlassen. Danach angerührtes Pulver mit einem Schneebesen einrühren. Pudding erneut auf die Kochstelle geben und unter Rühren etwa 1 Minute gut aufkochen lassen. Anschließend in eine Schüssel geben und direkt Frischhaltefolie auf den heißen Pudding legen, damit sich keine Haut bildet. Den Pudding erkalten lassen.

2. Den Backofen vorheizen. Für den Teig Eier und Eigelb mit Handrührgerät mit Rührbesen auf höchster Stufe in 1 Minute schaumig schlagen. Zucker und Vanillin-Zucker mischen, in 1 Minute unter Rühren einstreuen, noch etwa 2 Minuten weiterschlagen. Mehl mit Backpulver mischen, auf die Eiercreme geben und kurz auf niedrigster Stufe unterrühren.

3. Den Teig in 2 Portionen teilen und eine Hälfte davon mit Kakao verrühren. Jede Teighälfte in einen Gefrierbeutel füllen. Von dem Beutel mit dem hellen Teig eine etwa 1 1/2 cm große Ecke abschneiden. Den Teig in gleichmäßigen diagonalen Streifen mit etwa 2 cm Abstand auf ein Backblech (30 x 40 cm, gefettet, mit Backpapier belegt) spritzen, dann in die Zwischenräume den dunklen Teig spritzen. Das Backblech sofort in den vorgeheizten Backofen schieben.
Ober-/Unterhitze: etwa 200 °C
Heißluft: etwa 180 °C
Backzeit: 8–10 Minuten.

4. Die Biskuitplatte vom Rand des Backblechs lösen und direkt auf die Arbeitsfläche stürzen, damit sich beim Aufrollen die dunkle Backhaut löst. Backpapier nicht abziehen und das Gebäck erkalten lassen.

5. Für die Füllung Sahne mit Vanillin-Zucker und Sahnesteif steifschlagen. Kalten Pudding mit Handrührgerät mit Rührbesen cremig rühren und die steifgeschlagene Sahne vorsichtig unterrühren. Backpapier von der Biskuitplatte abziehen, Biskuitplatte von der Arbeitsfläche lösen, so dass die Backhaut entfernt wird, und die Nougat-Pudding-Creme auf die Biskuitplatte streichen.

6. Aus dem Nougat lange, schmale, gleich große Streifen schneiden und in 2 Reihen im Abstand von etwa 5 cm auf die Creme legen. Die Gebäckplatte von der langen Seite aus aufrollen und auf eine Kuchenplatte legen. Die Rolle bis zum Servieren kalt stellen.

7. Zum Verzieren und Garnieren kurz vor dem Servieren Sahne steifschlagen, in einen Spritzbeutel mit Lochtülle oder einen Gefrierbeutel füllen, eine Ecke abschneiden und die Rolle mit der Sahne verzieren. Zum Schluss einige Schicht-Nougat-Würfel diagonal halbieren und auf die Sahne legen.

Klassisch

Schwarzwälder Kirschrolle

Zubereitungszeit: 50 Minuten, ohne Abkühl- und Kühlzeit
Backzeit: 10–12 Minuten

Für den Biskuitteig:
4 Eier (Größe M)
4 EL heißes Wasser
125 g Zucker
1 Pck. Dr. Oetker Vanillin-Zucker
75 g Weizenmehl
25 g Speisestärke
25 g Kakaopulver
1 gestr. TL Dr. Oetker Backin

Für die Füllung:
3 Blatt weiße Gelatine
600 g Schlagsahne
1 geh. EL Zucker
1 Pck. Dr. Oetker Vanillin-Zucker
250 g Kirschgrütze
(aus dem Kühlregal)

Zum Garnieren:
25 g Vollmilch-Schokolade
25 g weiße Schokolade

Insgesamt:
E: 65 g, F: 355 g, Kh: 238 g,
kJ: 16031, kcal: 3822

1. Den Backofen vorheizen. Für den Teig Eier und Wasser mit Handrührgerät mit Rührbesen auf höchster Stufe in 1 Minute schaumig schlagen. Zucker und Vanillin-Zucker mischen, in 1 Minute unter Rühren einstreuen, dann etwa 2 Minuten weiterschlagen.
2. Mehl mit Speisestärke, Kakao und Backpulver mischen, auf die Eiercreme geben und kurz auf niedrigster Stufe unterrühren. Den Teig auf ein Backblech (30 x 40 cm, gefettet, mit Backpapier belegt) geben und verstreichen. Das Backblech in den vorgeheizten Backofen schieben.
Ober-/Unterhitze: etwa 200 °C
Heißluft: etwa 180 °C
Backzeit: 10–12 Minuten.
3. Den Biskuit sofort nach dem Backen vom Rand lösen, auf ein mit Zucker bestreutes Backpapier stürzen und mit Backpapier erkalten lassen.
4. Für die Füllung die Gelatine nach Packungsanleitung einweichen.
Die Sahne mit Zucker und Vanillin-Zucker steifschlagen. Gelatine leicht ausdrücken und in einem kleinen Topf bei schwacher Hitze auflösen. Von der Sahne 2 Esslöffel abnehmen und mit der Gelatine verrühren. Die Gelatinemasse dann zügig unter die restliche Sahne rühren. Vom Biskuit vorsichtig das mitgebackene Backpapier abziehen und den Biskuit mit knapp zwei Dritteln der Sahnemasse bestreichen.
5. Von der Kirschgrütze 1 Esslöffel abnehmen und zum Garnieren beiseitestellen, die restliche Grütze vorsichtig auf der Sahne verteilen (nicht bis an den Rand streichen). Die Biskuitplatte von der längeren Seite aus aufrollen. Die Rolle mit der restlichen Sahnecreme bestreichen und mit einem Tortengarnierkamm ein Muster in die Sahne ziehen. Die Schwarzwälder Kirschrolle 2–3 Stunden kalt stellen.
6. Zum Garnieren die restliche Kirschgrütze mit Hilfe eines Teelöffels auf die Rolle klecksen. Beide Schokoladensorten raspeln (am besten mit einem Sparschäler) und die Rolle vor dem Servieren damit bestreuen.

Tipp: Nach Belieben zusätzlich noch 2–3 Esslöffel Kirschwasser unter die Sahne geben oder den Biskuit damit tränken. Sie können die Kirschrolle 1–2 Tage vor dem Verzehr zubereiten. Sie ist auch gefriergeeignet, dann die gesamte Kirschgrütze zum Füllen verwenden. Die Schokolade lässt sich gut raspeln, wenn sie vorher einige Zeit im Kühlschrank lag.

Schwarzwälder Kirschrolle

Zebrarolle mit Erdbeeren

Zubereitungszeit: 40 Minuten, ohne Abkühl- und Kühlzeit
Backzeit: 8–10 Minuten

Für den Biskuitteig:
3 Eier (Größe M)
1 Eigelb (Größe M)
150 g Zucker
1 Pck. Dr. Oetker Vanillin-Zucker
100 g Weizenmehl
25 g Speisestärke
1 gestr. TL Dr. Oetker Backin

20 g Kakaopulver
1 EL Wasser

Für die Füllung:
250 g Erdbeeren
200 g Erdbeerjoghurt
600 g Schlagsahne
50 g Zucker
2 Pck. Dr. Oetker Sahnesteif

Zum Garnieren:
einige vorbereitete Erdbeeren
Zitronenmelisse

Insgesamt:
E: 63 g, F: 227 g, Kh: 396 g,
kJ: 16283, kcal: 3888

1. Den Backofen vorheizen. Für den Teig Eier und Eigelb in eine Rührschüssel geben und mit Handrührgerät mit Rührbesen auf höchster Stufe in 1 Mi-nute schaumig schlagen. Zucker und Vanillin-Zucker mischen, in 1 Minute einstreuen und noch etwa 2 Minuten weiterschlagen. Mehl mit Speisestärke und Backpulver mischen, auf die Eiercreme geben und auf mittlerer Stufe kurz unterrühren.
2. Gut zwei Drittel des Teiges auf ein Backblech (30 x 40 cm, gefettet, mit Backpapier belegt) geben und verstreichen. Unter den restlichen Teig kurz gesiebtes Kakaopulver und Wasser rühren, in einen Gefrierbeutel geben, eine nicht zu kleine Ecke abschneiden und diagonale Streifen auf den hellen Teig spritzen. Das Backblech in den vorgeheizten Backofen schieben.
Ober-/Unterhitze: etwa 220 °C
Heißluft: etwa 200 °C
Backzeit: 8–10 Minuten.
3. Biskuitplatte sofort nach dem Backen auf ein mit Zucker bestreutes Backpapier stürzen und mit dem Backpapier erkalten lassen.
4. Für die Füllung Erdbeeren waschen, abtropfen lassen, putzen und in Stücke schneiden. Mitgebackenes Backpapier von der Biskuitplatte abziehen und Erdbeerjoghurt darauf verstreichen. Sahne mit Zucker und Sahnesteif steifschlagen, etwas davon zum Garnieren in einen Spritzbeutel geben und kalt stellen. Erdbeerstücke unter die restliche Sahne heben und die Creme auf der Biskuitplatte verstreichen. Die Biskuitplatte von der längeren Seite aus aufrollen. Die Rolle mindestens 2 Stunden kalt stellen.
5. Kurz vor dem Servieren die Rolle mit der Sahne aus dem Spritzbeutel verzieren und mit Erdbeeren und Zitronenmelisse garnieren.

Tipp: Die Rolle schmeckt auch mit Himbeeren oder Brombeeren, dann sollten Sie allerdings auch die entsprechende Joghurtsorte verwenden. Sie kann am Vortag zubereitet werden.

Zebrarolle mit Erdbeeren

Weihnachtsbaumstamm

Zubereitungszeit: 45 Minuten, ohne Abkühl- und Kühlzeit
Backzeit: etwa 8 Minuten je Backblech

Für den Biskuitteig:
4 Eier (Größe M)
2 Eigelb (Größe M)
1 EL heißes Wasser, 75 g Zucker
1 Pck. Dr. Oetker Finesse Geriebene Zitronenschale
80 g Weizenmehl

Für die Creme:
100 g Zartbitter-Kuvertüre
100 g Zucker
6 EL (etwa 50 ml) Wasser
5 Eigelb (Größe M)
250 g weiche Butter
30 g gesiebtes Kakaopulver

Zum Garnieren:
Schokoladen-Dekorblätter
1 TL Kakaopulver

Insgesamt:
E: 71 g, F: 319 g, Kh: 330 g, kJ: 18767, kcal: 4488

Weihnachtsbaumstamm

1. Den Backofen vorheizen. Für den Teig Eier, Eigelb und Wasser in einer Rührschüssel mit Handrührgerät mit Rührbesen auf höchster Stufe in 1 Minute schaumig schlagen. Zucker und Zitronenschale mischen, in 1 Minute unter Rühren einstreuen, dann noch etwa 2 Minuten weiterschlagen. Mehl kurz auf niedrigster Stufe unterrühren.

2. Je die Hälfte des Teiges dünn auf ein Backblech (30 x 40 cm, gefettet, mit Backpapier belegt) geben und verstreichen. Das Backblech in den vorgeheizten Backofen schieben.
Ober-/Unterhitze: etwa 200 °C
Heißluft: etwa 180 °C
Backzeit: etwa 8 Minuten je Backblech.

3. Die Biskuitplatte vom Rand lösen und auf ein mit Zucker bestreutes Backpapier stürzen. Mitgebackenes Backpapier mit kaltem Wasser bestreichen und vorsichtig, aber schnell abziehen. Die Biskuitplatte mit dem Backpapier von der längeren Seite aus aufrollen. Aus dem restlichen Teig wie beschrieben eine zweite Biskuitplatte backen und ebenfalls aufrollen. Die Biskuitrollen erkalten lassen.

4. Für die Creme Kuvertüre in Stücke schneiden, in einem kleinen Topf im heißen Wasserbad bei schwacher Hitze unter Rühren schmelzen und abkühlen lassen. Zucker mit Wasser in einem kleinen Topf unter Rühren zum Kochen bringen und etwa 5 Minuten sirupartig einkochen lassen. Den Topf von der Kochstelle nehmen.

5. Eigelb in einer Rührschüssel mit Handrührgerät mit Rührbesen cremig schlagen. Den heißen Zuckersirup im langsamen Strahl hinzugießen und so lange weiterschlagen, bis die Eigelbcreme Zimmertemperatur hat, dann Creme beiseitestellen.

6. Butter mit Handrührgerät mit Rührbesen weißschaumig schlagen. Kuvertüre und Kakao unterrühren. Die beiseitegestellte Eigelbcreme nach und nach unterrühren.

7. Die Biskuitrollen vorsichtig auseinanderrollen und jeweils etwa 5 Esslöffel der Schokoladencreme daraufstreichen. Eine Biskuitplatte von der längeren Seite aus wieder aufrollen und an die Längskante der zweiten Biskuitplatte legen. Die Rolle in die zweite Biskuitplatte einrollen und diese große Rolle auf eine Servierplatte legen. Restliche Schokoladencreme mit einem Esslöffel auf die Biskuitrolle geben und verstreichen. Die Biskuitrolle etwa 1 Stunde kalt stellen.

8. Von der Biskuitrolle nach Belieben vier Scheiben abschneiden und als Äste seitlich an die Rolle drücken. Rolle mit Schoko-Dekorblättern garnieren und mit Kakao bestäuben.

Yufka-Kirsch-Strudel

Mohnkranz

Schnell zubereitet – mit Alkohol

Yufka-Kirsch-Strudel

Zubereitungszeit: 25 Minuten
Backzeit: etwa 30 Minuten

Für die Füllung:
1 Glas Sauerkirschen (Abtropfgewicht 370 g)
40 g Speisestärke, 60 g Zucker
375 ml (3/8 l) Sauerkirschsaft aus dem Glas, mit Wasser aufgefüllt
4–5 EL Kirschwasser
30 g abgezogene, gehobelte Mandeln

3 Yufkateig-Platten (je etwa 50 x 35 cm)
2 Eier (Größe M)
50 g abgezogene, gemahlene Mandeln

Insgesamt:
E: 35 g, F: 58 g, Kh: 203 g,
kJ: 7220, kcal: 1723

1. Für die Füllung Kirschen in einem Sieb abtropfen lassen, dabei den Saft auffangen und mit Wasser auf 375 ml (3/8 l) auffüllen. Die Speisestärke mit Zucker mischen und mit 3–4 Esslöffeln von dem abgemessenen Saft verrühren.
2. Restlichen Saft in einem kleinen Topf aufkochen lassen, Stärkemischung einrühren und nochmals unter Rühren aufkochen lassen. Topf von der Kochstelle nehmen, Kirschwasser und gehobelte Mandeln einrühren und Kirschen unterheben.
3. Den Backofen vorheizen. Die erste Yufkateig-Platte auf eine Arbeitsfläche legen, dünn mit verquirltem Ei bestreichen, die zweite Platte darauflegen, diese wieder mit Ei bestreichen. Die dritte Platte darauflegen und ebenfalls mit Ei bestreichen.
4. Mandeln auf der obersten Platte verteilen. Von der kurzen Seite einen etwa 15 cm breiten Streifen von den geschichteten Platten abschneiden und auf die Mitte legen.
5. Die Füllung gleichmäßig auf der gesamten Platte verstreichen, dabei etwa 2 cm Rand frei lassen. Den gefüllten Teig vorsichtig aufrollen, die Enden unterschlagen und den Strudel mit der Naht nach unten auf ein Backblech (mit Backpapier belegt) legen. Mit Ei bestreichen und das Backblech in den vorgeheizten Backofen schieben.
Ober-/Unterhitze: etwa 180 °C
Heißluft: etwa 160 °C
Backzeit: etwa 30 Minuten.
6. Den Strudel lauwarm servieren.

Tipp: Yufkateig-Platten sind hauchdünne Teigplatten, Sie erhalten sie in der Kühltheke oder im Gefrierfach von türkischen Supermärkten. Den Strudel mit Vanilleeis servieren. Wenn der Strudel kalt serviert wird, ihn vorher mit etwas Puderzucker bestäuben. Sie können statt Kirschwasser auch mehr Kirschsaft verwenden.

Gut vorzubereiten

Mohnkranz

Zubereitungszeit: 60 Minuten, ohne Abkühlzeit
Backzeit: etwa 40 Minuten

Für die Füllung:
150 g Butter
250 g gemahlener Mohn
150 g Zucker
1 Pck. Dr. Oetker Vanillin-Zucker
2 Tropfen Bittermandel-Aroma
2 Eier (Größe M)
25 g abgezogene, gemahlene Mandeln
100 g Zitronat (Sukkade), gewürfelt
75 g Rosinen

Für den Quark-Öl-Teig:
300 g Weizenmehl
1 Pck. Dr. Oetker Backin
150 g Magerquark
6 EL Milch
6 EL Speiseöl
80 g Zucker
1 Pck. Dr. Oetker Vanillin-Zucker
1 Prise Salz

Zum Bestreichen:
1 Eigelb (Größe M)
1 EL Milch

Insgesamt:
E: 127 g, F: 368 g, Kh: 644 g,
kJ: 27751, kcal: 6629

1. Für die Füllung Butter zerlassen und abkühlen lassen. Anschließend Mohn mit Butter und den übrigen Zutaten verrühren.
2. Für den Teig Mehl mit Backpulver in einer Rührschüssel mischen. Quark, Milch, Öl, Zucker, Vanillin-Zucker und Salz hinzufügen und mit Handrührgerät mit Knethaken auf höchster Stufe in etwa 1 Minute zu einem Teig verarbeiten (nicht zu lange, Teig klebt sonst). Den Backofen vorheizen.
3. Teig auf der leicht bemehlten Arbeitsfläche zu einer Rolle formen und zu einem Rechteck (etwa 45 x 35 cm) ausrollen. Teigplatte mit der Füllung bestreichen und von der längeren Seite aus aufrollen.
4. Rolle als Kranz auf ein Backblech (mit Backpapier belegt) legen. Kranz mit einem scharfen Messer sternförmig etwa 1/2 cm tief einschneiden und mit verschlagener Eigelbmilch bestreichen.
5. Das Backblech in den vorgeheizten Backofen schieben.

Ober-/Unterhitze: etwa 180 °C
Heißluft: etwa 160 °C
Backzeit: etwa 40 Minuten.
6. Den Kranz mit dem Backpapier auf einem Kuchenrost erkalten lassen.

Schnell zubereitet

Himmlische Himbeer-Charlotte

Zubereitungszeit: 25 Minuten, ohne Kühlzeit

2 helle Biskuitrollen mit Himbeer-Creme-Füllung (fertig gekauft)

Für die Füllung:
8 Blatt weiße Gelatine
2 Dosen Himbeeren (Abtropfgewicht je 145 g)
300 g Joghurt
75 g gesiebter Puderzucker
50 ml Zitronensaft
500 g Schlagsahne

Zum Verzieren:
200 g Schlagsahne
1 TL Zucker
etwas Himbeerkonfitüre

Insgesamt:
E: 49 g, F: 274 g, Kh: 270 g, kJ: 16230, kcal: 3883

1. Biskuitrollen in etwa 1 cm dicke Scheiben schneiden. Eine runde, kuppelförmige Schüssel (etwa 3 Liter Inhalt, mit Frischhaltefolie ausgelegt) mit etwa zwei Drittel der Biskuitrollenscheiben auslegen.
2. Für die Füllung Gelatine nach Packungsanleitung einweichen. Himbeeren in einem Sieb abtropfen lassen. Joghurt mit Puderzucker und Zitronensaft in einer Schüssel verrühren. Gelatine leicht ausdrücken, in einem Topf bei schwacher Hitze auflösen und mit etwas von der Joghurtmasse verrühren, dann die Mischung unter die restliche Joghurtmasse rühren und kalt stellen. Sahne steifschlagen und unterheben. Zuletzt die gut abgetropften Himbeeren unterheben.
3. Die Creme in die mit Biskuitrollenscheiben ausgelegte Schüssel füllen, glattstreichen und mit den restlichen Biskuitrollenscheiben belegen. Die Scheiben leicht andrücken und die Schüssel 2–3 Stunden kalt stellen.
4. Torte vorsichtig auf eine Tortenplatte stürzen und Folie abziehen. Zum Verzieren Sahne mit Zucker steifschlagen, in einen Spritzbeutel mit Lochtülle füllen und Spiralen an den unteren Tortenrand spritzen.
5. Himbeerkonfitüre durch ein Sieb streichen, in einen Gefrierbeutel füllen, eine kleine Spitze abschneiden und die Sahnespiralen mit der Konfitüre besprenkeln.

Tipp: Kuppel mit frischen Himbeeren und Zitronenmelisse verzieren. Anstelle der Dosenfrüchte können auch frische oder aufgetaute TK-Himbeeren verwendet werden. Die Creme kann statt mit Zitronensaft auch mit Himbeergeist zubereitet werden.

Himmlische Himbeer-Charlotte

Raffiniert

Frucht-Buttercreme-Schnitten

Zubereitungszeit: 60 Minuten, ohne Abkühl- und Kühlzeit
Backzeit: etwa 12 Minuten

Für den Biskuitteig:
3 Eier (Größe M)
1 Eigelb (Größe M)
3 EL heißes Wasser
125 g Zucker
1 Pck. Dr. Oetker Vanillin-Zucker
125 g Weizenmehl
15 g Speisestärke
1 Msp. Dr. Oetker Backin

Für die Buttercreme:
1 Pck. Dr. Oetker Pudding-Pulver Vanille-Geschmack
40 g Zucker
500 ml (1/2 l) Milch
250 g weiche Butter
1 Pck. Dr. Oetker Bourbon-Vanille-Zucker
100 g abgezogene, gehackte Mandeln

Für den Belag:
500 g vorbereitete Früchte (z. B. Erdbeeren, Brombeeren, Himbeeren, Kiwis, Karambole [Sternfrucht] oder Ananas)

Für den Guss:
1 Pck. Tortenguss, klar
20 g Zucker
250 ml (1/4 l) klarer Apfelsaft

Insgesamt:
E: 82 g, F: 305 g, Kh: 476 g,
kJ: 21656, kcal: 5173

Frucht-Buttercreme-Schnitten

1. Den Backofen vorheizen. Für den Teig Eier, Eigelb und Wasser mit Handrührgerät mit Rührbesen auf höchster Stufe in 1 Minute schaumig schlagen. Zucker mit Vanillin-Zucker mischen, in 1 Minute einstreuen, dann noch etwa 2 Minuten weiterschlagen.

2. Mehl mit Speisestärke und Backpulver mischen, auf die Eiercreme geben und kurz auf niedrigster Stufe unterrühren. Den Teig auf ein Backblech (30 x 40 cm, gefettet, mit Backpapier belegt) geben und verstreichen. Das Backblech in den vorgeheizten Backofen schieben.
Ober-/Unterhitze: 200–220 °C
Heißluft: 180–200 °C
Backzeit: etwa 12 Minuten.

3. Die Biskuitplatte sofort auf eine Arbeitsfläche oder Backpapier stürzen, Backpapier mit kaltem Wasser bestreichen und vorsichtig, aber schnell abziehen. Biskuitplatte erkalten lassen.

4. Für die Buttercreme aus Pudding-Pulver, Zucker und Milch nach Packungsanleitung einen Pudding zubereiten. Pudding in eine Schüssel geben direkt mit Frischhaltefolie bedecken, damit sich keine Haut bildet, und erkalten lassen (nicht kalt stellen).

5. Die Butter geschmeidig rühren. Pudding nach und nach hinzufügen (dabei darauf achten, dass Butter und Pudding Zimmertemperatur haben, damit die Creme nicht gerinnt). Zuletzt Vanille-Zucker unterrühren.

6. Die Biskuitplatte mit gut drei Vierteln der Buttercreme bestreichen und aufrollen. Biskuitrolle mit der restlichen Buttercreme bestreichen und kalt stellen, bis sie fest geworden ist.

7. Mandeln in einer Pfanne ohne Fett leicht bräunen und auf einem Teller erkalten lassen. Biskuitrolle in 18 Scheiben schneiden, jeweils eine Schnittfläche in die gehackten Mandeln setzen. Die Mandeln an den Rändern hochziehen und andrücken. Für den Belag die vorbereiteten Früchte gemischt auf den noch freien Schnittflächen anrichten.

8. Für den Guss Tortengusspulver mit Zucker und Apfelsaft nach Packungsanleitung zubereiten. Den Guss mit Hilfe eines Pinsels dünn auf die Früchte streichen.

Tipp: Die Schnitten mit gemahlenen Pistazienkernen bestreuen.

Erdbeerjoghurtrolle

Zubereitungszeit: 35 Minuten, ohne Abkühl- und Kühlzeit
Backzeit: 8–10 Minuten

Für den Biskuitteig:
50 ml Milch
50 g Butter
2 Eier (Größe M)
1 Eigelb (Größe M)
150 g Zucker
1 Pck. Dr. Oetker Vanillin-Zucker
150 g Weizenmehl
1 gestr. TL Dr. Oetker Backin

Für die Füllung:
6 Blatt weiße Gelatine
500 g Erdbeeren
6 Riegel Erdbeer-Joghurt-Schokolade
300 g Erdbeerjoghurt
400 g Schlagsahne
30 g Zucker

Zum Garnieren:
2 Riegel Erdbeer-Joghurt-Schokolade

Insgesamt:
E: 69 g, F: 205 g, Kh: 505 g,
kJ: 17874, kcal: 4270

1. Für den Teig Milch leicht erwärmen und Butter darin zerlassen. Den Backofen vorheizen. Eier und Eigelb in eine Rührschüssel geben und mit Handrührgerät mit Rührbesen auf höchster Stufe in 1 Minute schaumig schlagen. Zucker und Vanillin-Zucker in 1 Minute einstreuen und noch etwa 2 Minuten weiterschlagen.

2. Mehl mit Backpulver mischen, auf die Eiercreme geben und auf niedrigster Stufe kurz unterrühren. Zuletzt die lauwarme Milch-Butter-Mischung kurz unterrühren. Den Teig auf ein Backblech (30 x 40 cm, gefettet, mit Backpapier belegt) geben und verstreichen. Anschließend das Backblech in den vorgeheizten Backofen schieben.
Ober-/Unterhitze: etwa 220 °C
Heißluft: etwa 200 °C
Backzeit: 8–10 Minuten
(nur hell backen).

3. Biskuitplatte sofort vom Rand lösen, auf Backpapier stürzen und das mitgebackene Backpapier schnell, aber vorsichtig abziehen. Die Platte von der längeren Seite aus mit dem Backpapier aufrollen und erkalten lassen.

4. Für die Füllung die Gelatine nach Packungsanleitung einweichen. Erdbeeren waschen, abtropfen lassen und entstielen. 200 g davon pürieren, einige Früchte zum Garnieren beiseitelegen, restliche Erdbeeren würfeln. Die Erdbeer-Joghurt-Riegel in Scheiben schneiden (am besten vorher kurz in das Gefrierfach legen).

5. Gelatine leicht ausdrücken und bei schwacher Hitze auflösen. Flüssigkeit mit den pürierten Erdbeeren verrühren. Joghurt unterrühren und die Mischung kalt stellen.

6. Wenn die Mischung beginnt dicklich zu werden, Sahne mit Zucker steifschlagen und die Erdbeer-Joghurt-Mischung unterheben. Gut ein Drittel der Creme zum Bestreichen abnehmen. Unter die restliche Erdbeercreme die Erdbeerwürfel und Riegelscheiben heben.

7. Biskuitrolle abrollen, die stückige Erdbeercreme darauf verstreichen und wieder aufrollen. Die Rolle rundherum mit der zurückgelassenen Erdbeercreme bestreichen. Die Oberfläche mit einem Tortenkamm oder einer Gabel verzieren. Die Rolle etwa 2 Stunden kalt stellen.

8. Zum Garnieren die Rolle vor dem Servieren mit den restlichen Erdbeeren und mit in Stücke oder Scheiben geschnittenen Erdbeer-Joghurt-Riegeln garnieren.

Erdbeerjoghurtrolle

Gut vorzubereiten – mit Alkohol

Aprikosen-Rosettenkuchen

Zubereitungszeit: 60 Minuten, ohne Durchzieh-, Abkühl- und Teiggehzeit
Backzeit: etwa 45 Minuten

Für die Füllung:
125 g getrocknete Aprikosen
75 ml Rum
1 Pck. Dr. Oetker Pudding-Pulver Vanille-Geschmack
375 ml (3/8 l) Milch
1 Pck. Dr. Oetker Bourbon-Vanille-Zucker
1 Becher (125 g) Crème double

Für den Hefeteig:
60 ml (4 EL) Milch
275 g Weizenmehl
1 Pck. Dr. Oetker Trockenbackhefe
75 g Zucker
1 Pck. Dr. Oetker Vanillin-Zucker
1/2 Fläschchen Zitronen-Aroma
1 Prise Salz
1 Ei (Größe M)
1 Becher (150 g) Crème fraîche

Für den Knetteig:
100 g Weizenmehl
1 Msp. Dr. Oetker Backin
30 g Zucker
1 Pck. Dr. Oetker Vanillin-Zucker
1 Prise Salz
60 g weiche Butter oder Margarine

Zum Aprikotieren und Bestreuen:
2 EL Aprikosenkonfitüre
2 EL Wasser
gehackte Pistazienkerne

Insgesamt:
E: 80 g, F: 176 g, Kh: 528 g,
kJ: 17760, kcal: 4256

1. Für die Füllung Aprikosen in feine Würfel schneiden, mit Rum vermengen und einige Stunden (am besten über Nacht) durchziehen lassen. Aus Pudding-Pulver und Milch nach Packungsanleitung, aber nur mit 375 ml (3/8 l) Milch einen Pudding zubereiten und etwas abkühlen lassen. Vanille-Zucker, Crème double und die eingeweichten Aprikosenwürfel unterrühren. Den Pudding erkalten lassen, dabei gelegentlich durchrühren.

2. Für den Hefeteig die Milch leicht erwärmen. Mehl in eine Rührschüssel geben und sorgfältig mit der Trockenbackhefe vermischen. Die übrigen Zutaten für den Teig und die lauwarme Milch hinzufügen und alles mit Handrührgerät mit Knethaken erst kurz auf niedrigster Stufe, dann auf höchster Stufe in etwa 5 Minuten zu einem glatten Teig verarbeiten. Den Teig zugedeckt so lange an einem warmen Ort gehen lassen, bis er sich sichtbar vergrößert hat.

3. Für den Knetteig Mehl mit Backpulver in einer Rührschüssel mischen. Übrige Zutaten für den Teig hinzufügen und alles mit Handrührgerät mit Knethaken zunächst kurz auf niedrigster, dann auf höchster Stufe zu einem Teig verarbeiten. Anschließend den Teig auf der leicht bemehlten Arbeitsfläche kurz zu einer Kugel formen.

4. Den Hefeteig leicht mit Mehl bestäuben, aus der Schüssel nehmen und auf der leicht bemehlten Arbeitsfläche gut mit dem Knetteig verkneten. Den Teig zu einem Rechteck (etwa 50 x 30 cm) ausrollen und mit der Füllung bestreichen (etwa 1 cm Teig am Rand frei lassen). Den Teig von der längeren Seite aus aufrollen, die Rolle in etwa 3 cm breite Stücke schneiden und diese mit der Schnittfläche nach oben dicht nebeneinander in eine Springform (Ø 28 cm, Boden gefettet) legen.

5. Den Teig nochmals so lange an einem warmen Ort gehen lassen, bis er sich sichtbar vergrößert hat. Inzwischen den Backofen vorheizen. Anschließend die Form auf dem Rost in den vorgeheizten Backofen schieben.
Ober-/Unterhitze: etwa 180 °C
Heißluft: etwa 160 °C
Backzeit: etwa 45 Minuten.

6. Zum Aprikotieren Konfitüre durch ein Sieb streichen und mit Wasser unter Rühren etwas einkochen lassen. Den Kuchen nach dem Backen aus der Form lösen, noch heiß mit Hilfe eines Backpinsels aprikotieren und mit Pistazien bestreuen. Den Kuchen auf einem Kuchenrost erkalten lassen.

Tipp: Für die Füllung können Sie Crème double durch Mascarpone (ital. Frischkäse) oder Schmand (Sauerrahm) ersetzen und für den Teig statt Crème fraîche auch Speisequark (20 % Fett i. Tr.) verwenden.

Aprikosen-Rosettenkuchen

Raffiniert

Rote-Grütze-Kuppeltorte

Zubereitungszeit: 50 Minuten, ohne Abkühl- und Kühlzeit
Backzeit: etwa 20 Minuten

Für den All-in-Teig:
100 g Weizenmehl
2 gestr. TL Dr. Oetker Backin
100 g Zucker
1 Pck. Dr. Oetker Vanillin-Zucker
3 Eier (Größe M)
100 g Butter oder Margarine

Für die Kuppel:
1 TK-Erdbeer-Sahnecreme-Rolle (400 g)

Für die Joghurtfüllung:
6 Blatt weiße Gelatine
450 g Joghurt
4–5 geh. EL aus 1 Becher (500 g) Rote Grütze (aus dem Kühlregal)
3–4 EL Zucker
500 g Schlagsahne

Für die Grützefüllung:
restliche Rote Grütze aus dem Becher (etwa 350 g), 50 ml Wasser
1 Pck. Tortenguss, klar

Insgesamt:
E: 86 g, F: 326 g, Kh: 532 g,
kJ: 22791, kcal: 5428

Rote-Grütze-Kuppeltorte

1. Den Backofen vorheizen. Für den Teig Mehl mit Backpulver in einer Rührschüssel mischen. Restliche Zutaten hinzufügen und alles mit Handrührgerät mit Rührbesen auf höchster Stufe in etwa 2 Minuten zu einem glatten Teig verarbeiten. Den Teig in eine Springform (Ø 26 cm, Boden gefettet, mit Backpapier belegt) füllen und verstreichen. Die Form auf dem Rost in den vorgeheizten Backofen schieben.
Ober-/Unterhitze: etwa 180 °C
Heißluft: etwa 160 °C
Backzeit: etwa 20 Minuten.

2. Den Boden aus der Form lösen und auf einem Kuchenrost erkalten lassen. Eine kuppelförmige Schüssel (etwa 2 l, Ø etwa 24 cm) mit Frischhaltefolie auslegen. Die Biskuitrolle gefroren in etwa 15 Scheiben schneiden und die Scheiben dicht aneinander bis zum Rand in die Schüssel legen.

3. Für die Joghurtfüllung Gelatine einweichen. Joghurt mit 4–5 gehäuften Esslöffeln Rote Grütze und Zucker verrühren. Gelatine in einem Topf bei schwacher Hitze auflösen, mit etwas von der Joghurtmasse verrühren, dann die Mischung unter die restliche Joghurtmasse rühren. Sahne steif schlagen und unterheben. Creme in die Schüssel füllen, glattstreichen und etwa 12 Stunden kalt stellen.

4. Für die Grützefüllung restliche Rote Grütze in einen kleinen Topf geben. Wasser mit Tortengusspulver verrühren, dazugeben und alles unter Rühren aufkochen lassen. Die Masse vorsichtig auf die schon fest gewordene Sahnecreme in der Schüssel geben und verstreichen. Nach einigen Minuten den Gebäckboden darauflegen und leicht andrücken. Die Torte nochmals 1–2 Stunden kalt stellen.

5. Vor dem Servieren mitgebackenes Backpapier vom Boden abziehen, die Torte auf eine Tortenplatte stürzen und anschließend die Frischhaltefolie entfernen.

Beliebt – mit Alkohol

After-Eight-Rolle

Zubereitungszeit: 35 Minuten, ohne Abkühl- und Kühlzeit
Backzeit: etwa 10 Minuten

Für den Biskuitteig:
3 Eier (Größe M)
3 EL heißes Wasser
150 g Zucker
1 Pck. Dr. Oetker Vanillin-Zucker
100 g Weizenmehl
25 g Speisestärke
25 g Kakaopulver
1 gestr. TL Dr. Oetker Backin

Für die Mintfüllung:
6 Blatt weiße Gelatine
100 ml Pfefferminzlikör
750 g Schlagsahne, 2 EL Zucker
evtl. etwas grüne Speisefarbe
1 Pck. (200 g) After-Eight®
(Minztäfelchen)

Insgesamt:
E: 64 g, F: 284 g, Kh: 484 g,
kJ: 21135, kcal: 5051

1. Den Backofen vorheizen. Für den Teig Eier und Wasser in eine Rührschüssel geben und mit dem Handrührgerät mit Rührbesen auf höchster Stufe in 1 Minute schaumig schlagen. Zucker und Vanillin-Zucker mischen, in 1 Minute einstreuen und noch etwa 2 Minuten weiterschlagen.
2. Mehl mit Speisestärke, Kakao und Backpulver mischen, auf die Eiercreme geben und auf niedrigster Stufe kurz unterrühren. Teig auf ein Backblech (30 x 40 cm, gefettet, mit Backpapier ausgelegt) geben und verstreichen. Das Backblech in den vorgeheizten Backofen schieben.
Ober-/Unterhitze: etwa 220 °C
Heißluft: etwa 200 °C
Backzeit: etwa 10 Minuten.
3. Biskuitplatte sofort nach dem Backen vom Rand lösen und auf Backpapier stürzen. Mitgebackenes Backpapier schnell, aber vorsichtig abziehen, die Platte mit Backpapier von der kürzeren Seite aus aufrollen und erkalten lassen.
4. Für die Füllung die Gelatine nach Packungsanleitung einweichen. Anschließend Gelatine leicht ausdrücken und in einem kleinen Topf bei schwacher Hitze auflösen. Topf von der Kochstelle nehmen. Pfefferminzlikör nach und nach unter Rühren dazugießen und die Mischung kalt stellen. Sahne mit Zucker steifschlagen und die Likörmischung kurz unterrühren. Nach Belieben 1–2 Tropfen Speisefarbe unterrühren.
5. Ein Drittel der Sahnecreme abnehmen und zum Bestreichen beiseitestellen. Minztäfelchen (6–8 Stück zum Garnieren beiseitestellen) grob hacken und unter zwei Drittel der Creme heben. Die Biskuitplatte abrollen und mit der Minztäfelchen-Sahne bestreichen, dann die Rolle ohne Backpapier aufrollen.
6. Von der restlichen Creme 3 Esslöffel in einen Spritzbeutel mit Lochtülle füllen und die Rolle mit der übrigen Creme bestreichen. Die Rolle mit der Creme aus dem Spritzbeutel verzieren und mit den beiseitegestellten Minztäfelchen garnieren. Die Rolle etwa 3 Stunden kalt stellen.

Tipp: Die Minztäfelchen vor dem Hacken in das Tiefkühlfach legen.

® *Société des Produits Nestlé S.A.*

After-Eight-Rolle

Klassisch

Haselnuss-Striezel

Zubereitungszeit: 35 Minuten, ohne Abkühlzeit
Backzeit: etwa 45 Minuten

Für den Knetteig:
300 g Weizenmehl
2 gestr. TL Dr. Oetker Backin
125 g Zucker
1 Pck. Dr. Oetker Vanillin-Zucker
1 Ei (Größe M)
3 EL Milch
150 g Butter oder Margarine

Für die Füllung:
400 g gemahlene Haselnusskerne
1 Eiweiß (Größe M)
100 g Zucker
1 Pck. Dr. Oetker Bourbon-Vanille-Zucker
1/2 Becher (75 g) Crème fraîche

Zum Bestreichen:
1 Eigelb (Größe M)
1 EL Milch

Insgesamt:
E: 93 g, F: 425 g, Kh: 511 g,
kJ: 26068, kcal: 6232

1. Für den Teig Mehl mit Backpulver in einer Rührschüssel mischen.

Zucker, Vanillin-Zucker, Ei, Milch und Butter oder Margarine hinzufügen. Die Zutaten mit Handrührgerät mit Knethaken zunächst kurz auf niedrigster, dann auf höchster Stufe gut durcharbeiten. Anschließend den Teig auf der leicht bemehlten Arbeitsfläche kurz verkneten.
2. Den Backofen vorheizen. Für die Füllung Haselnusskerne in einer Pfanne ohne Fett goldbraun rösten und auf einem Teller erkalten lassen. Haselnusskerne mit Eiweiß, Zucker, Vanille-Zucker und Crème fraîche zu einer geschmeidigen Masse verrühren.
3. Den Teig auf der leicht bemehlten Arbeitsfläche zu einem Rechteck (etwa 30 x 45 cm) ausrollen, die Nussmasse darauf verteilen und verstreichen. Den Teig von der längeren Seite aus aufrollen, auf Backpapier legen (rollen) und auf ein Backblech ziehen.
4. Zum Bestreichen Eigelb mit Milch verschlagen. Die Teigrolle damit bestreichen und mit einem scharfen Messer zickzackförmig etwa 1/2 cm tief einschneiden. Das Backblech in den vorgeheizten Backofen schieben.
Ober-/Unterhitze: 180–200 °C
Heißluft: 160–180 °C
Backzeit: etwa 45 Minuten.
5. Den Striezel mit dem Backpapier vom Backblech auf einen Kuchenrost ziehen und erkalten lassen.

Beliebt

Biskuitrolle, einfach

Zubereitungszeit: 30 Minuten, ohne Abkühl- und Kühlzeit
Backzeit: 12–15 Minuten

Für den Biskuitteig:
5 Eier (Größe M)
1 Eigelb (Größe M), 75 g Zucker
1 Pck. Dr. Oetker Vanillin-Zucker
90 g Weizenmehl
1/2 gestr. TL Dr. Oetker Backin

Für die Füllung:
etwa 375 g Konfitüre

Zum Bestäuben:
30 g Puderzucker

Insgesamt:
E: 48 g, F: 36 g, Kh: 444 g,
kJ: 9972, kcal: 2376

1. Den Backofen vorheizen. Für den Teig Eier und Eigelb mit Handrührgerät mit Rührbesen auf höchster Stufe in 1 Minute schaumig schlagen. Zucker mit Vanillin-Zucker mischen, in 1 Minute unter Rühren einstreuen und noch etwa 2 Minuten weiterschlagen.
2. Mehl mit Backpulver mischen, auf die Eiercreme geben und kurz auf niedrigster Stufe unterrühren. Den Teig auf ein Backblech (30 x 40 cm, gefettet, mit Backpapier belegt) geben, verstreichen und das Backblech in den vorgeheizten Backofen schieben.
Ober-/Unterhitze: etwa 200 °C
Heißluft: etwa 180 °C
Backzeit: 12–15 Minuten.
3. Den Biskuit sofort nach dem Backen vom Rand lösen, auf die Arbeitsfläche stürzen und mit dem Backpapier erkalten lassen.
4. Für die Füllung Konfitüre durch ein Sieb streichen. Gebäck von der Arbeitsfläche lösen und Backpapier vorsichtig abziehen, evtl. dunkle Backhaut entfernen. Den Biskuit gleichmäßig mit Konfitüre bestreichen. Biskuit von der längeren Seite aus aufrollen. Vor dem Servieren mit Puderzucker bestäuben.

Tipp: Verwenden Sie für die Füllung Erdbeer-, Aprikosen- oder Kirschkonfitüre oder Orangenmarmelade.

Haselnuss-Striezel

Biskuitrolle, einfach

Beliebt – mit Alkohol

Cassis-Schokoladen-Rolle

Zubereitungszeit: 40 Minuten,
ohne Abkühl- und Kühlzeit
Backzeit: etwa 12 Minuten

Für den Biskuitteig:
4 Eier (Größe M)
5 EL heiße Milch
100 g Zucker
75 g Weizenmehl
1 Pck. Gala Pudding-Pulver Schokolade
1 gestr. TL Dr. Oetker Backin

Für die Füllung I:
100 g schwarze Johannisbeerkonfitüre
150 g TK-Heidelbeeren
20 g Speisestärke
1 EL Wasser
1 TL Zucker
100 ml Cassis-Likör

Für die Füllung II:
200 g Zartbitter-Kuvertüre
400 g Schlagsahne
1 TL Zucker
2 Pck. Dr. Oetker Sahnesteif

Zum Bestreuen:
geriebene oder geraspelte Vollmilch- oder Zartbitter-Schokolade

Insgesamt:
E: 64 g, F: 231 g, Kh: 487 g,
kJ: 18915, kcal: 4526

1. Den Backofen vorheizen. Für den Teig Eier und Milch mit Handrührgerät mit Rührbesen auf höchster Stufe in 1 Minute schaumig schlagen. Zucker in 1 Minute einstreuen, dann noch etwa 2 Minuten weiterschlagen.
2. Mehl mit Pudding-Pulver und Backpulver mischen, auf die Eiercreme geben und kurz auf niedrigster Stufe unterrühren. Teig auf einem Backblech (30 x 40 cm, gefettet, mit Backpapier belegt) verteilen, verstreichen und das Backblech in den vorgeheizten Backofen schieben.
Ober-/Unterhitze: etwa 200 °C
Heißluft: etwa 180 °C
Backzeit: etwa 12 Minuten.
3. Die Gebäckplatte vom Rand lösen, auf ein mit Zucker bestreutes Backpapier stürzen und mitgebackenes Backpapier vorsichtig abziehen. Die Biskuitplatte mit dem Backpapier von der längeren Seite aus locker aufrollen und erkalten lassen.
4. Für die Füllung I Konfitüre in einem Topf erhitzen, Heidelbeeren dazugeben und kurz aufkochen lassen, bis die Beeren darin aufgetaut sind. Die Fruchtmasse von der Kochstelle nehmen. Speisestärke mit Wasser und Zucker anrühren, in die Fruchtmasse rühren und diese wieder unter Rühren zum Kochen bringen. Fruchtmasse von der Kochstelle nehmen, 2 Esslöffel von dem Cassis-Likör unterrühren und erkalten lassen.
5. Für die Füllung II Kuvertüre grob hacken, in einem Topf im Wasserbad bei schwacher Hitze unter Rühren schmelzen und gut abkühlen lassen. Sahne mit Zucker und Sahnesteif steifschlagen. Die abgekühlte, noch flüssige Kuvertüre dazugeben und unterrühren.
6. Die Gebäckplatte vorsichtig auseinanderrollen und mit dem restlichen Cassis-Likör beträufeln. Die Fruchtmasse auf der Biskuitplatte verteilen und verstreichen. Zwei Drittel der Schokoladensahne darauf verteilen, verstreichen und die Platte vorsichtig aufrollen. Die Rolle kurz kalt stellen.
7. Die Oberfläche der Rolle mit der restlichen Schokoladensahne bestreichen und mit einer Gabel oder einem Tortenkamm ein Muster ziehen. Die Rolle mit geriebener oder geraspelter Schokolade bestreuen. Die Rolle 1–2 Stunden kalt stellen.

Tipp: Schöne Schokoladenraspel erhalten Sie, indem Sie die Raspel bei Zimmertemperatur mit einem Sparschäler von der Schokolade abraspeln. Sie darf nicht kalt sein.

Cassis-Schokoladen-Rolle

Erdbeerbaumstamm

Raffiniert

Erdbeerbaumstamm

Zubereitungszeit: 40 Minuten, ohne Abkühl- und Kühlzeit
Backzeit: etwa 17 Minuten

Für den Biskuitteig:
3 Eier (Größe M)
2 Eigelb (Größe M)
1 EL heißes Wasser
75 g Zucker
1 Pck. Dr. Oetker Vanillin-Zucker
100 g Weizenmehl
1 Msp. Dr. Oetker Backin

Für die Füllung:
1 Vanilleschote
100 g Schlagsahne
400 ml Milch
100 g Zucker
500 g Erdbeeren
1 Pck. Dr. Oetker Pudding-Pulver Vanille-Geschmack

Für das Baiser:
2 Eiweiß (Größe M)
80 g Zucker
1 Prise Salz

Insgesamt:
E: 63 g, F: 77 g, Kh: 411 g, kJ: 11176, kcal: 2669

1. Den Backofen vorheizen. Für den Teig Eier, Eigelb und Wasser in einer Rührschüssel mit Handrührgerät mit Rührbesen auf höchster Stufe in 1 Minute schaumig schlagen. Zucker und Vanillin-Zucker mischen, in 1 Minute unter Rühren einstreuen und noch etwa 2 Minuten weiterschlagen.
2. Mehl mit Backpulver mischen, auf die Eiercreme geben und kurz auf niedrigster Stufe unterrühren. Den Teig auf ein Backblech (30 x 40 cm, gefettet, mit Backpapier belegt) geben und verstreichen. Das Backblech in den vorgeheizten Backofen schieben.
Ober-/Unterhitze: etwa 200 °C
Heißluft: etwa 180 °C
Backzeit: etwa 12 Minuten.
3. Die Biskuitplatte vom Rand lösen und auf mit Zucker bestreutes Backpapier stürzen. Das mitgebackene Backpapier mit kaltem Wasser bestreichen und vorsichtig, aber schnell abziehen. Die Biskuitplatte auf dem Backpapier von der längeren Seite aus aufrollen. Biskuitrolle erkalten lassen.
4. Für die Füllung Vanilleschote längs aufschneiden. Sahne mit 300 ml Milch, Zucker und die aufgeschnittene Vanilleschote in einem Topf erwärmen und 20–30 Minuten ziehen lassen. Vanilleschote entfernen.
5. In der Zwischenzeit Erdbeeren putzen, waschen, abtropfen lassen, entstielen und in Stücke schneiden.
6. Pudding-Pulver mit der restlichen Milch anrühren, in die Vanillemilch rühren und unter Rühren aufkochen lassen.
7. Die Biskuitrolle vorsichtig auseinanderrollen. Die heiße Puddingcreme darauf verteilen und mit den Erdbeerstücken belegen. Die Biskuitplatte wieder aufrollen und in Backpapier einschlagen. Die Biskuitrolle auf ein Backblech legen und kalt stellen.
8. Den Backofen wieder vorheizen. Für das Baiser Eiweiß mit 50 g Zucker und Salz mit Handrührgerät mit Rührbesen auf höchster Stufe steifschlagen. Restlichen Zucker hinzugeben und so lange weiterschlagen, bis die Baisermasse so fest ist, dass ein Messerschnitt sichtbar bleibt.
9. Die Biskuitrolle rundherum dick mit der Baisermasse einstreichen. Mit einem Tortenkamm oder einer Gabel ein wellenartiges Muster durch die Baisermasse ziehen. Das Backblech in den vorgeheizten Backofen schieben und das Baiser überbacken.
Ober-/Unterhitze: etwa 240 °C
Heißluft: etwa 220 °C
Backzeit: etwa 5 Minuten.
10. Den Erdbeerbaumstamm mit dem Backpapier vom Backblech auf einen Kuchenrost ziehen und erkalten lassen.

Klassisch

Marillenstrudel mit Crème fraîche

Zubereitungszeit: 40 Minuten, ohne Ruhezeit
Backzeit: etwa 40 Minuten

Für den Strudelteig:
200 g Weizenmehl
1 Prise Salz
75 ml Wasser
50 g zerlassene Butter oder 50 ml Speiseöl

Für die Füllung:
1 Pck. Süße Mahlzeit Grießbrei Vanille-Geschmack
375 ml (3/8 l) Milch
1 Becher (150 g) Crème fraîche
250 g Magerquark
50 g Zucker
1 Ei (Größe M)
1 kleine Dose Aprikosenhälften (österr. Marillen, Abtropfgewicht 240 g)
30 g gehackte Pistazienkerne

Zum Bestreichen:
50 g Butter

Insgesamt:
E: 90 g, F: 166 g, Kh: 370 g,
kJ: 14497, kcal: 3456

Marillenstrudel mit Crème fraîche

1. Für den Teig die Zutaten in eine Rührschüssel geben und mit Handrührgerät mit Knethaken zunächst kurz auf niedrigster, dann auf höchster Stufe gut durcharbeiten.
2. Anschließend den Teig auf der Arbeitsfläche zu einer Kugel verkneten. Den Teig auf Backpapier in einen heißen, trockenen Kochtopf (vorher Wasser darin kochen) legen, Topf mit einem Deckel verschließen und Teig etwa 30 Minuten ruhen lassen.
3. Für die Füllung inzwischen Grießbrei mit Milch nach Packungsanleitung, aber nur mit 375 ml (3/8 l) Milch zubereiten und etwas abkühlen lassen. Dann Crème fraîche, Quark, Zucker und Ei unterrühren. Marillen in einem Sieb gut abtropfen lassen und vierteln.
4. Den Teig auf einem bemehlten großen Tuch (Küchentuch) dünn ausrollen und ihn dann mit den Händen zu einem Rechteck (etwa 50 x 70 cm) ausziehen (er muss durchsichtig sein). Die Ränder abschneiden, wenn sie dicker sind. Backofen vorheizen.
5. Auf zwei Drittel des Teiges die Füllung streichen (an den kürzeren Seiten etwa 2 cm Rand frei lassen), mit Marillenachteln belegen und mit Pistazien bestreuen. Die frei gelassenen Teigränder auf die Füllung schlagen. Den Teig mit Hilfe des Tuches mit der Füllung beginnend aufrollen und an den Enden gut zusammendrücken.
6. Den Strudel mit der Naht nach unten vorsichtig diagonal auf ein Backblech (30 x 40 cm, gefettet, mit Backpapier belegt) legen und mit etwas zerlassener Butter bestreichen. Das Backblech in den vorgeheizten Backofen schieben.
Ober-/Unterhitze: 180–200 °C
Heißluft: 160–180 °C
Backzeit: etwa 40 Minuten.
7. Den Strudel während des Backens mit der restlichen Butter bestreichen. Den Strudel lauwarm oder kalt servieren.

Tipp: Der Strudel schmeckt auch sehr lecker, wenn Sie die Aprikosen (Marillen) durch Heidelbeeren oder Pflaumen ersetzen. Dann anstelle von Pistazien abgezogene, gehackte Mandeln zum Bestreuen verwenden. Sie können den Strudel nach Belieben vor dem Servieren mit Puderzucker bestäuben.

Zum Verschenken

Herzchen-Rolle

Zubereitungszeit: 50 Minuten, ohne Kühl- und Abkühlzeit
Backzeit: etwa 10 Minuten

Zum Vorbereiten für die dunkle Füllung:
150 g Zartbitter-Schokolade
6 Milka® Nuss-Nougat-Creme-Herzen
250 g Schlagsahne
1/2 Pck. Dr. Oetker Finesse Geriebene Orangenschale

Für den Biskuitteig:
3 Eier (Größe M)
1 Eigelb (Größe M)
70 g Zucker
1 Pck. Dr. Oetker Vanillin-Zucker
50 g Weizenmehl
15 g Speisestärke
1/2 gestr. TL Dr. Oetker Backin

1 geh. TL Kakaopulver
1/2 Pck. Dr. Oetker Finesse Geriebene Orangenschale

Für die helle Füllung:
250 g Schlagsahne
1 Pck. Dr. Oetker Sahnesteif
12 Milka® Nuss-Nougat-Creme-Herzen

Zum Verzieren und Garnieren:
50 g Zartbitter-Schokolade
6 Milka® Nuss-Nougat-Creme-Herzen

Insgesamt:
E: 65 g, F: 300 g, Kh: 342 g, kJ: 18128, kcal: 4332

1. Für die dunkle Füllung Schokolade und Herzen grob hacken. Die Sahne erwärmen und die Schokostücke darin unter Rühren schmelzen lassen, bis eine glatte Masse entstanden ist. Orangenschale dazugeben. Frischhaltefolie direkt auf die Oberfläche der Masse legen und die Masse über Nacht kalt stellen.

2. Den Backofen vorheizen. Für den Teig Eier und Eigelb mit Handrührgerät mit Rührbesen auf höchster Stufe in 1 Minute schaumig schlagen. Zucker und Vanillin-Zucker mischen, in 1 Minute unter Rühren einstreuen, dann noch etwa 2 Minuten weiterschlagen. Mehl mit Speisestärke und Backpulver mischen, auf die Eiercreme geben und kurz auf niedrigster Stufe unterrühren.

3. Die Hälfte des Teiges in einen Gefrierbeutel füllen. Kakaopulver sieben und mit Orangenschale unter den restlichen Teig rühren. Diesen ebenso in einen Gefrierbeutel füllen.

4. Eine Ecke vom Beutel mit dem hellen Teig abschneiden, so dass eine Öffnung von etwa 1 1/2 cm entsteht, den Teig mit etwas Abstand in Streifen diagonal auf ein Backblech (30 x 40 cm, gefettet, mit Backpapier belegt) spritzen. Vom Beutel mit dem dunklen Teig ebenfalls eine Ecke abschneiden und den dunklen Teig in Streifen zwischen die hellen Streifen spritzen. Das Backblech sofort in den vorgeheizten Backofen schieben.
Ober-/Unterhitze: etwa 200 °C
Heißluft: etwa 180 °C
Backzeit: etwa 10 Minuten.

5. Biskuitplatte sofort nach dem Backen mit einem Messer vom Rand lösen, Platte auf ein mit Zucker bestreutes Stück Backpapier stürzen und mitgebackenes Backpapier vorsichtig abziehen. Gebäck erkalten lassen. Anschließend die kalte Schoko-Sahne-Masse mit Handrührgerät mit Rührbesen auf höchster Stufe cremig aufschlagen und auf der Biskuitplatte verstreichen.

6. Für die helle Füllung Sahne mit Sahnesteif steifschlagen, 2 Esslöffel davon in einen Spritzbeutel mit kleiner Lochtülle geben und die restliche Sahne vorsichtig auf die Schokocreme streichen. Herzen hacken und auf die Sahne streuen. Die Gebäckplatte mit Hilfe des Backpapiers von der längeren Seite aus aufrollen. Die Rolle mit der Sahne aus dem Spritzbeutel verzieren und kalt stellen.

7. Vor dem Servieren Schokolade in Stücke brechen, in einem Topf im Wasserbad bei schwacher Hitze unter Rühren schmelzen lassen und über die Rolle sprenkeln. Die Rolle mit Herzen garnieren.

® Registered trademark of Kraft Foods.

Herzchen-Rolle

Raffiniert

Mohn-Rosen-Muffins

Zubereitungszeit: 45 Minuten
Backzeit: 25–30 Minuten

Zum Vorbereiten:
200 g Sauerkirschen (aus dem Glas) oder TK-Sauerkirschen

Für den Quark-Öl-Teig:
250 g Weizenmehl
2 gestr. TL Dr. Oetker Backin
150 g Magerquark
4 EL Milch
5 EL Speiseöl
50 g Zucker
1 Pck. Dr. Oetker Vanillin-Zucker
1 Prise Salz
3 Tropfen Zitronen-Aroma

Für die Füllung:
1 Pck. (250 g) Mohnback (backfertige Mohnmischung)
1 Ei (Größe M)
25 g weiche Butter

Insgesamt:
E: 71 g, F: 116 g, Kh: 378 g,
kJ: 12035, kcal: 2875

1. Zum Vorbereiten Sauerkirschen aus dem Glas in einem Sieb gut abtropfen lassen. TK-Sauerkirschen etwas antauen lassen und trocken tupfen.

2. Für den Teig Mehl mit Backpulver in einer Rührschüssel mischen. Quark, Milch, Speiseöl, Zucker, Vanillin-Zucker, Salz und Aroma hinzufügen. Die Zutaten mit Handrührgerät mit Knethaken auf höchster Stufe in etwa 1 Minute zu einem Teig verarbeiten (nicht zu lange, Teig klebt sonst). Anschließend den Teig auf der bemehlten Arbeitsfläche zu einer Rolle formen und zu einem Rechteck (etwa 30 x 42 cm) ausrollen. Den Backofen vorheizen.

3. Für die Füllung Mohnmischung, Ei und Butter gut verrühren. Die Mohnmasse auf den Teig geben und glattstreichen, dabei rundherum einen etwa 2 cm breiten Rand frei lassen. Sauerkirschen auf der Mohnmasse verteilen. Den Teig von der längeren Seite aus fest aufrollen. Teigrolle mit einem scharfen Messer in 12 gleich große Scheiben schneiden.

4. Die Teigscheiben mit der Schnittfläche nach oben in eine Muffinform (für 12 Muffins, mit Papierbackförmchen ausgelegt) legen. Den äußeren Teigrand mit dem scharfen Messer oder einer Schere längs mehrmals einschneiden. Die Form auf dem Rost in den vorgeheizten Backofen schieben.
Ober-/Unterhitze: etwa 180 °C
Heißluft: etwa 160 °C
Backzeit: 25–30 Minuten.

5. Muffins aus der Form heben und auf einem Kuchenrost erkalten lassen.

Mohn-Rosen-Muffins

Gut vorzubereiten

Nuss- oder Mandelkranz

Zubereitungszeit: 40 Minuten
Backzeit: etwa 35 Minuten

Für den Quark-Öl-Teig:
300 g Weizenmehl
1 Pck. Dr. Oetker Backin
150 g Magerquark
6 EL Milch
6 EL Speiseöl
75 g Zucker
1 Pck. Dr. Oetker Vanillin-Zucker
1 Prise Salz

Für die Füllung:
200 g gemahlene Haselnusskerne oder abgezogene, gemahlene Mandeln
100 g Zucker
4–5 Tropfen Bittermandel-Aroma
1 Eiweiß (Größe M)
1/2 Eigelb (Größe M)
3–4 EL Wasser

Zum Bestreichen:
1/2 Eigelb (Größe M)
1 EL Milch

Insgesamt:
E: 89 g, F: 208 g, Kh: 434 g,
kJ: 17185, kcal: 4103

1. Für den Teig Mehl mit Backpulver in einer Rührschüssel mischen. Quark, Milch, Öl, Zucker, Vanillin-Zucker und Salz hinzufügen. Die Zutaten mit Handrührgerät mit Knethaken erst kurz auf niedrigster, dann auf höchster Stufe in etwa 1 Minute zu einem Teig verarbeiten (nicht zu lange, Teig klebt sonst).

2. Anschließend den Teig auf der leicht bemehlten Arbeitsfläche kurz zu einer Rolle formen und diese zu einem Rechteck (etwa 35 x 45 cm) ausrollen. Den Backofen vorheizen.

3. Für die Füllung Haselnusskerne oder Mandeln mit Zucker, Aroma, Eiweiß, Eigelb und Wasser mit Hand-

Nuss- oder Mandelkranz

Osterzopf

rührgerät mit Rührbesen zu einer geschmeidigen Masse verrühren. Die Masse auf dem Teigrechteck verteilen und verstreichen. Den Teig von der längeren Seite aus aufrollen und als Kranz auf ein Backblech (gefettet, mit Backpapier belegt) legen.

4. Zum Bestreichen Eigelb mit Milch verschlagen. Teigkranz damit bestreichen und etwa 1/2 cm tief sternförmig einschneiden. Das Backblech in den vorgeheizten Backofen schieben.
Ober-/Unterhitze: 180–200 °C
Heißluft: 160–180 °C
Backzeit: etwa 35 Minuten.

5. Den Kranz mit dem Backpapier vom Backblech ziehen und auf einem Kuchenrost erkalten lassen.

Tipp: Quark-Öl-Teig-Gebäck sollte nicht zu lange backen, weil es dadurch trocken wird. Wie Hefeteig-Gebäck schmeckt es frisch am besten.

Festlich – mit Alkohol

Osterzopf

Zubereitungszeit: 50 Minuten, ohne Durchzieh- und Teiggehzeit
Backzeit: 35–40 Minuten

Zum Vorbereiten:
50 g Orangeat
50 g Zitronat (Sukkade)
125 g Rosinen
50 g abgezogene, gehackte Mandeln
2–3 EL Rum

Für den Hefeteig:
250 ml (1/4 l) Milch
500 g Weizenmehl
1/2 Pck. (21 g) frische Hefe
50 g gesiebter Puderzucker
1 Ei (Größe M)
1 Prise Salz
abgeriebene Schale von 1/2 Bio-Zitrone (unbehandelt, ungewachst)
100 g weiche Butter

Zum Bestreichen und Bestäuben:
50 g Butter
50 g Puderzucker

Insgesamt:
E: 82 g, F: 172 g, Kh: 633 g,
kJ: 19081, kcal: 4561

1. Zum Vorbereiten Orangeat und Zitronat fein hacken. Rosinen mit Orangeat, Zitronat und Mandeln vermengen, mit Rum beträufeln und etwa 20 Minuten durchziehen lassen.

2. Für den Teig Milch leicht erwärmen. Mehl in eine große Rührschüssel geben und in die Mitte eine Vertiefung eindrücken. Hefe zerbröckeln, in die Vertiefung geben, mit etwas warmer Milch, etwas Puderzucker und etwas Mehl vom Rand verrühren. Vorteig mit Mehl bestäuben und an einem warmen Ort so lange stehen lassen, bis das auf die Hefe gestäubte Mehl rissig wird.

3. Restlichen Puderzucker, Ei, Salz, Zitronenschale, Butter und warme Milch dazugeben. Alle Zutaten mit Handrührgerät mit Knethaken erst kurz auf niedrigster, dann auf höchster Stufe in etwa 5 Minuten zu einem glatten Teig verarbeiten. Teig an einem warmen Ort so lange gehen lassen, bis er sich sichtbar vergrößert hat.

4. Teig auf der leicht bemehlten Arbeitsfläche gut durchkneten und die Rumfrüchte kurz unterkneten. Teig in 3 Portionen teilen, auf der leicht bemehlten Arbeitsfläche zu Rollen formen und sie zu einem Zopf flechten.

5. Den Zopf auf ein Backblech (gefettet, mit Backpapier belegt) legen und die Enden unterschlagen. Den Zopf nochmals so lange an einem warmen Ort gehen lassen, bis er sich sichtbar vergrößert hat. Inzwischen den Backofen vorheizen. Zopf mit etwas zerlassener Butter bestreichen und das Backblech in den vorgeheizten Backofen schieben.
Ober-/Unterhitze: etwa 180 °C
Heißluft: etwa 160 °C
Backzeit: 35–40 Minuten.

6. Das fertige Gebäck mit der restlichen Butter bestreichen und mit Puderzucker bestäuben.

Beliebt

Rosenkuchen mit Äpfeln und Mohn

Zubereitungszeit: 60 Minuten, ohne Teiggehzeit
Backzeit: etwa 30 Minuten

Zum Vorbereiten:
1 Pck. (450 g) TK-Blätterteig

Für den Hefeteig:
125 ml (1/8 l) Milch
300 g Weizenmehl (Type 550)
1/2 Pck. (21 g) frische Hefe
50 g Zucker
50 g Butter oder Margarine
2 Eigelb (Größe M)

Für die Füllung:
2 Pck. (je 250 g) Mohnback (backfertige Mohnfüllung)
1 Ei (Größe M)
1 Pck. Saucen-Pulver Vanille-Geschmack
50 ml Milch
2 mittelgroße säuerliche Äpfel
50 g Walnuss-, Pekannuss- oder Paranusskerne
30 g kandierter Ingwer
50 g Zitronat (Sukkade), fein gehackt

Zum Bestreichen und Bestäuben:
2 Eiweiß (Größe M)
2 EL Puderzucker

Insgesamt:
E: 115 g, F: 251 g, Kh: 651 g, kJ: 22241, kcal: 5313

1. Zum Vorbereiten die Blätterteigplatten nach Packungsanleitung auftauen lassen.

2. Für den Teig inzwischen die Milch leicht erwärmen. Mehl in eine Rührschüssel geben und in die Mitte eine Vertiefung drücken. Hefe hineinbröckeln, Zucker und etwas von der warmen Milch hinzufügen. Alles mit einer Gabel vorsichtig verrühren und den Vorteig etwa 10 Minuten stehen lassen.

3. Butter oder Margarine zerlassen. Eigelb, restliche warme Milch und Butter oder Margarine zum Vorteig geben. Die Zutaten mit Handrührgerät mit Knethaken zunächst kurz auf niedrigster, dann auf höchster Stufe in etwa 5 Minuten zu einem glatten Teig verarbeiten. Den Teig zugedeckt so lange an einem warmen Ort gehen lassen, bis er sich sichtbar vergrößert hat.

4. Für die Füllung Mohnback mit Ei, Saucen-Pulver und Milch gut verrühren. Äpfel schälen, vierteln, entkernen und grob raspeln. Apfelraspel, Nusskerne, grob gehackten Ingwer und Zitronat zu der Mohnmasse geben und unterrühren.

5. Blätterteigplatten aufeinanderlegen und auf der leicht bemehlten Arbeitsfläche dünn ausrollen (etwa 40 x 60 cm). Teigplatte mit verschlagenem Eiweiß bestreichen. Den Backofen vorheizen.

6. Den gegangenen Teig leicht mit Mehl bestäuben, aus der Schüssel herausnehmen, auf einer bemehlten Arbeitsfläche nochmals gut durchkneten und zu einem Rechteck (etwa 40 x 60 cm) ausrollen. Die Teigplatte über eine Teigrolle aufwickeln, auf der Blätterteigplatte wieder abrollen und etwas andrücken. Die Mohnmasse darauf verteilen und den Teig von der längeren Seite aus aufrollen.

7. Teigrolle in etwa 3 cm dicke Scheiben schneiden und direkt nebeneinander (sollen sich fast berühren) auf ein Backblech (30 x 40 cm, gefettet) legen. Das Backblech in den vorgeheizten Backofen schieben.
Ober-/Unterhitze: etwa 180 °C
Heißluft: etwa 160 °C
Backzeit: etwa 30 Minuten.

8. Das Backblech auf einen Kuchenrost stellen. Den Kuchen erkalten lassen und mit Puderzucker bestäuben.

Rosenkuchen mit Äpfeln und Mohn

Zitronen-Sahne-Rolle

Klassisch

Zitronen-Sahne-Rolle

Zubereitungszeit: 45 Minuten, ohne Abkühl- und Kühlzeit
Backzeit: etwa 10 Minuten

Für den Biskuitteig:
4 Eier (Größe M)
1 Eigelb (Größe M)
3–4 EL heißes Wasser, 125 g Zucker
1 Pck. Dr. Oetker Vanillin-Zucker
100 g Weizenmehl
1 Msp. Dr. Oetker Backin
25 g Speisestärke

Für die Füllung:
6 Blatt weiße Gelatine
100 ml Zitronensaft
400 g Schlagsahne
100 g gesiebter Puderzucker
1 Pck. Dr. Oetker Finesse Geriebene Zitronenschale

Zum Garnieren:
400 g Schlagsahne
2 Pck. Dr. Oetker Sahnesteif
1 Pck. Dr. Oetker Finesse Geriebene Zitronenschale
1 Pck. Dr. Oetker Vanillin-Zucker

Insgesamt:
E: 80 g, F: 272 g, Kh: 400 g, kJ: 18304, kcal: 4368

1. Den Backofen vorheizen. Für den Teig Eier und Eigelb mit heißem Wasser in einer Rührschüssel mit Handrührgerät mit Rührbesen auf höchster Stufe in 1 Minute schaumig schlagen. Zucker mit Vanillin-Zucker mischen, in 1 Minute unter Rühren einstreuen und noch etwa 2 Minuten weiterschlagen.

2. Mehl mit Backpulver und Speisestärke mischen, auf die Eiercreme geben und kurz auf niedrigster Stufe unterrühren. Den Teig auf ein Backblech (30 x 40 cm, gefettet, mit Backpapier belegt) geben und verstreichen. Das Backblech in den vorgeheizten Backofen schieben.
Ober-/Unterhitze: etwa 200 °C
Heißluft: etwa 180 °C
Backzeit: etwa 10 Minuten.

3. Den Biskuit sofort nach dem Backen vom Rand lösen, auf ein mit Zucker bestreutes Backpapier stürzen und mit dem Backpapier erkalten lassen.

4. Für die Füllung die Gelatine nach Packungsanleitung einweichen. Zitronensaft erwärmen, Gelatine leicht ausdrücken und unter Rühren darin auflösen. Die Flüssigkeit etwas abkühlen lassen. Sahne mit Puderzucker und Zitronenschale fast steifschlagen. Die abgekühlte Gelatine-Zitronensaft-Lösung unter Schlagen hinzufügen und die Sahne vollkommen steifschlagen.

5. Mitgebackenes Backpapier vorsichtig vom Biskuit abziehen. Die Biskuitplatte mit der Zitronensahne bestreichen, von der längeren Seite aus aufrollen und 1–2 Stunden kalt stellen.

6. Zum Garnieren Sahne mit Sahnesteif, Zitronenschale und Vanillin-Zucker steifschlagen und die Zitronenrolle damit bestreichen. Die Oberfläche der Rolle mit Hilfe einer Gabel oder eines Tortengarnierkammes durch wellenförmige Längsstriche verzieren.

Tipp: Noch schneller geht es, wenn Sie die Rolle zum Garnieren nicht mit Sahne bestreichen, sondern nur mit Puderzucker bestäuben.

Abwandlung: Für eine Orangen-Sahne-Rolle Zitronensaft durch Orangensaft und Finesse Geriebene Zitronenschale durch Geriebene Orangenschale ersetzen.

Stracciatella-Bananen-Rolle

Mango-Ricotta-Schnitten

Für Kinder

Stracciatella-Bananen-Rolle

Zubereitungszeit: 35 Minuten, ohne Abkühl- und Kühlzeit
Backzeit: 8–10 Minuten

Für den Biskuitteig:
20 g Bananenchips
5 Eier (Größe M)
100 g Zucker
1 Pck. Dr. Oetker Bourbon-Vanille-Zucker
75 g Weizenmehl
10 g Kakaopulver
1/2 gestr. TL Dr. Oetker Backin

Für die Füllung:
1 Pck. Mousse à la Vanille (Dessertpulver)
125 ml (1/8 l) Bananennektar
200 g Schlagsahne
250 g Magerquark
2 EL Zartbitter-Raspelschokolade
2–3 Bananen, möglichst gerade gewachsen
1 EL Zitronensaft

Zum Garnieren:
100 g Schlagsahne
50 g Zartbitter-Kuvertüre
1 TL Speiseöl

Insgesamt:
E: 99 g, F: 162 g, Kh: 352 g, kJ: 13724, kcal: 3277

1. Für den Teig Bananenchips grob hacken. Den Backofen vorheizen. Eier mit Handrührgerät mit Rührbesen auf höchster Stufe in 1 Minute schaumig schlagen. Zucker und Vanille-Zucker mischen, in 1 Minute unter Rühren einstreuen, dann noch etwa 2 Minuten weiterschlagen.
2. Mehl mit Kakaopulver und Backpulver mischen, auf die Eiercreme geben und kurz auf niedrigster Stufe unterrühren. Den Teig auf ein Backblech (30 x 40 cm, gefettet, mit Backpapier belegt) geben, verstreichen und mit den gehackten Bananenchips bestreuen. Danach das Backblech in den vorgeheizten Backofen schieben.
Ober-/Unterhitze: etwa 200 °C
Heißluft: etwa 180 °C
Backzeit: 8–10 Minuten.
3. Nach dem Backen Gebäckrand mit einem Messer vom Backblech lösen, dann auf ein mit Zucker bestreutes Backpapier stürzen, mitgebackenes Backpapier abziehen und Gebäck erkalten lassen.
4. Für die Füllung die Mousse à la Vanille nach Packungsanleitung, aber mit Bananennektar und Sahne zubereiten. Quark unterrühren und Raspelschokolade unterheben. Die Creme auf die erkaltete Gebäckplatte streichen. Bananen schälen, mit Zitronensaft bestreichen und an die untere lange Gebäckkante auf die Creme legen. Die Biskuitplatte mit Hilfe des Backpapiers von der längeren Seite aus aufrollen (bei den Bananen beginnend) und die Rolle etwa 30 Minuten kalt stellen.
5. Zum Garnieren Schlagsahne steifschlagen und mit einem Teelöffel kleine Hügel auf die Rolle setzen. Kuvertüre grob hacken, mit Öl in einem kleinen Topf im Wasserbad unter Rühren schmelzen lassen und in einen kleinen Gefrierbeutel oder ein Papiertütchen füllen. Eine kleine Spitze abschneiden und die Rolle damit verzieren.

Für Gäste

Mango-Ricotta-Schnitten

Zubereitungszeit: 50 Minuten, ohne Abkühl- und Kühlzeit
Backzeit: etwa 12 Minuten

Zum Vorbereiten:
100 g Amarettini (ital. Mandelmakronen)

Für den All-in-Teig:
2 gestr. TL Dr. Oetker Backin
70 g zarte Haferflocken
40 g Zucker
4 Eier (Größe M)
70 g weiche Butter

Für die Füllung:
2 Dosen Mangoscheiben (Abtropfgewicht je 250 g)
375 g Ricotta (ital. Frischkäse)

30 g Zucker
2 Pck. Dr. Oetker Sahnesteif
200 g Schlagsahne

Außerdem:
12 abgezogene, ganze Mandeln
12 Papierförmchen

Insgesamt:
E: 91 g, F: 237 g, Kh: 306 g,
kJ: 15644, kcal: 3732

1. Zum Vorbereiten Amarettini in einen Gefrierbeutel geben und den Beutel verschließen. Amarettini mit der Teigrolle sehr fein zerbröseln und in eine Rührschüssel geben. Den Backofen vorheizen.
2. Backpulver, zarte Haferflocken, Zucker, Eier und Butter hinzufügen. Die Zutaten mit Handrührgerät mit Rührbesen zunächst kurz auf niedrigster, dann auf höchster Stufe in etwa 2 Minuten zu einem glatten Teig verarbeiten. Den Teig auf ein Backblech (30 x 40 cm, gefettet, mit Backpapier belegt) geben und verstreichen. Das Backblech in den vorgeheizten Backofen schieben.
Ober-/Unterhitze: etwa 200 °C
Heißluft: etwa 180 °C
Backzeit: etwa 12 Minuten.
3. Die noch heiße Gebäckplatte auf ein mit Zucker bestreutes Backpapier stürzen und mitgebackenes Backpapier abziehen. Gebäckplatte erkalten lassen.
4. Für die Füllung Mangoscheiben in einem Sieb abtropfen lassen. Ein Viertel der Mangoscheiben in Spalten schneiden und zum Garnieren beiseitelegen. Restliche Mangoscheiben in kleine Würfel schneiden. Ricotta mit Zucker und 1 Päckchen Sahnesteif cremig aufschlagen. Sahne mit dem zweiten Päckchen Sahnesteif steifschlagen und unterheben.
5. Die Creme auf die Gebäckplatte streichen, dabei an den Längsseiten einen etwa 1 cm breiten Rand frei lassen. Mangowürfel auf der Creme verteilen. Die bestrichene Gebäckplatte mit Hilfe des Backpapiers von der langen Seite aus aufrollen und leicht andrücken. Rolle mindestens 30 Minuten kalt stellen.
6. Die Mango-Ricotta-Rolle in 12 Scheiben schneiden und in Papierförmchen legen. Scheiben mit den beiseitegelegten Mangospalten und Mandeln garnieren.

Klassisch

Ananas-Rosenkuchen

Zubereitungszeit: 50 Minuten, ohne Abkühl- und Teiggehzeit
Backzeit: etwa 45 Minuten

Für die Füllung:
1 kleine Dose Ananasscheiben (Abtropfgewicht 270 g)
1 Pck. Gala Pudding-Pulver Bourbon-Vanille
300 ml Milch, 50 g Zucker

Für den Hefeteig:
50 g Butter, 375 g Weizenmehl
1 Pck. Hefeteig Garant
50 g Zucker
1/2 Fläschchen Butter-Vanille-Aroma
1 Ei (Größe M), 150 g Joghurt

Zum Verzieren:
50 g Zartbitter-Schokolade

Insgesamt:
E: 71 g, F: 87 g, Kh: 507 g,
kJ: 13204, kcal: 3149

1. Für die Füllung Ananas in einem Sieb gut abtropfen lassen und klein schneiden. Pudding nach Packungsanleitung, aber nur mit 300 ml Milch und mit 50 g Zucker zubereiten und abkühlen lassen, dabei gelegentlich umrühren.
2. Für den Teig Butter zerlassen und abkühlen lassen. Mehl in einer Rührschüssel mit Hefeteig Garant vermischen. Restliche Zutaten und Butter hinzufügen und mit Handrührgerät mit Knethaken in 2 Minuten zu einem glatten Teig verkneten. Den Teig auf der leicht bemehlten Arbeitsfläche zu einem Rechteck (etwa 50 x 30 cm) ausrollen.
3. Den Backofen vorheizen. Den Pudding auf den Teig streichen, dabei an den langen Seiten etwa 1 cm Rand frei lassen und Ananasstücke gleichmäßig auf den Pudding streuen. Den Teig von der langen Seite aus aufrollen und in 12 etwa 4 cm breite Scheiben schneiden.
4. 8–9 Scheiben mit der Schnittfläche nach oben am Rand ringförmig auf den Boden einer Springform (Ø 26 cm, gefettet) legen, übrige 3–4 Scheiben in die Mitte setzen. Teig etwa 15 Minuten ruhen lassen, dann die Form auf dem Rost in den vorgeheizten Backofen schieben.
Ober-/Unterhitze: etwa 180 °C
Heißluft: etwa 160 °C
Backzeit: etwa 45 Minuten.
5. Nach dem Backen Kuchen aus der Form lösen und auf einem Kuchenrost erkalten lassen.
6. Zum Verzieren die Schokolade in Stücke brechen und in einem kleinen Topf im Wasserbad bei schwacher Hitze unter Rühren schmelzen lassen. Schokolade in ein Papiertütchen oder einen kleinen Gefrierbeutel füllen, eine kleine Ecke abschneiden und in dünnen Linien die Spiralkonturen der einzelnen Scheiben nachziehen. Die Schokolade fest werden lassen und den Kuchen servieren.

Ananas-Rosenkuchen

Dauert länger – mit Alkohol

Plunderkranz

Zubereitungszeit: 70 Minuten, ohne Teiggeh- und Kühlzeit
Backzeit: 35–40 Minuten

Für den Plunderteig:
375 g Weizenmehl
1 Pck. Dr. Oetker Trockenbackhefe
50 g Zucker
1 Pck. Dr. Oetker Vanillin-Zucker
1 Prise Salz
1 Ei (Größe M)
50 g weiche Butter
200 ml Milch

150 g kalte Butter, in Scheiben

Für die Füllung:
200 g Marzipan-Rohmasse
50 g weiche Butter
1–2 EL Rum
175 g Rosinen
75 g abgezogene, gehobelte Mandeln

Zum Aprikotieren:
3 EL Aprikosenkonfitüre
1 EL Wasser

Insgesamt:
E: 98 g, F: 340 g, Kh: 601 g,
kJ: 24944, kcal: 5962

Plunderkranz

1. Für den Teig Mehl mit Trockenbackhefe sorgfältig in einer Rührschüssel vermischen. Restliche Zutaten hinzufügen und mit Handrührgerät mit Knethaken zunächst kurz auf niedrigster, dann auf höchster Stufe in etwa 5 Minuten zu einem Teig verarbeiten. Teig etwa 5 Minuten bei Zimmertemperatur ruhen lassen.
2. Den Teig auf der bemehlten Arbeitsfläche zu einem Rechteck (etwa 25 x 40 cm) ausrollen. Die Hälfte der Teigplatte (etwa 25 x 20 cm) mit Butterscheiben belegen, die andere Teighälfte daraufklappen und mit der Teigrolle leicht andrücken. Das Teigpaket mit der breiten Seite zur Arbeitsfläche legen, wieder zu einem Rechteck (etwa 25 x 40 cm) ausrollen und von den kürzeren Seiten aus zur Mitte hin so zusammenklappen, dass die Teigkanten aneinanderstoßen. Den Teig nochmals von der längeren Seite aus so überschlagen, dass 4 Teiglagen entstehen. Den Teig etwa 15 Minuten kalt stellen.
3. Teigpaket mit der breiten Seite zur Arbeitsfläche legen, nochmals ausrollen und wie zuvor beschrieben zusammenschlagen. Teigpaket nochmals 15 Minuten kalt stellen.
4. Für die Füllung Marzipan in kleine Stücke schneiden, mit Butter in einer Rührschüssel mit Handrührgerät mit Rührbesen geschmeidig rühren und Rum unterrühren.
5. Teigpaket auf der leicht bemehlten Arbeitsfläche zu einem Rechteck (etwa 40 x 50 cm) ausrollen. Die Marzipanmasse darauf verteilen, mit Rosinen und Mandeln bestreuen.
6. Teigplatte der Länge nach durchschneiden. Beide Teighälften von der längeren Seite aus aufrollen, umeinanderschlingen und als Kranz auf ein Backblech (gefettet) legen. Teigkranz nochmals etwa 15 Minuten bei Zimmertemperatur ruhen lassen. Inzwischen den Backofen vorheizen.
7. Das Backblech in den vorgeheizten Backofen schieben.
Ober-/Unterhitze: 180–200 °C
Heißluft: 160–180 °C
Backzeit: 35–40 Minuten.
8. Den Plunderkranz vom Backblech lösen und auf einen Kuchenrost legen.
9. Zum Aprikotieren Konfitüre durch ein Sieb streichen und mit Wasser in einem kleinen Topf unter Rühren kurz aufkochen lassen. Den Plunderkranz sofort damit bestreichen und erkalten lassen.

Tipp: Nach Belieben für einen Guss 50 g Puderzucker mit 1–2 Esslöffeln Rum zu einer dünnflüssigen Masse verrühren. Den Plunderkranz mit dem Guss überziehen und mit gehobelten und gerösteten Mandeln bestreuen. Plunderkranz frisch servieren.

Beliebt

Pudding-Kirsch-Strudel

Zubereitungszeit: 60 Minuten, ohne Abkühl- und Ruhezeit
Backzeit: etwa 50 Minuten

Zum Vorbereiten für die Füllung:
1 Pck. Dr. Oetker Pudding-Pulver Vanille-Geschmack
40 g Zucker
1 Ei (Größe M)
500 ml (1/2 l) Milch
2 Gläser Sauerkirschen (Abtropfgewicht je 370 g)

Für den Strudelteig:
250 g Weizenmehl
125 ml (1/8 l) lauwarmes Wasser
1 Prise Salz
5 EL Speiseöl

Zum Bestreichen:
50 g Butter

Für die Füllung:
100 g Kokosraspel
100 g Zucker

Zum Bestreuen:
Semmelbrösel

Zum Bestäuben:
Puderzucker

Insgesamt:
E: 62 g, F: 192 g, Kh: 549 g, kJ: 18061, kcal: 4310

1. Zum Vorbereiten für die Füllung Pudding-Pulver mit Zucker, Ei und 6 Esslöffeln von der Milch verrühren. Restliche Milch in einem Topf zum Kochen bringen. Milch von der Kochstelle nehmen, angerührtes Pudding-Pulver einrühren und unter Rühren etwa 1 Minute kochen lassen. Pudding in eine Schüssel geben, direkt mit Frischhaltefolie bedecken und erkalten lassen. Die Kirschen in einem Sieb gut abtropfen lassen.
2. Für den Teig die Zutaten in eine Rührschüssel geben und mit Handrührgerät mit Knethaken zunächst kurz auf niedrigster, dann auf höchster Stufe gut durcharbeiten.
3. Anschließend den Teig auf der bemehlten Arbeitsfläche zu einer Kugel verkneten. Teig auf Backpapier in einen heißen, trockenen Kochtopf (vorher Wasser darin kochen) legen, mit einem Deckel verschließen und etwa 30 Minuten ruhen lassen.
4. Den Teig auf einem bemehlten großen Tuch (Küchentuch) dünn ausrollen, mit etwas zerlassener Butter bestreichen und über dem Handrücken zu einem Rechteck (etwa 50 x 70 cm) ausziehen (er muss durchsichtig sein). Ränder abschneiden, wenn sie etwas dicker sind. Den Backofen vorheizen.
5. Für die Füllung die Kirschen mit Kokosraspeln und Zucker mischen. Zwei Drittel des Teiges (lange Seite) mit Semmelbröseln bestreuen und mit dem Pudding bestreichen, dabei einen etwa 2 cm breiten Rand frei lassen. Kirschmasse daraufgeben.
6. Teigränder auf die Füllung schlagen. Den Teig mit Hilfe des Tuches von der gefüllten Seite aus aufrollen und an den Enden gut zusammendrücken. Strudel mit der Naht nach unten auf ein Backblech (gefettet, mit Backpapier belegt) legen und mit der restlichen Butter bestreichen. Das Backblech in den vorgeheizten Backofen schieben.
Ober-/Unterhitze: etwa 200 °C
Heißluft: etwa 180 °C
Backzeit: etwa 50 Minuten.
7. Den Strudel vom Backpapier lösen und auf einem Kuchenrost erkalten lassen. Den Strudel mit Puderzucker bestäuben.

Tipp: Anstelle des großen 2 kleine Strudel backen.

Pudding-Kirsch-Strudel

Raffiniert – schnell zubereitet

Picasso-Rolle

Zubereitungszeit: 20 Minuten
Backzeit: etwa 12 Minuten

Für den Biskuitteig:
4 Eier (Größe M)
4 EL heißes Wasser, 150 g Zucker
1 Pck. Dr. Oetker Vanillin-Zucker
100 g Weizenmehl
50 g Speisestärke
1 gestr. TL Dr. Oetker Backin

1 gestr. EL Kakaopulver

Für die Füllung:
250 g Erdbeerkonfitüre
250 g Kiwikonfitüre

Insgesamt:
E: 42 g, F: 29 g, Kh: 623 g,
kJ: 12404, kcal: 2962

1. Den Backofen vorheizen. Für den Teig Eier und Wasser mit Handrührgerät mit Rührbesen auf höchster Stufe in 1 Minute schaumig schlagen. Zucker und Vanillin-Zucker mischen, in 1 Minute unter Rühren einstreuen, dann noch etwa 2 Minuten weiterschlagen. Mehl mit Speisestärke und Backpulver mischen, auf die Eiercreme geben und kurz auf niedrigster Stufe unterrühren.

2. Zwei Drittel des Teiges gleichmäßig auf ein Backblech (30 x 40 cm, gefettet, mit Backpapier belegt) geben und verstreichen. Kakaopulver sieben und vorsichtig unter den restlichen Teig rühren. Dunklen Teig in Klecksen auf dem hellen Teig verteilen und mit einer Gabel ein Marmormuster in den Teig ziehen. Das Backblech in den vorgeheizten Backofen schieben.
Ober-/Unterhitze: etwa 200 °C
Heißluft: etwa 180 °C
Backzeit: etwa 12 Minuten.

3. Nach dem Backen den Biskuit sofort auf ein mit Zucker bestreutes Backpapier stürzen. Das mitgebackene Backpapier mit kaltem Wasser bestreichen und vorsichtig, aber schnell abziehen.

4. Konfitüre jeweils gut durchrühren, evtl. pürieren. Die warme Biskuitplatte gleichmäßig mit Konfitüre bestreichen. Dazu im Wechsel rote und grüne Längsstreifen auf die Biskuitplatte streichen. Die Platte von der längeren Seite aus aufrollen und erkalten lassen.

Raffiniert

Pflaumenmuskuchen

Zubereitungszeit: 30 Minuten, ohne Kühlzeit
Backzeit: etwa 35 Minuten

Für den Quark-Öl-Teig:
250 g Weizenmehl
3 gestr. TL Dr. Oetker Backin
50 g Zucker
125 g Magerquark, 5 EL Milch
5 EL Speiseöl (z. B. Sonnenblumenöl)

Für die Füllung:
200 g Marzipan-Rohmasse
125 g Pflaumenmus

Zum Bestreichen:
1 EL Kondensmilch

Für den Guss:
2 geh. EL Puderzucker
1–2 TL Zitronensaft

Zum Bestreuen:
1 EL Hagelzucker

Insgesamt:
E: 64 g, F: 128 g, Kh: 400 g,
kJ: 12496, kcal: 2992

Picasso-Rolle

Pflaumenmuskuchen

Preiselbeerkranz mit Walnusskernen

1. Für den Teig Mehl mit Backpulver in einer Rührschüssel mischen. Restliche Zutaten für den Teig hinzufügen und alles mit Handrührgerät mit Knethaken erst kurz auf niedrigster, dann auf höchster Stufe zu einem glatten Teig verarbeiten (nicht zu lange kneten, Teig klebt sonst). Teig anschließend auf der leicht bemehlten Arbeitsfläche zu einem Rechteck (etwa 30 x 25 cm) ausrollen und der Länge nach halbieren.
2. Den Backofen vorheizen. Für die Füllung Marzipan sehr fein würfeln und mit dem Pflaumenmus mit Handrührgerät mit Rührbesen zu einer geschmeidigen Masse verrühren. Die Masse auf die Teigstreifen streichen, dabei jeweils einen 2 cm breiten Rand frei lassen. Die Teigstreifen jeweils von der längeren Seite aus aufrollen.
3. Beide Teigrollen wie Kordeln umeinander drehen, den Teig in eine Kastenform (30 x 11 cm, gefettet, gemehlt) legen und die Wölbungen mit einem Messer etwa 1/2 cm tief einschneiden. Den Teig mit Kondensmilch bestreichen und die Form auf dem Rost in den vorgeheizten Backofen schieben.
Ober-/Unterhitze: etwa 180 °C
Heißluft: etwa 160 °C
Backzeit: etwa 35 Minuten.
4. Den Kuchen sofort aus der Form lösen und auf einem Kuchenrost erkalten lassen.
5. Für den Guss Puderzucker mit Zitronensaft glattrühren. Den Kuchen damit bestreichen und mit Hagelzucker bestreuen.

Tipp: Gebäck aus Quark-Öl-Teig schmeckt frisch am besten.

Raffiniert

Preiselbeerkranz mit Walnusskernen

Zubereitungszeit: 50 Minuten
Backzeit: etwa 35 Minuten

Zum Vorbereiten für die Füllung:
100 g Walnusskerne
1–2 EL Zucker
2 gestr. EL Orangenmarmelade
1 Glas Wild-Preiselbeeren
(Einwaage 220 g)

Für den Quark-Öl-Teig:
250 g Weizenmehl
2 gestr. TL Dr. Oetker Backin
125 g Magerquark
70 g Zucker
4 EL Milch
1 Ei (Größe M)
125 ml (1/8 l) Speiseöl

Zum Bestreichen:
1 Eigelb (Größe M)
1 EL Milch

Insgesamt:
E: 70 g, F: 205 g, Kh: 390 g,
kJ: 16097, kcal: 3845

1. Zum Vorbereiten Walnusskerne fein hacken und mit Zucker, Orangenmarmelade und Wild-Preiselbeeren mischen.
2. Für den Teig Mehl mit Backpulver in einer Rührschüssel mischen. Quark, Zucker, Milch, Ei und Öl hinzufügen. Die Zutaten mit Handrührgerät mit Knethaken auf höchster Stufe in etwa 1 Minute zu einem Teig verarbeiten (nicht zu lange, Teig klebt sonst).
3. Dann den Teig auf der leicht bemehlten Arbeitsfläche zu einer Rolle formen und diese zu einem Rechteck (etwa 40 x 30 cm) ausrollen. Den Backofen vorheizen.
4. Preiselbeermasse darauf streichen, dabei rundherum einen 2 cm breiten Rand frei lassen. Den Teig von der langen Seite aus aufrollen, auf ein Backblech (mit Backpapier belegt) legen und zu einem Kranz formen. Die Teigenden zusammendrücken.
5. Den Kranz rundherum einschneiden. Dabei das Messer etwa 2 cm vom Innenrand entfernt ansetzen und in 2–3 cm breiten Abständen den Kranz von innen nach außen einschneiden. Die Stücke etwas nach außen drehen, so dass man den Anschnitt sieht.
6. Zum Bestreichen Eigelb mit Milch verschlagen und den Kranz damit bestreichen. Das Backblech in den vorgeheizten Backofen schieben.
Ober-/Unterhitze: etwa 200 °C
Heißluft: etwa 180 °C
Backzeit: etwa 35 Minuten.
7. Den Kranz mit dem Backpapier vom Backblech auf einen Kuchenrost ziehen und erkalten lassen.

Klassisch

Schneckenkuchen vom Blech

Zubereitungszeit: 60 Minuten, ohne Teiggeh- und Abkühlzeit
Backzeit: etwa 20 Minuten

Für den Hefeteig:
125 ml (1/8 l) Milch
100 g Butter oder Margarine
500 g Weizenmehl
1 Pck. Dr. Oetker Trockenbackhefe
50 g Zucker
1 Pck. Dr. Oetker Vanillin-Zucker
1 Prise Salz
2 Eier (Größe M)

Für die Füllung:
2 Pck. Dr. Oetker Pudding-Pulver Vanille-Geschmack
750 ml (3/4 l) Milch
80 g Zucker
100 g Rosinen

Zum Aprikotieren:
3 EL Aprikosenkonfitüre
2 EL Wasser

Für den Guss:
100 g Puderzucker
1–2 EL Wasser

Insgesamt:
E: 97 g, F: 136 g, Kh: 824 g,
kJ: 21149, kcal: 5053

Schneckenkuchen vom Blech

1. Für den Teig Milch leicht erwärmen und Butter oder Margarine darin zerlassen. Mehl in eine Rührschüssel geben und sorgfältig mit der Trockenbackhefe vermischen. Alle übrigen Zutaten und die warme Milch-Fett-Mischung hinzufügen.
2. Die Zutaten mit Handrührgerät mit Knethaken zunächst kurz auf niedrigster, dann auf höchster Stufe in etwa 5 Minuten zu einem glatten Teig verarbeiten. Den Teig zugedeckt so lange an einem warmen Ort gehen lassen, bis er sich sichtbar vergrößert hat.
3. Für die Füllung den Pudding nach Packungsanleitung, aber nur mit 750 ml (3/4 l) Milch zubereiten und während des Erkaltens gelegentlich durchrühren. Rosinen unterrühren.
4. Den Teig leicht mit Mehl bestäuben, aus der Schüssel nehmen, auf der Arbeitsfläche nochmals gut durchkneten und zu einem Rechteck (etwa 40 x 60 cm) ausrollen.
5. Teig mit dem Pudding bestreichen. Den Teig von der längeren Seite aus aufrollen, in knapp 1 1/2 cm breite Scheiben schneiden und dachziegelartig auf ein Backblech (30 x 40 cm, gefettet) legen. Teig nochmals so lange gehen lassen, bis er sich sichtbar vergrößert hat. Dann das Backblech in den vorgeheizten Backofen schieben.
Ober-/Unterhitze: etwa 200 °C
Heißluft: etwa 180 °C
Backzeit: etwa 20 Minuten.
6. Zum Aprikotieren Konfitüre durch ein Sieb streichen und mit Wasser etwas einkochen lassen. Das Gebäck sofort nach dem Backen damit bestreichen und auf einem Kuchenrost erkalten lassen.
7. Für den Guss Puderzucker mit Wasser verrühren. Den Guss über den erkalteten Kuchen sprenkeln.

Abwandlung: Anstelle der Rosinen 200 g fein gewürfelte getrocknete Aprikosen unter den Pudding rühren. Schnecken zusätzlich vor dem Backen mit etwas Zimt-Zucker bestreuen und in die Füllung zusätzlich 2 fein gewürfelte Äpfel geben.

Zum Verschenken

Prüfungsrolle

Zubereitungszeit: 40 Minuten, ohne Teiggeh- und Abkühlzeit
Backzeit: 25–30 Minuten

Für den Hefeteig:
1 Pck. (357 g) Grundmischung Hefeteig
1 Ei (Größe M)
150 g Schlagsahne
1/2 Fläschchen Rum-Aroma

Für die Füllung:
75 g Marzipan-Rohmasse
25 g weiche Butter
2 EL Rum oder Orangensaft
100 g Studentenfutter (Nuss-Rosinen-Mischung)
5 Riegel Schokolade

Zum Bestreichen:
1 Eigelb (Größe M)
1 EL Milch

Zum Garnieren:
30 g Marzipan-Rohmasse
1 TL gesiebter Puderzucker
rote Speisefarbe
evtl. einige Liebesperlen

Für den Guss:
1 EL Puderzucker
1 TL Zitronen- oder Orangensaft

Insgesamt:
E: 96 g, F: 285 g, Kh: 533 g,
kJ: 22084, kcal: 5279

1. Für den Teig Grundmischung nach Packungsanleitung, aber mit Ei, Sahne und Aroma zubereiten und an einem warmen Ort zugedeckt etwa 30 Minuten gehen lassen.

2. Für die Füllung das Marzipan klein schneiden und mit Butter und Rum oder Orangensaft mit Handrührgerät mit Rührbesen zu einer geschmeidigen Masse verrühren. Drei Viertel des Hefeteiges zu einem Quadrat von etwa 32 x 32 cm ausrollen. Marzipanmasse auf der Teigplatte verteilen und verstreichen, dabei 1 cm Rand frei lassen. Studentenfutter und Schokoladenriegel hacken und auf die Marzipanmasse streuen.

3. Teigränder rechts und links etwa 1 cm einschlagen und von der nicht eingeschlagenen Seite aus aufrollen. Die Rolle mit der Nahtstelle nach unten auf ein Backblech (mit Backpapier belegt) legen, Eigelb und Milch verschlagen und die Rolle damit bestreichen.

4. Aus dem restlichen Teig einen Kreis (Ø etwa 6 cm) ausstechen und 2 Kordeln formen und diese am Ende fransenartig einschneiden. Alles auf die Rolle legen und ebenfalls mit der Eigelbmilch bestreichen. Die Rolle an einem warmen Ort nochmals gehen lassen, bis sie sich sichtbar vergrößert hat, inzwischen den Backofen vorheizen. Das Backblech in den vorgeheizten Backofen schieben.

Ober-/Unterhitze: etwa 180 °C
Heißluft: etwa 160 °C
Backzeit: 25–30 Minuten.

5. Die Rolle nach dem Backen auf einem Kuchenrost erkalten lassen.

6. Zum Garnieren Marzipan mit Puderzucker verkneten, mit etwas Speisefarbe verkneten und zu einem Kreis (Ø etwa 4 cm) ausrollen. Mit einem Fleischklopfer, einem Kartoffelstampfer oder Ähnlichem einen Stempel in das „Siegel" eindrücken.

7. Für den Guss Puderzucker mit Zitronen- oder Orangensaft zu einer dickflüssigen Masse verrühren und das „Siegel" damit auf der Rolle befestigen. Restlichen Guss in einen Gefrierbeutel oder ein Papiertütchen füllen, eine kleine Ecke abschneiden und den Kreis unter dem Siegel mit Zuckerguss beschriften. Die Schrift nach Belieben mit Liebesperlen garnieren.

Prüfungsrolle

Festlich

Orangen-Charlotte

Zubereitungszeit: 80 Minuten, ohne Abkühl- und Kühlzeit
Backzeit: etwa 24 Minuten

Für den Biskuitteig:
3 Eier (Größe M)
3–4 EL heißes Wasser
150 g Zucker
1 Pck. Dr. Oetker Vanillin-Zucker
100 g Weizenmehl
50 g Speisestärke
1 gestr. TL Dr. Oetker Backin

Zum Bestreichen:
250 g Himbeerkonfitüre

Für die Füllung:
4 Orangen (Blutorangen)
6 Blatt weiße Gelatine
3 Eigelb (Größe M), 75 g Zucker
150 ml frisch gepresster Orangensaft
400 g Schlagsahne

Für den Knetteig:
125 g Weizenmehl
40 g Zucker
75 g Butter oder Margarine

Zum Verzieren:
125 g Schlagsahne

Insgesamt:
E: 82 g, F: 265 g, Kh: 698 g,
kJ: 23749, kcal: 5677

Orangen-Charlotte

1. Den Backofen vorheizen. Für den Biskuitteig Eier und Wasser mit Handrührgerät mit Rührbesen auf höchster Stufe in 1 Minute schaumig schlagen. Zucker und Vanillin-Zucker mischen, in 1 Minute einstreuen und noch etwa 2 Minuten weiterschlagen.
2. Mehl mit Speisestärke und Backpulver mischen, auf die Eiercreme geben und dann kurz auf niedrigster Stufe unterrühren. Den Teig auf ein Backblech (30 x 40 cm, gefettet, mit Backpapier belegt) geben und verstreichen. Das Backblech in den vorgeheizten Backofen schieben.
Ober-/Unterhitze: 200–220 °C
Heißluft: 180–200 °C
Backzeit: etwa 12 Minuten.
3. Biskuitplatte sofort nach dem Backen vom Rand lösen, auf ein mit Zucker bestreutes Backpapier stürzen und mitgebackenes Backpapier abziehen. Biskuitplatte sofort mit Himbeerkonfitüre bestreichen und von der längeren Seite aus aufrollen. Rolle erkalten lassen.
4. Rolle in etwa 1 1/2 cm breite Scheiben schneiden. Eine kuppelförmige Schüssel (Ø 24–26 cm) mit Frischhaltefolie auslegen und die Scheiben dicht damit auslegen.
5. Für die Füllung Orangen so schälen, dass die weiße Haut mit entfernt wird. Orangen filetieren. Gelatine nach Packungsanleitung einweichen. Eigelb mit Zucker in einer Schüssel im heißen Wasserbad mit Handrührgerät mit Rührbesen in etwa 5 Minuten schaumig rühren. Gelatine leicht ausdrücken und unter Rühren darin auflösen. Schüssel vom Wasserbad nehmen und Orangensaft unterrühren. Die Masse unter Rühren etwas abkühlen lassen und kalt stellen.
6. Wenn die Masse beginnt dicklich zu werden, Sahne steifschlagen und mit den Orangenfilets unterheben. Die Creme in die Schüssel füllen, verstreichen und die Schüssel etwa 3 Stunden kalt stellen.
7. Den Backofen nochmals vorheizen. Für den Knetteig inzwischen die Zutaten in eine Rührschüssel geben und mit Handrührgerät mit Knethaken zunächst kurz auf niedrigster, dann auf höchster Stufe gut durcharbeiten. Anschließend den Teig auf der leicht bemehlten Arbeitsfläche kurz zu einer Kugel verkneten.
8. Teig auf dem Boden einer Springform (Ø 24 cm, gefettet) ausrollen. Den Springformrand darumlegen und anschließend die Form auf dem Rost in den vorgeheizten Backofen schieben.
Ober-/Unterhitze: etwa 200 °C
Heißluft: 180 °C
Backzeit: etwa 12 Minuten.
9. Den Gebäckboden sofort vom Springformboden lösen, aber darauf erkalten lassen.
10. Den erkalteten Gebäckboden auf eine Tortenplatte legen. Die Orangen-Charlotte vorsichtig daraufstürzen und Frischhaltefolie abziehen. Sahne steifschlagen und die Charlotte damit verzieren.

Beliebt

Mohnstriezel

Zubereitungszeit: 60 Minuten, ohne Teiggeh-, Quell- und Abkühlzeit
Backzeit: etwa 60 Minuten

Für den Hefeteig:
200 ml Wasser
150 g Butter oder Margarine
500 g Weizenmehl
1 Pck. Dr. Oetker Trockenbackhefe
75 g Zucker
1 Pck. Dr. Oetker Vanillin-Zucker

Für die Füllung:
300 g Mohnsamen
400 ml Milch
1 Pck. Dr. Oetker Pudding-Pulver Vanille-Geschmack
100 ml Milch
2 Eier (Größe M)
75 g Zucker
75 g Zwieback

Für die Streusel:
100 g Weizenmehl
100 g abgezogene, gehobelte Mandeln
100 g Zucker
100 g weiche Butter

Zum Aprikotieren:
4 EL Aprikosenkonfitüre
1 EL Wasser

Für den Guss:
100 g Puderzucker
2–3 EL Wasser

Insgesamt:
E: 180 g, F: 420 g, Kh: 940 g,
kJ: 34940, kcal: 8340

1. Für den Teig Wasser in einem Topf leicht erwärmen und Butter oder Margarine darin zerlassen. Mehl in eine Rührschüssel geben und sorgfältig mit der Trockenbackhefe vermischen. Restliche Zutaten und die lauwarme Wasser-Fett-Mischung hinzufügen und die Zutaten mit Handrührgerät mit Knethaken erst kurz auf niedrigster, dann auf höchster Stufe in etwa 5 Minuten zu einem glatten Teig verarbeiten. Den Teig zugedeckt so lange an einem warmen Ort gehen lassen, bis er sich sichtbar vergrößert hat.

2. Für die Füllung Mohn mit Milch aufkochen und dann etwa 10 Minuten quellen lassen. Pudding-Pulver mit Milch anrühren und mit Eiern und Zucker unter die Mohnmasse rühren. Alles nochmals kurz unter Rühren aufkochen und dann abkühlen lassen. Zwieback in einen Gefrierbeutel geben, ihn verschließen und den Zwieback mit einer Teigrolle zerkleinern. Die feinen Brösel unter die Mohnmasse heben.

3. Teig mit etwas Mehl bestäuben, aus der Schüssel nehmen, auf der leicht bemehlten Arbeitsfläche nochmals gut durchkneten und zu einem Rechteck (etwa 40 x 30 cm) ausrollen. Die Mohnfüllung darauf verstreichen, dabei an den Rändern 1 cm frei lassen. Den Teig von der längeren Seite aus locker aufrollen und mit der Naht nach oben auf ein Backblech (gefettet, mit Backpapier belegt) legen.

4. Für die Streusel Mehl mit Mandeln, Zucker und Butter in einer Rührschüssel mit Handrührgerät mit Rührbesen zu Streuseln von gewünschter Größe verarbeiten. Den Mohnstriezel mit etwas Wasser bestreichen, mit den Streuseln bestreuen und die Streusel andrücken. Den Striezel nochmals gehen lassen, bis er sich sichtbar vergrößert hat, inzwischen den Backofen vorheizen. Anschließend das Backblech in den vorgeheizten Backofen schieben.
Ober-/Unterhitze: etwa 180 °C
Heißluft: etwa 160 °C
Backzeit: etwa 60 Minuten.

5. Zum Aprikotieren Konfitüre mit Wasser unter Rühren etwas einkochen lassen. Den Mohnstriezel sofort nach dem Backen damit bestreichen und auf einem Kuchenrost erkalten lassen.

6. Für den Guss Puderzucker mit Wasser zu einem dickflüssigen Guss verrühren und den erkalteten Striezel damit bestreichen.

Mohnstriezel

Für Gäste

Preiselbeerrolle

Zubereitungszeit: 50 Minuten, ohne Abkühl- und Kühlzeit
Backzeit: etwa 12 Minuten

Für den Biskuitteig:
4 Eier (Größe M)
1 Eigelb (Größe M)
4 EL heißes Wasser
125 g Zucker
1 Pck. Dr. Oetker Vanillin-Zucker
100 g Weizenmehl
25 g Speisestärke
1 Msp. Dr. Oetker Backin

Für die Füllung:
8 Blatt weiße Gelatine
2 Gläser Wild-Preiselbeerdessert (Abtropfgewicht je 175 g)
200 ml Preiselbeerflüssigkeit aus dem Glas
600 g Schlagsahne
2 Pck. Dr. Oetker Vanillin-Zucker

Insgesamt:
E: 66 g, F: 220 g, Kh: 355 g, kJ: 15719, kcal: 3753

1. Den Backofen vorheizen. Für den Biskuitteig Eier, Eigelb und Wasser mit Handrührgerät mit Rührbesen auf höchster Stufe in 1 Minute schaumig schlagen. Zucker mit Vanillin-Zucker mischen, in 1 Minute unter Rühren einstreuen, dann noch etwa 2 Minuten weiterschlagen.
2. Mehl mit Speisestärke und Backpulver mischen, auf die Eiercreme geben und danach kurz auf niedrigster Stufe unterrühren. Den Teig auf ein Backblech (30 x 40 cm, gefettet, mit Backpapier belegt) geben und verstreichen. Das Backblech in den vorgeheizten Backofen schieben.
Ober-/Unterhitze: etwa 200 °C
Heißluft: etwa 180 °C
Backzeit: etwa 12 Minuten.
3. Die Biskuitplatte sofort vom Rand lösen, auf ein mit Zucker bestreutes Backpapier stürzen und mit dem Backpapier erkalten lassen.
4. Für die Füllung die Gelatine nach Packungsanleitung einweichen. Die Preiselbeeren zum Abtropfen in ein Sieb geben (evtl. anschließend auf Küchenpapier legen), den Saft dabei auffangen und 200 ml davon abmessen. Gelatine leicht ausdrücken und in einem Topf bei schwacher Hitze auflösen. Topf von der Kochstelle nehmen und den Preiselbeersaft nach und nach unterrühren. Saftmischung kalt stellen.
5. Wenn die Mischung beginnt dicklich zu werden, Sahne mit Vanillin-Zucker steifschlagen und unterheben. Die abgetropften Preiselbeeren unter gut die Hälfte der Sahnemasse heben. Die Biskuitplatte mit der Preiselbeersahne bestreichen und von der längeren Seite aus aufrollen.
6. Die Biskuitrolle mit der restlichen Sahnecreme bestreichen und kurz kalt stellen. Mit Hilfe einer Gabel wellenförmige Längsstriche durch die Sahne ziehen oder die Sahne mit einem Tortenkamm verzieren. Die Rolle 2–3 Stunden kalt stellen.

Klassisch – für Kinder

Marzipan-Rosenkuchen

Zubereitungszeit: 60 Minuten
Backzeit: etwa 40 Minuten

Für den Quark-Öl-Teig:
400 g Weizenmehl
1 Pck. Dr. Oetker Backin
200 g Magerquark
6 EL Milch
125 ml (1/8 l) Speiseöl
1 Ei (Größe M)
75 g Zucker
1 Pck. Dr. Oetker Vanillin-Zucker
1 Prise Salz

Für die Füllung:
200 g Marzipan-Rohmasse
50 g weiche Butter
5 EL Aprikosenkonfitüre
2 EL Zitronensaft
100 g abgezogene, gemahlene Mandeln

Preiselbeerrolle

Marzipan-Rosenkuchen

Für den Guss:
1 geh. EL Aprikosenkonfitüre
1 TL Wasser
1–2 TL Zitronensaft

Insgesamt:
E: 125 g, F: 303 g, Kh: 556 g,
kJ: 23936, kcal: 5717

1. Für den Teig Mehl mit Backpulver in einer Rührschüssel mischen. Quark, Milch, Öl, Ei, Zucker, Vanillin-Zucker und Salz hinzufügen. Die Zutaten mit Handrührgerät mit Knethaken auf höchster Stufe in etwa 1 Minute zu einem Teig verarbeiten (nicht zu lange, Teig klebt sonst). Anschließend den Teig auf der bemehlten Arbeitsfläche zu einer Rolle formen und dann den Teig zu einem Rechteck (etwa 50 x 40 cm) ausrollen.
2. Den Backofen vorheizen. Für die Füllung Marzipan klein schneiden und mit Butter mit Handrührgerät mit Rührbesen in einer Schüssel gut verrühren. Die Masse auf den Teig streichen.
3. Aprikosenkonfitüre mit Zitronensaft und Mandeln (1 EL Mandeln zum Bestreuen abnehmen) verrühren und auf die Marzipanmasse streichen. Den Teig von der längeren Seite aus aufrollen und in 15 gut 3 cm dicke Scheiben schneiden.
4. Die Teigstücke mit der Schnittfläche nach oben in eine Springform (Ø 26 cm, Boden gefettet) setzen, dazu erst den Rand und dann die Mitte setzen. Die Form auf dem Rost in den vorgeheizten Backofen schieben.
Ober-/Unterhitze: etwa 180 °C
Heißluft: etwa 160 °C
Backzeit: etwa 40 Minuten.
5. Für den Guss Konfitüre durch ein Sieb streichen, in einem Topf mit Wasser aufkochen lassen und Zitronensaft unterrühren. Den heißen Kuchen sofort nach dem Backen damit bestreichen und mit den beiseitegelegten Mandeln bestreuen. Danach den Kuchen aus der Form lösen und auf einem Kuchenrost erkalten lassen.

Amarettini-Aprikosen-Strudel

Für Gäste

Amarettini-Aprikosen-Strudel

Zubereitungszeit: 40 Minuten, ohne Auftauzeit
Backzeit: etwa 40 Minuten

1 Pck. (450 g) TK-Blätterteig
(4 rechteckige Platten)

Für die Füllung:
500 g Aprikosen oder
1 Dose Aprikosenhälften
(Abtropfgewicht 500 g)
100 g Marzipan-Rohmasse
150 g Aprikosenkonfitüre
100 g Amarettini
(ital. Mandelmakronen)

Zum Bestreichen:
1 Eigelb (Größe M)
1–2 EL Milch

Zum Verzieren und Garnieren:
30 g Puderzucker
1 EL Zitronensaft
einige Amarettini
(ital. Mandelmakronen)

Insgesamt:
E: 47 g, F: 117 g, Kh: 426 g,
kJ: 12430, kcal: 2962

1. Für den Teig Blätterteigplatten nach Packungsanleitung auftauen lassen. Anschließend die Platten aufeinanderlegen und auf der leicht bemehlten Arbeitsfläche zu einem Rechteck (etwa 35 x 45 cm) ausrollen. Rechteck mit einem Tuch zudecken und entspannen lassen.
2. Für die Füllung Aprikosen waschen, halbieren, entsteinen und in Scheiben schneiden oder Dosenfrüchte gut abtropfen lassen und in Scheiben schneiden. Backofen vorheizen.
3. Marzipan sehr klein schneiden und gut mit der Konfitüre verrühren, evtl. pürieren. Die Marzipanmasse auf die Teigplatte streichen, dabei am Rand rundherum etwa 2 cm frei lassen. Aprikosenscheiben darüberstreuen.
4. Amarettini grob zerdrücken und ebenfalls daraufstreuen. Die freien Teigränder auf die Füllung schlagen und den Teig von der längeren Seite aus aufrollen.
5. Den Strudel auf ein Backblech (mit Backpapier belegt) legen. Eigelb mit Milch verrühren, die Rolle damit bestreichen und das Backblech in den vorgeheizten Backofen schieben.
Ober-/Unterhitze: etwa 200 °C
Heißluft: etwa 180 °C
Backzeit: etwa 40 Minuten.
6. Nach dem Backen den Strudel mit dem Backblech auf einen Kuchenrost stellen und etwas abkühlen lassen. Puderzucker mit Zitronensaft verrühren, den Strudel damit besprenkeln und mit Amarettini garnieren.

Tipp: Den Strudel lauwarm mit Vanillesauce, Vanilleeis und Schlagsahne servieren.

Himbeer-Buttermilch-Schnitten

Für Gäste

Himbeer-Buttermilch-Schnitten

Zubereitungszeit: 50 Minuten, ohne Abkühl- und Kühlzeit
Backzeit: 8–10 Minuten

Für den Biskuitteig:
3 Eier (Größe M)
1 Eigelb (Größe M), 100 g Zucker
1 Pck. Dr. Oetker Vanillin-Zucker
5 Tropfen Butter-Vanille-Aroma
50 g Weizenmehl
25 g Speisestärke
1 Msp. Dr. Oetker Backin

Für die Füllung:
6 Blatt weiße Gelatine
200 ml Buttermilch
50 g Zucker
600 g Schlagsahne
200 g verlesene Himbeeren

Zum Verzieren und Garnieren:
100 g Zartbitter-Kuvertüre
50 g abgezogene, gehobelte Mandeln
125 g Schlagsahne
50 g verlesene Himbeeren

Zum Bestäuben:
evtl. etwas Puderzucker

Insgesamt:
E: 80 g, F: 318 g, Kh: 389 g,
kJ: 19907, kcal: 4756

1. Den Backofen vorheizen. Für den Teig Eier und Eigelb mit Handrührgerät mit Rührbesen auf höchster Stufe in 1 Minute schaumig schlagen. Zucker und Vanillin-Zucker mischen, in 1 Minute einstreuen, dann noch etwa 2 Minuten weiterschlagen. Aroma unterrühren.
2. Mehl mit Speisestärke und Backpulver mischen, auf die Eiercreme geben und dann kurz auf niedrigster Stufe unterrühren. Den Teig auf ein Backblech (30 x 40 cm, gefettet, mit Backpapier belegt) geben und verstreichen. Das Backblech in den vorgeheizten Backofen schieben.
Ober-/Unterhitze: 200–220 °C
Heißluft: 180–200 °C
Backzeit: 8–10 Minuten.
3. Biskuitplatte nach dem Backen vom Rand lösen und auf ein mit Zucker bestreutes Backpapier stürzen. Biskuitplatte erkalten lassen und anschließend Backpapier abziehen.
4. Für die Füllung inzwischen Gelatine nach Packungsanleitung einweichen. Buttermilch in einer großen Rührschüssel gut mit Zucker mischen. Gelatine leicht ausdrücken und in einem kleinen Topf bei schwacher Hitze auflösen. Etwas Buttermilch in die Gelatineflüssigkeit rühren, dann die Mischung unter die restliche Buttermilch rühren. Die Mischung kalt stellen.
5. Wenn die Mischung beginnt dicklich zu werden, Sahne steifschlagen und unterheben. Biskuitrolle mit der Füllung bestreichen, mit Himbeeren belegen und von der längeren Seite aus aufrollen. Die Biskuitrolle etwa 2 Stunden kalt stellen.
6. Zum Verzieren und Garnieren Kuvertüre in Stücke hacken und in einem Topf im Wasserbad bei schwacher Hitze unter Rühren schmelzen lassen. Kuvertüre in einen kleinen Gefrierbeutel füllen und eine kleine Ecke abschneiden. Biskuitrolle mit der Kuvertüre besprenkeln und fest werden lassen. Rolle auf die bereits besprenkelte Seite legen, Unterseite ebenfalls besprenkeln und fest werden lassen. Inzwischen aus der restlichen Kuvertüre Ornamente auf Backpapier spritzen und fest werden lassen.
7. Mandeln in einer Pfanne ohne Fett leicht bräunen und auf einem Teller abkühlen lassen. Rolle in 3 cm dicke Scheiben schneiden und jeweils eine Schnittfläche mit Mandeln bestreuen. Scheiben mit den Mandeln nach unten auf eine Tortenplatte legen. Schnitten mit steifgeschlagener Sahne verzieren, mit Himbeeren und Schokoladen-Ornamenten garnieren und nach Belieben mit Puderzucker bestäuben.

Tipp: Die Schnitten schmecken auch mit Kefir statt mit Buttermilch.

Raffiniert

Kartoffelstrudel

Zubereitungszeit: 50 Minuten, ohne Ruhezeit
Backzeit: etwa 50 Minuten

Für den Strudelteig:
300 g Weizenmehl
1 Ei (Größe M)
1 Prise Salz
1 EL Speiseöl
1 TL Weinessig
100 ml warmes Wasser

Für die Füllung:
60 g Butter
60 g Zucker
2 Eigelb (Größe M)
abgeriebene Schale und Saft von 1 Bio-Zitrone (unbehandelt, ungewachst)
50 g abgezogene, gemahlene Mandeln
125 g Schlagsahne
250 g gekochte Pellkartoffeln
30 g Rosinen
2 Eiweiß (Größe M)

Zum Bestreuen und Bestreichen:
1–2 EL Semmelbrösel
20 g Butter

Zum Bestäuben:
1–2 EL Puderzucker

Insgesamt:
E: 72 g, F: 164 g, Kh: 348 g,
kJ: 13859, kcal: 3311

1. Für den Teig die Zutaten in eine Rührschüssel geben und mit Handrührgerät mit Knethaken zunächst kurz auf niedrigster, dann auf höchster Stufe gut durcharbeiten.
2. Anschließend den Teig auf der Arbeitsfläche zu einer Kugel verkneten. Den Teig auf Backpapier in einen heißen, trockenen Kochtopf legen (vorher Wasser darin kochen), ihn verschließen und etwa 30 Minuten ruhen lassen.
3. Für die Füllung Butter geschmeidig rühren und nach und nach Zucker und Eigelb unterrühren. So lange rühren, bis eine cremige Masse entstanden ist.
4. Zitronensaft und -schale, Mandeln und Sahne dazugeben. Kartoffeln noch heiß pellen, durch die Kartoffelpresse geben und mit den Rosinen unter den Teig rühren. Eiweiß steifschlagen und vorsichtig unterheben.
5. Strudelteig auf einem bemehlten großen Tuch (Küchentuch) zu einem Rechteck (etwa 50 x 70 cm) ausrollen. Zwei Drittel der Teigplatte (bis auf einen Rand von etwa 2 cm) mit Semmelbröseln bestreuen und die Füllung darauf verteilen. Den Teig von der längeren Seite aus, mit der Füllung beginnend, aufrollen, an den Enden gut zusammendrücken und mit der Naht nach unten auf ein Backblech (gefettet) legen.
6. Den Strudel mit zerlassener Butter bestreichen. Das Backblech in den vorgeheizten Backofen schieben.
Ober-/Unterhitze: 180–200 °C
Heißluft: 160–180 °C
Backzeit: etwa 40 Minuten.
7. Den Strudel nach 40 Minuten Backzeit aus dem Backofen nehmen und mit Puderzucker bestäuben. Das Backblech wieder in den heißen Backofen schieben und **bei gleicher Backtemperatur in weiteren etwa 10 Minuten fertig backen.** Anschließend den Strudel lauwarm servieren.

Kartoffelstrudel

Fruchtig

Apfel-Walnuss-Kranz

Zubereitungszeit: 50 Minuten, ohne Abkühlzeit
Backzeit: 35–40 Minuten

Zum Vorbereiten:
750 g säuerliche Äpfel (z. B. Boskop)
Schale und Saft von 1 Bio-Zitrone (unbehandelt, ungewachst)
50 g Walnusskerne
knapp 1/2 Fläschchen Bittermandel-Aroma

Für den Quark-Öl-Teig:
300 g Weizenmehl
3 gestr. TL Dr. Oetker Backin
150 g Magerquark
100 ml Milch
75 ml Speiseöl
80 g Zucker
1 Pck. Dr. Oetker Vanillin-Zucker
1 Prise Salz
1/2 Fläschchen Butter-Vanille-Aroma

Für den Guss:
75 g Puderzucker
1–2 EL Zitronensaft

Insgesamt:
E: 62 g, F: 115 g, Kh: 472 g,
kJ: 13473, kcal: 3222

1. Zum Vorbereiten Äpfel schälen, halbieren, entkernen und grob raspeln. Die Raspel mit Zitronenschale und -saft mischen. Walnusskerne grob hacken. Walnusskerne und Aroma mit den geraspelten Äpfeln vermischen.
2. Für den Teig Mehl mit Backpulver in einer Rührschüssel mischen. Quark, Milch, Speiseöl, Zucker, Vanillin-Zucker, Salz und Aroma hinzufügen. Die Zutaten mit Handrührgerät mit Knethaken auf höchster Stufe in etwa 1 Minute zu einem Teig verarbeiten (nicht zu lange, Teig klebt sonst). Den Backofen vorheizen.
3. Anschließend den Teig auf der leicht bemehlten Arbeitsfläche zu einer Rolle formen. Teigrolle zu einem Rechteck (etwa 30 x 40 cm) ausrollen. Die Apfel-Walnuss-Masse darauf verteilen, dabei rundherum einen 2–3 cm breiten Rand frei lassen.
4. Den Teig von der längeren Seite aus vorsichtig aufrollen und auf einem Backblech (mit Backpapier belegt) zu einem Kranz zusammenlegen. Die Teigoberfläche mit einem scharfen Messer mehrmals einschneiden. Das Backblech in den vorgeheizten Backofen schieben.
Ober-/Unterhitze: etwa 180 °C
Heißluft: etwa 160 °C
Backzeit: 35–40 Minuten.
5. Den Gebäckkranz mit dem Backpapier vom Backblech auf einen Kuchenrost ziehen und erkalten lassen.
6. Für den Guss Puderzucker mit Zitronensaft zu einer geschmeidigen Masse verrühren. Den Gebäckkranz mit dem Guss besprenkeln oder bestreichen. Den Guss fest werden lassen.

Apfel-Walnuss-Kranz

Tipp: Anstelle des Zitronengusses können Sie den Gebäckkranz wie folgt aprikotieren: 100 g Aprikosenkonfitüre durch ein Sieb streichen und in einem kleinen Topf unter Rühren aufkochen lassen. Den warmen Gebäckkranz damit bestreichen und erkalten lassen. Der Gebäckkranz kann auch gut eingefroren werden, dann sollte er jedoch erst nach dem Backen mit Guss überzogen werden.

Raffiniert – für Gäste

Aprikosenstrudel mit Sesam

Zubereitungszeit: 60 Minuten, ohne Abkühl- und Ruhezeit
Backzeit: etwa 30 Minuten

Für den Strudelteig:
50 g Butter oder Margarine
250 g Weizenmehl
1 Prise Salz
125 ml (1/8 l) lauwarmes Wasser

Für die Füllung:
1 kleine Dose Aprikosenhälften (Abtropfgewicht 240 g)
evtl. 1 EL Aprikosenlikör
250 g Magerquark
150 g Vanillejoghurt
50 g Zucker
1 Pck. Dr. Oetker Finesse Geriebene Zitronenschale
2 Eigelb (Größe M)

Zum Bestreichen und Bestreuen:
20 g Butter
30 g Semmelbrösel
4 EL Sesamsamen

Zum Bestreichen:
1 Eigelb (Größe M)
2 EL Schlagsahne

Insgesamt:
E: 89 g, F: 116 g, Kh: 325 g, kJ: 12021, kcal: 2872

Aprikosenstrudel mit Sesam

1. Für den Teig Butter oder Margarine zerlassen und abkühlen lassen und mit den restlichen Zutaten in eine Rührschüssel geben. Die Zutaten mit Handrührgerät mit Knethaken zunächst kurz auf niedrigster, dann auf höchster Stufe gut durcharbeiten.
2. Anschließend den Teig auf der Arbeitsfläche zu einer Kugel verkneten. Den Teig auf Backpapier in einen heißen, trockenen Kochtopf legen (vorher Wasser darin kochen), mit einem Deckel verschließen und etwa 30 Minuten ruhen lassen.
3. Für die Füllung inzwischen Aprikosen in einem Sieb gut abtropfen lassen und in kleine Würfel schneiden, nach Belieben mit Likör beträufeln und ziehen lassen. Quark mit Joghurt, Zucker, Zitronenschale und Eigelb verrühren.
4. Den Teig auf einem bemehlten großen Tuch (Küchentuch) ausrollen. Butter zerlassen und den Teig dünn damit bestreichen. Den Teig anheben und über dem Handrücken zu einem Rechteck (etwa 50 x 70 cm) ausziehen (er muss durchsichtig sein). Teigränder abschneiden, wenn sie dicker sind. Teig mit Semmelbröseln und 2 Esslöffeln Sesam bestreuen.
5. Den Backofen vorheizen. Quarkmasse auf einer langen Teighälfte verstreichen, dabei einen etwa 2 cm breiten Rand frei lassen. Aprikosenwürfel auf der Quarkmasse verteilen. Ränder über der Füllung zusammenklappen.
6. Teig mit Hilfe des Tuches von der bestrichenen Seite aus aufrollen. Strudel mit der Naht nach unten auf ein Backblech (mit Backpapier belegt) legen. Eigelb und Sahne verquirlen, den Strudel damit bestreichen und mit restlichem Sesam bestreuen. Anschließend das Backblech in den vorgeheizten Backofen schieben.
Ober-/Unterhitze: etwa 220 °C
Heißluft: etwa 200 °C
Backzeit: etwa 30 Minuten.
7. Aprikosenstrudel lauwarm oder kalt servieren.

Tipp: Dazu Vanillesauce oder Eierlikörsahne reichen.

Für Kinder

Bananen-Split-Rolle

Zubereitungszeit: 60 Minuten, ohne Abkühl- und Kühlzeit
Backzeit: 8–10 Minuten

Für den Biskuitteig:
4 Eier (Größe M)
1 Eigelb (Größe M), 70 g Zucker
1 Pck. Dr. Oetker Vanillin-Zucker
60 g Weizenmehl
1/2 gestr. TL Dr. Oetker Backin
20 g Kakaopulver

Für die Füllung:
6 Blatt weiße Gelatine
100 ml Bananennektar
750 g Schlagsahne
2 EL gesiebter Puderzucker
50 g Raspelschokolade
2 große reife Bananen
2 EL Zitronensaft

Zum Garnieren:
50 g Zartbitter-Schokolade
1 TL Speiseöl
1 kleine Banane

Insgesamt:
E: 76 g, F: 302 g, Kh: 312 g,
kJ: 18222, kcal: 4355

Bananen-Split-Rolle

1. Den Backofen vorheizen. Für den Teig Eier und Eigelb mit Handrührgerät mit Rührbesen auf höchster Stufe in 1 Minute schaumig schlagen. Zucker und Vanillin-Zucker mischen, in 1 Minute einstreuen, dann noch etwa 2 Minuten weiterschlagen.
2. Mehl mit Backpulver und Kakaopulver mischen, auf die Eiercreme geben und kurz auf niedrigster Stufe unterrühren. Den Teig auf ein Backblech (30 x 40 cm, gefettet, mit Backpapier belegt) geben und verstreichen. Das Backblech in den vorgeheizten Backofen schieben.
Ober-/Unterhitze: etwa 200 °C
Heißluft: etwa 180 °C
Backzeit: 8–10 Minuten.
3. Das Gebäck sofort nach dem Backen vom Rand lösen, auf ein mit Zucker bestreutes Backpapier stürzen, das mitgebackene Backpapier mit kaltem Wasser bestreichen und vorsichtig, aber schnell abziehen. Die Gebäckplatte erkalten lassen.
4. Für die Füllung die Gelatine nach Packungsanleitung einweichen. Anschließend Gelatine leicht ausdrücken und in einem kleinen Topf bei schwacher Hitze auflösen. Topf von der Kochstelle nehmen und Bananennektar nach und nach unterrühren. Die Mischung kalt stellen. Sahne mit Puderzucker steifschlagen. Die Mischung kurz unterrühren. Unter gut die Hälfte der Sahnecreme Raspelschokolade heben.
5. Bananen schälen und in Zitronensaft wenden (den Zitronensaft danach beiseitestellen). Die kalte Biskuitplatte mit der Schoko-Sahne-Creme bestreichen, dabei an einer langen Seite etwa 3 cm frei lassen. Die Bananen auf den Rand der bestrichenen langen Seite legen und die Rolle von dieser Seite aus aufrollen.
6. Von der übrigen Sahnecreme 2–3 Esslöffel in einen Spritzbeutel mit großer Lochtülle geben. Die Rolle mit der restlichen Sahnecreme bestreichen. Oben auf die Rolle eine Reihe großer Sahnetupfen spritzen. Die Rolle kalt stellen.
7. Zum Garnieren Schokolade mit Öl in einem kleinen Topf im Wasserbad bei schwacher Hitze unter Rühren schmelzen lassen. Banane schälen, in Scheiben schneiden, in dem beiseitegestellten Zitronensaft wenden und trocken tupfen. Bananenscheiben zur Hälfte in die aufgelöste Schokolade tauchen, auf Backpapier legen und die Schokolade fest werden lassen.
8. Die Rolle mit Hilfe eines Teelöffels mit der restlichen Schokolade besprenkeln. Die Bananenscheiben auf die Sahnetupfen setzen. Die Rolle 1–2 Stunden kalt stellen.

Für Gäste – mit Alkohol

Eierlikör-Quark-Rolle

Zubereitungszeit: 50 Minuten, ohne Abkühl- und Kühlzeit
Backzeit: 12–15 Minuten

Für den Biskuitteig:
4 Eier (Größe M)
1 Eigelb (Größe M)
70 g Zucker
1 Pck. Dr. Oetker Vanillin-Zucker
60 g Weizenmehl
20 g Kakaopulver
1/2 gestr. TL Dr. Oetker Backin
40 g abgezogene, gemahlene Mandeln

Für die Füllung:
6 Blatt weiße Gelatine
1 kleine Dose Fruchtcocktail (Abtropfgewicht 250 g)
250 g Speisequark (40 % Fett i. Tr.)
125 ml (1/8 l) Eierlikör
40 g Zucker
1 Pck. Dr. Oetker Vanillin-Zucker
1 Pck. Dr. Oetker Finesse Geriebene Zitronenschale

Zum Bestäuben und Verzieren:
50 g Puderzucker
50 g Vollmilch- oder Zartbitter-Kuvertüre
Zuckerperlen

Insgesamt:
E: 132 g, F: 86 g, Kh: 356 g, kJ: 12453, kcal: 2974

1. Den Backofen vorheizen. Für den Teig Eier und Eigelb mit Handrührgerät mit Rührbesen auf höchster Stufe in 1 Minute schaumig schlagen, Zucker und Vanillin-Zucker in 1 Minute einstreuen, dann noch etwa 2 Minuten weiterschlagen.

2. Mehl mit Kakao und Backpulver mischen, auf die Eiercreme geben und kurz auf niedrigster Stufe unterrühren. Mandeln unterheben. Den Teig auf ein Backblech (30 x 40 cm, gefettet, mit Backpapier belegt) geben, verstreichen und das Backblech in den vorgeheizten Backofen schieben.
Ober-/Unterhitze: etwa 200 °C
Heißluft: etwa 180 °C
Backzeit: 12–15 Minuten.

3. Den Biskuitboden sofort nach dem Backen vom Rand lösen und auf einen mit Backpapier belegten Kuchenrost stürzen. Mitgebackenes Backpapier mit kaltem Wasser bestreichen und vorsichtig, aber schnell abziehen. Biskuitplatte erkalten lassen.

4. Für die Füllung die Gelatine nach Packungsanleitung einweichen. Fruchtcocktail in einem Sieb gut abtropfen lassen. Quark mit Eierlikör, Zucker, Vanillin-Zucker und Zitronenschale verrühren. Gelatine leicht ausdrücken, in einem kleinen Topf unter Rühren auflösen und unter den Eierlikörquark rühren. Fruchtcocktail unterheben.

5. Die Quarkmasse gleichmäßig auf die Biskuitplatte streichen und vorsichtig aufrollen. Biskuitrolle etwa 2 Stunden kalt stellen. Anschließend die Rolle mit Puderzucker bestäuben.

6. Zum Verzieren Kuvertüre in einem kleinen Topf im Wasserbad bei schwacher Hitze unter Rühren schmelzen lassen, in einen Gefrierbeutel füllen und eine kleine Ecke abschneiden. Schmetterlinge auf Backpapier spritzen, mit Zuckerperlen verzieren und fest werden lassen. Dann die Schmetterlinge mit Hilfe eines Messers abheben und die Biskuitrolle mit den Schmetterlingen garnieren.

Tipp: Die Biskuitrolle kann ohne Garnierung auch gut eingefroren werden. Am besten portionsweise einfrieren, dann sind auch die Auftauzeiten gering. Statt der Cocktailfrüchte 200 g geviertelte Erdbeeren unter den Eierlikörquark heben.

Eierlikör-Quark-Rolle

Für Gäste – mit Alkohol

Eisroulade

Zubereitungszeit: 30 Minuten, ohne Abkühl- und Gefrierzeit
Backzeit: etwa 15 Minuten

Für den Biskuitteig:
3 Eier (Größe M)
1 Eigelb (Größe M), 150 g Zucker
1 Pck. Dr. Oetker Vanillin-Zucker
75 g Weizenmehl
1 Pck. Dr. Oetker Pudding-Pulver Schokoladen-Geschmack

Für die Füllung:
250 g Schlagsahne
1 Pck. Dr. Oetker Vanillin-Zucker
1 Pck. Dr. Oetker Sahnesteif
1 ganz frisches Eiweiß (Größe M)
2 EL Kirschwasser
150 g Sauerkirschkonfitüre

Für die Beilage:
1 Becher (500 g) Kirschgrütze (aus dem Kühlregal)
etwa 150 ml Eierlikör

Zum Garnieren:
evtl. einige vorbereitete Minzeblättchen

Insgesamt:
E: 52 g, F: 116 g, Kh: 545 g,
kJ: 15439, kcal: 3675

1. Den Backofen vorheizen. Für den Teig Eier und Eigelb in einer Rührschüssel mit Handrührgerät mit Rührbesen auf höchster Stufe in 1 Minute schaumig schlagen. Zucker mit Vanillin-Zucker mischen, in 1 Minute unter Rühren einstreuen, dann noch etwa 2 Minuten weiterschlagen.
2. Mehl mit Pudding-Pulver mischen und kurz auf niedrigster Stufe unterrühren. Einen Backrahmen (etwa 30 x 30 cm) auf ein Backblech (mit Backpapier belegt) stellen. Den Teig in den Backrahmen geben und verstreichen. Das Backblech in den vorgeheizten Backofen schieben.
Ober-/Unterhitze: etwa 200 °C
Heißluft: etwa 180 °C
Backzeit: etwa 15 Minuten.
3. Den Backrahmen lösen und entfernen. Die Biskuitplatte auf Backpapier stürzen und erkalten lassen. Mitgebackenes Backpapier entfernen.
4. Für die Füllung Sahne mit Vanillin-Zucker und Sahnesteif steifschlagen. Eiweiß ebenfalls steifschlagen und mit dem Kirschwasser unter die Sahne heben.
5. Die Sahnemasse auf der Biskuitplatte verteilen. Konfitüre mit einem Teelöffel in Klecksen daraufgeben und etwas verstreichen. Die Biskuitplatte mit Hilfe des Backpapiers aufrollen und Backpapier darumrollen. Das Backpapier an beiden Enden vorsichtig wie ein Bonbon zusammendrehen. Die Rolle mit dem Backpapier in den Gefrierschrank legen und mindestens 3 Stunden gefrieren lassen.
6. Das Backpapier entfernen. Die Eisroulade in Scheiben schneiden und mit Kirschgrütze und Eierlikör servieren. Nach Belieben die Scheiben mit Minzeblättchen garnieren.

Hinweis: Nur ganz frisches Eiweiß verwenden, das nicht älter als 5 Tage ist (Legedatum beachten!) und die Rolle am Serviertag vollständig verzehren.

Eisroulade

Beliebt

Himbeer-Biskuitrolle

Zubereitungszeit: 35 Minuten, ohne Abkühl- und Kühlzeit
Backzeit: 8–10 Minuten

Für den Biskuitteig:
3 Eier (Größe M)
1 Eigelb (Größe M)
60 g Zucker
1 Pck. Dr. Oetker Vanillin-Zucker
60 g Weizenmehl
1 Msp. Dr. Oetker Backin

Für die Füllung:
1 Beutel aus 1 Pck. Götterspeise Himbeer-Geschmack
80 g Zucker, 300 ml Wasser
250 g Magerquark
250 g Schlagsahne
200 g frische oder TK-Himbeeren

Zum Garnieren und Bestäuben:
100 g frische oder TK-Himbeeren
Puderzucker

Insgesamt:
E: 90 g, F: 106 g, Kh: 228 g,
kJ: 9492, kcal: 2265

1. Den Backofen vorheizen. Für den Teig Eier und Eigelb mit Handrührgerät mit Rührbesen auf höchster Stufe in 1 Minute schaumig schlagen.

Himbeer-Biskuitrolle

Erdbeer-Sahne-Rolle

Zucker und Vanillin-Zucker mischen, in 1 Minute unter Rühren einstreuen, noch etwa 2 Minuten weiterschlagen.
2. Mehl mit Backpulver mischen, auf die Eiercreme geben und kurz auf niedrigster Stufe unterrühren. Den Teig auf ein Backblech (30 x 40 cm, gefettet, mit Backpapier belegt) geben und verstreichen. Das Backblech in den vorgeheizten Backofen schieben.
Ober-/Unterhitze: etwa 200 °C
Heißluft: etwa 180 °C
Backzeit: 8–10 Minuten.
3. Biskuitplatte sofort vom Rand lösen, mit dem Backpapier vom Backblech ziehen, auf die Arbeitsfläche stürzen und das Backpapier abziehen. Gebäckplatte erkalten lassen.
4. Für die Füllung Götterspeise mit Zucker und Wasser nach Packungsanleitung, aber nur mit 300 ml Wasser zubereiten, in eine Rührschüssel geben und abkühlen lassen. Quark mit einem Schneebesen unter die abgekühlte Götterspeise rühren. Masse kalt stellen und gelegentlich umrühren. Wenn die Masse beginnt dicklich zu werden, Sahne steifschlagen und unterheben.
5. Zwei Drittel der Creme auf die Biskuitplatte streichen, Himbeeren verlesen (nicht waschen) und darauf verteilen (gefrorene Himbeeren unaufgetaut verwenden), dabei etwa 1 cm am Rand frei lassen. Creme etwas fester werden lassen, dann die Biskuitplatte von der langen Seite aus aufrollen. Die Rolle mit der restlichen Creme bestreichen und etwa 2 Stunden kalt stellen.
6. Vor dem Servieren die Rolle nach Belieben mit Himbeeren garnieren und mit Puderzucker bestäuben.

Für Gäste

Erdbeer-Sahne-Rolle

Zubereitungszeit: 40 Minuten, ohne Abkühlzeit
Backzeit: 12–15 Minuten

Für den Biskuitteig:
5 Eier (Größe M)
1 Eigelb (Größe M), 75 g Zucker
1 Pck. Dr. Oetker Vanillin-Zucker
90 g Weizenmehl
1/2 gestr. TL Dr. Oetker Backin

Für die Füllung:
500 g Erdbeeren
250 g Schlagsahne
50 g Puderzucker
1 Pck. Dr. Oetker Vanillin-Zucker
2 Pck. Dr. Oetker Sahnesteif

Zum Bestreichen und Bestreuen:
250 g Schlagsahne
25 g Puderzucker
1 Pck. Dr. Oetker Sahnesteif
gehackte Pistazienkerne

Insgesamt:
E: 60 g, F: 204 g, Kh: 300 g,
kJ: 14076, kcal: 1680

1. Den Backofen vorheizen. Für den Teig Eier und Eigelb in einer Rührschüssel mit Handrührgerät mit Rührbesen auf höchster Stufe in 1 Minute schaumig schlagen. Zucker und Vanillin-Zucker mischen, in 1 Minute unter Rühren einstreuen und noch etwa 2 Minuten weiterschlagen.
2. Mehl mit Backpulver mischen, auf die Eiercreme geben und kurz auf niedrigster Stufe unterrühren. Den Teig auf ein Backblech (30 x 40 cm, gefettet, mit Backpapier belegt) geben und verstreichen. Das Backblech in den vorgeheizten Backofen schieben.
Ober-/Unterhitze: etwa 200 °C
Heißluft: etwa 180 °C
Backzeit: 12–15 Minuten.
3. Den Biskuit sofort nach dem Backen vom Rand lösen, auf die Arbeitsfläche stürzen und mit dem Backpapier erkalten lassen.
4. Für die Füllung Erdbeeren abspülen, gut abtropfen lassen, entstielen und in kleine Stücke schneiden. 4 Esslöffel davon durch ein Sieb streichen.
5. Sahne mit Puderzucker, Vanillin-Zucker und Sahnesteif steifschlagen. Die Erdbeerstückchen und das Erdbeerpüree unterrühren.
6. Gebäck von der Arbeitsfläche lösen und Backpapier vorsichtig abziehen, evtl. die dunkle Backhaut entfernen. Den Biskuit gleichmäßig mit der Erdbeersahne bestreichen und von der längeren Seite aus aufrollen.
7. Zum Bestreichen Sahne mit Puderzucker und Sahnesteif steifschlagen. Die Rolle mit der Sahne bestreichen, mit einem Löffel oder einem Messer wellenförmig verzieren und dann mit Pistazienkernen bestreuen. Die Rolle bis zum Servieren kalt stellen.

Raffiniert

Kirsch-Limetten-Rolle

Zubereitungszeit: 45 Minuten, ohne Abkühl- und Kühlzeit
Backzeit: etwa 8 Minuten

Für den Biskuitteig:
2 Eier (Größe M)
2 EL heißes Wasser
100 g Zucker
1 Pck. Dr. Oetker Vanillin-Zucker
75 g Weizenmehl
25 g Speisestärke
1 gestr. TL Dr. Oetker Backin

Für die Füllung:
1 Glas Sauerkirschen (Abtropfgewicht 370 g)
6 Blatt weiße Gelatine
2 Bio-Limetten (unbehandelt, ungewachst)
50 g Zucker
300 g Dickmilch
250 g Schlagsahne

Zum Verzieren:
1–2 EL Johannisbeergelee

Insgesamt:
E: 52 g, F: 103 g, Kh: 359 g, kJ: 11177, kcal: 2670

Kirsch-Limetten-Rolle

1. Den Backofen vorheizen. Für den Teig Eier und Wasser mit Handrührgerät mit Rührbesen auf höchster Stufe in 1 Minute schaumig schlagen. Zucker und Vanillin-Zucker mischen, in 1 Minute unter Rühren einstreuen, dann etwa 2 Minuten weiterschlagen.
2. Mehl mit Speisestärke und Backpulver mischen, auf die Eiercreme geben und kurz auf niedrigster Stufe unterrühren. Den Teig auf ein Backblech (30 x 40 cm, gefettet, mit Backpapier belegt) geben, verstreichen und das Backblech in den vorgeheizten Backofen schieben.
Ober-/Unterhitze: etwa 200 °C
Heißluft: etwa 180 °C
Backzeit: etwa 8 Minuten.
3. Die Biskuitplatte sofort nach dem Backen vom Rand lösen und auf ein Backpapier stürzen. Das mitgebackene Backpapier mit kaltem Wasser bestreichen und vorsichtig, aber schnell abziehen. Die Biskuitplatte mit dem Backpapier aufrollen und erkalten lassen.
4. Für die Füllung Kirschen in einem Sieb gut abtropfen lassen. Gelatine nach Packungsanleitung einweichen. Von 1 Limette die Schale fein abreiben, von der anderen Limette die Schale mit einem Zestenreißer in feinen Streifen abschaben und die Streifen zum Garnieren beiseitelegen. Den Saft der Limetten auspressen und mit der fein abgeriebenen Limettenschale und Zucker unter die Dickmilch rühren.
5. Gelatine leicht ausdrücken und in einem Topf bei schwacher Hitze unter Rühren auflösen. Aufgelöste Gelatine zunächst mit 3 Esslöffeln von der Dickmilchmasse verrühren, dann die Mischung unter die restliche Dickmilchmasse rühren und kalt stellen. Wenn die Masse beginnt dicklich zu werden, Sahne steifschlagen und unterheben.
6. Biskuitplatte auseinanderrollen, Backpapier entfernen und zwei Drittel der Dickmilchcreme gleichmäßig auf der Platte verstreichen. Die Kirschen auf der Creme verteilen, dabei den Rand frei lassen. Creme etwas fester werden lassen, dann die Biskuitplatte von der langen Seite aus aufrollen. Mit der restlichen Dickmilchcreme die Rolle vollständig bestreichen.
7. Zum Verzieren Johannisbeergelee glattrühren, sofort in kleinen Tupfen auf der Rolle verteilen und mit einem Holzstäbchen das Gelee sternförmig nach außen wegziehen. Die Rolle mit den Limettenstreifen garnieren und etwa 2 Stunden kalt stellen.

Für Gäste

Obst-Sahne-Schnitten

Zubereitungszeit: 60 Minuten, ohne Abkühl- und Kühlzeit
Backzeit: etwa 10 Minuten

Für den Biskuitteig:
3 Eier (Größe M)
1 Eigelb (Größe M)
50 g Zucker
1 Pck. Dr. Oetker Vanillin-Zucker
60 g Weizenmehl
1 Msp. Dr. Oetker Backin

Für die Sahnecreme:
6 Blatt weiße Gelatine
150 g Joghurt
1 EL Zitronensaft
25 g Zucker
1 Pck. Dr. Oetker Vanillin-Zucker
400 g Schlagsahne

Für den Belag:
3 Nektarinen
1/4 Honigmelone
5 Kiwis
200 g Erdbeeren
150 g kernlose blaue Weintrauben

Für den Guss:
1 Pck. Tortenguss, klar
30 g Zucker
200 ml Apfelsaft
50 ml Wasser

Insgesamt:
E: 61 g, F: 159 g, Kh: 320 g,
kJ: 12910, kcal: 3087

1. Den Backofen vorheizen. Für den Teig Eier und Eigelb mit Handrührgerät mit Rührbesen auf höchster Stufe in 1 Minute schaumig schlagen. Zucker und Vanillin-Zucker mischen, in 1 Minute einstreuen, dann noch etwa 2 Minuten weiterschlagen.
2. Mehl mit Backpulver mischen, auf die Eiercreme geben und kurz auf niedrigster Stufe unterrühren. Den Teig auf ein Backblech (30 x 40 cm, gefettet, mit Backpapier belegt) geben und verstreichen. Das Backblech in den vorgeheizten Backofen schieben.
Ober-/Unterhitze: etwa 200 °C
Heißluft: etwa 180 °C
Backzeit: etwa 10 Minuten.
3. Die Biskuitplatte auf ein mit Zucker bestreutes Stück Backpapier stürzen und erkalten lassen. Dann das mitgebackene Backpapier abziehen.
4. Für die Sahnecreme inzwischen Gelatine nach Packungsanleitung einweichen. Joghurt mit Zitronensaft, Zucker und Vanillin-Zucker verrühren. Gelatine leicht ausdrücken, in einem kleinen Topf bei schwacher Hitze unter Rühren auflösen und unterrühren. Die Masse kalt stellen.
5. Sahne steifschlagen und Joghurtmasse unterheben. Die Sahnecreme auf die Biskuitplatte streichen. Die Rolle der Länge nach fest aufrollen und 2–3 Stunden kalt stellen. Die Rolle dann in etwa 20 etwa 2 cm dicke Scheiben schneiden.
6. Danach für den Belag Nektarinen waschen, abtrocknen, halbieren und entsteinen. Melone schälen, entkernen und in Spalten schneiden. Kiwis schälen. Erdbeeren waschen, abtropfen lassen und entstielen. Die vorbereiteten Früchte in Scheiben bzw. Spalten schneiden. Weintrauben waschen und halbieren. Das Obst auf den Gebäckscheiben verteilen.
7. Für den Guss aus Tortengusspulver, Zucker, Apfelsaft und Wasser nach Packungsanleitung einen Guss zubereiten und mit Hilfe eines Pinsels auf den Früchten verteilen.

Abwandlung: Anstelle der genannten Früchte können z. B. auch Pflaumen, Karambolen (Sternfrüchte), Brombeeren oder helle Weintrauben verwendet werden. Als Variante für Erwachsene können Sie anstelle des Apfelsaftes auch Weißwein verwenden.

Vorbereitungstipp: Sie können die Rolle sehr gut bereits am Vortag zubereiten oder ungeschnitten im Ganzen einfrieren, vor dem Verzehr in Scheiben schneiden und belegen (die gefrorene Rolle am Tag vor dem Verzehr aus dem Gefrierfach nehmen und zugedeckt im Kühlschrank auftauen lassen).

Obst-Sahne-Schnitten

Beliebt – mit Alkohol

Kaffeestreifen

Zubereitungszeit: 40 Minuten
Backzeit: etwa 25 Minuten

Für den Quark-Öl-Teig:
150 g Weizenmehl
4 gestr. TL Dr. Oetker Backin
40 g Zucker
1 Pck. Dr. Oetker Vanillin-Zucker
1 Pck. Dr. Oetker Finesse Bourbon-Vanille-Aroma
1 Prise Salz, 75 g Magerquark
50 ml Milch
50 ml Speiseöl (z. B. Sonnenblumenöl)

Für die Füllung:
100 g Marzipan-Rohmasse
50 g weiche Butter oder Margarine
1 Ei (Größe M)
25 g Zitronat (Sukkade)
125 g Rosinen
50 g gehackte Haselnusskerne
1 Msp. gemahlener Zimt
1/2 Fläschchen Rum-Aroma

Für den Guss:
80 g Puderzucker
1–2 EL Rum

Insgesamt:
E: 60 g, F: 170 g, Kh: 390 g,
kJ: 14110, kcal: 3370

1. Für den Teig Mehl mit Backpulver in einer Rührschüssel mischen. Restliche Zutaten für den Teig hinzufügen und alles mit Handrührgerät mit Knethaken zuerst kurz auf niedrigster, dann auf höchster Stufe zu einem glatten Teig verarbeiten (nicht zu lange, Teig klebt sonst). Teig anschließend auf der leicht bemehlten Arbeitsfläche zu einer Rolle formen.
2. Für die Füllung Marzipan in kleine Stücke schneiden und mit Butter oder Margarine und Ei mit Handrührgerät mit Rührbesen zu einer geschmeidigen Masse verrühren. Zitronat sehr fein hacken. Rosinen mit Haselnusskernen, Zitronat, Zimt und Rum-Aroma vermischen.
3. Den Backofen vorheizen. Den Teig auf der leicht bemehlten Arbeitsfläche zu einem Quadrat (etwa 30 x 30 cm) ausrollen und mit der Marzipanmasse bestreichen. Die Rosinenmischung darauf verteilen und leicht andrücken. Den Teig aufrollen und die Rolle auf ein Backblech (gefettet, mit Backpapier belegt) legen.
4. Die Rolle der Länge nach (etwa 25 cm) etwa 2 1/2 cm tief einschneiden, ohne die Enden durchzuschneiden, dann etwas auseinanderziehen und flach andrücken. Backblech in den vorgeheizten Backofen schieben.
Ober-/Unterhitze: etwa 180 °C
Heißluft: etwa 160 °C
Backzeit: etwa 25 Minuten.
5. Für den Guss Puderzucker mit so viel Rum verrühren, dass ein dickflüssiger Guss entsteht. Das Gebäck sofort nach dem Backen mit Hilfe eines Backpinsels damit bestreichen, erkalten lassen und in schmale Schnitten schneiden.

Beliebt – mit Alkohol

Kirschstrudel

Zubereitungszeit: 50 Minuten, ohne Ruhe- und Abkühlzeit
Backzeit: etwa 35 Minuten

Für den Strudelteig:
400 g Weizenmehl
1 Prise Salz
100 ml Wasser
1 Ei (Größe M)
80 ml Speiseöl

Für die Füllung:
1 kg Sauerkirschen, entsteint
100 g Semmelbrösel oder Biskuitreste
150 g Zucker
100 g abgezogene, gehackte Mandeln
2 EL Kirschwasser

Zum Bestreichen:
30 g Butter

Kaffeestreifen

Kirschstrudel

Zum Bestäuben:
Puderzucker

Insgesamt:
E: 64 g, F: 183 g, Kh: 557 g,
kJ: 17999, kcal: 4295

1. Für den Teig die Zutaten in eine Rührschüssel geben. Die Zutaten mit Handrührgerät mit Knethaken zunächst kurz auf niedrigster, dann auf höchster Stufe durcharbeiten.
2. Anschließend den Teig auf der Arbeitsfläche zu einer Kugel verkneten. Teig auf Backpapier in einen heißen, trockenen Kochtopf (vorher Wasser darin kochen) legen, mit einem Deckel verschließen und etwa 30 Minuten ruhen lassen.
3. Für die Füllung Kirschen in eine Schüssel geben. Semmelbrösel oder Biskuitreste, Zucker, Mandeln und Kirschwasser hinzufügen. Die Zutaten miteinander vermischen.
4. Den Strudelteig auf einem bemehlten großen Tuch (Küchentuch) zu einem hauchdünnen Rechteck (etwa 50 x 70 cm) ausrollen, bzw. vorsichtig mit den Händen ausziehen. Ränder abschneiden, wenn sie dicker sind. Den Backofen vorheizen.
5. Zwei Drittel der Teigplatte mit zerlassener Butter bestreichen. Die Kirschmasse gleichmäßig darauf verteilen, dabei etwa einen 2 cm breiten Rand frei lassen. Ränder auf die Füllung schlagen. Den Teig mit Hilfe des Tuches von der längeren Seite aus, mit der Füllung beginnend, aufrollen und an den Enden gut zusammendrücken.
6. Strudel vorsichtig mit der Naht nach unten auf ein Backblech (mit Backpapier belegt) legen. Das Backblech in den vorgeheizten Backofen schieben.
Ober-/Unterhitze: etwa 200 °C
Heißluft: etwa 180 °C
Backzeit: etwa 35 Minuten.
7. Den Kirschstrudel vom Backblech lösen und auf einem Kuchenrost erkalten lassen. Den Strudel vor dem Servieren mit Puderzucker bestäuben.

Zitronen-Physalis-Rolle

Einfach

Zitronen-Physalis-Rolle

Zubereitungszeit: 30 Minuten, ohne Abkühl- und Kühlzeit
Backzeit: 8–10 Minuten

Für den Biskuitteig:
3 Eier (Größe M)
1 Eigelb (Größe M)
75 g Zucker
1 Pck. Dr. Oetker Vanillin-Zucker
50 g Weizenmehl
15 g Speisestärke
1/2 gestr. TL Dr. Oetker Backin

Für die Füllung:
1 Pck. Mousse Zitrone (Dessertpulver)
125 g Schlagsahne, 125 ml Milch
375 g Schlagsahne
1 Pck. Dr. Oetker Vanillin-Zucker
1 Pck. Dr. Oetker Sahnesteif
100 g Physalis (Kapstachelbeeren)

Zum Bestäuben:
Puderzucker

Insgesamt:
E: 55 g, F: 231 g, Kh: 186 g,
kJ: 13121, kcal: 3136

1. Den Backofen vorheizen. Für den Teig Eier und Eigelb mit Handrührgerät mit Rührbesen auf höchster Stufe in 1 Minute schaumig schlagen. Zucker und Vanillin-Zucker mischen, in 1 Minute unter Rühren einstreuen, dann etwa 2 Minuten weiterschlagen.
2. Mehl mit Speisestärke und Backpulver mischen, auf die Eiercreme geben und dann kurz auf niedrigster Stufe unterrühren. Den Teig auf ein Backblech (30 x 40 cm, gefettet, mit Backpapier belegt) geben und verstreichen. Das Backblech in den vorgeheizten Backofen schieben.
Ober-/Unterhitze: 200–220 °C
Heißluft: 180–200 °C
Backzeit: 8–10 Minuten.
3. Die Biskuitplatte vom Rand lösen, mit dem Backpapier vom Backblech ziehen und direkt auf die Arbeitsfläche stürzen. Das mitgebackene Backpapier abziehen. Biskuitplatte erkalten lassen.
4. Für die Füllung Mousse nach Packungsanleitung, aber mit 125 g Schlagsahne und 125 ml (1/8 l) Milch zubereiten. Mousse gleichmäßig auf der Biskuitplatte verstreichen. Sahne mit Vanillin-Zucker und Sahnesteif steifschlagen und auf die Mousse-Creme streichen, dabei 1 cm Rand frei lassen.
5. Kapstachelbeeren aus der Blätterhülle lösen, waschen, trocken tupfen, in Scheiben schneiden und auf der Sahne verteilen. Die Biskuitplatte von der längeren Seite aus aufrollen und kalt stellen. Die Biskuitrolle kurz vor dem Servieren mit Puderzucker bestäuben.

Maxi-Schnecke

Für Kinder

Maxi-Schnecke

Zubereitungszeit: 50 Minuten
Backzeit: etwa 40 Minuten

Für die Füllung:
300 g Äpfel
1–2 EL Zitronensaft
3–4 EL gehackte Haselnusskerne
125 g Schlagsahne
150 g Sahne Muh-Muhs (Sahne-Toffee)
200 g Marzipan-Rohmasse

Für den Quark-Öl-Teig:
300 g Weizenmehl
1 Pck. Dr. Oetker Backin
75 g Zucker
1 Pck. Dr. Oetker Vanillin-Zucker
150 g Magerquark
3 EL Milch
1 Ei (Größe M)
6 EL Speiseöl

Zum Bestreichen:
1 Eigelb (Größe M)
2 EL Milch

Für die Glasur und zum Garnieren:
50 g Sahne Muh-Muhs (Sahne-Toffee)
3–4 EL Schlagsahne
1 EL gehackte Haselnusskerne
2–3 Stück Sahne Muh-Muhs (Sahne-Toffee)

Insgesamt:
E: 103 g, F: 258 g, Kh: 583 g,
kJ: 21170, kcal: 5056

1. Für die Füllung Äpfel schälen, vierteln, Kerngehäuse entfernen, Äpfel achteln, quer in feine Scheiben schneiden und mit Zitronensaft beträufeln. Die gehackten Haselnusskerne dazugeben.

2. Sahne erwärmen und die Bonbons unter Rühren darin schmelzen lassen. Dann die Masse in eine Rührschüssel geben. Marzipan in sehr kleine Stücke schneiden, dazugeben und mit Handrührgerät mit Rührbesen gut verrühren.

3. Für den Teig Mehl mit Backpulver in einer Rührschüssel mischen. Zucker, Vanillin-Zucker, Quark, Milch, Ei und Öl hinzufügen. Die Zutaten mit Handrührgerät mit Knethaken auf höchster Stufe in etwa 1 Minute zu einem glatten Teig verarbeiten (nicht zu lange, Teig klebt sonst).

4. Den Backofen vorheizen. Den Teig auf der leicht bemehlten Arbeitsfläche zu einem Rechteck (etwa 35 x 60 cm) ausrollen. Die Apfelscheiben und Nusskerne auf dem unteren Drittel der Teigplatte verteilen. Die Bonbonmasse darauf verteilen und die Platte von der längeren Seite aus aufrollen.

5. Die Rolle locker zu einer Schnecke zusammendrehen, auf ein Backblech (mit Backpapier belegt) legen und einen Springformrand oder Tortenring (Ø 26–28 cm) nicht zu eng darumstellen. Eigelb mit Milch verrühren und die Schnecke damit bestreichen. Das Backblech anschließend in den vorgeheizten Backofen schieben.
Ober-/Unterhitze: etwa 180 °C
Heißluft: etwa 160 °C
Backzeit: etwa 40 Minuten.

6. Für die Glasur Bonbons in der Sahne unter Rühren erwärmen und schmelzen lassen. Die Schnecke nach dem Backen mit dem Backpapier vom Backblech auf einen Kuchenrost ziehen, noch heiß mit der Glasur bestreichen und mit Haselnusskernen bestreuen. Bonbons in Stücke schneiden und auf die Schnecke legen. Die Schnecke erkalten lassen und frisch servieren.

Für Gäste

Kirsch-Rosen-Tarte

Zubereitungszeit: 60 Minuten, ohne Teiggehzeit
Backzeit: 20–25 Minuten

Für den Hefeteig:
125 ml (1/8 l) Milch
50 g Butter oder Margarine
300 g Weizenmehl
1 Pck. Dr. Oetker Trockenbackhefe
1 Prise Salz
50 g Zucker
1 Ei (Größe M)

Für die Streusel:
250 g Weizenmehl
100 g Zucker
1 gestr. TL gemahlener Zimt
1 Eigelb (Größe M)
125 g Butter oder Margarine

Für die Füllung:
80 g Amarettini
(ital. Mandelmakronen)
500 g frische Sauerkirschen oder
1 Glas Sauerkirschen
(Abtropfgewicht 370 g)

Zum Bestreichen:
4 EL Aprikosenkonfitüre

Insgesamt:
E: 87 g, F: 177 g, Kh: 704 g,
kJ: 19983, kcal: 4768

1. Für den Teig Milch leicht erwärmen und Butter oder Margarine darin zerlassen. Mehl in eine Rührschüssel geben und sorgfältig mit Trockenbackhefe vermischen. Salz, Zucker, Ei und warme Milch-Fett-Mischung hinzufügen. Die Zutaten mit Handrührgerät mit Knethaken zunächst auf niedrigster, dann auf höchster Stufe in etwa 5 Minuten zu einem glatten Teig verarbeiten. Den Teig zugedeckt so lange an einem warmen Ort gehen lassen, bis er sich sichtbar vergrößert hat.

2. Für die Streusel Mehl mit Zucker und Zimt in einer Rührschüssel mischen. Eigelb und Butter oder Margarine hinzufügen. Die Zutaten mit Handrührgerät mit Rührbesen zu Streuseln von gewünschter Größe verarbeiten.

3. Für die Füllung Amarettini in einen Gefrierbeutel füllen, ihn verschließen und die Amarettini mit einer Teigrolle zerbröseln. Die Kirschen entstielen, waschen und entsteinen, oder Kirschen aus dem Glas in einem Sieb gut abtropfen lassen.

4. Den Hefeteig aus der Schüssel nehmen, auf der bemehlten Arbeitsfläche nochmals gut durchkneten. Teig zu einem Rechteck (etwa 25 x 35 cm) ausrollen und mit Konfitüre bestreichen, dabei einen etwa 1 cm breiten Rand frei lassen. Die Amarettini-Brösel auf der Konfitüre verteilen und die Kirschen darauflegen. Den Teig von der langen Seite aus aufrollen und in 12 dicke Scheiben schneiden.

5. Knapp die Hälfte der Streusel in eine Tarteform (Ø etwa 32 cm, gefettet) geben. Die Teigschnecken nicht zu dicht nebeneinander hineinsetzen und mit den restlichen Streuseln bestreuen. Den Teig nochmals so lange an einem warmen Ort gehen lassen, bis er sich sichtbar vergrößert hat, inzwischen den Backofen vorheizen. Die Form auf dem Rost in den vorgeheizten Backofen schieben.
Ober-/Unterhitze: 180–200 °C
Heißluft: 160–180 °C
Backzeit: 20–25 Minuten.

6. Die Form auf einen Kuchenrost stellen und die Tarte in der Form erkalten lassen.

Kirsch-Rosen-Tarte

Zum Verschenken – mit Alkohol

Weinflasche

Zubereitungszeit: 45 Minuten, ohne Abkühl- und Kühlzeit
Backzeit: etwa 10 Minuten

Für den Biskuitteig:
5 Eier (Größe M)
2 EL heißes Wasser, 75 g Zucker
1 Pck. Dr. Oetker Vanillin-Zucker
50 g Weizenmehl
20 g Speisestärke
1 Beutel aus 1 Pck. Götterspeise Himbeer-Geschmack
1 Beutel aus 1 Pck. Götterspeise Waldmeister-Geschmack

Für die Füllung:
1 Pck. Mousse Zitrone (Dessertpulver)
200 g Schlagsahne
100 ml Weißwein

Zum Garnieren und Verzieren:
100 g Marzipan-Rohmasse
25 g gesiebter Puderzucker
1 Msp. Kakaopulver
grüne Speisefarbe
(oder 20 g fein gemahlene Pistazienkerne)
1 EL gesiebter Puderzucker
1–2 TL Wasser
25 g Zartbitter-Kuvertüre

Insgesamt:
E: 97 g, F: 148 g, Kh: 327 g,
kJ: 13199, kcal: 3147

1. Den Backofen vorheizen. Für den Teig Eier und Wasser mit Handrührgerät mit Rührbesen auf höchster Stufe in 1 Minute schaumig schlagen. Zucker und Vanillin-Zucker mischen, in 1 Minute einstreuen, dann noch etwa 2 Minuten weiterschlagen.
2. Mehl mit Speisestärke mischen, auf die Eiercreme geben und kurz auf niedrigster Stufe unterrühren. Die Hälfte des Teiges kurz mit dem roten Götterspeisepulver, die andere Hälfte mit dem grünen Götterspeisepulver vermengen.
3. Die Teige getrennt in 2 Spritzbeutel mit mittlerer Lochtülle füllen. Im Wechsel diagonale Streifen auf ein Backblech (30 x 40 cm, gefettet, mit Backpapier belegt) spritzen. Das Backblech in den vorgeheizten Backofen schieben.
Ober-/Unterhitzc: etwa 200 °C
Heißluft: etwa 180 °C
Backzeit: etwa 10 Minuten.
4. Biskuitplatte mit einem Messer vom Rand lösen, Platte auf ein mit Zucker bestreutes Backpapier stürzen, mitgebackenes Backpapier sorgfältig mit kaltem Wasser bepinseln und vorsichtig, aber schnell abziehen. Platte von der längeren Seite aus mit dem Backpapier aufrollen und erkalten lassen.
5. Für die Füllung Dessertpulver nach Packungsanleitung, aber mit den angegebenen Zutaten zubereiten und etwa 30 Minuten kalt stellen, bis die Creme etwas fester geworden ist. Die Creme auf die ausgerollte Gebäckplatte streichen und den Biskuit von der langen Seite aus wieder aufrollen. Rolle etwa 2 Stunden kalt stellen.
6. Zum Garnieren Marzipan mit Puderzucker verkneten. Eine haselnussgroße Menge davon abnehmen, mit Kakao verkneten und daraus Korken und Weintraubenstiel formen. Das restliche Marzipan hellgrün färben und auf die Länge und Breite der Rolle ausrollen. Puderzucker mit Wasser zu einem dünnflüssigen Guss verrühren. Die Ränder der Rolle gerade schneiden. Eine Flasche aus dem Marzipan schneiden, auf der Unterseite mit Guss bestreichen und auf die Biskuitrolle legen.
7. Restliches Marzipan noch etwas dunkler färben und daraus Weintrauben formen und Flaschenetikett ausrollen. Korken, Weinrebe und Etikett mit Guss auf die Flasche kleben.
8. Zum Verzieren Kuvertüre in einem Topf im Wasserbad bei schwacher Hitze unter Rühren schmelzen lassen, in einen Gefrierbeutel oder ein Papiertütchen füllen und eine kleine Ecke abschneiden. Die Flasche damit beschriften und verzieren. Torte bis zum Servieren an einen kühlen Ort stellen (nicht wieder in den Kühlschrank stellen).

Weinflasche

Klassisch

Rosenkuchen

Zubereitungszeit: 60 Minuten, ohne Teiggehzeit
Backzeit: etwa 45 Minuten

Für den Hefeteig:
150 ml Milch
75 g Butter oder Margarine
300 g Weizenmehl
1 Pck. Dr. Oetker Trockenbackhefe
50 g Zucker
1 Pck. Dr. Oetker Vanillin-Zucker
1 Prise Salz

Für die Füllung:
100 g Marzipan-Rohmasse
50 g weiche Butter
1 Eigelb (Größe M)
1/2 Fläschchen Rum-Aroma
125 g Rosinen
50 g gehackte Haselnusskerne
25 g Zitronat (Sukkade), fein gehackt

Zum Bestreichen:
1 Eigelb (Größe M)
1 EL Milch

Für den Guss:
80 g Puderzucker
2–3 EL Zitronensaft

Insgesamt:
E: 81 g, F: 189 g, Kh: 527 g, kJ: 17966, kcal: 4292

Rosenkuchen

1. Für den Teig Milch leicht erwärmen und Butter oder Margarine darin zerlassen. Mehl in einer Rührschüssel sorgfältig mit Trockenbackhefe vermischen. Zucker, Vanillin-Zucker, Salz und warme Milch-Fett-Mischung hinzufügen.
2. Die Zutaten mit Handrührgerät mit Knethaken zunächst auf niedrigster, dann auf höchster Stufe in etwa 5 Minuten zu einem glatten Teig verarbeiten. Den Teig zugedeckt so lange an einem warmen Ort gehen lassen, bis er sich sichtbar vergrößert hat.
3. Für die Füllung inzwischen Marzipan in kleine Stücke schneiden und mit Butter, Eigelb und Aroma zu einer geschmeidigen Masse verrühren. Rosinen mit Haselnusskernen und Zitronat mischen.
4. Den Teig auf der bemehlten Arbeitsfläche nochmals gut durchkneten und zu einem Rechteck (etwa 30 x 40 cm) ausrollen. Teigrechteck mit der Marzipanmasse bestreichen, mit der Rosinen-Haselnuss-Zitronat-Mischung bestreuen und die Mischung leicht andrücken.
5. Teig von der kürzeren Seite aus aufrollen. Rolle in 10 etwa 3 cm breite Scheiben schneiden und mit der Schnittfläche nach oben in eine Springform (Ø 26 cm, Boden gefettet, mit Backpapier belegt) legen. Dazu erst den Rand und dann die Mitte belegen. Zugedeckt den Teig nochmals so lange an einem warmen Ort gehen lassen, bis der Teig sich sichtbar vergrößert hat. Inzwischen den Backofen vorheizen.
6. Zum Bestreichen Eigelb und Milch verschlagen. Die Teigoberfläche damit bestreichen. Die Form auf dem Rost in den vorgeheizten Backofen schieben.
Ober-/Unterhitze: etwa 180 °C
Heißluft: etwa 160 °C
Backzeit: etwa 45 Minuten.
7. Die Form auf einen Kuchenrost stellen. Für den Guss Puderzucker mit Zitronensaft zu einer dickflüssigen Masse verrühren. Das Gebäck sofort nach dem Backen damit bestreichen und den Kuchen erkalten lassen.

Tipp: Kuchenoberfläche nach dem Bestreichen mit abgezogenen, gehobelten Mandeln bestreuen.

Einfach – schnell zubereitet

Zebrarollen

Zubereitungszeit: 35 Minuten, ohne Abkühl- und Kühlzeit
Backzeit: etwa 8 Minuten je Backblech

Für den Biskuitteig:
50 g Butter
1 Pck. (330 g) Grundmischung Biskuitteig
4 Eier (Größe M)
100 ml Wasser
20 g Kakaopulver
1 Msp. gemahlener Zimt

Für die Füllung:
1 Pck. Mousse au Chocolat (Dessertpulver)
175 ml Milch, 100 g Schlagsahne
1 Pck. Mousse à la Vanille (Dessertpulver)
175 ml Milch, 100 g Schlagsahne

Zum Bestäuben:
Puderzucker

Insgesamt:
E: 75 g, F: 158 g, Kh: 373 g, kJ: 13843, kcal: 3289

1. Den Backofen vorheizen. Für den Teig Butter zerlassen und abkühlen lassen. Die Grundmischung nach Packungsanleitung, aber mit den oben angegebenen Zutaten zubereiten. Je die Hälfte des Teiges auf ein Backblech (30 x 40 cm, gefettet, mit Backpapier belegt) geben und verstreichen. Das Backblech in den vorgeheizten Backofen schieben.
Ober-/Unterhitze: etwa 200 °C
Heißluft: etwa 180 °C
Backzeit: etwa 8 Minuten je Backblech.
2. Die Biskuitplatte sofort nach dem Backen auf ein mit Zucker bestreutes Backpapier stürzen. Mitgebackenes Backpapier vorsichtig, aber schnell abziehen, Biskuitplatte von der längeren Seite aus aufrollen und erkalten lassen.

Zebrarollen

3. Aus dem restlichen Teig wie beschrieben eine zweite Biskuitrolle backen und ebenfalls aufrollen.
4. Für die Füllung Mousse au Chocolat nach Packungsanleitung, aber mit 175 ml Milch und 100 g Schlagsahne zubereiten. Die Mousse à la Vanille ebenfalls mit 175 ml Milch und 100 g Schlagsahne zubereiten.
5. Biskuitplatten auseinanderrollen. Helle und dunkle Mousse jeweils in einen Spritzbeutel mit Lochtülle füllen und abwechselnd Längsstreifen auf beide Biskuitplatten spritzen. Beide Platten von der längeren Seite aus aufrollen und mindestens 2 Stunden kalt stellen.
6. Biskuitrollen vor dem Servieren mit Puderzucker bestäuben.

Tipp: Biskuitplatten trocknen sehr schnell aus und brechen, wenn sie etwas zu lange backen. Fruchtiger wird es, wenn Sie die Biskuitplatten vor dem Aufspritzen der Mousse noch mit jeweils 3–4 Esslöffeln angedickten Preiselbeeren bestreichen. Ein besonders schönes Zebramuster bekommen die Rollen, wenn Sie dünne wellenförmige Papierstreifen auf die dunklen Rollen legen, dann mit Puderzucker bestäuben und die Papierstreifen vorsichtig abheben (Foto).

Dauert länger

Schichtkäsestrudel

Zubereitungszeit: 90 Minuten, ohne Ruhe-, Abkühl- und Kühlzeit
Backzeit: etwa 50 Minuten

Für den Strudelteig:
250 g Weizenmehl, 1 Prise Salz
125 ml (1/8 l) lauwarmes Wasser
5 EL Speiseöl

Für die Füllung:
130 g Butter
1 Pck. Dr. Oetker Vanillin-Zucker
120 g brauner Zucker (Kandisfarin)
1/2 gestr. TL gemahlener Zimt
30 g Hartweizengrieß
100 g Semmelbrösel
100 g abgezogene, gestiftelte Mandeln
800 g Schichtkäse (20 % Fett i. Tr.)

Zum Bestreichen:
20 g Butter

Insgesamt:
E: 144 g, F: 324 g, Kh: 432 g, kJ: 23168, kcal: 5536

1. Für den Teig die Zutaten in eine Rührschüssel geben und mit Handrührgerät mit Knethaken zunächst kurz auf niedrigster, dann auf höchster Stufe gut durcharbeiten. Danach den Teig auf der Arbeitsfläche zu einer Kugel verkneten. Den Teig auf Backpapier in einen heißen, trockenen Kochtopf (vorher Wasser darin kochen) legen und den Topf mit einem Deckel verschließen. Teig etwa 30 Minuten ruhen lassen.

2. Für die Füllung 70 g Butter zerlassen und etwas abkühlen lassen. Vanillin-Zucker mit Zucker, Zimt, Grieß, Semmelbrösel und Mandeln mischen, lauwarme Butter dazugeben und untermischen.

3. Teig auf einem bemehlten, großen Tuch (Küchentuch) ausrollen, und dünn mit etwas Fett bestreichen. Den Teig anheben und über den Handrücken zu einem Rechteck (etwa 50 x 70 cm) ausziehen. Teig muss durchsichtig sein. Den Backofen vorheizen.

4. Restliche Butter zerlassen und lauwarm auf den Teig streichen. Semmelbrösel-Zucker-Mischung auf das untere Teigdrittel streuen, dabei an den Kanten einen etwa 2 cm breiten Rand frei lassen. Schichtkäse mit einem Teelöffel abstechen und darauf verteilen.

5. Strudel mit Hilfe des Tuches von der gefüllten, kurzen Seite aus aufrollen. Strudel mit der Naht nach unten auf ein Backblech (mit Backpapier belegt) legen. Teigenden unter den Strudel legen. Zum Bestreichen Butter zerlassen und auf den Strudel streichen. Das Backblech in den vorgeheizten Backofen schieben.

Ober-/ Unterhitze: 180–200 °C
Heißluft: 160–180 °C
Backzeit: etwa 50 Minuten.

6. Den Schichtkäsestrudel lauwarm servieren.

Schnell zubereitet

Ricotta-Frucht-Strudel

Zubereitungszeit: 40 Minuten, ohne Durchzieh- und Abkühlzeit
Backzeit: 35–40 Minuten

Zum Vorbereiten:
50 g Rosinen
200 g gemischte kandierte Früchte, fein gewürfelt
100 ml Orangensaft

Für die Füllung:
50 g abgezogene, gehobelte Mandeln
100 g Butter
250 g Ricotta (ital. Frischkäse)
150 g Joghurt
1 gestr. TL gemahlener Zimt
1/2 TL Dr. Oetker Finesse Geriebene Orangenschale

1 Pck. Yufkateig-Blätter (5–6 Strudelteigblätter; aus türkischen Lebensmittelläden)
40 g Semmelbrösel

Insgesamt:
E: 69 g, F: 159 g, Kh: 366 g, kJ: 13415, kcal: 3203

1. Zum Vorbereiten Rosinen mit kandierten Früchten und Orangensaft mischen und etwa 10 Minuten durchziehen lassen.

2. Für die Füllung inzwischen Mandeln in einer Pfanne ohne Fett leicht bräunen und auf einem Teller abkühlen lassen. Butter zerlassen. Ricotta mit Joghurt, Zimt und Orangenschale verrühren. Den Backofen vorheizen.

3. Teigblätter als Stapel auf ein Backblech (gefettet, mit Backpapier belegt) legen. Das obere Blatt dünn mit Butter bestreichen und mit Semmelbröseln bestreuen. Dabei am Rand 2 cm frei lassen. Ricottamasse mit gebräunten Mandeln und eingeweichten Früchten mischen und auf die Semmelbrösel streichen, dabei ebenfalls am Rand 2 cm frei lassen.

4. Das obere Blatt mit der Ricottamasse von der langen Seite aus einrollen. Darunterliegendes Teigblatt dünn mit Butter bestreichen und die gefüllte Rolle darin einrollen. Wieder das darunterliegende Teigblatt mit Butter bestreichen und die Rolle darin einrollen. Restliche Teigblätter auf die gleiche Weise mit Butter bestreichen und einrollen. Die Rolle mit der restlichen Butter bestreichen und das Backblech in den vorgeheizten Backofen schieben.

Ober-/Unterhitze: etwa 200 °C
Heißluft: etwa 180 °C
Backzeit: 35–40 Minuten.

5. Das Backblech auf einen Kuchenrost stellen, den Strudel etwas abkühlen lassen und lauwarm servieren.

Schichtkäsestrudel

Ricotta-Frucht-Strudel

Fettarm

Apfel-Hefekranz

Zubereitungszeit: 60 Minuten, ohne Teiggehzeit
Backzeit: etwa 40 Minuten

Für den Hefeteig:
300 ml Milch
50 g Butter oder Margarine
500 g Weizenmehl
1 Pck. Dr. Oetker Trockenbackhefe
50 g Zucker
1 Pck. Dr. Oetker Vanillin-Zucker

Für die Füllung:
500 g Magerquark
100 g Zucker
1 Pck. Dr. Oetker Vanillin-Zucker
2 EL Zitronensaft
abgeriebene Schale von 1/2 Bio-Zitrone (unbehandelt, ungewachst)
1 Ei (Größe M)
600 g Äpfel (z. B. Cox Orange)

Zum Bestreichen und Bestreuen:
1 Eigelb (Größe M)
1 EL Milch
20 g Pinienkerne

Insgesamt:
E: 146 g, F: 81 g, Kh: 623 g,
kJ: 16353, kcal: 3910

1. Für den Teig Milch leicht erwärmen und Butter oder Margarine darin zerlassen. Mehl in eine Rührschüssel geben und sorgfältig mit Trockenbackhefe vermischen, Zucker, Vanillin-Zucker und die warme Milch-Fett-Mischung hinzufügen.
2. Die Zutaten mit Handrührgerät mit Knethaken zunächst kurz auf niedrigster, dann auf höchster Stufe in etwa 5 Minuten zu einem glatten Teig verarbeiten. Den Teig zugedeckt so lange an einem warmen Ort gehen lassen, bis er sich sichtbar vergrößert hat.
3. Für die Füllung inzwischen Quark mit Zucker, Vanillin-Zucker, Zitronensaft, -schale und Ei in einer Schüssel gut verrühren.
4. Den Teig mit etwas Mehl bestäuben, aus der Schüssel nehmen und auf der leicht bemehlten Arbeitsfläche nochmals gut durchkneten. Teig zu einem Rechteck (etwa 30 x 60 cm) ausrollen.
5. Äpfel schälen, vierteln, entkernen und dann in kleine Würfel schneiden. Quarkmasse auf den gegangenen Teig streichen, dabei 1 cm am Rand frei lassen, und mit den Apfelwürfeln bestreuen. Den Teig von der langen Seite aus aufrollen. Die Teigenden mit etwas verschlagenem Eigelb bestreichen.
6. Die Teigrolle senkrecht halbieren und auf einem Backblech (mit Backpapier belegt) zu einem Kranz zusammenlegen. Den Kranz nochmals zugedeckt so lange an einem warmen Ort gehen lassen, bis er sich sichtbar vergrößert hat. Inzwischen den Backofen vorheizen. Restliches Eigelb mit Milch verschlagen. Den Hefekranz damit bestreichen.
7. In die Teigoberfläche mit einem scharfen Messer etwa 4 cm lange Kerben im Abstand von etwa 3 cm einritzen. Den Hefekranz mit Pinienkernen bestreuen. Das Backblech in den vorgeheizten Backofen schieben.
Ober-/Unterhitze: etwa 180 °C
Heißluft: etwa 160 °C
Backzeit: etwa 40 Minuten.
8. Das Backblech auf einen Kuchenrost stellen. Den Apfel-Hefekranz darauf erkalten lassen und anschließend in Stücke schneiden.

Tipp: Backen Sie den Apfelkranz auf Vorrat. Er lässt sich sehr gut einfrieren.

Beliebt – dauert länger

Beerenstrudel

Zubereitungszeit: 70 Minuten, ohne Ruhe- und Abkühlzeit
Backzeit: etwa 30 Minuten

Für den Strudelteig:
175 g Weizenmehl
1/2 Fläschchen Zitronen-Aroma
1 Prise Salz, 1 Ei (Größe M)
1 EL Speiseöl
50 ml lauwarmes Wasser

Zum Bestreichen und Bestreuen:
30 g Butter, 50 g Semmelbrösel
1 EL abgezogene, gehobelte Mandeln

Für die Füllung:
75 g abgezogene, gehobelte Mandeln
1 Becher (125 g) Crème double
1 Eigelb (Größe M)
1 Pck. Saucen-Pulver Vanille-Geschmack
25 g Puderzucker
1/2 Fläschchen Zitronen-Aroma
250 g vorbereitete rote Johannisbeeren
100 g vorbereitete Heidelbeeren

Zum Garnieren:
150 g vorbereitete rote Johannisbeeren
100 g vorbereitete Heidelbeeren
Puderzucker

Insgesamt:
E: 61 g, F: 151 g, Kh: 264 g,
kJ: 11232, kcal: 2688

1. Für den Teig Mehl mit Aroma, Salz, Ei, Speiseöl und Wasser in eine Rührschüssel geben. Die Zutaten mit Handrührgerät mit Knethaken zunächst kurz auf niedrigster, dann auf höchster Stufe gut durcharbeiten. Anschließend den Teig auf der leicht bemehlten Arbeitsfläche kurz zu einer Kugel verkneten. Den Teig auf Backpapier in einen heißen, trockenen Kochtopf legen (vorher Wasser darin kochen) und mit einem Deckel verschließen. Den Teig etwa 30 Minuten ruhen lassen.
2. Zum Bestreichen Butter zerlassen. Teig auf einem bemehlten, großen Tuch (Küchentuch) dünn ausrollen und mit den Händen zu einem Rechteck (etwa 45 x 50 cm) ausziehen. Evtl. dickere Ränder abschneiden. Den Teig mit der Hälfte der zerlassenen Butter bestreichen und die untere Teighälfte mit den Semmelbröseln bestreuen. Den Backofen vorheizen.
3. Für die Füllung Mandeln in einer Pfanne ohne Fett leicht bräunen und auf einem Teller erkalten lassen. Crème double mit Eigelb, Saucen-Pulver, Puderzucker und Aroma verrühren. Die Beeren und gebräunten Mandeln unterheben. Die Masse auf dem mit Semmelbröseln bestreuten Teigstück verteilen, dabei am Rand 1–2 cm frei lassen.
4. Den Teig von der bestreuten Seite aus aufrollen, dabei die Seiten etwas einschlagen. Die Teigrolle auf ein Backblech (mit Backpapier belegt) legen, zu einem Ring formen, mit der restlichen Butter bestreichen und mit den Mandeln bestreuen. Backblech in den vorgeheizten Backofen schieben.
Ober-/Unterhitze: 200–220 °C
Heißluft: 180–200 °C
Backzeit: etwa 30 Minuten.
5. Zum Garnieren die Beeren in die Mitte des Strudels geben, den Strudel mit Puderzucker bestäuben und lauwarm servieren.

Raffiniert – mit Alkohol

Bellini-Rolle

Zubereitungszeit: 40 Minuten, ohne Abkühl- und Kühlzeit
Backzeit: etwa 10 Minuten

Für den Biskuitteig:
4 Eier (Größe M)
1 Eigelb (Größe M)
75 g Zucker
1 Pck. Dr. Oetker Finesse Bourbon-Vanille-Aroma
75 g Weizenmehl
15 g Speisestärke
1/2 gestr. TL Dr. Oetker Backin
50 g abgezogene, gehobelte Mandeln

Für die Füllung:
2 Blatt weiße Gelatine
1 kleine Dose Pfirsichhälften (Abtropfgewicht 250 g)
2 EL Pfirsichlikör oder Pfirsichsaft aus der Dose
1 Pck. Aranca Zitronen-Geschmack (Dessertpulver)
200 ml Sekt oder Prosecco
150 g Joghurt
250 g Schlagsahne
1 Pck. Dr. Oetker Sahnesteif

Zum Garnieren und Verzieren:
1 reifer Pfirsich
Zitronensaft
50 g weiße Kuvertüre
1 TL Speiseöl

Insgesamt:
E: 75 g, F: 164 g, Kh: 335 g,
kJ: 13769, kcal: 3283

Bellini-Rolle

1. Den Backofen vorheizen. Für den Teig Eier und Eigelb mit Handrührgerät mit Rührbesen auf höchster Stufe in 1 Minute schaumig schlagen. Zucker in 1 Minute unter Rühren einstreuen, dann noch etwa 2 Minuten weiterschlagen. Aroma kurz unterrühren.
2. Mehl mit Speisestärke und Backpulver mischen, auf die Eiercreme geben und dann kurz auf niedrigster Stufe unterrühren. Den Teig auf ein Backblech (30 x 40 cm, gefettet, mit Backpapier belegt) geben und verstreichen. Die Oberfläche mit Mandeln bestreuen und das Backblech in den vorgeheizten Backofen schieben.
Ober-/Unterhitze: etwa 200 °C
Heißluft: etwa 180 °C
Backzeit: etwa 10 Minuten.
3. Nach dem Backen den Gebäckrand mit einem Messer lösen und Platte auf ein mit wenig Zucker bestreutes Backpapier stürzen. Mitgebackenes Backpapier abziehen und die Platte erkalten lassen.
4. Für die Füllung Gelatine nach Packungsanleitung einweichen. Pfirsiche in einem Sieb abtropfen lassen, etwas Saft dabei auffangen und die Pfirsiche mit Likör oder 2 Esslöffeln Saft pürieren. Gelatine leicht ausdrücken, in einem kleinen Topf bei schwacher Hitze auflösen und in das Püree rühren. Die Masse kalt stellen.
5. Dessertpulver nach Packungsanleitung, aber mit Sekt oder Prosecco zubereiten und Joghurt unterrühren. Sahne mit Sahnesteif steifschlagen und unterheben. Die Creme auf die erkaltete Gebäckplatte streichen, Pfirsichpüree darauf klecksen und mit einem Löffel etwas in die Creme einarbeiten. Die Platte von der längeren Seite aus aufrollen und die Rolle etwa 2 Stunden kalt stellen.
6. Zum Garnieren Pfirsich waschen, abtrocknen, halbieren und den Stein entfernen. Die Hälften in schmale Spalten schneiden, auf die Rolle legen und mit etwas Zitronensaft bestreichen. Zum Verzieren Kuvertüre grob hacken, mit Öl in einem Topf im Wasserbad bei schwacher Hitze unter Rühren schmelzen lassen und in einen kleinen Gefrierbeutel oder ein Papiertütchen füllen. Eine kleine Ecke abschneiden und die Rolle mit Kuvertüre besprenkeln.

Raffiniert

Exotische Mangorolle

Zubereitungszeit: 40 Minuten, ohne Abkühl- und Kühlzeit
Backzeit: etwa 10 Minuten

Für den Biskuitteig:
4 Eier (Größe M)
1 Eigelb (Größe M), 75 g Zucker
1 Pck. Dr. Oetker Vanillin-Zucker
125 g Weizenmehl
1 gestr. EL Kakaopulver
1/2 gestr. TL Dr. Oetker Backin
20 g Kokosraspel, grob

Für die Füllung:
6 Blatt weiße Gelatine
1 Dose Mangoscheiben (Abtropfgewicht 225 g)
125 ml (1/8 l) Maracujanektar
2 EL Zucker
1 Pck. Dr. Oetker Finesse Geriebene Zitronenschale
100 g Physalis (Kapstachelbeeren)
250 g Schlagsahne

Zum Bestreuen, Bestreichen und Garnieren:
50 g Kokosraspel, grob
250 g Schlagsahne
1 Pck. Dr. Oetker Sahnesteif
evtl. einige frische Mangoscheiben

Insgesamt:
E: 76 g, F: 238 g, Kh: 301 g, kJ: 15318, kcal: 3657

1. Den Backofen vorheizen. Für den Teig Eier und Eigelb mit Handrührgerät mit Rührbesen auf höchster Stufe in 1 Minute schaumig schlagen. Zucker und Vanillin-Zucker mischen, in 1 Minute einstreuen, dann noch etwa 2 Minuten weiterschlagen.
2. Mehl mit Kakaopulver und Backpulver mischen, auf die Eiercreme geben und kurz auf niedrigster Stufe unterrühren. Zuletzt die Kokosraspel unterheben. Den Teig auf ein Backblech (30 x 40 cm, gefettet, mit Backpapier belegt) geben und verstreichen. Das Backblech in den vorgeheizten Backofen schieben.
Ober-/Unterhitze: etwa 200 °C
Heißluft: etwa 180 °C
Backzeit: etwa 10 Minuten.
3. Den Biskuit nach dem Backen vom Rand lösen, auf eine Arbeitsfläche stürzen und erkalten lassen. Anschließend mitgebackenes Backpapier vorsichtig abziehen.
4. Für die Füllung Gelatine nach Packungsanleitung einweichen. Mangoscheiben in einem Sieb gut abtropfen lassen. Die Hälfte der Scheiben würfeln, restliche Mangoscheiben mit dem Maracujanektar pürieren. Zucker und Zitronenschale unterrühren. Gelatine leicht ausdrücken und in einem Topf bei schwacher Hitze auflösen. Etwas vom Püree hinzugeben und verrühren, dann die Masse mit dem restlichen Püree verrühren und kalt stellen.
5. Physalis (5 Stück zum Garnieren beiseitelegen) waschen, trocken tupfen und in dünne Scheiben schneiden. Sahne steifschlagen und das Mangopüree unterheben. Die Creme auf die Biskuitplatte streichen und mit Mangowürfeln und Physalisscheiben bestreuen. Die Biskuitplatte vorsichtig von der längeren Seite aus aufrollen und anschließend etwa 2 Stunden kalt stellen.
6. Vor dem Servieren zum Bestreuen Kokosraspel in einer Pfanne ohne Fett leicht bräunen und auf einem Teller erkalten lassen. Zum Bestreichen Sahne mit Sahnesteif steifschlagen, die Rolle damit bestreichen, mit Kokosraspeln bestreuen und mit den zurückgelassenen Physalis garnieren. Nach Belieben die Rolle mit einigen frischen Mangoscheiben belegen.

Schnell zubereitet

Frischkäse-Apfel-Rolle

Zubereitungszeit: 35 Minuten, ohne Abkühl- und Kühlzeit
Backzeit: etwa 20 Minuten

Für den Schüttelteig:
125 g Butter oder Margarine
50 g Rosinen
150 g Weizenmehl
2 gestr. TL Dr. Oetker Backin
70 g Zucker, 30 g Haferflocken
1 TL gemahlener Zimt
4 Eier (Größe M)
125 ml (1/8 l) Apfelsaft

Für die Füllung:
400 g Doppelrahm-Frischkäse
80 g Apfelgelee
1–2 EL Zitronensaft
1/2 Pck. Dr. Oetker Finesse Geriebene Zitronenschale

Zum Bestreuen:
Puderzucker

Insgesamt:
E: 92 g, F: 258 g, Kh: 347 g, kJ: 17194, kcal: 4108

1. Für den Teig Butter oder Margarine zerlassen und abkühlen lassen. Rosinen grob hacken. Den Backofen vorheizen. Mehl und Backpulver in einer verschließbaren Schüssel (etwa 3 l) mit Zucker, Haferflocken und Zimt mischen. Flüssige Butter oder Margarine, Eier und Apfelsaft hinzufügen und die Schüssel mit dem Deckel fest verschließen.
2. Schüssel mehrmals (insgesamt 15–30 Sekunden) kräftig schütteln, so dass alle Zutaten gut vermischt sind. Rosinen hinzufügen und alles mit einem Schneebesen oder Rührlöffel nochmals sorgfältig durchrühren, damit trockene Zutaten vom Rand mit untergerührt werden.
3. Dann den Teig auf ein Backblech (30 x 40 cm, gefettet, mit Backpapier belegt) geben und verstreichen. Das Backblech in den vorgeheizten Backofen schieben.
Ober-/Unterhitze: etwa 200 °C
Heißluft: etwa 180 °C
Backzeit: etwa 20 Minuten.
4. Gebäckplatte sofort nach dem Backen vom Backblechrand lösen und auf ein mit Zucker bestreutes Backpapier stürzen. Anschließend Gebäckplatte mit Backpapier erkalten lassen.
5. Für die Füllung Frischkäse mit Apfelgelee zu einer dicken Creme verrühren und mit Zitronensaft und -schale abschmecken.
6. Die Füllung gleichmäßig auf die Gebäckplatte streichen und mit Hilfe des Backpapiers von der langen Seite aus aufrollen. Die Rolle mindestens 1 Stunde kalt stellen und vor dem Servieren mit Puderzucker bestreuen.

Abwandlung: Statt einer Apfelrolle eine Orangenrolle zubereiten. Dafür Apfelsaft durch Orangensaft ersetzen. Anstelle von Apfelgelee Orangenmarmelade und statt Zitronenschale geriebene Orangenschale verwenden.

Frischkäse-Apfel-Rolle

Für Gäste

Aprikosen-Nougat-Rolle

Zubereitungszeit: 40 Minuten, ohne Abkühlzeit
Backzeit: etwa 10 Minuten

Für den Biskuitteig:
3 Eier (Größe M)
1 Eigelb (Größe M), 100 g Zucker
1 Pck. Dr. Oetker Vanillin-Zucker
75 g Weizenmehl
25 g Speisestärke
1 Msp. Dr. Oetker Backin

Für die Füllung:
100 g Nuss-Nougat
1 Dose Aprikosenhälften (Abtropfgewicht 250 g)
1 Pck. Vanilla Tortencreme (Cremepulver)
150 ml Milch
150 ml Aprikosensaft aus der Dose
200 g weiche Butter

Zum Bestäuben:
etwas Kakaopulver

Insgesamt:
E: 56 g, F: 261 g, Kh: 418 g, kJ: 17973, kcal: 4293

1. Den Backofen vorheizen. Für den Teig Eier und Eigelb mit Handrühr-

Aprikosen-Nougat-Rolle

Goldmarie-Cappuccino-Rolle

gerät mit Rührbesen auf höchster Stufe in 1 Minute schaumig schlagen. Zucker mit Vanillin-Zucker mischen, in 1 Minute einstreuen, dann noch etwa 2 Minuten weiterschlagen.
2. Mehl mit Speisestärke und Backpulver mischen, auf die Eiercreme geben und kurz auf niedrigster Stufe unterrühren. Den Teig auf ein Backblech (30 x 40 cm, gefettet, mit Backpapier belegt) geben und verstreichen. Das Backblech in den vorgeheizten Backofen schieben.
Ober-/Unterhitze: etwa 200 °C
Heißluft: etwa 180 °C
Backzeit: etwa 10 Minuten.
3. Biskuit sofort nach dem Backen vom Rand lösen, auf ein mit Zucker bestreutes Backpapier stürzen und mit Backpapier erkalten lassen.
4. Für die Füllung Nuss-Nougat nach Packungsanleitung schmelzen und abkühlen lassen. Aprikosen in einem Sieb abtropfen lassen, den Saft dabei auffangen und 150 ml davon abmessen. Aprikosen in kleine Würfel schneiden. Tortencreme mit Milch, Saft und Butter nach Packungsanleitung, aber mit den hier angegebenen Zutaten zubereiten. Nuss-Nougat unterschlagen.
5. Backpapier von der Biskuitplatte abziehen und die Platte mit zwei Dritteln der Creme bestreichen. Creme mit Aprikosenwürfeln belegen und die Biskuitplatte von der kürzeren Seite aus aufrollen. Rolle mit restlicher Creme bestreichen. Mit Hilfe eines Teelöffels Vertiefungen eindrücken. Rolle kalt stellen und kurz vor dem Servieren mit Kakao bestäuben.

Raffiniert

Goldmarie-Cappuccino-Rolle

Zubereitungszeit: 35 Minuten, ohne Abkühl- und Kühlzeit
Backzeit: etwa 10 Minuten

Für den Biskuitteig:
4 Eier (Größe M)
1 Eigelb (Größe M)
75 g Zucker
1 Pck. Dr. Oetker Finesse Bourbon-Vanille-Aroma
60 g Weizenmehl
20 g Kakaopulver
1/2 gestr. TL Dr. Oetker Backin

Für die Füllung:
10 Schoko-Nuss-Konfektkugeln
400 g Schlagsahne
1 Pck. (10 g) Instant-Cappuccinopulver
2 Pck. Dr. Oetker Sahnesteif

Zum Verzieren und Garnieren:
100 g Zartbitter-Kuvertüre
1 EL Speiseöl
100 g Schlagsahne
6 Schoko-Nuss-Konfektkugeln
Kakaopulver

Insgesamt:
E: 80 g, F: 321 g, Kh: 299 g,
kJ: 18448, kcal: 4410

1. Den Backofen vorheizen. Für den Teig Eier und Eigelb mit Handrührgerät mit Rührbesen auf höchster Stufe in 1 Minute schaumig schlagen. Zucker in 1 Minute unter Rühren einstreuen, dann noch etwa 2 Minuten weiterschlagen. Aroma kurz unterrühren.
2. Mehl mit Kakaopulver und Backpulver mischen, auf die Eiercreme geben und kurz auf niedrigster Stufe unterrühren. Den Teig auf ein Backblech (30 x 40 cm, gefettet, mit Backpapier belegt) geben und verstreichen. Das Backblech in den vorgeheizten Backofen schieben.
Ober-/Unterhitze: etwa 200 °C
Heißluft: etwa 180 °C
Backzeit: etwa 10 Minuten.
3. Das Gebäck mit einem Messer vom Backblech lösen, dann auf ein mit etwas Zucker bestreutes Backpapier stürzen. Die Platte erkalten lassen und mitgebackenes Backpapier vorsichtig abziehen.
4. Für die Füllung die Konfektkugeln grob hacken. Schlagsahne mit Cappuccinopulver und Sahnesteif steifschlagen und die gehackten Konfektkugeln kurz unterrühren. Die Creme auf die erkaltete Gebäckplatte streichen und mit Hilfe des Backpapiers von der längeren Seite aus aufrollen.
5. Zum Verzieren die Kuvertüre mit Speiseöl in einem Topf im Wasserbad bei schwacher Hitze unter Rühren schmelzen lassen, die Rolle damit besprenkeln und kalt stellen. Sahne steifschlagen, in einen Spritzbeutel mit kleiner Lochtülle geben und die Rolle damit verzieren. Zum Garnieren Konfektkugeln vorsichtig halbieren und auf der Rolle verteilen. Vor dem Servieren die Rolle mit wenig Kakao bestäuben.

Beliebt

Hefe-Karamell-Kuchen

Zubereitungszeit: 50 Minuten, ohne Abkühl- und Teiggehzeit
Backzeit: 25–30 Minuten

Zum Vorbereiten:
150 g Kartoffeln

Für den Hefeteig:
350 g Weizenmehl
1 Pck. Dr. Oetker Trockenbackhefe
50 g brauner Zucker (Rohrzucker)
1/2 gestr. TL Salz
1 Ei (Größe M)
100 ml Milch
70 g weiche Butter oder Margarine

Für den Belag:
50 g weiche Butter oder Margarine
50 g brauner Zucker (Rohrzucker)
2 gestr. TL gemahlener Zimt

Für den Guss:
100 g Butter
100 g Schlagsahne
150 g brauner Zucker (Rohrzucker)
50 g gehackte Pekannusskerne

Insgesamt:
E: 64 g, F: 266 g, Kh: 531 g,
kJ: 19947, kcal: 4764

Hefe-Karamell-Kuchen

1. Zum Vorbereiten Kartoffeln gründlich waschen, mit Wasser bedeckt zum Kochen bringen und zugedeckt in 20–25 Minuten gar kochen lassen. Die garen Kartoffeln abgießen, mit kaltem Wasser abschrecken, abtropfen lassen, noch warm pellen und etwas abkühlen lassen. Kartoffeln lauwarm durch eine Kartoffelpresse oder ein Sieb drücken.
2. Für den Teig Mehl in eine Rührschüssel geben und sorgfältig mit Trockenbackhefe vermischen. Dann Zucker, Salz, Ei, Milch, Butter oder Margarine und durchgepresste lauwarme Kartoffeln hinzufügen. Die Zutaten mit Handrührgerät mit Knethaken zunächst kurz auf niedrigster, dann auf höchster Stufe in etwa 5 Minuten zu einem Teig verarbeiten. Den Teig zugedeckt so lange an einem warmen Ort gehen lassen, bis er sich sichtbar vergrößert hat.
3. Den Teig leicht mit Mehl bestäuben, aus der Schüssel nehmen, auf der leicht bemehlten Arbeitsfläche nochmals gut durchkneten und zu einem Rechteck (etwa 35 x 60 cm) ausrollen.
4. Für den Belag Butter oder Margarine auf den Teig streichen, dabei rundherum einen 1 cm breiten Rand frei lassen. Zucker und Zimt mischen und auf den bestrichenen Teig streuen. Den Teig von der langen Seite aus aufrollen und in 12 Scheiben schneiden.
5. Für den Guss Butter mit Sahne und Zucker in einem Topf unter Rühren aufkochen lassen, bis der Zucker gelöst ist. Die Hälfte des Gusses in einer quadratischen Form, z. B. Auflaufform (23 x 23 cm, etwa 2 l) verteilen und mit der Hälfte der Nusskerne bestreuen.
6. Die Teigscheiben in die Form setzen. Restlichen Guss daraufträufeln und restliche Nusskerne aufstreuen. Den Backofen vorheizen. Den Teig nochmals zugedeckt etwa 10 Minuten an einem warmen Ort gehen lassen. Die Form auf dem Rost in den vorgeheizten Backofen schieben.
Ober-/Unterhitze: etwa 180 °C
Heißluft: etwa 160 °C
Backzeit: 25–30 Minuten.
7. Den Kuchen etwa 5 Minuten in der Form stehen lassen, dann aus der Form lösen und auf einem Kuchenrost erkalten lassen.

Mit Alkohol – dauert länger

Mallorquinischer Strudel

Zubereitungszeit: 70 Minuten, ohne Ruhe- und Abkühlzeit
Backzeit: etwa 50 Minuten

Für den Strudelteig:
200 g Weizenmehl, 1 Prise Salz
75 ml (5 EL) Wasser
50 g zerlassene Butter
oder 3 EL Speiseöl

Für die Füllung:
1 kg feste Birnen
125 ml (1/8 l) Rotwein, 1 EL Zucker
100 g abgezogene, gemahlene Mandeln
evtl. einige Tropfen Rosenwasser

Zum Bestreichen:
50 g Butter

Zum Bestreuen:
1–2 EL abgezogene, gehobelte Mandeln

Für den Guss:
75 g Puderzucker
1 EL Rotwein oder Zitronensaft

Insgesamt:
E: 49 g, F: 147 g, Kh: 359 g,
kJ: 13364, kcal: 3188

1. Für den Teig die Zutaten in eine Rührschüssel geben und mit Handrührgerät mit Knethaken zunächst kurz auf niedrigster, dann auf höchster Stufe gut durcharbeiten. Anschließend den Teig auf der Arbeitsfläche zu einer Kugel verkneten.
2. Den Teig auf Backpapier in einen heißen, trockenen Kochtopf (vorher Wasser darin kochen) legen, Topf mit einem Deckel verschließen und den Teig etwa 30 Minuten ruhen lassen.
3. Für die Füllung inzwischen Birnen schälen, vierteln, entkernen und in kleine Stücke schneiden. Rotwein mit Zucker aufkochen lassen, Birnen kurz darin dünsten und erkalten lassen. Die gut abgetropften Birnen mit gemahlenen Mandeln und nach Belieben mit Rosenwasser verrühren.
4. Den Teig auf einem bemehlten großen Tuch (Küchentuch) zu einem Rechteck (etwa 30 x 90 cm) ausrollen und dünn mit etwas zerlassener Butter bestreichen. Er muss durchsichtig sein. Die Ränder abschneiden, wenn sie dicker sind. Den Backofen vorheizen.
5. Die Birnenmasse auf den Teig streichen, dabei etwa 2 cm rundherum frei lassen. Ränder über die Füllung schlagen. Den Teig von der längeren Seite aus aufrollen und den Strudel zur Schnecke zusammenrollen. Die Schnecke mit der Naht nach unten auf ein Backblech (gefettet) legen. Strudel mit zerlassener Butter bestreichen. Das Backblech in den vorgeheizten Backofen schieben.
Ober-/Unterhitze: 180–200 °C
Heißluft: 160–180 °C
Backzeit: etwa 50 Minuten.
6. Den Strudel sofort nach dem Backen mit der restlichen Butter bestreichen. Mandeln in einer Pfanne ohne Fett leicht bräunen und auf einem Teller erkalten lassen. Puderzucker mit Rotwein oder Zitronensaft zu einem streichfähigen Guss verrühren. Strudel damit sofort bestreichen und mit den Mandeln bestreuen. Den Strudel lauwarm oder kalt servieren.

Mallorquinischer Strudel

Für Kinder

Quarkstrudel mit Obst

Zubereitungszeit: 45 Minuten, ohne Ruhezeit
Backzeit: 40–45 Minuten

Für den Strudelteig:
250 g Weizenmehl
1 Prise Salz
100 ml lauwarmes Wasser
1 Ei (Größe S)
1 EL Speiseöl

Für die Füllung:
100 g getrocknete Aprikosen
500 g säuerliche Äpfel
250 g Magerquark
1 Becher (150 g) Crème fraîche
1 Ei (Größe M)
50 g Zucker
1 Pck. Dr. Oetker Vanillin-Zucker
1 geh. EL Speisestärke
1 Pck. Dr. Oetker Finesse Geriebene Zitronenschale
1–2 EL Zitronensaft
50 g abgezogene, gehobelte Mandeln
75 g Rosinen

Zum Bestreichen:
50 g Butter

Zum Bestäuben:
25 g Puderzucker

Insgesamt:
E: 97 g, F: 144 g, Kh: 448 g, kJ: 15394, kcal: 3675

Quarkstrudel mit Obst

1. Für den Teig die Zutaten in eine Rührschüssel geben und mit Handrührgerät mit Knethaken zunächst kurz auf niedrigster, dann auf höchster Stufe gut durcharbeiten.
2. Anschließend den Teig auf der bemehlten Arbeitsfläche zu einer Kugel verkneten. Teig auf Backpapier in einen heißen, trockenen Kochtopf (vorher Wasser darin kochen) legen, Topf mit einem Deckel verschließen, Teig etwa 30 Minuten ruhen lassen.
3. Inzwischen für die Füllung Aprikosen in feine Streifen schneiden. Äpfel schälen, vierteln, entkernen und in dünne Scheiben schneiden. Quark mit Crème fraîche, Ei, Zucker, Vanillin-Zucker, Speisestärke, Zitronenschale und -saft verrühren. Aprikosenstreifen, Apfelscheiben, Mandeln und Rosinen unterheben. Den Backofen vorheizen.
4. Den Strudelteig auf einem bemehlten Tuch (Küchentuch) dünn ausrollen, ihn dann mit den Händen zu einem Rechteck (etwa 50 x 70 cm) ausziehen (er muss durchsichtig sein). Die Ränder abschneiden, wenn sie dicker sind.
5. Die Füllung auf zwei Drittel des Teiges verteilen (an den kürzeren Seiten einen etwa 2 cm breiten Rand frei lassen). Auf den unbelegten Teig die Hälfte der zerlassenen Butter streichen, die Teigränder auf die Füllung schlagen. Den Teig mit Hilfe des Tuchs, mit der Füllung beginnend, aufrollen und an den Enden gut zusammendrücken.
6. Den Strudel mit der Naht nach unten auf ein Backblech (gefettet, mit Backpapier belegt) legen und mit der restlichen Butter bestreichen. Das Backblech in den vorgeheizten Backofen schieben.
Ober-/Unterhitze: etwa 180 °C
Heißluft: etwa 160 °C
Backzeit: 40–45 Minuten.
7. Den Strudel mit dem Backpapier vom Backblech auf einen Kuchenrost ziehen. Den Strudel mit Puderzucker bestäuben und lauwarm servieren.

Tipp: Strudel mit Vanilleeis servieren.

Beliebt

Snickers-Rolle

Zubereitungszeit: 40 Minuten,
ohne Abkühl- und Kühlzeit
Backzeit: etwa 10 Minuten

Für den Biskuitteig:
5 Eier (Größe M)
2 EL heißes Wasser
75 g Zucker
1 Pck. Dr. Oetker Vanillin-Zucker
50 g Weizenmehl
20 g Speisestärke
1 Msp. Dr. Oetker Backin
1 gestr. EL Kakaopulver
1 TL Zucker
1 EL Milch

Für die Füllung:
1 Pck. Dr. Oetker Pudding-Pulver
Vanille-Geschmack
400 ml Milch
1 EL Zucker
2 Riegel (je 57 g) Snickers®
100 g weiche Butter
100–125 g Erdnusscreme (creamy)

Zum Garnieren:
1 Riegel (57 g) Snickers®

Insgesamt:
E: 92 g, F: 237 g, Kh: 310 g,
kJ: 15493, kcal: 3706

Snickers-Rolle

1. Den Backofen vorheizen. Für den Teig Eier und Wasser mit Handrührgerät mit Rührbesen auf höchster Stufe in 1 Minute schaumig schlagen. Zucker und Vanillin-Zucker mischen, in 1 Minute einstreuen, dann noch etwa 2 Minuten weiterschlagen. Mehl mit Speisestärke und Backpulver mischen, auf die Eiercreme geben und kurz auf niedrigster Stufe unterrühren.

2. Die Hälfte des Teiges vorsichtig mit etwas Zwischenraum in 3 breiten Streifen auf ein Backblech (30 x 40 cm, gefettet, mit Backpapier belegt) gießen. Kakao mit Zucker und Milch verrühren und unter den restlichen Teig rühren. Den dunklen Teig in die Zwischenräume des hellen Teiges gießen. Das Backblech in den vorgeheizten Backofen schieben.
Ober-/Unterhitze: etwa 200 °C
Heißluft: etwa 180 °C
Backzeit: etwa 10 Minuten.

3. Die Biskuitplatte vom Backblechrand lösen, auf ein mit Zucker bestreutes Backpapier stürzen und mitgebackenes Backpapier abziehen. Die Biskuitplatte von der längeren Seite aus mit dem Backpapier aufrollen und erkalten lassen.

4. Für die Füllung aus Pudding-Pulver, aber mit den hier angegebenen Mengen Milch und Zucker einen Pudding zubereiten. Pudding von der Kochstelle nehmen, Snickers® in kleine Würfel schneiden und unterrühren. Die Masse erkalten lassen, dabei gelegentlich umrühren.

5. Butter mit Erdnusscreme (beides Zimmertemperatur) cremig rühren und den Pudding esslöffelweise dazugeben, dabei darauf achten, dass Butter, Erdnusscreme und Pudding Zimmertemperatur haben, da die Creme sonst gerinnt.

6. Die Biskuitrolle auseinanderrollen, 2–3 Esslöffel der Puddingcreme in einen Spritzbeutel mit kleiner Lochtülle geben, die restliche Creme auf der Biskuitplatte verstreichen und die Platte wieder aufrollen. Die Rolle kurz kalt stellen.

7. Die Rolle mit der restlichen Creme aus dem Spritzbeutel verzieren und anschließend mit einem in Scheiben geschnittenen Riegel Snickers® garnieren.

Beliebt

Nusskordel

Zubereitungszeit: 40 Minuten, ohne Abkühlzeit
Backzeit: etwa 30 Minuten

Für die Füllung:
100 g gehackte Haselnusskerne
100 g gehackte Walnusskerne
200 g Marzipan-Rohmasse
400 g Äpfel
2 EL Zitronensaft

Für den Quark-Öl-Teig:
250 g Weizenmehl
2 gestr. TL Dr. Oetker Backin
125 g Magerquark
50 ml Speiseöl, 50 ml Milch
1 Ei (Größe M), 50 g Zucker
1 Pck. Dr. Oetker Vanillin-Zucker

Zum Aprikotieren und Bestreuen:
2–3 EL Aprikosenkonfitüre
30 g gehobelte Haselnusskerne

Insgesamt:
E: 111 g, F: 232 g, Kh: 419 g,
kJ: 18390, kcal: 4390

1. Für die Füllung Haselnuss- und Walnusskerne in einer Pfanne ohne Fett rösten und auf einem Teller erkalten lassen. Marzipan grob raspeln. Äpfel schälen, vierteln, entkernen, in kleine Würfel schneiden und mit Zitronensaft und den Nusskernen mischen. Den Backofen vorheizen.
2. Für den Teig Mehl mit Backpulver in einer Rührschüssel mischen. Quark, Öl, Milch, Ei, Zucker und Vanillin-Zucker hinzufügen. Die Zutaten mit Handrührgerät mit Knethaken auf höchster Stufe in etwa 1 Minute zu einem Teig verarbeiten (nicht zu lange, Teig klebt sonst).
3. Anschließend den Teig auf der leicht bemehlten Arbeitsfläche zu einer Rolle formen und zu einem Quadrat (etwa 50 x 50 cm) ausrollen. Das Teigquadrat in der Mitte einmal durchschneiden. Die Nuss-Apfel-Mischung auf beiden Teigrechtecken verteilen, dabei am Rand jeweils etwa 2 cm frei lassen. Marzipanraspel darüberstreuen. Die Teigrechtecke von der langen Seite aus aufrollen.
4. Die Teigrollen vorsichtig nebeneinander auf ein Backblech (30 x 40 cm, gefettet, mit Backpapier belegt) legen und wie eine Kordel umeinander drehen. Das Backblech in den vorgeheizten Backofen schieben.
Ober-/Unterhitze: etwa 180 °C
Heißluft: etwa 160 °C
Backzeit: etwa 30 Minuten.
5. Zum Aprikotieren Konfitüre durch ein Sieb streichen und in einem kleinen Topf unter Rühren erhitzen.
6. Dann das Gebäck mit dem Backpapier von dem Backblech auf einen Kuchenrost ziehen, sofort mit der Konfitüre bestreichen und mit Haselnusskernen bestreuen. Die Nusskordel auf dem Kuchenrost erkalten lassen.

Tipp: Die Nusskordel hält sich gut verpackt 2–3 Tage.

Nusskordel

Klassisch – dauert länger

Ostdeutscher Mohnstrudel

Zubereitungszeit: 80 Minuten, ohne Ruhe-, Quell- und Abkühlzeit
Backzeit: etwa 45 Minuten

Für den Strudelteig:
250 g Weizenmehl
1 Prise Salz
100 ml lauwarmes Wasser
1 Ei (Größe S)
1 EL Speiseöl

Für die Füllung:
375–500 ml (3/8 – 1/2 l) Wasser
500 g frisch gemahlener Mohn
100 g Zucker
3 EL Honig, 1 Ei (Größe M)
1 Pck. Dr. Oetker Finesse
Geriebene Zitronenschale
100 g Rosinen
250 g säuerliche Äpfel

Zum Bestreichen und Bestäuben:
50 g Butter
20 g Puderzucker

Insgesamt:
E: 140 g, F: 285 g, Kh: 516 g,
kJ: 22641, kcal: 5409

1. Für den Teig die Zutaten in eine Rührschüssel geben und mit Handrührgerät mit Knethaken zunächst kurz auf niedrigster, dann auf höchster Stufe gut durcharbeiten.
2. Anschließend den Teig auf der Arbeitsfläche zu einer Kugel verkneten. Den Teig auf Backpapier in einen heißen, trockenen Kochtopf (vorher Wasser darin kochen) legen, Topf mit

Ostdeutscher Mohnstrudel

Pekannuss-Strudel

einem Deckel verschließen und Teig etwa 30 Minuten ruhen lassen.
3. Für die Füllung inzwischen Wasser in einem Topf zum Kochen bringen und Mohn einrühren. Topf von der Kochstelle nehmen und Mohn zugedeckt etwa 15 Minuten quellen lassen. Zucker, Honig, Ei, Zitronenschale und Rosinen unterrühren. Äpfel schälen, entkernen, grob raspeln und unter die Mohnmasse rühren.
4. Strudelteig auf einem bemehlten großen Tuch (Küchentuch) dünn ausrollen, ihn dann mit den Händen zu einem Rechteck (etwa 50 x 70 cm) ausziehen (er muss durchsichtig sein). Die Ränder abschneiden, wenn sie dicker sind. Den Backofen vorheizen.
5. Auf zwei Drittel des Teiges die Füllung streichen und dabei an den kürzeren Enden etwa 2 cm Rand frei lassen. Ränder auf die Füllung schlagen. Den Teig mit Hilfe des Tuches, mit der Füllung beginnend, aufrollen und an den Enden gut zusammendrücken.
6. Strudel auf ein Backblech (gefettet) legen und mit etwas zerlassener Butter bestreichen. Das Backblech in den vorgeheizten Backofen schieben.
Ober-/Unterhitze: 180–200 °C
Heißluft: 160–180 °C
Backzeit: etwa 45 Minuten.
7. Während des Backens mit der restlichen Butter bestreichen. Strudel nach dem Backen auf einem Kuchenrost erkalten lassen. Den erkalteten Strudel mit Puderzucker bestäuben.

Raffiniert – mit Alkohol

Pekannuss-Strudel

Zubereitungszeit: 50 Minuten, ohne Ruhezeit
Backzeit: etwa 45 Minuten

Für den Strudelteig:
250 g Weizenmehl
1 Prise Salz
100 ml lauwarmes Wasser
1 Ei (Größe M)
1 EL Speiseöl

Für die Füllung:
400 g gemahlene Pekannusskerne
250 g flüssiger Honig
1 Ei (Größe M), 1 Eiweiß (Größe M)
6–8 EL weißer Rum
1 geh. TL gemahlener Zimt
100 g kandierte Ananasstücke, fein gewürfelt

Zum Bestreichen und Bestäuben:
1 Eigelb (Größe M), 1 EL Milch
Puderzucker

Insgesamt:
E: 88 g, F: 320 g, Kh: 461 g,
kJ: 21895, kcal: 5227

1. Für den Teig die Zutaten in eine Rührschüssel geben und mit Handrührgerät mit Knethaken zunächst kurz auf niedrigster, dann auf höchster Stufe gut durcharbeiten. Anschließend den Teig auf der Arbeitsfläche zu einer Kugel verkneten. Teig auf Backpapier in einen heißen, trockenen Kochtopf (vorher Wasser darin kochen) legen, Topf mit einem Deckel verschließen und Teig etwa 30 Minuten ruhen lassen.
2. Für die Füllung Pekannusskerne mit Honig, Ei, Eiweiß, Rum, Zimt und Ananas mit Handrührgerät mit Rührbesen zu einer geschmeidigen Masse verrühren. Den Strudelteig auf einem bemehlten großen Tuch (Küchentuch) dünn ausrollen, ihn dann mit den Händen zu einem Rechteck (etwa 50 x 70 cm) ausziehen (er muss durchsichtig sein). Die Ränder abschneiden, wenn sie dicker sind. Den Backofen vorheizen.
3. Zwei Drittel des Strudelteiges mit der Füllung bestreichen (an den kürzeren Seiten etwa 2 cm am Rand frei lassen). Die Teigränder auf die Füllung schlagen. Den Teig mit Hilfe des Tuches, mit der Füllung beginnend, aufrollen und an den Enden gut zusammendrücken. Den Strudel mit der Naht nach unten halbrund auf ein Backblech (mit Backpapier belegt) legen.
4. Zum Bestreichen Eigelb mit Milch verschlagen und den Strudel damit bestreichen. Das Backblech in den vorgeheizten Backofen schieben.
Ober-/Unterhitze: 180–200 °C
Heißluft: 160–180 °C
Backzeit: etwa 45 Minuten.
5. Den heißen Strudel mit Puderzucker bestäuben und auf einem Kuchenrost erkalten lassen.

Tipp: Anstelle von Pekannusskernen Walnusskerne verwenden.

Strudel mit Birnen und Preiselbeeren

Für Gäste

Strudel mit Birnen und Preiselbeeren

Zubereitungszeit: 60 Minuten, ohne Ruhezeit
Backzeit: etwa 45 Minuten

Für den Strudelteig:
125 g Weizenmehl
1 Prise Salz
2 EL lauwarmes Wasser
1 Ei (Größe M)
knapp 2 EL Speiseöl

Für die Füllung:
600 g Birnen
2–3 EL Zitronensaft
1 Glas Wild-Preiselbeerdessert (Abtropfgewicht 175 g)
50 g gehackte Walnusskerne
1 EL abgezogene, gestiftelte Mandeln
50 g Zucker
1 gestr. EL gemahlener Zimt

Zum Bestreichen:
50 g Butter

Zum Bestäuben:
Puderzucker

Insgesamt:
E: 34 g, F: 105 g, Kh: 290 g,
kJ: 9319, kcal: 2224

1. Für den Teig die Zutaten in eine Rührschüssel geben und mit Handrührgerät mit Knethaken zunächst kurz auf niedrigster, dann auf höchster Stufe gut durcharbeiten. Anschließend den Teig auf der Arbeitsfläche zu einer Kugel verkneten. Teig auf Backpapier in einen heißen, trockenen Kochtopf (vorher Wasser darin kochen) legen, Topf mit einem Deckel verschließen und Teig etwa 30 Minuten ruhen lassen.
2. Für die Füllung inzwischen Birnen schälen, vierteln, entkernen, in feine Scheiben schneiden und mit Zitronensaft vermengen. Wild-Preiselbeeren in einem Sieb gut abtropfen lassen. Birnenscheiben mit Preiselbeeren, Walnusskernen, Mandeln, Zucker und Zimt mischen.
3. Dann den Strudelteig auf einem bemehlten großen Tuch (Küchentuch) dünn ausrollen und mit den Händen zu einem Rechteck (etwa 50 x 70 cm) ausziehen (er muss durchsichtig sein). Die Ränder abschneiden, wenn sie dicker sind. Den Teig mit etwas zerlassener Butter bestreichen. Den Backofen vorheizen.
4. Auf zwei Drittel des Teiges die Füllung verteilen (an den kürzeren Seiten etwa 2 cm am Rand frei lassen). Teigränder auf die Füllung schlagen. Den Teig mit Hilfe des Tuches, mit der Füllung beginnend, aufrollen und an den Enden gut zusammendrücken. Den Teigstrudel mit der Naht nach unten auf ein Backblech (mit Backpapier belegt) legen und mit etwas von der Butter bestreichen. Das Backblech in den vorgeheizten Backofen schieben.
Ober-/Unterhitze: etwa 180 °C
Heißluft: etwa 160 °C
Backzeit: etwa 45 Minuten.
5. Während des Backens den Strudel mit der restlichen Butter bestreichen. Den Strudel mit dem Backpapier vom Backblech auf einem Kuchenrost erkalten lassen. Vor dem Servieren mit Puderzucker bestäuben.

Fettarm

Tigerrolle

Zubereitungszeit: 40 Minuten, ohne Abkühl- und Kühlzeit
Backzeit: 10–12 Minuten

Für den Biskuitteig:
3 Eier (Größe M), 100 g Zucker
1 Pck. Dr. Oetker Vanillin-Zucker
1/2 Pck. Dr. Oetker Finesse Geriebene Zitronenschale
100 g Weizenmehl
2 Msp. Dr. Oetker Backin
1 TL gesiebtes Kakaopulver

Für die Füllung:
6 Blatt weiße Gelatine
1 Dose Pfirsichhälften, natursüß (Abtropfgewicht 250 g)
2 EL Zitronensaft
150 ml Multivitaminsaft
200 g Joghurt-Frischkäse (etwa 16 % Fett i. Tr.)
40 g gesiebter Puderzucker

Insgesamt:
E: 62 g, F: 54 g, Kh: 312 g, kJ: 8312, kcal: 1984

1. Den Backofen vorheizen. Für den Teig Eier mit Handrührgerät mit Rührbesen auf höchster Stufe in 1 Minute schaumig schlagen. Zucker mit Vanillin-Zucker und Zitronenschale mischen, in 1 Minute einstreuen und noch etwa 2 Minuten weiterschlagen. Mehl mit Backpulver mischen, auf die Eiercreme geben und kurz auf niedrigster Stufe unterrühren. Für den dunklen Teig ein Drittel des Teiges abnehmen und Kakaopulver kurz unterrühren.

2. Dunklen Teig mit einem Esslöffel in unregelmäßigen Querstreifen auf ein Backblech (30 x 40 cm, gefettet, mit Backpapier belegt) geben. Hellen Teig in die Teigzwischenräume geben und mit einer Teigkarte vorsichtig verstreichen. Heller und dunkler Teig sollen das Muster eines Tigerfells ergeben. Das Backblech in den vorgeheizten Backofen schieben.

Ober-/Unterhitze: etwa 200 °C
Heißluft: etwa 180 °C
Backzeit: 10–12 Minuten.

3. Biskuitplatte nach dem Backen vom Backblechrand lösen, dann mit dem Backpapier von der langen Seite aus aufrollen und auf einem Kuchenrost erkalten lassen.

4. Für die Füllung die Gelatine nach Packungsanleitung einweichen. Pfirsichhälften abtropfen lassen und fein würfeln. Gelatine leicht ausdrücken und mit Zitronensaft in einem kleinen Topf auflösen. Zuerst die Hälfte des Multivitaminsaftes unterrühren, dann die Mischung mit dem restlichen Multivitaminsaft verrühren. Saft-Gelatine-Mischung kalt stellen.

5. Frischkäse und Puderzucker mit Handrührgerät mit Rührbesen auf höchster Stufe kurz cremig aufschlagen. Sobald die Saft-Gelatine-Mischung beginnt dicklich zu werden, Frischkäse unterrühren und die Pfirsichwürfel unterheben.

6. Biskuitrolle vorsichtig abrollen. Füllung auf der Biskuitplatte verstreichen und die Platte von der längeren Seite aus aufrollen, dabei das mitgebackene Backpapier abziehen. Tigerrolle mindestens 2 Stunden kalt stellen.

Tipp: Nach Belieben die Rolle vor dem Servieren mit Minzeblättchen garnieren. Kalt gestellt hält sich die Tigerrolle 2–3 Tage frisch.

Tigerrolle

Raffiniert – mit Alkohol

Schwedenrolle

Zubereitungszeit: 40 Minuten, ohne Abkühl- und Kühlzeit
Backzeit: 8–10 Minuten

Für den Biskuitteig:
4 Eier (Größe M)
1 Eigelb (Größe M), 125 g Zucker
1 Pck. Dr. Oetker Vanillin-Zucker
125 g Weizenmehl
1/2 gestr. TL Dr. Oetker Backin
60 g abgezogene, gehobelte Mandeln

Für die Füllung:
8 Blatt weiße Gelatine
1 Glas Apfelkompott (Einwaage 360 g)
1 Becher (500 g) Vanille-Sahnepudding (aus dem Kühlregal)
100 ml Eierlikör

Zum Bestäuben:
Puderzucker

Insgesamt:
E: 88 g, F: 117 g, Kh: 405 g, kJ: 13033, kcal: 3111

1. Den Backofen vorheizen. Für den Teig Eier und Eigelb mit Handrührgerät mit Rührbesen auf höchster Stufe in 1 Minute schaumig schlagen. Zucker und Vanillin-Zucker mischen, in 1 Minute unter Rühren einstreuen, dann etwa 2 Minuten weiterschlagen.
2. Mehl mit Backpulver mischen, auf die Eiercreme geben und kurz auf niedrigster Stufe unterrühren. Den Teig auf ein Backblech (30 x 40 cm, gefettet, mit Backpapier belegt) geben, verstreichen und mit den Mandeln bestreuen. Das Backblech in den vorgeheizten Backofen schieben.
Ober-/Unterhitze: etwa 200 °C
Heißluft: etwa 180 °C
Backzeit: 8–10 Minuten.
3. Den Biskuit nach dem Backen vom Rand lösen, auf ein mit Zucker bestreutes Backpapier stürzen, mitgebackenes Backpapier abziehen und den Biskuit erkalten lassen.
4. Für die Füllung die Gelatine nach Packungsanleitung einweichen. Apfelkompott mit einer Gabel etwas zerdrücken. Gelatine leicht ausdrücken und in einem kleinen Topf bei schwacher Hitze auflösen. Etwa ein Viertel der Gelatineflüssigkeit in das Apfelkompott rühren, übrige Gelatineflüssigkeit mit dem Vanille-Sahnepudding verrühren und Eierlikör unterrühren. Creme kalt stellen, bis sie beginnt dicklich zu werden.
5. In der Zwischenzeit das Apfelkompott gleichmäßig auf dem Biskuit verstreichen. Anschließend den leicht angedickten Pudding auf die Apfelschicht streichen. Die Platte von der längeren Seite aus aufrollen und 2–3 Stunden kalt stellen.
6. Vor dem Servieren die Rolle mit Puderzucker bestäuben.

Beliebt – mit Alkohol

Schnelle Nussrolle

Zubereitungszeit: 30 Minuten, ohne Abkühlzeit
Backzeit: 12–15 Minuten

Für den Biskuitteig:
4 Eier (Größe M)
4 EL heißes Wasser
100 g Zucker
1 Pck. Dr. Oetker Vanillin-Zucker
abgeriebene Schale von 1/2 Bio-Zitrone oder Bio-Orange (unbehandelt, ungewachst)
50 g Weizenmehl
1 gestr. TL Dr. Oetker Backin
100 g gemahlene Haselnusskerne

Für die Füllung:
300 g Aprikosenkonfitüre
3 EL Aprikosenlikör oder weißer Rum

Zum Bestäuben:
Puderzucker

Insgesamt:
E: 47 g, F: 87 g, Kh: 382 g, kJ: 10744, kcal: 2566

Schwedenrolle

Schnelle Nussrolle

Rhabarberstrudel

1. Den Backofen vorheizen. Für den Teig Eier und Wasser mit Handrührgerät mit Rührbesen auf höchster Stufe in 1 Minute schaumig schlagen. Zucker mit Vanillin-Zucker, Zitronen- oder Orangenschale mischen, in 1 Minute unter Rühren einstreuen und etwa 2 Minuten weiterschlagen.
2. Mehl mit Backpulver mischen, auf die Eiercreme geben und kurz auf niedrigster Stufe unterrühren. Haselnusskerne vorsichtig unterheben. Den Teig auf ein Backblech (30 x 40 cm, gefettet, mit Backpapier belegt) geben und verstreichen. Das Backblech in den vorgeheizten Backofen schieben.
Ober-/Unterhitze: etwa 200 °C
Heißluft: etwa 180 °C
Backzeit: 12–15 Minuten.
3. Die Biskuitplatte sofort vom Rand lösen und auf ein mit Zucker bestreutes Backpapier stürzen. Mitgebackenes Backpapier mit kaltem Wasser bestreichen und vorsichtig, aber schnell abziehen.
4. Für die Füllung Konfitüre mit Likör oder Rum verrühren. Die Biskuitplatte sofort mit der Füllung bestreichen, von der kürzeren Seite aus aufrollen und erkalten lassen. Die Biskuitrolle vor dem Servieren mit Puderzucker bestäuben.

Dauert länger

Rhabarberstrudel

Zubereitungszeit: 80 Minuten, ohne Ruhezeit
Backzeit: etwa 50 Minuten

Für den Strudelteig:
100 g Weizenmehl
1 Prise Salz
3 EL lauwarmes Wasser
2 EL Speiseöl

Für die Füllung:
60 g Butter
90 g Semmelbrösel
400 g Rhabarber
60 g Zucker
1 Pck. Dr. Oetker Vanillin-Zucker
etwas gemahlener Zimt
60 g abgezogene, gehobelte Mandeln

Zum Bestreichen:
60 g Butter

Insgesamt:
E: 36 g, F: 158 g, Kh: 221 g,
kJ: 10747, kcal: 2567

1. Für den Teig die Zutaten in eine Rührschüssel geben und mit Handrührgerät mit Knethaken zunächst kurz auf niedrigster, dann auf höchster Stufe gut durcharbeiten. Anschließend den Teig auf der bemehlten Arbeitsfläche zu einer Kugel verkneten.
2. Den Teig auf Backpapier in einen heißen, trockenen Kochtopf legen (vorher Wasser darin kochen). Topf mit einem Deckel verschließen und den Teig etwa 30 Minuten ruhen lassen.
3. Für die Füllung Butter in einer Pfanne zerlassen, Semmelbrösel darin goldgelb rösten. Rhabarber waschen, Stielenden und Blattansätze entfernen und Stangen in etwa 2 cm lange Stücke schneiden. Die Rhabarberstücke mit Zucker, Vanillin-Zucker, Zimt und Mandeln vermengen.
4. Teig auf einem bemehlten, großen Tuch (Küchentuch) dünn ausrollen, dann mit den Händen zu einem Rechteck (etwa 25 x 35 cm) ausziehen (er muss durchsichtig sein). Die Ränder abschneiden, wenn sie etwas dicker sind. Den Backofen vorheizen.
5. Den Teig mit der Hälfte der zerlassenen Butter bestreichen, zunächst die gebräunten Semmelbrösel, dann die Rhabarbermasse auf zwei Drittel des Teiges verteilen (an den kürzeren Seiten etwa 2 cm am Rand frei lassen). Die frei gebliebenen Teigränder auf die Füllung schlagen.
6. Den Teig mit Hilfe des Tuches von der längeren Seite aus, mit der Füllung beginnend, aufrollen und an den Enden gut zusammendrücken. Teigrolle mit der Naht nach unten auf ein Backblech (gefettet, mit Backpapier belegt) legen und mit einem Teil der restlichen Butter bestreichen. Das Backblech in den vorgeheizten Backofen schieben.
Ober-/Unterhitze: 180–200 °C
Heißluft: 160–180 °C
Backzeit: etwa 50 Minuten.
7. Den Strudel während des Backens mit der restlichen Butter bestreichen. Anschließend den Strudel mit dem Backpapier vom Backblech auf einen Kuchenrost ziehen und erkalten lassen.

Für Kinder

Froschkönigrolle

Zubereitungszeit: 60 Minuten, ohne Abkühl- und Kühlzeit
Backzeit: 8–10 Minuten

Für den Biskuitteig:
4 Eier (Größe M)
1 Eigelb (Größe M)
75 g Zucker, 30 g Weizenmehl
1 Pck. Dr. Oetker Pudding-Pulver Vanille-Geschmack
1 gestr. TL Dr. Oetker Backin

Für die Füllung:
4 Blatt weiße Gelatine
1 kleines Glas Stachelbeeren (Abtropfgewicht 195 g)
2 EL Zitronensaft
75 ml Waldmeistersirup, 2 EL Zucker
200 g Doppelrahm-Frischkäse
100 ml Stachelbeersaft aus dem Glas
225 g Schlagsahne
1 Becher (125 g) Götterspeise Waldmeister-Geschmack (aus dem Kühlregal)

Zum Bestreichen und Garnieren:
175 g Schlagsahne
1 Pck. Dr. Oetker Vanillin-Zucker
1 Becher (125 g) Götterspeise Waldmeister-Geschmack (aus dem Kühlregal)
einige Fruchtgummifrösche

Insgesamt:
E: 78 g, F: 222 g, Kh: 341 g,
kJ: 15487, kcal: 3693

Froschkönigrolle

1. Für den Teig Eier und Eigelb mit Handrührgerät mit Rührbesen auf höchster Stufe in 1 Minute schaumig schlagen. Zucker in 1 Minute unter Rühren einstreuen, dann noch etwa 2 Minuten weiterschlagen.
2. Mehl mit Pudding-Pulver und Backpulver mischen, auf die Eiercreme geben und kurz auf niedrigster Stufe unterrühren. Den Teig auf ein Backblech (30 x 40 cm, gefettet, mit Backpapier belegt) geben und verstreichen. Anschließend das Backblech in den vorgeheizten Backofen schieben.
Ober-/Unterhitze: etwa 200 °C
Heißluft: etwa 180 °C
Backzeit: 8–10 Minuten.
3. Nach dem Backen Gebäckrand lösen, Platte auf mit Zucker bestreutes Backpapier stürzen und mitgebackenes Backpapier vorsichtig abziehen. Erkalten lassen.
4. Für die Füllung die Gelatine nach Packungsanleitung einweichen. Stachelbeeren in einem Sieb gut abtropfen lassen, Saft dabei auffangen und 100 ml davon abmessen. Dann Zitronensaft mit Sirup, Zucker, Frischkäse und dem abgemessenen Stachelbeersaft verrühren.
5. Gelatine leicht ausdrücken und in einem kleinen Topf bei schwacher Hitze auflösen. Etwas von der Frischkäsemasse in die Gelatine rühren, dann die Mischung zur restlichen Frischkäsemasse geben und gut verrühren. Die Masse kalt stellen.
6. Wenn die Masse beginnt dicklich zu werden, Sahne steifschlagen und unterheben. Götterspeise aus dem Becher stürzen, in Würfel schneiden und ebenfalls unterheben. Die Creme auf die erkaltete Gebäckplatte streichen, Stachelbeeren darauf verteilen und die Platte von der längeren Seite aus aufrollen. Die Rolle 1–2 Stunden kalt stellen.
7. Zum Bestreichen und Garnieren Sahne mit Vanillin-Zucker steifschlagen und die Rolle damit bestreichen. Götterspeise aus dem Becher stürzen, in Würfel schneiden und die Rolle mit Götterspeisewürfeln und Fruchtgummifröschen garnieren.

Für Kinder

Erdnussrolle „Mr. Tom"

Zubereitungszeit: 40 Minuten, ohne Abkühlzeit
Backzeit: etwa 10 Minuten

Für den Biskuitteig:
3 Eier (Größe M)
1 Eigelb (Größe M)
100 g Zucker
1 Pck. Dr. Oetker Vanillin-Zucker
100 g Weizenmehl
10 g Kakaopulver
1 gestr. TL Dr. Oetker Backin
1 EL Milch

Für die Füllung:
200 g ungesalzene, geröstete Erdnusskerne
25 g Butter, 50 g Zucker
1 Pck. Dr. Oetker Vanillin-Zucker
75 g Schlagsahne
1 Pck. Paradiescreme Schokoladen-Geschmack (Dessertpulver)
300 g Schlagsahne

Zum Bestreichen und Garnieren:
225 g Schlagsahne
1 Pck. Dr. Oetker Vanillin-Zucker
1/2 Pck. (125 g) Mr. Tom Mini (Erdnussriegel)

Insgesamt:
E: 126 g, F: 387 g, Kh: 377 g, kJ: 23019, kcal: 5494

1. Den Backofen vorheizen. Für den Teig Eier und Eigelb mit Handrührgerät mit Rührbesen auf höchster Stufe in 1 Minute schaumig schlagen. Zucker und Vanillin-Zucker mischen, in 1 Minute einstreuen, dann noch etwa 2 Minuten weiterschlagen.
2. Mehl mit Kakaopulver und Backpulver mischen, auf die Eiercreme geben und mit der Milch kurz auf niedrigster Stufe unterrühren. Den Teig auf ein Backblech (30 x 40 cm, gefettet, mit Backpapier belegt) geben, verstreichen und das Backblech in den vorgeheizten Backofen schieben.
Ober-/Unterhitze: etwa 200 °C
Heißluft: etwa 180 °C
Backzeit: etwa 10 Minuten.
3. Biskuit sofort nach dem Backen vom Rand lösen und direkt auf die Arbeitsfläche stürzen, damit sich beim Aufrollen die dunkle Backhaut löst. Backpapier nicht abziehen und das Gebäck erkalten lassen.
4. Für die Füllung Erdnusskerne fein hacken, mit Butter, Zucker, Vanillin-Zucker und 75 g Sahne in einem kleinen Topf aufkochen und 2–3 Minuten einkochen lassen. Backpapier von der Biskuitplatte abziehen und die Biskuitplatte von der Arbeitsfläche lösen, so dass die Backhaut entfernt wird. Die Erdnussmasse auf die erkaltete Biskuitplatte streichen. Paradiescreme mit 300 g Sahne nach Packungsanleitung aufschlagen und ebenfalls auf die Biskuitplatte streichen. Biskuitplatte von der längeren Seite aus aufrollen.
5. Zum Bestreichen Schlagsahne mit Vanillin-Zucker steifschlagen und die Biskuitrolle damit bestreichen. Zum Garnieren 2–3 Mr. Tom Mini hacken und auf die Oberfläche der Rolle streuen, die restlichen Erdnussriegel diagonal halbieren und dekorativ auf die Rolle legen.

Tipp: Statt Mr. Tom Mini können Sie auch 2–3 große Riegel verwenden und diese in Dreiecke schneiden. Die Füllung schmeckt auch mit Paradiescreme Vanille-Geschmack.

Erdnussrolle „Mr. Tom"

Fettarm

Quark-Pflaumen-Strudel

Zubereitungszeit: 60 Minuten, ohne Ruhezeit
Backzeit: etwa 35 Minuten

Für den Strudelteig:
200 g Weizenmehl
1 Prise Salz
1 Eigelb (Größe M)
1 EL Speiseöl
8 EL warmes Wasser

Für die Füllung:
500 g Pflaumen
250 g Magerquark
100 g saure Sahne (10 % Fett i. Tr.)
1 Eigelb (Größe M)
60 g Zucker
2 Eiweiß (Größe M)

Zum Bestreuen:
1 EL Hagelzucker

Insgesamt:
E: 75 g, F: 36 g, Kh: 277 g,
kJ: 7288, kcal: 1744

1. Für den Teig die Zutaten in eine Rührschüssel geben und mit Handrührgerät mit Knethaken zuerst kurz auf niedrigster, dann auf höchster Stufe zu einem glatten Teig verarbeiten. Teig anschließend auf der Arbeitsfläche zu einer Kugel formen. Den Teig auf Backpapier in einen heißen, trockenen Kochtopf legen (vorher Wasser darin kochen). Topf mit einem Deckel verschließen und Teig etwa 30 Minuten ruhen lassen.
2. Für die Füllung Pflaumen waschen, abtrocknen, halbieren und entsteinen. 400 g Fruchtfleisch abwiegen. Quark mit saurer Sahne, Eigelb und Zucker verrühren. Eiweiß verschlagen. Den Backofen vorheizen.
3. Den Teig auf einem großen bemehlten Tuch (Küchentuch) dünn zu einem Rechteck (etwa 40 x 30 cm) ausrollen. Die Teigplatte zuerst mit der Hälfte des Eiweißes, dann mit der Quarkmasse bestreichen, dabei an den Seiten einen etwa 2 cm breiten Rand frei lassen. Pflaumenhälften auf der Quarkmasse verteilen.
4. Die frei gelassenen Teigränder der schmalen Seiten auf die Füllung klappen. Den Teig mit Hilfe des Tuchs von der längeren Seite aus aufrollen und an den Enden gut zusammendrücken.
5. Den Strudel mit der Naht nach unten auf ein Backblech (mit Backpapier belegt) legen, mit dem restlichen Eiweiß bestreichen und mit Hagelzucker bestreuen. Das Backblech in den vorgeheizten Backofen schieben.
Ober-/Unterhitze: etwa 220 °C
Heißluft: etwa 200 °C
Backzeit: etwa 35 Minuten.
6. Strudel nach dem Backen etwas abkühlen lassen und lauwarm servieren.

Einfach

Fruchtrolle

Zubereitungszeit: 35 Minuten, ohne Abkühl- und Kühlzeit
Backzeit: etwa 10 Minuten

Für den Biskuitteig:
4 Eier (Größe M)
1 Eigelb (Größe M), 70 g Zucker
1 Pck. Dr. Oetker Vanillin-Zucker
80 g Weizenmehl
1 Msp. Dr. Oetker Backin

Für die Füllung:
1 Pck. Dr. Oetker Pudding-Pulver Vanille-Geschmack
25 g Zucker
400 ml Maracujanektar (Passionsfruchtnektar)
50 ml Zitronensaft
3–4 Kiwis

Zum Bestreichen und Garnieren:
400 g Schlagsahne
2 Pck. Dr. Oetker Sahnesteif
1 EL Zucker, 1 Kiwi

Insgesamt:
E: 52 g, F: 157 g, Kh: 330 g,
kJ: 12675, kcal: 3024

1. Den Backofen vorheizen. Für den Teig Eier und Eigelb mit Handrührgerät mit Rührbesen auf höchster Stufe in 1 Minute schaumig schlagen. Zucker und Vanillin-Zucker mischen, in 1 Minute unter Rühren einstreuen und noch etwa 2 Minuten weiterschlagen.
2. Mehl mit Backpulver mischen, auf die Eiercreme geben und kurz auf niedrigster Stufe unterrühren. Den Teig auf ein Backblech (30 x 40 cm, gefettet, mit Backpapier belegt) geben und verstreichen. Das Backblech in den vorgeheizten Backofen schieben.
Ober-/Unterhitze: etwa 200 °C
Heißluft: etwa 180 °C
Backzeit: etwa 10 Minuten.
3. Die Biskuitplatte sofort nach dem Backen vom Backblechrand lösen, auf ein mit Zucker bestreutes Stück Backpapier stürzen und erkalten lassen. Dann das mitgebackene Backpapier unmittelbar vor dem Füllen abziehen.
4. Für die Füllung aus dem Pudding-Pulver nach Packungsanleitung, aber mit den hier angegebenen Mengen Zucker, Nektar und Zitronensaft einen Pudding zubereiten. Den Pudding in eine Schüssel geben, direkt Frischhaltefolie auf den Pudding legen, damit sich keine Haut bildet, und den Pudding erkalten lassen.
5. Den erkalteten Pudding nochmals kurz durchrühren und auf der Biskuitplatte verteilen, dabei am Rand etwa 1 cm frei lassen. Kiwis schälen und in kleine Stücke schneiden. Kiwistücke auf dem Pudding verteilen. Die Platte vorsichtig von der längeren Seite aus aufrollen. Die Rolle etwa 2 Stunden kalt stellen.
6. Zum Bestreichen Schlagsahne mit Sahnesteif und Zucker steifschlagen. Die Biskuitrolle damit bestreichen und nach Belieben verzieren. Zum Garnieren Kiwi schälen, in Spalten schneiden und die Rolle kurz vor dem Servieren damit garnieren.

Raffiniert

Pflaumen-Rosettenkuchen

Zubereitungszeit: 30 Minuten, ohne Abkühlzeit
Backzeit: etwa 40 Minuten

Für den Belag:
750 g Pflaumen
50 g schwarzes Johannisbeergelee

Für den Quark-Öl-Teig:
300 g Weizenmehl
1 Pck. Dr. Oetker Backin
75 g Zucker
1 Pck. Dr. Oetker Vanillin-Zucker
150 g Magerquark
1 Prise Salz
6 EL Milch
6 EL Speiseöl

Zum Bestreuen und Bestreichen:
50 g abgezogene, gemahlene Mandeln
4 EL Pflaumensaft von den gekochten Pflaumen

Insgesamt:
E: 66 g, F: 97 g, Kh: 417 g,
kJ: 11915, kcal: 2847

1. Für den Belag Pflaumen waschen, abtrocknen, halbieren und entsteinen. Pflaumenhälften in etwa 1 cm dicke Spalten schneiden und nochmals quer halbieren.
2. Gelee in einem kleinen Topf unter Rühren erhitzen. Pflaumenstücke hinzugeben und unter Rühren bei mittlerer Hitze etwa 2 Minuten kochen lassen. Pflaumenmasse erkalten lassen. Anschließend die Pflaumen in einem Sieb abtropfen lassen und den Saft auffangen.
3. Den Backofen vorheizen. Für den Teig Mehl mit Backpulver in einer Rührschüssel mischen. Zucker, Vanillin-Zucker, Quark, Salz, Milch und Speiseöl hinzufügen.
4. Die Zutaten mit Handrührgerät mit Knethaken zunächst kurz auf niedrigster, dann auf höchster Stufe zu einem glatten Teig verarbeiten (nicht zu lange, Teig klebt sonst). Danach den Teig auf der bemehlten Arbeitsfläche zu einem Quadrat (etwa 40 x 40 cm) ausrollen und mit Mandeln bestreuen. Die abgetropfte Pflaumenmasse darauf verteilen. Den Teig vorsichtig aufrollen und die Rolle in 12 Stücke schneiden.
5. Die Teigstücke mit der Schnittfläche nach oben von außen nach innen in eine Springform (Ø 26 cm, Boden gefettet) setzen. Die Form auf dem Rost in den vorgeheizten Backofen schieben.
Ober-/Unterhitze: etwa 180 °C
Heißluft: etwa 160 °C
Backzeit: etwa 40 Minuten.
6. Zum Bestreichen Pflaumensaft in einem kleinen Topf zum Kochen bringen.
7. Die Form auf einen Kuchenrost stellen. Den heißen Kuchen sofort mit dem Pflaumensaft bestreichen. Dann den Kuchen aus der Form lösen und auf einem mit Backpapier belegten Kuchenrost erkalten lassen.

Pflaumen-Rosettenkuchen

Beliebt

Apfelstrudel

Zubereitungszeit: 50 Minuten, ohne Ruhezeit
Backzeit: etwa 50 Minuten

Für den Strudelteig:
200 g Weizenmehl
1 Prise Salz
75 ml lauwarmes Wasser
50 g zerlassene Butter oder Margarine oder 3 EL Speiseöl

Für die Füllung:
1–1 1/2 kg säuerliche Äpfel (z. B. Cox Orange oder Boskop)
1/2 gestr. TL gemahlener Zimt
1 Pck. Dr. Oetker Finesse Geriebene Zitronenschale
75 g Butter oder Margarine
50 g Semmelbrösel
50 g Rosinen
100 g Zucker
1 Pck. Dr. Oetker Vanillin-Zucker
50 g abgezogene, gehackte Mandeln

Insgesamt:
E: 39 g, F: 136 g, Kh: 449 g,
kJ: 13447, kcal: 3216

1. Für den Teig die Zutaten in eine Rührschüssel geben und mit Handrührgerät mit Knethaken zunächst kurz auf niedrigster, dann auf höchster Stufe zu einem glatten Teig verarbeiten. Teig anschließend auf der Arbeitsfläche zu einer Kugel formen. Den Teig auf Backpapier in einen heißen, trockenen Kochtopf legen (vorher Wasser darin kochen). Topf mit einem Deckel verschließen und Teig etwa 30 Minuten ruhen lassen.
2. Für die Füllung inzwischen Äpfel schälen, vierteln, entkernen und in feine Stifte schneiden. Zimt und Zitronenschale untermischen. Den Backofen vorheizen.
3. Butter oder Margarine zerlassen. Den Teig auf einem bemehlten großen Tuch (Küchentuch) ausrollen, dünn mit etwas von dem Fett bestreichen, ihn dann mit den Händen zu einem Rechteck (etwa 70 x 50 cm) ausziehen. Die Ränder abschneiden, wenn sie dicker sind. Zwei Drittel der zerlassenen Butter oder Margarine auf den Teig streichen und die Semmelbrösel daraufstreuen (an den Seiten etwa 3 cm frei lassen).
4. Nacheinander Apfelstifte, Rosinen, Zucker, Vanillin-Zucker und Mandeln darauf verteilen. Die frei gelassenen Teigränder der kurzen Seiten auf die Füllung klappen. Den Teig mit Hilfe des Tuches von der längeren Seite aus aufrollen und an den Enden gut zusammendrücken. Dann den Strudel halbkreisförmig mit der Naht nach unten auf ein Backblech (30 x 40 cm, gefettet) legen und mit etwas zerlassener Butter oder Margarine bestreichen. Das Backblech in den vorgeheizten Backofen schieben.
Ober-/Unterhitze: etwa 180 °C
Heißluft: etwa 160 °C
Backzeit: etwa 50 Minuten.
5. Nach etwa 30 Minuten Backzeit den Strudel mit der restlichen zerlassenen Butter oder Margarine bestreichen. Nach dem Backen den Strudel auf dem Backblech auf einem Kuchenrost erkalten lassen oder lauwarm servieren.

Tipp: Dazu schmeckt Vanillesauce, die Sie mit etwas Zimt abschmecken können. Backen Sie statt eines großen Strudels zwei kleine Strudel.

Für Gäste – mit Alkohol

Biskuitrollen-Schnitten

Zubereitungszeit: 60 Minuten, ohne Abkühlzeit
Backzeit: etwa 32 Minuten

Für den Biskuitteig:
4 Eier (Größe M)
1 Eigelb (Größe M)
70 g Zucker
1 Pck. Dr. Oetker Vanillin-Zucker
80 g Weizenmehl
1 Msp. Dr. Oetker Backin

Zum Bestreichen:
etwa 200 g Johannisbeergelee

Für den All-in-Teig:
250 g Weizenmehl
3 gestr. TL Dr. Oetker Backin
150 g Zucker
1 Pck. Dr. Oetker Finesse Geriebene Orangenschale
150 g Butter oder Margarine
4 Eier (Größe M)

Für den Belag:
3 Pck. backfeste Puddingcreme
750 ml (3/4 l) Milch

Für den Guss:
3 Pck. Tortenguss, klar
6 EL Zucker
750 ml (3/4 l) Weißwein

Insgesamt:
E: 123 g, F: 219 g, Kh: 895 g, kJ: 27600, kcal: 6577

Biskuitrollen-Schnitten

1. Den Backofen vorheizen. Für den Biskuitteig Eier und Eigelb mit Handrührgerät mit Rührbesen auf höchster Stufe in 1 Minute schaumig schlagen. Zucker und Vanillin-Zucker mischen, in 1 Minute unter Rühren einstreuen, dann noch etwa 2 Minuten weiterschlagen.

2. Mehl mit Backpulver mischen, auf die Eiercreme geben und kurz auf niedrigster Stufe unterrühren. Den Teig auf ein Backblech (30 x 40 cm, gefettet, mit Backpapier belegt) geben und anschließend gut verstreichen.
Ober-/Unterhitze: etwa 200 °C
Heißluft: etwa 180 °C
Backzeit: etwa 12 Minuten.

3. Biskuitplatte vom Rand lösen, auf eine Arbeitsfläche stürzen und mit dem Backpapier erkalten lassen. Zum Bestreichen Gelee verrühren. Biskuitplatte von der Arbeitsfläche lösen, Backpapier abziehen und evtl. dunkle Backhaut entfernen. Biskuitplatte mit Gelee bestreichen und von der längeren Seite aus fest aufrollen.

4. Für den All-in-Teig Mehl mit Backpulver in einer Rührschüssel mischen. Restliche Zutaten hinzufügen und mit Handrührgerät mit Rührbesen auf höchster Stufe in etwa 2 Minuten zu einem glatten Teig verarbeiten. Einen Backrahmen auf das gesäuberte Backblech (30 x 40 cm, gefettet) stellen. Den Teig in den Backrahmen geben und verstreichen. Das Backblech bei niedrigerer Backtemperatur in den heißen Backofen schieben.
Ober-/Unterhitze: etwa 180 °C
Heißluft: etwa 160 °C
Backzeit: etwa 20 Minuten.

5. Das Backblech auf einen Kuchenrost stellen und den Gebäckboden erkalten lassen. Für den Belag backfeste Puddingcreme mit Milch nach Packungsanleitung zubereiten, auf dem Gebäckboden verteilen und verstreichen. Die Biskuitrolle in gut 1 cm dicke Scheiben schneiden (etwa 28 Scheiben) und auf die Puddingcreme legen.

6. Den Guss aus Tortengusspulver, Zucker und Weißwein nach Packungsanleitung, aber mit den hier angegebenen Zutaten zubereiten. Den Guss auf den Biskuitscheiben verteilen und fest werden lassen. Den Kuchen mindestens 30 Minuten kalt stellen, Backrahmen lösen und entfernen.

Konfetti-Rolle

Für Kinder

Konfetti-Rolle

Zubereitungszeit: 45 Minuten, ohne Abkühlzeit
Backzeit: etwa 12 Minuten

Für den Biskuitteig:
4 Eier (Größe M)
1 Eigelb (Größe M)
4 EL heißes Wasser
125 g Zucker
1 Pck. Dr. Oetker Vanillin-Zucker
100 g Weizenmehl
25 g Speisestärke
1 gestr. TL Dr. Oetker Backin

Für die Füllung:
200 g Marzipan-Rohmasse
rote, gelbe, grüne Speisefarben
4 Blatt weiße Gelatine
500 g Schlagsahne
2 EL Orangensaft
4 EL Johannisbeergelee

Insgesamt:
E: 85 g, F: 261 g, Kh: 360 g,
kJ: 17258, kcal: 4121

1. Den Backofen vorheizen. Für den Teig Eier, Eigelb und Wasser mit Handrührgerät mit Rührbesen auf höchster Stufe in 1 Minute schaumig schlagen. Zucker und Vanillin-Zucker mischen, in 1 Minute einstreuen und noch etwa 2 Minuten weiterschlagen.
2. Mehl mit Speisestärke und Backpulver mischen, auf die Eiercreme geben und kurz auf niedrigster Stufe unterrühren. Den Teig auf ein Backblech (30 x 40 cm, gefettet, mit Backpapier belegt) geben und verstreichen. Das Backblech in den vorgeheizten Backofen schieben.
Ober-/Unterhitze: etwa 200 °C
Heißluft: etwa 180 °C
Backzeit: etwa 12 Minuten.
3. Die Gebäckplatte sofort nach dem Backen vom Rand lösen, auf ein mit Zucker bestreutes Backpapier stürzen und mit dem Backpapier erkalten lassen.
4. Für die Füllung Marzipan in 3 gleich große Stücke teilen, jedes Stück mit etwas Speisefarbe einfärben, zu 2 bleistiftdicken Rollen (40–45 cm Länge) formen und mit Frischhaltefolie bedecken.
5. Gelatine nach Packungsanleitung einweichen. Sahne steifschlagen. Die leicht ausgedrückte Gelatine in einem kleinen Topf bei schwacher Hitze in dem Orangensaft auflösen. Von der Sahne 3 Esslöffel abnehmen und mit dem Orangensaft-Gelatine-Gemisch verrühren. Dann die Gelatinemischung zügig unter die restliche Sahne rühren.
6. Mitgebackenes Backpapier vorsichtig vom Biskuit abziehen. Die Biskuitplatte mit glattgerührtem Johannisbeergelee bestreichen und zwei Drittel der Sahne daraufstreichen. Marzipanrollen auf die Länge der Rolle schneiden (Reste zum Garnieren beiseitelegen), in wechselnden Farben in Abständen von etwa 5 cm in die Sahne legen und etwas eindrücken.
7. Die Biskuitplatte von der längeren Seite aus aufrollen, mit der restlichen Sahne bestreichen und mit Hilfe eines Tortenkamms oder einer Gabel verzieren. Die restlichen Marzipanstücke in dünne Scheiben (Konfetti) schneiden, die Rolle damit garnieren und 1–2 Stunden kalt stellen.

Fettarm – mit Alkohol

Leichter Rosettenkuchen

Zubereitungszeit: 45 Minuten, ohne Einweich- und Teiggehzeit
Backzeit: etwa 45 Minuten

Zum Vorbereiten:
50 g Rosinen, 1 EL Rum

Für den Hefeteig:
150 ml fettarme Milch (1,5 % Fett)
50 g Halbfettbutter (39 % Fett)
375 g Weizenmehl
1 Pck. Dr. Oetker Trockenbackhefe
100 g Zucker
1 Pck. Dr. Oetker Vanillin-Zucker
1 Prise Salz
1 Pck. Dr. Oetker Finesse Geriebene Orangenschale
1 Ei (Größe M)

Für die Füllung:
1 Pck. backfeste Puddingcreme
250 ml (1/4 l) fettarme Milch (1,5 % Fett)
150 g Crème légère
2 rote Äpfel (etwa 350 g)

Zum Bestreichen:
6–7 EL Ahornsirup

Insgesamt:
E: 75 g, F: 61 g, Kh: 651 g,
kJ: 14608, kcal: 3488

1. Zum Vorbereiten Rosinen mindestens 30 Minuten in Rum einweichen.
2. Für den Teig Milch leicht erwärmen und Butter darin zerlassen. Mehl in eine Rührschüssel geben und sorgfältig mit Trockenbackhefe vermischen. Zucker, Vanillin-Zucker, Salz, Orangenschale, Ei und die warme Milch-Fett-Mischung hinzufügen.
3. Die Zutaten mit Handrührgerät mit Knethaken zunächst kurz auf niedrigster, dann auf höchster Stufe in etwa 5 Minuten zu einem glatten Teig verarbeiten. Den Teig zugedeckt so lange an einem warmen Ort gehen lassen, bis er sich sichtbar vergrößert hat.
4. Für die Füllung backfeste Puddingcreme mit Milch nach Packungsanleitung zubereiten, zuletzt Crème légère unterrühren.
5. Den Teig leicht mit Mehl bestäuben, aus der Schüssel nehmen, auf der bemehlten Arbeitsfläche nochmals gut durchkneten und zu einem Rechteck (etwa 50 x 30 cm) ausrollen.
6. Den Hefeteig mit der Puddingmasse bestreichen. Äpfel waschen, abtrocknen, vierteln, entkernen und mit der Schale in kleine Würfel schneiden. Apfelwürfel mit den Rosinen mischen und auf der Puddingmasse verteilen, dabei am Rand etwa 1 cm frei lassen.
7. Den Teig von der längeren Seite aus aufrollen. Die Rolle in etwa 3 cm breite Stücke schneiden und mit der Schnittfläche nach oben dicht nebeneinander in eine Springform (Ø 28 cm, mit Backpapier belegt) legen. Den Teig zugedeckt nochmals so lange an einem warmen Ort gehen lassen, bis er sich sichtbar vergrößert hat, inzwischen den Backofen vorheizen. Die Form auf dem Rost in den vorgeheizten Backofen schieben.
Ober-/Unterhitze: etwa 180 °C
Heißluft: etwa 160 °C
Backzeit: etwa 45 Minuten.
8. Den Kuchen aus der Form lösen und auf einen mit Backpapier belegten Kuchenrost legen. Sofort mit einem Pinsel mit Ahornsirup bestreichen und erkalten lassen.

Leichter Rosettenkuchen

Fettarm

Mandarinen-Zitronen-Rolle

Zubereitungszeit: 30 Minuten, ohne Abkühlzeit
Backzeit: etwa 10 Minuten

Für den Biskuitteig:
4 Eier (Größe M)
1 Eigelb (Größe M)
65 g Zucker
1 Pck. Dr. Oetker Vanillin-Zucker
80 g Weizenmehl
1 Msp. Dr. Oetker Backin

Für die Füllung:
1 große Dose Mandarinen (Abtropfgewicht 480 g)
250 g Magerquark
100 ml Mandarinensaft aus der Dose
1 Pck. Dr. Oetker Vanillin-Zucker
1 Pck. Mousse Zitrone (Dessertpulver)

Für den Guss:
3 EL Puderzucker
etwa 2 TL Mandarinensaft aus der Dose

Insgesamt:
E: 83 g, F: 40 g, Kh: 354 g,
kJ: 8976, kcal: 2144

1. Den Backofen vorheizen. Für den Teig Eier und Eigelb mit Handrührgerät mit Rührbesen in 1 Minute schaumig schlagen. Zucker und Vanillin-Zucker mischen, in 1 Minute einstreuen, dann noch etwa 2 Minuten weiterschlagen.
2. Mehl mit Backpulver mischen, auf die Eiercreme geben und kurz auf niedrigster Stufe unterrühren. Den Teig auf ein Backblech (30 x 40 cm, gefettet, mit Backpapier belegt) geben und verstreichen. Das Backblech in den vorgeheizten Backofen schieben.
Ober-/Unterhitze: etwa 200 °C
Heißluft: etwa 180 °C
Backzeit: etwa 10 Minuten.
3. Die Biskuitplatte vom Rand lösen, auf eine Arbeitsfläche stürzen und mit dem Backpapier erkalten lassen. Backpapier abziehen und die Biskuitplatte wenden, evtl. dunkle Backhaut vollständig entfernen.
4. Für die Füllung Mandarinen gut abtropfen lassen, Saft dabei auffangen, 100 ml für die Füllung und 2 Teelöffel für den Guss davon abmessen. 16 Mandarinen zum Garnieren beiseitelegen.
5. Quark mit Saft und Vanillin-Zucker geschmeidig rühren und in einen mit heißem Wasser ausgespülten Rührbecher geben. Dessertpulver hinzufügen und die Creme nach Packungsanleitung in 2–3 Minuten aufschlagen. Zuletzt Mandarinen unterheben.
6. Die Creme gleichmäßig auf der Biskuitplatte verteilen, dabei an den kurzen Seiten und an der oberen langen Seite einen Rand frei lassen. Biskuitplatte von der langen Seite aus aufrollen.
7. Für den Guss Puderzucker mit Saft zu einer dickflüssigen Masse verrühren, in einen Gefrierbeutel füllen und eine kleine Ecke abschneiden. Den Guss im Zickzack-Muster auf die Biskuitrolle spritzen. Beiseitegelegte Mandarinen darauflegen und vorsichtig in den Guss drücken. Mandarinen-Zitronen-Rolle etwa 1 Stunde kalt stellen.

Fruchtig

Schnelle Orangenrolle

Zubereitungszeit: 35 Minuten, ohne Abkühl- und Kühlzeit
Backzeit: 10–12 Minuten

Für den Biskuitteig:
50 g Butter
4 Eier (Größe M)
1 Eigelb (Größe M), 75 g Zucker
1 Pck. Dr. Oetker Vanillin-Zucker
125 g Weizenmehl
1/2 gestr. TL Dr. Oetker Backin

Für die Füllung:
3–4 Orangen
340 g Orangenmarmelade
1/2 Pck. Dr. Oetker Finesse Geriebene Orangenschale

Zum Bestreichen und Garnieren:
400 g Schlagsahne
1 Pck. Saucen-Pulver Vanille-Geschmack, ohne Kochen
50 g Orangenschokolade

Insgesamt:
E: 65 g, F: 218 g, Kh: 517 g,
kJ: 18100, kcal: 4319

1. Für den Teig Butter zerlassen und abkühlen lassen. Den Backofen vorheizen. Eier und Eigelb mit Handrührgerät mit Rührbesen auf höchster

Mandarinen-Zitronen-Rolle

Schnelle Orangenrolle

Tiramisu-Charlotte

Stufe in 1 Minute schaumig schlagen. Zucker und Vanillin-Zucker mischen, in 1 Minute unter Rühren einstreuen, noch etwa 2 Minuten weiterschlagen.
2. Mehl mit Backpulver mischen, auf die Eiercreme geben und kurz auf niedrigster Stufe unterrühren. Zuletzt die flüssige Butter kurz unterrühren. Den Teig auf ein Backblech (30 x 40 cm, gefettet, mit Backpapier belegt) geben, verstreichen und das Backblech in den vorgeheizten Backofen schieben.
Ober-/Unterhitze: etwa 200 °C
Heißluft: etwa 180 °C
Backzeit: 10–12 Minuten.
3. Den Gebäckrand mit einem Messer vom Backblech lösen. Gebäckplatte auf ein mit Zucker bestreutes Backpapier stürzen und mitgebackenes Backpapier abziehen.
4. Für die Füllung Orangen so schälen, dass die weiße Haut mit entfernt wird und die Orangen filetieren. Orangenmarmelade mit Orangenschale verrühren, auf die Gebäckplatte streichen und mit den abgetropften Filets belegen. Die Rolle mit Hilfe des Backpapiers aufrollen und kalt stellen.
5. Zum Bestreichen Schlagsahne mit Saucen-Pulver in 1 Minute steifschlagen und die Biskuitrolle damit bestreichen. Zum Garnieren Schokolade mit einem Sparschäler schaben und die Rolle damit garnieren. Die Rolle bis zum Servieren kalt stellen.

Schnell zubereitet – mit Alkohol

Tiramisu-Charlotte

Zubereitungszeit: 30 Minuten, ohne Kühlzeit

Für den Boden:
2 Gebäckrollen mit Schokocremefüllung (je 300 g, fertig gekauft)

Für die Füllung:
4 Blatt weiße Gelatine
2 Pck. Creme Tiramisu (Dessertpulver)
200 ml Milch, 200 g Schlagsahne
500 g Mascarpone (ital. Frischkäse)
4 EL Amaretto (Mandellikör)
70 g Amarettini (ital. Mandelmakronen)

Zum Bestäuben:
1–2 TL Kakaopulver

Insgesamt:
E: 80 g, F: 468 g, Kh: 484 g, kJ: 29414, kcal: 7028

1. Die Gebäckrollen in etwa 1 cm dicke Scheiben schneiden. Eine Schüssel (Ø 20–22 cm, Inhalt 2 l) mit Frischhaltefolie auslegen. Die Gebäckscheiben dicht aneinander hineinlegen (einige Scheiben zum Belegen der Creme beiseitelegen).
2. Für die Füllung die Gelatine nach Packungsanleitung einweichen. Dessertpulver mit den hier angegebenen Mengen Milch und Sahne zubereiten. Mascarpone und Amaretto unterrühren.
3. Gelatine leicht ausdrücken, in einem kleinen Topf bei schwacher Hitze auflösen und mit etwas von der Creme verrühren, dann die Mischung mit der restlichen Creme verrühren. Die Amarettini kurz unterheben, die Masse in die Schüssel füllen und glattstreichen. Die Creme mit den restlichen Gebäckscheiben belegen. Die Charlotte etwa 4 Stunden (am besten über Nacht) kalt stellen.
4. Die Charlotte auf eine Tortenplatte stürzen und die Frischhaltefolie abziehen. Charlotte mit Kakao bestäuben.

Tipp: Anstelle der Gebäckrollen können auch aufgetaute TK-Biskuitrollen verwendet werden. Die Charlotte mit Schlagsahne verzieren (Foto).

Topfen-Marillen-Strudel

Fruchtig

Topfen-Marillen-Strudel

Zubereitungszeit: 80 Minuten, ohne Ruhezeit
Backzeit: etwa 50 Minuten

Für den Strudelteig:
200 g Weizenmehl
1 Prise Salz
50 ml lauwarmes Wasser
1 Ei (Größe M)
2 EL Speiseöl
1 EL Zitronensaft

Für die Füllung:
1 Dose Aprikosenhälften (Marillen, Abtropfgewicht 240 g)
500 g Magerquark (Topfen)
2 Eier (Größe M)
100 g Zucker
1 Pck. Dr. Oetker Pudding-Pulver Vanille-Geschmack
50 g abgezogene, gemahlene Mandeln

Zum Bestreichen und Bestreuen:
75 g Butter
50 g abgezogene, gemahlene Mandeln
etwas Puderzucker

Insgesamt:
E: 129 g, F: 157 g, Kh: 376 g,
kJ: 14611, kcal: 3489

1. Für den Teig Mehl mit Salz, Wasser, Ei, Öl und Zitronensaft in eine Rührschüssel geben und die Zutaten mit Handrührgerät mit Knethaken zunächst kurz auf niedrigster, dann auf höchster Stufe gut durcharbeiten.
2. Anschließend den Teig auf der Arbeitsfläche zu einer Kugel kneten. Kugel auf Backpapier in einen heißen, trockenen Kochtopf (vorher Wasser darin kochen) legen, Topf mit einem Deckel verschließen und den Teig etwa 30 Minuten ruhen lassen, damit sich der Teig entspannt.
3. Für die Füllung inzwischen Aprikosenhälften in einem Sieb gut abtropfen lassen und anschließend fein würfeln. Quark mit Eiern, Zucker, Pudding-Pulver und Mandeln verrühren und zuletzt die Aprikosenwürfel unterheben.
4. Den Backofen vorheizen. Strudelteig in 3 gleich große Teile schneiden. Jedes Teil auf einem leicht bemehlten Tuch (Küchentuch) ausrollen, mit etwas zerlassener Butter bestreichen, vorsichtig mit den Händen zu einem Rechteck (je etwa 30 x 40 cm) ausziehen und mit Mandeln bestreuen.
5. Jeweils ein Drittel der Quarkfüllung daraufstreichen, dabei am Rand 1 cm frei lassen. Teigränder zur Mitte hineinschlagen, die Strudel von der kurzen Seite aus aufrollen und nebeneinander in eine rechteckige Auflaufform (gefettet) legen. Strudel mit etwas zerlassener Butter bestreichen und die Form auf dem Rost in den vorgeheizten Backofen schieben.
Ober-/Unterhitze: etwa 180 °C
Heißluft: etwa 160 °C
Backzeit: etwa 50 Minuten.
6. Den Strudel während der Backzeit mehrmals mit zerlassener Butter bestreichen. Die erkalteten Strudel mit Puderzucker bestäuben.

Raffiniert

Trüffelrolle

Zubereitungszeit: 60 Minuten, ohne Kühl- und Abkühlzeit
Backzeit: 12–15 Minuten

Für die Füllung:
350 g Zartbitter-Kuvertüre
250 g Schlagsahne
50 g weiche Butter

Für den Biskuitteig:
50 g Butter
4 Eier (Größe M)
1 Eigelb (Größe M)
3 EL heißes Wasser
125 g Zucker
1 Pck. Dr. Oetker Vanillin-Zucker
100 g Weizenmehl
20 g Speisestärke
1 Msp. Dr. Oetker Backin
20 g Kakaopulver

Zum Beträufeln:
2 gestr. EL Zucker
150 ml Orangensaft
1/2 Pck. Dr. Oetker Finesse Geriebene Orangenschale

Zum Bestäuben:
Kakaopulver

Insgesamt:
E: 74 g, F: 317 g, Kh: 464 g,
kJ: 21131, kcal: 5066

1. Für die Füllung Kuvertüre hacken. Schlagsahne zum Kochen bringen und von der Kochstelle nehmen. Kuvertüre in die Sahne geben und darin unter Rühren schmelzen lassen, bis eine glänzende Masse entstanden ist. Die Schokoladensahne unter gelegentlichem Rühren abkühlen lassen und 1–2 Stunden kalt stellen (die Schokoladensahne sollte noch weich sein).

2. Für den Teig inzwischen die Butter zerlassen und abkühlen lassen. Backofen vorheizen. Eier, Eigelb und Wasser in eine Rührschüssel geben und mit Handrührgerät mit Rührbesen auf höchster Stufe in 1 Minute schaumig schlagen. Zucker mit dem Vanillin-Zucker mischen, in 1 Minute einstreuen, dann noch etwa 2 Minuten weiterschlagen.

3. Mehl mit Speisestärke, Backpulver und gesiebtem Kakao mischen, auf die Eiercreme geben und kurz auf niedrigster Stufe unterrühren. Zerlassene Butter ebenfalls kurz unterrühren. Den Teig auf ein Backblech (30 x 40 cm, gefettet, mit Backpapier belegt) geben und verstreichen. Das Backblech sofort in den vorgeheizten Backofen schieben.
Ober-/Unterhitze: etwa 200 °C
Heißluft: etwa 180 °C
Backzeit: 12–15 Minuten.

4. Den Biskuitboden sofort nach dem Backen mit einem Messer vom Rand lösen und auf ein mit Zucker bestreutes Backpapier stürzen. Den Biskuitboden mit dem Backpapier erkalten lassen.

5. Zum Beträufeln Zucker mit Orangensaft und Orangenschale aufkochen. So lange rühren, bis sich der Zucker gelöst hat. Orangensirup abkühlen lassen. Vom Biskuit das mitgebackene Backpapier vorsichtig abziehen. Orangensirup mit einem Pinsel auf dem Biskuit verteilen.

6. Schokoladensahne mit Handrührgerät mit Rührbesen kurz aufschlagen, bis sie locker ist. Die Butter cremig rühren, auf die Schokoladensahne geben und kurz unterrühren.

7. Knapp zwei Drittel der Creme auf dem Biskuit verteilen und verstreichen. Biskuit mit Hilfe des Backpapiers von der langen Seite aus aufrollen. Die Rolle mit der restlichen Creme bestreichen, mit einem Teelöffel ein wellenartiges Muster in die Schokocreme drücken. Die Rolle mindestens 1 Stunde kalt stellen. Die Trüffelrolle kurz vor dem Servieren mit Kakao bestäuben.

Trüffelrolle

Fettarm

Tiramisu-Rolle

Zubereitungszeit: 30 Minuten, ohne Abkühl- und Kühlzeit
Backzeit: etwa 10 Minuten

Für den Biskuitteig:
4 Eier (Größe M)
1 Eigelb (Größe M), 65 g Zucker
1 Pck. Dr. Oetker Vanillin-Zucker
80 g Weizenmehl
1 Msp. Dr. Oetker Backin
1 geh. EL Kakaopulver
1 Portionstütchen (2 g) Instant-Espressopulver

Für die Füllung:
200 g fettarmer Frischkäse (etwa 16 % Fett i. Tr.)
250 ml (1/4 l) fettarme Milch (1,5 % Fett)
250 g Magerquark
2 Pck. Tiramisu (Dessertpulver)

Zum Bestäuben:
1 geh. EL Puderzucker
1–2 TL Kakaopulver

Insgesamt:
E: 110 g, F: 88 g, Kh: 285 g, kJ: 9968, kcal: 2384

1. Den Backofen vorheizen. Für den Teig Eier und Eigelb mit Handrührgerät mit Rührbesen auf höchster Stufe in 1 Minute schaumig schlagen. Zucker und Vanillin-Zucker mischen, in 1 Minute einstreuen, dann noch etwa 2 Minuten weiterschlagen.
2. Mehl mit Backpulver, Kakao und Espressopulver mischen, auf die Eiercreme geben und kurz auf niedrigster Stufe unterrühren. Den Teig auf ein Backblech (30 x 40 cm, gefettet, mit Backpapier belegt) geben und verstreichen. Danach das Backblech in den vorgeheizten Backofen schieben.
Ober-/Unterhitze: etwa 200 °C
Heißluft: etwa 180 °C
Backzeit: etwa 10 Minuten.
3. Biskuitplatte vom Rand lösen, auf eine Arbeitsfläche stürzen und mit dem Backpapier erkalten lassen. Anschließend die Biskuitplatte mit dem Backpapier wenden, evtl. dunkle Backhaut entfernen.
4. Für die Füllung Frischkäse mit Milch und Quark in einen mit heißem Wasser ausgespülten Rührbecher geben und verrühren. Dessertpulver hinzufügen und mit Handrührgerät mit Rührbesen zunächst kurz auf niedrigster, dann auf höchster Stufe in 2–3 Minuten aufschlagen.
5. Die Biskuitplatte gleichmäßig mit der Creme bestreichen, dabei an den kurzen Seiten und an der oberen langen Seite einen Rand frei lassen. Biskuitplatte von der langen Seite mit Hilfe des Backpapiers aufrollen, dabei das Backpapier gleichzeitig lösen. Biskuitrolle mindestens 1 Stunde kalt stellen.
6. Die Tiramisu-Rolle vor dem Servieren mit Puderzucker bestäuben. Anschließend Kakao in Querstreifen daraufstäuben.

Tiramisu-Rolle

Erfrischend

Zitronen-Paradiescreme-Rolle

Zubereitungszeit: 45 Minuten, ohne Abkühl- und Kühlzeit
Backzeit: etwa 12 Minuten

Für den Biskuitteig:
4 Eier (Größe M)
1 Eigelb (Größe M)
4 EL heißes Wasser
125 g Zucker
1 Pck. Dr. Oetker Vanillin-Zucker
100 g Weizenmehl
25 g Speisestärke
1 Msp. Dr. Oetker Backin

Für die Füllung:
250 g Schlagsahne
400 g Zitronenjoghurt
1 Pck. Paradiescreme Zitronen-Geschmack (Dessertpulver)

Zum Verzieren und Garnieren:
50 g Zartbitter-Schokolade oder Zartbitter-Kuvertüre
einige hauchdünne Schokotäfelchen

Insgesamt:
E: 70 g, F: 157 g, Kh: 399 g, kJ: 13846, kcal: 3304

1. Den Backofen vorheizen. Für den Biskuitteig Eier, Eigelb und Wasser mit Handrührgerät mit Rührbesen auf höchster Stufe in 1 Minute schaumig schlagen. Zucker und Vanillin-Zucker mischen, in 1 Minute unter Rühren einstreuen, dann noch etwa 2 Minuten weiterschlagen.

Zitronen-Paradiescreme-Rolle

Toffifee-Zopf

2. Mehl mit Speisestärke und Backpulver mischen, auf die Eiercreme geben und kurz auf niedrigster Stufe unterrühren. Teig auf ein Backblech (30 x 40 cm, gefettet, mit Backpapier belegt) streichen. Backblech in den vorgeheizten Backofen schieben.
Ober-/Unterhitze: etwa 200 °C
Heißluft: etwa 180 °C
Backzeit: etwa 12 Minuten.

3. Den Biskuit sofort nach dem Backen vom Rand lösen, auf ein mit Zucker bestreutes Backpapier stürzen und mit dem Backpapier erkalten lassen.

4. Für die Füllung Sahne steifschlagen. Joghurt in eine Rührschüssel geben, Dessertpulver hinzufügen und mit Handrührgerät mit Rührbesen nach Packungsanleitung cremig schlagen. Sahne vorsichtig unterheben.

5. Mitgebackenes Backpapier vorsichtig vom Biskuit abziehen. Zwei Drittel der Creme auf der Gebäckplatte verteilen und verstreichen. Biskuit mit der Füllung von der längeren Seite aus aufrollen, die Rolle außen mit der restlichen Creme bestreichen und mindestens 1 Stunde kalt stellen.

6. Zum Verzieren Schokolade oder Kuvertüre in kleine Stücke brechen oder hacken und in einem kleinen Topf im Wasserbad bei schwacher Hitze unter Rühren schmelzen lassen. Die Schokolade oder Kuvertüre mit Hilfe eines Teelöffels über die Rolle sprenkeln und die Rolle mit zu Dreiecken geschnittenen Schokotäfelchen garnieren.

Für Kinder

Toffifee-Zopf

Zubereitungszeit: 40 Minuten, ohne Abkühl- und Ruhezeit
Backzeit: etwa 40 Minuten

Für die Füllung:
1 Pck. Dr. Oetker Pudding-Pulver Schokoladen-Geschmack
375 ml (3/8 l) Milch
125 g Nuss-Nougat-Creme

Für den Hefeteig:
375 g Weizenmehl
1 Pck. Hefeteig Garant
70 g Zucker
1 Pck. Dr. Oetker Vanillin-Zucker
100 ml Milch
50 g weiche Butter
2 Eier (Größe M)
1 Eiweiß (Größe M)

Zum Bestreuen und Bestreichen:
100 g gehobelte Haselnusskerne
10 Stück Toffifee
1 Eigelb (Größe M), 2 EL Milch

Zum Bestäuben:
Puderzucker

Insgesamt:
E: 106 g, F: 210 g, Kh: 549 g,
kJ: 19006, kcal: 4536

1. Für die Füllung Pudding-Pulver nach Packungsanleitung, aber mit der hier angegebenen Menge Milch und ohne Zucker zubereiten. Nuss-Nougat-Creme im heißen Pudding verrühren und den Pudding erkalten lassen, dabei gelegentlich umrühren.

2. Für den Teig Mehl in eine Rührschüssel geben und mit Hefeteig Garant vermischen. Restliche Zutaten dazugeben und alles mit Handrührgerät mit Knethaken in etwa 2 Minuten zu einem glatten Teig verkneten.

3. Den Teig auf der leicht bemehlten Arbeitsfläche zu einem Rechteck (etwa 30 x 40 cm) ausrollen, den erkalteten Pudding darauf verstreichen, dabei am Rand 1 cm frei lassen. Den Pudding mit Nusskernen bestreuen. Toffifee klein hacken und ebenfalls daraufstreuen.

4. Die Teigplatte von der längeren Seite aus aufrollen und der Länge nach einmal senkrecht durchschneiden. Beide Hälften mit der Schnittfläche nach oben umeinanderflechten, so dass ein Zopf entsteht. Den Zopf auf ein Backblech (mit Backpapier belegt) legen und die Enden etwas einschlagen. Eigelb mit Milch verrühren, den Zopf damit bestreichen und etwa 15 Minuten ruhen lassen, inzwischen den Backofen vorheizen. Das Backblech in den vorgeheizten Backofen schieben.
Ober-/Unterhitze: 180–200 °C
Heißluft: 160–180 °C
Backzeit: etwa 40 Minuten.

5. Das Gebäck mit dem Backpapier vom Backblech auf einen Kuchenrost ziehen und erkalten lassen. Vor dem Servieren den erkalteten Zopf mit Puderzucker bestäuben.

Erdbeer-Muffins

Für Kinder

Erdbeer-Muffins

Zubereitungszeit: 40 Minuten, ohne Abkühlzeit
Backzeit: etwa 25 Minuten

Zum Vorbereiten:
200 g Erdbeeren

Für den Rührteig:
80 ml Sonnenblumenöl
120 g Zucker
1 Pck. Dr. Oetker Bourbon-Vanille-Zucker
1/2 Pck. Dr. Oetker Finesse Geriebene Zitronenschale
2 Eier (Größe M)
150 g Weizenmehl
1 1/2 gestr. TL Dr. Oetker Backin
1 Prise Salz
70 g Haferflocken
100 ml Buttermilch

Zum Verzieren:
2 Riegel gut gekühlte Erdbeer-Joghurt-Schokolade

Insgesamt:
E: 48 g, F: 108 g, Kh: 312 g,
kJ: 10176, kcal: 2424

1. Zum Vorbereiten Erdbeeren putzen, waschen, abtropfen lassen, entstielen und in Stücke schneiden. Den Backofen vorheizen.
2. Für den Teig Öl mit Zucker, Vanille-Zucker und Zitronenschale in einer Rührschüssel mit Handrührgerät mit Rührbesen auf höchster Stufe geschmeidig rühren. So lange rühren, bis eine gebundene Masse entstanden ist. Eier nach und nach unterrühren (jedes Ei etwa 1/2 Minute).
3. Mehl mit Backpulver und Salz mischen und in 2 Portionen abwechselnd mit Haferflocken und Buttermilch auf mittlerer Stufe unterrühren. Zuletzt Erdbeerstücke vorsichtig unterheben.
4. Teig in eine Muffinform (für 12 Muffins, gefettet, gemehlt) geben und verstreichen. Die Form auf dem Rost in den vorgeheizten Backofen schieben.
Ober-/Unterhitze: etwa 180 °C
Heißluft: etwa 160 °C
Backzeit: etwa 25 Minuten.
5. Die Muffins etwa 5 Minuten in der Form stehen lassen, dann aus der Form lösen und auf einem Kuchenrost etwas abkühlen lassen.
6. Zum Verzieren Schokolade grob raspeln. Die noch warmen Muffins damit bestreuen, erkalten lassen.

Eberswalder Spritzkuchen

Zubereitungszeit: 90 Minuten

Zum Ausbacken:
Ausbackfett

Für den Brandteig:
250 ml (1/4 l) Wasser
50 g Butter oder Margarine
150 g Weizenmehl
30 g Speisestärke
25 g Zucker
1 Pck. Dr. Oetker Vanillin-Zucker
5–6 Eier (Größe M)
1 gestr. TL Dr. Oetker Backin

Für den Guss:
300 g Puderzucker
etwa 3 EL Zitronensaft
heißes Wasser

Insgesamt:
E: 50 g, F: 150 g, Kh: 475 g,
kJ: 14800, kcal: 3525

1. Zum Vorbereiten Backpapier in Quadrate (etwa 10 x 10 cm) schneiden und fetten. Ausbackfett in einem Topf oder einer Fritteuse auf etwa 180 °C erhitzen. Die Temperatur ist erreicht, wenn sich um einen in das Fett gehaltenen Holzlöffelstiel Bläschen bilden.
2. Für den Teig Wasser mit Butter oder Margarine in einem kleinen Topf aufkochen lassen. Topf von der Kochstelle nehmen. Mehl mit Speisestärke mischen und auf einmal in die heiße Flüssigkeit geben. Alles zu einem glatten Teigkloß verrühren, dann etwa 1 Minute unter ständigem Rühren erhitzen (abbrennen) und in eine Rührschüssel geben.
3. Zucker und Vanillin-Zucker mit Handrührgerät mit Knethaken unterrühren. 5 Eier nacheinander mit Handrührgerät mit Knethaken auf höchster Stufe unter den Teig arbeiten. Das letzte Ei verquirlen und nur so viel unter den Teig arbeiten, bis er stark glänzt und in langen Spitzen an einem Löffel hängen bleibt. Backpulver erst unter den erkalteten Teig rühren.
4. Teig portionsweise in einen Spritzbeutel mit großer Sterntülle füllen und in Form von Kränzen auf das vorbereitete Backpapier spritzen (ergibt etwa 25 Stück). Durch Eintauchen der Papiere in das siedende Ausbackfett die Kränzchen lösen und portionsweise schwimmend auf beiden Seiten hellbraun backen. Spritzkuchen mit einem Schaumlöffel herausnehmen, auf Küchenpapier gut abtropfen lassen und auf einem Kuchenrost erkalten lassen.
5. Für den Guss Puderzucker mit Zitronensaft und so viel heißem Wasser glattrühren, dass eine dickflüssige Masse entsteht, und die Eberswalder Spritzkuchen damit bestreichen.

Eberswalder Spritzkuchen

Schnell zubereitet

Kulleraugen-Muffins

Zubereitungszeit: 15 Minuten, ohne Abkühlzeit
Backzeit: etwa 25 Minuten

Für den Teig:
1 Pck. Dr. Oetker Backmischung Zitronenkuchen
150 g Butter oder Margarine
3 Eier (Größe M)
100 ml Milch oder 100 g Joghurt

Außerdem:
175 g rote Konfitüre (z. B. Erdbeer, Kirsch oder Waldfrucht)

Insgesamt:
E: 48 g, F: 156 g, Kh: 540 g, kJ: 15864, kcal: 3756

1. Den Backofen vorheizen. Für den Teig die Backmischung mit Butter oder Margarine, Eiern, Milch oder Joghurt nach Packungsanleitung, aber mit den hier angegebenen Zutaten zubereiten.
2. Zwei Drittel des Teiges in eine Muffinform (für 12 Muffins, gefettet, gemehlt oder mit Papierbackförmchen ausgelegt) geben. Jeweils 1 Teelöffel Konfitüre daraufsetzen und den restlichen Teig darauf verteilen. Die Form auf dem Rost in den vorgeheizten Backofen schieben.
Ober-/Unterhitze: etwa 180 °C
Heißluft: etwa 160 °C
Backzeit: etwa 25 Minuten.
3. Die Muffins etwa 5 Minuten in der Form stehen lassen, dann aus der Form lösen oder heben und auf einem Kuchenrost etwas abkühlen lassen.
4. Restliche Konfitüre durch ein Sieb streichen und in einem kleinen Topf unter Rühren kurz aufkochen lassen. Jeweils in die Mitte der Muffins einen roten Konfitürenklecks setzen.
5. Zitronenguss aus der Packung nach Packungsanleitung zubereiten. Die Muffins damit bestreichen, jedoch die Konfitüre dabei aussparen. Muffins erkalten lassen.

Tipp: Statt Konfitüre können Sie zum Füllen auch jeweils 1 Teelöffel Nuss-Nougat-Creme verwenden. Statt der Backmischung können Sie auch einen Rührteig aus 125 g Butter oder Margarine, 125 g Zucker, 1 Päckchen Vanillin-Zucker, 3 Eiern (Größe M), 250 g Weizenmehl, 2 gestrichenen Teelöffeln Backin, 100 g Zitronenjoghurt und 1 Päckchen Finesse Geriebene Zitronenschale zubereiten.

Für Kinder

Himbeerbrocken

Zubereitungszeit: 30 Minuten, ohne Abkühlzeit
Backzeit: 20–25 Minuten je Backblech

Für den All-in-Teig:
170 g Weizenmehl
1 Pck. Rote-Grütze-Pulver Himbeer-Geschmack
2 gestr. TL Dr. Oetker Backin
40 g Semmelbrösel
100 g Zucker, 2 Eier (Größe M)
80 g Butter oder Margarine
2 EL Schlagsahne
150 g TK-Himbeeren

Kulleraugen-Muffins

Himbeerbrocken

Knusper-Muffins

Für die Füllung:
200 g Schlagsahne
1 EL gesiebter Puderzucker
1 Pck. Dr. Oetker Sahnesteif
150 g Himbeerjoghurt

Zum Bestäuben:
Puderzucker

Insgesamt:
E: 48 g, F: 156 g, Kh: 348 g,
kJ: 12588, kcal: 3000

1. Den Backofen vorheizen. Für den Teig Mehl mit Rote-Grütze-Pulver und Backpulver in einer Rührschüssel mischen. Semmelbrösel, Zucker, Eier, Butter oder Margarine und Sahne hinzufügen. Die Zutaten mit Handrührgerät mit Rührbesen zunächst kurz auf niedrigster, dann auf höchster Stufe in etwa 2 Minuten zu einem glatten Teig verarbeiten.
2. Die gefrorenen Himbeeren in einen Gefrierbeutel geben, den Beutel fest verschließen. Himbeeren mit einer Teigrolle zerkrümeln, aus dem Beutel nehmen und unter den Teig heben.
3. Den Teig mit einem Esslöffel in 12 Häufchen mit etwas Abstand voneinander auf Backbleche (gefettet, mit Backpapier belegt) verteilen. Die Backbleche nacheinander (bei Heißluft zusammen) in den vorgeheizten Backofen schieben.
Ober-/Unterhitze: etwa 180 °C
Heißluft: etwa 160 °C
Backzeit: 20–25 Minuten
je Backblech.
4. Die Himbeerbrocken mit dem Backpapier von den Backblechen auf Kuchenroste ziehen. Himbeerbrocken erkalten lassen.
5. Für die Füllung Sahne mit Puderzucker und Sahnesteif steifschlagen. Joghurt unterheben. Von den Himbeerbrocken keilförmig einen kleinen Deckel herausschneiden. Jeweils etwas von der Joghurtsahne hineinfüllen und den Deckel wieder auflegen. Himbeerbrocken mit Puderzucker bestäuben.

Tipp: Nach Belieben die Himbeerbrocken mit einigen Himbeeren garnieren.

Einfach

Knusper-Muffins

Zubereitungszeit: 15 Minuten
Backzeit (Mini-Muffins):
etwa 20 Minuten
Backzeit (große Muffins):
etwa 25 Minuten

Für den All-in-Teig:
225 g Weizenmehl
2 gestr. TL Dr. Oetker Backin
1 Pck. Saucen-Pulver Vanille-Geschmack
125 g Zucker
2 Eier (Größe M)
100 ml Speiseöl
100 ml Buttermilch

Zum Bestreuen:
100 g Knuspermüsli

Insgesamt:
E: 51 g, F: 134 g, Kh: 387 g,
kJ: 12315, kcal: 2937

1. Den Backofen vorheizen. Für den Teig Mehl mit Backpulver und Saucen-Pulver in einer Rührschüssel mischen. Zucker, Eier, Speiseöl und Buttermilch hinzufügen. Die Zutaten mit Handrührgerät mit Rührbesen zunächst kurz auf niedrigster, dann auf höchster Stufe in etwa 1 Minute zu einem glatten Teig verarbeiten.
2. Den Teig in einer Mini-Muffinform (für 12 Muffins, gefettet, gemehlt) und in einer große Muffinform (für 6 Muffins, gefettet, gemehlt) verteilen. Knuspermüsli daraufstreuen. Die Formen nebeneinander auf dem Rost in den vorgeheizten Backofen schieben.
Ober-/Unterhitze: etwa 180 °C
Heißluft: etwa 160 °C
Backzeit (Mini-Muffins):
etwa 20 Minuten;
Backzeit (große Muffins):
etwa 25 Minuten.
3. Die Muffins etwa 5 Minuten in den Formen stehen lassen, dann aus den Formen lösen und auf Kuchenrosten erkalten lassen.

Limetten-Mohn-Muffins

Fruchtig

Limetten-Mohn-Muffins

Zubereitungszeit: 25 Minuten, ohne Abkühlzeit
Backzeit: 20–25 Minuten

Für den Rührteig:
175 g weiche Butter oder Margarine
100 g Zucker
1 Pck. Dr. Oetker Vanillin-Zucker
2 Eier (Größe M)
230 g Weizenmehl
3 gestr. TL Dr. Oetker Backin
1/2 gestr. TL Natron
75 ml (6 EL) Milch
oder 75 g Schlagsahne
1 Bio-Limette (unbehandelt, ungewachst)
100 g gemahlener Mohn, 1 EL Honig
25 g weiche Butter
2 geh. EL Zitronenmarmelade

Für den Guss und zum Garnieren:
1 Bio-Limette (unbehandelt, ungewachst)
100–150 g Puderzucker

Insgesamt:
E: 60 g, F: 252 g, Kh: 468 g,
kJ: 18672, kcal: 4464

1. Den Backofen vorheizen. Für den Teig Butter oder Margarine mit Handrührgerät mit Rührbesen auf höchster Stufe geschmeidig rühren. Nach und nach Zucker und Vanillin-Zucker unterrühren. So lange rühren, bis eine gebundene Masse entstanden ist.
2. Eier nach und nach unterrühren (jedes Ei etwa 1/2 Minute). Mehl mit Backpulver und Natron mischen und in 2 Portionen abwechselnd mit Milch oder Sahne auf mittlerer Stufe unterrühren.
3. Den Teig halbieren. Die Limette waschen, abtrocknen, Schale mit einer Küchenreibe abreiben und den Saft auspressen. Eine Teighälfte mit Limettenschale und -saft verrühren, unter die andere Teighälfte Mohn, Honig, Butter und Zitronenmarmelade rühren.
4. Den Mohnteig in eine Muffinform (für 12 Muffins, gefettet, gemehlt) füllen und glattstreichen. Den Limettenteig darauf verteilen und die Form auf dem Rost in den vorgeheizten Backofen schieben.
Ober-/Unterhitze: etwa 180 °C
Heißluft: etwa 160 °C
Backzeit: 20–25 Minuten.
5. Die Muffins nach dem Backen etwa 5 Minuten in der Form stehen lassen, dann herauslösen und auf einem mit Backpapier belegten Kuchenrost erkalten lassen.
6. Für Guss und Garnierung Limette waschen und abtrocknen. Schale mit einem Zestenreißer in Streifen abziehen oder mit einem Messer in feine Streifen schneiden. Den Saft auspressen. Puderzucker mit Limettensaft zu einer dickflüssigen Masse verrühren und mit Hilfe eines Pinsels auf die Muffins streichen. Limettenschale auf den noch feuchten Guss streuen.

Raffiniert

Mandel-Krokant-Muffins

Zubereitungszeit: 50 Minuten, ohne Abkühlzeit
Backzeit: 20–25 Minuten

Für die Mandel-Krokant-Masse:
100 g abgezogene, gestiftelte Mandeln
50 g abgezogene, gehobelte Mandeln
100 g Zucker
2 EL flüssiger Honig
50 g Butter
1 Msp. gemahlener Zimt

Für den Quark-Öl-Teig:
200 g Weizenmehl
2 gestr. TL Dr. Oetker Backin
125 g Magerquark
3 EL Milch
4 EL Speiseöl
50 g Zucker
1 Pck. Dr. Oetker Vanillin-Zucker
3 Tropfen Butter-Vanille-Aroma
1/2 Pck. Dr. Oetker Finesse Geriebene Zitronenschale
1 Prise Salz

Insgesamt:
E: 72 g, F: 168 g, Kh: 348 g,
kJ: 13344, kcal: 3192

1. Für die Krokant-Masse Mandeln in einer Pfanne ohne Fett unter Wenden rösten und herausnehmen. Zucker in

die Pfanne geben und unter Rühren schmelzen lassen. Honig, Butter, Zimt und die gerösteten Mandeln unterrühren. Die Krokant-Masse auf Backpapier geben und etwas abkühlen lassen.
2. Für den Teig Mehl mit Backpulver in einer Rührschüssel mischen. Quark, Milch, Öl, Zucker, Vanillin-Zucker, Aroma, Zitronenschale und Salz hinzufügen. Die Zutaten mit Handrührgerät mit Knethaken auf höchster Stufe in etwa 1 Minute zu einem Teig verarbeiten (nicht zu lange, Teig klebt sonst).
3. Anschließend den Teig auf der leicht bemehlten Arbeitsfläche zu einer Rolle formen und zu einem Rechteck (etwa 36 x 25 cm) ausrollen. Den Backofen vorheizen. Krokant grob zerstoßen, auf dem Teig verteilen und den Teig von der langen Seite aus fest aufrollen. Teigrolle in 12 etwa 3 cm dicke Scheiben schneiden.
4. Die Teigscheiben mit der Schnittfläche nach oben in eine Muffinform (für 12 Muffins, gefettet, gemehlt oder mit Papierbackförmchen ausgelegt) legen. Von der Krokantmasse evtl. übrig gebliebene flüssige Butter daraufträufeln. Die Form auf dem Rost in den vorgeheizten Backofen schieben.
Ober-/Unterhitze: etwa 180 °C
Heißluft: etwa 160 °C
Backzeit: 20–25 Minuten.
5. Die Muffins etwa 5 Minuten in der Form stehen lassen, dann aus der Form lösen oder heben und auf einem Kuchenrost erkalten lassen.

Fruchtig

Marzipan-Weintrauben-Muffins

Tassen-Muffins (1 Tasse = 200 ml)

Zubereitungszeit: 25 Minuten, ohne Abkühlzeit
Backzeit: etwa 25 Minuten

Für den Schüttelteig:
1/2 Pck. (125 g) Butter oder Margarine
2 1/2 Tassen (250 g) Weizenmehl
2 gestr. TL Dr. Oetker Backin
1/2 Tasse (75 g) Zucker
1 Pck. Dr. Oetker Vanillin-Zucker
3 Eier (Größe M)
3/4 Tasse (150 ml) Milch
1/2 Pck. (100 g) Marzipan-Rohmasse

Für den Belag und zum Bestäuben:
250 g kernlose grüne oder blaue Weintrauben
2 EL (30 g) Puderzucker

Insgesamt:
E: 70 g, F: 166 g, Kh: 386 g, kJ: 14444, kcal: 3449

1. Den Backofen vorheizen. Für den Teig Butter oder Margarine zerlassen und abkühlen lassen. Den Backofen vorheizen. Mehl mit Backpulver in einer verschließbaren Schüssel (etwa 3 l) mit Zucker und Vanillin-Zucker mischen. Eier, Butter oder Margarine und Milch hinzufügen. Schüssel mit dem Deckel fest verschließen.
2. Schüssel mehrmals (insgesamt 15–30 Sekunden) kräftig schütteln, so dass alle Zutaten gut vermischt sind. Marzipan in sehr kleine Würfel schneiden und hinzugeben. Alles mit einem Schneebesen oder Rührlöffel nochmals sorgfältig durchrühren, damit trockene Zutaten vom Rand mit untergerührt werden.
3. Den Teig in einer Muffinform (für 12 Muffins, gefettet, gemehlt) verteilen.
4. Für den Belag die Weintrauben waschen, abtropfen lassen, trocken tupfen und entstielen. Je nach Größe 2–4 Weintrauben in den Teig drücken und anschließend die Form auf dem Rost in den vorgeheizten Backofen schieben.
Ober-/Unterhitze: etwa 200 °C
Heißluft: etwa 180 °C
Backzeit: etwa 25 Minuten.
5. Die Muffins etwa 5 Minuten in der Form stehen lassen, dann aus der Form lösen und auf einem Kuchenrost erkalten lassen. Muffins mit Puderzucker bestäuben.

Mandel-Krokant-Muffins

Marzipan-Weintrauben-Muffins

Klassisch – für Kinder

Kleine Streuselschnecken

Zubereitungszeit: 35 Minuten
Backzeit: etwa 15 Minuten
je Backblech

Für den Quark-Öl-Teig:
400 g Weizenmehl
1 Pck. Dr. Oetker Backin
200 g Magerquark
100 ml Milch
100 ml Speiseöl
60 g Zucker
1 Pck. Dr. Oetker Vanillin-Zucker
1 Prise Salz

Für die Streusel:
200 g Weizenmehl
70 g abgezogene, gemahlene Mandeln
100 g Zucker
150 g weiche Butter

Zum Bestreuen:
100 g grob gehackte Vollmilch-Schokolade

Insgesamt:
E: 118 g, F: 312 g, Kh: 672 g,
kJ: 24834, kcal: 5930

1. Für den Teig Mehl mit Backpulver in einer Rührschüssel mischen. Quark, Milch, Speiseöl, Zucker, Vanillin-Zucker und Salz hinzufügen.
2. Die Zutaten mit Handrührgerät mit Knethaken zunächst kurz auf niedrigster, dann auf höchster Stufe in etwa 1 Minute zu einem Teig verarbeiten (nicht zu lange, Teig klebt sonst). Den Backofen vorheizen.
3. Den Teig halbieren und jeweils eine Hälfte auf der bemehlten Arbeitsfläche zu einem großen Rechteck (etwa 35 x 20 cm) ausrollen.
4. Für die Streusel Mehl in eine Rührschüssel geben, mit Mandeln und Zucker mischen und Butter hinzufügen. Die Zutaten mit Handrührgerät mit Rührbesen zu Streuseln von gewünschter Größe verarbeiten.
5. Teigstreusel auf den Teigrechtecken verteilen und mit den Schokoladenstückchen bestreuen. Die Teigrechtecke von der längeren Seite aus aufrollen und jeweils in 20–22 etwa 1 1/2 cm dünne Scheiben schneiden.
6. Teigscheiben auf 2 Backbleche (mit Backpapier belegt) legen. Die Backbleche nacheinander (bei Heißluft zusammen) in den vorgeheizten Backofen schieben.
Ober-/Unterhitze: etwa 180 °C
Heißluft: etwa 160 °C
Backzeit: etwa 15 Minuten
je Backblech.
7. Das Gebäck von den Backblechen auf Kuchenroste ziehen und erkalten lassen.

Kleine Streuselschnecken

Für Kinder

Topfenkipferl

Zubereitungszeit: 50 Minuten, ohne Abkühlzeit
Backzeit: 20–25 Minuten

Für den Knetteig:
200 g Weizenmehl
25 g Zucker
1 Prise Salz
100 g Magerquark (Topfen)
100 g Butter oder Margarine

Zum Bestreichen:
Milch

Für die Füllung:
1 kleine Dose Beerencocktail (Abtropfgewicht 180 g)

Zum Verzieren:
50 g Puderzucker
2 TL Fruchtsaft aus der Dose

Zum Bestäuben:
Puderzucker

Insgesamt:
E: 36 g, F: 84 g, Kh: 252 g,
kJ: 8184, kcal: 1956

1. Für den Teig Mehl mit Zucker, Salz, Quark und Butter oder Margarine in eine Rührschüssel geben. Danach die Zutaten mit Handrührgerät mit Knethaken zunächst kurz auf niedrigster, dann auf höchster Stufe gut durcharbeiten. Anschließend den

Topfenkipferl

Schokokissen

Teig auf der leicht bemehlten Arbeitsfläche kurz verkneten.
2. Den Backofen vorheizen. Den Teig auf der leicht bemehlten Arbeitsfläche zu einem Rechteck von etwa 27 x 36 cm ausrollen. Quadrate von etwa 9 x 9 cm daraus schneiden. Die Teigränder mit Milch bestreichen.
3. Für die Füllung Beerencocktail in einem Sieb gut abtropfen lassen, etwas Saft dabei auffangen und 2 Teelöffel davon zum Verzieren abmessen.
4. Die Beeren in die Mitte der Teigquadraten verteilen und zu Dreiecken zusammenschlagen. Die Teigränder gut andrücken. Die Teigkipferl auf ein Backblech (mit Backpapier belegt) legen. Das Backblech in den vorgeheizten Backofen schieben.
Ober-/Unterhitze: etwa 180 °C
Heißluft: etwa 160 °C
Backzeit: 20–25 Minuten.
5. Die Kipferl mit dem Backpapier vom Backblech auf einen Kuchenrost ziehen. Kipferl erkalten lassen.
6. Zum Verzieren Puderzucker mit Fruchtsaft zu einem dickflüssigen Guss verrühren. Den Guss in ein Papiertütchen füllen und eine kleine Ecke abschneiden. Die Kipferl mit Puderzucker bestäuben und mit Guss verzieren. Den Guss fest werden lassen.

Schnell zubereitet

Schokokissen

Zubereitungszeit: 30 Minuten, ohne Auftau- und Abkühlzeit
Backzeit: etwa 10 Minuten je Backblech

1 Pck. (450 g) TK-Blätterteig (10 quadratische Platten)
3 EL Milch
50 g Schokoladenstreusel
100 g abgezogene, gehobelte Mandeln

Außerdem:
1 kleine reife Mango

Für die Füllung:
1 Pck. Paradiescreme Vanille-Geschmack (Dessertpulver)
1 Pck. Paradiescreme Schokoladen-Geschmack (Dessertpulver)
400 g Schlagsahne
200 ml Milch
25 g Schokoladenstreusel

Insgesamt:
E: 72 g, F: 319 g, Kh: 376 g,
kJ: 19555, kcal: 4665

1. Für die Dreiecke den Blätterteig nach Packungsanleitung auftauen. Den Backofen vorheizen. Die aufgetauten Quadrate diagonal durchschneiden und mit Milch bestreichen. Schokoladenstreusel mit Mandeln vermischen und auf den Blätterteigdreiecke verteilen.
2. Die Dreiecke auf 2 Backbleche (mit Backpapier belegt) verteilen und die Backbleche nacheinander (bei Heißluft zusammen) in den vorgeheizten Backofen schieben.
Ober-/Unterhitze: etwa 200 °C
Heißluft: etwa 180 °C
Backzeit: etwa 10 Minuten je Backblech.
3. Das Gebäck mit dem Backpapier auf Kuchenroste ziehen und erkalten lassen. Anschließend die Blätterteigdreiecke waagerecht durchschneiden. Die Mango waschen, Fruchtfleisch vom Stein schneiden, schälen und fein würfeln.
4. Für die Füllung die Dessertpulver voneinander getrennt nach Packungsanleitung, aber mit je 200 g Schlagsahne und je 100 ml Milch zubereiten. Unter die Schokoladencreme die Schokoladenstreusel rühren.
5. Cremes jeweils in einen Spritzbeutel mit großer Lochtülle füllen und die Unterteile der Kissen abwechselnd mit dicken Cremestreifen füllen. Die Mangowürfel darüberstreuen und die Oberteile der Kissen aufsetzen.

Zweierlei Kaffeegebäck

Für Gäste

Zweierlei Kaffeegebäck

Zubereitungszeit: 60 Minuten,
ohne Kühl- und Abkühlzeit
Backzeit: 20–25 Minuten
je Backblech

Für den Teig:
250 g weiche Butter
200 g Doppelrahm-Frischkäse
2 Pck. Dr. Oetker Vanillin-Zucker
80 g Schmand (Sauerrahm)
250 g Weizenmehl

Für 9 Pflaumenkissen:
18 Pflaumen, 1 Nektarine
50 g Löffelbiskuits
30 g gehackte Walnusskerne

Zum Bestreichen:
1 Eigelb
1–2 EL Milch
1–2 EL Hagelzucker
1 EL Johannisbeergelee

Für 8 Kirschhörnchen:
100 g abgetropfte Sauerkirschen (aus dem Glas)
50 g fein gehackte Cappuccino-Schokolade

Zum Besprenkeln:
50 g aufgelöste Cappuccino-Schokolade

Insgesamt (Pflaumenkissen):
E: 36 g, F: 162 g, Kh: 189 g,
kJ: 10197, kcal: 2439
Insgesamt (Kirschhörnchen):
E: 32 g, F: 184 g, Kh: 192 g,
kJ: 11048, kcal: 2640

1. Für den Teig Butter mit Handrührgerät mit Rührbesen auf höchster Stufe geschmeidig rühren. Nach und nach Frischkäse, Vanillin-Zucker und Schmand hinzufügen. So lange rühren, bis eine gebundene Masse entstanden ist. Die Hälfte des Mehls auf mittlerer Stufe unterrühren. Restliches Mehl auf der Arbeitsfläche unterkneten. Den Teig in Folie gewickelt etwa 30 Minuten kalt stellen.
2. Für die Pflaumenkissen knapp die Hälfte des Teiges auf der leicht bemehlten Arbeitsfläche zu einem Quadrat (etwa 30 x 30 cm) ausrollen und anschließend in 9 Quadrate (etwa 10 x 10 cm) schneiden. Quadrate leicht versetzt auf ein Backblech (mit Backpapier belegt) legen.
3. Den Backofen vorheizen. Obst waschen, trocken tupfen und entsteinen. Löffelbiskuits fein zerbröseln, Brösel mit Walnusskernen vermischen und auf den Teigquadraten verteilen. Quadrate mit Pflaumenhälften und Nektarinenspalten belegen, dabei etwas Rand frei lassen.
4. Eigelb mit Milch verschlagen, die Teigränder damit bestreichen und mit Hagelzucker bestreuen. Das Backblech in den vorgeheizten Backofen schieben.
Ober-/Unterhitze: 180–200 °C
Heißluft: 160–180 °C
Backzeit: 20–25 Minuten.
5. Gelee unter Rühren erwärmen und die Früchte direkt nach dem Backen damit bestreichen. Das Gebäck erkalten lassen.
6. Für die Kirschhörnchen inzwischen restlichen Teig zu einem Quadrat (etwa 28 x 28 cm) ausrollen, anschließend in 4 Quadrate (etwa 14 x 14 cm) schneiden und diese diagonal in 8 Dreiecke schneiden. In die Mitte jeweils 2–3 Kirschen und gehackte Schokolade geben.
7. Teigstücke von der breiten Seite aus zu Hörnchen aufrollen, auf ein Backblech (mit Backpapier belegt) legen und mit Eigelbmilch bestreichen. Das Backblech in den heißen Backofen schieben und die Kirschhörnchen **bei gleicher Backtemperatur 20–25 Minuten backen.**
8. Die Hörnchen vom Backpapier lösen und erkalten lassen. Hörnchen mit Schokolade besprenkeln und Schokolade fest werden lassen.

Tipp: Die Pflaumenkissen und Kirschhörnchen schmecken frisch am besten.

Für Kinder

Streusel-Calzone

Zubereitungszeit: 60 Minuten, ohne Ruhezeit
Backzeit: etwa 25 Minuten je Backblech

Für die Streusel:
100 g Weizenmehl
50 g Zucker
1/2 gestr. TL gemahlener Zimt
75 g weiche Butter

Für den Hefeteig:
300 g Weizenmehl
1 Pck. Hefeteig Garant
50 g Zucker
1 Pck. Dr. Oetker Vanillin-Zucker
1/2 Fläschchen Butter-Vanille-Aroma
75 ml Milch
75 g Speiseöl
1 Becher (125 g) Crème double

Zum Bestreichen:
1 Becher (125 g) Crème double
1 Pck. Dr. Oetker Bourbon-Vanille-Zucker

Für die Obstfüllung:
500 g vorbereitetes Obst (z. B. Äpfel, Bananen, Weintrauben)

Für die Nussfüllung:
200 g gemahlene Haselnusskerne
100 g Zucker
1 Ei (Größe M)
3–4 EL Wasser

Insgesamt (Obstfüllung):
E: 32 g, F: 128 g, Kh: 288 g,
kJ: 10224, kcal: 2448
Insgesamt (Nussfüllung):
E: 56 g, F: 256 g, Kh: 336 g,
kJ: 16184, kcal: 3872

1. Für die Streusel Mehl in eine Rührschüssel geben, mit Zucker und Zimt mischen und Butter hinzufügen. Die Zutaten mit Handrührgerät mit Rührbesen zunächst kurz auf niedrigster, dann auf höchster Stufe zu Streuseln von gewünschter Größe verarbeiten.

2. Für den Hefeteig Mehl in eine Rührschüssel geben und sorgfältig mit Hefeteig Garant vermischen. Zucker, Vanillin-Zucker, Aroma, Milch, Speiseöl und Crème double hinzufügen. Die Zutaten mit Handrührgerät mit Knethaken zunächst kurz auf niedrigster, dann auf höchster Stufe in etwa 2 Minuten zu einem glatten Teig verarbeiten. Den Teig in 2 Portionen teilen. Jede Teigportion auf der leicht bemehlten Arbeitsfläche ausrollen und je 8 runde Platten (Ø etwa 12 cm) ausstechen.

3. Zum Bestreichen Crème double mit Vanille-Zucker verrühren. Für die Obstfüllung das vorbereitete Obst klein schneiden oder für die Nussfüllung Haselnusskerne, Zucker, Ei und Wasser zu einer geschmeidigen Masse verrühren.

4. Jeweils die Hälfte jeder Teigplatte mit Crème double bestreichen. Die Obst- oder Nussfüllung darauf verteilen. Die nicht belegte Teighälfte jeweils darüberschlagen und den Rand gut andrücken. Die Teigtaschen mit Wasser bestreichen. Streusel darauf verteilen.

5. Den Backofen vorheizen. Teigtaschen zugedeckt etwa 15 Minuten ruhen lassen und anschließend auf Backbleche (mit Backpapier belegt) legen. Die Backbleche nacheinander (bei Heißluft zusammen) in den vorgeheizten Backofen schieben.
Ober-/Unterhitze: etwa 200 °C
Heißluft: etwa 180 °C
Backzeit: etwa 25 Minuten je Backblech.

6. Das Gebäck mit dem Backpapier von den Backblechen auf Kuchenroste ziehen. Streusel-Calzone erkalten lassen.

Streusel-Calzone

Raffiniert

Milchkaffee-Muffins

Zubereitungszeit: 25 Minuten, ohne Abkühlzeit
Backzeit: etwa 25 Minuten

Für den All-in-Teig:
200 g Weizenmehl
3 gestr. TL Dr. Oetker Backin
125 g Zucker
1 Pck. Dr. Oetker Vanillin-Zucker
2 Eier (Größe M)
150 g weiche Butter oder Margarine
125 ml (1/8 l) Milch

Für den dunklen Teig:
3 TL Instant-Kaffeepulver
3 EL heißes Wasser
15 g gesiebtes Kakaopulver
1 TL Zucker

Für den hellen Teig:
50 g aufgelöste weiße Schokolade

Für den Guss und zum Garnieren:
50 g weiße Schokolade
2 TL Speiseöl
12 Mokkabohnen
Kakaopulver

Insgesamt:
E: 48 g, F: 192 g, Kh: 372 g,
kJ: 14280, kcal: 3408

1. Für den Teig Mehl mit Backpulver in einer Rührschüssel mischen. Zucker, Vanillin-Zucker, Eier, Butter oder Margarine und Milch hinzufügen. Die Zutaten mit Handrührgerät mit Rührbesen zunächst kurz auf niedrigster, dann auf höchster Stufe in etwa 2 Minuten zu einem glatten Teig verarbeiten. Ein Drittel des Teiges abnehmen und beiseitestellen.
2. Den Backofen vorheizen. Für den dunklen Teig Kaffeepulver mit Wasser auflösen und etwas abkühlen lassen. Kaffeelösung mit Kakao und Zucker unter die größere Teigmenge rühren. Den Teig in eine Muffinform (für 12 Muffins, gefettet, gemehlt) geben und verstreichen.
3. Für den hellen Teig die Schokolade unter den beiseitegestellten Teig rühren und auf dem dunklen Teig verteilen. Die Form auf dem Rost in den vorgeheizten Backofen schieben.
Ober-/Unterhitze: etwa 180 °C
Heißluft: etwa 160 °C
Backzeit: etwa 25 Minuten.
4. Die Muffins etwa 5 Minuten in der Form stehen lassen, dann aus der Form lösen und auf einem Kuchenrost erkalten lassen.
5. Für den Guss Schokolade in Stücke brechen und mit Speiseöl in einem kleinen Topf im Wasserbad schmelzen lassen. Etwas Guss auf jedem Muffin verteilen und mit je 1 Mokkabohne garnieren. Guss fest werden lassen. Muffins mit etwas Kakao bestäuben.

Für Kinder

Muffins mit Schokosplittern

Zubereitungszeit: 15 Minuten
Backzeit: etwa 20 Minuten

Für den All-in-Teig:
200 g Weizenmehl
75 g Speisestärke
2 gestr. TL Dr. Oetker Backin
75 g Zucker
1 Pck. Dr. Oetker Vanillin-Zucker
4 Eier (Größe M)
175 g weiche Butter oder Margarine
75 g Zartbitter-Schokolade

Milchkaffee-Muffins

Muffins mit Schokosplittern

Insgesamt:
E: 60 g, F: 192 g, Kh: 336 g,
kJ: 14544, kcal: 3480

1. Den Backofen vorheizen. Für den Teig Mehl, Speisestärke und Backpulver in einer Rührschüssel mischen. Zucker, Vanillin-Zucker, Eier und Butter oder Margarine dazugeben und die Zutaten in etwa 2 Minuten mit Handrührgerät mit Rührbesen zu einem glatten Teig verarbeiten.
2. Die Schokolade grob hacken und zwei Drittel davon unter den Teig heben. Den Teig mit Hilfe von 2 Teelöffeln in einer Muffinform (für 12 Muffins, gefettet, gemehlt oder mit Papierbackförmchen) verteilen.
3. Den Teig mit der restlichen Schokolade bestreuen. Die Muffinform auf dem Rost in den vorgeheizten Backofen schieben.
Ober-/Unterhitze: etwa 180 °C
Heißluft: etwa 160 °C
Backzeit: etwa 20 Minuten.
4. Muffins nach dem Backen etwa 5 Minuten in der Form stehen lassen, anschließend aus der Form lösen und auf einem Kuchenrost erkalten lassen.

Sesam-öffne-dich-Amerikaner

Für Kinder

Sesam-öffne-dich-Amerikaner

Zubereitungszeit: 35 Minuten
Backzeit: 25–30 Minuten
je Backblech

Für den Rührteig:
80 g Butter oder Margarine
100 g Zucker
1 Pck. Dr. Oetker Vanillin-Zucker
1 Prise Salz
2 Eier (Größe M)
170 g Weizenmehl
1 Pck. Dr. Oetker Pudding-Pulver Sahne-Geschmack
2 gestr. TL Dr. Oetker Backin
40 g geschälte, geröstete Sesamsamen

Für den Guss:
140 g Schlagsahne
70 g gesiebter Puderzucker
50 g geröstete Sesamsamen

Insgesamt:
E: 48 g, F: 168 g, Kh: 348 g,
kJ: 13176, kcal: 3144

1. Den Backofen vorheizen. Für den Teig Butter oder Margarine mit Handrührgerät mit Rührbesen auf höchster Stufe geschmeidig rühren. Nach und nach Zucker, Vanillin-Zucker und Salz unterrühren. So lange rühren, bis eine gebundene Masse entstanden ist.
2. Eier nach und nach unterrühren (jedes Ei etwa 1/2 Minute). Mehl mit Pudding-Pulver und Backpulver mischen und in 2 Portionen auf mittlerer Stufe unterrühren. Sesam unterrühren.
3. 12 Teighäufchen mit einem Esslöffel auf 2 Backbleche (gefettet, mit Backpapier belegt) setzen. Die Häufchen evtl. mit einem Messer zu Kuppeln formen. Die Backbleche nacheinander (bei Heißluft zusammen) in den vorgeheizten Backofen schieben.
Ober-/Unterhitze: etwa 200 °C
Heißluft: etwa 180 °C
Backzeit: 25–30 Minuten
je Backblech.
4. Die Amerikaner mit dem Backpapier von den Backblechen auf Kuchenroste ziehen.
5. Für den Guss Sahne mit Puderzucker in einem Topf unter Rühren zum Kochen bringen und so lange unter Rühren bei mittlerer Hitze kochen lassen, bis der Guss dicklich wird. Den Guss sofort auf die glatte Seite der warmen Amerikaner streichen (Achtung, der Guss ist sehr heiß!) und sofort mit den gerösteten Sesamsamen bestreuen. Anschließend die Sesam-öffne-dich-Amerikaner erkalten lassen.

Malzbier-Muffins

Macadamia-Muffins

Raffiniert

Malzbier-Muffins

Zubereitungszeit: 30 Minuten
Backzeit: etwa 30 Minuten

Für den All-in-Teig:
150 g Weizenmehl
1 gestr. TL Dr. Oetker Backin
1/2 gestr. TL Natron
75 g brauner Zucker (Kandisfarin)
1 Pck. Dr. Oetker Bourbon-Vanille-Zucker
1/2 gestr. TL gemahlener Zimt
2 Eier (Größe M)
75 g weiche Butter oder Margarine
175 ml Malzbier

Für die Füllung:
100 g entsteinte Trockenpflaumen
50 g (etwa 1 Scheibe) Schwarzbrot
50 g Rosinen

Für den Belag:
etwa 50 g entsteinte Trockenpflaumen

Für den Guss:
100 g Puderzucker
2 EL Malzbier

Insgesamt:
E: 36 g, F: 84 g, Kh: 456 g, kJ: 11772, kcal: 2808

1. Den Backofen vorheizen. Für den Teig Mehl mit Backpulver und Natron in einer Rührschüssel mischen. Restliche Zutaten hinzufügen. Alles mit Handrührgerät mit Rührbesen auf höchster Stufe in etwa 2 Minuten zu einem glatten Teig verarbeiten.
2. Für die Füllung Trockenpflaumen und Schwarzbrot in kleine Würfel schneiden und mit den Rosinen unter den Teig rühren.
3. Den Teig in eine Muffinform (für 12 Muffins, gefettet, gemehlt) füllen und die Form auf dem Rost in den vorgeheizten Backofen schieben.
Ober-/Unterhitze: etwa 180 °C
Heißluft: etwa 160 °C
Backzeit: etwa 30 Minuten.
4. Muffins etwa 5 Minuten in der Form stehen lassen, dann vorsichtig aus der Form lösen und auf einen mit Backpapier belegten Kuchenrost stellen.
5. Für den Belag Trockenpflaumen in große Stücke schneiden und auf die warmen Muffins legen.
6. Für den Guss Puderzucker mit Malzbier zu einer dickflüssigen Masse verrühren und die Oberfläche der noch warmen Muffins und die Trockenpflaumen damit bestreichen.

Tipp: Anstelle von Pflaumenstücken können für den Belag Rosinen verwendet werden.

Beliebt

Macadamia-Muffins

Zubereitungszeit: 25 Minuten, ohne Abkühlzeit
Backzeit: etwa 20 Minuten

Für den Rührteig:
125 g leicht gesalzene, geröstete Macadamia-Nusskerne
100 g Butter oder Margarine
100 g Zucker
1 Pck. Dr. Oetker Bourbon-Vanille-Zucker
2 Eier (Größe M)
100 g Maismehl
1/2 gestr. TL Dr. Oetker Backin
3 EL Orangensaft

Für den Guss und zum Garnieren:
50 g Puderzucker
1 EL Orangensaft
6 Belegkirschen

Insgesamt:
E: 36 g, F: 180 g, Kh: 252 g, kJ: 12180, kcal: 2904

1. Für den Teig Macadamia-Nusskerne grob hacken. Den Backofen vorheizen.
2. Butter oder Margarine mit Handrührgerät mit Rührbesen auf höchster Stufe geschmeidig rühren. Nach

und nach Zucker und Vanille-Zucker unterrühren. So lange rühren, bis eine gebundene Masse entstanden ist. Eier nach und nach unterrühren (jedes Ei etwa 1/2 Minute).
3. Maismehl mit Backpulver mischen und in 2 Portionen abwechselnd mit dem Orangensaft auf mittlerer Stufe unterrühren. Zuletzt zwei Drittel der Macadamia-Nüsse unterrühren.
4. Den Teig in einer Muffinform (für 12 Muffins, mit Papierbackförmchen ausgelegt) verteilen. Die restlichen Macadamia-Nusskerne auf den Teig streuen. Die Form auf dem Rost in den vorgeheizten Backofen schieben.
Ober-/Unterhitze: etwa 180 °C
Heißluft: etwa 160 °C
Backzeit: etwa 20 Minuten.
5. Die Muffins etwa 5 Minuten in der Form stehen lassen, dann mit den Papierbackförmchen aus der Form nehmen und auf einem Kuchenrost etwas abkühlen lassen.
6. Für den Guss Puderzucker mit Orangensaft zu einer dickflüssigen Masse verrühren und mit Hilfe eines Teelöffels auf den noch lauwarmen Muffins verteilen. Die Belegkirschen halbieren oder vierteln und auf die Muffins in den feuchten Guss setzen.

Tipp: Anstelle von Macadamia-Nusskernen eignen sich auch Haselnusskerne oder Paranusskerne.

Fruchtig

Himbeer-Streusel-Muffins

Zubereitungszeit: 35 Minuten, ohne Auftauzeit
Backzeit: etwa 30 Minuten

Zum Vorbereiten:
125 g frische Himbeeren oder TK-Himbeeren

Für die Streusel:
40 g Weizenmehl
50 g brauner Zucker (Rohrzucker)
1 Pck. Dr. Oetker Bourbon-Vanille-Zucker
50 g abgezogene, gehackte Mandeln
50 g Butter oder Margarine

Für den Rührteig:
100 g Butter oder Margarine
100 g Zucker
1/2 Pck. Dr. Oetker Finesse Geriebene Zitronenschale
1 Ei (Größe M)
1 Prise Salz
150 g Joghurt
200 g Weizenmehl
2 gestr. TL Dr. Oetker Backin

Insgesamt:
E: 48 g, F: 168 g, Kh: 348 g,
kJ: 12888, kcal: 3072

1. Zum Vorbereiten Himbeeren verlesen, evtl. abspülen und trocken tupfen. TK-Himbeeren nebeneinander auf Küchenpapier auftauen lassen.
2. Für die Streusel Mehl in einer Rührschüssel mit Zucker, Vanille-Zucker und Mandeln mischen. Butter oder Margarine hinzufügen. Die Zutaten mit den Händen zu Streuseln von gewünschter Größe verarbeiten. Den Backofen vorheizen.
3. Für den Teig Butter oder Margarine mit Handrührgerät mit Rührbesen auf höchster Stufe geschmeidig rühren. Nach und nach Zucker unterrühren. So lange rühren, bis eine gebundene Masse entstanden ist.
4. Zitronenschale, Ei, Salz und Joghurt unterrühren. Mehl mit Backpulver mischen und in 2 Portionen auf mittlerer Stufe unterrühren. Himbeeren vorsichtig unterheben.
5. Den Teig in eine Muffinform (für 12 Muffins, mit Papierbackförmchen ausgelegt) geben und verstreichen. Streusel darauf verteilen. Die Form auf dem Rost in den vorgeheizten Backofen schieben.
Ober-/Unterhitze: etwa 180 °C
Heißluft: etwa 160 °C
Backzeit: etwa 30 Minuten.
6. Die Muffins etwa 5 Minuten in der Form stehen lassen, dann aus der Form heben und auf einem Kuchenrost erkalten lassen.

Himbeer-Streusel-Muffins

Für Kinder

Fruchtpüreewaffeln

Zubereitungszeit: 45 Minuten

Für den Rührteig:
150 g Himbeeren
1 kleine Dose Aprikosenhälften (Abtropfgewicht 130 g)
100 g Butter oder Margarine
75 g Zucker
2 Eier (Größe M)
150 g Weizenmehl
1/2 gestr. TL Dr. Oetker Backin
1 Pck. Grießbrei Klassische Art

Zum Bestäuben:
Puderzucker

Insgesamt:
E: 38 g, F: 98 g, Kh: 299 g,
kJ: 9395, kcal: 2238

1. Für den Teig Himbeeren verlesen, zerdrücken und durch ein Sieb passieren. Aprikosenhälften in einem Sieb abtropfen lassen und pürieren.
2. Butter oder Margarine mit Handrührgerät mit Rührbesen auf höchster Stufe geschmeidig rühren. Nach und nach Zucker unterrühren. So lange rühren, bis eine gebundene Masse entstanden ist.
3. Eier nach und nach unterrühren (jedes Ei etwa 1/2 Minute). Mehl mit Backpulver mischen und in 2 Portionen abwechselnd mit dem Grießbreipulver auf mittlerer Stufe unterrühren.
4. Den Teig halbieren. Unter eine Hälfte das Himbeermus, unter die andere Hälfte das Aprikosenpüree rühren.
5. Waffeleisen erhitzen und evtl. leicht fetten. Aus dem Teig etwa 6 Waffeln backen, dazu je Waffel etwa 2 Teelöffel von jeder Teigsorte in Klecksen oder Kreisen in das Waffeleisen geben. Die Waffeln goldbraun backen, anschließend herausnehmen und einzeln auf einem Kuchenrost erkalten lassen. Die Waffeln nach Belieben mit Puderzucker bestreut servieren.

Tipp: Dazu Joghurteis servieren. Sie können frische Himbeeren oder auch aufgetaute TK-Himbeeren nehmen. Statt Himbeeren können Sie auch Erdbeeren verwenden, diese dann einfach abspülen, abtropfen lassen, putzen und pürieren. Sie färben den Teig allerdings nicht so stark wie Himbeeren.

Fruchtpüreewaffeln

Raffiniert

Himbeerschnitten

Zubereitungszeit: 45 Minuten, ohne Auftau- und Abkühlzeit
Backzeit: etwa 15 Minuten je Backblech

Für den Teig:
6 quadratische Platten (etwa 12 x 12 cm) TK-Blätterteig

Für die Füllung:
200 g Himbeerkonfitüre
200 g Schlagsahne
1 Pck. Dr. Oetker Sahnesteif
1 Pck. Dr. Oetker Vanillin-Zucker
1 EL Himbeergeist

Für die Glasur:
100 g Puderzucker
etwa 2 EL Zitronensaft oder Wasser
25 g Zartbitter-Kuvertüre

Insgesamt:
E: 36 g, F: 168 g, Kh: 432 g,
kJ: 14196, kcal: 3384

1. Zum Vorbereiten Blätterteig nach Packungsanleitung auftauen. Den Backofen vorheizen.
2. Jede Teigplatte mit einem Sägemesser halbieren und die 12 Hälften auf 2 Backblechen (gefettet, mit Wasser besprenkelt) verteilen. Platten mehrmals mit einer Gabel einstechen und die Backbleche nacheinander (bei Heißluft zusammen) in den vorgeheizten Backofen schieben.
Ober-/Unterhitze: etwa 200 °C
Heißluft: etwa 180 °C
Backzeit: etwa 15 Minuten je Backblech.
3. Die Blätterteigplatten vom Backblech lösen und auf einem Kuchenrost erkalten lassen. Jede Platte vorsichtig mit Hilfe eines Sägemessers waagerecht durchschneiden.
4. Für die Füllung Himbeerkonfitüre glattrühren und auf die untere Hälfte der Gebäcke verteilen. Sahne mit Sahnesteif und Vanillin-Zucker steifschlagen, Himbeergeist unterrühren

und in einen Spritzbeutel mit Sterntülle füllen. Die Sahne auf die mit Konfitüre bestrichenen Gebäckteile spritzen.

5. Puderzucker mit Zitronensaft oder Wasser zu einer streichfähigen Glasur verrühren und die oberen Gebäckhälften damit besprenkeln.

6. Kuvertüre in einem kleinen Topf im Wasserbad bei schwacher Hitze unter Rühren schmelzen lassen. Die Kuvertüre in einen kleinen Gefrierbeutel füllen, eine kleine Ecke abschneiden und in Streifen auf den gerade fest werdenden weißen Guss spritzen. Die oberen Gebäckteile auf die Sahne setzen.

Tipp: Sie können auch einige frische Himbeeren auf die mit Himbeerkonfitüre bestrichenen Gebäckteile verteilen (Foto).

Abwandlung: Für Kirschschnitten tauschen Sie die Himbeerkonfitüre gegen Kirschkonfitüre und den Himbeergeist gegen Kirschwasser aus.

Für Gäste

Amarettini-Waffeln

Zubereitungszeit: 40 Minuten, ohne Abkühlzeit

Für den Rührteig:
150 g Amarettini
(ital. Mandelmakronen)
2 geh. TL (4 g) Instant-Kaffeepulver
125 ml (1/8 l) heißes Wasser
100 g Butter oder Margarine
50 g Zucker
1 Pck. Dr. Oetker Bourbon-Vanille-Zucker
3 Eier (Größe M), 150 g Weizenmehl

Zum Bestreuen:
etwa 40 g Hagelzucker

Insgesamt:
E: 48 g, F: 108 g, Kh: 334 g,
kJ: 10471, kcal: 2492

1. Für den Teig Amarettini in einen großen Gefrierbeutel geben, ihn verschließen und das Gebäck mit einer Teigrolle zerkleinern. Kaffeepulver im Wasser unter Rühren auflösen und erkalten lassen.

2. Butter oder Margarine mit Handrührgerät mit Rührbesen auf höchster Stufe geschmeidig rühren. Nach und nach Zucker und Vanille-Zucker unterrühren. So lange rühren, bis eine gebundene Masse entstanden ist.

3. Eier nach und nach unterrühren (jedes Ei etwa 1/2 Minute). Mehl in 2 Portionen abwechselnd mit den Amarettini-Bröseln und dem Kaffee auf mittlerer Stufe unterrühren.

4. Waffeleisen erhitzen und evtl. leicht fetten. Aus dem Teig etwa 7 Waffeln backen, dazu je Waffel etwas Hagelzucker in das Waffeleisen streuen und etwa 2 Esslöffel Teig daraufgeben, etwas verteilen und die Waffel goldbraun backen. Die Waffel herausnehmen und auf einem Kuchenrost erkalten lassen.

Tipp: Dazu Cappuccino oder Latte Macchiato reichen.

Beliebt

Apfel-Zimt-Schnecken

Zubereitungszeit: 60 Minuten, ohne Teiggeh- und Abkühlzeit
Backzeit: etwa 20 Minuten

Für den Quark-Hefeteig:
100 ml Milch
400 g Weizenmehl
1 Pck. Dr. Oetker Trockenbackhefe
80 g Zucker
100 ml Speiseöl
200 g Magerquark

Für die Füllung:
400 g Äpfel
50 g Zucker
1/2 gestr. TL gemahlener Zimt
1 EL Zitronensaft

Zum Bestreichen:
30 g Butter
Kondensmilch

Insgesamt:
E: 84 g, F: 140 g, Kh: 476 g,
kJ: 14280, kcal: 3416

1. Für den Teig Milch leicht erwärmen. Mehl in eine Rührschüssel geben und sorgfältig mit der Hefe vermischen. Zucker, warme Milch, Speiseöl und Quark hinzufügen.
2. Die Zutaten mit Handrührgerät mit Knethaken zunächst auf niedrigster, dann auf höchster Stufe in etwa 5 Minuten zu einem glatten Teig verarbeiten. Den Teig zugedeckt so lange an einem warmen Ort gehen lassen, bis er sich sichtbar vergrößert hat.
3. Für die Füllung inzwischen Äpfel schälen, vierteln, entkernen und in kleine Würfel schneiden. Apfelwürfel mit Zucker, Zimt und Zitronensaft mischen und in einem Topf bei schwacher Hitze etwas andünsten lassen. Apfelwürfel etwas abkühlen lassen.
4. Den Teig leicht mit Mehl bestäuben, aus der Schüssel nehmen und auf der bemehlten Arbeitsfläche nochmals gut durchkneten. Den Teig zu einem Rechteck (etwa 30 x 40 cm) ausrollen und mit zerlassener Butter bestreichen. Apfelwürfel darauf verteilen.
5. Den Teig von der längeren Seite aus aufrollen. Die Rolle vorsichtig in 14 etwa 3 cm dicke Scheiben schneiden. Teigscheiben auf Backbleche (mit Backpapier belegt) legen und nochmals zugedeckt so lange an einem warmen Ort gehen lassen, bis sie sich sichtbar vergrößert haben.
6. Inzwischen den Backofen vorheizen. Teigscheiben mit Kondensmilch bestreichen. Die Backbleche nacheinander (bei Heißluft zusammen) in den vorgeheizten Backofen schieben.
Ober-/Unterhitze: etwa 180 °C
Heißluft: etwa 160 °C
Backzeit: etwa 20 Minuten.
7. Die Apfelschnecken vom Backpapier lösen und auf einem Kuchenrost erkalten lassen.

Tipp: Die Schnecken schmecken frisch am besten.

Apfel-Zimt-Schnecken

Schnell zubereitet

Cookie-Muffins

Zubereitungszeit: 25 Minuten
Backzeit (Mini-Muffins): etwa 20 Minuten
Backzeit (große Muffins): etwa 25 Minuten

Zum Vorbereiten:
100 g Mokka- oder Edelbitter-Schokolade
175 g helle Cookies (Mürbeteigkekse) mit Nusskernen

Für den All-in-Teig:
175 g Weizenmehl
1 Pck. Dr. Oetker Pudding-Pulver Schokoladen-Geschmack
2 gestr. TL Dr. Oetker Backin
100 g Zucker, 3 Eier (Größe M)
4 EL Speiseöl
1 Becher (150 g) Crème fraîche
100 ml Milch
18 abgezogene, ganze Mandeln oder Haselnusskerne

Insgesamt:
E: 70 g, F: 200 g, Kh: 439 g,
kJ: 16078, kcal: 3844

1. Zum Vorbereiten Schokolade fein reiben. Cookies in einen Gefrierbeutel geben. Beutel verschließen und die Cookies mit der Teigrolle zerbröseln. Den Backofen vorheizen.
2. Für den Teig Mehl mit Pudding-Pulver und Backpulver in einer Rührschüssel mischen. Geriebene Schokolade, Zucker, Eier, Speiseöl, Crème fraîche und Milch hinzufügen. Die Zutaten mit Handrührgerät mit Rührbesen zunächst kurz auf niedrigster, dann auf höchster Stufe in etwa 2 Minuten zu einem glatten Teig verarbeiten. Die Keksbrösel unterheben.
3. Den Teig in eine Muffinform (für 6 Muffins, gefettet, gemehlt oder mit Papierbackförmchen ausgelegt) und in eine Mini-Muffinform (für 12 Muffins, gefettet, gemehlt oder mit Papierbackförmchen ausgelegt) verteilen und mit je 1 Mandel oder 1 Haselnusskern be-legen. Die Formen nebeneinander auf dem Rost in den vorgeheizten Backofen schieben.
Ober-/Unterhitze: etwa 180 °C
Heißluft: etwa 160 °C
Backzeit (Mini-Muffins): etwa 20 Minuten;
Backzeit (große Muffins): etwa 25 Minuten.
4. Die Muffins etwa 5 Minuten in den Formen stehen lassen, dann aus den Formen lösen oder heben und auf Kuchenrosten erkalten lassen.

Tipp: Sie können die Muffins auch mit Puderzuckerguss überziehen, dafür 100 g gesiebten Puderzucker mit etwa 2 Esslöffeln Orangen- oder Zitronensaft zu einer dickflüssigen Masse verrühren. Die Muffins sofort nach dem Backen damit bestreichen.

Mit Alkohol

Espresso-Muffins

Zubereitungszeit: 25 Minuten, ohne Abkühlzeit
Backzeit: etwa 30 Minuten

Für den All-in-Teig:
250 g Weizenmehl
2 gestr. TL Dr. Oetker Backin
125 g brauner Zucker (Kandisfarin)
1 Pck. Dr. Oetker Bourbon-Vanille-Zucker
2 Eier (Größe M)
75 ml Espresso
75 ml Kaffeelikör
50 ml Speiseöl

Für den Guss:
125 g gesiebter Puderzucker
etwa 2 EL Kaffeelikör

Zum Garnieren:
einige Mokkabohnen

Insgesamt:
E: 48 g, F: 60 g, Kh: 468 g,
kJ: 12036, kcal: 2868

1. Den Backofen vorheizen. Für den Teig Mehl mit Backpulver in einer Rührschüssel mischen. Braunen Zucker, Vanille-Zucker, Eier, Espresso, Kaffeelikör und Öl hinzufügen und mit Handrührgerät mit Rührbesen in etwa 2 Minuten zu einem glatten Teig verarbeiten.
2. Den Teig in einer Muffinform (für 12 Muffins, gefettet, gemehlt) verteilen und die Form auf dem Rost in den vorgeheizten Backofen schieben.
Ober-/Unterhitze: etwa 180 °C
Heißluft: etwa 160 °C
Backzeit: etwa 30 Minuten.
3. Gebäck nach dem Backen etwa 5 Minuten in der Form stehen lassen, dann aus der Form lösen und auf einem Kuchenrost erkalten lassen.
4. Für den Guss Puderzucker mit Kaffeelikör verrühren, so dass eine dickflüssige Masse entsteht. Muffins damit dick bestreichen und mit Mokkabohnen garnieren.

Cookie-Muffins

Espresso-Muffins

Für Kinder

Apfeltaschen

Zubereitungszeit: 60 Minuten, ohne Teiggeh- und Abkühlzeit
Backzeit: etwa 20 Minuten je Backblech

Für den Hefeteig:
200 ml Milch
50 g Butter oder Margarine
375 g Weizenmehl
1 Pck. Dr. Oetker Trockenbackhefe
50 g Zucker
1 Pck. Dr. Oetker Vanillin-Zucker
1 Prise Salz
1 Ei (Größe M)

Für die Füllung:
500 g Äpfel (z. B. Jonagold, Elstar)
50 g Rosinen
40 g Zucker
20 g Butter

Zum Bestreichen und Bestreuen:
Milch
abgezogene, gehobelte Mandeln

Für den Guss:
100 g Puderzucker
1 EL Zitronensaft
10 g Butter

Insgesamt:
E: 56 g, F: 84 g, Kh: 560 g,
kJ: 13818, kcal: 3304

1. Für den Teig Milch leicht erwärmen und Butter oder Margarine darin zerlassen. Mehl in eine Rührschüssel geben und sorgfältig mit Trockenbackhefe vermischen.
2. Übrige Zutaten für den Teig und die warme Milch-Fett-Mischung hinzufügen und die Zutaten mit Handrührgerät mit Knethaken kurz auf niedrigster, dann auf höchster Stufe in etwa 5 Minuten zu einem glatten Teig verarbeiten. Den Teig zugedeckt so lange an einem warmen Ort gehen lassen, bis er sich sichtbar vergrößert hat.
3. Für die Füllung Äpfel waschen, schälen, vierteln, entkernen und in kleine Stücke schneiden. Apfelstücke mit Rosinen, Zucker und Butter unter Rühren andünsten und erkalten lassen.
4. Teig leicht mit Mehl bestäuben, aus der Schüssel nehmen und auf der leicht bemehlten Arbeitsfläche nochmals gut durchkneten. Den Teig dünn ausrollen und 14 Kreise (Ø 12 cm) ausstechen. Die Füllung auf einer Hälfte jeder Teigplatte verteilen. Den Rand jeder Teigplatte mit Milch bestreichen, die andere Teighälfte darüberklappen und die Ränder mit einer Gabel oder einer Teigkarte gut andrücken.
5. Apfeltaschen mit Milch bestreichen, nach Belieben mit Mandeln bestreuen und auf 2 Backbleche (mit Backpapier belegt) legen. Die Apfeltaschen nochmals so lange an einem warmen Ort gehen lassen, bis sie sich sichtbar vergrößert haben. Inzwischen den Backofen vorheizen. Anschließend die Backbleche nacheinander (bei Heißluft zusammen) in den vorgeheizten Backofen schieben.
Ober-/Unterhitze: etwa 200 °C
Heißluft: etwa 180 °C
Backzeit: etwa 20 Minuten je Backblech.
6. Die Apfeltaschen mit dem Backpapier vom Backblech auf einen Kuchenrost ziehen.
7. Für den Guss Puderzucker mit Zitronensaft zu einer dickflüssigen Masse verrühren. Butter zerlassen, unterrühren, das heiße Gebäck sofort damit bestreichen und erkalten lassen.

Abwandlung: Bereiten Sie für Apfeltaschen aus Quark-Öl-Teig einen Quark-Öl-Teig aus 300 g Weizenmehl, 4 gestrichenen Teelöffeln Backpulver, 125 g Magerquark, 100 ml Milch, 75 ml Speiseöl, 80 g Zucker und 1 Päckchen Vanillin-Zucker zu. Dann die Apfeltaschen wie ab Punkt 3 im Rezept, aber ohne Gehzeit zubereiten und backen.

Apfeltaschen

Kuchenduett

Zubereitungszeit: 80 Minuten, ohne Teiggehzeit
Backzeit: etwa 20 Minuten je Backblech

Für den Quark-Hefeteig:
100 ml Milch
400 g Weizenmehl
1 Pck. Dr. Oetker Trockenbackhefe
80 g Zucker
1 Pck. Dr. Oetker Vanillin-Zucker
100 ml Speiseöl
200 g Magerquark

Für die Zimtrollen:
1 Ei (Größe M)
1 EL Milch
40 g Zimt-Zucker

Für die Aprikosenbriefe:
1 Dose Aprikosenhälften (Abtropfgewicht 240 g)
50 g Zartbitter-Schokolade
50 g abgezogene, gemahlene Mandeln

Insgesamt (Zimtrollen):
E: 36 g, F: 60 g, Kh: 228 g, kJ: 6600, kcal: 1572
Insgesamt (Aprikosenbriefe):
E: 56 g, F: 100 g, Kh: 272 g, kJ: 9363, kcal: 2236

Kuchenduett

1. Für den Teig Milch leicht erwärmen. Mehl in eine Rührschüssel geben und sorgfältig mit Trockenbackhefe vermischen. Übrige Zutaten hinzufügen und mit Handrührgerät mit Knethaken zunächst auf niedrigster, dann auf höchster Stufe in etwa 5 Minuten zu einem Teig verarbeiten. Den Teig zugedeckt so lange an einem warmen Ort gehen lassen, bis er sich sichtbar vergrößert hat.
2. Den Teig leicht mit Mehl bestäuben, auf der bemehlten Arbeitsfläche nochmals gut durchkneten und halbieren.
3. Für die Zimtrollen eine Teighälfte auf der bemehlten Arbeitsfläche zu einem Quadrat (etwa 35 x 24 cm) ausrollen. Ei mit Milch verschlagen und die Teigplatte mit etwas von der Eiermilch dünn bestreichen. Zimt-Zucker daraufstreuen.
4. Die Teigplatte von der kurzen Seite aus fest aufwickeln. Die Rolle in 12 etwa 2 cm breite Scheiben schneiden. Teigscheiben auf ein Backblech (mit Backpapier belegt) legen und zugedeckt nochmals gehen lassen, bis sie sich sichtbar vergrößert haben. Inzwischen den Backofen vorheizen. Die Teigscheiben mit etwas von der restlichen Eiermilch bestreichen. Das Backblech in den vorgeheizten Backofen schieben.
Ober-/Unterhitze: etwa 180 °C
Heißluft: etwa 160 °C
Backzeit: etwa 20 Minuten.
5. Die Zimtrollen vom Backpapier lösen und auf einem Kuchenrost erkalten lassen.
6. Für die Aprikosenbriefe inzwischen Aprikosenhälften in einem Sieb gut abtropfen lassen. Schokolade in Stücke brechen und klein hacken. Von der zweiten Teighälfte ein walnussgroßes Stück abnehmen. Restlichen Teig auf der bemehlten Arbeitsfläche zu einem Quadrat (etwa 40 x 40 cm) ausrollen und in 9 kleinere Quadrate (etwa 13 x 13 cm) schneiden.
7. Jeweils 1 Teelöffel Mandeln mit Schokostückchen vermischt in die Mitte der Teigquadrate geben und mit 2 Aprikosenhälften belegen. Teigränder mit etwas von der restlichen Eiermilch der Zimtrollen bestreichen. Teigecken jeweils zur Mitte legen und leicht andrücken. Teigbriefe mit etwas von der restlichen Eiermilch bestreichen und auf ein Backblech (mit Backpapier belegt) legen.
8. Restlichen abgenommenen Teig zu einem schmalen Streifen ausrollen (etwa 18 x 2 cm), dann in 9 Quadrate (2 x 2 cm) schneiden. Jeweils ein Quadrat zum Garnieren in die Mitte der Briefe legen und mit der restlichen Eiermilch bestreichen.
9. Die Teigbriefe zugedeckt so lange an einem warmen Ort gehen lassen, bis sie sich sichtbar vergrößert haben. Das Backblech in den heißen Backofen schieben und die Briefe **bei gleicher Backtemperatur ebenfalls etwa 20 Minuten backen.**
10. Die Aprikosenbriefe vom Backpapier lösen und auf einem Kuchenrost erkalten lassen.

Lebkuchen-Muffins

Weihnachtlich

Lebkuchen-Muffins

Zubereitungszeit: 45 Minuten, ohne Abkühlzeit
Backzeit: etwa 25 Minuten

Zum Vorbereiten:
12 getrocknete Soft-Aprikosen
75 g Marzipan-Rohmasse

Für den Teig:
175 g Butter oder Margarine
200 g Weizenmehl
2 gestr. TL Dr. Oetker Backin
175 g Zucker
2 TL Lebkuchengewürz
1 Prise Salz
1 Pck. Dr. Oetker Finesse Geriebene Orangenschale
3 Eier (Größe M)
Saft von 1 Orange
100 ml Milch

Zum Verzieren:
50 g weiße Kuvertüre
50 g Vollmilch-Kuvertüre

Insgesamt:
E: 70 g, F: 231 g, Kh: 455 g,
kJ: 18055, kcal: 4314

1. Zum Vorbereiten Aprikosen an der Seite etwa 1 cm tief einschneiden. Marzipan klein schneiden, verkneten und 12 Kugeln daraus formen. Die Aprikosen mit dem Marzipan füllen. Den Backofen vorheizen.
2. Für den Teig Butter oder Margarine zerlassen und abkühlen lassen. Das Mehl mit Backpulver in einer verschließbaren Schüssel (etwa 3 l) mit Zucker, Lebkuchengewürz, Salz und Orangenschale mischen. Eier, Orangensaft, Butter oder Margarine und Milch hinzufügen. Schüssel mit dem Deckel fest verschließen.
3. Schüssel mehrmals (insgesamt 15–30 Sekunden) kräftig schütteln, so dass alle Zutaten gut vermischt sind. Alles mit einem Schneebesen oder Rührlöffel nochmals sorgfältig durchrühren, damit trockene Zutaten vom Rand mit untergerührt werden.
4. Den Teig in eine Muffinform (für 12 Muffins, gefettet, gemehlt) füllen. Je 1 Aprikose in die Mitte des Teiges geben. Die Form auf dem Rost in den vorgeheizten Backofen schieben.
Ober-/Unterhitze: etwa 180 °C
Heißluft: etwa 160 °C
Backzeit: etwa 25 Minuten.
5. Die Muffins etwa 5 Minuten in der Form stehen lassen, dann aus der Form lösen und auf einen mit Backpapier belegten Kuchenrost stürzen. Muffins erkalten lassen.
6. Zum Verzieren beide Kuvertüresorten getrennt in Stücke hacken und jeweils in einem kleinen Topf im Wasserbad unter Rühren schmelzen lassen. Kuvertüre getrennt in je ein Papiertütchen oder kleine Gefrierbeutel geben und eine kleine Ecke abschneiden. Die Kuvertüre spiralförmig auf die Muffins spritzen. Guss fest werden lassen.

Fruchtig

Melonen-Limetten-Törtchen

Zubereitungszeit: 40 Minuten, ohne Auftau-, Ruhe-, Abkühl- und Quellzeit
Backzeit: etwa 15 Minuten

1 Pck. (300 g) TK-Blätterteig
etwas Zucker

Für die Füllung:
1 kleine Kantalup-Melone
2 gestr. TL gemahlene, weiße Gelatine
2 EL kaltes Wasser
50 g Zartbitter-Kuvertüre
1 Bio-Limette (unbehandelt, ungewachst), 20 g Zucker
500 g Schlagsahne
1 Pck. Dr. Oetker Vanillin-Zucker

Insgesamt:
E: 33 g, F: 258 g, Kh: 229 g,
kJ: 14431, kcal: 3451

1. Die Blätterteigplatten nach Packungsanleitung auftauen lassen. Danach den Backofen vorheizen. Die Platten aufeinanderlegen, auf der bemehlten Arbeitsfläche knapp 1/2 cm dünn ausrollen und 12 runde Platten (Ø etwa 10 cm) ausstechen. Platten auf 2 Backbleche (gefettet, mit Wasser besprenkelt) legen, mit Zucker bestreuen und etwa 3 Minuten ruhen lassen. Die Backbleche nach-

einander (bei Heißluft zusammen) in den vorgeheizten Backofen schieben.
Ober-/Unterhitze: 200–220 °C
Heißluft: 180–200 °C
Backzeit: etwa 15 Minuten.
2. Die Gebäckstücke vom Backblech lösen und auf einem Kuchenrost erkalten lassen, dann einmal waagerecht durchschneiden.
3. Für die Füllung Melone längs halbieren, Kerne herausschaben, die Hälften schälen, in dünne Spalten schneiden, auf Küchenpapier legen und trocken tupfen.
4. Gelatine mit Wasser in einem kleinen Topf anrühren und etwa 10 Minuten zum Quellen stehen lassen.
5. Kuvertüre in einem kleinen Topf im Wasserbad bei schwacher Hitze schmelzen lassen. Melonenspalten zur Hälfte damit bestreichen und Kuvertüre auf einem Stück Backpapier fest werden lassen.
6. Limette heiß abwaschen, abtrocknen und die Schale auf einer Küchenreibe abreiben. Schale mit Zucker in die gequollene Gelatine geben und unter Rühren erwärmen, bis alles gelöst ist. Limette auspressen, Saft hinzufügen und verrühren. Die Flüssigkeit abkühlen lassen.
7. Die Sahne mit dem Vanillin-Zucker fast steifschlagen, die abgekühlte Gelatinelösung unter Schlagen hinzufügen und die Sahne vollkommen steifschlagen.
8. Die Sahnemasse portionsweise in einen Spritzbeutel mit Lochtülle füllen. Die unteren Gebäckteile mit Melonenspalten belegen, mit Sahnemasse bespritzen und die oberen Gebäckteile darauflegen.

Tipp: Kantalup-Melonen sind sehr aromatische kleine Melonen mit rauer, gerippter Oberfläche.

Fruchtig

Mais-Muffins mit Heidelbeeren

Zubereitungszeit: 35 Minuten, ohne Quell- und Abkühlzeit
Backzeit: etwa 25 Minuten

Zum Vorbereiten:
150 g frische oder TK-Heidelbeeren
250 ml (1/4 l) Milch
1 Prise Salz
50 g Butter
120 g Polenta (Maisgrieß)

Für den Rührteig:
100 g Butter oder Margarine
100 g brauner Zucker (Kandisfarin)
1 Pck. Dr. Oetker Bourbon-Vanille-Zucker
2 Eier (Größe M)
125 g Weizenmehl
2 gestr. TL Dr. Oetker Backin

Zum Bestäuben:
2 EL Puderzucker

Insgesamt:
E: 48 g, F: 152 g, Kh: 312 g,
kJ: 11952, kcal: 2856

1. Zum Vorbereiten Heidelbeeren verlesen, abspülen und trocken tupfen. Milch mit Salz und Butter in einem Topf zum Kochen bringen. Den Topf von der Kochstelle nehmen. Polenta unter Rühren einstreuen und etwa 10 Minuten quellen lassen. Polenta durchrühren und etwas abkühlen lassen.
2. Den Backofen vorheizen. Für den Teig Butter oder Margarine, Zucker und Vanille-Zucker in einer Rührschüssel schaumig rühren. Polenta esslöffelweise unterrühren. Eier nach und nach unterrühren (jedes Ei etwa 1/2 Minute).
3. Mehl mit Backpulver mischen und unterrühren. Zuletzt Heidelbeeren (TK-Heidelbeeren unaufgetaut) vorsichtig unterheben.
4. Den Teig in eine Muffinform (für 12 Muffins, gefettet, gemehlt oder mit Papierbackförmchen ausgelegt) geben und verstreichen. Die Form auf dem Rost in den vorgeheizten Backofen schieben.
Ober-/Unterhitze: etwa 180 °C
Heißluft: etwa 160 °C
Backzeit: etwa 25 Minuten.
5. Die Muffins etwa 5 Minuten in der Form stehen lassen, dann aus der Form lösen oder heben und auf einem Kuchenrost erkalten lassen. Muffins mit Puderzucker bestäuben.

Melonen-Limetten-Törtchen

Mais-Muffins mit Heidelbeeren

Für Kinder

Pink Muffins

Zubereitungszeit: 35 Minuten, ohne Abkühlzeit
Backzeit: etwa 25 Minuten

Für den Rührteig:
200 g Butter oder Margarine
200 g Zucker
2 Eier (Größe M)
60 g Himbeergelee
250 g Weizenmehl
2 gestr. TL Dr. Oetker Backin
etwas rote Speisefarbe

Zum Bestreichen:
Saft von 1 Zitrone
2 EL Himbeergelee

Zum Garnieren:
100 g Marzipan-Rohmasse
25 g gesiebter Puderzucker
etwas rote Speisefarbe
12 kleine bunte Lollis

Insgesamt:
E: 60 g, F: 216 g, Kh: 552 g, kJ: 18984, kcal: 4536

1. Den Backofen vorheizen. Für den Teig Butter oder Margarine mit Handrührgerät mit Rührbesen auf höchster Stufe geschmeidig rühren. Nach und nach Zucker unterrühren. So lange rühren, bis eine gebundene Masse entstanden ist.
2. Eier nach und nach unterrühren (jedes Ei etwa 1/2 Minute). Himbeergelee unterrühren. Mehl mit Backpulver mischen und in 2 Portionen auf mittlerer Stufe unterrühren.
3. Teig mit etwas Speisefarbe rosa färben und gut vermischen. Den Teig in einer Muffinform (für 12 Muffins, mit Papierbackförmchen ausgelegt) verteilen. Die Form auf dem Rost in den vorgeheizten Backofen schieben.
Ober-/Unterhitze: etwa 180 °C
Heißluft: etwa 160 °C
Backzeit: etwa 25 Minuten.
4. Zum Bestreichen Muffins sofort nach dem Backen mit einem Holzstäbchen mehrmals einstechen. Zitronensaft mit Himbeergelee verrühren, erhitzen und auf die Muffins streichen. Die Muffins mit Papierbackförmchen aus der Muffinform nehmen und auf einem Kuchenrost erkalten lassen.
5. Zum Garnieren Marzipan mit Puderzucker verkneten und die Masse halbieren. Jede Hälfte mit etwas Speisefarbe unterschiedlich stark rosa färben und zu 2 dünnen Rollen formen. Diese umeinanderwickeln und zwischen 2 Lagen Frischhaltefolie dünn ausrollen, so dass ein Marmormuster entsteht. Dann 12 Kreise (Ø etwa 6 cm) ausstechen und auf die Muffins legen. In jeden Muffin 1 kleinen Lolli stecken.

Beliebt

Schoko-Muffins mit Glühweinsirup

Zubereitungszeit: 25 Minuten, ohne Abkühlzeit
Backzeit: etwa 25 Minuten

Für den Rührteig:
150 g Butter oder Margarine
100 g Zucker
1 Pck. Dr. Oetker Vanillin-Zucker
2 Eier (Größe M)
200 g Weizenmehl
2 gestr. TL Dr. Oetker Backin
25 g Kakaopulver
100 g Raspelschokolade

Für den Glühweinsirup:
250 ml (1/4 l) trockener Rotwein
125 g Zucker
1 Zimtstange
1 Pck. Dr. Oetker Finesse Geriebene Orangenschale
etwas gemahlene Nelken und gemahlener Kardamom

Insgesamt:
E: 48 g, F: 180 g, Kh: 444 g, kJ: 15468, kcal: 3696

1. Den Backofen vorheizen. Für den Teig Butter oder Margarine mit Handrührgerät mit Rührbesen auf höchs-

Pink Muffins

Schoko-Muffins mit Glühweinsirup

ter Stufe geschmeidig rühren. Nach und nach Zucker und Vanillin-Zucker unterrühren. So lange rühren, bis eine gebundene Masse entstanden ist. Eier nach und nach unterrühren (jedes Ei etwa 1/2 Minute).
2. Mehl mit Backpulver und Kakao mischen und in 2 Portionen auf mittlerer Stufe unterrühren. Raspelschokolade unterrühren.
3. Den Teig in eine Muffinform (für 12 Muffins, gefettet, gemehlt) geben und verstreichen. Die Form auf dem Rost in den vorgeheizten Backofen schieben.
Ober-/Unterhitze: etwa 180 °C
Heißluft: etwa 160 °C
Backzeit: etwa 25 Minuten.
4. Die Muffins etwa 5 Minuten in der Form stehen lassen, dann aus der Form lösen und auf einem Kuchenrost erkalten lassen.
5. Für den Glühweinsirup Rotwein mit Zucker, Zimtstange, Orangenschale, Nelken und Kardamom in einem breiten Topf zum Kochen bringen und bei mittlerer Hitze unter Rühren etwa 10 Minuten sprudelnd einkochen lassen. Zimtstange entfernen. Den Sirup erkalten lassen und zu den Muffins reichen.

Gut vorzubereiten

Rosetten-Muffins

Zubereitungszeit: 45 Minuten, ohne Kühlzeit
Backzeit: etwa 25 Minuten

Für den Knetteig:
225 g Weizenmehl
1 gestr. TL Dr. Oetker Backin
75 g Zucker
1 Pck. Dr. Oetker Vanillin-Zucker
1/2 Fläschchen Butter-Vanille-Aroma
125 g weiche Butter oder Margarine
1 Ei (Größe M)

Für die Streusel:
125 g Weizenmehl
1 gestr. EL Kakaopulver
1/2 gestr. TL gemahlener Zimt
75 g Zucker
1 Pck. Dr. Oetker Vanillin-Zucker
100 g weiche Butter oder Margarine

Zum Bestreichen:
4 EL Schlagsahne
25 g Butter

Insgesamt:
E: 48 g, F: 228 g, Kh: 420 g,
kJ: 16476, kcal: 3936

1. Für den Teig Mehl mit Backpulver in einer Rührschüssel mischen. Übrige Zutaten für den Teig hinzufügen und alles mit Handrührgerät mit Knethaken zunächst kurz auf niedrigster, dann auf höchster Stufe zu einem Teig verarbeiten und anschließend mit den Händen kurz zu einer Kugel formen. Teig in Frischhaltefolie gewickelt etwa 30 Minuten kalt stellen.
2. Für die Streusel Mehl mit Kakaopulver in eine Rührschüssel geben, mit Zimt, Zucker und Vanillin-Zucker mischen und weiche Butter oder Margarine hinzufügen. Alle Zutaten mit Handrührgerät mit Rührbesen zu Streuseln von gewünschter Größe verarbeiten. Den Backofen vorheizen.

Rosetten-Muffins

3. Den gekühlten Teig halbieren. Jede Teighälfte auf der leicht bemehlten Arbeitsfläche zu einem Rechteck (etwa 30 x 20 cm) ausrollen. Dann die Rechtecke mit Hilfe eines Backpinsels mit Wasser bestreichen und jeweils die Hälfte der Streusel darauf verteilen. Die Teigrechtecke von der längeren Seite aus aufrollen und die Rolle in etwa 5 cm dicke Röllchen schneiden.
4. Die Röllchen in eine Muffinform (für 12 Muffins, gefettet, gemehlt) legen und vorsichtig etwas in die Form drücken, so dass Rosetten entstehen. Die Form auf dem Rost in den vorgeheizten Backofen schieben.
Ober-/Unterhitze: etwa 180 °C
Heißluft: etwa 160 °C
Backzeit: etwa 25 Minuten.
5. Zum Bestreichen Sahne mit Butter in einem kleinen Topf kurz aufkochen lassen und die Muffins sofort nach dem Backen damit bestreichen. Die Muffins noch etwa 5 Minuten in der Form stehen lassen, dann aus der Form lösen und auf einem Kuchenrost erkalten lassen.

Tipp: Stellen Sie die Rosetten-Muffins zum Servieren in Papierbackförmchen.

Mit Alkohol

Schokoladen-Muffins, schwarz-weiß

Zubereitungszeit: 30 Minuten, ohne Abkühlzeit
Backzeit: etwa 25 Minuten

Für den Rührteig:
150 g Butter oder Margarine
100 g Zucker
1 Pck. Dr. Oetker Vanillin-Zucker
3 Eier (Größe M)
125 g Weizenmehl
50 g Speisestärke
1 Pck. Dr. Oetker Pudding-Pulver Schokoladen-Geschmack
1–2 EL Kakaopulver
2 gestr. TL Dr. Oetker Backin
100 ml Rotwein
100 g Edelbitter-Schokolade
100 g weiße Schokolade

Für den Guss:
100 g Zartbitter-Kuvertüre
50 g weiße Kuvertüre

Insgesamt:
E: 60 g, F: 252 g, Kh: 468 g, kJ: 18636, kcal: 4452

1. Den Backofen vorheizen. Für den Teig Butter oder Margarine mit Handrührgerät mit Rührbesen auf höchster Stufe geschmeidig rühren. Nach und nach Zucker und Vanillin-Zucker unterrühren. So lange rühren, bis eine gebundene Masse entstanden ist.
2. Eier nach und nach unterrühren (jedes Ei etwa 1/2 Minute). Mehl mit Speisestärke, Pudding-Pulver, Kakao und Backpulver mischen und in 2 Portionen abwechselnd mit dem Rotwein auf mittlerer Stufe unterrühren. Beide Schokoladen grob hacken und unterheben.
3. Den Teig in einer Muffinform (für 12 Muffins, gefettet, gemehlt oder mit Papierbackförmchen ausgelegt) verteilen. Die Form auf dem Rost in den vorgeheizten Backofen schieben.
Ober-/Unterhitze: etwa 180 °C
Heißluft: etwa 160 °C
Backzeit: etwa 25 Minuten.
4. Die Muffins etwa 5 Minuten in der Form stehen lassen, dann aus der Form lösen oder heben und auf einem Kuchenrost erkalten lassen.
5. Für den Guss Kuvertüre in Stücke hacken und getrennt in einem kleinen Topf im Wasserbad bei schwacher Hitze schmelzen lassen. Die Muffins mit dem dunklen Guss bestreichen. Weiße Kuvertüre in einen kleinen Gefrierbeutel füllen und eine kleine Ecke abschneiden. Die Muffins damit besprenkeln und den Guss fest werden lassen.

Tipp: Probieren Sie diese Muffins mit Orangensaft statt Rotwein und Kokos-Schokolade oder weißer Schokolade mit Orangengeschmack.

Raffiniert

Schoko-Kokos-Muffins

Zubereitungszeit: 25 Minuten, ohne Abkühlzeit
Backzeit: etwa 20 Minuten

Für den All-in-Teig:
150 g Butter oder Margarine
175 g Weizenmehl
2 gestr. TL Dr. Oetker Backin
20 g Kakaopulver
125 g Kokosraspel
150 g brauner Zucker (Rohrzucker)
1/2 gestr. TL gemahlener Zimt
3 Eier (Größe M)
100 ml Buttermilch
25 g fein gehackte Zartbitter-Schokolade

Für den Guss:
75 g Zartbitter-Schokolade
1 TL Speiseöl

Zum Bestreuen:
frische oder getrocknete
Kokos-Chips

Insgesamt:
E: 60 g, F: 288 g, Kh: 336 g,
kJ: 17268, kcal: 4128

1. Den Backofen vorheizen. Für den Teig Butter oder Margarine zerlassen und abkühlen lassen. Mehl mit Backpulver und Kakao in einer Rührschüssel mischen. Kokosraspel, Zucker, Zimt, Eier, Butter oder Margarine, Buttermilch und Schokoladenstückchen hinzufügen. Die Zutaten mit Handrührgerät mit Rührbesen zunächst kurz auf niedrigster, dann auf höchster Stufe in etwa 1 Minute zu einem glatten Teig verarbeiten.
2. Den Teig in einer Muffinform (für 12 Muffins, gefettet, gemehlt) verteilen. Die Form auf dem Rost in den vorgeheizten Backofen schieben.
Ober-/Unterhitze: etwa 180 °C
Heißluft: etwa 160 °C
Backzeit: etwa 20 Minuten.
3. Die Muffins etwa 5 Minuten in der Form stehen lassen, dann aus der Form lösen und auf einem Kuchenrost erkalten lassen.
4. Für den Guss Schokolade in Stücke brechen und mit Speiseöl in einem kleinen Topf im Wasserbad unter Rühren schmelzen lassen. Die Muffins damit bestreichen und mit Kokos-Chips bestreuen. Guss fest werden lassen.

Einfach

Zitronenknoten

Zubereitungszeit: 60 Minuten, ohne Teiggehzeit
Backzeit: etwa 25 Minuten je Backblech

Für den Hefeteig:
200 ml Milch
75 g Butter oder Margarine
100 g Zitronat (Sukkade)
375 g Weizenmehl
1 Pck. Dr. Oetker Trockenbackhefe
50 g Zucker
1/2 Pck. Dr. Oetker Finesse Geriebene Zitronenschale

Zitronenknoten

Zum Bestreichen:
2 EL Milch
2 EL Hagelzucker

Insgesamt:
E: 49 g, F: 74 g, Kh: 442 g,
kJ: 11219, kcal: 2682

1. Milch leicht erwärmen und Butter oder Margarine darin zerlassen. Zitronat fein hacken. Mehl in eine Rührschüssel geben und sorgfältig mit der Hefe vermischen. Zucker, Zitronenschale, Zitronat und die Milch-Fett-Mischung dazugeben.
2. Die Zutaten mit Handrührgerät mit Knethaken erst auf niedrigster, dann auf höchster Stufe in etwa 5 Minuten zu einem glatten Teig verarbeiten. Den Teig zugedeckt so lange an einem warmen Ort gehen lassen, bis er sich sichtbar vergrößert hat (etwa 20 Minuten).
3. Teig und Arbeitsfläche mit Mehl bestäuben. Den Teig aus der Schüssel nehmen und auf der Arbeitsfläche nochmals gut durchkneten. Den Teig zu einer Rolle formen und in 12 Scheiben schneiden.
4. Aus den Scheiben Rollen (je 32 cm Länge) formen. In die Mitte jeder Rolle einen lockeren Knoten machen und die Rollen-Enden unter den Knoten legen, dabei den Knoten etwas auseinanderziehen.
5. Die Zitronenknoten auf 2 Backbleche (mit Backpapier belegt) legen und zugedeckt so lange an einem warmen Ort gehen lassen, bis sie sich sichtbar vergrößert haben (etwa 15 Minuten). Inzwischen den Backofen vorheizen.
6. Zitronenknoten mit Milch bestreichen und mit Hagelzucker bestreuen. Die Backbleche nacheinander (bei Heißluft zusammen) in den vorgeheizten Backofen schieben.
Ober-/Unterhitze: etwa 200 °C
Heißluft: etwa 180 °C
Backzeit: etwa 25 Minuten je Backblech.
7. Die Zitronenknoten von den Backblechen auf Kuchenroste setzen und erkalten lassen.

Für Kinder – dauert länger

Plunderecken

Zubereitungszeit: 90 Minuten, ohne Ruhe-, Kühl- und Abkühlzeit
Backzeit: 15–20 Minuten je Backblech

Für den Plunderteig:
500 g Weizenmehl
1 Pck. Dr. Oetker Trockenbackhefe
25 g Zucker
1 Prise Salz
2 Eier (Größe M)
250 ml (1/4 l) Milch
250 g kalte Butter

Für die Füllung:
250 g Magerquark
1 Ei (Größe M)
50 g Zucker
1 Pck. Dr. Oetker Vanillin-Zucker
1 EL Speisestärke

Zum Aprikotieren:
150 g Aprikosenkonfitüre
2 EL Wasser

Für den Guss:
100 g Puderzucker
2 EL Zitronensaft

Insgesamt:
E: 115 g, F: 239 g, Kh: 676 g,
kJ: 22636, kcal: 5411

Plunderecken

1. Für den Teig Mehl in eine Rührschüssel geben und sorgfältig mit der Hefe vermischen. Zucker, Salz, Eier und Milch hinzufügen und alles mit Handrührgerät mit Knethaken kurz auf niedrigster, dann auf höchster Stufe in etwa 5 Minuten zu einem glatten Teig verarbeiten. Den Teig zugedeckt 5 Minuten bei Zimmertemperatur ruhen lassen.
2. Den Teig auf der leicht bemehlten Arbeitsfläche zu einem Rechteck (etwa 25 x 25 cm) ausrollen. Kalte Butter in dünne Scheiben schneiden. Die Hälfte der Teigplatte damit belegen, die andere Hälfte darüber klappen und leicht andrücken.
3. Das Teigpaket mit der breiten Seite zur Arbeitsflächenkante legen und wieder zu einem Rechteck (etwa 20 x 50 cm) ausrollen. Rechteck von der kürzeren Seite aus zur Mitte so zusammenklappen, dass die Teigkanten aneinanderstoßen. Teig nochmals von der längeren Seite so überschlagen, dass 4 Teiglagen entstehen. Den Teig zugedeckt etwa 15 Minuten kalt stellen.
4. Das Teigpaket mit der breiten Seite zur Arbeitsflächenkante legen, dann noch einmal, wie unter Punkt 3 beschrieben, ausrollen und zusammenschlagen. Den Teig nochmals etwa 15 Minuten kalt stellen.
5. Für die Füllung den Quark mit Ei, Zucker, Vanillin-Zucker und Stärke verrühren.
6. Den Teig zu einem Rechteck (etwa 30 x 40 cm) ausrollen und 12 Quadrate (etwa 10 x 10 cm) ausschneiden. Die Füllung jeweils in die Mitte der Teigquadrate geben. Die Teigquadrate zu Dreiecken zusammenklappen. Die Ränder mit einer Gabel andrücken. Den Backofen vorheizen.
7. Dann die Teigecken mit Abstand auf 2 Backbleche (mit Backpapier belegt) legen und nochmals etwa 15 Minuten bei Zimmertemperatur ruhen lassen. Die Backbleche nacheinander (bei Heißluft zusammen) in den vorgeheizten Backofen schieben.
Ober-/Unterhitze: 200–220 °C
Heißluft: 180–200 °C
Backzeit: 15–20 Minuten je Backblech.
8. Konfitüre durch ein Sieb streichen und mit Wasser in einem kleinen Topf unter Rühren gut aufkochen lassen. Die heißen Plunderecken sofort nach dem Backen damit bestreichen und erkalten lassen.
9. Für den Guss Puderzucker mit so viel Zitronensaft verrühren, dass ein dickflüssiger Guss entsteht. Die Plunderecken mit dem Guss besprenkeln oder bestreichen. Guss trocknen lassen.

Für Gäste

Beerenschiffchen

Zubereitungszeit: 50 Minuten, ohne Abkühlzeit
Backzeit: etwa 10 Minuten

Für den Knetteig:
275 g Weizenmehl
1 gestr. TL Dr. Oetker Backin
100 g Zucker
1 Pck. Dr. Oetker Vanillin-Zucker
1 Ei (Größe M)
1/2 EL Milch
150 g Butter oder Margarine

Zum Bestreichen:
40 g Zartbitter-Schokolade
10 g Kokosfett

Für die Füllung:
1 gestr. TL Speisestärke
1 EL Zucker
1 Pck. Dr. Oetker Vanillin-Zucker
1 Becher (150 g) Crème fraîche
1 Ei (Größe M)
3 EL Kirschwasser
250 g gemischte Beeren

Für den Guss:
1 Pck. Tortenguss, klar
40 g Zucker
250 ml (1/4 l) Wasser
oder Fruchtsaft

Insgesamt:
E: 60 g, F: 204 g, Kh: 432 g,
kJ: 16380, kcal: 3912

1. Für den Teig Mehl mit Backpulver in einer Rührschüssel mischen. Übrige Zutaten hinzufügen. Die Zutaten mit Handrührgerät mit Knethaken zunächst kurz auf niedrigster, dann auf höchster Stufe gut durcharbeiten. Anschließend den Teig auf der leicht bemehlten Arbeitsfläche kurz verkneten. Den Backofen vorheizen.
2. Dann den Teig auf der bemehlten Arbeitsfläche dünn ausrollen. Etwa 12 Schiffchenformen (gefettet, gemehlt) auf der Arbeitsfläche dicht nebeneinanderstellen. Den Teig darüber abrollen und mit der Teigrolle darüber rollen, so dass die Schiffe einzeln mit dem Teig gefüllt sind. Teig evtl. mit den Händen nachformen. Die Förmchen auf ein Backblech setzen. Das Backblech in den vorgeheizten Backofen schieben.
Ober-/Unterhitze: etwa 180 °C
Heißluft: etwa 160 °C
Backzeit: etwa 10 Minuten.
3. Die gebackenen Schiffchen sofort aus den Förmchen lösen. Schiffchen auf einem Kuchenrost erkalten lassen.
4. Zum Bestreichen Schokolade mit Kokosfett in einem kleinen Topf im Wasserbad bei schwacher Hitze unter Rühren schmelzen lassen. Die Schiffchen von innen damit bestreichen. Schokolade fest werden lassen.
5. Für die Füllung Speisestärke, Zucker, Vanillin-Zucker und Crème fraîche in einen Topf geben und gut verrühren. Ei hinzufügen. Die Masse unter ständigem Schlagen einmal aufkochen lassen und von der Kochstelle nehmen. Kirschwasser unterrühren und die Masse erkalten lassen. Crème-fraîche-Masse in den Schiffchen verteilen und verstreichen.
6. Beeren verlesen, evtl. waschen und gut abtropfen lassen. Die Beeren auf den Schiffchen verteilen. Für den Guss aus Tortengusspulver, Zucker und Wasser oder Fruchtsaft (dann weniger Zucker verwenden) nach Packungsanleitung einen Guss zubereiten. Den Guss auf den Beeren verteilen und fest werden lassen.

Tipp: Die Schiffchen können schon etwa 8 Tage vor dem Verzehr gebacken und in einer gut schließenden Dose aufbewahrt werden. Sie müssen die Schiffchen dann am Tag des Verzehrs nur noch füllen.

Beerenschiffchen

Für Gäste

Ananas-Marzipan-Muffins

Zubereitungszeit: 25 Minuten
Backzeit: etwa 30 Minuten

Für den Rührteig:
1 Dose geraspelte Ananas (Abtropfgewicht 265 g)
100 g Marzipan-Rohmasse
200 g Butter oder Margarine
75 g brauner Zucker (Kandisfarin)
1 Pck. Dr. Oetker Bourbon-Vanille-Zucker
3 Eier (Größe M)
250 g Weizenmehl
3 gestr. TL Dr. Oetker Backin
50 ml Milch

Insgesamt:
E: 66 g, F: 238 g, Kh: 342 g, kJ: 16405, kcal: 3920

1. Für den Teig Ananasraspel in einem Sieb sehr gut abtropfen lassen (evtl. mit Küchenpapier trocken tupfen). Marzipan in kleine Würfel schneiden und in eine Rührschüssel geben. Den Backofen vorheizen.

2. Butter oder Margarine zum Marzipan geben und alles mit Handrührgerät mit Rührbesen geschmeidig rühren. Braunen Zucker und Vanille-Zucker unterrühren. Eier nach und nach unterrühren (jedes Ei etwa 1/2 Minute).

3. Mehl und Backpulver mischen und in 2 Portionen auf mittlerer Stufe unterrühren. Ananasraspel und Milch unterheben.

4. Den Teig in eine Muffinform (für 12 Muffins, gefettet, gemehlt) füllen. Die Form auf dem Rost in den vorgeheizten Backofen schieben.
Ober-/Unterhitze: etwa 180 °C
Heißluft: etwa 160 °C
Backzeit: etwa 30 Minuten.

5. Die Muffins etwa 5 Minuten in der Form stehen lassen, dann aus der Form lösen und auf einem Kuchenrost erkalten lassen.

Tipp: Die Muffins können bereits 1 Tag vor dem Verzehr gebacken werden. Sie können auch eingefroren werden. Sie dann evtl. vorher kurz aufbacken. Sie können die Muffins nach Belieben auch mit aufgelöster Kuvertüre besprenkeln oder mit Sahnetuffs und Raspelschokolade garniert servieren.

Für Gäste

Erdbeer-Joghurt-Törtchen

Zubereitungszeit: 45 Minuten, ohne Abkühl- und Kühlzeit
Backzeit: etwa 15 Minuten je Backblech

Für den Schüttelteig:
100 g Butter oder Margarine
125 g Weizenmehl
1 gestr. TL Dr. Oetker Backin
75 g Zucker
1 Pck. Dr. Oetker Vanillin-Zucker
2 Eier (Größe M), 3 EL Milch
4 Riegel (50 g) Erdbeer-Joghurt-Schokolade

Für die Füllung:
300 g Erdbeeren
300 g Joghurt
1 Pck. Quarkfein Erdbeer-Geschmack (Dessertpulver)

Zum Garnieren und Bestäuben:
einige Riegel Erdbeer-Joghurt-Schokolade
evtl. Minzeblättchen
Puderzucker

Ananas-Marzipan-Muffins

Erdbeer-Joghurt-Törtchen

Insgesamt:
E: 47 g, F: 115 g, Kh: 356 g,
kJ: 11526, kcal: 2750

1. Für den Teig Butter oder Margarine zerlassen und abkühlen lassen. Mehl mit Backpulver in einer verschließbaren Schüssel (etwa 3 l) mit Zucker und Vanillin-Zucker mischen. Eier, Butter oder Margarine und Milch hinzufügen. Die Schüssel mit dem Deckel fest verschließen. Den Backofen vorheizen.
2. Schüssel mehrmals (insgesamt 15–30 Sekunden) kräftig schütteln, so dass alle Zutaten gut vermischt sind. Erdbeer-Joghurt-Riegel in kleine Würfel schneiden und hinzugeben. Alles mit einem Schneebesen oder Rührlöffel nochmals sorgfältig durchrühren, damit trockene Zutaten vom Rand mit untergerührt werden.
3. Mit einem Esslöffel den Teig in insgesamt 12 runde Teighäufchen nicht zu dicht auf 2 Backbleche (gefettet, mit Backpapier belegt) verteilen. Die Backbleche nacheinander (bei Heißluft zusammen) in den vorgeheizten Backofen schieben.
Ober-/Unterhitze: etwa 180 °C
Heißluft: etwa 160 °C
Backzeit: etwa 15 Minuten je Backblech.
4. Das Gebäck vom Backblech lösen und einzeln auf einem Kuchenrost erkalten lassen.
5. Für die Füllung Erdbeeren waschen, abtropfen lassen, entstielen und in kleine Würfel schneiden (3–4 Erdbeeren zum Garnieren beiseitestellen). Joghurt mit Dessertpulver gut verrühren und Erdbeerwürfel unterheben.
6. Die Hälfte der Erdbeermasse auf 6 Gebäckteilen verteilen und mit den restlichen 6 Gebäckteilen belegen. Restliche Erdbeermasse darauf verteilen.
7. Zum Garnieren die Törtchen mit den zurückgelassenen, in Scheiben geschnittenen Erdbeeren und den in Scheiben geschnittenen Erdbeer-Joghurt-Riegeln garnieren. Die Törtchen etwa 30 Minuten kalt stellen.

Heidelbeer-Muffins

8. Die Erdbeer-Joghurt-Törtchen vor dem Servieren ganz nach Belieben mit Minzeblättchen belegen und mit Puderzucker bestäuben.

Klassisch – einfach

Heidelbeer-Muffins

Zubereitungszeit: 30 Minuten
Backzeit: etwa 30 Minuten

250 g frische oder
200 g TK-Heidelbeeren

Für den All-in-Teig:
300 g Weizenmehl
3 gestr. TL Dr. Oetker Backin
150 g Zucker
1 Pck. Dr. Oetker Bourbon-Vanille-Zucker
1 Prise Salz
1 Ei (Größe M)
250 ml (1/4 l) Milch
4 EL (etwa 50 ml) Speiseöl (z. B. Rapsöl)

Insgesamt:
E: 49 g, F: 60 g, Kh: 437 g,
kJ: 10813, kcal: 2581

1. Frische Heidelbeeren verlesen, waschen und trocken tupfen. Dann den Backofen vorheizen.
2. Für den Teig Mehl und Backpulver in einer Rührschüssel mischen. Zucker, Vanille-Zucker, Salz, Ei, Milch und Öl hinzufügen. Die Zutaten mit Handrührgerät mit Rührbesen in etwa 2 Minuten zu einem glatten Teig verarbeiten.
3. Heidelbeeren (TK-Heidelbeeren unaufgetaut) vorsichtig mit einem Teigschaber unterheben (nicht zu stark rühren, die Früchte färben sonst den Teig violett).
4. Den Teig in einer Muffinform (für 12 Muffins, gefettet, gemehlt) verteilen. Die Form auf dem Rost in den vorgeheizten Backofen schieben.
Ober-/Unterhitze: etwa 180 °C
Heißluft: etwa 160 °C
Backzeit: etwa 30 Minuten.
5. Muffins etwa 5 Minuten in der Form stehen lassen, aus der Form lösen, auf einem Kuchenrost erkalten lassen.

Tipp: Anstelle der Heidelbeeren können auch Himbeeren oder Johannisbeeren (frisch oder TK) verwendet werden. Geben Sie zusätzlich 75 g gehackte Mandeln in den Teig.

Johannisbeer-Schmand-Muffins

Knusperkissen

Beliebt

Johannisbeer-Schmand-Muffins

Zubereitungszeit: 25 Minuten
Backzeit: etwa 30 Minuten

Für den Rührteig:
125 g Butter oder Margarine
125 g Zucker
1 Pck. Dr. Oetker Vanillin-Zucker
1 Prise Salz, 2 Eier (Größe M)
175 g Weizenmehl
1 Pck. Dr. Oetker Pudding-Pulver Vanille-Geschmack (1 gestr. EL davon für die Schmandmasse abnehmen)
1 gestr. TL Dr. Oetker Backin
150 g frische rote Johannisbeeren oder TK-Johannisbeeren

Für die Schmandcreme:
1 Ei (Größe M)
50 g Zucker
150 g Schmand (Sauerrahm)
2 EL abgezogene, gehobelte Mandeln

Insgesamt:
E: 48 g, F: 168 g, Kh: 360 g,
kJ: 13248, kcal: 3168

1. Für den Teig Butter oder Margarine mit Handrührgerät mit Rührbesen auf höchster Stufe geschmeidig rühren. Nach und nach Zucker, Vanillin-Zucker und Salz unterrühren. So lange rühren, bis eine gebundene Masse entstanden ist.
2. Eier nach und nach unterrühren (jedes Ei etwa 1/2 Minute). Mehl mit Pudding-Pulver und Backpulver mischen und in 2 Portionen auf mittlerer Stufe unterrühren. Den Teig in eine Muffinform (für 12 Muffins, mit Papierbackförmchen ausgelegt) geben, so dass die Förmchen zur Hälfte mit dem Teig gefüllt sind, und verstreichen.
3. Den Backofen vorheizen. Frische Johannisbeeren verlesen, abspülen, gut abtropfen lassen und entstielen.
4. Für die Schmandcreme Ei mit Zucker, Schmand und dem abgenommenen Pudding-Pulver gut verrühren.
5. Johannisbeeren auf dem Teig verteilen (TK-Johannisbeeren unaufgetaut auf den Teig geben). Schmandcreme darauf verteilen und mit Mandeln bestreuen. Die Form auf dem Rost in den vorgeheizten Backofen schieben.
Ober-/Unterhitze: etwa 180 °C
Heißluft: etwa 160 °C
Backzeit: etwa 30 Minuten.
6. Die Muffins etwa 5 Minuten in der Form stehen lassen, dann aus der Form heben und auf einem Kuchenrost erkalten lassen.

Einfach

Knusperkissen

Zubereitungszeit: 30 Minuten, ohne Auftau- und Abkühlzeit
Backzeit: etwa 20 Minuten

1/2 Pck. (225 g) TK-Blätterteig

Zum Bestreichen:
1 Eigelb, 1 EL Milch

Für die Streusel:
175 g Weizenmehl
75 g Zucker
100 g weiche Butter

Für die Füllung:
250 g Schlagsahne
25 g Puderzucker
1 Pck. Dr. Oetker Sahnesteif
150 g Vanille-Pudding (aus dem Kühlregal)

Zum Bestäuben:
etwas Puderzucker

Insgesamt:
E: 48 g, F: 240 g, Kh: 384 g,
kJ: 16272, kcal: 3888

1. Zum Vorbereiten Blätterteig nach Packungsanleitung auftauen lassen. Dann den Backofen vorheizen.

2. Die Platten aufeinanderlegen und auf der bemehlten Arbeitsfläche zu einer Platte (etwa 40 x 20 cm) ausrollen. Daraus mit einem scharfen Messer 8 Quadrate (etwa 10 x 10 cm) schneiden und auf ein Backblech (gefettet, mit Wasser besprenkelt) legen. Eigelb mit Milch verrühren und die Quadrate damit bestreichen.
3. Für die Streusel Mehl in eine Rührschüssel geben. Zucker und weiche Butter hinzufügen und mit Handrührgerät mit Rührbesen zu Streuseln von gewünschter Größe verarbeiten. Die Streusel gleichmäßig auf den Teigplatten verteilen und danach das Backblech in den vorgeheizten Backofen schieben.
Ober-/Unterhitze: etwa 200 °C
Heißluft: etwa 180 °C
Backzeit: etwa 20 Minuten.
4. Die Knusperkissen auf einem Kuchenrost erkalten lassen und von jedem Gebäck vorsichtig mit einem Sägemesser einen Deckel abschneiden.
5. Für die Füllung Sahne mit gesiebtem Puderzucker und Sahnesteif steifschlagen und den Vanille-Pudding unterheben. Die Creme mit einem Esslöffel oder einem Spritzbeutel auf den Gebäckböden verteilen, die Deckel auflegen und die Knusperkissen mit Puderzucker bestäuben.

Für Kinder

Konfetti-Muffins

Zubereitungszeit: 15 Minuten
Backzeit: etwa 20 Minuten

Für den Rührteig:
125 g Butter oder Margarine
100 g Marzipan-Rohmasse
75 g Zucker
1 Pck. Dr. Oetker Vanillin-Zucker
1 Prise Salz
4 Eier (Größe M)
125 g Weizenmehl
1 gestr. TL Dr. Oetker Backin
150 g Mini-Schokolinsen

Insgesamt:
E: 64 g, F: 189 g, Kh: 325 g,
kJ: 14163, kcal: 3383

1. Den Backofen vorheizen. Für den Teig Butter oder Margarine mit klein geschnittenem Marzipan in einer Rührschüssel mit Handrührgerät mit Rührbesen auf höchster Stufe geschmeidig rühren. Nach und nach Zucker, Vanillin-Zucker und Salz unterrühren. So lange rühren, bis eine gebundene Masse entstanden ist.
2. Eier nach und nach unterrühren (jedes Ei etwa 1/2 Minute). Mehl mit Backpulver mischen und in 2 Portionen auf mittlerer Stufe unterrühren. Zuletzt die Schokolinsen kurz unterheben.
3. Den Teig in einer Muffinform (für 12 Muffins, gefettet, gemehlt) verteilen und die Form auf dem Rost in den vorgeheizten Backofen schieben.
Ober-/Unterhitze: etwa 180 °C
Heißluft: etwa 160 °C
Backzeit: etwa 20 Minuten.
4. Muffins nach dem Backen etwa 5 Minuten in der Form stehen lassen, aus der Form lösen und auf einem Kuchenrost erkalten lassen.

Tipp: Für eine lustig bunte Variante die Muffins nach dem Erkalten mit etwa 100 g aufgelöster Kuvertüre bestreichen und einige Schokolinsen auflegen. Man kann auch Schokolinsen in normaler Größe nehmen und etwas zerhacken, damit sie nicht im Teig absinken. Wer es knackiger mag, kann zusätzlich 50 g gehackte Mandeln unter den Teig rühren.

Konfetti-Muffins

Für Kinder

Mandarinen-Milchreis-Muffins

Zubereitungszeit: 50 Minuten, ohne Abkühlzeit
Backzeit: etwa 30 Minuten

Für den Quark-Öl-Teig:
200 g Weizenmehl
2 gestr. TL Dr. Oetker Backin
125 g Magerquark
3 EL Milch, 4 EL Speiseöl
50 g Zucker
1 Pck. Dr. Oetker Vanillin-Zucker
1 Prise Salz

Für den Belag:
1 Pck. Süße Mahlzeit Milchreis nach klassischer Art
400 ml Milch
1 Pck. Dr. Oetker Finesse Geriebene Zitronenschale
2 Eier (Größe M)
1 Dose Mandarinen (Abtropfgewicht 175 g)

Zum Bestreichen und Bestreuen:
etwas Milch
etwas Zimt-Zucker

Insgesamt:
E: 72 g, F: 84 g, Kh: 288 g,
kJ: 9492, kcal: 2268

1. Für den Teig Mehl mit Backpulver in einer Rührschüssel mischen. Quark, Milch, Öl, Zucker, Vanillin-Zucker und Salz hinzufügen. Die Zutaten mit Handrührgerät mit Knethaken auf höchster Stufe in etwa 1 Minute zu einem Teig verarbeiten (nicht zu lange, Teig klebt sonst).
2. Anschließend den Teig auf der bemehlten Arbeitsfläche knapp 1/2 cm dünn ausrollen, 12 Kreise (Ø etwa 9 cm) ausstechen und in eine Muffinform (für 12 Muffins, gefettet, gemehlt) legen. Dabei den Rand etwas hochdrücken.
3. Restlichen Teig auf der leicht bemehlten Arbeitsfläche zu einem Rechteck von etwa 12 x 14 cm ausrollen und daraus 24 Streifen (etwa 14 cm Länge und 1/2 cm Breite) mit einem Teigrädchen oder einem scharfen Messer ausschneiden. Jeweils 2 Streifen miteinander verknoten und beiseitelegen.
4. Für den Belag Milchreis nach Packungsanleitung, aber mit der hier angegebenen Menge Milch zubereiten und unter Rühren abkühlen lassen. Den Backofen vorheizen. Zitronenschale und Eier unter den lauwarmen Milchreis rühren. Mandarinen auf einem Sieb gut abtropfen lassen und unterheben.
5. Die Milchreismasse auf dem Teig in der Muffinform verteilen und jeweils mit einem Teigknoten belegen. Teigknoten mit Milch bestreichen, mit Zimt-Zucker bestreuen und die Form auf dem Rost in den vorgeheizten Backofen schieben.
Ober-/Unterhitze: etwa 180 °C
Heißluft: etwa 160 °C
Backzeit: etwa 30 Minuten.
6. Muffins nach dem Backen etwa 5 Minuten in der Form stehen lassen, dann vorsichtig aus der Form lösen und auf einem mit Backpapier belegten Kuchenrost erkalten lassen.

Einfach

Milchreis-Muffins mit Kirschen

Zubereitungszeit: 35 Minuten, ohne Abkühlzeit
Backzeit: etwa 25 Minuten

Zum Vorbereiten:
1 kleines Glas Sauerkirschen (Abtropfgewicht 185 g)

Für den Rührteig:
80 g Butter oder Margarine
80 g Zucker, 2 Eier (Größe M)
1 Becher (200 g) Milchreis mit Zimt
180 g Weizenmehl
40 g Speisestärke
2 gestr. TL Dr. Oetker Backin
1/2 gestr. TL Natron
1 gestr. TL gemahlener Zimt

Für den Guss:
100 g Puderzucker
2 EL Sauerkirschsaft aus dem Glas

Insgesamt:
E: 48 g, F: 96 g, Kh: 420 g,
kJ: 11244, kcal: 2688

Mandarinen-Milchreis-Muffins

Milchreis-Muffins mit Kirschen

Möhren-Walnuss-Muffins

1. Kirschen in einem Sieb abtropfen lassen, etwas Saft dabei auffangen. Den Backofen vorheizen.
2. Für den Teig Butter oder Margarine mit Handrührgerät mit Rührbesen auf höchster Stufe geschmeidig rühren. Nach und nach Zucker unterrühren. Eier nach und nach unterrühren (jedes Ei etwa 1/2 Minute). Milchreis hinzugeben.
3. Mehl mit Speisestärke, Backpulver, Natron und Zimt mischen und dann in 2 Portionen auf mittlerer Stufe unterrühren. Sauerkirschen vorsichtig unterheben.
4. Den Teig in eine Muffinform (für 12 Muffins, gefettet, gemehlt) geben und verstreichen. Die Form auf dem Rost in den vorgeheizten Backofen schieben.
Ober-/Unterhitze: etwa 180 °C
Heißluft: etwa 160 °C
Backzeit: etwa 25 Minuten.
5. Die Muffins etwa 5 Minuten in der Form stehen lassen, dann aus der Form lösen und auf einem Kuchenrost erkalten lassen.
6. Für den Guss Puderzucker mit Saft zu einer dickflüssigen Masse verrühren. Die Muffins damit bestreichen und den Guss fest werden lassen.

Einfach

Möhren-Walnuss-Muffins

Zubereitungszeit: 40 Minuten, ohne Abkühlzeit
Backzeit: etwa 25 Minuten

Für den All-in-Teig:
100 g Möhren
100 g Walnusskerne
300 g Weizenmehl
1 Pck. Dr. Oetker Backin
150 g brauner Zucker (Kandisfarin)
1 gestr. TL gemahlener Ingwer
150 ml Speiseöl
200 g saure Sahne
2 Eier (Größe M)
2 EL Zitronensaft

Für den Guss:
125 g Puderzucker
1 EL Zitronensaft
1–2 TL Wasser
12 Walnusskernhälften

Insgesamt:
E: 72 g, F: 276 g, Kh: 528 g,
kJ: 20580, kcal: 4920

1. Für den Teig die Möhren waschen, schälen und fein raspeln. Die Walnusskerne mahlen oder fein hacken. Den Backofen vorheizen.
2. Für den Teig Mehl mit Backpulver in einer Rührschüssel mischen. Geraspelte Möhren, gemahlene oder gehackte Walnusskerne und die übrigen Zutaten für den Teig hinzufügen und alles mit Handrührgerät mit Rührbesen kurz auf niedrigster, dann auf höchster Stufe in etwa 2 Minuten zu einem glatten Teig verarbeiten.
3. Den Teig gleichmäßig in einer Muffinform (für 12 Muffins, gefettet, gemehlt) verteilen und die Form auf dem Rost in den vorgeheizten Backofen schieben.
Ober-/Unterhitze: etwa 180 °C
Heißluft: etwa 160 °C
Backzeit: etwa 25 Minuten.
4. Die Muffins etwa 5 Minuten in der Form stehen lassen, dann aus der Form lösen und auf einem Kuchenrost erkalten lassen.
5. Für den Guss Puderzucker mit Zitronensaft und Wasser zu einem dickflüssigen Guss verrühren. Den Guss dekorativ auf den Muffins verteilen und die Muffins mit den Walnusskernhälften garnieren.

Schokoladen-Amerikaner

Für Kinder

Schokoladen-Amerikaner

Zubereitungszeit: 30 Minuten, ohne Abkühlzeit
Backzeit: etwa 25 Minuten je Backblech

Für den Rührteig:
125 g Butter oder Margarine
150 g Zucker
1 Pck. Dr. Oetker Vanillin-Zucker
1 Prise Salz
3 Eier (Größe M)
200 g Weizenmehl
1 Pck. Gala Pudding-Pulver Schokolade
2 EL Kakaopulver
2 gestr. TL Dr. Oetker Backin

Zum Garnieren und Verzieren:
150 g Puderzucker
3 gestr. EL Kakaopulver
3–4 EL heißes Wasser
Popcorn

Insgesamt:
E: 48 g, F: 132 g, Kh: 504 g,
kJ: 14304, kcal: 3408

1. Den Backofen vorheizen. Für den Teig Butter oder Margarine mit Handrührgerät mit Rührbesen auf höchster Stufe geschmeidig rühren. Zucker, Vanillin-Zucker und Salz unterrühren. So lange rühren, bis eine gebundene Masse entstanden ist.
2. Eier nach und nach unterrühren (jedes Ei etwa 1/2 Minute). Mehl, Pudding-Pulver, Kakao und Backpulver mischen und in 2 Portionen auf mittlerer Stufe unterrühren.
3. Von dem Teig mit einem Esslöffel 12 Häufchen auf 2 Backbleche (gefettet, mit Backpapier belegt, 6 Teighäufchen pro Backblech) setzen. Häufchen mit einem Messer evtl. etwas kuppelförmig streichen.
4. Die Backbleche nacheinander (bei Heißluft zusammen) in den vorgeheizten Backofen schieben.
Ober-/Unterhitze: etwa 180 °C
Heißluft: etwa 160 °C
Backzeit: etwa 25 Minuten je Backblech.
5. Die Amerikaner mit dem Backpapier von den Backblechen auf Kuchenroste ziehen und erkalten lassen.
6. Zum Garnieren und Verzieren Puderzucker mit Kakao und Wasser zu einer streichfähigen Masse verrühren. Von der Masse etwa 2 Esslöffel in einen kleinen Gefrierbeutel füllen. Die Amerikaner auf der flachen Seite dick mit der restlichen Masse bestreichen und mit je einem Esslöffel Popcorn bestreuen.
7. Vom Gefrierbeutel eine kleine Ecke abschneiden, das Popcorn mit der Masse verzieren und fest werden lassen.

Beliebt

Puddingschnecken

Zubereitungszeit: 50 Minuten, ohne Teiggeh- und Abkühlzeit
Backzeit: etwa 15 Minuten je Backblech

Für den Hefeteig:
125 ml (1/8 l) Milch
100 g Butter oder Margarine
500 g Weizenmehl
1 Pck. Dr. Oetker Trockenbackhefe
50 g Zucker
1 Pck. Dr. Oetker Vanillin-Zucker
2 Eier (Größe M)

Für die Füllung:
2 Pck. Dr. Oetker Pudding-Pulver Vanille-Geschmack
750 ml (3/4 l) Milch
80 g Zucker
100 g Rosinen

Zum Aprikotieren:
4 EL Aprikosenkonfitüre
2 EL Wasser

Insgesamt:
E: 100 g, F: 140 g, Kh: 700 g,
kJ: 18500, kcal: 4420

1. Für den Teig die Milch leicht erwärmen und Butter oder Margarine darin zerlassen. Mehl in eine Rührschüssel geben und sorgfältig mit der Hefe vermischen.
2. Restliche Teigzutaten und die warme Milch-Fett-Mischung hinzufügen, mit Handrührgerät mit Knethaken kurz auf niedrigster, dann auf höchster Stufe in etwa 5 Minuten zu

einem glatten Teig verarbeiten. Den Teig zugedeckt so lange an einem warmen Ort gehen lassen, bis er sich sichtbar vergrößert hat.

3. Für die Füllung inzwischen aus Pudding-Pulver, Milch und Zucker nach Packungsanleitung, aber nur mit 750 ml (3/4 l) Milch einen Pudding zubereiten und erkalten lassen, dabei gelegentlich umrühren. Anschließend die Rosinen unterrühren.

4. Den Teig leicht mit Mehl bestäuben, aus der Schüssel nehmen und auf der leicht bemehlten Arbeitsfläche nochmals gut durchkneten. Den Teig zu einem Rechteck (etwa 60 x 40 cm) ausrollen und mit dem Pudding bestreichen. Den Teig von der kurzen Seite aus aufrollen.

5. Die Rolle in 20 etwa 2 cm dicke Scheiben schneiden und die Scheiben auf 2 Backbleche (mit Backpapier belegt) verteilen. Die Scheiben nochmals so lange an einem warmen Ort gehen lassen, bis sie sich sichtbar vergrößert haben. Inzwischen den Backofen vorheizen. Die Backbleche nacheinander (bei Heißluft zusammen) in den vorgeheizten Backofen schieben.

Ober-/Unterhitze: etwa 200 °C
Heißluft: etwa 180 °C
Backzeit: etwa 15 Minuten je Backblech.

6. Zum Aprikotieren Konfitüre durch ein Sieb streichen, mit Wasser unter Rühren etwas einkochen lassen und die Puddingschnecken sofort nach dem Backen damit bestreichen. Die Puddingschnecken anschließend auf einem Kuchenrost erkalten lassen.

Tipp: Die Puddingschnecken eignen sich gut zum Einfrieren. Sie können in die Füllung zusätzlich 150 g gewürfelte Aprikosen geben.

Raffiniert

Quark-Marmor-Muffins

Zubereitungszeit: 50 Minuten, ohne Abkühlzeit
Backzeit: etwa 25 Minuten

Zum Vorbereiten:
1 Bio-Orange (unbehandelt, ungewachst)
100 g Zartbitter-Schokolade
2 EL Schlagsahne

Für den Rührteig:
100 ml Sonnenblumenöl
120 g Zucker
1 Pck. Dr. Oetker Vanillin-Zucker
1 Ei (Größe M)
250 g Speisequark (20 % Fett i. Tr.)
250 g Weizenmehl
1 1/2 gestr. TL Dr. Oetker Backin
1 Prise Salz

Insgesamt:
E: 72 g, F: 168 g, Kh: 372 g,
kJ: 13692, kcal: 3264

1. Zum Vorbereiten Orange heiß abwaschen, abtrocknen und die Schale mit einer Haushaltsreibe abreiben. Orange halbieren, aus einer Hälfte den Saft auspressen (etwa 50 ml). Schokolade in Stücke brechen, mit Sahne in einem kleinen Topf im Wasserbad bei schwacher Hitze unter Rühren schmelzen und abkühlen lassen.

2. Für den Teig Öl mit Zucker und Vanillin-Zucker in eine Rührschüssel geben und mit Handrührgerät mit Rührbesen gut verrühren. Ei unterrühren. Orangenschale und Quark ebenfalls unterrühren.

3. Den Backofen vorheizen. Mehl mit Backpulver und Salz mischen und in 2 Portionen abwechselnd mit dem ausgepressten Orangensaft auf mittlerer Stufe unterrühren. Den Teig in einer Muffinform (für 12 Muffins, gefettet, gemehlt) verteilen.

4. Die aufgelöste Schokolade mit einem Teelöffel jeweils in die Mitte des Teiges geben. Anschließend mit einem Holzstäbchen 35 Halbkreise ziehen, so dass die Muffins an der Oberfläche leicht marmoriert sind. Die Form auf dem Rost in den vorgeheizten Backofen schieben.

Ober-/Unterhitze: etwa 180 °C
Heißluft: etwa 160 °C
Backzeit: etwa 25 Minuten.

5. Die Muffins etwa 5 Minuten in der Form stehen lassen, dann aus der Form lösen und auf einem Kuchenrost erkalten lassen.

Puddingschnecken

Quark-Marmor-Muffins

Klassisch

Windbeutel mit Schoko-Sahne-Creme

Zubereitungszeit: 45 Minuten, ohne Abkühlzeit
Backzeit: etwa 20 Minuten

Für den Brandteig:
250 ml (1/4 l) Milch
25 g Butter oder Margarine
125 g Weizenmehl
3-4 Eier (Größe M)
1 Msp. Dr. Oetker Backin

Für die Füllung:
250 g Schlagsahne
1 Pck. Dr. Oetker Sahnesteif
150 g Schokoladen-Pudding (aus dem Kühlregal)

Zum Bestäuben:
1 EL Puderzucker
1 TL Kakaopulver

Insgesamt:
E: 64 g, F: 144 g, Kh: 144 g, kJ: 9152, kcal: 2192

1. Für den Teig Milch mit Butter oder Margarine am besten in einem Stieltopf zum Kochen bringen. Den Backofen vorheizen.
2. Mehl auf einmal in die von der Kochstelle genommene Flüssigkeit schütten, zu einem glatten Kloß rühren und unter Rühren etwa 1 Minute erhitzen.
3. Den heißen Kloß sofort in eine Rührschüssel geben. Nach und nach Eier mit Handrührgerät mit Knethaken auf höchster Stufe unterarbeiten. Die Eiermenge hängt von der Beschaffenheit des Teiges ab, er muss stark glänzen und so von einem Löffel abreißen, dass lange Spitzen hängen bleiben. Backpulver in den erkalteten Teig arbeiten.
4. Mit 2 Esslöffeln oder mit einem Spritzbeutel mit großer Sterntülle 16 Teighäufchen auf ein Backblech (gefettet, gemehlt) setzen. Das Backblech in den vorgeheizten Backofen schieben.
Ober-/Unterhitze: etwa 200 °C
Heißluft: etwa 180 °C
Backzeit: etwa 20 Minuten.
5. Während der ersten etwa 15 Minuten Backzeit die Backofentür nicht öffnen, da das Gebäck sonst zusammenfällt.
6. Die Windbeutel vom Backblech lösen. Sofort von jedem Windbeutel mit einem scharfen Sägemesser einen Deckel abschneiden. Windbeutel erkalten lassen.
7. Für die Füllung Sahne mit Sahnesteif steifschlagen. Den Pudding unterheben. Die Creme in einen Spritzbeutel mit Sterntülle füllen. Die Windbeutel damit füllen und den Deckel darauflegen.
8. Die Windbeutel mit Puderzucker und die Sahnefüllung mit Kakao bestäuben.

Exotisch

Kokos-Bananen-Muffins

Zubereitungszeit: 30 Minuten, ohne Abkühlzeit
Backzeit: etwa 30 Minuten

Für den Rührteig:
100 g Kokosraspel
1 Banane (etwa 75 g)
1 EL Zitronensaft
250 g Weizenmehl
2 gestr. TL Dr. Oetker Backin
1 Msp. Natron
100 g Kokossirup
2 Eier (Größe M)
75 ml Speiseöl
150 g saure Sahne

Für den Guss:
125 g Puderzucker
1 EL Zitronensaft
evtl. etwas Wasser

Windbeutel mit Schoko-Sahne-Creme

Kokos-Bananen-Muffins

Gefüllte Nusshörnchen

Ingesamt:
E: 55 g, F: 200 g, Kh: 421 g,
kJ: 15930, kcal: 3806

1. Für den Teig Kokosraspel in einer Pfanne ohne Fett rösten und auf einem Teller abkühlen lassen. Banane schälen, in sehr kleine Stücke schneiden und mit Zitronensaft beträufeln. Den Backofen vorheizen.
2. Mehl mit Backpulver und Natron in einer Rührschüssel mischen. Kokossirup, Eier, Öl und saure Sahne hinzufügen. Kokosraspel (1 Esslöffel für den Guss zurücklassen) hinzufügen und alles mit Handrührgerät mit Rührbesen kurz zu einem Teig verarbeiten. Bananenstücke zuletzt kurz unterrühren.
3. Den Teig in eine Muffinform (für 12 Muffins, gefettet, gemehlt oder mit Papierbackförmchen ausgelegt) füllen und die Form auf dem Rost in den vorgeheizten Backofen schieben.
Ober-/Unterhitze: etwa 180 °C
Heißluft: etwa 160 °C
Backzeit: etwa 30 Minuten.
4. Die Muffins etwa 5 Minuten in der Form stehen lassen, dann aus der Form lösen oder heben und auf einem Kuchenrost erkalten lassen.
5. Für den Guss Puderzucker mit Zitronensaft und Wasser zu einer glatten Masse verrühren. Die Muffins damit bestreichen und mit den zurückgelassenen Kokosraspeln bestreuen.

Für Kinder

Gefüllte Nusshörnchen

Zubereitungszeit: 40 Minuten, ohne Teiggeh- und Abkühlzeit
Backzeit: etwa 15 Minuten je Backblech

Für die Füllung:
3 Zwieback
75 g gemahlene Haselnusskerne
50 g Zucker
1 Pck. Dr. Oetker Vanillin-Zucker
75 ml Milch

Für den Teig:
1 Pck. (357 g) Grundmischung Hefeteig, 1 Ei (Größe M)
50 g Butter oder Margarine
150 ml Milch
1 Pck. Dr. Oetker Finesse Geriebene Zitronenschale

Zum Verzieren:
100 g Puderzucker
1–2 EL Zitronensaft

Insgesamt:
E: 72 g, F: 96 g, Kh: 456 g,
kJ: 12936, kcal: 3072

1. Für die Füllung Zwieback reiben oder in einem Gefrierbeutel mit der Teigrolle fein zerbröseln und in eine Rührschüssel geben. Haselnusskerne, Zucker, Vanillin-Zucker und Milch hinzufügen. Die Zutaten gut verrühren.
2. Für den Teig die Grundmischung nach Packungsanleitung mit Ei, Butter oder Margarine, Milch und Zitronenschale zubereiten. Den Teig zugedeckt so lange an einem warmen Ort gehen lassen, bis er sich sichtbar vergrößert hat. Den Teig halbieren. Jede Teighälfte auf der bemehlten Arbeitsfläche zu einer runden Platte (Ø etwa 30 cm) ausrollen.
3. Teigplatten wie eine Torte mit einem scharfen Messer in je 12 Stücke einteilen. Auf die breite Seite jedes Stücks 1 Teelöffel von der Füllung geben. Den Teig von der breiten Seite aus zu Hörnchen aufrollen.
4. Die 24 Hörnchen auf 2 Backbleche (mit Backpapier belegt) verteilen und nochmals zugedeckt so lange an einem warmen Ort gehen lassen, bis sie sich sichtbar vergrößert haben. Inzwischen den Backofen vorheizen. Die Backbleche nacheinander (bei Heißluft zusammen) in den vorgeheizten Backofen schieben.
Ober-/Unterhitze: etwa 200 °C
Heißluft: etwa 180 °C
Backzeit: etwa 15 Minuten je Backblech.
5. Die Hörnchen mit dem Backpapier von den Backblechen auf Kuchenroste ziehen. Hörnchen erkalten lassen.
6. Zum Verzieren Puderzucker mit Zitronensaft zu einer dickflüssigen Masse verrühren, in ein Papiertütchen geben und eine kleine Ecke abschneiden. Die Hörnchen damit verzieren. Guss trocknen lassen.

Glühwein-Muffins

Haselnuss-Aprikosen-Muffins

Mit Alkohol

Glühwein-Muffins

Zubereitungszeit: 25 Minuten, ohne Abkühlzeit
Backzeit: etwa 35 Minuten

Für den Rührteig:
75 g Zartbitter-Kuvertüre oder Zartbitter-Schokolade
175 g Butter oder Margarine
175 g Zucker
1 Pck. Dr. Oetker Bourbon-Vanille-Zucker
1 Pck. Dr. Oetker Finesse Geriebene Orangenschale
je 1 Msp. Zimt, Nelken und Kardamom (alles gemahlen)
3 Eier (Größe M)
150 g Weizenmehl
30 g Speisestärke
3 gestr. TL Dr. Oetker Backin
100 ml Glühwein

Zum Bestäuben:
etwas Puderzucker

Insgesamt:
E: 48 g, F: 192 g, Kh: 372 g,
kJ: 14364, kcal: 3432

1. Für den Teig Kuvertüre oder Schokolade grob hacken, im Wasserbad bei schwacher Hitze unter Rühren schmelzen und leicht abkühlen lassen. Den Backofen vorheizen.
2. Butter oder Margarine in einer Rührschüssel mit Handrührgerät mit Rührbesen geschmeidig rühren. Nach und nach Zucker, Vanille-Zucker, Orangenschale und Gewürze unterrühren. So lange rühren, bis eine gebundene Masse entstanden ist.
3. Eier auf höchster Stufe unterrühren (jedes Ei etwa 1/2 Minute). Mehl mit Speisestärke und Backpulver mischen und in 2 Portionen abwechselnd mit dem Glühwein auf mittlerer Stufe unterrühren.
4. Zuletzt die flüssige Kuvertüre oder Schokolade unterrühren. Den Teig in einer Muffinform (für 12 Muffins, gefettet, gemehlt) verteilen und auf dem Rost in den vorgeheizten Backofen schieben.
Ober-/Unterhitze: etwa 180 °C
Heißluft: etwa 160 °C
Backzeit: etwa 35 Minuten.
5. Die Muffins nach dem Backen etwa 5 Minuten in der Form stehen lassen, dann aus der Form lösen und auf einem Kuchenrost erkalten lassen.
6. Nach Belieben Streifen oder beliebige Schablonen (z. B. Sterne) aus Papier ausschneiden, auf die Muffins legen und mit Puderzucker bestäuben.

Abwandlung: Für Glühwein-Muffins mit Trockenpflaumen (Foto oben) zusätzlich 150 g klein geschnittene Trockenpflaumen unter den Teig heben. 50 g Puderzucker mit 1-2 Esslöffeln Glühwein zu einem dickflüssigen Guss verrühren, erkaltete Muffins mit dem Guss besprenkeln.

Fruchtig

Haselnuss-Aprikosen-Muffins

Zubereitungszeit: 30 Minuten, ohne Abkühlzeit
Backzeit: etwa 25 Minuten

Zum Vorbereiten:
100 g getrocknete Soft-Aprikosen
100 ml frisch gepresster Orangensaft (von 1–2 Orangen)

Für den Rührteig:
75 g Butter oder Margarine
75 g Zucker
1 Pck. Dr. Oetker Finesse Geriebene Orangenschale
2 Eier (Größe M)
125 g Weizenmehl
2 gestr. TL Dr. Oetker Backin
1–2 EL Milch
75 g gemahlene Haselnusskerne

Zum Aprikotieren:
etwa 100 g Aprikosenkonfitüre

Insgesamt:
E: 48 g, F: 132 g, Kh: 312 g,
kJ: 10812, kcal: 2580

1. Zum Vorbereiten Aprikosen grob zerkleinern und mit Orangensaft in einem Rührbecher fein pürieren. Den Backofen vorheizen.
2. Für den Teig Butter oder Margarine mit Handrührgerät mit Rührbesen auf höchster Stufe geschmeidig rühren. Nach und nach Zucker und Orangenschale unterrühren. So lange rühren, bis eine gebundene Masse entstanden ist.

3. Eier nach und nach unterrühren (jedes Ei etwa 1/2 Minute). Mehl mit Backpulver mischen und in 2 Portionen abwechselnd mit dem Orangen-Aprikosen-Püree und der Milch auf mittlerer Stufe unterrühren. Haselnusskerne unterrühren.
4. Den Teig in eine Muffinform (für 12 Muffins, gefettet, gemehlt oder mit Papierbackförmchen ausgelegt) geben und verstreichen. Die Form auf dem Rost in den vorgeheizten Backofen schieben.
Ober-/Unterhitze: etwa 180 °C
Heißluft: etwa 160 °C
Backzeit: etwa 25 Minuten.
5. Die Muffins etwa 5 Minuten in der Form stehen lassen, dann aus der Form lösen oder heben und auf einem Kuchenrost erkalten lassen.
6. Zum Aprikotieren Konfitüre in einem kleinen Topf erhitzen und durch ein Sieb streichen. Muffins mit der Konfitüre bestreichen und Konfitüre fest werden lassen.

Tipp: Den Teig können Sie statt mit Soft-Aprikosen und Orangensaft auch z. B. mit 200 g grob geriebenen Äpfeln, gewürfelten Aprikosen oder Pfirsichen zubereiten.

Für Kinder

Kokos-Amerikaner

Zubereitungszeit: 40 Minuten, ohne Abkühlzeit
Backzeit: 20–25 Minuten

Zum Vorbereiten:
50 g Kokosraspel
100 ml Wasser

Für den Rührteig:
65 g Butter oder Margarine
90 g Zucker
1 Pck. Dr. Oetker Vanillin-Zucker
1 Prise Salz
2 Eier (Größe M)
250 g Weizenmehl
3 gestr. TL Dr. Oetker Backin
50 ml Kokossaft von den Raspeln

Zum Bestreichen:
2 EL Milch

Für den Guss:
100 g weiße Kuvertüre
20 g Kokosfett

Zum Bestreuen:
50 g Kokosraspel

Kokos-Amerikaner

Insgesamt:
E: 60 g, F: 188 g, Kh: 355 g,
kJ: 14401, kcal: 3441

1. Zum Vorbereiten Kokosraspel mit Wasser in einem Topf einige Minuten gut aufkochen und dann erkalten lassen. Kokosraspel in einem feinen Sieb gut abtropfen lassen (evtl. mit einem Löffel ausdrücken), Saft auffangen und 50 ml davon abmessen. Den Backofen vorheizen.
2. Für den Teig Butter oder Margarine mit Handrührgerät mit Rührbesen auf höchster Stufe geschmeidig rühren. Nach und nach Zucker, Vanillin-Zucker und Salz unterrühren. So lange rühren, bis eine gebundene Masse entstanden ist.
3. Eier nach und nach unterrühren (jedes Ei etwa 1/2 Minute). Mehl mit Backpulver mischen und in 2 Portionen abwechselnd mit dem Kokossaft auf mittlerer Stufe unterarbeiten.
4. Mit 2 Esslöffeln etwa 12 Teighäufchen nicht zu dicht nebeneinander auf ein Backblech (gefettet, mit Backpapier belegt) setzen und mit einem feuchten Messer kuppelartig formen. Das Backblech in den vorgeheizten Backofen schieben.
Ober-/Unterhitze: 180–200 °C
Heißluft: 160–180 °C
Backzeit: 20–25 Minuten.
5. Nach etwa 15 Minuten Backzeit die Gebäckoberfläche mit Milch bestreichen. Nach dem Backen das Gebäck vom Backpapier lösen und auf einem Kuchenrost erkalten lassen.
6. Für den Guss Kuvertüre in kleine Stücke schneiden und mit dem Kokosfett in einem kleinen Topf im Wasserbad bei schwacher Hitze unter Rühren schmelzen lassen. Das Gebäck auf der Unterseite mit der Kuvertüre bestreichen.
7. Kokosraspel in einer Pfanne ohne Fett leicht rösten, etwas abkühlen lassen und auf die noch feuchte Kuvertüre streuen.

Tipp: Die Kokos-Amerikaner schmecken frisch am besten.

Für Kinder

Kuh-Muffins

Zubereitungszeit: 35 Minuten, ohne Abkühlzeit
Backzeit: etwa 30 Minuten

Für die Creme:
1 Pck. Saucen-Pulver Vanille-Geschmack
200 ml Milch
100 g Sahne Muh-Muhs (Sahne-Toffee)

Für den Schüttelteig:
150 g Butter oder Margarine
200 g Weizenmehl
3 gestr. TL Dr. Oetker Backin
30 g Kakaopulver, 100 g Zucker
1 Pck. Dr. Oetker Vanillin-Zucker
3 Eier (Größe M)

Zum Garnieren:
100 g Marzipan-Rohmasse
40 g gesiebter Puderzucker
etwas grüne Speisefarbe
süße Schaumzucker-Kühe (z. B. von Trolli)
evtl. einige Zahnstocher

Insgesamt:
E: 72 g, F: 204 g, Kh: 480 g,
kJ: 17700, kcal: 4224

1. Für die Creme Saucen-Pulver mit etwas von der Milch anrühren. Restliche Milch mit klein geschnittenen Sahne Muh-Muhs zum Kochen bringen, angerührtes Saucen-Pulver unterrühren und alles unter Rühren aufkochen lassen. Creme abkühlen lassen, dabei gelegentlich umrühren. Den Backofen vorheizen.
2. Für den Teig Butter oder Margarine zerlassen und abkühlen lassen. Mehl mit Backpulver und Kakao mischen, in eine verschließbare Schüssel (etwa 3 l) sieben und mit Zucker und Vanillin-Zucker mischen. Eier und Butter oder Margarine hinzufügen, Schüssel mit dem Deckel fest verschließen und mehrmals kräftig schütteln (insgesamt etwa 30 Sekunden). Alles mit einem Schneebesen oder Rührlöffel nochmals sorgfältig durchrühren, damit trockene Zutaten vom Rand mit untergerührt werden.
3. Den Teig in einer Muffinform (für 12 Muffins, gefettet, gemehlt) verteilen. Die erkaltete Creme in einen Spritzbeutel mit Lochtülle füllen und in die Mitte des Teiges spritzen, dabei die Lochtülle fast bis zum Förmchenboden in den Teig drücken.
4. Die Muffinform auf dem Rost in den vorgeheizten Backofen schieben.
Ober-/Unterhitze: etwa 180 °C
Heißluft: etwa 160 °C
Backzeit: etwa 30 Minuten.
5. Gebäck nach dem Backen etwa 5 Minuten in der Form stehen lassen, dann aus der Form lösen und auf einem Kuchenrost erkalten lassen.
6. Zum Garnieren Marzipan mit Puderzucker und etwas Speisefarbe verkneten, durch eine Kartoffelpresse oder ein Sieb drücken und als Wiese auf den Muffins anrichten. In jede Wiese 1 Schaumzucker-Kuh stellen, dabei evtl. mit einem Zahnstocher stützen.

Tipp: Bleibt etwas von der Creme übrig, kann sie nach dem Backen und Erkalten der Muffins in die entstandene Puddingvertiefung gespritzt werden.

Schnell zubereitet

Roll-Muffins

Zubereitungszeit: 20 Minuten
Backzeit: etwa 30 Minuten

Für den Quark-Öl-Teig:
400 g Weizenmehl
1 Pck. Dr. Oetker Backin
200 g Magerquark
6 EL (75 ml) Milch
6 EL (75 ml) Speiseöl, 75 g Zucker
1 Pck. Dr. Oetker Vanillin-Zucker
1 Prise Salz

Für die Füllung:
200 g Pflaumenmus
50 g Rosinen

Für die Form:
50 g abgezogene, gemahlene Mandeln

Insgesamt:
E: 74 g, F: 83 g, Kh: 519 g,
kJ: 13718, kcal: 3277

1. Den Backofen vorheizen. Für den Teig Mehl mit Backpulver in einer Rührschüssel mischen. Quark, Milch, Öl, Zucker, Vanillin-Zucker und Salz hinzufügen.

Kuh-Muffins

Roll-Muffins

Mohn-Hefe-Waffeln

2. Die Zutaten mit Handrührgerät mit Knethaken auf höchster Stufe etwa 1 Minute verarbeiten (nicht zu lange, Teig klebt sonst). Anschließend den Teig auf der Arbeitsfläche zu einer Rolle formen.
3. Die Teigrolle zu einem Rechteck (etwa 36 x 45 cm) ausrollen, mit Pflaumenmus bestreichen, mit Rosinen bestreuen und von der kurzen Seite aus aufrollen.
4. Rolle in 12 etwa 3 cm dicke Scheiben schneiden und diese in eine Muffinform (für 12 Muffins, gefettet, mit Mandeln ausgestreut) legen. Die Form auf dem Rost in den vorgeheizten Backofen schieben.
Ober-/Unterhitze: etwa 180 °C
Heißluft: etwa 160 °C
Backzeit: etwa 30 Minuten.
5. Die Muffins etwa 5 Minuten in der Form stehen lassen, dann herausnehmen und auf einem Kuchenrost erkalten lassen.

Mit Alkohol

Mohn-Hefe-Waffeln

Zubereitungszeit: 40 Minuten

Für den Hefeteig:
100 g Butter
275 g Weizenmehl
1 Pck. Hefeteig Garant
1 Prise Salz, 100 g Zucker
2 Eier (Größe M), 250 g Schlagsahne
1 Pck. (250 g) Mohnback
(backfertige Mohnfüllung)
1 Pck. (125 g) Rumrosinen

Für die Beilage:
Puderzucker
1 Becher Vanillesauce
(aus dem Kühlregal)

Insgesamt:
E: 79 g, F: 221 g, Kh: 512 g,
kJ: 18570, kcal: 4429

1. Für den Teig Butter zerlassen und etwas abkühlen lassen. Mehl in eine Rührschüssel geben und sorgfältig mit Hefeteig Garant mischen. Salz, Zucker, Eier, zerlassene Butter, Schlagsahne und Mohnback hinzufügen und die Zutaten mit Handrührgerät mit Rührbesen zunächst auf niedrigster, auf höchster Stufe gut verrühren. Zuletzt die Rumrosinen kurz unterarbeiten.
2. Waffeleisen erhitzen und evtl. leicht fetten. Aus dem Teig etwa 10 Waffeln backen, dazu je Waffel etwa 2 Esslöffel Teig in das Waffeleisen geben und etwas verteilen. Die Waffeln goldbraun backen, anschließend herausnehmen und auf einem Kuchenrost erkalten lassen.
3. Die Waffeln nach Belieben mit Puderzucker bestreuen und Vanillesauce dazureichen.

Tipp: Dazu Preiselbeerkompott reichen.

Klassisch – für Kinder

Schweineöhrchen

Zubereitungszeit: 30 Minuten, ohne Auftau- und Abkühlzeit
Backzeit: etwa 15 Minuten je Backblech

1/2 Pck. (225 g) TK-Blätterteig

Zum Bestreichen und Bestreuen:
25 g Butter, 50 g Zucker
1 Pck. Dr. Oetker Vanillin-Zucker

Außerdem:
etwas Zucker

Insgesamt:
E: 14 g, F: 78 g, Kh: 174 g,
kJ: 6090, kcal: 1455

1. Blätterteig nach Packungsanleitung auftauen lassen.
2. Butter in einem Topf zerlassen und etwas abkühlen lassen. Teigplatten aufeinanderlegen, auf der bemehlten Arbeitsfläche zu einem Rechteck (etwa 55 x 22 cm) ausrollen und mit der Butter bestreichen.
3. Dann Zucker mit Vanillin-Zucker mischen. Den Teig gleichmäßig damit bestreuen. Teig von den beiden langen Seiten aus zur Mitte hin aufrollen, so dass die Kanten aneinanderstoßen, und fest zusammendrücken. Den Teig so lange kalt stellen, bis er schnittfest geworden ist.
4. Den Backofen vorheizen. Knapp 1 cm dicke Scheiben von dem Teig abschneiden und mit Abstand auf ein Backblech (gefettet, mit Wasser besprenkelt) legen. Das Backblech in den vorgeheizten Backofen schieben.
Ober-/Unterhitze: etwa 200 °C
Heißluft: etwa 180 °C
Backzeit: etwa 15 Minuten je Backblech (nach 10 Minuten Backzeit das Gebäck umdrehen).
5. Die Schweineöhrchen vom Backblech lösen, noch heiß mit etwas Zucker bestreuen und auf einem Kuchenrost erkalten lassen.

Schweineöhrchen

Klassisch

Rosinenschnecken mit Marzipan

Zubereitungszeit: 50 Minuten
Backzeit: etwa 25 Minuten

Für die Füllung:
100 g Marzipan-Rohmasse
50 g weiche Butter
1 Ei (Größe M)
1 Pck. Dr. Oetker Finesse Geriebene Zitronenschale

Für den Quark-Öl-Teig:
300 g Weizenmehl
1 Pck. Dr. Oetker Backin, 75 g Zucker
150 g Magerquark
6 EL Milch
6 EL Speiseöl (z. B. Rapsöl)

Zum Bestreuen:
100 g Rosinen
50 g gehackte Haselnusskerne

Für den Guss:
100 g Puderzucker
1–2 EL Zitronensaft

Insgesamt:
E: 80 g, F: 179 g, Kh: 517 g,
kJ: 16917, kcal: 4043

1. Für die Füllung Marzipan in kleine Stücke schneiden, mit Butter, Ei und Zitronenschale in einen Rührbecher geben, mit dem Stabmixer pürieren.
2. Für den Quark-Öl-Teig Mehl mit Backpulver in einer Rührschüssel mischen und restliche Zutaten für den Teig in die Schüssel geben. Die Zutaten mit Handrührgerät mit Knethaken auf höchster Stufe etwa 1 Minute verarbeiten (nicht zu lange, Teig klebt sonst). Anschließend den Teig auf der Arbeitsfläche zu einer Rolle formen. Den Backofen vorheizen.
3. Den Teig auf der bemehlten Arbeitsfläche zu einem Rechteck (etwa 32 x 40 cm) ausrollen. Die Marzipanmasse auf dem Teig verteilen und verstreichen, dabei rundherum einen 1 cm breiten Rand lassen. Rosinen und Nusskerne auf die bestrichene Fläche streuen. Den Teig von der kurzen Seite aus aufrollen.
4. Die Teigrolle mit einem Sägemesser in 8 etwa 4 cm dicke Scheiben schneiden. Die Scheiben auf ein Backblech (mit Backpapier belegt) legen. Das Backblech in den vorgeheizten Backofen schieben.
Ober-/Unterhitze: etwa 180 °C
Heißluft: etwa 160 °C
Backzeit: etwa 25 Minuten.
5. Das Backblech auf einen Kuchenrost stellen. Puderzucker mit Zitronensaft zu einem dickflüssigen Guss verrühren. Den Guss auf das heiße Gebäck streichen und das Gebäck erkalten lassen.

Für Kinder

Rhabarber-Erdbeer-Muffins

Zubereitungszeit: 50 Minuten, ohne Abkühlzeit
Backzeit: 20–25 Minuten

Zum Vorbereiten:
150 g junger Rhabarber
150 g Erdbeeren

Für denSchüttelteig:
175 g Butter oder Margarine
150 g Weizenmehl
1 Pck. Dr. Oetker Pudding-Pulver Vanille-Geschmack
3 gestr. TL Dr. Oetker Backin
120 g gesiebter Puderzucker
2 Pck. Dr. Oetker Bourbon-Vanille-Zucker
1 Prise Salz, 3 Eier (Größe M)
100 ml Milch
50 g Kokosraspel

Für die Form:
Semmelbrösel

Zum Verzieren:
200 g Schlagsahne
1 Pck. Dr. Oetker Vanillin-Zucker
1 Pck. Dr. Oetker Sahnesteif

Zum Garnieren:
100 g Erdbeeren

Insgesamt:
E: 55 g, F: 263 g, Kh: 333 g,
kJ: 16888, kcal: 4036

1. Zum Vorbereiten den Rhabarber waschen, Stielenden und Blattansätze entfernen, Stangen in etwa 2 cm lange Stücke schneiden. Erdbeeren waschen, abtropfen lassen und entstielen. Den Backofen vorheizen.
2. Für den Teig Butter oder Margarine zerlassen und abkühlen lassen. Mehl mit Pudding-Pulver und Backpulver in einer verschließbaren Schüssel (etwa 3 l) mit Puderzucker, Vanille-Zucker und Salz mischen. Eier, Butter oder Margarine und Milch hinzufügen. Schüssel mit dem Deckel fest verschließen.
3. Schüssel mehrmals (insgesamt 15–30 Sekunden) kräftig schütteln, so dass alle Zutaten gut vermischt sind. Kokosraspel hinzugeben. Alles mit einem Schneebesen oder Rührlöffel nochmals sorgfältig durchrühren, damit trockene Zutaten vom Rand mit untergerührt werden.
4. Den Teig in einer Muffinform (für 12 Muffins, gefettet, mit Semmelbröseln ausgestreut) verteilen. Rhabarberstückchen und Erdbeeren jeweils auf die Mitte des Teiges geben. Anschließend die Form auf dem Rost in den vorgeheizten Backofen schieben.
Ober-/Unterhitze: etwa 180 °C
Heißluft: etwa 160 °C
Backzeit: 20–25 Minuten.
5. Die Muffins etwa 5 Minuten in der Form stehen lassen, dann aus der Form lösen und auf einen Kuchenrost erkalten lassen.
6. Zum Verzieren Sahne mit Vanillin-Zucker und Sahnesteif steifschlagen und in einen Spritzbeutel mit Lochtülle füllen. Die Muffins damit verzieren. Zum Garnieren Erdbeeren waschen, abtropfen lassen, entstielen und halbieren. Muffins mit den Erdbeeren garnieren.

Rosinenschnecken mit Marzipan

Rhabarber-Erdbeer-Muffins

Einfach

Saure Zitronenkanten

Zubereitungszeit: 20 Minuten, ohne Abkühlzeit
Backzeit: 25–30 Minuten je Backblech

Für den Rührteig:
50 g Butter oder Margarine
100 g Zucker
1 Pck. Dr. Oetker Finesse Geriebene Zitronenschale
1 Ei (Größe M)
70 g Schmand (Sauerrahm)
250 g Weizenmehl
2 gestr. TL Dr. Oetker Backin

Zum Wälzen:
50 g Zucker

Für den Belag:
180 g Schmand (Sauerrahm)
einige saure Stäbchen oder saure Pommes (Weingummi)

Insgesamt:
E: 36 g, F: 108 g, Kh: 348 g, kJ: 10596, kcal: 2532

1. Den Backofen vorheizen. Für den Teig Butter oder Margarine mit Handrührgerät mit Rührbesen auf höchster Stufe geschmeidig rühren. Nach und nach Zucker und Zitronenschale unterrühren. So lange rühren, bis eine gebundene Masse entstanden ist.

2. Ei unterrühren (etwa 1/2 Minute). Schmand hinzufügen. Mehl mit Backpulver mischen und in 2 Portionen auf mittlerer Stufe unterrühren. Den Teig halbieren.

3. Eine Teighälfte auf einer mit Zucker bestreuten Arbeitsfläche mit angefeuchteten Händen zu einer quadratischen, etwa 24 cm langen Stange (etwa 4 x 4 cm) formen. Diese in 6 Würfel schneiden. Teigwürfel in dem Zucker wälzen und mit großem Abstand zueinander auf ein Backblech (mit Backpapier belegt) legen. Zweite Teighälfte ebenso verarbeiten und die Teigwürfel auf ein zweites Backblech (mit Backpapier belegt) legen.

4. Die Backbleche nacheinander (bei Heißluft zusammen) in den vorgeheizten Backofen schieben.
Ober-/Unterhitze: etwa 180 °C
Heißluft: etwa 160 °C
Backzeit: 25–30 Minuten je Backblech.

5. Die Zitronenkanten mit dem Backpapier von den Backblechen auf Kuchenroste ziehen und etwa 5 Minuten abkühlen lassen. Auf jedes warme Gebäckstück einen Klecks Schmand geben. Zitronenkanten vollständig abkühlen lassen und mit sauren Stäbchen garnieren.

Raffiniert

Zitronen-Muffins mit Baiser-Häubchen

Zubereitungszeit: 50 Minuten, ohne Kühlzeit
Backzeit: etwa 25 Minuten

Zum Vorbereiten:
1 1/2 Bio-Zitronen (unbehandelt, ungewachst)
3 Eiweiß (Größe M)
140 g Zucker

Für den Rührteig:
100 g Butter oder Margarine
100 g Zucker
1 Pck. Dr. Oetker Vanillin-Zucker
3 Eigelb (Größe M)
130 g Weizenmehl
2 gestr. TL Dr. Oetker Backin

Zum Bestreuen:
30 g abgezogene, gehackte Mandeln

Insgesamt:
E: 36 g, F: 120 g, Kh: 348 g, kJ: 11076, kcal: 2640

1. Zum Vorbereiten Zitronen heiß waschen, abtrocknen und die Schale mit einer Haushaltsreibe abreiben. Aus einer Zitrone den Saft auspressen.

Saure Zitronenkanten

Zitronen-Muffins mit Baiser-Häubchen

2. Eiweiß mit Handrührgerät mit Rührbesen auf höchster Stufe so steifschlagen, dass ein Messerschnitt sichtbar bleibt. Nach und nach Zucker und 1 Teelöffel Zitronensaft unterschlagen. Baisermasse kalt stellen. Inzwischen den Backofen vorheizen.
3. Für den Teig Butter oder Margarine mit Handrührgerät mit Rührbesen auf höchster Stufe geschmeidig rühren. Nach und nach Zucker und Vanillin-Zucker unterrühren. Eigelb nach und nach unterrühren. Zitronenschale und 2 Esslöffel Zitronensaft hinzufügen. Mehl mit Backpulver mischen und in 2 Portionen auf mittlerer Stufe unterrühren.
4. Den Teig in eine Muffinform (für 12 Muffins, mit Papierbackförmchen ausgelegt) geben und verstreichen. Kalt gestellte Baisermasse mit einem Teelöffel darauf verteilen und mit den Mandeln bestreuen. Danach die Form auf dem Rost in den vorgeheizten Backofen schieben.
Ober-/Unterhitze etwa 180 °C
Heißluft: etwa 160 °C
Backzeit: etwa 25 Minuten.
5. Die Muffins etwa 5 Minuten in der Form stehen lassen, dann aus der Form heben und auf einem Kuchenrost erkalten lassen.

Dauert länger – mit Alkohol

Strudelhörnchen

Zubereitungszeit: 60 Minuten, ohne Ruhe- und Einweichzeit
Backzeit: 12–15 Minuten

Für den Strudelteig:
200 g Weizenmehl
1 Prise Salz
75 ml lauwarmes Wasser
3 EL Speiseöl

Zum Bestreichen:
50 g zerlassene Butter

Für die Füllung:
100 g abgezogene, gehackte Mandeln
50 g fein gehackte Walnusskerne
100 g Korinthen
2 EL Weinbrand
4 EL Zucker
4 Eigelb (Größe M)
1/2 Pck. Dr. Oetker Finesse Geriebene Zitronenschale
1 gestr. TL gemahlener Zimt

Zum Bestreichen und Bestreuen:
2 Eigelb (Größe M)
Wasser
4 EL Hagelzucker

Insgesamt:
E: 72 g, F: 198 g, Kh: 288 g,
kJ: 13716, kcal: 3276

1. Für den Teig Mehl in eine Rührschüssel geben. Salz, Wasser und Speiseöl hinzufügen. Die Zutaten mit Handrührgerät mit Knethaken zunächst kurz auf niedrigster, dann auf höchster Stufe gut durcharbeiten.
2. Den Teig auf der Arbeitsfläche zu einer Kugel verkneten. Kugel auf Backpapier in einen heißen, trockenen Kochtopf (vorher Wasser darin kochen) legen und zugedeckt etwa 30 Minuten ruhen lassen.
3. Danach den Strudelteig auf einem bemehlten großen Geschirrtuch dünn ausrollen und ihn dann mit den Händen zu einem Quadrat von etwa 60 x 60 cm ausziehen (er muss durchsichtig sein). Die Ränder, wenn sie dicker sind, abschneiden. Den Teig dünn mit etwas von der Butter bestreichen. Aus dem Teigquadrat mit Hilfe eines Lineals und eines Messers 9 Quadrate (jeweils etwa 20 x 20 cm) schneiden. Jedes Quadrat diagonal durchschneiden, so dass 18 Dreiecke entstehen.
4. Für die Füllung Mandeln mit Walnusskernen und Korinthen in eine Schüssel geben, mit Weinbrand beträufeln und etwas einweichen lassen. Zucker, Eigelb, Zitronenschale und Zimt unter die Masse rühren. Den Backofen vorheizen.
5. Die Füllung gleichmäßig auf den Teigdreiecken verteilen. Teigdreiecke von der breiten Seite aus aufrollen und zu Hörnchen formen. Die Hörnchen auf ein Backblech (mit Backpapier belegt) legen.
6. Zum Bestreichen Eigelb mit etwas Wasser verschlagen, die Hörnchen damit bestreichen und mit Hagelzucker bestreuen. Das Backblech in den vorgeheizten Backofen schieben.
Ober-/Unterhitze: etwa 180 °C
Heißluft: etwa 160 °C
Backzeit: 12–15 Minuten.
7. Die Hörnchen vom Backpapier lösen, auf einen Kuchenrost legen, warm oder kalt servieren.

Beliebt

Schoko-Omeletts

Zubereitungszeit: 50 Minuten, ohne Abkühlzeit
Backzeit: etwa 8 Minuten

Für den Biskuitteig:
4 Eier (Größe M)
1 Eigelb (Größe M), 70 g Zucker
1 Pck. Dr. Oetker Vanillin-Zucker
70 g Weizenmehl
1 Msp. Dr. Oetker Backin
10 g Kakaopulver

Für die Füllung:
175 g Kaffee- oder Cappuccino-Sahne-Schokolade (zweifarbig)
300 g Schlagsahne
1 Pck. Dr. Oetker Sahnesteif

Zum Garnieren:
100 g Erdbeeren
25 g Kaffee- oder Cappuccino-Sahne-Schokolade (zweifarbig)

Insgesamt:
E: 57 g, F: 198 g, Kh: 265 g,
kJ: 12830, kcal: 3062

Schoko-Omeletts

1. Den Backofen vorheizen. Für den Teig Eier und Eigelb in einer Rührschüssel mit Handrührgerät mit Rührbesen auf höchster Stufe in 1 Minute schaumig schlagen. Zucker und Vanillin-Zucker mischen, in 1 Minute einstreuen und weitere etwa 2 Minuten schlagen.
2. Mehl mit Backpulver und Kakao mischen und kurz auf niedrigster Stufe unterrühren. Den Teig auf ein Backblech (30 x 40 cm, gefettet, mit Backpapier belegt) geben, glattstreichen und in den vorgeheizten Backofen schieben.
Ober-/Unterhitze: etwa 200 °C
Heißluft: etwa 180 °C
Backzeit: etwa 8 Minuten.
3. Die Biskuitplatte vorsichtig vom Backblechrand lösen, direkt auf eine Arbeitsfläche stürzen und mit dem Backpapier erkalten lassen. Anschließend Backpapier vorsichtig abziehen, das Gebäck von der Arbeitsfläche lösen, so dass sich die Backhaut ablöst, und 12 Quadrate (etwa 10 x 10 cm) ausschneiden.
4. Für die Füllung Schokolade in Stücke brechen, in einem Topf im Wasserbad bei schwacher Hitze unter Rühren schmelzen lassen und fast erkalten lassen (nicht kalt stellen), 1–2 Teelöffel davon in ein Papiertütchen füllen.
5. Sahne mit Sahnesteif steifschlagen, dann die fast kalte, aber noch flüssige Schokolade unterrühren. Die Schokoladensahne in einen Spritzbeutel mit großer Lochtülle füllen und jeweils spiralförmig diagonal auf eine Hälfte der Biskuitquadrate spritzen, die andere Hälfte etwas darüberklappen und leicht andrücken.
6. Zum Garnieren Erdbeeren waschen, abtupfen, putzen und in Spalten schneiden. Erdbeerspalten dekorativ in die Schokoladensahne stecken. Vom Papiertütchen eine kleine Spitze abschneiden und die Schokolade über die Omeletts sprenkeln. Restliche feste Schokolade mit einem Kartoffelschäler abschaben und auf die Omeletts in die noch weiche aufgesprenkelte Schokolade streuen.

Tipp: Aus dem Teig kann auch eine Biskuitrolle zubereitet werden, dann keine Quadrate ausschneiden. Die Füllung mit der Schokolade, aber mit 400 g Schlagsahne und 2 Päckchen Sahnesteif zubereiten und auf der ganzen Biskuitplatte verteilen. Die Erdbeeren in kleine Würfel schneiden und darüberstreuen. Die Platte von der langen Seite aus aufrollen, mit Schokolade besprenkeln und bis zum Servieren kalt stellen.

Maulwurfshügel-Muffins

Zubereitungszeit: 45 Minuten, ohne Abkühl- und Kühlzeit
Backzeit: etwa 25 Minuten

Für den Rührteig:
150 g Butter oder Margarine
125 g Zucker
1 Pck. Dr. Oetker Vanillin-Zucker
3 Eier (Größe M)
175 g Weizenmehl
2 gestr. TL Dr. Oetker Backin
10 g Kakaopulver
3–4 EL Milch
50 g Zartbitter-Raspelschokolade

Für die Füllung:
250 g Erdbeeren
100 g Schmand (Sauerrahm)
20 g Zucker
1 Pck. Dr. Oetker Vanillin-Zucker

Zum Bestreichen:
2 EL Erdbeerkonfitüre
1 TL Wasser

Zum Garnieren:
einige Erdbeeren (in Scheiben)

Insgesamt:
E: 48 g, F: 180 g, Kh: 348 g,
kJ: 13932, kcal: 3324

1. Den Backofen vorheizen. Für den Teig Butter oder Margarine mit Handrührgerät mit Rührbesen auf höchster Stufe geschmeidig rühren. Nach und nach Zucker und Vanillin-Zucker unterrühren. So lange rühren, bis eine gebundene Masse entstanden ist.

2. Eier nach und nach unterrühren (jedes Ei etwa 1/2 Minute). Mehl mit Backpulver und Kakao mischen und in 2 Portionen abwechselnd mit der Milch auf mittlerer Stufe unterrühren. Zuletzt Raspelschokolade kurz unterrühren.

3. Den Teig in eine Muffinform (für 12 Muffins, gefettet, gemehlt) geben und verstreichen. Die Form auf dem Rost in den vorgeheizten Backofen schieben.
Ober-/Unterhitze: etwa 180 °C
Heißluft: etwa 160 °C
Backzeit: etwa 25 Minuten.

4. Die Muffins etwa 5 Minuten in der Form stehen lassen, dann aus der Form lösen und auf einem Kuchenrost erkalten lassen. Von jedem Muffin einen Deckel abschneiden. Die Muffin-Unterteile mit einem Teelöffel so aushöhlen, dass ein etwa 1 cm starker Rand stehen bleibt. Die Deckel ebenfalls etwas aushöhlen. Die Gebäckreste zerbröseln. Etwa 5 Esslöffel von den Bröseln zum Garnieren beiseitestellen.

5. Für die Füllung Erdbeeren waschen, gut abtropfen lassen, entstielen und in kleine Würfel schneiden. Schmand mit Zucker und Vanillin-Zucker mit einem Schneebesen gut verrühren. Erdbeerwürfel und die restlichen Gebäckbrösel vorsichtig unterheben. Die Bröselmasse mit einem Teelöffel bergartig in die Vertiefungen der Muffin-Unterteile füllen.

6. Zum Bestreichen Konfitüre mit Wasser in einem kleinen Topf aufkochen lassen. Die Gebäckdeckel mit Hilfe eines Pinsels damit bestreichen. Deckel mit den beiseitegestellten Gebäckbröseln bestreuen und die Brösel vorsichtig andrücken. Die Deckel auf die Füllung legen und die Muffins etwa 30 Minuten kalt stellen.

7. Die Muffins vor dem Servieren mit Erdbeerscheiben garnieren.

Maulwurfshügel-Muffins

Fruchtig

Quark-Kirsch-Muffins

Zubereitungszeit: 25 Minuten, ohne Abkühlzeit
Backzeit: etwa 25 Minuten

Zum Vorbereiten:
1 Glas Sauerkirschen (Abtropfgewicht 350 g)

Für den All-in-Teig:
250 g Weizenmehl
3 gestr. TL Dr. Oetker Backin
1 Pck. Dr. Oetker Pudding-Pulver Vanille-Geschmack
100 g Zucker
1 Pck. Dr. Oetker Vanillin-Zucker
2 Eier (Größe M)
75 ml Speiseöl, 100 ml Milch
125 g Magerquark

Zum Besprenkeln:
75 g Puderzucker
1 EL Sauerkirschsaft aus dem Glas

Insgesamt:
E: 60 g, F: 96 g, Kh: 480 g, kJ: 12780, kcal: 3048

1. Zum Vorbereiten Sauerkirschen in einem Sieb gut abtropfen lassen, etwas Saft dabei auffangen. Den Backofen vorheizen.
2. Für den Teig Mehl mit Backpulver und Pudding-Pulver in einer Rührschüssel mischen. Zucker, Vanillin-Zucker, Eier, Speiseöl, Milch und Quark hinzufügen. Die Zutaten mit Handrührgerät mit Rührbesen zunächst kurz auf niedrigster, dann auf höchster Stufe in etwa 1 Minute zu einem glatten Teig verarbeiten.
3. Den Teig in einer Muffinform (für 12 Muffins, gefettet, gemehlt) verstreichen. Sauerkirschen darauf verteilen. Form auf dem Rost in den vorgeheizten Backofen schieben.
Ober-/Unterhitze: etwa 180 °C
Heißluft: etwa 160 °C
Backzeit: etwa 25 Minuten.
4. Die Muffins etwa 5 Minuten in der Form stehen lassen, dann aus der Form lösen und auf einem Kuchenrost erkalten lassen.
5. Zum Besprenkeln Puderzucker mit Kirschsaft zu einer dickflüssigen Masse verrühren, in ein Papiertütchen füllen und eine kleine Spitze abschneiden. Die Muffins mit dem Guss besprenkeln und den Guss fest werden lassen.

Beliebt

Möhren-Muffins mit Frischkäsecreme

Zubereitungszeit: 30 Minuten, ohne Abkühl- und Kühlzeit
Backzeit: etwa 25 Minuten

Für den Biskuitteig:
160 g Möhren
40 g getrocknete Aprikosen
1 EL Zitronensaft
abgeriebene Schale von 1/2 Bio-Zitrone (unbehandelt, ungewachst)
2 Eigelb (Größe M)
80 g Zucker
2 Eiweiß (Größe M)
1 Prise Salz
40 g Weizenmehl
1 geh. TL Dr. Oetker Backin
80 g gemahlene Haselnusskerne

Für die Frischkäsecreme:
50 g weiche Butter
60 g gesiebter Puderzucker
1 Pck. Dr. Oetker Vanillin-Zucker
125 g Doppelrahm-Frischkäse
1–2 EL gemahlene oder gehackte Pistazienkerne

Quark-Kirsch-Muffins

Möhren-Muffins mit Frischkäsecreme

Insgesamt:
E: 48 g, F: 156 g, Kh: 228 g,
kJ: 10236, kcal: 2448

1. Für den Teig Möhren putzen, schälen und fein reiben. Aprikosen in kleine Würfel schneiden. Möhren mit Aprikosenwürfeln, Zitronensaft und -schale gut vermischen. Den Backofen vorheizen.
2. Eigelb und Zucker mit Handrührgerät mit Rührbesen auf höchster Stufe in 1 Minute schaumig schlagen. Möhren-Aprikosen-Mischung unterheben.
3. Eiweiß mit Salz steifschlagen und auf die Möhren-Eigelb-Masse geben. Mehl mit Backpulver mischen, ebenfalls auf die Eiercreme geben und alles vorsichtig unterheben. Zuletzt Haselnusskerne kurz unterarbeiten.
4. Den Teig in eine Muffinform (für 12 Muffins, mit Papierbackförmchen ausgelegt) verteilen. Die Form auf dem Rost in den vorgeheizten Backofen schieben.
Ober-/Unterhitze: etwa 180 °C
Heißluft: etwa 160 °C
Backzeit: etwa 25 Minuten.
5. Die Muffins etwa 5 Minuten in der Form stehen lassen, dann aus der Form heben und auf einem Kuchenrost erkalten lassen.
6. Für die Creme Butter mit Puderzucker, Vanillin-Zucker und Frischkäse mit Handrührgerät mit Rührbesen zu einer geschmeidigen Masse verrühren. Die Creme in einen Spritzbeutel mit Sterntülle füllen und große Tuffs auf die Muffins spritzen. Muffins etwa 30 Minuten kalt stellen. Vor dem Servieren mit Pistazienkernen bestreuen.

Tipp: Zu Ostern Tuffs zusätzlich mit kleinen Dragee-Eiern garnieren.

Für Gäste

Mandelschiffchen

Zubereitungszeit: 45 Minuten, ohne Abkühlzeit
Backzeit: 25–30 Minuten

Für den Knetteig:
125 g Weizenmehl, 60 g Zucker
1 Pck. Dr. Oetker Vanillin-Zucker
2 Eigelb (Größe M)
50 g Butter oder Margarine

Für die Füllung:
2 EL Orangenmarmelade
2 Eiweiß (Größe M)
200 g Zucker
1 Pck. Dr. Oetker Vanillin-Zucker
2–3 Tropfen Bittermandel-Aroma
200 g abgezogene, gemahlene Mandeln

Zum Bestreuen:
2 EL abgezogene, gehobelte Mandeln

Insgesamt:
E: 72 g, F: 189 g, Kh: 431 g,
kJ: 15562, kcal: 3718

1. Für den Teig Mehl mit Zucker, Vanillin-Zucker, Eigelb und Butter oder Margarine in eine Rührschüssel geben. Die Zutaten mit Handrührgerät mit Knethaken zunächst kurz auf niedrigster, dann auf höchster Stufe gut durcharbeiten. Anschließend den Teig auf der leicht bemehlten Arbeitsfläche kurz verkneten.
2. Den Teig auf der leicht bemehlten Arbeitsfläche dünn ausrollen. Etwa 12 Schiffchenformen (etwa 12 cm lang, gefettet, gemehlt) auf der Arbeitsfläche dicht nebeneinander stellen. Teig darauf abrollen und mit einer Teigrolle darüber rollen, so dass die Schiffe einzeln mit dem Teig gefüllt sind, evtl. nachformen.
3. Den Backofen vorheizen. Für die Füllung Marmelade durch ein Sieb streichen. Die Teigschiffchen damit ausstreichen. Eiweiß so steifschlagen, dass ein Messerschnitt sichtbar bleibt. Nach und nach Zucker, Vanillin-Zucker und Aroma unterschlagen. Zuletzt Mandeln unterheben.
4. Die Mandelmasse portionweise in einen Spritzbeutel mit Lochtülle füllen und spiralförmig in die mit Marmelade bestrichenen Schiffchen spritzen. Die Masse mit gehobelten Mandeln bestreuen. Die gefüllten Formen auf ein Backblech stellen. Das Backblech in den vorgeheizten Backofen schieben.
Ober-/Unterhitze: etwa 180 °C
Heißluft: etwa 160 °C
Backzeit: 25–30 Minuten.
5. Die Formen auf einen Kuchenrost stellen. Das Gebäck etwa 5 Minuten abkühlen lassen, dann aus den Formen lösen und auf einem Kuchenrost erkalten lassen.

Tipp: Anstelle der Schiffchenformen kann auch eine Muffinform für 12 Muffins verwendet werden.

Kirsch-Marzipan-Taler

5. Kirschen in eine Schüssel geben. Speisestärke darübersieben. Konfitüre unterrühren. Die Kirschmasse in je einen Ring füllen. Die Backbleche nacheinander (bei Heißluft zusammen) in den vorgeheizten Backofen schieben.
Ober-/Unterhitze: etwa 180 °C
Heißluft: etwa 160 °C
Backzeit: etwa 20 Minuten
je Backblech.
6. Die Taler mit dem Backpapier von den Backblechen auf Kuchenroste ziehen. Kirsch-Marzipan-Taler erkalten lassen.

Raffiniert

Kirsch-Marzipan-Taler

Zubereitungszeit: 60 Minuten
Backzeit: etwa 20 Minuten
je Backblech

Zum Vorbereiten für den Belag:
1 Glas Sauerkirschen
(Abtropfgewicht 350 g)
400 g Marzipan-Rohmasse
80 g weiche Butter oder Margarine

Für den Quark-Öl-Teig:
250 g Weizenmehl
2 gestr. TL Dr. Oetker Backin
100 g Magerquark
5 EL Milch
6 EL Speiseöl
75 g Zucker
1 Pck. Dr. Oetker Vanillin-Zucker
1 Prise Salz

1 EL Speisestärke
4 EL Sauerkirschkonfitüre

Insgesamt:
E: 96 g, F: 276 g, Kh: 528 g,
kJ: 20772, kcal: 4956

1. Zum Vorbereiten für den Belag Kirschen in einem Sieb abtropfen lassen. Marzipan in kleine Stücke schneiden und in eine Rührschüssel geben. Butter oder Margarine hinzufügen. Die Zutaten mit Handrührgerät mit Rührbesen zu einer geschmeidigen Masse verrühren.
2. Für den Teig Mehl mit Backpulver in einer Rührschüssel mischen. Quark, Milch, Speiseöl, Zucker, Vanillin-Zucker und Salz hinzufügen. Die Zutaten mit Handrührgerät mit Knethaken auf höchster Stufe in etwa 1 Minute zu einem Teig verarbeiten (nicht zu lange, Teig klebt sonst).
3. Anschließend den Teig auf der bemehlten Arbeitsfläche etwa 1/2 cm dick ausrollen. Aus dem Teig mit einem Ausstecher 12 Taler (Ø etwa 12 cm) ausstechen, dabei die Teigreste immer wieder ausrollen. Den Backofen vorheizen.
4. Die Teigtaler auf 2 Backbleche (gefettet, mit Backpapier belegt) legen. Marzipan-Butter-Masse in einen Spritzbeutel mit Sterntülle (Ø etwa 10 mm) füllen. Je 1 Ring auf je 1 Teigtaler spritzen, dabei am Rand knapp 1 cm frei lassen.

Einfach

Hefe-Muffins mit Trockenpflaumen

Zubereitungszeit: 25 Minuten,
ohne Teiggeh- und Abkühlzeit
Backzeit: etwa 25 Minuten

Für den Hefeteig:
150 ml Milch
180 g Weizenmehl
1 Pck. Dr. Oetker Trockenbackhefe
100 g kernige Haferflocken
120 g Zucker
1 Pck. Dr. Oetker Vanillin-Zucker
2 Eier (Größe M)
4 EL Nussöl

Für die Füllung:
12 entsteinte Soft-Trockenpflaumen
50 g Marzipan-Rohmasse

Zum Bestäuben:
Puderzucker

Insgesamt:
E: 63 g, F: 89 g, Kh: 396 g,
kJ: 11076, kcal: 2641

1. Für den Teig Milch leicht erwärmen. Mehl in eine Rührschüssel geben und mit Trockenbackhefe und Haferflocken mischen. Zucker, Vanillin-Zucker, Eier, warme Milch und Nussöl hinzufügen.

2. Die Zutaten mit Handrührgerät mit Rührbesen zunächst kurz auf niedrigster, dann auf höchster Stufe in etwa 2 Minuten zu einem glatten Teig verarbeiten. Den Teig so lange an einem warmen Ort gehen lassen, bis er sich sichtbar vergrößert hat.
3. Den Teig in einer Muffinform (für 12 Muffins, gefettet, gemehlt oder mit Papierbackförmchen ausgelegt) verteilen und zugedeckt nochmals so lange an einem warmen Ort gehen lassen, bis er sich sichtbar vergrößert hat. Den Backofen vorheizen.
4. Für die Füllung Pflaumen der Länge nach tief einschneiden. Marzipan in 12 Stücke schneiden, zu Rollen formen und in die Pflaumen stecken. Jeweils 1 gefüllte Pflaume in den Teig der einzelnen Förmchen drücken. Die Form auf dem Rost in den vorgeheizten Backofen schieben.
Ober-/Unterhitze: etwa 180 °C
Heißluft: etwa 160 °C
Backzeit: etwa 25 Minuten.
5. Die Muffins etwa 10 Minuten in der Form stehen lassen, dann aus der Form lösen oder heben und auf einem Kuchenrost erkalten lassen. Vor dem Servieren mit Puderzucker bestäuben.

Tipp: Sie können statt Pflaumen auch 12 getrocknete Aprikosen, Feigen oder Datteln mit Marzipan füllen.

Für Kinder

Gesichter-Muffins

Zubereitungszeit: 35 Minuten, *ohne* Abkühlzeit
Backzeit: etwa 15 Minuten

Für den All-in-Teig:
100 g Weizenmehl
2 Pck. Gala Pudding-Pulver Bourbon-Vanille
3 gestr. TL Dr. Oetker Backin
120 g Zucker
4 Eier (Größe M)
100 g weiche Butter oder Margarine
3 EL Schlagsahne

Zum Garnieren und Verzieren:
70 g Puderzucker
1-2 EL Zitronensaft
einige Mini-Schokolinsen

Insgesamt:
E: 42 g, F: 124 g, Kh: 347 g, kJ: 11177, kcal: 2665

1. Den Backofen vorheizen. Für den Teig Mehl mit Pudding-Pulver und Backpulver in einer Rührschüssel mischen. Zucker, Eier, Butter oder Margarine und Sahne hinzufügen. Die Zutaten mit Handrührgerät mit Rührbesen zunächst kurz auf niedrigster, dann auf höchster Stufe in etwa 2 Minuten zu einem glatten Teig verarbeiten.
2. Den Teig in einer Muffinform (für 12 Muffins, gefettet, gemehlt) verteilen. Anschließend die Form auf dem Rost in den vorgeheizten Backofen schieben.
Ober-/Unterhitze: etwa 200 °C
Heißluft: etwa 180 °C
Backzeit: etwa 15 Minuten.
3. Die Muffins etwa 5 Minuten in der Form stehen lassen, dann aus der Form lösen und auf einem Kuchenrost erkalten lassen.
4. Zum Garnieren und Verzieren Puderzucker mit Zitronensaft zu einer dickflüssigen Masse verrühren. Masse in einen kleinen Gefrierbeutel füllen und eine kleine Ecke abschneiden. Auf die Muffins jeweils ein Gesicht aufspritzen und mit Schokolinsen garnieren. Den Guss trocknen lassen.

Hefe-Muffins mit Trockenpflaumen

Gesichter-Muffins

Für Gäste

Schokoladenherzen

Zubereitungszeit: 35 Minuten, ohne Abkühlzeit
Backzeit: etwa 20 Minuten

Für den Rührteig:
100 g Nuss-Schokolade
100 g Butter oder Margarine
50 g Zucker, 3 Eier (Größe M)
75 g Weizenmehl
100 g gemahlene Haselnusskerne

Für die Form:
Semmelbrösel

Zum Tränken:
125 ml (1/8 l) roter Traubensaft oder Rotwein, 25 g Zucker

Für den Belag:
250 g Schlagsahne
1 Pck. Dr. Oetker Sahnesteif
100 g Vollmilch- oder/und Zartbitter-Raspelschokolade

Insgesamt:
E: 60 g, F: 245 g, Kh: 219 g, kJ: 14387, kcal: 3437

1. Für den Teig Schokolade fein hacken. Den Backofen vorheizen. Butter oder Margarine mit Handrührgerät mit Rührbesen auf höchster Stufe geschmeidig rühren. Nach und nach Zucker unterrühren. So lange rühren, bis eine gebundene Masse entstanden ist.
2. Eier nach und nach unterrühren (jedes Ei etwa 1/2 Minute). Mehl, Haselnusskerne und Schokolade auf mittlerer Stufe kurz unterrühren.
3. Den Teig in 6 kleinen Herzförmchen (etwa 9 x 11 cm, gefettet, mit Semmelbröseln ausgestreut) verteilen. Anschließend die Förmchen auf dem Rost in den vorgeheizten Backofen schieben.
Ober-/Unterhitze: etwa 180 °C
Heißluft: etwa 160 °C
Backzeit: etwa 20 Minuten.
4. Das Gebäck aus den Förmchen lösen und auf einen mit Backpapier belegten Kuchenrost stürzen. Gebäck mehrmals mit einem Holzstäbchen einstechen.
5. Zum Tränken Saft oder Wein mit Zucker in einem kleinen Topf erwärmen. Die Mischung mit einem Pinsel auf den Herzen verteilen. Herzen erkalten lassen.
6. Für den Belag Sahne mit Sahnesteif steifschlagen und in einen Spritzbeutel mit Sterntülle füllen. Den Rand der Herzen damit verzieren und Raspelschokolade in die Mitte streuen.

Schokoladenherzen

Raffiniert

Frankfurter Muffins

Zubereitungszeit: 50 Minuten, ohne Abkühlzeit
Backzeit: etwa 20 Minuten

Für den Rührteig:
100 g Butter oder Margarine
120 g Zucker
1 Pck. Dr. Oetker Vanillin-Zucker
3 Eier (Größe M)
150 g Weizenmehl
50 g Speisestärke
2 gestr. TL Dr. Oetker Backin

Für die Füllung:
1 Pck. Dr. Oetker Pudding-Pulver Vanille-Geschmack
100 g Zucker, 300 ml Milch
150 g Butter (Zimmertemperatur)

Zum Bestreichen und Garnieren:
100 g Wild-Preiselbeeren
3 EL Haselnuss-Krokant

Insgesamt:
E: 48 g, F: 252 g, Kh: 492 g, kJ: 18396, kcal: 4392

1. Den Backofen vorheizen. Für den Teig Butter oder Margarine mit Handrührgerät mit Rührbesen auf höchster Stufe geschmeidig rühren. Nach und nach Zucker und Vanillin-Zucker unterrühren. So lange rühren, bis eine gebundene Masse entstanden ist. Eier nach und nach unterrühren (jedes Ei etwa 1/2 Minute). Mehl mit Speisestärke und Backpulver mischen und in 2 Portionen auf mittlerer Stufe unterrühren.
2. Den Teig in eine Muffinform (für 12 Muffins, gefettet, gemehlt) geben und verstreichen. Die Form auf dem

Frankfurter Muffins

Amerikaner mit Schokostückchen

Rost in den vorgeheizten Backofen schieben.
Ober-/Unterhitze: etwa 180 °C
Heißluft: etwa 160 °C
Backzeit: etwa 20 Minuten.

3. Die Muffins etwa 5 Minuten in der Form stehen lassen, dann aus der Form lösen und auf einem Kuchenrost erkalten lassen. Muffins im oberen Drittel waagerecht durchschneiden.

4. Für die Füllung aus Pudding-Pulver, Zucker und Milch nach Packungsanleitung, aber mit den hier angegebenen Zutaten einen Pudding zubereiten. Pudding auf Zimmertemperatur abkühlen lassen, dabei ab und zu umrühren (nicht kalt stellen). Butter mit Handrührgerät mit Rührbesen auf höchster Stufe geschmeidig rühren. Den Pudding esslöffelweise auf mittlerer Stufe unterrühren.

5. Die unteren Muffin-Hälften mit je 1 Esslöffel Preiselbeeren dünn bestreichen. Jeweils 1 gehäuften Esslöffel von der Buttercreme darauf verteilen. Oberen Muffin-Teil darauflegen und leicht andrücken. Restliche Buttercreme in einen Spritzbeutel mit Lochtülle geben und jeweils 1 Tuff auf die Muffins spritzen. Tuffs mit je 1 kleinen Klecks Preiselbeeren und etwas Krokant garnieren.

Für Kinder

Amerikaner mit Schokostückchen

Zubereitungszeit: 40 Minuten, ohne Abkühlzeit
Backzeit: etwa 20 Minuten

Für den Rührteig:
75 g Zartbitter-Schokolade
100 g Butter oder Margarine
100 g Zucker
1 Pck. Dr. Oetker Vanillin-Zucker
2 Eier (Größe M)
150 g Weizenmehl
1 Pck. Dr. Oetker Backin
1 Pck. Saucen-Pulver Vanille-Geschmack
2 EL Milch

Für den Guss:
100 g Zartbitter-Kuvertüre
100 g Puderzucker
1–2 EL Zitronensaft

Insgesamt:
E: 47 g, F: 129 g, Kh: 459 g,
kJ: 13701, kcal: 3273

1. Den Backofen vorheizen. Für den Teig Schokolade hacken. Butter oder Margarine mit Handrührgerät mit Rührbesen auf höchster Stufe geschmeidig rühren. Nach und nach Zucker und Vanillin-Zucker unterrühren. So lange rühren, bis eine gebundene Masse entstanden ist.

2. Eier nach und nach unterrühren (jedes Ei etwa 1/2 Minute). Mehl mit Backpulver und Saucen-Pulver mischen und in 2 Portionen auf mittlerer Stufe unterrühren. Zuletzt Milch und gehackte Schokolade unterrühren.

3. Teig mit 2 Teelöffeln in 14 Häufchen auf ein Backblech (gefettet, mit Backpapier belegt) setzen und mit einem feuchten Messer etwas nachformen. Das Backblech in den vorgeheizten Backofen schieben.
Ober-/Unterhitze: 180–200 °C
Heißluft: 160–180 °C
Backzeit: etwa 20 Minuten.

4. Gebäck mit dem Backpapier auf einem Kuchenrost erkalten lassen.

5. Für den Guss Kuvertüre im Wasserbad bei schwacher Hitze unter Rühren schmelzen lassen. Puderzucker mit Zitronensaft verrühren und jeweils die Hälfte der Amerikaner mit dem Schokoladen- und Zitronenguss bestreichen.

Tipp: Den Teig in einen Spritzbeutel mit großer Lochtülle füllen und Teighäufchen aufspritzen.

Hütchen-Muffins mit Schokosahne

Stollen-Muffins

Für Gäste

Hütchen-Muffins mit Schokosahne

Zubereitungszeit: 35 Minuten, ohne Abkühlzeit
Backzeit: etwa 25 Minuten

Für den Schüttelteig:
125 g Butter oder Margarine
200 g Weizenmehl
2 gestr. TL Dr. Oetker Backin
125 g gesiebter Puderzucker
1 Pck. Dr. Oetker Bourbon-Vanille-Zucker
2 Eier (Größe M)
125 ml (1/8 l) Milch

Zum Tränken:
125 ml (1/8 l) Orangensaft
30 g Zucker

Für die Füllung:
400 g Schlagsahne
20 g Zucker
2 Pck. Dr. Oetker Sahnesteif
20 g Kakaopulver

Zum Bestäuben:
Puderzucker oder Kakaopulver

Insgesamt:
E: 60 g, F: 252 g, Kh: 384 g, kJ: 16860, kcal: 4020

1. Für den Teig Butter oder Margarine zerlassen und abkühlen lassen. Den Backofen vorheizen. Mehl mit Backpulver in einer verschließbaren Schüssel (etwa 3 l) mit Puderzucker und Vanille-Zucker mischen. Eier, Butter oder Margarine und Milch hinzufügen. Schüssel mit dem Deckel fest verschließen.
2. Schüssel mehrmals (insgesamt 15–30 Sekunden) kräftig schütteln, so dass alle Zutaten gut vermischt sind. Alles mit einem Schneebesen oder Rührlöffel nochmals sorgfältig durchrühren, damit trockene Zutaten vom Rand mit untergerührt werden.
3. Den Teig in einer Muffinform (für 12 Muffins, mit Papierbackförmchen ausgelegt) verteilen. Die Form auf dem Rost in den vorgeheizten Backofen schieben.
Ober-/Unterhitze: etwa 180 °C
Heißluft: etwa 160 °C
Backzeit: etwa 25 Minuten.
4. Die Muffins etwa 5 Minuten in der Form stehen lassen, dann aus der Form heben und auf einem Kuchenrost erkalten lassen.
5. Zum Tränken Orangensaft mit Zucker unter Rühren zum Kochen bringen, bis der Zucker gelöst ist. Von den Muffins jeweils das Hütchen abschneiden. Die Muffins etwas aushöhlen und mit dem Orangensaft tränken. Die ausgehöhlten Kuchenbrösel fein zerbröseln.
6. Für die Füllung Sahne mit Zucker und Sahnesteif steifschlagen, Kakao und die Gebäckbrösel unterheben. Die Sahne-Brösel-Masse in einen Spritzbeutel mit großer Lochtülle füllen und in die Muffins spritzen. Hütchen nach Belieben mit dem restlichen Orangensaft tränken und leicht schräg auf die Sahne legen. Muffins mit Puderzucker oder Kakao bestäuben.

Zum Verschenken

Stollen-Muffins

Zubereitungszeit: 45 Minuten
Backzeit: etwa 25 Minuten

Für den Brandteig:
125 ml (1/8 l) Wasser
25 g Butter oder Margarine
1 EL Zucker
75 g Weizenmehl
2–3 Eier (Größe M)

Für den Rührteig:
50 g Zitronat (Sukkade)
75 g weiche Butter oder Margarine
50 g Zucker
1 Pck. Dr. Oetker Vanillin-Zucker
1 Prise Salz
je 1 Msp. Zimt, Nelken, Muskatblüte (Macis) und Kardamom (alles gemahlen)
1 Ei (Größe M)

200 g Weizenmehl
2 gestr. TL Dr. Oetker Backin
100 g Rosinen
50 g abgezogene, gehackte Mandeln

Zum Bestreichen und Bestäuben:
50 g Butter
2 EL Puderzucker

Insgesamt:
E: 72 g, F: 180 g, Kh: 384 g,
kJ: 14280, kcal: 3408

1. Für den Brandteig Wasser mit Butter oder Margarine und Zucker in einem kleinen Topf aufkochen. Topf von der Kochstelle nehmen. Mehl auf einmal in die heiße Flüssigkeit geben. Alles zu einem glatten Teigkloß verrühren, dann etwa 1 Minute unter ständigem Rühren erhitzen (abbrennen) und in eine Rührschüssel geben.
2. Zwei Eier nacheinander mit Handrührgerät mit Knethaken auf höchster Stufe unter den Teig arbeiten. Das letzte Ei verquirlen und nur so viel davon unter den Teig arbeiten, bis er stark glänzt und in langen Spitzen an einem Löffel hängen bleibt.
3. Den Backofen vorheizen. Für den Rührteig Zitronat fein hacken. Butter oder Margarine in einer Rührschüssel mit Handrührgerät mit Rührbesen geschmeidig rühren. Nach und nach Zucker, Vanillin-Zucker, Salz und die Gewürze unter Rühren hinzufügen. So lange rühren, bis eine gebundene Masse entstanden ist.
4. Das Ei etwa 1/2 Minute auf höchster Stufe unterrühren. Mehl mit Backpulver mischen und in 2 Portionen auf mittlerer Stufe unterrühren. Zuletzt Rosinen, Zitronat und Mandeln kurz unterrühren.
5. Brandteig und Rührteig mit Handrührgerät mit Knethaken miteinander verkneten. Den Teig gleichmäßig in einer Muffinform (für 12 Muffins, mit Papierbackförmchen ausgelegt) verteilen und auf dem Rost in den vorgeheizten Backofen schieben.
Ober-/Unterhitze: etwa 200 °C
Heißluft: etwa 180 °C
Backzeit: etwa 25 Minuten.
6. Die Muffins nach dem Backen etwa 10 Minuten in der Form stehen lassen, dann aus der Form lösen. Butter zerlassen, die noch warmen Muffins damit bestreichen, mit Puderzucker bestäuben und auf einem Kuchenrost erkalten lassen. Nach Wunsch die Muffins kurz vor dem Servieren nochmals mit Puderzucker bestäuben.

Beliebt

Vanillejoghurtwaffeln mit Erdbeeren

Zubereitungszeit: 45 Minuten

Für den Rührteig:
125 g Butter oder Margarine
100 g Puderzucker
4 Eier (Größe M)
150 g Weizenmehl
1 Pck. Saucen-Pulver Vanille-Geschmack
300 g Vanillejoghurt

Für die Beilage:
250 g Erdbeeren
abgeriebene Schale und Saft von 1/2 Bio- Zitrone (unbehandelt, ungewachst)
2 EL Puderzucker

Insgesamt:
E: 59 g, F: 141 g, Kh: 293 g,
kJ: 11251, kcal: 2685

1. Für den Teig Butter oder Margarine mit Handrührgerät mit Rührbesen auf höchster Stufe geschmeidig rühren. Nach und nach Puderzucker unterrühren. So lange rühren, bis eine gebundene Masse entstanden ist.
2. Eier nach und nach unterrühren (jedes Ei etwa 1/2 Minute). Mehl mit Saucen-Pulver mischen und in 2 Portionen abwechselnd mit dem Vanillejoghurt auf mittlerer Stufe unter den Teig rühren.
3. Waffeleisen erhitzen und evtl. leicht fetten. Aus dem Teig etwa 8 Waffeln backen, dazu je Waffel etwa 2 Esslöffel Teig in das Waffeleisen geben und etwas verteilen. Die Waffeln goldbraun backen, anschließend herausnehmen und auf einem Kuchenrost erkalten lassen.
4. Für die Beilage Erdbeeren abspülen, abtropfen lassen, entstielen und in Scheiben schneiden. Zitronenschale mit Zitronensaft verrühren und auf den Erdbeeren verteilen. Die Früchte zum Servieren auf die Waffeln geben und mit Puderzucker bestäuben.

Tipp: Dazu schmeckt steifgeschlagene Sahne.

Vanillejoghurtwaffeln mit Erdbeeren

Raffiniert

Zitronentörtchen

Zubereitungszeit: 60 Minuten, ohne Kühl- und Abkühlzeit
Backzeit: etwa 15 Minuten je Rost

Für den Knetteig:
250 g Weizenmehl
100 g Zucker
1 Pck. Dr. Oetker Vanillin-Zucker
1 Ei (Größe M)
50 g abgezogene, gehobelte Mandeln
125 g Butter oder Margarine

Für die Creme:
12 Blatt weiße Gelatine
250 g Schlagsahne
2 Becher (je 125 g) Crème double
350 g gesiebter Puderzucker
6 Bio-Zitronen (unbehandelt, ungewachst)

Insgesamt:
E: 75 g, F: 330 g, Kh: 690 g,
kJ: 25530, kcal: 6120

1. Für den Teig Mehl mit Zucker, Vanillin-Zucker, Ei, Mandeln und Butter oder Margarine in eine Rührschüssel geben. Die Zutaten mit Handrührgerät mit Knethaken zunächst kurz auf niedrigster, dann auf höchster Stufe gut durcharbeiten. Anschließend den Teig auf der leicht bemehlten Arbeitsfläche kurz verkneten. Den Teig in Folie gewickelt etwa 12 Stunden kalt stellen.
2. Den Backofen vorheizen. Den Teig auf der bemehlten Arbeitsfläche etwa 1 cm dick ausrollen und etwa 15 runde Platten (Ø etwa 12 cm) daraus ausstechen. Tartelette-Förmchen (gefettet, gemehlt) damit auslegen. Den Rand dabei andrücken. Den Teigboden mehrmals mit einer Gabel einstechen.
3. Jeweils 6 Förmchen auf dem Rost nacheinander (bei Heißluft evtl. 2 Roste zusammen) in den vorgeheizten Backofen schieben.
Ober-/Unterhitze: etwa 200 °C
Heißluft: etwa 180 °C
Backzeit: etwa 15 Minuten je Rost.
4. Die Törtchen aus den Förmchen lösen und auf Kuchenroste stürzen. Törtchen erkalten lassen.
5. Für die Creme die Gelatine nach Packungsanleitung einweichen. Sahne mit Crème double in einem Topf zum Kochen bringen und von der Kochstelle nehmen. Puderzucker und die ausgedrückte Gelatine unterrühren, bis die Gelatine vollständig aufgelöst ist.
6. Zitronen waschen, trocken tupfen und die Schalen mit einem Zestenreißer abschneiden oder mit einer Haushaltsreibe abreiben. Zitronen auspressen. Die Schalen von 4 Zitronen und den ganzen Saft in die Creme rühren. Die Törtchen mit der Creme füllen und mit den restlichen Zitronenschalenstreifen garnieren. Etwa 2 Stunden kalt stellen.

Zitronentörtchen

Für Kinder

Süße Pumpernickel-Muffins

Zubereitungszeit: 30 Minuten, ohne Einweich- und Abkühlzeit
Backzeit: etwa 25 Minuten

Zum Vorbereiten:
100 g Pumpernickel (etwa 2 große Scheiben)
50 ml frisch gepresster Orangensaft
75 g Zartbitter-Schokolade

Für den Rührteig:
100 g Butter oder Margarine
100 g Zucker
1 Pck. Dr. Oetker Finesse Geriebene Orangenschale
je 1 Prise gemahlene Nelken, Zimt und Anis
2 Eier (Größe M)
100 g Weizenmehl
1 gestr. TL Dr. Oetker Backin
75 g gemahlene Haselnusskerne

Zum Bestäuben und Garnieren:
1 EL Puderzucker
75 g Crème fraîche
100 g Johannisbeergelee

Insgesamt:
E: 48 g, F: 16 g, Kh: 192 g,
kJ: 13488, kcal: 3228

1. Zum Vorbereiten Pumpernickel fein zerbröseln und in eine flache Schüssel geben. Pumpernickelbrösel mit Orangensaft beträufeln und etwa 20 Minuten einweichen. Schokolade

Süße Pumpernickel-Muffins

Eclairs mit Nougatsahne

auf einer Haushaltsreibe fein raspeln. Den Backofen vorheizen.
2. Für den Teig Butter oder Margarine mit Handrührgerät mit Rührbesen auf höchster Stufe geschmeidig rühren. Nach und nach Zucker, Orangenschale und die Gewürze unterrühren. So lange rühren, bis eine gebundene Masse entstanden ist. Die Eier nach und nach unterrühren (jedes Ei etwa 1/2 Minute).
3. Mehl mit Backpulver mischen und in 2 Portionen mit den Hasennusskernen, eingeweichten Pumpernickelbröseln und Schokoladenraspeln auf mittlerer Stufe unterrühren.
4. Den Teig in eine Muffinform (für 12 Muffins, mit Papierbackförmchen ausgelegt) geben und verstreichen. Die Form auf dem Rost in den vorgeheizten Backofen schieben.
Ober-/Unterhitze: etwa 180 °C
Heißluft: etwa 160 °C
Backzeit: etwa 25 Minuten.
5. Die Muffins etwa 5 Minuten in der Form stehen lassen, dann aus der Form heben und auf einem Kuchenrost erkalten lassen.
6. Die Muffins mit Puderzucker bestäuben. Crème fraîche cremig aufschlagen. Die Muffins mit Crème fraîche und einem Klecks Gelee garnieren und sofort servieren.

Tipp: Sie können auch fertige Raspelschokolade verwenden.

Klassisch

Eclairs mit Nougatsahne

Zubereitungszeit: 30 Minuten, ohne Abkühlzeit
Backzeit: etwa 20 Minuten

Für den Brandteig:
125 ml (1/8 l) Wasser
25 g Butter oder Margarine
75 g Weizenmehl
15 g Speisestärke
2–3 Eier (Größe M)
1 Msp. Dr. Oetker Backin

2 EL Aprikosenkonfitüre
1 EL Wasser

Für die Füllung:
75 g Nuss-Nougat
250 g Schlagsahne
1 Pck. Dr. Oetker Sahnesteif

Insgesamt:
E: 44 g, F: 139 g, Kh: 141 g, kJ: 8649, kcal: 2068

1. Für den Teig Wasser und Butter oder Margarine am besten in einem Stieltopf zum Kochen bringen.
2. Mehl mit Speisestärke mischen, auf einmal in die von der Kochstelle genommene Flüssigkeit schütten, zu einem glatten Kloß rühren und unter Rühren etwa 1 Minute erhitzen.
3. Den heißen Kloß sofort in eine Rührschüssel geben, nach und nach 2–3 Eier mit Handrührgerät mit Knethaken auf höchster Stufe unterarbeiten. Der Teig muss stark glänzen und so von einem Löffel abreißen, dass lange Spitzen hängen bleiben.
4. Backpulver in den erkalteten Teig arbeiten. Teig portionsweise in einen Spritzbeutel mit großer Sterntülle füllen und 12 etwa 8 cm lange Streifen auf ein Backblech (gefettet, gemehlt) spritzen. Das Backblech in den vorgeheizten Backofen schieben.
Ober-/Unterhitze: etwa 200 °C
Heißluft: etwa 180 °C
Backzeit: etwa 20 Minuten.
5. Nach dem Backen sofort von jedem Eclair einen Deckel abschneiden und die Eclairs auskühlen lassen. Konfitüre durch ein Sieb streichen, mit Wasser unter Rühren gut aufkochen lassen und die Gebäckdeckel dünn damit bestreichen.
6. Für die Füllung Nuss-Nougat in einem kleinen Topf im Wasserbad bei schwacher Hitze zu einer geschmeidigen Masse verrühren und abkühlen lassen. Die Sahne mit Sahnesteif steifschlagen und die Nougatmasse esslöffelweise unterrühren. Die Nougatsahne in einen Spritzbeutel füllen, in die Eclairs spritzen und je einen Deckel auflegen.

Für Kinder

Kuhfleckenwaffeln

Zubereitungszeit: 40 Minuten, ohne Abkühlzeit

Für den Rührteig:
100 g Kuhflecken-Schokolade oder 50 g weiße und 50 g Vollmilch-Schokolade
100 g Butter oder Margarine
100 g Zucker
1 Pck. Dr. Oetker Vanillin-Zucker
3 Eier (Größe M), 250 g Weizenmehl
1/2 gestr. TL Dr. Oetker Backin
200 ml Milch
1 gestr. EL Kakaopulver

Insgesamt:
E: 63 g, F: 143 g, Kh: 355 g,
kJ: 12380, kcal: 2956

1. Für den Teig Schokolade in einem kleinen Topf im Wasserbad bei schwacher Hitze geschmeidig rühren und abkühlen lassen. Butter oder Margarine mit Handrührgerät mit Rührbesen auf höchster Stufe geschmeidig rühren. Nach und nach Zucker und Vanillin-Zucker unterrühren. So lange rühren, bis eine gebundene Masse entstanden ist.
2. Eier nach und nach unterrühren (jedes Ei etwa 1/2 Minute). Mehl mit Backpulver mischen und in 2 Portionen abwechselnd mit der Milch auf mittlerer Stufe unterrühren. Den Teig halbieren und unter eine Hälfte des Teiges die aufgelöste Schokolade und Kakao rühren.
3. Waffeleisen erhitzen und evtl. leicht fetten. Aus dem Teig etwa 8 Waffeln backen, dazu je Waffel von jeder Teighälfte etwa 2 Teelöffel in Klecksen im Wechsel in das Waffeleisen geben. Die Waffeln goldbraun backen, anschließend herausnehmen und auf einem Kuchenrost erkalten lassen.

Beliebt

Eierlikörfladen

Zubereitungszeit: 45 Minuten, ohne Abkühlzeit
Backzeit: etwa 15 Minuten je Backblech

Für den Schüttelteig:
100 g Butter oder Margarine
220 g Weizenmehl
1 gestr. TL Dr. Oetker Backin
1 Pck. Dr. Oetker Pudding-Pulver Sahne-Geschmack
130 g Zucker
2 Eier (Größe M)
100 ml Eierlikör

Für den Belag:
100 g Schlagsahne
200 g Sahnequark (40 % Fett i. Tr.)
100 g Schmand (Sauerrahm)
2 EL Eierlikör
40 g gesiebter Puderzucker
2 Pck. Dr. Oetker Sahnesteif

Für die Füllung:
4 EL Kirschkonfitüre
3 EL Eierlikör

Zum Verzieren:
70 g dunkle Kuchenglasur

Insgesamt:
E: 80 g, F: 200 g, Kh: 500 g,
kJ: 17770, kcal: 4240

1. Für den Teig Butter oder Margarine zerlassen und abkühlen lassen. Mehl mit Backpulver und Pudding-Pulver in einer verschließbaren Schüssel (etwa 3 l) mit Zucker vermischen. Eier, Butter oder Margarine und Eierlikör hinzufügen. Die Schüssel mit dem Deckel fest verschließen. Den Backofen vorheizen.
2. Schüssel mehrmals (insgesamt 15–30 Sekunden) kräftig schütteln, so dass alle Zutaten gut vermischt sind. Alles mit einem Schneebesen oder Rührlöffel nochmals sorgfältig verrühren, damit trockene Zutaten vom Rand mit untergerührt werden.

3. Teig in je 5 Häufchen auf 2 Backblechen (gefettet, mit Backpapier belegt) verteilen und mit Hilfe eines Esslöffels zu ovalen Fladen (etwa 12 cm Länge) verstreichen. Die Backbleche nacheinander (bei Heißluft zusammen) in den vorgeheizten Backofen schieben.
Ober-/Unterhitze: etwa 200 °C
Heißluft: etwa 180 °C
Backzeit: etwa 15 Minuten je Backblech.
4. Die 10 Teigfladen mit dem Backpapier von den Backblechen auf Kuchenroste ziehen und erkalten lassen.
5. Dann für den Belag Sahne steifschlagen. Quark mit Schmand und Eierlikör verrühren. Puderzucker mit Sahnesteif mischen und unter die Quark-Schmand-Masse rühren. Steifgeschlagene Sahne unterheben. Die Creme auf die Fladen streichen, dabei einen Rand frei lassen und in die Mitte eine Vertiefung drücken.
6. Für die Füllung Konfitüre durch ein Sieb streichen. Die Konfitüre in die Vertiefung füllen. Anschließend mit Hilfe eines Teelöffels einen Tropfen Eierlikör in die Mitte der Konfitüre geben.
7. Zum Verzieren Kuchenglasur nach Packungsanleitung auflösen, in einen kleinen Gefrierbeutel füllen und eine kleine Ecke abschneiden. Die Glasur in Streifen auf den Belag spritzen und fest werden lassen. Eierlikörfladen sofort servieren.

Beliebt

Mandelfladen

Zubereitungszeit: 30 Minuten, ohne Abkühlzeit
Backzeit: 20–25 Minuten je Backblech

Für den Brandteig:
125 ml (1/8 l) Wasser
30 g Butter oder Margarine
80 g Weizenmehl
2-3 Eier (Größe M)

Für den Belag:
5 EL Schlagsahne
50 g Butter
50 g Zucker
100 g abgezogene, gestiftelte Mandeln
50 g Früchtemix

Insgesamt:
E: 40 g, F: 152 g, Kh: 120 g,
kJ: 8312, kcal: 1984

1. Für den Teig Wasser mit Butter oder Margarine am besten in einem Stieltopf zum Kochen bringen.
2. Mehl auf einmal in die von der Kochstelle genommene Flüssigkeit schütten, zu einem glatten Kloß rühren und unter Rühren etwa 1 Minute erhitzen.
3. Den heißen Kloß sofort in eine Rührschüssel geben. Dann nach und nach Eier mit Handrührgerät mit Knethaken auf höchster Stufe unterarbeiten. Die Eiermenge hängt von der Beschaffenheit des Teiges ab, er muss stark glänzen und so von einem Löffel abreißen, dass lange Spitzen hängen bleiben. Den Teig abkühlen lassen.
4. Den Backofen vorheizen. 2 Backbleche (gefettet) mit Backpapier belegen. Auf jedem Backpapier 4 Kreise (Ø etwa 10 cm) aufzeichnen. Den Teig mit einem angefeuchteten Teelöffel so in den Kreisen verstreichen, dass der Rand etwas dicker ist.
5. Für den Belag Sahne mit Butter, Zucker und Mandeln in einen Topf geben, zum Kochen bringen und unter Rühren etwa 1 Minute kochen lassen. Topf von der Kochstelle nehmen und die Masse etwas abkühlen lassen. Anschließend Früchtemix unterrühren.
6. Die Mandel-Früchtemix-Masse auf den Teigfladen verteilen. Die Backbleche nacheinander (bei Heißluft zusammen) in den vorgeheizten Backofen schieben.
Ober-/Unterhitze: etwa 200 °C
Heißluft: etwa 180 °C
Backzeit: 20–25 Minuten je Backblech.
7. Die Mandelfladen mit dem Backpapier von den Backblechen auf Kuchenroste ziehen und erkalten lassen.

Mandelfladen

Für Gäste

Karamelltörtchen

Zubereitungszeit: 50 Minuten, ohne Abkühlzeit
Backzeit: 25–30 Minuten

Für die Baisermasse:
3 Eiweiß (Größe M), 125 g Zucker
1 Pck. Dr. Oetker Vanillin-Zucker
60 g gemahlene Haselnusskerne
60 g abgezogene, gemahlene Mandeln
20 g gesiebte Speisestärke

Für die Füllung:
50 g Zucker
1 Pck. Dr. Oetker Pudding-Pulver Karamell-Geschmack
400 ml Milch
1 TL Instant-Kaffeepulver
100 g Butter

Zum Garnieren und Bestäuben:
gehobelte Haselnusskerne
Puderzucker oder Kakaopulver

Insgesamt:
E: 48 g, F: 172 g, Kh: 288 g,
kJ: 12468, kcal: 2976

1. Für die Baisermasse das Eiweiß mit Handrührgerät mit Rührbesen auf höchster Stufe so steifschlagen, dass ein Messerschnitt sichtbar bleibt. Dann nach und nach Zucker und Vanillin-Zucker unterschlagen. Haselnusskerne, Mandeln und Speisestärke mischen und unter den Eischnee heben.
2. Den Backofen vorheizen. Den Teig in einen Spritzbeutel mit großer Sterntülle füllen und 20 flache Plätzchen (Ø etwa 7 cm) spiralförmig auf ein Backblech (gefettet, mit Backpapier belegt) spritzen. Das Backblech in den vorgeheizten Backofen schieben.
Ober-/Unterhitze: etwa 140 °C
Heißluft: etwa 120 °C
Backzeit: 25–30 Minuten.
3. Das Gebäck mit dem Backpapier vom Backblech auf einen Kuchenrost ziehen. Gebäck erkalten lassen.
4. Für die Füllung Zucker in einem Topf bei schwacher Hitze unter Rühren schmelzen, bis er leicht bräunt. Pudding-Pulver mit 3 Esslöffeln von der Milch anrühren. Restliche Milch mit dem karamellisierten Zucker zum Kochen bringen und den Zucker unter Rühren darin auflösen.
5. Kaffeepulver hinzufügen und unterrühren. Milch von der Kochstelle nehmen, Pudding-Pulver einrühren und unter Rühren nochmals zum Kochen bringen. Karamell-Pudding mit der Butter verrühren und anschließend erkalten lassen, dabei gelegentlich umrühren.
6. Die Pudding-Butter-Creme portionsweise in einen Spritzbeutel mit Sterntülle füllen. Die Hälfte der Baiserplätzchen auf der Unterseite damit bespritzen (etwas Creme zum Garnieren zurücklassen). Die restlichen Plätzchen darauflegen.
7. Die Törtchen mit einem dicken Pudding-Butter-Creme-Tuff verzieren, mit Haselnusskernen garnieren und mit Puderzucker oder Kakao bestäuben. Karamelltörtchen sofort servieren.

Für Kinder

Bananen-Muffins mit Cornflakes

Zubereitungszeit: 45 Minuten, ohne Abkühlzeit
Backzeit: etwa 30 Minuten

Für den Schüttelteig:
75 g Butter oder Margarine
100 g Cornflakes
125 g Weizenmehl
1 1/2 gestr. TL Dr. Oetker Backin
100 g brauner Zucker (Rohrzucker)
3 Eier (Größe M)
1 Pck. Dr. Oetker Finesse Geriebene Zitronenschale oder Orangenschale
125 g saure Sahne
2 Bananen, 1 EL Zitronensaft

Zum Bestreuen:
1 geh. TL brauner Zucker

Nach Belieben zum Verzieren und Garnieren:
aufgelöste Zartbitter-Schokolade
Bananenscheiben

Karamelltörtchen

Bananen-Muffins mit Cornflakes

Eierlikör-Beeren-Muffins

Insgesamt:
E: 53 g, F: 97 g, Kh: 342 g,
kJ: 10693, kcal: 2556

1. Für den Teig Butter zerlassen und abkühlen lassen. Cornflakes in einen Gefrierbeutel geben, ihn verschließen und die Cornflakes mit einer Teigrolle grob zerdrücken. 2 Esslöffel davon zum Bestreuen beiseitestellen. Den Backofen vorheizen.
2. Das Mehl mit Backpulver mischen, in eine verschließbare Schüssel (etwa 3 l) geben und mit Zucker vermengen. Eier, Zitronenschale oder Orangenschale, flüssige Butter oder Margarine und saure Sahne hinzufügen. Schüssel mit dem Deckel fest verschließen.
3. Schüssel mehrmals (insgesamt 15–30 Sekunden) kräftig schütteln, so dass alle Zutaten gut vermischt sind. Alles mit einem Schneebesen oder Rührlöffel nochmals sorgfältig durchrühren, damit trockene Zutaten vom Rand mit untergerührt werden.
4. Bananen schälen, mit einer Gabel zerdrücken, Zitronensaft unterrühren und das Mus mit den Cornflakes unter den Teig rühren. Den Teig in einer Muffinform (für 12 Muffins, gefettet, gemehlt) verteilen.
5. Zum Bestreuen beiseitegestellte zerdrückte Cornflakes mit Zucker mischen. Die Cornflakes-Zucker-Mischung auf den Teig streuen und anschließend die Form auf dem Rost in den vorgeheizten Backofen schieben.
Ober-/Unterhitze: 180–200 °C
Heißluft: 160–180 °C
Backzeit: etwa 30 Minuten.
6. Die Muffins etwa 5 Minuten in der Form stehen lassen, dann aus der Form lösen und auf einem Kuchenrost erkalten lassen. Nach Belieben die Muffins mit aufgelöster Schokolade verzieren und mit Bananenscheiben garnieren.

Beliebt – einfach

Eierlikör-Beeren-Muffins

Zubereitungszeit: 20 Minuten, ohne Abkühlzeit
Backzeit: 25–30 Minuten

Für den Teig:
3 Eier (Größe M)
100 g gesiebter Puderzucker
1 Prise Salz
100 ml Eierlikör
150 ml Sonnenblumenöl
125 g Weizenmehl
100 g Speisestärke
2 gestr. TL Dr. Oetker Backin
150 g TK-Beerenmischung

Zum Garnieren:
200 g Schlagsahne
1 Pck. Dr. Oetker Vanillin-Zucker
3 EL Eierlikör

Insgesamt:
E: 48 g, F: 240 g, Kh: 336 g,
kJ: 16068, kcal: 3840

1. Den Backofen vorheizen. Für den Teig Eier mit Handrührgerät mit Rührbesen auf höchster Stufe in 1 Minute schaumig schlagen. Puderzucker mit Salz mischen, in 1 Minute einstreuen, dann noch etwa 2 Minuten weiterschlagen. Eierlikör und Sonnenblumenöl kurz unterrühren.
2. Mehl, Speisestärke und Backpulver mischen, auf die Eiercreme geben, kurz auf niedrigster Stufe unterrühren. Gefrorene Beeren unterheben.
3. Den Teig in eine Muffinform (für 12 Muffins, mit Papierbackförmchen ausgelegt) geben und verstreichen. Die Form auf dem Rost in den vorgeheizten Backofen schieben.
Ober-/Unterhitze: etwa 180 °C
Heißluft: etwa 160 °C
Backzeit: 25–30 Minuten.
4. Die Muffins etwa 5 Minuten in der Form stehen lassen, dann aus der Form heben und auf einem Kuchenrost erkalten lassen.
5. Sahne mit Vanillin-Zucker steifschlagen. Je etwas davon auf die Muffins geben. Mit Eierlikör beträufeln.

Birnen-Marzipan-Muffins mit Mohn

Raffiniert

Birnen-Marzipan-Muffins mit Mohn

Zubereitungszeit: 40 Minuten
Backzeit: etwa 25 Minuten

Zum Vorbereiten:
12 feste Birnen (etwa 300 g)
100 g Marzipan-Rohmasse

Für den Rührteig:
80 g Butter oder Margarine
40 g Zucker
2 Eier (Größe M)
180 g Weizenmehl
1 gestr. TL Dr. Oetker Backin
100 ml Milch
3 EL (25 g) Mohnsamen

1 Birne
2 EL Apfel- oder Quittengelee

Insgesamt:
E: 60 g, F: 132 g, Kh: 312 g,
kJ: 11328, kcal: 2712

1. Zum Vorbereiten Birnen schälen, vierteln und das Kerngehäuse herausschneiden. Birnenviertel in kleine Würfel schneiden. Marzipan in kleine Stücke schneiden. Den Backofen vorheizen.
2. Für den Teig Butter oder Margarine, Marzipanstücke und Zucker in eine Rührschüssel geben und mit Handrührgerät mit Rührbesen auf höchster Stufe geschmeidig rühren. Eier nach und nach unterrühren (jedes Ei etwa 1/2 Minute).
3. Mehl mit Backpulver mischen und in 2 Portionen abwechselnd mit der Milch auf mittlerer Stufe unterrühren. Mohn unterarbeiten. Zuletzt Birnenwürfel unterheben.
4. Den Teig in eine Muffinform (für 12 Muffins, gefettet, gemehlt) geben und verstreichen.
5. Birne waschen, abtrocknen, halbieren, entkernen und in dünne Spalten schneiden. Birnenspalten (mit Schale) auf den Teig legen. Die Form auf dem Rost in den vorgeheizten Backofen schieben.
Ober-/Unterhitze: etwa 180 °C
Heißluft: etwa 160 °C
Backzeit: etwa 25 Minuten.
6. Gelee in einem kleinen Topf erhitzen. Die Form auf einen Kuchenrost stellen. Die Muffins sofort mit Gelee bestreichen, noch etwa 5 Minuten in der Form stehen lassen, dann aus der Form lösen und auf einem Kuchenrost erkalten lassen.

Klassisch

Mohn-Streusel-Muffins

Zubereitungszeit: 20 Minuten, ohne Abkühlzeit
Backzeit: etwa 25 Minuten

Für den All-in-Teig:
150 g Butter oder Margarine
200 g Weizenmehl
3 gestr. TL Dr. Oetker Backin
125 g Zucker
2 Pck. Dr. Oetker Bourbon-Vanille-Zucker
1 Pck. Dr. Oetker Finesse Geriebene Zitronenschale
2 Eier (Größe M)
50 g Mohnsamen
1 Becher (150 g) Crème fraîche

Für die Streusel:
75–100 g Weizenmehl

Zum Bestäuben:
Puderzucker

Insgesamt:
E: 60 g, F: 216 g, Kh: 372 g,
kJ: 15096, kcal: 3612

1. Für den Teig Butter oder Margarine zerlassen und abkühlen lassen. Den Backofen vorheizen. Mehl mit Backpulver in einer Rührschüssel mischen. Zucker, Vanille-Zucker, Zitronenschale, Eier und Butter oder Margarine hinzufügen. Die Zutaten mit Handrührgerät mit Rührbesen zunächst kurz auf niedrigster, dann auf höchster Stufe in etwa 2 Minuten zu einem glatten Teig verarbeiten.
2. Zwei gehäufte Esslöffel von dem Teig abnehmen und Mehl unterarbeiten, so dass Streusel entstehen (evtl. noch etwas mehr Mehl hinzugeben). Die große Teigmenge mit Mohn und Crème fraîche verrühren.
3. Den Mohnteig in einer Muffinform (für 12 Muffins, gefettet, gemehlt) verteilen und verstreichen. Teigstreusel darauf verteilen. Die Form auf dem Rost in den vorgeheizten Backofen schieben.

Ober-/Unterhitze: etwa 180 °C
Heißluft: etwa 160 °C
Backzeit: etwa 25 Minuten.
4. Die Muffins etwa 5 Minuten in der Form stehen lassen, dann aus der Form lösen und auf einem Kuchenrost erkalten lassen. Muffins mit Puderzucker bestäuben.

Raffiniert

Kernige Haferflocken-Muffins

Zubereitungszeit: 35 Minuten
Backzeit: 30–35 Minuten

Zum Vorbereiten für die Füllung:
200–250 g Früchte
(frisch, TK oder aus dem Glas; z. B. Sauerkrischen, Heidelbeeren, gemischte Beeren)

Für den Rührteig:
175 g Butter oder Margarine
100 g brauner Zucker (Rohrzucker)
1 Pck. Dr. Oetker Finesse
Geriebene Zitronenschale
oder 1/2 TL gemahlener Zimt
3 Eier (Größe M)
175 g Weizenmehl (Type 1050)
2 gestr. TL Dr. Oetker Backin
125 g mit Honig gesüßter Sanddornsaft (Reformhaus, alternativ Honig oder Agavendicksaft)
100 g kernige Haferflocken

Zum Bestreuen:
2 EL kernige Haferflocken

Insgesamt:
E: 60 g, F: 180 g, Kh: 420 g,
kJ: 15036, kcal: 3576

1. Zum Vorbereiten frische Früchte putzen, waschen, abtropfen lassen und evtl. entstielen. Früchte aus dem Glas in einem Sieb gut abtropfen lassen. Den Backofen vorheizen.
2. Für den Teig Butter oder Margarine mit Handrührgerät mit Rührbesen auf höchster Stufe geschmeidig rühren. Nach und nach Zucker, Zitronenschale oder Zimt unterrühren. So lange rühren, bis eine gebundene Masse entstanden ist.
3. Eier nach und nach unterrühren (jedes Ei etwa 1/2 Minute). Mehl mit Backpulver mischen und in 2 Portionen abwechselnd mit Sanddornsaft auf mittlerer Stufe unterrühren. Haferflocken unterheben.
4. Zwei Drittel des Teiges in eine Muffinform (für 12 Muffins, gefettet, gemehlt oder mit Papierbackförmchen ausgelegt) geben. Die vorbereiteten Früchte jeweils daraufgeben. Restlichen Teig darauf verteilen und Teig mit Haferflocken bestreuen.
Die Form auf dem Rost in den vorgeheizten Backofen schieben.
Ober-/Unterhitze: etwa 180 °C
Heißluft: etwa 160 °C
Backzeit: 30–35 Minuten.
5. Die Muffins etwa 5 Minuten in der Form stehen lassen, dann aus der Form lösen oder heben und auf einem Kuchenrost erkalten lassen.

Tipp: Vor dem Servieren mit Puderzucker bestäuben.

Mohn-Streusel-Muffins

Kernige Haferflocken-Muffins

Raffiniert

Nuss-Blätterteig-Brezeln

Zubereitungszeit: 45 Minuten, ohne Auftau- und Ruhezeit
Backzeit: 15–20 Minuten

2 Pck. (je 450 g)
TK-Blätterteig (je 6 Scheiben)

Für die Füllung:
100 g Marzipan-Rohmasse
100 g gemahlene, geröstete Haselnusskerne
1 Ei (Größe M)
4 EL Rum
1 Prise Salz
1 Msp. gemahlener Zimt
1 Pck. Dr. Oetker Finesse Geriebene Zitronenschale

Zum Bestreichen:
1 Eigelb (Größe M)
1 EL Milch

Für den Belag:
150 g Haselnusskerne, grob gehackt

Zum Bestäuben:
Puderzucker

Insgesamt:
E: 78 g, F: 315 g, Kh: 211 g,
kJ: 17647, kcal: 4216

1. Blätterteigplatten nach Packungsanleitung auftauen lassen.
2. Für die Füllung Marzipan klein schneiden und mit Haselnusskernen, Ei, Rum, Salz, Zimt und Zitronenschale zu einer streichfähigen Masse verrühren.
3. Vom Blätterteig 6 Scheiben aufeinanderlegen und auf der bemehlten Arbeitsfläche zu einem Rechteck (etwa 30 x 25 cm) ausrollen. Teig mit Wasser bestreichen. Nussmasse darauf verteilen und verstreichen. Das zweite Teigrechteck ebenso ausrollen, darauflegen und leicht andrücken. Teig zugedeckt etwa 10 Minuten ruhen lassen.
4. Teigrechteck mit einem scharfen Messer von der langen Seite aus in 6 etwa 5 cm breite Streifen schneiden. Die Streifen zuerst etwas zur Spirale drehen, danach zur Brezel zusammenlegen. Den Backofen vorheizen.
5. Zum Bestreichen das Eigelb mit Milch verschlagen, die Oberseite der Brezeln damit bestreichen und Haselnusskerne daraufdrücken. Die Brezeln dicht nebeneinander (mit den Nüssen nach oben) auf ein Backblech (mit Backpapier belegt) legen. Teigbrezeln etwa 10 Minuten ruhen lassen. Dann das Backblech in den vorgeheizten Backofen schieben.
Ober-/Unterhitze: etwa 220 °C
Heißluft: etwa 200 °C
Backzeit: 15–20 Minuten.
6. Brezeln mit dem Backpapier vom Backblech auf einen Kuchenrost ziehen. Die Brezeln noch warm mit Puderzucker bestäuben, dann erkalten lassen.

Tipp: Für Kinder anstelle des Rums Orangensaft verwenden.

Nuss-Blätterteig-Brezeln

Klassisch

Ostfriesenwaffeln

Zubereitungszeit: 40 Minuten

Für den Rührteig:
3 Eiweiß (Größe M)
2 Becher (je 125 g) Crème double
100 g Grümmel (zerstoßener brauner Kandiszucker)
1 Pck. Dr. Oetker Bourbon-Vanille-Zucker
3 Eigelb (Größe M)
225 g Weizenmehl
1 gestr. TL Dr. Oetker Backin

Außerdem:
Pflaumenmus
geschlagene Sahne

Insgesamt:
E: 56 g, F: 193 g, Kh: 294 g,
kJ: 13020, kcal: 3125

1. Für den Teig Eiweiß steifschlagen und beiseitestellen. Crème double in eine Rührschüssel geben und mit Handrührgerät mit Rührbesen Grümmel und Vanille-Zucker unterrühren.

2. Eigelb nach und nach unterrühren. Mehl mit Backpulver mischen und in 2 Portionen auf mittlerer Stufe unterrühren. Eischnee unterheben.
3. Waffeleisen erhitzen und evtl. leicht fetten. Aus dem Teig etwa 12 kleine Waffeln backen, dazu je Waffel nur 1 gehäuften Esslöffel Teig in die Mitte des Waffeleisens geben, so dass das Waffeleisen nicht bis zum Rand gefüllt ist. Die Waffeln goldbraun backen, anschließend herausnehmen und auf einem Kuchenrost erkalten lassen.
4. Die Waffeln mit Pflaumenmus und geschlagener Sahne servieren.

Tipp: Dazu schwarzen Tee reichen. Als Geschenk Waffeln aufeinanderstapeln, in Cellophanfolie einschlagen und mit einem Geschenkband dekorieren. Anstelle von Crème double können Sie auch Crème fraîche oder Schmand verwenden.

Für Kinder

Schokoschnecken

Zubereitungszeit: 45 Minuten, ohne Abkühlzeit
Backzeit: etwa 20 Minuten je Backblech

Für die Füllung:
1 Pck. Gala Pudding-Pulver Bourbon-Vanille
350 ml Milch, 50 g Zucker
125 g Magerquark
1 Pck. Dr. Oetker Finesse Geriebene Zitronenschale oder Orangenschale
1 Pck. (75 g) Schokotropfen (z. B. von Schwartau)

Für den Quark-Öl-Teig:
230 g Weizenmehl
3 gestr. TL Dr. Oetker Backin
20 g Kakaopulver
80 g Zucker, 125 g Magerquark
75 ml Milch
50 ml Speiseöl (z. B. Sonnenblumenöl)

Zum Bestreichen:
etwa 3 EL Aprikosenkonfitüre

Insgesamt:
E: 80 g, F: 87 g, Kh: 476 g,
kJ: 12591, kcal: 3005

1. Für die Füllung Pudding nach Packungsanleitung, aber nur mit 350 ml Milch und 50 g Zucker zubereiten. Pudding in eine Rührschüssel geben und erkalten lassen, dabei gelegentlich durchrühren. Den Backofen vorheizen.
2. Für den Teig Mehl mit Backpulver und Kakao in einer Rührschüssel mischen. Restliche Zutaten hinzufügen und alles mit Handrührgerät mit Knethaken erst auf niedrigster, dann auf höchster Stufe in 1 Minute zu einem glatten Teig verarbeiten (nicht zu lange kneten, Teig klebt sonst). Den Teig zu einer Rolle formen und auf der bemehlten Arbeitsfläche zu einem Rechteck (etwa 30 x 40 cm) ausrollen.
3. Erkalteten Pudding mit Handrührgerät mit Rührbesen verrühren, Quark und Zitronen- oder Orangenschale unterrühren und die Pudding-Quark-Masse gleichmäßig auf den Teig streichen, dabei am Rand etwa 1 cm frei lassen. Schokotropfen gleichmäßig daraufstreuen und den Teig von der langen Seite aus aufrollen.
4. Teigrolle vorsichtig mit einem scharfen Sägemesser in 18 gut 2 cm dicke Scheiben schneiden. Die Scheiben auf 2 Backbleche (gefettet, mit Backpapier belegt) legen und nacheinander (bei Heißluft zusammen) in den vorgeheizten Backofen schieben.
Ober-/Unterhitze: etwa 180 °C
Heißluft: etwa 160 °C
Backzeit: etwa 20 Minuten je Backblech.
5. Konfitüre durch ein Sieb streichen und in einem Topf unter Rühren kurz aufkochen lassen. Das heiße Gebäck mit dem Backpapier auf Kuchenroste ziehen, sofort damit bestreichen und erkalten lassen.

Tipp: Wenn Sie nur ein Backblech haben, können Sie die zweite Hälfte der Schokoschnecken auf zugeschnittenes Backpapier legen. Ziehen Sie anschließend einfach das Backpapier auf das Backblech.

Für Gäste – mit Alkohol

Blumen-Omeletts

Zubereitungszeit: 20 Minuten,
ohne Abkühl- und Kühlzeit
Backzeit: 8–10 Minuten

Für den Biskuitteig:
5 Eiweiß (Größe M)
75 g Zucker
1 Pck. Dr. Oetker Vanillin-Zucker
5 Eigelb (Größe M)
50 g Weizenmehl
50 g Speisestärke
1 gestr. EL Kakaopulver

Für die Füllung:
400 g Schlagsahne
1 Pck. Dr. Oetker Sahnesteif
1 EL Zucker
4 EL Eierlikör
1 gestr. EL Kakaopulver

Zum Bestäuben:
etwas Puderzucker

Insgesamt:
E: 49 g, F: 155 g, Kh: 171 g,
kJ: 10121, kcal: 2419

Blumen-Omeletts

1. Für den Teig Eiweiß mit Handrührgerät mit Rührbesen sehr steifschlagen. Zucker und Vanillin-Zucker nach und nach unterschlagen und den Eischnee beiseitestellen. In einer anderen Schüssel Eigelb mit Handrührgerät mit Rührbesen hell schaumig rühren. Ein Drittel des Eischnees unter die Eigelbmasse heben.
2. Mehl und Speisestärke mischen und kurz unterrühren. Restlichen Eischnee unterheben. Den Backofen vorheizen.
3. Den Teig halbieren. Die Hälfte des Teiges vorsichtig mit dem gesiebten Kakaopulver vermengen. Die Teige in zwei Spritzbeutel mit großer Sterntülle füllen.
4. Abwechselnd hellen und dunklen Teig zu Blüten in gerader Anzahl auf 2 Backbleche (gefettet, mit Backpapier belegt) spritzen. Dabei 6 Tuffs um einen Mittelklecks spritzen. Der Teig ergibt 12 Blüten. Die Backbleche nacheinander (bei Heißluft zusammen) in den vorgeheizten Backofen schieben.
Ober-/Unterhitze: 200–220 °C
Heißluft: 180–200 °C
Backzeit: 8–10 Minuten.
5. Die Omeletts mit dem Backpapier auf Kuchenroste ziehen und erkalten lassen.
6. Für die Füllung Sahne mit Sahnesteif und Zucker steifschlagen. Eierlikör unterrühren. Sahne in 2 Portionen teilen und unter eine Portion gesiebten Kakao rühren. Helle und dunkle Sahne jeweils in einen Spritzbeutel mit großer Lochtülle füllen. Omeletts vom Backpapier abziehen und die Hälfte davon abwechselnd mit hellen und dunklen Sahnetupfen bespritzen. Die anderen Omeletts darauflegen und leicht andrücken.
7. Die Omeletts kalt stellen und bald servieren. Vor dem Servieren die Oberfläche mit Puderzucker bestäuben.

Für Kinder

Rote Ohren

Zubereitungszeit: 40 Minuten, ohne Auftau-, Ruhe-, Kühl- und Abkühlzeit
Backzeit: 20–25 Minuten
je Backblech

1 Pck. (450 g) TK-Blätterteig

Für die Füllung:
100 g Marzipan-Rohmasse
1 EL Aprikosenkonfitüre
1 Eiweiß (Größe M)
40 g abgezogene, gemahlene Mandeln

Für den Guss:
80 g Puderzucker
1-2 EL Kirsch- oder
roter Johannisbeersaft

Insgesamt:
E: 48 g, F: 168 g, Kh: 300 g,
kJ: 11880, kcal: 2844

1. Blätterteigplatten nach Packungsanleitung auftauen lassen.
2. Für die Füllung Marzipan grob raspeln. Marzipanraspel mit Konfitüre und Eiweiß in einen Rührbecher geben. Die Zutaten mit Handrührgerät mit Rührbesen zu einer glatten Masse verrühren.
3. Die Blätterteigplatten aufeinanderlegen, auf der bemehlten Arbeitsfläche zu einem langen Rechteck (etwa 18 x 75 cm) ausrollen und etwa 5 Minuten ruhen lassen. Die äußeren Kanten gerade schneiden. Marzipanmasse mit einer Teigkarte auf den Teig streichen. Mandeln darauf verteilen.
4. Von den beiden langen Seiten aus den Teig zur Mitte hin aufrollen, so dass die Kanten aneinander stoßen. Teig fest zusammendrücken. Den Teig so lange kalt stellen, bis er schnittfest geworden ist.
5. Den Backofen vorheizen. Knapp 1 cm dicke Scheiben vom aufgerollten Teig abschneiden und portionsweise mit Abstand auf 2 Backbleche (mit Backpapier belegt) legen. Die Backbleche nacheinander (bei Heißluft zusammen) in den vorgeheizten Backofen schieben.
Ober-/Unterhitze: etwa 180 °C
Heißluft: etwa 160 °C
Backzeit: 20–25 Minuten je Backblech.
6. Das Gebäck mit dem Backpapier von den Backblechen auf Kuchenroste ziehen. Gebäck erkalten lassen.
7. Puderzucker mit Saft zu einem dünnen Guss verrühren. Das Gebäck damit bestreichen. Guss trocknen lassen.

Mit Alkohol

Whisky-Taschen

Zubereitungszeit: 45 Minuten, ohne Abkühlzeit
Backzeit: etwa 8 Minuten je Backblech

Für den Teig:
120 g heller Sirup, 100 g Zucker
1 Pck. Dr. Oetker Vanillin-Zucker
120 g Butter oder Margarine
1 Pck. Dr. Oetker Finesse Geriebene Zitronenschale
1/2 Fläschchen Butter-Vanille-Aroma
1/2 gestr. TL gemahlener Ingwer
1–2 TL Whisky
160 g Weizenmehl

Für die Füllung:
500 g Schlagsahne
2 Pck. Dr. Oetker Sahnesteif
20 g gesiebter Puderzucker
etwa 4 EL Whisky

Insgesamt:
E: 26 g, F: 260 g, Kh: 377 g,
kJ: 17160, kcal: 4095

1. Für den Teig Sirup mit Zucker, Vanillin-Zucker und Butter oder Margarine in einem Topf leicht erwärmen, verrühren, in eine Rührschüssel geben und abkühlen lassen. Den Backofen vorheizen.
2. Unter die fast erkaltete Masse mit Handrührgerät mit Rührbesen Zitronenschale, Aroma, Ingwer und Whisky rühren. Mehl auf mittlerer Stufe unterrühren.
3. 12–14 Häufchen von dem Teig mit Hilfe eines Teelöffels auf 3 Backbleche (gefettet, mit Backpapier belegt) verteilen (Teig läuft sehr auseinander). Die Backbleche nacheinander (bei Heißluft zusammen) in den vorgeheizten Backofen schieben.
Ober-/Unterhitze: 180–200 °C
Heißluft: 160–180 °C
Backzeit: etwa 8 Minuten je Backblech.
4. Die Backbleche auf je einen Kuchenrost stellen. Die Gebäckplatten 1–2 Minuten abkühlen lassen, dann mit einem Messer vom Backpapier lösen, sofort um eine Teigrolle oder eine Flasche legen, kurz abkühlen lassen, abnehmen und etwas nachformen. Die Gebäcktaschen erkalten lassen.
5. Für die Füllung Sahne mit Sahnesteif und Puderzucker steifschlagen und mit Whisky abschmecken. Die Sahne-Whisky-Masse portionsweise in einen Spritzbeutel mit großer Sterntülle füllen. Die Sahne-Whisky-Masse maximal 30 Minuten vor dem Servieren in die Taschen spritzen (Teig wird schnell weich).

Rote Ohren

Whisky-Taschen

Klassisch

Bergische Waffeln

Zubereitungszeit: 50 Minuten, ohne Abkühlzeit

Für den Rührteig:
125 g Butter oder Margarine
75 g Zucker
1 Pck. Dr. Oetker Vanillin-Zucker
2 Eier (Größe M)
250 g Weizenmehl
1/2 gestr. TL Dr. Oetker Backin
180 ml Buttermilch
2 EL flüssiger Honig

Zum Bestäuben:
Puderzucker

Insgesamt:
E: 47 g, F: 120 g, Kh: 301 g,
kJ: 10314, kcal: 2463

1. Für den Teig Butter oder Margarine mit Handrührgerät mit Rührbesen auf höchster Stufe geschmeidig rühren. Nach und nach Zucker und Vanillin-Zucker unterrühren. So lange rühren, bis eine gebundene Masse entstanden ist. Eier nach und nach unterrühren (jedes Ei etwa 1/2 Minute).
2. Mehl mit Backpulver mischen und in 2 Portionen abwechselnd mit der Buttermilch auf mittlerer Stufe unterrühren, Honig kurz unterrühren.
3. Das Waffeleisen erhitzen und evtl. leicht fetten. 8–10 Waffeln aus dem Teig backen, dazu je Waffel etwa 2 Esslöffel Teig in das Waffeleisen füllen und etwas verteilen. Die Waffeln goldbraun backen, herausnehmen, einzeln auf einem Kuchenrost erkalten lassen und zum Servieren mit Puderzucker bestäuben.

Tipp: Mit Sauerkirschen, Milchreis und geschlagener Sahne sowie mit Schwarzbrot serviert.

Für Kinder

Blätterteigschnecken

Zubereitungszeit: 30 Minuten, ohne Auftauzeit
Backzeit: etwa 20 Minuten

Für den Teig:
1 Pck. (450 g) TK-Blätterteig (10 Scheiben), 20 g Zucker
75 g Apfelkraut (Apfeldicksaft)
1 Pck. Dr. Oetker Finesse Geriebene Zitronenschale

Insgesamt:
E: 23 g, F: 127 g, Kh: 212 g,
kJ: 8795, kcal: 2103

1. Für den Teig Blätterteigscheiben nach Packungsanleitung auftauen lassen. Zucker mit Apfelkraut und Zitronenschale verrühren.
2. Je 2 Blätterteigscheiben aufeinanderlegen und auf der leicht bemehlten Arbeitsfläche zu Rechtecken (etwa 12 x 34 cm) ausrollen. Rechtecke mit dem Apfelkraut bestreichen und der Länge nach in etwa 1 cm breite Streifen schneiden.
3. Die Streifen lose aufrollen und auf 2 Backbleche (mit Backpapier belegt) legen, Backbleche in den vorgeheizten Backofen schieben.
Ober-/Unterhitze: etwa 200 °C
Heißluft: etwa 180 °C
Backzeit: etwa 20 Minuten.
4. Die Schnecken mit dem Backpapier auf Kuchenroste ziehen und erkalten lassen.

Tipp: Für eine Füllung mit Orangengeschmack 30 g weiche Butter auf die Rechtecke streichen, mit 20 g Zucker und 1 Päckchen Finesse Geriebene Orangenschale bestreuen. Wie beschrieben aufrollen und backen.

Bergische Waffeln

Blätterteigschnecken

Für Kinder

Spiegeleierfladen

Zubereitungszeit: 35 Minuten, ohne Abkühlzeit
Backzeit: 20–25 Minuten je Backblech

Für den Brandteig:
125 ml (1/8 l) Wasser
30 g Butter oder Margarine
80 g Weizenmehl
2–3 Eier (Größe M)

Für den Belag:
250 ml (1/4 l) Milch
70 g Butter
30 g Zucker
50 g Hartweizengrieß
1 kleine Dose Aprikosenhälften (Abtropfgewicht 240 g)
50 g Rosinen
2 Tropfen Zitronen-Aroma
2 Eiweiß (Größe M)
1 Pck. Dr. Oetker Vanillin-Zucker

Zum Bestreichen:
100 g Aprikosenkonfitüre

Insgesamt:
E: 48 g, F: 104 g, Kh: 288 g,
kJ: 9744, kcal: 2328

Spiegeleierfladen

1. Für den Teig Wasser mit Margarine oder Butter am besten in einem Stieltopf zum Kochen bringen.
2. Mehl auf einmal in die von der Kochstelle genommene Flüssigkeit schütten, zu einem glatten Kloß rühren und unter Rühren etwa 1 Minute erhitzen.
3. Den heißen Kloß sofort in eine Rührschüssel geben. Nach und nach Eier mit Handrührgerät mit Knethaken auf höchster Stufe unterarbeiten. Die Eiermenge hängt von der Beschaffenheit des Teiges ab, er muss stark glänzen und so von einem Löffel abreißen, dass lange Spitzen hängen bleiben. Teig abkühlen lassen.
4. Für den Belag Milch mit Butter und Zucker in einem Topf zum Kochen bringen. Grieß einrühren und unter Rühren etwa 1 Minute kochen lassen und den Topf von der Kochstelle nehmen.
5. Aprikosenhälften in einem Sieb abtropfen lassen, den Saft dabei auffangen. 2 Esslöffel von dem Saft, Rosinen und Aroma unter den Grieß rühren. Eiweiß steifschlagen, Vanillin-Zucker unterschlagen und den Eischnee vorsichtig unter den Grieß heben. Grießmasse abkühlen lassen.
6. Den Backofen vorheizen. 2 Backbleche (gefettet) mit Backpapier belegen. Jeweils 4 Ovale (etwa 8 x 12 cm) aufzeichnen. Den Teig mit einem angefeuchteten Teelöffel so auf die Ovale streichen, dass der Rand etwas dicker ist. Die Grießmasse vorsichtig darauf verstreichen. Jeweils 3 Aprikosenhälften darauf verteilen.
7. Die Backbleche nacheinander (bei Heißluft zusammen) in den vorgeheizten Backofen schieben.
Ober-/Unterhitze: etwa 200 °C
Heißluft: etwa 180 °C
Backzeit: 20–25 Minuten je Backblech.
8. Das Gebäck mit dem Backpapier von den Backblechen auf Kuchenroste ziehen und erkalten lassen.
9. Konfitüre durch ein Sieb streichen und in einem kleinen Topf erhitzen. Die Spiegeleierfladen damit bestreichen und Konfitüre erkalten lassen.

Kirschwassertrüffel

Zum Verschenken

Kirschwassertrüffel

Zubereitungszeit: 45 Minuten, ohne Abkühlzeit
Haltbarkeit: gekühlt 5–6 Tage

Für die Trüffelmasse:
200 g Vollmilch-Schokolade
50 g Crème double
35 g feinster Zucker
3 EL Kirschwasser

Für den Guss:
150 g Zartbitter-Kuvertüre
1 EL Speiseöl

Insgesamt:
E: 23 g, F: 134 g, Kh: 223 g,
kJ: 9509, kcal: 2272

1. Für die Trüffelmasse Vollmilch-Schokolade in Stücke brechen und in einem kleinen Topf im Wasserbad bei schwacher Hitze schmelzen lassen. Crème double hinzufügen und mit dem Zucker unterrühren.

2. Die Masse in eine Rührschüssel geben. Kirschwasser hinzufügen, mit Handrührgerät mit Rührbesen unterrühren und die Masse abkühlen lassen.

3. Wenn die Masse beginnt dicklich zu werden, sie zu Kugeln formen und diese fest werden lassen.

4. Für den Guss Kuvertüre in Stücke schneiden, in einem kleinen Topf im Wasserbad mit dem Öl bei schwacher Hitze schmelzen lassen. Die Trüffelkugeln mit Hilfe von 2 Gabeln hineintauchen, auf ein Gitterrost setzen und Kuvertüre fest werden lassen. Pralinen in kleine Pralinenförmchen setzen und kühl aufbewahren.

Tipp: Statt die Trüffel mit Guss zu überziehen, können Sie sie auch in mit Puderzucker gemischtem Kakao wälzen.

Für Geübte

Dreispitze

Zubereitungszeit: 110 Minuten
Backzeit: etwa 15 Minuten
je Backblech

Für den Knetteig:
250 g Weizenmehl
1 Msp. Dr. Oetker Backin
65 g Zucker
1 Pck. Dr. Oetker Vanillin-Zucker
1 Eigelb (Größe M)
1/2 Fläschchen Rum-Aroma
1/2 Pck. Dr. Oetker Finesse
Geriebene Orangenschale
125 g Butter oder Margarine

Für die Füllung:
100 g gemahlene
Haselnusskerne
50 g Zucker
1 1/2 Eiweiß (Größe M)
1/2 Fläschchen Rum-Aroma
1/2 Pck. Dr. Oetker Finesse
Geriebene Orangenschale
etwa 2 EL Orangensaft
40 g Korinthen

Zum Bestreichen:
1/2 verschlagenes Eiweiß (Größe M)
1 Eigelb (Größe M)
1 EL Milch

Insgesamt:
E: 58 g, F: 181 g, Kh: 344 g,
kJ: 14032, kcal: 3352

1. Für den Teig Mehl mit Backpulver in einer Rührschüssel mischen. Zucker, Vanillin-Zucker, Eigelb, Aroma, Orangenschale und Butter oder Margarine hinzufügen und die Zutaten mit Handrührgerät mit Knethaken zunächst kurz auf niedrigster, dann auf höchster Stufe gut durcharbeiten.
2. Anschließend den Teig auf der leicht bemehlten Arbeitsfläche kurz verkneten. Sollte er kleben, ihn in Folie gewickelt eine Zeit lang kalt stellen.
3. Für die Füllung Haselnusskerne mit Zucker, Eiweiß, Aroma, Orangenschale und Orangensaft zu einer geschmeidigen Masse verrühren. Korinthen unterrühren.
4. Den Teig auf der leicht bemehlten Arbeitsfläche portionsweise etwa knapp 1/2 cm dick ausrollen und mit einer Ausstechform runde Plätzchen (Ø etwa 4 cm) ausstechen. Die Teigplätzchen mit Eiweiß bestreichen. Den Backofen vorheizen. In die Teigmitte je ein haselnussgroßes Häufchen von der Füllung geben. Den Teig an drei Seiten zur Mitte hochziehen und zu einem Dreispitz zusammendrücken.
5. Die Teigstücke auf Backbleche (mit Backpapier belegt) setzen. Eigelb mit Milch verschlagen und die Teigstücke damit bestreichen. Die Backbleche nacheinander (bei Heißluft zusammen) in den vorgeheizten Backofen schieben.
Ober-/Unterhitze: etwa 200 °C
Heißluft: etwa 180 °C
Backzeit: etwa 15 Minuten
je Backblech.
6. Die Dreispitze mit dem Backpapier von den Backblechen auf Kuchenroste ziehen. Dreispitze erkalten lassen.

Tipp: Die Dreispitze sind in einer gut schließenden Dose (nicht zu warm lagern) etwa 4 Wochen haltbar. Sie werden nach einiger Zeit etwas weicher.

Dreispitze

Mit Alkohol

Kernige Schokoplätzchen

Zubereitungszeit: 45 Minuten
Backzeit: etwa 15 Minuten je Backblech

Für den Rührteig:
200 g weiche Butter oder Margarine
200 g Zucker
2 Pck. Dr. Oetker Vanillin-Zucker
1 EL Wasser
2 Eier (Größe M)
125 g Weizenmehl
1/2 gestr. TL Dr. Oetker Backin
2 gestr. EL Kakaopulver
250 g kernige Haferflocken
50 g abgezogene, gehackte Mandeln
2 EL Rum

Insgesamt:
E: 77 g, F: 231 g, Kh: 455 g,
kJ: 17866, kcal: 4258

1. Für den Teig Butter oder Margarine mit Handrührgerät mit Rührbesen auf höchster Stufe geschmeidig rühren. Nach und nach Zucker, Vanillin-Zucker und Wasser unterrühren. So lange rühren, bis eine gebundene Masse entstanden ist.
2. Eier nach und nach unterrühren (jedes Ei etwa 1/2 Minute). Mehl mit Backpulver und Kakao mischen und in 2 Portionen auf mittlerer Stufe unterrühren. Haferflocken und Mandeln nach und nach auf mittlerer Stufe unterrühren. Zuletzt Rum hinzufügen.
3. Den Backofen vorheizen. Den Teig mit 2 Teelöffeln in kleinen Häufchen auf Backbleche (gefettet, mit Backpapier belegt) setzen, dabei Abstand zwischen den Teighäufchen lassen. Teighäufchen mit dem Löffel etwas flach drücken. Die Backbleche nacheinander (bei Heißluft zusammen) in den vorgeheizten Backofen schieben.
Ober-/Unterhitze: etwa 180 °C
Heißluft: etwa 160 °C
Backzeit: etwa 15 Minuten je Backblech.
4. Die kernigen Schokoplätzchen mit dem Backpapier von den Backblechen auf Kuchenroste ziehen und erkalten lassen.

Zum Verschenken

Hagebuttenkugeln

Zubereitungszeit: 35 Minuten, ohne Kühlzeit
Haltbarkeit: kühl gelagert etwa 8 Tage

Für die Hagebuttenmasse:
2 EL Hagebuttenkonfitüre (Hiffenmark)
1 Pck. Dr. Oetker Finesse Geriebene Orangenschale
100 g abgezogene, gemahlene Mandeln
100 g gemahlene Pistazienkerne

Zum Überziehen und Wälzen:
100 g Zartbitter-Kuvertüre
1 EL Speiseöl
1 TL abgezogene, gemahlene Mandeln
3–4 EL gehackte Pistazienkerne

Insgesamt:
E: 54 g, F: 179 g, Kh: 119 g,
kJ: 9580, kcal: 2293

Kernige Schokoplätzchen

Hagebuttenkugeln

1. Hagebuttenkonfitüre mit Orangenschale, Mandeln und Pistazien in einer Schüssel gut verrühren. Etwa 25 kleine Kugeln daraus formen, die Kugeln kalt stellen und etwas fest werden lassen.
2. Zum Überziehen Kuvertüre in Stücke hacken und in einem kleinen Topf im Wasserbad mit dem Öl bei schwacher Hitze schmelzen lassen. Die Hagebuttenkugeln mit Hilfe von 2 Gabeln in die Kuvertüre tauchen und auf einem Kuchenrost etwas abtropfen lassen. Mandeln mit Pistazien mischen, die noch feuchten Kugeln darin wälzen.
3. Hagebuttenkugeln auf einem Kuchenrost fest werden lassen, nach Belieben in kleine Papierpralinenförmchen geben und kühl aufbewahren.

Tipp: Die Kugeln können statt in Pistazienkernen in gehackten, leicht gebräunten Mandeln gewälzt werden.

Raffiniert

Frischkäsekekse

Zubereitungszeit: 30 Minuten
Backzeit: etwa 12 Minuten
je Backblech

Für den Rührteig:
200 g Doppelrahm-Frischkäse
50 g weiches Butterschmalz
120 g Zucker
1 Pck. Dr. Oetker Vanillin-Zucker
3 Tropfen Bittermandel-Aroma
1 Eiweiß (Größe M)
50 g Weizenmehl
1 Msp. Dr. Oetker Backin
200 g abgezogene, gemahlene Mandeln
1/2 Pck. Dr. Oetker Finesse Geriebene Zitronenschale

Zum Bestäuben:
2–3 EL Puderzucker

Insgesamt:
E: 69 g, F: 222 g, Kh: 203 g,
kJ: 12791, kcal: 3054

1. Für den Teig Frischkäse und Butterschmalz mit Handrührgerät mit Rührbesen auf höchster Stufe geschmeidig rühren. Nach und nach Zucker, Vanillin-Zucker und Aroma unterrühren. So lange rühren, bis eine gebundene Masse entstanden ist. Eiweiß unterrühren. Mehl mit Backpulver, Mandeln und Zitronenschale mischen und in 2 Portionen kurz auf mittlerer Stufe unterrühren.
2. Den Backofen vorheizen. Den Teig mit 2 Teelöffeln in kleinen Häufchen auf Backbleche (gefettet, mit Backpapier belegt) setzen, dabei genügend Abstand dazwischen lassen. Die Backbleche nacheinander (bei Heißluft zusammen) in den vorgeheizten Backofen schieben.
Ober-/Unterhitze: etwa 200 °C
Heißluft: etwa 180 °C
Backzeit: etwa 12 Minuten
je Backblech.
3. Das heiße Gebäck dick mit Puderzucker bestäuben, mit dem Backpapier von den Backblechen auf Kuchenroste ziehen und erkalten lassen.

Einfach

Schwarz-Weiß-Orangentaler

Zubereitungszeit: 50 Minuten, ohne Kühl- und Abkühlzeit
Backzeit: etwa 10 Minuten je Backblech

Für den Knetteig:
250 g Weizenmehl
1 Msp. Dr. Oetker Backin
100 g Puderzucker
1 Pck. Dr. Oetker Finesse Geriebene Orangenschale
150 g weiche Butter oder Margarine

Für die Füllung:
100 g Edelbitter-Schokolade (mind. 50 % Kakao)

Insgesamt:
E: 36 g, F: 170 g, Kh: 329 g, kJ: 12599, kcal: 3012

1. Für den Teig Mehl mit Backpulver und Puderzucker in einer Rührschüssel mischen und Orangenschale und Butter oder Margarine dazugeben. Die Zutaten mit Handrührgerät mit Knethaken auf mittlerer Stufe zu einem Teig verarbeiten.
2. Den Teig auf der leicht bemehlten Arbeitsfläche kurz verkneten. Den Teig in 3 Portionen teilen und in Frischhaltefolie gewickelt etwa 2 Stunden kalt stellen.
3. Erste Teigportion auf der leicht bemehlten Arbeitsfläche etwa 3 mm dünn ausrollen. Mit einer runden Ausstechform Taler (Ø etwa 5 cm) ausstechen und in der Mitte jedes Talers mit einer Lochtülle oder einer Ausstechform ein Loch (Ø etwa 1 cm) ausstechen. Die Ringe auf Backbleche (mit Backpapier belegt) legen.
4. Den Backofen vorheizen. Restliche Teigportionen nacheinander auf die gleiche Weise verarbeiten. Die Backbleche nacheinander (bei Heißluft zusammen) in den vorgeheizten Backofen schieben.
Ober-/Unterhitze: etwa 180 °C
Heißluft: etwa 160 °C
Backzeit: etwa 10 Minuten je Backblech.
5. Die Ringe mit dem Backpapier von den Backblechen auf Kuchenroste ziehen und erkalten lassen.
6. Für die Füllung Schokolade in kleine Stücke brechen, in einem kleinen Topf im Wasserbad bei schwacher Hitze unter Rühren schmelzen lassen.
7. Die Schokolade in einen kleinen Gefrierbeutel geben, den Beutel verschließen und eine sehr kleine Ecke abschneiden. Die Schokolade in die Mitte der Ringe spritzen und erkalten lassen.

Bunte Johannisbeerblüten / Schwarz-Weiß-Orangentaler

Für Kinder

Bunte Johannisbeerblüten

Zubereitungszeit: 45 Minuten, ohne Kühl- und Abkühlzeit
Backzeit: 8–10 Minuten je Backblech

Für den Knetteig:
250 g Weizenmehl
1 Msp. Dr. Oetker Backin
100 g Puderzucker
1 Pck. Dr. Oetker Finesse Geriebene Zitronenschale
150 g weiche Butter oder Margarine
1 Eiweiß (Größe M)

Zum Bestreichen und Bestreuen:
1 Eigelb (Größe M)
1 EL kaltes Wasser
2 EL bunte Zuckerstreusel

Für die Füllung:
5 EL schwarzes Johannisbeergelee
1 EL Wasser

Insgesamt:
E: 34 g, F: 136 g, Kh: 322 g,
kJ: 11166, kcal: 2669

1. Für den Teig Mehl mit Backpulver und Puderzucker in einer Rührschüssel mischen und Zitronenschale, Butter oder Margarine und Eiweiß zugeben. Die Zutaten mit Handrührgerät mit Knethaken auf mittlerer Stufe unterarbeiten.
2. Den Teig auf der leicht bemehlten Arbeitsfläche kurz verkneten. Teig in 3 Portionen teilen, zu Rollen formen, in Frischhaltefolie wickeln und mindestens 2 Stunden kalt stellen.
3. Den Teig portionsweise auf der leicht bemehlten Arbeitsfläche etwa 3 mm dünn ausrollen. Mit einer Ausstechform Blüten (Ø 4–5 cm) ausstechen und auf Backbleche (mit Backpapier belegt) legen. Den Backofen vorheizen.
4. Zum Bestreichen und Bestreuen Eigelb mit Wasser verquirlen. Die Hälfte der Plätzchen damit bestreichen und mit Zuckerstreuseln bestreuen. Die Backbleche nacheinander (bei Heißluft zusammen) in den vorgeheizten Backofen schieben.
Ober-/Unterhitze: etwa 180 °C
Heißluft: etwa 160 °C
Backzeit: 8–10 Minuten je Backblech.
5. Die Blüten mit dem Backpapier von den Backblechen auf Kuchenroste ziehen und erkalten lassen.
6. Für die Füllung Gelee mit Wasser in einem kleinen Topf unter Rühren kräftig aufkochen lassen. Das Gelee unter Rühren so lange abkühlen lassen, bis es dickflüssig ist. Gelee auf die Blüten ohne Zuckerstreusel streichen und etwas antrocknen lassen. Die bestreuten Plätzchen darauflegen und leicht andrücken. Danach die Füllung fest werden lassen.

Raffiniert

Zimt-Nuss-Makronen

Zubereitungszeit: 30 Minuten
Backzeit: 20–25 Minuten je Backblech

Für die Eiweißmasse:
3 Eiweiß (Größe M)
250 g Zucker
150 g gehackte Haselnusskerne
100 g gemahlene Haselnusskerne
2 gestr. TL Kakaopulver
2 Msp. gemahlener Zimt

Insgesamt:
E: 42 g, F: 39 g, Kh: 404 g,
kJ: 9033, kcal: 2140

1. Für die Eiweißmasse Eiweiß mit Handrührgerät mit Rührbesen auf höchster Stufe so steifschlagen, dass ein Messerschnitt sichtbar bleibt. Nach und nach Zucker auf höchster Stufe kurz unterschlagen. Anschließend gehackte und gemahlene Nusskerne, Kakao und Zimt kurz unterrühren.
2. Den Backofen vorheizen. Den Teig mit 2 Teelöffeln in kleinen Häufchen auf Backbleche (gefettet, mit Backpapier belegt) setzen. Die Backbleche nacheinander (bei Heißluft zusammen) in den vorgeheizten Backofen schieben.
Ober-/Unterhitze: etwa 140 °C
Heißluft: etwa 120 °C
Backzeit: 20–25 Minuten je Backblech.
3. Die Makronen mit dem Backpapier von den Backblechen auf Kuchenroste ziehen und erkalten lassen.

Tipp: Die Hälfte der Makronen mit aufgelöster Schokolade besprenkeln und mit je 1 Haselnuss garnieren.

Zimt-Nuss-Makronen

Etwas aufwändiger

Wiener Ringe

Zubereitungszeit: 80 Minuten, ohne Abkühlzeit
Backzeit: etwa 12 Minuten je Backblech

Für den Rührteig:
250 g weiche Butter oder Margarine
125 g gesiebter Puderzucker
1 Pck. Dr. Oetker Vanillin-Zucker
1 Prise Salz
1/2 gestr. TL gemahlener Zimt
300 g Weizenmehl
20 g Kakaopulver, 4 EL Milch

Für die Füllung:
150 g Zartbitter-Schokolade
150 g weiche Butter
35 g gesiebter Puderzucker

Zum Bestäuben:
Puderzucker

Insgesamt:
E: 46 g, F: 390 g, Kh: 470 g,
kJ: 23496, kcal: 5615

1. Für den Teig Butter oder Margarine mit Handrührgerät mit Rührbesen auf höchster Stufe geschmeidig rühren. Nach und nach Puderzucker, Vanillin-Zucker, Salz und Zimt unterrühren. So lange rühren, bis eine gebundene Masse entstanden ist.
2. Mehl mit Kakao mischen und abwechselnd in 2 Portionen mit der Milch auf mittlerer Stufe unterrühren. Den Backofen vorheizen.
3. Anschließend den Teig portionsweise in einen Spritzbeutel mit Sterntülle füllen und Ringe (Ø etwa 3 cm) auf Backbleche (gefettet, mit Backpapier belegt) spritzen. Die Backbleche nacheinander (bei Heißluft zusammen) in den vorgeheizten Backofen schieben.
Ober-/Unterhitze: 180–200 °C
Heißluft: 160–180 °C
Backzeit: etwa 12 Minuten je Backblech.
4. Die Gebäckringe mit dem Backpapier von den Backblechen auf Kuchenroste ziehen und erkalten lassen.
5. Für die Füllung Schokolade in Stücke brechen, in einem kleinen Topf im Wasserbad bei schwacher Hitze schmelzen und abkühlen lassen. Butter mit Handrührgerät mit Rührbesen auf höchster Stufe geschmeidig rühren. Nach und nach Puderzucker und die geschmolzene, abgekühlte Schokolade unterrühren.
6. Die Masse in einen Spritzbeutel mit Sterntülle geben und die Hälfte der Gebäckringe auf der Unterseite damit bespritzen. Jeweils mit der Unterseite eines der restlichen Gebäckringe belegen und leicht andrücken. Die Wiener Ringe vor dem Servieren mit Puderzucker bestäuben.

Wiener Ringe

Dauert länger

Schwedische Kardamomsterne

Zubereitungszeit: 80 Minuten, ohne Ruhezeit
Backzeit: etwa 30 Minuten je Backblech

Für den Teig:
2 Eier (Größe M)
1 EL Kirschwasser oder heißes Wasser
250 gesiebter Puderzucker
1 Pck. Dr. Oetker Vanillin-Zucker
1/2 gestr. TL gemahlener Kardamom
275 g Weizenmehl
1/2 gestr. TL Dr. Oetker Backin

Insgesamt:
E: 45 g, F: 16 g, Kh: 459 g,
kJ: 9455, kcal: 2258

1. Für den Teig Eier und Kirschwasser oder Wasser mit Handrührgerät mit Rührbesen auf höchster Stufe in 1 Minute schaumig schlagen. Puderzucker und Vanillin-Zucker mischen, in 1 Minute einstreuen und noch etwa 2 Minuten schlagen. Den Kardamom unterrühren.
2. Mehl mit Backpulver mischen und nur so viel von dem Mehlgemisch unterrühren, dass ein dicker Brei entsteht. Restliches Mehlgemisch auf der bemehlten Arbeitsfläche unterkneten. Den Teig 1/2–1 cm dick ausrollen und Sterne (Ø etwa 5 cm) ausstechen. Sterne auf Backbleche (mit Backpapier belegt) legen.
3. Teigsterne über Nacht bei Zimmertemperatur trocknen lassen (nicht zudecken). Den Backofen vorheizen und die Backbleche nacheinander (bei Heißluft zusammen) in den vorgeheizten Backofen schieben.
Ober-/Unterhitze: etwa 140 °C
Heißluft: etwa 120 °C
Backzeit: etwa 30 Minuten je Backblech.
4. Das Gebäck mit dem Backpapier vom Backblech auf einen Kuchenrost ziehen und erkalten lassen.

Schwedische Kardamomsterne

Stollenhäppchen

Für Gäste

Stollenhäppchen

Zubereitungszeit: 60 Minuten, ohne Teiggehzeit
Backzeit: etwa 15 Minuten je Backblech

Für den Hefeteig:
100 ml Milch
250 g Weizenmehl
1 Pck. Dr. Oetker Trockenbackhefe
2 EL (30 g) flüssiger Honig
40 g Zucker
1 Pck. Dr. Oetker Vanillin-Zucker
1 Msp. gemahlene Muskatblüte (Macis)
1 Msp. gemahlener Zimt
1 TL Dr. Oetker Finesse Geriebene Zitronenschale
100 g weiches Butterschmalz oder Margarine
50 g Zitronat (Sukkade)
100 g Rosinen, 30 g Korinthen
70 g abgezogene, gemahlene Mandeln

Zum Bestäuben:
Puderzucker

Insgesamt:
E: 51 g, F: 135 g, Kh: 398 g,
kJ: 12623, kcal: 3013

1. Für den Teig Milch leicht erwärmen. Mehl mit Trockenbackhefe in eine Rührschüssel geben und sorgfältig vermischen. Honig, Zucker, Vanillin-Zucker, Muskat, Zimt, Zitronenschale, Butterschmalz oder Margarine und warme Milch hinzufügen.
2. Die Zutaten mit Handrührgerät mit Knethaken zunächst kurz auf niedrigster, dann auf höchster Stufe in etwa 5 Minuten zu einem glatten Teig verarbeiten. Den Teig zugedeckt so lange an einem warmen Ort gehen lassen, bis er sich sichtbar vergrößert hat.
3. Den Teig leicht mit Mehl bestäuben, aus der Schüssel nehmen und auf der leicht bemehlten Arbeitsfläche nochmals gut durchkneten. Zitronat hacken, mit Rosinen, Korinthen und Mandeln kurz unterarbeiten.
4. Den Backofen vorheizen. Den Teig mit 2 Teelöffeln in kleinen Häufchen auf Backbleche (gefettet, mit Backpapier belegt) setzen, dabei etwas Abstand zwischen den Teighäufchen lassen. Die Teighäufchen zugedeckt nochmals kurz an einem warmen Ort gehen lassen. Die Backbleche nacheinander (bei Heißluft zusammen) in den vorgeheizten Backofen schieben.
Ober-/Unterhitze: etwa 180 °C
Heißluft: etwa 160 °C
Backzeit: etwa 15 Minuten je Backblech.
5. Das Gebäck mit dem Backpapier von den Backblechen auf Kuchenroste ziehen. Das heiße Gebäck sofort dick mit Puderzucker bestäuben und erkalten lassen.

Schokoladen-Nuss-Plätzchen

Pistazien-Marzipan-Herzen

Für Kinder

Schokoladen-Nuss-Plätzchen

Zubereitungszeit: 75 Minuten, ohne Kühl- und Abkühlzeit
Backzeit: 12–15 Minuten je Backblech

Zum Vorbereiten:
100 g Zartbitter-Schokolade

Für den Knetteig:
250 g Weizenmehl
1/2 gestr. TL Dr. Oetker Backin
125 g Zucker
1 Ei (Größe M)
125 g weiche Butter
2 EL Milch
60 g grob gemahlene oder fein gehackte Walnusskerne
60 g abgezogene, grob gemahlene oder fein gehackte Mandeln
60 g Rosinen

Für den Guss:
100 g Zartbitter-Schokolade
1 TL Speiseöl

Insgesamt:
E: 72 g, F: 254 g, Kh: 447 g, kJ: 18222, kcal: 4351

1. Zum Vorbereiten Schokolade in kleine Stücke hacken.
2. Für den Teig Mehl mit Backpulver in einer Rührschüssel mischen. Zucker, Ei, Butter und Milch hinzufügen und die Zutaten mit Handrührgerät mit Knethaken zunächst kurz auf niedrigster, dann auf höchster Stufe gut durcharbeiten. Walnusskerne, Mandeln, Rosinen und Schokoladenstückchen kurz unterarbeiten.
3. Anschließend den Teig auf der leicht bemehlten Arbeitsfläche kurz verkneten. Aus dem Teig 3 Rollen formen und jeweils zu einem Rechteck (etwa 5 x 2 cm) formen. Die Stangen in Folie gewickelt etwa 30 Minuten anfrieren lassen.
4. Den Backofen vorheizen. Die Stangen in knapp 1 cm dicke Scheiben schneiden und mit etwas Abstand auf Backbleche (mit Backpapier belegt) legen. Die Backbleche nacheinander (bei Heißluft zusammen) in den vorgeheizten Backofen schieben.
Ober-/Unterhitze: etwa 180 °C
Heißluft: etwa 160 °C
Backzeit: 12–15 Minuten je Backblech.
5. Die Plätzchen mit dem Backpapier von den Backblechen auf Kuchenroste ziehen und erkalten lassen.
6. Für den Guss Schokolade in Stücke brechen und mit Speiseöl in einem kleinen Topf im Wasserbad unter Rühren schmelzen lassen. Die Plätzchen jeweils mit einer Ecke oder Seite hineintauchen, die Unterseite abstreifen und auf Backpapier setzen. Guss fest werden lassen.

Tipp: In einer gut schließenden Dose an einem kühlen Ort gelagert, halten sich die Schokoladen-Nuss-Plätzchen mehrere Wochen. Geben Sie zusätzlich 1 Päckchen Finesse Geriebene Orangenschale in den Teig.

Beliebt

Pistazien-Marzipan-Herzen

Zubereitungszeit: 50 Minuten, ohne Kühlzeit
Haltbarkeit: kühl gelagert 10–14 Tage

Für die Marzipanmasse:
200 g Marzipan-Rohmasse
75 g gesiebter Puderzucker
75 g fein gemahlene Pistazienkerne
1 EL Kirschwasser

Zum Ausrollen und Ausstechen:
Puderzucker

Für den Guss:
150–200 g Zartbitter-Kuvertüre
2–3 TL Speiseöl

Zum Garnieren:
Pistazienkerne

Insgesamt:
E: 50 g, F: 176 g, Kh: 247 g, kJ: 11644, kcal: 2789

1. Für die Marzipanmasse Marzipan-Rohmasse mit Puderzucker, Pistazienkernen und Kirschwasser verkneten. Die Marzipanmasse auf einer mit wenig Puderzucker bestäubten Arbeitsfläche etwa 1 cm dick ausrollen und mit einer Ausstechform etwa

25 Herzen (Ø 3–4 cm) ausstechen, dabei die Form zwischendurch immer wieder in gesiebten Puderzucker tauchen.
2. Die Marzipanherzen vorsichtig aus der Form drücken und evtl. an der Form haftende Marzipanreste entfernen. Die Marzipanherzen mit Frischhaltefolie zudecken und etwa 1 Stunde kalt stellen.
3. Für den Guss die Kuvertüre grob hacken und mit Öl in einem kleinen Topf im Wasserbad bei schwacher Hitze schmelzen lassen. Die Marzipanherzen einzeln mit Hilfe von 2 Gabeln oder Pralinenbesteck in die Kuvertüre tauchen. An der Unterseite die Kuvertüre am Topfrand gut abstreifen.
4. Die Herzen auf Backpapier setzen, mit Pistazienkernen garnieren und den Guss fest werden lassen, evtl. Herzen zwischendurch umsetzen, damit keine „Füßchen" aus Kuvertüre entstehen.

Tipp: Das Kirschwasser können sie ersatzlos weglassen. Die Herzen kühl und trocken lagern.

Beliebt

Orangenmakronen

Zubereitungszeit: 50 Minuten, ohne Abkühlzeit
Backzeit: etwa 25 Minuten je Backblech

Für die Eiweißmasse:
3 Eiweiß (Größe M)
150 g feinster Zucker
1 Pck. Dr. Oetker Vanillin-Zucker
abgeriebene Schale von 1 Bio-Orange (unbehandelt, ungewachst) oder 1 Pck. Dr. Oetker Finesse Geriebene Orangenschale
1 EL Orangensaft
200 g abgezogene, gehobelte Mandeln
50 g Semmelbrösel

Zum Verzieren:
25 g Zartbitter-Kuvertüre

Insgesamt:
E: 56 g, F: 118 g, Kh: 224 g, kJ: 9114, kcal: 2177

Orangenmakronen

1. Für die Eiweißmasse Eiweiß mit Zucker und Vanillin-Zucker in eine Schüssel geben und im heißen Wasserbad mit Handrührgerät mit Rührbesen so lange schlagen, bis eine steife Masse entstanden ist. Orangenschale und Orangensaft hinzufügen und weiterschlagen. Die Masse muss so steif sein, dass ein Messerschnitt sichtbar bleibt.
2. Die Schüssel aus dem Wasserbad nehmen und Mandeln und Semmelbrösel vorsichtig unter die Eiweißmasse heben.
3. Den Backofen vorheizen. Die Masse mit 2 Teelöffeln in Häufchen auf Backbleche (gefettet, mit Backpapier belegt) setzen, dabei Abstand zwischen den Teighäufchen lassen. Die Backbleche nacheinander (bei Heißluft zusammen) in den vorgeheizten Backofen schieben.
Ober-/Unterhitze: etwa 140 °C
Heißluft: etwa 120 °C
Backzeit: etwa 25 Minuten je Backblech.
4. Die Makronen mit dem Backpapier von den Backblechen auf Kuchenroste ziehen (sie müssen von unten noch weich sein, da sie während der Abkühlzeit nachtrocknen). Makronen erkalten lassen.
5. Zum Verzieren Kuvertüre in Stücke hacken und in einem kleinen Topf im Wasserbad bei schwacher Hitze unter Rühren schmelzen lassen. Die Makronen damit besprenkeln. Guss fest werden lassen.

Für Gäste

Rumbrötchen

Zubereitungszeit: 50 Minuten, ohne Abkühl- und Teiggehzeit
Backzeit: etwa 15 Minuten je Backblech

Zum Vorbereiten:
100 g Rosinen
70 ml brauner Rum (40 Vol.-%)

Für den Hefeteig:
100 ml Milch
170 g Butter oder Margarine
250 g Weizenmehl
1 Pck. Dr. Oetker Trockenbackhefe
2 EL (etwa 30 g) flüssiger Honig
40 g Zucker
1 TL Dr. Oetker Finesse Geriebene Zitronenschale
1 TL Dr. Oetker Finesse Geriebene Orangenschale

Für den Guss:
100 g Puderzucker
2–3 EL brauner Rum (40 Vol.-%)

Insgesamt:
E: 38 g, F: 148 g, Kh: 424 g, kJ: 14351, kcal: 3427

1. Zum Vorbereiten Rosinen mit Rum in einem Topf mischen, zugedeckt etwa 5 Minuten bei schwacher Hitze erwärmen. Rumrosinen erkalten lassen.
2. Für den Teig Milch in einem Topf leicht erwärmen und Butter oder Margarine darin zerlassen. Mehl mit der Hefe in einer Rührschüssel sorgfältig vermischen. Honig, Zucker, Zitronenschale, Orangenschale und das Milch-Fett-Gemisch hinzufügen.
3. Die Zutaten mit Handrührgerät mit Knethaken zunächst kurz auf niedrigster, dann auf höchster Stufe in etwa 5 Minuten zu einem glatten Teig verarbeiten. Den Teig zugedeckt so lange an einem warmen Ort gehen lassen, bis er sich sichtbar vergrößert hat.
4. Den Teig leicht mit Mehl bestäuben, aus der Schüssel nehmen und auf der leicht bemehlten Arbeitsfläche nochmals gut durchkneten. Rumrosinen kurz unterarbeiten.
5. Den Backofen vorheizen. Den Teig mit 2 Teelöffeln in kleinen Häufchen auf Backbleche (gefettet, mit Backpapier belegt) setzen, dabei etwas Abstand zwischen den Teighäufchen lassen. Teelöffel evtl. zwischendurch in Mehl wenden.
6. Die Backbleche mit den Teighäufchen nochmals kurz an einem warmen Ort gehen lassen und vorstehende Rosinen in den Teig drücken, damit sie beim Backen nicht zu dunkel werden. Die Backbleche nacheinander (bei Heißluft zusammen) in den vorgeheizten Backofen schieben.
Ober-/Unterhitze: etwa 180 °C
Heißluft: etwa 160 °C
Backzeit: etwa 15 Minuten je Backblech.
7. Die Rumbrötchen mit dem Backpapier von den Backblechen auf Kuchenroste ziehen und erkalten lassen.
8. Für den Guss Puderzucker mit Rum zu einer dickflüssigen Masse verrühren. Den Guss mit einem Pinsel auf die Brötchen streichen und fest werden lassen.

Rumbrötchen

Für Kinder

Butterteilchen

Zubereitungszeit: 30 Minuten
Backzeit: 12–15 Minuten je Backblech

Für den All-in-Teig:
220 g Weizenmehl
30 g Speisestärke
120 g Zucker
1 Pck. Dr. Oetker Vanillin-Zucker
1 Ei (Größe M)
1 Eigelb (Größe M)
200 g weiche Butter

Zum Bestäuben:
Puderzucker

Insgesamt:
E: 35 g, F: 181 g, Kh: 320 g, kJ: 12745, kcal: 3043

Butterteilchen

Mandelsplittertrüffel

1. Für den Teig Mehl mit Speisestärke in einer Rührschüssel mischen. Zucker, Vanillin-Zucker, Ei, Eigelb und Butter hinzufügen und mit Handrührgerät mit Rührbesen zunächst kurz auf niedrigster, dann auf höchster Stufe in etwa 2 Minuten zu einem Teig verarbeiten.
2. Den Backofen vorheizen. Den Teig mit 2 Teelöffeln in Häufchen auf Backbleche (gefettet, mit Backpapier belegt) setzen, dabei etwas Abstand zwischen den Teighäufchen lassen. Anschließend die Backbleche nacheinander (bei Heißluft zusammen) in den vorgeheizten Backofen schieben.
Ober-/Unterhitze: etwa 200 °C
Heißluft: etwa 180 °C
Backzeit: 12–15 Minuten je Backblech.
3. Das Gebäck mit dem Backpapier von den Backblechen auf Kuchenroste ziehen. Gebäck sofort mit Puderzucker bestäuben und erkalten lassen.

Gut vorzubereiten

Mandelsplittertrüffel

Zubereitungszeit: 60 Minuten, ohne Abkühl- und Kühlzeit
Haltbarkeit: gekühlt 6–8 Tage

Zum Vorbereiten:
75 g abgezogene, gestiftelte Mandeln

Für die Trüffelmasse:
125 g Butter
2 geh. EL gesiebter Puderzucker
250 g Zartbitter-Kuvertüre
5 EL Mandellikör

Für den Guss und zum Garnieren:
150 g Vollmilch-Kuvertüre
1 TL Speiseöl
25 g weiße Schokoladenraspel

Insgesamt:
E: 26 g, F: 260 g, Kh: 276 g,
kJ: 15668, kcal: 3744

1. Zum Vorbereiten Mandeln in einer Pfanne ohne Fett goldbraun rösten und auf einem Teller erkalten lassen.
2. Für die Trüffelmasse Butter und Puderzucker in einer Schüssel mit Handrührgerät mit Rührbesen auf höchster Stufe geschmeidig rühren.
3. Kuvertüre in Stücke hacken, in einem kleinen Topf im Wasserbad bei schwacher Hitze schmelzen und etwas abkühlen lassen (die Kuvertüre sollte flüssig, jedoch nicht mehr zu warm sein).
4. Mandellikör mit der Kuvertüre unter die Buttermasse rühren und in einen Spritzbeutel mit Lochtülle füllen und in kleine Pralinenförmchen spritzen.
5. Auf jedes Häufchen einige Mandelsplitter drücken und die Trüffel im Kühlschrank fest werden lassen.
6. Für den Guss Vollmilch-Kuvertüre in Stücke hacken und mit dem Öl in einem kleinen Topf im Wasserbad bei schwacher Hitze schmelzen lassen. Die Trüffel damit überziehen und mit Schokoladenraspeln garnieren.

Raffiniert

Aprikosen-Mandel-Kekse

Zubereitungszeit: 40 Minuten, ohne Abkühlzeit
Backzeit: 12–15 Minuten je Backblech

Zum Vorbereiten:
100 g getrocknete Aprikosen

Für den Rührteig:
100 g weiches Butterschmalz
120 g Zucker
1 Pck. Dr. Oetker Vanillin-Zucker
1 Ei (Größe M)
120 g Weizenmehl
50 g Speisestärke
1 gestr. TL Dr. Oetker Backin

Für den Belag:
etwa 50 g abgezogene, gehobelte Mandeln
100 g Aprikosenkonfitüre
2 EL Wasser

Insgesamt:
E: 35 g, F: 135 g, Kh: 375 g, kJ: 11952, kcal: 2854

Aprikosen-Mandel-Kekse

1. Zum Vorbereiten Aprikosen in sehr kleine Würfel schneiden.
2. Für den Teig Butterschmalz mit Handrührgerät mit Rührbesen auf höchster Stufe geschmeidig rühren. Nach und nach Zucker und Vanillin-Zucker unterrühren. So lange rühren, bis eine gebundene Masse entstanden ist. Ei in etwa 1/2 Minute unterrühren.
3. Mehl mit Speisestärke und Backpulver mischen und in 2 Portionen kurz auf mittlerer Stufe unterrühren. Aprikosenwürfel unterheben. Den Backofen vorheizen.
4. Den Teig mit 2 Teelöffeln in Häufchen auf Backbleche (gefettet, mit Backpapier belegt) setzen, dabei genügend Abstand zwischen den Teighäufchen lassen. Die Backbleche nacheinander (bei Heißluft zusammen) in den vorgeheizten Backofen schieben.
Ober-/Unterhitze: etwa 200 °C
Heißluft: etwa 180 °C
Backzeit: 12–15 Minuten je Backblech.
5. Die Kekse mit dem Backpapier von den Backblechen auf Kuchenroste ziehen und erkalten lassen.
6. Für den Belag inzwischen Mandeln auf ein Backblech geben und in dem noch heißen Backofen goldbraun rösten. Mandeln abkühlen lassen.
7. Aprikosenkonfitüre mit Wasser verrühren, durch ein Sieb in einen Topf streichen und unter Rühren gut aufkochen lassen. Danach die Konfitüre mit einem Pinsel jeweils auf die Keksmitte streichen und mit Mandeln bestreuen.

Für Kinder

Krokantplätzchen

Zubereitungszeit: 60 Minuten, ohne Kühl- und Abkühlzeit
Backzeit: etwa 10 Minuten je Backblech

Für den Knetteig:
300 g Weizenmehl
1 gestr. TL Dr. Oetker Backin
100 g Zucker
1 Pck. Dr. Oetker Vanillin-Zucker
1 Ei (Größe M)
150 g Butter oder Margarine

Zum Bestreichen und Wälzen:
2 EL Schlagsahne
100 g Haselnuss-Krokant

Zum Verzieren und Garnieren:
50 g Kuchenglasur
etwa 100 g abgezogene, halbierte Mandeln

Insgesamt:
E: 59 g, F: 227 g, Kh: 434 g,
kJ: 16921, kcal: 4040

1. Für den Teig Mehl mit Backpulver in einer Rührschüssel mischen. Zucker, Vanillin-Zucker, Ei und Butter oder Margarine hinzufügen und die Zutaten mit Handrührgerät mit Knethaken zunächst kurz auf niedrigster, dann auf höchster Stufe gut durcharbeiten.
2. Den Teig auf der leicht bemehlten Arbeitsfläche kurz verkneten. Sollte er kleben, ihn in Folie gewickelt eine Zeit lang kalt stellen.
3. Den Teig zu Rollen (Ø etwa 3 cm) formen und mit Sahne bestreichen. Teigrollen in Krokant wälzen und so lange kalt stellen, bis die Teigrollen fest geworden sind.
4. Den Backofen vorheizen. Die Teigrollen in etwa 1/2 cm dicke Scheiben schneiden und auf Backbleche (mit Backpapier belegt) legen. Die Backbleche nacheinander (bei Heißluft zusammen) in den vorgeheizten Backofen schieben.
Ober-/Unterhitze: etwa 200 °C
Heißluft: etwa 180 °C
Backzeit: etwa 10 Minuten je Backblech.
5. Die Plätzchen mit dem Backpapier von den Backblechen auf Kuchenroste ziehen und erkalten lassen.
6. Zum Verzieren Kuchenglasur nach Packungsanleitung auflösen. Etwas von der Glasur mit einem kleinen Teelöffel in die Mitte jedes Plätzchens geben und mit je einer halbierten Mandel belegen. Glasur fest werden lassen.

Zum Verschenken

Baileys-Pralinen

Zubereitungszeit: 40 Minuten, ohne Durchzieh-, Abkühl- und Kühlzeit
Haltbarkeit: gekühlt 6–8 Tage

Für die Pralinen:
100 g Löffelbiskuits
150 ml Baileys
(Original Irish Cream Likör)
150 g Vollmilch-Kuvertüre

Zum Bestäuben:
30 g Kakaopulver

Insgesamt:
E: 26 g, F: 68 g, Kh: 208 g,
kJ: 7429, kcal: 1783

1. Löffelbiskuits grob zerkleinern, in eine Schale geben, mit dem Likör tränken und etwa 30 Minuten durchziehen lassen. In der Zwischenzeit Kuvertüre grob hacken, in einem Topf im Wasserbad bei schwacher Hitze schmelzen und abkühlen lassen.
2. Die flüssige, abgekühlte Kuvertüre unter die Likörmasse rühren. Die Likör-Kuvertüre-Masse auf einem Küchenbrett (mit Backpapier belegt) mit einem großen, glatten Messer zu einem Rechteck von etwa 14 x 15 cm ausstreichen. Die Oberfläche mit einem Drittel von dem Kakaopulver bestäuben und die Platte etwa 30 Minuten kalt stellen.
3. Das Rechteck am besten mit einem zweiten Küchenbrett wenden, so dass die untere Seite oben liegt und mit der Hälfte des restlichen Kakaos bestäuben. Das Rechteck in etwa 2 x 3 cm lange Pralinen schneiden, so dass 35 Pralinen entstehen, und die Schnittkanten in dem restlichen Kakao wenden.
4. Die Pralinen etwa 1 Stunde kalt stellen, dann gut verpackt und gekühlt in einer Dose aufbewahren.

Krokantplätzchen

Baileys-Pralinen

Beliebt

Marzipan-Nougat-Würfel

Zubereitungszeit: 40 Minuten, ohne Kühlzeit
Haltbarkeit: kühl gelagert etwa 14 Tage

Für die Marzipanmasse:
200 g Marzipan-Rohmasse
50 g gesiebter Puderzucker
50 g abgezogene, gemahlene Mandeln
2 EL Amaretto (Mandellikör)

Für die Füllung:
200 g Nuss-Nougat

Zum Bestreichen und Bestreuen:
50 g Zartbitter-Kuvertüre
1/2 TL Speiseöl
etwa 1 TL grob gehackte Pistazienkerne

Insgesamt:
E: 54 g, F: 173 g, Kh: 283 g, kJ: 12376, kcal: 2946

1. Marzipan mit Puderzucker, Mandeln und Likör verkneten. Marzipanmasse vierteln und jedes Viertel auf einer leicht mit Puderzucker bestäubten Arbeitsplatte zu einem Rechteck von etwa 15 x 12,5 cm ausrollen.
2. Für die Füllung Nuss-Nougat in einem kleinen Topf im Wasserbad bei schwacher Hitze schmelzen lassen. Auf die erste Marzipanplatte ein Drittel der Nougatmasse streichen, mit der zweiten Marzipanplatte belegen und mit der Hälfte des restlichen Nougats bestreichen. Dritte Marzipanplatte auflegen und restlichen Nougat aufstreichen. Letzte Marzipanplatte auflegen, andrücken und etwa 2 Stunden kalt stellen.
3. Zum Bestreichen Kuvertüre in kleine Stücke hacken, mit dem Speiseöl in einem kleinen Topf im Wasserbad bei schwacher Hitze schmelzen lassen. Kuvertüre auf der Oberfläche verstreichen und mit Pistazien bestreuen. Kuvertüre fest werden lassen.
4. Marzipan mit einem scharfen Messer in kleine Würfel (etwa 2,5 x 2,5 cm) schneiden, so dass 30 Würfel entstehen. Das Konfekt gut verpacken und kühl aufbewahren.

Marzipan-Nougat-Würfel

Einfach

Grieß-Krokant-Scheiben

Zubereitungszeit: 40 Minuten, ohne Kühlzeit
Backzeit: 10–12 Minuten je Backblech

Für den Knetteig:
100 g Zartbitter-Schokolade
170 g Weizenmehl
80 g Zucker, 1 Prise Salz
50 g Hartweizengrieß
1 Ei (Größe M)
150 g Butter oder Margarine
100 g Haselnuss-Krokant

Zum Wälzen:
2 EL Zucker

Insgesamt:
E: 41 g, F: 178 g, Kh: 398 g, kJ: 14064, kcal: 3358

1. Für den Teig Schokolade hacken. Mehl mit Zucker, Salz, Grieß, Ei, Butter oder Margarine, Krokant und den Schokoladenstückchen in eine Rührschüssel geben und die Zutaten mit Handrührgerät mit Knethaken zunächst kurz auf niedrigster, dann auf höchster Stufe gut durcharbeiten.
2. Den Teig auf der leicht bemehlten Arbeitsfläche kurz verkneten. Aus dem Teig 2 Rollen (je etwa 25 cm Länge) formen und die Teigrollen in Frischhaltefolie gewickelt mindestens 1 Stunde kalt stellen.
3. Die Teigrollen mit Wasser bestreichen und in Zucker wälzen, Zucker andrücken. Den Backofen vorheizen. Die Teigrollen mit einem Sägemesser in etwa 1/2 cm dicke Scheiben schneiden. Dabei die Rollen immer wieder drehen, damit die Scheiben gleichmäßig abgeschnitten werden.
4. Die Teigscheiben mit Abstand auf Backbleche (mit Backpapier belegt) legen. Die Backbleche nacheinander (bei Heißluft zusammen) in den vorgeheizten Backofen schieben.

Grieß-Krokant-Scheiben

Nussmöppchen

Ober-/Unterhitze: etwa 180 °C
Heißluft: etwa 160 °C
Backzeit: 10–12 Minuten
je Backblech.

5. Die Backbleche auf Kuchenroste stellen und das Gebäck etwa 5 Minuten darauf abkühlen lassen.

6. Das Gebäck mit dem Backpapier von den Backblechen auf Kuchenroste ziehen und erkalten lassen.

Tipp: Die Grieß-Krokant-Scheiben sind in gut schließenden Dosen etwa 3 Wochen haltbar.

Preiswert

Nussmöppchen

Zubereitungszeit: 60 Minuten, ohne Abkühlzeit
Backzeit: etwa 15 Minuten
je Backblech

Für den Teig:
150 g weiche Butter oder Margarine
175 g Zucker
1 Pck. Dr. Oetker Vanillin-Zucker
1/2 Fläschchen Rum-Aroma
1 Ei (Größe M)
250 g Weizenmehl
2 gestr. TL Dr. Oetker Backin
150 g Weizengrieß
100 g gemahlene Haselnusskerne

Zum Belegen:
100 g ganze Haselnusskerne

Für den Guss:
50 g Zartbitter-Schokolade
1/2 TL Speiseöl

Insgesamt:
E: 74 g, F: 279 g, Kh: 514 g,
kJ: 20414, kcal: 4879

1. Für den Teig Butter oder Margarine mit Handrührgerät mit Rührbesen auf höchster Stufe geschmeidig rühren. Nach und nach Zucker, Vanillin-Zucker und Aroma unterrühren. So lange rühren, bis eine gebundene Masse entstanden ist.

2. Ei in etwa 1/2 Minute unterrühren. Mehl mit Backpulver mischen und zwei Drittel davon in 2 Portionen auf mittlerer Stufe unterrühren. Den Teigbrei auf der bemehlten Arbeitsfläche mit restlichem Mehl, Grieß und Haselnusskernen verkneten. Sollte der Teig kleben, ihn in Folie gewickelt eine Zeit lang kalt stellen.

3. Den Teig in kleinen Portionen zu Rollen (Ø etwa 2 cm) formen und etwa 1/2 cm dicke Scheiben davon abschneiden. Den Backofen vorheizen. Teigscheiben zu Kugeln formen und auf Backbleche (mit Backpapier belegt) legen. In jede Teigkugel einen Haselnusskern leicht eindrücken. Die Backbleche nacheinander (bei Heißluft zusammen) in den vorgeheizten Backofen schieben.
Ober-/Unterhitze: etwa 180 °C
Heißluft: etwa 160 °C
Backzeit: etwa 15 Minuten
je Backblech.

4. Die Nussmöppchen mit dem Backpapier von den Backblechen auf Kuchenroste ziehen und erkalten lassen.

5. Für den Guss Schokolade in kleine Stücke brechen und mit dem Öl in einem kleinen Topf im Wasserbad bei schwacher Hitze schmelzen lassen. Die Nussmöppchen damit besprenkeln und den Guss fest werden lassen.

Haferflocken-Nuss-Plätzchen / Haferflocken-Cranberry-Plätzchen

Raffiniert

Haferflocken-Cranberry-Plätzchen

Zubereitungszeit: 45 Minuten, ohne Kühlzeit
Backzeit: etwa 12 Minuten je Backblech

Für den Knetteig:
1 Pck. (125 g) getrocknete, gesüßte Cranberries
200 g zarte Haferflocken
2 EL Weizenmehl
1 gestr. TL Dr. Oetker Backin
150 g weiche Butter oder Margarine
150 g brauner Zucker (Kandisfarin)
1 Ei (Größe M)

Insgesamt:
E: 36 g, F: 146 g, Kh: 394 g,
kJ: 12763, kcal: 3051

1. Cranberries im Zerkleinerer oder mit einem Messer fein hacken. Cranberries mit Haferflocken, Mehl und Backpulver in einer Schüssel gut verrühren.
2. Butter oder Margarine in eine Rührschüssel geben und mit Handrührgerät mit Rührbesen auf höchster Stufe geschmeidig rühren. Nach und nach Zucker unterrühren. So lange rühren, bis eine gebundene Masse entstanden ist. Das Ei etwa 1/2 Minute unterrühren.
3. Zwei Drittel des Haferflockengemisches unterrühren. Das restliche Drittel auf die Arbeitsfläche schütten. Den Teig auf die Arbeitsfläche geben und das Haferflockengemisch mit den Händen unterkneten.
4. Aus dem Teig mit bemehlten Händen 2 Rollen (je etwa 20 cm Länge) formen, in Frischhaltefolie wickeln, auf ein Schneidbrett legen und mindestens 3 Stunden kalt stellen.
5. Den Backofen vorheizen. Die Rollen nacheinander mit einem Sägemesser in etwa 1/2 cm dicke Scheiben schneiden. Die Scheiben auf Backbleche (mit Backpapier belegt) legen. Die Backbleche nacheinander (bei Heißluft zusammen) in den vorgeheizten Backofen schieben.
Ober-/Unterhitze: etwa 180 °C
Heißluft: etwa 160 °C
Backzeit: etwa 12 Minuten je Backblech.
6. Die Plätzchen mit dem Backpapier von den Backblechen auf Kuchenroste ziehen und erkalten lassen.

Beliebt

Haferflocken-Nuss-Plätzchen

Zubereitungszeit: 45 Minuten, ohne Kühlzeit
Backzeit: etwa 12 Minuten je Backblech

Für den Knetteig:
150 g zarte Haferflocken
100 g gemahlene Haselnusskerne
50 g gehobelte Haselnusskerne
1 EL Weizenmehl
1 gestr. TL Dr. Oetker Backin
150 g weiche Butter oder Margarine
150 g brauner Zucker (Kandisfarin)
1 Ei (Größe M)

Zum Bestreichen und Bestreuen:
2 EL Schlagsahne
50 g gehobelte Haselnusskerne

Insgesamt:
E: 52 g, F: 273 g, Kh: 275 g,
kJ: 15756, kcal: 3766

1. Haferflocken mit Haselnusskernen, Mehl und Backpulver in einer Schüssel gut verrühren. Butter oder Margarine in eine Rührschüssel geben und mit Handrührgerät mit Rührbesen auf höchster Stufe geschmeidig rühren. Nach und nach Zucker unterrühren. So lange rühren,

bis eine gebundene Masse entstanden ist. Ei etwa 1/2 Minute unterrühren.
2. Zwei Drittel des Haferflockengemisches unterrühren. Das restliche Drittel auf die Arbeitsfläche schütten. Den Teig auf die Arbeitsfläche geben und das Haferflockengemisch mit den Händen unterkneten. Aus dem Teig mit bemehlten Händen 2 eckige Stangen (etwa 4 x 4 cm, je 20 cm Länge) formen. Stangen in Frischhaltefolie wickeln, auf ein Schneidbrett legen und mindestens 3 Stunden kalt stellen.
3. Den Backofen vorheizen. Die Stangen nacheinander mit einem Sägemesser in etwa 1/2 cm dicke Scheiben schneiden. Die Scheiben auf Backbleche (mit Backpapier belegt) legen. Die Teigscheiben mit Sahne bestreichen und mit gehobelten Haselnusskernen bestreuen. Die Backbleche nacheinander (bei Heißluft zusammen) in den vorgeheizten Backofen schieben.
Ober-/Unterhitze: etwa 180 °C
Heißluft: etwa 160 °C
Backzeit: etwa 12 Minuten je Backblech.
4. Die Plätzchen mit dem Backpapier von den Backblechen auf Kuchenroste ziehen und erkalten lassen.

Für Kinder

Fruchtknusperchen

Zubereitungszeit: 50 Minuten, ohne Abkühlzeit
Backzeit: etwa 10 Minuten

Für den Rührteig:
100 g weiche Butter oder Margarine
125 g brauner Zucker (Kandisfarin)
1 Pck. Dr. Oetker Vanillin-Zucker
2 Eier (Größe M)
100 g Weizenmehl
1 gestr. TL Dr. Oetker Backin
100 g knusprig gerösteter Weizen (Frühstückscerealien)
50 g getrocknete Aprikosen, fein gewürfelt
50 g Rosinen
50 g Kokosraspel

Zum Verzieren:
100 g Zartbitter-Kuvertüre
30 g knusprig gerösteter Weizen (Frühstückscerealien)

Insgesamt:
E: 50 g, F: 165 g, Kh: 401 g,
kJ: 14270, kcal: 3409

1. Für den Teig Butter oder Margarine mit Handrührgerät mit Rührbesen auf höchster Stufe geschmeidig rühren. Nach und nach Zucker und Vanillin-Zucker unterrühren. So lange rühren, bis eine gebundene Masse entstanden ist. Eier nach und nach unterrühren (jedes Ei etwa 1/2 Minute).
2. Mehl mit Backpulver mischen und auf mittlerer Stufe unterrühren. Restliche Zutaten ebenfalls kurz auf niedrigster Stufe unterrühren.
3. Den Backofen vorheizen. Den Teig mit 2 Teelöffeln in walnussgroßen Häufchen auf ein Backblech (gefettet, mit Backpapier belegt) setzen und das Backblech in den vorgeheizten Backofen schieben.
Ober-/Unterhitze: etwa 180 °C
Heißluft: etwa 160 °C
Backzeit: etwa 10 Minuten.
4. Die Knusperchen mit Backpapier vom Backblech auf einen Kuchenrost ziehen und erkalten lassen.
5. Zum Verzieren Kuvertüre in kleine Stücke hacken und in einem kleinen Topf im Wasserbad bei schwacher Hitze schmelzen lassen. Etwas davon mit einem Teelöffel auf jedes Knusperchen geben, mit geröstetem Weizen bestreuen und die Kuvertüre fest werden lassen.

Tipp: Die Knusperchen halten sich mehrere Tage. Anstelle der Aprikosen können auch getrocknete Äpfel oder Feigen verwendet werden.

Fruchtknusperchen

Einfach

Gefüllte Sherryplätzchen

Zubereitungszeit: 60 Minuten, ohne Abkühlzeit
Backzeit: etwa 10 Minuten je Backblech

Für den Knetteig:
300 g Weizenmehl
100 g Zucker
1 Pck. Dr. Oetker Vanillin-Zucker
1 Prise Salz
1 Ei (Größe M)
175 g Butter oder Margarine

Für die Füllung:
200 g Nuss-Nougat
3–4 EL Sherry
2 EL Schlagsahne

Zum Verzieren:
je 50 g Zartbitter- und weiße Kuvertüre

Insgesamt:
E: 64 g, F: 249 g, Kh: 501 g, kJ: 19651, kcal: 4696

1. Für den Teig Mehl in einer Rührschüssel mit Zucker, Vanillin-Zucker und Salz mischen und Ei und Butter oder Margarine hinzufügen. Die Zutaten mit Handrührgerät mit Knethaken zunächst kurz auf niedrigster, dann auf höchster Stufe gut durcharbeiten.
2. Anschließend den Teig auf der leicht bemehlten Arbeitsfläche kurz verkneten. Sollte er kleben, ihn in Folie gewickelt eine Zeit lang kalt stellen.
3. Den Backofen vorheizen. Den Teig zwischen 2 Lagen Backpapier dünn ausrollen und mit einem Plätzchenausstecher Blüten, Sterne oder Herzen ausstechen. Die Teigplätzchen auf Backbleche (mit Backpapier belegt) legen. Die Backbleche nacheinander (bei Heißluft zusammen) in den vorgeheizten Backofen schieben.
Ober-/Unterhitze: etwa 180 °C
Heißluft: etwa 160 °C
Backzeit: etwa 10 Minuten je Backblech.
4. Das Gebäck mit dem Backpapier von den Backblechen auf je einen Kuchenrost ziehen und erkalten lassen.
5. Für die Füllung Nougat würfeln, mit Sherry und Sahne in einem kleinen Topf im Wasserbad bei schwacher Hitze auflösen und etwas abkühlen lassen. Die Hälfte der Plätzchen mit der Nougatcreme bestreichen, mit den restlichen Plätzchen bedecken und etwas andrücken.
6. Zum Verzieren Zartbitter- und weiße Kuvertüre in kleine Stücke hacken und getrennt in je einem kleinen Topf im Wasserbad bei schwacher Hitze schmelzen lassen. Die Massen in je ein Papiertütchen füllen und eine sehr kleine Ecke abschneiden. Die Plätzchen damit verzieren.

Raffiniert – mit Alkohol

Espresso-Doppel

Zubereitungszeit: 50 Minuten, ohne Abkühlzeit
Backzeit: etwa 12 Minuten je Backblech

Für den Biskuitteig:
1 Ei (Größe M)
1 Eigelb (Größe M)

Gefüllte Sherryplätzchen

Espresso-Doppel

50 g Zucker
2 Pck. Dr. Oetker Vanillin-Zucker
2 TL Instant-Espressopulver
50 g Weizenmehl
20 g Speisestärke

Zum Bestäuben:
Instant-Espressopulver

Für die Füllung:
100 g weiße Schokolade
30 g Butter
2–3 TL Kirschwasser

Insgesamt:
E: 22 g, F: 68 g, Kh: 186 g,
kJ: 6161, kcal: 1470

1. Für den Teig Ei und Eigelb mit Handrührgerät mit Rührbesen auf höchster Stufe in 1 Minute schaumig schlagen. Zucker mit Vanillin-Zucker und Espressopulver mischen, in 1 Minute einstreuen und noch etwa 2 Minuten schlagen. Mehl mit Speisestärke mischen, auf die Eiercreme geben und kurz auf niedrigster Stufe unterrühren.
2. Den Backofen vorheizen. Den Teig mit 2 Teelöffeln in kleinen Häufchen auf 2 Backbleche (gefettet, mit Backpapier belegt) setzen, dabei genügend Abstand dazwischen lassen. Etwas Espressopulver in ein feines Sieb geben und die Teighäufchen damit bestäuben. Die Backbleche nacheinander (bei Heißluft zusammen) in den vorgeheizten Backofen schieben.
Ober-/Unterhitze: etwa 180 °C
Heißluft: etwa 160 °C
Backzeit: etwa 12 Minuten
je Backblech.
3. Das Gebäck mit dem Backpapier von den Backblechen auf Kuchenroste ziehen und darauf erkalten lassen.
4. Für die Füllung Schokolade in Stücke brechen und mit Butter und Kirschwasser in einem kleinen Topf im Wasserbad bei schwacher Hitze unter Rühren schmelzen (nicht zu heiß, Masse gerinnt sonst). Masse etwas abkühlen lassen.
5. Die Schokoladenmasse mit Handrührgerät mit Rührbesen kurz aufschlagen. Jeweils 2 Gebäckstücke mit etwas Schokoladencreme bestreichen und zusammensetzen.

Tipp: Sollte die Creme gerinnen, diese nochmals kurz in einen Topf ins heiße Wasserbad geben und langsam wieder glattrühren.

Amerikanische Walnusskekse

Für Kinder

Amerikanische Walnusskekse

Zubereitungszeit: 40 Minuten
Backzeit: etwa 15 Minuten
je Backblech

Für den All-in-Teig:
150 g Walnusskerne
170 g Weizenmehl
30 g Speisestärke
30 g Kakaopulver
1 gestr. TL Dr. Oetker Backin
120 g brauner Zucker (Kandisfarin)
2 Pck. Dr. Oetker Vanillin-Zucker
1 Prise Salz
1 Ei (Größe M)
125 ml (1/8 l) Buttermilch
120 g weiches Kokosfett

Insgesamt:
E: 57 g, F: 230 g, Kh: 304 g,
kJ: 14547, kcal: 3493

1. Für den Teig Walnusskerne grob hacken. Den Backofen vorheizen.
2. Mehl mit Speisestärke, Kakao und Backpulver in einer Rührschüssel mischen und Zucker, Vanillin-Zucker, Salz, Ei, Buttermilch und Kokosfett hinzufügen. Die Zutaten mit Handrührgerät mit Rührbesen zunächst kurz auf niedrigster, dann auf höchster Stufe in etwa 2 Minuten zu einem Teig verarbeiten. Zuletzt Walnusskerne unterrühren.
3. Den Teig mit 2 Teelöffeln in Häufchen auf Backbleche (gefettet, mit Backpapier belegt) setzen, dabei etwas Abstand lassen.
4. Die Backbleche nacheinander (bei Heißluft zusammen) in den vorgeheizten Backofen schieben.
Ober-/Unterhitze: etwa 180 °C
Heißluft: etwa 160 °C
Backzeit: etwa 15 Minuten
je Backblech.
5. Die Kekse mit dem Backpapier von den Backblechen auf Kuchenroste ziehen und erkalten lassen.

Tipp: Die Walnusskekse halten sich in einer gut schließenden Dose gut 2–3 Wochen.

Raffiniert

Apfel-Kokos-Streifen

Zubereitungszeit: 60 Minuten, ohne Kühl- und Abkühlzeit
Backzeit: etwa 10 Minuten je Backblech

Für den Knetteig:
250 g Weizenmehl
1 gestr. TL Dr. Oetker Backin
50 g Puderzucker
100 g Apfelkraut (Apfeldicksaft)
1 Pck. Dr. Oetker Finesse Geriebene Zitronenschale
1 Ei (Größe M)
120 g weiche Butter oder Margarine

Für den Guss und zum Bestreuen:
120 g Puderzucker
2 EL Apfelsaft
50 g Kokosraspel

Insgesamt:
E: 39 g, F: 140 g, Kh: 414 g,
kJ: 13156, kcal: 3143

1. Für den Teig Mehl mit Backpulver und Puderzucker in einer Rührschüssel mischen. Apfelkraut, Zitronenschale, Ei und Butter oder Margarine hinzufügen und die Zutaten mit Handrührgerät mit Knethaken zunächst kurz auf niedrigster, dann auf höchster Stufe gut durcharbeiten.
2. Anschließend den Teig auf der leicht bemehlten Arbeitsfläche kurz verkneten. Den Teig halbieren, in Folie wickeln und etwa 30 Minuten kalt stellen.
3. Den Backofen vorheizen. Eine Teighälfte auf der bemehlten Arbeitsfläche zu einem Rechteck (etwa 24 x 30 cm) ausrollen. Mit einem Teigrädchen oder einem Messer 40 Streifen (etwa 3 x 6 cm) schneiden und die Teigstreifen auf 2 Backbleche (gefettet, mit Backpapier belegt) verteilen. Restlichen Teig auf die gleiche Weise verarbeiten. Die Backbleche nacheinander (bei Heißluft zusammen) in den vorgeheizten Backofen schieben.

Apfel-Kokos-Streifen

Ober-/Unterhitze: etwa 180 °C
Heißluft: etwa 160 °C
Backzeit: etwa 10 Minuten je Backblech.
4. Die Streifen mit dem Backpapier von den Backblechen auf Kuchenroste ziehen und erkalten lassen.
5. Für den Guss Puderzucker mit Apfelsaft zu einer dickflüssigen Masse verrühren und in einen Gefrierbeutel füllen. Plätzchen dicht nebeneinander auf Backpapier legen. Eine kleine Ecke vom Gefrierbeutel abschneiden und den Guss in Streifen über das Gebäck spritzen.
6. Zum Bestreuen die Kokosraspel sofort auf den feuchten Guss streuen und leicht andrücken. Den Guss fest werden lassen.

Tipp: Durch den Puderzucker im Teig werden die Apfel-Kokos-Streifen besonders knusprig. Noch intensiver schmecken die Kokosraspel, wenn sie vor dem Aufstreuen in einer Pfanne ohne Fett geröstet werden. Statt mit Kokosraspeln können die Streifen auch mit gerösteten, gemahlenen Haselnusskernen bestreut werden.

Schnell zubereitet

Crème-fraîche-Taler

Zubereitungszeit: 25 Minuten, ohne Kühlzeit
Backzeit: etwa 12 Minuten je Backblech

Für den Knetteig:
250 g Weizenmehl
200 g Butter oder Margarine
1 Becher (150 g) Crème fraîche

Zum Bestreichen und Bestreuen:
3–4 EL Kondensmilch
etwa 50 g Hagelzucker oder Zimt-Zucker

Insgesamt:
E: 37 g, F: 219 g, Kh: 246 g,
kJ: 12942, kcal: 3097

1. Für den Teig Mehl mit Butter oder Margarine und Crème fraîche in eine Rührschüssel geben. Die Zutaten mit Handrührgerät mit Knethaken zunächst kurz auf niedrigster, dann auf höchster Stufe gut durcharbeiten.

2. Anschließend den Teig auf der leicht bemehlten Arbeitsfläche kurz verkneten. Den Teig zu Rollen (Ø etwa 2,5 cm) formen und in Frischhaltefolie gewickelt einige Stunden oder über Nacht kalt stellen.
3. Den Backofen vorheizen. Teigrollen in etwa 1/2 cm dicke Scheiben schneiden und auf Backbleche (gefettet, mit Backpapier belegt) legen. Teigscheiben mit Kondensmilch bestreichen und mit Hagelzucker oder Zimt-Zucker bestreuen.
4. Die Backbleche nacheinander (bei Heißluft zusammen) in den vorgeheizten Backofen schieben.
Ober-/Unterhitze: etwa 200 °C
Heißluft: etwa 180 °C
Backzeit: etwa 12 Minuten je Backblech.
5. Die Crème-fraîche-Taler mit dem Backpapier von den Backblechen auf Kuchenroste ziehen. Crème-fraîche-Taler erkalten lassen.

Tipp: Die Teigrollen vor dem Kaltstellen in Zucker wälzen. Geben Sie 1 Päckchen Dr. Oetker Bourbon-Vanille-Zucker in den Teig.

Abwandlung: Für eine pikante Variante die Teigtaler statt mit Zucker mit geraspeltem Käse, Salz oder Mohn bestreuen.

Für Gäste

Früchtestreifen

Zubereitungszeit: 40 Minuten, ohne Durchzieh- und Gefrierzeit
Haltbarkeit: kühl gelagert etwa 14 Tage

Für die Fruchtmischung:
100 g getrocknete, gezuckerte Mango (Reformhaus)
50 g getrocknete Papaya (Reformhaus)
50 g Marzipan-Rohmasse
2–3 EL Rum
je 100 g Zartbitter-Schokolade, weiße Schokolade und Vollmilch-Schokolade

Insgesamt:
E: 33 g, F: 116 g, Kh: 262 g, kJ: 9628, kcal: 2300

1. Mango, Papaya und Marzipan in sehr feine Würfel schneiden, mischen, mit dem Rum tränken und zugedeckt etwa 30 Minuten durchziehen lassen.
2. Zartbitter-Schokolade in Stücke brechen und in einem kleinen Topf im Wasserbad bei schwacher Hitze schmelzen lassen. Flüssige Schokolade in eine Kastenform (25 x 11 cm, gefettet, mit Backpapier ausgelegt) geben und verstreichen. Die Form leicht aufklopfen, bis die Schokolade glatt wird. Die Hälfte der Fruchtmischung vorsichtig mit einer Gabel auf der Schokolade verteilen.
3. Die weiße Schokolade ebenfalls schmelzen und vorsichtig mit einem Esslöffel in Streifen auf die Fruchtmischung geben, dabei die Form wieder leicht aufklopfen. Die restliche Fruchtmischung vorsichtig auf die Schokolade geben. Zuletzt Vollmilch-Schokolade auflösen und vorsichtig mit Hilfe eines Esslöffels gleichmäßig auf der Fruchtmischung glatt verteilen.
4. Die Form 10–15 Minuten ins Gefrierfach stellen, bis die Schokolade fest geworden ist. Die Schokoladenplatte mit dem Backpapier aus der Form heben und Backpapier entfernen. Die Platte einmal der Länge nach senkrecht durchschneiden, so dass zwei lange Streifen (etwa 25 x 5,5 cm) entstehen. Die Streifen in etwa 1 cm dicke Scheiben schneiden, so dass etwa 50 Pralinen entstehen. Das Konfekt gut verpackt kühl aufbewahren.

Tipp: Statt Rum kann auch Orangenlikör oder Cognac verwendet werden. Statt Backpapier können Sie auch Frischhaltefolie verwenden, um die Backform auszulegen.

Crème-fraîche-Taler

Früchtestreifen

Raffiniert

Gefüllte Zitronenherzen

Zubereitungszeit: 50 Minuten,
ohne Kühl- und Abkühlzeit
Backzeit: etwa 10 Minuten
je Backblech

Für den Teig:
150 g weiche Butter oder Margarine
100 g gesiebter Puderzucker
1 Eiweiß (Größe M)
250 g Weizenmehl
1 Msp. Dr. Oetker Backin
1 Pck. Dr. Oetker Finesse
Geriebene Zitronenschale

Zum Bestreichen und Bestreuen:
1 Eigelb (Größe M)
1 EL kaltes Wasser
2 EL Hagelzucker

Für die Füllung:
150 g Zitronenmarmelade

Insgesamt:
E: 33 g, F: 134 g, Kh: 420 g,
kJ: 12732, kcal: 3043

1. Für den Teig Butter oder Margarine, mit Puderzucker und Eiweiß mit Handrührgerät mit Rührbesen auf höchster Stufe cremig rühren.

2. Mehl mit Backpulver und Zitronenschale mischen und auf die Arbeitsfläche geben. Die Fett-Zucker-Eiweiß-Mischung hinzufügen und alles mit den Händen zu einem Teig verkneten. Teig in Folie wickeln und eine Zeit lang kalt stellen.

3. Den Teig auf der leicht bemehlten Arbeitsfläche portionsweise etwa 3 mm dünn ausrollen. Den Backofen vorheizen. Mit einem Ausstecher (Ø etwa 4,5 cm) Herzen ausstechen und auf Backbleche (gefettet, mit Backpapier belegt) legen.

4. Eigelb und Wasser verquirlen, die Hälfte der Herzen damit bestreichen und mit Hagelzucker bestreuen. Die Backbleche nacheinander (bei Heißluft zusammen) in den vorgeheizten Backofen schieben.
Ober-/Unterhitze: etwa 180 °C
Heißluft: etwa 160 °C
Backzeit: etwa 10 Minuten
je Backblech.

5. Die Plätzchen mit dem Backpapier von den Backblechen auf Kuchenroste ziehen und erkalten lassen.

6. Für die Füllung Marmelade in einem kleinen Topf unter Rühren gut aufkochen lassen. Die Herzen ohne Hagelzucker damit bestreichen und die Marmelade etwas fester werden lassen. Dann die übrigen Herzen darauflegen und etwas andrücken.

Tipp: Anstelle von Zitronenmarmelade können Sie auch Orangenmarmelade oder Aprikosenkonfitüre verwenden. Die Zitronenherzen sind 1–2 Wochen haltbar. Wenn Sie das Gebäck ungefüllt aufbewahren, hält es sich mindestens 3 Wochen.

Raffiniert

Sonnenblumenkekse

Zubereitungszeit: 40 Minuten
Backzeit: 12–15 Minuten
je Backblech

Zum Vorbereiten:
100 g Sonnenblumenkerne
70 g flüssiger Honig
40 g Zucker
1 Pck. Dr. Oetker Finesse
Geriebene Zitronenschale

Für den Rührteig:
170 g weiche Butter
oder Margarine
100 g Zucker
1 Ei (Größe M)
1 Eigelb (Größe M)
1 TL Dr. Oetker Finesse
Geriebene Orangenschale
200 g Weizenmehl
1 gestr. TL Dr. Oetker Backin

Gefüllte Zitronenherzen

Sonnenblumenkekse

Zartes Mandelgebäck

Insgesamt:
E: 56 g, F: 205 g, Kh: 353 g,
kJ: 14527, kcal: 3468

1. Zum Vorbereiten Sonnenblumenkerne grob hacken und in eine Rührschüssel geben. Honig, Zucker und Zitronenschale untermengen.
2. Für den Teig Butter oder Margarine mit Handrührgerät mit Rührbesen auf höchster Stufe geschmeidig rühren. Nach und nach Zucker unterrühren. So lange rühren, bis eine gebundene Masse entstanden ist. Ei und Eigelb gut unterrühren. Orangenschale hinzufügen.
3. Mehl mit Backpulver mischen und in 2 Portionen kurz auf mittlerer Stufe unterrühren. Teig mit 2 Teelöffeln in kleinen Häufchen auf 2 Backbleche (gefettet, mit Backpapier belegt) setzen, dabei etwas Abstand zwischen den Teighäufchen lassen.
4. Den Backofen vorheizen. Mit einem kalt abgespülten Teelöffel jeweils die Spitzen der Teighäufchen etwas eindrücken. Mit 2 Teelöffeln etwas von der vorbereiteten Sonnenblumenkernmasse in die Vertiefungen der einzelnen Teighäufchen als Spitze setzen. Die Backbleche nacheinander (bei Heißluft zusammen) in den vorgeheizten Backofen schieben.
Ober-/Unterhitze: etwa 180 °C
Heißluft: etwa 160 °C
Backzeit: 12–15 Minuten
je Backblech.
5. Das Gebäck mit dem Backpapier von den Backblechen auf Kuchenroste ziehen und erkalten lassen.

Gut vorzubereiten

Zartes Mandelgebäck

Zubereitungszeit: 30 Minuten,
ohne Kühlzeit
Backzeit: 12–15 Minuten
je Backblech

Für den Knetteig:
375 g Weizenmehl
1 gestr. TL Dr. Oetker Backin
125 g Zucker
1 Pck. Dr. Oetker Vanillin-Zucker
1 Prise Salz
2 Tropfen Bittermandel-Aroma
abgeriebene Schale von 1 Bio-Zitrone (unbehandelt, ungewachst)
1 Ei (Größe M)
250 g Butter oder Margarine
100 g abgezogene, gehobelte Mandeln

Für den Guss:
175 g Zartbitter-Schokolade
1 EL Speiseöl

Insgesamt:
E: 76 g, F: 339 g, Kh: 490 g,
kJ: 22343, kcal: 5339

1. Für den Teig Mehl mit Backpulver in einer Rührschüssel mischen. Zucker, Vanillin-Zucker, Salz, Aroma, Zitronenschale, Ei, Butter oder Margarine und Mandeln hinzufügen und die Zutaten mit Handrührgerät mit Knethaken zunächst kurz auf niedrigster, dann auf höchster Stufe gut durcharbeiten.
2. Anschließend den Teig auf der leicht bemehlten Arbeitsfläche kurz verkneten und zu einem dicken Rechteck (etwa 14 x 22 cm) ausrollen. Die Teigplatte mit Folie bedeckt über Nacht kalt stellen.
3. Den Backofen vorheizen. Die durchgekühlte Teigplatte in Streifen (etwa 22 x 3,5 cm) schneiden. Teigstreifen anschließend in knapp 1 cm breite Scheiben schneiden und auf Backbleche (mit Backpapier belegt) legen. Die Backbleche nacheinander (bei Heißluft zusammen) in den vorgeheizten Backofen schieben.
Ober-/Unterhitze: etwa 180 °C
Heißluft: etwa 160 °C
Backzeit: 12–15 Minuten
je Backblech.
4. Das Gebäck mit dem Backpapier von den Backblechen auf Kuchenroste ziehen und erkalten lassen.
5. Für den Guss Schokolade in Stücke brechen und mit Speiseöl in einem kleinen Topf im Wasserbad schmelzen lassen. Die Plätzchen zur Hälfte hineintauchen, abstreifen und auf Backpapier legen. Guss fest werden lassen.

Gut vorzubereiten

Haselnussmakronen

Zubereitungszeit: 25 Minuten, ohne Abkühlzeit
Backzeit: etwa 25 Minuten

Für die Eiweißmasse:
200 g gehobelte Haselnusskerne
150 g gemahlene Haselnusskerne
4 Eiweiß (Größe M)
200 g feinster Zucker
1 Msp. gemahlener Zimt
4 Tropfen Bittermandel-Aroma

Insgesamt:
E: 57 g, F: 217 g, Kh: 236 g,
kJ: 12987, kcal: 3104

1. Für die Eiweißmasse Haselnusskerne auf einem Backblech (mit Backpapier belegt) im Backofen leicht bräunen, auf einen Teller schütten und erkalten lassen. Den Backofen auf Backtemperatur stellen. Eiweiß mit Handrührgerät mit Rührbesen auf höchster Stufe so steifschlagen, dass ein Messerschnitt sichtbar bleibt. Nach und nach Zucker, Zimt und Aroma unterschlagen.
2. Nusskerne vorsichtig unter die Eischneemasse heben (nicht rühren). Die Masse mit 2 Teelöffeln in Häufchen auf Backbleche (gefettet, mit Backpapier belegt) setzen. Die Backbleche nacheinander (bei Heißluft zusammen) in den vorgeheizten Backofen schieben.
Ober-/Unterhitze: etwa 140 °C
Heißluft: etwa 120 °C
Backzeit: etwa 25 Minuten.
3. Die Makronen mit dem Backpapier vom Backblech auf einen Kuchenrost ziehen und erkalten lassen.

Haselnussmakronen / Kokosmakronen

Beliebt

Kokosmakronen

Zubereitungszeit: 25 Minuten
Backzeit: etwa 25 Minuten je Backblech

Für die Eiweißmasse:
200 g Kokosraspel
4 Eiweiß (Größe M)
200 g feinster Zucker
1 Msp. gemahlener Zimt
2 Tropfen Bittermandel-Aroma

Insgesamt:
E: 80 g, F: 160 g, Kh: 240 g,
kJ: 8800, kcal: 2080

1. Für die Eiweißmasse Kokosraspel auf einem Backblech (mit Backpapier belegt) leicht bräunen, vom Backpapier auf einen großen Teller schütten und erkalten lassen. Den Backofen auf Backtemperatur stellen.
2. Eiweiß mit einem Handrührgerät mit Rührbesen auf höchster Stufe so steifschlagen, dass ein Messerschnitt sichtbar bleibt. Zucker, Zimt und Aroma nach und nach auf höchster Stufe kurz unterschlagen. Die Kokosraspel vorsichtig unter den Eischnee heben (nicht rühren).
3. Von der Masse mit 2 Teelöffeln Häufchen auf Backbleche (gefettet, mit Backpapier belegt) setzen und anschließend die Backbleche nacheinander (bei Heißluft zusammen) in den vorgeheizten Backofen schieben.
Ober-/Unterhitze: etwa 140 °C
Heißluft: etwa 120 °C
Backzeit: etwa 25 Minuten.
4. Die Makronen mit dem Backpapier vom Backblech auf einen Kuchenrost ziehen und erkalten lassen.

Für Gäste

Pfeffernüsse mit Guss

Zubereitungszeit: 60 Minuten, ohne Kühl- und Abkühlzeit
Backzeit: etwa 15 Minuten je Backblech

Für den Knetteig:
25 g Zitronat (Sukkade)
250 g Weizenmehl
1 1/2 gestr. TL Dr. Oetker Backin
160 g Zucker
1 Pck. Dr. Oetker Finesse Geriebene Zitronenschale
1 Prise Salz
1 Ei (Größe M)
je 1 Msp. Ingwer, Kardamom, Nelken, Piment (Nelkenpfeffer), weißer Pfeffer (alles gemahlen)
5 EL Milch
25 g abgezogene, gemahlene Mandeln

Für den Guss:
175 g Puderzucker
etwa 2 EL heißes Wasser

Insgesamt:
E: 42 g, F: 25 g, Kh: 547 g,
kJ: 10781, kcal: 2574

Pfeffernüsse mit Guss

1. Für den Teig Zitronat sehr fein würfeln. Mehl mit Backpulver in einer Rührschüssel mischen und Zucker, Zitronenschale, Salz, Ei, Gewürze, Milch, Mandeln und Zitronat hinzufügen. Die Zutaten mit Handrührgerät mit Knethaken zunächst kurz auf niedrigster, dann auf höchster Stufe gut durcharbeiten.
2. Anschließend den Teig auf der leicht bemehlten Arbeitsfläche kurz verkneten, zu Rollen (Ø etwa 3 cm) formen und in Frischhaltefolie gewickelt einige Stunden oder über Nacht kalt stellen.
3. Den Backofen vorheizen. Die Teigrollen in etwa 1 cm dicke Scheiben schneiden und auf Backbleche (mit Backpapier belegt) legen (die Teigrollen zwischendurch immer wieder kalt stellen, damit sie sich gut schneiden lassen). Die Backbleche nacheinander (bei Heißluft zusammen) in den vorgeheizten Backofen schieben.
Ober-/Unterhitze: etwa 180 °C
Heißluft: etwa 160 °C
Backzeit: etwa 15 Minuten je Backblech.
4. Die Pfeffernüsse mit dem Backpapier von den Backblechen auf Kuchenroste ziehen und erkalten lassen.
5. Für den Guss Puderzucker mit heißem Wasser zu einer dickflüssigen Masse verrühren. Die Pfeffernüsse damit dick bestreichen und den Guss fest werden lassen.
6. Sobald der Guss fest ist, die Pfeffernüsse mit 1 Stück Graubrot (auf Pergament- oder Backpapier gelegt) in einer gut schließenden Blechdose aufbewahren, damit sie weich werden.

Tipp: Teigrollen etwa 30 Minuten anfrieren lassen und mit einem scharfen Messer oder mit einer Aufschnittmaschine schneiden.

Klassisch

Zimtsterne

Zubereitungszeit: 60 Minuten
Backzeit: etwa 25 Minuten
je Backblech

Für den Teig:
3 Eiweiß (Größe M)
250 g Puderzucker
1 Pck. Dr. Oetker Vanillin-Zucker
3 Tropfen Bittermandel-Aroma
1 leicht geh. TL gemahlener Zimt
etwa 400 g nicht abgezogene, gemahlene Mandeln oder Haselnusskerne

Außerdem:
etwas Puderzucker

Insgesamt:
E: 90 g, F: 213 g, Kh: 275 g,
kJ: 15211, kcal: 3632

1. Für den Teig Eiweiß mit Handrührgerät mit Rührbesen auf höchster Stufe so steifschlagen, dass ein Messerschnitt sichtbar bleibt. Im Anschluss daran Puderzucker sieben und nach und nach auf höchster Stufe kurz unterrühren. Zum Bestreichen der Sterne 2 gut gehäufte Esslöffel Eischnee abnehmen und beiseitestellen.
2. Vanillin-Zucker, Aroma, Zimt und etwa 150 g von den Mandeln oder Haselnusskernen vorsichtig auf niedrigster Stufe unter den übrigen Eischnee rühren. Von den übrigen Mandeln oder Haselnusskernen so viel mit den Händen unterkneten, dass der Teig kaum noch klebt.
3. Den Teig auf der mit Puderzucker bestäubten Arbeitsfläche gut 1/2 cm dick ausrollen und Sterne ausstechen. Dann den Backofen vorheizen. Sterne auf Backbleche (gefettet, mit Backpapier belegt) legen und mit dem zurückgelassenen Eischnee bestreichen. Der Eischnee muss so sein, dass er sich glatt auf die Sterne streichen lässt, evtl. einige Tropfen Wasser unterrühren. Die Backbleche nacheinander (bei Heißluft zusammen) in den Backofen schieben.
Ober-/Unterhitze: etwa 140 °C
Heißluft: etwa 120 °C
Backzeit: etwa 25 Minuten
je Backblech.
4. Das Gebäck muss sich beim Herausnehmen auf der Unterseite noch etwas weich anfühlen. Die Sterne mit dem Backpapier vom Backblech ziehen und auf einem Kuchenrost erkalten lassen.

Raffiniert

Engadiner Mandelscheiben

Zubereitungszeit: 30 Minuten, ohne Kühlzeit
Backzeit: etwa 15 Minuten
je Backblech

Für den Knetteig:
250 g Weizenmehl
1 Pck. Dr. Oetker Pudding-Pulver Schokoladen-Geschmack
1 gestr. TL Kakaopulver
125 g gesiebter Puderzucker
1 Pck. Dr. Oetker Vanillin-Zucker
1 Prise Salz
250 g Butter oder Margarine
100 g abgezogene, halbierte Mandeln

Insgesamt:
E: 47 g, F: 266 g, Kh: 353 g,
kJ: 16802, kcal: 4013

1. Für den Teig Mehl mit Pudding-Pulver und Kakao in einer Rührschüssel mischen und Puderzucker, Vanillin-Zucker, Salz und Butter oder Margarine hinzugeben. Die Zutaten mit Handrührgerät mit Knethaken zu-

nächst kurz auf niedrigster, dann auf höchster Stufe gut durcharbeiten.
2. Anschließend den Teig auf der leicht bemehlten Arbeitsfläche kurz verkneten und Mandeln unterkneten. Sollte der Teig kleben, ihn in Folie gewickelt eine Zeit lang kalt stellen.
3. Den Teig zu 3–4 cm dicken Rollen formen. Teigrollen so lange kalt stellen, bis sie hart geworden sind.
4. Den Backofen vorheizen. Die Teigrollen mit einem scharfen Messer in etwa 1/2 cm dicke Scheiben schneiden und auf Backbleche (mit Backpapier belegt) legen. Die Backbleche nacheinander (bei Heißluft zusammen) in den vorgeheizten Backofen schieben.
Ober-/Unterhitze: 180–200 °C
Heißluft: 160–180 °C
Backzeit: etwa 15 Minuten je Backblech.
5. Das Gebäck mit Backpapier von den Backblechen auf Kuchenroste ziehen und erkalten lassen.

Gut vorzubereiten

Bethmännchen

Zubereitungszeit: 45 Minuten, ohne Trockenzeit
Backzeit: etwa 15 Minuten

Für den Teig:
125 g Puderzucker
1 Eiweiß (Größe M)
200 g abgezogene, gemahlene Mandeln
1 leicht geh. TL Speisestärke

Zum Bestreichen und Belegen:
1 Eigelb (Größe M), 2 EL Wasser
50 g abgezogene, halbierte Mandeln
etwas Milch

Insgesamt:
E: 58 g, F: 140 g, Kh: 145 g,
kJ: 9365, kcal: 2236

1. Für den Teig Puderzucker sieben. Eiweiß mit Handrührgerät mit Rührbesen steifschlagen. Mandeln mit Puderzucker und Speisestärke mischen und kurz unterrühren.
2. Aus der Masse etwa 30 walnussgroße Kugeln formen. Eigelb mit Wasser verquirlen und die Bethmännchen mit einem Backpinsel damit bestreichen.
3. An jede Kugel 3 Mandelhälften drücken, so dass die Kugeln leicht spitz nach oben zulaufen. Die Bethmännchen auf ein Backblech (mit Backpapier belegt) setzen und über Nacht trocknen lassen.
4. Den Backofen vorheizen. Die Bethmännchen mit etwas Milch bestreichen. Das Backblech auf mittlerer Einschubleiste in den vorgeheizten Backofen schieben.
Ober-/Unterhitze: etwa 180 °C
Heißluft: etwa 160 °C
Backzeit: etwa 15 Minuten.
5. Die Bethmännchen mit dem Backpapier vom Backblech ziehen und danach auf einem Kuchenrost erkalten lassen.

Tipp: Nach Belieben zusätzlich 1 Esslöffel Rosenwasser (ohne Alkohol) in die Masse geben. Verwenden Sie für die Bethmännchen gekaufte gemahlene Mandeln, da selbst gemahlene Mandeln nicht fein genug sind und zu viel Fett in die Masse bringen, so dass die Bethmännchen breit laufen. Die Bethmännchen in gut schließenden Dosen aufbewahren.

Bethmännchen

Raffiniert

Amarettini-Pralinen

Zubereitungszeit: 30 Minuten, ohne Kühlzeit
Haltbarkeit: kühl gelagert etwa 10 Tage

Für die Amarettini-Masse:
150 g Amarettini (ital. Mandelmakronen)
75 ml Amaretto (Mandellikör)
150 g Vollmilch-Schokolade

Zum Verzieren:
25 g Edelbitter-Schokolade (70 % Kakao)
25 g weiße Schokolade

Insgesamt:
E: 36 g, F: 111 g, Kh: 178 g, kJ: 8415, kcal: 2010

1. Amarettini in einen Gefrierbeutel geben, ihn verschließen und die Kekse mit der Teigrolle fein zerbröseln. Brösel in eine Schüssel geben und mit Mandellikör verrühren.
2. Schokolade in Stücke brechen und in einem kleinen Topf im Wasserbad bei schwacher Hitze geschmeidig rühren. Die Amarettini-Masse dazugeben und alles gut verrühren. Die Masse auf ein Stück Backpapier geben, zu einem Rechteck (etwa 20 x 10 cm) ausstreichen und etwa 30 Minuten kalt stellen. Die fest gewordene Platte in Würfel (etwa 2 x 2,5 cm) schneiden, so dass 40 Pralinen entstehen.
3. Zum Verzieren beide Schokoladen getrennt auflösen. Schokoladen getrennt in Papiertütchen oder kleine Gefrierbeutel füllen, eine kleine Ecke abschneiden, die Würfel damit verzieren und kalt stellen.

Für Gäste

Gefüllte Sandtropfen

Zubereitungszeit: 50 Minuten, ohne Abkühlzeit
Backzeit: 12–15 Minuten je Backblech

Für den Rührteig:
400 g Butter
150 g gesiebter Puderzucker
1 Pck. Dr. Oetker Vanillin-Zucker
1 Prise Salz
1 Ei (Größe M)
1 Eiweiß (Größe M)
abgeriebene Schale von 1/2 Bio-Zitrone (unbehandelt, ungewachst)
2 Tropfen Bittermandel-Aroma
500 g Weizenmehl

Für die Füllung:
etwa 150 g Marzipan-Rohmasse
4 EL Orangenlikör

Für den Guss:
50 g Zartbitter-Kuvertüre
50 g dunkle Kuchenglasur

Insgesamt:
E: 71 g, F: 384 g, Kh: 566 g, kJ: 25073, kcal: 5987

1. Für den Teig Butter zerlassen, in eine Rührschüssel geben und wieder etwas fest werden lassen. Die etwas fest gewordene Butter mit Puderzucker, Vanillin-Zucker und Salz verrühren. Die Zutaten mit Handrührgerät mit Rührbesen auf höchster Stufe schaumig schlagen.
2. Ei, Eiweiß, Zitronenschale und Aroma unterrühren. Mehl in 2 Portionen auf mittlerer Stufe unterrühren. Den Backofen vorheizen.
3. Den Teig mit 2 Teelöffeln in kleinen Häufchen auf Backbleche (gefettet, mit Backpapier belegt) setzen, dabei etwas Abstand zwischen den Teighäufchen lassen. Die Backbleche nacheinander (bei Heißluft zusammen) in den vorgeheizten Backofen schieben.
Ober-/Unterhitze: 180–200 °C
Heißluft: 160–180 °C
Backzeit: 12–15 Minuten je Backblech.
4. Das Gebäck mit dem Backpapier von den Backblechen auf Kuchenroste ziehen und erkalten lassen.
5. Für die Füllung Marzipan in kleine Stücke schneiden, in eine Rührschüssel geben und mit dem Likör geschmeidig rühren. Die Hälfte der Plätzchen auf der Unterseite damit bestreichen, mit je 1 Plätzchen belegen und leicht andrücken.

Amarettini-Pralinen

Gefüllte Sandtropfen

6. Für den Guss Kuvertüre in Stücke hacken und mit der Kuchenglasur in einem kleinen Topf im Wasserbad bei schwacher Hitze unter Rühren schmelzen. Die Sandtropfen jeweils mit einem Ende hineintauchen, etwas abtropfen lassen, auf Backpapier legen und den Guss fest werden lassen.

Fruchtig

Hagebuttenherzen

Zubereitungszeit: 70 Minuten, ohne Kühl- und Abkühlzeit
Backzeit: etwa 15 Minuten je Backblech

Für den Knetteig:
200 g Weizenmehl
75 g Zucker
2 Pck. Dr. Oetker Bourbon-Vanille-Zucker
1 Prise Salz
1 Eigelb (Größe M)
125 g Butter oder Margarine

Für die Streusel:
200 g Weizenmehl
75 g Zucker, 1 Prise Salz
1/2 gestr. TL gemahlener Zimt
140 g Butter

Zum Bestreichen:
200 g Hagebuttenkonfitüre (Hiffenmark)

Zum Bestäuben:
2 EL Puderzucker

Insgesamt:
E: 54 g, F: 228 g, Kh: 608 g, kJ: 20243, kcal: 4836

1. Für den Teig Mehl mit Zucker, Vanille-Zucker und Salz in einer Rührschüssel mischen. Eigelb und Butter oder Margarine hinzufügen und die Zutaten mit Handrührgerät mit Knethaken zunächst auf niedrigster, dann auf höchster Stufe gut durcharbeiten.

Hagebuttenherzen

2. Anschließend den Teig auf der leicht bemehlten Arbeitsfläche kurz verkneten. Den Teig in Folie gewickelt etwa 30 Minuten kalt stellen.
3. Für die Streusel Mehl mit Zucker, Salz, Zimt und Butter in eine Rührschüssel geben und mit Handrührgerät mit Rührbesen zu feinen Streuseln verarbeiten.
4. Den Teig portionsweise auf der bemehlten Arbeitsfläche dünn ausrollen und etwa 40 Herzen daraus ausstechen. Danach den Backofen vorheizen.
5. Zum Bestreichen Hagebuttenkonfitüre gut verrühren, die Herzen damit bestreichen und mit den Zimtstreuseln bestreuen.
6. Streuselherzen mit einem Messer oder einer Palette auf Backbleche (mit Backpapier belegt) setzen und die Backbleche nacheinander (bei Heißluft zusammen) in den vorgeheizten Backofen schieben.
Ober-/Unterhitze: 180–200 °C
Heißluft: 160–180 °C
Backzeit: etwa 15 Minuten je Backblech.
7. Die Herzen mit Backpapier von den Backblechen auf Kuchenroste ziehen und erkalten lassen. Die Herzen mit Puderzucker bestäuben.

Tipp: Für Himbeerherzen verwenden Sie statt Hagebuttenkonfitüre Himbeerkonfitüre.

Kokostaler

Schnell zubereitet

Kokostaler

Zubereitungszeit: 20 Minuten, ohne Kühlzeit
Backzeit: etwa 12 Minuten je Backblech

Für den Knetteig:
250 g Weizenmehl
1/2 gestr. TL Dr. Oetker Backin
250 g Zucker
1 Pck. Dr. Oetker Vanillin-Zucker
5 Tropfen Bittermandel-Aroma
1 Ei (Größe M)
250 g weiche Butter
200 g Kokosraspel
2–3 EL Milch nach Belieben

Insgesamt:
E: 49 g, F: 344 g, Kh: 456 g,
kJ: 21284, kcal: 5082

1. Für den Teig Mehl mit Backpulver in einer Rührschüssel mischen. Zucker, Vanillin-Zucker, Aroma, Ei und Butter hinzufügen und die Zutaten mit Handrührgerät mit Knethaken zunächst kurz auf niedrigster, dann auf höchster Stufe gut durcharbeiten. Kokosraspel unterarbeiten.
2. Anschließend den Teig auf der leicht bemehlten Arbeitsfläche kurz verkneten, zu Rollen (Ø etwa 4 cm) formen und in Frischhaltefolie gewickelt einige Stunden oder über Nacht kalt stellen.
3. Den Backofen vorheizen. Teigrollen in etwa 1/2 cm dicke Scheiben schneiden und auf Backbleche (gefettet, mit Backpapier belegt) legen, evtl. etwas nachformen. Teigplätzchen nach Belieben mit Milch bestreichen. Die Backbleche nacheinander (bei Heißluft zusammen) in den vorgeheizten Backofen schieben.
Ober-/Unterhitze: 180–200 °C
Heißluft: 160–180 °C
Backzeit: etwa 12 Minuten je Backblech.
4. Die Kokostaler mit dem Backpapier von den Backblechen auf Kuchenroste ziehen und erkalten lassen.

Tipp: Die Hälfte der Teigtaler mit Milch bestreichen. Die restlichen Teigtaler nach dem Backen mit 50 g aufgelöster Zartbitter-Kuvertüre besprenkeln.

Für Gäste

Nougatsand

Zubereitungszeit: 45 Minuten, ohne Abkühlzeit
Backzeit: 15–20 Minuten je Backblech

Für den All-in-Teig:
150 g Butter, 100 g Weizenmehl
170 g Speisestärke
1/2 gestr. TL Dr. Oetker Backin
100 g Zucker
1 Pck. Dr. Oetker Vanillin-Zucker
1 Prise Salz, 1 Ei (Größe M)
1 Eigelb (Größe M)
150 g Nuss-Nougat-Creme (Zimmertemperatur)

Zum Garnieren:
75 g gekühlter Schicht-Nougat

Insgesamt:
E: 37 g, F: 199 g, Kh: 456 g,
kJ: 15746, kcal: 3762

1. Für den Teig Butter zerlassen und abkühlen lassen. Mehl mit Speisestärke und Backpulver in einer Rührschüssel mischen und restliche Zutaten und Butter hinzufügen. Die Zutaten mit Handrührgerät mit Rührbesen zunächst kurz auf niedrigster, dann auf höchster Stufe in etwa 2 Minuten zu einem glatten Teig verarbeiten.
2. Den Backofen vorheizen. Den Teig mit 2 Teelöffeln in kleinen Häufchen auf Backbleche (gefettet, mit Backpapier belegt) setzen. Die Backbleche nacheinander (bei Heißluft zusammen) in den vorgeheizten Backofen schieben.
Ober-/Unterhitze: etwa 180 °C
Heißluft: etwa 160 °C
Backzeit: 15–20 Minuten je Backblech.
3. Das Gebäck mit dem Backpapier von den Backblechen auf Kuchenroste ziehen. Zum Garnieren Schicht-Nougat in dünne, schmale Streifen (= Anzahl der Kekse) schneiden und auf das warme Gebäck legen. Gebäck erkalten lassen.

Raffiniert

Mascarpone-Zimt-Häufchen

Zubereitungszeit: 45 Minuten, ohne Abkühlzeit
Backzeit: 15–20 Minuten je Backblech

Zum Vorbereiten:
150 g getrocknete Aprikosen

Für den Rührteig:
250 g Mascarpone (ital. Frischkäse)
80 g weiches Butterschmalz
100 g Zucker
1 Prise Salz
1/2 Pck. Dr. Oetker Finesse Geriebene Zitronenschale
150 g Weizenmehl
100 g Speisestärke
1/2 gestr. TL Dr. Oetker Backin
1 gestr. TL gemahlener Zimt

Für den Guss:
100 g Puderzucker
1 gestr. TL gemahlener Zimt
1–2 TL Zitronensaft
einige getrocknete Aprikosenstückchen

Insgesamt:
E: 35 g, F: 187 g, Kh: 481 g,
kJ: 15868, kcal: 3788

1. Zum Vorbereiten Aprikosen in sehr kleine Stücke schneiden oder mit einem Blitzhacker fein hacken.
2. Für den Teig Mascarpone mit Butterschmalz, Zucker, Salz und Zitronenschale in eine Rührschüssel geben und mit Handrührgerät mit Rührbesen auf höchster Stufe etwa 1 Minute geschmeidig rühren. Aprikosenstückchen unterrühren.
3. Mehl mit Speisestärke, Backpulver und Zimt mischen und in 2 Portionen auf mittlerer Stufe unter die Mascarponecreme rühren.
4. Den Backofen vorheizen. Den Teig mit 2 Teelöffeln mit etwas Abstand in kleinen Häufchen auf Backbleche (gefettet, mit Backpapier belegt) setzen. Die Backbleche nacheinander (bei Heißluft zusammen) in den vorgeheizten Backofen schieben.
Ober-/Unterhitze: etwa 180 °C
Heißluft: etwa 160 °C
Backzeit: 15–20 Minuten je Backblech.
5. Das Gebäck mit dem Backpapier von den Backblechen auf Kuchenroste ziehen und danach erkalten lassen.
6. Für den Guss Puderzucker mit Zimt und Zitronensaft zu einer dickflüssigen Masse verrühren. Den Guss in einen kleinen Gefrierbeutel geben und eine kleine Ecke abschneiden. Das Gebäck mit dem Guss besprenkeln und nach Belieben mit Aprikosenstückchen garnieren. Guss fest werden lassen.

Nougatsand

Mascarpone-Zimt-Häufchen

Für Gäste

Gefüllte Nougatstangen

Zubereitungszeit: 80 Minuten, ohne Abkühlzeit
Backzeit: 8–10 Minuten je Backblech

Für den Rührteig:
225 g weiche Butter oder Margarine
100 g gesiebter Puderzucker
1 Pck. Dr. Oetker Vanillin-Zucker
2 Msp. gemahlener Zimt
3 Eigelb (Größe M)
200 g Weizenmehl
40 g Kakaopulver
1 gestr. TL Dr. Oetker Backin
125 g gemahlene, geröstete Haselnusskerne

Für die Füllung:
100 g Nuss-Nougat

Für den Guss:
150 g Zartbitter-Schokolade
1 EL Speiseöl

Insgesamt:
E: 76 g, F: 371 g, Kh: 409 g, kJ: 22771, kcal: 5440

1. Für den Teig Butter oder Margarine mit Handrührgerät mit Rührbesen auf höchster Stufe geschmeidig rühren. Nach und nach Puderzucker, Vanillin-Zucker und Zimt unterrühren. So lange rühren, bis eine gebundene Masse entstanden ist.
2. Eigelb nach und nach unterrühren. Mehl mit Kakao und Backpulver mischen und in 2 Portionen auf mittlerer Stufe unterrühren. Zuletzt Haselnusskerne unterrühren.
3. Den Backofen vorheizen. Den Teig in einen Spritzbeutel mit großer Sterntülle füllen und etwa 4 cm lange Streifen auf Backbleche (gefettet, mit Backpapier belegt) spritzen. Die Backbleche nacheinander (bei Heißluft zusammen) in den vorgeheizten Backofen schieben.
Ober-/Unterhitze: etwa 180 °C
Heißluft: etwa 160 °C
Backzeit: 8–10 Minuten je Backblech.
4. Die Plätzchen mit dem Backpapier vom Backblech ziehen und auf einem Kuchenrost erkalten lassen.
5. Für die Füllung Nuss-Nougat nach Packungsanleitung auflösen und die Hälfte der Plätzchen auf der Unterseite damit bestreichen. Die übrigen Plätzchen mit der Unterseite darauflegen und gut andrücken. Die Füllung fest werden lassen.
6. Für den Guss Schokolade in kleine Stücke brechen und mit dem Speiseöl in einem kleinen Topf im Wasserbad bei schwacher Hitze schmelzen lassen. Die Plätzchenenden hineintauchen, abstreifen, Guss fest werden lassen.

Tipp: Den Teig in den Fleischwolf mit Sternvorsatz geben.

Klassisch

Nuss-Spritzgebäck

Zubereitungszeit: 50 Minuten
Backzeit: etwa 15 Minuten je Backblech

Für den Rührteig:
250 g weiche Butter oder Margarine
175 g Zucker
1 Pck. Dr. Oetker Vanillin-Zucker
1 Ei (Größe M)
1 Eigelb (Größe M)
175 g Weizenmehl
175 g Speisestärke
10 g Kakaopulver
100 g gemahlene Haselnusskerne

Zum Garnieren:
1 Eiweiß (Größe M)
100 g Haselnusskerne

Gefüllte Nougatstangen

Nuss-Spritzgebäck / Spritzgebäck-Tupfen

Insgesamt:
E: 58 g, F: 348 g, Kh: 479 g,
kJ: 22140, kcal: 5291

1. Butter oder Margarine in eine Rührschüssel geben und mit Handrührgerät mit Rührbesen auf höchster Stufe geschmeidig rühren. Nach und nach Zucker und Vanillin-Zucker unterrühren. So lange rühren, bis eine gebundene Masse entstanden ist. Ei und Eigelb nach und nach unterrühren (etwa 1/2 Minute).
2. Mehl und Speisestärke mischen und in 2 Portionen auf mittlerer Stufe unterrühren. Nusskerne ebenfalls unterrühren.
3. Ein Drittel des Teiges in einen Spritzbeutel mit Sterntülle (Ø 1–2 cm) füllen. Den Teig im Spritzbeutel zur Spitze drücken, dabei den Beutel im oberen Viertel zusammendrehen. Tupfen (Ø etwa 4 cm) auf Backbleche (gefettet, mit Backpapier belegt) spritzen. Den Backofen vorheizen. Restlichen Teig ebenso auf die Backbleche spritzen.
4. Eiweiß mit einer Gabel verquirlen. Die Nusskerne mit der flachen Seite darin eintauchen und mit der eingetauchten Seite nach unten auf die Teigtupfen setzen. Die Backbleche nacheinander (bei Heißluft zusammen) in den vorgeheizten Backofen schieben.
Ober-/Unterhitze: etwa 180 °C
Heißluft: etwa 160 °C
Backzeit: etwa 15 Minuten je Backblech.
5. Die Kekse mit dem Backpapier von den Backblechen auf Kuchenroste ziehen und erkalten lassen.

Klassisch

Spritzgebäck-Tupfen

Zubereitungszeit: 50 Minuten
Backzeit: etwa 15 Minuten je Backblech

Zum Garnieren:
70 g rote Belegkirschen

Für den Rührteig:
250 g weiche Butter oder Margarine
175 g Zucker
1 Pck. Dr. Oetker Vanillin-Zucker
1 Ei (Größe M), 175 g Weizenmehl
175 g Speisestärke
100 g abgezogene, gemahlene Mandeln

Insgesamt:
E: 44 g, F: 270 g, Kh: 505 g,
kJ: 19467, kcal: 4652

1. Zum Garnieren die Kirschen in Viertel schneiden, dabei die Messerklinge immer wieder in heißes Wasser tauchen.
2. Für den Teig Butter oder Margarine in eine Rührschüssel geben und mit Handrührgerät mit Rührbesen auf höchster Stufe geschmeidig rühren. Nach und nach Zucker und Vanillin-Zucker unterrühren. So lange rühren, bis eine gebundene Masse entstanden ist. Ei nach und nach unterrühren (etwa 1/2 Minute).
3. Mehl und Speisestärke mischen, in 2 Portionen auf mittlerer Stufe unterrühren. Mandeln kurz unterrühren. Den Backofen vorheizen.
4. Ein Drittel des Rührteiges in einen Spritzbeutel mit Sterntülle (Ø 1–2 cm) füllen. Den Teig im Spritzbeutel nach unten zur Spitze drücken, dabei den Beutel im oberen Viertel zusammendrehen.
5. Tupfen (Ø etwa 4 cm) auf Backbleche (gefettet, mit Backpapier belegt) spritzen und mit je einem Kirschstück belegen. Restlichen Teig ebenso auf die Backbleche spritzen. Die Backbleche nacheinander (bei Heißluft zusammen) in den vorgeheizten Backofen schieben.
Ober-/Unterhitze: etwa 180 °C
Heißluft: etwa 160 °C
Backzeit: etwa 15 Minuten je Backblech.
6. Die Kekse mit dem Backpapier von den Backblechen auf Kuchenroste ziehen und erkalten lassen.

Tipp: Fertig gekaufte gemahlene Mandeln in 2 Portionen im Zerkleinerer noch feiner mahlen. So werden evtl. vorhandene größere Mandelstückchen zerteilt. Der Teig lässt sich dann besser durch die Spritztülle drücken.

Raffiniert

Mokkawürfel

Zubereitungszeit: 40 Minuten, ohne Abkühl- und Kühlzeit
Haltbarkeit: kühl gelagert etwa 8 Tage

Für die Schokomasse:
75 ml Wasser
2 TL lösliches Kaffeepulver
50 g Butter
200 g Kaffee-Sahne- oder Cappuccino-Sahne-Schokolade
50 g Pinienkerne
25 g Walnusskerne
100 g Butterkekse

Zum Bestäuben:
Kakaopulver
Puderzucker

Insgesamt:
E: 51 g, F: 187 g, Kh: 106 g, kJ: 9652, kcal: 2307

1. Wasser zum Kochen bringen und Kaffeepulver einrühren. Butter dazugeben und auflösen. Die grob gehackte Schokolade hinzufügen, bei schwacher Hitze schmelzen und etwas abkühlen lassen.
2. Pinienkerne in einer Pfanne ohne Fett leicht bräunen. Walnusskerne grob hacken. Butterkekse in einen Gefrierbeutel geben, ihn verschließen und die Kekse mit einer Teigrolle grob zerkleinern. Pinienkerne, Walnusskernstücke und Keksstücke zur Schokoladenmasse geben und gut verrühren.
3. Die Masse auf eine Tortenplatte (mit Backpapier belegt, das evtl. mit einigen Tupfen Schokoladenmasse festgeklebt ist) geben und mit einem großen glatten Messer zu einem Rechteck (etwa 15 x 17,5 cm) verstreichen. Die Schokoladenmasse 2–3 Stunden kalt stellen und fest werden lassen.
4. Die Schokomasse in Würfel (etwa 2,5 x 2,5 cm) schneiden, so dass 42 Würfel entstehen, und mit Kakao und Puderzucker bestäuben.

Für Gäste – mit Alkohol

Piña-Colada-Makronen

Zubereitungszeit: 30 Minuten, ohne Durchzieh- und Abkühlzeit
Backzeit: etwa 20 Minuten je Backblech

Zum Vorbereiten:
100 g getrocknete, gezuckerte Ananasstücke
3 EL weißer Rum

Für die Eiweißmasse:
3 Eiweiß (Größe M)
120 g feinster Zucker
1 Prise Salz
abgeriebene Schale von 1/2 Bio-Limette (unbehandelt, ungewachst)
200 g Kokosraspel

Mokkawürfel

Piña-Colada-Makronen

Für den Guss:
50 g Kuchenglasur Zitronen-Geschmack

Zum Garnieren:
einige rote Belegkirschen
einige getrocknete, gezuckerte Ananasstückchen
einige Schalenstücke von 1 Bio-Limette (unbehandelt, ungewachst)

Insgesamt:
E: 27 g, F: 149 g, Kh: 278 g, kJ: 11042, kcal: 2630

1. Zum Vorbereiten Ananasstücke sehr fein hacken, in eine Schüssel geben und mit Rum mischen. Etwa 1 Stunde stehen lassen, bis der Rum fast vollständig aufgesogen ist.
2. Für die Eiweißmasse Eiweiß mit Handrührgerät mit Rührbesen auf höchster Stufe so steifschlagen, dass ein Messerschnitt sichtbar bleibt. Zucker und Salz nach und nach kurz unterschlagen. Limettenschale, Kokosraspel und die eingeweichten Ananasstückchen vorsichtig unterheben.
3. Den Backofen vorheizen. Die Masse mit 2 Teelöffeln mit etwas Abstand in Häufchen auf Backbleche (gefettet, mit Backpapier belegt) setzen. Die Backbleche nacheinander (bei Heißluft zusammen) in den vorgeheizten Backofen schieben.
Ober-/Unterhitze: etwa 140 °C
Heißluft: etwa 120 °C
Backzeit: etwa 20 Minuten je Backblech.
4. Die Makronen mit dem Backpapier von den Backblechen auf Kuchenroste ziehen und erkalten lassen.
5. Für den Guss Kuchenglasur nach Packungsanleitung auflösen. Die Spitzen der Makronen mit dem Guss bestreichen. Belegkirschen in kleine Stücke schneiden. Kirsch-, Ananasstückchen und Limettenschale auf den Guss legen und den Guss fest werden lassen.

Saftige Honigkrater

Raffiniert

Saftige Honigkrater

Zubereitungszeit: 50 Minuten
Backzeit: 12–15 Minuten je Backblech

Für den Rührteig:
120 g weiches Butterschmalz
50 g Zucker
1 Pck. Dr. Oetker Bourbon-Vanille-Zucker
1 Prise Salz
50 g flüssiger Honig
1 Eigelb (Größe M)
200 g Weizenmehl
1/2 gestr. TL Dr. Oetker Backin

Für die Füllung:
100 g Schmand (Sauerrahm, 24 % Fett)
10 g flüssiger Honig

Insgesamt:
E: 25 g, F: 152 g, Kh: 252 g, kJ: 10277, kcal: 2440

1. Für den Teig Butterschmalz mit Handrührgerät mit Rührbesen auf höchster Stufe geschmeidig rühren. Zucker, Vanille-Zucker, Salz, Honig und Eigelb unterrühren. So lange rühren, bis eine gebundene Masse entstanden ist. Mehl mit Backpulver mischen und in 2 Portionen auf mittlerer Stufe unter die Masse rühren.
2. Den Teig mit 2 Teelöffeln in kleinen Häufchen auf Backbleche (gefettet, mit Backpapier belegt) setzen. In die Mitte jedes Teighäufchens mit einem Kochlöffelstiel eine etwa 1 cm breite Vertiefung drücken, dabei den Stiel immer wieder in Mehl tauchen.
3. Den Backofen vorheizen. Für die Füllung Schmand mit Honig in einer Schüssel gut verrühren. Die Masse in einen kleinen Gefrierbeutel füllen und eine kleine Ecke abschneiden. Die Schmandmasse in die Vertiefungen spritzen. Die Backbleche nacheinander (bei Heißluft zusammen) in den vorgeheizten Backofen schieben.
Ober-/Unterhitze: etwa 180 °C
Heißluft: etwa 160 °C
Backzeit: 12–15 Minuten je Backblech.
4. Die Backbleche auf Kuchenroste setzen und das Gebäck darauf erkalten lassen.

Tipp: Statt Butterschmalz die gleiche Menge Butter verwenden, dann jedoch statt 1 Eigelb 1 ganzes Ei unter den Teig rühren.

Raffiniert

Scharfes Chili-Konfekt

Zubereitungszeit: 40 Minuten, ohne Abkühl- und Kühlzeit
Haltbarkeit: gekühlt 8–10 Tage

Für die Schokomasse:
2 rote Chilischoten
100 g Schlagsahne
125 g Edel-Sahne-Schokolade (45 % Kakao)
100 g weiche Butter
20 g Puderzucker

Außerdem:
200 g hauchdünne Täfelchen (Edelbitter, z. B. von Lindt)

Insgesamt:
E: 28 g, F: 255 g, Kh: 152 g,
kJ: 12668, kcal: 3028

1. Chilischoten putzen, entkernen und in sehr feine Würfel schneiden. Sahne in einem Topf mit den Chilistücken zum Kochen bringen und bei mittlerer Hitze 2–3 Minuten auf etwa 75 g einkochen lassen. Den Topf von der Kochstelle nehmen.
2. Schokolade in kleine Stücke brechen, zu der Sahne geben und darin unter Rühren auflösen. Die Masse etwas abkühlen lassen. Butter und Puderzucker mit Handrührgerät mit Rührbesen schaumig schlagen. Die Schokoladenmasse dazugeben, unterrühren und etwa 30 Minuten kalt stellen, bis eine spritzfähige Masse entstanden ist.
3. Die Schokoladen-Butter-Masse in einen Spritzbeutel mit kleiner Sterntülle füllen. Die Schokoladentäfelchen mit einem scharfen Messer der Länge nach halbieren und jeweils 2 kleine Tupfen der Schokoladen-Butter-Masse auf eine Hälfte spritzen, mit der zweiten Hälfte belegen und mit der restlichen Creme verzieren (ergibt etwa 50 Stück).
4. Das Konfekt kalt stellen, dann in eine gut schließende Dose geben und wieder kalt stellen.

Beliebt

Shortbread-Scheiben

Zubereitungszeit: 40 Minuten, ohne Kühlzeit
Backzeit: 12–15 Minuten je Backblech

Für den Knetteig:
300 g Weizenmehl
30 g Hartweizengrieß
120 g Zucker
1 Pck. Dr. Oetker Vanillin-Zucker
1/2 gestr. TL Salz
2 Eigelb (Größe M)
200 g weiche Butter oder Margarine
2 EL kaltes Wasser

Zum Wälzen und Bestreichen:
2 EL Zucker, Wasser

Insgesamt:
E: 44 g, F: 182 g, Kh: 399 g,
kJ: 14241, kcal: 3401

1. Für den Teig Mehl in eine Rührschüssel geben und mit Grieß, Zucker, Vanillin-Zucker und Salz mischen. Eigelb, Butter oder Margarine und Wasser hinzufügen. Die Zutaten mit Handrührgerät mit Knethaken zunächst kurz auf niedrigster, dann auf höchster Stufe gut durcharbeiten.
2. Den Teig auf der leicht bemehlten Arbeitsfläche kurz verkneten. Aus dem Teig 2 Rollen (je 25 cm Länge) formen. Die Rollen in Frischhaltefolie gewickelt auf ein Schneidbrett legen und etwa 3 Stunden kalt stellen.
3. Zucker auf ein Stück Backpapier streuen. Die Teigrollen nacheinander erst mit Wasser bestreichen, dann mit leichtem Druck im Zucker wälzen. Den Backofen vorheizen.
4. Die Teigrollen nacheinander mit einem Sägemesser in etwa 1 cm dicke Scheiben schneiden. Scheiben auf Backbleche (mit Backpapier belegt) legen. Die Teigscheiben mehrfach leicht mit einer Gabel einstechen (nicht durchstechen). Die Backbleche nacheinander (bei Heißluft zusammen) in den vorgeheizten Backofen schieben.
Ober-/Unterhitze: etwa 180 °C
Heißluft: etwa 160 °C
Backzeit: 12–15 Minuten je Backblech.
5. Die Kekse mit dem Backpapier von den Backblechen auf Kuchenroste ziehen und erkalten lassen.

Raffiniert

White Chocolate Cookies

Zubereitungszeit: 50 Minuten, ohne Kühlzeit
Backzeit: etwa 15 Minuten je Backblech

Für den Rührteig:
200 g weiße Schokolade
150 g weiche Butter oder Margarine
75 g Zucker
75 g brauner Zucker (Kandisfarin)
1 Pck. Dr. Oetker Bourbon-Vanille-Zucker
1 Prise Salz
2 Eier (Größe M)
200 g Weizenmehl
1 gestr. TL Dr. Oetker Backin

Für den Guss:
50 g Edelbitter-Schokolade (mind. 50 % Kakao)
1/2 TL Speiseöl

Insgesamt:
E: 49 g, F: 222 g, Kh: 441 g,
kJ: 16648, kcal: 3979

1. Für den Teig die Schokolade nicht zu fein hacken. Butter oder Margarine in eine Rührschüssel geben und mit Handrührgerät mit Rührbesen auf höchster Stufe geschmeidig rühren. Nach und nach die drei Zuckersorten und Salz unterrühren. So lange rühren, bis eine gebundene Masse entstanden ist.
2. Eier nach und nach unterrühren (jedes Ei etwa 1/2 Minute). Mehl und Backpulver mischen und in 2 Portionen auf mittlerer Stufe unterrühren. Schokolade kurz unterrühren. Den Backofen vorheizen.
3. Den Teig mit 2 Teelöffeln in kleinen Häufchen auf Backbleche (gefettet, mit Backpapier belegt) setzen. Dabei etwas Abstand lassen, da der Teig beim Backen etwas auseinanderläuft. Die Backbleche nacheinander (bei Heißluft zusammen) in den vorgeheizten Backofen schieben.
Ober-/Unterhitze: etwa 180 °C
Heißluft: etwa 160 °C
Backzeit: etwa 15 Minuten je Backblech.
4. Die Cookies mit dem Backpapier von den Backblechen auf Kuchenroste ziehen und erkalten lassen.
5. Für den Guss die Schokolade in Stücke brechen und mit dem Speiseöl in einem Topf im Wasserbad bei schwacher Hitze unter Rühren schmelzen lassen. In einen kleinen Gefrierbeutel füllen, verschließen und eine sehr kleine Ecke abschneiden. Die Kekse damit besprenkeln und den Guss fest werden lassen.

Scharfes Chili-Konfekt

White Chocolate Cookies

Raffiniert

Mandelmakronen mit Preiselbeeren

Zubereitungszeit: 50 Minuten, ohne Abkühlzeit
Backzeit: etwa 20 Minuten je Backblech

Zum Vorbereiten:
100 g abgezogene, gemahlene Mandeln

Für die Eiweißmasse:
3 Eiweiß (Größe M)
1 TL Zitronensaft
170 g Zucker
150 g abgezogene, gemahlene Mandeln
1 Pck. Dr. Oetker Finesse Geriebene Zitronenschale
etwa 120 g Wild-Preiselbeeren (aus dem Glas)

Insgesamt:
E: 59 g, F: 136 g, Kh: 236 g, kJ: 10007, kcal: 2390

1. Zum Vorbereiten Mandeln in einer Pfanne ohne Fett unter gelegentlichem Rühren goldbraun rösten und auf einem Teller erkalten lassen.
2. Für die Eiweißmasse Eiweiß und Zitronensaft mit Handrührgerät mit Rührbesen auf höchster Stufe so steifschlagen, dass ein Messerschnitt sichtbar bleibt. Nach und nach Zucker kurz unterschlagen.
3. Mandeln mit den gerösteten Mandeln und der Zitronenschale mischen und in 2 Portionen kurz unterrühren.
4. Die Masse mit 2 Teelöffeln in Häufchen auf Backbleche (gefettet, mit Backpapier belegt) setzen, dabei Abstand dazwischen lassen. Den Backofen vorheizen.
5. Mit einem feuchten Kochlöffelstiel in jedes Teighäufchen kreisförmig eine kleine Vertiefung drücken. Die Vertiefungen mit Preiselbeeren füllen. Die Backbleche nacheinander (bei Heißluft zusammen) in den vorgeheizten Backofen schieben.
Ober-/Unterhitze: etwa 180 °C
Heißluft: etwa 160 °C
Backzeit: etwa 20 Minuten je Backblech.
6. Makronen mit dem Backpapier von den Backblechen auf Kuchenroste ziehen und erkalten lassen.

Tipp: Die Makronen können auch mit Orangenmarmelade oder einer anderen herben Konfitüre gefüllt werden. Tauchen Sie den Kochlöffelstiel immer wieder in kaltes Wasser.

Für Gäste

Kaffeemakronen

Zubereitungszeit: 40 Minuten
Backzeit: etwa 20 Minuten je Backblech

Zum Vorbereiten:
2 EL (15 g) geröstete Kaffeebohnen
1 Pck. (125 g) Azora-Kekse (zartes Orangengebäck von Bahlsen)

Für die Eiweißmasse:
2 Eiweiß (Größe M)
1 TL Zitronensaft, 80 g Zucker
1 EL Speisestärke
20 g gesiebter Puderzucker

Mandelmakronen mit Preiselbeeren

Kaffeemakronen

Haferflocken-Frucht-Makronen

Zum Garnieren:
etwa 25 Schokoladen-Mokkabohnen

Insgesamt:
E: 18 g, F: 36 g, Kh: 209 g,
kJ: 5181, kcal: 1238

1. Zum Vorbereiten Kaffeebohnen im Mörser grob zerstoßen oder im Blitzhacker zerkleinern. Kekse in einen Gefrierbeutel geben, Beutel verschließen und Kekse mit einer Teigrolle fein zerbröseln.
2. Für die Eiweißmasse Eiweiß und Zitronensaft mit Handrührgerät mit Rührbesen auf höchster Stufe so steifschlagen, dass ein Messerschnitt sichtbar bleibt. Nach und nach Zucker kurz unterschlagen. Keksbrösel mit Speisestärke, Puderzucker und den zerstoßenen Kaffeebohnen in einer Schüssel mischen und in 2 Portionen kurz auf mittlerer Stufe unter die Eiweißmasse rühren.
3. Backofen vorheizen. Den Teig mit 2 Teelöffeln in Häufchen auf Backbleche (gefettet, mit Backpapier belegt) setzen, dabei etwas Abstand zwischen den Teighäufchen lassen. Die Backbleche nacheinander (bei Heißluft zusammen) in den vorgeheizten Backofen schieben.
Ober-/Unterhitze: etwa 180 °C
Heißluft: etwa 160 °C
Backzeit: etwa 20 Minuten je Backblech.
4. Die Makronen mit dem Backpapier von den Backblechen auf Kuchenroste ziehen. Jeweils eine Mokkabohne auf die heißen Makronen legen und die Kaffeemakronen erkalten lassen.

Vollwertig

Haferflocken-Frucht-Makronen

Zubereitungszeit: 45 Minuten
Backzeit: etwa 25 Minuten

Für die Eiweißmasse:
2 Eiweiß (Größe M)
2 EL Zucker
4 EL Hagebuttenkonfitüre (Hiffenmark)
50 g abgezogene, gemahlene Mandeln
125 g kernige Haferflocken

Für die Füllung:
2 EL Hagebuttenkonfitüre (Hiffenmark)

Insgesamt:
E: 37 g, F: 37 g, Kh: 231 g,
kJ: 5931, kcal: 1413

1. Für die Eiweißmasse Eiweiß mit Handrührgerät mit Rührbesen auf höchster Stufe so steifschlagen, dass ein Messerschnitt sichtbar bleibt. Nach und nach Zucker und Konfitüre kurz unterschlagen. Mandeln und Haferflocken vorsichtig unterheben.
2. Den Backofen vorheizen. Von der Eiweißmasse mit 2 Teelöffeln Häufchen auf Backbleche (gefettet, mit Backpapier belegt) setzen. Mit einem Löffelstiel jeweils eine kleine Vertiefung in die Teighäufchen drücken. Die Backbleche nacheinander (bei Heißluft zusammen) in den vorgeheizten Backofen schieben.
Ober-/Unterhitze: 140–160 °C
Heißluft: 120–140 °C
Backzeit: etwa 25 Minuten.
3. Die Makronen mit dem Backpapier von den Backblechen auf Kuchenroste ziehen.
4. Für die Füllung Konfitüre gut verrühren. Jeweils etwas Konfitüre in die Vertiefungen der noch heißen Makronen geben und Makronen erkalten lassen.

Chocolate Cookies mit Nüssen

Feine Gewürzplätzchen

Zum Verschenken

Chocolate Cookies mit Nüssen

Zubereitungszeit: 60 Minuten, ohne Abkühlzeit
Backzeit: etwa 12 Minuten je Backblech

Für den Rührteig:
100 g Nusskerne (z. B. Walnusskerne, Pecannüsse oder Mandeln)
75 g weiße Schokolade
200 g Zartbitter-Schokolade
150 g weiche Butter oder Margarine
125 g Zucker
125 g brauner Zucker (Kandisfarin)
2 Pck. Dr. Oetker Vanillin-Zucker
1/2 gestr. TL Salz, 2 Eier (Größe M)
300 g Weizenmehl
1 gestr. TL Dr. Oetker Backin
1/2 gestr. TL Natron

Außerdem:
25 g weiße Schokolade
1 TL Speiseöl (z. B. Sonnenblumenöl)

Insgesamt:
E: 83 g, F: 298 g, Kh: 643 g,
kJ: 23299, kcal: 5563

1. Für den Teig Nusskerne bzw. Mandeln sowie weiße Schokolade und 125 g von der Zartbitter-Schokolade grob hacken. Restliche Zartbitter-Schokolade in Stücke brechen und in einem kleinen Topf im Wasserbad bei schwacher Hitze schmelzen lassen.
2. Butter oder Margarine mit der geschmolzenen Schokolade in einer Rührschüssel mit Handrührgerät mit Rührbesen auf höchster Stufe geschmeidig rühren. Nach und nach Zucker, Vanillin-Zucker und Salz unterrühren. So lange rühren, bis eine gebundene Masse entstanden ist. Eier nach und nach unterrühren (jedes Ei etwa 1/2 Minute). Mehl mit Backpulver und Natron mischen und in 2 Portionen auf mittlerer Stufe unterrühren.
3. Zuletzt Nuss- und Schokoladenstückchen unterheben. Den Backofen vorheizen. Den Teig mit 2 Teelöffeln in kleinen Portionen auf 2 Backbleche (gefettet, mit Backpapier belegt) geben. Die Backbleche nacheinander (bei Heißluft zusammen) in den Backofen schieben.
Ober-/Unterhitze: etwa 180 °C
Heißluft: etwa 160 °C
Backzeit: etwa 12 Minuten je Backblech.
4. Die Cookies mit dem Backpapier auf Kuchenroste ziehen und erkalten lassen. Schokolade in Stücke brechen und mit Öl schmelzen lassen. Die Cookies mit der geschmolzenen Schokolade besprenkeln.

Beliebt

Feine Gewürzplätzchen

Zubereitungszeit: 40 Minuten, ohne Kühlzeit
Backzeit: 10–12 Minuten je Backblech

Für den Knetteig:
250 g Weizenmehl
1/2 gestr. TL Dr. Oetker Backin
2 gestr. TL gemahlener Zimt
1/2 gestr. TL gemahlene Nelken
1/2 gestr. TL gemahlener Kardamom
1 Msp. gemahlene Muskatblüte (Macis)
120 g Zucker
1 Pck. Dr. Oetker Vanillin-Zucker
170 g Butter oder Margarine
50 g abgezogene, gemahlene Mandeln
3–4 EL Schlagsahne

Insgesamt:
E: 36 g, F: 182 g, Kh: 318 g,
kJ: 12895, kcal: 3082

1. Für den Teig Mehl mit Backpulver und Gewürzen in einer Rührschüssel mischen. Zucker, Vanillin-Zucker, Butter oder Margarine, Mandeln und Sahne hinzufügen. Die Zutaten mit Handrührgerät mit Knethaken zunächst kurz auf niedrigster, dann auf höchster Stufe gründlich durcharbeiten.

2. Anschließend den Teig auf der leicht bemehlten Arbeitsfläche kurz verkneten. Aus dem Teig eine etwa 30 cm lange Rolle formen. Teigrolle in Frischhaltefolie gewickelt mindestens 1 Stunde kalt stellen.

3. Den Backofen vorheizen. Die Teigrolle mit einem Sägemesser in etwa 1/2 cm dicke Scheiben schneiden, dabei die Rolle immer wieder drehen, damit die Scheiben gleichmäßig abgeschnitten werden.

4. Die Teigscheiben auf Backbleche (mit Backpapier belegt) legen. Die Backbleche nacheinander (bei Heißluft zusammen) in den vorgeheizten Backofen schieben.
Ober-/Unterhitze: etwa 180 °C
Heißluft: etwa 160 °C
Backzeit: 10–12 Minuten je Backblech.

5. Die Plätzchen mit dem Backpapier von den Backblechen auf Kuchenroste ziehen. Plätzchen erkalten lassen.

Tipp: Die erkalteten Gewürzplätzchen mit geschmolzener dunkler Kuvertüre besprenkeln.

Mit Alkohol

Ananasecken

Zubereitungszeit: 50 Minuten, ohne Abkühlzeit
Backzeit: etwa 25 Minuten

Zum Vorbereiten:
125 g gemahlene Haselnusskerne
100 g kandierte Ananasstücke

Für den Teig:
2 Eier (Größe M), 150 g Zucker
1 Pck. Dr. Oetker Vanillin-Zucker
125 g abgezogene, gemahlene Mandeln
abgeriebene Schale von 1/2 Bio-Zitrone (unbehandelt, ungewachst)
1/2 Fläschchen Rum-Aroma
1 gestr. TL gemahlener Zimt
1 Msp. gemahlene Nelken

Außerdem:
3 rechteckige, große Oblaten (etwa 12 x 20 cm)

Für den Guss und zum Garnieren:
100 g Zartbitter-Kuvertüre
50 g kandierte Ananasstücke

Insgesamt:
E: 69 g, F: 166 g, Kh: 368 g, kJ: 14271, kcal: 3407

1. Zum Vorbereiten Haselnusskerne unter Wenden in einer Pfanne ohne Fett rösten und auf einem Teller abkühlen lassen. Ananas in sehr kleine Stücke schneiden.

2. Für den Teig Eier in eine Rührschüssel geben und mit Handrührgerät mit Rührbesen etwa 2 Minuten sehr schaumig rühren. Zucker und Vanillin-Zucker hinzufügen und noch etwa 2 Minuten rühren. Restliche Zutaten mischen und mit den Nusskernen und Ananasstücken unter die Schaummasse heben.

3. Den Backofen vorheizen. Oblaten auf ein Backblech (mit Backpapier belegt) legen und mit dem Teig bestreichen. Dabei einen schmalen Rand frei lassen. Danach das Backblech in den vorgeheizten Backofen schieben.
Ober-/Unterhitze: 140–160 °C
Heißluft: 120–140 °C
Backzeit: etwa 25 Minuten.

4. Gebäck auf einem Kuchenrost abkühlen lassen und anschließend in kleine Rauten schneiden.

5. Für den Guss Kuvertüre grob zerkleinern und in einem kleinen Topf im Wasserbad bei schwacher Hitze unter Rühren schmelzen lassen. Die Rauten teilweise in die Kuvertüre tauchen und mit Ananasstücken garnieren.

Ananasecken

Klassisch

Gefüllte Walnussplätzchen

Zubereitungszeit: 90 Minuten, ohne Kühl- und Abkühlzeit
Backzeit: etwa 10 Minuten je Backblech

Für den Knetteig:
300 g Weizenmehl
200 g Zucker
1 Pck. Dr. Oetker Vanillin-Zucker
1 Fläschchen Rum-Aroma
3 Tropfen Bittermandel-Aroma
1 Msp. gemahlener Kardamom oder Zimt
1 Prise Salz
1 Ei (Größe M)
200 g Butter
150 g gemahlene Walnusskerne

Zum Bestreichen:
2–3 EL Johannisbeergelee

Zum Garnieren und für den Guss:
50 g Zartbitter-Kuvertüre
200 g halbierte Walnusskerne
150–200 g Kuchenglasur Zitronen-Geschmack

Insgesamt:
E: 101 g, F: 487 g, Kh: 617 g, kJ: 30224, kcal: 7219

1. Für den Teig Mehl mit Zucker und Vanillin-Zucker in einer Rührschüssel mischen. Aromen, Kardamom oder Zimt, Salz, Ei und Butter hinzufügen und die Zutaten mit Handrührgerät mit Knethaken zunächst kurz auf niedrigster, dann auf höchster Stufe gut durcharbeiten, Walnusskerne kurz unterarbeiten.
2. Anschließend den Teig auf der leicht bemehlten Arbeitsfläche kurz verkneten und in Frischhaltefolie gewickelt einige Stunden oder über Nacht kalt stellen.
3. Den Backofen vorheizen. Den Teig portionsweise auf der leicht bemehlten Arbeitsfläche dünn ausrollen und mit einer runden Ausstechform (Ø etwa 4 cm) etwa 100 Plätzchen ausstechen. Teigplätzchen auf Backbleche (mit Backpapier belegt) legen. Die Backbleche nacheinander (bei Heißluft zusammen) in den vorgeheizten Backofen schieben.
Ober-/Unterhitze: etwa 180 °C
Heißluft: etwa 160 °C
Backzeit: etwa 10 Minuten je Backblech.
4. Die Plätzchen mit dem Backpapier von den Backblechen auf Kuchenroste ziehen. Plätzchen erkalten lassen.
5. Zum Bestreichen das Gelee glattrühren. Die Hälfte der Plätzchen auf der Unterseite mit dem Gelee bestreichen, die restlichen Plätzchen darauflegen und gut andrücken.
6. Zum Garnieren Kuvertüre in einem kleinen Topf im Wasserbad bei schwacher Hitze schmelzen lassen. Die Walnusskerne jeweils zur Hälfte in die Kuvertüre tauchen, auf Backpapier legen, Kuvertüre fest werden lassen.
7. Für den Guss Zitronenglasur nach Packungsanleitung auflösen, die Plätzchen damit bestreichen und mit den Walnusskernhälften garnieren.

Klassisch

Heidesand

Zubereitungszeit: 50 Minuten, ohne Abkühl- und Kühlzeit
Backzeit: 12–15 Minuten je Backblech

Für den Knetteig:
250 g Butter
250 g Zucker
1 Pck. Dr. Oetker Vanillin-Zucker
1 Prise Salz
2 EL Milch
350 g Weizenmehl
1 gestr. TL Dr. Oetker Backin

Insgesamt:
E: 160 g, F: 160 g, Kh: 480 g, kJ: 17120, kcal: 4160

1. Für den Teig Butter in einem Topf zerlassen und leicht bräunen lassen. Butter leicht abkühlen lassen, anschließend in eine Rührschüssel geben und etwa 45 Minuten kalt stellen.
2. Die wieder fest gewordene Butter mit Handrührgerät mit Rührbesen

Gefüllte Walnussplätzchen

Heidesand

Karottenlebkuchen

auf höchster Stufe geschmeidig rühren. Nach und nach Zucker, Vanillin-Zucker, Salz und Milch unterrühren. So lange rühren, bis eine gebundene Masse entstanden ist.

3. Mehl mit Backpulver mischen und zwei Drittel davon in 2 Portionen auf mittlerer Stufe unterrühren. Den Teig mit dem restlichen Mehlgemisch auf der Arbeitsfläche verkneten. Etwa 3 cm dicke Rollen daraus formen. Die Rollen in Frischhaltefolie wickeln und auf Schneidbrettern kalt stellen, bis sie hart geworden sind. Den Backofen vorheizen.

4. Die Teigrollen in gut 1/2 cm dicke Scheiben schneiden und auf Backbleche (mit Backpapier belegt) legen. Die Backbleche nacheinander (bei Heißluft zusammen) in den vorgeheizten Backofen schieben.
Ober-/Unterhitze: etwa 180 °C
Heißluft: etwa 160 °C
Backzeit: 12–15 Minuten je Backblech.

5. Den Heidesand mit dem Backpapier auf Kuchenroste ziehen und erkalten lassen.

Dauert länger

Karottenlebkuchen

Zubereitungszeit: 100 Minuten, ohne Kühlzeit
Backzeit: etwa 20 Minuten

Für den Teig:
5 Eier (Größe M)
50 g Zucker
4 g Hirschhornsalz (Apotheke)
250 g gemahlene Haselnusskerne
50 g Zitronat (Sukkade), fein gewürfelt
50 g Orangeat, fein gewürfelt
1 Pck. Lebkuchengewürz
125 g Karotten (Möhren), fein geraspelt
200 g Weizenmehl (evtl. zur Hälfte Vollkornmehl)

Außerdem:
Oblaten (Ø 8 cm)

Zum Bestreichen:
Schokoladen- und Nussglasur

Insgesamt:
E: 98 g, F: 192 g, Kh: 306 g,
kJ: 14629, kcal: 3494

1. Für den Teig Eier, Zucker und Hirschhornsalz mit Handrührgerät mit Rührbesen auf höchster Stufe schaumig rühren. Restliche Zutaten hinzufügen und auf niedrigster Stufe unterrühren. Den Teig zugedeckt über Nacht kalt stellen.

2. Den Backofen vorheizen. Auf je 1 Oblate 1 gehäuften Esslöffel Teig geben, mit einem in Wasser getauchten Messer kuppelförmig verstreichen, auf ein Backblech (mit Backpapier belegt) legen. Backblech in den vorgeheizten Backofen schieben.
Ober-/Unterhitze: etwa 200 °C
Heißluft: etwa 180 °C
Backzeit: etwa 20 Minuten.

3. Die Lebkuchen vom Backblech nehmen und auf einem Kuchenrost erkalten lassen.

4. Schokoladen- und Nussglasur nach Packungsanleitung auflösen und die Lebkuchen zur Hälfte damit bestreichen.

Kulleraugen

Klassisch

Kulleraugen

Zubereitungszeit: 45 Minuten,
ohne Kühlzeit
Backzeit: etwa 15 Minuten
je Backblech

Für den Knetteig:
250 g Weizenmehl
1 gestr. TL Dr. Oetker Backin
100 g Zucker
1 Pck. Dr. Oetker Vanillin-Zucker
3 Eigelb (Größe M)
150 g weiche Butter oder Margarine

Außerdem:
2 Eiweiß (Größe M)
50 g abgezogene, gehackte Mandeln
6 EL Johannisbeergelee

Insgesamt:
E: 52 g, F: 173 g, Kh: 403 g,
kJ: 14269, kcal: 3410

1. Mehl mit Backpulver in einer Rührschüssel mischen. Zucker, Vanillin-Zucker, Eigelb und Butter oder Margarine dazugeben. Die Zutaten mit Handrührgerät mit Knethaken zunächst kurz auf niedrigster, dann auf höchster Stufe gut durcharbeiten.
2. Anschließend den Teig auf der leicht bemehlten Arbeitsfläche kurz verkneten. Aus dem Teig 3 Rollen (je 25 cm Länge) formen. Die Rollen in Frischhaltefolie wickeln, auf ein Schneidbrett legen und mindestens 1 Stunde kalt stellen.
3. Die Teigrollen nacheinander in etwa 1 1/2 cm dicke Scheiben schneiden. Die Scheiben zu Kugeln formen und mit einem Kochlöffelstiel in jede Kugel eine Vertiefung drücken. Den Stiel zwischendurch immer wieder in Mehl tauchen.
4. Den Backofen vorheizen. Eiweiß in eine kleine Schüssel geben und mit einer Gabel verquirlen. Die Kugeln mit der Oberseite zuerst in das Eiweiß tauchen, abtropfen lassen und dann in die gehackten Mandeln drücken. Die Kugeln mit der Mandelseite nach oben auf Backbleche (mit Backpapier belegt) setzen.
5. Gelee mit einem Schneebesen kräftig durchrühren. Gelee mit einem Teelöffel oder einer Papierspritztüte in die Vertiefungen füllen. Die Backbleche nacheinander (bei Heißluft zusammen) in den vorgeheizten Backofen schieben.
Ober-/Unterhitze: etwa 180 °C
Heißluft: etwa 160 °C
Backzeit: etwa 15 Minuten
je Backblech.
6. Die Kekse mit dem Backpapier von den Backblechen auf Kuchenroste ziehen und erkalten lassen.

Für Kinder

Möhrenhäufchen

Zubereitungszeit: 40 Minuten,
ohne Kühlzeit
Haltbarkeit: gekühlt 4–5 Tage

Für die Möhrenmasse:
20 g Butter
125 g Möhren, fein gerieben
(vorbereitet gewogen)
50 g Schlagsahne
2 EL Aprikosenkonfitüre
50 g weiße Schokolade
50 g abgezogene, gemahlene
Mandeln
1 Msp. gemahlener Zimt

Für den Guss:
100 g Vollmilch-Schokolade
50 g Zartbitter-Schokolade
1 EL Speiseöl

Insgesamt:
E: 26 g, F: 128 g, Kh: 150 g,
kJ: 7788, kcal: 1861

1. Butter in einen Topf zerlassen, geriebene Möhren hinzugeben und etwa 2 Minuten dünsten lassen. Sahne und Konfitüre hinzugeben, verrühren und die Masse nochmals etwa 3 Minuten

bei schwacher Hitze köcheln lassen. Topf von der Kochstelle nehmen, die grob gehackte Schokolade darin auflösen. Mandeln und Zimt unterrühren.
2. Von der Möhrenmasse mit 2 Teelöffeln etwa 50 haselnussgroße Häufchen auf Backpapier setzen und etwa 1 Stunde kalt stellen.
3. Für den Guss Schokolade in Stücke brechen und mit dem Öl in einem kleinen Topf im Wasserbad bei schwacher Hitze schmelzen lassen. Die Möhrenhäufchen mit Hilfe einer Gabel in die Schokolade tunken, auf einem Kuchenrost abtropfen und den Guss fest werden lassen (evtl. Schokolade zwischendurch nochmals erwärmen).
4. Möhrenhäufchen in eine gut schließende Dose geben und kalt stellen.

Tipp: Nach Belieben das Konfekt nach dem Überziehen mit gehackten Pistazien bestreuen.

Zum Verschenken

Orangentrüffel

Zubereitungszeit: 45 Minuten, ohne Abkühl- und Kühlzeit
Haltbarkeit: gekühlt 6–8 Tage

Für die Trüffelmasse:
200 g Zartbitter-Schokolade
125 g weiche Butter
125 g gesiebter Puderzucker
2–3 EL Orangenmarmelade
1 Pck. Dr. Oetker Finesse Geriebene Orangenschale

Zum Wälzen:
etwa 75 g gehackte Mandeln
100 g Schokoladenstreusel

Insgesamt:
E: 35 g, F: 223 g, Kh: 334 g,
kJ: 15116, kcal: 3610

1. Für die Trüffelmasse Schokolade in kleine Stücke brechen, in einem kleinen Topf im Wasserbad bei schwacher Hitze schmelzen und abkühlen lassen.
2. Butter mit Handrührgerät mit Rührbesen auf höchster Stufe geschmeidig rühren. Nach und nach Puderzucker unterrühren. Schokolade, Orangenmarmelade und Orangenschale hinzufügen. So lange rühren, bis eine gebundene Masse entstanden ist. Die Masse einige Stunden kalt stellen.
3. Jeweils ein Viertel der Trüffelmasse aus dem Kühlschrank nehmen, mit einem Teelöffel Häufchen abstechen und zu Kugeln formen (sonst wird die Masse zu weich).
4. Etwa die Hälfte der Orangentrüffel in Mandeln, die restlichen Trüffel in Schokoladenstreuseln wälzen. Die Trüffel in gut schließenden Dosen kühl aufbewahren.

Möhrenhäufchen

Orangentrüffel

Mit Alkohol

Rotwein-Pflaumen-Pralinen

Zubereitungszeit: 40 Minuten, ohne Kühlzeit
Haltbarkeit: kühl gelagert etwa 5 Tage

Für die Rotwein-Marzipan-Masse:
100 g entsteinte, getrocknete Soft-Pflaumen(etwa 15 Stück)
75 ml Rotwein
150 g Marzipan-Rohmasse
50 g gesiebter Puderzucker

Für den Guss:
100 g Edelbitter-Schokolade (70 % Kakao)
1 TL Speiseöl

Insgesamt:
E: 30 g, F: 96 g, Kh: 205 g,
kJ: 7691, kcal: 1838

1. Die Pflaumen längs halbieren. Rotwein in einem kleinen Topf zum Kochen bringen, die Pflaumen hinzufügen und alles bei schwacher Hitze etwa 3 Minuten köcheln lassen. Die Pflaumen im Rotwein etwa 1 Stunde kalt stellen und durchziehen lassen.
2. Marzipan mit Puderzucker verkneten, auf der leicht mit Puderzucker bestäubten Arbeitsfläche zu einem Rechteck von etwa 30 x 30 cm ausrollen, in 30 Rechtecke von etwa 5 x 6 cm schneiden. Jeweils 1 Pflaumenhälfte in die Mitte der Rechtecke legen, die Seiten einschlagen und die Pflaume in das Marzipan einrollen. Ränder vorsichtig andrücken.
3. Für den Guss Schokolade in Stücke brechen und mit Speiseöl in einem kleinen Topf im Wasserbad bei schwacher Hitze schmelzen lassen. Die Marzipanrollen auf eine Gabel geben, in die Schokolade tunken, etwas abstreifen und auf einem Kuchenrost abtropfen lassen (evtl. Schokolade zwischendurch nochmals erwärmen). Die Schokolade fest werden lassen.
4. Anschließend die Pralinen in eine gut schließende Dose geben und an einem kühlen Ort aufbewahren.

Tipp: Besprenkeln Sie die überzogenen, fest gewordenen Pralinen mit der restlichen, nochmals erwärmten Schokolade. Wälzen Sie die Pralinen nach dem Überziehen in Kakaopulver.

Für Kinder

Schwarz-Weiß-Brocken

Zubereitungszeit: 40 Minuten
Backzeit: 12–15 Minuten je Backblech

Für den Rührteig:
150 g weiche Butter oder Margarine
120 g Zucker
1 Pck. Dr. Oetker Vanillin-Zucker
1 Ei (Größe M)
120 g Weizenmehl
50 g Speisestärke
1 gestr. TL Dr. Oetker Backin
1 EL Kakaopulver
1 EL Milch

Insgesamt:
E: 24 g, F: 136 g, Kh: 258 g,
kJ: 9818, kcal: 2344

1. Für den Teig Butter oder Margarine in eine Rührschüssel geben und mit Handrührgerät mit Rührbesen auf höchster Stufe geschmeidig rühren.

Rotwein-Pflaumen-Pralinen

Schwarz-Weiß-Brocken

Spitzbuben

Nach und nach Zucker und Vanillin-Zucker unterrühren. So lange rühren, bis eine gebundene Masse entstanden ist. Ei nach und nach unterrühren (etwa 1/2 Minute).

2. Mehl mit Speisestärke und Backpulver mischen und auf mittlerer Stufe unterrühren.

3. Die Hälfte des Teiges auf einen tiefen Teller geben und glattstreichen. Kakao und Milch unter den übrigen Teig rühren. Dunklen Teig auf die Teighälfte in den Teller geben und glattstreichen. Den Backofen vorheizen.

4. Von dem geschichteten Teig mit 2 Teelöffeln Häufchen abstechen und auf Backbleche (gefettet, mit Backpapier belegt) setzen, dabei etwas Abstand zwischen den Teighäufchen lassen. Die Backbleche nacheinander (bei Heißluft zusammen) in den vorgeheizten Backofen schieben.

Ober-/Unterhitze: etwa 180 °C
Heißluft: etwa 160 °C
Backzeit: 12–15 Minuten
je Backblech.

5. Die Kekse mit dem Backpapier von den Backblechen auf Kuchenroste ziehen und erkalten lassen.

Für Kinder

Spitzbuben

Zubereitungszeit: 60 Minuten, ohne Abkühlzeit
Backzeit: etwa 10 Minuten
je Backblech

Für den Knetteig:
375 g Weizenmehl
1 gestr. TL Dr. Oetker Backin
200 g Zucker
1 Pck. Dr. Oetker Vanillin-Zucker
250 g Butter oder Margarine
125 g nicht abgezogene, gemahlene Mandeln

Für die Füllung:
125 g Johannisbeergelee

Insgesamt:
E: 68 g, F: 276 g, Kh: 567 g,
kJ: 21906, kcal: 5233

1. Für den Teig Mehl mit Backpulver in einer Rührschüssel mischen und Zucker, Vanillin-Zucker, Butter oder Margarine und Mandeln hinzufügen. Die Zutaten mit Handrührgerät mit Knethaken zunächst kurz auf niedrigster, dann auf höchster Stufe gut durcharbeiten.

2. Anschließend den Teig auf der leicht bemehlten Arbeitsfläche kurz verkneten. Sollte er kleben, ihn in Folie gewickelt eine Zeit lang kalt stellen.

3. Den Backofen vorheizen. Den Teig portionsweise auf der leicht bemehlten Arbeitsfläche dünn ausrollen, runde Plätzchen (Ø etwa 4 cm) ausstechen und auf Backbleche (mit Backpapier belegt) legen. Die Backbleche nacheinander (bei Heißluft zusammen) in den vorgeheizten Backofen schieben.

Ober-/Unterhitze: 180–200 °C
Heißluft: 160–180 °C
Backzeit: etwa 10 Minuten
je Backblech.

4. Die Plätzchen mit dem Backpapier vom Backblech auf einen Kuchenrost ziehen. Die Plätzchen anschließend erkalten lassen.

5. Für die Füllung das Johannisbeergelee in einem Topf unter Rühren gut aufkochen lassen. Die Hälfte der Plätzchen auf der Unterseite damit bestreichen, je ein unbestrichenes Plätzchen darauflegen und gut andrücken.

Spritzgebäck-Schokostreifen

Beliebt

Spritzgebäck-Schokostreifen

Zubereitungszeit: 50 Minuten
Backzeit: etwa 15 Minuten
je Backblech

Für den Rührteig:
250 g weiche Butter oder Margarine
175 g Zucker
1 Pck. Dr. Oetker Vanillin-Zucker
1 Ei (Größe M)
275 g Weizenmehl
20 g Kakaopulver
100 g abgezogene, gemahlene Mandeln
1/2 Pck. Dr. Oetker Finesse Geriebene Orangenschale

Für den Guss:
250 g weiße Schokolade
2 TL Speiseöl

Insgesamt:
E: 68 g, F: 350 g, Kh: 525 g,
kJ: 23214, kcal: 5548

1. Butter oder Margarine in eine Rührschüssel geben und mit Handrührgerät mit Rührbesen auf höchster Stufe geschmeidig rühren. Nach und nach Zucker und Vanillin-Zucker unterrühren. So lange rühren, bis eine gebundene Masse entstanden ist. Ei unterrühren (etwa 1/2 Minute).
2. Mehl und Kakaopulver mischen und in 2 Portionen auf mittlerer Stufe unterrühren. Mandeln und Orangenschale unterrühren. Den Backofen vorheizen.
3. Die Gebäcktülle für Spritzgebäck auf den Fleischwolf setzen und mit festschrauben. Vorher weder Messer noch Scheibe des Fleischwolfes einsetzen. Das gewünschte Muster mit dem Schieber an der Gebäcktülle einstellen.
4. Den Teig portionsweise in den Fleischwolf geben. Den Teig aus dem Fleischwolf direkt auf ein Schneidbrett gleiten lassen, in etwa 7 cm lange Streifen schneiden und auf Backbleche (mit Backpapier belegt) legen. Die Backbleche nacheinander (bei Heißluft zusammen) in den vorgeheizten Backofen schieben.

Ober-/Unterhitze: etwa 180 °C
Heißluft: etwa 160 °C
Backzeit: etwa 15 Minuten
je Backblech.
5. Die Kekse mit dem Backpapier von den Backblechen auf Kuchenroste ziehen und erkalten lassen.
6. Für den Guss Schokolade in kleine Stücke brechen und mit dem Speiseöl im Wasserbad bei schwacher Hitze unter Rühren schmelzen lassen.
7. Gebäckstreifen mit den Enden in die Schokolade tauchen, abstreifen und auf Backbleche (mit Backpapier belegt) legen. Guss fest werden lassen.

Klassisch

Vanillekipferl

Zubereitungszeit: 90 Minuten
Backzeit: 10–12 Minuten
je Backblech

Für den Knetteig:
250 g Weizenmehl
1 Msp. Dr. Oetker Backin
125 g Zucker
1 Pck. Dr. Oetker Vanillin-Zucker
3 Eigelb (Größe M)
200 g weiche Butter oder Margarine
125 g abgezogene, gemahlene Mandeln

Zum Wenden:
50 g gesiebter Puderzucker
1 Pck. Dr. Oetker Vanillin-Zucker

Insgesamt:
E: 61 g, F: 249 g, Kh: 385 g,
kJ: 17603, kcal: 4205

1. Für den Teig Mehl mit Backpulver in einer Rührschüssel mischen. Zucker, Vanillin-Zucker, Eigelb, Butter oder Margarine und Mandeln hinzufügen und die Zutaten mit Handrührgerät mit Knethaken zunächst kurz auf niedrigster, dann auf höchster Stufe gut durcharbeiten.
2. Anschließend den Teig auf der leicht bemehlten Arbeitsfläche kurz

verkneten. Sollte er kleben, ihn in Folie gewickelt eine Zeit lang kalt stellen.

3. Den Teig portionsweise auf der leicht bemehlten Arbeitsfläche zu etwa fingerdicken Rollen formen und diese in etwa 5 cm langen Rollen schneiden. Die Enden etwas dünner rollen. Die Teigröllchen leicht zu Kipferln (Hörnchen) biegen.

4. Den Backofen vorheizen. Die Kipferl auf Backbleche (mit Backpapier belegt) legen. Die Backbleche nacheinander (bei Heißluft zusammen) in den vorgeheizten Backofen schieben.
Ober-/Unterhitze: etwa 180 °C
Heißluft: etwa 160 °C
Backzeit: 10–12 Minuten
je Backblech.

5. Die Kipferl mit dem Backpapier von den Backblechen auf Kuchenroste ziehen. Puderzucker mit Vanillin-Zucker mischen, die warmen Kipferl darin wenden und auf einem Kuchenrost erkalten lassen.

Tipp: Die Vanillekipferl halten sich gut verpackt 3–4 Wochen. Verwenden Sie keine selbst abgezogenen und selbst gemahlenen Mandeln – das Gebäck läuft sonst beim Backen breit, da der Fettgehalt höher ist als bei gekauften Mandeln.

Vanillekipferl

Klassisch

Haselnuss-Sterne

Zubereitungszeit: 90 Minuten
Backzeit: etwa 10 Minuten
je Backblech

Für den Knetteig:
350 g Weizenmehl
1/2 gestr. TL Dr. Oetker Backin
100 g Zucker
1 Pck. Dr. Oetker Vanillin-Zucker
3 Eigelb (Größe M)
200 g weiche Butter
oder Margarine

Für die Eiweißmasse:
3 Eiweiß (Größe M)
150 g Puderzucker
100 g gemahlene Haselnusskerne
50 g Raspelschokolade
3 Tropfen Bittermandel-Aroma
150 g Haselnusskerne,
enthäutet

Insgesamt:
E: 101 g, F: 358 g, Kh: 566 g,
kJ: 25453, kcal: 6080

1. Für den Teig Mehl mit Backpulver in einer Rührschüssel mischen und Zucker, Vanillin-Zucker, Eigelb und Butter oder Margarine hinzufügen. Die Zutaten mit Handrührgerät mit Knethaken zunächst kurz auf niedrigster, dann auf höchster Stufe gut durcharbeiten. Anschließend den Teig auf der leicht bemehlten Arbeitsfläche kurz verkneten. Sollte er kleben, ihn in Folie gewickelt eine Zeit lang kalt stellen.

2. Den Teig auf der leicht bemehlten Arbeitsfläche in kleinen Portionen knapp 1/2 cm dick ausrollen, mit einer Ausstechform Sterne ausstechen und die Teigsterne auf Backbleche (gefettet, mit Backpapier belegt) legen. Den Backofen vorheizen.

3. Für die Eiweißmasse Eiweiß so steifschlagen, dass ein Messerschnitt sichtbar bleibt. Puderzucker sieben und portionsweise mit den Haselnusskernen, der Raspelschokolade und dem Aroma unterrühren. Die Masse in einen Spritzbeutel mit großer Lochtülle füllen, auf jeden Teigstern einen Tuff spritzen, je einen Haselnusskern daraufsetzen und leicht andrücken. Die Backbleche nacheinander (bei Heißluft zusammen) in den vorgeheizten Backofen schieben.
Ober-/Unterhitze: etwa 180 °C
Heißluft: etwa 160 °C
Backzeit: etwa 10 Minuten
je Backblech.

4. Die Haselnuss-Sterne mit dem Backpapier von den Backblechen auf Kuchenroste ziehen, Sterne erkalten lassen und daran anschließend in einer gut schließenden Dose aufbewahren.

Haselnuss-Sterne

Tipp: Um Haselnusskerne zu enthäuten, geben Sie die Haselnusskerne auf ein Backblech in den vorgeheizten Backofen (Ober-/Unterhitze: etwa 200 °C, Heißluft: etwa 180 °C) und rösten Sie die Nusskerne etwa 10 Minuten, bis die braune Haut aufplatzt. Schütten Sie die Haselnusskerne in ein Sieb, lassen Sie sie kurz abkühlen und reiben Sie sie anschließend vorsichtig in dem Sieb, bis die Haut entfernt ist.

Klassisch

Gewürzkissen

Zubereitungszeit: 90 Minuten, ohne Kühl- und Abkühlzeit
Backzeit: etwa 10 Minuten je Backblech

Für den Knetteig:
200 g Weizenmehl
1 Msp. Dr. Oetker Backin
20 g Kakaopulver
1 gestr. TL Lebkuchengewürz
100 g Zucker
1 Pck. Dr. Oetker Vanillin-Zucker
2 Eigelb (Größe M)
170 g weiche Butter oder Margarine
100 g abgezogene, gemahlene Mandeln

Zum Bestäuben:
1–2 TL Kakaopulver

Insgesamt:
E: 51 g, F: 217 g, Kh: 264 g, kJ: 13502, kcal: 3226

1. Für den Teig Mehl mit Backpulver, Kakao und Lebkuchengewürz in einer Rührschüssel mischen. Zucker, Vanillin-Zucker, Eigelb, Butter oder Margarine und Mandeln dazugeben. Die Zutaten mit Handrührgerät mit Knethaken kurz auf höchster Stufe gut durcharbeiten.
2. Anschließend den Teig auf der leicht bemehlten Arbeitsfläche kurz verkneten. Die Hälfte des Teiges in Frischhaltefolie wickeln und kalt stellen. Den Backofen vorheizen.
3. Restlichen Teig zu etwa 1 1/2 cm dicken Rollen formen und in etwa 3 cm lange Stücke schneiden. Die Stücke mit bemehlten Fingern flach drücken, so dass knapp 1 cm dicke Teigkissen entstehen. Teigkissen auf Backbleche (mit Backpapier belegt) legen.
4. Restlichen Teig auf die gleiche Weise verarbeiten. Die Backbleche nacheinander (bei Heißluft zusammen) in den vorgeheizten Backofen schieben.
Ober-/Unterhitze: etwa 180 °C
Heißluft: etwa 160 °C
Backzeit: etwa 10 Minuten je Backblech.
5. Die Kissen mit dem Backpapier von den Backblechen auf Kuchenroste ziehen und etwa 10 Minuten abkühlen lassen.
6. Kakaopulver in ein feines Sieb geben und das lauwarme Gebäck bestäuben. Kissen erkalten lassen.

Einfach

Zimtstangen

Zubereitungszeit: 70 Minuten, ohne Kühlzeit
Backzeit: 10–12 Minuten je Backblech

Für den Knetteig:
100 g geröstete, gesalzene Macadamia-Nusskerne
200 g Weizenmehl
1 Msp. Dr. Oetker Backin
1 gestr. TL gemahlener Zimt
100 g Zucker
1 Pck. Dr. Oetker Vanillin-Zucker
2 Eigelb (Größe M)
170 g weiche Butter oder Margarine

Zum Bestäuben:
1 gestr. TL gemahlener Zimt
50 g Puderzucker

Insgesamt:
E: 32 g, F: 223 g, Kh: 300 g, kJ: 13986, kcal: 3342

1. Für den Teig die Nusskerne im Zerkleinerer sehr fein hacken oder in der Mandelmühle mahlen. Mehl mit Backpulver und Zimt in einer

Gewürzkissen / Zimtstangen

Cashewkern-Taler

Rührschüssel mischen. Zucker, Vanillin-Zucker, Eigelb, Butter oder Margarine und Nusskerne dazugeben. Die Zutaten mit Handrührgerät mit Knethaken auf höchster Stufe gut durcharbeiten.
2. Anschließend den Teig auf der leicht bemehlten Arbeitsfläche kurz verkneten. Den Teig in 4 Portionen teilen. Drei Teile in Frischhaltefolie wickeln und kalt stellen. Den Backofen vorheizen.
3. Restlichen Teig zu fingerdicken Rollen formen und in etwa 7 cm lange Stangen schneiden. Stangen auf Backbleche (mit Backpapier belegt) legen. Restlichen Teig auf die gleiche Weise verarbeiten. Die Backbleche nacheinander (bei Heißluft zusammen) in den vorgeheizten Backofen schieben.
Ober-/Unterhitze: etwa 180 °C
Heißluft: etwa 160 °C
Backzeit: 10–12 Minuten
je Backblech.
4. Zimt und Puderzucker in eine kleine Schüssel geben und mit einem Schneebesen verrühren.
5. Die Stangen mit dem Backpapier von den Backblechen auf Kuchenroste ziehen. Puderzucker-Zimt-Mischung in ein feines Sieb geben und das heiße Gebäck damit bestäuben. Zimtstangen erkalten lassen.

Einfach

Cashewkern-Taler

Zubereitungszeit: 40 Minuten, ohne Kühlzeit
Backzeit: etwa 12 Minuten je Backblech

Für den Knetteig:
150 g Weizenmehl
150 g brauner Zucker (Rohrzucker)
2 Eier (Größe M)
1 gestr. TL gemahlener Ingwer
1 gestr. TL gemahlener Kardamom
150 g Butter
250 g ungesalzene Cashewkerne, fein gehackt oder grob gemahlen

Insgesamt:
E: 76 g, F: 244 g, Kh: 338 g,
kJ: 16084, kcal: 3842

1. Für den Teig Mehl mit Zucker, Eiern, Ingwer, Kardamom und Butter in eine Rührschüssel geben und die Zutaten mit Handrührgerät mit Knethaken zunächst kurz auf niedrigster, dann auf höchster Stufe gut durcharbeiten.
2. Anschließend den Teig auf der leicht bemehlten Arbeitsfläche mit den Cashewkernen verkneten, evtl. etwas Mehl hinzufügen. Den Teig zu Rollen (Ø etwa 2,5 cm) formen und in Frischhaltefolie gewickelt einige Stunden oder über Nacht kalt stellen.
3. Den Backofen vorheizen. Die Teigrollen in etwa 1/2 cm dicke Scheiben schneiden und auf Backbleche (mit Backpapier belegt) legen. Die Backbleche nacheinander (bei Heißluft zusammen) in den vorgeheizten Backofen schieben.
Ober-/Unterhitze: 180–200 °C
Heißluft: 160–180 °C
Backzeit: etwa 12 Minuten
je Backblech.
4. Das Gebäck mit dem Backpapier von den Backblechen auf Kuchenroste ziehen und erkalten lassen.

Tipp: Noch intensiver schmecken die Taler, wenn die Cashewkerne vorher in einer Pfanne ohne Fett geröstet und erkaltet unter den Teig gearbeitet werden. Gebäck mit aufgelöster Vollmilch-Kuvertüre besprenkeln.

Batida-Kokos-Pralinen

Erdnuss-Schnecken

Beliebt

Batida-Kokos-Pralinen

Zubereitungszeit: 30 Minuten, ohne Kühlzeit
Haltbarkeit: kühl gelagert etwa 14 Tage

Für die Kokosmasse:
1 kleine Dose (160 ml) Kokosmilch, cremig
200 g weiße Schokolade
150 g Kokosraspel
3 EL Batida de Côco (Kokoslikör)

Für den Guss:
75 g Edelbitter-Schokolade (70 % Kakao)
1/2–1 TL Speiseöl

Insgesamt:
E: 28 g, F: 218 g, Kh: 171 g, kJ: 11773, kcal: 2817

1. Kokosmilch in einen kleinen Kochtopf geben, zum Kochen bringen und bei mittlerer Hitze etwa 5 Minuten auf die Hälfte einkochen lassen. Danach den Topf von der Kochstelle nehmen.
2. Schokolade in Stücke brechen, hinzufügen und unter Rühren darin auflösen. Kokosraspel und Batida de Côco unterrühren. Mit 2 Teelöffeln etwa 60 kleine Häufchen auf Backpapier setzen und etwa 2 Stunden kalt stellen.
3. Für den Guss Schokolade in Stücke brechen und mit Öl in einem kleinen Topf im Wasserbad bei schwacher Hitze schmelzen lassen. Die Kokoshäufchen vom Backpapier ablösen, mit der Unterseite in Schokolade tauchen, etwas abstreifen und wieder auf Backpapier setzen. Die Häufchen kalt stellen und die Schokolade fest werden lassen.

Tipp: Die Pralinen in einer gut schließenden Dose kühl aufbewahren.

Für Kinder

Erdnuss-Schnecken

Zubereitungszeit: 60 Minuten, ohne Kühlzeit
Backzeit: 10–12 Minuten je Backblech

Für den Knetteig:
300 g Weizenmehl
1/2 gestr. TL Dr. Oetker Backin
100 g Zucker
1 Pck. Dr. Oetker Bourbon-Vanille-Zucker
1 Ei (Größe M)
1 Eigelb (Größe M)
170 g Butter oder Margarine
1 1/2 EL gesiebtes Kakaopulver

Zum Bestreuen und Bestreichen:
150 g fein gesalzene Erdnusskerne oder Honig-Erdnusskerne (z. B. von Ültje)
1 verschlagenes Eiweiß (Größe M)

Insgesamt:
E: 87 g, F: 232 g, Kh: 343 g, kJ: 15865, kcal: 3789

1. Für den Teig Mehl mit Backpulver in einer Rührschüssel mischen. Restliche Zutaten (außer Kakao) hinzufügen und mit Handrührgerät mit Knethaken auf höchster Stufe gut durcharbeiten. Den Teig kurz verkneten und halbieren. Eine Teighälfte mit Kakao verkneten. Die Teighälften getrennt in Frischhaltefolie gewickelt etwa 30 Minuten kalt stellen. Zum Bestreuen Erdnusskerne grob hacken.
2. Den hellen Teig auf der leicht bemehlten Arbeitsfläche zu einem Quadrat (etwa 30 x 30 cm) ausrollen, dann aufrollen und zur Seite legen. Den dunklen Teig zu einem Rechteck

(etwa 30 x 34 cm) ausrollen und mit dem verschlagenen Eiweiß bestreichen. Die Hälfte der Erdnusskerne darauf verteilen, dabei an der längeren Seite einen etwa 4 cm breiten Rand frei lassen. Den hellen Teig auf dem bestreuten dunklen Teig abrollen, andrücken, mit dem restlichen Eiweiß bestreichen und mit den restlichen Erdnusskernen bestreuen.

3. Die Teigplatte vom nicht bestreuten Rand beginnend aufrollen, zu einer quadratischen Stange (etwa 5 x 5 cm, etwa 30 cm Länge) formen, zusammendrücken und quer durchschneiden, beide Teile in Frischhaltefolie verpackt im Gefrierfach etwa 30 Minuten anfrieren lassen.

4. Den Backofen vorheizen. Die Teigstangen mit einem Allesschneider oder einem Sägemesser in etwa 1/2 cm dicke Scheiben schneiden. Dabei die Stangen immer wieder drehen, damit die Scheiben gleichmäßig abgeschnitten werden. Die Teigscheiben auf Backbleche (mit Backpapier belegt) legen. Die Backbleche nacheinander (bei Heißluft zusammen) in den vorgeheizten Backofen schieben.

Ober-/Unterhitze: etwa 180 °C
Heißluft: etwa 160 °C
Backzeit: 10–12 Minuten je Backblech.

5. Die Backbleche auf Kuchenroste stellen und das Gebäck etwa 5 Minuten auf den Backblechen abkühlen lassen. Das Gebäck mit dem Backpapier von den Backblechen auf Kuchenroste ziehen und erkalten lassen.

Zum Verschenken

Flammende Herzen

Zubereitungszeit: 20 Minuten, ohne Durchzieh- und Kühlzeit
Haltbarkeit: kühl gelagert etwa 14 Tage

Für die Pralinen:
60 g getrocknete Cranberries
2 EL Kirschwasser
225 g weiße Schokolade
15 g Kokosfett

Insgesamt:
E: 12 g, F: 83 g, Kh: 187 g,
kJ: 6689, kcal: 1598

1. Cranberries in kleine Stücke schneiden, mit Kirschwasser verrühren und etwa 30 Minuten durchziehen lassen.

2. In der Zwischenzeit Schokolade in Stücke brechen und mit Kokosfett in einem kleinen Topf im Wasserbad bei schwacher Hitze schmelzen und abkühlen lassen.

3. In flexible herzförmige Eiswürfelförmchen aus Gummi jeweils etwa 1/2 Teelöffel Schokolade geben, jeweils etwa 1/2 Teelöffel Cranberrystücke darauf verteilen und jeweils mit etwa 1/2 Teelöffel Schokolade bedecken. So weiter verfahren, bis Schokolade und Cranberrystücke aufgebraucht sind. Ergibt 15–20 Pralinen.

4. Die Herzen für etwa 20 Minuten ins Gefrierfach stellen und fest werden lassen. Anschließend die Herzen aus den Förmchen drücken, in eine gut schließende Dose geben und kühl aufbewahren.

Flammende Herzen

Raffiniert

Weiße Bananenplätzchen

Zubereitungszeit: 60 Minuten, ohne Abkühlzeit
Backzeit: etwa 12 Minuten je Backblech

Für den All-in-Teig:
150 g Speisestärke
100 g Reismehl (Reformhaus)
1 gestr. TL Dr. Oetker Backin
80 g Zucker
1 Pck. Dr. Oetker Vanillin-Zucker
1 Ei (Größe M)
170 g weiche Butter
1 TL Zitronensaft

Für die Füllung:
200 g Schokobananen mit Bananenmark
30 g weiches Kokosfett

Insgesamt:
E: 24 g, F: 197 g, Kh: 439 g, kJ: 15208, kcal: 3631

1. Für den Teig Speisestärke, Reismehl und Backpulver in einer Rührschüssel mischen und Zucker, Vanillin-Zucker, Ei, Butter und Zitronensaft hinzufügen. Die Zutaten mit Handrührgerät mit Rührbesen zunächst kurz auf niedrigster, dann auf höchster Stufe in etwa 2 Minuten zu einem Teig verarbeiten.
2. Den Backofen vorheizen. Den Teig mit 2 Teelöffeln in kleinen Häufchen auf Backbleche (gefettet, mit Backpapier belegt) setzen. Die Backbleche nacheinander (bei Heißluft zusammen) in den vorgeheizten Backofen schieben.
Ober-/Unterhitze: etwa 180 °C
Heißluft: etwa 160 °C
Backzeit: etwa 12 Minuten je Backblech.
3. Die Backbleche auf Kuchenroste setzen und die Plätzchen darauf erkalten lassen.
4. Für die Füllung die Schokobananen in Stücke schneiden und in einen hohen Rührbecher geben. Kokosfett hinzufügen und die Zutaten zu einer streichfähigen Masse pürieren. Jeweils 2 Plätzchen mit der Bananenmasse zusammensetzen.

Raffiniert

Gefüllte Orangenkekse

Zubereitungszeit: 40 Minuten, ohne Kühl- und Abkühlzeit
Backzeit: etwa 10 Minuten je Backblech

Für den Knetteig:
300 g Weizenmehl
30 g Hartweizengrieß
120 g Zucker
1/2 Pck. Dr. Oetker Finesse Geriebene Orangenschale
2 Eigelb (Größe M)
200 g weiche Butter oder Margarine
2 EL kaltes Wasser

Für die Füllung:
6 EL bittere Orangenmarmelade

Insgesamt:
E: 40 g, F: 182 g, Kh: 481 g, kJ: 15737, kcal: 3761

1. Für den Teig Mehl in eine Rührschüssel geben. Grieß, Zucker, Orangenschale, Eigelb, Butter oder Margarine und Wasser hinzufügen.

Weiße Bananenplätzchen

Gefüllte Orangenkekse

Die Zutaten mit Handrührgerät mit Knethaken zunächst kurz auf niedrigster, dann auf höchster Stufe gut durcharbeiten.

2. Anschließend den Teig auf der leicht bemehlten Arbeitsfläche kurz verkneten. Aus dem Teig 2 Rollen (je 25 cm Länge) formen. Die Rollen in Frischhaltefolie wickeln, auf ein Schneidbrett legen und 2–3 Stunden kalt stellen.

3. Den Backofen vorheizen. Die Teigrollen nacheinander in knapp 1/2 cm dicke Scheiben schneiden. Scheiben auf Backbleche (mit Backpapier belegt) verteilen. Die Backbleche nacheinander (bei Heißluft zusammen) in den vorgeheizten Backofen schieben.

Ober-/Unterhitze: etwa 180 °C
Heißluft: etwa 160 °C
Backzeit: etwa 10 Minuten je Backblech.

4. Die Kekse mit dem Backpapier von den Backblechen auf Kuchenroste ziehen und erkalten lassen.

5. Für die Füllung Marmelade in einem kleinen Topf leicht pürieren oder durch ein Sieb streichen und unter Rühren gut aufkochen. Auf die Hälfte der Kekse jeweils einen Klecks Marmelade geben, mit einem zweiten Keks bedecken, vorsichtig andrücken und erkalten lassen.

Gut vorzubereiten

Karamell-Mandel-Pralinen

Zubereitungszeit: 40 Minuten, ohne Kühlzeit
Haltbarkeit: kühl gelagert etwa 10 Tage

Für die Karamellmasse:
165 g Zucker
1 EL Butter
1 EL Schlagsahne
75 g Marzipan-Rohmasse
85 g geröstete, gestiftelte Mandeln

Für den Guss:
150 g Vollmilch-Kuvertüre

Zum Bestäuben:
Kakaopulver, Puderzucker

Insgesamt:
E: 37 g, F: 155 g, Kh: 288 g, kJ: 11467, kcal: 2740

1. Den Zucker in einem Topf schmelzen lassen, bis er hellbraun ist. Den Topf von der Kochstelle nehmen.

2. Die Butter und die Sahne unterrühren und die Masse nochmals leicht erhitzen, bis der Zucker wieder aufgelöst ist. Marzipan in kleine Würfel schneiden und mit den Mandeln unterrühren.

3. Die Masse etwa 1 cm dick auf ein Backblech (mit Butter gefettet) streichen und erkalten lassen. Dann kleine Rechtecke von etwa 1 x 3 cm ausschneiden.

4. Für den Guss die Kuvertüre grob zerkleinern, in einem kleinen Topf im Wasserbad bei schwacher Hitze schmelzen lassen. Die Pralinen mit Hilfe von 2 Gabeln eintauchen, abstreifen und auf Backpapier legen. Feuchte Pralinen zuerst mit Kakao, dann mit Puderzucker bestäuben.

Tipp: Zum Schneiden der Karamellmasse am besten ein feuchtes Messer verwenden.

Für Gäste

Anisknusperchen

Zubereitungszeit: 50 Minuten, ohne Abkühl- und Kühlzeit
Backzeit: 10–12 Minuten je Backblech

Für den Karamell:
70 g Zucker
10 g Anissamen (kein Sternanis)
1 Pck. Dr. Oetker Finesse Geriebene Zitronenschale

Für den Knetteig:
270 g Weizenmehl
20 g Speisestärke
80 g Puderzucker
1 Prise Salz
150 g Butter oder Margarine
1 Pck. Dr. Oetker Finesse Geriebene Orangenschale
1 Ei (Größe M)

Insgesamt:
E: 40 g, F: 135 g, Kh: 375 g,
kJ: 12021, kcal: 2871

1. Für den Karamell Zucker in einer Pfanne ohne Fett unter Rühren goldbraun karamellisieren. Anis und Zitronenschale unterrühren, dann den Karamell dünn auf Backpapier streichen und erkalten lassen. Den Karamell in Stücke brechen und in einen Gefrierbeutel geben. Karamellstücke mit einer Teigrolle sehr fein zerbröseln.
2. Für den Teig Mehl mit Speisestärke und Puderzucker in einer Rührschüssel mischen. Salz, Butter oder Margarine, Orangenschale und Ei hinzufügen und die Zutaten mit Handrührgerät mit Knethaken zunächst auf niedrigster, dann auf höchster Stufe gut durcharbeiten. Teig auf der leicht bemehlten Arbeitsfläche kurz verkneten. Ein Drittel des Teiges zu einer knapp 40 cm langen Rolle formen.
3. Restlichen Teig mit den Karamellbröseln verkneten und ebenfalls zu einer knapp 40 cm langen Rolle formen. Die Karamellteigrolle der Länge nach tief ein-, aber nicht durchschneiden. Die Teigrolle auseinanderklappen und flach drücken. Die zweite Teigrolle (ohne Karamellbrösel) darauflegen, mit dem Karamellteig umhüllen und zu einer gut 40 cm langen Rolle formen. Die Rolle quer durchschneiden, so dass 2 Rollen je etwa 20 cm Länge entstehen. Die Teigrollen mit Frischhaltefolie belegen und im Gefrierfach etwa 30 Minuten anfrieren lassen.
4. Den Backofen vorheizen. Die Teigrollen mit einem Sägemesser in knapp 1/2 cm dicke Scheiben schneiden. Dabei die Rollen immer wieder drehen, damit die Scheiben gleichmäßig abgeschnitten werden. Die Teigscheiben auf Backbleche (mit Backpapier belegt) legen. Die Backbleche nacheinander (bei Heißluft zusammen) in den vorgeheizten Backofen schieben.
Ober-/Unterhitze: etwa 180 °C
Heißluft: etwa 160 °C
Backzeit: 10–12 Minuten je Backblech.
5. Die Backbleche auf Kuchenroste stellen und das Gebäck etwa 5 Minuten auf den Backblechen abkühlen lassen. Dann das Gebäck mit dem Backpapier von den Backblechen auf Kuchenroste ziehen und erkalten lassen.

Anisknusperchen

Weihnachtliche Mandelsplitter

Klassisch

Weihnachtliche Mandelsplitter

Zubereitungszeit: 30 Minuten, ohne Abkühl- und Kühlzeit
Haltbarkeit: kühl gelagert 10–14 Tage

Für die Schoko-Mandel-Masse:
100 g abgezogene, gestiftelte Mandeln
25 g Orangeat
150 g Zartbitter-Schokolade
1/2 Pck. Dr. Oetker Finesse Geriebene Orangenschale
1–2 Msp. Lebkuchengewürz

Insgesamt:
E: 32 g, F: 108 g, Kh: 93 g,
kJ: 6146, kcal: 1468

1. Mandelstifte in einer Pfanne ohne Fett goldbraun rösten und auf einem Teller erkalten lassen. Orangeat fein hacken.
2. Schokolade in Stücke brechen und in einem Topf im Wasserbad bei schwacher Hitze schmelzen lassen. Orangenschale und Lebkuchengewürz unterrühren und Mandeln und Orangeat unterheben.

3. Die Schokoladen-Mandel-Masse mit 2 Teelöffeln in etwa 25 kleinen Häufchen auf ein Backblech (mit Backpapier belegt, evtl. Backpapier mit etwas Schokolade am Backblech festkleben) setzen. Die Mandelsplitter auf dem Backblech kühl stellen, bis die Schokolade fest geworden ist.

Tipp: Nach Belieben fein gehacktes Orangeat auf die noch nicht fest gewordenen Mandelsplitter geben. Statt eines Backblechs können Sie auch ein Tablett oder ein großes Brett verwenden. Bereiten Sie verschiedene Varianten des Rezepts zu (Foto). Verwenden Sie zum Beispiel 50 g Cornflakes statt der gestiftelten, gebräunten Mandeln oder tauschen Sie die Zartbitter-Schokolade mit Lebkuchengewürz durch weiße Schokolade mit Zimt oder Vollmilch-Schokolade mit Spekulatiusgewürz aus. Statt Orangeat schmecken auch Zitronat oder getrocknete Apfelscheiben.

Für Gäste – einfach

Toffifee-Häufchen

Zubereitungszeit: 40 Minuten, ohne Abkühlzeit
Backzeit: etwa 15 Minuten je Backblech

Für den All-in-Teig:
170 g Butter oder Margarine
300 g Weizenmehl
1/2 gestr. TL Dr. Oetker Backin
120 g Zucker
1 Pck. Dr. Oetker Bourbon-Vanille-Zucker
1 Ei (Größe M)
70 g Schlagsahne
1 großes Pck. (400 g) Toffifee (von Storck)

Insgesamt:
E: 52 g, F: 235 g, Kh: 547 g, kJ: 18799, kcal: 4487

1. Für den Teig Butter oder Margarine zerlassen und abkühlen lassen. Mehl mit Backpulver in einer Rührschüssel mischen. Zucker, Vanille-Zucker, Ei, Sahne und flüssige Butter oder Margarine hinzufügen und die Zutaten mit Handrührgerät mit Rührbesen zunächst kurz auf niedrigster, dann auf höchster Stufe in etwa 2 Minuten zu einem glatten Teig verarbeiten.
2. Den Backofen vorheizen. Den Teig mit 2 Teelöffeln in kleinen Häufchen auf Backbleche (gefettet, mit Backpapier belegt) setzen. In die Mitte jedes Teighäufchens mit einem bemehlten oder feuchten Teelöffel eine breite Vertiefung drücken. Die Backbleche nacheinander (bei Heißluft zusammen) in den vorgeheizten Backofen schieben.
Ober-/Unterhitze: etwa 180 °C
Heißluft: etwa 160 °C
Backzeit: etwa 15 Minuten je Backblech.
3. Das Gebäck mit dem Backpapier von den Backblechen auf Kuchenroste ziehen. Auf jedes heiße Gebäckstück ein Toffifee setzen und leicht andrücken. Gebäck erkalten lassen.

Toffifee-Häufchen

Raffiniert

Weihnachtliche Porridge-Kekse

Zubereitungszeit: 60 Minuten, ohne Abkühlzeit
Backzeit: etwa 15 Minuten je Backblech

Zum Vorbereiten:
175 ml Milch
1 EL brauner Zucker (Kandisfarin)
1 Prise Salz
40 g kernige Haferflocken

Für den Rührteig:
100 g weiche Butter oder Margarine
75 g brauner Zucker (Kandisfarin)
1 Ei (Größe M)
100 g Weizenmehl (Type 550)
75 g Rosinen

Für die Füllung:
2 EL Pflaumenmus

Insgesamt:
E: 32 g, F: 100 g, Kh: 268 g,
kJ: 8842, kcal: 2110

1. Zum Vorbereiten Milch mit Zucker und Salz in einem Topf zum Kochen bringen. Haferflocken hinzufügen, nochmals unter Rühren gut aufkochen und erkalten lassen.
2. Für den Teig Butter oder Margarine mit Handrührgerät mit Rührbesen auf höchster Stufe geschmeidig rühren. Nach und nach Zucker unterrühren. So lange rühren, bis eine gebundene Masse entstanden ist.
3. Ei in etwa 1/2 Minute unterrühren. Haferflockenmasse hinzufügen. Mehl mit den Rosinen kurz auf niedrigster Stufe unterrühren.
4. Den Teig mit 2 Teelöffeln in kleinen Häufchen auf Backbleche (gefettet, mit Backpapier belegt) setzen, dabei etwas Abstand zwischen den Teighäufchen lassen. Den Backofen vorheizen. Jeweils eine kleine Vertiefung mit einem Teelöffel in die Teighäufchen drücken.
5. Für die Füllung Pflaumenmus in einen kleinen Gefrierbeutel füllen und eine kleine Ecke abschneiden. Jeweils in die Vertiefungen der Teighäufchen einen Klecks spritzen. Die Backbleche nacheinander (bei Heißluft zusammen) in den vorgeheizten Backofen schieben.
Ober-/Unterhitze: etwa 180 °C
Heißluft: etwa 160 °C
Backzeit: etwa 15 Minuten je Backblech.
6. Die Kekse mit dem Backpapier auf Kuchenroste ziehen, erkalten lassen.

Für Kinder

Sirup-Nuss-Taler

Zubereitungszeit: 40 Minuten, ohne Abkühlzeit
Backzeit: etwa 12 Minuten je Backblech

Zum Vorbereiten:
100 g gemahlene Haselnusskerne

Für den Biskuitteig:
1 Ei (Größe M), 1 Eigelb (Größe M)
90 g Zucker
1 Pck. Dr. Oetker Vanillin-Zucker
1 Prise Salz
30 g Zuckerrübensirup (Rübenkraut)
50 g Weizenmehl
1 gestr. TL Dr. Oetker Backin

Zum Bestreuen:
etwa 40 g gehobelte Haselnusskerne

Insgesamt:
E: 33 g, F: 99 g, Kh: 169 g,
kJ: 7068, kcal: 1686

1. Zum Vorbereiten gemahlene Haselnusskerne in einer Pfanne ohne Fett goldbraun rösten und auf einem Teller erkalten lassen.
2. Für den Teig Ei und Eigelb mit Handrührgerät mit Rührbesen auf

Weihnachtliche Porridge-Kekse

Sirup-Nuss-Taler

höchster Stufe in 1 Minute schaumig schlagen. Zucker, Vanillin-Zucker und Salz mischen, in 1 Minute einstreuen, Sirup hinzufügen und noch etwa 2 Minuten weiterschlagen.

3. Mehl mit Backpulver mischen und kurz auf niedrigster Stufe unterrühren. Haselnusskerne unterheben.

4. Dann den Teig mit 2 Teelöffeln in kleinen Häufchen auf Backbleche (gefettet, mit Backpapier belegt) setzen, dabei etwas Abstand zwischen den Teighäufchen lassen. Die Teighäufchen mit gehobelten Haselnusskernen bestreuen. Anschließend die Backbleche nacheinander (bei Heißluft zusammen) in den Backofen schieben.

Ober-/Unterhitze: etwa 180 °C
Heißluft: etwa 160 °C
Backzeit: etwa 12 Minuten je Backblech.

5. Die Sirup-Nuss-Taler mit dem Backpapier von den Backblechen auf Kuchenroste ziehen und erkalten lassen.

Gut vorzubereiten

Wespennester

Zubereitungszeit: 25 Minuten
Backzeit: etwa 25 Minuten je Backblech

Für die Eiweißmasse:
125 g Vollmilch-Schokolade
3 Eiweiß (Größe M)
250 g feinster Zucker
1 Pck. Dr. Oetker Vanillin-Zucker
250 g abgezogene, gehackte Mandeln

Insgesamt:
E: 70 g, F: 175 g, Kh: 333 g,
kJ: 13295, kcal: 3176

1. Für die Eiweißmasse gut gekühlte Schokolade auf einer Küchenreibe fein reiben. Eiweiß in einer Rührschüssel mit Handrührgerät und Rührbesen auf höchster Stufe so steifschlagen, dass ein Messerschnitt sichtbar bleibt. Zucker und Vanillin-Zucker nach und nach auf höchster Stufe kurz unterschlagen.

2. Schokolade und Mandeln vorsichtig auf niedrigster Stufe unterheben. Den Backofen vorheizen.

3. Die Masse mit 2 Teelöffeln in Häufchen auf Backbleche (gefettet, mit Backpapier belegt) setzen. Die Backbleche nacheinander (bei Heißluft zusammen) in den vorgeheizten Backofen schieben.

Ober-/Unterhitze: etwa 140 °C
Heißluft: etwa 120 °C
Backzeit: etwa 25 Minuten je Backblech.

4. Das Gebäck mit dem Backpapier von den Backblechen auf Kuchenroste ziehen und erkalten lassen.

Schoko-Ingwer-Ecken

Raffiniert

Schoko-Ingwer-Ecken

Zubereitungszeit: 60 Minuten, ohne Kühl- und Abkühlzeit
Backzeit: 10–12 Minuten je Backblech

Für den Knetteig:
70 g kandierter Ingwer
200 g Weizenmehl
50 g Speisestärke
20 g Kakaopulver
120 g Zucker
1 Pck. Dr. Oetker Vanillin-Zucker
1 Prise Salz
1 Ei (Größe M)
150 g Butter oder Margarine
2 EL kaltes Wasser

Zum Verzieren:
1 Pck. (70 g) weiße Schokoladenglasur

Insgesamt:
E: 38 g, F: 159 g, Kh: 410 g,
kJ: 13501, kcal: 3224

1. Für den Teig Ingwer sehr fein hacken. Mehl mit Speisestärke und Kakao in einer Rührschüssel mischen und Zucker, Vanillin-Zucker, Salz, Ei, Butter oder Margarine, Wasser und die Ingwerstückchen hinzufügen. Die Zutaten mit Handrührgerät mit Knethaken zunächst kurz auf niedrigster, dann auf höchster Stufe gut durcharbeiten.
2. Anschließend den Teig auf der leicht bemehlten Arbeitsfläche kurz verkneten. Aus dem Teig 2 dreieckige Stangen (etwa 4,5 x 4,5 x 4,5 cm, etwa 25 cm Länge) formen. Die Teigstangen in Frischhaltefolie gewickelt im Gefrierfach etwa 30 Minuten anfrieren lassen.
3. Den Backofen vorheizen. Die Teigstangen mit einem Sägemesser in etwa 1/2 cm dicke Scheiben schneiden. Dabei die Stangen immer wieder drehen, damit die Scheiben gleichmäßig abgeschnitten werden. Die Teigscheiben auf Backbleche (mit Backpapier belegt) legen. Backbleche nacheinander (bei Heißluft zusammen) in den Backofen schieben.
Ober-/Unterhitze: etwa 180 °C
Heißluft: etwa 160 °C
Backzeit: 10–12 Minuten je Backblech.
4. Die Backbleche auf Kuchenroste stellen und das Gebäck etwa 5 Minuten auf den Backblechen abkühlen lassen. Dann das Gebäck mit dem Backpapier von den Backblechen auf Kuchenroste ziehen. Gebäck erkalten lassen.
5. Zum Verzieren die Kuchenglasur nach Packungsanleitung schmelzen lassen und in eine kleine Schale gießen. Jeweils eine Gebäckecke in die Glasur tauchen und abstreifen. Das Gebäck auf Backpapier legen und den Guss fest werden lassen.

Schnell

Mandelstäbchen

Zubereitungszeit: 50 Minuten, ohne Abkühl- und Kühlzeit
Haltbarkeit: gekühlt 6–8 Tage

Für die Mandelmasse:
100 g Orangeat
100 g abgezogene, gemahlene Mandeln
50 g gesiebter Puderzucker
1 Eiweiß (Größe M)
2 Tropfen Bittermandel-Aroma
etwas Puderzucker

Für den Guss:
75 g Zartbitter-Kuvertüre
1 TL Speiseöl

Insgesamt:
E: 26 g, F: 85 g, Kh: 170 g,
kJ: 6826, kcal: 1630

1. Für die Masse Orangeat sehr fein hacken. Orangeatstückchen mit Mandeln, Puderzucker, Eiweiß und Aroma in einen Topf geben und die Zutaten unter Rühren so lange erhitzen, bis die Masse glänzt. Masse abkühlen lassen.
2. Puderzucker auf eine Arbeitsfläche sieben. Die Masse daraufgeben und 2 Rollen daraus formen. Von den Rollen gleichmäßige Stücke abschneiden und diese zu etwa 5 cm langen, bleistiftdünnen Stäbchen formen. Stäbchen kalt stellen.
3. Für den Guss Kuvertüre in kleine Stücke hacken und mit Speiseöl in einem kleinen Topf im Wasserbad bei schwacher Hitze schmelzen lassen. Die Enden der Stäbchen hineintauchen, auf der Unterseite etwas

abstreifen und auf Backpapier legen. Kuvertüre fest werden lassen.

Tipp: Die Mandelstäbchen gekühlt in einer gut schließenden Dose aufbewahren.

Mit Alkohol

Rotweinboller

Zubereitungszeit: 40 Minuten, ohne Abkühlzeit
Backzeit: 12–15 Minuten je Backblech

Zum Vorbereiten:
50 g Pinienkerne
1/2 Tafel (50 g) Edelbitter-Schokolade (60 % Kakao)

Für den Rührteig:
120 g weiche Butter oder Margarine
120 g brauner Zucker (Kandisfarin)
1 Ei (Größe M)
120 g Weizenmehl
30 g Speisestärke
1 gestr. TL Dr. Oetker Backin
3 EL Rotwein
40 g gehackte Pistazienkerne

Für den Guss:
70 g Puderzucker
1 EL Rotwein

Insgesamt:
E: 43 g, F: 170 g, Kh: 329 g,
kJ: 12690, kcal: 3030

1. Zum Vorbereiten Pinienkerne in einer Pfanne ohne Fett goldbraun rösten und auf einem Teller erkalten lassen. Schokolade in kleine Stücke hacken.
2. Für den Teig Butter oder Margarine mit Handrührgerät mit Rührbesen auf höchster Stufe geschmeidig rühren. Nach und nach Zucker unterrühren. So lange rühren, bis eine gebundene Masse entstanden ist. Ei in etwa 1/2 Minute unterrühren.
3. Mehl mit Speisestärke und Backpulver mischen und abwechselnd mit dem Rotwein in 2 Portionen kurz auf niedrigster Stufe unterrühren. Pinienkerne, Pistazienkerne und Schokoladenstückchen unterrühren.
4. Den Backofen vorheizen. Den Teig mit 2 Teelöffeln in kleinen Häufchen auf Backbleche (gefettet, mit Backpapier belegt) setzen, dabei etwas Abstand zwischen ihnen lassen. Die Backbleche nacheinander (bei Heißluft zusammen) in den vorgeheizten Backofen schieben.
Ober-/Unterhitze: etwa 200 °C
Heißluft: etwa 180 °C
Backzeit: 12–15 Minuten je Backblech.
5. Das Gebäck mit dem Backpapier von den Backblechen auf Kuchenroste ziehen und erkalten lassen.
6. Für den Guss Puderzucker mit Rotwein zu einer dickflüssigen Masse verrühren. Auf die Mitte der Rotweinboller je einen Klecks Guss geben. Guss fest werden lassen.

Mandelstäbchen

Rotweinboller

Mit Alkohol

Johannistaler

Zubereitungszeit: 120 Minuten, ohne Abkühlzeit
Backzeit: 6–8 Minuten je Backblech

Für den Knetteig:
250 g Weizenmehl
2 gestr. TL Dr. Oetker Backin
100 g Zucker
1 Pck. Dr. Oetker Vanillin-Zucker
1 Ei (Größe M)
125 g Butter

Für den hellen Guss:
200 g Puderzucker
1 EL Rum
2–3 EL Wasser

Für den dunklen Guss:
75 g Puderzucker
1 leicht geh. TL Kakao
etwa 1 EL Weinbrand

Zum Bestreichen:
Johannisbeergelee

Insgesamt:
E: 37 g, F: 113 g, Kh: 599 g,
kJ: 15457, kcal: 3692

1. Für den Teig Mehl mit Backpulver in einer Rührschüssel mischen. Zucker, Vanillin-Zucker, Ei und Butter hinzufügen und die Zutaten mit Handrührgerät mit Knethaken zunächst kurz auf niedrigster, dann auf höchster Stufe gut durcharbeiten. Anschließend den Teig auf der Arbeitsfläche kurz verkneten. Sollte er kleben, ihn eine Zeit lang kalt stellen.
2. Teig portionsweise dünn ausrollen und mit einer runden Form (Ø etwa 5 cm) 50 Plätzchen ausstechen. Den Backofen vorheizen. Bei der Hälfte der Plätzchen mit einer Ausstechform (Ø 1–2 cm) oder einer großen Lochtülle die Mitte ausstechen, so dass Ringe entstehen.
3. Plätzchen und Ringe auf Backbleche (mit Backpapier belegt) legen und die Backbleche nacheinander (bei Heißluft zusammen) in den vorgeheizten Backofen schieben.
Ober-/Unterhitze: 180–200 °C
Heißluft: 160–180 °C
Backzeit: 6–8 Minuten je Backblech.
4. Die Plätzchen mit dem Backpapier von den Backblechen auf Kuchenroste ziehen und erkalten lassen.
5. Für den hellen Guss den Puderzucker mit Rum und Wasser zu einer dickflüssigen Masse verrühren. Für den dunklen Guss Puderzucker mit Kakao sieben, mit Weinbrand zu einer dickflüssigen Masse verrühren und in ein Papiertütchen füllen.
6. Vor dem Zusammensetzen jedes Ringplätzchen mit hellem Guss bestreichen und sofort mit dem dunkelbraunen Guss einen Ring daraufspritzen. Mit einem Holzstäbchen mehrere Male von der Mitte aus zum Rand leicht durch den Guss ziehen und den Guss fest werden lassen.
7. Zum Bestreichen das Johannisbeergelee glattrühren, jedes ganze Plätzchen mit Johannisbeergelee bestreichen und einen Ring darauflegen.

Tipp: Wenn es schneller gehen soll, die oberen Ringe nur mit dem hellen Guss bestreichen, Plätzchen mit Konfitüre zusammensetzen und dann mit dem dunklen Guss besprenkeln. Der Guss kann statt mit Rum und Weinbrand auch mit Zitronensaft oder Wasser zubereitet werden.

Dauert länger

Schwarz-Weiß-Gebäck

Zubereitungszeit: 60 Minuten, ohne Kühlzeit
Backzeit: etwa 12 Minuten je Backblech

Für den Knetteig:
250 g Weizenmehl
1 gestr. TL Dr. Oetker Backin
150 g Zucker
1 Pck. Dr. Oetker Vanillin-Zucker
1 Prise Salz
1 Ei (Größe M)
125 g weiche Butter oder Margarine

Außerdem:
15 g Kakaopulver
15 g Zucker
1 EL Milch

Zum Bestreichen:
1 Eiweiß (Größe M)

Insgesamt:
E: 39 g, F: 117 g, Kh: 352 g,
kJ: 11031, kcal: 2637

Schwarz-Weiß-Gebäck

1. Für den Teig Mehl mit Backpulver in einer Rührschüssel mischen. Restliche Zutaten hinzufügen und alles mit Handrührgerät mit Knethaken zunächst kurz auf niedrigster, dann auf höchster Stufe zu einem Teig verarbeiten. Teig halbieren.
2. Für den dunklen Teig Kakaopulver sieben, mit Zucker und Milch verrühren und unter eine Teighälfte kneten. Hellen und dunklen Teig jeweils zu einer Kugel formen und dann getrennt in Frischhaltefolie gewickelt etwa 30 Minuten kalt stellen.
3. Der Teig kann nach Belieben entweder zu einem Schneckenmuster oder Schachbrettmuster oder zu Talern verarbeitet werden.
4. Für das Schneckenmuster den hellen und dunklen Teig jeweils zu einem gleichmäßig großen Rechteck (etwa 30 x 15 cm) ausrollen, ein Rechteck dünn mit Eiweiß bestreichen, das zweite darauflegen und ebenfalls bestreichen. Teigplatten von der längeren Seite aus fest aufrollen.
5. Für das Schachbrettmuster die beiden Teighälfte jeweils etwa 1 cm dick ausrollen. Von dem hellen Teig 10 und von dem dunklen Teig 8 je etwa 1 cm breite und 15 cm lange Streifen schneiden. Die Streifen mit Eiweiß bestreichen und im Schachbrettmuster zu 2 Teigblöcken (je 3 Streifen abwechselnd neben- und übereinander) zusammensetzen.
6. Die restlichen hellen Teigreste verkneten und dünn zu 2 Rechtecken (etwa 15 x 13 cm) ausrollen. Die Platten dünn mit Eiweiß bestreichen. Die entstandenen Blöcke in die Teigplatten einwickeln.
7. Für die Taler aus dem dunklen Teig eine etwa 3 cm dicke Rolle formen. Den hellen Teig etwa 1/2 cm dick ausrollen, mit Eiweiß bestreichen und die dunkle Rolle darin einwickeln.
8. Teigrollen oder -blöcke eine Zeit lang kalt stellen, damit sie sich besser schneiden lassen. Den Backofen vorheizen. Die Teigrollen oder -blöcke in gleichmäßige, knapp 1/2 cm dicke Scheiben schneiden und auf Backbleche (mit Backpapier belegt) legen. Die Backbleche nacheinander (bei Heißluft zusammen) in den vorgeheizten Backofen schieben.
Ober-/Unterhitze: etwa 200 °C
Heißluft: etwa 180 °C
Backzeit: etwa 12 Minuten je Backblech.
9. Das Gebäck mit dem Backpapier von den Backblechen ziehen und auf einem Kuchenrost erkalten lassen.

Tipp: Für ein einfaches Marmormuster können Sie den hellen und dunklen Teig zu 2 etwa 3 cm dicken Rollen formen. Die Rollen kalt stellen, in etwa 1/2 cm dicke Scheiben schneiden und wie oben angegeben backen.

Klassisch

Lebkuchensterne

Zubereitungszeit: 60 Minuten, ohne Abkühlzeit
Backzeit: 10–12 Minuten

Für den Teig:
125 g flüssiger Honig
200 g Zucker
1 Pck. Dr. Oetker Vanillin-Zucker
150 g Butter oder Margarine
4 EL Milch
3 Tropfen Bittermandel-Aroma
1 gestr. TL gemahlener Zimt
400 g Weizenmehl
2 EL Kakaopulver
100 g Speisestärke
1 Pck. Dr. Oetker Backin

Für den Guss:
200 g Puderzucker
2–3 EL Zitronensaft
evtl. Speisefarbe

Insgesamt:
E: 49 g, F: 131 g, Kh: 893 g,
kJ: 21077, kcal: 5035

1. Für den Teig Honig mit Zucker, Vanillin-Zucker, Butter oder Margarine und Milch langsam erwärmen, bis sich Honig und Zucker aufgelöst haben. Masse in eine Rührschüssel geben und abkühlen lassen.
2. Unter die fast erkaltete Masse mit Handrührgerät mit Rührbesen auf höchster Stufe Aroma und Zimt rühren. Mehl, Kakao, Speisestärke und Backpulver mischen und zwei Drittel des Mehl-Kakao-Gemisches in 2 Portionen auf mittlerer Stufe unterrühren. Restliches Mehl-Kakao-Gemisch auf der Arbeitsfläche unterkneten. Sollte der Teig kleben, noch etwas Mehl hinzugeben.
3. Den Backofen vorheizen. Den Teig auf der leicht bemehlten Arbeitsfläche etwa 1/2 cm dick ausrollen, Sterne ausstechen und auf ein Backblech (mit Backpapier belegt) legen. Das Backblech in den vorgeheizten Backofen schieben.

Lebkuchensterne

Ober-/Unterhitze: etwa 200 °C
Heißluft: etwa 180 °C
Backzeit: 10–12 Minuten.
4. Die Sterne mit dem Backpapier vom Backblech ziehen und auf einem Kuchenrost erkalten lassen.
5. Für den Guss Puderzucker und Zitronensaft zu einer dickflüssigen, spritzfähigen Masse verrühren und nach Belieben mit Speisefarbe einfärben. Guss in ein Papiertütchen füllen und eine kleine Spitze abschneiden. Die Lebkuchensterne damit verzieren und den Guss trocknen lassen.

Tipp: Die Lebkuchensterne sind gut verpackt 3–4 Wochen haltbar.

Zum Verschenken

Erdbeerpralinen

Zubereitungszeit: 40 Minuten, ohne Abkühl- und Kühlzeit
Haltbarkeit: kühl gelagert etwa 14 Tage

Für die Marzipanrollen:
200 g Marzipan-Rohmasse
75 g Getränkepulver Erdbeer-Geschmack (für Milch-Mix-Getränke)
etwa 2 EL Erdbeerkonfitüre
50 g abgezogene, gehackte Mandeln
100 g weiße Schokolade
5 g Kokosfett

Insgesamt:
E: 39 g, F: 133 g, Kh: 250 g,
kJ: 9828, kcal: 2344

1. Marzipan mit dem Getränkepulver verkneten. Die Marzipanmasse halbieren und daraus 2 Rollen von je etwa 30 cm Länge formen. Konfitüre durch ein Sieb streichen und die Rollen damit bestreichen.
2. Mandeln auf Backpapier verteilen, die Marzipanrollen daraufgeben und die Mandeln fest einrollen.
3. Schokolade in Stücke brechen, mit Kokosfett in einem kleinen Topf im Wasserbad bei schwacher Hitze schmelzen und etwas abkühlen lassen.
4. Die obere Seite der Marzipanrollen mit der Hälfte der Schokolade bestreichen, kalt stellen und fest werden lassen. Dann die Marzipanrollen wenden und die Unterseite mit der restlichen Schokolade bestreichen. Anschließend Schokolade fest werden lassen.
5. Die Rollen in etwa 1 cm dicke Scheiben schneiden, so dass etwa 60 Pralinen entstehen. Die Pralinen gut verpackt kühl aufbewahren.

Raffiniert

Konfetti-Schnecken

Zubereitungszeit: 40 Minuten, ohne Durchzieh- und Kühlzeit
Haltbarkeit: kühl gelagert etwa 14 Tage

Für die Früchte-Mix-Masse:
1 Pck. (100 g) Früchte-Mix (z. B. von Schwartau)
2 EL Maraschino-Likör
75 g weiße Schokolade
200 g Marzipan-Rohmasse
40 g gesiebter Puderzucker

Insgesamt:
E: 29 g, F: 93 g, Kh: 245 g,
kJ: 8279, kcal: 1978

1. Früchte-Mix in sehr feine Würfel hacken, mit dem Likör verrühren und etwa 30 Minuten durchziehen lassen. Schokolade in Stücke brechen, in einem kleinen Topf im Wasserbad bei schwacher Hitze geschmeidig rühren und die Fruchtwürfel unterrühren.
2. Marzipan mit Puderzucker verkneten und auf der leicht mit Puderzucker bestäubten Arbeitsfläche zu einem Rechteck (etwa 20 x 32 cm) ausrollen.
3. Die Fruchtwürfel-Schoko-Mischung esslöffelweise auf einer Platte verteilen und vorsichtig mit einem Messer verstreichen. Die Platte von der längeren Seite aus aufrollen, in Frischhaltefolie einwickeln und etwa 1 Stunde kalt stellen.
4. Anschließend die Rolle in etwa 1 cm dicke Scheiben schneiden, so dass etwa 30 Schnecken entstehen, und als Konfekt verpackt kühl aufbewahren.

Tipp: Die Konfetti-Schnecken luftdicht verpackt kühl aufbewahren.

Erdbeerpralinen

Konfetti-Schnecken

Beliebt

Nougat-Erdnuss-Pralinen

Zubereitungszeit: 40 Minuten, ohne Abkühlzeit
Haltbarkeit: gekühlt 10–14 Tage

Für die Pralinenmasse:
125 g Schlagsahne
250 g Zartbitter-Kuvertüre
150 g Nuss-Nougat
30 g weiche Butter
2 EL Erdnusscreme (creamy)

Außerdem:
Papierpralinenförmchen
2 EL gehackte Pistazienkerne

Insgesamt:
E: 48 g, F: 240 g, Kh: 232 g,
kJ: 13697, kcal: 3279

1. Für die Pralinenmasse Sahne in einem kleinen Topf aufkochen lassen und von der Kochstelle nehmen. Kuvertüre hacken und unter Rühren darin auflösen. Die Masse in eine Rührschüssel geben. Nougat in Stücke schneiden und mit Butter und Erdnusscreme unterrühren.
2. Die Masse in eine Schüssel füllen und erkalten lassen, dabei gelegentlich umrühren.
3. Die Masse portionsweise in einen Spritzbeutel mit Sterntülle füllen, etwa 50 Tuffs in Papierpralinenförmchen spritzen und mit Pistazienkernen bestreuen. Pralinen fest werden lassen und gut gekühlt servieren.

Klassisch

Sahne-Vanille-Konfekt

Zubereitungszeit: 30 Minuten, ohne Kühlzeit
Haltbarkeit: gekühlt 6–8 Tage

Für die Schokoladenmasse:
300 g Vollmilch-Kuvertüre
125 g Schlagsahne
1 Pck. Dr. Oetker Bourbon-Vanille-Zucker
30 g weiche Butter

Zum Wälzen und Bestäuben:
50 g gesiebter Puderzucker
20 g Kakaopulver

Insgesamt:
E: 21 g, F: 172 g, Kh: 232 g,
kJ: 10771, kcal: 2591

1. Für die Masse Kuvertüre grob hacken. Sahne mit Vanille-Zucker in einem kleinen Topf zum Kochen bringen und kurz aufkochen lassen. Danach den Topf von der Kochstelle nehmen.
2. Kuvertüre hinzufügen und unter Rühren darin auflösen. So lange rühren, bis eine glatte Masse entstanden ist. Die Schokoladenmasse in eine Schüssel geben und über Nacht kalt stellen.
3. Schokoladenmasse mit der Butter cremig aufschlagen und nochmals so lange kalt stellen, bis sie wieder fest geworden ist.
4. Aus der Schokoladenmasse etwa 30 knapp walnussgroße Kugeln formen, diese in Puderzucker wälzen und zum Schluss noch mit Kakao bestäuben.

Nougat-Erdnuss-Pralinen

Sahne-Vanille-Konfekt

Für Kinder

Konfetti-Taler

Zubereitungszeit: 40 Minuten, *ohne* Kühlzeit
Backzeit: etwa 12 Minuten je Backblech

Für den Knetteig:
125 g Butter
125 g Zucker
1 Pck. Dr. Oetker Vanillin-Zucker
1 Ei (Größe M)
200 g Weizenmehl, 50 g Speisestärke
1 gestr. TL Dr. Oetker Backin
100 g klein geschnittene, kandierte Früchte

Insgesamt:
E: 31 g, F: 112 g, Kh: 390 g,
kJ: 11266, kcal: 2690

1. Für den Teig Butter in einer Rührschüssel mit Handrührgerät mit Rührbesen geschmeidig rühren. Nach und nach Zucker und Vanillin-Zucker unterrühren. So lange rühren, bis eine gebundene Masse entstanden ist. Ei in etwa 1/2 Minute unterrühren.
2. Mehl mit Speisestärke und Backpulver mischen, die Hälfte davon auf mittlerer Stufe unterrühren und restliches Mehlgemisch auf der Arbeitsfläche unterarbeiten, Fruchtstückchen unterkneten. Den Teig zu Rollen (Ø etwa 3 cm) formen und in Frischhaltefolie gewickelt einige Stunden oder am besten über Nacht kalt stellen.
3. Den Backofen vorheizen. Die Teigrollen in gut 1/2 cm dicke Scheiben schneiden und auf Backbleche (mit Backpapier belegt) legen. Die Backbleche nacheinander (bei Heißluft zusammen) in den vorgeheizten Backofen schieben.
Ober-/Unterhitze: 180–200 °C
Heißluft: 160–180 °C
Backzeit: etwa 12 Minuten je Backblech.
4. Die Konfetti-Taler mit dem Backpapier von den Backblechen auf Kuchenroste ziehen und anschließend erkalten lassen.

Kapitel 09

Rezepte 801–900

Brot & Brötchen

Rundes Krustenweißbrot

Einfach

Rundes Krustenweißbrot

Zubereitungszeit: 40 Minuten, ohne Teiggehzeit
Backzeit: 35–40 Minuten

Für den Hefeteig:
70 g Roggenmehl (Type 1150)
450 g Weizenmehl (Type 550)
2 gestr. TL Salz
1 Pck. Dr. Oetker Trockenbackhefe
300 ml lauwarmes Wasser
1 EL Speiseöl

Zum Bestäuben und Bestreichen:
etwas Roggenmehl
etwas Wasser

Insgesamt:
E: 58 g, F: 16 g, Kh: 391 g,
kJ: 8190, kcal: 1957

1. Für den Teig Roggen-, Weizenmehl, Salz und Trockenbackhefe in einer Rührschüssel sorgfältig vermischen. Wasser und Speiseöl hinzufügen. Die Zutaten mit Handrührgerät mit Knethaken zunächst kurz auf niedrigster, dann auf höchster Stufe in etwa 5 Minuten zu einem glatten Teig verarbeiten.
2. Den Teig mit Mehl bestäuben und zugedeckt so lange an einem warmen Ort gehen lassen, bis er sich sichtbar vergrößert hat (etwa 40 Minuten).
3. Den gegangenen Teig leicht mit Mehl bestäuben, aus der Schüssel nehmen, auf der bemehlten Arbeitsfläche nochmals gut durchkneten und zu einer Kugel formen. Teigkugel auf ein Backblech (mit Backpapier belegt) legen, zuerst dünn mit Wasser bestreichen, dann kräftig mit Roggenmehl bestäuben und zugedeckt so lange an einem warmen Ort gehen lassen, bis sie sich sichtbar vergrößert hat (etwa 20 Minuten). Inzwischen den Backofen vorheizen.
4. Die Teigkugel auf halber Höhe mit einem Sägemesser etwa 1 cm tief ringförmig einschneiden (nicht drücken). Das Backblech in den vorgeheizten Backofen schieben.
Ober-/Unterhitze: etwa 250 °C
Heißluft: etwa 230 °C
Backzeit: etwa 10 Minuten.
5. Nach etwa 10 Minuten Backzeit die Backtemperatur auf Ober-/Unterhitze: etwa 200 °C, Heißluft: etwa 180 °C **herunterschalten und das Brot in 25–30 Minuten fertig backen.**
6. Das Brot vom Backpapier nehmen, auf einem Kuchenrost erkalten lassen.

Raffiniert

Pilzbrot mit Pinienkernen

Zubereitungszeit: 20 Minuten, ohne Einweich-, Abkühl- und Teiggehzeit
Backzeit: etwa 50 Minuten

Zum Vorbereiten:
15 g getrocknete Steinpilze
250 ml (1/4 l) Wasser
60 g Pinienkerne

Für den Hefeteig:
300 g Weizenmehl (Type 550)
1/2 Pck. (21 g) frische Hefe
1/2 TL Zucker
70 g Roggenmehl (Type 1150)
1 1/2 gestr. TL Salz
30 g weiches Butterschmalz

Zum Bestäuben:
etwas Weizenmehl

Insgesamt:
E: 61 g, F: 65 g, Kh: 285 g,
kJ: 8260, kcal: 1974

1. Zum Vorbereiten Steinpilze in ein Sieb geben, mit kaltem Wasser gründlich abspülen und abtropfen lassen. Wasser in einem Topf zum Kochen bringen, Topf von der Kochstelle nehmen, Steinpilze in das heiße Wasser geben und zugedeckt etwa 20 Minuten darin einweichen.
2. Pinienkerne in einer Pfanne ohne Fett goldbraun rösten, herausnehmen und auf einem Teller erkalten lassen. Steinpilze in einem Sieb abtropfen lassen und die Einweichflüssigkeit auffangen. Steinpilze in sehr kleine Stücke schneiden.
3. Für den Teig Weizenmehl in eine Rührschüssel geben, in die Mitte eine Vertiefung drücken. Hefe hineinbröckeln, Zucker und Pilzstücke mit der warmen Einweichflüssigkeit hinzufügen. Alles mit einem Teil des Mehls mit einer Gabel vorsichtig verrühren und etwa 10 Minuten stehen lassen, bis sich dicke Blasen bilden.
4. Roggenmehl, Salz, Pinienkerne und Butterschmalz hinzugeben. Die Zutaten mit Handrührgerät mit Knethaken zunächst kurz auf niedrigster, dann auf höchster Stufe in etwa 5 Minuten zu einem glatten Teig verarbeiten. Den Teig mit Mehl bestäuben und zugedeckt so lange an einem warmen Ort gehen lassen, bis er sich sichtbar vergrößert hat (etwa 40 Minuten).
5. Den gegangenen Teig leicht mit Mehl bestäuben, aus der Schüssel nehmen, auf der leicht bemehlten Arbeitsfläche nochmals gut durchkneten und zu einem Laib (etwa 30 cm Länge) formen. Den Teiglaib auf ein Backblech (mit Backpapier belegt) legen. Teigoberfläche in breiten Abständen mehrmals diagonal mit einem scharfen Messer einritzen (nicht drücken) und mit Mehl bestäuben.
6. Den Backofen vorheizen. Den Teiglaib nochmals zugedeckt so lange an einem warmen Ort gehen lassen, bis er sich sichtbar vergrößert hat (etwa 20 Minuten). Das Backblech in den vorgeheizten Backofen schieben.
Ober-/Unterhitze: etwa 200 °C
Heißluft: etwa 180 °C
Backzeit: etwa 50 Minuten.
7. Das Brot vom Backpapier nehmen und auf einem Kuchenrost erkalten lassen.

Tipp: Noch aromatischer schmeckt das Brot, wenn Sie zusammen mit den Pinienkernen 1 gestrichenen Teelöffel getrockneten Thymian hinzufügen.

Pilzbrot mit Pinienkernen

Raffiniert – saftig

Kraftbrot

Zubereitungszeit: 45 Minuten, ohne Teiggehzeit
Backzeit: etwa 35 Minuten

Zum Vorbereiten:
200 g Möhren
100 g Walnusskerne
100 g Haselnusskerne

Für den Hefeteig:
100 g Roggenmehl (Type 1150)
400 g Dinkel-Vollkornmehl
2 gestr. TL Salz
1 Pck. Dr. Oetker Trockenbackhefe
250 ml (1/4 l) lauwarmes Wasser

Zum Bestäuben:
etwas Roggenmehl

Insgesamt:
E: 101 g, F: 133 g, Kh: 380 g,
kJ: 13117, kcal: 3135

1. Zum Vorbereiten Möhren putzen, schälen und auf einer Haushaltsreibe reiben. Walnuss- und Haselnusskerne grob hacken.

2. Für den Teig Roggen-, Vollkornmehl, Salz und Trockenbackhefe in einer Rührschüssel sorgfältig vermischen. Wasser, Möhrenraspel und Nussstückchen hinzufügen. Die Zutaten mit Handrührgerät mit Knethaken zunächst kurz auf niedrigster, dann auf höchster Stufe in etwa 5 Minuten zu einem glatten Teig verarbeiten.

3. Den Teig mit Mehl bestäuben und zugedeckt so lange an einem warmen Ort gehen lassen, bis er sich sichtbar vergrößert hat (etwa 1 Stunde).

4. Den gegangenen Teig leicht mit Mehl bestäuben, aus der Schüssel nehmen, auf der bemehlten Arbeitsfläche nochmals gut durchkneten und zu einer Rolle (etwa 28 cm Länge) formen. Die Teigrolle in eine Kastenform (30 x 11 cm, gefettet, gemehlt) legen, mit Mehl bestäuben und zugedeckt so lange an einem warmen Ort gehen lassen, bis sie sich sichtbar vergrößert hat (etwa 40 Minuten). Nach etwa 25 Minuten Teiggehzeit den Backofen vorheizen.

5. Die Teigoberfläche mehrmals mit einem Messer etwa 1/2 cm tief, diagonal kreuzweise einritzen (nicht drücken).

6. Die Form auf dem Rost in den vorgeheizten Backofen schieben.
Ober-/Unterhitze: etwa 250 °C
Heißluft: etwa 230 °C
Backzeit: etwa 10 Minuten.

7. Nach etwa 10 Minuten Backzeit die Backtemperatur auf Ober-/Unterhitze: etwa 200 °C, Heißluft: etwa 180 °C **herunterschalten und das Brot in weiteren etwa 25 Minuten fertig backen.**

8. Das Brot aus der Form lösen, auf einen Kuchenrost stürzen, umdrehen und erkalten lassen.

Kraftbrot

Beliebt

Flockenbrot

Zubereitungszeit: 35 Minuten, ohne Teiggehzeit
Backzeit: etwa 45 Minuten

Für den Hefeteig:
450 g Dinkel-Vollkornmehl
80 g 4-Korn-Vollkornflocken (Weizen, Roggen, Hafer, Gerste)
1 gestr. TL Brotgewürz (Reformhaus)
1 Pck. Dr. Oetker Trockenbackhefe
2 gestr. TL Salz
300 ml warmes Wasser
2 EL (30 g) Zuckerrübensirup (Rübenkraut)
3 EL Speiseöl

Zum Bestäuben:
etwas Weizenmehl

Zum Bestreichen und Bestreuen:
2 EL Wasser
2 EL 4-Korn-Vollkornflocken

Insgesamt:
E: 85 g, F: 43 g, Kh: 403 g,
kJ: 9814, kcal: 2339

1. Für den Teig Dinkel-Vollkornmehl, 4-Korn-Flocken, Brotgewürz, Hefe und Salz in eine Rührschüssel geben und gut vermischen. Warmes Wasser, Zuckerrübensirup und Öl hinzufügen.

2. Die Zutaten mit dem Handrührgerät mit Knethaken zunächst auf

Flockenbrot

Frühstücks-Muffins

niedrigster, dann auf höchster Stufe in etwa 5 Minuten zu einem glatten Teig verarbeiten. Den Teig mit Mehl bestäuben und zugedeckt an einem warmen Ort so lange gehen lassen, bis er sich sichtbar vergrößert hat (etwa 30 Minuten).

3. Den Teig und die Arbeitsfläche mit Mehl bestäuben. Den Teig auf der Arbeitsfläche nochmals gut durchkneten, zu einem runden Laib (Ø etwa 15 cm) formen und auf ein Backblech (mit Backpapier belegt) legen.

4. Den Teig mit einem Geschirrtuch zudecken und so lange an einem warmen Ort gehen lassen, bis er sich sichtbar vergrößert hat (etwa 20 Minuten). Backofen vorheizen.

5. Den Teig mit einem Sägemesser dreimal etwa 2 cm tief einschneiden, mit Wasser bestreichen und mit Flocken bestreuen. Das Backblech in den vorgeheizten Backofen schieben.
Ober-/Unterhitze: etwa 200 °C
Heißluft: etwa 180 °C
Backzeit: etwa 45 Minuten.

6. Das Brot vom Backpapier lösen und auf einem Kuchenrost erkalten lassen.

Für Kinder

Frühstücks-Muffins

Zubereitungszeit: 45 Minuten, ohne Teiggehzeit
Backzeit: etwa 20 Minuten

Für den Hefeteig:
250 ml (1/4 l) Milch oder
250 g Schlagsahne
50 g Butter
500 g Weizenmehl
1 Pck. Dr. Oetker Trockenbackhefe
50 g Zucker
1/2 gestr. TL Salz

Zum Bestreichen:
1 Eigelb (Größe M)
1 EL Milch

Insgesamt:
E: 68 g, F: 61 g, Kh: 422 g,
kJ: 11030, kcal: 2636

1. Für den Teig Milch oder Sahne leicht erwärmen und Butter darin zerlassen. Mehl in eine Rührschüssel geben und sorgfältig mit der Trockenbackhefe vermischen. Zucker, Salz und die warme Milch oder Sahne mit Butter hinzufügen.

2. Die Zutaten mit Handrührgerät mit Knethaken zunächst auf niedrigster, dann auf höchster Stufe in etwa 5 Minuten zu einem glatten Teig verarbeiten. Teig zugedeckt so lange an einem warmen Ort stehen lassen, bis er sich sichtbar vergrößert hat.

3. Den Teig in 12–14 gleich große Stücke teilen und daraus mit bemehlten Händen Kugeln formen. Die Teigkugeln in eine Muffinform (gut gefettet, gemehlt) setzen. Den Backofen vorheizen.

4. Zum Bestreichen Eigelb mit Milch verschlagen und die Muffins mit der Eigelbmilch bestreichen. Den Teig nochmals so lange an einem warmen Ort gehen lassen, bis er sich sichtbar vergrößert hat. Die Form auf dem Rost in den vorgeheizten Backofen schieben.
Ober-/Unterhitze: etwa 180 °C
Heißluft: etwa 160 °C
Backzeit: etwa 20 Minuten.

5. Muffins aus den Förmchen nehmen und noch warm servieren.

Hörnchen mit Mohn und Sesam

Beliebt

Hörnchen mit Mohn und Sesam

Zubereitungszeit: 45 Minuten
Backzeit: etwa 20 Minuten

Für den Quark-Öl-Teig:
300 g Weizenmehl
1 Pck. Dr. Oetker Backin
1 Pck. Dr. Oetker Finesse
Geriebene Zitronenschale
1 Prise Salz
150 g Magerquark, 100 ml Milch
100 ml Speiseöl, 80 g Zucker

Zum Bestäuben:
etwas Mehl

Zum Bestreichen und Bestreuen:
1 Eigelb (Größe M)
1 EL Wasser oder Milch
2 EL Mohnsamen
2 EL geschälte Sesamsamen

Insgesamt:
E: 60 g, F: 117 g, Kh: 315 g,
kJ: 11134, kcal: 2659

1. Mehl mit Backpulver in einer Rührschüssel mischen. Zitronenschale, Salz, Quark, Milch, Öl und Zucker dazugeben. Die Zutaten zuerst kurz mit Handrührgerät mit Knethaken verarbeiten.
2. Dann den Teig und die Arbeitsfläche mit Mehl bestäuben, den Teig aus der Schüssel nehmen und auf der Arbeitsfläche mit den Händen kurz zu einem glatten Teig verarbeiten. Den Teig zu einer Rolle formen. Den Backofen vorheizen.
3. Die Rolle in 12 Scheiben teilen. Aus jeder Scheibe eine Stange (etwa 18 cm Länge) formen, dabei die Stangenenden etwas dünner formen. Die Stangen zu Hörnchen biegen und auf ein Backblech (mit Backpapier belegt) legen.
4. Eigelb mit Wasser oder Milch verquirlen, die Hörnchen damit bestreichen und mit Mohn und Sesam bestreuen.
Ober-/Unterhitze: etwa 200 °C
Heißluft: etwa 180 °C
Backzeit: etwa 20 Minuten.
5. Die Hörnchen vom Backpapier lösen und auf einem Kuchenrost erkalten lassen.

Vollwertig

Dinkel-Kürbisbrötchen

Zubereitungszeit: 50 Minuten, ohne Saftzieh- Abkühl- und Teiggehzeit
Backzeit: 25–30 Minuten

Zum Vorbereiten:
300 g vorbereitetes Kürbisfleisch (geschält, entkernt)
1 gestr. TL Salz

Für den Hefeteig:
350 g Dinkel-Vollkornmehl
1 Pck. (42 g) frische Hefe
1 TL flüssiger Honig
100 ml lauwarmes Wasser
1 1/2 gestr. TL Salz
1 gestr. TL gemahlener Koriander
120 g kernige Haferflocken

Zum Bestäuben:
etwas Vollkornmehl

Insgesamt:
E: 78 g, F: 17 g, Kh: 327 g,
kJ: 7473, kcal: 1787

1. Zum Vorbereiten Kürbisfleisch in kleine Würfel schneiden, in einem Topf mit Salz mischen und etwa 10 Minuten zum Saftziehen stehen lassen. Kürbis zugedeckt etwa 10 Minuten weich dünsten, etwas zerdrücken und leicht abkühlen lassen.
2. Für den Teig Mehl in eine Rührschüssel geben und in die Mitte eine Vertiefung drücken. Hefe hineinbröckeln, Honig und etwas Wasser hinzufügen. Mit einem kleinen Teil des Mehls alles mit einer Gabel vorsichtig verrühren und etwa 10 Minuten stehen lassen.
3. Salz, Koriander, restliches Wasser, Haferflocken und die lauwarme Kürbismasse hinzufügen. Die Zutaten mit Handrührgerät mit Knethaken in etwa 5 Minuten zu einem glatten Teig verarbeiten. Teig mit Mehl bestäuben und zugedeckt an einem warmen Ort gehen lassen, bis er sich sichtbar vergrößert hat (etwa 30 Minuten).

4. Gegangenen Teig mit Mehl bestäuben, aus der Schüssel nehmen und auf der bemehlten Arbeitsfläche nochmals gut durchkneten. Sollte er kleben, noch etwas Vollkornmehl unterkneten. Den Teig zu einer Rolle formen, in 12 Portionen teilen, jeweils zu einem runden Brötchen formen.
5. Teigbrötchen auf ein Backblech (mit Backpapier belegt) legen und zugedeckt so lange an einem warmen Ort gehen lassen, bis sie sich sichtbar vergrößert haben (etwa 20 Minuten). Inzwischen den Backofen vorheizen.
6. Die Brötchenoberfläche der Länge nach etwa 1 cm tief einschneiden (nicht drücken). Das Backblech in den vorgeheizten Backofen schieben.
Ober-/Unterhitze: etwa 200 °C
Heißluft: etwa 180 °C
Backzeit: 25–30 Minuten.
7. Die Brötchen vom Backpapier nehmen und auf einem Kuchenrost erkalten lassen.

Raffiniert

Kürbisbrötchen

Zubereitungszeit: 40 Minuten, ohne Abkühl- und Teiggehzeit
Backzeit: etwa 20 Minuten

Zum Vorbereiten:
450 g vorbereitetes Kürbisfleisch (geschält, entkernt)
100 ml Wasser

Für den Hefeteig:
500 g Weizenmehl (Type 550)
1 Pck. (42 g) frische Hefe
1 TL Zucker
3–4 EL Kürbiswasser von der Kürbismasse
1 gestr. TL Salz
3 EL geröstete Kürbiskerne

Zum Bestäuben und Bestreichen:
etwas Weizenmehl
etwas Wasser

Insgesamt:
E: 74 g, F: 27 g, Kh: 400 g, kJ: 9094, kcal: 2172

1. Zum Vorbereiten Kürbisfleisch in kleine Würfel schneiden und in einen Topf geben. Wasser hinzufügen, zum Kochen bringen und etwa 5 Minuten bissfest garen. Kürbiswürfel abtropfen lassen, Kochwasser auffangen und 3–4 Esslöffel abmessen. Kürbiswürfel etwas abkühlen lassen und pürieren.
2. Für den Teig Mehl in eine Rührschüssel geben und in die Mitte eine Vertiefung drücken. Hefe hineinbröckeln und Zucker und lauwarmes Kürbiswasser hinzufügen. Das Ganze mit einer Gabel verrühren und 10–15 Minuten gehen lassen.
3. Lauwarmes Kürbispüree und Salz hinzufügen. Die Zutaten mit Handrührgerät mit Knethaken auf höchster Stufe in etwa 5 Minuten zu einem glatten Teig verarbeiten. Sollte er kleben, noch etwas Mehl hinzugeben. Den Teig mit Mehl bestäuben und zugedeckt so lange an einem warmen Ort gehen lassen, bis er sich sichtbar vergrößert hat.
4. Den gegangenen Teig leicht mit Mehl bestäuben, aus der Schüssel nehmen, auf der bemehlten Arbeitsfläche nochmals gut durchkneten und Kürbiskerne unterkneten.
5. Den Backofen vorheizen. Den Teig in 12 Portionen teilen, jeweils zu einer Kugel formen und auf ein Backblech (mit Backpapier belegt) legen. Teigbrötchen nochmals zugedeckt etwa 15 Minuten gehen lassen.
6. Die Oberfläche der Teigbrötchen kreuzweise einschneiden (nicht drücken) und mit Wasser bestreichen. Das Backblech in den vorgeheizten Backofen schieben.
Ober-/Unterhitze: etwa 200 °C
Heißluft: etwa 180 °C
Backzeit: etwa 20 Minuten.
7. Die Brötchen vom Backpapier nehmen und entweder heiß oder kalt servieren.

Tipp: Die mit Wasser bestrichenen Brötchen mit gehackten Kürbiskernen bestreuen.

Dinkel-Kürbisbrötchen / Kürbisbrötchen

Raffiniert – vollwertig

Doppelt gebackenes Fenchelbrot

Zubereitungszeit: 45 Minuten, ohne Teiggeh- und Abkühlzeit
Backzeit: 55–60 Minuten

Für den Sud:
250 ml (1/4 l) Wasser
2 EL Fenchelsamen (aus der Apotheke)
2 gestr. TL Salz
1 gestr. EL Zucker
70 g Butter

Für den Hefeteig:
500 g Weizen-Vollkornmehl
1 Pck. (42 g) frische Hefe
1 TL Zucker
100 ml Wasser
1 gestr. TL Salz

Zum Bestäuben:
Weizenmehl

Insgesamt:
E: 71 g, F: 75 g, Kh: 333 g,
kJ: 9678, kcal: 2312

1. Für den Sud Wasser mit Fenchelsamen, Salz, Zucker und Butter in einen Topf geben, zum Kochen bringen und zugedeckt bei schwacher Hitze etwa 15 Minuten köcheln lassen. Sud etwas abkühlen lassen.
2. Für den Teig Mehl in eine Rührschüssel geben. In die Mitte eine Vertiefung drücken. Hefe hineinbröckeln, Zucker und etwas Wasser hinzufügen. Alles mit einer Gabel vorsichtig verrühren und etwa 10 Minuten stehen lassen.
3. Salz, den warmen Sud und restliches Wasser hinzufügen. Die Zutaten mit Handrührgerät mit Knethaken zunächst kurz auf niedrigster, dann auf höchster Stufe in etwa 5 Minuten zu einem glatten Teig verarbeiten. Den Teig zugedeckt so lange an einem warmen Ort stehen lassen, bis er sich sichtbar vergrößert hat.
4. Den Teig leicht mit Mehl bestäuben, aus der Schüssel nehmen und auf einer leicht bemehlten Arbeitsfläche nochmals gut durchkneten. Den Backofen vorheizen.
5. Aus dem Teig 2 Teigstangen (je etwa 28 cm Länge) formen, auf ein Backblech (mit Backpapier belegt) legen und mit Mehl bestäuben. Teigstangen nochmals zugedeckt so lange an einem warmen Ort gehen lassen, bis sie sich sichtbar vergrößert haben. Anschließend das Backblech in den Backofen schieben.
Ober-/Unterhitze: etwa 200 °C
Heißluft: etwa 180 °C
Backzeit: 30–35 Minuten.
6. Die Brotstangen vom Backblech nehmen und auf einem Kuchenrost erkalten lassen. Brotstangen mit einem scharfen Sägemesser in etwa 1 cm dicke Scheiben schneiden, nebeneinander auf den Rost des Backofens legen und in den heißen Backofen schieben.
Ober-/Unterhitze: etwa 120 °C
Heißluft: etwa 100 °C
Backzeit: etwa 25 Minuten.
7. Backofentür während der Backzeit gelegentlich öffnen, damit Feuchtigkeit entweichen kann.

Tipp: Das Brot eignet sich gut als Toastbrot, dann entfällt das Trocknen der Brotscheiben.

Doppelt gebackenes Fenchelbrot

Für Gäste

Fougasse mit Kräutern

Zubereitungszeit: 30 Minuten, ohne Teiggehzeit
Backzeit: 15–20 Minuten je Backblech

Für den Hefeteig:
500 g Weizenmehl (Type 550)
2 gestr. TL Salz
1 Pck. Dr. Oetker Trockenbackhefe
2 TL Kräuter der Provence
300 ml warmes Wasser
5 EL Olivenöl

Zum Bestäuben:
etwas Weizenmehl

Zum Bestreichen:
etwas Wasser

Insgesamt:
E: 57 g, F: 56 g, Kh: 384 g,
kJ: 9578, kcal: 2286

Fougasse mit Kräutern

Fladenbrot mit Ajvar

1. Für den Teig Mehl in einer Rührschüssel mit Salz, Trockenbackhefe und Kräutern der Provence sorgfältig vermischen. Warmes Wasser und Olivenöl hinzufügen.
2. Die Zutaten mit Handrührgerät mit Knethaken zunächst kurz auf niedrigster, dann auf höchster Stufe in etwa 5 Minuten zu einem glatten Teig verarbeiten. Den Teig mit Mehl bestäuben und zugedeckt so lange an einem warmen Ort gehen lassen, bis er sich sichtbar vergrößert hat (etwa 40 Minuten).
3. Den gegangenen Teig leicht mit Mehl bestäuben, aus der Schüssel nehmen und auf der bemehlten Arbeitsfläche nochmals gut durchkneten. Den Teig halbieren. Die Teighälften jeweils zu einem blattförmigen, ovalen Fladen (etwa 30 x 20 cm) formen und auf Backbleche (mit Backpapier belegt) legen.
4. Die Fladen dünn mit Wasser bestreichen, mit Mehl bestäuben und nochmals zugedeckt so lange an einem warmen Ort gehen lassen, bis sie sich sichtbar vergrößert haben (etwa 30 Minuten). Nach 15 Minuten Teiggehzeit den Backofen vorheizen.
5. Die Teigfladen jeweils auf der rechten und linken Teighälfte 4-mal schräg bis auf das Backpapier einschneiden (je 5–7 cm lang – nicht drücken). Die Einschnitte mit den Fingern etwas auseinanderziehen. Die Einschnitte sollen die Adern des Blattes darstellen. Die Backbleche nacheinander (bei Heißluft zusammen) in den Backofen schieben.
Ober-/Unterhitze: etwa 220 °C
Heißluft: etwa 200 °C
Backzeit: 15–20 Minuten je Backblech.
6. Die Brote vom Backpapier nehmen und auf einem Kuchenrost erkalten lassen.

Raffiniert

Fladenbrot mit Ajvar

Zubereitungszeit: 30 Minuten, ohne Teiggehzeit
Backzeit: 15–20 Minuten je Backblech

Für den Hefeteig:
250 g Weizenmehl (Type 550)
1 Pck. Dr. Oetker Trockenbackhefe
1 TL Salz, 1 TL gerebelter Thymian
70 g Ajvar (Paprika-Gemüsemus, aus dem Glas)
50 ml warmes Wasser
1 TL flüssiger Honig
6 EL Olivenöl

Zum Bestäuben und Bestreichen:
etwas Weizenmehl
2 EL Olivenöl
2–3 TL grobes Meersalz

Insgesamt:
E: 32 g, F: 86 g, Kh: 211 g,
kJ: 7315, kcal: 1746

1. Mehl in eine Rührschüssel geben und mit der Hefe sorgfältig vermischen. Salz, Thymian, Ajvar, Wasser, Honig und Olivenöl hinzufügen. Die Zutaten mit Handrührgerät mit Knethaken zunächst kurz auf niedrigster, dann auf höchster Stufe in etwa 5 Minuten zu einem glatten Teig verarbeiten. Den Teig mit Mehl bestäuben und zugedeckt an einem warmen Ort so lange gehen lassen, bis er sich sichtbar vergrößert hat (etwa 30 Minuten).
2. Den Teig und die Arbeitsfläche mit Mehl bestäuben, den Teig auf der Arbeitsfläche nochmals gut durchkneten und halbieren. Jede Teighälfte zu einem Oval (etwa 15 x 25 cm) ausrollen, auf Backbleche (mit Backpapier belegt) legen und zugedeckt so lange an einem warmen Ort gehen lassen, bis sie sich sichtbar vergrößert haben (etwa 15 Minuten).
3. Den Backofen vorheizen. Mit den Fingern Vertiefungen in den Teig drücken. Den Teig mit Olivenöl bestreichen und mit Salz bestreuen. Die Backbleche nacheinander (bei Heißluft zusammen) in den vorgeheizten Backofen schieben.
Ober-/Unterhitze: etwa 220 °C
Heißluft: etwa 200 °C
Backzeit: 15–20 Minuten je Backblech.
4. Das Fladenbrote vom Backpapier nehmen und auf einem Kuchenrost erkalten lassen.

Für Kinder – gut vorzubereiten

Franzbrötchen mit Trockenfrüchten

Zubereitungszeit: 30 Minuten, ohne Teiggehzeit
Backzeit: etwa 25 Minuten

Für den Hefeteig:
125 ml (1/8 l) Milch
250 g Weizenmehl
1 Pck. Dr. Oetker Trockenbackhefe
25 g Zucker
1 Pck. Dr. Oetker Vanillin-Zucker
1 Prise Salz
1 Ei (Größe M)

Zum Bestäuben:
etwas Weizenmehl

Für den Knetteig:
100 g Weizenmehl
25 g Zucker
1 Pck. Dr. Oetker Vanillin-Zucker
1 Prise Salz
50 g Butter oder Margarine

Zum Bestreichen und Bestreuen:
1 Eiweiß (Größe M)
2 EL gehackte, getrocknete Aprikosen
2 EL gehackte, getrocknete Datteln
1 EL Zitronat (Sukkade), sehr fein gehackt
1 Eigelb (Größe M)
1–2 EL Wasser

Insgesamt:
E: 61 g, F: 83 g, Kh: 389 g,
kJ: 10805, kcal: 2585

Franzbrötchen mit Trockenfrüchten

1. Für den Hefeteig Milch leicht erwärmen. Mehl mit Trockenbackhefe sorgfältig vermischen. Zucker, Vanillin-Zucker, Salz, Ei und Milch hinzufügen.

2. Die Zutaten mit Handrührgerät mit Knethaken zunächst kurz auf niedrigster, dann auf höchster Stufe in etwa 5 Minuten zu einem glatten Teig verarbeiten. Den Teig mit Mehl bestäuben und zugedeckt so lange an einem warmen Ort gehen lassen, bis er sich sichtbar vergrößert hat (etwa 30 Minuten).

3. Für den Knetteig Mehl in einer Rührschüssel mit Zucker, Vanillin-Zucker und Salz mischen und Butter oder Margarine hinzufügen.

4. Die Zutaten mit Handrührgerät mit Knethaken zunächst kurz auf niedrigster, dann auf höchster Stufe gut durcharbeiten. Anschließend den Teig auf der leicht bemehlten Arbeitsfläche kurz verkneten.

5. Den gegangenen Hefeteig leicht mit Mehl bestäuben, aus der Schüssel nehmen, auf der bemehlten Arbeitsfläche gut mit dem Knetteig verkneten und zu einem Rechteck (etwa 20 x 40 cm) ausrollen. Den Teig mit dem verschlagenen Eiweiß bestreichen, mit Aprikosen-, Dattel- und Zitronatstückchen bestreuen. Den Teig von der längeren Seite aus aufrollen und in etwa 4 cm breite Stücke schneiden.

6. Mit einem bemehlten Kochlöffelstiel die Stücke zwischen den Schnittkanten in der Mitte kräftig herunterdrücken, so dass sich die Seiten stark hochwölben.

7. Teigbrötchen auf ein Backblech (mit Backpapier belegt) legen. Eigelb mit Wasser verschlagen. Brötchen damit bestreichen. Backofen vorheizen.

8. Die Teigbrötchen zugedeckt nochmals so lange an einem warmen Ort gehen lassen, bis sie sich sichtbar vergrößert haben (etwa 20 Minuten). Das Backblech in den vorgeheizten Backofen schieben.
Ober-/Unterhitze: etwa 200 °C
Heißluft: etwa 180 °C
Backzeit: etwa 25 Minuten.

9. Die Brötchen vom Backpapier nehmen und auf einem Kuchenrost erkalten lassen.

Tipp: Die Brötchen vor dem Backen mit Hagelzucker und Anis- oder Fenchelsamen bestreuen.

Klassisch

Pitabrot

Zubereitungszeit: 25 Minuten, ohne Teiggeh- und Ruhezeit
Backzeit: etwa 15 Minuten je Backblech

Für den Hefeteig:
400 g Weizenmehl
1 Pck. (42 g) frische Hefe
1 EL flüssiger Honig
250 ml (1/4 l) lauwarmes Wasser
8 EL Olivenöl
2 gestr. TL Meersalz
2 TL ungeschälte Sesamsamen
1 TL Kreuzkümmelsamen

Zum Bestäuben:
etwas Weizenmehl

Insgesamt:
E: 52 g, F: 90 g, Kh: 323 g,
kJ: 9697, kcal: 2318

1. Für den Teig Mehl in eine Rührschüssel geben, in die Mitte eine Vertiefung drücken und die Hefe hineinbröckeln. Honig und etwas Wasser hinzufügen, mit einem Teil des Mehls mit einer Gabel vorsichtig verrühren und etwa 10 Minuten stehen lassen.
2. Restliches Wasser, Olivenöl und Salz hinzufügen. Die Zutaten mit Handrührgerät mit Knethaken zunächst kurz auf niedrigster, dann auf höchster Stufe in etwa 5 Minuten zu einem glatten Teig verarbeiten. Den Teig mit Mehl bestäuben und zugedeckt so lange an einem warmen Ort gehen lassen, bis er sich sichtbar vergrößert hat (etwa 30 Minuten).
3. Den gegangenen Teig leicht mit Mehl bestäuben, aus der Schüssel nehmen und auf der bemehlten Arbeitsfläche nochmals gut durchkneten.
4. Den Teig in 6 Portionen teilen. Die Teigportionen jeweils zwischen den bemehlten Handflächen zu flachen, runden Fladen (Ø etwa 15 cm) formen.
5. Die Teigfladen auf Backbleche (mit Backpapier belegt) legen, mit Wasser bestreichen und mit Sesam und Kümmel bestreuen. Mit einem Holzstäbchen oder einer Gabel mehrere Löcher in die Teigfladen stechen.
6. Den Backofen vorheizen. Die Teigfladen nochmals zugedeckt so lange an einem warmen Ort gehen lassen, bis sie sich sichtbar vergrößert haben (etwa 20 Minuten).
7. Die Backbleche nacheinander (bei Heißluft zusammen) in den vorgeheizten Backofen schieben.
Ober-/Unterhitze: etwa 220 °C
Heißluft: etwa 200 °C
Backzeit: etwa 15 Minuten je Backblech.
8. Die Pitabrote im ausgeschalteten, leicht geöffneten Backofen noch etwa 5 Minuten ruhen lassen. Dann die Pitabrote vom Backpapier lösen und warm oder kalt servieren.

Pitabrot

Gut vorzubereiten

Hausgemachtes Knäckebrot

Zubereitungszeit: 45 Minuten, ohne Kühlzeit
Backzeit: etwa 20 Minuten je Backblech

Für den Teig:
350 g Weizenmehl (Type 1050)
100 g Weizenschrot
3 gestr. TL Meersalz
40 g Butter in Flöckchen
250 ml (1/4 l) kochendes Wasser

Zum Bestreichen und Bestreuen:
etwas Wasser
Kürbiskerne
Sonnenblumenkerne
Sesamsamen, Mohnsamen
Leinsamen, Kümmelsamen

Insgesamt:
E: 52 g, F: 50 g, Kh: 306 g,
kJ: 7951, kcal: 1899

1. Für den Teig Mehl, Schrot und Salz in einer Rührschüssel mischen. Butterflöckchen hinzufügen.
2. Nach und nach Wasser hinzufügen und die Zutaten mit Handrührgerät mit Knethaken verkneten, bis ein fester Teig entstanden ist. Den Teig zugedeckt kalt stellen.
3. Den Backofen vorheizen. Danach den Teig auf der leicht bemehlten Arbeitsfläche kräftig durchkneten und in 16–18 Portionen teilen. Die Teigportionen jeweils dünn ausrollen und auf Backbleche (mit Backpapier belegt) legen.
4. Die Teigscheiben mit etwas Wasser bestreichen und nach Belieben mit Kernen und Samen bestreuen. Die Backbleche nacheinander (bei Heißluft zusammen) in den vorgeheizten Backofen schieben.
Ober-/Unterhitze: 160–180 °C
Heißluft: 140–160 °C
Backzeit: etwa 20 Minuten je Backblech.
5. Das Knäckebrot vom Backpapier nehmen und auf einem Kuchenrost erkalten lassen.

Einfach

Party-Zwiebelbrot

Zubereitungszeit: 40 Minuten, ohne Teiggehzeit
Backzeit: etwa 25 Minuten

Für den Hefeteig:
600 g Weizenmehl
2 Pck. Dr. Oetker Trockenbackhefe
1 EL Zucker
1 gestr. TL Salz
200 g Kräuter-Schmelzkäse
gut 250 ml (1/4 l) Wasser

Zum Bestäuben:
etwas Weizenmehl

Für die Füllung:
100 g weiche Butter
1 Pck. Zwiebelsuppe

Insgesamt:
E: 107 g, F: 135 g, Kh: 497 g,
kJ: 15550, kcal: 3715

1. Für den Teig Mehl in eine Rührschüssel geben und sorgfältig mit der Trockenbackhefe vermischen. Zucker, Salz, Schmelzkäse und Wasser hinzufügen.
2. Die Zutaten mit Handrührgerät mit Knethaken zunächst kurz auf niedrigster, dann auf höchster Stufe in etwa 5 Minuten zu einem glatten Teig verarbeiten. Den Teig mit Mehl bestäuben und zugedeckt so lange an einem warmen Ort gehen lassen, bis er sich sichtbar vergrößert hat (etwa 40 Minuten).
3. Butter mit Zwiebelsuppenpulver in einer Schüssel verrühren. Den gegangenen Teig leicht mit Mehl bestäuben, aus der Schüssel nehmen, auf der bemehlten Arbeitsfläche nochmals gut durchkneten und zu einem Rechteck (etwa 30 x 50 cm) ausrollen. Die Butter-Zwiebelsuppen-Masse darauf verteilen und verstreichen. Den Teig von der schmalen Seite aus aufrollen. Die Rolle der Länge nach halbieren.

Hausgemachtes Knäckebrot

Party-Zwiebelbrot

Kartoffel-Mohn-Hörnchen

4. Die Teigrollen auf ein Backblech (mit Backpapier belegt) legen und nochmals zugedeckt so lange an einem warmen Ort gehen lassen, bis sie sich sichtbar vergrößert haben (etwa 30 Minuten). Inzwischen den Backofen vorheizen. Das Backblech in den vorgeheizten Backofen schieben.
Ober-/Unterhitze: etwa 200 °C
Heißluft: etwa 180 °C
Backzeit: etwa 25 Minuten.
5. Die Brote vom Backpapier nehmen und auf einem Kuchenrost abkühlen lassen, lauwarm oder kalt servieren.

Tipp: Das Zwiebelbrot lässt sich gut einfrieren. Dann das Brot bei Ober-/Unterhitze: etwa 180 °C, Heißluft: etwa 160 °C in 8–10 Minuten wieder aufbacken.

Gut vorzubereiten

Kartoffel-Mohn-Hörnchen

Zubereitungszeit: 50 Minuten, ohne Teiggeh- und Abkühlzeit
Backzeit: 20–25 Minuten je Backblech

Für den Hefeteig:
500 g Kartoffeln
125 g Butterschmalz
500 g Weizenmehl
2 Pck. Dr. Oetker Trockenbackhefe
50 g gemahlene Mohnsamen
2 gestr. TL Salz
1 Msp. geriebene Muskatnuss
1 gestr. TL Paprikapulver edelsüß

Zum Bestreichen und Bestreuen:
1 Eigelb (Größe M)
1 EL Milch
1–2 EL Mohnsamen

Insgesamt:
E: 87 g, F: 166 g, Kh: 460 g,
kJ: 16087, kcal: 3842

1. Für den Teig Kartoffeln in der Schale in etwa 25 Minuten gar kochen, pellen und heiß durch die Kartoffelpresse drücken. Kartoffelmasse lauwarm abkühlen lassen. Butterschmalz zerlassen und lauwarm abkühlen lassen.
2. Mehl in eine Rührschüssel geben und sorgfältig mit der Trockenbackhefe vermischen. Kartoffelmasse, Butterschmalz, Mohnsamen, Salz und Gewürze hinzufügen.
3. Die Zutaten mit Handrührgerät mit Knethaken zunächst auf niedrigster, dann auf höchster Stufe in etwa 5 Minuten zu einem glatten Teig verarbeiten. Sollte er kleben, noch etwas Mehl hinzufügen. Teig zugedeckt so lange an einem warmen Ort gehen lassen, bis er sich sichtbar vergrößert hat.
4. Den Teig leicht mit Mehl bestäuben, aus der Schüssel nehmen, auf der Arbeitsfläche nochmals gut durchkneten und zu zwei Rollen formen. Eine Rolle zudecken.
5. Zweite Rolle in 8 Stücke teilen. Jedes Stück zu einer etwa 20 cm langen Rolle formen, die an den Enden etwas dünner ist. Rollen zu Hörnchen formen, auf ein Backblech (mit Backpapier belegt) legen und zugedeckt nochmals etwa 20 Minuten an einem warmen Ort gehen lassen. Den Backofen vorheizen. Zweite Teighälfte ebenso verarbeiten.
6. Zum Bestreichen Eigelb mit Milch verquirlen und auf die Hörnchen streichen. Hörnchen mit etwas Mohn bestreuen. Das Backblech in den vorgeheizten Backofen schieben.
Ober-/Unterhitze: etwa 200 °C
Heißluft: etwa 180 °C
Backzeit: 20–25 Minuten je Backblech.

Rosmarinzöpfe

Raffiniert

Rosmarinzöpfe

Zubereitungszeit: 45 Minuten, ohne Teiggehzeit
Backzeit: etwa 20 Minuten

Für den Hefeteig:
100 g Schafkäse
375 g Weizenmehl (Type 550)
1 Pck. Dr. Oetker Trockenbackhefe
1 TL Zucker, 1 gestr. TL Salz
1 TL getrockneter Rosmarin, geschnitten
200 ml lauwarmes Wasser
2 EL Speiseöl

Zum Bestäuben:
etwas Weizenmehl

Zum Bestreichen und Bestreuen:
2 EL Wasser
1 EL getrockneter Rosmarin, geschnitten

Insgesamt:
E: 61 g, F: 44 g, Kh: 296 g,
kJ: 7696, kcal: 1836

1. Schafkäse mit den Händen fein zerbröseln. Mehl in eine Rührschüssel geben und mit Hefe, Zucker, Salz und Rosmarin gut vermischen. Wasser, Öl und Käse hinzufügen. Die Zutaten mit dem Handrührgerät mit Knethaken zunächst auf niedrigster, dann auf höchster Stufe in etwa 5 Minuten zu einem glatten Teig verarbeiten.
2. Teig mit Mehl bestäuben zugedeckt an einem warmen Ort so lange gehen lassen, bis er sich sichtbar vergrößert hat (etwa 30 Minuten).
3. Den Teig und die Arbeitsfläche mit Mehl bestäuben. Den Teig auf der Arbeitsfläche nochmals gut durchkneten, zu einer Rolle formen und in 8 Scheiben teilen. Jede Scheibe zu einer Rolle (etwa 28 cm Länge) formen, die in der Mitte etwas dicker ist als an den Enden.
4. Aus jeder Rolle einen Zopf formen, dafür die Enden jeweils zweimal umeinander schlagen. Zöpfe auf ein Backblech (mit Backpapier belegt) legen, zugedeckt so lange an einem warmen Ort gehen lassen, bis sie sich sichtbar vergrößert haben (etwa 20 Minuten). Backofen vorheizen.
5. Die Zöpfe mit Wasser bestreichen und mit Rosmarin bestreuen. Das Backblech in den vorgeheizten Backofen schieben.
Ober-/Unterhitze: etwa 200 °C
Heißluft: etwa 180 °C
Backzeit: etwa 20 Minuten.
6. Zöpfe vom Backpapier lösen, auf einem Kuchenrost erkalten lassen.

Gut vorzubereiten – für Gäste

Walnussbrötchen

Zubereitungszeit: 25 Minuten, ohne Teiggehzeit
Backzeit: 20–25 Minuten

Für den Hefeteig:
125 g Schlagsahne, 200 ml Milch
100 g Butter oder Margarine
300 g Vollkorn-Weizenmehl
200 g Weizenmehl (Type 550)
1 Pck. (42 g) frische Hefe
2 TL Zucker, 1 gestr. TL Salz
150 g Walnusskerne, grob gehackt

Zum Bestäuben und Bestreichen:
etwas Weizenmehl, etwas Wasser

Insgesamt:
E: 93 g, F: 232 g, Kh: 372 g,
kJ: 16699, kcal: 3990

1. Für den Teig Sahne mit Milch leicht erwärmen und Butter oder Margarine darin zerlassen. Beide Mehlsorten in eine Schüssel geben und in die Mitte eine Vertiefung drücken. Hefe hineinbröckeln. Zucker und etwas Sahne-Milch-Fett-Mischung hinzufügen. Alles mit einem kleinen Teil des Mehls mit einer Gabel vorsichtig verrühren und etwa 10 Minuten stehen lassen.

2. Salz und restliche Sahne-Milch-Fett-Mischung hinzufügen. Die Zutaten mit Handrührgerät mit Knethaken zunächst kurz auf niedrigster, dann auf höchster Stufe in etwa 5 Minuten zu einem glatten Teig verarbeiten. Den Teig mit Mehl bestäuben, zugedeckt so lange an einem warmen Ort gehen lassen, bis er sich sichtbar vergrößert hat (etwa 30 Minuten).
3. Den gegangenen Teig leicht mit Mehl bestäuben, aus der Schüssel nehmen und auf der bemehlten Arbeitsfläche nochmals gut durchkneten. Walnusskerne unterkneten.
4. Den Teig zu einer Rolle formen und in 8–10 Stücke teilen. Die Teigstücke jeweils zu einem länglichen Brötchen formen und auf ein Backblech (mit Backpapier belegt) legen.
5. Den Backofen vorheizen. Die Teigbrötchen zugedeckt nochmals so lange an einem warmen Ort gehen lassen, bis sie sich sichtbar vergrößert haben. Die Brötchen der Länge nach etwa 1 cm tief einschneiden (nicht drücken) und mit Wasser bestreichen. Das Backblech in den vorgeheizten Backofen schieben.
Ober-/Unterhitze: etwa 200 °C
Heißluft: etwa 180 °C
Backzeit: 20–25 Minuten.
6. Die Brötchen vom Backpapier nehmen und auf einem Kuchenrost erkalten lassen.

Gut vorzubereiten

Dinkel-Nuss-Brötchen

Zubereitungszeit: 25 Minuten, ohne Teiggehzeit
Backzeit: etwa 25 Minuten je Backblech

Für den Hefeteig:
250 ml (1/4 l) Milch
75 g Butter oder Margarine
500 g Dinkel-Vollkornmehl
1 Pck. Dr. Oetker Trockenbackhefe
30 g brauner Zucker (Kandisfarin)
1 gestr. TL Salz
1 Prise Kardamom
1 Prise gemahlener Zimt
2 Eier (Größe M)
150 g Haselnusskerne, grob gehackt

Zum Bestäuben:
etwas Weizenmehl

Zum Bestreichen und Bestreuen:
etwas Wasser
25 g gehackte Haselnusskerne

Insgesamt:
E: 118 g, F: 200 g, Kh: 394 g,
kJ: 16222, kcal: 3877

1. Für den Teig Milch in einem Topf leicht erwärmen und Butter oder Margarine darin zerlassen. Dinkelmehl sorgfältig mit Trockenbackhefe vermischen. Restliche Zutaten (bis auf die Haselnusskerne) und die warme Milch-Fett-Mischung hinzufügen und mit Handrührgerät mit Knethaken auf höchster Stufe in etwa 5 Minuten zu einem glatten Teig verarbeiten. Haselnusskerne unterkneten.
2. Den Teig mit Mehl bestäuben und zugedeckt so lange an einem warmen Ort gehen lassen, bis er sich sichtbar vergrößert hat (etwa 30 Minuten).
3. Den gegangenen Teig mit Mehl bestäuben, aus der Schüssel nehmen, auf der leicht bemehlten Arbeitsfläche nochmals gut durchkneten und halbieren. Die Teighälften in je 8–10 Portionen teilen und zu runden Brötchen formen.
4. Den Backofen vorheizen. Die Teigbrötchen auf Backbleche (mit Backpapier belegt) legen und nochmals zugedeckt so lange an einem warmen Ort gehen lassen, bis sie sich sichtbar vergrößert haben (etwa 25 Minuten).
5. Die Teigoberfläche jeweils schräg etwa 1 cm tief einschneiden (nicht drücken), mit Wasser bestreichen und mit Haselnusskernen bestreuen. Die Backbleche nacheinander (bei Heißluft zusammen) in den vorgeheizten Backofen schieben.
Ober-/Unterhitze: etwa 180 °C
Heißluft: etwa 160 °C
Backzeit: etwa 25 Minuten je Backblech.
6. Die Brötchen vom Backpapier nehmen und auf einem Kuchenrost erkalten lassen.

Walnussbrötchen / Dinkel-Nuss-Brötchen

Für Gäste

Zwiebel-Curry-Brot

Zubereitungszeit: 35 Minuten, ohne Teiggeh- und Abkühlzeit
Backzeit: etwa 45 Minuten

Für den Hefeteig:
250 ml (1/4 l) Milch
50 g Butter
500 g Weizenmehl (Type 1050)
1 Pck. Dr. Oetker Trockenbackhefe
2 TL Zucker
1 gestr. TL Salz
etwas Paprikapulver edelsüß
250 g Zwiebeln
1 1/2 gestr. TL Currypulver

Zum Bestäuben und Bestreichen:
etwas Weizenmehl
1 Eigelb (Größe M), 1 EL Milch

Insgesamt:
E: 77 g, F: 66 g, Kh: 391 g,
kJ: 10563, kcal: 2525

1. Für den Teig Milch leicht erwärmen und Butter darin zerlassen. Mehl in eine Rührschüssel geben und sorgfältig mit der Trockenbackhefe vermischen. Zucker, Salz, Paprika und das Milch-Butter-Gemisch hinzufügen.
2. Die Zutaten mit Handrührgerät mit Knethaken zunächst kurz auf niedrigster, dann auf höchster Stufe in etwa 5 Minuten zu einem glatten Teig verarbeiten. Den Teig mit Mehl bestäuben und zugedeckt so lange an einem warmen Ort gehen lassen, bis er sich sichtbar vergrößert hat (etwa 30 Minuten).
3. Zwiebeln abziehen und in kleine Würfel schneiden. Öl in einer Pfanne erhitzen. Zwiebelwürfel darin etwa 10 Minuten bei schwacher Hitze dünsten und mit Curry bestreuen. Zwiebeln etwas abkühlen lassen.
4. Den gegangenen Teig leicht mit Mehl bestäuben, aus der Schüssel nehmen, auf der bemehlten Arbeitsfläche nochmals gut durchkneten und die lauwarmen Curry-Zwiebeln unterkneten. Den Teig zu einem länglichen Brot formen und auf ein Backblech (mit Backpapier belegt) legen. Das Teigbrot an der Oberfläche mehrere Male etwa 1 cm tief schräg einschneiden (nicht drücken). Den Backofen vorheizen.
5. Zum Bestreichen Eigelb mit Milch verschlagen. Das Teigbrot damit bestreichen und nochmals zugedeckt so lange an einem warmen Ort gehen lassen, bis es sich sichtbar vergrößert hat (etwa 20 Minuten). Das Backblech in den vorgeheizten Backofen schieben.
Ober-/Unterhitze: etwa 180 °C
Heißluft: etwa 160 °C
Backzeit: etwa 45 Minuten.
6. Das Brot vom Backpapier nehmen und auf einem Kuchenrost erkalten lassen.

Für Kinder

Süßes Quarkbrot

Zubereitungszeit: 35 Minuten
Backzeit: etwa 50 Minuten

Für den Rührteig:
125 g Butter oder Margarine
125 g Zucker
1 gestr. TL Salz
1 Pck. Dr. Oetker Finesse
Geriebene Zitronenschale
150 g Magerquark
2 Eier (Größe M)
350 g Weizenmehl
4 gestr. TL Dr. Oetker Backin
125 g Rosinen

Zum Bestreichen und Bestreuen:
50 g zerlassene Butter
3 EL Zucker
1/2 gestr. TL gemahlener Zimt

Insgesamt:
E: 75 g, F: 162 g, Kh: 512 g,
kJ: 16040, kcal: 3830

1. Den Backofen vorheizen. Für den Teig Butter oder Margarine mit Handrührgerät mit Rührbesen auf

Süßes Quarkbrot

Quarkbrötchen

höchster Stufe geschmeidig rühren. Nach und nach Zucker, Salz, Zitronenschale und Quark unterrühren. So lange rühren, bis eine gebundene Masse entstanden ist.

2. Eier nach und nach unterrühren (jedes Ei etwa 1/2 Minute). Mehl mit Backpulver mischen und zwei Drittel davon in zwei Portionen auf mittlerer Stufe unterrühren. Restliches Mehlgemisch auf einer leicht bemehlten Arbeitsfläche mit den Rosinen unterkneten.

3. Den Teig zu einem ovalen Laib formen. Eine Längsseite mit einer Teigrolle etwas flach rollen und die andere Längsseite überschlagen (wie bei einem Stollen).

4. Das Teigbrot auf ein Backblech (mit Backpapier belegt) legen. Das Backblech in den vorgeheizten Backofen schieben.
Ober-/Unterhitze: etwa 180 °C
Heißluft: etwa 160 °C
Backzeit: etwa 50 Minuten.

5. Das Brot mit dem Backpapier vom Backblech auf einen Kuchenrost ziehen. Das Brot sofort mit Butter bestreichen, Zucker und Zimt mischen und Brot damit bestreuen.

Tipp: Das Quarkbrot schmeckt lauwarm am besten.

Einfach

Quarkbrötchen

Zubereitungszeit: 35 Minuten, ohne Teiggehzeit
Backzeit: etwa 25 Minuten

Für den Hefeteig:
500 g Weizenmehl (Type 550)
1 Pck. Dr. Oetker Trockenbackhefe
1 TL Zucker
1 1/2 gestr. TL Salz
200 ml lauwarmes Wasser
50 g weiche Butter oder Margarine
250 g Magerquark

Zum Bestäuben:
etwas Mehl

Zum Bestreichen und Bestreuen:
2 EL Wasser oder Milch
20 g Kürbiskerne
20 g geschälte Sesamsamen
20 g Mohnsamen

Insgesamt:
E: 100 g, F: 76 g, Kh: 388 g,
kJ: 11203, kcal: 2675

1. Mehl in eine Rührschüssel geben und sorgfältig mit der Hefe verrühren. Zucker, Salz, Wasser, Butter oder Margarine und Quark hinzufügen. Die Zutaten mit Handrührgerät mit Knethaken zunächst auf niedrigster, dann auf höchster Stufe in etwa 5 Minuten zu einem glatten Teig verarbeiten. Den Teig zugedeckt an einem warmen Ort so lange gehen lassen, bis er sich sichtbar vergrößert hat (etwa 30 Minuten).

2. Den Teig und die Arbeitsfläche mit Mehl bestäuben. Den Teig auf der Arbeitsfläche nochmals gut durchkneten. Aus dem Teig eine Rolle formen und in 16 Scheiben teilen. Aus den Scheiben mit bemehlten Händen Kugeln formen.

3. Teigkugeln auf ein Backblech (mit Backpapier belegt) legen und zugedeckt so lange an einem warmen Ort gehen lassen, bis sie sich sichtbar vergrößert haben (etwa 15 Minuten). Inzwischen den Backofen vorheizen.

4. Die Teigstücke mit Wasser oder Milch bestreichen und mit Kürbiskernen, Sesam oder Mohn bestreuen. Das Backblech in den vorgeheizten Backofen schieben.
Ober-/Unterhitze: etwa 200 °C
Heißluft: etwa 180 °C
Backzeit: etwa 25 Minuten.

5. Die Brötchen vom Backpapier nehmen und auf einem Kuchenrost erkalten lassen.

Pikant

Zwiebel-, Speck- oder Kräuterbrötchen

Zubereitungszeit: 35 Minuten, ohne Teiggeh- und Abkühlzeit
Backzeit: etwa 25 Minuten

Für Zwiebelbrötchen:
250 g Zwiebeln
30 g Butter
oder
Für Speckbrötchen:
100 g durchwachsener Speck
1 EL Speiseöl
oder
Für Kräuterbrötchen:
1/2 Bund Petersilie
1/2 Bund Schnittlauch
1/2 Bund Dill

Für den Hefeteig:
200 g Weizenmehl (Type 550)
200 g Roggenmehl (Type 1150)
1 Pck. Dr. Oetker Trockenbackhefe
1 TL Zucker
2 gestr. TL Salz
1 gestr. TL gemahlener Pfeffer
3 EL Speiseöl
300 ml lauwarmes Wasser

Zum Bestäuben:
etwas Mehl

Insgesamt (Zwiebelbrötchen):
E: 44 g, F: 60 g, Kh: 302 g,
kJ: 8133, kcal: 1943

Insgesamt (Speckbrötchen):
E: 57 g, F: 64 g, Kh: 290 g,
kJ: 8263, kcal: 1972

Insgesamt (Kräuterbrötchen):
E: 42 g, F: 35 g, Kh: 291 g,
kJ: 6957, kcal: 1661

Zwiebel-, Speck- oder Kräuterbrötchen

1. Für Zwiebelbrötchen die Zwiebeln abziehen und fein würfeln. Butter zerlassen, die Zwiebelwürfel darin andünsten und etwas abkühlen lassen. Für Speckbrötchen durchwachsenen Speck fein würfeln. Speiseöl erhitzen, die Speckwürfel darin auslassen und etwas abkühlen lassen. Für Kräuterbrötchen Petersilie, Schnittlauch und Dill abspülen, trocken tupfen und klein hacken bzw. klein schneiden.
2. Für den Teig Weizen- und Roggenmehl in eine Rührschüssel geben und sorgfältig mit Trockenbackhefe vermischen. Restliche Zutaten für den Teig hinzufügen und alles mit Handrührgerät mit Knethaken erst kurz auf niedrigster, dann auf höchster Stufe in etwa 5 Minuten zu einem glatten Teig verarbeiten.
3. Je nach Rezept die vorbereiteten Zutaten gegen Ende der Knetzeit kurz unterkneten. Den Teig zugedeckt an einem warmen Ort so lange gehen lassen, bis er sich sichtbar vergrößert hat.
4. Anschließend den Teig leicht mit Mehl bestäuben, aus der Schüssel nehmen und auf der Arbeitsfläche nochmals gut durchkneten.
5. Den Teig in 12 gleich große Stücke teilen und diese zu Brötchen formen. Brötchen auf ein Backblech (mit Backpapier belegt) legen. Den Backofen vorheizen. Die Oberfläche der Brötchen kreuzweise mit einem scharfen Messer etwa 1 cm tief einschneiden und die Brötchen nochmals an einem warmen Ort gehen lassen, bis sie sich sichtbar vergrößert haben. Das Backblech in den vorgeheizten Backofen schieben.
Ober-/Unterhitze: etwa 200 °C
Heißluft: etwa 180 °C
Backzeit: etwa 25 Minuten.
6. Die Brötchen auf einem Kuchenrost erkalten lassen.

Tipp: Für die Kräuterbrötchen können Sie auch tiefgekühlte Kräuter verwenden, jeweils 2 Esslöffel tiefgekühlte Petersilie, Schnittlauch und Dill.

Für Gäste

Tomatenbrote

Zubereitungszeit: 50 Minuten, ohne Teiggehzeit
Backzeit: 25–30 Minuten

Für den Hefeteig:
100 g getrocknete, in Öl eingelegte Tomaten
350 g Weizenmehl (Type 550)
100 g Weizenmehl (Type 1050)
2 gestr. TL Salz
1 gestr. TL Zucker
1 Pck. Dr. Oetker Trockenbackhefe
270 ml lauwarmes Wasser
5 EL Öl von den eingelegten Tomaten

Zum Bestäuben:
etwas Weizenmehl (Type 1050)

Insgesamt:
E: 64 g, F: 63 g, Kh: 370 g, kJ: 9696, kcal: 2317

1. Für den Teig Tomaten in einem Sieb abtropfen lassen, das Öl dabei auffangen. Beide Mehlsorten, Salz, Zucker und Trockenbackhefe sorgfältig in einer Rührschüssel vermischen. Wasser und aufgefangenes Öl hinzufügen. Die Zutaten mit Handrührgerät mit Knethaken zunächst kurz auf niedrigster, dann auf höchster Stufe in etwa 5 Minuten zu einem glatten Teig verarbeiten.

2. Den Teig mit Mehl bestäuben und zugedeckt so lange an einem warmen Ort gehen lassen, bis er sich sichtbar vergrößert hat (etwa 40 Minuten). Tomaten in Streifen schneiden.

3. Den gegangenen Teig mit Handrührgerät mit Knethaken nochmals gut durchkneten. Tomatenstreifen kurz unterkneten. Den Teig mit Mehl bestäuben, aus der Schüssel nehmen, auf der bemehlten Arbeitsfläche zu einer Rolle formen und in 4 gleich große Portionen teilen.

4. Die Teigportionen jeweils zu einer Rolle (je etwa 24 cm Länge) formen. Die Teigrollen so formen, dass die Enden spitz zulaufen. Heraussstehende Tomatenstreifen in den Teig drücken. Teigrollen versetzt auf ein Backblech (mit Backpapier belegt) legen, mit Mehl bestäuben und zugedeckt so lange an einem warmen Ort gehen lassen, bis sie sich sichtbar vergrößert haben (etwa 30 Minuten). Nach etwa 15 Minuten Teiggehzeit den Backofen vorheizen.

5. Die Teigrollen jeweils mit einem Sägemesser 2–3-mal schräg, etwa 1/2 cm tief einschneiden (nicht drücken). Das Backblech in den vorgeheizten Backofen schieben.
Ober-/Unterhitze: etwa 250 °C
Heißluft: etwa 230 °C
Backzeit: etwa 10 Minuten.

6. Nach etwa 10 Minuten Backzeit die Backtemperatur auf Ober-/Unterhitze: etwa 200 °C, Heißluft: etwa 180 °C **herunterschalten und die Brote in 15–20 Minuten fertig backen.**

7. Die Brote vom Backpapier nehmen und auf einem Kuchenrost erkalten lassen.

Tomatenbrote

Für Gäste

Pesto-Schnecke

Zubereitungszeit: 40 Minuten, ohne Teiggehzeit
Backzeit: 35–40 Minuten

Für den Hefeteig:
375 g Weizenmehl (Type 550)
1 Pck. Dr. Oetker Trockenbackhefe
1 TL Zucker
1 gestr. TL Salz
225 ml lauwarmes Wasser
2 EL Speiseöl

Für die Füllung:
1 Glas grünes Pesto (Inhalt 90 g)

Zum Bestäuben:
etwas Weizenmehl

Zum Bestreichen und Bestreuen:
1 EL Wasser
grobes Meersalz

Insgesamt:
E: 47 g, F: 59 g, Kh: 296 g,
kJ: 8100, kcal: 1935

1. Mehl in eine Rührschüssel geben und mit Hefe, Zucker und Salz gut vermischen. Wasser und Öl hinzufügen. Die Zutaten mit dem Handrührgerät mit Knethaken zunächst auf niedrigster, dann auf höchster Stufe in etwa 5 Minuten zu einem glatten Teig verarbeiten. Den Teig mit Mehl bestäuben und zugedeckt an einem warmen Ort so lange gehen lassen, bis er sich sichtbar vergrößert hat (etwa 30 Minuten).
2. Den Teig und die Arbeitsfläche mit Mehl bestäuben. Den Teig auf der Arbeitsfläche nochmals gut durchkneten, zu einer Rolle formen und zu einem Rechteck (etwa 25 x 60 cm) ausrollen.
3. Pesto mit einem Teelöffel kleckseweise auf das Rechteck verteilen und verstreichen, dabei rundherum einen etwa 1 cm breiten Rand lassen. Den Teig von der langen Seite aus aufrollen und auf ein Backblech (mit Backpapier belegt) legen. Die Rolle zur Schnecke aufwickeln.
4. Die Teigschnecke mit Wasser bestreichen und mit Salz bestreuen. Zugedeckt so lange an einem warmen Ort gehen lassen, bis sie sich sichtbar vergrößert hat (etwa 20 Minuten). Inzwischen den Backofen vorheizen.
5. Das Backblech in den vorgeheizten Backofen schieben.
Ober-/Unterhitze: etwa 200 °C
Heißluft: etwa 180 °C
Backzeit: 35–40 Minuten.
6. Die Pesto-Schnecke vom Backpapier nehmen und auf einem Kuchenrost erkalten lassen.

Pesto-Schnecke

Raffiniert – gut vorzubereiten

Mehrkornbrot

Zubereitungszeit: 50 Minuten, ohne Teiggehzeit
Backzeit: etwa 60 Minuten

Für den Hefeteig:
500 g Dinkel-Vollkornmehl
1 Pck. (42 g) frische Hefe
1 gestr. TL Zucker
400 ml lauwarmes Wasser
2 gestr. TL Salz
150 g Joghurt
100 g Hirseflocken (Reformhaus)
40 g Leinsamensamen
1 gestr. TL gemahlener Kümmel

Zum Bestäuben, Bestreichen, und Bestreuen:
etwas Weizenmehl
etwas Wasser
etwas Leinsamensamen

Insgesamt:
E: 107 g, F: 40 g, Kh: 411 g,
kJ: 10128, kcal: 2419

1. Für den Teig Mehl in eine Schüssel geben und in die Mitte eine Vertiefung drücken. Hefe hineinbröckeln, Zucker und etwas Wasser hinzufügen. Alles mit einer Gabel vorsichtig verrühren und etwa 10 Minuten stehen lassen.
2. Salz, Joghurt, Hirseflocken, Leinsamen, Kümmel und restliches Wasser hinzufügen. Die Zutaten mit Handrührgerät mit Knethaken

Mehrkornbrot

Olivenbrötchen

zunächst kurz auf niedrigster, dann auf höchster Stufe in etwa 5 Minuten zu einem glatten Teig verarbeiten. Den Teig zugedeckt so lange an einem warmen Ort gehen lassen, bis er sich sichtbar vergrößert hat.
3. Den Teig leicht mit Mehl bestäuben, aus der Schüssel nehmen, auf einer leicht bemehlten Arbeitsfläche nochmals gut durchkneten und zu einer Rolle (etwa 25 cm Länge) formen. Teigrolle in eine Kastenform (25 x 11 cm, gefettet, gemehlt) legen, nochmals zugedeckt so lange an einem warmen Ort gehen lassen, bis sie sich sichtbar vergrößert hat. Inzwischen den Backofen vorheizen.
4. Die Teigoberfläche mit Wasser bestreichen, mit Mehl bestäuben und mit Leinsamensamen bestreuen. Die Form auf dem Rost in den vorgeheizten Backofen schieben.
Ober-/Unterhitze: etwa 180 °C
Heißluft: etwa 160 °C
Backzeit: etwa 60 Minuten.
5. Das Brot aus der Form lösen und auf einen Kuchenrost stürzen. Brot wieder umdrehen und erkalten lassen.

Tipp: Das Dinkel-Vollkornmehl kann durch Weizen-Vollkornmehl ersetzt werden.

Gut vorzubereiten

Olivenbrötchen

Zubereitungszeit: 35 Minuten, ohne Teiggehzeit
Backzeit: etwa 30 Minuten

Für den Hefeteig:
375 g Weizenmehl
1 Pck. Dr. Oetker Trockenbackhefe
1 TL Zucker
1 gestr. TL Salz
250 ml (1/4 l) lauwarmes Wasser
100 g schwarze Oliven
100 g Walnusskerne

Zum Bestäuben und Bestreichen:
etwas Weizenmehl
etwas Wasser

Insgesamt:
E: 60 g, F: 99 g, Kh: 295 g,
kJ: 9586, kcal: 2290

1. Für den Teig Mehl in eine Rührschüssel geben und sorgfältig mit der Hefe vermischen. Zucker, Salz und Wasser hinzufügen. Die Zutaten mit Handrührgerät mit Knethaken zunächst kurz auf niedrigster, dann auf höchster Stufe in etwa 5 Minuten zu einem glatten Teig verarbeiten.
2. Den Teig zugedeckt so lange an einem warmen Ort stehen lassen, bis er sich sichtbar vergrößert hat. Oliven entkernen und vierteln. Walnusskerne grob hacken.
3. Den Teig leicht mit Mehl bestäuben, aus der Schüssel nehmen und auf der leicht bemehlten Arbeitsfläche nochmals gut durchkneten, Olivenviertel und gehackte Walnusskerne kurz unterkneten.
4. Den Teig zu einer Rolle formen und in 10 Stücke schneiden. Jedes Teigstück zu einem ovalen Brötchen formen und auf ein Backblech (mit Backpapier belegt) legen. Zugedeckt nochmals so lange an einem warmen Ort gehen lassen, bis sie sich sichtbar vergrößert haben. Inzwischen den Backofen vorheizen.
5. Teigbrötchen mit Wasser bestreichen. Das Backblech in den vorgeheizten Backofen schieben.
Ober-/Unterhitze: etwa 200 °C
Heißluft: etwa 180 °C
Backzeit: etwa 30 Minuten.
6. Die Brötchen vom Backpapier lösen und auf einem Kuchenrost erkalten lassen.

Tipp: Statt Walnusskerne können auch gehackte Erdnuss- oder Pinienkerne unter den Teig geknetet werden.

Maisbrot mit Peperoni und Erdnüssen

Gut vorzubereiten – für Gäste

Maisbrot mit Peperoni und Erdnüssen

Zubereitungszeit: 30 Minuten, ohne Abkühlzeit
Backzeit: etwa 35 Minuten

Für den Teig:
80 g Butter
50 g gesalzene Erdnusskerne
250 g Maisgrieß, 125 g Weizenmehl
1 Pck. Dr. Oetker Backin
1 gestr. TL Salz
1 EL brauner Zucker (Rohrzucker)
1 gestr. TL gemahlener Zimt
1 gestr. TL frisch gemahlener Pfeffer
1/2 gestr. TL gerebelter Thymian
1/2 gestr. TL geriebene Muskatnuss
5 Eier (Größe M)
1 gestr. EL entkernte grüne Peperonistreifen
100 g geraspelter Cheddar-Käse

Insgesamt:
E: 109 g, F: 158 g, Kh: 301 g,
kJ: 12878, kcal: 3075

1. Für den Teig Butter zerlassen und abkühlen lassen. Erdnusskerne hacken. Maisgrieß mit Mehl und Backpulver in einer Rührschüssel mischen. Salz, Zucker, Zimt, Pfeffer, Thymian und Muskat hinzufügen. Eier mit Handrührgerät mit Rührbesen unterrühren. Peperonistreifen, Käseraspel, Butter und Erdnusskerne hinzugeben und untermengen.
2. Den Backofen vorheizen. Einen Backrahmen (etwa 25 x 25 cm) auf ein Backblech (gefettet, mit Backpapier belegt) stellen. Den Teig hineingeben und verstreichen. Das Backblech in den vorgeheizten Backofen schieben.
Ober-/Unterhitze: etwa 180 °C
Heißluft: etwa 160 °C
Backzeit: etwa 35 Minuten.
3. Das Backblech auf einen Kuchenrost stellen. Den Backrahmen vorsichtig mit einem Messer lösen und entfernen. Das Maisbrot vom Backpapier lösen, auf einen Kuchenrost legen und erkalten lassen. Maisbrot in Scheiben schneiden.

Tipp: Statt Peperoni können Sie auch getrocknete Tomaten verwenden.

Für Gäste

Käsebrot im Tontopf

Zubereitungszeit: 50 Minuten, ohne Teiggehzeit
Backzeit: etwa 45 Minuten

Für den Hefeteig:
500 g Weizenmehl (Type 550)
1 Pck. Dr. Oetker Trockenbackhefe
1 TL Zucker, 1 gestr. TL Salz
frisch gemahlener Pfeffer
3 EL Speiseöl
250 ml (1/4 l) lauwarmes Wasser
250 g Maasdamer-Käse

Zum Bestäuben und Bestreichen:
etwas Weizenmehl
1 Eigelb (Größe M), 1 EL Wasser

Insgesamt:
E: 121 g, F: 115 g, Kh: 376 g,
kJ: 13372, kcal: 3195

1. Mehl in eine Rührschüssel geben und sorgfältig mit der Hefe vermischen. Zucker, Salz, Pfeffer, Öl und Wasser hinzufügen. Die Zutaten mit Handrührgerät mit Knethaken zunächst auf niedrigster, dann auf höchster Stufe in etwa 5 Minuten zu einem glatten Teig verarbeiten.
2. Dann den Teig zugedeckt an einem warmen Ort so lange gehen lassen, bis er sich sichtbar vergrößert hat. In der Zwischenzeit zwei Drittel des Käses in nicht zu kleine Würfel schneiden.
3. Teig mit Mehl bestäuben, auf der leicht bemehlten Arbeitsfläche die Käsewürfel unter den Teig kneten. Teig in 4 Tontöpfe (Ø 10 cm, 10 cm Höhe, gefettet, gemehlt) geben. Restlichen Käse in kleine Keile schneiden und in den Teig stecken. Den Backofen vorheizen. Teig nochmals gehen lassen, bis er sich sichtbar vergrößert hat.
4. Eigelb mit Wasser verschlagen und die Teigoberfläche damit bestreichen. Die Tontöpfe auf dem Rost in den vorgeheizten Backofen schieben.
Ober-/Unterhitze: etwa 200 °C
Heißluft: etwa 180 °C
Backzeit: etwa 45 Minuten.

Für Kinder

Korinthenbrötchen

Zubereitungszeit: 25 Minuten, ohne Teiggehzeit
Backzeit: etwa 20 Minuten je Backblech

Für den Hefeteig:
75 ml Milch
50 g Butter oder Margarine
250 g Weizenmehl
1/2 Pck. Dr. Oetker Trockenbackhefe
25 g Zucker
1 Pck. Dr. Oetker Vanillin-Zucker
1 Prise Salz, 1 Ei (Größe M)
75 g Korinthen

Zum Bestäuben und Bestreichen:
etwas Weizenmehl
Kondensmilch

Insgesamt:
E: 42 g, F: 55 g, Kh: 274 g,
kJ: 7370, kcal: 1760

1. Für den Teig Milch leicht erwärmen und Butter oder Margarine darin zerlassen. Mehl in eine Rührschüssel geben und sorgfältig mit der Trockenbackhefe vermischen. Zucker, Vanillin-Zucker, Salz, Ei und zum Schluss die Milch-Fett-Mischung hinzufügen.
2. Die Zutaten mit Handrührgerät mit Knethaken zunächst kurz auf niedrigster, dann auf höchster Stufe in etwa 5 Minuten zu einem glatten Teig verarbeiten. Korinthen kurz unterkneten.
3. Den Teig zugedeckt so lange an einem warmen Ort gehen lassen, bis er sich sichtbar vergrößert hat.
4. Den Teig leicht mit Mehl bestäuben, aus der Schüssel nehmen und auf der leicht bemehlten Arbeitsfläche nochmals gut durchkneten. Teig zu einer etwa 30 cm langen Rolle formen und in 12–15 etwa 2 cm dicke Scheiben schneiden. Teigscheiben zu Brötchen formen und auf Backbleche (mit Backpapier belegt) legen.
5. Den Backofen vorheizen. Teigbrötchen nochmals zugedeckt so lange an einem warmen Ort gehen lassen, bis sie sich sichtbar vergrößert haben.
6. Teigbrötchen mit Kondensmilch bestreichen. Anschließend die Backbleche nacheinander (bei Heißluft zusammen) in den vorgeheizten Backofen schieben.
Ober-/Unterhitze: etwa 200 °C
Heißluft: etwa 180 °C
Backzeit: etwa 20 Minuten je Backblech.
7. Die Brötchen mit dem Backpapier von den Backblechen auf Kuchenroste ziehen. Brötchen erkalten lassen.

Tipp: Statt Korinthen können auch Apfelstückchen und gehackte Pistazienkerne unter den Teig geknetet werden. Die Brötchen schmecken auch sehr gut, wenn sie zusätzlich vor dem Backen mit Hagelzucker und Zimt-Zucker bestreut werden.

Käsebrot im Tontopf

Korinthenbrötchen

Einfach

Milchknäcke

Zubereitungszeit: 60 Minuten, ohne Teiggehzeit
Backzeit: 12–15 Minuten je Backblech

Für den Hefeteig:
200 ml Milch
100 ml Buttermilch
50 g weiche Butter
450 g Weizenmehl (Type 550)
2 gestr. TL Salz
1 Pck. Dr. Oetker Trockenbackhefe
1 gestr. TL Dr. Oetker Backin

Zum Bestäuben:
etwas Weizenmehl

Zum Bestreichen und Bestreuen:
etwas Wasser
25 g Weizenkleie (Reformhaus)

Insgesamt:
E: 66 g, F: 55 g, Kh: 373 g,
kJ: 9612, kcal: 2296

1. Für den Teig Milch und Buttermilch leicht erwärmen und Butter darin zerlassen. Mehl in eine Rührschüssel geben und sorgfältig mit Salz, Trockenbackhefe und Backpulver vermischen. Die Milch-Buttermilch-Butter-Mischung hinzufügen. Die Zutaten mit Handrührgerät mit Knethaken zunächst kurz auf niedrigster, dann auf höchster Stufe in etwa 5 Minuten zu einem glatten Teig verarbeiten.
2. Teig mit Mehl bestäuben und zugedeckt so lange an einem warmen Ort gehen lassen, bis er sich sichtbar vergrößert hat (etwa 40 Minuten).
3. Den gegangenen Teig leicht mit Mehl bestäuben, aus der Schüssel nehmen, auf der bemehlten Arbeitsfläche nochmals gut durchkneten und zu einer Rolle formen. Teigrolle in 24 Portionen teilen.
4. Die Teigportionen jeweils zu einer Kugel formen und auf der leicht bemehlten Arbeitsfläche zu einem ovalen Fladen (etwa 7 x 20 cm) ausrollen. Die Teigfladen auf Backblechen (mit Backpapier belegt) verteilen, dünn mit Mehl bestäuben und zugedeckt so lange an einem warmen Ort gehen lassen, bis sie sich sichtbar vergrößert haben (etwa 30 Minuten). Nach etwa 20 Minuten Teiggehzeit den Backofen vorheizen.
5. Die Teigfladen kurz vor dem Backen dünn mit Wasser bestreichen und sofort mit Kleie bestreuen. Dann mit einem Fleischklopfer ein tiefes Muster in die Fladen drücken oder die Fladen mit einer Gabel mehrfach eindrücken.
6. Die Backbleche nacheinander (bei Heißluft zusammen) in den vorgeheizten Backofen schieben. Die übrigen Teigfladen bis zum Backen mit einem Geschirrtuch zudecken.
Ober-/Unterhitze: etwa 220 °C
Heißluft: etwa 200 °C
Backzeit: 12–15 Minuten je Backblech.
7. Die Fladen vom Backpapier nehmen und auf Kuchenrosten erkalten lassen.

Tipp: Das Milchknäcke sollte nach dem Backen trocken und knusprig sein. Milchknäcke in einer gut schließenden Dose aufbewahren.

Milchknäcke

Raffiniert

Weißbrot mit Kräuter-Nuss-Füllung

Zubereitungszeit: 30 Minuten, ohne Teiggeh- und Abkühlzeit
Backzeit: etwa 40 Minuten

Für den Hefeteig:
250 ml (1/4 l) heißes Wasser
100 ml Milch
500 g Weizenmehl (Type 550)
1 Pck. Dr. Oetker Trockenbackhefe
1 TL Zucker
2 gestr. TL Salz

Für die Füllung:
100 g Haselnusskerne
1 Zwiebel
1 Bund glatte Petersilie
2 EL Speiseöl
50 g durchwachsener Speck, in Würfeln

Zum Bestäuben und Bestreichen:
etwas Weizenmehl
1 EL Wasser oder Milch

Insgesamt:
E: 80 g, F: 105 g, Kh: 400 g,
kJ: 12105, kcal: 2890

1. Für den Teig Wasser mit Milch mischen. Mehl in eine Rührschüssel geben und sorgfältig mit der Hefe vermischen. Dann Zucker, Salz und Wasser-Milch-Gemisch dazugeben. Die Zutaten mit Handrührgerät mit Knethaken zunächst auf niedrigster, dann auf höchster Stufe in etwa 5 Minuten zu einem glatten Teig verarbeiten.
2. Den Teig mit Mehl bestäuben und zugedeckt so lange an einem warmen Ort gehen lassen, bis er sich sichtbar vergrößert hat (etwa 30 Minuten).
3. Für die Füllung die Nüsse mit einem Messer oder im Zerkleinerer grob hacken. Die Zwiebel abziehen und in kleine Würfel schneiden. Die Petersilie abspülen und trocken tupfen, die Blättchen abzupfen und fein hacken. Speiseöl in einer Pfanne erhitzen, Speckwürfel darin anbraten, Zwiebelwürfel hinzugeben und andünsten. Haselnusskerne und Petersilie unterrühren und die Masse abkühlen lassen.
4. Den Teig und die Arbeitsfläche mit Mehl bestäuben, den Teig auf der Arbeitsfläche nochmals gut durchkneten und zu einem Rechteck (etwa 20 x 28 cm) ausrollen.
5. Speck-Kräuter-Masse darauf verteilen, dabei rundherum einen etwa 1 cm breiten Rand frei lassen. Teig von der längeren Seite aus aufrollen und mit der offenen Längsseite nach unten in eine Kastenform (30 x 11cm, gefettet, gemehlt) legen. Den Teig zugedeckt so lange an einem warmen Ort gehen lassen, bis er sich sichtbar vergrößert hat (etwa 15 Minuten). Inzwischen den Backofen vorheizen.
6. Die Teigoberfläche mit einem scharfen Messer der Länge nach etwa 1 cm tief einschneiden. Den Teig mit Wasser oder Milch bestreichen und die Form auf dem Rost in den vorgeheizten Backofen schieben.
Ober-/Unterhitze: etwa 200 °C
Heißluft: etwa 180 °C
Backzeit: etwa 40 Minuten.
7. Das Brot aus der Form auf einen Kuchenrost stürzen, umdrehen und erkalten lassen.

Joghurt-Sesam-Brot

Haferbrot

Gut vorzubereiten – gefriergeeignet

Joghurt-Sesam-Brot

Zubereitungszeit: 40 Minuten, ohne Abkühl- und Teiggehzeit
Backzeit: etwa 35 Minuten

Zum Vorbereiten:
50 g geschälte Sesamsamen

Für den Hefeteig:
300 g Weizenmehl (Type 550)
100 g Vollkorn-Weizenmehl
2 gestr. TL Salz
1 Pck. Dr. Oetker Trockenbackhefe
150 g Joghurt
175 ml lauwarmes Wasser

Zum Bestäuben:
etwas Weizenmehl

Zum Bestreichen und Bestreuen:
etwas Wasser
1–2 EL geschälte Sesamsamen

Insgesamt:
E: 66 g, F: 47 g, Kh: 313 g,
kJ: 8249, kcal: 1972

1. Zum Vorbereiten Sesam in einer Pfanne ohne Fett goldbraun rösten, herausnehmen und auf einem Teller erkalten lassen.

2. Für den Teig beide Mehlsorten mit Salz, Sesam und Trockenbackhefe sorgfältig in einer Rührschüssel vermischen. Joghurt und Wasser hinzufügen. Die Zutaten mit Handrührgerät mit Knethaken zunächst kurz auf niedrigster, dann auf höchster Stufe in etwa 5 Minuten zu einem glatten Teig verarbeiten.

3. Teig leicht mit Mehl bestäuben, zugedeckt so lange an einem warmen Ort gehen lassen, bis er sich sichtbar vergrößert hat (etwa 40 Minuten).

4. Den gegangenen Teig leicht mit Mehl bestäuben, aus der Schüssel nehmen, auf der leicht bemehlten Arbeitsfläche nochmals gut durchkneten und zu einer Kugel formen. Teigkugel auf ein Backblech (mit Backpapier belegt) legen, dünn mit Mehl bestäuben und zugedeckt so lange an einem warmen Ort gehen lassen, bis sie sich sichtbar vergrößert hat (etwa 30 Minuten). Nach etwa 15 Minuten Teiggehzeit den Backofen vorheizen.

5. Die Teigoberfläche mit Wasser bestreichen, mit Sesam bestreuen und mit einem Sägemesser kreuzweise 1–2 cm tief einschneiden (nicht drücken). Das Backblech in den vorgeheizten Backofen schieben.
Ober-/Unterhitze: etwa 250 °C
Heißluft: etwa 230 °C
Backzeit: etwa 10 Minuten.

6. Nach etwa 10 Minuten Backzeit die Backtemperatur auf Ober-/Unterhitze: etwa 200 °C, Heißluft: etwa 180 °C **herunterschalten, Brot in etwa 25 Minuten fertig backen.**

7. Brot vom Backpapier nehmen, auf einem Kuchenrost erkalten lassen.

Einfach

Haferbrot

Zubereitungszeit: 30 Minuten, ohne Teiggehzeit
Backzeit: etwa 45 Minuten

Für den Hefeteig:
300 ml Milch
375 g Weizen-Vollkornmehl
1 Pck. Dr. Oetker Trockenbackhefe
1 EL brauner Zucker (Kandisfarin)
1 gestr. TL Salz, 100 ml Speiseöl
125 g kernige Haferflocken

Zum Bestäuben:
etwas Mehl

Zum Bestreichen und Bestreuen:
etwas Milch
1–2 EL kernige Haferflocken

Insgesamt:
E: 76 g, F: 130 g, Kh: 343 g,
kJ: 11943, kcal: 2849

1. Für den Teig Milch leicht erwärmen. Mehl in eine Rührschüssel geben und sorgfältig mit Trockenbackhefe vermischen. Zucker, Salz, Milch, Speiseöl und Haferflocken hinzufügen.
2. Die Zutaten mit Handrührgerät mit Knethaken zunächst kurz auf niedrigster, dann auf höchster Stufe in etwa 5 Minuten zu einem glatten Teig verarbeiten. Den Teig zugedeckt so lange an einem warmen Ort gehen lassen, bis er sich sichtbar vergrößert hat.
3. Den Teig leicht mit Mehl bestäuben, aus der Schüssel nehmen, auf einer leicht bemehlten Arbeitsfläche nochmals gut durchkneten. Teig zu einem länglichen Brot (etwa 25 cm Länge) formen und auf ein Backblech (mit Backpapier belegt) legen. Teigbrot nochmals zugedeckt so lange an einem warmen Ort gehen lassen, bis es sich sichtbar vergrößert hat. Den Backofen vorheizen.
4. Die Teigoberfläche mehrmals mit einem scharfen Messer 1 cm tief schräg einschneiden, mit Milch bestreichen und mit Haferflocken bestreuen. Das Backblech in den vorgeheizten Backofen schieben.
Ober-/Unterhitze: etwa 180 °C
Heißluft: etwa 160 °C
Backzeit: etwa 45 Minuten.

Für Gäste

Schweizer Roggenbrotringe

Zubereitungszeit: 50 Minuten, ohne Teiggehzeit
Backzeit: etwa 40 Minuten je Backblech

Für den Hefeteig:
350 g Weizen-Vollkornmehl
1 Pck. (42 g) frische Hefe
1 TL Zucker
750 ml (3/4 l) lauwarmes Wasser
650 g Roggenmehl (Type 1150)
1 Pck. (100 g) Sauerteig (Reformhaus)
2 gestr. TL Koriandersamen
2 gestr. TL Salz
2 EL Obstessig

Zum Bestäuben:
etwas Mehl

Insgesamt:
E: 117 g, F: 20 g, Kh: 733 g, kJ: 15127, kcal: 3608

1. Für den Teig Mehl in eine Rührschüssel geben und in die Mitte eine Vertiefung drücken. Hefe hineinbröckeln, Zucker und etwas von dem Wasser hinzufügen. Alles mit einer Gabel vorsichtig verrühren und etwa 10 Minuten stehen lassen.
2. Roggenmehl, Sauerteig, Koriander, Salz, Obstessig und restliches Wasser hinzufügen. Die Zutaten mit Handrührgerät mit Knethaken zunächst auf niedrigster, dann auf höchster Stufe in etwa 5 Minuten zu einem glatten Teig verarbeiten. Den Teig zugedeckt so lange an einem warmen Ort gehen lassen, bis er sich sichtbar vergrößert hat.
3. Den Teig leicht mit Mehl bestäuben, aus der Schüssel nehmen, auf einer leicht bemehlten Arbeitsfläche nochmals gut durchkneten und zu 2 Stangen (je knapp 60 cm Länge) formen, diese zu je einem Ring zusammensetzen und auf je ein Backblech (mit Backpapier belegt) legen. Teigringe mit einem scharfen Messer mehrmals tief einschneiden und mit Mehl bestäuben. Den Backofen vorheizen.
4. Teigringe zugedeckt etwa 15 Minuten an einem warmen Ort gehen lassen, bis sie sich sichtbar vergrößert haben. Dann die Backbleche nacheinander (bei Heißluft zusammen) in den vorgeheizten Backofen schieben.
Ober-/Unterhitze: etwa 200 °C
Heißluft: etwa 180 °C
Backzeit: etwa 40 Minuten je Backblech.
5. Die Brotringe vom Backpapier nehmen und auf einem Kuchenrost erkalten lassen.

Tipp: Können die Brote nicht auf einmal gebacken werden, den Teig für das zweite Brot erst dann zu einem Ring formen und gehen lassen, wenn das erste Brot im Backofen ist. Den Teig in der Zwischenzeit im Kühlschrank aufbewahren. Aus dem Teig können auch Brotstangen gebacken werden, dann nach Belieben zusätzlich 2–3 Esslöffel frisch gehackte Kräuter unter den Teig kneten.

Schweizer Roggenbrotringe

Klassisch

Frühstücks-Brioche mit Buttermilch

Zubereitungszeit: 30 Minuten, ohne Teiggehzeit
Backzeit: etwa 50 Minuten

Für den Hefeteig:
200 ml Buttermilch
150 g Butter
375 g Weizenmehl (Type 550)
1/2 Pck. (21 g) frische Hefe
40 g Zucker
1 Pck. Dr. Oetker Vanillin-Zucker
1/2 gestr. TL Salz
4 Eier (Größe M)
100 g Rosinen

Zum Bestäuben:
etwas Weizenmehl

Insgesamt:
E: 83 g, F: 160 g, Kh: 398 g,
kJ: 14118, kcal: 3371

1. Für den Teig Buttermilch leicht erwärmen und Butter darin zerlassen. Mehl in eine Rührschüssel geben. In die Mitte eine Vertiefung drücken und die Hefe hineinbröckeln. Etwas Zucker und etwas von der warmen Buttermilch-Butter-Mischung hinzufügen, mit einer Gabel vorsichtig verrühren und etwa 10 Minuten stehen lassen.
2. Restlichen Zucker, Vanillin-Zucker, Salz, Eier und restliche Buttermilch-Butter-Mischung hinzufügen. Die Zutaten mit Handrührgerät mit Knethaken zunächst kurz auf niedrigster, dann auf höchster Stufe in etwa 5 Minuten zu einem glatten Teig verarbeiten. Den Teig zugedeckt so lange an einem warmen Ort stehen lassen, bis er sich sichtbar vergrößert hat.
3. Den Teig leicht mit Mehl bestäuben, aus der Schüssel nehmen und auf einer leicht bemehlten Arbeitsfläche nochmals gut durchkneten. Rosinen kurz unterkneten.
4. Den Backofen vorheizen. Den Teig in eine Napfkuchenform (Ø 24 cm, gefettet, gemehlt) geben und nochmals zugedeckt so lange an einem warmen Ort gehen lassen, bis er sich sichtbar vergrößert hat. Die Form auf dem Rost in den vorgeheizten Backofen schieben.
Ober-/Unterhitze: etwa 180 °C
Heißluft: etwa 160 °C
Backzeit: etwa 50 Minuten.
5. Die Brioche etwa 10 Minuten in der Form stehen lassen, dann aus der Form lösen und auf einen mit Backpapier belegten Kuchenrost stürzen. Brioche erkalten lassen.

Tipp: Rosinen können durch in Stücke geschnittene Äpfel oder getrocknete Aprikosenstückchen ersetzt werden.

Klassisch

Baguette-Brötchen

Zubereitungszeit: 25 Minuten, ohne Teiggehzeit
Backzeit: etwa 25 Minuten

Für den Hefeteig:
125 ml (1/8 l) Milch
200 ml Wasser
500 g Weizenmehl (Type 550)
1 Pck. Dr. Oetker Trockenbackhefe
1 geh. TL Salz, 1 EL Speiseöl

Zum Bestäuben und Bestreichen:
etwas Weizenmehl
etwas Wasser

Insgesamt:
E: 59 g, F: 20 g, Kh: 375 g,
kJ: 8147, kcal: 1945

1. Für den Teig Milch mit Wasser in einem Topf leicht erwärmen. Mehl in einer Rührschüssel sorgfältig mit Trockenbackhefe vermischen. Salz, Speiseöl, Milch und Wasser hinzufügen. Die Zutaten mit Handrührgerät

Frühstücks-Brioche mit Buttermilch

Baguette-Brötchen

Gedrehte Stangenbrote

mit Knethaken zunächst kurz auf niedrigster, dann auf höchster Stufe in etwa 5 Minuten zu einem glatten Teig verarbeiten. Den Teig mit Mehl bestäuben und zugedeckt so lange an einem warmen Ort gehen lassen, bis er sich sichtbar vergrößert hat (etwa 30 Minuten).
2. Den gegangenen Teig leicht mit Mehl bestäuben, aus der Schüssel nehmen, auf der leicht bemehlten Arbeitsfläche nochmals gut durchkneten und in 8 Portionen teilen.
3. Die Teigportionen jeweils zu länglichen Rollen (12–13 cm Länge) formen und auf ein Backblech (mit Backpapier belegt) legen. Den Backofen vorheizen. Die Teigrollen nochmals zugedeckt so lange an einem warmen Ort gehen lassen, bis sie sich sichtbar vergrößert haben (etwa 20 Minuten).
4. Die Teigrollen auf der Oberfläche mit einem scharfen Messer mehrmals schräg einschneiden (nicht drücken) und mit Wasser bestreichen. Das Backblech in den vorgeheizten Backofen schieben.
Ober-/Unterhitze: etwa 220 °C
Heißluft: etwa 200 °C
Backzeit: etwa 25 Minuten.
5. Die Baguettebrötchen vom Backpapier nehmen und auf einem Kuchenrost erkalten lassen.

Für Gäste

Gedrehte Stangenbrote

Zubereitungszeit: 30 Minuten, ohne Teiggehzeit
Backzeit: etwa 25 Minuten

Für den Hefeteig:
150 g Roggenmehl (Type 1150)
350 g Weizenmehl (Type 550)
2 gestr. TL Salz
1 Pck. Dr. Oetker Trockenbackhefe
2 EL Obstessig
2 TL flüssiger Honig
250 ml (1/4 l) warmes Wasser

Zum Bestäuben:
etwas Roggenmehl

Insgesamt:
E: 54 g, F: 6 g, Kh: 389 g,
kJ: 7749, kcal: 1852

1. Für den Teig Roggen- und Weizenmehl, Salz und Trockenbackhefe in einer Rührschüssel sorgfältig vermischen. Obstessig, Honig und Wasser hinzufügen. Die Zutaten mit Handrührgerät mit Knethaken zunächst kurz auf niedrigster, dann auf höchster Stufe in etwa 5 Minuten zu einem glatten Teig verarbeiten.
2. Den Teig leicht mit Mehl bestäuben und zugedeckt so lange an einem warmen Ort gehen lassen, bis er sich sichtbar vergrößert hat (etwa 40 Minuten).
3. Den gegangenen Teig leicht mit Mehl bestäuben, aus der Schüssel nehmen, auf der bemehlten Arbeitsfläche nochmals gut durchkneten und anschließend zu einer Rolle formen.
4. Teigrolle in 3 gleich große Portionen teilen. Jede Teigportion zu einer Stange (je etwa 28 cm Länge) formen und 2–3-mal um sich selbst drehen, so dass eine unregelmäßige Stange entsteht.
5. Den Backofen vorheizen. Die Teigstangen auf ein Backblech (mit Backpapier belegt) legen, kräftig mit Mehl bestäuben und zugedeckt so lange an einem warmen Ort gehen lassen, bis sie sich sichtbar vergrößert haben (etwa 20 Minuten).
6. Das Backblech in den vorgeheizten Backofen schieben.
Ober-/Unterhitze: etwa 220 °C
Heißluft: etwa 200 °C
Backzeit: etwa 25 Minuten.
7. Die Stangenbrote vom Backpapier nehmen und auf einem Kuchenrost erkalten lassen.

Klassisch

Bagels

Zubereitungszeit: 60 Minuten, ohne Teiggehzeit
Backzeit: etwa 15 Minuten

Für den Hefeteig:
450 g Weizenmehl
50 g Speisestärke
1 Pck. Dr. Oetker Trockenbackhefe
3 gestr. TL brauner Zucker (Kandisfarin)
1 gestr. TL Salz
300 ml lauwarmes Wasser

Zum Bestäuben:
etwas Mehl

Zum Bestreichen und Bestreuen:
1 Eigelb (Größe M)
20 g Hagelsalz
20 g Sesamsamen
20 g Mohnsamen

Insgesamt:
E: 46 g, F: 133 g, Kh: 272 g, kJ: 10438, kcal: 2493

1. Für den Teig Mehl mit Speisestärke und Hefe in einer Rührschüssel mischen. Zucker, Salz und Wasser in die Schüssel geben. Die Zutaten mit Handrührgerät mit Knethaken zunächst auf niedrigster, dann auf höchster Stufe in etwa 5 Minuten zu einem glatten Teig verarbeiten. Den Teig zugedeckt an einem warmen Ort so lange gehen lassen, bis er sich sichtbar vergrößert hat (etwa 30 Minuten).
2. Den Teig und die Arbeitsfläche mit Mehl bestäuben. Den Teig auf der Arbeitsfläche nochmals gut durchkneten. Aus dem Teig eine Rolle formen und mit der Teigkarte in 12 Scheiben teilen. Die Scheiben zu Kugeln formen. Dafür eine Hand kuppelartig über die Teigscheiben legen, die Hand und den Teig darin kreisen lassen, bis aus dem Teig eine Kugel entstanden ist.
3. Die Teigkugeln auf der Arbeitsfläche mit einem feuchten Tuch bedecken. Einen breiten Kochtopf zu zwei Dritteln mit Wasser füllen. Das Wasser zum Kochen bringen.
4. Jede Teigkugel mit dem bemehlten Zeigefinger in der Mitte bis auf die Arbeitsfläche eindrücken. Den Zeigefinger kreisförmig in dem Teigring bewegen, um das Loch zu vergrößern (Ø 2–3 cm). Immer nur 1 Teigkugel bearbeiten, die restlichen unter dem Tuch lassen, damit der Teig geschmeidig bleibt.
5. Mehrere Teigringe in das schwach kochende Wasser geben und etwa 1 Minute im offenen Topf darin ziehen lassen, bis sich die Ringe aufzublähen beginnen (nur so viele Teigringe in das Wasser geben, dass sie darin „schwimmen" können).
6. Die Teigringe mit einem Schaumlöffel herausnehmen, abtropfen lassen und jeweils 6 auf ein Backblech (gefettet) legen. Den Backofen vorheizen.
7. Eigelb verquirlen, die Teigringe damit bestreichen und mit Hagelsalz, Sesam und Mohn bestreuen. Die Backbleche nacheinander (bei Heißluft zusammen) in den vorgeheizten Backofen schieben.
Ober-/Unterhitze: etwa 200 °C
Heißluft: etwa 180 °C
Backzeit: etwa 15 Minuten.
8. Die Bagels von den Backblechen lösen und auf einem Kuchenrost erkalten lassen.

Tipp: Bagels schmecken am besten frisch. Servieren Sie sie z. B. mit geräuchertem Lachs und Hüttenkäse oder als süße Variante mit Quark und Konfitüre.

Raffiniert

Brotstangen mit Amaranth

Zubereitungszeit: 50 Minuten, ohne Quell-, Abkühl- und Teiggehzeit
Backzeit: etwa 35 Minuten

Zum Vorbereiten:
300 ml Wasser
100 g Amaranth (Reformhaus)

Für den Hefeteig:
150 g Weizenmehl (Type 550)
150 g Dinkel-Vollkornmehl
2 gestr. TL Salz
1 Pck. Dr. Oetker Trockenbackhefe
50 ml Wasser
2 EL Speiseöl

Zum Bestäuben und Bestreichen:
etwas Weizenmehl
etwas Wasser

Insgesamt:
E: 58 g, F: 33 g, Kh: 288 g,
kJ: 7125, kcal: 1702

1. Zum Vorbereiten Wasser in einem Topf zum Kochen bringen, Amaranth hinzufügen und aufkochen lassen, zugedeckt bei schwacher Hitze etwa 20 Minuten garen. Amaranth gegen Ende der Garzeit immer wieder umrühren, da er leicht am Topfboden haftet. Es ist nicht notwendig, weiteres Wasser hinzuzufügen.
2. Amaranth auf der ausgeschalteten Kochstelle zugedeckt weitere etwa 10 Minuten quellen lassen. Anschließend Amaranth lauwarm abkühlen lassen.
3. Für den Teig beide Mehlsorten mit Salz und Trockenbackhefe in einer Rührschüssel sorgfältig vermischen. Wasser, Speiseöl und lauwarme Amaranth-Masse hinzufügen. Die Zutaten mit Handrührgerät mit Knethaken zunächst kurz auf niedrigster, dann auf höchster Stufe in etwa 5 Minuten zu einem glatten Teig verarbeiten.
4. Den Teig mit Mehl bestäuben und zugedeckt so lange an einem warmen Ort gehen lassen, bis er sich sichtbar vergrößert hat (etwa 1 Stunde).
5. Den gegangenen Teig leicht mit Mehl bestäuben, aus der Schüssel nehmen und auf der leicht bemehlten Arbeitsfläche nochmals gut durchkneten. Den Teig in 4 gleich große Portionen teilen. Jede Teigportion so zu einer Rolle (etwa 28 cm Länge) formen, dass die Enden dünner sind. Die Teigrollen auf ein Backblech (mit Backpapier belegt) legen, dünn mit Wasser bestreichen und mit Mehl bestäuben.
6. Den Backofen vorheizen. Die Teigrollen zugedeckt so lange an einem warmen Ort gehen lassen, bis sie sich sichtbar vergrößert haben (etwa 20 Minuten).
7. Die Teigrollen mit einem Sägemesser in der Mitte etwa 1/2 cm tief einschneiden (nicht drücken). Das Backblech in den vorgeheizten Backofen schieben.
Ober-/Unterhitze: etwa 250 °C
Heißluft: etwa 230 °C
Backzeit: etwa 10 Minuten.
8. Nach etwa 10 Minuten Backzeit die Backtemperatur auf Ober-/Unterhitze etwa 200 °C, Heißluft etwa 180 °C **herunterschalten und die Brotstangen in etwa 25 Minuten fertig backen.**
9. Die Brotstangen vom Backpapier nehmen und auf einem Kuchenrost erkalten lassen.

Tipp: Amaranth ist ein sehr altes, aus Mittelamerika stammendes Fuchsschwanzgewächs. Es hat sehr kleine feste Samenkörner, deren Geschmack nussig-erdig ist. In Reformhäusern und Bio-Läden wird Amaranth meistens als ganzes Korn oder gepufft angeboten. Amaranth ist glutenfrei. Es ist sehr gesund, weil es viel Eisen, Magnesium und hochwertiges Eiweiß enthält. Die Brotstangen eignen sich gut als Beigabe für Vorspeisen und Salate.

Brotstangen mit Amaranth

Einfach – für Kinder

Frühstücksbrötchen

Zubereitungszeit: 40 Minuten, ohne Teiggehzeit
Backzeit: etwa 20 Minuten

Für den Hefeteig:
300 g Weizenmehl
1 Pck. Dr. Oetker Trockenbackhefe
1 gestr. TL Salz
1 gestr. TL Zucker
1 EL Speiseöl
etwa 200 ml warmes Wasser

Zum Bestäuben:
etwas Weizenmehl

Zum Bestreichen:
1 Ei (Größe M)
1 Prise Salz

Insgesamt:
E: 43 g, F: 19 g, Kh: 230 g,
kJ: 5242, kcal: 1252

1. Für den Teig Mehl in eine Rührschüssel geben und sorgfältig mit Trockenbackhefe vermischen. Salz, Zucker, Speiseöl und Wasser hinzufügen.
2. Die Zutaten mit Handrührgerät mit Knethaken zunächst kurz auf niedrigster, dann auf höchster Stufe in etwa 5 Minuten zu einem glatten Teig verarbeiten. Den Teig zugedeckt so lange an einem warmen Ort stehen lassen, bis er sich sichtbar vergrößert hat.
3. Den Teig leicht mit Mehl bestäuben, aus der Schüssel nehmen, auf einer leicht bemehlten Arbeitsfläche nochmals gut durchkneten und zu einer Rolle formen. Teigrolle in 12 Stücke schneiden.
4. Jedes Teigstück zu einem runden Brötchen formen und auf ein Backblech (mit Backpapier belegt) legen. Die Teigoberfläche mit einem scharfen Messer kreuzweise etwa 1 cm tief einschneiden (nicht drücken). Den Backofen vorheizen. Die Teigbrötchen nochmals so lange an einem warmen Ort gehen lassen, bis sie sich sichtbar vergrößert haben.
5. Zum Bestreichen Ei mit Salz verschlagen, die Teigoberfläche damit bestreichen und leicht mit Mehl bestäuben. Das Backblech in den vorgeheizten Backofen schieben.
Ober-/Unterhitze: etwa 200 °C
Heißluft: etwa 180 °C
Backzeit: etwa 20 Minuten.
6. Die Brötchen während des Backens evtl. nochmals mit dem verschlagenen Ei bestreichen. Anschließend die Brötchen vom Backpapier lösen und auf einem Kuchenrost erkalten lassen.

Tipp: Um zu verhindern, dass die Brötchen zu braun werden, sie gegen Ende der Backzeit mit Backpapier zudecken. Der Teig kann zusätzlich mit 1 Päckchen Finesse Geriebene Zitronenschale verfeinert werden. Statt mit Wasser kann der Teig auch mit der gleichen Menge Buttermilch zubereitet werden.

Für Gäste

Kleine Roggentaler

Zubereitungszeit: 40 Minuten, ohne Teiggehzeit
Backzeit: etwa 25 Minuten je Backblech

Für den Hefeteig:
200 g Dinkel-Vollkornmehl
1 gestr. TL Salz
1 Pck. Dr. Oetker Trockenbackhefe
1 TL flüssiger Honig
200 ml lauwarmes Wasser
1 EL Speiseöl
150 g Roggenmehl (Type 1150)
1 gestr. TL gemahlener Anis
2 gestr. TL Kümmelsamen
2 EL Obstessig

Zum Bestäuben:
etwas Dinkel-Vollkornmehl

Insgesamt:
E: 48 g, F: 17 g, Kh: 251 g,
kJ: 5734, kcal: 1370

1. Für den Teig Vollkornmehl, Salz und Trockenbackhefe sorgfältig in einer Rührschüssel vermischen. Honig, Wasser und Speiseöl hinzufügen. Die Zutaten mit Handrührgerät mit Knethaken zunächst kurz auf niedrigster, dann auf höchster Stufe in etwa 5 Minuten zu einem dickflüssigen, glatten Teig verarbeiten.
2. Den Teig mit Vollkornmehl bestäuben und zugedeckt so lange an einem warmen Ort gehen lassen, bis er sich

Frühstücksbrötchen

Kleine Roggentaler

sichtbar vergrößert hat (etwa 40 Minuten).

3. Roggenmehl mit Anis und Kümmel mischen, mit dem Essig zum gegangenen Teig geben und mit Handrührgerät mit Knethaken nochmals etwa 5 Minuten durchkneten. Den Teig portionsweise auf der bemehlten Arbeitsfläche etwa 2 mm dick ausrollen und mit einer runden Ausstechform etwa 35 Taler (Ø etwa 8 cm) ausstechen.

4. Teigtaler auf Backbleche (mit Backpapier belegt) verteilen und nochmals zugedeckt so lange an einem warmen Ort gehen lassen, bis sie sich sichtbar vergrößert haben (etwa 40 Minuten). Nach etwa 30 Minuten Teiggehzeit den Backofen vorheizen.

5. Die einzelnen Teigtaler mit einem scharfen Messer mehrmals kreuzweise einritzen (nicht drücken). Die Backbleche nacheinander (bei Heißluft zusammen) in den vorgeheizten Backofen schieben.
Ober-/Unterhitze: etwa 200 °C
Heißluft: etwa 180 °C
Backzeit: etwa 15 Minuten je Backblech.

6. Nach etwa 15 Minuten Backzeit die Backtemperatur auf Ober-/Unterhitze: etwa 160 °C, Heißluft: etwa 140 °C **herunterschalten und die Taler in weiteren etwa 10 Minuten fertig backen.**

7. Wenn die Backbleche nacheinander in den Backofen geschoben werden, müssen die Teigtaler bis zum Backen zugedeckt werden.

8. Die Taler vom Backpapier nehmen und auf einem Kuchenrost erkalten lassen.

Klassisch

Knoblauchbrot

Zubereitungszeit: 15 Minuten
Backzeit: etwa 15 Minuten

Für das Knoblauchbrot:
2 kleine Baguettes
6 Knoblauchzehen
2 Msp. Salz
100 g weiche Butter
1 EL gehackte Petersilie
frisch gemahlener Pfeffer

Insgesamt:
E: 39 g, F: 90 g, Kh: 257 g,
kJ: 8420, kcal: 2011

1. Baguettes im Abstand von 2 cm mit einem scharfen Messer tief einschneiden, dabei das Brot jedoch nicht durchschneiden.

2. Knoblauch abziehen, in Scheiben schneiden, mit Salz bestreuen und mit einem flachen Messer zu einer Paste zerreiben (oder durch eine Knoblauchpresse drücken und mit Salz verrühren).

3. Den Backofen vorheizen. Knoblauchpaste mit Butter und Petersilie vermengen und mit Pfeffer würzen. Knoblauchbutter in die Broteinschnitte streichen.

4. Brote in Alufolie wickeln und auf ein Backblech (mit Backpapier belegt) legen. Das Backblech in den vorgeheizten Backofen schieben.
Ober-/Unterhitze: etwa 200 °C
Heißluft: etwa 180 °C
Backzeit: etwa 15 Minuten.

5. Die Knoblauchbrote aus der Folie nehmen, in Scheiben schneiden und sofort servieren.

Georgisches Käsebrot

Für Gäste

Georgisches Käsebrot

Zubereitungszeit: 45 Minuten, ohne Teiggehzeit
Backzeit: etwa 60 Minuten

Für den Hefeteig:
250 ml (1/4 l) Milch
550 g Weizenmehl
1 Pck. (42 g) frische Hefe
1 gestr. TL Zucker
2 gestr. TL Salz, 1 gestr. EL Zucker
125 g weiche Butter

Für die Käsefüllung:
125 g Emmentaler-Käse
125 g Schafkäse
125 g weicher, milder Camembert-Käse
125 g Magerquark, 15 g weiche Butter
1 Ei (Größe M)

Zum Bestäuben:
etwas Weizenmehl

Insgesamt:
E: 184 g, F: 230 g, Kh: 436 g,
kJ: 18973, kcal: 4531

1. Für den Teig Milch leicht erwärmen. Mehl in eine Rührschüssel geben. In die Mitte eine Vertiefung drücken und Hefe hineinbröckeln, Zucker und etwas von der warmen Milch hinzufügen. Alles vorsichtig mit einer Gabel verrühren und etwa 10 Minuten stehen lassen.

2. Restliche warme Milch, Salz, Zucker und Butter hinzufügen. Die Zutaten mit Handrührgerät mit Knethaken zunächst kurz auf niedrigster, dann auf höchster Stufe in etwa 5 Minuten zu einem Teig verarbeiten. Den Teig auf einer bemehlten Arbeitsfläche gut durchkneten, bis er glatt und elastisch ist. Den Teig zugedeckt so lange an einem warmen Ort gehen lassen, bis er sich sichtbar vergrößert hat.

3. Für die Füllung Emmentaler-Käse klein hacken oder in kleine Würfel schneiden. Schafkäse zerbröseln. Camembert mit Quark, Butter, Ei und Schafkäsebrösel in eine hohe Schüssel oder einen Rührbecher geben und zu einer glatten, zähen Masse pürieren. Käsestückchen untermengen.

4. Den Teig aus der Schüssel nehmen, auf der bemehlten Arbeitsfläche nochmals gut durchkneten und zu einer runden Platte (Ø etwa 50 cm) ausrollen. Teigplatte mit Mehl bestäuben und 4-fach falten, so dass ein Viertel entsteht. Teigviertel mit der Spitze nach unten in die Mitte einer Springform (Ø 22 cm, Boden gefettet) legen. Den Teig auseinanderfalten, so dass der Teig gleichmäßig über dem Formrand hängt. Teig am Springformboden glattstreichen.

5. Die Käsemischung in die Mitte der Springform geben und zu einem Berg häufen. Herüberhängenden Teig nach innen über den Käseberg legen, dabei den Teig in lockere Falten legen und die Form dabei drehen. Die Teigenden in der Mitte zusammenfassen und zu einem Knauf drehen. Den Backofen vorheizen. Den Teig nochmals zugedeckt etwa 15 Minuten gehen lassen. Dann die Form auf dem Rost in den vorgeheizten Backofen schieben.
Ober-/Unterhitze: etwa 180 °C
Heißluft: etwa 160 °C
Backzeit: etwa 60 Minuten.

6. Das Brot aus der Form lösen, auf einem Kuchenrost erkalten lassen oder lauwarm servieren.

Etwas aufwändiger – dauert länger

Hefe-Knäckebrot

Zubereitungszeit: 60 Minuten, ohne Teiggeh- und Ruhezeit
Backzeit: 20–25 Minuten je Backblech

Für den Teig I:
250 g Weizenmehl (Type 1050)
100 g Roggenmehl (Type 1150)
1/2 Pck. (21 g) frische Hefe
1 TL Zucker
170 ml lauwarmes Wasser
1/2 gestr. TL Salz

Für den Teig II:
50 g Weizenmehl (Type 1050)
50 g Roggenmehl (Type 1150)
1/2 Pck. (21 g) frische Hefe
1 gestr. TL Zucker
50 ml lauwarmesWasser
1/2 gestr. TL Salz

Zum Bestreichen:
etwas warmes Wasser

Zum Bestreuen:
50 g Kürbiskerne

Insgesamt:
E: 67 g, F: 30 g, Kh: 313 g,
kJ: 7945, kcal: 1897

1. Für den Teig I beide Mehlsorten in eine Rührschüssel geben. In die Mitte eine Vertiefung drücken. Hefe hineinbröckeln, Zucker und etwas Wasser hinzufügen. Alles mit einer Gabel vorsichtig verrühren und etwa 10 Minuten stehen lassen.
2. Salz und restliches Wasser hinzufügen und mit Handrührgerät mit Knethaken zunächst kurz auf niedrigster, dann auf höchster Stufe in etwa 5 Minuten zu einem glatten Teig verarbeiten. Teig in einen Gefrierbeutel legen. Beutel verschließen. Teig bei Zimmertemperatur etwa 12 Stunden ruhen lassen.
3. Nach 12 Stunden für den Teig II beide Mehlsorten in eine Schüssel geben. In die Mitte eine Vertiefung drücken. Hefe hineinbröckeln, Zucker und etwas Wasser hinzufügen. Alles mit einer Gabel vorsichtig verrühren und etwa 10 Minuten stehen lassen.
4. Salz und restliches Wasser hinzufügen und zu einem glatten Teig verarbeiten. Teig I in Stücke zupfen und zu Teig II geben. Den Teig mit Handrührgerät mit Knethaken zunächst auf niedrigster, dann auf höchster Stufe zu einem glatten Teig verarbeiten. Teig halbieren und eine Hälfte mit einem Geschirrtuch zudecken.
5. Zweite Teighälfte auf der leicht bemehlten Arbeitsfläche zu einem Rechteck (etwa 42 x 32 cm) ausrollen, der Länge nach durchschneiden und in Rechtecke (etwa 16 x 7 cm) schneiden. Die Teigplatten auf Backbleche (mit Backpapier belegt) legen und mit warmem Wasser bestreichen.
6. Kürbiskerne hacken und die Teigscheiben mit der Hälfte der Kürbiskerne bestreuen. Backbleche zudecken und etwa 30 Minuten an einem warmen Ort gehen lassen. Den Backofen vorheizen. Restlichen Teig und Kürbiskerne auf die gleiche Weise verarbeiten.
7. Backbleche nacheinander (Heißluft zusammen) in den vorgeheizten Backofen schieben.
Ober-/Unterhitze: etwa 200 °C
Heißluft: etwa 180 °C
Backzeit: 20–25 Minuten je Backblech.

Hefe-Knäckebrot

Für Gäste

Kümmel-Bierstangen

Zubereitungszeit: 40 Minuten, ohne Teiggehzeit
Backzeit: etwa 20 Minuten je Backblech

Für den Hefeteig:
375 g Weizenmehl (Type 550)
1 Pck. Dr. Oetker Trockenbackhefe
1 gestr. TL Salz
250 ml (1/4 l) Bier (z. B. Pils)
1 TL flüssiger Honig
4 EL Speiseöl
1 gestr. TL Kümmelsamen

Zum Bestäuben:
etwas Weizenmehl

Zum Bestreichen und Bestreuen:
2 EL Bier
1–2 EL Kümmelsamen

Insgesamt:
E: 46 g, F: 45 g, Kh: 307 g,
kJ: 8002, kcal: 1909

1. Für den Teig Mehl in eine Rührschüssel geben und sorgfältig mit der Hefe vermischen. Salz, Bier, Honig, Öl und Kümmelsamen hinzufügen. Die Zutaten mit Handrührgerät mit Knethaken zunächst auf niedrigster, dann auf höchster Stufe in etwa 5 Minuten zu einem glatten Teig verarbeiten. Den Teig mit Mehl bestäuben und zugedeckt an einem warmen Ort so lange gehen lassen, bis er sich sichtbar vergrößert hat (etwa 30 Minuten).
2. Den Teig und die Arbeitsfläche mit Mehl bestäuben, den Teig auf der Arbeitsfläche nochmals gut durchkneten und zu einer Rolle formen. Die Rolle in 8 Scheiben teilen. Jede Scheibe zu einer Stange (etwa 15 cm Länge) formen und die Stangen auf ein Backblech (mit Backpapier belegt) legen.
3. Die Stangen zugedeckt so lange an einem warmen Ort gehen lassen, bis sie sich sichtbar vergrößert haben (etwa 15 Minuten). Den Backofen vorheizen.
4. Die Stangen mit einem Messer jeweils dreimal schräg einritzen, mit Bier bestreichen und mit Kümmel bestreuen. Das Backblech in den vorgeheizten Backofen schieben.
Ober-/Unterhitze: etwa 200 °C
Heißluft: etwa 180 °C
Backzeit: etwa 20 Minuten je Backblech.
5. Die Stangen vom Backpapier nehmen und auf einem Kuchenrost erkalten lassen.

Kümmel-Bierstangen

Herzhaft

Schinken-Salami-Brot

Zubereitungszeit: 30 Minuten, ohne Teiggehzeit
Backzeit: etwa 35 Minuten

Für den Hefeteig:
300 g Roggenmehl (Type 1150)
200 g Weizenmehl (Type 1050)
2 Pck. Dr. Oetker Trockenbackhefe
1 Msp. Zitronenpfeffer oder schwarzer Pfeffer
1 gestr. TL Salz
1 TL Weißweinessig
275 ml lauwarmes Wasser
75 g Schinkenwürfel
50 g Salamiwürfel

Zum Bestäuben und Bestreichen:
etwas Mehl, etwas Wasser

Insgesamt:
E: 84 g, F: 27 g, Kh: 349 g,
kJ: 8219, kcal: 1962

1. Für den Teig Mehl in eine Rührschüssel geben und sorgfältig mit der Hefe vermischen. Zitronenpfeffer, Salz, Essig und Wasser hinzufügen. Die Zutaten mit Handrührgerät mit Knethaken zunächst kurz auf niedrigster, dann auf höchster Stufe in etwa 5 Minuten zu einem glatten Teig verarbeiten. Teig zugedeckt so lange an einem warmen Ort gehen lassen, bis er sich sichtbar vergrößert hat.
2. Den Teig leicht mit Mehl bestäuben, aus der Schüssel nehmen, auf der leicht bemehlten Arbeitsfläche nochmals gut durchkneten und Schinken- und Salamiwürfel kurz unterkneten.
3. Den Teig zu einem runden Laib formen und auf ein Backblech (mit Backpapier belegt) legen. Den Backofen vorheizen. Teigbrot kreuzweise einschneiden und nochmals zugedeckt so lange an einem warmen Ort gehen lassen, bis es sich sichtbar vergrößert hat. Das Brot mit Wasser bestreichen und das Backblech in den vorgeheizten Backofen schieben.

Schinken-Salami-Brot

Siebenkornbrot

Ober-/Unterhitze: etwa 200 °C
Heißluft: etwa 180 °C
Backzeit: etwa 35 Minuten.
4. Das Brot vom Backblech nehmen und auf einem Kuchenrost erkalten lassen.

Vollwertig

Siebenkornbrot

Zubereitungszeit: 45 Minuten, ohne Teiggehzeit
Backzeit: etwa 65 Minuten

Für den Hefeteig:
2 Pck. Dr. Oetker Trockenbackhefe
1 TL Zucker
250 ml (1/4 l) lauwarmes Wasser
60 g Grünkern (gemahlen)
60 g Sesamsamen
1 EL Grünkern (ganze Körner)
125 g Weizenmehl (Type 550)
125 g Roggenmehl (Type 1150)
60 g kernige Haferflocken
60 g Buchweizenmehl
60 g Leinsamenschrot
knapp 2 gestr. TL Salz

Zum Bestäuben und Bestreichen:
etwa Mehl
etwas Wasser

Insgesamt:
E: 75 g, F: 59 g, Kh: 325 g,
kJ: 8919, kcal: 2129

1. Für den Teig Hefe mit Zucker und etwas von dem Wasser in einer kleinen Schüssel anrühren und etwa 15 Minuten stehen lassen.
2. Gemahlenen Grünkern, Sesamsamen (etwas gemahlenen Grünkern und Sesamsamen zum Bestreuen beiseitestellen), Grünkernkörner, Weizen- und Roggenmehl, Haferflocken, Buchweizenmehl und Leinsamenschrot sorgfältig vermischen. Salz, gegangene Hefemischung und das restliche Wasser hinzufügen.
3. Die Zutaten mit Handrührgerät mit Knethaken zunächst auf niedrigster, dann auf höchster Stufe in etwa 5 Minuten zu einem glatten Teig verarbeiten. Den Teig zugedeckt so lange an einem warmen Ort gehen lassen, bis er sich sichtbar vergrößert hat.
4. Den Teig leicht mit Mehl bestäuben, aus der Schüssel nehmen, auf der leicht bemehlten Arbeitsfläche nochmals gut durchkneten und zu einem Laib formen. Teiglaib auf ein Backblech (mit Backpapier belegt) legen und nochmals so lange an einem warmen Ort gehen lassen, bis er sich sichtbar vergrößert hat. Inzwischen den Backofen vorheizen.
5. Die Teigoberfläche mit Wasser bestreichen und mit dem beiseitegestellten Grünkern und Sesamsamen bestreuen. Das Backblech in den vorgeheizten Backofen schieben.
Ober-/Unterhitze: etwa 200 °C
Heißluft: etwa 180 °C
Backzeit: etwa 65 Minuten.
6. Das Brot vom Backblech auf einen Kuchenrost ziehen und erkalten lassen.

Tipp: Statt 2 Päckchen Trockenbackhefe können Sie auch 1 Päckchen (42 g) frische Hefe verwenden.

Einfach

Sonnenblumenschnecke

Zubereitungszeit: 20 Minuten, ohne Abkühlzeit
Backzeit: 30–35 Minuten

Zum Vorbereiten:
100 g Sonnenblumenkerne

Für den Quark-Öl-Teig:
400 g Weizenmehl (Type 550)
1 Pck. Dr. Oetker Backin
1 gestr. TL Salz
250 g Magerquark
100 ml Milch
100 ml Olivenöl

Zum Bestreichen und Bestreuen:
1 Eigelb (Größe M)
1 EL Milch, 1 Prise Salz
2–3 EL Sonnenblumenkerne

Insgesamt:
E: 108 g, F: 181 g, Kh: 312 g,
kJ: 13929, kcal: 3327

1. Zum Vorbereiten Sonnenblumenkerne in einer Pfanne ohne Fett goldbraun rösten und auf einem Teller erkalten lassen. Den Backofen vorheizen.
2. Für den Teig Mehl mit Backpulver in einer Rührschüssel mischen. Salz, Quark, Milch, Olivenöl und Sonnenblumenkerne hinzufügen. Die Zutaten mit Handrührgerät mit Rührbesen zunächst kurz auf niedrigster, dann auf höchster Stufe kurz zu einem Teig verarbeiten (nicht zu lange, Teig klebt sonst).
3. Den Teig auf der leicht bemehlten Arbeitsfläche zu einer 70–80 cm langen Rolle formen, schneckenartig aufrollen und in eine Springform (Ø 26 cm, Boden gefettet) legen. Die Teigschnecke etwas auseinanderziehen, damit sich der Teig beim Backen ausdehnen kann.
4. Zum Bestreichen und Bestreuen Eigelb mit Milch und Salz verschlagen. Die Teigschnecke damit bestreichen und mit Sonnenblumenkernen bestreuen. Die Form auf dem Rost in den vorgeheizten Backofen schieben.
Ober-/Unterhitze: etwa 200 °C
Heißluft: etwa 180 °C
Backzeit: 30–35 Minuten.
5. Die Schnecke etwa 5 Minuten in der Form abkühlen lassen, dann aus der Form lösen und auf einem Kuchenrost erkalten lassen.

Sonnenblumenschnecke

Beliebt

Vollkorn-Bagels

Zubereitungszeit: 60 Minuten, ohne Teiggehzeit
Backzeit: etwa 15 Minuten

Für den Hefeteig:
500 g Vollkorn-Weizenmehl
1 Pck. Dr. Oetker Trockenbackhefe
2–3 TL brauner Zucker (Kandisfarin)
1 gestr. TL Salz
350 ml lauwarmes Wasser

Zum Bestäuben und Bestreichen:
etwas Mehl
1 Eigelb (Größe M)

Insgesamt:
E: 67 g, F: 19 g, Kh: 327 g,
kJ: 7386, kcal: 1765

1. Für den Teig Mehl in eine Rührschüssel geben und sorgfältig mit der Hefe verrühren. Zucker, Salz und Wasser in die Schüssel geben. Die Zutaten mit Handrührgerät mit Knethaken zunächst auf niedrigster, dann auf höchster Stufe in etwa 5 Minuten zu einem glatten Teig verarbeiten. Den Teig zugedeckt an einem warmen Ort so lange gehen lassen, bis er sich sichtbar vergrößert hat (etwa 30 Minuten).
2. Den Teig und die Arbeitsfläche mit Mehl bestäuben. Den Teig auf der Arbeitsfläche nochmals gut durchkneten. Aus dem Teig eine Rolle formen und in 12 Scheiben teilen. Die Scheiben zu Kugeln formen.
3. Die Teigkugeln auf der Arbeitsfläche mit einem feuchten Tuch bedecken. Einen weiten Kochtopf zu zwei Dritteln mit Wasser füllen. Das Wasser zum Kochen bringen.
4. Jede Teigkugel mit dem bemehlten Zeigefinger in der Mitte bis auf die Arbeitsfläche eindrücken. Den Zeigefinger kreisförmig in dem Teigring bewegen, um das Loch zu vergrößern (Ø 2–3 cm). Immer nur 1 Teigkugel bearbeiten, die restlichen unter dem Tuch lassen, damit der Teig geschmeidig bleibt. Den Backofen vorheizen.
5. Mehrere Teigringe in das schwach kochende Wasser geben und etwa 1 Minute im offenen Topf darin ziehen lassen, bis sich die Ringe aufzublähen beginnen (nur so viele Teigringe in das Wasser geben, dass sie darin „schwimmen" können).

6. Die Teigringe mit einem Schaumlöffel herausnehmen, abtropfen lassen und jeweils 6 auf ein Backblech (mit Backpapier belegt) legen.
7. Eigelb verquirlen und die Teigringe damit bestreichen. Die Backbleche nacheinander (bei Heißluft zusammen) in den vorgeheizten Backofen schieben.
Ober-/Unterhitze: etwa 200 °C
Heißluft: etwa 180 °C
Backzeit: etwa 15 Minuten.
8. Die Bagels vom Backpapier lösen und auf einem Kuchenrost erkalten lassen.

Tipp: Bagels waagerecht aufschneiden und Frischkäse auf die Schnittflächen streichen. Die unteren Hälften der Bagels mit bunten Paprikastreifen und in Streifen geschnittenen Petersilienblättchen bestreuen. Obere Hälfte der Bagels darauflegen.

Für Gäste – raffiniert

Würziges Brot im Tontopf

Zubereitungszeit: 50 Minuten, ohne Teiggehzeit
Backzeit: etwa 45 Minuten

Zum Vorbereiten:
1 mittelgroße Zwiebel
1 Knoblauchzehe

Für den Hefeteig:
200 ml Milch
500 g Weizenmehl
1 Pck. (42 g) frische Hefe
etwas Zucker
1 gestr. TL Salz
100 ml Speiseöl
2 Eier (Größe M)
1 gestr. TL gemahlener Anis
1/2 gestr. TL gemahlener Fenchel
1 Msp. frisch geriebene Muskatnuss
1 EL gehackter Rosmarin
3 EL gehackter Dill

Zum Bestäuben, Bestreichen und Bestreuen:
etwas Weizenmehl
etwas Wasser
1 gestr. EL gemahlener Anis

Außerdem:
2 neue Tontöpfe ohne Glasur (Ø etwa 15 cm)

Insgesamt:
E: 85 g, F: 127 g, Kh: 387 g,
kJ: 12567, kcal: 3001

1. Zum Vorbereiten Zwiebel und Knoblauch abziehen und fein hacken. Für den Teig Milch leicht erwärmen.
2. Mehl in eine Rührschüssel geben und in die Mitte eine Vertiefung drücken. Hefe hineinbröckeln, Zucker und etwas von der Milch hinzufügen. Alles mit einer Gabel vorsichtig verrühren und etwa 10 Minuten stehen lassen.
3. Salz, Speiseöl, Eier, Anis, Fenchel, Muskat, Rosmarin, Dill, Zwiebel- und Knoblauchwürfel hinzufügen und die Zutaten mit Handrührgerät mit Knethaken zunächst auf niedrigster, dann auf höchster Stufe in etwa 5 Minuten zu einem glatten Teig verarbeiten. Den Teig zugedeckt so lange an einem warmen Ort gehen lassen, bis er sich sichtbar vergrößert hat.
4. Die Tontöpfe etwa 5 Minuten in lauwarmes Wasser stellen, damit sie sich vollsaugen können. Den Teig leicht mit Mehl bestäuben, aus der Schüssel nehmen und auf der leicht bemehlten Arbeitsfläche nochmals gut durchkneten. Den Teig halbieren.
5. Je eine Teighälfte in einen Tontopf (gefettet, mit Backpapier ausgelegt) geben. Teig nochmals zugedeckt so lange an einem warmen Ort gehen lassen, bis er sich sichtbar vergrößert hat. Inzwischen den Backofen vorheizen.
6. Teigoberfläche mit einem scharfen Messer kreuzweise einschneiden, mit Wasser bestreichen, mit Anis bestreuen und mit Mehl bestäuben. Die Tontöpfe auf dem Rost in den vorgeheizten Backofen schieben.
Ober-/Unterhitze: etwa 200 °C
Heißluft: etwa 180 °C
Backzeit: etwa 45 Minuten.
7. Nach etwa 25 Minuten Backzeit die Brote mit Backpapier zudecken, damit die Oberfläche nicht zu dunkel wird.

Tipp: Den Teig zu einem Brotlaib formen und auf einem Backblech (mit Backpapier belegt) backen. Die Backzeit beträgt dann etwa 35 Minuten bei gleicher Backtemperatur.

Vollkorn-Bagels

Würziges Brot im Tontopf

Beliebt

Partybrötchen mit Frischkäse

Zubereitungszeit: 45 Minuten, ohne Teiggehzeit
Backzeit: 30–35 Minuten

Für den Hefeteig:
125 ml (1/8 l) Milch
500 g Weizenmehl
1 Pck. (42 g) frische Hefe
1/2 gestr. TL Zucker
125 ml (1/8 l) lauwarmes Wasser
1 gestr. TL Salz
150 g Frischkäse mit Kräutern der Provence

Zum Bestäuben und Bestreichen:
etwas Milch, etwas Weizenmehl

Insgesamt:
E: 78 g, F: 45 g, Kh: 375 g,
kJ: 9213, kcal: 2200

1. Für den Teig Milch leicht erwärmen. Mehl in eine Schüssel geben und in die Mitte eine Vertiefung drücken. Hefe hineinbröckeln und Zucker und etwas Wasser hinzufügen. Alles mit einer Gabel vorsichtig verrühren und etwa 10 Minuten stehen lassen.
2. Salz, Milch, Frischkäse und restliches Wasser hinzufügen. Die Zutaten mit Handrührgerät mit Knethaken zunächst kurz auf niedrigster, dann auf höchster Stufe in etwa 5 Minuten zu einem glatten Teig verarbeiten. Den Teig zugedeckt so lange an einem warmen Ort gehen lassen, bis er sich sichtbar vergrößert hat.
3. Den Teig leicht mit Mehl bestäuben, aus der Schüssel nehmen, auf einer leicht bemehlten Arbeitsfläche nochmals gut durchkneten und zu einer Rolle formen. Teigrolle in 10 gleich große Portionen teilen, zu Brötchen formen und auf einem Backblech (mit Backpapier belegt) mit etwas Abstand zu einem Kranz zusammenlegen.
4. Teigbrötchen nochmals zugedeckt so lange an einem warmen Ort gehen lassen, bis sie sich sichtbar vergrößert haben. Inzwischen den Backofen vorheizen.
5. Teigbrötchen mit Milch bestreichen. Das Backblech in den vorgeheizten Backofen schieben.
Ober-/Unterhitze: etwa 180 °C
Heißluft: etwa 160 °C
Backzeit: 30–35 Minuten.
6. Die Brötchen vom Backpapier lösen und auf einem Kuchenrost erkalten lassen.

Tipp: Bunter werden die Brötchen, wenn zusätzlich eine fein gewürfelte rote Paprikaschote unter den Teig geknetet wird.

Beliebt

Kürbisbrot

Zubereitungszeit: 50 Minuten, ohne Abkühl- und Teiggehzeit
Backzeit: etwa 35 Minuten

Zum Vorbereiten:
300 g vorbereitetes Kürbisfleisch
etwa 4 EL Wasser

Für den Hefeteig:
500 g Weizenmehl (Type 550)
1 Pck. Dr. Oetker Trockenbackhefe
2 EL flüssiger Honig, 1 gestr. TL Salz
3 EL Milch, 100 ml Speiseöl

Zum Bestäuben:
etwas Weizenmehl

Insgesamt:
E: 62 g, F: 112 g, Kh: 408 g,
kJ: 11968, kcal: 2859

1. Zum Vorbereiten Kürbisfleisch klein schneiden, in einem hohen Topf mit Wasser zugedeckt unter gelegentlichem Rühren 15–20 Minuten weich dünsten. Kürbisfleisch pürieren und etwas abkühlen lassen.
2. Für den Teig Mehl in eine Rührschüssel geben und sorgfältig mit Trockenbackhefe vermischen. Honig, Salz, Milch, Speiseöl und das lauwarme Kürbispüree hinzufügen.

Partybrötchen mit Frischkäse

Kürbisbrot

3. Die Zutaten mit Handrührgerät mit Knethaken zunächst kurz auf niedrigster, dann auf höchster Stufe in etwa 5 Minuten zu einem glatten Teig verarbeiten. Den Teig zugedeckt so lange an einem warmen Ort gehen lassen, bis er sich sichtbar vergrößert hat.
4. Den Teig leicht mit Mehl bestäuben, aus der Schüssel nehmen, auf der leicht bemehlten Arbeitsfläche nochmals gut durchkneten und zu einem länglichen Laib formen. Teiglaib in eine Kasten- oder Brotbackform (30 x 11 cm, gefettet, gemehlt) legen. Den Teig nochmals so lange an einem warmen Ort gehen lassen, bis er sich sichtbar vergrößert hat. Inzwischen den Backofen vorheizen.
5. Die Teigoberfläche mit einem scharfen Messer etwa 1 cm tief einschneiden. Die Form auf dem Rost in den vorgeheizten Backofen schieben.
Ober-/Unterhitze: etwa 180 °C
Heißluft: etwa 160 °C
Backzeit: etwa 35 Minuten.
6. Das Kürbisbrot aus der Form lösen und auf einen Kuchenrost legen. Kürbisbrot erkalten lassen.

Tipp: Zusätzlich die Form mit Kürbiskernen ausstreuen.

Für Gäste

Hörnchen mit Schoko- und Marzipanfüllung

Zubereitungszeit: 45 Minuten, ohne Teiggehzeit
Backzeit: etwa 25 Minuten

Für den Hefeteig:
375 g Weizenmehl (Type 550)
1 Pck. Dr. Oetker Trockenbackhefe
1/2 gestr. TL Salz
1 EL flüssiger Honig
175 ml lauwarmes Wasser
70 g weiche Butter oder Margarine

Für die Füllung:
70 g Edelbitter-Schokolade (mind. 50 % Kakao)
100 g Marzipan-Rohmasse
1 Eiweiß (Größe M)

Zum Bestäuben und Bestreichen:
etwas Weizenmehl
1 Eigelb (Größe M)
1 EL Milch

Insgesamt:
E: 69 g, F: 134 g, Kh: 359 g,
kJ: 12316, kcal: 2941

1. Für den Teig Mehl in eine Rührschüssel geben und sorgfältig mit der Hefe vermischen. Salz, Honig, Wasser und Butter oder Margarine dazugeben. Die Zutaten mit Handrührgerät mit Knethaken zunächst kurz auf niedrigster, dann auf höchster Stufe in etwa 5 Minuten zu einem glatten Teig verarbeiten. Den Teig zugedeckt so lange an einem warmen Ort gehen lassen, bis er sich sichtbar vergrößert hat (etwa 30 Minuten).
2. Für die Füllung die Schokolade in Streifen schneiden. Marzipan in kleinen Stücken mit Eiweiß in eine Schüssel geben und mit einer Gabel verkneten.
3. Den Teig und die Arbeitsfläche mit Mehl bestäuben, den Teig auf der Arbeitsfläche nochmals gut durchkneten und zu einer Rolle formen.
4. Den Teig zu einem Rechteck (etwa 40 x 45 cm) ausrollen und mit einem Messer der Länge nach halbieren. Jede Teighälfte in 5 Dreiecke (je etwa 15 cm Breite) und 2 schmale Dreiecke (je etwa 7,5 cm Breite) schneiden.
5. An die untere, breite Kante von 5 großen und 2 kleinen Dreiecken die Schokolade legen. Auf die restlichen Dreiecke auf die gleiche Weise die Marzipanmasse geben. Die Dreiecke von der breiten Seite zur Spitze hin locker aufrollen, zu Hörnchen formen und auf ein Backblech (mit Backpapier belegt) legen. Hörnchen zugedeckt nochmals etwa 15 Minuten gehen lassen, bis sie sich sichtbar vergrößert haben. Den Backofen vorheizen.
6. Eigelb mit Milch verquirlen und die Hörnchen damit bestreichen. Das Backblech in den vorgeheizten Backofen schieben.
Ober-/Unterhitze: etwa 200 °C
Heißluft: etwa 180 °C
Backzeit: etwa 25 Minuten.
7. Die Hörnchen vom Backpapier lösen und auf einem Kuchenrost erkalten lassen.

Hörnchen mit Schoko- und Marzipanfüllung

Dunkle Vollkornbrötchen

Grießbrot

Vollwertig

Dunkle Vollkornbrötchen

Zubereitungszeit: 60 Minuten, ohne Abkühl- und Teiggehzeit
Backzeit: etwa 30 Minuten

Zum Vorbereiten:
150 g Grünkern (ganze Körner)
400 ml Wasser
1 gestr. TL Salz

Für den Hefeteig:
250 g grobes Grahammehl (Reformhaus)
1 Pck. (42 g) frische Hefe
1 TL Zucker
225 ml lauwarmes Wasser
200 g Roggenmehl (Type 1150)
1 gestr. TL Salz
1 gestr. TL gemahlener Koriander
1 EL Zuckerrohrmelasse (Reformhaus)

Insgesamt:
E: 71 g, F: 13 g, Kh: 416 g,
kJ: 8690, kcal: 2074

1. Zum Vorbereiten Grünkern in kaltem Wasser mit Salz zum Kochen bringen und zugedeckt etwa 30 Minuten bei schwacher Hitze kochen lassen. Anschließend Deckel abnehmen und Grünkern so lange kochen lassen, bis die Flüssigkeit verdampft ist. Grünkern etwas abkühlen lassen.
2. Für den Teig 2 Esslöffel des Grahammehls mit zerbröckelter Hefe, Zucker und etwas Wasser verrühren und zugedeckt etwa 15 Minuten stehen lassen.
3. Restliches Grahammehl, Roggenmehl, warmen Grünkern, Salz, Koriander, Zuckerrohrmelasse und restliches Wasser hinzufügen. Die Zutaten mit Handrührgerät mit Knethaken zunächst kurz auf niedrigster, dann auf höchster Stufe in etwa 5 Minuten zu einem glatten Teig verarbeiten. Den Teig zugedeckt so lange an einem warmen Ort stehen lassen, bis er sich sichtbar vergrößert hat.
4. Den Teig leicht mit Mehl bestäuben, aus der Schüssel nehmen, auf einer leicht bemehlten Arbeitsfläche nochmals gut durchkneten und zu einer Rolle formen. Teigrolle in 16 Stücke teilen, jeweils 1 längliches Brötchen daraus formen und auf ein Backblech (mit Backpapier belegt) legen.
5. Den Backofen vorheizen. Teig nochmals zugedeckt so lange an einem warmen Ort gehen lassen, bis sich die Brötchen sichtbar vergrößert haben. Das Backblech in den vorgeheizten Backofen schieben.
Ober-/Unterhitze: etwa 200 °C
Heißluft: etwa 180 °C
Backzeit: etwa 30 Minuten.
6. Die Brötchen mit dem Backpapier vom Backblech auf einen Kuchenrost ziehen und erkalten lassen.

Einfach

Grießbrot

Zubereitungszeit: 45 Minuten, ohne Abkühl- und Teiggehzeit
Backzeit: etwa 45 Minuten

Zum Vorbereiten:
425 ml Wasser
2 gestr. TL Salz
100 g Weizen-Vollkorngrieß

Für den Hefeteig:
350 g Weizenmehl (Type 550)
1 gestr. TL Brotgewürz
1 Pck. Dr. Oetker Trockenbackhefe
2 EL Speiseöl

Zum Bestreichen und Bestreuen:
etwas Wasser
Weizen-Vollkorngrieß

Insgesamt:
E: 52 g, F: 24 g, Kh: 337 g,
kJ: 7454, kcal: 1781

1. Zum Vorbereiten Wasser in einem Topf aufkochen, Salz und Grieß unter Rühren einstreuen und kurz aufkochen lassen. Den Topf von der

Kochstelle nehmen. Den Grießbrei unter gelegentlichem Rühren lauwarm abkühlen lassen.

2. Für den Teig Mehl mit Brotgewürz und Trockenbackhefe sorgfältig in einer Rührschüssel vermischen. Speiseöl und lauwarmen Grießbrei hinzufügen. Die Zutaten mit Handrührgerät mit Knethaken zunächst kurz auf niedrigster, dann auf höchster Stufe in etwa 5 Minuten zu einem glatten Teig verarbeiten.

3. Den Teig leicht mit Mehl bestäuben, zugedeckt so lange an einem warmen Ort gehen lassen, bis er sich sichtbar vergrößert hat (etwa 50 Minuten).

4. Den Teig leicht mit Mehl bestäuben, aus der Schüssel nehmen, auf der bemehlten Arbeitsfläche nochmals gut durchkneten, zu einer Kugel formen und auf ein Backblech (mit Backpapier belegt) legen. Teigkugel mit Wasser bestreichen, mit Grieß bestreuen und einreiben.

5. Die Teigkugel nochmals zugedeckt so lange an einem warmen Ort gehen lassen, bis sie sich sichtbar vergrößert hat (etwa 40 Minuten, bis die Oberfläche leicht einreißt). Nach etwa 25 Minuten Teiggehzeit den Backofen vorheizen. Die Teigkugel mit einem Sägemesser gitterförmig etwa 1 cm tief einschneiden. Das Backblech in den vorgeheizten Backofen schieben.

Ober-/Unterhitze: etwa 250 °C
Heißluft: etwa 230 °C
Backzeit: etwa 10 Minuten.

6. Nach etwa 10 Minuten Backzeit die Backtemperatur auf Ober-/Unterhitze: etwa 200 °C, Heißluft: etwa 180 °C **herunterschalten und das Brot in weiteren etwa 35 Minuten fertig backen.** Das Brot vom Backpapier nehmen und auf einem Kuchenrost erkalten lassen.

Raffiniert

Französisches Löcherbrot

Zubereitungszeit: 25 Minuten, ohne Teiggehzeit
Backzeit: 20–25 Minuten je Backblech

Für den Hefeteig:
500 g Weizenmehl
1 Pck. Dr. Oetker Trockenbackhefe
125 ml (1/8 l) warmes Wasser
2 EL Orangensaft
50 g gesiebter Puderzucker
2 Eier (Größe M), 1 Prise Salz
4 EL (etwa 50 ml) Olivenöl

Zum Bestäuben:
etwas Weizenmehl

Französisches Löcherbrot

Zum Bestreichen und Bestreuen:
2 Eigelb (Größe M)
2 EL Milch
2 EL Fenchelsamen

Insgesamt:
E: 82 g, F: 86 g, Kh: 442 g, kJ: 12082, kcal: 2888

1. Für den Teig Mehl in eine Rührschüssel geben und mit der Trockenbackhefe sorgfältig vermischen. Wasser, Orangensaft, Puderzucker, Eier, Salz und Olivenöl hinzugeben.

2. Die Zutaten mit Handrührgerät mit Knethaken zunächst kurz auf niedrigster, dann auf höchster Stufe in etwa 5 Minuten zu einem glatten Teig verarbeiten. Den Teig mit Mehl bestäuben und zugedeckt so lange an einem warmen Ort gehen lassen, bis er sich sichtbar vergrößert hat (etwa 30 Minuten).

3. Den gegangenen Teig leicht mit Mehl bestäuben, aus der Schüssel nehmen, auf der bemehlten Arbeitsfläche nochmals gut durchkneten und in 4 Portionen teilen. Die Teigportionen jeweils zu einem etwa 2 cm dicken Fladen ausrollen, mehrere Male mit einem scharfen Messer kreuzweise einschneiden (nicht drücken) und die Schnittstellen vorsichtig auseinanderziehen. Den Backofen vorheizen.

4. Teigfladen nochmals zugedeckt so lange an einem warmen Ort gehen lassen, bis sie sich sichtbar vergrößert haben (etwa 20 Minuten).

5. Zum Bestreichen und Bestreuen Eigelb mit Milch verschlagen, die Teigfladen damit bestreichen, mit Fenchelsamen bestreuen und auf Backbleche (mit Backpapier belegt) legen. Die Backbleche nacheinander (bei Heißluft zusammen) in den vorgeheizten Backofen schieben.

Ober-/Unterhitze: etwa 200 °C
Heißluft: etwa 180 °C
Backzeit: 20–25 Minuten je Backblech.

6. Das Löcherbrot vom Backpapier nehmen und auf Kuchenrosten erkalten lassen.

Raffiniert

Dinkelzopf mit Kürbiskernen

Zubereitungszeit: 40 Minuten, ohne Teiggehzeit
Backzeit: etwa 30 Minuten

Für den Hefeteig:
70 g Kürbiskerne
500 g Dinkel-Vollkornmehl
2 gestr. TL Salz
1 Pck. Dr. Oetker Trockenbackhefe
300 ml warmes Wasser
2 EL Speiseöl

Zum Bestäuben:
etwas Dinkel-Vollkornmehl

Zum Bestreichen und Bestreuen:
etwas Wasser
1–2 EL Kürbiskerne

Insgesamt:
E: 100 g, F: 73 g, Kh: 354 g,
kJ: 10362, kcal: 2476

1. Für den Teig Kürbiskerne grob hacken. Vollkornmehl, Salz, gehackte Kürbiskerne und Trockenbackhefe in einer Rührschüssel sorgfältig vermischen. Wasser und Speiseöl hinzufügen. Die Zutaten mit Handrührgerät mit Knethaken zunächst kurz auf niedrigster, dann auf höchster Stufe in etwa 5 Minuten zu einem glatten Teig verarbeiten.
2. Den Teig mit Mehl bestäuben und zugedeckt so lange an einem warmen Ort gehen lassen, bis er sich sichtbar vergrößert hat (etwa 40 Minuten).
3. Den gegangenen Teig leicht mit Mehl bestäuben, aus der Schüssel nehmen, auf der bemehlten Arbeitsfläche nochmals gut durchkneten und zu einer Rolle formen. Teigrolle in 3 gleich große Portionen teilen. Jede Teigportion zu einer Rolle (etwa 30 cm Länge) formen.
4. Die Teigrollen nebeneinander auf die Arbeitsfläche legen und zu einem Zopf flechten. Teigenden unter den Zopf schlagen. Den Teigzopf auf ein Backblech (mit Backpapier belegt) legen, mit Wasser bestreichen und mit Kürbiskernen bestreuen.
5. Den Backofen vorheizen. Den Teigzopf zugedeckt so lange an einem warmen Ort gehen lassen, bis er sich sichtbar vergrößert hat (etwa 20 Minuten). Das Backblech in den vorgeheizten Backofen schieben.
Ober-/Unterhitze: etwa 250 °C
Heißluft: etwa 230 °C
Backzeit: etwa 5 Minuten.
6. Nach etwa 5 Minuten Backzeit die Backtemperatur auf Ober-/Unterhitze: etwa 200 °C, Heißluft: etwa 180 °C **herunterschalten und den Dinkelzopf in weiteren etwa 25 Minuten fertig backen.** Auf einem Kuchenrost erkalten lassen.

Dinkelzopf mit Kürbiskernen

Beliebt – gut vorzubereiten

Brioche-Zopf

Zubereitungszeit: 30 Minuten, ohne Teiggehzeit
Backzeit: etwa 45 Minuten

Für den Hefeteig:
375 g Weizenmehl
1 Pck. (42 g) frische Hefe
40 g Zucker, 4–5 EL warme Milch
3 Eier (Größe M), 1 gestr. TL Salz
1 Pck. Dr. Oetker Vanillin-Zucker
185 g weiche Butter
1 Pck. (50 g) rote Belegkirschen
1 Pck. (50 g) Früchte-Mix
(z. B. Frutta-Mix von Schwartau)

Zum Bestäuben:
etwas Weizenmehl

Insgesamt:
E: 73 g, F: 183 g, Kh: 396 g,
kJ: 14703, kcal: 3511

1. Für den Teig Mehl in eine Rührschüssel geben. In die Mitte eine Vertiefung drücken. Hefe hineinbröckeln, etwas von dem Zucker und die warme Milch hinzufügen. Mit einer Gabel die Zutaten vorsichtig in der Vertiefung verrühren und etwa 10 Minuten stehen lassen.
2. Restlichen Zucker, Eier, Salz, Vanillin-Zucker und Butter hinzufügen. Die Zutaten mit Handrührgerät mit Knethaken zunächst kurz auf niedrigster, dann auf höchster Stufe in etwa 5 Minuten zu einem glatten Teig verarbeiten. Den Teig zugedeckt so lange an einem warmen Ort stehen lassen, bis er sich sichtbar vergrößert hat.
3. Den Teig leicht mit Mehl bestäuben, aus der Schüssel nehmen und auf einer leicht bemehlten Arbeitsfläche nochmals gut durchkneten. Belegkirschen fein hacken und mit dem Früchte-Mix unterkneten.
4. Den Backofen vorheizen. Den Teig in eine Zopfbackform (gefettet, gemehlt) geben und nochmals zugedeckt so lange an einem warmen Ort

Brioche-Zopf

Gewürz-Fladenbrot

gehen lassen, bis er sich sichtbar vergrößert hat. Die Form auf dem Rost in den vorgeheizten Backofen schieben.
Ober-/Unterhitze: etwa 200 °C
Heißluft: etwa 180 °C
Backzeit: etwa 45 Minuten.
5. Den Zopf aus der Form lösen, auf einen mit Backpapier belegten Kuchenrost stürzen und erkalten lassen.

Tipp: Evtl. Teigoberfläche während des Backens mit einem doppelt gefalteten Bogen Backpapier zudecken, damit sie nicht zu dunkel wird.

Gut vorzubereiten

Gewürz-Fladenbrot

Zubereitungszeit: 45 Minuten, ohne Teiggehzeit
Backzeit: etwa 20 Minuten je Backblech

Für den Hefeteig:
150 ml Buttermilch
450 g Vollkorn-Weizenmehl
150 g Roggenschrot
1 Pck. (42 g) frische Hefe
1 TL Zucker
200 ml warmes Wasser
1 gestr. TL Salz
je 1/2 gestr. TL geriebene Muskatnuss und gemahlene Nelken
2 gestr. TL gemahlener Koriander

Zum Bestäuben:
etwas Vollkorn-Weizenmehl

Insgesamt:
E: 83 g, F: 17 g, Kh: 389 g,
kJ: 8640, kcal: 2064

1. Für den Teig Buttermilch leicht erwärmen. Mehl und Roggenschrot in eine Rührschüssel geben. In die Mitte eine Vertiefung drücken und die Hefe hineinbröckeln. Zucker und etwas Buttermilch hinzufügen, mit einem kleinen Teil des Mehls mit einer Gabel vorsichtig verrühren und dann 5–10 Minuten stehen lassen.
2. Restliche Zutaten hinzufügen und mit Handrührgerät mit Knethaken auf höchster Stufe in etwa 5 Minuten zu einem glatten Teig verarbeiten. Teig mit Vollkorn-Weizenmehl bestäuben und zugedeckt an einem warmen Ort gehen lassen, bis er sich sichtbar vergrößert hat (etwa 30 Minuten).
3. Den gegangenen Teig mit Mehl bestäuben, aus der Schüssel nehmen und auf der bemehlten Arbeitsfläche nochmals gut durchkneten. Teig halbieren und je zu einer Kugel formen. Teigkugeln jeweils zu einer runden Platte (Ø etwa 20 cm) ausrollen und auf Backbleche (mit Backpapier belegt) legen. Die Teigplatten mit einem scharfen Messer rautenförmig einschneiden (nicht drücken).
4. Den Backofen vorheizen. Die Teigplatten nochmals zugedeckt so lange an einem warmen Ort gehen lassen, bis sie sich sichtbar vergrößert haben (etwa 20 Minuten). Die Backbleche nacheinander (bei Heißluft zusammen) in den vorgeheizten Backofen schieben.
Ober-/Unterhitze: etwa 200 °C
Heißluft: etwa 180 °C
Backzeit: etwa 20 Minuten je Backblech.
5. Die Fladenbrote vom Backpapier nehmen und auf einem Kuchenrost erkalten lassen.

Einfache Brotfladen

Fladenbrot, einfach

Preiswert

Einfache Brotfladen

Zubereitungszeit: 35 Minuten, ohne Teiggehzeit
Backzeit: 15–20 Minuten je Backblech

Für den Hefeteig:
125 ml (1/8 l) Milch
100 g Butter, 500 g Weizenmehl
30 g frische Hefe, 1 Prise Zucker
2 Eier (Größe M)
1 geh. TL Salz
2–3 EL Olivenöl

Zum Bestäuben:
etwas Weizenmehl

Zum Bestreichen und Bestreuen:
2 Eigelb (Größe M)
4 EL Wasser
1 EL Kümmelsamen
1 EL grobes Salz
1 EL Koriandersamen

Insgesamt:
E: 85 g, F: 146 g, Kh: 390 g,
kJ: 13585, kcal: 3248

1. Für den Teig Milch in einem Topf leicht erwärmen. Butter darin zerlassen. Mehl in eine Rührschüssel geben. In die Mitte eine Vertiefung drücken, die Hefe hineinbröckeln. Zucker und etwas von der warmen Milch-Fett-Mischung hinzufügen, mit einem kleinen Teil des Mehls mit einer Gabel vorsichtig verrühren und 10–15 Minuten stehen lassen.

2. Eier, Salz, Olivenöl und restliche Milch-Fett-Mischung hinzufügen. Die Zutaten mit Handrührgerät mit Knethaken zunächst kurz auf niedrigster, dann auf höchster Stufe in etwa 5 Minuten zu einem glatten Teig verarbeiten. Den Teig mit Mehl bestäuben und zugedeckt so lange an einem warmen Ort gehen lassen, bis er sich sichtbar vergrößert hat (etwa 30 Minuten).

3. Den gegangenen Teig leicht mit Mehl bestäuben, aus der Schüssel nehmen, auf der bemehlten Arbeitsfläche nochmals gut durchkneten und nochmals zugedeckt an einem warmen Ort gehen lassen, bis er sich sichtbar vergrößert hat (etwa 30 Minuten).

4. Aus dem Teig kleine Kugeln formen und jeweils auf der bemehlten Arbeitsfläche zu Fladen ausrollen. Auf Backbleche (mit Backpapier belegt) legen. Den Backofen vorheizen.

5. Zum Bestreichen und Bestreuen Eigelb mit Wasser verschlagen. Die Teigfladen damit bestreichen und mit Kümmel, Salz und Koriander bestreuen. Die Teigfladen zugedeckt nochmals etwa 10 Minuten gehen lassen. Die Backbleche nacheinander (bei Heißluft zusammen) in den vorgeheizten Backofen schieben.
Ober-/Unterhitze: etwa 180 °C
Heißluft: etwa 160 °C
Backzeit: 15–20 Minuten je Backblech.

6. Die Brotfladen vom Backpapier nehmen und auf einem Kuchenrost erkalten lassen. Lauwarm oder kalt servieren.

Klassisch

Fladenbrot, einfach

Zubereitungszeit: 30 Minuten, ohne Teiggehzeit
Backzeit: etwa 15 Minuten

Für den Hefeteig:
150 g Joghurt
200 ml Milch
450 g Weizenmehl (Type 405)
300 g Weizenmehl (Type 1050)
3 gestr. TL Dr. Oetker Backin
1 Pck. Dr. Oetker Trockenbackhefe
1 gestr. TL Salz, 1 gestr. TL Zucker
50 g weiche Butter
2 Eier (Größe M)

Zum Bestäuben:
etwas Weizenmehl

Zum Bestreichen und nach Belieben zum Bestreuen:
1–2 EL Butter
Sesamsamen
Koriandersamen
Mohnsamen
Kümmelsamen

Insgesamt:
E: 109 g, F: 99 g, Kh: 565 g,
kJ: 15378, kcal: 3676

1. Für den Teig Joghurt und Milch leicht erwärmen. Beide Mehlsorten in einer Rührschüssel mit Backpulver, Trockenbackhefe, Salz und Zucker sorgfältig vermischen. Butter, Eier und die warme Joghurt-Milch-Flüssigkeit hinzufügen.

2. Die Zutaten mit Handrührgerät mit Knethaken zunächst kurz auf niedrigster, dann auf höchster Stufe in etwa 5 Minuten zu einem glatten Teig verarbeiten. Den Teig mit Mehl bestäuben und zugedeckt so lange an einem warmen Ort gehen lassen, bis er sich sichtbar vergrößert hat (etwa 30 Minuten).
3. Den gegangenen Teig leicht mit Mehl bestäuben, aus der Schüssel nehmen und auf der bemehlten Arbeitsfläche nochmals gut durchkneten. Den Teig zu einem ovalen Fladen (etwa 25 x 30 cm, 2 cm dick) ausrollen.
4. Den Teigfladen auf ein Backblech (mit Backpapier belegt) legen und mit einer Gabel mehrfach einstechen. Zum Bestreichen und Bestreuen Butter zerlassen. Den Fladen damit bestreichen und nach Belieben mit Sesam, Koriander, Mohn und Kümmel bestreuen.
5. Den Backofen vorheizen. Den Teigfladen nochmals zugedeckt so lange an einem warmen Ort gehen lassen, bis er sich sichtbar vergrößert hat (etwa 20 Minuten). Das Backblech in den vorgeheizten Backofen schieben.
Ober-/Unterhitze: etwa 220 °C
Heißluft: etwa 200 °C
Backzeit: etwa 15 Minuten.
6. Das Fladenbrot vom Backpapier nehmen und auf einen Kuchenrost legen. Fladenbrot erkalten lassen oder noch warm servieren.

Für Gäste

Pizzabrote (Foccacia)

Zubereitungszeit: 40 Minuten, ohne Teiggehzeit
Backzeit: 15–20 Minuten je Backblech

Für den Hefeteig:
500 g Weizenmehl
1/2 Pck. (21 g) frische Hefe
250 ml (1/4 l) lauwarmes Wasser
1 gestr. TL Salz
30 g Butter oder Margarine

Zum Bestäuben, Bestreichen und Bestreuen:
etwas Weizenmehl
3 EL Olivenöl
gerebelter Oregano
getrockneter Thymian

Insgesamt:
E: 56 g, F: 66 g, Kh: 365 g,
kJ: 10032, kcal: 2397

1. Für den Teig Mehl in eine Rührschüssel geben und in die Mitte eine Vertiefung drücken. Hefe hineinbröckeln und etwas Wasser hinzufügen. Alles mit einer Gabel vorsichtig verrühren und etwa 10 Minuten stehen lassen.
2. Salz, Butter oder Margarine und restliches Wasser hinzufügen. Die Zutaten mit Handrührgerät mit Knethaken zunächst auf niedrigster, dann auf höchster Stufe in etwa 5 Minuten zu einem glatten Teig verarbeiten. Teig zugedeckt so lange an einem warmen Ort gehen lassen, bis er sich sichtbar vergrößert hat.
3. Den Teig mit Mehl bestäuben, aus der Schüssel nehmen und auf der bemehlten Arbeitsfläche nochmals gut durchkneten. Teig in 12 Stücke teilen und diese zu ovalen Fladen ausrollen.
4. Den Backofen vorheizen. Die Fladen auf Backbleche (mit Backpapier belegt) legen. Mit einem Löffelstiel Vertiefungen in die Fladen drücken. Fladen mit Olivenöl bestreichen und mit den getrockneten Kräutern bestreuen.
5. Die Backbleche nacheinander (bei Heißluft zusammen) in den vorgeheizten Backofen schieben.
Ober-/Unterhitze: etwa 220 °C
Heißluft: etwa 200 °C
Backzeit: 15–20 Minuten je Backblech.
6. Die Pizzabrote vom Backpapier lösen und auf einem Kuchenrost erkalten lassen.

Pizzabrote (Foccacia)

Vollwertig – schnell zubereitet

Quarkstuten

Zubereitungszeit: 20 Minuten
Backzeit: etwa 40 Minuten

Für den Teig:
500 g Magerquark
1/2 gestr. TL Salz
40 g flüssiger Honig oder Zuckerrübensirup (Rübenkraut)
2 Eier (Größe M)
350 g Weizen-Vollkornmehl
150 g Weizenmehl
1 Pck. und 2 gestr. TL Dr. Oetker Backin

Insgesamt:
E: 138 g, F: 28 g, Kh: 374 g,
kJ: 9723, kcal: 2321

1. Den Backofen vorheizen. Für den Teig Quark in eine Rührschüssel geben und mit Salz, Honig oder Zuckerrübensirup und Eiern geschmeidig rühren. Vollkorn-Weizenmehl mit Weizenmehl und Backpulver mischen und hinzufügen. Die Zutaten mit Handrührgerät mit Knethaken zunächst kurz auf niedrigster, dann auf höchster Stufe gut durcharbeiten.
2. Den Teig auf einer leicht bemehlten Arbeitsfläche zu einem glatten Teig verkneten, zu einer Rolle formen und in eine Kastenform (25 x 11 cm, gefettet, gemehlt) geben. Die Form auf dem Rost in den vorgeheizten Backofen schieben.
Ober-/Unterhitze: etwa 180 °C
Heißluft: etwa 160 °C
Backzeit: etwa 40 Minuten.
3. Den Stuten aus der Form lösen, aus der Form nehmen und auf einem Kuchenrost erkalten lassen.

Gut vorzubereiten

Mandelbrot

Zubereitungszeit: 30 Minuten
Backzeit: etwa 45 Minuten

Für den Quark-Öl-Teig:
300 g Weizenmehl
1 Pck. Dr. Oetker Backin
125 g Magerquark
50 ml Milch, 50 ml Speiseöl
1 Ei (Größe M), 60 g Zucker
1 Pck. Dr. Oetker Vanillin-Zucker
1 Prise Salz

Zum Bestreichen:
Kondensmilch

Für die Füllung:
175 g abgezogene, gemahlene Mandeln
100 g gesiebter Puderzucker
1 Ei (Größe M)
1 TL Rosenwasser
2 Tropfen Bittermandel-Aroma

Zum Bestreuen:
50 g gehackte Haselnusskerne

Insgesamt:
E: 105 g, F: 198 g, Kh: 412 g,
kJ: 16005, kcal: 3821

1. Für den Teig Mehl mit Backpulver in einer Rührschüssel mischen. Quark, Milch, Speiseöl, Ei, Zucker, Vanillin-Zucker und Salz hinzufügen.
2. Die Zutaten mit Handrührgerät mit Knethaken zunächst kurz auf niedrigster, dann auf höchster Stufe in etwa 1 Minute zu einem Teig verarbeiten (nicht zu lange, Teig klebt sonst).
3. Anschließend den Teig auf der leicht bemehlten Arbeitsfläche kurz zu einer Rolle formen. Teig zu einem Rechteck (etwa 30 x 50 cm) ausrollen (die kurze Rechteckseite muss der Länge der Kastenform entsprechen) und dünn mit Kondensmilch bestreichen.
4. Den Backofen vorheizen. Für die Füllung Mandeln mit Puderzucker mischen, Ei, Rosenwasser und Aroma unterrühren. Die Mandelmasse auf dem Teig verteilen und verstreichen. Haselnusskerne daraufstreuen und etwas andrücken.
5. Den Teig von der kurzen Seite aus aufrollen und in eine Kastenform (30 x 11 cm, gefettet, gemehlt) legen. Mit einem scharfen Messer eine Zickzacklinie etwa 1/2 cm tief in die Teigoberfläche schneiden. Anschließend die Kastenform auf dem Rost in den vorgeheizten Backofen schieben.

Quarkstuten

Mandelbrot

Ober-/Unterhitze: etwa 180 °C
Heißluft: etwa 160 °C
Backzeit: etwa 45 Minuten.
6. Das Brot aus der Form lösen und auf einem Kuchenrost erkalten lassen.

Tipp: Überziehen Sie das Brot mit einem Puderzuckerguss. Dafür 100 g Puderzucker mit 1–2 Esslöffeln Rum oder Zitronensaft verrühren, so dass eine dickflüssige Masse entsteht. Das Mandelbrot damit bestreichen und den Guss fest werden lassen.

Irisches Buttermilchbrot

Vollwertig – gut vorzubereiten

Irisches Buttermilchbrot

Zubereitungszeit: 25 Minuten, ohne Teiggehzeit
Backzeit: etwa 40 Minuten

Für den Hefeteig:
350 g Dinkel-Vollkornmehl
100 g Weizen-Vollkornmehl
1 Pck. Dr. Oetker Trockenbackhefe
2 gestr. TL Natron
100 ml Wasser
2 gestr. TL Salz
200 ml Buttermilch
4 EL Obstessig

Zum Bestäuben:
1 EL Weizen-Vollkornmehl

Insgesamt:
E: 74 g, F: 15 g, Kh: 310 g,
kJ: 7014, kcal: 1676

1. Für den Teig beide Mehlsorten mit Hefe in einer Rührschüssel vermischen. Natron und Wasser hinzufügen und gut verrühren. Salz, Buttermilch und Obstessig verrühren und zu dem Mehlgemisch geben.
2. Die Zutaten mit Handrührgerät mit Knethaken zunächst kurz auf niedrigster, dann auf höchster Stufe in etwa 5 Minuten gut durcharbeiten. Den Teig zugedeckt so lange an einem warmen Ort gehen lassen, bis er sich sichtbar vergrößert hat.
3. Den Teig mit Mehl bestäuben, aus der Schüssel nehmen und auf der leicht bemehlten Arbeitsfläche nochmals gut durchkneten. Den Backofen vorheizen. Den Teig in eine kleine Springform (Ø 18–20 cm, Boden gefettet) legen, flach drücken und nochmals zugedeckt 15 Minuten gehen lassen.
4. Die Teigoberfläche mit einem Messer rautenförmig einschneiden und mit Mehl bestäuben. Die Form auf dem Rost in den vorgeheizten Backofen schieben.
Ober-/Unterhitze: etwa 200 °C
Heißluft: etwa 180 °C
Backzeit: etwa 40 Minuten.
5. Das Brot aus der Form lösen, herausnehmen und auf einen Kuchenrost legen. Brot erkalten lassen.

Schnell zubereitet – einfach

Birnen-Walnuss-Brot

Zubereitungszeit: 25 Minuten, ohne Durchzieh- und Abkühlzeit
Backzeit: etwa 60 Minuten

Zum Vorbereiten:
100 g getrocknete Birnen
2 EL Zitronensaft

Für den Schüttelteig:
125 g Butter oder Margarine
250 g Weizenmehl
3 gestr. TL Dr. Oetker Backin
125 g Zucker
1 Msp. Salz
2 Pck. Dr. Oetker Finesse Geriebene Zitronenschale
3 Eier (Größe M)
2 EL Zitronensaft
150 g saure Sahne
150 g gehackte Walnusskerne

Insgesamt:
E: 75 g, F: 235 g, Kh: 393 g,
kJ: 16709, kcal: 3993

1. Zum Vorbereiten Birnen in kleine Stücke schneiden, mit Zitronensaft beträufeln und etwas durchziehen lassen.
2. Für den Teig Butter oder Margarine zerlassen und abkühlen lassen. Den Backofen vorheizen. Mehl mit Backpulver in eine verschließbare Schüssel (etwa 3 l) geben und mit Zucker, Salz und Zitronenschale mischen. Flüssige Butter oder Margarine, Eier, Zitronensaft und Sahne hinzufügen und die Schüssel mit dem Deckel fest verschließen.
3. Schüssel mehrmals (insgesamt 15–30 Sekunden) kräftig schütteln, so dass alle Zutaten gut vermischt sind. Walnusskerne und Birnenstücke hinzugeben und alles mit einem Schneebesen oder Rührlöffel nochmals sorgfältig durchrühren, damit trockene Zutaten vom Rand mit untergerührt werden.
4. Den Teig in eine Kastenform (30 x 11 cm, gefettet, mit Backpapier ausgelegt) geben und verstreichen. Die Form auf dem Rost in den vorgeheizten Backofen schieben.
Ober-/Unterhitze: etwa 180 °C
Heißluft: etwa 160 °C
Backzeit: etwa 60 Minuten.
5. Das Brot evtl. nach 40 Minuten Backzeit mit Backpapier zudecken, damit es nicht zu dunkel wird. Das fertige Brot etwa 10 Minuten in der Form stehen lassen, dann aus der Form nehmen und das Backpapier entfernen. Das Brot auf einem Kuchenrost erkalten lassen.

Birnen-Walnuss-Brot

Klassisch

Ciabatta

Zubereitungszeit: 45 Minuten, ohne Teiggehzeit
Backzeit: 20–25 Minuten je Backblech

Für den Hefeteig:
900 g Weizenmehl (Type 550)
2 Pck. Dr. Oetker Trockenbackhefe
500 ml (1/2 l) lauwarmes Wasser
5 EL (75 ml) Milch
1 EL Olivenöl
1 EL Salz

Zum Bestäuben und Bestreichen:
etwas Weizenmehl
lauwarmes Wasser

Insgesamt:
E: 102 g, F: 23 g, Kh: 672 g,
kJ: 14043, kcal: 3352

1. Für den Teig 500 g von dem Mehl in eine große Rührschüssel geben und sorgfältig mit der Hefe vermischen. Warmes Wasser mit Milch, Öl und Salz hinzufügen. Die Zutaten mit Handrührgerät mit Knethaken zunächst auf niedrigster, dann auf höchster Stufe in etwa 5 Minuten zu einem glatten Teig verarbeiten. Den Teig mit Mehl bestäuben und zugedeckt an einem warmen Ort so lange gehen lassen, bis er sich sichtbar vergrößert hat (etwa 30 Minuten).
2. Restliches Mehl zum Teig geben und mit den Knethaken etwa 3 Minuten unterkneten. Teig zudecken und nochmals so lange gehen lassen, bis

er sich sichtbar vergrößert hat (etwa 30 Minuten).

3. Den Teig und die Arbeitsfläche mit Mehl bestäuben. Den Teig auf die Arbeitsfläche legen und in 4 Teile teilen. Jedes Teigviertel auf ein Stück Backpapier (etwa 16 x 40 cm) legen und mit den Fingern zu einem Fladen (etwa 10 x 25 cm) formen. Die Fladen zugedeckt etwa 90 Minuten gehen lassen. Der Teig geht nur wenig auf.

4. Den Backofen vorheizen. Danach ein Backblech für etwa 5 Minuten zum Erhitzen in den vorgeheizten Backofen schieben.

5. Das heiße Backblech auf einen Kuchenrost legen. 2 Fladen mit dem Backpapier darauflegen. Die Fladen vorsichtig mit Wasser bestreichen und mit etwas Mehl bestäuben. Das Backblech in den vorgeheizten Backofen schieben. Verbliebene Teigfladen bis zum Backen zugedeckt lassen, dann ebenfalls auf ein heißes Backblech legen. (Bei Heißluft 2 Backbleche aufheizen, je 2 Fladen darauflegen, die Backbleche zusammen in den Backofen schieben.)

Ober-/Unterhitze: etwa 220 °C
Heißluft: etwa 200 °C
Backzeit: 20–25 Minuten je Backblech.

6. Die Brote vom Backpapier nehmen und auf einem Kuchenrost erkalten lassen.

Klassisch

Scones

Zubereitungszeit: 20 Minuten
Backzeit: etwa 25 Minuten

Für den Knetteig:
350 g Weizenmehl (Type 550)
4 gestr. TL Dr. Oetker Backin
1 gestr. TL Salz
2 gestr. TL Zucker
200 ml Buttermilch
100 g weiche Butter
oder Margarine

Zum Bestreichen:
1 Eigelb (Größe M)
1 EL Milch

Insgesamt:
E: 45 g, F: 95 g, Kh: 276 g,
kJ: 9062, kcal: 2164

1. Für den Teig Mehl mit Backpulver, Salz und Zucker in einer Rührschüssel mischen. Restliche Zutaten hinzufügen und mit Handrührgerät mit Knethaken in etwa 3 Minuten zu einem glatten Teig verarbeiten.

2. Den Backofen vorheizen. Den Teig auf der bemehlten Arbeitsfläche nochmals kurz durchkneten, zu einem Rechteck (etwa 15 x 20 cm) ausrollen und in 12 Quadrate (jeweils etwa 5 x 5 cm) schneiden. Teigquadrate auf ein Backblech (mit Backpapier belegt) legen.

3. Zum Bestreichen Eigelb und Milch verschlagen. Teigquadrate damit bestreichen. Das Backblech in den vorgeheizten Backofen schieben.

Ober-/Unterhitze: etwa 180 °C
Heißluft: etwa 160 °C
Backzeit: etwa 25 Minuten.

4. Scones vom Backpapier nehmen und auf einem Kuchenrost erkalten lassen.

Ciabatta

Scones

Beliebt – dauert länger

Croissants

Zubereitungszeit: 60 Minuten, ohne Teiggeh- und Kühlzeit
Backzeit: 15–20 Minuten

Für den Plunderteig:
250 ml (1/4 l) Milch
500 g Weizenmehl
1 Pck. (42 g) frische Hefe
30 g Zucker
1 Prise Salz
2 Eier (Größe M)
25 g weiche Butter

Zum Bestäuben:
etwas Weizenmehl

Zum Belegen und Bestreichen:
250 g kalte Butter, in Scheiben
3 EL Kondensmilch

Insgesamt:
E: 88 g, F: 259 g, Kh: 409 g,
kJ: 18043, kcal: 4309

1. Für den Teig Milch leicht erwärmen. Mehl in eine Rührschüssel geben und in die Mitte eine Vertiefung drücken. Hefe hineinbröckeln, etwas Zucker und etwas von der Milch hinzufügen. Mit einer Gabel die Zutaten in der Vertiefung vorsichtig verrühren und etwa 10 Minuten stehen lassen.
2. Salz, Eier, restlichen Zucker, Butter und restliche warme Milch hinzufügen. Die Zutaten mit Handrührgerät mit Knethaken zunächst kurz auf niedrigster, dann auf höchster Stufe in etwa 5 Minuten zu einem glatten Teig verarbeiten. Den Teig zugedeckt so lange an einem warmen Ort stehen lassen, bis er sich sichtbar vergrößert hat.
3. Den Teig leicht mit Mehl bestäuben, aus der Schüssel nehmen, auf einer leicht bemehlten Arbeitsfläche nochmals gut durchkneten und zu einem Rechteck (etwa 20 x 35 cm) ausrollen.
4. Die Hälfte des Teiges mit den kalten Butterscheiben belegen. Die nicht belegte Teighälfte darüberklappen, leicht mit eine Teigrolle andrücken und zu einem Rechteck (etwa 30 x 40 cm) ausrollen.
5. Teigrechteck von der schmalen Seite aus zweimal übereinanderschlagen, so dass 3 Teigschichten entstehen und etwa 15 Minuten in den Kühlschrank legen. Diesen Vorgang noch 2–3-mal wiederholen. Den Teig dazu zur offenen Seite hin ausrollen. Teig zwischendurch immer wieder etwa 15 Minuten ruhen lassen.
6. Anschließend den Teig zu einem Rechteck (etwa 40 x 50 cm) ausrollen und der Länge nach halbieren, so dass 2 Teigstreifen von etwa 20 x 50 cm Länge entstehen.
7. Jeden Teigstreifen mit Hilfe eines Lineals und Messers in 6 Dreiecke schneiden, von der breiten Seite aus aufrollen und die Seiten etwas nach innen biegen, so dass Hörnchen entstehen.
8. Den Backofen vorheizen. Teigcroissants mit etwas Abstand auf ein Backblech (mit Backpapier belegt) legen und zugedeckt nochmals so lange an einem warmen Ort gehen lassen, bis sie sich sichtbar vergrößert haben.
9. Gebäck mit Kondensmilch bestreichen. Anschließend das Backblech in den vorgeheizten Backofen schieben und goldgelb backen.
Ober-/Unterhitze: etwa 200 °C
Heißluft: etwa 180 °C
Backzeit: 15–20 Minuten.

Croissants

Etwas aufwändiger

Rollenbrötchen

Zubereitungszeit: 60 Minuten, ohne Teiggeh- und Kühlzeit
Backzeit: 25–30 Minuten

Für den Hefeteig:
370 g Weizenmehl (Type 550)
1 Pck. Dr. Oetker Trockenbackhefe
1 TL Zucker
1 gestr. TL Salz
200 ml lauwarmes Wasser
50 g weiche Butter oder Margarine

Für die Füllung:
200 g kalte Butter
50 g Weizenmehl (Type 550)
4 TL Schwarzkümmelsamen (Reformhaus)
2 gestr. TL Paprikapulver edelsüß
1/2 gestr. TL Paprikapulver rosenscharf

Zum Bestäuben:
etwas Weizenmehl

Insgesamt:
E: 52 g, F: 214 g, Kh: 327 g,
kJ: 14367, kcal: 3431

Rollenbrötchen

1. Für den Teig Mehl in eine Rührschüssel geben und sorgfältig mit Trockenbackhefe vermischen. Zucker, Salz, Wasser und Butter oder Margarine hinzufügen.
2. Die Zutaten mit Handrührgerät mit Knethaken zunächst kurz auf niedrigster, dann auf höchster Stufe in etwa 5 Minuten zu einem glatten Teig verarbeiten. Den Teig zugedeckt so lange an einem warmen Ort stehen lassen, bis er sich sichtbar vergrößert hat.
3. Für die Füllung Butter mit Mehl, Kümmel und beiden Paprikasorten auf einer bemehlten Arbeitsfläche verkneten, zu einem Rechteck (etwa 18 x 15 cm) ausrollen und kalt stellen.
4. Den gegangenen Teig leicht mit Mehl bestäuben, aus der Schüssel nehmen, auf der leicht bemehlten Arbeitsfläche nochmals gut durchkneten und zu einem Rechteck (etwa 38 x 16 cm) ausrollen.
5. Die Butterplatte in die Mitte des Teigrechtecks legen. Teigränder darüberschlagen, andrücken und alles wieder zu einem Rechteck (etwa 38 x 16 cm) ausrollen. Die beiden kurzen Seiten bis zur Teigmitte legen, so dass 3 Schichten übereinanderliegen. Anschließend alles wieder zu einem Rechteck (etwa 38 x 16 cm) ausrollen. Die kurzen Seiten wieder bis zur Teigmitte legen und zugedeckt etwa 15 Minuten kalt stellen.
6. Den kalt gestellten Teig zu einem Rechteck (etwa 40 x 20 cm) ausrollen und von der langen Seite aus aufrollen. Teigrolle in 8 gleich große Stücke schneiden. Jedes Teigstück in der Mitte mit einem Kochlöffelstiel leicht eindrücken, so dass die Schnittkanten etwas auffächern.
7. Teigbrötchen auf ein Backblech (mit Backpapier belegt) setzen, zudecken und an einem warmen Ort etwa 20 Minuten gehen lassen. Inzwischen den Backofen vorheizen. Dann das Backblech in den vorgeheizten Backofen schieben.
Ober-/Unterhitze: etwa 200 °C
Heißluft: etwa 180 °C
Backzeit: 25–30 Minuten.
8. Die Brötchen mit dem Backpapier vom Backblech auf einen Kuchenrost ziehen. Brötchen erkalten lassen.

Raffiniert

Apfel-Schmand-Brötchen

Zubereitungszeit: 35 Minuten
Backzeit: etwa 25 Minuten

Für den Teig:
250 g säuerliche Äpfel
1 EL Zitronensaft
300 g Weizenmehl (Type 550)
3 gestr. TL Dr. Oetker Backin
1/2 gestr. TL Salz
3 gestr. TL Zucker
200 g gekühlter Schmand (Sauerrahm)
70 g weiche Butter oder Margarine

Zum Bestreichen und Bestreuen:
1 Eigelb (Größe M)
1 EL Milch
30 g abgezogene, gestiftelte Mandeln

Apfel-Schmand-Brötchen / Erdnuss-Käse-Brötchen

Insgesamt:
E: 46 g, F: 133 g, Kh: 272 g,
kJ: 10438, kcal: 2493

1. Für den Teig Äpfel abwaschen, abtrocknen, in kleine Würfel schneiden und mit Zitronensaft mischen.
2. Das Mehl mit Backpulver, Salz und Zucker in einer Rührschüssel mischen. Schmand, Butter oder Margarine und Apfelwürfel hinzufügen. Zutaten mit Handrührgerät mit Knethaken kurz auf niedrigster, dann auf höchster Stufe in etwa 2 Minuten zu einem glatten Teig verarbeiten. Den Backofen vorheizen.
3. Den Teig auf der leicht bemehlten Arbeitsfläche nochmals kurz durchkneten und zu einer Rolle (etwa 36 cm lang) formen. Teigrolle danach in 12 Scheiben schneiden und etwas länglich auf Backblech (mit Backpapier belegt) legen.
4. Eigelb und Milch verschlagen. Die Teigscheiben damit bestreichen und mit Mandeln bestreuen. Das Backblech in den vorgeheizten Backofen schieben.
Ober-/Unterhitze: etwa 200 °C
Heißluft: etwa 180 °C
Backzeit: etwa 25 Minuten.
5. Die Brötchen vom Backpapier nehmen und auf einem Kuchenrost erkalten lassen.

Raffiniert

Erdnuss-Käse-Brötchen

Zubereitungszeit: 35 Minuten
Backzeit: etwa 30 Minuten

Für den Knetteig:
300 g Weizenmehl
50 g Speisestärke
4 gestr. TL Dr. Oetker Backin
1 gestr. TL Salz
150 g Joghurt
50 ml Speiseöl, 2 Eier (Größe M)
4 Frühlingszwiebeln
100 g gehackte, ungesalzene Erdnusskerne
100 g geraspelter Käse

Insgesamt:
E: 101 g, F: 148 g, Kh: 291 g,
kJ: 12263, kcal: 2931

1. Für den Teig Mehl mit Speisestärke, Backpulver und Salz mischen, in eine Rührschüssel sieben. Joghurt, Öl und Eier hinzufügen und mit Handrührgerät mit Knethaken auf höchster Stufe zu einem glatten Teig verarbeiten.
2. Frühlingszwiebeln putzen, waschen, trocken tupfen und in kleine Stücke schneiden. Mit den Erdnusskernen und Käseraspeln kurz unterkneten.
3. Den Backofen vorheizen. Den Teig zu einer Rolle formen, in 12 Portionen teilen und zu runden Brötchen formen. Brötchen leicht flach drücken, auf ein Backblech (mit Backpapier belegt) legen und das Backblech in den vorgeheizten Backofen schieben.
Ober-/Unterhitze: etwa 180 °C
Heißluft: etwa 160 °C
Backzeit: etwa 30 Minuten.
4. Die Brötchen vom Backpapier nehmen und auf einem Kuchenrost abkühlen lassen, lauwarm oder kalt servieren.

Gut vorzubereiten

Haferflockenstangen mit Joghurt

Zubereitungszeit: 50 Minuten, ohne Teiggehzeit
Backzeit: etwa 30 Minuten

Für den Hefeteig:
450 g Weizenmehl (Type 550)
1 Pck. (42 g) frische Hefe
1 TL Zucker
200 ml lauwarmes Wasser
2 gestr. TL Salz, 150 g Joghurt
150 g kernige Haferflocken

Zum Bestäuben:
etwas Weizenmehl (Type 550)

Zum Bestreichen und Bestreuen:
etwas Wasser
2 EL kernige Haferflocken
oder Sonnenblumenkerne
oder Kürbiskerne

Insgesamt:
E: 85 g, F: 24 g, Kh: 435 g,
kJ: 9594, kcal: 2286

1. Für den Teig Mehl in eine Rührschüssel geben. In die Mitte eine Vertiefung drücken. Hefe hineinbröckeln und Zucker und etwas Wasser hinzufügen. Die Zutaten vorsichtig mit einer Gabel verrühren und etwa 10 Minuten stehen lassen.
2. Salz, Joghurt und restliches Wasser hinzufügen. Die Zutaten mit Handrührgerät mit Knethaken zunächst kurz auf niedrigster, dann auf höchster Stufe in etwa 5 Minuten zu einem Teig verarbeiten. Haferflocken unterkneten. Den Teig zugedeckt so lange an einem warmen Ort stehen lassen, bis er sich sichtbar vergrößert hat.
3. Den Teig leicht mit Mehl bestäuben, aus der Schüssel nehmen und auf der leicht bemehlten Arbeitsfläche nochmals gut durchkneten. Aus dem Teig 3 Stangen (je etwa 35 cm Länge) formen und auf ein Backblech (mit Backpapier belegt) legen.
4. Den Backofen vorheizen. Teigstangen nochmals so lange an einem warmen Ort gehen lassen, bis sie sich sichtbar vergrößert haben. Teigstangen mehrmals mit einem scharfen Messer einritzen, mit Wasser bestreichen und mit Haferflocken, Sonnenblumen- oder Kürbiskernen bestreuen. Danach das Backblech in den vorgeheizten Backofen schieben.

Ober-/Unterhitze: etwa 200 °C
Heißluft: etwa 180 °C
Backzeit: etwa 30 Minuten.

Tipp: Der Teig kann auch mit 2 Päckchen Trockenbackhefe zubereitet werden. Es können auch 8 Stangen von etwa 12 cm Länge geformt und gebacken werden. Sie eignen sich, mit Tomaten, Wurst und Käse belegt, gut als herzhafte Snacks mit Salat.

Haferflockenstangen mit Joghurt

Indisch

Naan-Brote

Zubereitungszeit: 45 Minuten, ohne Teiggehzeit
Backzeit: 12–15 Minuten je Backblech

Für den Hefeteig:
450 g Weizenmehl, 1 gestr. TL Salz
1/2 gestr. TL Dr. Oetker Backin
1 Pck. Dr. Oetker Trockenbackhefe
150 g Joghurt
125 ml (1/8 l) lauwarmes Wasser
3 EL Milch, 2 EL Speiseöl

Zum Bestäuben:
etwas Weizenmehl

Insgesamt:
E: 57 g, F: 30 g, Kh: 357 g,
kJ: 8277, kcal: 1979

1. Für den Teig Mehl mit Salz, Backpulver und Hefe in einer Rührschüssel sorgfältig vermischen. Restliche Zutaten hinzufügen. Die Zutaten mit Handrührgerät mit Knethaken zunächst kurz auf niedrigster, dann auf höchster Stufe in etwa 5 Minuten zu einem glatten Teig verarbeiten.

2. Den Teig mit Mehl bestäuben und zugedeckt so lange an einem warmen Ort gehen lassen, bis er sich sichtbar vergrößert hat (etwa 45 Minuten).

3. Den gegangenen Teig leicht mit Mehl bestäuben, aus der Schüssel nehmen, auf der bemehlten Arbeitsfläche nochmals gut durchkneten und zu einer Rolle formen. Teigrolle in 6 gleich große Portionen teilen.

4. Die Teigportionen jeweils mit den Händen zu runden, unregelmäßigen Fladen (Ø 12–14 cm) ausziehen und mit der Teigrolle glattrollen. Die Teigfladen auf Backblechen (mit Backpapier belegt) verteilen, mit Mehl bestäuben und zugedeckt so lange an einem warmen Ort gehen lassen, bis sie sich sichtbar vergrößert haben (etwa 30 Minuten). Nach etwa 20 Minuten Teiggehzeit den Backofen vorheizen.

5. Die Backbleche nacheinander (bei Heißluft zusammen) in den vorgeheizten Backofen schieben.
Ober-/Unterhitze: etwa 220 °C
Heißluft: etwa 200 °C
Backzeit: 12–15 Minuten je Backblech.

6. Die Brote vom Backpapier lösen und heiß servieren oder auf einem Kuchenrost erkalten lassen.

Beliebt

Fladenbrot mit Kräutern

Zubereitungszeit: 30 Minuten, ohne Teiggehzeit
Backzeit: 15–20 Minuten je Backblech

Für den Hefeteig:
250 g Weizenmehl (Type 550)
1 Pck. Dr. Oetker Trockenbackhefe
1 gestr. TL Salz
1–2 TL getrocknete Kräuter der Provence
125 ml (1/8 l) warmes Wasser
1 TL flüssiger Honig
6 EL Olivenöl

Zum Bestäuben und Bestreichen:
etwas Weizenmehl, 2 EL Olivenöl

Insgesamt:
E: 31 g, F: 71 g, Kh: 205 g,
kJ: 6661, kcal: 1590

1. Für den Teig Mehl in eine Rührschüssel geben und mit der Hefe sorgfältig vermischen. Salz, Kräuter der Provence, warmes Wasser, Honig

Naan-Brote

Fladenbrot mit Kräutern

und Olivenöl hinzufügen. Die Zutaten mit Handrührgerät mit Knethaken zunächst auf niedrigster, dann auf höchster Stufe in etwa 5 Minuten zu einem glatten Teig verarbeiten. Den Teig mit Mehl bestäuben und zugedeckt an einem warmen Ort so lange gehen lassen, bis er sich sichtbar vergrößert hat (etwa 30 Minuten).

2. Den Teig und die Arbeitsfläche mit Mehl bestäuben, den Teig auf der Arbeitsfläche nochmals gut verkneten und halbieren. Jede Teighälfte zu einem Oval (etwa 15 x 25 cm) ausrollen. Die Ovale auf Backbleche (mit Backpapier belegt) legen und zugedeckt so lange an einem warmen Ort gehen lassen, bis sie sich sichtbar vergrößert haben (etwa 15 Minuten). Den Backofen vorheizen.

3. Mit den Fingern Vertiefungen in den Teig drücken. Den Teig mit Olivenöl bestreichen. Die Backbleche nacheinander (bei Heißluft zusammen) in den vorgeheizten Backofen schieben.
Ober-/Unterhitze: etwa 220 °C
Heißluft: etwa 200 °C
Backzeit: 15–20 Minuten je Backblech.

4. Die Fladenbrote vom Backpapier nehmen und auf einem Kuchenrost erkalten lassen.

Einfach

Schnelle Brötchen

Zubereitungszeit: 45 Minuten
Backzeit: etwa 20 Minuten

Für den Quark-Öl-Teig:
300 g Weizenmehl
1 Pck. Dr. Oetker Backin
1 Pck. Dr. Oetker Finesse Geriebene Zitronenschale
1 Prise Salz
150 g Magerquark
100 ml Milch
100 ml Speiseöl
80 g Zucker

Zum Bestreichen und Bestreuen:
1 Eigelb (Größe M)
1 EL Wasser oder Milch
100 g Sonnenblumenkerne

Zum Bestäuben:
etwas Mehl

Insgesamt:
E: 84 g, F: 161 g, Kh: 335 g,
kJ: 13125, kcal: 3136

1. Mehl mit Backpulver mischen in einer Rührschüssel mischen. Zitronenschale, Salz, Quark, Milch, Öl und Zucker dazugeben. Die Zutaten zuerst mit Handrührgerät mit Knethaken verarbeiten.

2. Dann den Teig und die Arbeitsfläche mit Mehl bestäuben, den Teig aus der Schüssel nehmen und auf der Arbeitsfläche mit den Händen kurz zu einem glatten Teig verarbeiten. Den Teig zu einer Rolle formen. Den Backofen vorheizen.

3. Die Rolle in 12 Scheiben teilen. Aus jeder Teigscheibe eine Kugel formen. Eigelb mit Wasser oder Milch verquirlen. Die Kugeln auf der Unterseite damit bestreichen und mit der Unterseite in die Sonnenblumenkerne drücken.

4. Die Kugeln mit der Kern-Seite nach unten auf ein Backblech (mit Backpapier belegt) legen, mit dem restlichen verquirlten Ei bestreichen und dann die restlichen Sonnenblumenkerne auf die Kugeln streuen. Das Backblech in den vorgeheizten Backofen schieben.
Ober-/Unterhitze: etwa 200 °C
Heißluft: etwa 180 °C
Backzeit: etwa 20 Minuten.

5. Die Brötchen vom Backpapier lösen und auf einem Kuchenrost erkalten lassen.

Sesamringe

Schwedisches Knäckebrot

Beliebt

Sesamringe

Zubereitungszeit: 40 Minuten, ohne Teiggehzeit
Backzeit: etwa 20 Minuten je Backblech

Für den Hefeteig:
375 g Weizenmehl (Type 550)
1 Pck. Dr. Oetker Trockenbackhefe
1 gestr. TL Salz
250 ml (1/4 l) lauwarmes Wasser
1 TL flüssiger Honig, 4 EL Speiseöl

Zum Bestäuben, Bestreichen und Bestreuen:
etwas Weizenmehl (Type 550)
2 EL Wasser
30 g geschälte Sesamsamen

Insgesamt:
E: 49 g, F: 59 g, Kh: 299 g,
kJ: 8113, kcal: 1937

1. Mehl in eine Rührschüssel geben und sorgfältig mit der Hefe vermischen. Salz, Wasser, Honig und Öl hinzufügen. Die Zutaten mit Handrührgerät mit Knethaken zunächst auf niedrigster, dann auf höchster Stufe in etwa 5 Minuten zu einem glatten Teig verarbeiten.
2. Den Teig mit Mehl bestäuben und zugedeckt an einem warmen Ort so lange gehen lassen, bis er sich sichtbar vergrößert hat (etwa 30 Minuten).
3. Den Teig und die Arbeitsfläche mit Mehl bestäuben, den Teig auf der Arbeitsfläche nochmals gut durchkneten, vierteln und aus jedem Viertel eine Kugel formen.
4. In jede Kugel mit dem Handballen ein Loch drücken. Jeden Teigring von der Mitte aus mit den Händen auseinanderziehen. Durch Drehen des Teiges gleichmäßige Ringe formen (Ø innen etwa 9 cm).
5. Zwei Ringe auf ein Backblech (mit Backpapier belegt) legen. Zugedeckt so lange an einem warmen Ort gehen lassen, bis sie sich sichtbar vergrößert haben (etwa 15 Minuten). Inzwischen den Backofen vorheizen.
6. Ringe mit Wasser bestreichen und mit Sesam bestreuen. Die Backbleche nacheinander (bei Heißluft zusammen) in den vorgeheizten Backofen schieben.
Ober-/Unterhitze: etwa 200 °C
Heißluft: etwa 180 °C
Backzeit: etwa 20 Minuten je Backblech.
7. Die Sesamringe vom Backpapier nehmen und auf einem Kuchenrost erkalten lassen.

Raffiniert – vollwertig

Schwedisches Knäckebrot

Zubereitungszeit: 30 Minuten, ohne Teiggehzeit
Backzeit: 15–20 Minuten je Backblech

Für den Hefeteig:
125 ml (1/8 l) Milch
50 g Weizenmehl (Type 1050)
200 g Weizenschrot (Type 1700)
200 g Roggenschrot (Type 1800)
1 Pck. Dr. Oetker Trockenbackhefe
1 TL Zucker, 2 gestr. TL Salz
1 gestr. TL Kümmelsamen
100 ml lauwarmes Wasser

Außerdem:
etwas Weizenmehl
75 g Sechskornmischung, grob geschrotet

Insgesamt:
E: 65 g, F: 14 g, Kh: 323 g,
kJ: 7477, kcal: 1786

1. Für den Teig Milch leicht erwärmen. Mehl in eine Rührschüssel geben und sorgfältig mit Weizen- und Roggenschrot und Hefe vermischen. Zucker,

Salz, Kümmel, Milch und Wasser hinzufügen.
2. Die Zutaten mit Handrührgerät mit Knethaken zunächst auf niedrigster, dann auf höchster Stufe in etwa 5 Minuten zu einem glatten Teig verarbeiten. Den Teig zugedeckt an einem warmen Ort so lange gehen lassen, bis er sich sichtbar vergrößert hat.
3. Den Teig leicht mit Mehl bestäuben, aus der Schüssel nehmen, auf einer bemehlten Arbeitsfläche nochmals gut durchkneten. Teig zu einer Rolle formen, in 16 gleich große Stücke teilen und daraus Kugeln rollen.
4. Teigkugeln an einem warmen Ort so lange gehen lassen, bis sie sich sichtbar vergrößert haben. Den Backofen vorheizen.
5. Jede Kugel auf einer mit Sechskornschrot bestreuten Arbeitsfläche zu einem dünnen Fladen ausrollen, dabei immer wieder wenden und wieder Schrot auf die Arbeitsfläche streuen.
6. Zuletzt die Teigfladen mit einer Gabel mehrmals einstechen. Jeweils 4 Fladen auf je ein Backblech (mit Backpapier belegt) legen. Die Backbleche nacheinander (bei Heißluft zusammen) in den vorgeheizten Backofen schieben.
Ober-/Unterhitze: etwa 180 °C
Heißluft: etwa 160 °C
Backzeit: 15–20 Minuten je Backblech.
7. Das Gebäck mit dem Backpapier vom Backblech ziehen und auf einem Kuchenrost erkalten lassen.

Klassisch

Weißbrot

Zubereitungszeit: 30 Minuten, ohne Teiggehzeit
Backzeit: etwa 40 Minuten

Für den Hefeteig:
250 ml (1/4 l) heißes Wasser
100 ml Milch
500 g Weizenmehl (Type 550)
1 Pck. Dr. Oetker Trockenbackhefe
1 TL Zucker
2 gestr. TL Salz

Zum Bestäuben und Bestreichen:
etwas Weizenmehl
etwas Wasser oder Milch

Insgesamt:
E: 59 g, F: 9 g, Kh: 386 g,
kJ: 7954, kcal: 1898

1. Für den Teig Wasser und Milch mischen. Mehl in eine Rührschüssel geben und sorgfältig mit der Hefe vermischen. Zucker, Salz und Wasser-Milch-Gemisch dazugeben. Die Zutaten mit Handrührgerät mit Knethaken zunächst auf niedrigster, dann auf höchster Stufe in etwa 5 Minuten zu einem glatten Teig verarbeiten.
2. Den Teig mit Mehl bestäuben und zugedeckt so lange an einem warmen Ort gehen lassen, bis er sich sichtbar vergrößert hat (etwa 30 Minuten).
3. Den Teig und die Arbeitsfläche mit Mehl bestäuben, den Teig auf der Arbeitsfläche nochmals gut durchkneten und zu einem schmalen Laib (etwa 28 cm Länge) formen. Den Teig in eine Kastenform (30 x 11 cm, gefettet, gemehlt) legen.
4. Den Teig nochmals zugedeckt so lange an einem warmen Ort gehen lassen, bis er sich sichtbar vergrößert hat (etwa 15 Minuten). Inzwischen den Backofen vorheizen.
5. Die Teigoberfläche mit einem scharfen Messer der Länge nach etwa 1 cm tief einschneiden. Den Teig mit Wasser oder Milch bestreichen und die Form auf dem Rost in den vorgeheizten Backofen schieben.
Ober-/Unterhitze: etwa 200 °C
Heißluft: etwa 180 °C
Backzeit: etwa 40 Minuten.
6. Das Brot aus der Form auf einen Kuchenrost stürzen, umdrehen und erkalten lassen.

Für Kinder

Dinkelbrötchen mit Rosinen

Zubereitungszeit: 35 Minuten, ohne Teiggehzeit
Backzeit: etwa 25 Minuten

Für den Hefeteig:
200 ml Wasser
50 g Butter oder Margarine
500 g Dinkel-Vollkornmehl
1 Pck. Dr. Oetker Trockenbackhefe
1 TL Zucker, 1 gestr. TL Salz
250 g Magerquark
4 EL flüssiger Honig
100 g Rosinen

Zum Bestäuben und Bestreichen:
etwas Vollkornmehl
2 EL Wasser oder Milch

Insgesamt:
E: 112 g, F: 53 g, Kh: 474 g,
kJ: 12025, kcal: 2873

1. Wasser leicht erwärmen und Butter oder Margarine darin zerlassen.
2. Mehl in eine Rührschüssel geben und sorgfältig mit der Hefe verrühren. Zucker, Salz, Quark, Honig und die warme Wasser-Fett-Mischung in die Schüssel geben. Die Zutaten mit Handrührgerät mit Knethaken zunächst auf niedrigster, dann auf höchster Stufe in etwa 5 Minuten zu einem glatten Teig verarbeiten. Rosinen kurz unterkneten. Den Teig zugedeckt an einem warmen Ort so lange gehen lassen, bis er sich sichtbar vergrößert hat (etwa 30 Minuten).
3. Den Teig und die Arbeitsfläche mit Mehl bestäuben. Den Teig auf der Arbeitsfläche nochmals gut kneten. Aus dem Teig eine Rolle formen und in 16 Scheiben teilen. Aus dem Scheiben Brötchen formen. Dafür eine Hand kuppelartig über die Teigscheiben legen, die Hand und den Teig darin kreisen lassen, bis aus dem Teig eine Kugel entstanden ist.
4. Den Backofen vorheizen. Teigkugeln auf ein Backblech (mit Backpapier belegt) legen und zugedeckt so lange an einem warmen Ort gehen lassen, bis sie sich sichtbar vergrößert haben (etwa 15 Minuten).
5. Herausstehende Rosinen in den Teig drücken und die Teigstücke mit Wasser oder Milch bestreichen. Das Backblech in den vorgeheizten Backofen schieben.
Ober-/Unterhitze: etwa 200 °C
Heißluft: etwa 180 °C
Backzeit: etwa 25 Minuten.
6. Die Brötchen vom Backpapier nehmen und auf einem Kuchenrost erkalten lassen.

Dinkelbrötchen mit Rosinen

Dauert länger

Zweierlei Hafer-Weizen-Brötchen

Zubereitungszeit: 45 Minuten, ohne Teiggehzeit
Backzeit (Mohn-Sesam-Brötchen): 25–30 Minuten
Backzeit (Früchtebrötchen): 30–35 Minuten

Für den Hefeteig:
350 g Weizen-Vollkornmehl
1 Pck. Dr. Oetker Trockenbackhefe
1 gestr. TL Meersalz
1 TL flüssiger Honig
375 ml (3/8 l) lauwarmes Wasser
100 g Haferflocken
1/2 TL Anissamen
1 gestr. TL Koriandersamen
150 g gewürfelte Trockenfrüchte (z. B. Pflaumen, Aprikosen, Birnen, Apfelringe, Korinthen, Weinbeeren)
50 g gehackte Walnuss- oder Haselnusskerne
2 EL Wasser

Zum Bestäuben und Bestreuen:
etwas Weizenmehl
kernige, grobe Haferflocken
Mohnsamen
geschälte Sesamsamen

Insgesamt:
E: 91 g, F: 73 g, Kh: 441 g,
kJ: 11773, kcal: 2813

1. Für den Teig Vollkornmehl in eine Rührschüssel geben, mit Trockenbackhefe sorgfältig vermischen. Salz, Honig und Wasser hinzufügen, mit Handrührgerät mit Knethaken auf höchster Stufe in etwa 5 Minuten zu einem glatten Teig verarbeiten. Haferflocken und Samen mischen und unterkneten.
2. Den Teig halbieren. Unter eine Teighälfte die gewürfelten Trockenfrüchte, gehackten Nusskerne und Wasser kneten. Beide Teige mit Mehl bestäuben und zugedeckt an einem

warmen Ort gehen lassen, bis sie sich sichtbar vergrößert haben (etwa 30 Minuten).

3. Beide Teige leicht mit Mehl bestäuben, aus der Schüssel nehmen, getrennt auf der bemehlten Arbeitsfläche nochmals gut durchkneten. Aus dem Früchteteig 12 Brötchen, aus dem restlichen Teig 8 Brötchen formen. Teigbrötchen mit der Oberfläche in Wasser tauchen.

4. Früchtebrötchen mit der Oberfläche in Haferflocken drücken, auf ein Backblech (mit Backpapier belegt) legen.

5. Mohn- und Sesamsamen mischen. Oberfläche der restlichen Brötchen mit der Mohn-Sesam-Mischung bestreuen, auf ein zweites Backblech (mit Backpapier belegt) legen. Den Backofen vorheizen. Teigbrötchen nochmals zugedeckt so lange an einem warmen Ort gehen lassen, bis sie sich sichtbar vergrößert haben (etwa 20 Minuten).

6. Teigbrötchen auf der Oberfläche längs einschneiden und mit Wasser bestreichen. Backbleche nacheinander (bei Heißluft zusammen) in den vorgeheizten Backofen schieben.
Ober-/Unterhitze: etwa 200 °C
Heißluft: etwa 180 °C
Backzeit (Mohn-Sesam-Brötchen): 25–30 Minuten;
Backzeit (Früchtebrötchen): 30–35 Minuten.

7. Brötchen vom Backpapier nehmen, auf Kuchenrosten erkalten lassen.

Zweierlei Hafer-Weizen-Brötchen / Buttermilchbrötchen

Vollwertig

Buttermilchbrötchen

Zubereitungszeit: 40 Minuten, ohne Teiggehzeit
Backzeit: 30–35 Minuten

Für den Hefeteig:
500 ml (1/2 l) Buttermilch
250 g Vollkorn-Weizenmehl
250 g grob gemahlener Weizen
250 g mittelfein gemahlene Gerste
2 EL flüssiger Honig
1 Pck. Dr. Oetker Trockenbackhefe
150 g Natursauerteig (Reformhaus)
1 gestr. TL Meersalz
3 Eier (Größe M), 2 EL Speiseöl
4 EL fein gemahlene Hirse
4 EL Roggenmehl (Type 1150)

Zum Bestäuben und Bestreichen:
etwas Weizenmehl
2 Eigelb (Größe M)
1 EL Wasser

Insgesamt:
E: 148 g, F: 63 g, Kh: 680 g,
kJ: 16482, kcal: 3933

1. Für den Teig Buttermilch leicht erwärmen. Mehl mit Weizen und Gerste in eine Rührschüssel geben und dann sorgfältig mit Honig und Trockenbackhefe vermischen. Sauerteig, Salz, Eier, Speiseöl und die warme Buttermilch hinzufügen. Die Zutaten mit Handrührgerät mit Knethaken zunächst kurz auf niedrigster, dann auf höchster Stufe in etwa 5 Minuten zu einem glatten Teig verarbeiten.

2. Hirse und Roggenmehl unterkneten. Den Teig mit Mehl bestäuben und zugedeckt so lange an einem warmen Ort gehen lassen, bis er sich sichtbar vergrößert hat (etwa 30 Minuten).

3. Den gegangenen Teig leicht mit Mehl bestäuben, aus der Schüssel nehmen und auf der bemehlten Arbeitsfläche nochmals gut durchkneten. Aus dem Teig 16 runde Brötchen formen und auf ein Backblech (mit Backpapier belegt) legen. Den Backofen vorheizen.

4. Die Teigbrötchen nochmals zugedeckt so lange an einem warmen Ort gehen lassen, bis sie sich sichtbar vergrößert haben (etwa 20 Minuten).

5. Zum Bestreichen Eigelb mit Wasser verschlagen und die Brötchen damit bestreichen. Das Backblech in den vorgeheizten Backofen schieben.
Ober-/Unterhitze: etwa 200 °C
Heißluft: etwa 180 °C
Backzeit: 30–35 Minuten.

6. Die Brötchen vom Backpapier nehmen und auf einem Kuchenrost erkalten lassen.

Butterhörnchen

Brandteigbrötchen

Für Kinder

Butterhörnchen

Zubereitungszeit: 45 Minuten, ohne Teiggehzeit
Backzeit: etwa 25 Minuten

Für den Hefeteig:
175 ml Wasser
70 g weiche Butter oder Margarine
375 g Weizenmehl (Type 550)
1 Pck. Dr. Oetker Trockenbackhefe
1/2 gestr. TL Salz
1 EL flüssiger Honig

Zum Bestreichen und Bestäuben:
50 g Butter oder Margarine
etwas Weizenmehl, 1 Eigelb (Größe M)
1 EL Wasser oder Milch

Insgesamt:
E: 46 g, F: 111 g, Kh: 297 g,
kJ: 10012, kcal: 2391

1. Für den Teig Wasser leicht erwärmen und Butter oder Margarine darin zerlassen. Mehl in eine Rührschüssel geben und sorgfältig mit der Hefe vermischen. Salz, Honig und Wasser-Fett-Gemisch dazugeben.
2. Die Zutaten mit Handrührgerät mit Knethaken zunächst auf niedrigster, dann auf höchster Stufe in etwa 5 Minuten zu einem glatten Teig verarbeiten. Den Teig zugedeckt so lange an einem warmen Ort gehen lassen, bis er sich sichtbar vergrößert hat (etwa 30 Minuten).
3. Zum Bestreichen Butter oder Margarine zerlassen. Den Teig und die Arbeitsfläche mit Mehl bestäuben, den Teig auf der Arbeitsfläche nochmals gut durchkneten und zu einer Rolle formen.
4. Den Teig zu einem Rechteck (etwa 40 x 45 cm) ausrollen und mit einem Messer der Länge nach halbieren. Jede Teighälfte in 5 Dreiecke (je etwa 15 cm Breite) und 2 schmale Dreiecke (jeweils etwa 7,5 cm Breite) schneiden.
5. Dreiecke mit Butter oder Margarine bestreichen und von der kurzen Seite zur Spitze hin locker aufrollen, zu Hörnchen formen und auf ein Backblech (mit Backpapier belegt) legen. Den Backofen vorheizen. Hörnchen zugedeckt nochmals etwa 15 Minuten gehen lassen, bis sie sich sichtbar vergrößert haben.
6. Eigelb mit Wasser oder Milch verquirlen und die Hörnchen damit bestreichen. Das Backblech in den vorgeheizten Backofen schieben.
Ober-/Unterhitze: etwa 200 °C
Heißluft: etwa 180 °C
Backzeit: etwa 25 Minuten.
7. Die Hörnchen vom Backpapier lösen und auf einem Kuchenrost erkalten lassen.

Für Gäste

Brandteigbrötchen

Zubereitungszeit: 30 Minuten
Backzeit: etwa 35 Minuten

Für den Brandteig:
250 ml (1/4 l) Wasser
50 g Butter oder Margarine
125 g Weizen-Vollkornmehl
1/2 gestr. TL Salz
frisch gemahlener Pfeffer
geriebene Muskatnuss
3 Eier (Größe M)
1/2 gestr. TL Dr. Oetker Backin

Insgesamt:
E: 37 g, F: 63 g, Kh: 94 g,
kJ: 4812, kcal: 1150

1. Für den Teig Wasser mit Butter oder Margarine in einem kleinen Topf aufkochen lassen. Topf von der Kochstelle nehmen. Mehl mit Salz, Pfeffer und Muskat mischen und auf einmal in die heiße Flüssigkeit geben. Alles zu einem glatten Teigkloß verrühren, dann etwa 1 Minute

unter ständigem Rühren erhitzen (abbrennen) und in eine Rührschüssel geben.
2. Den Backofen vorheizen. Die Eier nacheinander mit Handrührgerät mit Knethaken auf höchster Stufe unter den Teig arbeiten. Backpulver in den erkalteten Teig arbeiten. Mit 2 Esslöffeln 10–12 Teighäufchen auf ein Backblech (gefettet, gemehlt) setzen. Das Backblech in den vorgeheizten Backofen schieben.
Ober-/Unterhitze: etwa 200 °C
Heißluft: etwa 180 °C
Backzeit: etwa 35 Minuten.
3. Die Brandteigbrötchen auf einem Kuchenrost erkalten lassen.

Abwandlung: Für Käsebrötchen 100 g Gouda-Käse fein würfeln oder grob raspeln und kurz unter den Teig arbeiten.

1. Zum Vorbereiten Leinsamen und Sesamsamen in einer Pfanne ohne Fett leicht rösten und auf einem Teller abkühlen lassen.
2. Für den Teig Weizenmehl mit Dinkelmehl, Hefe, Weizenkeimen, Kleie und Anis in einer Rührschüssel mischen. Salz, Honig und Wasser hinzufügen.
3. Die Zutaten mit Handrührgerät mit Knethaken zunächst auf niedrigster, dann auf höchster Stufe in etwa 5 Minuten zu einem glatten Teig verarbeiten. Die Leinsamen-Sesam-Mischung (2 Esslöffel zum Bestreuen zurücklassen) unterkneten.
4. Den Teig zugedeckt an einem warmen Ort so lange gehen lassen, bis er sich sichtbar vergrößert hat. Den Teig dann auf der bemehlten Arbeitsfläche nochmals gut durchkneten und zu einer Rolle formen.
5. Die Teigrolle in eine Kastenform (30 x 11 cm, gefettet, gemehlt) legen und etwas andrücken. Teig mit Wasser bestreichen und mit der zurückgelassenen Leinsamen-Sesam-Mischung bestreuen. Den Brotteig in der Form zugedeckt nochmals so lange gehen lassen, bis er sich sichtbar vergrößert hat. Den Backofen vorheizen.
6. Die Oberfläche mit einem scharfen Messer längs etwa 1 cm tief einschneiden (nicht drücken). Die Form auf dem Rost in den vorgeheizten Backofen schieben.
Ober-/Unterhitze: etwa 200 °C
Heißluft: etwa 180 °C
Backzeit: etwa 50 Minuten.

Tipp: Während des Backens eine feuerfeste Schale mit Wasser auf den Boden des Backofens stellen, damit die Kruste schön kross wird.

Vollwertig

Leinsamen-Sesam-Brot

Zubereitungszeit: 40 Minuten, ohne Abkühl- und Teiggehzeit
Backzeit: etwa 50 Minuten

Zum Vorbereiten:
50 g Leinsamen
50 g Sesamsamen

Für den Hefeteig:
300 g Weizen-Vollkornmehl
150 g Dinkel-Vollkornmehl
2 Pck. Dr. Oetker Trockenbackhefe
25 g Weizenkeime
25 g Weizenkleie
1 gestr. TL gemahlener Anis
1 gestr. TL Meersalz
1 TL flüssiger Honig
etwa 375 ml (3/8 l) lauwarmes Wasser

Zum Bestreichen:
etwas Wasser

Insgesamt:
E: 89 g, F: 53 g, Kh: 308 g,
kJ: 9166, kcal: 2191

Leinsamen-Sesam-Brot

Raffiniert

Vollkornfladen mit Flocken

Zubereitungszeit: 45 Minuten, ohne Quell-, Abkühl- und Teiggehzeit
Backzeit: etwa 30 Minuten

Zum Vorbereiten:
150 g 4-Korn-Flocken (z. B. Hafer, Gerste, Roggen, Dinkel)
350 ml kochendes Wasser
30 g Leinsamen

Für den Hefeteig:
350 g Dinkel-Vollkornmehl
2 gestr. TL Salz
2 gestr. TL gemahlener Koriander
1 Pck. Dr. Oetker Trockenbackhefe
30 g Zuckerrübensirup (Rübenkraut)

Zum Bestäuben, Bestreichen und Bestreuen:
etwas Dinkel-Vollkornmehl
1 Eiweiß (Größe M)
etwas Wasser, 1 Prise Salz
2 EL 4-Korn-Flocken
2 EL Leinsamen

Insgesamt:
E: 98 g, F: 34 g, Kh: 395 g,
kJ: 9597, kcal: 2284

1. Zum Vorbereiten Flocken in eine Schüssel geben, mit kochendem Wasser übergießen, quellen und leicht abkühlen lassen. Leinsamen evtl. im Zerkleinerer fein hacken.
2. Für den Teig Vollkornmehl, Salz, Koriander, Leinsamen und Trockenbackhefe in einer Rührschüssel sorgfältig vermischen. Sirup und lauwarme Flocken mit der Flüssigkeit hinzufügen. Die Zutaten mit Handrührgerät mit Knethaken zunächst kurz auf niedrigster, dann auf höchster Stufe in etwa 5 Minuten zu einem glatten Teig verarbeiten.
3. Den Teig mit Mehl bestäuben und zugedeckt so lange an einem warmen Ort gehen lassen, bis er sich sichtbar vergrößert hat (etwa 40 Minuten).
4. Den gegangenen Teig leicht mit Mehl bestäuben, aus der Schüssel nehmen, auf der bemehlten Arbeitsfläche nochmals gut durchkneten und zu einer Rolle formen. Die Teigrolle in 8 gleich große Portionen teilen. Die Teigportionen jeweils zu Rollen (etwa 15 cm Länge) formen. Die Teigrollen mit den Händen flach drücken, so dass sie etwa 6 cm breit sind.
5. Den Backofen vorheizen. Die Teigfladen auf ein Backblech (mit Backpapier belegt) legen und nochmals zugedeckt so lange an einem warmen Ort gehen lassen, bis sie sich sichtbar vergrößert haben (etwa 20 Minuten).
6. Die Teigfladen mit einem scharfen Messer in der Mitte quer einschneiden (nicht drücken).
7. Zum Bestreichen Eiweiß mit Wasser und Salz verschlagen und die Teigfladen damit bestreichen. Jeweils eine Hälfte der Teigfladen mit Flocken und die andere Hälfte mit Leinsamen bestreuen. Das Backblech in den vorgeheizten Backofen schieben.
Ober-/Unterhitze: etwa 200 °C
Heißluft: etwa 180 °C
Backzeit: etwa 30 Minuten.
8. Die Fladen vom Backpapier nehmen und auf einem Kuchenrost erkalten lassen.

Für Gäste – vollwertig

Sesamfladen

Zubereitungszeit: 30 Minuten, ohne Abkühl- und Teiggehzeit
Backzeit: etwa 20 Minuten

Für den Hefeteig:
75 g Sesamsamen
300 g mittelfeiner Weizenschrot
1/2 gestr. TL gemahlener Koriander
1 Pck. Dr. Oetker Trockenbackhefe
1 gestr. TL Meersalz
200 ml lauwarmes Wasser

Zum Bestreichen:
1 Eigelb (Größe M)
1 EL Wasser

Insgesamt:
E: 57 g, F: 50 g, Kh: 189 g,
kJ: 6351, kcal: 1518

1. Für den Teig Sesam in einer Pfanne ohne Fett leicht rösten und auf einem Teller abkühlen lassen. Etwas Sesam zum Bestreuen beiseitestellen.
2. Restlichen Sesam sorgfältig mit Weizenschrot, Koriander und Trockenbackhefe vermischen. Salz und Wasser hinzufügen.
3. Die Zutaten mit Handrührgerät mit Knethaken zunächst auf nied-

rigster, dann auf höchster Stufe in etwa 5 Minuten zu einem glatten Teig verarbeiten. Teig zugedeckt so lange an einem warmen Ort stehen lassen, bis er sich sichtbar vergrößert hat.

4. Den Teig auf der bemehlten Arbeitsfläche nochmals gut durchkneten, dann in 6 Stücke schneiden und daraus flache Fladen formen.

5. Zum Bestreichen Eigelb mit Wasser verschlagen, die Teigfladen damit bestreichen und mit dem beiseitegestellten Sesam bestreuen. Den Backofen vorheizen.

6. Die Teigfladen auf ein Backblech (mit Backpapier belegt) legen und nochmals zugedeckt so lange an einem warmen Ort gehen lassen, bis sie sich sichtbar vergrößert haben. Das Backblech in den vorgeheizten Backofen schieben.

Ober-/Unterhitze: etwa 200 °C
Heißluft: etwa 180 °C
Backzeit: etwa 20 Minuten.

7. Die Fladen mit dem Backpapier vom Backblech auf einen Kuchenrost ziehen und erkalten lassen.

Beigabe: Käse, Oliven und Rotwein.

Tipp: Fladen können sehr gut auf Vorrat gebacken und eingefroren werden.

Gut vorzubereiten

Roggenmischbrot mit Sesam

Zubereitungszeit: 30 Minuten, ohne Teiggehzeit
Backzeit: etwa 50 Minuten

Für den Hefeteig:
175 g Roggen-Vollkornschrot
325 g Weizenmehl (Type 550)
1 Pck. Dr. Oetker Trockenbackhefe
1 TL Zucker, 2 gestr. TL Salz
275 ml lauwarmes Wasser
50 ml Speiseöl

Für die Form und zum Bestreuen:
40 g Sesamsamen

Zum Bestäuben und Bestreichen:
etwas Mehl, etwas Wasser

Insgesamt:
E: 118 g, F: 93 g, Kh: 281 g,
kJ: 10794, kcal: 2580

1. Für den Teig Roggen-Vollkornschrot und Mehl in eine Rührschüssel geben und sorgfältig mit der Hefe vermischen. Zucker, Salz, Wasser und Öl hinzufügen. Die Zutaten mit Handrührgerät mit Knethaken zunächst auf niedrigster, dann auf höchster Stufe in etwa 5 Minuten zu einem glatten Teig verarbeiten. Den Teig zugedeckt an einem warmen Ort so lange gehen lassen, bis er sich sichtbar vergrößert hat (etwa 30 Minuten).

2. Den Teig leicht mit Mehl bestäuben, aus der Schüssel nehmen und auf der Arbeitsfläche nochmals gut durchkneten. Zu einer Rolle formen.

3. Den Teig in eine Kastenform (25 x 11 cm, gefettet, mit Sesam ausgestreut) geben, die Oberfläche mit Wasser bestreichen, mit dem restlichen Sesam bestreuen und andrücken. Teig nochmals zugedeckt an einem warmen Ort so lange gehen lassen, bis er sich sichtbar vergrößert hat (etwa 20 Minuten). Inzwischen den Backofen vorheizen.

4. Die Teigoberfläche mit einem Messer mehrmals etwa 1 cm tief schräg einschneiden. Die Form auf dem Rost in den vorgeheizten Backofen schieben und ein feuerfestes Gefäß mit Wasser mit auf den Rost stellen.

Ober-/Unterhitze: etwa 200 °C
Heißluft: etwa 180 °C
Backzeit: etwa 50 Minuten.

5. Das fertige Brot aus der Form nehmen und auf dem Kuchenrost erkalten lassen.

Sesamfladen

Roggenmischbrot mit Sesam

Olivenbrot

Feigenbrot

Gut vorzubereiten

Olivenbrot

Zubereitungszeit: 35 Minuten, ohne Teiggehzeit
Backzeit: etwa 55 Minuten

Für den Hefeteig:
800 g Weizenmehl
1 Pck. (42 g) frische Hefe
1 TL Zucker
375 ml (3/8 l) lauwarmes Wasser
2 gestr. TL Salz
4 EL Olivenöl
250 g schwarze und grüne Oliven, entsteint

Zum Bestäuben:
etwas Weizenmehl

Insgesamt:
E: 93 g, F: 101 g, Kh: 589 g,
kJ: 15615, kcal: 3731

1. Für den Teig Mehl in eine Rührschüssel sieben. In die Mitte eine Vertiefung drücken und die Hefe hineinbröckeln. Zucker und etwas Wasser hinzufügen, mit einem kleinen Teil des Mehls mit einer Gabel vorsichtig verrühren und etwa 10 Minuten stehen lassen.
2. Restliches Wasser, Salz und Olivenöl hinzufügen. Die Zutaten mit Handrührgerät mit Knethaken zunächst kurz auf niedrigster, dann auf höchster Stufe in etwa 5 Minuten zu einem glatten Teig verarbeiten. Den Teig mit Mehl bestäuben und zugedeckt so lange an einem warmen Ort gehen lassen, bis er sich sichtbar vergrößert hat (etwa 40 Minuten).
3. Den gegangenen Teig leicht mit Mehl bestäuben, aus der Schüssel nehmen, auf der bemehlten Arbeitsfläche nochmals gut durchkneten und die Oliven kurz unterarbeiten. Aus dem Teig eine Rolle (etwa 70 cm Länge) formen, auf ein Backblech (mit Backpapier belegt) legen und zu einer großen, in der Mitte leicht erhöhten Schnecke einrollen.
4. Die Teigschnecke nochmals zugedeckt so lange an einem warmen Ort gehen lassen, bis sie sich sichtbar vergrößert hat (etwa 30 Minuten). Inzwischen den Backofen vorheizen.
5. Das Backblech in den vorgeheizten Backofen schieben.
Ober-/Unterhitze: etwa 200 °C
Heißluft: etwa 180 °C
Backzeit: etwa 55 Minuten.
6. Das Olivenbrot vom Backpapier nehmen und auf einem Kuchenrost erkalten lassen.

Tipp: Olivenbrot als Beilage zu spanischen Tapas oder zu italienischen Antipasti reichen.

Raffiniert

Feigenbrot

Zubereitungszeit: 35 Minuten, ohne Teiggehzeit
Backzeit: etwa 45 Minuten

Für den Hefeteig:
200 g getrocknete Feigen (Softfeigen)
450 g Dinkel-Vollkornmehl
1 Pck. Dr. Oetker Trockenbackhefe
2 gestr. TL Salz
2 gestr. TL gemahlener Zimt
250 ml (1/4 l) warmes Wasser
2 EL (30 g) flüssiger Honig
3 EL Speiseöl

Zum Bestäuben und Bestreichen:
etwas Dinkel-Vollkornmehl
2 EL Wasser

Insgesamt:
E: 83 g, F: 44 g, Kh: 449 g,
kJ: 10653, kcal: 2545

1. Von den Feigen die harten Stängel abschneiden. Feigen in nicht zu kleine Stücke schneiden.
2. Mehl mit Hefe, Salz und Zimt in eine Rührschüssel geben und gut vermischen. Warmes Wasser, Honig, Öl und Feigen hinzufügen. Die Zutaten mit Handrührgerät mit Knethaken zunächst auf niedrigster, dann auf höchster Stufe in etwa 5 Minuten zu einem glatten Teig verarbeiten. Den Teig mit Mehl bestäuben und zugedeckt an einem warmen Ort so lange gehen lassen, bis er sich sichtbar vergrößert hat (etwa 30 Minuten).
3. Den Teig und die Arbeitsfläche mit Mehl bestäuben. Den Teig auf der Arbeitsfläche nochmals gut durchkneten, zu einem ovalen Laib (etwa 20 cm Länge) formen und auf ein Backblech (mit Backpapier belegt) legen. Den Teig zugedeckt nochmals so lange an einem warmen Ort gehen lassen, bis er sich sichtbar vergrößert hat (etwa 20 Minuten).

4. Den Backofen vorheizen. Den Teig mit einem Sägemesser dreimal etwa 2 cm tief einschneiden, mit Wasser bestreichen und mit Mehl bestäuben. Das Backblech in den vorgeheizten Backofen schieben.
Ober-/Unterhitze: etwa 200 °C
Heißluft: etwa 180 °C
Backzeit: etwa 45 Minuten.
5. Das Brot vom Backpapier lösen und auf einem Kuchenrost erkalten lassen.

Vollwertig – gut vorzubereiten

Haselnuss-Dinkel-Brot

Zubereitungszeit: 30 Minuten, ohne Teiggehzeit
Backzeit: etwa 50 Minuten

Für den Hefeteig:
250 ml (1/4 l) Milch, 75 g Butter
500 g Dinkel-Vollkornmehl
1 Pck. Dr. Oetker Trockenbackhefe
30 g brauner Zucker (Kandisfarin)
1 gestr. TL Salz
1 Prise gemahlener Kardamom
1 Prise gemahlener Zimt
2 Eier (Größe M)
150 g ganze Haselnusskerne

Zum Bestäuben, Bestreichen und Bestreuen:
etwas Vollkornmehl
etwas Wasser
gehackte Haselnusskerne

Insgesamt:
E: 120 g, F: 208 g, Kh: 389 g,
kJ: 16211, kcal: 3872

1. Für den Teig Milch leicht erwärmen und Butter darin zerlassen. Dinkelmehl in eine Rührschüssel geben und sorgfältig mit der Trockenbackhefe vermischen. Zucker, Salz, Kardamom, Zimt, Eier und die warme Milch-Butter-Mischung hinzufügen.
2. Die Zutaten mit Handrührgerät mit Knethaken zunächst kurz auf niedrigster, dann auf höchster Stufe in etwa 5 Minuten zu einem glatten Teig verarbeiten. Den Teig zugedeckt so lange an einem warmen Ort gehen lassen, bis er sich sichtbar vergrößert hat.
3. Den Teig leicht mit Mehl bestäuben, aus der Schüssel nehmen und auf einer leicht bemehlten Arbeitsfläche nochmals gut durchkneten, dabei die Haselnusskerne unterkneten.
4. Den Teig zu einem länglichen Brot (etwa 30 cm Länge) formen und auf ein Backblech (mit Backpapier belegt) legen. Teigbrot nochmals zugedeckt so lange an einem warmen Ort gehen lassen, bis es sich sichtbar vergrößert hat. Den Backofen vorheizen.
5. Teigoberfläche mit einem scharfen Messer mehrmals schräg etwa 1 cm tief einschneiden (nicht drücken), mit Wasser bestreichen und mit Haselnusskernen bestreuen. Das Backblech in den vorgeheizten Backofen schieben.
Ober-/Unterhitze: etwa 180 °C
Heißluft: etwa 160 °C
Backzeit: etwa 50 Minuten.
6. Das Brot mit dem Backpapier vom Backblech auf einen Kuchenrost ziehen. Brot erkalten lassen.

Tipp: Statt Dinkel-Vollkornmehl kann auch Weizen-Vollkornmehl verwendet werden. Die Milch kann durch Buttermilch ersetzt werden.

Haselnuss-Dinkel-Brot

Für Gäste – gut vorzubereiten

Ciabatta mit Oliven und Tomaten

Zubereitungszeit: 45 Minuten, ohne Teiggehzeit
Backzeit: 20–25 Minuten je Backblech

Für den Hefeteig:
900 g Weizenmehl (Type 550)
2 Pck. Dr. Oetker Trockenbackhefe
500 ml (1/2 l) warmes Wasser
5 EL (75 ml) Milch
1 EL Olivenöl
1 EL Salz
je 80 g schwarze und grüne Oliven ohne Stein
4 getrocknete, in Öl eingelegte Tomaten

Zum Bestäuben und Bestreichen:
etwas Weizenmehl
lauwarmes Wasser

Insgesamt:
E: 112 g, F: 68 g, Kh: 697 g, kJ: 16405, kcal: 3916

1. Für den Teig 500 g von dem Mehl in eine große Rührschüssel geben und sorgfältig mit der Hefe vermischen. Warmes Wasser, Milch, Öl und Salz hinzufügen. Die Zutaten mit Handrührgerät mit Knethaken zunächst auf niedrigster, dann auf höchster Stufe in etwa 5 Minuten zu einem glatten Teig verarbeiten.

2. Den Teig mit Mehl bestäuben und zugedeckt an einem warmen Ort so lange gehen lassen, bis er sich sichtbar vergrößert hat (etwa 30 Minuten). Inzwischen Oliven und Tomaten abtropfen lassen und in kleine Würfel schneiden.

3. Restliches Mehl mit Oliven und Tomaten zum Teig geben und mit den Knethaken etwa 3 Minuten unterkneten. Teig zudecken und nochmals so lange gehen lassen, bis er sich sichtbar vergrößert hat (etwa 30 Minuten).

4. Den Teig und die Arbeitsfläche mit Mehl bestäuben. Den Teig auf die Arbeitsfläche legen und in 4 Teile teilen. Jedes Teigviertel auf ein Stück Backpapier (etwa 16 x 40 cm) legen und mit den Fingern zu einem Fladen (etwa 10 x 25 cm) formen. Die Fladen zugedeckt etwa 90 Minuten gehen lassen. Der Teig geht nur wenig auf.

5. Den Backofen vorheizen. Ein Backblech für etwa 5 Minuten zum Erhitzen in den vorgeheizten Backofen schieben.

6. Das heiße Backblech auf einen Kuchenrost legen. 2 Fladen mit dem Backpapier daraufziehen. Die Fladen vorsichtig mit Wasser bestreichen und mit etwas Mehl bestäuben. Das Backblech in den vorgeheizten Backofen schieben. Verbliebene Teigfladen bis zum Backen zugedeckt lassen, dann ebenfalls auf ein heißes Backblech legen. (Bei Heißluft 2 Backbleche aufheizen, je 2 Fladen darauflegen, die Backbleche zusammen in den Backofen schieben.)
Ober-/Unterhitze: etwa 220 °C
Heißluft: etwa 200 °C
Backzeit: 20–25 Minuten je Backblech.

7. Die Brote vom Backpapier nehmen, auf einem Kuchenrost erkalten lassen.

Ciabatta mit Oliven und Tomaten

Für Kinder

Rosinenbrot

Zubereitungszeit: 30 Minuten, ohne Teiggehzeit
Backzeit: etwa 50 Minuten

Für den Hefeteig:
200 ml Milch oder 250 g Schlagsahne
500 g Weizenmehl
1 Pck. Dr. Oetker Trockenbackhefe
100 g Zucker
1 Prise Salz
2 Eier (Größe M)
75 g weiche Butter oder Margarine
150 g Rosinen

Insgesamt:
E: 84 g, F: 88 g, Kh: 572 g,
kJ: 14938, kcal: 3569

1. Für den Teig Milch oder Sahne leicht erwärmen. Mehl in eine Rührschüssel geben und sorgfältig mit der Hefe vermischen. Zucker, Salz, Eier, warme Milch oder Sahne und Butter oder Margarine hinzufügen.
2. Die Zutaten mit Handrührgerät mit Knethaken zunächst auf niedrigster, dann auf höchster Stufe in etwa 5 Minuten zu einem glatten Teig verarbeiten. Den Teig zugedeckt an einem warmen Ort so lange gehen lassen, bis er sich sichtbar vergrößert hat (etwa 20 Minuten).
3. Teig aus der Schüssel nehmen und auf der leicht bemehlten Arbeitsfläche nochmals gut durchkneten. Rosinen kurz unter den Teig kneten. Teig in eine Kastenform (30 x 11 cm, gefettet, gemehlt) geben. Den Backofen vorheizen.
4. Dann den Teig nochmals zugedeckt so lange an einem warmen Ort gehen lassen, bis er sich sichtbar vergrößert hat (15–20 Minuten).
5. Die Teigoberfläche mehrmals diagonal mit einem scharfen, spitzen Messer einschneiden. Die Form auf dem Rost in den vorgeheizten Backofen schieben.
Ober-/Unterhitze: etwa 180 °C
Heißluft: etwa 160 °C
Backzeit: etwa 50 Minuten.
6. Das Brot aus der Form lösen und anschließend auf einem Kuchenrost erkalten lassen.

Tipp: Das Rosinenbrot eignet sich sehr gut zum Einfrieren. Sie können auch zusätzlich noch 1 Päckchen Finesse Geriebene Zitronenschale in den Teig geben.

Dinkel-Bier-Brot

Fladenbrot mit Gerste

Gut vorzubereiten

Dinkel-Bier-Brot

Zubereitungszeit: 20 Minuten, ohne Teiggehzeit
Backzeit: etwa 50 Minuten

Für den Hefeteig:
150 g Dinkelmehl (Type 1050)
1/2 Pck. (21 g) frische Hefe
350 ml Weizenbier
350 g Dinkel-Vollkornmehl
70 g Dinkel-Vollkornflocken
2 gestr. TL Salz
1 gestr. TL gemahlener Kümmel
1/2 gestr. TL gemahlener Koriander
3 EL Speiseöl

Zum Bestreichen und Bestreuen:
1 EL Milch
2 EL Dinkel-Vollkornflocken

Insgesamt:
E: 85 g, F: 50 g, Kh: 401 g,
kJ: 10431, kcal: 2481

1. Für den Teig Mehl in eine Rührschüssel geben. In die Mitte eine Vertiefung drücken. Hefe hineinbröckeln und knapp die Hälfte von dem Bier hinzufügen. Alles mit einer Gabel vorsichtig verrühren und etwa 15 Minuten stehen lassen, bis sich Blasen bilden.
2. Dinkel-Vollkornmehl, Vollkornflocken, Salz, Kümmel, Koriander, restliches Bier und Speiseöl hinzugeben. Die Zutaten mit Handrührgerät mit Knethaken zunächst kurz auf niedrigster, dann auf höchster Stufe in etwa 5 Minuten zu einem glatten Teig verarbeiten. Den Teig zugedeckt so lange an einem warmen Ort stehen lassen, bis er sich vergrößert hat (etwa 40 Minuten).
3. Den Teig leicht mit Mehl bestäuben, aus der Schüssel nehmen, auf einer leicht bemehlten Arbeitsfläche nochmals gut durchkneten und zu einer Rolle formen (etwa 28 cm Länge).
4. Teigrolle in eine Kastenform (30 x 11 cm, gefettet, gemehlt) legen und zugedeckt nochmals so lange an einem warmen Ort gehen lassen, bis sie sich sichtbar vergrößert hat (etwa 30 Minuten).
5. Den Backofen vorheizen. Teigoberfläche mit Milch bestreichen und mit Vollkornflocken bestreuen. Die Form auf dem Rost in den vorgeheizten Backofen schieben.
Ober-/ Unterhitze: etwa 200 °C
Heißluft: etwa 180 °C
Backzeit: etwa 50 Minuten.
6. Das Brot etwa 5 Minuten in der Form stehen lassen, dann aus der Form lösen, auf einen Kuchenrost stürzen, wieder umdrehen und erkalten lassen.

Für Gäste – gut vorzubereiten

Fladenbrot mit Gerste

Zubereitungszeit: 40 Minuten, ohne Abkühl- und Teiggehzeit
Backzeit: etwa 25 Minuten je Backblech

Zum Vorbereiten:
200 g Gersten-Vollkornflocken
250 ml (1/4 l) kochendes Wasser

Für den Hefeteig:
200 g Dinkel-Vollkornmehl
2 gestr. TL Salz
1 Pck. Dr. Oetker Trockenbackhefe
120 g Dickmilch, 50 g weiche Butter

Zum Bestäuben:
etwas Dinkel-Vollkornmehl

Insgesamt:
E: 61 g, F: 55 g, Kh: 289 g,
kJ: 7999, kcal: 1913

1. Zum Vorbereiten Gerstenflocken in 2 Portionen im Zerkleinerer so lange hacken, bis ein feines Mehl entstanden ist. Gerstenmehl in eine Schüssel geben. Kochendes Wasser hinzugießen und mit Handrührgerät mit Knethaken etwa 2 Minuten gut durcharbeiten. Den Gerstenkloß lauwarm abkühlen lassen.

2. Für den Teig Vollkornmehl mit Salz und Trockenbackhefe in einer Rührschüssel sorgfältig vermischen. Den lauwarmen Gerstenkloß in kleine Stücke teilen und untermengen. Dickmilch und Butter hinzufügen. Zutaten mit Handrührgerät mit Knethaken zunächst kurz auf niedrigster, dann auf höchster Stufe in etwa 5 Minuten zu einem glatten Teig verarbeiten.
3. Den Teig mit Mehl bestäuben und zugedeckt so lange an einem warmen Ort gehen lassen, bis er sich sichtbar vergrößert hat (etwa 50 Minuten).
4. Den gegangenen Teig leicht mit Mehl bestäuben, aus der Schüssel nehmen und auf der bemehlten Arbeitsfläche nochmals gut durchkneten. Den Teig halbieren. Die Teighälften jeweils zu einem ovalen Fladen (etwa 15 x 20 cm) formen und auf Backbleche (mit Backpapier belegt) legen.
5. Die Teigfladen mit Mehl bestäuben und nochmals zugedeckt so lange an einem warmen Ort gehen lassen, bis sie sich sichtbar vergrößert haben (etwa 30 Minuten). Nach etwa 15 Minuten Teiggehzeit den Backofen vorheizen. Anschließend das Backblech in den vorgeheizten Backofen schieben.
Ober-/Unterhitze: etwa 220 °C
Heißluft: etwa 200 °C
Backzeit: etwa 25 Minuten je Backblech.
6. Die Fladenbrote vom Backpapier nehmen und auf einem Kuchenrost erkalten lassen.

Tipp: Anstelle von Gerstenflocken können Sie auch gemischte Flocken, z. B. 4- oder 5-Korn-Flocken, verwenden. Vollkornflocken bekommen Sie in Reformhäusern, Bio-Läden oder den Bio-Abteilungen der Kaufhäuser.

Roggenbrot mit Kürbiskernen

Beliebt

Roggenbrot mit Kürbiskernen

Zubereitungszeit: 30 Minuten, ohne Teiggehzeit
Backzeit: etwa 40 Minuten

Für den Hefeteig:
250 g Roggen-Vollkornschrot
250 g Weizenmehl (Type 550)
1 Pck. Dr. Oetker Trockenbackhefe
1 gestr. TL Zucker, 1 gestr. TL Salz
375 ml (3/8 l) lauwarmes Wasser
150 g Kürbiskerne

Zum Bestäuben und Bestreichen:
etwas Weizenmehl, etwas Wasser

Insgesamt:
E: 90 g, F: 75 g, Kh: 352 g,
kJ: 10300, kcal: 2459

1. Für den Teig Roggen-Vollkornschrot und Mehl in eine Rührschüssel geben und sorgfältig mit Trockenbackhefe vermischen. Restliche Zutaten für den Teig (außer Kürbiskerne) hinzufügen und alles mit einem Handrührgerät mit Knethaken kurz auf niedrigster Stufe, dann auf höchster Stufe in etwa 5 Minuten zu einem glatten Teig verarbeiten. Kürbiskerne kurz unterkneten. Den Teig zugedeckt an einem warmen Ort so lange gehen lassen, bis er sich sichtbar vergrößert hat.
2. Den Teig leicht mit Mehl bestäuben, aus der Schüssel nehmen und auf der Arbeitsfläche nochmals gut durchkneten. Aus dem Teig ein längliches Brot formen, auf ein Backblech (mit Backpapier belegt) legen und nochmals so lange an einem warmen Ort gehen lassen, bis es sich sichtbar vergrößert hat. Inzwischen den Backofen vorheizen. Die Oberfläche des Teiges mit Wasser bestreichen und mit Mehl bestäuben. Das Backblech in den vorgeheizten Backofen schieben.
Ober-/Unterhitze: etwa 200 °C
Heißluft: etwa 180 °C
Backzeit: etwa 40 Minuten.

Klassisch

Weizenmischbrot

Zubereitungszeit: 30 Minuten, ohne Teiggehzeit
Backzeit: etwa 45 Minuten

Für den Hefeteig:
150 g Roggenmehl (Type 1150)
350 g Weizen-Vollkornmehl
1 Pck. Dr. Oetker Trockenbackhefe
2 gestr. TL Salz
300 ml lauwarmes Wasser
1 TL flüssiger Honig
50 ml Speiseöl

Zum Bestäuben und Bestreichen:
etwas Vollkornmehl, etwas Wasser

Insgesamt:
E: 60 g, F: 61 g, Kh: 336 g,
kJ: 8970, kcal: 2143

1. Roggenmehl mit Weizen-Vollkornmehl, Hefe und Salz in eine Rührschüssel geben und gut vermischen. Wasser, Honig und Öl hinzufügen. Die Zutaten mit Handrührgerät mit Knethaken zunächst auf niedrigster, dann auf höchster Stufe in etwa 5 Minuten zu einem glatten Teig verarbeiten.
2. Teig mit Mehl bestäuben, zugedeckt an einem warmen Ort so lange gehen lassen, bis er sich sichtbar vergrößert hat (etwa 30 Minuten).
3. Den Teig und die Arbeitsfläche mit Mehl bestäuben. Den Teig auf der Arbeitsfläche nochmals gut durchkneten, zu einer Rolle (etwa 28 cm Länge) formen und in eine Kastenform (30 x 11 cm, gefettet, gemehlt) legen.
4. Den Teig mit Wasser bestreichen und mit Mehl bestäuben. Den Teig zugedeckt an einem warmen Ort so lange gehen lassen, bis er sich sichtbar vergrößert hat (etwa 20 Minuten). Inzwischen den Backofen vorheizen.
5. Den Teig mit einem scharfen Messer mehrfach erst längs, dann quer etwa 1 cm tief einschneiden, so dass kleine Quadrate entstehen. Die Form auf dem Rost in den vorgeheizten Backofen schieben.
Ober-/Unterhitze: etwa 200 °C
Heißluft: etwa 180 °C
Backzeit: etwa 45 Minuten.
6. Das Brot aus der Form stürzen, umdrehen und auf einem Kuchenrost erkalten lassen.

Weizenmischbrot

Für Kinder

Stockbrot

Zubereitungszeit: 60 Minuten, ohne Teiggehzeit
Backzeit: 10–15 Minuten

Für den Hefeteig:
1 kg Weizenmehl
3 Pck. Dr. Oetker Trockenbackhefe
1 TL Zucker
2 gestr. TL Salz
1/2 gestr. TL grob gemahlener Pfeffer
1 TL getrockneter Rosmarin, geschnitten
1 TL getrocknete Kräuter der Provence
500 ml (1/2 l) lauwarmes Wasser

Insgesamt:
E: 114 g, F: 10 g, Kh: 740 g,
kJ: 15568, kcal: 3721

1. Für den Teig Mehl in eine Rührschüssel geben und sorgfältig mit der Hefe vermischen. Zucker, Salz, Pfeffer, Rosmarin, Kräuter der Provence und Wasser hinzufügen.
2. Die Zutaten mit Handrührgerät mit Knethaken zunächst auf niedrigster, dann auf höchster Stufe in etwa 5 Minuten zu einem glatten Teig verarbeiten. Den Teig zugedeckt so lange an einem warmen Ort gehen lassen, bis er sich sichtbar vergrößert hat.
3. Zwölf Stöcke (80–100 cm lang) zu zwei Dritteln mit Alufolie umwickeln. Aus dem Teig etwa 12 lange Rollen formen und jeweils an der Stockspitze beginnend um die mit Alufolie umwickelten Stöcke wickeln.
4. Anschließend das Stockbrot am Stockende in die heiße Glut halten und unter Wenden 10–15 Minuten backen.

Tipp: Stockbrot lässt sich besonders gut am offenen Lagerfeuer backen oder direkt über der Glut des Holzkohlegrills.

Stockbrot

Süßes Nussbrot

Zum Verschenken

Süßes Nussbrot

Zubereitungszeit: 60 Minuten, ohne Abkühl- und Teiggehzeit
Backzeit: 35–40 Minuten

Zum Vorbereiten:
70 g ungesalzene Erdnusskerne
40 g Haselnusskerne
40 g Zucker

Für den Hefeteig:
500 g Weizenmehl (Type 550)
1/2 Pck. (21 g) frische Hefe
40 g Zucker
250 ml (1/4 l) lauwarmes Wasser
1 gestr. TL Salz
40 g weiche Butter

Zum Bestäuben:
etwas Weizenmehl

Insgesamt:
E: 79 g, F: 102 g, Kh: 460 g, kJ: 12915, kcal: 3086

1. Zum Vorbereiten Erdnuss- und Haselnusskerne hacken und in einer Pfanne ohne Fett goldbraun rösten. Zucker auf die Nusskerne streuen und karamellisieren lassen. Nussmasse abkühlen lassen.
2. Für den Teig Mehl in eine Rührschüssel geben und in die Mitte eine Vertiefung drücken. Hefe hineinbröckeln und einen Esslöffel des Zuckers und etwas Wasser hinzufügen. Alles mit einem kleinen Teil des Mehls mit einer Gabel vorsichtig verrühren und etwa 15 Minuten stehen lassen.
3. Restliches Wasser, restlichen Zucker, Salz, Butter und die Nussmasse hinzufügen. Die Zutaten mit Handrührgerät mit Knethaken zunächst kurz auf niedrigster, dann auf höchster Stufe in etwa 5 Minuten zu einem glatten Teig verarbeiten. Den Teig mit Mehl bestäuben und zugedeckt so lange an einem warmen Ort gehen lassen, bis er sich sichtbar vergrößert hat (etwa 40 Minuten).
4. Den gegangenen Teig leicht mit Mehl bestäuben, aus der Schüssel nehmen, auf der bemehlten Arbeitsfläche nochmals gut durchkneten und zu einer Rolle (etwa 24 cm Länge) formen.
5. Die Teigrolle in eine gewässerte Römertopf-Brotbackform (gefettet) legen und nochmals zugedeckt so lange an einem warmen Ort gehen lassen, bis sie sich sichtbar vergrößert hat (mindestens 30 Minuten).
6. Die Brotbackform auf dem Rost in den kalten Backofen schieben.
Ober-/Unterhitze: etwa 200 °C
Heißluft: etwa 180 °C
Backzeit: 35–40 Minuten.
7. Nach Ende der Backzeit das Brot noch etwa 10 Minuten im ausgeschalteten Backofen stehen lassen. Anschließend die Form herausnehmen und auf einen Kuchenrost stellen. Das süße Nussbrot etwa 5 Minuten in der Form abkühlen lassen. Dann das Brot aus der Form nehmen und auf einem Kuchenrost erkalten lassen.

Kapitel 10

Rezepte 901–1000

Pikante Kuchen & Gebäck

Lauchkuchen

Für Gäste

Lauchkuchen

Zubereitungszeit: 25 Minuten, ohne Auftauzeit
Backzeit: etwa 20 Minuten

1 Pck. (200 g) TK-Blätterteig

Für den Belag:
2 Schalotten oder kleine Zwiebeln
1 Stange Porree (Lauch)
50 g Butter
1/2 TL Kümmelsamen
1/2 TL Koriandersamen
1/2 TL rote Pfefferbeeren
1/2 TL Fenchelsamen
Salz, frisch gemahlener Pfeffer
125 g Schlagsahne
2 Eier (Größe M)

Insgesamt:
E: 33 g, F: 145 g, Kh: 90 g,
kJ: 7586, kcal: 1813

1. Blätterteig zugedeckt nach Packungsanleitung auftauen lassen.
2. Schalotten oder Zwiebeln abziehen, zuerst in Scheiben schneiden, dann in Ringe teilen. Porreestange putzen, längs halbieren, gründlich waschen, gut abtropfen lassen und in dünne Scheiben schneiden. Butter in einer Pfanne zerlassen. Schalotten- oder Zwiebelwürfel und Porreescheiben darin andünsten.
3. Kümmel, Koriander, Pfefferbeeren und Fenchelsamen hinzufügen. Alles mit Salz und Pfeffer abschmecken. Sahne mit den Eiern verschlagen und untermischen. Masse bei schwacher Hitze leicht stocken lassen. Den Backofen vorheizen.
4. Blätterteig aufeinanderlegen (nicht verkneten!), auf einer leicht bemehlten Arbeitsfläche zu einer runden Platte (Ø 30–32 cm) ausrollen und in eine Springform (Ø 26 cm, Boden gefettet) legen, dabei Teig am Rand hochlegen und etwas andrücken. Die Eier-Sahne-Masse auf dem Teig verteilen. Die Form auf dem Rost in den vorgeheizten Backofen schieben.
Ober-/Unterhitze: etwa 200 °C
Heißluft: etwa 180 °C
Backzeit: etwa 20 Minuten.
5. Die Form auf einen Kuchenrost stellen. Den Lauchkuchen etwas abkühlen lassen, dann aus der Form lösen und warm servieren.

Beliebt

Gefüllte Pizzataschen

Zubereitungszeit: 60 Minuten, ohne Teiggeh- und Abkühlzeit
Backzeit: etwa 35 Minuten je Backblech

Für den Hefeteig:
500 g Weizenmehl (Type 550)
1 Pck. (42 g) frische Hefe
1 gestr. TL Zucker
etwa 250 ml (1/4 l) lauwarmes Wasser
2 gestr. TL Salz
6 EL Olivenöl

Für die Füllung:
1 Zwiebel (50 g)
12 Knoblauchzehen
2 EL Olivenöl
1 gestr. TL gerebelter Majoran
1/2 Pck. (225 g) TK-Blattspinat
250 g Zucchini
300 g Kasseler (ohne Knochen)
70 g geriebener Greyerzer-Käse
Salz
frisch gemahlener Pfeffer
geriebene Muskatnuss

Zum Bestreichen und Bestreuen:
1 Eigelb (Größe M)
1 EL Milch
gerebelter Majoran

Insgesamt:
E: 144 g, F: 142 g, Kh: 386 g,
kJ: 14326, kcal: 3419

1. Für den Teig Mehl in eine Rührschüssel geben und in die Mitte eine Vertiefung eindrücken. Hefe hineinbröckeln, mit Zucker und etwas von dem Wasser verrühren und etwa 10 Minuten stehen lassen.
2. Restliches Wasser, Salz und Öl hinzufügen. Die Zutaten mit Handrührgerät mit Knethaken zunächst auf niedrigster, dann auf höchster Stufe in etwa 5 Minuten zu einem glatten Teig verarbeiten. Den Teig zugedeckt an einem warmen Ort so lange gehen lassen, bis er sich sichtbar vergrößert hat.
3. Für die Füllung Zwiebel und Knoblauch abziehen und würfeln. Öl in einem Topf erhitzen. Zwiebel- und Knoblauchwürfel darin andünsten. Majoran und gefrorenen Spinat hinzufügen und den Spinat so lange bei schwacher Hitze dünsten, bis er aufgetaut ist.
4. Zucchini waschen, abtrocknen, Enden abschneiden und Zucchini in etwa 1 cm große Würfel schneiden. Kasseler ebenfalls in etwa 1 cm große Würfel schneiden. Zucchini, Kasseler und Käse unter den Spinat heben. Die Masse mit Salz, Pfeffer und Muskatnuss würzen und etwas abkühlen lassen.
5. Den Teig leicht mit Mehl bestäuben, aus der Schüssel nehmen und auf der leicht bemehlten Arbeitsfläche nochmals gut durchkneten. Teig zu einer Rolle formen und in 20 Scheiben schneiden. Jede Scheibe zu einer runden Platte (Ø etwa 14 cm) ausrollen.
6. In die Mitte jeder Teigplatte etwas von der Füllung geben. Die Teigränder rundherum mit Wasser bestreichen. Jeweils eine Teighälfte überklappen und den Rand gut andrücken (am besten mit einer Gabel). Die Teigtaschen auf 2 Backbleche (mit Backpapier belegt) verteilen.
7. Eigelb mit Milch verquirlen, die Oberseiten der Teigtaschen damit bestreichen und nach Belieben mit Majoran bestreuen. Die Backbleche nacheinander (bei Heißluft zusammen) in den vorgeheizten Backofen schieben.
Ober-/Unterhitze: etwa 200 °C
Heißluft: etwa 180 °C
Backzeit: etwa 35 Minuten je Backblech.

Gefüllte Pizzataschen

Pikant – für Gäste

Reismehl-Kräcker

Zubereitungszeit: 60 Minuten

Für den Teig:
1 mittelgroße rote Chilischote
1 mittelgroße grüne Chilischote
100 g Reismehl (Reformhaus)
70 g Weizenmehl
1 1/2 gestr. TL Salz
1/2 TL Zucker
1 EL Speiseöl
100–125 ml Wasser

Zum Bestäuben und Frittieren:
etwas Weizenmehl
etwa 1 l Speiseöl

Außerdem:
1 Glas Mango-Chutney (200 g)

Insgesamt:
E: 17 g, F: 315 g, Kh: 198 g,
kJ: 16030, kcal: 3829

1. Für den Teig Chilischoten der Länge nach aufschlitzen und entkernen. Chilis abspülen, trocken tupfen und sehr fein hacken. Die Chilistückchen mit Mehl, Salz und Zucker in einer Schüssel mischen. Öl hinzufügen und unterrühren.
2. Wasser zum Kochen bringen und zur Mehlmasse geben. Die Zutaten mit Handrührgerät mit Knethaken auf höchster Stufe zu einem glatten Teig verkneten. Teig mit den Händen so lange weiterkneten, bis er abgekühlt ist.
3. Teig auf der bemehlten Arbeitsfläche zu einer Rolle formen und daraus etwa 30 walnussgroße Kugeln formen. Kugeln mit Mehl bestäuben und zu hauchdünnen Fladen ausrollen.
4. Zum Frittieren Öl in einer Fritteuse oder einem Topf auf 180 °C erhitzen. Die Temperatur ist erreicht, wenn sich um einen in das Öl gehaltenen Holzlöffelstiel Bläschen bilden. Teigfladen darin portionsweise unter Wenden goldbraun backen.
5. Fladen mit einem Schaumlöffel herausheben und auf Küchenpapier abtropfen lassen. Die abgekühlten Kräcker mit dem Mango-Chutney servieren.

Reismehl-Kräcker

Raffiniert

Muffins mit Hähnchenfleisch

Zubereitungszeit: 40 Minuten
Backzeit: 30–35 Minuten

Für den Teig:
1 kleine rote Paprikaschote
350 g Hähnchenbrustfilet
1/2 Bund Koriander, Salz
frisch gemahlener Pfeffer
100 g Weizenmehl (Type 1050)
30 g Hartweizengrieß
3 gestr. TL Dr. Oetker Backin
100 ml Buttermilch
2 Eier (Größe M)
100 ml Speiseöl

Für die Form:
Semmelbrösel

Insgesamt:
E: 116 g, F: 125 g, Kh: 108 g,
kJ: 8473, kcal: 2025

1. Paprikaschote vierteln, entstielen, entkernen und die weißen Scheidewände entfernen. Paprikaviertel abspülen, trocken tupfen und in etwa 1 cm große Würfel schneiden. Den Backofen vorheizen.
2. Hähnchenbrust abspülen, trocken tupfen und in etwa 1 cm große Würfel schneiden. Koriander abspülen, trocken tupfen, die Blätter abzupfen und in Streifen schneiden. Hähnchenfleischwürfel mit 1/2 Teelöffel Salz, etwas Pfeffer und Korianderstreifen in einer Schüssel mischen.
3. Für den Teig Mehl mit Grieß, Backpulver und 1 Prise Salz in einer Rührschüssel mischen. Buttermilch, Eier und Speiseöl dazugeben und mit Handrührgerät mit Rührbesen gut verrühren. Gewürzte Hähnchenbrust- und Paprikawürfel kurz unterrühren.
4. Den Teig in einer Muffinform (für 12 Muffins, gefettet, mit Semmelbröseln ausgestreut) verteilen. Die Form auf dem Rost in den vorgeheizten Backofen schieben.

Muffins mit Hähnchenfleisch

Pikante Nuss-Stangen

Ober-/Unterhitze: etwa 200 °C
Heißluft: etwa 180 °C
Backzeit: 30–35 Minuten.

5. Die Form auf einen Kuchenrost stellen. Muffins etwa 5 Minuten in der Form stehen lassen, dann aus der Form lösen und auf einem mit Backpapier belegten Kuchenrost erkalten lassen.

Tipp: Die Muffins mit Joghurt und Koriander servieren.

Für Gäste

Pikante Nuss-Stangen

Zubereitungszeit: 25 Minuten, ohne Auftau- und Ruhezeit
Backzeit: etwa 15 Minuten je Backblech

1 Pck. (450 g) TK-Blätterteig

Für den Belag:
100 g Rauchmandeln
50 g geröstete, gesalzene Cashewkerne
1 Eiweiß (Größe M)
Cayennepfeffer

Zum Bestreichen:
1 Eigelb (Größe M)
1 EL Milch

Insgesamt:
E: 62 g, F: 191 g, Kh: 191 g,
kJ: 11356, kcal: 2714

1. Zunächst den Blätterteig nach Packungsanleitung zugedeckt auftauen lassen.
2. Für den Belag Rauchmandeln und Cashewkerne mit dem Messer oder im Zerkleinerer hacken und in eine Schüssel geben. Eiweiß hinzufügen und unterarbeiten. Alles mit Cayennepfeffer würzen.
3. Die Hälfte der Blätterteigscheiben aufeinanderlegen und auf der leicht bemehlten Arbeitsfläche zu einem Rechteck (etwa 20 x 40 cm) ausrollen.
4. Eigelb mit Milch verquirlen und den Blätterteig damit bestreichen. Die Hälfte der Nussmasse klecksweise auf einer Teighälfte (etwa 20 x 20 cm) verteilen und mit einem Messer verstreichen. Die zweite Teighälfte daraufklappen und andrücken.
5. Blätterteigquadrat mit einem scharfen Messer in etwa 1 1/2 cm breite Streifen schneiden. Die Streifen spiralförmig drehen und auf ein Backblech (mit Backpapier belegt) legen. Die Enden auf dem Backpapier andrücken. Den Backofen vorheizen. Spiralen etwa 10 Minuten ruhen lassen.
6. Restliche Blätterteigscheiben und restliche Füllung auf die gleiche Weise verarbeiten und ebenfalls auf ein Backblech legen.
7. Die Teigseiten der Spiralen mit restlichem verquirlten Eigelb bestreichen. Die Backbleche nacheinander (bei Heißluft zusammen) in den vorgeheizten Backofen schieben.
Ober-/Unterhitze: etwa 200 °C
Heißluft: etwa 180 °C
Backzeit: etwa 15 Minuten je Backblech.
8. Die Nuss-Stangen mit dem Backpapier von den Backblechen auf Kuchenroste ziehen und anschließend erkalten lassen.

Salami-Oliven-Kuchen

Tomaten-Blätterteig-Schnitten

Zum Verschenken

Salami-Oliven-Kuchen

Zubereitungszeit: 35 Minuten
Backzeit: etwa 55 Minuten

Für den Teig:
70 g schwarze Oliven ohne Stein (aus dem Glas)
150 g Salami, in dünnen Scheiben
200 g Weizenmehl (Type 550)
3 gestr. TL Dr. Oetker Backin
1 gestr. TL Salz
1 TL gerebelter Oregano
150 ml Buttermilch
3 Eier (Größe M)
100 ml Olivenöl

Für die Form:
Semmelbrösel

Insgesamt:
E: 78 g, F: 197 g, Kh: 165 g,
kJ: 11444, kcal: 2733

1. Den Backofen vorheizen. Oliven in einem Sieb abtropfen lassen und in dünne Ringe schneiden. Salami in kurze, schmale Streifen schneiden.

2. Anschließend Mehl mit Backpulver, Salz und Oregano in einer Rührschüssel mischen. Buttermilch, Eier und Olivenöl hinzufügen und mit Handrührgerät mit Rührbesen unterrühren. Olivenringe und drei Viertel der Salamistreifen mit einem Löffel unterrühren.

3. Dann den Teig in eine Kastenform (25 x 11 cm, gefettet, mit Semmelbröseln ausgestreut) füllen, verstreichen und mit den restlichen Salamistreifen bestreuen. Die Form auf dem Rost in den vorgeheizten Backofen schieben.
Ober-/Unterhitze: etwa 180 °C
Heißluft: etwa 160 °C
Backzeit: etwa 55 Minuten.

4. Die Form auf einen Kuchenrost stellen. Den Kuchen etwa 10 Minuten in der Form stehen lassen, dann auf einen mit Backpapier belegten Kuchenrost stürzen. Den Salami-Oliven-Kuchen umdrehen und erkalten lassen.

Tipp: Anstelle von gerebeltem Oregano können Sie auch die gehackten Blätter von etwa 5 Stängeln frischem Oregano verwenden.

Für Kinder

Tomaten-Blätterteig-Schnitten

Zubereitungszeit: 45 Minuten, ohne Auftauzeit
Backzeit: 22–25 Minuten

1 Pck. (450 g) Blätterteig (6 rechteckige Scheiben)

Zum Bestreichen und Bestreuen:
1 Ei (Größe M)
1 EL Sesamsamen

Für den Belag:
1 Becher (250 g) Crème fraîche
1 Knoblauchzehe
Salz
frisch gemahlener Pfeffer
gerebelter Oregano
1 Topf Basilikum
8–10 Tomaten

Insgesamt:
E: 49 g, F: 200 g, Kh: 187 g,
kJ: 11444, kcal: 2744

1. Blätterteigscheiben zugedeckt nach Packungsanleitung auftauen lassen.
2. Vier Scheiben Blätterteig auf ein Backblech (gefettet, mit Backpapier belegt) legen und mit verschlagenem Ei bestreichen. Aus den restlichen 2 Scheiben je 8 längliche Streifen schneiden. Je 2 Streifen umeinander schlingen (wie für Käsestangen) und dabei etwas länger ziehen, so dass die Streifen je um eine kurze und eine lange Seite gelegt werden können.
3. Den Backofen vorheizen. Die Ränder ebenfalls mit verschlagenem Ei bestreichen und mit Sesam bestreuen. Crème fraîche mit abgezogenem, durchgepresstem Knoblauch, Salz, Pfeffer und Oregano würzen. Die Hälfte der abgespülten, trocken getupften Basilikumblättchen in Streifen schneiden und unterheben.
4. Die Masse auf die 4 Schnitten verteilen und verstreichen. Das Backblech in den vorgeheizten Backofen schieben.
Ober-/Unterhitze: 200–220 °C
Heißluft: 180–200 °C
Backzeit: 12–15 Minuten.
5. Inzwischen die Tomaten abspülen, abtrocknen, Stängelansätze herausschneiden und die Tomaten je nach Größe vierteln oder achteln. Tomaten entkernen. Backblech aus dem Backofen nehmen. Tomaten mit der Hautseite nach unten auf den Blätterteig-Schnitten verteilen.
6. Backblech wieder in den heißen Backofen schieben, die Schnitten **bei gleicher Backtemperatur in etwa 10 Minuten fertig backen,** bis die Spitzen etwas Farbe angenommen haben.
7. Die Schnitten auf einer Platte anrichten, mit Salz und Pfeffer bestreuen und mit den restlichen Basilikumblättchen garnieren.

Sesamwaffeln

Beliebt

Sesamwaffeln

Zubereitungszeit: 60 Minuten, ohne Kühl- und Abkühlzeit

Für den Rührteig:
170 g Butter oder Margarine
1 gestr. TL Salz
4 Eier (Größe M)
200 g Weizenmehl
1 gestr. TL Dr. Oetker Backin
250 ml (1/4 l) Milch
100 g Sesamsamen

Zum Bestreuen:
50 g Sesamsamen

Für das Dressing:
4 EL Apfelessig, Salz
frisch gemahlener Pfeffer
4 EL Speiseöl

Für den Salat:
1 Bund Frühlingszwiebeln
2 Gläser Stangenspargel (Abtropfgewicht je 205 g)
200 g geräucherter Putenbrust-Aufschnitt

1 Pck. (200 g) Meerrettichquark

Insgesamt:
E: 158 g, F: 317 g, Kh: 213 g,
kJ: 18923, kcal: 4519

1. Für den Teig Butter oder Margarine in einem Topf zerlassen, in eine Rührschüssel geben, kalt stellen und wieder fest werden lassen.
2. Fest gewordene Butter oder Margarine mit Handrührgerät mit Rührbesen auf höchster Stufe geschmeidig rühren. Salz unterrühren.
3. Eier nach und nach unterrühren (jedes Ei etwa 1/2 Minute). Mehl mit Backpulver mischen und abwechselnd mit Milch in 2 Portionen unterrühren. Zuletzt Sesam unterrühren.
4. Jeweils etwa 2 Esslöffel Teig in ein gut erhitztes, gefettetes und mit etwa 1 Teelöffel Sesam bestreutes Waffeleisen (1 Teelöffel Sesam je Waffel) füllen. Die Waffeln goldbraun backen, herausnehmen und einzeln auf einem Kuchenrost erkalten lassen. Teig ergibt 5–6 Waffeln.
5. Für das Dressing Essig, Salz und Pfeffer verrühren. Öl unterschlagen.
6. Für den Salat Frühlingszwiebeln putzen, waschen und in dünne Ringe schneiden. Spargel abtropfen lassen, in Stücke schneiden. Putenbrust-Aufschnitt in Streifen schneiden.
7. Zwiebelringe, Spargelstücke und Putenbruststreifen in eine Schüssel geben, Dressing hinzufügen und gut vermischen. Salat und Meerrettichquark zu den Waffeln servieren.

Beliebt

Tomaten-Mozzarella-Tarte

Zubereitungszeit: 60 Minuten, ohne Kühl- und Abkühlzeit
Backzeit: etwa 35 Minuten

Für den Knetteig:
300 g Weizenmehl
1 gestr. TL Salz
150 g Butter
150 g saure Sahne
2 EL kaltes Wasser

Für den Belag:
250 g Zucchini
1 Knoblauchzehe
3 EL Olivenöl
Salz
frisch gemahlener Pfeffer
4 mittelgroße Tomaten
150 g Mozzarella-Käse
gerebelter Oregano

Zum Bestreichen und Garnieren:
1 Eigelb (Größe M)
1 EL Wasser
grob geschroteter Pfeffer
Petersilie

Insgesamt:
E: 75 g, F: 214 g, Kh: 246 g, kJ: 13548, kcal: 3237

1. Für den Teig Mehl mit Salz in einer Rührschüssel mischen. Butter in kleine Stücke teilen, mit saurer Sahne und Wasser zum Mehl geben. Die Zutaten mit Handrührgerät mit Knethaken zunächst kurz auf niedrigster, dann auf höchster Stufe gut durcharbeiten. Anschließend den Teig auf der leicht bemehlten Arbeitsfläche kurz verkneten. Den Teig in 3 gleich große Portionen teilen, in Frischhaltefolie wickeln und etwa 30 Minuten kalt stellen.
2. Für den Belag inzwischen Zucchini abspülen, abtrocknen und die Enden abschneiden. Zucchini auf der Haushaltsreibe grob raspeln. Knoblauch abziehen. Öl in einer Pfanne erhitzen, Zucchiniraspel kurz anbraten. Knoblauch durch die Knoblauchpresse drücken, in die Pfanne geben und miterhitzen. Die Zucchini-Masse mit Salz und Pfeffer würzen und abkühlen lassen.
3. Den Backofen vorheizen. Tomaten abspülen und Stängelansätze herausschneiden. Tomaten in etwa 1/2 cm dicke Scheiben schneiden. Mozzarella abtropfen lassen und in dünne Scheiben schneiden.
4. Eine Portion Teig auf der leicht bemehlten Arbeitsfläche zu einer runden Platte (Ø etwa 28 cm) ausrollen, danach in eine Tarteform (Ø 26–28 cm, gefettet) legen, andrücken und mit einer Gabel mehrfach einstechen. Die Form auf dem Rost in den vorgeheizten Backofen schieben und den Teigboden vorbacken.
Ober-/Unterhitze: etwa 180 °C
Heißluft: etwa 160 °C
Backzeit: etwa 10 Minuten.
5. Die Form auf einen Kuchenrost stellen und etwas abkühlen lassen.
6. Die zweite Portion Teig zu einer Rolle (etwa 80 cm Länge) formen, auf den vorgebackenen Teigboden legen und so andrücken, dass ein etwa 2 cm hoher Rand entsteht.
7. Zucchinimasse auf dem Teigboden verteilen. Tomatenscheiben dachziegelartig darauflegen, mit Salz, Pfeffer und Oregano bestreuen. Mozzarella darauf verteilen. Überstehenden Teigrand auf die Füllung legen.
8. Restliche Portion Teig zu einer runden Platte (Ø etwa 28 cm) ausrollen, mit einem Teigrädchen in etwa 1 1/2 cm breite Streifen schneiden und gitterartig auf die Füllung legen, dabei am Rand andrücken. Eigelb und Wasser verquirlen und auf das Teiggitter streichen. Die Form wieder in den heißen Backofen schieben und die Tarte **bei gleicher Backtemperatur in etwa 25 Minuten fertig backen.**
9. Die Form auf einen Kuchenrost stellen und die Tarte in der Form etwas abkühlen lassen. Die Tarte mit grob geschrotetem Pfeffer und Petersilie garnieren und lauwarm servieren.

Tomaten-Mozzarella-Tarte

Für Gäste – vegetarisch

Wirsingkuchen mit Pfifferlingen

Zubereitungszeit: 60 Minuten, ohne Auftau- und Ruhezeit
Backzeit: etwa 52 Minuten

1 Pck. (300 g) TK-Blätterteig
Erbsen zum Blindbacken

Für den Belag:
600 g vorbereiteter Wirsing, in Streifen geschnitten
40 g Butter
2 EL Zwiebelwürfel

Für den Guss:
200 g Schlagsahne
4 Eier (Größe M)
Salz
frisch gemahlener Pfeffer
geriebene Muskatnuss

Für die Pfifferlinge:
180 g kleine Pfifferlinge
20 g Butter
2 EL Schalottenwürfel
2 EL gehackte Kräuter
3–4 EL Gemüsebrühe

Insgesamt:
E: 71 g, F: 215 g, Kh: 138 g, kJ: 11683, kcal: 2791

Wirsingkuchen mit Pfifferlingen

1. Die Blätterteigplatten zugedeckt nach Packungsanleitung auftauen lassen.
2. Wirsingstreifen in kochendem Salzwasser etwa 2 Minuten blanchieren, in ein Sieb geben, mit kaltem Wasser übergießen und abtropfen lassen. Butter in einem Topf zerlassen, Zwiebelwürfel und Wirsingstreifen unter mehrmaligem Wenden darin andünsten.
3. Den Backofen vorheizen. Die Teigplatten aufeinanderlegen, auf einer leicht bemehlten Arbeitsfläche zu einer runden Platte (Ø 26–28 cm) ausrollen und anschließend eine flache Backform (Ø 26 cm, gefettet, mit Wasser besprenkelt) damit auslegen.
4. Den Teigboden mehrmals mit einer Gabel einstechen und mit Backpapier belegen. Die Erbsen darauf verteilen und den Teig etwa 15 Minuten ruhen lassen. Die Form auf dem Rost in den vorgeheizten Backofen schieben und den Boden „blindbacken".
Ober-/Unterhitze: etwa 200 °C
Heißluft: etwa 180 °C
Backzeit: etwa 12 Minuten.
5. Die Form auf einen Kuchenrost stellen. Backpapier mit den Erbsen entfernen. Die Wirsingstreifen auf dem vorgebackenen Boden verteilen.
6. Sahne mit den Eiern verschlagen und mit Salz, Pfeffer und Muskat würzen. Die Eiersahne auf die Wirsingstreifen gießen. Die Form wieder auf dem Rost in den heißen Backofen schieben und den Wirsingkuchen **bei gleicher Backtemperatur in etwa 40 Minuten fertig backen**.
7. Inzwischen Pfifferlinge putzen und mit Küchenpapier abreiben. Butter in einem Topf zerlassen, Schalottenwürfel und Kräuter darin andünsten. Pfifferlinge hinzufügen und mit andünsten. Brühe hinzugeben, zum Kochen bringen, etwas einkochen lassen, mit Salz und Pfeffer würzen.
8. Den Wirsingkuchen aus der Form lösen, in Tortenstücke schneiden und mit den Pfifferlingen auf Tellern anrichten.

Strudeltaschen

Schinken-Muffins mit Suppengrün

Pikant

Strudeltaschen

Zubereitungszeit: 45 Minuten,
ohne Ruhe- und Abkühlzeit
Backzeit: etwa 20 Minuten

Für den Strudelteig:
250 g Weizenmehl
1 Prise Salz
100 ml lauwarmes Wasser
1 Ei (Größe M), 1 EL Speiseöl

Für die Füllung:
500 g Auberginen
3 EL Speiseöl, 60 g Salami
2 Knoblauchzehen
Salz
frisch gemahlener schwarzer Pfeffer

Zum Bestreichen:
50 g Butter

Insgesamt:
E: 54 g, F: 108 g, Kh: 198 g,
kJ: 8208, kcal: 1962

1. Für den Teig die Zutaten für den Teig in eine Rührschüssel geben und mit Handrührgerät mit Knethaken erst kurz auf niedrigster, dann auf höchster Stufe zu einem glatten Teig verarbeiten. In einem kleinen Topf Wasser kochen, den Topf ausgießen und abtrocknen. Dann den Teig auf Backpapier in den heißen Topf legen, Topf mit einem Deckel verschließen und den Teig etwa 30 Minuten ruhen lassen.
2. Für die Füllung inzwischen Auberginen waschen, abtrocknen, die Enden abschneiden und die Auberginen in kleine Würfel schneiden. Speiseöl stark erhitzen und die Auberginenwürfel kurz darin anbraten. Salami fein würfeln, Knoblauchzehen abziehen und durch eine Knoblauchpresse drücken. Beide Zutaten zu den Auberginen geben. Die Mischung mit Salz und Pfeffer würzen und abkühlen lassen.
3. Den Backofen vorheizen. Den Teig auf einem großen, bemehlten Geschirrtuch zu einem Rechteck (etwa 60 x 30 cm) ausrollen, evtl. vorsichtig mit den Händen ausziehen, und in 18 Quadrate (etwa 10 x 10 cm) schneiden.
4. Etwas von der Füllung auf eine Hälfte jedes Teigstückes geben. Dann jeweils die andere Teighälfte über die Füllung klappen und die Ränder gut andrücken. Butter zerlassen, die Taschen auf ein Backblech (gefettet) legen und mit etwas Butter bestreichen. Das Backblech in den vorgeheizten Backofen schieben.
Ober-/Unterhitze: etwa 200 °C
Heißluft: etwa 180 °C
Backzeit: etwa 20 Minuten.
5. Die Taschen während des Backens mit der restlichen Butter bestreichen. Noch warm servieren.

Herzhaft

Schinken-Muffins mit Suppengrün

Zubereitungszeit: 30 Minuten,
ohne Antauzeit
Backzeit: 30–35 Minuten

Für den Teig:
2 Pck. (je 50 g) TK-Suppengrün
70 g Bacon (Frühstücksspeck), in Scheiben
150 g Weizen-Vollkornmehl
3 gestr. TL Dr. Oetker Backin
1/2 gestr. TL Salz
125 ml (1/8 l) Buttermilch
2 Eier (Größe M), 70 ml Olivenöl
125 g gewürfelter Katenschinken

Für die Form:
Semmelbrösel

Insgesamt:
E: 76 g, F: 106 g, Kh: 109 g,
kJ: 7073, kcal: 1689

1. Suppengrün antauen lassen und sehr fein hacken. Bacon quer in dünne Streifen schneiden. Den Backofen vorheizen.
2. Für den Teig Mehl mit Backpulver und Salz in einer Rührschüssel mischen. Buttermilch, Eier und Olivenöl hinzufügen und alles mit Handrührgerät mit Rührbesen gut

verrühren. Katenschinken und Suppengrün kurz unterrühren.

3. Den Teig in einer Muffinform (für 12 Muffins, gefettet, mit Semmelbröseln ausgestreut) verteilen und Bacon darauf verteilen. Die Form auf dem Rost in den vorgeheizten Backofen schieben.
Ober-/Unterhitze: etwa 180 °C
Heißluft: etwa 160 °C
Backzeit: 30–35 Minuten.

4. Die Muffins etwa 5 Minuten in der Form stehen lassen, dann aus der Form lösen und auf einem Kuchenrost erkalten lassen.

Tipp: Die Schinken-Muffins mit Schmand (Sauerrahm) oder Crème fraîche und ein wenig Petersilie servieren. Anstelle des tiefgekühlten Suppengrüns können Sie auch 100 g sehr klein gewürfeltes Suppengrün verwenden, eine Mischung aus Möhren, Porree (Lauch) und Knollen- oder Staudensellerie.

Raffiniert

Pizza mit karamellisierten Zwiebeln

Zubereitungszeit: 45 Minuten, ohne Auftau- und Ruhezeit
Backzeit: etwa 20 Minuten

1 Pck. (300 g) TK-Blätterteig
1 Bund Salbei
2 EL Olivenöl
Salz

Für den Belag:
400 g rote Zwiebeln
100 g feinster Zucker
50 g Butter
200 g Gorgonzola-Käse
150 g Rucola (Rauke)
Olivenöl
weißer Balsamico-Essig
frisch gemahlener schwarzer Pfeffer

Pizza mit karamellisierten Zwiebeln

Insgesamt:
E: 63 g, F: 205 g, Kh: 234 g,
kJ: 12743, kcal: 3046

1. Die Blätterteigplatten nebeneinander zugedeckt nach Packungsanleitung auftauen. Dann Blätterteigplatten aufeinanderlegen und auf einer leicht bemehlten Arbeitsfläche zu einer runden Teigplatte (Ø etwa 32 cm) ausrollen.

2. Die Teigplatte auf ein Backblech (gefettet, mit Backpapier belegt) legen, mit einer Gabel mehrmals einstechen und danach etwa 15 Minuten ruhen lassen.

3. Salbei abspülen und trocken tupfen. Die Blättchen von den Stängeln zupfen. Salbeiblättchen auf dem Teig verteilen. Olivenöl daraufträufeln und mit Salz bestreuen. Den Backofen vorheizen.

4. Für den Belag Zwiebeln abziehen, halbieren und in dünne Scheiben schneiden. Zucker in einem Topf bei mittlerer Hitze karamellisieren lassen. Den Topf von der Kochstelle nehmen.

5. Butter hinzugeben und unter Rühren darin zerlassen, bis der Karamell gelöst ist. Zwiebelscheiben hinzufügen und anschließend in der Karamellmasse unter mehrmaligem Wenden anbraten.

6. Die Zwiebelmasse auf dem vorbereiteten Pizzaboden verteilen. Gorgonzola in Stücke schneiden und darauflegen. Das Backblech in den vorgeheizten Backofen schieben.
Ober-/Unterhitze: etwa 180 °C
Heißluft: etwa 160 °C
Backzeit: etwa 20 Minuten.

7. Rucola putzen, waschen, abtropfen lassen und trocken tupfen. Rucola in eine Schüssel geben und Öl, Essig, Salz und Pfeffer untermischen.

8. Die Pizza vom Backpapier lösen und auf einen großen Teller legen. Angerichteten Rucola auf der heißen Pizza verteilen, mit frisch gemahlenem Pfeffer bestreuen und die Pizza mit karamellisierten Zwiebeln sofort servieren.

Beliebt

Pilzkuchen

Zubereitungszeit: 50 Minuten, ohne Abkühlzeit
Backzeit: etwa 50 Minuten

Für die Pilze:
10 g getrocknete Steinpilze
250 g Champignons
2–3 Esslöffel Olivenöl
1 TL gerebelter Thymian
frisch gemahlener Pfeffer

Für den Teig:
100 g Weizenmehl (Type 550)
40 g Hartweizengrieß
3 gestr. TL Dr. Oetker Backin
1 gestr. TL Salz
150 g saure Sahne
2 Eier (Größe M)
100 ml Olivenöl
30 g Sonnenblumen- oder Kürbiskerne

Für die Form:
Semmelbrösel

Insgesamt:
E: 53 g, F: 172 g, Kh: 118 g,
kJ: 9292, kcal: 2220

1. Steinpilze in ein Sieb geben, mit kaltem Wasser abspülen und abtropfen lassen. Champignons putzen, mit Küchenpapier abreiben und in Scheiben schneiden. Steinpilze grob hacken.
2. Olivenöl in einem flachen Topf erhitzen. Champignonscheiben, gehackte Steinpilze und Thymian darin andünsten. Die Mischung zugedeckt etwa 5 Minuten bei schwacher Hitze dünsten und mit Pfeffer würzen. Mischung abkühlen lassen. Den Backofen vorheizen.
3. Für den Teig Mehl mit Grieß, Backpulver und Salz in einer Rührschüssel mischen. Saure Sahne, Eier und Öl dazugeben und mit Handrührgerät mit Rührbesen unterrühren. Sonnenblumen- oder Kürbiskerne und Pilzmasse (mit der Flüssigkeit) kurz unterrühren.
4. Den Pilzteig in eine Kastenform (25 x 11 cm, gefettet, mit Semmelbröseln ausgestreut) füllen und verstreichen. Die Form auf dem Rost in den vorgeheizten Backofen schieben.
Ober-/Unterhitze: etwa 180 °C
Heißluft: etwa 160 °C
Backzeit: etwa 50 Minuten.
5. Die Form auf einen Kuchenrost stellen. Den Kuchen etwa 10 Minuten in der Form stehen lassen, danach auf einen mit Backpapier belegten Kuchenrost stürzen. Den Kuchen wieder umdrehen und erkalten lassen.

Gäste

Garnelen-Muffins

Zubereitungszeit: 30 Minuten, ohne Marinier- und Abkühlzeit
Backzeit: etwa 30 Minuten

Zum Marinieren:
150 g kleine, küchenfertige Garnelen
1 Bund Koriander
1 Flasche chinesische Süß-Sauer-Sauce (250 ml, Asia-Laden)

Für den Teig:
250 g Weizenmehl
2 gestr. TL Dr. Oetker Backin
1 gestr. TL Salz
3 Eier (Größe M)
5 EL Speiseöl
1 EL Sesamöl
100 ml Milch

Insgesamt:
E: 87 g, F: 153 g, Kh: 284 g,
kJ: 12575, kcal: 2996

1. Zum Marinieren Garnelen evtl. halbieren und den Darm entfernen. Die Garnelen waschen und trocken tupfen. Koriander waschen, trocken tupfen, die Blätter hacken. Koriander mit 100 ml von der chinesischen Süß-Sauer-Sauce verrühren. Garne-

Pilzkuchen

Garnelen-Muffins

len dazugeben und etwa 60 Minuten darin marinieren, dabei gelegentlich wenden.

2. Den Backofen vorheizen. Für den Teig Mehl mit Backpulver und Salz mischen. Eier, Öle und Milch mit Handrührgerät mit Rührbesen gut unterrühren. Garnelen unterheben.

3. Den Teig in einer Muffinform (für 12 Muffins, gefettet, gemehlt) verteilen. Die Form auf dem Rost in den vorgeheizten Backofen schieben.

Ober-/Unterhitze: etwa 180 °C
Heißluft: etwa 160 °C
Backzeit: etwa 30 Minuten.

4. Muffins etwa 5 Minuten in der Form stehen lassen, dann herauslösen und auf einem Kuchenrost erkalten lassen. Übrige Chinasauce dazureichen.

Tipp: Sollen tiefgekühlte, glasierte Garnelen verwendet werden, diese in einem Sieb auftauen lassen und die Glasur abspülen. Garnelen trocken tupfen und 150 g abwiegen. Es können auch Shrimps verwendet werden.

Dinkel-Muffins mit Salami

Einfach

Dinkel-Muffins mit Salami

Zubereitungszeit: 25 Minuten
Backzeit: 25–30 Minuten

Für den Teig:
150 g Salami
1 Bund glatte Petersilie
200 g Dinkelmehl
100 g Weizenmehl
2 gestr. TL Dr. Oetker Backin
1/2 gestr. TL Natron
1/2 gestr. TL Salz, 2 Eier (Größe M)
250 ml (1/4 l) Buttermilch
5 EL Olivenöl

Ingesamt:
E: 101 g, F: 130 g, Kh: 233 g, kJ: 11048, kcal: 2639

1. Für den Teig Salami in kleine Würfel schneiden. Petersilie waschen, trocken tupfen und fein hacken. Den Backofen vorheizen.

2. Mehl, Backpulver und Natron in einer Rührschüssel mischen. Die übrigen Zutaten hinzufügen und alles mit Handrührgerät mit Knethaken zu einem Teig verarbeiten.

3. Salamiwürfel und Petersilie unterheben. Den Teig in einer Muffinform (für 12 Muffins, gefettet, gemehlt) verteilen und die Form auf dem Rost in den vorgeheizten Backofen schieben.

Ober-/Unterhitze: etwa 180 °C
Heißluft: etwa 160 °C
Backzeit: 25–30 Minuten.

4. Die Muffins etwa 5 Minuten in der Form stehen lassen, dann aus der Form lösen und auf einem Kuchenrost etwas abkühlen lassen.

Tipp: Die Dinkel-Muffins in 36 kleine Förmchen füllen und etwa 15 Minuten backen. Dann als Fingerfood servieren.

Pizza-Variationen

Für Gäste

Pizza-Variationen

Zubereitungszeit: 90 Minuten, ohne Teiggeh- und Abkühlzeit
Backzeit: etwa 25 Minuten

Für den Hefeteig:
300 g Weizenmehl
1 Pck. Dr. Oetker Trockenbackhefe
1 gestr. TL Salz, 4 EL Speiseöl
150 ml lauwarmes Wasser

Für die Sauce:
800 g Tomaten (aus der Dose)
1 abgezogene, durchgepresste Knoblauchzehe
1 gestr. TL Salz
frisch gemahlener Pfeffer
Oregano, Basilikum, Rosmarin

Für die Variation Fisch „klassisch":
2 Tomaten
150 g Tunfisch (aus der Dose)
1/2 Gemüsezwiebel, in Scheiben
30 g gefüllte grüne Oliven
200 g geraspelter Gouda-Käse

Für die Variation „pur":
200 g Brokkoli, in Röschen geteilt, gedünstet
2 Tomaten
250 g Bel Paese (ital. Weichkäse), in kleinen Stücken
70 g schwarze Oliven

Für die Variation „klassisch":
2 Tomaten
75 g italienische Salamischeiben
180 g Artischockenherzen (aus der Dose), geviertelt
230 g Champignonscheiben (aus dem Glas)
200 g geriebener Gouda-Käse

Für die Variation Gemüse „edel":
100 g geriebener Gouda-Käse
2 Tomaten
300 g grüner Spargel, gedünstet
50 g Parmaschinken
1 Zucchini, in Scheiben, gedünstet
50 g Austernpilze, in Stücken, kurz in Butter angebraten
20 g geriebener Gouda-Käse

Für die Variation „fruchtig":
50 g geriebener Gouda-Käse
2 Tomaten
70 g Erbsen
1 Dose Pfirsiche, in Spalten (Abtropfgewicht 235 g)
13 Kaiser-Kirschen (aus dem Glas)
250 g geräucherte Putenbrust, in Streifen
50 g geriebener Gouda-Käse

Für die Variation „edel":
50 g geriebener Gouda-Käse
50 g geriebener Parmesan-Käse (beide Käse mischen, die Hälfte davon auf die Sauce geben)
2 Tomaten, 150 g Krabben
200 g Spinat, kurz in Butter gedünstet
Rührei (aus 2 Eiern und 2 EL Milch)
restliche Käsemischung (s. o.)

Eine Pizza, klassisch:
E: 100 g, F: 103 g, Kh: 133 g,
kJ: 7819, kcal: 1865

1. Für den Teig das Mehl in eine Rührschüssel geben und sorgfältig mit der Hefe vermischen. Restlichen Zutaten hinzufügen und mit Handrührgerät mit Knethaken zunächst auf niedrigster, dann auf höchster Stufe in etwa 5 Minuten zu einem Teig verarbeiten.
2. Den Teig zugedeckt so lange an einem warmen Ort gehen lassen, bis er sich sichtbar vergrößert hat (etwa 20 Minuten).
3. Den Teig leicht mit Mehl bestäuben, aus der Schüssel nehmen und auf der leicht bemehlten Arbeitsfläche nochmals gut durchkneten. Entweder 2 runde Platten (etwa Ø 30 cm) ausrollen und je auf ein Backblech (gefettet, mit Backpapier belegt) legen oder den ganzen Teig auf ein Backblech (30 x 40 cm, gefettet) ausrollen.
4. Für die Sauce die Zutaten miteinander verrühren, mit den Gewürzen abschmecken, zu einer dicklichen Masse einkochen und abkühlen lassen. Den Teig damit bestreichen. Den Backofen vorheizen. Jede Teigplatte (oder das Backblech) mit den 6 Variationen belegen. Die Zutaten auf dem bestrichenen Teigboden verteilen und den Teig nochmals gehen lassen. Das Backblech in den vorgeheizten Backofen schieben.
Ober-/Unterhitze: 200–220 °C
Heißluft: 180–200 °C
Backzeit: etwa 25 Minuten.

Tipp: Die Mengenangaben einer Variation reichen für eine runde Pizza.

Für Gäste

Gemüsefladen

Zubereitungszeit: 80 Minuten, ohne Teiggehzeit
Backzeit: 15–20 Minuten je Backblech

Für den Hefeteig (für 24 Fladen):
1 Pck. (42 g) frische Hefe
500 ml (1/2 l) lauwarmes Wasser
600 g Weizen-Vollkornmehl
Salz

Für den Tomatenbelag (für 12 Fladen):
8–9 Tomaten
1/2 Topf Basilikum
frisch gemahlener Pfeffer
geriebener Käse zum Überbacken (z. B. Gouda, Emmentaler)

Für den Zucchinibelag (für 12 Fladen):
8–9 kleine Zucchini
3–4 Knoblauchzehen
4–5 TL Olivenöl
1/2 Topf Basilikum
geriebener Käse zum Überbacken (z. B. Gouda, Emmentaler)

Insgesamt:
E: 144 g, F: 96 g, Kh: 408 g,
kJ: 13800, kcal: 3288

1. Für den Teig die Hefe in einer kleinen Schüssel zerbröseln, 5–6 Esslöffel von dem Wasser dazugeben und mit einer Gabel vermischen. Das Mehl in eine Rührschüssel geben und in die Mitte eine Vertiefung eindrücken. Die Hefemischung hineingießen und mit etwas Mehl verrühren. Etwas von dem Mehl darüberstäuben. Die Rührschüssel zugedeckt etwa 15 Minuten an einem warmen Ort stehen lassen.
2. Anschließend das restliche Wasser (gut 400 ml) und etwas Salz zugeben und alles mit Handrührgerät mit Knethaken in etwa 5 Minuten zu einem glatten Teig verkneten. Teig nochmals zugedeckt an einem warmen Ort gehen lassen, bis er sich sichtbar vergrößert hat.
3. Teig mit Mehl bestäuben, auf der Arbeitsfläche nochmals gut durchkneten und etwa 1 cm dick ausrollen. 24 runde Fladen (Ø etwa 12 cm) ausschneiden oder mit einer kleinen Glasschüssel ausstechen. 12 Fladen zunächst kalt stellen. Den Backofen vorheizen.
4. Für den Tomatenbelag Tomaten waschen, abtrocknen, Stängelansätze entfernen und Tomaten in Scheiben schneiden. Basilikum abspülen, trocken tupfen, Blätter von den Stängeln zupfen und dann in Streifen schneiden.
5. Tomatenscheiben auf 12 Fladen legen, mit Salz und Pfeffer würzen und mit Basilikum und Käse bestreuen. Fladen auf ein Backblech (mit Backpapier belegt) legen und das Backblech in den vorgeheizten Backofen schieben.
Ober-/Unterhitze: etwa 200 °C
Heißluft: etwa 180 °C
Backzeit: 15–20 Minuten.
6. Inzwischen die restlichen 12 Fladen mit Zucchinibelag zubereiten. Dazu Zucchini waschen, abtrocknen, Enden abschneiden und Zucchini in dünne Scheiben schneiden. Knoblauch abziehen, durch eine Knoblauchpresse drücken und die Zucchinischeiben mit Knoblauch und etwas Salz in Öl anbraten. Basilikum abspülen, trocken tupfen, Blätter von den Stängeln zupfen und in Streifen schneiden.
7. Die restlichen 12 Fladen mit Zucchini belegen, mit Kräutern und Käse bestreuen und auf ein Backblech (mit Backpapier belegt) legen. Das Backblech in den heißen Backofen schieben und die restlichen Gemüsefladen **bei gleicher Backtemperatur 15–20 Minuten backen.**

Gemüsefladen

Gut vorzubereiten

Blätterteig-Tarteletts

Zubereitungszeit: 50 Minuten, ohne Auftau- und Kühlzeit
Backzeit: 20–25 Minuten je Form

2 Pck. (je 450 g) TK-Blätterteig (je 6 rechteckige Platten)
250 g TK-Blattspinat
1 Glas Spargelspitzen (Abtropfgewicht 200 g)
4 Tomaten (etwa 400 g)
200 g Schlagsahne
2 Eier (Größe M), Salz
frisch gemahlener Pfeffer
frisch geriebene Muskatnuss

Insgesamt:
E: 72 g, F: 245 g, Kh: 275 g,
kJ: 15135, kcal: 3615

1. Blätterteigplatten nach Packungsanleitung zugedeckt bei Zimmertemperatur auftauen lassen. Blattspinat nach Packungsanleitung auftauen lassen.
2. Aus den Blätterteigplatten mit einer runden Ausstechform oder mit einem Wasserglas (Ø etwa 4 cm) etwa 96 Teigplatten ausstechen. Teigplatten in eine Mini-Muffinform (für 24 Mini-Muffins, gefettet, mit Wasser besprenkelt) oder in eine Mini-Muffins-Backmatte aus Kautschuk legen (restliche Teigplatten zunächst kalt stellen und portionsweise abbacken) und leicht andrücken, so dass der Teigrand etwas übersteht.
3. Den Backofen vorheizen. Aufgetauten Blattspinat in einem Sieb gut abtropfen lassen und evtl. ausdrücken. Spargelspitzen ebenfalls abtropfen lassen und in kleine Stücke schneiden. Tomaten waschen, trocken tupfen, vierteln und Stängelansätze herausschneiden. Tomaten entkernen und dann in kleine Würfel schneiden. Sahne mit Eiern verschlagen, mit Salz, Pfeffer und Muskatnuss kräftig würzen.
4. Jeweils ein Viertel der vorbereiteten Tarteletts mit Spinat, Tomatenwürfeln und Spargelstückchen sowie 1 Esslöffel der Sahne-Ei-Mischung füllen. Die Form auf dem Rost in den vorgeheizten Backofen schieben.
Ober-/Unterhitze: etwa 180 °C
Heißluft: etwa 160 °C
Backzeit: 20–25 Minuten je Form.
5. Die Tarteletts nach dem Backen aus den Formen lösen und auf einen Kuchenrost legen. Die restlichen Tarteletts ebenso füllen und backen. Tarteletts warm oder kalt servieren.

Für Gäste

Deftige Laugenwaffeln

Zubereitungszeit: 45 Minuten, ohne Quellzeit

Für den Teig:
250 g Weizenmehl
150 g Roggenmehl (Type 1150)
4 Eier (Größe M)
600 ml Milch
100 ml Tomatensaft
3 reife Fleischtomaten (etwa 450 g)
1 Topf Basilikum, Salz
frisch gemahlener Pfeffer

Außerdem:
1 Becher (150 g) Crème fraîche

Insgesamt:
E: 93 g, F: 112 g, Kh: 323 g,
kJ: 11530, kcal: 2764

1. Für den Teig Weizenmehl mit Roggenmehl in einer Rührschüssel mischen. Eier, Milch und Tomatensaft hinzufügen. Die Zutaten mit Handrührgerät mit Rührbesen zunächst kurz auf niedrigster, dann auf höchster Stufe zu einem Teig verarbeiten.
2. Tomaten waschen, trocken tupfen, vierteln, entkernen und die Stängel-

Blätterteig-Tarteletts

Deftige Laugenwaffeln

ansätze herausschneiden. Tomatenviertel in kleine Würfel schneiden.
3. Basilikum abspülen und trocken tupfen. Die Blättchen von den Stängeln zupfen. Einige Blättchen zum Garnieren beiseitelegen.
4. Tomatenwürfel und Basilikumblättchen unter den Teig heben. Teig mit Salz und Pfeffer würzen und etwa 10 Minuten quellen lassen.
5. Jeweils 2–3 Esslöffel Teig in ein gut erhitztes, gefettetes Waffeleisen füllen und verstreichen. Die Waffeln goldbraun backen, mit einer Gabel oder einem Pfannenwender herausnehmen und einzeln auf einen Kuchenrost legen. Der Teig ergibt 12–15 Waffeln.
6. Die warmen Waffeln mit Crème fraîche und den beiseitegelegten Basilikumblättchen garnieren oder Crème fraîche dazureichen.

Tipp: Geben Sie einen Spritzer Tabasco in den Teig. Reichen Sie Bier zu den Laugenwaffeln.

Garnelen-Kokos-Tarte

Für Gäste

Garnelen-Kokos-Tarte

Zubereitungszeit: 50 Minuten, ohne Auftau- und Abkühlzeit
Backzeit: 35–40 Minuten

1 Pck. TK-King Prawns (Garnelen), geschält (Abtropfgewicht 225 g)
1 Bund Frühlingszwiebeln (100 g)
500 g gelbe, grüne und rote Paprikaschoten , 100 ml Olivenöl

Für den Teig:
100 g Weizenmehl (Type 550)
30 g Hartweizengrieß
40 g Kokosraspel
2 gestr. TL Currypulver
3 gestr. TL Dr. Oetker Backin
1 gestr. TL Salz, 50 g Joghurt
2 Eier (Größe M), 20 g Kokos- oder Bananen-Chips (Reformhaus)

Für die Form:
Semmelbrösel

Zum Garnieren:
etwas Grün von 1 Frühlingszwiebel

Insgesamt:
E: 84 g, F: 156 g, Kh: 149 g,
kJ: 9773, kcal: 2335

1. King Prawns nach Packungsanleitung auftauen lassen. Frühlingszwiebeln putzen, abspülen, abtropfen lassen, quer in dünne Ringe schneiden. Gelbe und grüne Paprika vierteln, entstielen, entkernen, die weißen Scheidewände entfernen, Schoten abspülen, in kleine Würfel schneiden.
2. 2 Esslöffel von dem Olivenöl in einem kleinen Topf erhitzen. Paprikawürfel darin zugedeckt etwa 2 Minuten dünsten. Zwiebelringe hinzugeben und kurz miterhitzen. Gemüse abkühlen lassen, bis es lauwarm ist.
3. Rote Paprika entstielen, in Ringe schneiden. Kerne und die weißen Scheidewände entfernen. Paprikaringe abspülen und trocken tupfen.
4. Aufgetaute Garnelen falls nötig entdarmen, abspülen, abtropfen lassen und in etwa 2 cm lange Stücke schneiden. Den Backofen vorheizen.
5. Für den Teig Mehl mit Grieß, Kokosraspel, Curry, Backpulver und Salz in einer Rührschüssel mischen. Joghurt, Eier und restliches Öl dazugeben und mit Handrührgerät mit Rührbesen unterrühren. Gedünstetes Gemüse mit der Flüssigkeit und Garnelen unterrühren.
6. Den Teig in eine Tarteform (Ø 26–28 cm, gefettet, mit Semmelbröseln ausgestreut) geben, verstreichen und mit den Paprikaringen belegen. Tarte mit Kokoschips bestreuen. Die Form auf dem Rost in den vorgeheizten Backofen schieben.
Ober-/Unterhitze: etwa 180 °C
Heißluft: etwa 160 °C
Backzeit: 35–40 Minuten.
7. Die Tarte in der Form auf einem Kuchenrost abkühlen lassen. Zum Garnieren das Grün der Frühlingszwiebel abspülen, trocken tupfen und schräg in lange, dünne Ringe schneiden. Ringe auf die Tarte legen, die Tarte lauwarm oder kalt servieren.

Gemüsetaschen

Einfach

Gemüsetaschen

Zubereitungszeit: 40 Minuten, ohne Auftauzeit
Backzeit: etwa 20 Minuten je Backblech

1 Pck. (450 g) TK-Blätterteig
12 Scheiben Frühstückschinken oder durchwachsener Speck
600 g vorgegartes Gemüse (z. B. Weißkohl, Erbsen, Bohnen, Keimlinge)

Zum Bestreichen:
1 Eigelb (Größe M)
3 EL Milch

Insgesamt:
E: 76 g, F: 152 g, Kh: 188 g, kJ: 10131, kcal: 2422

1. Blätterteigplatten nach Packungsanleitung zugedeckt auftauen lassen.
2. Schinken oder Speck in Würfel schneiden und in einer beschichteten Pfanne ohne weitere Fettzugabe ausbraten. Gemüse hinzugeben und unterrühren.
3. Aus den Blätterteigplatten mit einer runden Form (Ø etwa 10 cm) 10 runde Plätzchen ausstechen. Restlichen Blätterteig aufeinanderlegen (nicht verkneten!), auf einer leicht bemehlten Arbeitsfläche ausrollen und nochmals 2 Plätzchen (Ø etwa 10 cm) ausstechen. Den Backofen vorheizen.
4. Die untere Hälfte der Teigplätzchen jeweils mit etwas Gemüse belegen, dabei den Rand frei lassen. Die Teigränder mit kaltem Wasser bestreichen, die andere Teighälfte darüberklappen. Die Taschen an den Rändern evtl. mit einer Gabel gut andrücken. Die Taschen auf Backbleche (mit Backpapier belegt) legen.
5. Zum Bestreichen Eigelb mit Milch verschlagen und die Teigtaschen damit bestreichen. Die Backbleche nacheinander (bei Heißluft zusammen) in den vorgeheizten Backofen schieben.
Ober-/Unterhitze: etwa 200 °C
Heißluft: etwa 180 °C
Backzeit: etwa 20 Minuten je Backblech.
6. Die Gemüsetaschen vom Backpapier lösen und sofort servieren.

Abwandlung: Statt des Gemüses können die Taschen auch mit einer Hackfleischfüllung zubereitet werden: Dafür 750 g gemischtes Hackfleisch (halb Rind-, halb Schweinefleisch) in 4 Esslöffeln heißem Olivenöl anbraten. 2 in Würfel geschnittene Zwiebeln mit andünsten, die Hackfleischmasse mit Salz, Pfeffer und Oregano würzen und abkühlen lassen. Danach die Teigplätzchen weiter wie unter Punkt 3 beschrieben verarbeiten.

Raffiniert

Kartoffel-Forellen-Tarte

Zubereitungszeit: 50 Minuten, ohne Abkühlzeit
Backzeit: 40–45 Minuten

400 g festkochende Kartoffeln
1 Scheibe Toastbrot
75 ml Olivenöl
80 g Hartweizengrieß
3 gestr. TL Dr. Oetker Backin
1 gestr. TL Salz
1/2 Pck. (etwa 12 g) gehackter TK-Dill
2 Eiweiß (Größe M)
2 Eigelb (Größe M)
1 Becher (150 g) Crème fraîche
4 geräucherte Forellenfilets (etwa 250 g)

Für die Form:
Semmelbrösel

Insgesamt:
E: 91 g, F: 147 g, Kh: 136 g, kJ: 9337, kcal: 2236

1. Kartoffeln waschen, mit Schale etwa 25 Minuten gar kochen, abgießen, abschrecken und pellen. Kartoffeln durch die Kartoffelpresse drücken und abkühlen lassen.
2. Toastbrotscheibe entrinden, klein würfeln, in eine Schüssel geben, mit 1 Esslöffel von dem Olivenöl beträufeln und vermengen.
3. Grieß mit Backpulver, Salz und gefrorenem Dill in einer Rührschüssel mischen. Eiweiß steifschlagen. Den Backofen vorheizen.
4. Eigelb mit Crème fraîche und restlichem Olivenöl zum Grießgemisch geben und mit Handrührgerät mit Rührbesen unterrühren. Kartoffelmasse kurz unterrühren. 3 Forellenfilets in kleine Stücke zerteilen und kurz unterrühren. Eischnee unterheben.
5. Den Teig in eine Tarteform (Ø 26–28 cm, gefettet, mit Semmelbröseln

ausgestreut) füllen und verstreichen. Restliches Forellenfilet in Stücke zerteilen und darauf verteilen. Teig mit den vorbereiteten Weißbrotwürfeln bestreuen. Die Form auf dem Rost in den vorgeheizten Backofen schieben.
Ober-/Unterhitze: etwa 180 °C
Heißluft: etwa 160 °C
Backzeit: 40–45 Minuten.
6. Die Form auf einen Kuchenrost stellen. Die Tarte in der Form erkalten lassen oder lauwarm servieren.

Tipp: Die Kartoffel-Tarte mit Crème-fraîche-Klecksen und Dill garnieren.

Raffiniert

Käse-Feigen-Waffeln

Zubereitungszeit: 40 Minuten, ohne Quellzeit

Für den Teig:
500 g Weizenmehl
1 Pck. Dr. Oetker Backin
3 Eier (Größe M)
600 ml Milch
Salz
frisch gemahlener Pfeffer
400 g Mozzarella-Käse
200 g getrocknete Feigen
250–300 g magerer roher Schinken (z. B. Lachsschinken, Parmaschinken)

Nach Belieben zum Garnieren:
einige frische Kräuter (z. B. Petersilie, Kerbel oder Dill)

Insgesamt:
E: 226 g, F: 141 g, Kh: 502 g, kJ: 17939, kcal: 4288

1. Für den Teig Mehl mit Backpulver in einer Rührschüssel mischen. Eier und Milch hinzufügen. Die Zutaten mit Handrührgerät mit Rührbesen zu einem Teig verrühren und mit Salz und Pfeffer würzen. Den Teig etwa 10 Minuten quellen lassen.
2. Den Mozzarella abtropfen lassen. Von den Feigen die harten Stängel abschneiden. Mozzarella und Feigen in kleine Würfel schneiden und unter den Teig heben.
3. Jeweils etwa 2 Esslöffel Teig in ein gut erhitztes, gefettetes Waffeleisen füllen und verstreichen. Die Waffeln goldbraun backen, mit einer Gabel oder einem Pfannenwender herausnehmen und einzeln auf einen Kuchenrost legen. Der Teig ergibt 12–14 Waffeln.
4. Die warmen Waffeln mit Schinken auf einem großen Teller anrichten und nach Belieben mit Kräutern garnieren. Waffeln sofort servieren.

Tipp: Die Waffeln mit einer Cumberland-Sauce oder mit einem frischen Salat servieren. Für die Cumberland-Sauce 250 g rote Johannisbeeren waschen, entstielen, leicht zerdrücken und mit 6 Esslöffeln Gelierzucker bestreuen. Je 1 Bio-Zitrone und -Orange heiß waschen und ein 5 cm langes Stück von der Schale abschneiden. Schale jeweils in sehr feine Streifen schneiden. Früchte auspressen. 1 gewürfelte Zwiebel in 15 g zerlassener Butter andünsten. Johannisbeeren und den ausgepressten Saft unterrühren. 1 Teelöffel Senfkörner und 3 Pfefferkörner hinzufügen. Mit 1 Messerspitze gemahlenem Ingwer, 1 Esslöffel Worcestersauce, Salz und Cayennepfeffer würzen. Die Zutaten zum Kochen bringen und etwa 5 Minuten kochen lassen. Sauce erkalten lassen und mit Zitronen- und Orangenstreifen bestreuen.

Kartoffel-Forellen-Tarte

Käse-Feigen-Waffeln

Für Gäste

Kräuterkuchen mit Lachsstücken

Zubereitungszeit: 40 Minuten, ohne Auftauzeit
Backzeit: etwa 50 Minuten

250 g TK-Lachsfilet
1 Pck. (25 g) gehackter TK-Dill
1 EL körniger Senf
2 TL Zitronensaft, 1 gestr. TL Salz
1/2 Bund Schnittlauch

Für den Teig:
100 g Weizenmehl (Type 550)
30 g Hartweizengrieß
3 gestr. TL Dr. Oetker Backin
1/2 gestr. TL Salz
50 ml Buttermilch
2 Eier (Größe M)
100 ml Speiseöl

Für die Form:
Semmelbrösel

Insgesamt:
E: 78 g, F: 134 g, Kh: 107 g,
kJ: 8130, kcal: 1942

1. Lachsfilet auftauen lassen. Aufgetautes Lachsfilet abspülen, trocken tupfen und in etwa 1 cm große Würfel schneiden. Lachswürfel mit gefrorenem Dill, körnigem Senf, Zitronensaft und Salz mischen. Schnittlauch abspülen, trocken schütteln und in feine Röllchen schneiden.
2. Den Backofen vorheizen. Für den Teig Mehl mit Grieß, Backpulver, Salz und Schnittlauchröllchen in einer Rührschüssel mischen. Buttermilch, Eier und Öl dazugeben und mit Handrührgerät mit Rührbesen unterrühren. Lachs-Senf-Mischung mit einem Löffel kurz unterrühren.
3. Den Teig in eine Kastenform (25 x 11 cm, gefettet, mit Semmelbröseln ausgestreut) füllen und verstreichen. Die Form auf dem Rost in den vorgeheizten Backofen schieben.
Ober-/Unterhitze: etwa 180 °C
Heißluft: etwa 160 °C
Backzeit: etwa 50 Minuten.
4. Die Form auf einen Kuchenrost stellen. Den Kuchen etwa 10 Minuten in der Form stehen lassen, dann auf einen mit Backpapier belegten Kuchenrost stürzen. Den Kuchen umdrehen und erkalten lassen.

Raffiniert

Lachs-Tarte

Zubereitungszeit: 50 Minuten, ohne Kühl- und Abkühlzeit
Backzeit: etwa 30 Minuten

Für den Knetteig:
200 g Weizenmehl (Type 550)
1 gestr. TL Salz
2–3 EL kaltes Wasser
150 g Butter oder Margarine

Für den Belag:
1 Glas Kapern (Abtropfgewicht 60 g)
2 Becher (je 150 g) Crème fraîche
1 Ei (Größe M)
1 Prise Salz
Cayennepfeffer

Zum Garnieren:
1/2 Bund Dill
200 g gebeizter Lachs, in dünnen Scheiben

Insgesamt:
E: 76 g, F: 225 g, Kh: 158 g,
kJ: 13904, kcal: 3325

1. Für den Teig Mehl mit Salz in einer Rührschüssel mischen. Wasser und Butter oder Margarine hinzufügen. Die Zutaten mit Handrührgerät mit Knethaken zunächst kurz auf niedrigster, dann auf höchster Stufe gut durcharbeiten.
2. Anschließend den Teig auf der leicht bemehlten Arbeitsfläche kurz verkneten. Den Teig in Frischhaltefolie wickeln und etwa 30 Minuten kalt stellen.
3. Für den Belag Kapern in einem Sieb abtropfen lassen. Crème fraîche mit Ei, Salz und Cayennepfeffer verrühren. Die Masse abschmecken. Den Backofen vorheizen.
4. Den Teig und die Arbeitsfläche mit Mehl bestäuben. Den Teig zu einer

Kräuterkuchen mit Lachsstücken

Lachs-Tarte

Käse-Roulade

runden Platte (Ø etwa 32 cm) ausrollen. Die Teigplatte in eine Tarteform (Ø 26–28 cm, gefettet) legen und am Rand leicht andrücken.

5. Den Teigboden mit einer Gabel mehrfach einstechen und mit Kapern bestreuen. Crème-fraîche-Masse darauf verteilen. Die Form auf dem Rost in den vorgeheizten Backofen schieben.

Ober-/Unterhitze: etwa 200 °C
Heißluft: etwa 180 °C
Backzeit: etwa 30 Minuten.

6. Die Form auf einen Kuchenrost stellen und etwas abkühlen lassen. Dill abspülen, trocken tupfen und in kleine Stängel zupfen. Lauwarme Tarte mit Lachs und Dill belegen. Die Tarte lauwarm servieren.

Tipp: Lachs-Tarte mit Dillzweigen und Zitronenspalten garnieren und mit einem Salat aus Feldsalat und Orangenfilets servieren.

Vegetarisch

Käse-Roulade

Zubereitungszeit: 50 Minuten, ohne Abkühlzeit
Backzeit: etwa 15 Minuten

Für den Teig:
50 g Butter
50 g Weizenmehl
250 ml (1/4 l) Milch
150 g geriebener Bergkäse
4 Eigelb (Größe M), Salz
frisch gemahlener Pfeffer
geriebene Muskatnuss
4 Eiweiß (Größe M)

Für die Füllung:
je 1 gelbe und grüne Paprikaschote
1 Bund Schnittlauch
300 g Doppelrahm-Frischkäse
Cayennepfeffer

Zum Bestreuen:
50 g geriebener Bergkäse

Insgesamt:
E: 133 g, F: 241 g, Kh: 68 g,
kJ: 12516, kcal: 2989

1. Für den Teig Butter in einem Topf zerlassen, Mehl hinzufügen und goldgelb andünsten. Milch nach und nach unter Rühren dazugießen. Alles unter Rühren gut aufkochen lassen, dann den Topf von der Kochstelle nehmen. Den Käse darin schmelzen und die Masse etwas abkühlen lassen.

2. Den Backofen vorheizen. Eigelb unter die abgekühlte Milch-Käse-Masse rühren und die Masse mit Salz, Pfeffer und Muskat würzen.

3. Eiweiß steifschlagen und unterheben. Die Teigmasse auf einem Backblech (30 x 40 cm, gefettet, mit Backpapier belegt) verteilen und verstreichen. Das Backblech in den vorgeheizten Backofen schieben.

Ober-/Unterhitze: etwa 180 °C
Heißluft: etwa 160 °C
Backzeit: etwa 15 Minuten.

4. Die Teigplatte mit dem Backpapier vom Backblech auf einen Kuchenrost ziehen und etwas abkühlen lassen.

5. Für die Füllung inzwischen Paprika halbieren, entstielen, entkernen, die weißen Scheidewände entfernen, Schoten waschen und in sehr kleine Würfel schneiden. Schnittlauch abspülen, trocken schütteln und in feine Röllchen schneiden.

6. Frischkäse mit Paprikawürfeln und Schnittlauchröllchen verrühren und mit Salz, Pfeffer und Cayennepfeffer abschmecken.

7. Die Käseteigplatte auf dem Backpapier quer halbieren und jede Platte mit der Käse-Paprika-Masse bestreichen. Platte mit Hilfe des Backpapiers zu zwei kleinen Rouladen aufrollen. Die Rouladen mit Käse bestreuen und kurz (der Käse wird sonst flüssig) unter dem Grill gratinieren, bis der Käse auf den Rouladen zerlaufen ist.

8. Die Rouladen jeweils in etwa 30 Scheiben schneiden und auf einer Platte anrichten.

Für Gäste

Schnecken mit roter Frischkäsefüllung

Zubereitungszeit: 60 Minuten, ohne Kühlzeit
Backzeit: etwa 20 Minuten je Backblech

Für die Füllung:
40 g getrocknete, in Öl eingelegte Tomaten
100 g Doppelrahm-Frischkäse
2 TL Tomatenmark
20 g Weizenmehl
20 g geriebener Parmesan-Käse
frisch gemahlener Pfeffer

Für den Knetteig:
200 g Weizenmehl (Type 550)
1/2 gestr. TL Dr. Oetker Backin
1/2 gestr. TL Salz, 1 Ei (Größe M)
80 g weiche Butter oder Margarine
3 EL kaltes Wasser

Insgesamt:
E: 51 g, F: 116 g, Kh: 178 g, kJ: 8290, kcal: 1980

1. Für die Füllung Tomaten in einem Sieb abtropfen lassen. Tomaten mit einem Messer fein hacken und mit Frischkäse, Tomatenmark, Mehl und Parmesan in einer Schüssel mit einer Gabel vermengen. Die Mischung mit Pfeffer würzen.
2. Für den Teig Mehl mit Backpulver in einer Rührschüssel mischen. Salz, Ei, Butter oder Margarine und Wasser hinzufügen. Die Zutaten mit Handrührgerät mit Knethaken zunächst auf niedrigster, dann auf höchster Stufe gut durcharbeiten.
3. Anschließend den Teig auf der leicht bemehlten Arbeitsfläche kurz verkneten. Den Teig zu einem Rechteck (etwa 30 x 50 cm) ausrollen.
4. Frischkäsemasse klecksweise darauf verteilen und mit einem Messer verstreichen, dabei rundherum einen etwa 1 cm breiten Rand lassen.

Schnecken mit roter und grüner Frischkäsefüllung

5. Den Teig von der langen Seite aus aufrollen. Die Rolle in der Mitte quer durchschneiden, Rollen auf ein Schneidbrett legen, mit Frischhaltefolie bedecken und 2–3 Stunden kalt stellen.
6. Den Backofen vorheizen. Die Rollen nacheinander mit einem Sägemesser in etwa 1 cm breite Scheiben schneiden. Die Scheiben auf Backbleche (mit Backpapier belegt) legen. Die Backbleche nacheinander (bei Heißluft zusammen) in den vorgeheizten Backofen schieben.
Ober-/Unterhitze: etwa 180 °C
Heißluft: etwa 160 °C
Backzeit: etwa 20 Minuten je Backblech.
7. Die Schnecken mit dem Backpapier von den Backblechen auf Kuchenroste ziehen und erkalten lassen.

Tipp: Rühren Sie einige gehackte Basilikumblättchen unter die Füllung.

Beliebt

Schnecken mit grüner Frischkäsefüllung

Zubereitungszeit: 50 Minuten, ohne Kühlzeit
Backzeit: etwa 20 Minuten je Backblech

Für die Füllung:
50 g grüne Oliven ohne Stein
1 Bund glatte Petersilie
1 TL gerebelter Thymian
100 g Doppelrahm-Frischkäse
20 g Weizenmehl
20 g geriebener Parmesan-Käse
frisch gemahlener Pfeffer

Für den Knetteig:
200 g Weizenmehl (Type 550)
1/2 gestr. TL Dr. Oetker Backin
1/2 gestr. TL Salz

1 Ei (Größe M)
80 g weiche Butter oder Margarine
3 EL kaltes Wasser

Insgesamt:
E: 48 g, F: 121 g, Kh: 168 g,
kJ: 8215, kcal: 1962

1. Für die Füllung Oliven in einem Sieb abtropfen lassen. Petersilie abspülen, trocken tupfen, die Blätter abzupfen und fein hacken. Oliven mit dem Messer oder im Zerkleinerer fein hacken. Oliven mit Petersilie, Thymian, Frischkäse, Mehl und Parmesan in einer Schüssel mit einer Gabel vermengen und mit Pfeffer würzen.
2. Für den Teig Mehl mit Backpulver in einer Rührschüssel mischen. Salz, Ei, Butter oder Margarine und Wasser hinzufügen. Die Zutaten mit Handrührgerät mit Knethaken zunächst auf niedrigster, dann auf höchster Stufe gut durcharbeiten.
3. Anschließend den Teig auf der leicht bemehlten Arbeitsfläche kurz verkneten. Den Teig zu einem Rechteck (etwa 30 x 50 cm) ausrollen.
4. Frischkäsemasse klecksweise darauf verteilen und mit einem Messer verstreichen, dabei rundherum einen etwa 1 cm breiten Rand lassen.
5. Den Teig von der langen Seite aus aufrollen. Die Rolle in der Mitte quer durchschneiden, Rollen auf ein Schneidbrett legen, mit Frischhaltefolie bedecken und 2–3 Stunden kalt stellen.
6. Den Backofen vorheizen. Die Rollen nacheinander mit einem Sägemesser in etwa 1 cm breite Scheiben schneiden. Die Scheiben auf Backbleche (mit Backpapier belegt) legen. Die Backbleche nacheinander (bei Heißluft zusammen) in den vorgeheizten Backofen schieben.
Ober-/Unterhitze: etwa 180 °C
Heißluft: etwa 160 °C
Backzeit: etwa 20 Minuten je Backblech.
7. Die Schnecken mit dem Backpapier von den Backblechen auf Kuchenroste ziehen und anschließend erkalten lassen.

Beliebt

Muffins mit Schafkäse und Oliven

Zubereitungszeit: 30 Minuten
Backzeit: etwa 25 Minuten

Für den Teig:
125 g Schafkäse
12 schwarze Oliven ohne Stein
250 g Weizenmehl
2 gestr. TL Dr. Oetker Backin
1/2 gestr. TL Natron, etwas Salz
2 Eier (Größe M)
75 ml Olivenöl, 150 ml Milch
1 gestr. EL Oregano

Ingesamt:
E: 70 g, F: 160 g, Kh: 196 g,
kJ: 11013, kcal: 2630

1. Den Schafkäse fein würfeln. Die Oliven vierteln. Den Backofen vorheizen.
2. Mehl mit Backpulver und Natron in einer Rührschüssel mischen. Salz, Eier, Öl und Milch hinzufügen.
3. Die Zutaten mit Handrührgerät mit Knethaken zu einem Teig verarbeiten. Zuletzt Oregano, Schafkäse und Oliven unterheben.
4. Den Teig in einer Muffinform (für 12 Muffins, gefettet, gemehlt) verteilen. Danach die Form auf dem Rost in den vorgeheizten Backofen schieben.
Ober-/Unterhitze: etwa 180 °C
Heißluft: etwa 160 °C
Backzeit: etwa 25 Minuten.
5. Nach dem Backen die Muffins etwa 5 Minuten in der Form stehen lassen, dann lösen und lauwarm servieren.

Muffins mit Schafkäse und Oliven

Herzhaft

Muffins mit Cabanossi

Zubereitungszeit: 45 Minuten, ohne Abkühlzeit
Backzeit: 30–35 Minuten

Für den Teig:
200 g Zwiebeln , 50 ml Olivenöl
230 g Cabanossi (Knoblauchwurst)
170 g Weizen-Vollkornmehl
50 g Hartweizengrieß
3 gestr. TL Dr. Oetker Backin
1 gestr. TL Salz
1 gestr. TL Paprikapulver edelsüß
150 ml Buttermilch, 2 Eier (Größe M)

Für die Form:
Semmelbrösel

Insgesamt:
E: 77 g, F: 144 g, Kh: 162 g,
kJ: 9414, kcal: 2249

1. Zwiebeln abziehen und in kleine Würfel schneiden. Öl in einem kleinen Topf erhitzen. Zwiebelwürfel darin andünsten und zugedeckt etwa 5 Minuten bei schwacher Hitze dünsten lassen. Zwiebeln abkühlen lassen. Cabanossi in etwa 1/2 cm kleine Würfel schneiden. Den Backofen vorheizen.
2. Mehl, Grieß, Backpulver, Salz und Paprikapulver in einer Rührschüssel mischen. Buttermilch, Eier und lauwarme Zwiebelwürfel mit dem Olivenöl dazugeben und mit Handrührgerät mit Rührbesen unterrühren. Drei Viertel der Cabanossiwürfel unterrühren.
3. Den Teig in einer Muffinform (für 12 Muffins, gefettet, mit Semmelbröseln ausgestreut) verteilen und mit den restlichen Cabanossiwürfeln bestreuen. Die Form auf dem Rost in den vorgeheizten Backofen schieben.
Ober-/Unterhitze: etwa 200 °C
Heißluft: etwa 180 °C
Backzeit: 30–35 Minuten.
4. Die Form auf einen Kuchenrost stellen. Muffins etwa 5 Minuten in der Form stehen lassen, dann aus der Form lösen und auf einem mit Backpapier belegten Kuchenrost erkalten lassen.

Tipp: Die Cabanossi können Sie durch Mettenden oder Salami ersetzen. Wer es gern scharf mag, verwendet Chorizo oder Kolbasz. Beide Wurstsorten sind mit Paprika gewürzt und auch nach dem Backen noch scharf.

Raffiniert

Pikanter Rosettenkuchen

Zubereitungszeit: 60 Minuten
Backzeit: etwa 60 Minuten

Für die Füllung:
1 Glas Kürbisfleisch (Abtropfgewicht 200 g)
2 Bund Schnittlauch
1 Bund Basilikum
2 Rollen Schinken-Zwiebel-Mettwurst (je 200 g, aus dem Kühlregal)
50 g Crème fraîche
frisch gemahlener Pfeffer

Für den Quark-Öl-Teig:
250 g Weizenmehl
3 gestr. TL Dr. Oetker Backin
1/2 gestr. TL Salz
125 g Magerquark, 4 EL Milch
3 EL Speiseöl, 1 Ei (Größe M)

Für die Form:
Semmelbrösel

Insgesamt:
E: 125 g, F: 169 g, Kh: 211 g,
kJ: 12030, kcal: 2876

1. Für die Füllung Kürbis in einem Sieb abtropfen lassen und in sehr kleine Würfel schneiden. Schnittlauch und Basilikum abspülen und trocken tupfen. Schnittlauch in feine Röllchen schneiden. Die Hälfte der Basilikumblätter in Streifen schneiden.
2. Mettwurst in eine Schüssel geben und mit einer Gabel in kleine Stücke zupfen. Kürbiswürfel, Schnittlauchringe, Basilikumstreifen und Crème fraîche hinzufügen. Die Zutaten mit einer Gabel verkneten. Die Masse mit Pfeffer abschmecken. Den Backofen vorheizen.

Muffins mit Cabanossi

Pikanter Rosettenkuchen

Salziger Kleckselkuchen

3. Für den Teig Mehl mit Backpulver und Salz in einer Rührschüssel mischen. Quark, Milch, Speiseöl und Ei hinzufügen. Die Zutaten mit Handrührgerät mit Knethaken auf höchster Stufe in etwa 1 Minute zu einem glatten Teig verarbeiten (nicht zu lange, Teig klebt sonst).
4. Anschließend den Teig auf einer bemehlten Arbeitsfläche zu einem Rechteck (etwa 50 x 40 cm) ausrollen. Die Füllung auf dem Teig verteilen, dabei rundherum einen etwa 1 cm breiten Rand frei lassen. Den Teig von der langen Seite aus aufrollen. Die Rolle mit einem Sägemesser in 12 Scheiben schneiden.
5. Die Teigscheiben dicht aneinander in eine Springform (Ø 26 cm, Boden gefettet, mit Semmelbröseln ausgestreut) legen. Die Form auf dem Rost in den vorgeheizten Backofen schieben.
Ober-/Unterhitze: etwa 180 °C
Heißluft: etwa 160 °C
Backzeit: etwa 60 Minuten.
6. Die Form auf einen Kuchenrost stellen. Nach etwa 10 Minuten den Springformrand mit einem Messer lösen und entfernen. Den Kuchen etwas abkühlen lassen.
7. Danach den lauwarmen Kuchen vom Springformboden lösen, auf eine Tortenplatte legen und mit restlichem Basilikum garnieren.

Für Gäste – raffiniert

Salziger Kleckselkuchen

Zubereitungszeit: 60 Minuten, ohne Abkühlzeit
Backzeit: etwa 30 Minuten

Für den Rührteig:
1 Zwiebel
1 Würfel (50 g) Krebssuppenpaste
1 Glas Kapern (Abtropfgewicht 30 g)
abgeriebene Schale von 1 Bio-Zitrone (unbehandelt, ungewachst)
2 EL Olivenöl
50 g schwarze Olivenringe (aus dem Glas)
1 TL getrockneter Thymian
170 g Butter oder Margarine
1 gestr. TL Salz, 4 Eier (Größe M)
300 g Weizenmehl (Type 550)
2 gestr. TL Dr. Oetker Backin
5 EL Wasser

Insgesamt:
E: 80 g, F: 209 g, Kh: 231 g,
kJ: 13728, kcal: 3281

1. Für den Teig Zwiebel abziehen und fein würfeln. Krebssuppenpaste in einer Pfanne ohne Fett zerlassen. Zwiebelwürfel unterrühren und abkühlen lassen.
2. Kapern in einem Sieb abtropfen lassen. Kapern mit Zitronenschale und 1 Esslöffel vom Olivenöl verrühren. Olivenringe mit restlichem Olivenöl und Thymian vermengen. Den Backofen vorheizen.
3. Butter oder Margarine mit Handrührgerät mit Rührbesen auf höchster Stufe geschmeidig rühren. Salz unterrühren. Eier nach und nach unterrühren (jedes Ei etwa 1/2 Minute). Mehl mit Backpulver mischen und in 2 Portionen abwechselnd mit Wasser unterrühren.
4. Teig dritteln. Unter ein Drittel die Zwiebelmasse, unter das zweite Drittel die Oliven und unter den restlichen Teig die Kapern rühren.
5. Teigsorten abwechselnd in Klecksen dicht aneinander in eine Pizza- oder Tarteform (Ø 28 cm, gefettet) geben. Die Form auf dem Rost in den vorgeheizten Backofen schieben.
Ober-/Unterhitze: etwa 200 °C
Heißluft: etwa 180 °C
Backzeit: etwa 30 Minuten.
6. Die Form auf einen Kuchenrost stellen. Den Kuchen etwas abkühlen lassen und lauwarm servieren.

Tipp: Dazu schmeckt Tomaten-Rucola-Salat. Krebssuppenpaste finden Sie im gut sortierten Supermarkt, beim Fischhändler und im Asia-Laden.

Mini-Pizza

Für Kinder

Mini-Pizza

Zubereitungszeit: 60 Minuten, ohne Teiggehzeit
Backzeit: etwa 20 Minuten je Backblech

Für den Hefeteig:
625 g Weizenmehl
2 Pck. Dr. Oetker Trockenbackhefe
2 gestr. TL Zucker
1 gestr. TL Salz, 5 EL Speiseöl
500 ml (1/2 l) lauwarmes Wasser

Für den Belag:
400 g TK-Brokkoliröschen
Salz
500 g kleine Tomaten
1–2 EL Tomatenketchup
200 g Salami, in Scheiben
frisch gemahlener Pfeffer
gerebelter Oregano
500 g geriebener Mozzarella- oder Gouda-Käse

Zum Bestreuen:
einige Basilikumblättchen

Insgesamt:
E: 245 g, F: 243 g, Kh: 555 g,
kJ: 22713, kcal: 5426

1. Für den Teig Mehl in eine Rührschüssel geben und sorgfältig mit der Trockenbackhefe vermischen. Zucker, Salz, Öl und Wasser hinzufügen und alles mit Handrührgerät mit Knethaken kurz auf niedrigster, dann auf höchster Stufe in etwa 5 Minuten zu einem glatten Teig verarbeiten. Den Teig zugedeckt so lange an einem warmen Ort gehen lassen, bis er sich sichtbar vergrößert hat (etwa 30 Minuten).
2. In der Zwischenzeit für den Belag Brokkoliröschen in Salzwasser nach Packungsanleitung vorgaren und abtropfen lassen. Tomaten waschen, abtrocknen und in Scheiben schneiden, dabei die Stängelansätze herausschneiden.
3. Den Teig leicht mit Mehl bestäuben, aus der Schüssel nehmen und auf der leicht bemehlten Arbeitsfläche nochmals gut durchkneten. Den Teig in 12 gleich große Stücke teilen, zu Kugeln formen und jeweils zu einer Platte (Ø etwa 12 cm) ausrollen. Den Backofen vorheizen. Jeweils 4 Teigplatten auf ein ausreichend großes Stück Backpapier legen und mit Tomatenketchup bestreichen, dabei am Rand etwa 1 cm frei lassen.
4. Salami, Brokkoli und Tomaten darauflegen, mit Salz, Pfeffer und Oregano bestreuen und den Käse darauf verteilen. Das Backpapier auf Backbleche ziehen. Die Backbleche nacheinander (bei Heißluft zusammen) in den vorgeheizten Backofen schieben.
Ober-/Unterhitze: etwa 200 °C
Heißluft: etwa 180 °C
Backzeit: etwa 20 Minuten je Backblech.
5. Die Pizzen vor dem Servieren mit Basilikum bestreuen.

Tipp: Bereiten Sie Teig und Belag für die Mini-Pizzen vor und belegen Sie die Pizzen gemeinsam mit Ihren Gästen. Sie können den gegangenen Teig auch halbieren. Jede Teighälfte auf einem Backblech (30 x 40 cm, gefettet, mit Backpapier belegt) ausrollen, wie im Rezept angegeben belegen und anschließend backen (die Backzeit verlängert sich dann um 5–10 Minuten).

Abwandlung (Foto hinten): Für einen vegetarischen Belag 1/2 Bund Basilikum abspülen, trocken tupfen, die Blättchen von den Stängeln zupfen und fein hacken. 400 g Doppelrahm-Frischkäse mit 2 gehäuften Teelöffeln Senf, etwas Salz und Basilikumblättchen verrühren. 7–8 Tomaten waschen, abtrocknen, vierteln, die Stängelansätze herausschneiden und Tomaten in Würfel schneiden. 2–3 Gläser Champignonscheiben (Abtropfgewicht je 170 g) in einem Sieb abtropfen lassen. Je 150 g Blauschimmelkäse, Gouda und Raclettekäse fein würfeln. Die Teigplatten zunächst mit der Frischkäsemasse bestreichen, anschließend Tomaten, Pilze und Käse darauf verteilen und die Pizzen wie im Rezept angegeben backen.

Für Gäste

Pikante Brandteigringe

Zubereitungszeit: 60 Minuten, ohne Abkühlzeit
Backzeit: 25–30 Minuten *je* Backblech

Für den Brandteig:
250 ml (1/4 l) Wasser
50 g Butter oder Margarine
150 g Weizenmehl
30 g Speisestärke
Salz
frisch gemahlener Pfeffer
Paprikapulver edelsüß
4–5 Eier (Größe M)
1 Msp. Dr. Oetker Backin

Zum Bestreuen:
20 g Sesamsamen

Für den Quark:
4 Frühlingszwiebeln
2 rote Zwiebeln
1 kg Speisequark (20 % Fett i. Tr.)
6 EL Schnittlauchröllchen
6 EL gehackte Petersilie
4 EL Tomatenketchup
2 EL Tomatenmark
2 TL mittelscharfer Senf
Salz
frisch gemahlener Pfeffer

Insgesamt:
E: 181 g, F: 149 g, Kh: 214 g,
kJ: 12649, kcal: 3023

1. Für den Teig Wasser mit Butter oder Margarine am besten in einem Stieltopf zum Kochen bringen. Den Backofen vorheizen. Mehl und Speisestärke mit Salz, Pfeffer und Paprikapulver mischen. Mischung auf einmal in die von der Kochstelle genommene Flüssigkeit schütten, zu einem glatten Kloß rühren und den Kloß unter Rühren etwa 1 Minute erhitzen.
2. Den heißen Kloß sofort in eine Schüssel geben. Nach und nach Eier mit Handrührgerät mit Knethaken auf höchster Stufe unterarbeiten. Die Anzahl der Eier hängt von der Beschaffenheit des Teiges ab. Der Teig muss stark glänzen und so vom Löffel abreißen, dass lange Spitzen hängen bleiben.
3. Backpulver unter den erkalteten Teig arbeiten. Den Teig portionsweise in einen Spritzbeutel ohne Tülle oder mit großer Lochtülle geben und insgesamt 20 Ringe (Ø 6–8 cm) nicht zu dicht nebeneinander auf 2–3 Backbleche (gefettet, gemehlt) spritzen. Die Teigringe mit Sesam bestreuen. Die Backbleche nacheinander (bei Heißluft zusammen) in den vorgeheizten Backofen schieben.
Ober-/Unterhitze: 200–220 °C
Heißluft: 180–200 °C
Backzeit: 25–30 Minuten je Backblech.
4. Die Gebäckringe von den Backblechen lösen, auf einen Kuchenrost legen, noch warm waagerecht durchschneiden und erkalten lassen.
5. Für den Quark Frühlingszwiebeln putzen, waschen, abtropfen lassen und in feine Streifen schneiden. Zwiebeln abziehen und fein würfeln. Beide Zutaten mit Quark, Schnittlauchröllchen und Petersilie verrühren. Quark mit Tomatenketchup, Tomatenmark und Senf verrühren und mit Salz, Pfeffer und Paprikapulver würzen.
6. Die unteren Hälften der Gebäckringe mit der Quarkmasse bestreichen, die oberen Hälften darauflegen und etwas andrücken.

Tipp: Sie können die Brandteigringe bereits einige Zeit vorher backen und bei Ober-/Unterhitze bei etwa 200 °C (Heißluft: etwa 180 °C) in etwa 3 Minuten aufbacken.

Pikante Brandteigringe

Raffiniert

Mohnrollen mit Ingwer-Curry-Dip

Zubereitungszeit: 90 Minuten, ohne Abkühlzeit
Backzeit: 4–5 Minuten je Backblech

Für den Teig:
2 TL rosa Pfefferbeeren
1 gestr. TL Salz
140 g Weizenmehl
60 g gemahlener Mohn (Reformhaus)
100 g Butter oder Margarine
2 EL heller Speisesirup
1 Becher (150 g) Crème fraîche
4 Eiweiß (Größe M)

Für den Ingwer-Curry-Dip:
375 g Magerquark
300 g Joghurt
30 g frischer Ingwer
2 gestr. TL Currypulver
1 gestr. TL gemahlener Koriander
3–4 TL Honig
2 TL mittelscharfer Senf
2 geh. EL Ingwerkonfitüre
Salz, gemahlener Zimt

Insgesamt:
E: 108 g, F: 171 g, Kh: 225 g,
kJ: 12441, kcal: 2961

1. Für den Teig Pfefferbeeren mit Salz in einem Mörser fein zerstoßen und mit Mehl und Mohn mischen. Den Backofen vorheizen.
2. Butter oder Margarine und Sirup in eine Rührschüssel geben. Die Zutaten mit Handrührgerät mit Rührbesen auf höchster Stufe geschmeidig rühren. Die Mehlmischung und Crème fraîche unterrühren. Eiweiß steifschlagen und unterheben.
3. Jeweils etwa 3 Teelöffel Teig in breiten Abständen voneinander auf Backbleche (gefettet, mit Backpapier belegt) setzen. Die Teighäufchen mit einer Backpalette oder einem Messer zu dünnen Platten (Ø etwa 10 cm) verstreichen. Die Backbleche nacheinander (bei Heißluft zusammen) in den vorgeheizten Backofen schieben.
Ober-/Unterhitze: etwa 200 °C
Heißluft: etwa 180 °C
Backzeit: 4–5 Minuten je Backblech.
4. Die Gebäckplatten sofort nach dem Backen mit einem Messer an einer Seite vom Backblech lösen und mit Hilfe eines Kochlöffelstiels aufrollen. Die Rollen auf einen Kuchenrost legen, Kochlöffelstiel herausziehen und erkalten lassen. Die erkalteten Rollen bis zum Verzehr in einer gut schließenden Dose aufbewahren.
5. Für den Dip Quark und Joghurt in eine Schüssel geben. Ingwer schälen, fein reiben und mit Currypulver, Koriander, Honig, Senf und Ingwerkonfitüre gut verrühren. Den Dip mit Salz und Zimt abschmecken und zu den Mohnrollen servieren.

Tipp: Wenn die Gebäckplatten zu stark abgekühlt sind, lassen sie sich nicht mehr rollen. Dann das Backblech nochmals kurz in den Backofen schieben, bis die Gebäckplatten wieder warm sind. Falls Sie keine Ingwerkonfitüre verwenden möchten, können Sie stattdessen zusätzlich 2 Teelöffel Honig unter den Dip rühren.

Mohnrollen mit Ingwer-Curry-Dip

Mit Alkohol

Pikanter Käsekuchen mit Korinthen

Zubereitungszeit: 45 Minuten, ohne Einweich- und Abkühlzeit
Backzeit: 40–45 Minuten

Zum Vorbereiten:
100 g Korinthen
4 EL roter Portwein
100 g Butter oder Margarine

Für den Teig:
100 g Weizenmehl (Type 550)
50 g Hartweizengrieß
4 gestr. TL Dr. Oetker Backin
1 TL gerebelter Thymian
100 g geriebener Parmesan-Käse
50 ml Buttermilch
2 Eier (Größe M)
100 g Edelpilzkäse (Blauschimmelkäse, 50 % Fett i. Tr.)

Für die Form:
Semmelbrösel

Pikanter Käsekuchen mit Korinthen

Mini-Brioche, salzig

Insgesamt:
E: 86 g, F: 166 g, Kh: 190 g,
kJ: 11259, kcal: 2690

1. Korinthen in ein Sieb geben, mit heißem Wasser abspülen und abtropfen lassen. Portwein leicht erwärmen und die Korinthen darin einweichen. Butter oder Margarine zerlassen und abkühlen lassen. Den Backofen vorheizen.
2. Für den Teig Mehl mit Grieß, Backpulver, Thymian und Parmesan in einer Rührschüssel mischen. Buttermilch, Eier und Butter oder Margarine dazugeben und mit Handrührgerät mit Rührbesen unterrühren.
3. Edelpilzkäse in kleine Stücke teilen und zusammen mit den eingeweichten Korinthen und der Flüssigkeit mit einem Löffel unter den Teig rühren.
4. Den Teig in eine Kastenform (25 x 11 cm, gefettet, mit Semmelbröseln ausgestreut) füllen und verstreichen. Die Form auf dem Rost in den vorgeheizten Backofen schieben.
Ober-/Unterhitze: etwa 180 °C
Heißluft: etwa 160 °C
Backzeit: 40–45 Minuten.
5. Die Form auf einen Kuchenrost stellen. Kuchen etwa 10 Minuten in der Form stehen lassen, dann auf einen mit Backpapier belegten Kuchenrost stürzen. Kuchen wieder umdrehen und erkalten lassen.

Tipp: Den Kuchen mit etwas Thymian garnieren und weiche Butter oder Crème fraîche dazu servieren.

Für Gäste

Mini-Brioche, salzig

Zubereitungszeit: 30 Minuten
Backzeit: 25–30 Minuten

Für den Brandteig:
250 ml (1/4 l) Milch
50 g Butter oder Margarine
1 gestr. TL Salz
frisch gemahlener Pfeffer
150 g Weizenmehl
3–4 Eier (Größe M)
1 Msp. Dr. Oetker Backin
125 g gekochte Pellkartoffeln, gepellt und erkaltet
evtl. 1/2 TL Tapenade (Olivenpaste)

Insgesamt:
E: 54 g, F: 75 g, Kh: 147 g,
kJ: 6521, kcal: 1557

1. Für den Teig Milch mit Butter oder Margarine, Salz und Pfeffer am besten in einem Stieltopf zum Kochen bringen. Den Backofen vorheizen.
2. Mehl auf einmal in die von der Kochstelle genommene Flüssigkeit schütten, zu einem glatten Kloß rühren und unter Rühren etwa 1 Minute erhitzen.
3. Den heißen Kloß sofort in eine Rührschüssel geben und nach und nach Eier mit Handrührgerät mit Knethaken auf höchster Stufe unterarbeiten. Die Eiermenge hängt von der Beschaffenheit des Teiges ab – er muss stark glänzen und so von einem Löffel abreißen, dass lange Spitzen hängen bleiben.
4. Backpulver, durch eine Presse gedrückte Pellkartoffeln und nach Belieben Tapenade unter den erkalteten Teig arbeiten. Den Teig in 8–9 Mini-Gugelhupf-Formen (Ø etwa 10 cm, gefettet, gemehlt) füllen. Die Formen auf dem Rost in den vorgeheizten Backofen schieben.
Ober-/Unterhitze: 180–200 °C
Heißluft: 160–180 °C
Backzeit: 25–30 Minuten.
5. Das Gebäck etwa 5 Minuten in den Formen stehen lassen, dann aus den Formen stürzen und lauwarm servieren.

Tipp: Mini-Brioche mit einem Salat servieren.

Für Kinder

Mettkuchen

Zubereitungszeit: 40 Minuten
Backzeit: etwa 50 Minuten

100 g Staudensellerie
1 Möhre (100 g)
5 Stängel Basilikum

Für den Teig:
100 g Weizenmehl (Type 550)
30 g Weizen-Vollkorngrieß
3 gestr. TL Dr. Oetker Backin
30 g geriebener Parmesan-Käse
50 ml Milch, 2 Eier (Größe M)
75 ml Olivenöl
300 g Schinken-Zwiebel-Mettwurst oder gewürztes Schweinemett (Thüringer Mett)

Für die Form:
Semmelbrösel

Insgesamt:
E: 93 g, F: 176 g, Kh: 109 g,
kJ: 9983, kcal: 2385

1. Staudensellerie und Möhre putzen, abspülen und abtrocknen. Vom Staudensellerie die harten Außenfäden abziehen. Selleriestangen in sehr dünne Scheiben schneiden. Möhre schälen und in sehr kleine Würfel schneiden. Dann Basilikum abspülen, trocken tupfen, die Blätter abzupfen und in feine Streifen schneiden.
2. Den Backofen vorheizen. Für den Teig Mehl mit Grieß, Backpulver und Parmesan in einer Rührschüssel mischen. Milch, Eier und Olivenöl dazugeben und mit Handrührgerät mit Rührbesen unterrühren.
3. Möhrenwürfel, Selleriescheiben und Basilikumstreifen unter den Teig rühren. Mettwurst oder Schweinemett mit einem Messer in kleine Brocken teilen, zum Teig geben und mit einem Löffel vorsichtig unterrühren, so dass kleine Mettbrocken erhalten bleiben.
4. Teig in eine Kastenform (25 x 11 cm, gefettet, mit Semmelbröseln ausgestreut) füllen und verstreichen. Die Form auf dem Rost in den vorgeheizten Backofen schieben.
Ober-/Unterhitze: etwa 180 °C
Heißluft: etwa 160 °C
Backzeit: etwa 50 Minuten.
5. Die Form auf einen Kuchenrost stellen. Kuchen etwa 10 Minuten in der Form stehen lassen, dann auf einen mit Backpapier belegten Kuchenrost stürzen. Den Kuchen wieder umdrehen und erkalten lassen (Teig muss nicht gesalzen werden, weil Mett und Käse Salz enthalten).

Tipp: Der Mettkuchen kann in Scheiben geschnitten gut eingefroren werden. Die aufgetauten Mettkuchen-Scheiben in heißem Speiseöl kurz von beiden Seiten anbraten.

Schnell zubereitet

Gemüse-Quark-Kuchen

Zubereitungszeit: 20 Minuten
Backzeit: 30–35 Minuten

Für den Quarkkuchen:
1 Dose Gemüsemais (Abtropfgewicht 140 g)
1 Dose Erbsen (Abtropfgewicht 140 g)
1 rote Paprikaschote (200 g)
1/2 Bund Koriander oder glatte Petersilie
400 g Kräuterquark
200 g Schlagsahne
3 Eier (Größe M)
60 g Hartweizengrieß
Salz
frisch gemahlener Pfeffer
Paprikapulver rosenscharf

Zum Garnieren:
etwas Koriander oder glatte Petersilie

Insgesamt:
E: 79 g, F: 117 g, Kh: 109 g,
kJ: 7665, kcal: 1832

1. Den Backofen vorheizen. Mais und Erbsen in einem Sieb abtropfen lassen. Paprika entstielen, vierteln, entkernen, die weißen Scheidewände entfernen, die Viertel abspülen und in etwa 1/2 cm kleine Würfel schneiden.

2. Koriander oder Petersilie abspülen, trocken tupfen, die Blätter abzupfen und hacken.
3. Kräuterquark mit Sahne, Eiern und Grieß in einer Rührschüssel gut verrühren. Mais, Erbsen und Paprikawürfel kurz unterrühren. Die Masse mit Salz, Pfeffer und Paprika würzen, in eine Tarteform (Ø 26–28 cm, gefettet) füllen und verstreichen.
4. Die Form auf dem Rost in den vorgeheizten Backofen schieben.
Ober-/Unterhitze: etwa 200 °C
Heißluft: etwa 180 °C
Backzeit: 30–35 Minuten.
5. Die Form auf einen Kuchenrost stellen. Den Kuchen in der Form etwas abkühlen lassen und mit Koriander oder Petersilie garnieren. Den Gemüse-Quark-Kuchen lauwarm oder kalt servieren.

Beliebt

Gemüsetörtchen mit Ziegenkäse

Zubereitungszeit: 20 Minuten
Backzeit: etwa 20 Minuten

9 Yufka-Teigblätter (etwa 27 x 27 cm)
1 Zucchini (etwa 300 g)
300 g Cocktailtomaten
250 g Ziegenkäse (z. B. Ziegen-Gouda)
6 Stängel Thymian
frisch gemahlener Pfeffer

Insgesamt:
E: 720 g, F: 48 g, Kh: 48 g,
kJ: 9096, kcal: 2172

Gemüsetörtchen mit Ziegenkäse

1. Yufka-Teigblätter mit lauwarmem Wasser bepinseln und etwas weich werden lassen. Die Teigblätter dann in 4 gleich große Quadrate schneiden (am besten mit einer Schere). Den Backofen vorheizen.
2. Zucchini waschen, abtrocknen, die Enden abschneiden und Zucchini in dünne Scheiben schneiden. Die Tomaten waschen, abtrocknen, die Stängelansätze herausschneiden und Tomaten vierteln. Anschließend den Ziegenkäse würfeln.
3. Je 3 Teigquadrate versetzt übereinanderlegen und in je eine Vertiefung einer Muffinform (für 12 Muffins, gefettet, gemehlt) drücken. Zucchinischeiben, Tomatenviertel und Käsewürfel darauf verteilen.
4. Thymian kalt abspülen, trocken tupfen, die Blättchen von den Stängeln zupfen und die Törtchen damit bestreuen. Törtchen mit Pfeffer würzen. Die Muffinform auf dem Rost in den vorgeheizten Backofen schieben.
Ober-/Unterhitze: etwa 200 °C
Heißluft: etwa 180 °C
Backzeit: etwa 20 Minuten.
5. Die Gemüsetörtchen etwa 5 Minuten in der Form stehen lassen. Dann die Törtchen aus den Vertiefungen lösen und heiß oder kalt servieren.

Tipp: Reichen Sie die Gemüsetörtchen als Vorspeise oder als Häppchen auf einem Buffet. Anstelle von Ziegenkäse können Sie auch Gouda mit Kräutern verwenden. Sie können die Thymianstängel auch sehr gut durch Basilikum ersetzen. Yufka-Teig bekommen Sie in türkischen Lebensmittelläden.

Abwandlung: Anstelle von Yufka-Teig können Sie auch sehr gut TK-Blätterteig verwenden. Dazu 1 Packung Blätterteig (300 g, 6 Scheiben) bei Zimmertemperatur auftauen lassen, dann dünner ausrollen, die Blätterteig-Platten halbieren und die gefetteten Vertiefungen der Muffinform damit auslegen.

Für Gäste

Frittierte Tomaten-Mozzarella-Taschen

Zubereitungszeit: 90 Minuten, ohne Teiggehzeit

Für den Hefeteig:
250 g Weizenmehl (Type 550)
1/2 Pck. (21 g) frische Hefe
1 TL Zucker
125 ml (1/8 l) lauwarmes Wasser
1 gestr. TL Salz
1 EL Olivenöl

Für die Füllung:
2–3 mittelgroße Tomaten
250 g Mozzarella-Käse
1 Topf Basilikum
Salz
frisch gemahlener Pfeffer

Zum Frittieren:
etwa 1 l Speiseöl

Insgesamt:
E: 79 g, F: 365 g, Kh: 189 g,
kJ: 19025, kcal: 4547

1. Für den Teig Mehl in eine Schüssel geben und in die Mitte eine Vertiefung drücken. Hefe hineinbröckeln, Zucker und etwas Wasser hinzufügen. Alles mit einer Gabel vorsichtig verrühren und etwa 10 Minuten stehen lassen.
2. Salz, Öl und restliches Wasser hinzufügen und mit Handrührgerät mit Knethaken zunächst auf niedrigster, dann auf höchster Stufe in etwa 5 Minuten zu einem glatten Teig verarbeiten. Anschließend den Teig zugedeckt so lange an einem warmen Ort gehen lassen, bis er sich sichtbar vergrößert hat.
3. Für die Füllung Tomaten waschen, Stängelansätze entfernen und die Tomaten in etwa 12 dicke Scheiben schneiden. Mozzarella in einem Sieb abtropfen lassen und mit einem scharfen Messer in etwa 24 dünne Scheiben schneiden. Basilikum waschen, trocken tupfen und die Blättchen abzupfen.
4. Teig aus der Schüssel nehmen und auf der bemehlten Arbeitsfläche nochmals gut durchkneten. Den Teig auf bemehlter Arbeitsfläche etwa 3 mm dünn ausrollen. Mit einem runden Ausstecher (Ø etwa 10 cm) auf einer Teighälfte Kreise markieren. Auf jede Kreismitte nacheinander je eine Scheibe Mozzarella, Tomate und etwas Basilikum legen.
5. Die Füllung mit Salz und Pfeffer würzen und nochmals mit je einer Scheibe Mozzarella bedecken. Teigränder mit Wasser bestreichen. Zweite Teighälfte darüberklappen. Teig um die Füllung herum andrücken. Kreise ausstechen. Ränder festdrücken. Übrigen Teig und Füllung ebenso verarbeiten.
6. Zum Frittieren Öl auf etwa 180 °C erhitzen. Die Temperatur ist erreicht, wenn sich um einen in das Öl gehaltenen Holzlöffelstiel Bläschen bilden. Die Teigstücke portionsweise darin goldbraun frittieren, mit einer Schaumkelle herausheben und auf einem mit Küchenkrepp belegten Kuchenrost abtropfen lassen.

Raffiniert

Frischkäse-Teigtaschen

Zubereitungszeit: 60 Minuten

200 g Doppelrahm-Frischkäse
1 kleines Glas Seelachsschnitzel (85 g)
1 Bund Frühlingszwiebeln
1 Dose Gemüsemais (Abtropfgewicht 285 g)
1 Bund Dill
400 g Yufka-Teig (5 Teigblätter, türkischer Lebensmittelladen)

Zum Bestreichen:
1 Ei (Größe M)
3 EL Milch

Zum Frittieren:
etwa 1 1/2 l Speiseöl

Insgesamt:
E: 82 g, F: 163 g, Kh: 307 g,
kJ: 12745, kcal: 3046

1. Frischkäse mit abgetropften Seelachsschnitzeln verrühren. Frühlingszwiebeln putzen, waschen und in

Frittierte Tomaten-Mozzarella-Taschen

Frischkäse-Teigtaschen

Erdnuss-Muffins

feine Ringe schneiden. Mais abtropfen lassen. Dill abspülen, trocken tupfen und fein schneiden. Frühlingszwiebeln, Mais und Dill unter die Frischkäsemasse mischen.

2. Teigblätter auseinanderlegen und vierteln. Zum Bestreichen Ei mit Milch verquirlen. Auf je 1 Teigviertel 1 Esslöffel Käsemasse im unteren Drittel verteilen und die Teigränder großzügig mit Eiermilch bestreichen. Teigviertel zu Päckchen falten.

3. Öl auf etwa 180 °C erhitzen. Die Temperatur ist erreicht, wenn sich um einen in das Öl gehaltenen Holzlöffelstiel Bläschen bilden. Nach und nach alle Teigtaschen goldbraun frittieren, dann herausnehmen und auf Küchenpapier abtropfen lassen. Die Teigtaschen warm oder abgekühlt servieren.

Tipp: Anstelle von Seelachsschnitzeln kann auch 85 g fein gewürfelter Speck verwendet werden.

Für Kinder

Erdnuss-Muffins

Zubereitungszeit: 40 Minuten
Backzeit: etwa 25 Minuten

Für den Rührteig:
150 g gesalzene Erdnusskerne
100 g Butter oder Margarine
1 TL Zucker
1 Msp. Salz
4 Eier (Größe M)
200 g Weizenmehl (Type 550)
1 gestr. TL Dr. Oetker Backin
6 EL Wasser
1–2 EL Sojasauce

Zum Bestreuen:
50 g gesalzene Erdnusskerne

Insgesamt:
E: 108 g, F: 204 g, Kh: 168 g,
kJ: 13176, kcal: 3144

1. Für den Teig Erdnusskerne fein hacken. Den Backofen vorheizen. Butter oder Margarine mit Handrührgerät mit Rührbesen auf höchster Stufe geschmeidig rühren. Zucker und Salz unterrühren. Eier nach und nach unterrühren (jedes Ei etwa 1/2 Minute).

2. Mehl mit Backpulver mischen und abwechselnd mit dem Wasser und der Sojasauce in 2 Portionen auf mittlerer Stufe unterrühren. Erdnusskerne zuletzt unterrühren.

3. Dann den Teig in einer Muffinform (für 12 Muffins, gefettet, gemehlt) verteilen und mit den Erdnusskernen bestreuen. Die Form auf dem Rost in den vorgeheizten Backofen schieben.
Ober-/Unterhitze: etwa 180 °C
Heißluft: etwa 160 °C
Backzeit: etwa 25 Minuten.

4. Die Muffins etwa 5 Minuten in der Form stehen lassen, dann aus der Form lösen und auf einem Kuchenrost erkalten lassen.

Einfach

Brokkolikuchen

Zubereitungszeit: 45 Minuten, ohne Abkühlzeit
Backzeit: 40–45 Minuten

Für den Teig:
100 g Butter oder Margarine
350 g Brokkoli, Salz
100 g Kasseler-Aufschnitt, in Scheiben
100 g Weizenmehl (Type 550)
40 g Hartweizengrieß
4 gestr. TL Dr. Oetker Backin
50 g geriebener Parmesan-Käse
frisch gemahlener Pfeffer
50 ml Milch, 2 Eier (Größe M)

Für die Form:
Semmelbrösel

Insgesamt:
E: 74 g, F: 124 g, Kh: 117 g, kJ: 8104, kcal: 1934

1. Butter oder Margarine zerlassen und abkühlen lassen. Vom Brokkoli die Blätter entfernen. Brokkoli in kleine Röschen teilen, abspülen und abtropfen lassen. Von den Brokkolistängeln die Haut abziehen, die Stängel in kleine Würfel schneiden.
2. Etwas Wasser aufkochen lassen, leicht salzen, Brokkoliröschen und -würfel etwa 2 Minuten darin kochen lassen, mit der Schaumkelle herausnehmen und sofort in kaltem Wasser abschrecken. Brokkoliröschen und -würfel in einem Sieb abtropfen lassen. Den Backofen vorheizen. Kasseler-Aufschnitt klein würfeln.
3. Mehl mit Grieß, Backpulver, Parmesan und etwas Pfeffer in eine Rührschüssel geben und gut vermischen. Milch, Eier und Butter oder Margarine dazugeben und mit Handrührgerät mit Rührbesen unterrühren. Kasselerwürfel und Brokkoliröschen und -würfel mit einem Löffel unterrühren.
4. Den Teig in eine Kastenform (25 x 11 cm, gefettet, mit Semmelbröseln ausgestreut) füllen und verstreichen. Die Form auf dem Rost in den vorgeheizten Backofen schieben.
Ober-/Unterhitze: etwa 180 °C
Heißluft: etwa 160 °C
Backzeit: 40–45 Minuten.
5. Die Form auf einen Kuchenrost stellen. Den Kuchen etwa 10 Minuten stehen lassen, dann auf einen mit Backpapier belegten Kuchenrost stürzen. Den Kuchen wieder umdrehen und erkalten lassen. (Der Teig muss nicht gesalzen werden, weil Aufschnitt und Käse genug Salz enthalten.)

Tipp: Zum Garnieren eine Tomate vierteln, entkernen und in Würfel schneiden. Die Tomatenwürfel über den aufgeschnittenen Kuchen streuen. Zusätzlich noch etwas Thymian auf die Platte legen. Wer es deftig mag, serviert Kräuterquark oder Remouladensauce mit frischem Schnittlauch zum Brokkolikuchen.

Brokkolikuchen

Für Gäste

Camembert-Preiselbeer-Muffins

Zubereitungszeit: 25 Minuten
Backzeit: etwa 25 Minuten

Für den Teig:
75 g Preiselbeer-Auslese (aus dem Glas)
100 g Camembert
250 g Weizenmehl
2 gestr. TL Dr. Oetker Backin
1/2 gestr. TL Natron
150 g Joghurt
2 Eier (Größe M)
75 ml Speiseöl
75 ml Milch

Insgesamt:
E: 73 g, F: 120 g, Kh: 202 g, kJ: 9583, kcal: 2290

1. Für den Teig Preiselbeeren in ein Sieb geben und gut abtropfen lassen. Camembert in sehr kleine Würfel schneiden. Den Backofen vorheizen.
2. Mehl mit Backpulver und Natron in einer Rührschüssel mischen. Joghurt, Eier, Öl und Milch hinzufügen und die Zutaten mit Handrührgerät mit Knethaken zu einem Teig verarbeiten.
3. Preiselbeeren und Camembert kurz unter den Teig rühren. Den Teig in einer Muffinform (für 12 Muffins, gefettet, gemehlt) verteilen. Die Form auf dem Rost in den vorgeheizten Backofen schieben.
Ober-/Unterhitze: etwa 180 °C
Heißluft: etwa 160 °C
Backzeit: etwa 25 Minuten.
4. Die Muffins etwa 5 Minuten in der Form stehen lassen, dann herausnehmen und auf einem Kuchenrost etwas abkühlen lassen.

Tipp: Muffins schmecken lauwarm, serviert mit Crème fraîche, am besten. Man kann sie auch kurz vor dem Servieren noch einmal aufbacken.

Für Gäste

Fladenkuchen mit Lauch

Zubereitungszeit: 30 Minuten, ohne Teiggeh- und Abkühlzeit
Backzeit: etwa 30 Minuten

Für den Hefeteig:
250 g Weizenmehl (Type 550)
1 Pck. Dr. Oetker Trockenbackhefe
1 gestr. TL Salz
125 ml (1/8 l) lauwarmes Wasser
1 TL flüssiger Honig
6 EL Olivenöl

Für den Belag:
400 g Porree (Lauch)
2 EL Speiseöl
1/2 gestr. TL gerebelter Thymian
Salz
frisch gemahlener Pfeffer
250 g Schmand (Sauerrahm)
1 Ei (Größe M)
geriebene Muskatnuss
150 g Bacon (Frühstücksspeck), in Scheiben

Zum Garnieren:
einige Stängel Thymian

Insgesamt:
E: 74 g, F: 193 g, Kh: 216 g,
kJ: 12120, kcal: 2895

1. Für den Teig Mehl in einer Rührschüssel sorgfältig mit der Hefe vermischen. Salz, Wasser, Honig und Öl hinzufügen. Die Zutaten mit Handrührgerät mit Knethaken zunächst auf niedrigster, dann auf höchster Stufe in etwa 5 Minuten zu einem glatten Teig verarbeiten.
2. Den Teig mit Mehl bestäuben und zugedeckt so lange an einem warmen Ort gehen lassen, bis er sich sichtbar vergrößert hat (etwa 30 Minuten).
3. Für den Belag Porree putzen, die Stangen längs halbieren und gründlich waschen. Porree quer in etwa 2 cm breite Streifen schneiden.
4. Öl in einem Topf erhitzen und Porree und Thymian darin etwa 5 Minuten dünsten lassen. Die Mischung mit Salz und Pfeffer würzen und etwas abkühlen lassen.
5. Schmand mit Ei verquirlen und mit Pfeffer und Muskat würzen. Baconscheiben quer in breite Streifen schneiden.
6. Teig und Arbeitsfläche mit Mehl bestäuben. Den Teig auf der Arbeitsfläche nochmals gut durchkneten, dann zu einem ovalen Fladen (etwa 28 x 35 cm) ausrollen und auf ein Backblech (gefettet, mit Backpapier belegt) legen.
7. Die Schmand-Mischung auf den Teig streichen, dabei rundherum einen 2 cm breiten Rand lassen. Nacheinander Porree und Bacon auf dem Schmand verteilen.
8. Den Backofen vorheizen. Den Fladen zugedeckt so lange an einem warmen Ort gehen lassen, bis er sich sichtbar vergrößert hat (etwa 15 Minuten). Anschließend das Backblech in den vorgeheizten Backofen schieben.
Ober-/Unterhitze: etwa 200 °C
Heißluft: etwa 180 °C
Backzeit: etwa 30 Minuten.
9. Den Fladenkuchen mit dem Backpapier vom Backblech auf einen Kuchenrost ziehen. Thymian abspülen, kleine Stängel abzupfen und auf den Fladenkuchen legen. Den Fladenkuchen heiß oder lauwarm servieren.

Camembert-Preiselbeer-Muffins

Fladenkuchen mit Lauch

Schnell zubereitet

Fladenbrot-Pizza

Zubereitungszeit: 15 Minuten
Backzeit: etwa 20 Minuten

1 ovales, flaches Fladenbrote
250 g gewürztes Schweinemett
100 g Tsatsiki
2 Tomaten
1/2 Bund Frühlingszwiebeln
125 g Feta-Käse oder Schafkäse
50 g schwarze Oliven, trocken eingelegt
etwas Gyros-Gewürz

Insgesamt:
E: 108 g, F: 108 g, Kh: 263 g,
kJ: 10325, kcal: 2466

1. Den Backofen vorheizen. Fladenbrot dünn und gleichmäßig mit Schweinemett bestreichen und Tsatsiki in Klecksen darauf verteilen.
2. Tomaten waschen, abtropfen lassen und Stängelansätze entfernen. Tomaten in dünne Scheiben schneiden und das Brot damit belegen. Frühlingszwiebeln putzen, waschen, in feine Ringe schneiden und das Fladenbrot damit bestreuen.
3. Feta- oder Schafkäse abtropfen lassen und in kleine Würfel schneiden. Oliven vom Stein lösen, grob zerteilen, mit dem Käse mischen, auf dem Fladenbrot verteilen und mit Gyros-Gewürz bestreuen.
4. Fladenbrot auf ein Backblech (mit Backpapier belegt) legen und das Backblech in den vorgeheizten Backofen schieben.
Ober-/Unterhitze: etwa 180 °C
Heißluft: etwa 160 °C
Backzeit: etwa 20 Minuten.

Für Gäste

Käse-Schinken-Muffins

Zubereitungszeit: 20 Minuten
Backzeit: etwa 25 Minuten

Für den All-in-Teig:
1 Glas Champignonscheiben (Abtropfgewicht 170 g)
100 g roher Schinken, in Scheiben
200 g Weizenmehl
3 gestr. TL Dr. Oetker Backin
3 Eier (Größe M)
200 ml Milch
etwa 1/2 gestr. TL Salz
frisch gemahlener Pfeffer
150 g geraspelter Käse (z. B. Emmentaler)

Insgesamt:
E: 114 g, F: 108 g, Kh: 165 g,
kJ: 9258, kcal: 2211

1. Für den Teig Champignonscheiben in ein Sieb geben und gut abtropfen lassen. Schinken in Streifen schneiden. Den Backofen vorheizen.
2. Mehl mit Backpulver in einer Rührschüssel mischen. Eier, Milch, Salz und Pfeffer hinzufügen. Die Zutaten mit Handrührgerät mit Knethaken zunächst auf niedrigster, dann auf höchster Stufe in etwa 1 Minute zu einem Teig verarbeiten. Käse, Schinken und Champignons kurz unterrühren.
3. Den Teig in einer Muffinform (für 12 Muffins, gefettet, gemehlt) verteilen. Die Form auf dem Rost in den vorgeheizten Backofen schieben.
Ober-/Unterhitze: etwa 180 °C
Heißluft: etwa 160 °C
Backzeit: etwa 25 Minuten.
4. Die Käse-Schinken-Muffins etwa 5 Minuten in der Form stehen lassen, dann aus der Form lösen und noch warm servieren.

Tipp: Statt des Schinkens etwa 1/2 geputzte, in Würfel geschnittene Paprikaschote unterheben. Die Muffins schmecken lauwarm am besten.

Abwandlung: Für Schafkäse-Oliven-Muffins 125 g Schafkäse fein würfeln und 12 entsteinte schwarze Oliven vierteln. 250 g Weizenmehl mit 2 ge-

Fladenbrot-Pizza

Käse-Schinken-Muffins

strichenen Teelöffeln Backpulver und 1/2 gestrichenen Teelöffel Natron mischen und in eine Rührschüssel geben. Etwas Salz, 2 Eier (Größe M), 75 ml Olivenöl und 150 ml Milch hinzufügen. Die Zutaten mit Handrührgerät mit Knethaken in etwa 1 Minute zu einem glatten Teig verarbeiten. Schafkäse, Oliven und 1 gestrichenen Esslöffel getrockneten Oregano kurz unterrühren. Die Schafkäse-Oliven-Muffins anschließend wie oben angegeben backen.

Für Gäste

Paprika-Blätterteig-Schnitten

Zubereitungszeit: 40 Minuten, ohne Auftauzeit
Backzeit: etwa 20 Minuten je Backblech

1 Pck. (450 g) TK-Blätterteig

Für den Belag:
rote, grüne und gelbe Paprikaschoten (etwa 350 g)
2 Tomaten (etwa 300 g)
1 kleine Zwiebel
1–2 EL Olivenöl
75 ml Gemüsebrühe
je 1 Bund Thymian und Basilikum
2 EL Tomatenmark
Salz
frisch gemahlener Pfeffer
Knoblauchsalz

Insgesamt:
E: 36 g, F: 144 g, Kh: 168 g,
kJ: 8988, kcal: 2148

1. Blätterteig nach Packungsanleitung zugedeckt auftauen lassen. Dann die Scheiben in insgesamt 12 gleich große Teile schneiden (dabei das Messer sägend bewegen, nicht drücken!).
2. Die Paprikaschoten halbieren, entstielen, entkernen, die weißen Scheidewände entfernen, Schoten waschen und würfeln.
3. Tomaten kreuzweise einschneiden und kurz in kochendes Wasser legen. Tomaten in kaltem Wasser abschrecken, enthäuten, Stängelansätze entfernen und das Fruchtfleisch klein schneiden. Den Backofen vorheizen.
4. Zwiebel abziehen, fein würfeln, mit den Paprikastückchen in Öl andünsten. Brühe hinzugießen. Kräuter abspülen, trocken tupfen, Blättchen von den Stielen zupfen und mit Tomatenmark und Tomatenstücken hinzufügen. Gemüse mit Salz, Pfeffer und Knoblauchsalz würzen.
5. Blätterteigplatten auf 2 Backbleche (mit Backpapier belegt) legen und das Paprika-Ragout darauf verteilen, dabei den Blätterteigrand frei lassen. Die Backbleche nacheinander (bei Heißluft zusammen) in den vorgeheizten Backofen schieben.
Ober-/Unterhitze: etwa 180 °C
Heißluft: etwa 160 °C
Backzeit: etwa 20 Minuten je Backblech.
6. Die Paprika-Blätterteig-Schnitten kalt oder warm servieren.

Für Kinder

Paprika-Schinken-Croissants

Zubereitungszeit: 40 Minuten, ohne Abkühlzeit
Backzeit: 12–15 Minuten

Für die Füllung:
500 g rote, gelbe und grüne Paprikaschoten
1 große Zwiebel
2 Knoblauchzehen
60 g getrocknete, in Öl eingelegte Tomaten (aus dem Glas)
2 EL Speiseöl
40 g Schinkenwürfel
2 EL gehackte glatte Petersilie
Salz, frisch gemahlener Pfeffer
2 EL Semmelbrösel

Außerdem:
2 Rollen (für je 6 Stück) Croissant-Teig (aus dem Kühlregal)
2 EL Milch

Insgesamt:
E: 48 g, F: 132 g, Kh: 240 g,
kJ: 9996, kcal: 2400

1. Für die Füllung Paprikaschoten halbieren, entstielen, entkernen und die weißen Scheidewände entfernen. Die Schoten waschen und in feine Würfel schneiden. Zwiebel und Knoblauch abziehen und fein würfeln. Tomaten abtropfen lassen und ebenfalls in feine Würfel schneiden.
2. Speiseöl in einer Pfanne erhitzen. Zwiebel-, Knoblauch-, Paprika- und Schinkenwürfel darin andünsten und etwa 5 Minuten dünsten lassen, bis die Flüssigkeit verdampft ist. Den Backofen vorheizen.
3. Tomatenwürfel und Petersilie unterrühren, die Masse mit Salz und Pfeffer würzen und etwas abkühlen lassen. Masse mit Semmelbröseln verrühren, damit sie etwas Bindung bekommt.
4. Den Croissant-Teig aus den Packungen nehmen und auf der leicht bemehlten Arbeitsfläche ausbreiten. Je 1 Esslöffel der Füllung auf die breite Seite jedes Teigdreiecks geben, die Dreiecke von der breiten Seite aus zur Spitze hin aufrollen und zu Hörnchen formen.
5. Die Croissants auf ein Backblech (mit Backpapier belegt) legen und mit Milch bepinseln. Das Backblech in den vorgeheizten Backofen schieben.
Ober-/Unterhitze: etwa 200 °C
Heißluft: etwa 180 °C
Backzeit: 12–15 Minuten.
6. Die Croissants heiß oder kalt servieren.

Einfach

Sauerkrautwaffeln

Zubereitungszeit: 30 Minuten

Für den Teig:
1 Pck. (750 g) Kartoffelteig (Fertigprodukt aus dem Kühlregal, z. B. Kloßteig für rohe Klöße)
3 Eier (Größe M)
50 g gesiebte Speisestärke
1 Dose Sauerkraut (Abtropfgewicht 520 g)
Salz, frisch gemahlener Pfeffer
Paprikapulver edelsüß

Außerdem:
200 g Schmand (Sauerrahm) oder
1 Becher (150 g) Crème fraîche

Nach Belieben:
gemischte gehackte Kräuter
1 Knoblauchzehe, in feine Würfel geschnitten

Insgesamt:
E: 50 g, F: 76 g, Kh: 225 g,
kJ: 7602, kcal: 1807

1. Für den Teig Kartoffelteig in eine Rührschüssel geben, Eier und Speisestärke unterrühren.
2. Sauerkraut in einem Sieb gut abtropfen lassen und mit einem Messer

grob zerschneiden. Sauerkraut unter die Kartoffel-Eier-Masse rühren. Die Masse mit Salz, Pfeffer und Paprika pikant würzen.

3. Jeweils etwa 2 Esslöffel Teig in ein gut erhitztes, gefettetes Waffeleisen (für Brüsseler Waffeln) füllen und gut verstreichen. Die Waffeln goldbraun backen, mit einer Gabel oder einem Pfannenwender herausnehmen und einzeln auf einen Kuchenrost legen. Teig ergibt etwa 7 (14 halbe) Brüsseler Waffeln.

4. Schmand oder Crème fraîche in eine kleine Schüssel geben und mit Salz und Pfeffer verrühren. Nach Belieben gemischte Kräuter und Knoblauchwürfel unterrühren.

5. Die warmen Waffeln mit Schmand oder Crème fraîche servieren.

Pikanter Schichtkuchen

Dauert länger

Pikanter Schichtkuchen

Zubereitungszeit: 80 Minuten, ohne Abkühlzeit

Für die Füllung:
60 g Pinienkerne
80 g grüne Oliven ohne Stein
1 Glas grünes Pesto (Einwaage 90 g)
30 g Semmelbrösel
6 EL Wasser

Für den All-in-Teig:
100 g Weizenmehl
100 g Speisestärke
3 gestr. TL Dr. Oetker Backin
4 Eier (Größe M), 7 EL Milch
200 g weiche Butter oder Margarine

Insgesamt:
E: 63 g, F: 274 g, Kh: 192 g, kJ: 14770, kcal: 3528

1. Für die Füllung Pinienkerne mit einem Messer oder im Zerkleinerer fein hacken, in einer Pfanne ohne Fett goldbraun rösten und auf einem Teller erkalten lassen.

2. Oliven in einem Sieb abtropfen lassen und fein hacken. Gehackte Oliven mit Pesto, Pinienkernen, Semmelbröseln und Wasser verrühren. Die Füllung in 3 gleich große Portionen teilen.

3. Für den Teig Mehl mit Speisestärke und Backpulver in einer Rührschüssel mischen. Eier, Milch und Butter oder Margarine dazugeben. Den Teig mit Handrührgerät mit Rührbesen in etwa 1 Minute zu einem Teig verarbeiten. Den Teig in 4 gleich große Portionen teilen.

4. Den Grill des Backofens vorheizen. Eine Teigportion in eine Springform (Ø 26 cm, Boden gefettet) geben und glattstreichen. Die Form auf dem Rost unter den Grill des Backofens schieben. Den Teig in 4–5 Minuten goldbraun backen.

5. Die Form auf einen Kuchenrost stellen. Den vorgebackenen Teig mit einer Portion der Füllung bestreichen. Eine Portion Teig daraufgeben und glattstreichen. Die Form wieder auf dem Rost unter den Grill des Backofens schieben und den Teig 4–5 Minuten goldbraun backen. Den Vorgang noch zweimal wiederholen, bis der Teig und die Füllung verbraucht sind.

6. Die Form auf einen Kuchenrost stellen. Nach etwa 10 Minuten den Springformrand mit einem Messer vorsichtig lösen und entfernen. Den Schichtkuchen in kleine Würfel oder Streifen schneiden und warm oder kalt servieren.

Tipp: Den Kuchen wie Tapas mit Oliven und Sherry servieren. Der Schichtkuchen lässt sich gut verpackt auch wunderbar einfrieren. Nach dem Auftauen im Backofen erwärmen.

Für Kinder

Tomaten-Buchteln

Zubereitungszeit: 60 Minuten, ohne Teiggehzeit
Backzeit: 30–35 Minuten

Für den Teig:
1/2 Pck. (21 g) frische Hefe
170 ml lauwarmes Wasser
350 g Weizenmehl (Type 550)
1 TL Zucker
36 Cocktailtomaten (etwa 250 g)
2 Knoblauchzehen
1 TL getrocknete Kräuter der Provence
50 g getrocknete, in Öl eingelegte Tomaten
4 EL Olivenöl
1 gestr. TL Salz

Zum Begießen:
125 g Schlagsahne
125 ml (1/8 l) Gemüsebrühe

Außerdem:
500 g Aioli (Knoblauchmayonnaise)

Insgesamt:
E: 72 g, F: 504 g, Kh: 360 g,
kJ: 27900, kcal: 6660

1. Hefe mit Wasser, 1 Esslöffel von dem Mehl und Zucker in einer kleinen Schüssel verrühren und zugedeckt an einem warmen Ort etwa 10 Minuten stehen lassen.
2. Inzwischen Cocktailtomaten waschen, abtropfen lassen und die Haut mehrmals mit einem Messer einritzen. Knoblauch abziehen und fein hacken. Cocktailtomaten, Knoblauch und Kräuter der Provence in eine kleine Schüssel geben, mit 2 Esslöffeln von dem Tomatenöl mischen und bis zur weiteren Verwendung durchziehen lassen. Getrocknete Tomaten abtropfen lassen und fein würfeln.
3. Das restliche Mehl in eine Schüssel geben. Olivenöl, Salz und den Teigansatz hinzufügen. Die Zutaten mit Handrührgerät mit Knethaken zunächst auf niedrigster, dann auf höchster Stufe in etwa 5 Minuten zu einem glatten Teig verarbeiten. Den Teig zugedeckt an einem warmen Ort so lange gehen lassen, bis er sich sichtbar vergrößert hat (etwa 40 Minuten).
4. Den Teig leicht mit Mehl bestäuben, aus der Schüssel nehmen und auf der bemehlten Arbeitsfläche nochmals gut durchkneten, dabei die getrockneten Tomaten unterkneten. Teig zu einer Rolle formen und in 36 Stücke teilen. Jedes Teigstück zu einer Kugel formen und flach drücken. Eine Cocktailtomate daraufgeben, mit dem Teig umschließen und wieder zu einer Kugel formen.
5. Die Kugeln nebeneinander in eine flache Auflaufform (gefettet) setzen und zugedeckt nochmals etwa 30 Minuten gehen lassen. Etwa 15 Minuten vor Ende der Gehzeit den Backofen vorheizen.
6. Sahne mit Brühe verquirlen und gleichmäßig über die Buchteln gießen. Die Auflaufform auf dem Rost in den vorgeheizten Backofen schieben.
Ober-/Unterhitze: etwa 200 °C
Heißluft: etwa 180 °C
Backzeit: 30–35 Minuten.
7. Die Tomaten-Buchteln heiß oder kalt mit Aioli servieren.

Tomaten-Buchteln

Sauerkrautrolle

Pikant

Sauerkrautrolle

Zubereitungszeit: 60 Minuten, ohne Teiggehzeit
Backzeit: 45–50 Minuten

Für die Füllung:
1 EL Butter oder Margarine
500 g Sauerkraut
1 Zwiebel
1 Lorbeerblatt
2 Gewürznelken
3 Wacholderbeeren
3 Pimentkörner
etwas Wasser

Für den Teig:
200 g Weizenmehl (Type 550)
175 g Roggenmehl (Type 1150)
1 Pck. Dr. Oetker Trockenbackhefe
1 TL Zucker
250 ml (1/4 l) lauwarmes Wasser
2 gestr. TL Salz
2 TL Kümmelsamen
3 EL Speiseöl
4 Brühwürstchen
(je etwa 20 cm lang)

Insgesamt:
E: 57 g, F: 33 g, Kh: 72 g,
kJ: 3654, kcal: 873

1. Für die Füllung Butter oder Margarine in einem Topf zerlassen, Sauerkraut locker zupfen und darin andünsten. Die Zwiebel abziehen, mit dem Lorbeerblatt und den Nelken spicken und mit den Wacholderbeeren und Pimentkörnern zum Sauerkraut geben.

2. Sauerkraut etwa 15 Minuten dünsten, dabei evtl. etwas Wasser hinzufügen, damit es nicht anbrennt. Die Zwiebel herausnehmen, das Sauerkraut kalt stellen und restliche Gewürze entfernen.

3. Für den Teig Mehl in eine Schüssel geben und in die Mitte eine Vertiefung drücken. Hefe hineinstreuen und Zucker und etwas von dem Wasser hinzufügen. Alles mit einer Gabel verrühren und etwa 10 Minuten stehen lassen.

4. Salz, Kümmel, Öl und restliches Wasser hinzugeben und mit Handrührgerät mit Knethaken zunächst kurz auf niedrigster, dann auf höchster Stufe in etwa 5 Minuten zu einem glatten Teig verarbeiten. Den Teig zugedeckt so lange an einem warmen Ort gehen lassen, bis er sich sichtbar vergrößert hat.

5. Den Teig mit Mehl bestäuben, aus der Schüssel nehmen, nochmals gut durchkneten und auf der mit Mehl bestäubten Arbeitsplatte zu einem Rechteck (etwa 35 x 25 cm) ausrollen.

6. Die Hälfte des Sauerkrauts der Länge nach in die Mitte auf den Teig geben. 3 Brühwürstchen der Länge nach darauflegen, das 4. Würstchen dritteln und hinter die 3 Würstchen legen. Restliches Sauerkraut darüber verteilen.

7. Zunächst eine der Teigseiten darüberklappen, mit Wasser bestreichen, dann die andere Teigseite daraufklappen und gut andrücken. Die Teigenden der Sauerkrautrolle ebenfalls mit Wasser bestreichen und gut zusammendrücken.

8. Den Backofen vorheizen. Die Rolle mit der Naht nach unten auf ein Backblech (mit Backpapier belegt) legen, mehrmals mit einer Gabel einstechen und nochmals etwa 15 Minuten an einem warmen Ort gehen lassen. Die Rolle mit Wasser bestreichen und in den vorgeheizten Backofen schieben.
Ober-/Unterhitze: etwa 200 °C
Heißluft: etwa 180 °C
Backzeit: 45–50 Minuten.

Porree-Schinken-Schnitten

Für Gäste

Porree-Schinken-Schnitten

Zubereitungszeit: 45 Minuten, ohne Auftau- und Abkühlzeit
Backzeit: etwa 70 Minuten

1 Pck. (450 g) TK-Blätterteig

Für den Belag:
2 kg Porree (Lauch)
1 Bund glatte Petersilie
500 g Cocktailtomaten
200 g Bergkäse im Stück
2 EL Speiseöl
125 g Schinkenwürfel
Salz
frisch gemahlener Pfeffer
1 Prise Zucker
600 g Doppelrahm-Frischkäse
2 Eier (Größe M)

Insgesamt:
E: 206 g, F: 405 g, Kh: 221 g,
kJ: 22347, kcal: 5337

1. Die Blätterteigplatten zugedeckt nach Packungsanleitung auftauen lassen. Dann die einzelnen Blätterteigplatten auf einer leicht bemehlten Arbeitsfläche etwas ausrollen und überlappend in eine Fettfangschale (mit Backpapier belegt) legen.
2. Die überlappenden Platten mit einer Teigrolle andrücken und zum Rand hin ausrollen. Den Backofen vorheizen. Teig mehrmals mit einer Gabel einstechen und etwa 10 Minuten ruhen lassen. Die Fettfangschale in den vorgeheizten Backofen schieben und den Boden vorbacken.
Ober-/Unterhitze: etwa 200 °C
Heißluft: etwa 180 °C
Backzeit: etwa 20 Minuten.
3. Die Fettfangschale auf einen Kuchenrost stellen. Den Blätterteigboden erkalten lassen.
4. Für den Belag Porree putzen, die Stangen längs halbieren. Porree gründlich waschen, abtropfen lassen und in Streifen schneiden. Petersilie abspülen und trocken tupfen. Die Blättchen von den Stängeln zupfen und fein hacken. Tomaten waschen und abtrocknen. Käse auf einer Haushaltsreibe grob reiben.
5. Öl in einem großen Topf erhitzen. Porreestreifen unter mehrmaligem Wenden darin andünsten. Petersilie hinzufügen und Schinkenwürfel unterrühren. Alles mit Salz, Pfeffer und Zucker würzen.
6. Frischkäse mit den Eiern verrühren und unter die Porree-Schinken-Mischung rühren. Die Masse auf den vorgebackenen Blätterteigboden geben und verstreichen. Käseraspel daraufstreuen und mit Cocktailtomaten belegen. Die Fettfangschale wieder in den heißen Backofen schieben und den Porree-Schinken-Kuchen bei niedrigerer Backtemperatur fertig backen.
Ober-/Unterhitze: etwa 180 °C
Heißluft: etwa 160 °C
Backzeit: etwa 50 Minuten.
7. Die Fettfangschale auf einen Kuchenrost stellen. Den Porree-Schinken-Kuchen in Stücke schneiden und warm servieren.

Beilage: Gemischter Salat.

Für Kinder

Käse-Muffins

Zubereitungszeit: 20 Minuten
Backzeit: etwa 25 Minuten

Für den Teig:
250 g Weizenmehl
3 gestr. TL Dr. Oetker Backin
250 g geriebener Käse
(z. B. mittelalter Gouda)
4 Eier (Größe M)
Salz
Paprikapulver edelsüß
300 g saure Sahne

Insgesamt:
E: 125 g, F: 131 g, Kh: 201 g,
kJ: 11052, kcal: 2643

1. Den Backofen vorheizen. Für den Teig Mehl mit Backpulver in einer Schüssel mischen. Käse, Eier, Salz, Paprika und saure Sahne dazugeben und alles mit Handrührgerät mit Knethaken zu einem Teig verrühren.

2. Den Teig in einer Muffinform (für 12 Muffins, gefettet, gemehlt) verteilen und die Form auf dem Rost in den vorgeheizten Backofen schieben.
Ober-/Unterhitze: etwa 180 °C
Heißluft: etwa 160 °C
Backzeit: etwa 25 Minuten.

3. Die Muffins etwa 5 Minuten in der Form stehen lassen, dann aus der Form lösen und auf einem Kuchenrost erkalten lassen.

Für Gäste

Pikante Quarktaschen

Zubereitungszeit: 50 Minuten
Backzeit: etwa 25 Minuten

Für die Füllung:
1 Dose Gemüsemais (Abtropfgewicht 285 g)
1/2 Bund Schnittlauch
125 g Magerquark
1 EL Olivenöl, 1 Prise Salz
frisch gemahlener Pfeffer
Paprikapulver rosenscharf

Für den Quark-Öl-Teig:
250 g Weizenmehl
1 gestr. TL Dr. Oetker Backin
125 g Magerquark
4 EL Milch
125 ml (1/8 l) Speiseöl
1 Ei (Größe M)
1/2 gestr. TL Salz

Zum Bestreichen:
1 Ei (Größe M)
1 EL Milch

Insgesamt:
E: 86 g, F: 159 g, Kh: 244 g, kJ: 12102, kcal: 2891

1. Für die Füllung Mais in einem Sieb abspülen und abtropfen lassen. Schnittlauch abspülen, trocken schütteln und in Ringe schneiden. Schnittlauch mit Mais, Quark und Öl mischen und mit Salz, Pfeffer und Paprika abschmecken.

2. Für den Teig Mehl mit Backpulver in einer Rührschüssel mischen. Quark, Milch, Öl, Ei und Salz hinzufügen. Die Zutaten mit Handrührgerät mit Knethaken auf höchster Stufe in etwa 1 Minute zu einem glatten Teig verarbeiten (nicht zu lange, Teig klebt sonst).

3. Den Backofen vorheizen. Anschließend den Teig auf der bemehlten Arbeitsfläche zu einem Quadrat (etwa 36 x 36 cm) ausrollen und daraus 9 Quadrate (etwa 12 x 12 cm) schneiden. Die Füllung auf jeweils eine Hälfte der Quadrate geben, dabei rundherum einen 1 cm breiten Rand frei lassen.

4. Zum Bestreichen das Ei trennen. Eiweiß verschlagen und auf die Teigränder streichen. Quadrate zu Dreiecken zusammenklappen. Ränder mit einer Gabel andrücken. Teigdreiecke auf ein Backblech (mit Backpapier belegt) legen. Eigelb mit Milch verquirlen und auf die Teigdreiecke streichen. Das Backblech in den vorgeheizten Backofen schieben.
Ober-/Unterhitze: etwa 200 °C
Heißluft: etwa 180 °C
Backzeit: etwa 25 Minuten.

5. Das Gebäck vom Backpapier lösen, auf einem Kuchenrost erkalten lassen.

Käse-Muffins

Pikante Quarktaschen

Beliebt

Fladenkuchen mit Gemüse und Räucherlachs

Zubereitungszeit: 30 Minuten, ohne Teiggeh- und Abkühlzeit
Backzeit: etwa 30 Minuten

Für den Hefeteig:
150 g Weizenmehl (Type 550)
100 g Dinkel-Vollkornmehl
1 Pck. Dr. Oetker Trockenbackhefe
1 gestr. TL Salz
125 ml (1/8 l) lauwarmes Wasser
1 TL flüssiger Honig
6 EL Olivenöl

Für den Belag:
2 Zwiebeln (80 g)
2 Möhren (150 g)
1 kleine Zucchini (120 g)
1 kleine Fenchelknolle (150 g)
2 EL Speiseöl
Salz, frisch gemahlener Pfeffer
250 g Schmand
(Sauerrahm, 24 % Fett)
1 Ei (Größe M)
150 g Räucherlachs, in Scheiben

Insgesamt:
E: 85 g, F: 161 g, Kh: 216 g,
kJ: 11124, kcal: 2656

1. Für den Teig beide Mehlsorten in eine Rührschüssel geben und sorgfältig mit der Hefe vermischen. Salz, Wasser, Honig und Öl hinzufügen. Die Zutaten mit Handrührgerät mit Knethaken zunächst auf niedrigster, dann auf höchster Stufe in etwa 5 Minuten zu einem glatten Teig verarbeiten.
2. Den Teig mit Mehl bestäuben und zugedeckt so lange an einem warmen Ort gehen lassen, bis er sich sichtbar vergrößert hat (etwa 30 Minuten).
3. Für den Belag Zwiebeln abziehen, halbieren und in Spalten schneiden. Möhren abspülen, schälen und mit dem Sparschäler in lange, dünne Streifen schneiden.
4. Zucchini abspülen, abtrocknen und die Enden abschneiden, Zucchini der Länge nach halbieren und quer in Scheiben schneiden. Fenchelknolle putzen, abspülen, abtrocknen, halbieren und in Streifen schneiden. Fenchelgrün zum Garnieren beiseitelegen.
5. Öl in einem Topf erhitzen und Zwiebeln darin etwa 5 Minuten dünsten. Möhren und Fenchel hinzufügen und kurz andünsten, Zucchini unterrühren. Alles kräftig mit Salz und Pfeffer würzen und etwas abkühlen lassen. Schmand mit Ei verquirlen und mit Salz und Pfeffer würzen.
6. Den Teig und die Arbeitsfläche mit Mehl bestäuben. Den Teig auf der Arbeitsfläche nochmals gut durchkneten, zu einem ovalen Fladen (etwa 28 x 35 cm) ausrollen und auf ein Backblech (gefettet, mit Backpapier belegt) legen.
7. Die Schmand-Mischung auf dem Teig verstreichen, dabei rundherum einen 2 cm breiten Rand lassen. Die Gemüsemischung auf dem Schmand verteilen. Den Backofen vorheizen.
8. Den Fladen nochmals so lange an einem warmen Ort gehen lassen, bis er sich sichtbar vergrößert hat (etwa 15 Minuten). Das Backblech in den vorgeheizten Backofen schieben.
Ober-/Unterhitze: etwa 200 °C
Heißluft: etwa 180 °C
Backzeit: etwa 30 Minuten.
9. Den Fladenkuchen mit dem Backpapier vom Backblech auf einen Kuchenrost ziehen. Lachs darauflegen. Fenchelgrün trocken tupfen. Den Fladenkuchen mit Fenchelgrün garnieren und warm servieren.

Fladenkuchen mit Gemüse und Räucherlachs

Beliebt

Gemüsekuchen mit Kirschtomaten

Zubereitungszeit: 45 Minuten
Backzeit: etwa 30 Minuten

Für den Belag:
200 g Porree (Lauch)
300 g Zucchini
3 EL Olivenöl
1 TL gerebelter Thymian
Salz
frisch gemahlener Pfeffer
150 g Kirschtomaten
2 Eier (Größe M)
1 Becher (150 g) Crème fraîche
4 EL Milch

Für den Quark-Öl-Teig:
200 g Weizenmehl
3 gestr. TL Dr. Oetker Backin
100 g Magerquark
50 ml kaltes Wasser
3 EL Speiseöl
1 gestr. TL Salz
1 TL Zucker

Zum Garnieren:
einige Stängel glatte Petersilie

Insgesamt:
E: 62 g, F: 127 g, Kh: 187 g,
kJ: 9003, kcal: 2156

Gemüsekuchen mit Kirschtomaten

1. Für den Belag Porree putzen, der Länge nach aufschneiden, gründlich waschen, abtropfen lassen und quer in etwa 2 cm breite Streifen schneiden. Zucchini abspülen, trocken tupfen, Enden abschneiden und Zucchini in etwa 1 cm große Würfel schneiden.
2. Öl in einem Topf erhitzen und Porree bei schwacher Hitze etwa 5 Minuten zugedeckt darin dünsten. Thymian und Zucchini dazugeben und zugedeckt etwa 3 Minuten dünsten. Gemüse mit Salz und Pfeffer würzen und etwa 15 Minuten abkühlen lassen. Tomaten abspülen, trocken tupfen und halbieren.
3. Für den Teig Mehl mit Backpulver in einer Rührschüssel mischen. Quark, Wasser, Öl, Salz und Zucker hinzufügen. Die Zutaten mit Handrührgerät mit Knethaken auf höchster Stufe in etwa 1 Minute zu einem glatten Teig verarbeiten (nicht zu lange, Teig klebt sonst).
4. Anschließend den Quark-Öl-Teig auf der bemehlten Arbeitsfläche zu einer Kugel formen. Den Backofen vorheizen.
5. Den Teig auf der bemehlten Arbeitsfläche zu einer runden Platte (Ø etwa 32 cm) ausrollen. Teig vorsichtig von 4 Seiten zur Mitte falten, in eine Tarte- oder Quicheform (Ø 26–28 cm, gefettet) legen und in der Form auseinanderfalten. Teigränder andrücken. Den Teigboden mehrmals mit einer Gabel einstechen.
6. Zucchinigemüse in der Form verteilen. Eier mit Crème fraîche und Milch verquirlen, mit Salz und Pfeffer würzen und auf das Gemüse gießen. Tomaten mit der Schnittfläche nach oben auf dem Gemüse verteilen. Die Form auf dem Rost in den vorgeheizten Backofen schieben.
Ober-/Unterhitze: etwa 200 °C
Heißluft: etwa 180 °C
Backzeit: etwa 30 Minuten.
7. Die Form auf einen Kuchenrost stellen. Zum Garnieren Petersilie abspülen, trocken tupfen, die Blättchen abzupfen und klein schneiden. Den Gemüsekuchen heiß oder kalt mit Petersilie garniert servieren.

Frittierte Brandteigstangen

Für Gäste

Frittierte Brandteigstangen

Zubereitungszeit: 60 Minuten

Für den Brandteig:
250 ml (1/4 l) Wasser
70 g Butter oder Margarine
1 gestr. TL Salz
200 g Weizenmehl
5 Eier (Größe M)
1 EL Sojasauce
1–2 Knoblauchzehen
2 Frühlingszwiebeln (50 g)
50 g Kokosraspel
1 gestr. TL Sambal Oelek (Chilipaste)
2–3 TL gemahlene Kurkuma (Gelbwurz)

Zum Frittieren:
etwa 1 l Speiseöl

Insgesamt:
E: 69 g, F: 427 g, Kh: 166 g,
kJ: 20782, kcal: 4964

1. Für den Teig Wasser mit Butter oder Margarine und Salz in einem Stieltopf zum Kochen bringen. Mehl auf einmal in die von der Kochstelle genommene Flüssigkeit schütten, zu einem glatten Kloß rühren und unter Rühren etwa 1 Minute erhitzen.
2. Den heißen Kloß sofort in eine Rührschüssel geben. Nach und nach Eier mit Handrührgerät mit Knethaken auf höchster Stufe unterarbeiten. Sojasauce hinzugeben.
3. Knoblauch abziehen und durch die Knoblauchpresse drücken. Frühlingszwiebeln putzen, waschen und fein schneiden. Kokosraspel mit Sambal Oelek, Frühlingszwiebeln, Knoblauch und Kurkuma mischen und mit Handrührgerät mit Knethaken unter den Teig kneten.
4. Den Teig in einen Spritzbeutel mit Lochtülle (Ø etwa 12 mm) füllen. Das Öl auf 180 °C erhitzen. Die Temperatur ist erreicht, wenn sich um einen in das Öl gehaltenen Holzlöffelstiel Bläschen bilden.
5. Einen Streifen Backpapier (etwa 15 cm Länge) zur Hälfte in das heiße Öl tauchen und abtropfen lassen. Auf das geölte Stück Backpapier in Zickzack-Linie einen etwa 10 cm langen Streifen Teig spritzen. Teig mit dem Papier in das Öl tauchen. Papier herausziehen, abtropfen lassen und wieder etwas Teig daraufspritzen.
6. Teigstangen jeweils 2–3 Minuten goldbraun frittieren und auf einem Kuchenrost abtropfen lassen. Restlichen Teig auf die gleiche Weise verarbeiten.

Raffiniert

Cabanossi-Waffeln

Zubereitungszeit: 40 Minuten, ohne Teiggehzeit

Für den Hefeteig:
200 ml Milch, 60 g Butter
200 g Weizenmehl
1 Pck. Dr. Oetker Trockenbackhefe
1 Prise Salz, 3 Eier (Größe M)
2 cl Sherry
200 g Cabanossi (Knoblauchwurst)
200 g Gorgonzola-Käse (Blauschimmelkäse)

Zum Garnieren:
frische Kräuter

Insgesamt:
E: 116 g, F: 202 g, Kh: 154 g,
kJ: 12283, kcal: 2934

1. Für den Teig Milch leicht erwärmen und die Butter darin zerlassen. Mehl in eine Rührschüssel geben und sorgfältig mit Trockenbackhefe vermischen. Salz, Eier, Butter, Milch und Sherry hinzufügen.
2. Die Zutaten mit Handrührgerät mit Knethaken zunächst auf niedrigster, dann auf höchster Stufe in etwa 5 Minuten zu einem glatten Teig verarbeiten. Den Teig zugedeckt so lange an einem warmen Ort gehen lassen, bis er sich sichtbar vergrößert hat.
3. Cabanossi und Gorgonzola in Scheiben schneiden. Kräuter abspülen und trocken tupfen. Die Blättchen von den Stängeln zupfen.

4. Jeweils einige Cabanossi-Scheiben in ein gut erhitztes, gefettetes Waffeleisen legen. Je 2–3 Esslöffel des Hefeteiges darauf verteilen und etwas flach streichen. Die Waffeln goldbraun backen, mit einer Gabel oder einem Pfannenwender herausnehmen und auf Tellern anrichten. Teig ergibt 5–6 Waffeln.
5. Die Waffeln mit je 1 Scheibe Gorgonzola belegen und mit Kräutern garniert sofort servieren.

Raffiniert

Blumenkohltörtchen

Zubereitungszeit: 45 Minuten, ohne Auftau-, Ruhe- und Abkühlzeit
Backzeit: 25–30 Minuten

1 Pck. (450 g) TK-Blätterteig

Für den Belag:
1 kleiner Blumenkohl (etwa 500 g)
Salz
1 Zwiebel (etwa 40 g)
2 EL Olivenöl
1 EL Weizenmehl
3 EL Schlagsahne
3 EL Wasser
1 Pck. (0,2 g) Safran
100 g TK-Erbsen
Cayennepfeffer
50 g gekochter Schinken, in Scheiben
1 Ei (Größe M)
30 g abgezogene, gestiftelte Mandeln

Insgesamt:
E: 69 g, F: 169 g, Kh: 203 g,
kJ: 10936, kcal: 2614

1. Blätterteigplatten zugedeckt nach Packungsanleitung auftauen lassen. Vom Blumenkohl die Blätter und dunklen Stellen entfernen, den Strunk abschneiden. Blumenkohl waschen, abtropfen lassen und in kleine Röschen teilen (etwa 350 g).
2. Blumenkohlröschen in kochendem Salzwasser etwa 3 Minuten blanchieren, in ein Sieb geben, mit kaltem Wasser übergießen, abtropfen lassen.
3. Zwiebel abziehen und in kleine Würfel schneiden. Öl in einem Topf erhitzen, Zwiebelwürfel darin andünsten und mit Mehl bestäuben. Sahne und Wasser hinzugießen. Die Zutaten zum Kochen bringen, Safran und Erbsen hinzugeben und alles gut aufkochen lassen.
4. Topf von der Kochstelle nehmen. Erbsenmasse mit Salz und Cayennepfeffer würzen und erkalten lassen. Schinken in Streifen schneiden.
5. Blätterteigplatten aufeinanderlegen und auf der bemehlten Arbeitsfläche zu einem Rechteck (etwa 34 x 45 cm) ausrollen. Teigrechteck etwa 10 Minuten ruhen lassen. Den Backofen vorheizen.
6. Aus dem Teigrechteck 12 Quadrate (etwa 11 x 11 cm) ausschneiden. Je ein Quadrat in die Mulden einer Muffinform (für 12 Muffins, gefettet, gemehlt) legen und leicht andrücken.
7. Ei verschlagen und unter die abgekühlte Erbsenmasse rühren, Blumenkohlröschen unterheben. Gemüsemasse auf dem Teig verteilen, Schinkenstreifen darauflegen und mit Mandeln bestreuen. Die Form auf dem Rost in den vorgeheizten Backofen schieben.
Ober-/Unterhitze: 180–200 °C
Heißluft: 160–180 °C
Backzeit: 25–30 Minuten.
8. Die Blumenkohltörtchen etwa 10 Minuten in der Form stehen lassen, anschließend aus der Form lösen und auf einem Kuchenrost abkühlen lassen.

Cabanossi-Waffeln

Blumenkohltörtchen

Beliebt

Bunter Paprikakuchen

Zubereitungszeit: 40 Minuten, ohne Abkühl- und Teiggehzeit
Backzeit: etwa 40 Minuten

Für den Belag:
200 g Zwiebeln
2 Knoblauchzehen
1 1/2 kg rote, grüne und gelbe Paprikaschoten
3 EL Olivenöl
2 TL gerebelter Thymian
Salz
frisch gemahlener Pfeffer
Paprikapulver rosenscharf
250 g Schlagsahne
4 Eier (Größe M)
50 g Kürbiskerne

Für den Hefeteig:
250 ml (1/4 l) Milch
400 g Weizenmehl (Type 550)
1 Pck. Dr. Oetker Trockenbackhefe
1 TL Zucker
2 gestr. TL Salz
4 EL Speiseöl

Insgesamt:
E: 115 g, F: 220 g, Kh: 397 g,
kJ: 17150, kcal: 4096

1. Für den Belag Zwiebeln abziehen, halbieren und in Scheiben schneiden. Knoblauch abziehen und fein hacken. Paprika putzen, vierteln, entkernen und die weißen Scheidewände entfernen. Viertel abspülen, abtropfen lassen und quer in etwa 1 cm breite Streifen schneiden.
2. Öl in einem breiten Topf erhitzen, Zwiebeln und Knoblauch darin etwa 5 Minuten dünsten. Paprika und Thymian dazugeben, im geschlossenen Topf etwa 5 Minuten dünsten und mit Salz, Pfeffer und Paprika würzen. Etwa 20 Minuten abkühlen lassen.
3. Für den Hefeteig inzwischen die Milch erwärmen. Mehl in eine Rührschüssel geben und sorgfältig mit der Hefe vermischen. Zucker, Salz, Öl und lauwarme Milch hinzufügen. Die Zutaten mit Handrührgerät mit Knethaken zunächst auf niedrigster, dann auf höchster Stufe in etwa 5 Minuten zu einem glatten Teig verarbeiten. Den Teig mit Mehl bestäuben und so lange an einem warmen Ort gehen lassen, bis er sich sichtbar vergrößert hat (etwa 20 Minuten).
4. Sahne und Eier verquirlen, unter die Gemüsemasse rühren und die Mischung nochmals abschmecken.
5. Den Teig und die Arbeitsfläche mit Mehl bestäuben. Den Teig auf der Arbeitsfläche nochmals gut durchkneten, auf einem Backblech (30 x 40 cm, gefettet) ausrollen und an den Seiten hochdrücken. Den Belag auf dem Teig verteilen und verstreichen.
6. Den Teig nochmals so lange an einem warmen Ort gehen lassen, bis er sich sichtbar vergrößert hat (etwa 15 Minuten). Inzwischen den Backofen vorheizen. Die Kürbiskerne auf den Belag streuen. Das Backblech in den vorgeheizten Backofen schieben.
Ober-/Unterhitze: etwa 200 °C
Heißluft: etwa 180 °C
Backzeit: etwa 40 Minuten.
7. Den Paprikakuchen heiß oder kalt servieren.

Schnell zubereitet

Einfache Kartoffelwaffeln

Zubereitungszeit: 35 Minuten, ohne Abkühlzeit

Für den Teig:
160 g Butter oder Margarine
100 g Weizenmehl
1 gestr. TL Dr. Oetker Backin
1 gestr. TL Salz
375 ml (3/8 l) Milch
4 Eier (Größe M)
1 Pck. Kartoffelpüree (für 3 Portionen bzw. je 500 ml Wasser)
frisch gemahlener Pfeffer
geriebene Muskatnuss

Außerdem:
1 Pck. (je 250 g) Fleischsalat

Insgesamt:
E: 71 g, F: 268 g, Kh: 173 g,
kJ: 14416, kcal: 3431

1. Für den Teig Butter oder Margarine zerlassen und etwas abkühlen lassen.
2. Mehl mit Backpulver in einer Rührschüssel mischen. Salz, Milch, Eier und Butter oder Margarine mit Handrührgerät mit Rührbesen nacheinan-

Einfache Kartoffelwaffeln

Kartoffelwaffeln mit Dinkel

der unterrühren. Danach Kartoffelpüreepulver gut unterrühren und den Teig mit Pfeffer und Muskat abschmecken.

3. Den Teig portionsweise (jeweils etwa 2 Esslöffel) in ein erhitztes, gefettetes Waffeleisen füllen und nacheinander etwa 12 Waffeln goldbraun backen.

4. Die fertigen Waffeln auf einem Backblech im Backofen bei etwa 80 °C warm halten. Die Waffeln als Snack warm oder lauwarm mit dem Fleischsalat servieren.

Tipp: Servieren Sie die Kartoffelwaffeln doch mal mit Crème fraîche und Schnippelschinken oder Räucherlachs.

Abwandlung: Anstelle des Fleischsalates können Sie auch eine Kräutercreme oder einen Champignonquark zu den Kartoffelwaffeln servieren. Für die Kräutercreme 2 Becher (je 125 g) Crème fraîche mit frischen Kräutern mit 300 g Naturjoghurt verrühren, mit Salz und Pfeffer abschmecken und 4 Esslöffel Schnittlauchröllchen unterrühren. Für den Champignonquark 2 Päckchen (jeweils 250 g) Champignon-Quark mit 8–10 Esslöffeln Schlagsahne glattrühren. 2 Frühlingszwiebeln putzen, waschen und in Ringe schneiden, 1 Bund Schnittlauch abspülen, trocken tupfen und in Röllchen schneiden. Beides unter den Champignon-Quark rühren und evtl. mit Salz und frisch gemahlenem Pfeffer abschmecken.

Raffiniert

Kartoffelwaffeln mit Dinkel

Zubereitungszeit: 50 Minuten, ohne Teiggehzeit

Für den Hefeteig:
200 g Dinkel-Vollkornmehl
1/2 Pck. (21 g) frische Hefe
1 TL Zucker
4 EL Milch
600 g Kartoffeln
2 Zwiebeln
4 Eier (Größe M)
2 EL Distelöl
2 EL Crème fraîche
2 EL Leinsamen
70 g fein geraspelter Parmesan-Käse
Salz, gerebelter Majoran
frisch gemahlener Pfeffer

Insgesamt:
E: 102 g, F: 95 g, Kh: 229 g,
kJ: 9596, kcal: 2289

1. Für den Teig Dinkelmehl in eine Rührschüssel geben und in die Mitte eine Vertiefung drücken. Hefe hineinbröckeln, Zucker und Milch hinzufügen. Alles mit einer Gabel vorsichtig verrühren und etwa 15 Minuten stehen lassen.

2. Kartoffeln schälen, waschen und grob raspeln. Zwiebeln abziehen und in feine Würfel schneiden. Kartoffelraspel, Zwiebelwürfel, Eier, Öl, Crème fraîche, Leinsamen und Parmesan zu dem Hefeteigansatz geben. Die Zutaten gut miteinander verrühren und mit Salz, Majoran und Pfeffer würzen.

3. Jeweils etwa 2 Esslöffel Teig in ein gut erhitztes, gefettetes Waffeleisen geben und etwas verstreichen. Der Teig ergibt 10–12 Waffeln. Waffeln knusprig braun backen und einzeln auf einen Kuchenrost legen.

Hackfleischtaschen

Kürbis-Erdnuss-Kuchen mit Basilikum

Für Kinder

Hackfleischtaschen

Zubereitungszeit: 50 Minuten, ohne Abkühlzeit
Backzeit: etwa 25 Minuten

Für den Quark-Öl-Teig:
300 g Weizenmehl (Type 550)
1 Pck. Dr. Oetker Backin
150 g Magerquark
100 ml Milch
100 ml Speiseöl
Salz

Für die Füllung:
1 kleine Zwiebel
1 kleine gelbe oder grüne Paprikaschote
20 g Butter
250 g Gehacktes (halb Rind-, halb Schweinefleisch)
2 Tomaten
3 EL gehackte Kräuter (z. B. Petersilie, Liebstöckel, Thymian)
frisch gemahlener Pfeffer
150 g saure Sahne

Zum Bestreichen:
1 Eiweiß (Größe M)
1 Eigelb (Größe M)
2 EL Milch

Insgesamt:
E: 120 g, F: 240 g, Kh: 240 g,
kJ: 16140, kcal: 3860

1. Für den Teig Mehl mit Backpulver in einer Rührschüssel mischen. Quark, Milch, Öl und Salz hinzufügen. Die Zutaten mit Handrührgerät mit Knethaken auf höchster Stufe in etwa 1 Minute zu einem glatten Teig verarbeiten (nicht zu lange, Teig klebt sonst). Teig auf der bemehlten Arbeitsfläche kurz zu einer Rolle formen.
2. Zwiebel abziehen und in feine Würfel schneiden. Paprika halbieren, entstielen, entkernen, die weißen Scheidewände entfernen, Schoten waschen, in kleine Würfel schneiden.
3. Butter in einer Pfanne zerlassen und Zwiebel- und Paprikawürfel darin andünsten. Hackfleisch hinzufügen und anbraten.
4. Tomaten kreuzweise einschneiden, kurz in kochendes Wasser legen, abschrecken und enthäuten. Stängelansätze herausschneiden, Tomaten in Würfel schneiden und zu dem Fleisch geben. Kräuter, Salz und Pfeffer hinzugeben.
5. Die Masse abkühlen lassen und anschließend saure Sahne unterheben. Den Backofen vorheizen.
6. Teig ausrollen und etwa 10 runde Platten (Ø 12–15 cm) ausstechen. Jeweils auf eine Teighälfte etwa 1 Esslöffel von der Hackfleischmasse geben. Danach die Teigränder mit verschlagenem Eiweiß bestreichen und zusammenklappen. Die Ränder mit einer Gabel festdrücken.
7. Die Taschen auf ein Backblech (mit Backpapier belegt) legen. Eigelb mit Milch verschlagen und die Oberfläche damit bestreichen. Das Backblech in den vorgeheizten Backofen schieben.
Ober-/Unterhitze: etwa 200 °C
Heißluft: etwa 180 °C
Backzeit: etwa 25 Minuten.
8. Die Taschen vom Backblech nehmen und noch warm servieren.

Beliebt

Kürbis-Erdnuss-Kuchen mit Basilikum

Zubereitungszeit: 40 Minuten, ohne Abkühlzeit
Backzeit: etwa 50 Minuten

100 g gesalzene Erdnusskerne
250 g vorbereitetes Kürbisfleisch (z. B. Hokkaido)
1 Bio-Zitrone (unbehandelt, ungewachst)
4–5 Stängel Basilikum
1 gestr. TL Sambal Oelek (Chilipaste)

Für den Teig:
150 g Weizenmehl (Type 1050)
30 g Hartweizengrieß
4 gestr. TL Dr. Oetker Backin
1 gestr. TL Salz
2 Eier (Größe M)

100 g Doppelrahm-Frischkäse
2 TL Basilikum-Pesto
50 ml Olivenöl

Für die Form:
Semmelbrösel

Zum Bestreuen:
50 g gesalzene Erdnusskerne

Insgesamt:
E: 87 g, F: 179 g, Kh: 164 g,
kJ: 10968, kcal: 2620

1. Erdnusskerne in einer Pfanne ohne Fett goldbraun rösten und auf einem Teller erkalten lassen. Kürbis auf der groben Seite der Haushaltsreibe raspeln. Zitrone heiß abwaschen und trocken reiben. Die Hälfte der Zitronenschale auf der feinen Seite der Haushaltsreibe abreiben. Den Saft auspressen.

2. Basilikum abspülen, trocken tupfen, Blätter abzupfen und in Streifen schneiden. Kürbisraspel mit Zitronenschale, 2 Esslöffel von dem Zitronensaft, Sambal Oelek, und Basilikumstreifen mischen. Den Backofen vorheizen.

3. Für den Teig Mehl mit Grieß, Backpulver, Salz und Erdnusskernen in einer Rührschüssel mischen. Eier, Frischkäse, Pesto und Olivenöl mit Handrührgerät mit Rührbesen unter die Mehlmasse rühren. Kürbis-Basilikum-Masse kurz unterrühren.

4. Den Teig in eine Kastenform (25 x 11 cm, gefettet, mit Semmelbröseln ausgestreut) füllen, verstreichen und mit Erdnusskernen bestreuen. Die Form auf dem Rost in den vorgeheizten Backofen schieben.
Ober-/Unterhitze: etwa 180 °C
Heißluft: etwa 160 °C
Backzeit: etwa 50 Minuten.

5. Die Form auf einen Kuchenrost stellen und Kuchen etwa 10 Minuten in der Form stehen lassen, dann auf einen mit Backpapier belegten Kuchenrost stürzen. Den Kuchen wieder umdrehen und erkalten lassen.

Pizzastreifen

Einfach

Pizzastreifen

Zubereitungszeit: 40 Minuten, ohne Auftau- und Abkühlzeit
Backzeit: etwa 15 Minuten je Backblech

450 g (6 Scheiben) TK-Pizzateig

Für den Belag:
1 Rolle (125 g) Knoblauchbutter
2 Bund Schnittlauch
54 (etwa 200 g) hauchdünne Scheiben geräucherter Kernschinken

Insgesamt:
E: 54 g, F: 270 g, Kh: 216 g,
kJ: 14850, kcal: 3564

1. Für den Teig TK-Pizzateig-Scheiben nach Packungsanleitung zugedeckt auftauen lassen. Den Backofen vorheizen. Jede Teigscheibe quer in 9 Streifen schneiden und mit einer Gabel mehrmals einstechen. Knoblauchbutter in kleinen Stückchen darauf verteilen.

2. Die Teigstreifen auf 2 Backbleche (mit Backpapier belegt) verteilen. Die Backbleche nacheinander (bei Heißluft zusammen) in den vorgeheizten Backofen schieben.
Ober-/Unterhitze:etwa 200 °C
Heißluft: etwa 180 °C
Backzeit: etwa 15 Minuten je Backblech.

3. Die Pizzastreifen vom Backpapier lösen, auf einen Kuchenrost legen und abkühlen lassen.

4. Schnittlauch kalt abspülen und trocken tupfen. Die Pizzastreifen mit einigen Schnittlauchhalmen belegen und mit je 1 Schinkenscheibe umwickeln.

Tipp: Bestreuen Sie die mit Knoblauchbutterstückchen belegten Pizzastreifen kurz vor dem Backen mit etwas geschältem Sesam. Servieren Sie die Pizzastreifen als kleinen Snack bei Partys oder vor dem Essen.

Dauert länger

Sauerkrautschiffchen

Zubereitungszeit: 60 Minuten, ohne Teiggehzeit
Backzeit: 20–25 Minuten

Für den Hefeteig:
200 g dunkles Roggenmehl
200 g Weizen-Vollkornmehl
1/2 Pck. (21 g) frische Hefe
250 ml (1/4 l) lauwarmes Wasser
1 TL Honig
1/2 Pck. (75 g) Natursauerteig (Reformhaus)
1 gestr. TL Salz

Für den Belag:
4 Zwiebeln
2 EL Maiskeimöl
2 kleine Dosen Sauerkraut (Abtropfgewicht je 285 g)
2 säuerliche Äpfel (300 g)
100 g Walnusskerne
Salz, frisch gemahlener Pfeffer
etwas Honig

Zum Bestreichen und Beträufeln:
2–3 EL Schmand (Sauerrahm) oder Crème fraîche
4–5 EL Nussöl

Insgesamt:
E: 64 g, F: 96 g, Kh: 320 g,
kJ: 11328, kcal: 2720

1. Für den Teig beide Mehlsorten in einer Schüssel mischen und in die Mitte eine Mulde drücken. Hefe in 3–4 Esslöffeln von dem Wasser auflösen, mit Honig verrühren, in die Mulde gießen, mit etwas Mehl verrühren und zugedeckt an einem warmen Ort etwa 15 Minuten stehen lassen.

2. Das Mehl-Hefe-Honig-Gemisch mit restlichem Wasser, Natursauerteig und Salz vermengen und mit Handrührgerät mit Knethaken etwa 5 Minuten zu einem glatten Teig verkneten. Den Teig nochmals zugedeckt an einem warmen Ort gehen lassen, bis er sich sichtbar vergrößert hat (etwa 30 Minuten).

3. Für den Belag inzwischen Zwiebeln abziehen und in Würfel schneiden. Öl erhitzen. Zwiebeln darin 2–3 Minuten andünsten. Sauerkraut mit der Flüssigkeit hinzufügen und verrühren.

4. Äpfel schälen, vierteln, entkernen und in kleine Stückchen schneiden. Walnusskerne grob hacken und mit den Apfelstückchen zu dem Sauerkraut geben. Mit Salz, Pfeffer und Honig würzen.

5. Den Teig aus der Schüssel nehmen, nochmals gut durchkneten, auf der leicht bemehlten Arbeitsfläche dünn ausrollen und Schiffchenformen (gefettet) damit auslegen. Den Teig mit Schmand oder Crème fraîche bestreichen und mit einer Gabel mehrmals einstechen. Die Sauerkrautmischung hineinfüllen.

6. Den Backofen vorheizen. Die Schiffchen auf ein Backblech stellen und den Teig nochmals etwa 10 Minuten gehen lassen. Anschließend das Backblech auf dem Rost in den vorgeheizten Backofen schieben.
Ober-/Unterhitze: etwa 180 °C
Heißluft: etwa 160 °C
Backzeit: 20–25 Minuten.

7. Sollte die Füllung zu stark bräunen, die Schiffchen mit Alufolie zudecken. Die fertigen Schiffchen aus dem Backofen nehmen und noch heiß mit Nussöl beträufeln.

Sauerkrautschiffchen

Für Kinder

Gemüse-Quiche

Zubereitungszeit: 35 Minuten, ohne Auftau- und Ruhezeit
Backzeit: etwa 35 Minuten

1/2 Pck. (225 g) TK-Blätterteig (3 rechteckige Platten)

Für den Belag:
1 Zwiebel (50 g)
2 Knoblauchzehen
2 EL Olivenöl
1 Pck. (450 g) TK-Suppengemüse
1 Prise Salz
frisch gemahlener Pfeffer
200 g Schlagsahne
3 Eier (Größe M)
2–3 TL mittelscharfer Senf
1 Bund Schnittlauch

Für die Form:
1 EL Semmelbrösel

Insgesamt:
E: 50 g, F: 159 g, Kh: 143 g,
kJ: 9285, kcal: 2216

1. Blätterteigplatten zugedeckt nach Packungsanleitung auftauen lassen.
2. Für den Belag Zwiebel und Knoblauch abziehen, fein würfeln. Öl in einer Pfanne erhitzen. Zwiebel- und Knoblauchwürfel darin glasig dünsten.
3. Suppengemüse hinzufügen und zugedeckt bei schwacher Hitze etwa 5 Minuten dünsten, evtl. etwas Wasser hinzufügen. Gemüse mit Salz und Pfeffer würzen. Sahne mit Eiern und Senf verquirlen und mit Salz und Pfeffer würzen.
4. Blätterteigplatten aufeinanderlegen und auf der leicht bemehlten Arbeitsfläche zu einem Quadrat (etwa 32 x 32 cm) ausrollen. Den Teig in eine Tarteform (Ø 26–28 cm, gefettet) legen und am Rand leicht andrücken. Teigboden mit einer Gabel mehrmals einstechen und mit Semmelbröseln bestreuen. Den Teig etwa 15 Minuten ruhen lassen. Den Back-ofen vorheizen.

Gemüse-Quiche

5. Schnittlauch abspülen und trocken tupfen. Drei Viertel davon in feine Röllchen schneiden und unter das Gemüse mischen. Das Gemüse in die Form füllen. Eiersahne darübergießen. Überstehende Teigränder abschneiden. Danach die Form auf dem Rost in den vorgeheizten Backofen schieben.
Ober-/Unterhitze: etwa 200 °C
Heißluft: etwa 180 °C
Backzeit: etwa 35 Minuten.

6. Die Form auf einen Kuchenrost stellen. Die Gemüse-Quiche etwas abkühlen lassen. Restlichen Schnittlauch in etwa 2 cm lange Röllchen schneiden. Die Quiche mit Schnittlauch bestreuen und lauwarm servieren.

Tipp: Die Form auf der unteren Einschubleiste des Backofens backen, so bekommt der Blätterteig auch von unten genügend Hitze. Die Quiche mit etwas Brunnenkresse servieren.

Zum Verschenken

Schmand-Kräcker

Zubereitungszeit: 60 Minuten, ohne Kühlzeit
Backzeit: etwa 15 Minuten je Backblech

Für den Knetteig:
275 g Weizenmehl, 1 TL Salz
200 g Schmand (Sauerrahm, 24 % Fett)
70 g weiche Butter oder Margarine

Für den Belag:
etwa 70 g geröstete, gesalzene Cashewkerne
grobes Meersalz

Zum Bestreichen:
1 Eigelb (Größe M)
2 EL Milch

Insgesamt:
E: 51 g, F: 149 g, Kh: 242 g, kJ: 10588, kcal: 2531

1. Für den Teig Mehl mit Salz in einer Rührschüssel mischen. Schmand und Butter oder Margarine hinzufügen. Die Zutaten mit Handrührgerät mit Knethaken zunächst kurz auf niedrigster, dann auf höchster Stufe gut durcharbeiten.

2. Den Teig auf der leicht bemehlten Arbeitsfläche kurz verkneten. Den Teig teilen, zu 2 Rollen formen, in Frischhaltefolie wickeln und etwa 30 Minuten kalt stellen. Für den Belag Cashewkerne mit einem Messer waagerecht halbieren.

3. Eine Teighälfte auf der leicht bemehlten Arbeitsfläche etwa 2 mm dünn ausrollen, mit einer runden Ausstechform (Ø etwa 6 cm) etwa 45 Taler ausstechen. Auf 1–2 Backbleche (gefettet, mit Backpapier belegt) legen und Taler mit einer Gabel mehrmals einstechen. Den Backofen vorheizen.

4. Zweite Teighälfte auf die gleiche Weise verarbeiten. Resttteig nochmals zusammenkneten und ausrollen.

5. Zum Bestreichen Eigelb mit Milch verquirlen. Die Taler damit bestreichen und auf jeden Taler 2 halbe Cashewkerne legen und etwas Meersalz streuen. Die Backbleche nacheinander (bei Heißluft zusammen) in den vorgeheizten Backofen schieben.
Ober-/Unterhitze: etwa 200 °C
Heißluft: etwa 180 °C
Backzeit: etwa 15 Minuten je Backblech.

6. Die Kräcker mit dem Backpapier von den Backblechen auf Kuchenroste ziehen und erkalten lassen. Die Kräcker in einer gut schließenden Dose aufbewahren.

Für Gäste – pikant

Rosmarinwaffeln

Zubereitungszeit: 60 Minuten

Für den All-in-Teig:
2 TL getrockneter Rosmarin, geschnitten
200 g Weizen-Vollkornmehl
1 gestr. TL Dr. Oetker Backin
1 gestr. TL Salz
geriebene Muskatnuss
250 ml Bier (z. B. Pils)
4 Eier (Größe M)
4 EL Olivenöl
5 EL Speiseöl (z.B. Rapsöl)

Außerdem:
200 g Aioli (Knoblauchmayonnaise)
200 g Roastbeef-Aufschnitt

Insgesamt:
E: 97 g, F: 253 g, Kh: 156 g, kJ: 14795, kcal: 3534

1. Für den Teig Rosmarin im Mörser fein zerstoßen. Rosmarin mit Mehl, Backpulver, Salz und Muskatnuss in einer Schüssel mischen. Bier, Eier, Oliven- und Speiseöl hinzufügen. Die Zutaten mit Handrührgerät mit Rührbesen auf mittlerer Stufe verrühren. So lange rühren, bis eine gebundene Masse entstanden ist.

2. Jeweils etwa 2 Esslöffel Teig in ein gut erhitztes, gefettetes Waffeleisen füllen. Die Waffeln goldbraun backen und einzeln auf einen Kuchenrost legen. Der Teig ergibt 6–8 Waffeln.
3. Waffeln mit Aioli und Roastbeef-Aufschnitt servieren.

Tipp: Waffeln in Herzen teilen und im Toaster kurz erhitzen, damit sie wieder knusprig werden.

Vegetarisch

Schafkäse-Tarte

Zubereitungszeit: 45 Minuten
Backzeit: 35–45 Minuten

Für den Belag:
5 kleine Stängel Rosmarin
150 g Zucchini
300 g Schafkäse

Für den Teig:
100 g Weizenmehl (Type 550)
30 g Vollkorn-Weizengrieß
2 gestr. TL Dr. Oetker Backin
1 gestr. TL Salz
1 gestr. TL Dr. Oetker Finesse Geriebene Zitronenschale
50 ml Wasser, 2 Eier (Größe M)
80 ml Olivenöl

Für die Form:
Semmelbrösel

Zum Bestreuen und Beträufeln:
30 g Pinienkerne
1–2 EL Olivenöl
grob gemahlener schwarzer Pfeffer

Insgesamt:
E: 88 g, F: 185 g, Kh: 108 g,
kJ: 10196, kcal: 2433

1. Rosmarin abspülen, trocken tupfen. Von 3 Stängeln Rosmarin die Nadeln abstreifen und grob hacken. Zucchini abspülen, die Enden abschneiden, Zucchini in kleine Würfel schneiden. 150 g von dem Schafkäse mit den Händen zerbröseln. Den Backofen vorheizen.
2. Für den Teig Mehl mit Grieß, Backpulver, Salz, gehacktem Rosmarin und Zitronenschale in einer Rührschüssel mischen. Wasser, Eier und Olivenöl hinzufügen und mit Handrührgerät mit Rührbesen unterrühren. Zucchiniwürfel und Schafkäsebrösel unterrühren.
3. Teig in eine Tarteform (Ø 26-28 cm, gefettet, mit Semmelbröseln ausgestreut) füllen und glattstreichen. Restlichen Schafkäse mit den Händen grob zerbröseln und auf dem Teig verteilen. Restlichen Rosmarin in kleine Zweige zupfen und zusammen mit den Pinienkernen über den Käse und den Teig streuen. Mit Olivenöl beträufeln und dann mit Pfeffer bestreuen.
4. Die Form auf dem Rost in den vorgeheizten Backofen schieben.
Ober-/Unterhitze: etwa 200 °C
Heißluft: etwa 180 °C
Backzeit: 35–45 Minuten.
5. Die Tarte auf einem Kuchenrost erkalten lassen.

Tipp: Für diese Tarte eignet sich am besten ein Feta-Käse aus Schafmilch oder Schaf- und Ziegenmilch. Er hat keine Rinde, ist schnittfest und schmeckt leicht säuerlich. Sie erhalten ihn lose oder als Scheiben eingeschweißt im Kühlregal.

Schafkäse-Tarte

Für Gäste

Spargel-Quiche mit Parmaschinken

Zubereitungszeit: 45 Minuten
Backzeit: etwa 30 Minuten

Für den Belag:
2 Gläser Spargel
(Abtropfgewicht je 205 g)
1 Dose Artischockenböden
(Abtropfgewicht 210 g)
150 g Schlagsahne
2 Eier (Größe M)
Salz, Cayennepfeffer
30 g geriebener Parmesan-Käse

Für den Quark-Öl-Teig:
200 g Weizenmehl
3 gestr. TL Dr. Oetker Backin
100 g Magerquark
50 ml kaltes Wasser
3 EL Olivenöl
1 gestr. TL Salz
1 TL Zucker

Zum Garnieren:
etwas Rucola
8 Scheiben Parmaschinken

Insgesamt:
E: 92 g, F: 111 g, Kh: 177 g,
kJ: 8795, kcal: 2101

1. Für den Belag Spargel und Artischockenböden zum Abtropfen getrennt auf zwei Siebe geben. Artischockenböden in dünne Scheiben schneiden. Sahne mit Eiern verquirlen, mit Salz und Cayenne würzen.
2. Für den Quark-Öl-Teig Mehl mit Backpulver in einer Rührschüssel mischen. Quark, Wasser, Öl, Salz und Zucker hinzufügen. Die Zutaten mit Handrührgerät mit Knethaken auf höchster Stufe in etwa 1 Minute zu einem glatten Teig verarbeiten (nicht zu lange, Teig klebt sonst).
3. Den Backofen vorheizen. Den Teig auf der bemehlten Arbeitsfläche erst zu einer Kugel, dann zu einer runden Platte (Ø etwa 32 cm) ausrollen. Den Teig vorsichtig von 4 Seiten zur Mitte falten, in eine Tarte- oder Quicheform (Ø 26–28 cm, gefettet) legen und in der Form auseinanderfalten. Teigränder andrücken. Den Teigboden mehrmals mit einer Gabel einstechen.
4. Nacheinander Artischockenscheiben und Spargelstangen auf den Teigboden legen und die Sahnemasse darübergießen. Belag mit Parmesan bestreuen. Die Form auf dem Rost in den vorgeheizten Backofen schieben.
Ober-/Unterhitze: etwa 200 °C
Heißluft: etwa 180 °C
Backzeit: etwa 30 Minuten.
5. Rucola waschen, trocken tupfen und klein zupfen. Die Form auf einen Kuchenrost stellen. Die Quiche vor dem Servieren mit Parmaschinken und Rucola belegen. Die Quiche heiß oder kalt servieren.

Spargel-Quiche mit Parmaschinken

Beliebt

Tomaten-Mozzarella-Muffins

Zubereitungszeit: 35 Minuten
Backzeit: etwa 25 Minuten

Für den Teig:
125 g Mozzarella-Käse
100 g getrocknete, in Öl eingelegte Tomaten
250 g Weizenmehl
2 gestr. TL Dr. Oetker Backin
1 gestr. TL Natron
1 gestr. TL Salz
2 Eier (Größe M)
125 ml (1/8 l) Buttermilch
75 ml Olivenöl
1 EL gehackte Basilikumblättchen

Ingesamt:
E: 71 g, F: 166 g, Kh: 196 g,
kJ: 11273, kcal: 2693

1. Mozzarella und die Tomaten gut abtropfen lassen und fein würfeln. Den Backofen vorheizen.
2. Mehl mit Backpulver, Natron und Salz in einer Rührschüssel mischen. Eier, Buttermilch und Öl hinzufügen und alles mit Handrührgerät mit Knethaken zu einem Teig verarbeiten. Basilikum, Mozzarella- und Tomatenwürfel unterheben.
3. Den Teig gleichmäßig in die Mulden einer Muffinform (für 12 Muffins, mit Papierbackförmchen ausgelegt) verteilen.
4. Danach die Muffinform auf dem Rost in den vorgeheizten Backofen schieben.
Ober-/Unterhitze: etwa 180 °C
Heißluft: etwa 160 °C
Backzeit: etwa 25 Minuten.
5. Nach dem Backen die Muffins etwa 5 Minuten in der Form stehen lassen, dann lösen und lauwarm servieren.

Tipp: Die Muffins können auch tiefgefroren werden. Dann vor dem Verzehr 2 Stunden auftauen lassen und 5 Minuten bei 180 °C aufbacken.

Tomaten-Mozzarella-Muffins

Vollkorn-Sahne-Quiche vom Blech

Vegetarisch

Vollkorn-Sahne-Quiche vom Blech

Zubereitungszeit: 40 Minuten, ohne Auftau- und Ruhezeit
Backzeit: etwa 20 Minuten

Für den Teig:
450 g TK- oder Kühl-Hefeteigplatten
80 g Grünkernschrot
80 g Buchweizenmehl
30 g Weizenmehl
1 Ei (Größe M)
30 ml Wasser
1 gestr. TL Salz

Für den Belag:
5 Eier (Größe M)
250 g Schlagsahne, 1 gestr. TL Salz
2 TL Pul Biber (türkisches Fachgeschäft)
1 Bund Frühlingszwiebeln
60 g kernige Haferflocken
60 g Dinkelflocken
50 g Pinienkerne
250 g geraspelter Pizzakäse mit Mozzarella-Käse

Insgesamt:
E: 153 g, F: 216 g, Kh: 243 g,
kJ: 15426, kcal: 3690

1. Für den Teig TK-Hefeteigplatten nach Packungsanleitung auftauen lassen.
2. Grünkernschrot, Buchweizen- und Weizenmehl in eine Rührschüssel geben. Ei, Wasser und Salz hinzufügen. Die Zutaten mit Handrührgerät mit Knethaken zunächst kurz auf niedrigster, dann auf höchster Stufe gut durcharbeiten, auf einer bemehlten Arbeitsfläche zu einem glatten Teig verkneten und ihn etwa 20 Minuten ruhen lassen.
3. Für den Belag inzwischen Eier mit Sahne, Salz und Pul Biber gut verrühren. Frühlingszwiebeln putzen, waschen und in etwa 1 cm lange Stücke schneiden. Den Backofen vorheizen.
4. Hefeteig mit dem Buchweizenteig verkneten, evtl. noch etwas Mehl zugeben. Teig auf einem Backblech (30 x 40 cm, gefettet, gemehlt) ausrollen und mit Frühlingszwiebeln, Hafer- und Dinkelflocken, Pinienkernen und Käse bestreuen. Eiersahne darüber verteilen und das Backblech in den vorgeheizten Backofen schieben.
Ober-/Unterhitze: etwa 200 °C
Heißluft: etwa 180 °C
Backzeit: etwa 20 Minuten.

Tipp: Dazu Tsatsiki und Salat servieren. Pul Biber ist ein Gewürz aus geschroteten Paprikaschoten und -kernen.

Zucchini-Porree-Tarte

Einfach

Zucchini-Porree-Tarte

Zubereitungszeit: 50 Minuten, ohne Abkühlzeit
Backzeit: 35–40 Minuten

150 g Porree (Lauch)
450 g Zucchini
70 g alter Gouda-Käse
2 EL Olivenöl, 2 EL Senfkörner
frisch gemahlener Pfeffer

Für den Teig:
120 g Weizenmehl (Type 550)
30 g Hartweizengrieß
3 gestr. TL Dr. Oetker Backin
1 gestr. TL Salz
50 ml Buttermilch
2 Eier (Größe M), 75 ml Olivenöl

Für die Form:
Semmelbrösel

Insgesamt:
E: 61 g, F: 155 g, Kh: 137 g,
kJ: 9145, kcal: 2183

1. Porree putzen, der Länge nach durchschneiden, abspülen, abtropfen lassen und quer in etwa 1 cm breite Streifen schneiden. Zucchini abspülen, abtrocknen, die Enden abschneiden. Zucchini zuerst der Länge nach in etwa 1/2 cm dicke Scheiben, dann quer in dünne Streifen schneiden. Käse auf der Haushaltsreibe reiben.
2. Öl in einem kleinen Topf erhitzen. Porreestreifen darin zugedeckt etwa 3 Minuten dünsten. Zucchinistreifen und Senfkörner hinzufügen und kurz miterhitzen. Den Topf von der Kochstelle nehmen. Die Gemüsemasse abkühlen lassen, bis sie lauwarm ist, und mit Pfeffer würzen.
3. Den Backofen vorheizen. Für den Teig Mehl mit Grieß, Backpulver und Salz in einer Rührschüssel mischen. Buttermilch, Eier und Öl dazugeben und mit Handrührgerät mit Rührbesen verrühren. Jeweils drei Viertel der Gemüsemasse und des geriebenen Käses unter den Teig rühren.
4. Den Teig in eine Tarteform (Ø 26–28 cm, gefettet, mit Semmelbröseln ausgestreut) füllen und verstreichen. Restliches Gemüse darauf verteilen und mit restlichem Käse bestreuen. Die Form auf dem Rost in den vorgeheizten Backofen schieben.
Ober-/Unterhitze: etwa 180 °C
Heißluft: etwa 160 °C
Backzeit: 35–40 Minuten.
5. Form auf einen Kuchenrost stellen. Tarte in der Form erkalten lassen.

Raffiniert – für Gäste

Yufka-Rollen mit Minzjoghurt

Zubereitungszeit: 60 Minuten

Für die Füllung:
1 Bund Frühlingszwiebeln (150 g)
1-2 Knoblauchzehen
200 g Schafkäse
1/2 gestr. TL gemahlener Kreuzkümmel (Cumin)
Salz, frisch gemahlener Pfeffer

Für den Teig:
12 dreieckige Yufka-Teigblätter (türkischer Lebensmittelladen)

Für die Sauce:
1 Bund Minze
500 g Joghurt

Zum Frittieren:
1 l Speiseöl

Insgesamt:
E: 78 g, F: 390 g, Kh: 185 g,
kJ: 19899, kcal: 4757

1. Für die Füllung Frühlingszwiebeln putzen, waschen, abtropfen lassen und in schmale Ringe schneiden. Knoblauchzehen abziehen und durch die Knoblauchpresse drücken. Schafkäse grob zerbröseln. Frühlingszwiebelringe mit Knoblauch und Schafkäse mischen und mit Kreuzkümmel, Salz und Pfeffer würzen.
2. Für den Teig jedes Yufka-Blatt mit lauwarmem Wasser bestreichen. Jeweils etwas von der Schafkäsemischung auf das untere Teigdrittel geben. Längsseiten der Blätter etwa 2 cm breit über die Füllung klappen. Yufka-Blätter von der breiten Seite zur Spitze hin aufrollen, evtl. mit einem Holzstäbchen feststecken.
3. Für die Sauce Minze abspülen und trocken schütteln. Die Blättchen von den Stängeln zupfen. Minzeblättchen mit Joghurt pürieren und die Sauce mit Salz abschmecken.

4. Zum Frittieren Öl in einer Fritteuse oder einem Topf auf 180 °C erhitzen. Die Temperatur ist erreicht, wenn sich um einen in das Öl gehaltenen Holzlöffelstiel Bläschen bilden. Teigrollen portionsweise in dem Öl unter gelegentlichem Wenden goldbraun backen. Rollen mit einer Schaumkelle herausheben und auf einem Kuchenrost abtropfen lassen. Yufka-Rollen warm mit der Sauce servieren.

Klassisch

Zwiebelkuchen

Zubereitungszeit: 45 Minuten, ohne Abkühl- und Teiggehzeit
Backzeit: etwa 40 Minuten

Für den Belag:
1 1/2 kg Gemüsezwiebeln
3 EL Speiseöl
Salz
frisch gemahlener Pfeffer
1 TL Kümmelsamen
150 g durchwachsener Speck oder Bacon (Frühstücksspeck), in Würfeln
200 g geriebener Emmentaler-Käse
3 Eier (Größe M)
1 Becher (150 g) Crème fraîche

Für den Hefeteig:
250 ml (1/4 l) Milch
400 g Weizenmehl (Type 550)
1 Pck. Dr. Oetker Trockenbackhefe
1 TL Zucker
2 gestr. TL Salz
4 EL Speiseöl

Insgesamt:
E: 177 g, F: 261 g, Kh: 390 g, kJ: 19452, kcal: 4652

1. Für den Belag Gemüsezwiebeln abziehen, halbieren und in Scheiben schneiden. Öl in einer großen Pfanne oder einem Topf erhitzen, Zwiebeln darin etwa 10 Minuten dünsten und mit Salz und Pfeffer würzen. Kümmel unterrühren. Die Masse etwa 20 Minuten abkühlen lassen.
2. Für den Hefeteig inzwischen die Milch leicht erwärmen. Mehl in eine Rührschüssel geben und sorgfältig mit der Hefe vermischen. Zucker, Salz, Öl und lauwarme Milch hinzufügen. Die Zutaten mit Handrührgerät mit Knethaken zunächst auf niedrigster, dann auf höchster Stufe in etwa 5 Minuten zu einem glatten Teig verarbeiten. Den Teig mit Mehl bestäuben und so lange an einem warmen Ort gehen lassen, bis er sich sichtbar vergrößert hat (etwa 20 Minuten).
3. Für den Belag Speck, Käse, Eier und Crème fraîche unter die Zwiebelmasse rühren und mit Salz und Pfeffer abschmecken.
4. Den Teig und die Arbeitsfläche mit Mehl bestäuben. Den Teig auf der Arbeitsfläche nochmals gut durchkneten, auf einem Backblech (30 x 40 cm gefettet) ausrollen und an den Seiten hochdrücken. Anschließend den Belag auf den Teig geben und verstreichen.
5. Den Backofen vorheizen. Den Teig nochmals so lange an einem warmen Ort gehen lassen, bis er sich sichtbar vergrößert hat (etwa 15 Minuten). Anschließend das Backblech in den vorgeheizten Backofen schieben.
Ober-/Unterhitze: etwa 200 °C
Heißluft: etwa 180 °C
Backzeit: etwa 40 Minuten.
6. Den Zwiebelkuchen heiß oder kalt servieren.

Yufka-Rollen mit Minzjoghurt

Zwiebelkuchen

Beliebt

Blätterteigtaschen mit Spinat-Schafkäse-Füllung

Zubereitungszeit: 50 Minuten, ohne Auftauzeit
Backzeit: etwa 20 Minuten

1 Pck. (450 g) TK-Blätterteig (10 quadratische Scheiben)

Für die Füllung:
1 Zwiebel
1 EL Speiseöl
1/2 Pck. (225 g) TK-Blattspinat
Salz, frisch gemahlener Pfeffer
geriebene Muskatnuss
100 g Schafkäse
4 getrocknete, in Öl eingelegte Tomaten

Zum Bestreichen:
1 Ei (Größe M)
2 EL Milch

Zum Bestreuen:
40 g Pinienkerne oder
40 g gewürfelter Schafkäse

Insgesamt:
E: 170 g, F: 450 g, Kh: 410 g,
kJ: 26980, kcal: 6450

1. Zunächst den Blätterteig nach Packungsanleitung zugedeckt auftauen lassen.
2. Für die Füllung Zwiebel abziehen und in Würfel schneiden. Öl erhitzen. Die Zwiebelwürfel darin andünsten. Spinat hinzufügen und bei schwacher Hitze auftauen lassen. Mischung mit Salz, Pfeffer und Muskatnuss würzen.
3. Schafkäse in kleine Würfel schneiden. Tomaten abtropfen lassen und ebenfalls würfeln. Zum Bestreichen Ei trennen. Eiweiß verquirlen und die Ränder der Blätterteigplatten damit bestreichen. Den Backofen vorheizen.
4. Jeweils etwas von dem Spinat und einige Schafkäse- und Tomatenwürfel in die Mitte geben. Die Teigplatten zu Dreiecken zusammenfalten und die Teigränder am besten mit Hilfe einer Gabel gut zusammendrücken. Die Teigdreiecke auf ein Backblech (mit Backpapier belegt) legen.
5. Eigelb mit Milch verquirlen, die Teigoberfläche damit bestreichen und mit Pinienkernen oder Schafkäse bestreuen. Das Backblech in den vorgeheizten Backofen schieben.
Ober-/Unterhitze: etwa 200 °C
Heißluft: etwa 180 °C
Backzeit: etwa 20 Minuten.

Abwandlung: Für Blätterteigtaschen mit Hackfleischfüllung für die Füllung 3 Esslöffel Speiseöl in einer großen Pfanne erhitzen. 400 g Gehacktes (halb Rind-, halb Schweinefleisch) darin anbraten, dabei die Klümpchen mit einer Gabel zerdrücken. 2 Esslöffel Tomatenmark unterrühren und die Masse mit Salz, Pfeffer und Oregano würzen. 2 Fleischtomaten waschen, abtropfen lassen, kreuzweise einschneiden, kurz in kochendes Wasser legen und in kaltem Wasser abschrecken. Tomaten enthäuten, die Stängelansätze herausschneiden, das Fruchtfleisch würfeln und mit 2 Teelöffeln Kapern zu dem Gehackten geben. Die Füllung auf den Blätterteigplatten verteilen, wie oben angegeben weiterverarbeiten und backen.

Blätterteigtaschen mit Spinat-Schafkäse-Füllung

Für Gäste

Partyring

Zubereitungszeit: 45 Minuten, ohne Abkühl- und Ruhezeit
Backzeit: 30–35 Minuten

Für die Füllung:
1 Dose Champignonscheiben (Abtropfgewicht 230 g)
1 mittelgroße Zwiebel
1 Knoblauchzehe
150 g Bacon (Frühstücksspeck), in Würfeln
1 Pck. (25 g) TK-Italienische Kräuter
70 g Tomatenmark
Salz
frisch gemahlener Pfeffer
Zucker

Für den Hefeteig:
375 g Weizenmehl (Type 550)
1 Pck. Hefeteig Garant
225 ml Wasser
1 EL Olivenöl

Zum Bestreichen:
1 EL Olivenöl

Insgesamt:
E: 80 g, F: 37 g, Kh: 297 g,
kJ: 7877, kcal: 1879

Partyring

1. Für die Füllung Champignons in einem Sieb abtropfen lassen. Zwiebel abziehen und in kleine Würfel schneiden. Knoblauch abziehen und durch eine Knoblauchpresse drücken. Bacon in einer Pfanne ohne Fett bei mittlerer Hitze ausbraten. Zwiebelwürfel und Knoblauch hinzufügen und mit andünsten.
2. Champignonscheiben fein hacken, mit Kräutern und Tomatenmark zur Baconmasse geben und unterheben. Die Masse unter Rühren kurz erhitzen und mit Salz, Pfeffer und Zucker würzen. Die Masse abkühlen lassen.
3. Für den Teig Mehl in eine Rührschüssel geben und mit Hefeteig Garant vermischen. Wasser und Öl hinzufügen. Die Zutaten mit Handrührgerät mit Knethaken zunächst kurz auf niedrigster, dann auf höchster Stufe in etwa 2 Minuten zu einem glatten Teig verarbeiten.
4. Den Teig auf der leicht bemehlten Arbeitsfläche zu einem Rechteck (etwa 30 x 50 cm) ausrollen. Die Bacon-Champignon-Masse darauf verteilen, dabei rundherum einen etwa 2 cm breiten Rand frei lassen. Teigränder mit Wasser bestreichen. Den Teig von der längeren Seite aus aufrollen, auf ein Backblech (mit Backpapier belegt) legen, zu einem Ring formen und etwa 15 Minuten ruhen lassen. Den Backofen vorheizen.
5. Den Teigring rundherum in etwa 4 cm dicke Scheiben schneiden, dabei den Ring nicht ganz bis zur Innenkante durchschneiden. Die Teigscheiben nach außen drehen und flach auf das Backpapier legen. (Der Ring bleibt dabei erhalten!) Den Teigring mit Öl bestreichen. Das Backblech in den vorgeheizten Backofen schieben.
Ober-/Unterhitze: etwa 200 °C
Heißluft: etwa 180 °C
Backzeit: 30–35 Minuten.
6. Den Partyring mit dem Backpapier vom Backblech auf einen Kuchenrost ziehen und erkalten lassen.

Hinweis: Das Wasser für den Hefeteig muss nicht erwärmt werden. Der Teig kann sofort verarbeitet werden, man muss ihn nur vor dem Backen etwa 15 Minuten ruhen lassen.

Etwas aufwändiger – gut vorzubereiten

Grüne Gemüsetorte (Torta Verde)

Zubereitungszeit: 50 Minuten, ohne Auftau- und Abkühlzeit
Backzeit: etwa 45 Minuten

1 Pck. (450 g) TK-Blätterteig

Für den Belag:
300 ml Wasser, 1 gestr. TL Salz
150 g Rundkornreis
500 g Mangold, 800 g Blattspinat
1 Zwiebel, 2 Knoblauchzehen
2 EL Olivenöl
Salz, frisch gemahlener Pfeffer
frisch geriebene Muskatnuss
3 Eier (Größe M)
100 g geriebener Parmesan-Käse

Zum Bestreichen:
Milch

Insgesamt:
E: 113 g, F: 187 g, Kh: 301 g,
kJ: 14090, kcal: 3370

1. Die Blätterteigplatten zugedeckt nach Packungsanleitung auftauen lassen.
2. Wasser in einem geschlossenen Topf zum Kochen bringen. Dann Salz und Reis hinzugeben, umrühren und wieder zum Kochen bringen. Den Reis etwa 15 Minuten bei schwacher Hitze zugedeckt garen. Dann den Reis in einem Sieb abtropfen und abkühlen lassen.
3. Mangold und Spinat putzen (große Blattstiele entfernen). Mangold und Spinat waschen und abtropfen lassen. Mangoldstiele in etwa 1 cm breite Streifen, Mangoldblätter in etwa 2 cm breite Streifen schneiden.
4. Zwiebel und Knoblauch abziehen und in kleine Würfel schneiden. Öl in einem großen Topf erhitzen. Zwiebel- und Knoblauchwürfel darin glasig dünsten. Mangoldstreifen und Spinatblätter hinzugeben, erhitzen, die Blätter zusammenfallen lassen und mit Salz, Pfeffer und Muskat kräftig würzen. Topf von der Kochstelle nehmen und das Gemüse etwas abkühlen lassen. Eier mit Käse verschlagen.
5. Die Blätterteigplatten aufeinanderlegen und auf der leicht bemehlten Arbeitsfläche zu einer runden Platte (Ø etwa 34 cm) ausrollen. Teigplatte mit Milch bestreichen. Den Backofen vorheizen. Die Blätterteigplatte in eine Springform (Ø 26–28 cm, Boden gefettet, mit Wasser besprenkelt) legen, dabei den Teigboden etwas andrücken und restlichen Teig zunächst über den Rand hängen.
6. Mangold und Spinat mit Reis mischen und auf dem Teigboden verteilen. Eier-Käse-Masse daraufgeben. Den überhängenden Teigrand auf die Gemüsemasse legen und mit Milch bestreichen. Die Form auf dem Rost in den vorgeheizten Backofen schieben.
Ober-/Unterhitze: etwa 180 °C
Heißluft: etwa 160 °C
Backzeit: etwa 45 Minuten.
7. Die Torte etwas abkühlen lassen, dann aus der Form lösen und auf eine Platte legen. Torte warm oder kalt servieren.

Grüne Gemüsetorte

Einfach

Sesam-Curry-Kräcker

Zubereitungszeit: 60 Minuten, ohne Kühlzeit
Backzeit: etwa 15 Minuten je Backblech

Für den Knetteig:
275 g Weizenmehl, 1 gestr. TL Salz
1 gestr. EL Currypulver
200 g Schmand (Sauerrahm, 24 % Fett)
70 g weiche Butter oder Margarine

Zum Bestreichen und Bestreuen:
1 Eigelb (Größe M), 2 EL Milch
30 g geschälte Sesamsamen

Insgesamt:
E: 46 g, F: 132 g, Kh: 232 g,
kJ: 9715, kcal: 2322

1. Für den Teig Mehl mit Salz und Curry in einer Rührschüssel mischen. Schmand und Butter oder Margarine hinzufügen. Die Zutaten mit Handrührgerät mit Knethaken zunächst kurz auf niedrigster, dann auf höchster Stufe gut durcharbeiten.
2. Anschließend den Teig auf der leicht bemehlten Arbeitsfläche

kurz verkneten. Den Teig zu 2 Rollen formen, in Frischhaltefolie wickeln und etwa 30 Minuten kalt stellen.

3. Eine Hälfte des Teiges auf der leicht bemehlten Arbeitsfläche etwa 2 mm dünn zu einem Rechteck (etwa 30 x 36 cm) ausrollen, in etwa 30 Quadrate (etwa 6 x 6 cm) schneiden. Auf Backbleche (mit Backpapier belegt) legen. Die Quadrate mit einer Gabel mehrmals einstechen.

4. Den Backofen vorheizen. Übrigen Teig auf die gleiche Weise verarbeiten. Restteig nochmals zusammenkneten und ausrollen.

5. Zum Bestreichen Eigelb mit Milch verquirlen. Die Quadrate damit bestreichen und mit Sesam bestreuen. Die Backbleche nacheinander (bei Heißluft zusammen) in den vorgeheizten Backofen schieben.
Ober-/Unterhitze: etwa 200 °C
Heißluft: etwa 180 °C
Backzeit: etwa 15 Minuten
je Backblech.

6. Die Kräcker mit dem Backpapier von den Backblechen auf Kuchenroste ziehen und anschließend erkalten lassen.

Tipp: Die Kräcker mit einem Dip aus leicht gesalzenem Sahnejoghurt servieren.

Für Gäste

Schmalz-Muffins

Zubereitungszeit: 35 Minuten
Backzeit: etwa 35 Minuten

Für den Teig:
150 g Möhren
1 Bund Schnittlauch
200 g Griebenschmalz
3 Eier (Größe M)
350 g Weizen-Vollkornmehl
2 gestr. TL Dr. Oetker Backin
1 gestr. TL Salz
1–2 TL Kümmelsamen
150 ml Wasser

Insgesamt:
E: 69 g, F: 228 g, Kh: 226 g,
kJ: 14115, kcal: 3370

1. Für den Teig Möhren putzen, schälen, waschen und grob raspeln. Schnittlauch waschen, trocken schütteln und in Röllchen schneiden. Den Backofen vorheizen.

2. Griebenschmalz in einer Rührschüssel mit Handrührgerät mit Rührbesen auf höchster Stufe geschmeidig rühren.

3. Eier nach und nach unterrühren (jedes Ei etwa 1/2 Minute). Mehl mit Backpulver, Salz und Kümmel mischen und dann abwechselnd in 2 Portionen mit dem Wasser unterrühren. Schnittlauchröllchen und Möhrenraspel (1 Esslöffel Möhrenraspel beiseitestellen) kurz unterrühren.

4. Den Teig in einer Muffinform (für 12 Muffins, gefettet, gemehlt) verteilen und mit den beiseitegestellten Möhrenraspeln belegen. Die Muffinform auf dem Rost in den vorgeheizten Backofen schieben.
Ober-/Unterhitze: etwa 180 °C
Heißluft: etwa 160 °C
Backzeit: etwa 35 Minuten.

5. Muffins etwa 5 Minuten in der Form stehen lassen, dann aus der Form lösen und auf einem Kuchenrost erkalten lassen.

Sesam-Curry-Kräcker

Schmalz-Muffins

Vollwertig

Käsekugeln

Zubereitungszeit: 45 Minuten, ohne Kühl- und Abkühlzeit
Backzeit: etwa 25 Minuten

Für den Knetteig:
75 g Dinkel-Vollkornmehl
1 Prise Salz
50 g Butter oder Margarine
25 g geriebener Emmentaler-Käse

Für den Brandteig:
250 ml (1/4 l) Wasser
70 g Butter oder Margarine
1 gestr. TL Salz
150 g Dinkel-Vollkornmehl
1 Msp. geriebene Muskatnuss
5 Eier (Größe M)

Zum Bestreuen:
25 g geriebener Emmentaler-Käse

Insgesamt:
E: 79 g, F: 147 g, Kh: 153 g, kJ: 9457, kcal: 2259

1. Für den Knetteig Mehl in eine Rührschüssel geben. Salz und Butter oder Margarine hinzufügen. Die Zutaten mit Handrührgerät mit Knethaken zunächst kurz auf niedrigster, dann auf höchster Stufe gut durcharbeiten. Käse kurz unterkneten. Anschließend den Teig auf einer leicht bemehlten Arbeitsfläche kurz zu einer Rolle verkneten und in Frischhaltefolie gewickelt kalt stellen.
2. Für den Brandteig Wasser mit Butter oder Margarine und Salz am besten in einem Stieltopf zum Kochen bringen. Mehl und Muskatnuss mischen und auf einmal in die von der Kochstelle genommene Flüssigkeit schütten, zu einem glatten Kloß rühren und unter Rühren etwa 1 Minute erhitzen.
3. Den heißen Kloß sofort in eine Rührschüssel geben. Nach und nach Eier mit Handrührgerät mit Knethaken auf höchster Stufe unterarbeiten. Die Eiermenge hängt von der Beschaffenheit des Teiges ab – er muss stark glänzen und so von einem Löffel abreißen, dass lange Spitzen hängen bleiben. Brandteig abkühlen lassen.
4. Den Backofen vorheizen. Mit 2 Teelöffeln etwa 40 Häufchen Brandteig auf 2 Backbleche (gefettet, mit Backpapier belegt) setzen.
5. Knetteig dünn ausrollen. Mit einem runden Ausstecher Plättchen (Ø etwa 4 cm) ausstechen und auf die Brandteighäufchen legen. Die Backbleche nacheinander (bei Heißluft zusammen) in den vorgeheizten Backofen schieben.
Ober-/Unterhitze: etwa 200 °C
Heißluft: etwa 180 °C
Backzeit: etwa 25 Minuten.
6. Das heiße Gebäck sofort nach dem Backen mit etwas Käse bestreuen. Gebäck vom Backpapier lösen und auf einem Kuchenrost erkalten lassen.

Für Gäste

Sesam-Käse-Stangen

Zubereitungszeit: 35 Minuten
Backzeit: 12–15 Minuten je Backblech

Für den Quark-Öl-Teig:
250 g Weizenmehl
1 Pck. Dr. Oetker Backin
125 g Magerquark

Käsekugeln

Sesam-Käse-Stangen

3 EL Milch
3 EL Speiseöl
1 Ei (Größe M)
1 Eiweiß (Größe M)
1 gestr. TL Salz
50 g geröstete Sesamsamen
25 g geriebener Parmesan-Käse

Zum Bestreichen und Bestreuen:
1 Eigelb (Größe M)
1 TL Milch
1 EL Sesamsamen

Insgesamt:
E: 77 g, F: 78 g, Kh: 196 g,
kJ: 7948, kcal: 1899

1. Für den Teig Mehl mit Backpulver in einer Rührschüssel mischen. Quark, Milch, Öl, Ei, Eiweiß und Salz hinzufügen. Die Zutaten mit Handrührgerät mit Knethaken auf höchster Stufe in etwa 1 Minute zu einem glatten Teig verarbeiten (nicht zu lange, Teig klebt sonst). Den Backofen vorheizen.
2. Anschließend Sesamsamen und Parmesan kurz auf der bemehlten Arbeitsfläche unter den Teig kneten. Den Teig zu einer Rolle formen. Die Teigrolle knapp 1/2 cm dick ausrollen und etwa 1 1/2 cm breite und 12 cm lange Streifen daraus schneiden oder rädern. Die Teigstreifen auf Backbleche (mit Backpapier belegt) legen.
3. Zum Bestreichen Eigelb mit Milch verschlagen und die Teigstreifen damit bestreichen. Die Hälfte der Teigstreifen mit Sesam bestreuen. Die Backbleche nacheinander (bei Heißluft zusammen) in den vorgeheizten Backofen schieben.
Ober-/Unterhitze: 180–200 °C
Heißluft: 160–180 °C
Backzeit: 12–15 Minuten je Backblech.
4. Die Gebäckstangen mit dem Backpapier vom Backblech auf einen Kuchenrost ziehen und erkalten lassen.

Tipp: Die Sesam-Käse-Stangen zu Wein oder Bier oder als Beilage zu Bouillon reichen.

Spinatwaffeln mit Lachs

Für Gäste

Spinatwaffeln mit Lachs

Zubereitungszeit: 60 Minuten, ohne Auftauzeit

Für den Teig:
1 Pck. (225 g) TK-Blattspinat
1 Schalotte
250 g Weizenmehl (Type 550)
1 gestr. TL Dr. Oetker Backin
1 gestr. TL Salz
geriebene Muskatnuss
4 Eigelb (Größe M)
250 ml (1/4 l) Milch
4 Eiweiß (Größe M)

Außerdem:
250 g geräucherter Lachs, in Scheiben
200 g Schmand (Sauerrahm)

Insgesamt:
E: 155 g, F: 129 g, Kh: 204 g,
kJ: 11595, kcal: 2771

1. Für den Teig zunächst den Blattspinat nach Packungsanleitung auftauen lassen.
2. Schalotte schälen und in feine Würfel schneiden. Mehl sorgfältig mit Backpulver in einer Rührschüssel mischen.
3. Salz, Muskatnuss, Eigelb, Milch und Schalottenwürfel dazugeben. Die Zutaten mit Handrührgerät mit Rührbesen zunächst kurz auf niedrigster, dann auf höchster Stufe geschmeidig rühren.
4. Spinat ausdrücken und grob hacken. Spinat portionsweise kurz unterrühren. Eiweiß steifschlagen und unterheben.
5. Jeweils etwa 2 Esslöffel Teig in ein gut erhitztes, gefettetes Waffeleisen füllen. Die Waffeln goldbraun backen und einzeln auf einen Kuchenrost legen. Teig ergibt 6–8 Waffeln. Die Spinatwaffeln nach Belieben kalt oder warm servieren.
6. Geräucherte Lachsscheiben und glattgerührten Schmand zu den Waffeln reichen.

Speckschnecken

7. Den Backofen vorheizen. Die Rollen nacheinander mit einem Sägemesser in 1 cm breite Scheiben schneiden. Die Scheiben auf Backbleche (mit Backpapier belegt) legen. Die Backbleche nacheinander (bei Heißluft zusammen) in den vorgeheizten Backofen schieben.
Ober-/Unterhitze: etwa 180 °C
Heißluft: etwa 160 °C
Backzeit: etwa 20 Minuten
je Backblech.

8. Die Schnecken sofort auf einen mit Küchenpapier belegten Kuchenrost legen und erkalten lassen.

Tipp: Das Gebäck lässt sich sehr gut einfrieren und aufgetaut im Backofen 2–3 Minuten aufbacken.

Raffiniert

Speckschnecken

Zubereitungszeit: 60 Minuten,
ohne Abkühl- und Kühlzeit
Backzeit: etwa 20 Minuten
je Backblech

Für den Knetteig:
100 g fetter, geräucherter Speck
200 g Weizenmehl (Type 550)
1/2 gestr. TL Dr. Oetker Backin
1/2 gestr. TL Salz
1 Ei (Größe M)
3 EL kaltes Wasser

Für die Füllung:
1–2 Bund Schnittlauch
4 EL Semmelbrösel
200 g Bacon (Frühstücksspeck), in dünnen Scheiben
frisch gemahlener Pfeffer

Insgesamt:
E: 54 g, F: 220 g, Kh: 161 g,
kJ: 12488, kcal: 2984

1. Für den Teig Speck in kleine Würfel schneiden und in einer Pfanne bei mittlerer Hitze ausbraten. Speckfett mit den Würfeln abkühlen lassen, bis das Fett cremig weiß ist.

2. Für den Teig Mehl mit Backpulver in einer Rührschüssel mischen. Salz, Ei, Wasser und Speckfett mit Speckwürfeln hinzufügen. Die Zutaten mit Handrührgerät mit Knethaken zunächst kurz auf niedrigster, dann auf höchster Stufe gut durcharbeiten.

3. Anschließend den Teig auf der leicht bemehlten Arbeitsfläche kurz verkneten. Den Teig zu einer Rolle formen und in Frischhaltefolie gewickelt etwa 1 Stunde kalt stellen.

4. Für die Füllung Schnittlauch abspülen, trocken schütteln, in feine Röllchen schneiden und mit den Semmelbröseln mischen.

5. Den Teig zu einem Rechteck (etwa 30 x 50 cm) ausrollen. Baconscheiben nebeneinander auf den Teig legen, mit Pfeffer bestreuen und die Schnittlauch-Semmelbrösel-Masse darauf verteilen. Rundherum einen etwa 1 cm breiten Rand lassen.

6. Den Teig von der längeren Seite aus aufrollen. Die Rolle in der Mitte quer durchschneiden, Rollen auf ein Schneidbrett legen, mit Frischhaltefolie bedecken und 2–3 Stunden kalt stellen.

Beliebt

Tomatentorte

Zubereitungszeit: 30 Minuten,
ohne Antau- und Abkühlzeit
Backzeit: 25–30 Minuten

450 g TK-Butterblätterteig
(10 quadratische Platten)

Für den Belag:
150 g Doppelrahm-Frischkäse
100 g schwarze Olivenpaste
250 g Zucchini
1 Bund glatte Petersilie
200 g eingelegte rote Paprika ohne Haut
200 g getrocknete, in Öl gelegte Tomaten
1 TL eingelegte Kapern
5 Sardellenfilets

Zum Bestreuen:
100 g geraspelter Parmesan-Käse

Insgesamt:
E: 144 g, F: 324 g, Kh: 288 g,
kJ: 19920, kcal: 4764

1. Den Backofen vorheizen. Gefrorene Blätterteigplatten auf einem Backblech (30 x 40 cm, gefettet, mit

Backpapier belegt) so verteilen, dass jeweils die Kanten übereinanderlappen. Platten etwa 5 Minuten antauen lassen. Die Teigränder gut andrücken und den Teig mehrmals mit einer Gabel einstechen. Das Backblech in den vorgeheizten Backofen schieben.
Ober-/Unterhitze: etwa 200 °C
Heißluft: etwa 180 °C
Backzeit: 15–20 Minuten.

2. Das Backblech nach dem Backen auf einen Kuchenrost stellen und den Blätterteig etwas abkühlen lassen.

3. Für den Belag in der Zwischenzeit Frischkäse mit Olivenpaste vermischen. Zucchini waschen, Enden abschneiden und Zucchini in dünne Scheiben schneiden. Petersilie abspülen, trocken tupfen, die Blätter von den Stängeln zupfen und fein hacken. Paprika, Tomaten und Kapern abtropfen lassen.

4. Frischkäsemasse auf dem Blätterteigboden verstreichen. Zucchini, Paprika, Tomaten, Petersilie, Kapern und Sardellen gleichmäßig auf der Frischkäsemasse verteilen, mit Parmesan bestreuen. Das Backblech wieder in den heißen Backofen schieben und die Tomatentorte **bei gleicher Backtemperatur in etwa 10 Minuten fertig backen.**

5. Die Tomatentorte aus dem Backofen nehmen und heiß servieren.

Beliebt

Käse-Schinken-Hörnchen

Zubereitungszeit: 30 Minuten
Backzeit: etwa 20 Minuten

Für den Quark-Öl-Teig:
250 g Weizenmehl
3 gestr. TL Dr. Oetker Backin
125 g Magerquark
50 ml Milch
50 ml Speiseöl
(z. B. Sonnenblumenöl)
1 Eiweiß (Größe M)
1/2 gestr. TL Salz

Für die Füllung:
4 Scheiben (100 g) gekochter Schinken
4 Scheiben (150 g) Gouda-Käse

Zum Bestreichen und Bestreuen:
1 Eigelb (Größe M)
1 EL Milch
grob gemahlener Pfeffer
Sesamsamen

Insgesamt:
E: 112 g, F: 112 g, Kh: 184 g, kJ: 9136, kcal: 2184

1. Für den Teig Mehl mit Backpulver in einer Rührschüssel mischen. Übrige Zutaten für den Teig hinzufügen. Die Zutaten mit Handrührgerät mit Knethaken auf höchster Stufe in etwa 1 Minute zu einem glatten Teig verarbeiten (nicht zu lange, Teig klebt sonst).

2. Den Backofen vorheizen. Teig auf der bemehlten Arbeitsfläche zu einer Rolle formen und zu einem Quadrat (etwa 34 x 34 cm) ausrollen. Das Quadrat in 4 kleine Quadrate (je etwa 17 x 17 cm) schneiden, dann jedes Quadrat diagonal in 2 Dreiecke schneiden, so dass Sie 8 Dreiecke erhalten.

3. Für die Füllung Schinken und Gouda in Größe der Dreiecke schneiden, jedes Teigdreieck mit je 1 Käse- und Schinkenscheibe belegen. Die Teigdreiecke von der breiten Seite aus zu Hörnchen aufrollen und auf ein Backblech (mit Backpapier belegt) legen. Eigelb mit Milch verschlagen, die Hörnchen damit bestreichen, mit Pfeffer und Sesam bestreuen und das Backblech in den vorgeheizten Backofen schieben.
Ober-/Unterhitze: etwa 180 °C
Heißluft: etwa 160 °C
Backzeit: etwa 20 Minuten.

4. Die Hörnchen heiß oder lauwarm servieren.

Tomatentorte

Käse-Schinken-Hörnchen

Für Gäste

Schweineöhrchen mit Käse

Zubereitungszeit: 40 Minuten, ohne Auftauzeit
Backzeit: etwa 15 Minuten je Backblech

1 Pck. (450 g) TK-Blätterteig

Für die Füllung:
2 Eier (Größe M)
etwa 150 g geriebener Parmesan-Käse
1 gestr. TL Paprikapulver edelsüß

Insgesamt:
E: 89 g, F: 171 g, Kh: 161 g, kJ: 10561, kcal: 2523

1. Blätterteig zugedeckt nach Packungsanleitung auftauen lassen. Dann die einzelnen Blätterteigplatten etwas ausrollen (zu einem Rechteck).
2. Für die Füllung Eier verquirlen. Parmesan mit Paprikapulver mischen, hinzufügen und alles miteinander verrühren. Die Masse mit Hilfe eines Messers dünn auf die Blätterteigplatten aufstreichen.
3. Den Backofen vorheizen. Jede Blätterteigplatte in etwa 5 gut 1 cm breite Streifen schneiden (ergibt etwa 50 Stück). Die Blätterteigstreifen von beiden Enden aus zur Mitte aufrollen.
4. Schweinöhrchen auf 2 Backbleche (mit Backpapier belegt) legen. Die Backbleche nacheinander (bei Heißluft zusammen) in den vorgeheizten Backofen schieben.
Ober-/Unterhitze: etwa 200 °C
Heißluft: etwa 180 °C
Backzeit: etwa 15 Minuten je Backblech.
5. Die Schweineöhrchen auf einem Kuchenrost erkalten lassen.

Beliebt

Tunfisch-Tarte

Zubereitungszeit: 45 Minuten
Backzeit: etwa 35 Minuten

50 g schwarze Oliven ohne Stein (aus dem Glas)
2 Dosen Tunfisch in Öl (Abtropfgewicht je 140 g)
1 Glas Kapern (Abtropfgewicht 30 g)

Für den Teig:
100 g Weizenmehl (Type 550)
50 g Maisgrieß (Polenta)
2 gestr. TL Dr. Oetker Backin
1 gestr. TL Salz
1/2 gestr. TL Paprikapulver edelsüß
50 ml Buttermilch, 2 Eier (Größe M)
100 ml Olivenöl

Für die Form:
Semmelbrösel

Insgesamt:
E: 91 g, F: 180 g, Kh: 123 g, kJ: 10325, kcal: 2466

1. Zunächst Oliven in einem Sieb abtropfen lassen und in dünne Scheiben schneiden. Tunfisch abtropfen lassen und mit einer Gabel in Stücke zupfen. Die Kapern in einem Sieb abtropfen lassen. Den Backofen vorheizen.
2. Für den Teig Mehl mit Maisgrieß, Backpulver, Salz und Paprika in einer Rührschüssel mischen. Buttermilch, Eier und Olivenöl dazugeben und mit Handrührgerät mit Rührbesen verrühren. Kapern, zwei Drittel der Tunfischstücke und zwei Drittel der Olivenscheiben mit einem Löffel kurz unter den Teig rühren.
3. Den Teig in eine Tarteform (Ø 26–28 cm, gefettet, mit Semmelbröseln ausgestreut) geben und verstreichen. Restliche Olivenscheiben darauf verteilen. Anschließend die Form auf dem Rost in den vorgeheizten Backofen schieben.
Ober-/Unterhitze: etwa 180 °C
Heißluft: etwa 160 °C
Backzeit: etwa 35 Minuten.
4. Die Form auf einen Kuchenrost stellen. Den restlichen Tunfisch auf der Tarte verteilen. Die Tarte in der Form erkalten lassen.

Schweineöhrchen mit Käse

Tunfisch-Tarte

Zucchini-Käse-Muffins

Für Gäste

Zucchini-Käse-Muffins

Zubereitungszeit: 50 Minuten
Backzeit: etwa 30 Minuten

1 Zucchini
Salz
3 mittelgroße Tomaten

Für den Teig:
100 g mittelalter Gouda-Käse
150 g Weizenmehl
2 gestr. Dr. Oetker TL Backin
100 g Maismehl
1/2 TL Fenchelsamen
3 Eier (Größe M)
5 EL Olivenöl
125 ml (1/8 l) Milch

Zum Bestreuen:
1/2 Bund Schnittlauch

Insgesamt:
E: 84 g, F: 108 g, Kh: 204 g,
kJ: 9276, kcal: 2220

1. Zucchini waschen, abtrocknen, die Enden abschneiden und Zucchini auf einem Gemüsehobel der Länge nach in dünne Scheiben hobeln oder mit einer Aufschnittmaschine in Scheiben schneiden. Die Scheiben nebeneinander auf Küchenpapier legen, mit Salz bestreuen und bis zur weiteren Verwendung Saft ziehen lassen.

2. In der Zwischenzeit Tomaten waschen, abtrocknen, die Stängelansätze herausschneiden und Tomaten in je 4 Scheiben schneiden (die runden Enden werden nicht benötigt).

3. Für den Teig Gouda auf der groben Seite der Haushaltsreibe reiben. Den Backofen vorheizen. Mehl mit Backpulver in einer Rührschüssel mit Maismehl, etwas Salz, Fenchelsamen und Gouda vermischen. Eier, Öl und Milch hinzufügen und mit Handrührgerät mit Rührbesen kurz unterrühren.

4. Zucchinischeiben trocken tupfen und je 1 Scheibe in jede Vertiefung einer Muffinform (für 12 Muffins, gefettet, gemehlt) legen, dabei die Enden überstehen lassen. Den Teig vorsichtig darin verteilen. Je 1 Tomatenscheibe auf den Muffinteig legen und die Zucchini-Enden darüber zusammenlegen. Die Muffinform auf dem Rost in den vorgeheizten Backofen schieben.
Ober-/Unterhitze: etwa 180 °C
Heißluft: etwa 160 °C
Backzeit: etwa 30 Minuten.

5. Die Muffins etwa 5 Minuten in der Form stehen lassen, dann aus der Form lösen (evtl. vorsichtig mit Hilfe eines Messers herausheben) und auf einem Kuchenrost erkalten lassen.

6. Schnittlauch kalt abspülen, trocken schütteln, in Röllchen schneiden und auf die Muffins streuen.

Tipp: Die Muffins schmecken heiß oder kalt. Die übergeklappten Zucchinienden nach Belieben vor dem Backen mit Olivenöl bestreichen, dann trocknen sie nicht so aus.

Für Gäste

Zwiebelwaffeln

Zubereitungszeit: 60 Minuten

Für den Teig:
250 ml (1/4 l) Milch
100 g Weizenmehl
100 g Weizen-Vollkornmehl
1 gestr. TL Dr. Oetker Backin
1 gestr. TL Salz
4 Eier (Größe M)
8 EL Speiseöl
50 g Röstzwiebeln

Für das Waffeleisen:
Speiseöl
50 g Röstzwiebeln

Für den Belag:
1 Glas (250 g) Salatmayonnaise
1/2 Glas Gurkensalat „Dänische Art" (Abtropfgewicht 180 g)
1 Glas (60 Stück) Cocktail-Würstchen

Insgesamt:
E: 120 g, F: 326 g, Kh: 233 g,
kJ: 18949, kcal: 4524

1. Für den Teig Milch leicht erwärmen. Weizenmehl, Weizen-Vollkornmehl, Backpulver und Salz mischen und in eine Rührschüssel geben. Milch, Eier, Öl und Röstzwiebeln hinzufügen. Die Zutaten mit Handrührgerät mit Rührbesen auf höchster Stufe zu einem Teig verrühren.
2. Jeweils etwa 2 Esslöffel Teig in ein gut erhitztes, gefettetes, mit je einem Teelöffel Röstzwiebeln ausgestreutes Waffeleisen füllen. Die Waffeln goldbraun backen und einzeln auf einen Kuchenrost legen. Teig ergibt 5–6 Waffeln.
3. Für den Belag jede Waffel mit Mayonnaise, Gurkensalat und Würstchen belegen und mit den restlichen Röstzwiebeln bestreut servieren.

Tipp: Röstzwiebeln gibt es fertig zu kaufen.

Zwiebelwaffeln

Herzhaft

Würzige Speckwaffeln

Zubereitungszeit: 50 Minuten, ohne Quell- und Abkühlzeit

Für den Teig:
300 g Roggenmehl (Type 1150)
4 Eier (Größe M)
800 ml Milch
200 g durchwachsener Speck
1 Zwiebel
1 Bund Petersilie
1 Bund Majoran
Salz
frisch gemahlener Pfeffer

Außerdem:
2 Bund Brunnenkresse (etwa 300 g)
2 Kästchen Gartenkresse (etwa 100 g)
1 rote Zwiebel (etwa 100 g)
150 g Joghurt

Insgesamt:
E: 125 g, F: 78 g, Kh: 261 g,
kJ: 9949, kcal: 2379

1. Für den Teig Mehl in eine Rührschüssel geben. Eier und Milch hinzufügen. Die Zutaten mit Handrührgerät mit Rührbesen auf mittlerer Stufe zu einem Teig verarbeiten. Teig etwa 10 Minuten quellen lassen.
2. Inzwischen Speck in kleine Würfel schneiden. Zwiebel abziehen und fein würfeln. Petersilie und Majoran abspülen und trocken tupfen. Die Blättchen von den Stängeln zupfen und grob hacken.
3. Speckwürfel in einer Pfanne unter Wenden anbraten und die Zwiebel-

würfel mit andünsten. Speck-Zwiebel-Masse etwas abkühlen lassen und unter den Teig rühren. Petersilie und Majoran hinzufügen und den Teig mit Salz und Pfeffer würzen.

4. Brunnenkresse verlesen, evtl. abspülen und in kleine Stücke zupfen. Gartenkresse abspülen und abschneiden. Zwiebel abziehen und erst in Scheiben schneiden, dann in Ringe teilen.

5. Jeweils etwa 2 Esslöffel Teig in ein gut erhitztes, gefettetes Waffeleisen füllen und leicht verstreichen. Die Waffeln goldbraun backen, mit einer Gabel oder einem Pfannenwender herausnehmen und einzeln auf einen Kuchenrost legen. Der Teig ergibt 12–14 Waffeln.

6. Die warmen Waffeln mit Kresse, Zwiebelringen und Joghurtklecksen garnieren. Speckwaffeln sofort servieren.

Raffiniert

Süßkartoffel-Muffins mit Kapern

Zubereitungszeit: 45 Minuten
Backzeit: 30–35 Minuten

1 Süßkartoffel (400 g)
1 Glas Kapern (Abtropfgewicht 30 g)
170 g Weizenmehl (Type 1050)
3 gestr. TL Dr. Oetker Backin
1 1/2 gestr. TL Salz
75 ml Milch, 2 Eier (Größe M)
100 ml Olivenöl

Für die Form:
Semmelbrösel

Insgesamt:
E: 43 g, F: 128 g, Kh: 205 g,
kJ: 8995, kcal: 2147

1. Süßkartoffel schälen, abspülen und grob raspeln. Kapern in einem Sieb abtropfen lassen und grob hacken. Den Backofen vorheizen.

2. Für den Teig Mehl mit Backpulver und Salz in einer Rührschüssel mischen. Milch, Eier und Olivenöl dazugeben und mit Handrührgerät mit Rührbesen unterrühren. Kartoffelraspel und Kapern kurz unterrühren.

3. Den Teig in einer Muffinform (für 12 Muffins, gefettet, mit Semmelbröseln ausgestreut) verteilen. Die Muffinform auf dem Rost in den vorgeheizten Backofen schieben.
Ober-/Unterhitze: etwa 200 °C
Heißluft: etwa 180 °C
Backzeit: 30–35 Minuten.

4. Muffins etwa 5 Minuten in der Form stehen lassen, dann aus der Form lösen und auf einem Kuchenrost erkalten lassen.

Raffiniert

Ziegenkäse-Tarte

Zubereitungszeit: 30 Minuten
Backzeit: etwa 30 Minuten

1/2 Bund Thymian
5 Ziegenkäsetaler
(z. B. Picandou, je 40 g)

Für den Teig:
100 g Weizenmehl (Type 550)
30 g Hartweizengrieß
3 gestr. TL Dr. Oetker Backin
1 gestr. TL Salz
80 ml Buttermilch
2 Eier (Größe M)
100 ml Olivenöl
etwa 1 TL rosa Pfefferbeeren

Für die Form und zum Beträufeln:
Semmelbrösel
1–2 EL Olivenöl

Insgesamt:
E: 65 g, F: 175 g, Kh: 112 g,
kJ: 9540, kcal: 2283

1. Thymian abspülen und trocken tupfen. Von 4 Stängeln Thymian die Blätter abstreifen. Käsetaler mit einem Sägemesser mit abgespülter Klinge waagerecht halbieren. Den Backofen vorheizen.
2. Für den Teig Mehl mit Grieß, Backpulver, Salz und Thymianblättern in einer Rührschüssel mischen. Buttermilch, Eier und Olivenöl dazugeben und mit Handrührgerät mit Rührbesen verrühren.
3. Den Teig in eine Tarteform (Ø 26–28 cm, gefettet, mit Semmelbröseln ausgestreut) füllen und verstreichen.
4. Käsetaler auf dem Teig verteilen und mit den restlichen Thymianstängeln belegen. Rosa Pfefferbeeren grob zerdrücken, auf die Taler streuen und mit Öl beträufeln. Die Form auf dem Rost in den vorgeheizten Backofen schieben.
Ober-/Unterhitze: etwa 200 °C
Heißluft: etwa 180 °C
Backzeit: etwa 30 Minuten.
5. Die Form auf einen Kuchenrost stellen. Die Tarte in der Form erkalten lassen.

Tipp: Servieren Sie die Tarte als Vorspeise. Die Tarte kann gut vorbereitet und vor dem Servieren in etwa 5 Minuten bei Ober-/Unterhitze: etwa 200 °C, Heißluft: etwa 180 °C aufgebacken werden. Sie schmeckt lauwarm am besten. Wer keinen Ziegenkäse mag, kann ihn durch Mozzarellascheiben ersetzen.

Beliebt

Würzige Frischkäse-Tarte

Zubereitungszeit: 40 Minuten
Backzeit: etwa 45 Minuten

1 kleines Bund Frühlingszwiebeln
(etwa 100 g)

Für den Teig:
50 g Weizenmehl (Type 550)
1 gestr. TL Dr. Oetker Backin
1 gestr. TL Salz
1 gestr. TL Zucker

Ziegenkäse-Tarte

Würzige Frischkäse-Tarte

Tomatenwaffeln

250 g Magerquark
200 g Kräuter-Frischkäse (Doppelrahmstufe)
1 Pck. (25 g) TK- 8-Kräuter
2 Eier (Größe M)
4 EL Olivenöl
30 g abgezogene, gestiftelte Mandeln

Für die Form und zum Garnieren:
Semmelbrösel
einige Stängel Kerbel

Insgesamt:
E: 77 g, F: 120 g, Kh: 72 g,
kJ: 7043, kcal: 1681

1. Frühlingszwiebeln putzen, abspülen, abtropfen lassen und in schmale Ringe schneiden. Den Backofen vorheizen.
2. Für den Teig Mehl mit Backpulver, Salz und Zucker in einer Rührschüssel mischen. Quark, Frischkäse, gefrorene Kräuter, drei Viertel der Frühlingszwiebelringe, Eier und Öl dazugeben und mit Handrührgerät mit Rührbesen verrühren.
3. Den Teig in eine Tarteform (Ø 26–28 cm, gefettet, mit Semmelbröseln ausgestreut) geben und verstreichen. Restliche Frühlingszwiebelringe und Mandeln darauf verteilen. Die Form auf dem Rost in den vorgeheizten Backofen schieben.
Ober-/Unterhitze: etwa 180 °C
Heißluft: etwa 160 °C
Backzeit: etwa 45 Minuten.
4. Die Form auf einen Kuchenrost stellen. Die Tarte in der Form erkalten lassen. Den Kerbel abspülen, trocken tupfen und klein zupfen. Die Tarte in Stücke schneiden und mit Kerbel garnieren.

Tipp: Die Käse-Tarte schmeckt lauwarm besonders gut. Als Beilage eignen sich z. B. gedünstete Tomaten.

Einfach

Tomatenwaffeln

Zubereitungszeit: 60 Minuten

Für den Teig:
100 g getrocknete, in Öl eingelegte Tomaten (aus dem Glas)
300 g Weizenmehl (Type 550)
1 gestr. TL Dr. Oetker Backin
1 gestr. TL Salz
1 Knoblauchzehe
250 ml (1/4 l) Milch
4 Eier (Größe M)
8 EL Tomatenöl aus dem Glas

Außerdem:
250 g Schafkäse
1 kleine Salatgurke

Insgesamt:
E: 125 g, F: 183 g, Kh: 269 g,
kJ: 14009, kcal: 3349

1. Für den Teig Tomaten abtropfen lassen und in kleine Würfel schneiden. Mehl und Backpulver mit Salz in einer Rührschüssel mischen. Knoblauch abziehen, durch die Knoblauchpresse drücken und zum Mehlgemisch geben. Milch, Eier, Tomatenöl und die gewürfelten Tomaten nach und nach mit Handrührgerät mit Rührbesen auf mittlerer Stufe unterrühren.
2. Jeweils etwa 2 Esslöffel Teig in ein gut erhitztes, gefettetes Waffeleisen füllen. Die Waffeln goldbraun backen und einzeln auf einem Kuchenrost erkalten lassen. Teig ergibt 6–8 Waffeln.
3. Schafkäse würfeln. Gurke putzen, waschen und in Scheiben schneiden. Schafkäsewürfel und Gurkenscheiben mit den Waffeln servieren.

Kapitelregister

Obstkuchen und Käsekuchen

Blechkuchen

Kastenkuchen und Napfkuchen

Sahnetorten

Cremetorten und Frischkäsetorten

Rollen und Gewickeltes

Kleingebäck und Muffins

Plätzchen und Konfekt

Brot und Brötchen

Pikante Kuchen und Gebäcke

Alphabetisches Register

H

I

J

K

L

M

S

T

V

W

Y

Z

Abkürzungen

EL	=	Esslöffel
TL	=	Teelöffel
Msp.	=	Messerspitze
Pck.	=	Packung/Päckchen
g	=	Gramm
kg	=	Kilogramm
ml	=	Milliliter
l	=	Liter
evtl.	=	eventuell
geh.	=	gehäuft
gestr.	=	gestrichen
TK	=	Tiefkühlprodukt
°C	=	Grad Celcius
Ø	=	Durchmesser

Kalorien-/Nährwertangaben

E	=	Eiweiß
F	=	Fett
Kh	=	Kohlenhydrate
kJ	=	Kilojoule
kcal	=	Kilokalorien

Hinweise zu den Rezepten
Lesen Sie bitte vor der Zubereitung – besser noch vor dem Einkaufen – das Rezept einmal vollständig durch. Oft werden Arbeitsabläufe oder -zusammenhänge dann klarer.
Die Zutaten sind in der Reihenfolge ihrer Bearbeitung aufgeführt. Die Arbeitsschritte sind einzeln hervorgehoben, in der Reihenfolge, in der sie von uns ausprobiert wurden.

Backofeneinstellung
Die in den Rezepten angegebenen Backtemperaturen und -zeiten sind Richtwerte, die je nach individueller Hitzeleistung des Backofens über- oder unterschritten werden können. Bitte beachten Sie deshalb bei der Einstellung des Backofens die Gebrauchsanweisung des Herstellers und machen Sie nach Beendigung der Backzeit eine Garprobe. Die Angaben beziehen sich auf Elektrobacköfen, da die Einstellungsmöglichkeiten für Gasbacköfen je nach Hersteller stark variieren.

Zubereitungszeiten
Die Zubereitungszeit beinhaltet nur die Zeit für die eigentliche Zubereitung. Längere Wartezeiten wie z. B. Auftau-, Teiggeh- und Kühlzeiten sind nicht mit einbezogen.

Innenfotos

Walter Cimbal, Hamburg (S. 9, 10, 12, 28, 31, 38, 45, 46, 48, 51, 54–56, 67–71, 81, 82, 94, 130, 203, 243, 304, 314, 319, 321, 330, 364, 374, 380, 392, 395, 396, 398, 405, 427, 436, 437, 495, 718, 723, 728, 754, 774)
Fotostudio Diercks, Hamburg (S. 8, 11, 15, 18, 19, 23–25, 29, 31, 33, 34, 36, 38, 39, 43, 44, 47, 52, 57, 58, 61, 65, 66, 73–77, 79, 80, 81, 83, 85–90, 92, 93, 95–98, 102–107, 110, 111, 115–121, 123, 124, 126–129, 131, 132, 134, 138–145, 147–150, 152, 153, 155–157, 160–163, 165, 167, 168, 170, 171, 174–178, 180, 182, 183, 186–190, 192, 194, 198–202, 204–207, 214, 216, 219, 221, 222, 224–226, 228, 229, 234, 236, 241, 242, 248, 251, 253, 259, 262, 263, 266, 267, 269, 270, 273, 275, 276, 280, 283, 285, 287–289, 292, 293, 295, 297, 299, 300, 302, 303, 305, 306, 308–310, 315, 322, 325, 327, 328, 332, 334, 336, 337, 340, 342, 345, 347–349, 351–354, 357–359, 361, 363, 368, 371–373, 375, 377, 378, 380, 384–389, 394, 397, 401, 403, 404, 406–409, 411, 413, 414, 416, 419, 420, 422, 425, 428, 429, 430, 431, 434, 435, 440, 444, 446–448, 450, 451, 453, 456–459, 462, 463, 466, 472–474, 479–482, 493, 494, 497, 498, 501, 502, 504–507, 509, 510, 513–517, 521, 523–525, 528, 530, 532–535, 537–540, 542, 545, 547, 548, 551, 552, 554, 555, 557, 558, 560–567, 571–573, 576, 577, 579–586, 589, 591–596, 600, 602–605, 608–610, 612–614, 616, 617, 619, 621, 625, 626, 628– 632, 634–638, 640–644, 649, 650, 652, 655, 659, 661, 664–669, 671–674, 677, 678, 682, 684–686, 689, 691, 693, 694, 696, 701, 704, 706, 710, 715–722, 724, 726–729, 731, 732, 735–737, 739–742, 746–748, 750, 751, 755, 759, 761–763, 765–767, 769–771, 773, 775–778, 780, 782–785)
Ulli Hartman, Halle/Westf. (S. 17, 35, 43, 59, 63, 67, 72, 114, 137, 164, 172, 173, 176, 179, 191, 195, 197, 198, 220, 230, 233, 235, 239, 240, 245, 246, 250, 264, 265, 272, 277, 279, 290, 294, 298, 320, 329, 339, 341, 346, 350, 355, 356, 360, 365, 367, 379, 391, 393, 410, 417, 418, 438, 443, 445, 454, 460, 465, 471, 475, 483, 484, 500, 657, 661, 663, 709, 725, 743, 749, 772, 780)
Ulrich Kopp, Sindelfingen (S. 26, 32, 58, 78, 79, 100, 113, 133, 182, 189, 208, 255, 258, 301, 313, 338, 370, 372, 381, 441, 454, 488, 492, 547, 575, 581, 582, 589, 606, 615, 617, 623, 653, 662, 663, 675, 688, 690, 705, 707, 724, 744, 753, 758, 764, 776)
Bernd Lippert (S. 14, 22, 27, 34, 37, 50, 91, 103, 120, 135, 148, 172, 185, 212, 216, 238, 249, 252, 269, 316, 331, 362, 449, 452, 463, 467, 470, 496, 511, 520, 526, 541, 542, 556, 557, 601, 647, 648, 651, 652, 666, 679, 680, 682, 687, 703, 708, 745, 752, 781)
Antje Plewinski, Berlin (S. 23, 48, 52, 53, 70, 230, 268, 487, 492, 529, 578, 590, 607, 611, 618, 622, 624, 628, 639, 645, 649, 654, 657, 660, 676, 679, 681, 691, 697, 698–700, 702, 706, 712, 714, 717, 730, 734, 756, 757, 760, 768, 775)
Hans-Joachim Schmidt, Hamburg (S. 473, 713, 733)
Axel Struwe, Bielefeld (S. 13, 16, 21, 41, 62, 106, 109, 136, 151, 156, 247, 254, 256, 257, 261, 281, 282, 284, 296, 307, 318, 345, 363, 366, 382, 399, 400, 415, 421, 424, 426, 433, 439, 444, 455, 461, 468, 476, 477, 479, 488, 490, 491, 499, 503, 511, 550, 569, 587, 588, 595, 602, 608, 611, 614, 619, 620, 626, 627, 630, 759)
Norbert Toelle, Bielefeld (S. 60, 99, 209, 211, 441, 466, 702)
Brigitte Wegner, Bielefeld (S. 14, 17, 20, 28, 30, 40, 42, 49, 54, 61, 64, 84, 86, 88, 92, 99, 101, 105, 108, 112, 122, 125, 126, 133, 134, 146, 154, 158, 159, 165–167, 169, 179, 181, 184, 185, 191, 193, 201, 207, 209–211, 213, 215, 217–219, 221, 223, 226, 227, 229, 231, 232, 237, 244, 245, 253, 260, 262, 271, 274, 278, 286, 291, 311, 312, 317, 323, 324, 326, 333, 335, 343, 369, 376, 383, 390, 402, 408, 412, 422, 423, 432, 435, 442, 448, 464, 469, 478, 485, 486, 489, 499, 503, 508, 512, 516, 518, 519, 521, 522, 526, 527, 531, 536, 539, 543–545, 549, 553, 558, 559, 568–572, 574, 576, 587, 597–600, 623, 633, 640, 656, 658, 668, 670, 677, 683, 685, 686, 695, 698, 705, 713, 722, 738, 741, 745, 748, 750, 769, 771, 779)
Bernd Wohlgemuth, Hamburg (S. 64, 196, 196, 212, 344, 514, 645, 672, 692, 711, 762)

Für Fragen, Vorschläge oder Anregungen steht Ihnen der Verbraucherservice der Dr. Oetker Versuchsküche Telefon: 00800 71727374 Mo.–Fr. 8:00–18:00 Uhr, Sa. 9:00–15:00 Uhr (gebührenfrei in Deutschland)
oder die Mitarbeiter des Dr. Oetker Verlages
Telefon: +49 (0) 521 520642 Mo.–Fr. 9:00–15:00 Uhr zur Verfügung.
Oder schreiben Sie uns:
Dr. Oetker Verlag KG, Am Bach 11, 33602 Bielefeld oder besuchen Sie uns im Internet unter www.oetker-verlag.de oder www.oetker.de.

Umwelthinweis Dieses Buch und der Einband wurden auf chlorfrei gebleichtem Papier gedruckt. Die Einschrumpffolie - zum Schutz vor Verschmutzung - ist aus umweltfreundlichem und recyclingfähigem PE-Material.

Redaktion Sabine Lüning, Susanne Noll

Nährwertberechnungen Nutri Service, Hennef

Titelgestaltung kontur:design, Bielefeld
Grafisches Konzept und Gestaltung MDH Haselhorst
Satz und Layout MDH Haselhorst

Druck und Bindung Mohn media Mohndruck GmbH, Gütersloh

Wir danken für die freundliche Unterstützung
Bahlsen, Hannover
Coca-Cola, Berlin
DIAGEO, Wiesbaden
Griesson - de Beukelaer, Polch
Henkell & Söhnlein, Wiesbaden
Hosta, Stimpfach-Randenweiler
Peter Kölln, Elmshorn
Kraft Foods, Bremen
MARS, Viersen
Nestlé, Frankfurt
PICO Food, Tamm
Alfred Ritter, Waldenbuch
August Storck, Berlin

ISBN: 978–3–7670–0980–6